全記録
横浜事件・再審裁判

第一次〜四次再審請求・再審公判・刑事補償請求

横浜事件・再審裁判＝記録／資料刊行会

「中央公論」「改造」解体の實相

細川氏の論文 發端

編輯陣にも無謀な彈壓

無理に"赤"と斷定

眞相を語る細川氏

"仕組んだ陰謀"

戰慄すべき拷問の連續

木村亨氏談

戦後、初めて報じられた横浜事件。朝日新聞1945年10月9日付、2面トップ。次のように書き出されている。——「昨年六月突如として我国の代表的総合雑誌として多年我国思想界に指導的役割をになひ知識階級に愛読されてゐた「中央公論」「改造」の二社が当局の弾圧によって解散の余儀なきに至ったが、この裏面には実に次の様な奇怪なる弾圧事件が秘せられてゐた」。細川嘉六氏のほか木村 亨氏と小森田一記氏の談話が掲載されている。

高文研

1986年７月２日、新聞は１面トップで「再審請求」を伝えた。

朝日新聞

治安維持法違反の横浜事件

元被告ら　あす再審請求

「拷問での自白、判決無効」

刑確定

毎日新聞

横浜事件

41年ぶり再審請求

元被告ら、あすにも

治安維持法違反

「拷問で虚偽自白」

戦時下の言論弾圧事件

免訴を求める

「横浜事件」再審を申し立て

41年ぶり元被告ら

〝言論弾圧〟問う

「暗い思い出解消させて」

横浜事件の再審請求の申し立てのため横浜地裁を訪れた青山鉞治元被告と森川金寿弁護士（左）＝３日午前10時12分、横浜市中区日本大通で

▲上の写真は裁判所に入る青山鉞治請求人（右）と森川金寿弁護団長（朝日７・３付）

1994年７月27日、「記録が存在しない」の裁判所の壁を破るため判決等が現存する小野康人氏を突破口に第二次再審請求を起こした。

横浜事件 再び再審を請求

地裁に申し立て

有罪判決受けた編集者の遺族3人

「違法性明ら…

２度目の再審請求に向かう小野康人さんの遺族ら＝横浜地裁前

戦中、戦後の思想犯検挙で雑誌編集者らが大量に弾圧された「横浜事件」で、治… 二十七日、横浜地裁に再審の開始を求める請求を行った。「横浜事件」をめぐる再… 録が存在していない」という理由で棄却されており、今回は再・再審請求になる。

請求を申し立てたのは雑誌「改造」の編集部員だった故小野康人さんの妻貞さん(八五)＝東京都江東区南砂＝ら遺族三人。

再審請求書によると、小野さんは戦中、左翼的とさ…

横浜事件　雑誌「改造」(四二年七月号)に論文「世界史の動向と日本」… た経済学者… 同年九月に… きっかけ。… 招いて開い… 写っていた… 次々に検挙… の思想犯を… 奈川県特高警… ったため横浜… る。細川氏も含… の大半は治安… (四五年十月)… になったが、… を受け、新旧刑… 谷間で控訴しそ… さんらはそのま… 定した。

横浜事件 二度目の再審請求

太平洋戦争時の言論弾圧事件として知られる「横浜事件」で、治安維持法違反に問われ、有罪判決の確定した故小野康人さんの妻貞さん(八五)＝東京都江東区＝と子供二人が二十七日、「冤罪だ」として、横浜地裁に二度目の再審請求をした。

雑誌「改造」の編集部員だった小野さんは同誌に掲載した社会評論家、故細川嘉六氏の論文「世界史の動向と日本」の校正にあたったが、「共産主義の啓もうだ」として一九四三年五月、治安維持法違反の疑い… 高)に逮捕された。寿署(現南署)、磯子署で特高警官から拷問を伴う取り調べを受け終戦直後の四五年九月十五日、横浜地裁で開かれた初公判の場で即日、有罪…

今回の第二次… で、遺族の貞さん… な証拠として「細… を提出、①問題… 「世界史の動向と… 審理で証拠採用さ… い②同論文の「違… 検証されていない… 挙げている。さら… 論文は民族自決… て、対アジア政策… を迫ったもので… 安維持法に照らし… 法論文にあたらな… 張する方針だ。

横浜事件　「共… 想を広めようとし… の理由で、戦時… 「中央公論」や「… どの執筆者や編集… など六十余人が治… 違反容疑で検挙… 奈川県警が調べ… 浜事件」と呼ばれ… 半数が起訴され… 罪判決を受けた。 同事件の元被告や…

「裁判所の人権侵害許…

特高による思想・言論弾圧で迫害された「横浜事件」の被害者の遺族… 検挙していく。故小野康人… た」。その… さんもその中の…

「真相解明の突破口に」

横浜事件、2回目の再審請求　決意淡々と貞さん

県警特高課による戦時中の言論弾圧事件「横浜事件」で、小野康人元被告(故人)の妻貞さん(八五)＝東京都江東区南砂二＝らは、有罪判決から五十年目が近付く二十七日、横浜地裁に二度目の再審請求をした。会見で… は、「夫は、まとも…

… 通)で記者会見。原稿用紙につづった体験談や心境を静かに読み上げた。

康人さんへの取り調べ中の拷問は、貞さんが着替えの差し入れに出向いて気付いた。「着衣が背から腰にかけて一面多量の血に染まっているのを見て、痛ま… のあまり、大…

… れについて「自分で証拠を隠しておいて、『記録がないから再審できない』なんて誠意のかけらすらない」と声を震わせた。

貞さんは「共産党の再建謀議を開いたという事件をねつ造され、県警特高課の拷問、拘禁で亡くなった犠牲者を目の当たりにした私として、今後このような事件はあってはならないと思います」と再審開始へ願いを込めて締めくくった。

NLPで要請へ　厚木基地対策協

… 市長らでつく…

司令官にミルズ大佐　米海軍厚木基地

… 討するよう求めている。

▲新聞は上が神奈川新聞、下が毎日（左）と朝日。写真は、前列右から第一次請求人の小林英三郎氏、日下部長作弁護団長、第二次の請求人・小野貞さん、左端が大川隆司弁護団事務局長。

2003年４月15日、各紙夕刊は横浜地裁「再審決定」を伝えた。

讀賣新聞

発行所 読売新聞東京本社 第45635号 〒100-8055 東京都千代田区大手町1-7-1 電話 (03)3242-1111(代) http://www.yomiuri.co.jp/

2003年(平成15年)4月15日 火曜日

仙生露プロポリス 新登場! 仙生露 超臨界抽出製法。 0120-88-7604 総販売元・株式会社サンドリー www.sundory.co.jp

4版

横浜事件 再審を決定

ポツダム宣言受諾後

60年、元被告は他界

遺族ら涙と笑顔と

判決を受けた元被告は無罪か免訴とすべきだ」と主張

遺族側の弁護団

第3種郵便物認可

新聞定価 月ぎめ 3,925円(本体価格 3,738円、消費税 187円)、1部売り(税込み)朝刊 130円、夕刊 50円

再審「やっと この日が」

横浜事件

戦時下の言論弾圧として知られる「横浜事件」で15請求から約17年。しかし、有罪判決を受けた元被告は井庄作さんもこの3月末、他界した。事件から60年や支援者の様々な思いが交錯した。

横浜事件の再審決定

「治安維持法、終戦で失効」

判決58年、免訴へ

第二次大戦中最大の言論弾圧とされる「横浜事件」で、終戦直後に治安維持法違反の有罪判決を受けた元被告の遺族が申し立てた第三次再審請求で、横浜地裁は十五日、再審開始を決定した。矢村宏裁判長は「ポツダム宣言を受諾し天皇が終戦の詔書を発したことで、治安維持法は実質的にその効力を失ったと解され、旧刑事訴訟法の『免訴』理由にあたる」と決定理由を述べた。免訴は犯行後に刑が廃止された場合などに裁判を打ち切る制度で、同裁判長は元被告側が無罪判決を求めていることについては「法が失効したにすぎず、無罪とする理由はない」とした。 =関連

元被告はいずれも、日本がポツダム宣言を受諾した一九四五年八月十四日から、治安維持法が勅令で廃止される同年十月十五日までの間に、有罪判決を受けた。

第一、二次再審請求で元被告側は、「拷問による虚偽の自白を根拠に有罪とされた」などと主張、いずれも最高裁で棄却された。

第三次ではこれに加えて、「ポツダム宣言の受

再審開始決定を受け喜ぶ故木村亨さんの妻まきさん㊨＝午前、横浜市中区で

戦時下、最大の言論弾圧

横浜事件　1942年秋から終戦直前にかけて、雑誌「改造」「中央公論」編集者ら反戦言論人や知識人に対して行われた一連の言論弾圧事件の総称。「共産主義を広めようとした」などの理由で、約60人が治安維持法違反で逮捕され、約30人が有罪判決を受けたほか、過酷な取り調べで４人が獄死した。横浜市内の警察署に留置され、神奈川県特高課が取り調べにあたったため「横浜事件」と呼ばれる。第１次、第２次の再審請求は最高裁で棄却された。

事件の経緯

「改造」に掲載された論文ぐり、社会評論家の細川嘉が逮捕される。その後、60が次々に逮捕される

本がポツダム宣言受諾を決この後、同法が廃止されるご被告らに有罪判決が出され

本が降伏文書に調印安維持法廃止。これを受け、理中だった被告は免訴に問をした神奈川県警特高警察ら30人を元被告らが告発特高幹部３人に横浜地裁が実刑判決

第１次再審請求申し立て

横浜地裁が第１次再審請求棄却

東京高裁が即時抗告を棄却

第２次再審請求申し立て

横浜地裁が第２次再審請求棄却

第３次再審請求申し立て

東京高裁が第２次請求の即時抗告を棄却

最高裁が第２次請求の特別抗告を棄却

▲写真上は地裁に入る弁護団と木村まき請求人（朝日）、下は喜ぶ木村請求人と森川弁護団長（東京新聞）。

2005年３月10日、東京高裁は検察の抗告を棄却、再審が確定した。

讀賣新聞
2005年(平成17年)3月10日 木曜日
発行所 読売新聞東京本社 第46328号
〒100-8055 東京都千代田区大手町1-7-1
電話 (03)3242-1111(代)
http://www.yomiuri.co.jp/
4版

横浜事件 再審を支持

東京高裁決定

自白信用性を…

大戦中の言論弾圧 拷問判決…

第2次大戦中に編集者など約60人が治安維持法違反で摘発された言論弾圧事件「横浜事件」で、終戦直後に有罪判決を受け確定した元被告5人の遺族が、「拷問で虚偽の自白をさせられており無罪」と主張した第3次再審請求の抗告審で、東京高裁は10日、1審・横浜地裁の再審開始決定を支持し、検察側の即時抗告を棄却する決定をした。中川武隆…
自白の信用性に顕著な疑いがある…

朝日新聞
夕刊
© 朝日新聞社 2005年
〒104-8011 東京都中央区築地5丁目3番2号
発行所 朝日新聞東京本社

横浜事件

「拷問で自…

東京高裁 再審開…

多数の雑誌編集者らが治安維持法違反の罪に問われ、戦時下最大の言…事件」で、有罪判決を受けた元被告5人の遺族が裁判のやり直しを申し…し、東京高裁は10日、再審開始を認めた横浜地裁決定を不服とする検察…定をした。中川武隆裁判長は「元被告らは取り調べ中、拷問を受け、…白をした」と認定。有罪判決の事実認定には疑いがあると判断した。

検察側は高裁の決定に不服がある場合、15日までに最高裁に特別抗告できる。高裁決定が確定すれば横浜地裁で再審公判が開かれる。

再審を請求しているのは、中央公論社の出版部員だった故・木村亨さんの妻まきさん(56)ら5人。亨さんら元被…人。(いずれも故人)…年8月14日に日本…会議でポツダム…を決めてから、

「有罪」60年 扉開く

横浜事件 再審支持

元被告遺族ら喜…

再審の重い扉が再び開いた――。戦時下最大規模の言論弾圧と言われる「横浜事件」で、東京高裁は10日、1審・横浜地裁決定に続いて、再審開始を認めた。治安維持法による有罪判決の言い渡しから60年。冤罪《えんざい》を訴え続けた元被告たちはすべて他界している。「歴史の重い階段を一つ、しっかりのぼった」。過去と向き合う姿勢を示した司法に、元被告の遺族たちには新たな希望が広がった。

〈本文記事1面〉

再審を請求した元中央公論社社員・木村亨さん(故人)の妻・木村まきさん(56)らは午前10時半、東京・霞が関で記者会見を開き、「あまりにおいしい物を食べると、言葉に詰まることがありますが、今はそういう実感です」と、決定文を見つめながら笑顔で、喜びを表現した。

「はじめ、決定文を見たときは、(抗告)棄却という言葉が目について、これまで、棄却ばかり言われてきたので、一瞬負けたのかと思いました」と苦笑した。その上で「戦後60年の年に、歴史の重い階段を一つ、しっかりとのぼったと実感しています」と感慨深く語った。

さらに、高裁決定が警察官の拷問を認めた点について、「やっと肝心のところが認定されてうれしい。国は謝罪して欲しい」と、強い口調で訴えた。

また、弁護団は「決定を歓迎するとともに、充実した再審公判の速やかな実現と再審無罪を目指して奮闘する」との声明を発表。森…

再審制度趣旨 最大限に尊重

解説 東京高裁は、1審とは全く異なる角度から、戦時体制の代名詞とも言える治安維持法違反で、終戦後に処罰された元被告側の訴えを認め、再審に道を開いた。同法による言論・思想弾圧で広く行われていた特高警察の拷問と自白の強要を重くみた判断だ。

横浜事件の第1次、第2…

▲写真は、高裁に入る森川弁護団長と木村請求人、その真後ろは大島久明弁護団事務局長（読売）。

2006年２月９日、再審公判での横浜地裁判決は「免訴」だった。

朝日新聞

横浜事件 罪の判断せず

地裁 再審

戦時下最大の言論弾圧事件「横浜事件」で、治安維持法違反で…部員の故・木村亨さんら5人（全員死亡）に対する再審の判決公…昭一裁判長は、罪を問う根拠となった同法がすでに廃止されたこと…切る「免訴」を言い渡した。元被告らの名誉回復のために無罪を…「（約60年前の）有罪判決は特高警察と検察の言いなりの不当判決…判決も不当だ。直ちに控訴する」との声明を出した。 ＝37面

免訴は、刑の廃止や大赦（恩赦の一種）などで裁判を続ける意味がなくなった場合などに、裁判を打ち切って言い渡す形式的判決。事件の内容に踏み込まないため、元被告らにかぶせられた罪が「冤罪だった」と認定されることもなかった。

治安維持法は戦後の45年10月15日に廃止されたうえ、有罪が確定していた元被告5人は同月17日に公布・施行された大赦令で大赦を受けていた。

判決は、メーデーで掲げたプラカードの内容が不敬罪に当たる…る48年5月の最…に沿い、裁判所が…実について審理で…は、検事がその事…訴できる状態にあ…が条件だ、と指摘…

その上で、治安維…が廃止されたことや…を受けたことが、旧…訴訟法の規定で免訴…る事由にあたるとし、…回は「有罪無罪の裁…することは許されない…ケースだと判断した。

弁護側は、無実の罪…着せられた人の救済と…う再審の理念に照らし、…「審理をすれば無罪と判…断できる場合に、形式的…

キーワード 横浜事件 1942〜45年、中央公論や改造社、朝日新聞などの言論・出版関係者約60人が「共産主義を広めようとした」などとして治安維持法違反容疑で神奈川県警特高課に逮捕された言論弾圧事件の総称。評論家細川嘉六が富山県で開いた宴会が「共産党再建準備会」とみなされ、中央公論と改造社は解散。拷問で4人が獄死した。約30人が起訴され、終戦直後の45年8〜9月、「自白」を唯一の証拠に有罪判決を受けた。戦後、取り調べ中に拷問をしたとして警官3人が特別公務員暴行傷害罪で有罪判決を受けた。

「免訴ずるい」

横浜事件判決

遺族失…

でっちあげの治安維持法違反…抱き続けた人々に対し、司法が…判の打ち切り」だった。9日、…に「免訴」を言い渡しただけ…なかった。裁判のやり直しに…「裏切られた」と語り、憤り…

読売新聞 【朝夕刊月ぎめ定価3925円（本体価格3738円＋消費税187円）】1部売り朝刊130円・夕刊50円 （第三種郵便物認可）

遺族「免訴ひきょう」

会見で、被害者や遺族らの署名が書かれた芳名帳を見せる元被告木村亨さんの妻・まきさん（右は森川金寿弁護団長、９日午後３時半、横浜弁護士会館で）

横浜事件 再審判決

法廷に怒り

「無罪」、聞きた…

国家による言論弾圧、拷問の末、「有罪」の重しを背負った元被告らの思いは、届かなかった。横浜事件の再審判決は9日、遺族らが求めていた「無罪」ではなく、裁判そのものを打ち切る免訴だった。自白の強要などを批判的に論じ、識者からは名誉回復はなったとの声も出ているが、元被告5人はすでにこの世にない。遺族からは怒りや落胆の声ばかりが漏れ、〝司法判断〟との隔たりが再び浮かび上がった。

＜本文記事１面＞

「被告人5名を免訴する」。判…された瞬間、遺…含め約80人が詰…廷には、ため息が…顔をこわばらせ、…情を見せる遺族…

元被告で雑誌…た小林英三郎さ…一郎さん(65)は、…グサリときた。…が棄却された時、…れていた父の顔…た」と振り返っ…の高木健次郎さ…さん(64)も、「…無罪の言葉が聞…た。名誉回復す…の言葉がないと…う」と力無く話…

元被告木村亨…きさん(56)は、…援者に肩を抱き…

横浜事件と再審請求の流れ

1943〜45年	出版社社員ら約60人が相次ぎ逮捕される
1945年８月	終戦。木村亨氏らに有罪判決（〜９月）
10月	治安維持法廃止。審理中の

▲写真上は、地裁に向かう弁護団と請求人（朝日２・10）、下は記者会見の光景（読売同）。

2010年２月４日、刑事補償審で横浜地裁は「無罪判断」を示した。

MAINICHI
毎日新聞
夕刊

横浜事件 無罪判断

地裁 5遺族

「司法の

戦時下の言

戦時下最大の言論弾圧とされる「横……で免訴判決を受けた元被告5人の遺族……円の刑事補償を支払う決定を出した。……など）免訴の理由がなければ無罪の裁判……は事実上の無罪判決といえる。さらに決……大」と司法の責任にも言及した。

朝日新聞
2010年（平成22年）
2月4日
木曜日
夕刊

横浜事件 無罪の判断

地裁決定 元被告に刑事補償

戦時下最大の言論弾圧とされる「横浜事件」の再審請求で、有罪か無罪かを判断せずに裁判を打ち切る「免訴」判決を受けた元被告5人について、横浜地裁は4日、刑事補償を認める決定をした。5人の補償総額は請求通りの約4700万円。大島隆明裁判長は「治安維持法の廃止など免訴にあたる理由がなければ、無罪判決を受けたことは明らか」と述べ、実質的な「無罪」と判断した。

（波戸健一、二階堂友紀）＝8面に決定要旨、11面に関係記事

再審で無罪判決が言い渡された場合と同様に、今回の補償決定は官報や新聞に公示される。1986年に初めて再審請求して以来、初めて司法により元被告の名誉回復が図られる。最高裁によると、免訴判決後に刑事補償が認められたこれまでのケースは「把握していない」という。

補償が認められたのは、いずれも故人で、元中央公論社出版部の木村亨さん▽元改造社編集部の小林英三郎さん▽旧満鉄調査部員の平舘利雄さん▽元古河電工社員の由田浩さん▽元改造社編集部の小野康人さん。5人は治安維持法違反で45年に有罪……た。遺族が3次、……で免訴判決を受け……事補償を求めてい……決定は、神奈川……高等課（特高）の……について「極めて……基づき、暴行や……捜査を進めたこ……過失」と認定。……問を見過ごして……裁判官も「拙速……れてもやむを……をした」とそ……言及したうえ……の捜査から始……者による追……た」と事件……事件の発……高警察が……（現・朝日……「日本共……とみなし……はこの会……会合だっ……

■刑事補償決定の骨子

- 大赦及び治安維持法の廃止という事実がなかったならば、再審で「免訴」でなく無罪の判決を受けたことは明らかだ
- 拷問という違法な手法で捜査を進めた特高警察には、故意に匹敵する重大な過失があった
- 検察官も、拷問の事実を見過ごして起訴した点で過失があった
- 拙速、粗雑な事件処理をし、慎重な審理をしようとしなかった裁判官にも過失があった

無罪を認定
雪冤成る

刑事補償の決定を受け「雪冤（せつえん）成る」などと書かれた紙を掲げる元被告の遺族・小野新一さん（右）ら＝4日、横浜市中区、高橋雄大撮影

be evening 木曜ライフスタイル 2～5面
作物のできを大きく左右する土作り。寒気にさらして土壌の消毒をしよう。野菜たちが好むpH調整も大切！ 2面
大事な物には探知機を 4面
米国バンド・シカゴ40年 5面
スポーツ9面／小説9面
文化6面／環境7面
連載「検証 昭和報道」8面
「窓」8面／円・株・金融6面
TV・ラジオ7・12面
新S―あらたにす
http://allatanys.jp
朝日・読売・日経よみくらべ

朝日新聞東京本社
発行所：〒104-8011 東京都中央区築地5-3-2 電話03-3545-0131
www.asahi.com

東京新聞
夕刊
中日新聞東京本社
東京都千代田区内幸町二丁目1番4号

横浜事件は「冤罪」

遺族に補 捜査・司

戦時下最大の言論弾圧とされる「横浜事件」り、再審で免訴となった元被告五人（いずれ……）を支払う決定をした。大島隆明裁判長は、当……ることが可能だったならば、無罪の裁判を受……

元被告の五人は、雑誌「改造」元編集者小野康人さん、同小林英三郎さん、「中央公論」元編集者木村亨さん、元満鉄調査部員平舘利雄さん、元古河電工社員由田浩さん。

大島裁判長は、五人を逮捕した当時の神奈川県警察部特別高等課の捜査について「脆弱な証拠に基づいて検挙。思い込みによる捜査から始まった」と批判。「竹刀で乱打され、靴でけられ、ときにはつるし上げられるなどの暴行を加えられた」と拷問も認めた。

さらに「検察官は拷問の事実を見過ごして起訴した点に過失があった」「拙速、粗雑と言われてもやむを得ない事件処理がなされ、裁判官にも過失があった」と司法の責任を次々と認定。「落ち度のない元被告らが被った肉体的、精神的苦痛は甚大」として満額の補……

横浜事件 1942～45年にかけ、雑誌「改造」「中央公論」の編集者など言論・出版関係者約60人が、共産主義を宣伝したとして、治安維持法違反容疑で神奈川県警察部特別高等課（特高）に逮捕され、4人が獄死、約30人が有罪判決を受けた。元被告や遺族らが86年以降、無罪を求めて再審請求。第1次、2次請求はいずれも棄却。第3次、4次請求の5人について、同法の廃止などを理由に有罪か無罪かを判断せずに裁判を打ち切る免訴判決が確定した。

刑事補償 刑事裁判で無罪判決や再審公判で無罪判決を受けた場合、刑事補償法に基づき国に補償を求めることができる

▲大島隆明裁判長は「免訴の理由さえなければ無罪の判決だったことは明らか」として第三次再審請求の４遺族、第四次の１遺族に対し満額の刑事補償を決定した。上の写真は記者会見で喜びあう第四次の小野新一・齋藤信子請求人と佐藤博史主任弁護人。

「無罪の証明」として裁判所は官報のほか３紙に決定を公示した。

刑事補償法では、裁判所は官報のほか申立人側が指定する３紙に、「免訴の裁判をすべき事由がなかったならば無罪の裁判を受けるべきものと認められた」ことを公示しなければならない。小野康人氏の遺族による第四次では「朝日」「読売」と「しんぶん赤旗」を指定した。事件の核心が「共産党再建準備会」の捏造だったからである。

朝日新聞

(平成22年)6月24日　木曜日

刑事補償法による補償決定の公示

亡小野康人に対する治安維持法違反被告事件につき、平成二一年三月三〇日言渡しの免訴判決が確定したので、免訴の裁判をすべき事由がなかったならば無罪の裁判を受けるべきものと認められる充分な事由があるとして、平成二二年二月四日次のとおり抑留拘禁による補償決定をした。

亡小野康人相続人小野新一（東京都八王子市）、同齋藤信子（東京都渋谷区）七八四日分九八〇万円

横浜地方裁判所

官庁報告

法務

刑事補償法による補償決定の公示

亡小野康人に対する治安維持法違反被告事件につき、平成二一年三月三〇日言渡しの免訴判決が確定したので、免訴の裁判をすべき事由がなかったならば無罪の裁判を受けるべきものと認められる充分な事由があるとして、平成二二年二月四日次のとおり抑留拘禁による補償決定をした。

亡小野康人相続人小野新一（東京都八王子市）、同齋藤信子（東京都渋谷区）七八四日分九八〇万円

横浜地方裁判所

しんぶん赤旗

2010年6月24日（木曜日）

刑事補償法による補償決定の公示

亡小野康人に対する治安維持法違反被告事件につき、平成二一年三月三〇日言渡しの免訴判決が確定したので、免訴の裁判をすべき事由がなかったならば無罪の裁判を受けるべきものと認められる充分な事由があるとして、平成二二年二月四日次のとおり抑留拘禁による補償決定をした。

亡小野康人相続人小野新一（東京都八王子市）、同齋藤信子（東京都渋谷区）七八四日分九八〇万円

横浜地方裁判所

讀賣新聞

2010年（平成22年）6月24日（木曜日）

刑事補償法による補償決定の公示

亡小野康人に対する治安維持法違反被告事件につき、平成二一年三月三〇日言渡しの免訴判決が確定したので、免訴の裁判をすべき事由がなかったならば無罪の裁判を受けるべきものと認められる充分な事由があるとして、平成二二年二月四日次のとおり抑留拘禁による補償決定をした。

亡小野康人相続人小野新一（東京都八王子市）、同齋藤信子（東京都渋谷区）七八四日分九八〇万円

横浜地方裁判所

✺全記録：横浜事件・再審裁判〈目次〉

[解説] 横浜事件・再審裁判の経過 1

第一次再審請求（一九八六・7〜一九九一・3）

請求審（横浜地裁）

■一九八六・7・3 再審請求 35
■〃 ・8・7 再審請求理由追加補充書 43
■〃 ・9・26 上申書（判決書探索要求） 53
■〃 ・9・30 書記官報告書 54
■一九八七・2・20 検察官意見書 55
■〃 ・11・13 弁護人意見書 60
■一九八八・3・28 決定（棄却） 142

即時抗告審（東京高裁）

■一九八八・4・1 即時抗告の申立 150
■〃 ・4・1 横浜地裁意見書（即時抗告否認） 150

■〃・5・25　即時抗告理由書　151
■〃・8・1　上申書（大川弁護人）　159
■〃・8・3　裁判所より検察官へ「求意見」　163
■〃・9・8　検察官意見書　164
■〃・10・20　即時抗告理由補充書　164
■〃・12・16　決定（棄却）　170

特別抗告審（最高裁）

■一九八八・12・24　特別抗告の申立て　177
特別抗告理由書　178
■〃・12・26　東京高裁判事意見書　183
■一九八九・2・28　抗告理由補充書（弁護団）　183
■〃・2・28　抗告理由補充書（新井弁護人）　192
■〃・12・15　上申書（大法廷回付・口頭弁論の開始の要請）　198
■一九九〇・2・5　上申書（ビデオ「横浜事件を生きて」提出の件）　199
■〃・8・15　求意見書（最高裁より最高検察庁検察官へ）　200
■〃・9・18　意見書（最高検検事から）　201
■〃・10・22　抗告理由補充書（検察官意見に対して）　202
■〃・10・24　抗告理由補充書
（「山本老再審請求事件」第一小法廷決定に関連して）　207

■一九九一・1・17　抗告理由補充書（大赦令による赦免と再審請求）　208
■〃・2・8　補充意見書（検察官より最高裁裁判長へ）　213
■〃・3・14　最高裁決定（棄却）　215

第二次再審請求（一九九四・7〜二〇〇〇・7）

請求審（横浜地裁）

■一九九四・7・27　再審請求書　217
■〃・11・30　検察官意見書　225
■一九九五・3・2　意見書（検察官意見書反論）　227
■〃・4・11　再度、検察官意見書　247
■〃・6　意見書・二（検察官意見書反論）　250
■〃　上申書（小野貞）　256
■一九九六・7・30　決定（棄却）　263

即時抗告審（東京高裁）

■一九九六・7・30　即時抗告の申立て　268
■〃・9・30　抗告理由書　268
■一九九七・3・31　求意見書（高裁より高等検察庁の検察官へ）　282
■〃・4・7　検察官意見書　282

■一九九八・8・31　決定（棄却）　283

特別抗告審（最高裁）

■一九九八・9・7　特別抗告の申立て　289
■〃　・9・7　申立て補充書　290
■〃　・10・9　申立て補充書（二）　293
■一九九九・10・8　上申書（弁護人の追加選任）　297
■二〇〇〇・3・15　申立て補充書（三）　299
■〃　・4・28　検察意見書　310
■〃　・7・11　決定（棄却）　311

第三次再審請求（一九九八・8〜二〇〇五・3）

請求審（横浜地裁）

■一九九八・8・14　再審請求書　313
■二〇〇〇・4・20　再審理由補充書（1）　356
■二〇〇一・1・26　再審理由補充書（2）　362
■〃　・5・9　再審理由補充書（3）　369
■〃　・5・9　再審理由補充書（4）　379
■〃　・5・29　鑑定の請求　380

■〃・9・25　検察官・鑑定についての意見書　381
■〃・10・2　裁判所・鑑定についての決定　384
■二〇〇二・5・27　大石眞京大教授・鑑定意見書　385
■〃・7・1　検察官・鑑定嘱託書　392
■〃・12・20　浅古弘早大教授・鑑定意見書　392
■二〇〇三・2・5　再審請求最終意見書　408
■〃・4・15　決定（再審開始）　440

即時抗告審（東京高裁）

■二〇〇三・4・18　検察官・即時抗告申立書　451
■〃・4・21　地裁裁判官・意見書　462
■〃・7・10　弁護団・意見書　463
■〃・9・10　弁護団・意見書（2）　471
■二〇〇四・4・19　弁護団・即時抗告に対する決定促進を要望する上申書　481
■〃・12・9　弁護団・早期の棄却決定を求める上申書　481
■二〇〇五・3・10　決定（即時抗告棄却・再審開始決定）　483

第四次再審請求（二〇〇二・3〜二〇〇八・10）

請求審（横浜地裁）

第三次請求・再審公判（二〇〇五・5〜二〇〇八・3）

第一審（横浜地裁）

控訴審（東京高裁）

上告審（最高裁）

第四次請求・再審公判（二〇〇九・2〜二〇〇九・3）

第一審（横浜地裁）

第四次請求・刑事補償請求（二〇〇九・4〜二〇一〇・2）

請求審（横浜地裁）

第三次請求・刑事補償／費用補償請求（二〇〇九・5〜二〇一〇・3）

請求審（横浜地裁）

[解説] 横浜事件・再審裁判の経過

横浜事件・再審裁判は、第一次から第四次にわたり、一九八六年から二〇一〇年まで、二四年をかけてたたかわれた。裁判の種類も、再審請求審、再審公判、刑事補償請求審と三種類にわたる。裁判の時期も、第二次と第三次が重なり、第三次と第四次も重なっている。しかも、三次と四次は互いにからみあう形で進行した。かなり複雑でわかりにくい。

そこで、裁判全体の輪郭をつかんでいただくために、経過だけを簡潔に述べておきたい。

最初の再審請求当時の時代背景

横浜事件そのものはアジア・太平洋戦争の戦時下、一九四二（昭和17）年9月に引き起こされ、四五（同20）年9月、日本の敗戦によって終わった。まる三年間続いたことになる。「治安維持法違反」の容疑により起訴された三三人のほとんどには、懲役二年・執行猶予三年の刑が宣告された。

それから実に四一年をへて再審請求がおこなわれる。その背景には、次のような時代状況があった。

一九八五年、中曽根内閣の時代、国会に「国家秘密法案」が提出された。防衛秘密・外交秘密への市民のアクセスを封じるための立法である。戦前を知る世代の人びとの脳裏には、遠ざかっていた治安維持法や軍機保護法、国防保安法などの記憶がよみがえる。

当然、広範な反対運動が巻き起こった。組織を挙げて立ち上がった日本弁護士連合会をはじめ全国各地の団体・グループが反対運動に取り組んだ。日本新聞協会や日本民間放送連盟なども反対声明を発表した。出版界では、日本書籍協会、雑誌協会、日本書店組合連合会の業界三団体が反対を表明したほか、「国家秘密法案に反対する出版人の会」が結成され、阻止運動に取り組んだ。こうした国民的運動の広がりにより、八五年末、法案は廃案となったが、自民党はすぐに修正案を準備、次の提出の機会をうかがった（結局は再提出できず）。

そうした中、横浜事件「元被告」の一人、木村亨氏は森川金寿弁護士とともに再審請求の準備に取り組み、同じ「元被告」の人たちと連絡を取りつつあった。

八六年6月7日、前記の「出版人の会」は、「横浜事件を語り・聞く会」を企画・開催した。横浜事件被害者の中には、出版人（編集者）が数多く含まれており、国家秘密法案の出現は横浜事件の悪夢を呼びさまさずにはおかなかったからである。

当日、東京・一ツ橋の日本教育会館の大会議室は四百人の人びとで埋まり、ステージには横浜事件の直接の体験者（被害者）が並んだ。初めて語られる「秘話」もあり、体験からにじみ出るリアリティーが聞く者の胸を打った。

集会が終わった後、木村氏と森川弁護士は、「元被告」の人たちに再審請求への賛同を呼びかけた。幾人もの人がそれに応じた。こうして、短時間のうちに「請求人団」が結成された。

第一次再審請求

一九八六年7月3日、横浜地裁へ再審請求がおこなわれた。

横浜事件・再審裁判の経過

年	第一次請求	第二次請求	第三次請求	第四次請求
1986	7・3 再審申立て（横浜地裁）			
1987				
1988	3・28 決定（棄却）、即時抗告（東京高裁） 12・16 決定（棄却）、特別抗告（最高裁）			
1989				
1990				
1991	3・14 最高裁決定（棄却）			
1992				
1993				
1994		7・27 再審申立て（地裁）		
1995				
1996		7・30 決定（棄却）、即時抗告（高裁）		
1997				
1998		8・31 決定（棄却） 特別抗告（最高裁）	8・14 再審申立て（地裁）	
1999				
2000		7・11 最高裁決定（棄却）		
2001				
2002				3・15 再審申立て（地裁）
2003			4・15 決定（再審開始） 検察官即時抗告（高裁）	
2004				
2005			3・10 決定（抗告棄却） 再審公判（地裁で２回）	
2006			２・９地裁判決（免訴） 控訴（高裁）	
2007			１・19高裁判決（棄却） 上告（最高裁）	
2008			3・14最高裁棄却（免訴確定）	10・31 決定（再審開始） 再審公判（09年２・17）
2009			5・29刑事補償請求（地裁）	3・30判決（免訴） 4・30刑事補償請求（地裁）
2010			２・４刑事補償決定	２・４刑事補償決定

請求人は次に示すように「元被告」が六名、遺族（妻と母）が三名の計九名である。（肩書きは検挙時のもの、『改造』『中央公論』は知識層を対象とする当時の二大総合雑誌、「泊会議」とは国際政治学者・細川嘉六氏が若い編集者や研究者を郷里の富山県泊に招いて開いた慰労会を神奈川県特高警察が「共産党再建準備会」と決めつけた一泊旅行をさす。）

青山　鉞治氏（元『改造』編集部）
故小野康人氏（元『改造』編集部、「泊会議」参加者。請求人は夫人の小野　貞さん）
川田　定子氏（川田寿氏夫人、在米中の米国共産党関係の容疑で検挙）
故川田　寿氏（外務省・世界経済調査会資料課主任。請求人は夫人の定子さん）
木村　亨氏（中央公論社出版部、「泊会議」参加者）
小林英三郎氏（『改造』編集部）
畑中　繁雄氏（元『中央公論』編集長）
平館　利雄氏（南満州鉄道＝満鉄東京支社調査室主任、「泊会議」参加者）
故和田喜太郎氏（『中央公論』編集部。請求人は母の和田かよさん）

「戦時下最大の思想・言論弾圧事件」として知られる横浜事件の再審請求は、全国紙の一面で大きく報じられた（本書巻頭の写真ページ参照）。しかし、裁判所の対応はきわめて低調なものだった。

横浜事件の特徴の一つは、残されている資料がきわめて少ないことである。判決書そのものも、今回の請求人九名のうち二名のみ、予審終結決定もわずかに三名の分があるだけで、取調べの過程を示す資料は皆無である。そのため弁護団は、残存する判決書や特高月報の記述などからそれぞれの判決書を復元して裁判にのぞんだ。

再審のための「新資料」として提出したのは、特高警察官三名に対する「有罪」確定判決である。

横浜事件は、特高警察官による凄惨な拷問で知られる。「物証」を手に入れることのできない特高は「自白」を引き出すためにすさまじい暴力を振るった。その犠牲となった人びと三三名は、戦後、特高たちを特別公務員暴行傷害罪で告発した。裁判は横浜地裁、東京高裁から最高裁まで行き、一九五二（昭和27）年4月、元特高警官三名に対する有罪が確定した。

残存する判決書の「証拠」欄に挙げられているのは、例外なく「被告人の供述」、つまり「自白」である。ところが、その自白は暴力的取調べにより引き出されたことが確認された。自白に対する信頼性は根底から揺らぐことになる。

こうして提起された再審請求だったが、八八年3月、横浜地裁で下された「決定」は「棄却」だった。理由は、「原判決の有罪認定の当否」を判断しようにも、「証拠資料を備えた訴訟記録」が存在しないからどうにもならない、というものだった。

しかも、保管を義務づけられている訴訟記録が失われた理由について、「決定」はこう述べていた。

「当裁判所の事実取調べの結果によれば、太平洋戦争が敗戦に終わった直後の米国軍の進駐が迫った混乱時に、いわゆる横浜事件関係の事件記録は焼却処分されたことが窺われる。」

みずから訴訟記録を焼却処分しておいて、記録がないから再審には応じられない、と突き放したのである。常識の世界ではおよそ考えられない〝裁判所の論理〟だった。

また、新証拠として提出した特高警官に対する有罪判決についても、「決定」は、確定判決は「元被告」三三名のうち益田直彦への暴力に対してだけ有罪を認めたのであって、そのほかの者に暴力を加えたことは認めていない、としてしりぞけた。

たしかに確定判決は、拷問による「傷痕」という立証手段の存在した益田氏のみを対象としたものであった。しかし、告発に当たっては全員が、自分の受けた拷問についてリアルに述べた口述書を提出していた。それを読めば、益田氏に拷問を加えた特高の幹部たちが他の容疑者全員の取調べにも当たっており、ほとんど同種類の暴力を加え、その際に吐いた言辞もほとんど同じだったことが分かる。

したがって本来なら、当時の検察庁は益田氏だけでなく全員に対する暴行を認定すべきであった。その検察庁の捜査の不十分さに便乗して、横浜地裁「決定」は再審請求を拒否したのである。

即時抗告した東京高裁の「決定」は、八九年12月に下された。

棄却。理由は地裁と同じ「一件記録が存在しない」から判断できない、だった。ただし、拷問については、「益田直彦に対してだけでなく、他に対しても拷問が行われたのではないかとの疑いを否定し去ることはできない」と述べ、地裁の機械的判断を多少修正した。しかし、やはり訴訟記録が存在しないから判断は不可能と結論した。

特別抗告による最高裁の「決定」は、九一年3月に下された。

棄却を示した文章は短く、理由も簡単だった。つまり、本件の場合、最高裁に特別抗告ができるのは、刑訴応急措置法18条1項により、原決定の処分が「憲法に適合するかしないかについてした判断が不当であることを理由とするとき」に限られるが、原決定はそのような憲法判断をしていないから、特別抗告はできない、というのである。文字どおりの門前払いだった。

こうして第一次再審請求は終わった。

第二次再審請求

第一次再審請求で思い知らされたのは、再審を阻むカベの高さである。そのカベは、徹底した〝形式論理〟で構成されていた。

事件の虚構を証明する直接的な資料（証拠）が必要だった。

弁護団・請求人会議でそのことが何度も話し合われた。

第一次の再審申立てからまもなく、八六年11月には「横浜事件・再審裁判を支援する会」が結成されていた。その「支援する会」で全国の近現代史の研究者に対し、裁判の実情を伝え、資料についての情報提供を訴えた。しかし、成果はなかった。

支援者の研究者に頼んで、公文書館で資料を探索してもらった。渡米した研究者には、ワシントンの国立公文書館で資料の調査に当たってもらった。しかし、求める資料は見つからなかった。

再審請求は完全に暗礁に乗り上げた状態となった。

その中で、浮かび上がってきたのが、九名の請求人のうち故小野康人氏の再審請求を〝突破口〟とするという案だった。

第一次請求で門前払いの理由とされたのは「訴訟記録が存在しない」だった。ところが小野氏の場合は、まったく偶然に、予審終結決定書と判決書がそろって残っていた。これなら「記録がない」で突き放すことはできないだろう。

そしてもし、小野氏の判決をくつがえすことができれば、同じ横浜事件につらなる人たちの無罪も勝ち取れるのではないか。

こうして、小野氏のケースを〝突破口〟と位置づけて第二次再審請求が取り組まれることになる。

小野氏は総合雑誌『改造』の編集部員だった。判決に書かれたその「犯罪事実」は、国際政治学者・細川嘉六氏の「共産主義的啓蒙論文」である「世界史の動向と日本」を『改造』に掲載することを支持し、かつその校正をおこなったこととなっていた。

したがって、その「証拠」欄には当然、論文「世界史の動向と日本」が掲げられていなくてはならない。何よりもその論文が「共産主義的啓蒙論文」であると認定することなしに「犯罪」は成立しないからである。ところが判決の「証拠」欄にその論文の名はなく、挙げられているのは本人と同僚の「自白」だけだった。ということは、裁判官は問題の論文を検討することなしに判決を下したのではないか。なぜなら、もし本当に読んでいたのなら、該論文を「共産主義的啓蒙論文」と断定することなどできないはずだからである。

という論理立てで、九四年7月、細川論文を「新証拠」として第二次再審請求は始まった。

二年後の九六年7月、横浜地裁の「決定」が下された。またしても棄却だった。

理由は、判決の文中に、雑誌『改造』の何ページから何ページまでと論文掲載のページ番号が記されてあるのをとらえて、このページ番号はちゃんと正しく合っているから、「裁判官がその存在を認識していたことは明らかである」として、次のように結論した。

「この論文が共産主義的啓蒙論文であるとの判断が原確定判決認定の犯罪事実の前提をなすものであるから、原確定審が、押収されていた右論文を取り調べることなく、すなわち、その内容を検討することなく判決をしたとはおよそ考えがたいところであり、原確定審はこれを取り調べた上で判決をしたと解するのが自然である。」

第一次の裁判所は徹底して〝形式論理〟で通した。第二次請求では、裁判所は単純な形式論理では対応できないため、「と解するのが自然である」と憶測・推量で対応したのである。

即時抗告による東京高裁の「決定」は、これも二年をへた九八年8月に下された。高裁決定は、

「原確定審裁判所において、押収されている右論文を取り調べることなく判決したとは考え難く、これを取り調べた上で判決をしたと考えるのが自然であるとする原決定の判断は、右の観点からは一応合理的と考えられる。」

と一応は地裁の判定を認めながら、

「しかし、もし原確定審裁判所が細川論文を証拠として取り調べたのであれば、何故その論文を有罪判決中の証拠欄に掲げなかったのか、証拠として取り調べておきながら、これを有罪判決中の証拠欄に掲げないことにする何らかの理由があったかどうか、その点について大きな疑問が残ることは否定できない。」

と言い、また論文掲載のページ番号が正しいという点についても、

「細川論文の押収番号と改造誌の当該号の頁数が正確に特定・摘示されているからといって、これを原確定審裁判所が同論文を現実に取り調べたことの認定根拠とすることに十分な理由があるとまでは思えない。」

と疑問を呈している。

このように、高裁決定は、行きつ戻りつして自問自答しながらも、結局は、地裁決定が、

「論文内容の評価は裁判所としての判断過程そのものであるから……細川論文を取り調べずに判断したとはいえないと述べているのは、合理的で、もっともな判断だといわなければならない。」

と同じ結論に落ち着いたのだった。

そしてやはり二年後の二〇〇〇年7月の最高裁決定。棄却を命じる文章は一段と短くなり、高裁の決定は憲法判断とは関係がないから特別抗告の理由がない、との理由で一蹴された。

この間、請求人の小野貞さんは申立て翌年の九五年9月に逝去、請求人は遺児二人に引き継がれた。

第一次、第二次の裁判記録を通して、一般人にもすぐに目に付くのは、弁護団側がたくさんの資料を援用し、論証を重ねて主張を展開しているのに対し、検察官の意見と裁判所の決定はきわめて短く、そっけないことである。

まさしく門前ばらいとしか言いようのない対応であった。

第三次再審請求

第二次再審請求は、再審をはばむカベにはね返された請求人団と弁護団が、そのカベを破る〝突破口〟として位置づけ、取り組んだものであった。しかし、裁判所の対応はのろく、最終決着までに満六年を要した。第一次の再審請求から数えるとすでに一四年がたっている。最初の再審申立て時点ですでに高齢だった請求人たちは、第二次再審請求の継続中に次、次と他界していった。

この間、第一次再審請求で中心的役割を果たした木村氏は、森川弁護士らとともにジュネーブで開かれる国連人権委員会で日本の人権状況を訴える一方、新たな再審請求の道を模索していた。

第二次請求が東京高裁で審理中だった一九九八年8月、木村氏永眠の一ヵ月後に第三次再審請求が横浜地裁に提起された。請求人は木村氏のほか勝部元、小林英三郎、高木健次郎、畑中繁雄、平館利雄、由田浩氏の六名、それに板井庄作氏が追って参加した。

このうち木村、小林、畑中、平館の各氏は第一次の請求人であったが、木村、小林、平館氏はすでに鬼籍に入り、そのため遺族が高木、由田氏の遺族とともに請求人となった。畑中氏は存命だったが申立からまもなくこの年12月に亡くなり、勝部氏も後を追うように翌年8月に他界、最後の一人となった板井氏も〇三年3月、地裁の再審開始決定の直前に亡くなった。なお、板井、勝部、高木、由田の各氏はいずれも電気庁、日本製鉄、古河電工等に勤務しながら日本経済の現状（戦力）を分析する私的研究会「政治経済研究会」に参加していた人たちである。

第二次の弁護団は、第一次で事務局長を務めた大川隆司弁護士を中軸に横浜弁護士会のメンバーで構成されていた。第三次の弁護団が森川弁護士を中心に新たに構成された。

第三次の弁護団が立てた主張の第一点は「ポツダム宣言の受諾による治安維持法の即時失効」であり、「新証拠」としたのが日本を占領した連合国最高司令官による民主化指令の「通牒」と「覚書」であった。

一九四五（昭和20）年8月14日、日本政府は連合国による無条件降伏勧告「ポツダム宣言」を受諾した（国民への告知は15日）。

その「宣言」には「日本国政府は日本国国民の間における民主主義的傾向の復活強化に対する一切の障礙《がい》を除去すべし　言論、宗教及び思想の自由並びに基本的人権の尊重は確立せらるべし」と明記されている。

「右条項が『治安維持法』の撤廃を含む趣旨であることは明白である。」

「したがって、右宣言受諾以降は、降伏文書の調印（昭和二〇年九月二日）を待たず、治安維持法違反による有罪宣告は、法令上の根拠がなくなり、不可能になったものというべきであり、本件においては、罪とならずとして旧刑訴法三六二条により無罪を言渡すか、犯罪後の法令により刑の廃止があったものとして旧刑訴法三六三条により免訴の言渡しをなすべきものであった。」

「このことは、昭和二〇年一〇月四日の連合国最高司令官の日本政府に宛てた政治犯人の即時釈放要求を明記した『政治犯釈放』の通牒（甲第九号証の一）及び治安維持法の即時撤廃、効力停止要求を明記した同日付の前記甲第九号証の二の覚書が発せられ、これによって、日本国政府は、右宣言受諾によって、国内法的手続きを待つまでもなく治安維持法の無効を認めたものであるということが明確に裏付けられた。」

以上の事実経過から、「右通牒及び覚書は、請求人に対して無罪もしくは免訴を言渡すべき明確な新たに発見した証拠に当たるものというべきである。」

第一次、第二次請求に対しては徹底した形式論理と不確かな憶測によって門前払い同然で対応した横浜地裁が、今回はこれを正面から受け止めた。弁護団の要求に応じて法学者にこの主張の「鑑定」を依頼したのである。

裁判所から依頼されて鑑定をおこなった大石眞・京都大学教授が意見書を提出したのは二〇〇一年5月。その結論は、「ポツダム宣言の受諾によって明治憲法の神権天皇制にもとづく『国体』は否定された。したがって、『国体の変革』を禁じた治安維持法も効力を失ったと考えられる」というものだった。

この鑑定書を有力な参考資料として、二〇〇三年4月、地裁の「決定」が下された。待ちに待った「再審開始」の決定だった。

「以上検討したように、治安維持法1条、10条は、ポツダム宣言が国内法的な効力を有するに至ったことにより実質的に失効したと解され、これは旧刑事訴訟法363条2号にいう『犯罪後ノ法令ニ因リ刑ノ廃止アリタルトキ』に当たると認められる。

そして、弁護人の請求により当裁判所の採用した鑑定人大石眞の鑑定書等の証拠は、これまで述べたようにその論拠とするところ全てを当裁判所において採用するものではないが、結論も含め当裁判所の見解に影響を与えており、旧刑事訴訟法485条6号にいう新証拠といえ、本件は、同条の『免訴ヲ言渡(ス)……ヘキ明確ナル証拠ヲ新ニ発見シタル』場合に当たるといえる。

したがって、再審理由1は免訴を言い渡すべき理由があると認める限りにおいて理由がある。」

弁護団の主張は認められ、地裁は「再審開始」を決定した。ただしそれは、「免訴」を前提とした「再審開始」だった。

この「決定」を不服として、検察側は高裁に即時抗告を行った。

検察官の主張は、ポツダム宣言の受諾によってただちに国内法である治安維持法が消滅したわけではない、敗戦後10月15日の勅令「治安維持法等廃止の件」の公布によってようやく廃止され、それまでは法的に存在していた、というものだった。検察官はまた、

「そもそも治安維持法がその適用時において効力を有していたか否かは、法律判断の領域に属し、裁判所の専断事項であることは明白で、法律学者の鑑定にはなじまないし、単なる法律学者の学術的意見の開陳の域を出ない大石鑑定は、当該事件における事実の認定を左右するような証拠とはいえず、再審理由としての証拠の適格性を有しない、また、大石鑑定には、証拠資料としての新規性が認められず、大石鑑定と異なる意見もあるように、未だ確定的かつ統一的な見解など存在しないというのが現状であり、原判決の結論を覆すに足る蓋然性の存在、すなわち『明確ナル証拠』としての性格の存在も認められない。」

とも主張した。それに対し高裁(中川武隆裁判長)は、こうした「検察官の所論を直ちに排斥することは困難」として判定を留保したが、弁護団による再審理由の第三点の理由にもとづいて地裁の「再審開始」決定を支持した。

その理由とは、「元被告」たちが受けた「拷問」である。

弁護団は再審請求の「新証拠」として、ポツダム宣言関連とあわせ、第一次で提出した拷問特高三名に対する最高裁判決や「元被告」たちの口述書などを提出していた。第一次の裁判所はそれを受け取りはしたものの、「一件記録がない」ということと特高の拷問についても「最高裁判決は益田直彦一人に対してのもの」という外形だけの判断で中身に踏み込まず、実体は手付かずのままになっていた。そのため、証拠としての新規性が保存されていたのである。

高裁は、各人の口述書をたんねんに読み、拷問は益田氏一人だけではなく、「元被告」全員に加えられたものだと判定した。

「いわゆる横浜事件関係被告人益田直彦に関する司法警察官3名の上記有罪確定判決が、直ちに木村亨らにつき旧刑訴法485条7号のそれに該当するといえないとしても、その確定判決の存在により、木村亨ら及び他のいわゆる横浜事件関係被告人が上記告訴をするに当たって提出した、告訴状の付属書類である各口述書写し及び『警察における拷問について』と題する書面（板井庄作作成）写し並びに陳述書（板井庄作作成）等の信用性を否定することが極めて困難になったといわなければならない。益田直彦に関しては、上記有罪確定判決において、同人作成の口述書写しにおいて述べられているところとほぼ同様の拷問の事実が認定されているところである。また、多数の告訴事実から、益田直彦に対する拷問の事実のみが起訴されたのは、同人の口述書写しにあるように、口述書作成当時も両股に傷跡が残っているなどの立証方法があったからであることがうかがわれるから、益田直彦に対する拷問が、いわゆる横浜事件の司法警察官による取調べの中で例外的出来事であったとみるべきものではない。」

こうして、益田氏だけでなく事件の被告人は全員が特高による激しい拷問にさらされたことが認定された。

一方、事件の各被告の判決に「証拠」として掲げられているのは、例外なく「当該被告人の自白」だけである。

この二つを結びつけたらどうなるか。

「当該被告人の自白の信用性に顕著な疑いがあるとなると、直ちに本件各確定判決の有罪の事実認定が揺らぐことになる……。」

「以上の理由により、上記3名の司法警察官に対する1審、2審、3審の各判決（謄本）写し、木村亨らの口述書写しを含む31通の口述書写し、『警察における拷問について』と題する書面（板井庄作作成）写し及び陳述書（板井庄作作成）等は、木村亨らに対し、無罪を言い渡すべき、新たに発見した明確な証拠であるということができる。」

こうして二〇〇五年3月、東京高裁は横浜地裁とは異なる理由からであったが、「再審開始」を決定した。第一次の再審請求で裁判所に提出した「新証拠」が、この特高警察官に対する有罪の確定判決であった。それから何度も何度も「棄却」を重ね、一九年の歳月をへて、横浜事件再審請求は再び最初の出発点に立ち戻ったのである。

これに対し、検察側は特別抗告をせず、再審開始は確定した。

第四次再審請求

時間は少し前に戻る。

第三次請求がまだ横浜地裁段階にあった二〇〇二年3月、第四次再審請求が同じ横浜地裁に申し立てられた。

請求人は、第二次と同じ小野康人氏の遺族である。つまり、第二次を引き継ぐ形で第四次は始まった。その第二次が最高裁にかかっていた一九九九年、日本弁護士連合会・人権委員会の中に「横浜事件委員会」が設置され、そのメンバーから四弁護士が第二次の弁護団に参加、引き続いて第四次の弁護団にも加わり、その一人、佐藤博史弁護士が主任弁護人を引き受けることになる。ちなみに第四次の弁護団長は元横浜弁護士会会長の日下部長作弁護士、事務局長が大川弁護士（日下部氏逝去後は団長）となった。

第二次再審請求では、原判決が小野氏の「犯罪事実」は細川論文にかかわるものだとしながら、その「証拠」欄にかんじんの細川論文が掲げられていない点をとらえて、細川論文を「新証拠」として提出した。今回の第四次では、小野氏の「予審終結決定」そのものを新証拠とした。次のような事情（事実）からである。

第二次大戦前の日本には予審制度というのがあった。地方裁判所での刑事事件がその対象である。検事の予審請求により、その事件を公判にまわすべきかどうか、予審判事が被告を訊問して判定するというものだった。予審判事は、訊問と証拠調べが終わると「予審終結決定」を作成する。横浜事件の公判はグループごとにまとめておこなわれたが、小野氏たちの場合、六人をひとまとめにして、起訴状朗読から判決言い渡しまでたった一日で〝仕上げる〟ことができたのは、あらかじめこの予審終結決定が作られており、それをそのまま判決書に流用したからである。

さてその小野氏の予審終結決定は、四つの部分から構成されていた。

最初の部分（1）は、小野氏がマルクス主義に傾倒し、改造社内外で左翼組織の拡大をはかったこと、次の部分（2）は、他の〃同志たち〃とともに細川嘉六の郷里・富山県泊（現朝日町）に集合し、そこで細川を中心に「共産党再建準備会」を結成したこと、三つ目の部分（3）は、その細川の論文「世界史の動向と日本」の『改造』誌掲載に当たって尽力したこと、そして最後（4）が、検挙された細川の夫人のために多少のカンパをしたこと――である。

このうち実際の行動を具体的に記したのは（2）の部分だけであり、それが全体の五五％を占める。

この予審終結決定と判決を突き合わせてみると、両者の本文は完全に一致する。ただし、重大な違いがある。判決では、全体の五五％を占める（2）の部分がすっぽり抜けているのである。

両者の日付を見ると、予審終結決定は敗戦前の7月20日、判決が敗戦後の9月15日、つまり敗戦の8月14日を境にして「共産党再建準備会」（泊会議）が消えたのである。

泊会議はなぜ消えたのか？

細川氏に招かれて、小野氏たち編集者や満鉄調査部の研究者らが細川氏の郷里に集まり、細川氏による饗応を受けたのは事実である。それを特高は「共産党再建準備会」と見立て、その後に発表された細川論文を以後の活動の指令的論文に位置づけて「横浜事件」を〃構想〃した。その「証拠」を得るために、特高は検挙した人びとを拷問で責め立てたのである。

だが、日本は敗戦を迎えた。もはや泊会議の「虚構」を持ちこたえることは出来そうにもない。そこで、何ひとつ物的証拠のない泊会議は消さざるを得なかったのである。木村氏も泊に行った一人であるが、日付が8月27日となっている木村氏の予審終結決定にも、泊会議はない。

以上のような事情を物語る「新証拠」として、小野氏の予審終結決定は裁判所に提出された。

また特高が共産党再建の「指令的論文」と位置づけた細川論文「世界史の動向と日本」に対する三名の近現代史家――今井清一、荒井信一、波多野澄雄氏による鑑定書も「新証拠」として提出された。

特高はこれを終始「共産主義宣伝の啓蒙論文」と見ていたが、実際は主題・内容ともに、日米開戦にともなって日本軍が占領地を一挙に広げた事態を前に、民族自決主義にもとづく民族政策の推進を訴えた論文であることが明らかであった。三氏の鑑定書は、そのことをそれぞれの視点から論証したものである。

細川論文が「国体の変革」や「私有財産の否認」とは関係のない論文だとすれば、その論文を支持した小野氏の「犯罪事実」は消滅することになる。

泊会議（共産党再建準備会）と細川論文は、特高が描いた「横浜事件」の核心に位置する。その二つを否定することをめざした第四次請求は、正面から横浜事件の虚構の証明に挑んだことになる。

しかし、それから一年、第三次請求に対し、先に見たように地裁の「再審開始」決定が下りる。その後、高裁での「再審開始」確定をへて〇五年には再審公判が始まる。そのなりゆきを見守る形で、第四次の請求は地裁段階でペンディングの状態となった。

第三次請求・再審公判

「再審開始」確定からほどなく、横浜地裁で再審公判は始まった。

請求人・弁護団が求め、期待したのは、「元被告」たちに負わされた「犯罪事実」の実体審理と、そこから当然みちびき出されるはずの「無罪」判決だった。

ところがそれに対して検察官は、先ずはじめに、この事件は公判など開かずに検察官と弁護人だけの意見だけで処理すべきだと主張し、次いで実体審理はおこなわず、免訴にすべきだと主張した。次のような理由からだった。

「元被告」たちが裁かれたのは、治安維持法によってである。その治安維持法は、被告たちが有罪判決を受けてまもなく一九四五（昭和20）年10月15日、勅令「治安維持法廃止等ノ件」によって廃止された。さらに二日後の17日、「大赦令」の公布・施行によって赦免されてもいる。

一方、旧刑事訴訟法には「犯罪後ノ法令ニ因リ刑ノ廃止アリタルトキ」（363条2号）及び「大赦アリタルトキ」（同3号）には免訴とすると定められている。今回の場合がそれに該当する。

このように「免訴事由」があり、それによって公訴権が消滅している場合は、裁判所は実体的審理をして有罪無罪の判決を下すことはできない。したがって、被告人らに対しては免訴の判決が言い渡されるべきである――というのである。

そして検察官が、その判例として挙げたのが、「プラカード事件」での最高裁判決だった。

プラカード事件というのは、敗戦の翌四六年5月、国民だれもが飢餓に苦しんでいる中、食糧を求め、皇居前広場に二五万人が集まった「食糧メーデー（飯米獲得人民大会）」で、参加者の一人が掲げていたプラカードが、当時まだ存在していた「不敬罪」に問われた事件である（書かれていた文言は、「詔書／国体はゴジされたぞ／朕はタラフク食ってるぞ／ナンジ人民飢えて死ね／ギョメイギョジ」というものだった）。

第一審で、不敬罪を名誉毀損にすりかえて有罪とされたのが同年11月2日。ところがその翌日、新憲法の公布を記念して大赦令が公布される。その大赦をもって控訴審は、刑訴法の規定により「免訴」を判決、その控訴審判決を支持して最高裁は、四八年5月26日、次のような判決を下したのだった。

「大赦によって公訴権が消滅した以上、裁判所は実体上の審理はできなくなり、被告人に対し、刑訴法3

63条に従って免訴の判決をするのみである。従って、この場合、被告人の側においても、訴訟の実体に関する理由を主張して無罪の判決を求めることは許されないのである。」

まさしく訴訟の一方的打ち切りのような判決であった。

この最高裁の判例をもって、検察官意見は「免訴」を主張したのである。

これに対し、弁護団側は「再審」の原点から反論を組み立てた。

再審の理念・目的は、誤った裁判で有罪とされた人の侵害された名誉の回復、つまり「無辜《むこ》の救済」にある。原判決により有罪の刻印を押された無辜の被告人を救済することこそが再審手続の究極の趣旨であって、すべての手続はこの目的のために尽くされなければならない。

したがって、実体審理において無罪と判断しうる場合、すなわち今回のように「無罪を言い渡すべき、新たに発見した明確な証拠がある」ときは実体的な審理・判断が優先されるべきであり、形式裁判である免訴判決が実体判断である無罪判決より優先することはできない。形式判断である免訴判決では「無辜の救済」には達し得ない。

本件においては、再審によって無罪判決を得ることにより初めて、被告人らが、「かつて有罪判決を受け、その後、実体法的に大赦を受けた」ということ全体が誤りであったということが明白にされる。そのような実体判断により、被告人らの名誉は回復されるのであり、また、それなくしては回復されない。

「プラカード事件」の最高裁判決に対しても、弁護側はこう反論した。

この判決は、公訴がまだ係属中で、最終結論が出される前の段階での「免訴」判決である。

しかし、今回の再審裁判では、請求人たちは「有罪」の宣告を受けている。無実であるにもかかわらず、誤った裁判において有罪を刻印されている。

いまだ裁判が継続中で、有罪とされていないときの免訴（この事案は無かったことにする）というのと、すでに有罪とされているのを取り消させようとする再審の場合とは決定的に異なる。前者の場合はたんに白紙に戻るだけであるが、後者の場合は免訴となってもかつて有罪とされたという「事実」は残るからである。

しかし裁判所はこの主張には耳をかさず、検察官の意見をそのまま採りいれて「免訴」の判決を下した。その後、控訴審（第一審では二回、この控訴審でも二回の公判廷が開かれた）と上告審を通して、弁護団は長大な意見書を提出、実体審理を優先すべきだという主張を展開、また最高裁に向け五〇名をこえる法学者によって、「法の形式的側面にとらわれず無罪の実体判決を下すべき」という声明も発表されたが、裁判所の〝論理〟は動かなかった。

二〇〇八年3月14日、最高裁の判決が出された。

「……被告人5名を免訴した本件第1審判決は正当である。そして、通常の審判手続において、免訴判決に対し被告人が無罪を主張して上訴できないことは、当裁判所の確定した判例であるところ（注・プラカード事件判決等をさす）、再審の審判手続につき、これと別異に解すべき理由はないから、再審の審判手続においても、免訴判決に対し被告人が無罪を主張して上訴することはできないと解するのが相当である。以上と同旨の本件原判決（注・高裁判決）の判断は相当である。」

これに対し、即日、請求人、弁護団は声明を発表した。

「……本上告審において最高裁判所に期待されたことは、戦時下にあっても司法が健全に機能すべきことを明らかにすると共に、検察と一体となって言論弾圧に荷担した当時のわが国司法の誤りを匡すことであったにもかかわらず、事実に正面から向き合うことをせず、目を背けたのである。

本件について最初に再審の扉を開いた平成15年4月15日横浜地裁判決が、治安維持法の悪法性を正面からとらえて、ポツダム宣言受諾によって治安維持法が無効となったことを明確にしたこと、本件の再審開始を確定させることになった平成17年3月10日東京高裁即時抗告審決定が、本件が拷問による自白を唯一の証拠として有罪とされたものであって、無罪であることが明らかである旨を判示したことと対比するとき、刑事訴訟法の法技術的な論理に終始した本日の最高裁判決の不当性は余りにも明らかと言わねばならない。

請求人ならびに弁護団は、日本の司法が、今後の同種事件において、本日の判決を改めるよう強く求める。」

こうして、やっと実現した再審公判も「無罪」判決に達することなく「免訴」に終わった。

第四次請求・再審公判

第四次請求は、前に述べたように、第三次が再審開始となり、続いて再審公判が進行している間、横浜地裁にペンディング状態となっていた。
○六年2月、第三次の再審公判で「免訴」判決が出た。もしもこの判決が維持されれば、横浜事件再審裁判は実体審理に入ることなく、法の形式的適用だけで終わるかもしれない。しかし第四次は、「泊会議」の虚構と、細川論文解釈の誤りをただすことによって横浜事件の真実を明らかにすることをめざしている。第四次自身の問題としても「免訴」への危機感が深まった。
地裁の「免訴」判決は次のような構造になっていた。
①再審請求審では、無罪を言い渡すべき明白な新証拠があるか否かが審理され，これが肯定されたときに

再審が開始される。
②しかしその再審公判において、免訴事由がある場合は，無罪とはならず、免訴にせざるを得ない。
③ただしその場合でも、再審請求審の無罪を言い渡すべき新証拠があるという判断は覆らないから、無実の罪に苦しんだ者の名誉回復は図られる。
裁判所がこの見解に立ち、あくまでも「免訴事由」に固執するとすれば、再審開始決定となっても公判に移ったとたんに実体審理への道は断たれる。したがって、横浜事件の虚構——権力犯罪の実態を明らかにする場は、再審請求審だけとなる。

このような判断から、第四次の弁護団は再審請求補充書（4）を提出、再審開始「決定」の中で横浜事件の権力犯罪が明らかにされることを要望した。

○七年7月、横浜地裁で裁判官、検察官と弁護団の三者協議が開かれた。その場で大島隆明裁判長から弁護団に対し、第四次では再審請求の理由に、なぜ「拷問による自白」を掲げていないのか、の質問が出た。
第四次では先述のように、「泊会議」の虚構と細川論文の解釈についての虚構とを掲げ、「拷問による自白」は主張してこなかった。「拷問による自白」が横浜事件フレームアップの鍵であることは確かであるが、それのみに光を当てることは、かえって横浜事件の真実を隠すことになると考えたためであった。

しかし大島隆明裁判長は三者協議の場で、裁判所は、主張された再審請求理由のすべてについて判断し、「拷問による自白」だけを取り立てて判断の対象とするようなことはしないと明言した。

そこで、弁護団は、同年11月、再審請求補充書（5）を提出、「拷問による自白」を再審請求の理由に加えた。

翌〇八年3月14日、第三次の最高裁の判決が出され、「免訴」が確定した。第四次の再審公判が開かれても同じ結果となることが明らかとなった。四日後の18日、第四次弁護団の佐藤主任弁護人は、上申書を提出した。最後はこう結ばれていた。

「……どうか、貴裁判所におかれては、貴裁判所による再審開始決定が、横浜事件の真実に迫ることのできる最後の機会であることを自覚され、歴史の批判に耐え得る決定を下されたいと切に希望する。」

七カ月後の10月31日、第四次への「再審開始」決定が出された。

大島裁判長による決定は、弁護団が提出した「泊会議」の虚構や細川論文の解釈の誤りについて否定はしなかったものの新証拠としては採用しなかった。しかし内容は実体判断に踏み込み、第三次再審請求審の東京高裁・中川裁判長の決定にならって、「拷問による自白」をベースに横浜事件の全体構造を見渡し、その虚構を明らかにしたものであった。

決定は末尾に近く、特高告発の三二通の口述書をはじめ小野貞氏ほか「元被告」たちの著作や供述、第一次請求の際に作成した請求人たちの証言ビデオ、「泊会議」から細川論文掲載までの時間的矛盾を論証した橋本論文などの証拠を列挙し、これらの「証拠は、小野に対して無罪を言い渡すべき、新たに発見した明確な証拠であるということができる」と言い切っていた。

さらに特筆すべきことは、大島決定が、第一次請求に対し「記録がない」の一点張りで門前払いした同じ横浜地裁の姿勢についてもきっぱりと批判したことである。

「……前記記録は、その保管期間内であるにもかかわらず、消失したものとされており、小野の妻らによる第1次再審請求の記録等によれば、連合国軍進駐時に焼却したことがうかがわれるのであって、何ら小野や相川の責めに帰し得ない事由による記録の消失であることは明らかである。むしろ、当時、連合国の進駐前に多量の公文書が焼却されたことは公知の事実であることからすると、横浜事件の記録も、裁判所（検事局を含む。）の側において、連合国との関係において不都合な事実を隠蔽しようとする意図で廃棄した可能性が高いのであるから、裁判所の責任において、できる限り関係する資料から合理的に確定審の記録の内容を推知すべきである。

新旧の証拠資料の対照が困難であるという理由で、安易に確定判決の有罪認定に合理的な疑いを抱かせるに足りる蓋然性の有無の判断が不可能であると判断して再審請求を認めないなどというのは裁判所の執るべき姿勢ではなく、でき得る限り、確定記録のある場合に比し請求人らに不利益にならないよう証拠の再現等に努めるのが裁判所の責務であると解される。」

再審開始決定から五ヵ月後、途中一回の同じ大島裁判長による公判廷が開かれて〇九年3月30日、再審公判の判決が言い渡された。予定されていた通り「免訴」であった。

判決は、前半で改めて事件の経過をたどり、これまでに提出されている証拠は「被告人に対して無罪を言い渡すべき、新たに発見した明確な証拠であるということができる」と断定した。

そして、「法的な障害がなければ、再審公判において直ちに実体判断をすることが可能な状態にあるということができる」と保証する。

この二つを合体して出てくるのは、次の結論である。

「実体判断をすれば、間違いなく無罪となる。」

しかし、それはできない。「法的な障害」があるからだ。この「法的な障害」こそ、第三次の再審公判で二年半にわたって争われた、法が廃止され、大赦を受けた際の「免訴事由」であった。

判決の後半はこの問題に当てられ、結局は次のような結論となる。

「（事件の事実経過は）本件においても何ら異なる点がない以上……被告人を免訴すべきものと判断せざるを得ない。」

しかしこの結論では被告の遺族が納得できないだろうことは、裁判官にも十分すぎるほどわかっている。判決にはこんな文章もあった。

「……被告人の遺族らは、再審により無罪判決を得ることによって被告人の名誉回復を図ろうとしているのであり、また、その結論のみを望んでいるといっても過言でないのであるから、免訴事由が存在するからといって実体判断をせずに免訴判決を下すのであれば、死者の名誉回復を望む遺族らの意図が十分には達成されないことになるのは明らかである。」

そこで判決は、最後に「刑事補償法」について述べる。

「刑事補償法25条は、刑事訴訟法の規定による免訴の裁判を受けた者は、もし免訴の裁判をすべき事由がなかったならば無罪の裁判を受けるべきものと認められる充分な事由があるときは、国に対して補償を請求することができると規定している」のであって、

「本件において免訴判決確定後にその請求があれば、今後行われるであろう刑事補償請求の審理においては、刑の廃止及び大赦という免訴事由がなかったならば、無罪の裁判を受けるべきものと認められる充分な事由があるか、という点を判断することになり、適法な請求である限りは、それに対する決定の中で実体的な判断を示すこととなる。」

「そして、刑事補償法24条1項は、『裁判所は、補償の決定が確定したときは、その決定を受けた者の申立てにより、すみやかに決定の要旨を、官報及び申立人の選択する三種以内の新聞紙に各一回以上掲載して公示しなければならない。』と規定し、この規定は刑事補償法25条2項により、免訴の裁判を受けた者が刑

事補償を受ける場合に準用されていることから、その決定が同条の規定のとおり公示されれば、再審の無罪判決の公示の場合と全く同視することはできないにせよ、一定程度は免訴判決を受けた被告人の名誉回復を図ることができるものと考えられる。」

再審公判では「法的な障害」により免訴にするほかないが、刑事補償請求があれば、そこで実体判断をして決定し、そのことは新聞に公示されるといっているのである。

この刑事補償法のことは、第三次の再審公判でも、第一審の判決の中で触れられ、また最高裁の判決においても今井功、古田佑紀両裁判官の補足意見として述べられていた。

第四次請求・刑事補償請求

免訴判決から一ヵ月後の二〇〇九年4月30日、第四次では「無罪の証明」を求めて横浜地裁へ刑事補償請求を提出した。

請求の中で弁護団は「国家の責任」について次のように述べた。

「貴裁判所によって示される『無罪の証明』の内容は、貴裁判所を信頼してすべて貴裁判所に委ねたいが、念のために付言すれば、本件は、陸軍報道部の指摘に端を発し、神奈川県警特別高等警察が『集合写真』に基づいて『摘発』した事件であるが、特高警察は、筆舌に尽くし難い組織的拷問によって被告人らを屈服させて虚偽の自白を引き出し、虚構の『泊会議』を捏造しただけでなく、本件の司法処理に関与した当時の検察官、裁判官（および弁護人）もこれを容認・加担し、さらに、検事局および裁判所は、本件に関する裁判記録を直ちに故意に廃棄したというおよそ許し難い国家によるフレームアップ事件である。」

「そこで、貴裁判所におかれては、貴裁判所が約束されたように、刑事補償決定の中で無罪の判断を示すだけでなく、その判示において、国家が犯した過ちについて率直にこれを認め、過去の司法関係者に代わって、今は亡き被告人と妻・貞に謝罪されるべきではないかと考える。本件で犯罪を犯したのは、被告人ではなく国家の側だからである。」

補償額については、いかに戦時下といえ、冤罪による虐待に対して、「刑事補償法4条1項所定の最高額である1日1万2500円を減額する理由は全くない。本件は、通常の刑事裁判とは明らかに異なり，国家の側が裁かれなくてはならないから、なおさらである。」と主張した。

これに対し、翌二〇一〇年2月4日に発表された大島裁判長による決定は、実体的判断を下すために「本件の関係記録を精査して検討する」として、再審請求審、再審公判につづいて三度目の実体の証拠調べをおこない、小野氏の無罪をさらにゆるぎないものとした。

「泊会議」の虚構については、次のように結論付けた。

「以上、関係各証拠を検討しても、細川らが泊で宿泊し、遊興したこと以外に、共産党再建準備会を開催し、その後の活動方針を決定したという事実を認定するに足りる証拠は存在しないのであるから、再審公判で実体判断のための審理を進めていたとしても、いわゆる泊会議の事実は、認定することはできなかったものと判断される。」

また小野氏の判決書にあった細川論文の掲載に当たっての「犯罪事実」にも、根拠は存在しないことが確認された。

「……以上からすると、本件確定審の時点で、細川論文掲載行為をした当時の小野の前記主観的要件を認定させるような自白や推認させるに足りる他の編集部員の訊問調書は、存在しないか、存在してもいずれも拷問により得られた信用性を肯定し難い（あるいは証拠能力を認められない）ものであったことになる。したがって、小野がコミンテルンや日本共産党の目的達成に寄与することを企図して細川論文の掲載行為をしたという事実については、これを認定するに足りる証拠は存在しなかったものというべきであって、再審公判で実体判断のために証拠調べを進めていたとしても、これを認定することはできなかったものと推認される。」

弁護団が指摘した「国家の責任」を明らかにする点についても、「決定」の末尾にしっかりと述べられていたが、これは同日発表された第三次の刑事補償請求に対する「決定」にも同文が述べられていたので、後であわせて紹介する。

第三次請求・刑事補償請求／費用請求

第三次の刑事補償請求は第四次の一カ月後、二〇〇九年5月29日に提出され、翌一〇年2月4日、第四次と同日に発表された。

請求人は、再審請求人の中で〝最後の元被告〟だった板井庄作氏が亡くなり、高木健次郎氏の子息・晋氏も亡くなって、木村亨、小林英三郎、平館利雄、由田浩氏の遺族四名となっている。

「決定」は、これまでの再審裁判を振り返り、さらに四「元被告」の「訴訟記録」を調べて、次のように結論した。

「以上の検討からすれば、被告人4名の予審終結決定書に記載されたであろう事実について、現存する資料を元に確定審当時存在したであろう証拠を検討しても、いずれも、その各行為がコミンテルン及び日本共産党という結社の目的遂行のために行われたとの主観面の点は、到底これらを認定することはできなかったというべきである。

本件公訴事実は既に半世紀以上も前の事実を対象とするものであるから、関係者はほとんど死亡しており、さらに新たな証拠が発見・請求される可能性は極めて乏しく、したがって、大赦及び刑の廃止という事実がなく、再審公判において裁判所が実体判断をすることが可能であったならば、被告人4名とも無罪の裁判を受けたであろうことは明らかであり、刑事補償法25条1項の『無罪の判決を受けるべきものと認められる充分な事由』があったものということができる。」

そして補償額も、当然のことながら法に定められた最高額に、勾留されていたそれぞれの日数を乗じた額が示されていた。

さて、問題の「国家の責任」である。

「決定」はその最後に、「3　警察、検察及び裁判の各機関の故意過失等」として、特高警察、検察、予審判事、裁判官の「責任」について、きびしく指摘していた。

「……特高警察は、相互に人的関連性があり全体として一つの大きな組織となっているとの青写真の下に、横浜事件関係者を一斉に検挙し、拷問を加え、自白させていったのであって、特高警察が故意に事件を捏造したか否かについては様々な憶測があり、関係記録上は定かではないものの、旧刑事訴訟法下においても法律上は暴行・脅迫を用いた取調べは許されず、特別公務員暴行傷害罪を構成する犯罪行為であったはずであるから、仮に、特高警察が、検挙した横浜事件関係者にそのような嫌疑があるものと信じていたとしても、そのような違法な手法で捜査を進めたことには、故意に匹敵する重大な過失があったと言わざるを得ない。」

「そして、検察官は、一般的には特高警察がどのような取調べをしていたか知り得る立場にあったものと考えられ、被疑者の手記の体裁・内容や訊問調書の内容には不自然な点も散見されるのであるから、特高警察に取調べの状況を報告させるなどして横浜事件関係者に対する拷問の事実の有無、程度等を調査し、是正を図る措置等を講ずるべきであったといえる。そして、旧刑事訴訟法においても起訴権限は検察官にあり、起訴するにあたっては、証拠の信用性等につき慎重に吟味する必要があったのに、拷問等の事実を見過ごして起訴したという点には、少なくとも過失があったことは認められる。」

「さらに、旧刑事訴訟法においては予審判事による取調べが予定されているところ、被告人によっては予審判事の面前で拷問の事実を訴えていた者もいたとうかがわれ、また、相川のように捜査段階における供述を減退させている者もいたのに、当時の予審判事は、特に深く追及することをせず、あるいは追及したとしても予審訊問調書上では拷問の事実等は明らかにすることなく公判に付していたものと考えられる。」

「被告人4名を含む横浜事件の被疑者らに対する特高警察による拷問の事実等を見過ごしたまま同人らを公判に付したことにつき、予審判事に少なくとも過失があったというべきである。」

「横浜事件の被告人らは、終戦前後にかけていくつかのグループに分けられた上、集団で短時間の審理を受けており、中には従前の供述は拷問による虚偽のものであるとしてこれを覆そうとした者もいるが、これを聞き入れてもらえることなく、十分な審理がなされないまま即日判決を受けていた者が多数いたことがうかがわれる。その背景には、敗戦直後の混乱期において、確定審裁判所に、劣悪な環境の施設に収容され、生命や健康を脅かされていた被告人らを早期に釈放しようとする目的があったとも考えられるが、そのような目的だけであれば、保釈や勾留の取消し・執行停止等の手段で釈放することもできたはずである。確定審裁判所が被告人らの各供述について慎重な検討を行った形跡は認められず、かえって、総じて拙速、粗雑と言われてもやむを得ないような事件処理がされたものと見ざるを得ず、慎重な審理をしようとしなかった裁判官にも過失があったと認めざるを得ない。」

「以上からすると、被告人4名に対する有罪判決は、特高警察による暴力的な捜査から始まり、司法関係者による事件の追認によって完結したものと評価することもできるのであって、警察、検察及び裁判の各機関の関係者の故意・過失等は総じて見ると重大である。」

＊

こうして、横浜事件の「元被告」は無罪であることが裁判所において証明され、その〝証拠〟として刑事補償が支払われるとともに、事件は警察と司法機関、つまり「国家権力」によって仕組まれたフレームアップ（捏造・でっちあげ）であったことが、二四年にわたる再審裁判によって確定されたのである。

＊

なお、本書は、第一次再審請求が「一件記録の不存在」を理由に門前払いされた後、その再審の厚いカベを破る〈突破口〉として、たまたま判決書と予審終結決定書が共にそろって残っていた故小野康人氏の遺族が第二次の再審請求人を引き受けましたが、その康人氏夫人・小野　貞さんの遺志により、小野康人氏に対する刑事補償金を資金として製作・刊行したものです。

小野氏のご遺族・小野新一、齋藤信子さんに深く感謝するとともに、再度、特高警察の暴虐をあばきつつ治安維持法を法廷で裁いた唯一の裁判とも言える横浜事件・再審裁判の記録として、本書がとくに法曹に関わる人たちにより長期にわたって参照・研究され、思想・言論暗黒時代の再来を未然に防ぎ止める防波堤として役立てられることを願ってやみません。

二〇一一年　四月

(横浜事件・再審裁判=記録/資料刊行会　梅田　正己)

第一次再審請求（一九八六・7〜一九九一・3）

請求審（横浜地裁）

■一九八六・7・3　再審請求
■〃　・8・7　再審請求理由追加補充書
■〃　・9・26　上申書（判決書探索要求）
■〃　・9・30　書記官報告書
■一九八七・2・20　検事意見書
■〃　・11・13　弁護人意見書
■一九八八・3・28　決定（棄却）

再審請求書

東京都杉並区
請求人　木村　亨
東京都江東区
請求人　小野康人相続人妻　小野　貞
横浜市南区
請求人　平館　利雄
東京都杉並区
請求人　畑中　繁雄
神奈川県逗子市
請求人　青山　鉞治
東京都大田区
請求人　小林英三郎
和歌山県西牟婁郡
請求人　川田　寿相続人妻　川田　定子
請求人　川田　定子
埼玉県新座市
請求人　和田喜太郎　相続人母　和田　かよ

東京都新宿区――右　弁護人　弁護士　森川　金寿
同　新宿区――同　右　弁護士　関原　勇
同　三鷹市――同　右　弁護士　芦田　浩志

右請求人らより後記のとおり再審の請求をする。

再審請求の趣旨

請求人らが、別紙判決表記載のとおり横浜地方裁判所より治安維持法違反被告事件につき、同法違反の罪名により各言渡しをうけた有罪判決について再審開始の決定を求める。

一、本件事案の概要

請求人らは、別紙「判決表」同「請求人目録」記載のとおり他の請求人らと共に横浜地方裁判所において治安維持法違反の罪名により各有罪の判決を受けた者であるが、治安維持法はこれら判決言渡し後である昭和二〇年一〇月一五日廃止せられたので刑事訴訟法第三三七条二号の規定により免訴の判決をうけるべき事由があり、然らずとするも原判決の証拠は拷問により強制せられた虚偽自白に基づく無効のものであることを証する新たな証拠が発見せられたので、同法第四三五条六号の場合に該当するので本請求をなすものである。

請求人らと同じ頃同一罪名により同裁判所で審理を受けた者は別紙関係者名簿（獄死、保釈直後病死、免訴判決を受けた者を含む）記載の如く、計三十数名に及び、その他連累者も多く、この一連の治安維持法違反容疑事件は一般に「横浜事件」と呼ばれ、言論弾圧事件として、また特高警察等による凄惨酷烈な拷問事件として著名である。

然し「横浜事件」として一括通称せられるこれらの各被告事件は、その間の横の脈絡は全く無いか又はきわめて稀薄なものも少なくない。（別紙横浜事件関係図は捜査官憲側による虚構の構想により作られた構図であるが参考の便宜上添付する。）

（免訴判決）

請求人らのうち、特高警官のいわゆる「党再建準備会事件」（「泊会議」参加者ら）グループの中心的存在とされた細川嘉六氏は、横浜地方裁判所で審理継続中、治安維持法の廃止により免訴の判決をうけ、また同じくいわゆる「政治経済研究会」（昭和塾）グループに属するとされた森数男氏及びいわゆる「満鉄調査部」関係とされた内田丈夫氏の両名は上告中に最高裁判所で免訴判決をうけた。

（特高警官らの有罪判決）

前記のように本件請求人ら「横浜事件」関係被告人らは神奈川県の特高警察所属警察官らにより酷烈な拷問による取調べを受け長期間留置場等に拘禁せられたが、これら警察官のうち（職名等当時）

神奈川県警察部特別高等課勤務

警　部　松下英太郎

警部補　柄沢　六治

警部補　森川　清造

の三名は、請求人らを含む「横浜事件」関係者三三名からの告訴（昭和二二年四月付）（甲五―一）に基づき横浜地方検察庁より特別公務員暴行傷害罪で横浜地方裁判所に起訴せられ、同裁判所は昭和二四年二月二五日有罪判決を言渡し、同人らの控訴により東京高等裁判所は昭和二六年三月二八日有罪判決（松下懲役一年六月、柄沢、森川各懲役一年の各実刑）を言渡し、さらに上告により最高裁判所昭和二七年四月二四日、上告棄却の言渡しにより有罪判決は確定した（甲四―一～三）。但し同人らはいわゆる講和恩赦により刑を受けることなく終った模様である。

（拷問による自白強制）

請求人らに対する有罪判決についてこれらを実質的に見ても、これら判決の有罪認定の証拠となった各調書、供述等は、前記神奈川県特高警察官らによる激しい拷問によって無理やり作成、供述させられたものである。これらは前記元特高警察官らに対する特別公務員暴行傷害事件判決（東京高等裁判所）（甲四―二）で益田直彦氏取調の状況として認定しているように、

「同人が被疑事実を認めなかったので、被告人等は其の他の司法警察官等と共謀して同人に拷問を加えて自白させようと企て、同月十二日頃から約一週間位の間数回に亙って、神奈川県神奈川署の警部補宿直室に於いて、益田直彦に対し或いは頭髪を掴んで股間に引き入れ、或いは正座させた上手拳、竹刀のこわれたもの等で頭部、両腕、両大腿部等を乱打し又は之により腫れ上がった両大腿部を靴履きの足で踏んだり揉んだりする等の暴行凌辱の行為を為し、よって益田の両腕に打撲傷、両大腿部に打撲挫傷、化膿症等を被らせ……」

等鬼畜のような数々の拷問によって、請求人らを含むすべての横浜事件の容疑者に対し強制的に自白させた虚構の自白の結果作成せられた証拠に基づいて有罪と認定せられたものであるから、すべて破棄されるべきものである。なお今日現存する若干の判決（小野康人、小森田一記、白石芳夫、西沢富夫各氏）（甲一―一～七）には、

「証拠」として「被告人ノ当公廷ニ於ケル供述」をあげているが、これらの被告人は公判廷では形式的な手続きだけで殆んど何ら供述したことがなく、したがって判決のこの記載は真実とはいい難いが、仮にこれらの供述がなされたとしても、判決当時の政治、社会情勢としては終戦直後の混乱した時期であり、特高警察も治安維持法も厳然として存在していた時期で、もし被告人らが一切を否認すれば、再び収監されてきびしい取調べが再開されることが予想され、長期間の勾留生活に拷問等で疲労困憊していた被告人たちの生命身体が危ぶまれる状況にあった。

現実にもいわゆる米国共産党員事件関係で昭和一八年一月二一日逮捕された世界経済調査会嘱託高橋善雄氏は昭和一九年五月二三日獄中で死亡し、またいわゆる党再建準備会グループの当時中央公論社所属浅石晴世氏（昭和一八年七月三一日逮捕）は苛烈な拷問と未決勾留の獄中生活により昭和一九年一一月一三日請求人らと同じ未決監房で獄死し、同じく中央公論社所属の請求人和田かよの子和田喜太郎氏（昭和一八年九月九日逮捕）も昭和二〇年二月七日受刑中に獄死し、また満鉄東京支社所属の西尾忠四郎氏（昭和一八年五月二六日逮捕）は、昭和二〇年六月三〇日漸やく許された保釈直後重なる疲労衰弱のため死亡するというような悲惨な事態が続き、これらの知らせは請求人らの耳にも次第に入っていた。

なお、横浜事件関係者ではないが、豊多摩刑務所に拘禁されていた哲学者三木清氏が、昭和二〇年九月二六日獄死したことも当時の獄中生活の悲惨さを示すものといえよう。

また被告人らの判決後の同年九月二九日の天皇、マ元帥の会見写真の報道各紙が「発禁処分」をうけるというできごともあり、一〇月三日山崎巌内務大臣は記者とのインタビューで「思想取締の秘密警察は現在なお活動を続けており反皇室的宣伝を行う共産主義者は容赦なく逮捕する。また政府転覆を企む者の逮捕も続ける」「政府形態の変更とくに天皇制廃止を主張するものはすべて共産主義者と考え、治安維持法によって逮捕される」（一〇月五日「各紙」）と述べるなど旧態依然たる強圧的態度姿勢を維持していた。このためマッカーサー最高司令官によるいわゆる一〇・四解放指令（政治犯人の即時釈放、思想警察その他いっさいの類似機関の廃止、特高警察官の罷免、治安維持法等、思想、宗教、集会及び言論自由の制限法令の廃止）が出されるに至ったわけであるが、請求人らの判決当時は未だ旧態依然たる治安維持体制下にあった。

二、判決書及び一件記録の所在について

いわゆる「横浜事件」の被告人三十数名のうち、今日

判決謄本の現存するのは若干名（小野康人、白石芳夫、西沢富夫、小森田一記、小川修、益田直彦、手島正毅ら七名）にすぎず、請求人らの大部分を含む横浜事件関係被告人の判決原本も一件記録もその所在は不明とされている。弁護人であった海野普吉弁護士（『ある弁護士の歩み』）によれば昭和四二年横浜地検に判決謄本を請求したところ、小野以下五名分以外は「なおその他の二〇名の分については当庁が当時進駐軍に庁舎の一部を接収され、あるいはその他諸般の事情により、現在右原本が見当たりませんのでご了承下さい」との回答を貰ったとのことである。

最近（昭和六一年五月〜六月）再審弁護人森川が念のため再度記録保管庁である横浜地方検察庁に判決謄本交付請求、あるいは一件記録閲覧請求等をなしたが（この結果新たに益田直彦、手島正毅の判決が存在することが判った）未だこれらを入手することができないため本再審請求に一部の人を除き判決謄本を添付することができない。

然し横浜地方検察庁はこれが保管責任庁であるので同庁より取り寄せられんことを求める次第である。

なお仮に請求人らに対する判決原本が何らかの事由によって同検察庁その他の官庁に存在しないとしても、少なくとも刑事判決の原本は、被告人又はその相続人らの再審請求や刑事補償請求等にそなえて永久保存せられるべきものである。したがって横浜地方検察庁がその謄本を交付しない以上は、横浜地方裁判所（判決言渡庁）において再び判決を作成する職責があるものというべきである。本件では、幸いに前記の如く小野康人ら七名については判決謄本が現存し、また請求人木村、畑中らに対する予審終結決定（甲二―一〜八、甲三）その他特高月報（甲六）等の資料も入手しうるので、各原判決を再構成することは不可能ではないと思われる。

この点に関し最高裁判所大法廷昭和二六年七月一八日決定（二四年つ一〇〇号、刑集五―八―一四七六頁）は、旧刑事訴訟法五三六条の規定の解釈として、天災事変等により裁判所の原本滅失した場合の処置につき判示しているが、同法条の刑の執行の場合と、再審請求の場合とは同一に論ずることはできないとしても、基本的人権尊重の憲法の精神よりみて、本件の如き被告人のため再審請求をなす場合も、請求人の利益のために原判決書を再現することは許されるべきものと考える。なお右決定中の少数意見の中で引用されている昭和二〇年三月一九日付刑事局長から控訴院長、検事長宛て、訴訟記録等の滅失した場合における処理方策についての通牒では、判決原本が「滅失シタルトキハ裁判所ニ於テ再ビ判決ノ原本ヲ作成シ得ルモノト解スベク、若シ判事死亡シタル等ノ事由ニ因リ判決原本作成スルコト能ハザルトキハ裁判所当該事件ニ付再ビ審理判決ヲ為スベキモノトス」とあるのは、本件再審請求において、請求人らの利益のために考慮せらるべきものと思われる（原判決当時の裁判官も証人申請に掲記したように現存している）。よって再審開始の決定あらんことを求めるため本件請求に及んだ次第である。

証拠方法

本件では一部請求人関係しか判決謄本を提出できないが、各請求人関係についても逮捕、勾留、取調、拷問、予審、公判、判決の言渡しがあったことを証するため、

一、甲第一号証の一　判決謄本（小野康人）
　　昭和二〇・九・一五
　〃　二　同　（白石芳夫）
　　〃　二〇・七・三一
　〃　三　同　（西沢富夫）
　　〃　二〇・九・一五
　〃　四　同　（小森田一記）
　　〃　二〇・九・四
　〃　五　同　（小川　修）
　　横浜地方検察庁より取寄せ相成りたい
　甲第一号証の六　判決謄本（益田直彦）
　　横浜地方検察庁より取寄せ相成りたい
　甲第一号証の七　判決謄本（手島直毅）
　　横浜地方検察庁より取寄せ相成りたい

一、甲第二号証の一　予審終結決定謄本（木村　亨）
　　昭和二〇・八・二七
　〃　二　同　（畑中繁雄）
　　〃　二〇・六・九
　〃　三　同　（細川嘉六・相川　博）
　　〃　一九・一二・二九
　〃　四　同　（小野康人）
　　〃　二〇・七・二〇
　〃　五　同　（森　数男）
　　〃　二〇・四・三〇
　〃　六　同　（板井庄作）
　　〃　二〇・八・二四
　〃　七　同　（高木健次郎）
　　〃　二〇　――
　〃　八　同　（白石芳夫）
　　〃　二〇・六・二三

一、甲第三号証　公判請求書　（酒井寅吉）
　　〃　二〇・六・二八

一、甲第四号証の一　判決謄本（横浜地裁）

（松下英太郎外二名）昭和二四・二・二五

〃　二　判決謄本（東京高裁）

（松下英太郎外二名）昭和二六・三・二八

〃　三　判決謄本（最高裁）

（松下英太郎外二名）昭和二七・四・二四

一、甲第五号証の一　告訴状

〃　二　口述書　1　川田　寿／2　川田定子／3　益田直彦／4　西沢富夫／5　平館利雄／6　加藤政治／7　木村　亨／8　相川　博／9　小野康人／10　高木健次郎／11　小川　修／12　勝部　元／13　由田　浩／14　山口謙三／15　渡辺公平／16　青山鉞治／17　畑中繁雄／18　小森田一記／19　青木　滋／20　水島治男／21　小林英三郎／22　大森直道／23　安藤次郎／24　若槻　繁／25　内田丈夫／26　手島正毅／27　仲　孝平／28　松本正雄／29　藤川　覚／30　彦坂竹男／31　美作太郎／32　広瀬健一

一、甲第六号証　特高月報（昭和一九年八月分）

一、甲第七号証の一　海野普吉『ある弁護士の歩み』（１４８〜１５６頁）

〃　二『弁護士海野普吉』中の松岡英夫執筆（１０５〜１１３頁）

〃　三　同右　高木健次郎執筆（５３５〜５４４頁）

〃　四　同右　畑中繁雄執筆（５５２〜５５４頁）

〃　五　木村亨『横浜事件の真相』（１０１〜１０３頁）

〃　六　畑中繁雄著梅田正己編『日本ファシズムの言論弾圧抄史』（２８０〜２８２頁）

〃　七　青山憲三『横浜事件』（１６５〜１６７頁）

〃　八　中村智子『横浜事件の人びと』増補版（8、9頁及び横浜事件関係者人名録）

〃　九　奥平康弘『治安維持法小史』（２３２〜２４１頁）

〃　一〇『日本政治裁判史録』（第一法規社）中の田宮裕「横浜事件」

〃　一一　川田先生追悼集『己を尊び人を愛す』（自筆自叙伝草案、２８０〜３０６頁）

一、甲第八号証の一　受任事件ノート（海野普吉法律事務所）

〃　二　事件簿（同右）

一、証　人

鎌倉市――

証人（元　看守）　土井　郷誠

東京都板橋区――

証人　甲七―八の著者　中村　智子

埼玉県新座市――

証人（和田喜太郎実妹）　気賀すみ子

横浜市港北区――

証人（原判決当時の裁判官）　若尾　元

東京都台東区――

証人（原判決当時の裁判官）　影山　勇

（住所調査中）

証人　横浜地方検察庁がＧＨＱに接収された当時の検事正、次席、記録係責任者

東京都新宿区――

証人（元海野法律事務所勤務）　竹下　甫（弁護士）

一、請求人（判決言渡しのあった事実、及び拷問取調べの状況について）

〃　木村　亨

〃　平館　利雄

〃　畑中　繁雄

〃　青山　鉞治

〃　小林英三郎

〃　川田　定子

〃　小野　貞

付属書類

一、甲第一号証の一～四　判決謄本写

一、甲第二号証の一～二　予審終結決定謄本写

〃　三～八　同右

一、甲第三号証　公判請求書

一、甲第四号証の一～三　判決謄本写

一、甲第五号証の一　告訴状控

同　二の1～32　口述書控

一、甲第六号証　特高月報写（「横浜事件資料集収載」）

一、甲第七号証の一～一一　関係書抜粋

一、甲第八号証の一、二　事件簿等写

一、『横浜事件資料集』

一、弁護人選任届

一、戸籍謄本

※

昭和六十一年（た）第二号

再審請求理由追加補充書

請求人　小野康人相続人（妻）
小野　貞

右再審請求事件について、さきに提出した再審請求書の再審請求理由に加えて別紙のとおりさらに請求理由の追加補充をする。

昭和六一年八月七日

弁護人　森川　金寿
同　関原　勇
同　芦原　浩志
同　大川　隆司

横浜地方裁判所
第二刑事部　御中

再審請求理由補充

一、刑事訴訟法第四三五条（旧刑訴法四八五条）第七号（司法警察職員の職務に関する犯罪）事由該当について

請求人　小野康人　に対する有罪判決（甲第一号証の一）は、その「証拠」として「被告人ノ当公廷ニ於ケル供述」のほか「被告人ニ対スル司法警察官第一六回尋問調書ノ記載」その他を挙げている。その他西沢富夫に対する判決（甲一の三）も同様である。

本件再審請求事案は現行刑訴法四三五条第七号の「原判決の証拠となった書面を作成し若しくは供述をした……司法警察職員が被告事件について職務に関する罪を犯したことが確定判決により証明されたとき」という条項に正確に該当する希有の事案である。もっとも旧刑訴法四八五条第七号には「司法警察職員」の字句はないが、これは同号の判事ないし検事の職務に関する犯罪という概念のなかに、条理上当然に包含されているものと解すべきである。

この点に関し大審院昭和十一年（れ）三四〇号昭和十二年六月八日判決（刑集十六巻九二二頁）は、「刑事訴訟法四八五条第七号ニ所謂判事ノ職務ニ関スル犯罪トハ、判事其ノ取扱ヒタル事件ニ関シ惹起シタル汎テノ犯罪ヲ云フモノニ非ズ。例エバ判事事件ニ関シ賄賂ヲ収受シ或ハ取調ヲ為スニ当リ暴行若ハ凌虐ノ行為ヲ為シタルガ如キ之ニ属ス」とし、その理由として、「蓋シ予審終結決定若ハ其ノ基礎ト為リタル取調ニ関与シタル判事ニ付斯ノ如キ行為アリタル場合ニハ訴訟当事者其ノ他ノ関係人ハ勿論一般世人ニ於テモ該事件ノ成立ニ付其ノ正確ヲ疑

ウニ足ルベキ理由ナシト云ウベカラズ故ニ斯ノ如ク審判ニ付其ノ正確ヲ疑ハシムルニ足ルベキ顕著ナル推測事由アル場合ニ於テハ須ク此等ノ疑惑ヲ除キ裁判ノ威信ヲ維持スルノ要アリ是レ即此ノ場合ヲ再審ノ原因ノ一ト為シタル所以ニシテ……」とする。

このように「審判ニ付其ノ正確ヲ疑ハシムルニ足ルベキ顕著ナル推測事由」ある場合というのは、たんに判事や検事の汚職ある場合にとどまらず、むしろ最も多くかつ顕著なのは捜査段階における司法警察職員の暴行、凌虐、拷問による供述の強制である。

本件では再審請求人らを含む三十三名よりの告訴の結果起訴され、地裁、高裁、最高裁を経て、特別公務員暴行傷害罪の有罪判決（甲四号証の一〜三）が確定した神奈川県警察部特高課左翼係警部松下英太郎、同警部補柄沢六治、同警部補森川清造の三名は、本件「横浜事件」の捜査、取調べを総括支配した同警察部左翼係の幹部であり、ことに松下はその最高指揮者であったので、殆どすべての被疑者被告人に対して猛威をふるい、直接間接に拷問取調べを行っていることが、告訴状及び告訴状添付の各被害者の「口述書」（甲第五号証一の二）によって明らかである。なお東京高裁判決（甲四号証の二）でも「被告人等三名は嘗て神奈川県警察部特別高等課に勤務していたもので、被告人松下英太郎は左翼係長警部、被告人柄沢六治、同森川清造は同係取調主任警部補の地位にあって各司法警察官として思想事件の捜査に従事していたが、その職務に従事中……」「被告人等は其の他の司法警察官と共謀して同人（益田直彦）に拷問を加えて自白させようと企て……」として、特高課左翼係の警察官らが組織的、集団的に思想犯容疑者の取調べにあたり拷問を加えたことを認定しているのであるから、益田以外の他の人々に対してもほぼ同様な拷問を加えたものであることは強く推定することができるわけである。

二、予審は特高取調べの延長

ところで、横浜事件の右有罪判決にあげられている「証拠」については次の二種の類型がある。

(一)

1、「被告人ノ当公廷ニ於ケル供述」だけをあげているもの。

益田直彦（甲一の六）、小森田一記（甲一の四）、白石芳夫（甲一の二）各判決

(二)

1、被告人ノ当公廷ニ於ケル供述

2、被告人ニ対スル予審第四回訊問調書ノ記載

3、本件記録編綴ノ相川博ニ対スル予審第四回被告人尋問調書謄本ノ記載

4、被告人ニ対スル司法警察官第十六回訊問調書ノ記載

等をあげるもの。

小野康人（甲一の一）、西沢富夫（甲一の三）の各判決（西沢の場合は右1のほか、2、被告人ニ対スル第二回予審訊問調書及予審請求書ノ各記載、3、被告人ニ対スル第十五回司法警察官訊問調書ノ記載、4、被告人ノ検事ニ提出セル手記ノ記載）

右（一）の類型の判決については後述するところにゆずり、右（二）の類型の判決についてみると、「被告人ノ当公廷ニ於ケル供述」はしばらくおき、司法警察官訊問調書も被告人の手記も、特高警察職員の拷問とその監視指導の下に強制せられた虚偽の自供であり、予審訊問調書もまたこれらの特高警察によって強制せられた虚偽の自供に基いてつくられた文書であって、「審判ニ付其ノ正確ヲ疑ハシムルニ足ルベキ顕著ナル推測事由アル場合」にあたることは明らかである。

もともとこの横浜事件での一連の検挙取調拡大の大きな原因、契機となったものは富山県「泊」でのいわゆる「党再建準備会議」なるものを当局側が一方的にでっち上げた典型的な見込み捜査であるが、特高警察は自己の見込んだ構想（共産党再建準備会議）に合わせるために〝泊会議〟への参加者（細川、相川、木村、平館、小野、西沢、西尾、加藤）に対し激しい拷問を加えて司法警察官による被告人尋問調書を作成し、被告人各自の手記を当局の思うとおりの筋書きになるよう強制的に書かせ、これを基礎にして検事の取調、起訴、予審判事の取調べが行われ、その他にも拡大していったのである。このことは細川、相川予審終結決定（昭和一九年一二月二九日付）（甲二の三）や西尾忠四郎（一九年五月二〇日付）（甲二の九）、小野康人予審終結決定（二〇年七月二〇日付）（甲二の四）等、二〇年八月一五日以前に作成せられた予審終結決定をみれば、この〝泊会議〟を重大な公訴事実として挙げており、予審の手続きが無批判に特高警察の拷問による取調べの結果を容認したものであることが看取せられる。

ところが八月一五日の敗戦を境にして、被告人らの抗議の申立てがようやく取上げられるようになった結果、例えば木村亨予審終結決定（二〇年八月二七日付）（甲二の一）や小野康人判決（二〇年九月一五日）（甲一の一）その他西沢、益田各被告判決ではこの「泊会議」のことは一切抜け落ちている。この点で、小野康人被告の予審終結決定と同判決とはきわ立った差異をみせている。

このことをみてもわかるように、この〝泊会議〟を犯罪事実とするかしないかを決したものは、予審判事による慎重な判断の結果というようなものではなく、敗戦という情勢激変の事実なのである。いずれにせよこの一連のいわゆる「横浜事件」の中心的位置を占めていた「泊」における「共産党再建準備会議」なるものの実体が架空の構想にすぎないことが判明したからには、その余の大部分の容疑事実はたんなるつけたしの類であり、無罪放免されて然るべきものであった。

旧法下の判決例のなかには「予審判事に対し虚偽の自白をなしたる者は刑事補償の請求をなし得るか」否かについて争われたものがあり（大審院昭和十五年（つ）第二二号刑事補償請求抗告事件、昭和十五年十二月十九日決定、大審院判決全集第八輯一六四頁以下）、本件再審請求事案とは趣を異にするが、参考のため略述する。

事案は昭和九年同じく横浜市で起こった贈収賄事件の捜査に際し、司法警察官、検事等に拷問、誘導訊問の事実があったとして（奇しくも本件と同じ）「横浜事件」として世間を騒がせ、当時の横浜地方裁判所検事正並びに取調べに当たった検事が引責辞職し、司法警察官もまた各々行政処分に附されたという事案であるが、「予審判事ハ請求人ノ自白ヲ翻スヤ直チニ之ヲ検事ニ通告シ同月三十日ニハ竹上検事が取調ニ当タリ居ルナリ請求人ハ司法警官ガ一番恐ロシイ検事ニ否認スレハ再ビ警察ニ帰サレルトノ恐怖ハ念頭ヲ離レサルナリ」という状況下で「予審判事モ亦検事ト同様デアリ予審判事ハ検事ノ延長ナリト考ヘサルノ已ムナキニ至リタルナリ」という事情の下で予審判事に対し虚偽の供述をした場合、「その供述に基づく拘留が被告人の重大な過失に因る」ものか否かが争われた事案である。

同事件では、司法警察官等について（行政処分はあったらしいが）本件特高警官に対する特別公務員暴行傷害罪判決のような確定有罪判決は存在しなかったので、請求人らがうったえた拷問や予審判事の不当な行為等は確証がないとして、結果的には請求人らの主張はいれられなかったが、本件を考えるに当たりいささかの参考にはなろう。右事件の弁護人の抗告理由は結論的に「即チ横浜事件ハ司法警察官、検事、予審判事ノ三者共同シテ不当苛酷ナル取調ヲ為シ以テ架空ノ事実ヲ創作シタルモノナリ」と述べていることは、本件「横浜事件」にも前例があることを示すものである。

三、「被告人ノ公判廷ノ供述」について

前記の如く請求人らを含む横浜事件被告人に対する有罪判決の証拠としては、たんに「被告人ノ当公廷ニ於ケル供述」のみをあげるものと、同時に他の若干の訊問調書等をあげるものとの差はあるが、いずれにせよ「被告人の公判廷の供述」を有罪の証拠としている。判決のなかに、何故にこのような二つの類型があるのかについては必ずしもその理由が明らかでなく、ことに多数の訊問調書手記類が存在するのにそれらを一切挙げることなく、ただ被告人の公判廷での供述だけを証拠としていることは不審ですらある。

ところで、いうまでもなく戦後の新憲法は、これら横浜事件の被告人たちが有罪判決をうけて後あまり間もない頃制定、施行（昭和二二年五月三日）されたが、あたかも本件、横浜事件の被告人たちに対する拷問や不当に長期の拘留等を戒めるような詳細な人権保障の諸規定をおいている。

憲法三六条　公務員による拷問及び残虐な刑罰は絶対にこれを禁ずる。（法学協会『注解日本国憲法』は、この「絶対に」というのは、拷問だけでなく、拷問の結果も是認されえないものであることを明らかにする趣旨が含まれているとする。）

三八条　何人も自己に不利益な供述を強要されない。

強制、拷問若しくは脅迫による自白又は不当に長く抑留若しくは拘禁された後の自白は、これを証拠とすることができない。

何人も、自己に不利益な唯一の証拠が本人の自白である場合には、有罪とされ、又は刑罰を科せられない。

前記「公判廷での被告人の供述」やあるいは予審での供述の効力に大いに関係のあるこれらの憲法の規定が旧憲法下の横浜事件の裁判にそのまま適用されるかどうかについては別としても、少なくとも今日の時点で再審請求を判断するにあたってはその趣旨は大幅にとり入れられるべきである。

ことに憲法の趣旨をうけて立法せられた新刑事訴訟法第三一九条は、「その他任意にされたものでない疑のある自白」も証拠とすることはできないとし（一項）、また被告人は「公判廷における自白であると否とを問わず」その自白が自己に不利益な唯一の証拠である場合には有罪とされないと憲法の趣旨を更に強化した。

横浜事件の被告人たちについていえば、憲法三六条及三八条の拷問の結果できた虚構の自白調書を有罪の証拠とすることができないばかりでなく、同三八条の「不当に長く抑留拘禁された後の自白」「その他任意にされたものでない疑のある」公判廷の供述や予審での供述もまたこれを証拠とすることはできない。またいくら公判廷の供述であっても、それが自己に不利益な唯一の証拠にあたる前記諸判決もまたこの憲法や刑訴法に抵触し無効である。

これを横浜事件の被告人らについてみると、大多数の人々が懲役二年執行猶予三年の判決を受けたのに対し、その未決勾留期間は実に三年に近いもの（川田定子夫人は判決の刑は懲役一年なのに一七年九月一一日から二〇年七月二五日まで約三年間、細川嘉六氏も一七年九月一四日～二〇年九月一日）、二年数カ月のもの（益田、平館、西沢、木村、小野、加藤）、約二年のもの（高木、勝部、由田、小川、森、板井、白石、和田）その他短くても約一年六カ月のもの（水島、青山、小林、若槻、大森、小森田、畑中、沢、青木、内田、安藤、手島など）等々である。判決では執行猶予といっても、その前の長期、残酷、人権無視の未決拘留によって、実刑をうけたと同様な苦役を味わったのである。

また代用監獄とされた留置場は極めて狭隘で、不潔で、ノミやシラミだらけであり、食料の差し入れは懲罰的に禁止せられ（木村、小林、渡辺、仲等口述書）（甲五の二の7、21、15、27）、かいせんその他の発病（大森、美作、勝部、渡辺口述書）（甲五の二の22、31、12、15）は、拷問とあいまって毎日の留置場での囚われの生活を地獄のそれと化せしめた。

渡辺公平口述書（甲五の二の15）は特に留置場内の生活について、「六畳位の広さで一七、八人と同居すること六カ月、この間一度も入浴させられず、ノミ、シラミに悩まされ、フトンもぼろぼろで使いものにならず、特に辛かったのはその夕食でありました。即ち甘しょ四片を四時　四時半の間に食するものですから就寝時（八時或いは九時）までに空腹を感じてしまい、これが連続したため体は衰弱してしまい、目クボがひっこむのがはっきり判りました」「日本の留置場に対し、もっと人間の住む処にしてもらいたいと思う。即ち広さに適した人数を入れること、フトンも良くはないにしても使用し得られるものを備えてもらいたいこと、更にフトンを日光浴位さしてもらいたいと思います。そうすればシラミもノミももっと少なくなるでしょう。また食事についても佐藤部長は『お前が真実の事を言うまでは弁当の差入れは許さない』と言ったことから判りますが空腹にさせておいて歪曲された陳述を行わせる等の野蛮行為は絶対排斥すべき事と思料致します」等とうったえている。

六カ月間一回も入浴させられないというのは、いくらなんでもと疑う人があるかもしれないが、畑中繁雄氏（『日本ファシズムの言論弾圧抄史』）（甲七の六）も、「一月二九日に検挙されていらいまる九カ月のあいだ、ただ全身を洗うというそれだけの人間最低限の慣習をさえはばまれていたことになる」（二七〇頁）と記している（その他留置場生活のひどさについて二〇四頁以下「虫類とのたたかいにも負けて」参照）。獄中での食物の差入れ禁止は、ある意味においてはどんな拷問にも勝る責め苦といわれる。ことに最も物資不足の戦時下それも末期に近い頃であってみればなおさらである。

このような長期不当な地獄の苦しみの獄中生活の後に、例えば由田浩口述書（甲五の二の13）によると、

「私の予審に当たった広沢判事は八月十五日の終戦後、急に妥協的態度に出て、『終戦後の混乱時では予審も長びき、家族の者等も心配するだろうから、君達が検事の起訴事実をあっさり認めるなら執行猶予にしてやるから、この際穏便にしてはどうか、その方が君たちの為でもある』と言い、私達が起訴事実の全く虚偽なることを明ら

かにし、無罪を主張せんとする正当なる意図を完全に封じ、彼等の立場の正当化を図るに『執行猶予』なる好餌を以てする醜態を演じたのであります」

と述べているが、これは大部分の被告人に共通した事実であり、公判廷では自らの生命の危険から身をまもるためにやむをえず、「その他任意でない供述」をせざるをえなかったものである。

四、本件は現行刑訴法四三五条、旧刑訴法四八三条各六号の無罪を言渡すべき明瞭なる証拠を新たに発見したる場合に該当する

右にみた如く、横浜事件の中心的重要容疑事実とされたいわゆる「党再建準備会」（泊会議）の存在は敗戦を契機として予審終結決定（木村亨　甲二の一）のなかからも判決（小野康人　甲一の二）からも一切消えてしまったので、横浜事件の全体の捜査当局の構想が「空中楼閣」にすぎなかったことがきわめてはっきりしたわけであるが、敗戦後とはいえ未だ国内治安機構（特高、憲兵）や法律（治維法、国防保安法、その他）の下にあった国家機構の一翼として裁判所は、早急にこの一連の事件の結末をつける形を整えるために、「泊会議」という〝大魚〟を逸したあと拾い集めたような小事実に対し、治安維持法違反の罪名をむりやりにくっつけ、「執行猶予」という被告人たちの身体の自由の保障とひきかえに一応公判を強行し、ほとんど即決で判決の言渡しをしたのが実相であって、それは殆ど判決の名に値しない形式的裁判であったといっても過言ではない。

本件では、以上にみてきたように、特高警官らに対する関係者三十三名からの告訴に基づき、その特別公務員暴行傷害罪の有罪判決が確定したのであるが、右判決は被告人の一人である益田直彦氏の取調べについてだけ判示しているが、特高警官らが「思想事件の捜査に従事していたが、其の職務に従事中」（甲四の二）とあることでも判るように、その特高警察としての職務に従事中犯した罪であるから、その職務の対象となったすべての容疑者におよぶものであることは当然である。

（治安維持法違反罪と自白）

ところで、治安維持法違反の罪は一口に「思想犯罪」といわれるように、人々の「思想」を処罰するものである。同じ外形的事実（例えば「改造」誌の編集）に携わっている者であっても、特定の者（「改造」誌についていえば細川論文に関して発言したり、相川博のほか校正等に尽力したりした者、小野康人、青山鉞治）だけが「結社ノ目的遂行ノ為ニスル行為ヲ為シタルモノ」とされた。その他の者（「改造」誌の細川論文の校正にたんに参加

した者、同誌の印刷・発送等に関与した者等）との差異は、当局側からみるとその「思想」であり、これは人の内面的な事実であるから拷問その他脅迫・強制等によって外面に吐露させる外はない。だから「思想犯罪」に拷問が常用されることになる。

例えば「細川論文が共産主義的論文ナルコトヲ知悉シナカラ之ヲ支持シ」（小野判決、予審終結決定も同文）という小野康人被告の頭の中の思想を外形に出させるには、そのような事実の有無にかかわらず拷問によってつくり出す以外に方法はない。もっとも、各判決や予審終結決定に共通してみられる、

『コミンテルン』ガ世界『プロレタリアート』ノ独裁ニ依ル世界共産主義社会ノ実現ヲ標榜シ世界革命ノ一環トシテ我国ニ於テハ革命手段ニヨリ国体ヲ変革シ私有財産制度ヲ否認シ、『プロレタリアート』ノ独裁ヲ通シテ共産主義社会ノ実現ヲ目的トスル結社ニシテ、日本共産党ハ其ノ日本支部トシテ其ノ目的タル事項ヲ実行センコトヲ目的トスル結社ナルコトヲ知悉シ乍ラ孰レモ之ヲ支持シ」

という官製の文章中の「知悉シ」ということは、あるいは当時の「改造」誌等の社員として知悉とまではいかなくても多少の認識はあったかもしれないが（特高はこれを「知悉シ」と表現した）、「之ヲ支持シ」に至っては当人にむりやりに言わせる以外に他の方法はないはずである。「知悉シ」までなら当の特高警官がまさにその種類の人間にあたるわけであるが、これを「支持する」かしないかとなるとことはまったく別になってくる。いきおい容疑者の「身体にきく」ことになる。

当初、治安維持法制定のはじめにあたっては、同法案の定める犯罪はすべて目的罪であって、一定の明確な目的をもって（「国体若クハ政体ヲ変革シ又ハ私有財産制度ヲ否認スルコトヲ目的トシテ」）なされる行為のみを処罰するものであるから、警察の濫用は大幅に押えられうるといわれたとされる（奥平康弘『治安維持法小史』）。その他例えば若槻内相は国会答弁で、共産主義等を「学者が研究したところで、実行を目的としないかぎり本法案によってさまたげられぬ」と説明した。また「まじめな社会運動」や労働運動はなんら差し支えないと答弁した（松尾洋『治安維持法』）。

ところがその後昭和三年に緊急勅令で改定された治維法では、「結社ノ目的遂行ノ為ニスル行為ヲ為シタル」罪が新設され、著しく様相が変わって来た。すなわち奥平教授（前掲書）によれば「目的遂行ノ為ニスル行為」とは目的遂行のためにとる手段のいかんを問わない、おそろしく範囲の広いものでありうる。第二に判例法上も確立される解釈によれば、行為者は結社の目的を肯定し目的意識的に支援する要素は、目的遂行罪の成立にとって不要とされ、その者の主観や目的意識とはかかわりがなく、その者の行為が客観的にみて結社の目的遂行のた

めになっていると当局が認定すれば、罪にあたることになる、つまり目的罪ではないと、解されたとされる。

然し、このような「法の独り歩き」(奥平前掲)はいかに明治憲法下とはいえ許すべからざる拡大解釈であり、今日そのような解釈を是認することはできない。すなわち、「客観的にみて結社の目的遂行のためになっていると当局が認定すれば」ということは、結果論でありはじめから当局の恣意的認定を許すものであって、少なくとも法律の解釈論としては意味をなさない。それはただ、この当時の国家状況下でそのような不当な解釈、判例が現実に支配していたというだけのことであって、それが明治憲法からみても正しい解釈であったとすることはできない。

そして実際には、一定の事実(例えば「泊」での集合、会議)に「『党再建準備会』ナル秘密『グループ』ヲ結成シ之ヲ速ニ拡大強化シテ同『党』ノ中心勢力タラシムベキコトヲ提唱」「賛同シテ茲ニ右『グループ』ヲ結成シ」(甲二の四　小野康人予審終結決定)など着色加工し、この構想を容疑者らに強制自供せしめる等、拷問によってその会合の内容(目的)をつくり出さざるをえなかったものであって、たんなる客観的、外観的集合、会議という事実だけでは目的遂行ノ為であるということにはならない。また例えば細川論文が「共産主義的啓蒙論文ナルコトヲ知悉シナカラ之ヲ支援シ」(甲一の一、小野康人判決)についても、厳しい内務省の事前検閲をパスした細川論文が共産主義的啓蒙論文であるか否かは当局がいうだけで何ら確証されたものではないから、むりやりにそういう形容的文章を拷問によって押しつける以外はない。

この関係で一例をあげれば、昭和塾(政治経済研究会)関係で検挙された勝部元の口述書(甲五の二の12)によると、

「私の警察調書中(一)『コミンテルン及び日本共産党に関する認識』の項は全く係官(若林警部補、酒井刑事)の指示及び口述によって書かれたものであります。これは私の書いた手記に対して石渡警部が『お前のようなマルクス主義者がこのような幼稚な認識である筈がない。これでは通らぬ』と言って再三書き直しを命じ、遂に彼等の提供にかかる資料及び口述によって書かされたものであります。(二)『政経研究会の本質』なる項目は全然私の手記によったものではありません。係官の捏造であります。これらは我々の会合を捏造せんが為あらゆる加工歪曲を施したものであります。……(三)『研究会活動』の項目、これは徹頭徹尾幼稚な捏造であります。そのうちでも……(ハ)高木と私とが日本製鉄の中で進歩的な連中を集めて昼飯でも喰おうとしたことが『会の下部組織としての日鉄に於ける啓蒙組織総活動』と捏造されたのであります。」

等と特高警察による不当、強圧的取調べのやり方を述べている。これは大体において各人に共通したものであろう。

これを要するに、本件のような拷問によって強制せられた虚偽の自白、という違法無効の証拠の上に成立した有罪判決は、その証拠となった各人の自白、自供が拷問によってつくりあげられた虚偽の証拠にすぎないことが確定判決によって証明された今日、無罪であることは言をまたないところである。

（昭和二〇年勅令第七三〇号について）

なお念のため昭和二〇年十二月二十九日勅令第七三〇号「政治犯人等ノ資格回復ニ関スル件」について述べると、この勅令の第一条本文は「別表一ニ掲ゲル罪（註、治安維持法違反等）ヲ犯シ本令施行前刑ニ処セラレタル者ハ『人ノ資格ニ関スル法令ノ適用ニ付テハ将来ニ向テ其ノ言渡ヲ受ケザリシモノ』ト看做ス」と定める。

右の勅令の趣旨は「人の資格に関する法令の適用」に関する場合と限定されており、その意味は必ずしも一点の疑義を容れないほど明白とはいい難いが、少なくともそれが治維法違反で刑に処せられた人々に対する復権的利益を与えんとするものであることは明白である。

ただ、そこから進んで本件のような再審請求や刑事補償請求の場合に、如何なる作用ないし影響を及ぼすものであるかは明らかでなく、例えば再審請求の手続きを経ることなく直ちに刑事補償の請求ができるのか、はたまた刑事補償の請求をなしさえすれば無条件に補償が与えられるのか否かについては明らかでないが、少なくとも本件再審請求理由の判断にあたっては請求人らの利益のために考慮せられるべきものと思われる。

五、判決書及び一件記録について

一、請求書に詳述したように、本件、横浜事件関係の判決書その他一件記録は記録保存責任者の故意又は過失によりその大部分の所在が不明である。かかる場合には再審等の事態に備えるため国において判決又はこれに代わるものを再構成する責務があると思われるので、本件請求では八名については判決謄本の添附なしに請求せざるをえなかった。この関連で最近法務省でも、再審に備えて刑事訴訟記録の保存延長の道を開く「刑事確定記録保存法案」（仮称）を準備中といわれる（別紙一九八六年六月三〇日付新聞参照）。

二、なお横浜刑務所には、少なくとも獄死した和田喜太郎被告の判決謄本は存在するものと思われるので、御庁に取寄せ相賜り度い。

また本判決をなした三人の裁判官（死亡の場合はその遺族）の手許には、判決謄本等を残存する可能性もなきにしもあらずであるので、御照会相賜り度い。

三、細川嘉六氏に対する本件公訴事実は、「思想月報」（東京刑事地方裁判所検事局報告）昭和一八年九月（一〇六）に。

四、請求人川田寿氏に対する公訴事実（横浜地方裁判所検事局報告）も同上「思想月報」に登載されている趣であるが、国会図書館が来年八月中旬からでないと閲覧できないので、同日以降提出する予定である。

五、本年八月、米国ワシントンの国立公文書館に於いて、横浜事件関係の一件記録その他関係資料を探索してくれる協力者を得ているので、その結果は速やかに御庁に提出したい。

※――――――――

昭和六一年（た）第二号
再審開始決定請求事件

（被告人小野康人）
請求人　小野　貞

昭和六一年九月二六日

右弁護人　大川　隆司

横浜地方裁判所
第二刑事部　御中

上申書

標記事件に関し、請求人ないしその被相続人自身に対する判決書および関連事件の判決書等の所在調査について、左記の如き端緒を得ましたので、御配慮をいただきたく、この旨上申いたします。

記

一　治安維持法違反事件等については、昭和一六年の同法大改正の直後、「国防保安法及治安維持法所定ノ刑事手続ノ適用ヲ受クベキ犯罪事件ニ関スル稟請及報告方ノ件」と題する司法大臣訓令（昭和一六年五月二六日秘第八九九号）が発せられており、その第一七条において、「事件ニ付予審終結決定、略式命令又ハ公判ノ裁判アリタルトキハ該裁判所ノ長ハ速ニ裁判書ノ謄本二通ヲ添付シテ司法大臣ニ其ノ旨ヲ報告スベシ」と規定されている事実が判りました（別添のみすず書房刊・現代史資料第四五巻『治安維持法』所収の同訓令参照）。

右訓令は法務省司法法別調査部編『続司法沿革誌』〈三四四頁〉によりますと、昭和二〇年一〇月八日に廃止されたもののようでありますが、この間、横浜地方裁判所において右訓令どおりの措置がなされていたとすれば、本件すなわち、いわゆる横浜事件関係の一連の予審終結決定書および判決書の各謄本が司法省に提出されている筈であります。

そこで、当職においては司法省の後身である法務省（刑事局総務課）に対し、本件に関連する予審終結決定書および判決書の謄本の所在につき、目下問い合わせ中であります（同省のとりあえずの御回答は、昭和二〇年当時司法省の庁舎は空襲を受け、仮庁舎も転々とした等の事情があるので、おそらく保管はされていないであろう、ということでありますが、なお調査をお願いしてあります）。

右のごとき報告制度があれば、裁判書の謄本の提出を受ける司法省側と対応して、提出庁の側にも訟廷事務部門において、その控が保管されていないかどうか、ということが御庁に対し、お調べを願いたい事項であります。

二　前引の『続司法沿革誌』（三四三頁）によりますと、昭和二〇年一〇月六日に、「大審院長、検事総長、東京控訴院長、同検事長、東京刑事地方裁判所長、同検事正」宛の司法省刑事局長通牒（刑事第一二三四九号）により、「思想関係の現存事件記録、判決原本、資料、報告書等一切の書類、図書及び証拠物件は各庁において目録を作成の上厳重に保管し、その目録一部を司法省に送付する」ことが指示された旨の記載があります（別添『続司法沿革誌』抜粋参照）。

右通牒は、事柄の性質上、東京地方裁判所および同検事局だけでなく、いわゆる思想関係事件を取扱った全裁判所および検事局に対しても同旨のものが発せられたのではないかと考えられますが、もしそうだとすれば、横浜地方裁判所においても、訟廷事務部門において、これに対応する措置がなされた筈でありますので、その措置に基づく資料および目録が保管されていないかどうか、あわせてお調べ願いたいと存じます。

以上

※

昭和六一年（た）第二号

昭和六一年九月三〇日

横浜地方裁判所第二刑事部
裁判所書記官　小山田　重光

横浜地方裁判所第二刑事部
裁判長裁判官　和田　保　殿

報告書

請求人　小野康人の妻　小野　貞　にかかる再審請求事件につき弁護人より、昭和六一年九月二六日付上申書のとおり調査依頼があり、命により、横浜地方裁判所刑事訟廷係等に、判決原本の控、資料、目録等が、保管されているか否かを調査したところ、右関係書類は、存在しなかったので、報告する。

以上

〈検事意見書〉

意見書

小野康人に対する治安維持法違反被告事件について、昭和二〇年九月一五日横浜地方裁判所が言い渡した有罪の確定判決に対する再審請求についての検察官の意見は、左記のとおりである。

昭和六二年二月二〇日

横浜地方検察庁

検察官検事　髙橋　邦郎

横浜地方裁判所第二刑事部　殿

記

一　旧刑事訴訟法第四八五条第六号の主張について

請求人が主張するところは、趣旨必ずしも明らかではないが、要するに、原判決の有罪認定の証拠が拷問により強制された虚偽自白であることを証する新たな証拠が発見されたので、再審を開始の上、無罪または免訴の判決言渡しをされたいというものと解される。

そこで、本件再審請求書に添付されている甲第一号証ないし甲第八号証と題する各書面について検討するに

1　甲第一号証の一ないし七の判決書謄本、甲第二号証の一ないし八の予審終結決定書、甲第三号証の公判請求書、甲第八号証の一、二の弁護士の事件受任簿等は、単に小野康人およびいわゆる横浜事件に連座した者に対する判決書等に過ぎず、拷問の事実を証するに足りるものとはいえない。

2　甲第四号証の一ないし三の判決書謄本は、益田直彦に対する警察官の暴行、傷害の事実を認定したものであるが、それ以上に出るものではなく、小野康人に対する拷問の事実を証するに足りるものとはいえない。

3　甲第五号証の一の告訴状、口述書は、小野康人及び同事件連座者の警察官から拷問を受けたとする主張を記載したものであるが、その信用性を判断するに当たっ

て対査すべき訴訟記録がなく、同人らが警察官の取調べを受けてからすでに四〇年余を経過した現時点において は、その正確性並びに信用性を判断することは不可能であり、結局右主張の内容は、真偽不明に帰するものというほかなく、小野康人に対する拷問の事実を証するに足りるものとはいえない。

4　甲第六号証、甲第七号証の一ないし一一等の出版物、印刷物等は、同事件連座者及び弁護人らの体験談とか、同事件の研究書、あるいは資料解説といった類のものであり、前同様その正確性並びに信用性を判断することは不可能であるから、小野康人に対する拷問の事実を証するに足りるものとはいえない。

したがって、甲第一号証ないし甲第八号証は、いずれも旧刑事訴訟法第四八五条第六号にいう「無罪ヲ言渡スヘキ明確ナル證據」であるとは到底認め難いものである。

なお、請求人は、元看守、原判決当時の裁判官、同事件連座者、その親族等関係者の取調べを求めているが、訴訟記録がなく、他に十分な資料もない本件において、その捜査、公判から四〇年余を経過した今日、これ等の者の供述の正確性並びに信用性を検証することは到底不可能であるから、これらの者について取調べを行う必要はないものと思料する。

二　旧刑事訴訟法第四八五条第七号の主張について

所論は、甲第四号証の一ないし三の確定判決の存在をもって旧刑事訴訟法第四八五条第七号の事由があると主張するが、右確定判決は、益田直彦に対する被告事件についてのものであって、小野康人に関するものではなく、また、同号の「被告事件ニ付職務ニ関スル罪ヲ犯シタル」者に司法警察官が含まれていないことは法文上明らかであるから、論旨は理由がない。

三　以上の次第であるから、本再審請求は、旧刑事訴訟法第四八五条第六号、第七号所定の要件に該当せず、理由がないことが明らかであるから、同法第五〇五条に基づき棄却されるべきである。

＊

「横浜事件」判決等開示申請

申請人（「横浜事件」再審請求人）
木村　亨他八名
（別紙目録1ないし9記載のとおり）
同（右弁護人）　森川　金寿他
（別紙目録10以下記載のとおり）

表記の件について後記の通り申請致します。
一九八七年六月九日
申請人代表　木村　亨
同　森川　金寿
法務大臣　遠藤　要　殿

記

一、右申請人1ないし9らは現在横浜地方裁判所昭和六一年（た）第二号ないし一〇号再審請求事件をもって同申請ないしその被相続人らに対する治安維持法違反被告事件について同裁判所が言渡した有罪の確定判決につき、再審請求中の者であり申請人10以下はその弁護人であります。

然るところ右再審請求人九名中有罪確定判決謄本の存するものは小野康人、和田喜太郎両名分のみで、他の七名分についてはこれを入手することができません。また判決以外の刑事記録については予審終結決定謄本のあるもの三名（木村亨、畑中繁雄、小野康人）予審請求書のあるもの一名（川田寿）のみで、その他捜査段階、予審段階、公判段階の各調書類は一切入手することができません。

二、本件再審請求の申立てをうけた横浜地方裁判所第二刑事部は、記録保管庁である横浜地方検察庁に対し、右請求人九名の判決原本及び訴訟記録の送付方、また若しこれらが存しない場合はその事情について回答方を照会及び依頼したのに対し、同地方検察庁は昭和六一年八月二一日付回答書を以て、前記小野康人に対する判決原本以外は他の請求人についての判決原本も訴訟記録も同庁には保管されていない旨、及び保管されていない事情については不明の旨を回答しました。

念のため附言すれば「横浜事件」の被告人中二七名の弁護人であった海野普吉弁護人から、昭和四二年中に横浜地方検察庁に各被告人の判決謄本の交付を請求したのに対し、同庁は昭和四二年五月二日付で小野康人、小森田一記、白石芳夫、西沢富夫、小川修に対する判決謄本を交付したのみで他の被告人の分については、「なおその他の二〇名の分については当庁が当時進駐軍に庁舎の一部を接収され、あるいはその他諸般の事情により、現在右原本が見当たりませんのでご承知下さい」との回答をしたといわれます（海野普吉『ある弁護士の歩み』一五四頁）。

このほか昭和六一年本件再審請求をなす準備のため、森川金寿弁護士が念のため再度横浜地方検察庁に記録閲覧を請求したところ、新たに益田直彦、手島正毅の両被告人分の判決謄本が発見され、さらに、再審請求を受けた横浜地方裁判所から横浜刑務所に対し、同刑務所で服役中死亡した和田喜太郎被告人に対する判決謄本の送付方を依頼したのに対し、同刑務所よりこれが送付されました。

三、（再審請求に対する検察官の意見書）

本件再審請求をうけた横浜地方裁判所より昭和六一年九月三〇日付で横浜地方検察庁検察官に対し三〇日以内に意見を提出するよう求めたのに対し、同検察庁は約五ヵ月後の昭和六二年二月二七日付で各請求人についての意見書を提出しました。それによれば

（一）再審請求に判決謄本の添付がない請求人については、「原判決の内容が不明であり、同判決において事実認定すら不明なのであるから、本請求書に添付されている証拠が同条第六号（旧刑訴法四八五条六号『無罪ヲ言渡スヘキ明確ナル証拠』）の要件を満たしているかどうかを判断するに由なく、結局、再審の事由の有無を開始するのに必要な条件が整っていないものといわざるを得ず、ひいては同号にいう再審を開始すべき『明確ナル証拠ヲ新タニ発見シタルトキ』に該らないというに帰する」旨を主張しています。

また横浜地方裁判所が予審終結決定書など他の資料にもとづき再び判決書を作成することは「不可能を強いるもの」とも述べており、結局本件、再審請求については棄却すべきものとしております。

四、（申請の趣旨）

右に述べたように、本件再審請求で最も大きな障害となっているものは原判決の謄本を請求人らが裁判所へ提出できないことにあります。

然しながら、本件のような治安維持法違反被告人事件の判決や予審終結決定、略式命令については、昭和一六年五月二六日司法大臣訓令「国防保安法及治安維持法所定ノ刑事手続ノ適用ヲ受クヘキ犯罪事実ニ関スル稟請及報告ノ件」で、裁判書の謄本二通を添えて司法大臣に報告すべき旨が命ぜられており、本件請求人らの各判決についても同様の措置が講じられたものであることは明らかであります。

ことに敗戦後の昭和二〇年一〇月六日付司法省刑事局長通牒「思想関係事件記録等保管法ニ関スル件」で「十月四日付連合国最高司令官の覚書の趣旨により、思想関係の現存事件、記録、判決原本、資料、報告書等一切の書類図書及び証拠物件は各庁において目録を作成の上厳重に保管し、その目録一部を司法省に送付するよう」通牒した事実もあるので、おおむねその直前頃に言渡された本件の各判決は当然この措置の対象となったことと信ぜられます。

横浜地方検察庁検察官は、前記横浜地方裁判所から判決原本等についての照会及び依頼に対する回答で、判決原本等が「保管されていない事情については不明」と述

べるだけであり、右に述べたように再審請求に対する意見書のなかで「判決謄本の添付がなく、判決原本も訴訟記録も同庁に保管されていない以上は再審開始に必要な条件が整っていない」からとして棄却さるべきことを主張しているものであります。

同庁は本来法律上自ら保管責任を負う所管庁でありながら、保管されていない事情は不明というだけで、その保管責任を一切棚にあげたままで右のような再審請求棄却の主張をなすこと自体、社会正義に反する不公正な態度といわなければなりません。

よって貴大臣に対し本件請求人らに対する判決原本、謄本及び訴訟記録の開示方を申請致します。若しこれらの記録がない場合は、その理由、経過の詳細についても開示相賜りたい。

附属書類

一、横浜地方裁判所第二刑事部裁判長より横浜地方検察庁検事正宛昭和六一年七月一一日付第一三四号「再審請求についての照会及び依頼」〈木村亨分を例示〉

二、昭和六一年八月二一日付横浜地方検察庁総務部長より前記裁判所第二刑事部裁判長宛回答（同右）

三、検察官意見書（同右）

※

昭和62年10月21日
法務省刑総第859号

申請人代表　木村　亨　殿
同　上　森川金寿　殿

法務省刑事局総務課長　原田　明夫

いわゆる横浜事件の判決謄本等の開示申請について（回答）

貴殿らの本年6月9日付け申請書による標記申請について、下記のとおり回答します。

記

当省において、標記申請に係るいわゆる横浜事件に関する判決原本、謄本又は訴訟記録は、保管されておりません。

なお、同事件の判決言渡し当時、当省において横浜地方検察庁から当該事件に関する判決謄本の送付を受けたか否かについても、現在、一切記録が存せず、不明です。

以上

昭和六一年（た）第二号ないし第一〇号

弁護人意見書

右事件に関する弁護人の意見は別紙のとおりである。

昭和六二年一一月一三日

森川　金寿
関原　勇
芦田　浩志
飛鳥田一雄
日下部長作
黒田　陽子
陶山圭之輔
三野研太郎
畑山　穣
鈴木　孝夫
佐久間哲雄
根岸　義道
岩橋　宣隆
影山　秀人
平岩　敬一
輿石　英雄
間部　俊明
大川　隆司
前田　留里

第一章「横浜事件」の全体構造と資料の所在

はじめに――特高当局は一連の「事件」をどのように把握していたか

一、今日「横浜事件」と呼ばれている「事件」は特高月報昭和一九年八月号（甲第6号証）の表現によれば、

①「米国共産党員事件」
②「ソ連事情調査会事件」
③「党再建準備会グループ事件」
④「政治経済研究会事件」
⑤「改造社並に中央公論社内左翼グループ事件」
⑥「愛政グループ事件」

等によって構成されており、これらは「夫々人的連携を持つ一連の事件」であるというのである。

二、その「人的連携」とはどういうものか、ということにつき右特高月報は、つぎのように説明している。
「(1)米国共産党員川田寿はソ連事情調査会事件の被疑者等とは密接なる連絡を有し、
(2)ソ連事情調査会事件の中心人物は細川嘉六を中心とする党再建準備会事件の有力メンバーたり。
(3)更に右党再建準備会事件の主要分子たりし「中央公論」記者浅石晴世は「政治経済研究会」事件の中枢的存在として活躍せり。
(4)又改造社並に中央公論社内左翼グループ中の先鋭分子は同じく党再建準備会の有力なるメンバーとして加盟し、
(5)愛政グループが党再建準備会事件被疑者に依りて指導されつつありしことは前述の通りなり」
右説明にあるように、特高当局が「一連の事件」の中心にすえているのは、細川嘉六を中心とするいわゆる「党再建準備会グループ事件」であり、このグループの「有力メンバー」が同時に、
▼「ソ連事情調査会事件」の中心人物（西沢、平館）
▼「政治経済研究会」事件の中枢的存在（浅石）
▼改造社内左翼グループ中の先鋭分子（相川、小野）
▼中央公論社内左翼グループ中の先鋭分子（木村、浅石）
▼愛政グループの指導者（加藤）
として位置づけられていたのであった。
三、特高月報は右のとおり一連の事件の「人的連携」を指摘するばかりでなく更に進んで、
「全体として一つの大きな組織としての存在たりしものと見るも断じて過言に非ず。従って仮に検挙が僅かにても遅延し居たりとせば、一層その組織が合法機関を巧みに利用して官庁・主要会社・工場・世論指導機関・国策的調査機関等多方面に亘りて強化拡充されたるのみならず、之と海外との連絡関係も進展して、例へば政治経済研究会に於て討議されたる我国重要なる機密事項は、米国・中共・ソ連等に提報せられ、戦争遂行上多大の障害を為したる危険性も多分に存したることを看過すべきに非ず。此処に今次事件の注目すべき特異性あり。」

と主張している。

一連の事件を「一つの大きな組織」の動きととらえるならば、その「組織」の頂点に位置するものは、いうまでもなく「党再建準備会グループ」であり、他はそこから「官庁・主要会社・工場」（これらの勤務者を中心として構成される「政治経済研究会」や、「愛政グループ」）、「世論指導機関」（改造社・中央公論社）、「国策的調査機関」（「ソ連事情調査会」）にのばされた手足に擬せられることになる。川田寿に対する嫌疑の中心も、特高の思い入れとしては、同人の在米当時の活動それ自体より

は、帰国後「ソ連事情調査会」の関係者と接触することによって得た情報を米国の共産党に通報したこと、ないしその危険性、すなわち「一つの大きな組織」の動きの一環としての「海外との連絡関係」にあったものと認められる。

四、すなわち特高当局の構想に即して横浜事件の全体図をながめるならば、それは、

一、中心となる日本共産党再建準備会事件

二、その周辺において、右「準備会」構成員を中心として組織的に遂行された事件（周辺的事件——その一）

三、右一、二の被告人の「余罪」として個別に遂行された事件（周辺的事件——その二）

に大別することができる。

以下においては現時点で入手しうる判決、予審終結決定、予審請求書にもとづき、右の柱にそって、司法当局がえがきだした横浜事件の全体構造を整理してみることとする（再審請求人に直接関する事実に限定せず、事件の全貌を把握することを目的とするが「愛政グループ事件」その他不起訴に終わった事件については、資料がないために割愛せざるをえなかった）。

第一節　横浜事件の中心

「日本共産党再建準備会」事件

「特高月報」は、「日本共産党再建準備会事件」の具体的内容について、「一昨年（昭和一七年）六月富山県泊温泉に於細川を中心に会合して日本共産党の再建に付協議し、爾来之が準備の為活動」したとして、いわゆる泊会議から説き起こしているが、一連の判決・予審終結決定等によれば、右泊会議までの経過として、①細川嘉六を中心とする改造社員等のグループ（いわゆる「細川グループ」）の結成とその活動、②満鉄東京支社に所属する社員等のグループ（いわゆる「満鉄グループ」）の結成とその活動、③右①と②とのグループを合体させる工作、なるものがあり、④その延長線上に泊会議における日本共産党再建準備会が結成され、⑤右会議における決定事項の実践としていくつかの行為があったものとされている。

すなわち、一連の判決等によれば「日本共産党再建準備会」関係の犯罪事実は、全体としてはつぎのとおりになる。

一、昭和一四年一〇月頃からの細川グループの結成と会合（細川・相川・小野・木村・浅石・加藤・新井）

細川・相川予審終結決定（甲第二号証の三）中、第一の（一）記載事実によれば、（木村予審終結決定中第一

事実も同旨）

「細川嘉六・相川博の両名が、昭和一四年一〇月頃より昭和一六年三月初旬頃迄の間、浅石晴世・木村亨・小野康人・加藤政治・新井義夫等の「共産主義者を逐次結集して」、細川が中心となり「いわゆる『細川グループ』なる非合法グループを結成し」、爾来昭和一七年七月初旬頃迄の間、「細川嘉六方その他に於て屡々同人等と会合して我国内外の政治、経済、文化、並に時局問題等内外の客観情勢を共産主義的観点より分析批判して相互の意識の昂揚並に同志的結合の強化を図」った」

ものとされている。

なお共犯とされている小野の予審終結決定（甲第二号証の四）では「細川グループ」への参加は犯罪事実としては記載されておらず、単に「第一」事実（泊会議への参加）の冒頭に事情として

「昭和一五年八月頃より共産主義者たる評論家細川嘉六と相識り、同人を中心とする所謂『細川グループ』の一員となりて親交を重ね居たるが」

との記載があるにとどまる。しかも小野判決（甲第一号証の一）では、この部分を含め、予審終結決定中の「第一」事実はすべて脱落している。

二、昭和一五年九月頃からの満鉄東京支社グループの形成（西沢・平館・西尾）

「西沢判決（甲第一号証の三）「第一」事実によれば（西尾予審終結決定の引用する公訴事実「第三」前段事実も同旨）

西沢は「昭和一五年九月頃より『満鉄』東京支社調査室勤務の共産主義者平館利雄、西尾忠四郎とともに所謂『満鉄グループ』を結成し、爾来昭和一七年三月ころまでの間同調査室等に於て屡々会合して意識の昂揚、同志的結合の強化に努め」た

ものとされている。

三、昭和一六年六月頃から一七年六月迄の間の右一・二両グループの合体工作

西沢判決「第三」事実によれば、西沢は、昭和一六年六月初旬頃より昭和一七年六月中旬頃迄の間『細川グループ』と『満鉄グループ』との合体を策して、満鉄東京支社調査室その他に於て細川その他の者と屡々会合して「当面の客観情勢を共産主義的観点より分析をなし、相互に意識の昂揚を図ると共に同志的結合の強化に努めた」とされ、具体的には次の四件の会合が両「グループ」の「合体工作」に当たるものとされている。

1．西沢が在フィンランド日本公使館付武官室に派遣されるに際しての壮行会（昭和一六年六月一日、会場は築地の料亭「千楽」）

参加者は、西沢・細川・平館・益田

2. 細川を中心とする「亜細亜民族発達叢書」発刊のための編輯会議（昭和一七年二月二〇日頃と三月一日頃の二回、会場は中央公論社会議室）

参加者は、西沢・細川・西尾・平館・木村・新井その他。

3. 新井が中央亜細亜協会勤務となり北支へ出発するに際しての壮行会（昭和一七年五月九日、会場は銀座の料亭「銀八」）

参加者は、西沢・細川・相川・西尾・平館・木村・新井その他。

4. 「細川グループ」と「満鉄グループ」の親睦会において、「種々交歓を遂ぐると共に支那問題並に独ソ戦を続る国際情勢を論議して同志的結合の強化並に相互に意識の昂揚に努め」たこと（昭和一七年六月一五日、会場は目黒の料亭「目黒茶寮」）。

参加者は、西沢・細川・相川・西尾・平館・加藤・木村その他。

である旨が記載されている。

（細川・相川予審終結決定「第一の（二）」および木村予審終結決定「第二」は右3および4の会合が記載されており、西尾予審終結決定の引用する公訴事実第四は、右2ないし4の会合が記載されているが、細川、相川予審終結決定にも、木村予審終結決定にも右2の会合の記載はなく、また益田判決中にも右1の会合の記載はない。）

四、三の合体工作の仕上げとしての泊会議（昭和一七年七月五〜六日）（細川・相川・平館・西尾・西沢・木村・加藤・小野）

細川・相川予審終結決定「第一の（三）」前段によれば「事実」はつぎのとおりである。

「前記（二）の如き過程を経て、右『細川グループ』及『満鉄グループ』合体の気運熟するや、昭和一七年七月五日被告人細川嘉六は前記平館利雄、西尾忠四郎、西沢富夫、木村亨、加藤政治・小野康人及び相川博等を自己の郷里富山県下新川郡泊町「紋左旅館」事柚木ひさ方及び同町料亭「三笑楼」事平柳梅次郎方に招請して会合を開き、被告人細川嘉六が中心となり当面の客観情勢に対処すべき方策に付鳩首協議したるが、席上右平館利雄より内外の客観情勢は我国に於けるブルジョア民主主義革命の気運を益々醸成せしめつつありて革命の主体的条件たる日本共産党（略称「党」）の衰微弱体化せるを急速に復興再建せしむる為の運動の展開こそ急務なるを以て該運動の指導体として所謂「党再建準備会」なる秘密グループを結成し之を速に拡大強化して同「党」の中心勢力たらしむべきことを提唱したるに対し、被告人細川嘉六を初め其の他の者も一同之に賛同して茲に右グループの結成を決定し、

次で戦略戦術としての所謂「一九三二年テーゼ」及反

ファッショ人民戦線確立の運動方針に付討議して之等が依然基本的に正当なることを確認支持し、

該テーゼの革命の展望の下に各自の職場を中心とし、産業報国会、帝国農会、協調会、大政翼賛会、隣組並に亜細亜連盟其の他右翼団体等凡ゆる合法団体及び合法場面を利用して極力労働者・農民・知識層に共産主義意識の啓蒙を為すと共に之が組織化に努め以って同グループの拡大化を図ること、

殊に、グループの活動をして合法を擬装せしむる為、民族問題研究所を設置して之を本拠とし、民族問題の研究を標榜して果敢なる運動を展開すべきこと等を決定し、さらに該研究所の具体的組織をも審議し」た。

（小野予審終結決定「第一」および西尾予審終結決定の引用する公訴事実「第五」前段も同旨、ただし木村予審終結決定、小野判決、西沢判決からは「泊会議」の一件は脱落している）

五、泊会議における協議決定事項の実践としての一連の行為

1．細川『改造』論文の企画推進等

（1）細川論文の「改造」誌掲載に関する協議（細川・相川・木村・加藤・西尾・平館・西沢）

細川・相川予審終結決定第一の㈢の（イ）によれば、

昭和一七年七月一〇日頃、満鉄東京支社地下食堂に細川・相川・木村・加藤・西尾・平館・西沢が会合し、「独ソ戦を繞る内外の諸情勢を共産主義的観点より論議して相互に意識の昂揚に努」めたほか、細川嘉六の執筆した『世界史の動向と日本』と題する「共産主義的啓蒙論文」を『改造』誌の昭和一七年八月号・九月号に掲載発表することについて協議し、相川・小野ら「改造編輯関係者をして検閲に抵触せざる様慎重考慮して発表することに決定」した

ものとされている。

（西尾予審終結決定の引用する公訴事実第五の（一）同旨、木村予審終結決定「第三」事実同旨、西沢判決「第四」事実同旨）

（2）細川論文の『改造』誌掲載の実行（相川・小野・青山）

小野判決「第二」事実（同予審終結決定「第二の（一）の事実）によれば

昭和一七年七月中旬頃開催された『改造』の編輯会議において、相川が、細川執筆の論文「世界史の動向と日本」を同誌八月号・九月号に掲載発表することを提唱し、小野が「該論文が共産主義的啓蒙論文なることを知悉しながら」これを支持し、青山と共に八月号の校正等に尽力して「右論文を予定の如く掲載発表して一般大衆の閲覧に供して共産主義的啓蒙に努めた」

ものとされている。

2．「民族問題研究所」構想の具体化に関する協議（細川・相川・平館・西尾・西沢・木村・加藤）

細川・相川予審終結決定「第一の（三）の（ロ）」の記載事実によれば、

昭和一七年七月二六日頃及び九月五日頃の二回にわたり、満鉄東京支社地下食堂で、細川・相川・平館・西尾・西沢・木村・加藤らが集まり、さきに設立を決定した「民族問題研究所」の組織・構成・人的配置・資金獲得方法等につき協議して、その具体化に努めた。（西尾予審終結決定の引用する公訴事実「第五の（二）」も同旨、但し西沢判決および木村予審終結決定には、この「事実」は含まれていない）

3．細川検挙後の対策に関する協議（相川・木村・加藤・西沢・西尾・平館）

細川・相川予審終結決定第三（相川関係）の（一）の記載事実によれば、

細川検挙直後の九月一六日、満鉄東京支社地下食堂に、相川・平館・西尾・西沢・加藤・木村らが集まって、細川検挙の対策につき協議し、今後も平館を中心として「既定方針に基づき果敢なる活動を継続すること」並に「党の拡大強化策として、大阪商科大学教授にして共産主義者名和統一の参加を求むること」等を決定し、細川の家族の救援方をも決定した

ものとされている。

（西尾予審終結決定の引用する公訴事実「第五の（三）」、西沢判決「第五」はほぼ同旨。ただしこれらの決定・判決では右協議事項中、名和統一に参加を要請する件についての記載はない。また木村予審終結決定には右「事実」は全く含まれていない。）

4．名和統一教授引き出し工作

西尾予審終結決定の引用する公訴事実「第五の（四）」によれば、

（1）西尾と名和との連絡（西尾・平館・西沢）

昭和一七年一〇月一〇日、新橋駅前の明治製菓喫茶店地下食堂で、西尾・平館・西沢が会合し、「名和統一が大阪を中心として活動し居るに付、同人と共に東西呼応して果敢なる活動を展開すべく」名和との連絡は西尾が担当することを決定し、

この決定に基づき西尾は一〇月一八日、新大阪ホテル等で名和と会い、「所謂『党再建準備会』結成以来の顛末を報告」するなどして、「名和の蹶起を促して協力方を勧奨し同人の承諾を得」た。

（ただし西沢判決には、右「事実」は含まれていない。）

（2）上京した名和統一をかこむ一連の会談（西沢・西

尾・平館・木村・相川・加藤・浅石)
西沢判決「第七」記載事実によれば、
イ 昭和一七年二月四日頃、虎ノ門の料亭「亀清」で、西沢・西尾・平館・木村が名和と会合
ロ 同日虎ノ門の喫茶店「晩翠軒」で、西沢・西尾・平館・木村・相川・加藤が名和と会合
ハ 昭和一八年一月三〇日ころ、前記「亀清」で、西沢・西尾・平館・木村・相川・加藤・浅石が名和と会合
ニ 同日、右八名は三田の料亭『今半』で更に会合して、相互に情報交換をし、「独ソ戦を繞る内外の客観情勢並に農村問題等に付共産主義的観点より分析批判して相互に意識の昂揚並に同志的結合の強化に努め」たものとされている。(木村予審終結決定「第四」も同旨)

なお相川予審終結決定「第三の(三)・(四)」によれば、右一一月四日頃の「晩翠軒」における会合の趣旨は、「合法擬装機関たる民族問題研究所の設置並に名和統一が当時大阪に於て設置計画中なりし棉業問題研究所に付論議して両者の活動方針に付協議」した、というものであり、

また一月三〇日頃の「亀清」での会合の趣旨は、「政治の中枢たる東京に於ける被告人(相川)を初め平館利雄其の他の者等のグループを中心として大阪に於ける名和統一等も之に連絡呼応して運動を展開すべきことを決定」した、

というものであり、同日の「今半」での会合の趣旨は、「勤労民衆の民主主義革命の実現の為には最も優秀なる政党政治家の利用が重要なる旨、日本革命の展望に付先鋭なる論議を重ね」た

というものであった。

(西尾予審終結決定の引用する公訴事実「第五の(五)」もほぼこれに近い)

5. 中国共産党との連絡の準備(西尾・平館・手島・西沢)

西尾予審終結決定の引用する公訴事実「第五の(六)」前段によれば、

(1)「中国共産党と連絡して諸情勢を交換し資料を入手して『グループ』の活動に資する意図の下に」、西尾が平館と協議の上、満鉄東京支社調査室勤務の手島正毅と昭和一七年一二月中旬満鉄東京支社調査室等において会見し、同人をして、上海工部局職員安藤次郎と協力して中国共産党と連絡を取るよう依頼して、手島の承諾を得た。

(2)昭和一八年五月初旬、西尾・平館・西沢は、満鉄東亜経済調査局その他において、大連本社調査部勤務の内田丈夫に対し、同人が近く上海に行く折りに安藤次郎と協力して中国共産党と連絡を取るように依頼したもの

とされている。（ただし手島判決および西沢判決には、右（1）（2）の「事実」は記載されていない。）

6．コミンテルンとの連絡の準備（西沢・平館・益田）

西尾予審終結決定の引用する公訴事実「第五の（六）」後段によれば、

世界経済調査会主事の益田直彦が外務省伝書使としてソ連に行くことが決定したので、昭和一八年五月初旬頃、満鉄東京支社において、西尾・平館は「益田をして入露後彼の地の共産主義者と連絡せしめて諸情報を交換せしめ、資料を入手して「グループ」の活動に資する為同人の入露後の活動方針、殊に同人をして報告せしむべき日本の共産主義運動を中心とする客観情勢に関する基礎資料の蒐集方を協議して該資料の調査蒐集に努め」た

ものとされている。

（西沢判決「第八」事実によれば、同年二月二〇日頃（於満鉄東京支社調査室）と五月七、八日頃（於日劇ビル二階喫茶店「耕一路」）の二回にわたり、西沢・平館が益田の入露後の活動方針につき益田と面接・協議をした、とあり、益田判決「第五」事実によれば五月上旬（於喫茶店「耕一路」）に西沢・平館と会合協議した、とあるが益田判決・西沢判決のいずれにおいてもその協議目的とされているものは単に「ソ連に於ける各種情報及資料の蒐集等」であって、「グループ」の活動との具体的関連性は指摘されていない。）

7．細川の家族に対する救援金のカンパ

（1）細川・相川予審終結決定「第三の（一）」によれば、昭和一七年九月一六日、満鉄東京支社地下食堂で、相川・西尾・西沢・平館・加藤・木村らが集まって、一四日検挙された細川の家族の救援に付協議した（前記五の3と同一の機会）。

ものとされている。

（西尾予審終結決定の引用する公訴事実「第五の（三）」、西沢判決「第五」も同旨。ただし木村予審終結決定中には右事実はない。）

（2）小野判決「第二」（小野予審終結決定「第二の（二）」）によれば、昭和一七年一〇月二〇日ころ、西尾から細川家族救援カンパを要請されてこれを快諾し、同月二五日満鉄東京支社調査室で金二〇円を西尾に委託した

ものとされている。

（ただし西尾予審終結決定に引用される公訴事実の中には、右の「事実」は記載されていない。）

（3）益田判決「第四」によれば、昭和一七年一一月中旬ころ、有楽町駅付近の路上で、益田と西沢が、細川の家族救援のため「同志より資金を募集すること」について協議した。

（ただし、西沢判決では右「事実」は指摘されていない）。
（4）細川・相川予審終結決定「第三の（二）」によれば、昭和一七年一二月下旬頃から昭和一八年四月下旬頃までの間、五回にわたって、毎月二〇〇円ずつ計一〇〇〇円を相川が風見章から調達して、細川の妻さだに供与した。

六、右一連の事実のうち、中心人物とされている細川嘉六が直接かかわったとされている事実（一、三、四、五の1・2）については、同人に対する治安維持法違反被告事件（第一審公判係属中に法の廃止を見たため、免訴により終結）の一件記録の写の一部が現存する

これは、同人の弁護人であった故海野普吉弁護士が謄写した記録であって、同弁護士の死亡後、遺族によって国立国会図書館に寄贈され、同館の憲政資料室において保管されているものである（そのコピーが、甲第二〇号証の一ないし四）。

請求人（ないしその被相続人）小野康人、平館利雄、木村亨にかかわる公判事実は、いずれも、右一連の事実の一部にあたるものであるが、請求人ら自身についての一件記録が存在しなくても、共犯関係として起訴された細川嘉六に関する記録の写が存在することによって、請求人らに対する有罪判決の証拠構造も推定することができるし、中心人物である細川嘉六自身の供述（とくに予審調書）により、事件の真相を解明することができるのである。

第二節　周辺的「事件」（その一）

特高当局のえがき出した構図の上で、「日本共産党再建準備会」の結成とその活動が事件の主流をなすものとすれば、この主流に対する支流にあたるものが本節でとりあげる事項である。この支流は大小三つにわかれるが、その一つは、中央公論社及び改造社内の「左翼グループ」事件及びその延長線上にある出版界左翼グループ事件（後記一ないし三）であり、他は「世界経済調査会ソ連委員会」内の左翼活動（後記四）および「政治経済研究会における左翼活動（後記五）である。特高当局によれば、これらの活動は党再建準備会グループの有力メンバーが「合法機関を巧みに利用して」行った組織的活動であったというのである。

一、中央公論社内における左翼的活動（小森田・畑中・和田・沢・青木・浅石・木村・藤田）

小森田判決・畑中予審終結決定によれば、被告人らの中央公論社内における左翼的活動は、

「中央公論社員の共産主義意識の啓蒙昂揚並社内の左

翼化」と

「『中央公論』の左翼的編輯及左翼的出版物の刊行等を通しての一般大衆の共産主義意識の啓蒙昂揚」

とに大別され、これらが昭和一二年六月頃から検挙時(昭和一八年五月)まで継続されたとされている。

1．右判決、決定及び和田判決(甲第一号証の八)によれば、後者すなわち『中央公論』の左翼的編輯等による「一般大衆の共産主義意識の啓蒙昂揚」にあたる具体的「事実」としては、次のことが指摘されている。

(1)『中央公論』誌の左翼的編輯

小森田判決「第一の(一)」記載によれば、

編輯長小森田は、昭和一三年四月頃から一六年九月頃迄の間、毎月一～二回(前後四〇回以上)の編輯会議において、「飽くまでも合法性を確保しつつ可能なる限り左翼的執筆者を誌上に動員して共産主義的啓蒙記事を登載し読者大衆の意識の啓蒙昂揚に資する」という基本方針のもとに、畑中・青木・浅石ら編輯部員とともに左翼的企画を積極的に推進した。とくに尾崎秀実の論文「長期戦下の諸問題」(昭和一三年六月号)をはじめ、「細川嘉六ら三〇数名をして合計四〇数篇の左翼的啓蒙記事を執筆掲載せしめ」た、

ものとされている。

(畑中予審終結決定(一)の記載もおおむね同旨。ただし行為の期間が「昭和一二年六月頃より昭和一八年六月頃迄の間」となっており、特に関与した「左翼的論文」の例示として、戸坂潤「ひと吾を公式主義者と呼ぶ」(昭和一二年八月号掲載)、高倉輝「漢字は日本に丈残るか」が挙げられている点が異なる。)

なお、和田判決「第二」事実によれば、

和田も同様の意図のもとで木村・浅石とともに昭和一七年九月から一一月にかけて、丸ビル内の喫茶店で、中央公論誌上に除村吉太郎・橘撲・小池基之ら左翼評論家の論文を掲載させることを協議し、その実現に努めた、

とある。

(2)左翼的出版物の刊行

小森田判決「第一の(二)」の記載によれば、

昭和一四年九月上旬頃、小森田は畑中とはかり、出版活動の強化を標榜して社内に「出版審議会」を結成し、畑中とともにその委員に就任し、同審議会の下部機構である「出版準備委員会」と呼応して、昭和一五年三月頃迄の間に

信夫清三郎著『近代日本外史』

鈴木安蔵著『日本憲法史概説』

尾崎秀実・細川嘉六ら編『支那問題辞典』

桜井武雄著『日本農業の再編成』

などの左翼的出版物の刊行につとめたものとされている。(畑中予審終結決定(二)同旨)

また小森田判決「第一の(四)」の記載によれば、

小森田は、沢赳らと協議して社長を動かし、昭和一六年六月頃、従前の出版を、政治・経済・思想関係を担当する「第一出版部」と文芸関係を担当する「第二出版部」に分割改組させ、みずからは第一出版部長に就任して同部の指導権をとり、沢・木村らの提案にかかる左翼的企画を支持、採択せしめ

平瀬巳之吉著『近代支那経済史』

ソ連外国貿易人民委員部編・西沢富夫訳『世界貿易論』

などを刊行せしめて読者大衆の意識の啓蒙昂揚に努めた

ものとされている。

(3) 季刊「東亜政治と東亜経済」に左翼的論文を掲載

小森田判決「第一の(三)」の記載によれば、

小森田は昭和一六年一月下旬の中央公論社出版部会議で、「東亜共栄圏の政治・経済等の諸問題をマルクス主義の立場より解明して一般大衆の意識の啓蒙に資する意図の下に」、季刊雑誌「東亜政治と東亜経済」の発刊を提唱し、その編輯者となり、

細川嘉六「大東亜共栄圏」

伊藤　律「南方農業社会経済問題」

鈴木小兵衛「満洲農民問題」

などのマルクス主義的啓蒙論文を掲載した同誌を同年七月発行したものとされている。

二、「中央公論社員の共産主義意識の啓蒙昂揚並社内の左翼化」にあたる事実としては、次のものが挙げられている。

(1)「協和会」の結成と活動

小森田判決「第一の(五)」の記載によれば、

いわゆる近衛新体制運動勃興後、昭和一五年九月頃小森田は畑中・青木らと協議して、社内刷新を標榜して同年一〇月「協和会」を結成し、その指導権を獲得し、昭和一六年七月頃迄の間、右協和会の部門たる研究会や社内講演会等を指導し、尾崎秀実らを講師とする「支那事変を繞る国際情勢」などの講演会を開催して「社員の左翼意識の啓蒙並社内の左翼化に努め」た。

(2)「理事会」の結成と活動

畑中予審終結決定(四)の記載によれば、

昭和一六年九月ころ右「協和会」解消後、畑中は片山と協議して社長を動かし、社長の最高諮問機関として「理事会」を設置させ、その理事に就任し、その後昭和一八年六月頃迄の間、毎週一回開催される理事会等で、「社内における左翼的人物の重用、『中央公論』の左翼的編輯方法の維持等に付尽力して、中央公論社の運営方針の左翼化に努め」た

ものとされている。

三、改造社内における左翼的活動（相川・小野・青山・小林・若槻、大森）

「特高月報」昭和一九年八月号（甲第六号証）によれば、相川・小野・青山・小林・若槻らは、昭和一〇年前後より、それまで労農派的傾向を打出していた『改造』誌を正統派共産主義の路線に変更するためグループを結成し、編輯会議を通じて昭和一六年八月号の細川嘉六「世界動乱に当面する日本国民」、尾崎秀実「独ソ開戦と重慶の立場」などの左翼的論文の掲載等に努めたものとされている。

四、「日本編集者会」および「日本出版社創立準備会」を舞台とする出版界左翼グループの活動（小森田・青木・美作・彦坂・藤川、ただし美作以下は不起訴）

1.「日本編輯者会」の結成とその活動

小森田判決「第二」の記載によれば、

小森田は、昭和一五年七月以降、青木らと日劇ビル内の喫茶店「耕一路」等で会合し、近衛新体制に呼応する編輯者の親睦等を標榜して在京の編輯者を大同団結させる組織「日本編輯者会」を結成してこれを「編輯者の共産主義意識の啓蒙昂揚並編輯部門に於ける統一的左翼活動の中心組織たらしむべきことを協議決定」して、右青木らと共にその創立準備委員会を結成し、

昭和一六年九月中旬頃、東洋拓殖ビル内の飲食店「ツクバ」で「日本編輯者会」の結成大会を開催して、みずからその事務局長に就任し、その後同年一一月までの間十数回事務局会議を開催して右青木らと共に「同編輯者会の左翼化方針を協議決定して之が実践に努め」たものとされている。

2.「日本出版社」の設立準備

小森田判決「第三」によれば、

小森田は、「左翼的出版物の刊行を通じて大衆の共産主義的啓蒙を図る目的にて」、社団法人日本出版社を設立することを企図し、昭和一六年三月ころ、美作太郎・彦坂竹男・藤川覚・青木滋らと連絡し、同盟通信社の出版部を母体として右日本出版社を設立することを協議決定したうえ、同年一〇月に同盟通信社に入社して出版部長に就任し、その後昭和一八年一二月頃迄、翼賛壮年団その他の団体に働きかけて、日本出版社の設立に努めたものとされている。

五、「世界経済調査会ソ連委員会」を舞台とする左翼的活動（西沢・平館・益田・高橋）

昭和一七年三月世界経済調査会内に、ソ連を調査研究するため「ソ連委員会」が設置され、西沢・平館は満鉄を代表して同委員会に参加し、昭和一六年七月に企画院から右世界経済調査会の職員に転じていた益田も同委員会のメンバーになっていたものであるが、西沢判決「第

二」の記載によれば、

「ソ連調査会」の会合は、調査会会議室において昭和一六年三月上旬頃から八月一三日ころ迄の間、前後一〇回開催されたが、西沢・平館・益田らは研究発表や発言を通じて、「ソ連の国力を過大に評価し、ソ連の発展の基礎が社会主義にあることを強調し……ソ連の計画経済と資本主義国家に於ける統制経済とを比較し前者が唯一の発展的経済様式たることを暗示して、委員の共産主義的啓蒙に努め」た

ものとされている。（益田判決「第三」も同旨）

六、「昭和塾々友研究会政治班」および「政治経済研究会」を舞台とする左翼的活動（高木・由田・板井・浅石・新井・白石・勝部・小川・森・和田・渡辺・山口）

昭和八年一二月に、近衛文麿（当時貴族院議員）の親友後藤隆之助によって、近衛が近い将来政局に立つことを予期し、そのために政策を研究する団体として「昭和研究会」が結成されたことは周知のところであるが、「昭和塾」は、この昭和研究会を事実上の母体として、昭和一三年一一月に開塾された私設教育機関であり、同塾の規約によれば「発展途上にある新日本の歴史的大使命を貫徹せんがために頑健なる精神、知識、体験を具備する指導的人格の育成に資せんことを期す」というのがその目的であった。

昭和一六年一一月に昭和塾が解散するまでの間に入塾した塾生は二一二名と数えられている。昭和塾の塾友（塾の修了者）のうち、横浜事件に連座した者は、青木滋、高木健次郎、山口謙三（以上第一回生）、浅石晴世、板井庄作、由田浩（以上第三回生）の六名である。

これらの者が昭和塾の存続中に、塾友間で組織した研究会（後記1）、ないし昭和塾解散後に塾友に限らず、その友人らにも呼びかけて組織した研究会（後記2）の活動が弾圧の口実になった。とくに研究会メンバーが細川嘉六に私淑していて、いわゆる「細川グループ」の一員としてさきに検挙されたため、「浅石晴世は本研究会を所謂党再建準備会の一翼として其の傘下に糾合せんと意図」した、として横浜事件の「主流」である日本共産党再建準備会事件との関連づけがはかられたものである。

1．「昭和塾々友研究会政治班」

高木予審終結決定「第一の（二）」の記載によれば

昭和一六年六月初旬頃、高木が板井・由田と協議し、昭和塾々友一五名により「昭和塾々友研究会政治班」を結成。

その後昭和一六年一一月までの間、一〇数回にわたり蝋山政道著『政治史』をテキストとして、明治維新から日露戦争前後に至る日本の近代資本主義国家としての発展過程を分析するなどして、会員の「共産主義意識の昂

揚に努め」た
ものとされている。（板井予審終結決定「第一の（一）」も同旨）

2．「政治経済研究会グループ」

昭和塾講師尾崎秀実が国防保安法違反等の嫌疑により昭和一六年一〇月一五日検挙され、昭和塾は解散し、右（1）の塾友研究会政治班も解散した。しかし、高木予審終結決定「第一の（三）」の記載によれば、

高木は昭和一六年一〇月一八日頃から同年一二月下旬頃迄の間、板井・由田・浅石らと協議の結果、「右政治班加入の共産主義分子その他の意識分子を結集して、共産主義理論の研究と内外の諸情勢の分析批判等を通じて共産主義意識の昂揚を図ると共に左翼組織を確立する意図の下に、所謂『政治経済研究会グループ』なる非合法グループを結成」し、以来前後二〇数回にわたり、会合・ピクニックなどの活動を行い、「グループ員の共産主義意識の昂揚、同志的結合の強化を図」った
ものとされている。

なお右「グループ」の結成は、小川判決によれば昭和一七年六月二八日頃とされている。

右「グループ」の具体的活動内容すなわち「犯罪事実」は、判決・決定によればつぎのとおりである。

（1）昭和一六年一二月二一日および同月二六日、細川嘉六の指導を仰ぎ、細川から「歴史の必然性に従い共産主義運動を勇敢に展開すべき旨」激励された。（高木・板井・浅石・由田）

高木予審終結決定「第一の（三）の（イ）」、板井予審終結決定「第一の（二）の（イ）」の各記載。（ただし細川予審終結決定中には、この事実の記載はない。）

（2）昭和一七年四月三日および五月八日、千葉県清澄山などにハイキング。（小川・山口・高木・由田）

小川判決「第一の（一）」の記載。（ただし高木予審終結決定中にはこの「事実」はない。）

（3）昭和一七年七月二四日および八月二八日、ファシズムの研究会を開催。（高木・小川・勝部・山口・森）

高木予審終結決定「第一の（三）の（ハ）」、小川判決「第一の（二）」、森予審終結決定「第一の（一）」の各記載。

（4）昭和一七年一一月三日、千葉県船橋市内の某喫茶店において会合し、グループの組織・活動方針につき協議。（高木・板井・山口・浅石・勝部・小川）

高木予審終結決定「第一の（三）の（ニ）」、小川判決「第一の（三）」、板井予審終結決定「第二の（ロ）」の各記載

（5）昭和一七年一一月一五日、同月二〇日、一二月五日に浅石宅で研究分担等につき協議した上、昭和一七年一二月五日から一八年六月六日迄、浅石宅・勝部宅などで、日本経済の現状を分析する研究会を開催。（浅石・

高木・由田・小川・勝部・山口・板井・白石・森・和田・新井）

高木予審終結決定「第一の（三）の（ホ）」、小川判決「第一の（四）」、白石判決「第一の（一）～（三）」森予審終結決定「第一の（二）」、板井予審終結決定「第二の（ハ）」の各記載。

すなわち

本件再審請求にかかる和田喜太郎の「犯罪事実第二」は、右研究会活動の一部にあたる。

（一）昭和一七年一二月初旬と同月一七日頃浅石宅で開催された研究会に参加したこと（高木・勝部・新井・森・由田が研究発表。和田も深井英五との会見の模様を報告）。

（二）昭和一八年一月七日由田宅で開催された「第二班」（さきの会合で組織の防衛上グループを二班に分けた）の会合に由田・勝部・山口・森とともに参加したこと（勝部が昭和六年以降のインフレーションの推移につき研究発表）

がいずれも犯罪事実とされている。

(6) 昭和一八年四月二四日、調布方面にピクニック。（板井・浅石・由田・勝部・小川・山口）

板井予審終結決定「第一の（三）」、小川判決「第一の（四）」末尾の各記載。

(7) 昭和一八年七月四日、勝部宅で会合し、コミンテルン解散後もグループの活動を継続し産業報国会の左翼化に努めるべきこと等につき協議（勝部・白石・森・山口・板井）。

白石判決「第二」、森予審終結決定「第二の（一）」板井予審終結決定「第二の（一）」の各記載。

(8) 昭和一八年八月二〇日頃（小川判決等では二五日頃）、丸ビル内食堂「花月」で会合し、イタリアの政治情勢など国際国内情勢を分析批判（高木・勝部・森・小川）。

高木予審終結決定「第二の（二）」、小川判決「第二」、森予審終結決定「第二の（二）」の各記載。

(9) 昭和一八年九月五日頃、丸ビル内喫茶店キャッスルで会合し、浅石検挙以来中絶していた研究会の再開について協議（高木・勝部・板井・山口）。

高木予審終結決定「第二の（二）」、板井予審終結決定「第二の（三）」の各記載。

以上（1）から（9）が判決等で認定されている「グループ」としての活動であるが、ほかに「グループ」への加入工作、研究会で使用する資料の収集などの関連事実もつぎのとおり犯罪事実として指摘されている。

(10) 高木の組織活動

高木は、昭和一七年六月頃から一八年六月頃までの間、並木・勝部・中沢・渡辺・森をグループに加入させた。

高木予審終結決定「第一の（三）の（ロ）」の記載。

ちなみに高木・板井・浅石・由田の「原始メンバー」以外の被告人のグループ加入時期と勧誘者については、各人についての判決・決定の冒頭でつぎのとおり認定されている。

小川　昭和一七年一月二〇日頃、由田の勧誘により加入

森　昭和一七年六月中旬頃、高木の勧誘により加入

白石　昭和一七年一一月一五日頃、浅石の勧誘により加入

和田　昭和一七年一二月初旬頃、浅石の勧誘により加入

⑪ 森の資料収集活動

昭和一八年五月下旬頃、勤務先の大東亜省総務局調査課の同僚の机上にあった「昭和一八年度生産目標前年度比較表」の写を書写し、これをグループの研究会で回覧した（なお、右行為は国防保安法第四条違反、国家機密探知罪として処断され、森は懲役三年の実刑判決を受けている）。

森予審終結決定「第一の（三）」の記載。

⑫ 高木・森・板井の職場における個別活動

高木は、日本製鉄株式会社（日鉄）社内に左翼組織を確立することを企図して、昭和一四年六月中旬頃から昭和一八年四月中旬頃までの間に、

渡辺公平、岡村俊夫、藤井信一に左翼文献を貸与または贈与し、同人ら及び三古谷栄、中沢護人、藤井康三らに対し共産主義理論の研究を勧奨した。また勝部・中沢らと会合して「政治経済研究グループ」の下部組織を日鉄社内に結成することを協議した。

昭和一八年七月中旬から九月八日迄の間にも勝部・中沢と同様の協議を重ね、三古谷栄、川村猛らに左翼文献を貸与して社内左翼組織の確立に努めた。

高木予審終結決定「第一の（三）の（へ）」および「第二の（一）」の各記載。

森は、高木に『廃帝前後』、勝部に『全ソ連邦共産党小史』の各革命文献を貸与した。（森予審終結決定「第一の（三）」末尾の記載）

板井は電気庁技師後藤誉之助に左翼文献を貸与した。（板井予審終結決定「第二の（二）」の記載）

七、右一連の事件のうち、請求人（ないしその被相続人）畑中繁雄が右一に、青山鉞治と小林英三郎が右三に、平館利雄が右五に、和田喜太郎が右一および六の2の（5）に、それぞれかかわったものとされている（共犯者に対する判決・決定中には、右一の関係で木村亨が、右三の関係で小野康人の名前がでているが、両名は、それぞれの事実について起訴されていない）。これらの事件について一件記録は存在しないが、「犯罪事実」とされたものの中心は、結局「左翼的言論活動」（ないし、

それを結実させるためのグループ活動）である以上、犯罪の成否は、客観的に残っている出版物それ自体によって明らかである。

第三節　周辺的「事件」（その二）

右第二節に記載した「周辺的事件（その一）」は、中心的事件たる日本共産党再建準備会の結成ならびに活動と関連性を有する組織的な活動として構成されているわけであるが、その他に右一、二に連座した被告人の余罪として、いくつかの断片的な行為があげられている。判決・決定等により余罪的犯罪事実とされている事項はつぎのとおりである。

一、細川嘉六の論文執筆

細川・相川予審終結決定「第二」（細川固有の犯罪事実）の記載によれば、細川は、つぎのような論文を執筆することによって、「論壇より一般に対する共産主義的啓蒙に努めた」ものとされている。

①大原社会問題研究所雑誌昭和一〇年一二月号
　「南京政権と世界政治」
②『中央公論』昭和一二年六月号
　「世界的危機の激化と大陸政策の省察」
③『改造』昭和一四年五月号
　「支那民族運動と列強」
④『中央公論』昭和一四年一二月号
　「現実ソ連の世界政策」
⑤『改造』昭和一五年八月号
　「アジア民族の史的発展と大陸政策への省察」
⑥右①〜⑤の論文に「ソ連邦の民族政策とアジア」と題する論文を加えて、昭和一五年一二月東洋経済新報社より『アジア民族政策論』と題する著書を出版
⑦中央公論社刊行の季刊『東洋政治と東亜経済』昭和一六年七月（創刊号）
　「東亜共栄圏の民族問題」
⑧『改造』昭和一七年八月号・九月号
　「世界史の動向と日本」

右⑧の論文「世界史の動向と日本」の執筆および『改造』誌への掲載は、前述（第一の五の1）のとおり日本共産党再建準備会（泊会議）における決定事項の実践（「右決定に基き同グループを指導統制して鋭意其の拡大強化に努めた」）行為の一環として同一予審終結決定の「第一の（三）の（イ）」に掲げられるとともに、「第二の（八）」にも再掲されているものである。

二、益田直彦の研究発表（企画院及び世界経済調査会）

益田判決「第一」および「第二」の記載によれば、益田は、昭和一二年六月企画院調査部に嘱託として就

職し、ソ連調査研究に従事し、昭和一六年七月に世界経済調査会勤務に転じたがその間つぎのような研究成果を発表することによって一般の共産主義意識の啓蒙に努めた。

①昭和一四年五月、企画院等の調査担当者が参集して開催された「ソ連報告会」の席上、ソ連農業の合理的配置の結果社会主義計画経済が基礎づけられたことを示唆する「ソ連邦農業の配置について」と題する報告を行い、かつ右報告書を企画院発行の資料集に掲載・刊行させた。

②昭和一六年九月、独ソ戦におけるソ連の抗戦力に関してその増大を力説し、社会主義国家の優位性を示唆した論文を執筆し、これを「独ソ戦の長期化とソ連の抗戦力」と題するパンフレットとして朝日新聞社から刊行させた

ものとされている。

三、手島正毅・西尾忠四郎の研究発表（満鉄上海事務所）

手島は昭和一四年二月から一九年三月迄、西尾は昭和一四年三月から一五年三月まで、満鉄上海事務所に勤務したものであるが、手島判決「第一」の記載によれば、

①手島・西尾は昭和一四年六月に設置された「支那抗戦力調査委員会」の委員にともに就任したが、同年九月の同委員会で調査結果を報告し、その中で、国共合作の進歩的意義を指摘するなどして出席者の共産主義意識の啓蒙昂揚に努めた

ものとされている。（西尾予審終結決定の引用する公訴事実「第一」も同趣旨）

また手島判決「第二」の記載によれば、

②手島は、昭和一六年四月設置された戦時経済調査委員会の委員に就任し、同年一二月までの間「蘇州における民船業」の調査にあたり、その研究成果を昭和一八年六月『中支の民船業』として刊行したが、同書のなかで在支日本資本が帝国主義的支配を強化しつつある旨を示唆して、一般の共産主義意識の啓蒙昂揚に努めた

ものとされている。

四、米国共産党内またはその周辺における活動

特高月報（昭和一九年八月）の記載によれば、川田寿・定子に向けられた主たる嫌疑は、「昭和一六年二月米国共産党に対して情報を提供すべきことを約束して横浜経由帰国」して以降の活動、具体的には①世界経済調査会に就職し「各般の統計資料収集に努め」たこと（そのうち経済連盟対外事務局発行の「東亜経済事情叢書」を「在米党員ハッチンス宛送付」した旨が言及されている）、および②「世界経済調査会内に在りし共産主義者、益田直彦、高橋善雄等と随時会合し相互啓蒙に努め」たことにあったことがうかがわれる。

しかしながら川田寿に対する公訴事実（甲第九号証の

二）中には、帰国後の活動は一切含まれていない。また益田判決においても川田との会合や「相互啓蒙」の事実についても一切ふれられていない。

川田の公訴事実は、すべて昭和七年一二月から同一四年一二月までの在米当時の活動にかかわるものに限られ、したがって横浜事件の中心的事実と何ら関連性を持たない全くの周辺的事件に形をかえて公訴の提起がなされたのであった。

五、その他

右以外にも、一連の判決・決定中につぎのような断片的事実が記載されている。

1．高木の昭和一一年五月から一六年一二月頃までの間の二高出身者グループ内の活動

高木予審終結決定「第一の（一）」の記載。

2．手島、安藤次郎ら満鉄上海事務所同僚間の相互啓蒙（昭和一六年五月頃～一八年一二月頃）

手島判決「第三」の記載。

3．西尾の商工技術員養成所職員への（昭和一六年五月頃～一八年五月頃）左翼文献を貸与などの工作

西尾予審終結決定の引用する公訴事実「第六」の記載。

4．西沢・平館の伊藤律との会合による相互の「意識の昂揚」

西沢判決「第六」の記載。

5．酒井寅吉の朝日新聞社内左翼的啓蒙活動（昭和八年～一八年）および兵営内の左翼的啓蒙活動（昭和一四年～一五年）

酒井公判請求書「第一」および「第二」の各記載。

第四節　一件記録の存否と再審開始要件について

一、さきに上申したように、治安維持法違反事件などのいわゆる「思想事件」については、同法等の廃止に伴って発せられた昭和二〇年一〇月六日付司法省刑事局長通牒（刑事第一二三四九号）により「現存事件記録、判決原本、資料、報告書等一切の書類、図書及び証拠物件は各庁において目録を作成の上厳重に保管し、その目録一部を司法省に送付する」ことが、各裁判所に指示されたという経緯がある。

従って横浜事件を含む「思想事件」については、一般事件と異なり、本来一件記録が厳重に保存されている筈である。

そこで請求人らは司法省の後身である法務省に対し、本年六月九日付でその開示請求を書面により行ったが、去る一〇月二一日同省刑事局総務課長名で、「申請にかかるいわゆる横浜事件に関する判決原本、謄本又は訴訟記録は保管されておりません。なお同事件に関する判決

言渡当時、当省において横浜地方検察庁から当該事件に関する判決謄本の送付を受けたか否かについても、現在、一切記録が存せず不明です」との文書回答に接した。

二、検察官は、一件記録の不存在を理由として本件についての真理を解明することは不能であると主張しているが、本来一件記録を保管する責任を有する官庁がその責任を棚上げしてかかる主張をすることは信義則に反する。

ちなみに「山本老事件再審請求」に関する最近の広島高裁決定（昭和六二・五・一、判例時報一二三三号）は、記録の残っていない事件について、他の資料から有罪判決の証拠構造を推定することが許されると判示している（再審請求それ自体については新証拠の明白性の不足を理由に棄却したが）。横浜事件についても右判示が援用できるのであって、細川嘉六に関する一件記録の写その他の客観的資料にもとづき、再審を開始して真相を究明するべきであることは明らかである。

第二章　治安維持法違反に該当する客観的事実は存在したか

はじめに

治安維持法第一条後段の「目的遂行罪」は、結社の実在性を前提とするが、本件においてはこの前提が成立しない。

「横浜事件」の各被告人に適用された罰条は、治安維持法第一条後段（国体変革を目的とする結社の「目的遂行の為にする行為」）および同法第一〇条後段（私有財産制度の否認を目的とする結社の「目的遂行の為にする行為」）であるが、右各法条はその適用の前提として国体変革あるいは私有財産制度否認を目的とする「結社」が現実に存在することを要する。

しかるに、被告人らがその目的遂行のために「行為」したとされる日本共産党は、被告人らの「行為」当時においては実質的には壊滅していて存在せず、従って被告人らに対し治安維持法第一条ないし第一〇条を適用することはその前提を欠く。このことは被告人らの各「行為」の内容の如何を問わず、まず全体に共通して指摘することができる事柄である。

以下においては、この点を

1. 治安維持法の立法趣旨があくまでも「結社」とその活動の規制にあったこと
2. 結社活動と評価しえない共産主義の宣伝等に伝統的な目的遂行罪を適用することは無理であること
3. 昭和一六年改正法によるこの問題の立法的解決により、かえって第一条の目的遂行罪の適用範囲は明確に

限定されたこと

4．事件当時日本共産党が実質的に結社として存在しなかったことを戦後の国家権力自身が確認していること

の四点にわけて述べる。

第一節　治安維持法の基本的立法趣旨は結社活動の規制である

一　「横浜事件」の被告人たちに適用された治安維持法は昭和一六年三月一〇日の改正にかかるそれである。昭和一六年の改正治安維持法は条文の数も従前の全七ヵ条から一挙に全六五ヵ条となる大改正であったが、新法の全六五ヵ条のうち、第二章（第一七条～第三八条）は同法違反事件に関する刑事手続の特則を定めたものであり、また第三章（第三九条～第六五条）は同法違反者に対する特殊な行刑としての予防拘禁制度を新設したものである。

そして犯罪の構成要件を定める実体規定（第一章）に関する改正点は形式的な面では「国体変革を目的とする結社」と「私有財産制度の否認を目的とする結社」に関する適用罰条を別建てにしたこと、実質的な面においては、国体変革結社に関し処罰の対象を拡大してその周辺的行為をも対象とし、あわせて法定刑の加重をしたことにある（注1）。

結社と関係なく個人的に行なわれる共産主義思想の宣伝等は、この改正法によってはじめて処罰の対象となった（第五条後段）のであるが、本件に対しては改正法で新設された第五条ではなく、あえて一条後段および十条後段の規定が適用された。そして右各条項の規定する構成要件はそれぞれ従前の一条一項後段、同条二項の各規定と全く同一である（ただし、国体変革結社の目的遂行のためにする行為の法定刑の短期が二年から三年に加重され、刑種が「懲役又は禁錮」から懲役一本になったことが相違点である）。

（注1）当時の司法書記官太田耐造は「改正治安維持法を繞る若干の問題」（法律時報昭和十六年五月号一五頁）の中で、治安維持法中実体規定の改正点をつぎのように説明している。

「第一章は、國體變革を目的とする罪に關し現行法に根本的な改正を加へた外、不逞な類似宗教團體等に關する罪を新たに規定したのであるが、私有財産制度否認に關する罪に就てはその内容に何等變更を加へてゐない。改正の要點は大體次の六點である。

第一、國體變革を目的とする犯罪に付き禁錮刑を削除し、刑の短期を引き上げて刑罰を加重したこと

第二、所謂外郭團體――支援結社――に關する處罰規定を新設したこと

第三、所謂準備結社に關する處罰規定を新設したこ

と

第四、結社の程度に至らない集團に關する規定を新設したこと

第五、宣傳其の他國體變革の目的に資する一切の個人行為を處罰すべき包括的規定を新設したこと

第六、不逞類似宗教團體等に關する處罰規定を新設したこと」

二　そもそも、治安維持法が思想とその表現行為そのものを取締まるための立法ではなく、あくまでも「結社」とその活動とを規制するための立法であるとの建前においてのみ制定されたものであることは、同法を制定した第五〇回帝国議会衆議院本会議（大正一四年三月七日）における治安維持法案委員長前田米藏の報告の中でつぎのように明言されている。

「思想は思想を以て律すべきものであって、法律を以て律することは宜しくないと云ふ質問に対しましては、政府は思想は決して罰するのではない、思想は全然自由である。此思想が外形に現はれて結社を作り、煽動となり、協議となって初めて之を罰するのである。思想は自由である。其思想は自由であるが故に、学者が仮に研究的に之を研究する、学生が之を研究する、研究の結果を発表すると言ふことは自由である、社会主義とはどう云ふものである、無政府主義とはどう云ふものである、或は共産主義とはどう云ふものであって私有財産制度の否認はどう云ふものであると云ふことを研究せらるゝのは宜しい、研究の結果を発表せらるゝのも宜しいのである、此法律の目的とする所は、斯の如き事柄を実行すると云ふ意思を以て或る行為を為すと云ふことに依って犯罪は成立つのである、実行する意志なくして研究をし、之を発表すると云ふことは、決して法規の関せざる所であると言はれたのであります。」（みすず書房刊・現代史資料第四五巻・奥平康弘編『治安維持法』九七頁〜九八頁所収）

三　治安維持法があくまでも結社活動取締法であるという建前は、昭和四年の同法改正時（最高刑を死刑とする重罪化と目的遂行罪の導入を眼目とする）の政府当局者の答弁においても再確認されている。すなわち司法大臣原嘉道は、第五六回帝国議会本会議（昭和四年二月二日）において、内乱予備罪の最高刑が懲役一〇年であるのに「兵糧も集めず兵器弾薬も集めずに言論、文書、集会の秘密の会合に依って之をやると云ふと、直に是が死刑とは、学説上吾々はどうしても受取ることが出来ぬ議論であります」という武富済議員の指摘に対し、つぎのように答弁している。

「旧来の刑法では内乱と云ふものは、必ず暴動行為を伴ふものと思って規定してあるのであります、所が社会

状態が変遷するに従って、暴動行為に変るに団体行為を内乱罪の手段とするものが出て来たのであります、そこで新刑法理論に於きましては、此団体行為を処罰するのであります。併し貴方が言はれるやうな文書や言論を処罰するのではないのであります、団体行為に依って国体を破壊せんとする者を処罰する、是が近代の此国体変革を取締る上に於て最も大切なことである（拍手）是が刑法の内乱罪と違ふ点であります。」（前掲『治安維持法』一五八頁所収、傍線は引用者による）

周知のように、この昭和四年改正法（昭和三年六月二九日緊急勅令の追認）によって、処罰の対象となる行為類型として、従前からあった結社の「組織」及び結社への「加入」ないしそれらの未遂のほかに、あらたに「結社の目的遂行の為にする行為」が追加されたのであるが、その意義についても、同じ議会の衆議院委員会（昭和四年二月二三日）において泉二新熊政府委員（司法省刑事局長）が、水谷長三郎議員の「是は一体具体的にどう云ふ者を指すか」との質問に対し、つぎのように答弁している。

「それは現行法の第二条に書いてある、即ち目的たることの実行に関し協議を為す者とか、それから実行を煽動する者とか、斯う云ふやうなものであって、さうして此結社の指導者の指導の下に於て結社其ものゝために今の協議、宣伝、煽動等の行為を為す者は主として只今の文句の中に入るものと考へて居ります、二条三条はまだ結社組織のない場合の協議をするとか、宣伝をするとか、又結社があっても結社の為にするのではない、それから離れて居るところの行為をする者が矢張此の二条三条に入る、結社の為にする、行動を執る者は、一条の目的遂行の為にする者と云ふ項に入るものであると云ふやうに考へて居るのであります。」（前掲『治安維持法』一六六頁所収）

これらの説明によって明らかなとおり、新法第一条に付加された目的遂行罪の規定によって処罰されうるのは、あくまでも「結社の指導者の指導の下に於て結社其ものの為に」なされる行為であり、結社の存在および指導にもとづかない個人的、あるいは散発的な行為は、それが（国体変革又は私有財産制度否認の）目的たる事項の「実行に関し協議」ないし「実行を煽動」の域に達した場合にのみ二条ないし三条により処罰されるというのであって治安維持法がどこまでも結社活動規制法であるという建前が維持されている。

第二節　結社活動と言えない共産主義の宣伝等に対して目的遂行罪を適用することが困難であることは法執行者によってつとに自覚されていた

一　昭和四年の法改正により結社の構成員ではなくても結社の指導下において活動をする者（いわゆるシンパ）をも取締の対象にすることができるようになったものの、結社が実質的に壊滅し、従ってその指導者による指導ということがありえなくなった段階（後述のとおり、おそくも昭和一〇年の後半からは、日本共産党は、この段階に入る）において、なお散発的に行なわれる共産主義思想の宣伝活動については、従前の法律の規定によって取締ることができない、というのが思想検事の共通認識であった。

そのことは司法省の招集する思想実務家会同において、毎回のように確認されている。

二　すなわち昭和一二年六月の思想実務家会同において東京刑事地方裁判所検事局栗谷四郎検事は、

「党の組織が全く潰滅して居る結果、之とは全然無関係に秘密「グループ」的な結集化を組織して活動する程度のものが続出する現状であります、然るに我々自身の頭が従来の観念に捉はれまして結社とさへ言へば直ちに党、共青、全協と云ふやうなものを想起しまして、それ以外には独立して結社を認むることが躊躇せられて居りまして、斯様なことでは到底今日の如き情勢に適応することは困難であると考へて居ります、現在第一線に立って居る内務省、警視庁方面から盛んに其の要望があるのでありまして、勿論それに迎合することは必要としないのでありまするが、我々自身に於きましても斯の如き旧来の観念を克服して其の条件を備ふる限りは組織の大小に捉はるることなく第一条結社の組織者又は其の加入者として取締を致したいと存ずる次第であります、固よりどの程度のものを結社と見るかと云ふやうな点に付きましては一々具体的なる事案に則して判断するの外はないと思ひまするが、何も彼も多少「イデオロギー」を有った結社であれば第一条の結社として認むべしと云ふやうな暴論を吐くものではないのでありまして、茲に切に申上げたいのは我々自身が頭を転換せねばならぬ必要があるのではないかと云ふ点であります。」

と述べて、従来は「結社」性を認定していなかった「グループ」程度の存在をもあらたに「結社」と認定してゆくことにより「今日の如き情勢に対応」することを提唱するとともに、このような結社概念の拡張によっても取締まれない活動があるという立法の不備につき、つぎのように指摘している。

「第六と致しまして是は強く提唱する件ではないのでありますが、若し御考慮願へ得まするものでありまするならば治安維持法の改正に付て希望致したいのであります。法律の改正が容易なものでないことは勿論承知致して居りまするが、最近の運動が只今述べたやうに単に党組織の潰滅して居る現状にありましては単純なる共産主義の宣伝と云ふやうな形を呈するものが非常に多いのでありまして、第一条の結社の目的遂行罪であるとも認められませず又国体を変革し私有財産制度の否認を目的としたる事項の実行の協議又は煽動と云ふやうな程度にも達して居ないやうな事案が相当あるのであります、而も尚取調に当りましての心境に於きましては何等の変化を来して居らないと云ふやうなものもあるのでありまして、将来に於ても此の種のものが続出するのではないかと考へられますので一応の御考慮を願ひたいと存じて申上げる次第であります。」（以上いずれも前掲『治安維持法』三一八頁所収）

問題提起はその後も続いている。たとえば昭和一四年六月の思想実務家会同においては東京刑事地方裁判所長尾操判事が、

「今日大阪地方の検事の言はれたやうに自分では実際転向しないで、あっちこっち自分勝手に共産党を利用して居るものは手が著けられない。今の実体法では手が著けられないと云ふやうなこと迄申し上げることが出来て来るのではないかと思ひます。故に今の治安維持法で始末の付かないやうなもの、而も意識的にさう云ふ法網を潜って始末の付かないやうな運動をする、共産主義活動をするものが是れ等の情勢に即応して段々出来て、斯う云ふ事件が頻発するのではないかと思はれるのでありまする。目下焦眉の急務として治安維持法の中へさう云ふ共産主義思想を抱懐する者が其の主義を宣伝せんとすると云ふ一項を挿入して此の必要に応じてはどうかと考へます。」（前掲『治安維持法』三四一頁所収）

と発言しているし、翌昭和一五年五月の思想実務家会同においては、東京刑事地方裁判所検事局平野利検事が、治安維持法を再改正して「国体変革ノ目的ヲ以テ其ノ目的遂行ノ為ニスル行為」というような包括的な条文を新設すべしという立法論をつぎの如き理由づけをもって展開している。

「第二条及び第三条の規定に於きまして「国体変革ノ目的ヲ以テ其ノ実行ヲ協議シ」又は、「煽動スル所為」を処罰することになって居りますが、是は実際上殆ど運用されて居りませぬ。それを寧ろ更に拡張致しまして、字句の点は本省の方で十分御検討願ひたいのでありますが、其の拡張を斯様にしたら宜いと考へるのであります。「国体変革ノ目的ヲ以テ其ノ目的遂行ノ為ニスル行為」として、之を処罰し得るやうな規定を設けて戴きたいのであります。

それに付きまして理由を簡単に説明いたします。先程局長の御指示にございましたやうに、最近日本共産党は極度に衰微して居りますのと、それからコミンテルン第七回大会以後に於きまして共産主義運動の戦術に変化を生じまして、最近の実情は党員の活動が殆んどなくなっ

て居ります。さうして党の外に在りまして党を支持する活動形態を採って居るのが其の全部と云って宜しいのであります。而も党と直接関係を避けまして合法場面を利用する者が多いのでありますから、現行の治安維持法第一条を以て処罰することが、或は解釈上或は証拠上極めて困難となるのであります。而も其の活動たるや現行法の第二条及第三条が実行に関する協議、実行の煽動といふ風に限られて居ります為に、第二条及第三条に該当しない場合があるのであります。之が為に非常に取調に手数を要しまして、取調の日数も長期間に亙るのでありますから之を拡張しまして、先程申上げましたやうに「国体変革ノ目的ヲ以テ其ノ目的遂行ノ為ニスル行為」としますれば、無理に有らゆる方面から証拠を蒐集して、第一条に問擬して見ないでも、骨を折らないでも容易に事件が処理し得るかと考へるのであります。

それから今一つの理由は、昨日も御報告申上げました通り、最近の学生運動事件の取調の結果に徴しまして、学内活動の中心分子はコミンテルン及び日本共産党の認識を有して居るといふ点を認めるのでありますが、之等の者に勧誘されまして読書会等に加入して理論研究して居る所謂下部組織に属する者はコミンテルン及び党の認識を欠いて居りまして、而して之等の目的の為にするといふ企図ではなくして、単に自分等の研究しまするマルクス、レニンズムを実戦に移して共産主義社会を実現することを目的として此の読書会を開いてマルクスの研究をし、自己の共産主義の意識の昂揚に努め、例へば革命が来た時に備へる——斯様に考へて居る者が多いのでありまして、従って是は治安維持法第一条の結社の目的遂行として処罰することが出来ない場合が多いのであります。而もまだ具体的に此の実行の協議とか或は実行の煽動といふやうな行為にも至って居りませぬで、現行治安維持法の下に於ては処罰し得ない実情にあるのであります。と申しましても斯様な行動に学生が出ますることは国家の治安上それを放って置けないと考へるのでありますから、先程申しましたやうに是非拡張する必要を認めるのであります。」（前掲『治安維持法』三五三〜三五四頁所収）

三　判例においてもいわゆる「労農派教授グループ事件」と呼ばれる一連の治安維持法違反事件につき、裁判所が、①労農派が結社としての実体を喪失した、②被告人には右結社の実在性についての認識がなかった、③労農派自体が治安維持法一条の結社とは認められない、などの理由で無罪を言い渡した例があり、このことも思想実務家をして法の不備をなげかしめた背景にあると言えよう。右無罪判決の論理構造を、以下において見てみることとする。

昭和十二、三年頃、治安維持法違反容疑で検挙され訴追されたが結局「無罪」の判決をかちとった東京帝国大学経済学部その他の大学所属の、いわゆる「労農派教授グループ」（大内兵衛、有沢広巳、脇村義太郎、美濃部亮吉、阿部勇、宇野弘蔵各氏）の一連の事件（甲第十号証の一～三各判決及び甲第十二号証の一、二予審終結決定参照）のうち、たとえば

①大内兵衛教授に対する公訴事実（甲第十の一判決による）は、

「被告人ハ……マルクス主義ノ研究ニ努ムル中其ノ正当性ヲ確信シ漸次之ニ共鳴シ来タルモノニシテ、昭和六年秋頃マルクス主義ヲ信奉若ハ之ニ共鳴セル東大助教授有沢広巳……等ニ依リテ結成セラレ居リタル所謂教授「グループ」ニ参加スルヤ、労農派「グループ」（略称・「労農派」）ハマルクス主義者ノ団体ニシテ……究極ニ於テ此ノ階級勢力ヲ基礎トシテ国体ノ変革並ニ私有財産制度ノ撤廃ヲ随伴スベキ「ブルジョアジー」打倒ヲ目標トスルプロレタリア革命ヲ遂行シ依テ以テ「プロレタリアート」ノ独裁政権ヲ樹立シ之ヲ通ジテ階級目標タル社会主義社会ノ実現ヲ企図スル結社ナルコト並ニ前記教授グループハ「労農派」ノ指導的メンバー大森義太郎、並ニ同結社員向坂逸郎ノ参加ヲ許容シタル結果、同人等ノ影響感化ニ依リ大部分ノ者ガ直接間接ニ「労農派」ノ活動ヲ援助シ其ノ支援団体タルノ色彩ヲ有スルモノナルコトヲ知悉シタルニ拘ラズ」

（1）「労農派」の機関誌「労農」への執筆、同編輯会議参画

（2）世界の政治経済情勢をマルクス主義乃至マルクス経済学の立場から分析批判し、その結果共同論文を執筆し中央公論等に掲載発表した。

（3）雑誌「改造」の世界情報欄の編輯会議に参画

（4）雑誌「改造」の付録年鑑の編輯執筆

する等、「結社「労農派」ノ目的遂行ノ為ニスル諸般ノ行為ヲ為シタルモノナリ」

というものであった。

一審判決は

一「被告人がマルクス主義ヲ「正当ナリト確信シ漸次同主義ニ共鳴シ来リタルトノ事実」

二 前記（2）の雑誌中央公論同編輯会議参加等の事実、同（4）「改造」誌関係の各事実をおおむね認めたが、「同派ハ昭和八年七月四囲ノ情勢ノ変化等ニ因リ其ノ成員ノ間ニ於ケル結合弛緩シテ結社タルノ実ヲ喪フニ至リタルモノト認ムルヲ相当トス」

かつ労農派が「公訴事実摘示ノ如キ結社ナル事実」は認と判断し、結社の実在性を欠くことを理由に無罪を宣告したのであった。

被告人美濃部亮吉、脇村義太郎氏らの無罪の理由も、結局大内被告の右の結論部分と同様とされる（甲第十四号証の二『日本政治裁判史録』昭和後期）。

美濃部被告については同氏著『苦悶するデモクラシー』(甲第十三号証の一の二)で次のように述べている。

「判決の趣旨は大体次の通りであった。即ち、予審決定書に示されているように、私が漸次マルクス主義に共鳴するようになったこと、阿部事務所を設置して共同研究や共同執筆をするようになったこと、労農派が国体変革を目的とする結社であったこと——但し雑誌『労農』が廃刊されてからは結社とは認められなくなった——等は予審通りに認めるが、『労農派が究極において国体の変革、私有財産制度の撤廃を随伴すべきブルジョアジー打倒を目標とするプロレタリア革命を遂行し、よって以てプロレタリアートの独裁を樹立し、これを通じて階級目標たる社会主義社会の実現を企図する結社なることを認識しいたりとの事実についてはついにこれを認むるに足る証拠なし』というのが、その判決の内容であった。

要するに、われわれは、労農派が国体変革を目的とする結社であることを知らなかったのだから、その目的遂行のためにする行為はしようとしてもできるわけがないというわけなのである。有沢、阿部の両氏は、僕等より労農派との関係が深かった。その結果、労農派がそういう結社であったことを知っていたものと認められ有罪が宣告されたのである。」

そして第二審の東京控訴院では一審有罪の有沢教授らを含め全員無罪となった。その理由は「労農派」は国体変革等を目的とする結社とは認められない、というにあった(甲十四—二『日本政治裁判史録』)。
②同じく東北帝国大学助教授宇野弘藏被告人に対する仙台地方裁判所昭和一四年十月一六日言渡の治安維持法違反事件の公訴事実の概要は、
結社労農派グループを支持し、その立場から一般大衆を啓蒙しマルクス主義理論の解説をすることは労農派グループの目的遂行に資するものとの意識の下に、①昭和十年七月頃、向坂逸郎に依頼されて雑誌『先駆』に助手杉森の論文「中小工業論の歪曲」を発表させた、②『中央公論』昭和十年十一月号に「資本主義の成立と農村分解の過程」を発表した、③昭和十年十一月二十三日向坂逸郎を仙台に招いて学生懇談会で講演させた、④昭和十二年五月二十八日向坂逸郎、大森義太郎を仙台に招いて学生座談会で講演させた、⑤昭和十一年四月より六月迄の間、東北大学における経済政策論演習で山田盛太郎「日本資本主義分析」を教材として使用しこれを批判した、⑥昭和十二年五月ごろ東北大学内の法文共済部の存続をはかった、
等の事実が「以テ結社労農派グループの目的遂行ノ為ニスル行為ヲ為シタルモノ」とされたものであるが、判決は、これらの執筆、講義、懇談会活動は概ね認め、被告人が「労農派グループヲ以テ公訴事実掲記ノ如キ目的ヲ有シ、且ツ結社ト認メ得ベキ集団ニシテ、少クトモ昭

和七年中雑誌『労農』廃刊ノ時迄ハ存続シ居リタルモノト理解認識シ居リタルコト」も認めたが、被告人が前記の「各行為ヲ為スニ当リ労農派グループが当時尚存続シ居リタルコトヲ認識シ居リタルコト及右各行為ガ労農派グループノ目的遂行ノ為ニスル意思ヲ以テ為サレタルコトニ付テハ之ヲ認ムベキ証拠ナシ」として無罪を言渡した。

第二審の宮城控訴院昭和一五年二月二三日言渡の判決も

「被告人ガ公訴事実ニ所謂労農派グループヲ支持シ其ノ目的遂行ノ為ニ同事実掲記ノ如キ諸般ノ行為ヲ為シタリトノ点ニ付テハ記録ヲ精査スルモ未ダ之ヲ確認スルニ足ル犯罪ノ証拠ナキヲ以テ」無罪を言渡した。

これら一・二審の無罪判決は、目的遂行行為成立の要件として結社存続の認識、および「目的遂行の為にする意思」を要求した点で、「教授グループ」に対する前記東京地裁の無罪判決よりも厳格な解釈態度をとっているとみられる（甲一四ノ二『日本政治裁判史録』（昭和後期）三二一頁参照）。

また、右判例中、注目を要するのは、大内教授に対する第一審判決において同被告人が「マルクス主義の正当性を確信し」、「政治経済情勢をマルクス主義ないしマルクス経済学の立場から分析批判」する論文等を執筆した事実を認定しながら、そのこと自体は（実在する結社と結びつかない以上）犯罪視できないという趣旨を当然のことながら明らかにしている点である。

第三節　結社と関係のない集団的または個人的行為をも処罰するという課題は昭和一六年改正法によって立法的に解決されたが、そのことによりかえって第一条の目的遂行罪の適用限界は明確になった

一　前述のとおり、日本共産党という結社が事実上潰滅しその指導が存在しないという状況のもとにおける、「単純な共産主義の宣伝」、「あっちこっちで自分勝手に共産党を利用しているもの」（共産党を自称するグループ活動）、「自己の共産主義の意識の昂揚に努め……革命が来た時に備へる」行為等が、治安維持法第一条後段の目的遂行罪の構成要件にあたらないことは、「思想実務家」の共通認識であった。さればこそ、このような個人的・主観的結社支援行為を取締るための法的根拠を確立すべし、との立法論がやかましかったのであるが、このような積年の立法論を背景として昭和一六年の治安維持法大改正に際しては、新設第五条の中で従前からあった「実行に関し協議」（第二条）、「実行の煽動」（第三条）と並んで「目的タル事項ヲ宣伝シ其ノ他其ノ目的遂

行ノ為ニスル行為」という包括的構成要件を置くこととなったのである。

この点に関する立法趣旨につき三宅正太郎政府委員(司法次官)は、第七六回帝国議会衆議院の治安維持法改正法法律案委員会(昭和一六年二月一二日)においてつぎの通り説明している。

「其ノ五ハ本案第五条ニ於テ宣伝其ノ他国体変革ノ目的遂行ニ資スル行為ヲ取締ル規定ヲ設ケタコトデアリマス、現行法ハ個人的行為ニ関スル取締規定トシテ実行ノ協議、煽動及ビ犯罪煽動ニ関スル処罰規定ノミヲ設ケ、其ノ余ノ行為ニ及ンデ居ナイノデアリマスガ、最近ニ於ケル運動情勢ヲ見マスルニ、宣伝啓蒙其ノ他危険ナル行動ヲ取締ル必要ガ多分ニアルノデアリマス、宣伝ハ煽動ト共ニ結社活動ニ於テ欠クベカラザル運動方法トシテ重要ナル意義ヲ有スルモノデアリマス、宣伝ガ結社ノ目的遂行ノ為ニ為サレタ場合ニ於キマシテハ、結社関係ノ行為トシテ検挙処罰シ得ルノデアリマスガ、結社ト関係ナク不逞目的ノ実行ヲ宣伝致シタ場合ニ於キマシテハ、全然之ヲ罰スベキ規定ヲ欠イテ居ルノデアリマス、元来宣伝ハ一定ノ事項ヲ不特定又ハ多数人ニ説明シ且ツ愬ヘテ其ノ理解ト共鳴トヲ求メントスル行為デアリマスルガ故ニ、不逞ノ思想ガ国民ノ脳裡ニ浸潤致シ、遂ニ国体観念ヲ腐食セシムルニ至ル危険ガアルノデアリマシテ其ノ危険性ハ煽動ト殆ド軒軽ガナイノデアリマス、殊ニ人民戦線方策ニ則リ、巧妙且ツ陰秘ノ間ニ主義ノ宣伝ヲ為ス行為ハ実ニ危険デアリマスガ故ニ結社ニ関係ナク不逞思想ヲ宣伝致ス行為ヲ処罰スル規定ヲ新タニ設ケタ次第デアリマス、ソレト同時ニ最近ニ於ケル運動情勢ガ分散的個別的デアリマスノミナラズ、所謂人民戦線方策ノ採用以来ソノ運動態様モ多岐多様ニ亙ルニ至リマシタノデ、取締ノ完璧ヲ期スルガ為ニハ苟モ国体変革ノ思想ニ基キ其ノ目的ノ遂行ニ資スベキ一切ノ個別的活動ヲモ亦、全テ之ヲ罰スベキモノトナス必要ヲ認メマシタノデ、個人的行為ニ関シマシテモ、茲ニ「其ノ他目的遂行ノ為ニスル行為」ナル包括的規定ヲ設クルコトト致シタ次第デアリマス」(前掲『治安維持法』二八六頁所収。傍線は引用者による)

二　結社の存在とその指導に基づくことを前提としない個人的行為であって、国体変革等の実行の協議、煽動に至らないものをも取締の対象に加えるという提案は、前述のとおり「団体行為を処罰する」のであって「文書や言論を処罰するのではない」という建前で当初制定された治安維持法の発想を大幅に転換することを意味した。はたして「宣伝」罪の構成要件については議会における論議の対象となったが、太田耐造政府委員(司法書記官)は、前記委員会(昭和一六年二月一四日)において「此ノ第五条ニ於キマス宣伝罪の構成要件ト致シマシテハ、先ヅ第一ニ本条前段ノ場合ト同様ニ、第一条乃至第三条ノ目的ヲ以テ宣伝ヲナスコトヲ必要トスルノデアリマス、宣伝ヲナス動機ガ一条乃至三条ノ目的ノ為ニアルト云フ点ガ、第一ノ事柄デアリマス、第二ノ点ト致シマシテ、目的タル事項ヲ宣伝スルコトヲ必要トスルノデアリマス、即チ国体変革事項或ハ之ニ関聯スル事項ノ宣伝デアリマスカラ、其ノ宣伝行為自体ノ中ニ、其ノ事項ガ指示セラレテ居ルコトヲ必要トスルモノト存ジマス、併シナガラ此ノ事項ガ指示セラレルコトヲ必要トスルト申シマシテモ、変革ノ手段方法等ハ、必ズシモ宣伝行為自体ニ於テ指示サレルコトハ必要ハナイト思ヒマス、尚ホ其ノ宣伝スル文字、言葉ガ、必ズシモ表面的ニ国体変革、支援又ハ準備ト云フヤウナコトフ、其ノ儘直接ニ使ッテ居ルコトモ必要ハナイト存ズルノデアリマス、併シナガラ其ノ趣旨ニ於キマシテハ、斯カル事項ヲ包含シテ居ラナケレバナラナイモノト存ジマス、要スルニ宣伝ハ一定ノ事項ヲ不特定、又ハ多数人ニ説明シ、且ツ訴ヘマシテ、其ノ理解ト共鳴トヲ求ムル行為デアルト云フ風ニ、定義出来ルモノト存ズルノデアリマス」

と説明したうえ、更に議員からの「斯ウ云フ言論ヲナスコトハ反戦主義的ナ思想ヲ大イニ盛ンナラシメルノダト云フヤウナ認識ヲ以テヤル場合ハ共産党ノ認識ハナクトモ自分ハ共産主義者デアラウト思ハナクトモ其ノ人ノ性格如何ニ拘ラズ直チニ第五条ノ罪ヲ構成スルヤウニ思フノデスガ如何デアリマスカ」との質問に答えてつぎのように新設第五条後段の宣伝罪の適用限界を明らかにした。

「御話ノヤウニ単ナル認識ヲ持ッテ、言ヒ換ヘマスナラバ、左様ナ事項ガ人ニ知ラレルコトハ結果ニ於テ面白クナイト云フ程度ノ認識ヲ以チマシテ、宣伝行為ヲ致シタ場合ニ於キマシテハ、第五条ニハ触レナイノデアリマス、第五条ノ場合ニ於キマシテハ、宣伝行為自体ガ先程申上ゲマシタヤウニ、他人ノ理解ト共鳴トヲ求メル為ニ之ニ訴ヘテ、サウシテ其ノ人ヲ説得シテ行クト云フヤウナ、積極的ナ意図ヲ持ッタ行為デアルコトヲ必要ト致スノデアリマスルガ、更ニソレニ止マラズシテ第一条乃至第三条ノ目的ヲ以テナサレルコトガ必要ナノデアリマス、随ヒマシテ其ノ行為ノ結果ガ第一条乃至第三条ニ触レルト云フヤウナ、単ナル認識ヲ以テ致シタ場合ニ於テハ、第五条ニ触レナイノデアリマス、第一条乃至第三条ノ目的ヲ以テ、其ノ動機カラ出発シテ——言ヒ換ヘマスナラバ、国体変革ヲ実現シタイト云フヤウナ希望ヲ以チマシテ、其ノ宣伝行為ヲ致シタ場合ガ、本案ニ触レルコトニナルノデアリマス」（以上いずれも前掲『治安維持法』二九一～二九二頁所収）

三　昭和十六年の治安維持法改正に伴ない、池田克司法省刑事局長は新法第一条後段の目的遂行罪と第五条の罪との適用上の区別などにつき、つぎのとおり指示するところがあった（昭和一七年七月思想実務家会同における刑事局長指示）。

「改正法ガ実施セラレマシテ既ニ一年有余ヲ経過致シ、今後同法ノ実施後新ニ発生シタル事犯モ漸次其ノ数ヲ増加スルモノト存ゼラルルノデアリマスガ此ノ種事犯ニ付テハ、従前ノ規定ノ解釈又ハ其ノ運用上ノ慣行ニノミ捉ハレルコトナク、漸次改正法ノ趣旨ヲ尊重シタル同法ノ適用ヲ為ス様格段ノ工夫ヲ致サレ度イノデアリマス。特ニ国体変革ノ目的ニ出ヅル団体的活動ニ付テハ、其ノ目的又ハ実体ニ応ジ第一条乃至第三条ノ結社又ハ第四条ノ集団ニ関スル規定ノ何レカ一ツヲ以テ問擬スルヲ相当ナリト存ジマス。又、右各本条後段ノ各目的遂行行為ニ付テハ改正法ノ法意ニ鑑ミ、実際ノ適用ノ上ニ於テハ主トシテ結社又ハ集団若クハ此等団体ノ構成員ト密接ナル関係ヲ有スル者ニ依ッテ行ハレタル所為ニ限ルモノト致シ、然ラザル場合ニ於キマシテハ第五条所定ノ罪ヲ以テ処断スルヲ相当ト存ズルノデアリマス。尤モ第五条ノ罪ノ法定刑ノ長期、短期とも従前ノ第一条第一項後段所定ノ刑ヨリ軽ク、其ノ為従前ノ取扱ト異ニスルニ於テハ、権衡ヲ失スルトノ議論発生ノ余地ナシトシナイノデアリマスガ此ノ点ハ求刑又ハ量刑ノ実際ニ於テ事案ノ内容ニ応ジ適当ニ考慮スベキモノデアルト存ズルノデアリマス。

尚、従前ハ「コミンテルン」ノ目的遂行行為トシテ処断セラレル場合多ク、之ハ従前ノ不備ナル規定ノ下ニ於テハ寧ロ妥当ナル運用デアッタト存ゼラルルノデアリマスガ、改正法実施後敢行セラレタル事犯ニ付テハ此ノ点モ亦運用上再検討ノ余地アルモノト存ジマス。」（傍線は引用者による）

四　以上要するに、治安維持法の昭和一六年改正法の眼目は、国体変革結社（あるいは私有財産制度否認結社）の現実的存在を前提としない個別的・分散的な活動をも同法による取締の対象に取り込むことにあった。昭和一六年の法改正により、「目的遂行罪」は（国体変革目的との関係だけでも）次の五種類あるいは五段階に分けられるところとなったのである。

①第一条後段の目的遂行罪（国体変革結社それ自体の拡大強化に資する行為）

②第二条後段の目的遂行罪（国体変革結社を支援する結社、すなわち支援結社の拡大強化に資する行為）

③第三条後段の目的遂行罪（国体変革結社を準備する結社、すなわち準備結社の拡大強化に資する行為）

④第四条後段の目的遂行罪（国体変革結社、支援結社、準備結社と目的を同じくするがまだ結社という程度に至らない「集団」の拡大強化に資する行為）

⑤第五条の目的遂行罪（国体変革ないしその支援、準備の目的はあるが、実在する結社、集団の拡大強化に資

する目的を伴なわない行為）

前述「三」で引用した昭和一七年七月思想実務家会同における司法省刑事局長指示にあるように、右の①ないし⑤の五つの構成要件の使いわけかたは、

「国体変革の目的に出づる団体的活動」については、その「目的又は実体に応じ第一条乃至第三条の結社または第四条の集団に関する規定の何れか一つを以て問擬する」

とされており、第一条ないし第四条の適用の前提として、各条項所定の結社なり集団が現実に存在することが必要である。結社等の「組織」罪や「加入」罪についてはこのことは論理的に自明であるが「目的遂行」罪についても右刑事局長指示によれば、

「各本条後段の各目的遂行行為に付いては、改正法の法意に鑑み、実際の適用の上に於ては、主として結社又は集団若くは此等団体の構成員と密接なる関係を有する者に依って行われたる所為に限る」

とされており、結局組織罪や加入罪と同じく結社等の実在性が要件とされているのである。

従って、昭和一六年改正法によって、右のとおり各種の目的遂行罪の構成要件が分化された結果、ある行為を治安維持法第一条（ないし第一〇条）後段の目的遂行罪をもって問擬するためには、その前提として、国体変革結社（ないし私有財産否認結社）が現実に存在することの必要性は、従前にも増して明確化されたと言うことができるのである。

第四節　事件当時日本共産党が実質的に存在しなかったことについては、戦後国家権力自身がこれを確認している

一　昭和三七年に公安調査庁が編纂した『日本共産党史（戦前）』と題する調査資料が刊行された（甲一九号証）。これは同庁が検察庁、警視庁その他の援助を得てとりまとめた調査資料であるが、それによれば、「日共の組織は昭和九年までにおおむね破壊された」（同書四三一頁）とされている。この時点では検挙を免れていたただ一人の中央委員である袴田里見らによって、機関紙『赤旗』は昭和一〇年二月一〇日付第一八七号まで刊行されたが、同人も昭和一〇年三月四日に検挙され、「わずかに残っていたメンバーも同年七月中までに根こそぎ検挙されてしまった」（四三三頁）

右の如く昭和九年に「中央部が潰滅して以降は、厳密には日共の組織活動は存在しなくなったといってよい。形式的には、コミンテルンに日共を代表して野坂参弎（参三）らが駐在していたし、地方にはなおいくらかの

残党組織があったけれども、それらは統制ある組織活動を行うほどの力はなく、おおむね昭和十年の八、九月頃までに検挙されている。」（四三五頁）

このように取締当局側は、昭和九年から十年にかけて、日本共産党が潰滅したと認定している。そして、昭和一八年六月のコミンテルン解散決議にふれ、「この解散決議に日共は参加していない。形式的には野坂参弎や山本懸造が代表として駐在していたが、自己の決議を報告する実体のないものとして、その資格を欠いたものであろう」と言い切っている。（四八九頁）

いわゆる「労農派」が「昭和八年七月四囲の情勢の変化等に因り……結社たるの実を喪ふに至った」と同じく、日本共産党も昭和九年ないしおそくも昭和一〇年以降（その個々の構成員が獄中や市井に散在していたにせよ）「結社の実を喪失」するに至ったとすれば、被告人らの行為につき、右結社が現実に存在していることを前提としてのみ成立する治安維持法第一条、第一〇条の目的遂行罪を適用することは許されないところであった。

第一章において「横浜事件」における「事実」関係を整理したところにより明らかなとおり、その中核をなす事件群は、細川嘉六氏を中心とする共産党再建準備会の開催（いわゆる泊会議）と、それへ向けての二つのグループの結成と合流、ならびに泊会議における決定事項の実践としての『改造』論文の執筆等の行為である。

特高が描きだしたとおりの事実が、もしも客観的に存在したとすれば、右一連の事実は、昭和一六年改正にかかる治安維持法の第三条（国体変革結社を準備することを目的とする結社＝準備結社＝の組織、それへの参加、または右準備結社の目的遂行のためにする行為）、あるいは同第四条（国体変革を目的とする「集団」の結成、それへの参加、または右集団の目的遂行のためにする行為）によって問擬されるべきところであろう。

ところが、この中核の中でも最中核に位置づけられる事実である筈の「泊会議」は、昭和二〇年八月一五日の敗戦を境として判決からも予審終結決定からもこつ然として消え去るのである。敗戦前になされた小野康人被告に対する予審終結決定（甲二の四）と、敗戦後の同被告に対する判決（甲一の一）とを対比すれば、また、小野の右予審終結決定と木村亨被告の予審終結決定（甲二の一）とを対比すれば、そのことは一目瞭然である。

このように準備結社ないし国体変革集団の結成さえ認定しえないのに、（「集団」や「準備結社」から更にすすんだ段階である）本来の国体変革結社の存在を前提とする犯罪事実を認定するなどということは論理的矛盾撞着もはなはだしいと言うべきであろう。

二　被告人らの行為は「共産主義的啓蒙」にもあたらない

１．「横浜事件」の被告人らに対する判決・決定を見ると、いずれも判で押したように各被告人が「共産主義を信奉」するものであって、日本共産党及びコミンテルンの各結社目的を「知悉しながら之を支持し」たものとされ、「一般に対する共産主義的啓蒙に努め」たとされている。（それは、被告人の地位・職業に応じて「論壇より一般に対する共産主義的啓蒙に努め」ることであったり、「自己の職場の内外を通じて一般の共産主義意識の啓蒙昂揚を図る」ことであったりする。）

また、被告人ら同士の会合は「左翼分子を糾合して共産主義意識の啓蒙・昂揚に努め」たことになり、あるいは「相互に革命意識の昂揚に努め」たことにされている。

そして、このように外にむかって「一般の共産主義意識の啓蒙、昂揚を図」ったり、内部的・相互的に「共産主義意識の啓蒙・昂揚に努め」たことをもって、とりもなおさず日本共産党・コミンテルン両結社の目的（国体変革等）遂行の為にする行為であると決めつけるのが判決のパターンである。

２．このように被告人らを「共産主義の信奉者」と断じ、その言動の性質を「共産主義意識の啓豪・昂揚」と断じることがいかに失当であるか、ということは、事件の中枢に座らされた細川嘉六氏の予審調書（甲二〇号証の三所収）を読めばあきらかである。

特高・思想検事と予審判事のきびしい追及のなかで一貫して、節を曲げなかった細川嘉六氏の供述は、高度の客観性を有し、横浜事件についての真実を解き明かす第一級の資料であると言えるものであるが、細川氏は、一連の言論活動にのぞんだ自らの姿勢・動機について、予審判事に対し、

「我国上下の、さなくとも満洲事変以来冒険主義に動かされ、然も之に依って決定的に我が国運の将来を賭すべき危機に陥りつつある事態に当面し我国運の将来を想えば想う程、如何にしても沈黙看過する事が出来ないと言う切迫した感情」にもとづくものであり、

「一般的に我国に於ける言論が此の冒険主義に基づく諸政策に付和雷同する卑屈なる窮状が、私の此の感情を更に刺激しました」と説明している（第六回予審調書一七問）。そして細川氏に私淑して集まる『改造』『中央公論』等の編輯者たちに対しては、つねづね

「日本において神がかりの主張は日本を弱化させるから之を棄てて合理的の思想に勢力を持たせる様にする事」

を説いていた

と述べている（第七回予審調書四問）。

「満洲事変以来」一世を風靡するに至った冒険主義的な主張、およびその前提となる主観主義的な（はなはだしくは神がかり的な）情勢判断に対して、客観的・合理的な視点からの問題提起をしたい、ということが細川氏

の問題意識であり、ひいては細川に私淑する編輯者たちに共通する感覚でもあった。

そのことは、一連の事件の端緒となった（また請求人小野、木村、青山および平館の犯罪事実の一部とされてもいる）雑誌『改造』昭和一七年八・九月号所掲の細川嘉六論文「世界史の動向と日本」（甲一六号証の一、二）を客観的に読めば、おのずから明らかなところでもある。

横浜事件の大弾圧は、大本営陸軍報道部長谷萩大佐が右論文を目して「共産主義宣伝」と決めつけたことに端を発するのであるが、右論文の趣旨は、一言でいえば、植民地・半植民地における民族独立運動の発展が「世界史の動向」であり、日本が支那・インド等の東亜諸民族に関し、欧米帝国主義の亜流のような民族政策ではなく、世界史の動向に即した民族政策を確立することなしには「大東亜共栄圏」の樹立は実現できない、ということを説いたものである。

その立論の前提として、第一次世界大戦時には存在しなかった社会主義国ソ連の存在と、多民族国家としてのソ連内部の民族政策のあり方が、中国等における民族政策に強い影響を与えており、問題は武力的優位に立つのみでは解決がつかないこと、等にもふれられているが、もとよりわが日本における国家権力の所在ないしその形態（つまり「国体」）に言及するものではない。

まさに国際情勢を客観的・合理的に分析しようとする細川氏の持論を適用したものであって、「国体変革」へむけての問題提起、あるいは「一般の共産主義意識の啓蒙・昂揚」へむけての問題提起と目すべきものでは到底ありえない。

3．そもそも、右論文をはじめ被告人らのかかわった言論活動は、あるいは内閣情報局（この体制は昭和一五年末までに、陸軍、海軍、外務、内務の各省から派遣された約六〇〇名の職員から成る巨大なものであった）の厳重な検閲を通過したものであったり、あるいは世界経済調査会や満鉄など公的な団体が開催する研究会の場での発表、ないしそれと同種の研究活動であるから、その内容が国体変革事項を指示するというごときものでありうる筈がない。そのことは、各言論活動の内容を盛った客観的資料（雑誌、論文または研究報告書など）を一見すれば、おのずから明らかになる性質のものであるが、原判決は、これらの客観的資料を一切証拠として援用していない。
被告人らの言論活動の内容を示す客観的資料を、新たに法廷に顕出したうえで、正しい法的評価を下すことが、再審裁判所の任務となる所以である。

4．改正治安維持法のもとでは、言論活動はそれが個人的になされる場合にも第五条により処罰される場合があることは前述（一の3の（二））のとおりであるが、第五条の適用要件として①主観的には国体変革の目的（または国体変革結社を支援もしくは準備する目的）があること、②客観的には当該言論の内容に、少なくとも「趣旨に於いて、国体変革事項或は之に関連する事項が指示せられて居ること」が立法趣旨であった。従って、少なくとも②の要件をみたさないことが客観的に明白な被告人らの言論活動については第五条を適用することもできないわけである。

三、「国体変革事項」を含まない言論活動までが、なぜ弾圧されたのか

1．治安維持法の立法趣旨は、前述のように昭和一六年の改正時においてもなお、前述のとおり一定の適用限界を自覚したものであったが、立法の趣旨とその運用とは必ずしも一致していない。一致していないと言うよりも、政治的観点から法理を超越した無限の拡大解釈がなされ、しかもその拡大解釈の度合がいわゆる満洲事変（昭和六年）から日中全面戦争（同一二年）を経て、対米英開戦（同一六年一二月）の段階に突入するに及んで、はなはだしくなっていったところに治安維持法運用史の特徴があると言うことができる。

太平洋戦争最盛期の思想実務家会同（昭和一八年五月）における池田克司法省刑事局長の指示は、思想検察の任務が単に結社とその活動を規制するという（思想政策の面ではいわば消極的ともいえる）限界を越え、「鉄壁の思想戦体制」をつくるという積極性をもつべきこと、しかも覆滅されるべき思想は、共産主義や無政府主義という、立法当初に設定された主要敵にとどまらず、「米、英旧秩序の根幹を為す民主主義、個人主義等」もそれであることをつぎのようにおどろおどろしい言葉で説くものであった。

「惟ふに大東亜戦争は究極に於て、米、英旧秩序の根幹を為す民主主義、個人主義等の思想を覆滅し皇国の道義を世界に宣布せむとする一大思想戦に外なりませぬ。此の思想戦を完遂致しします為には、一億国民が国体の本義に徹し協心戮力撃ちてし止まむの信念を堅持して、勇往邁進するところの鉄壁の思想戦体制を確立するの要があるのであります。而して銃後国民は概ね克く一致団結して諸般の統制を甘受しあらゆる艱苦に耐へ、聖戦目的完遂の為一意奉公の誠を致さむとする気運に在り、開戦後今日迄治安は平静に保たれて参ったのであります。然し乍ら国内情勢をつぶさに検討致しますれば、相当憂慮すべき事象の存在が必ずしも尠くないのでありまして、完璧なる思想戦体制の樹立は猶未だしの感がありますことは、思想司法にとりましても亦緊切なる課題を為すものと存ずるのであります。」

「職を思想司法に奉ずる者と致しましては斯る内外の

情勢及其の推移に対し常に深甚なる注意を懈ることなきに努むると共に、外よりの邪悪思想の侵入及秘密戦的策謀は厳然之が完封を期し、内に於て苟も国体の本義に反し或は聖戦完遂に障礙を与ふるが如き思想行動に対しては、断乎として之が芟除を図らなければならぬと存ずるのであります。」

「戦時下に於ける言論事犯取締の重点が戦争遂行に支障ある言論、即ち苟も反戦厭戦に亘り或は徒に相剋摩擦を生ぜしめて国論の統一を紊し、或は統制経済財政々策の円滑なる遂行を阻害するが如き言論に置かるべきことは従来屡々指示致したところであり、今日に於きましても何等之に変更を加ふるの必要を認めませぬ。然し乍ら此の際特に各位の御留意を煩はし度きことは此の種事犯の中には共産主義其の他不逞思想に基くもの、或は敵国側の謀略に出づるが如きものも絶無とは謂ひ難いのでありますが、其の多くは旧来の米英思想たる個人主義、自由主義、唯物主義思想に捉はれたる卑近なる生活感情より出でたるものと認めらるる点であります。即ち或は未だ自由主義経済観念より脱却せずして徒に今日の統制経済を誹議論難し、或は唯物主義的観点より敵国側の生産力を過大に評価し、戦局の前途に不安を抱くの余り反戦厭戦的言動に出づる等の事例が極めて多いのでありまして、斯の如きは正に敵国側の宣伝謀略に陥りたるも同然と謂ふべきであります。斯る事例に徴しまするとき、多年我が国民の心情深く浸透せる米英思想の払拭がいかに困難なるかを思はしむるものがあるのであります。然し乍ら戦局は洵に重大であり、今にして斯る思想を根絶するに非ざれば今後情勢の推移如何によりましては、不逞分子の策動或は敵国側の宣伝謀略と相俟って国民の戦意を喪失せしめ国内の結束を紊し、聖戦完遂上洵に憂慮すべき事態を生ずるの虞尠しとしないのであります。各位は此の点に深く思いを致され、此の際言論事犯の裁判、検察を通じて、其の根底に横たはる米英思想の根絶に格段の努力を払はれ度いのであります。」（生活社刊・小森克編『昭和思想統制史資料』別巻上四八一～四八二頁、四八五～四八六頁所収。傍線は引用者による）

以上のように、この段階では「聖戦完遂に障礙を与ふるが如き思想」「多年我が国民の心情深く浸透せる米英思想」の一切が払拭、排除の対象とされ、しかもこれらの思想の排除を思想をもって行なうのではなく、「思想司法」という国家権力の発動をもって行なうということが公然ととなえられている。

2. もっとも、ある思想が「聖戦完遂に障礙を与える」からと言ってそのことを直接の理由として治安維持法違反で処断するわけにもいかなかったのであろう。治安維持法違反にむすびつけるために、被告人が共産主義の信奉者であること、言動の内容に（たとえ客観的記載からは容易に読みとれなくとも）共産主義的啓蒙の趣旨が含まれているものであること等につき「自白」をさせ、これを資料とすることに依って治安維持法を適用する、という手法が用いられている。

横浜事件では各人がすべて「共産主義者である」ことを拷問によってむりやりに認めさせられた。この点小野康人口述書（甲五—二—9）に詳細であるが（後述の各論参照）勝部元口述書（甲五—二—12）でも、「『お前は共産主義的活動を為したであろう』と云われ、それを否定すると私を石畳の上に正座させ、四人で取囲み……」拷問を加えられたり、また

「私の警察調書中『一コミンテルン及び日本共産党に関する認識』の項は全く係官（……）の指示及び口述によって書かれたものであります。これは私の書いた手記に対して石渡警部が『お前の様なマルクス主義者がこの様な幼稚な認識である筈がない。これでは通らぬ』と云って再三書き直しを命じ、ついに彼等の提供にかかる資料及び口述によって書かれたものであります」と述べられているところである。この点について、また由田浩口述書（甲五—二—13）でも、「〝お前は昭和十六年頃より東京市内に於いて共産主義運動に従事せる事実ありや否や〟と訊ねた。〝そんなことはありません〟と答えたところ〝小林多喜二はどうして殺されたか貴様等はよく知っている筈だ〟などと云いながら激しい拷問を加えられた」ことをうったえており（同人は人事不省に陥っている）、口述書中「事実の歪曲を強いられた主たる点」として次のように指摘している。

「第九、共産主義乃至『マルクシズム』の記述に際しても、いかにもそれを絶対的に信奉しているかの如くに強制されました。日本の『インテリゲンチャ』として何等かの程度に於て認識を有つのは当然でありますが、認識を有っていることと信奉していることは全く別個の事柄であることは云う迄もありません。……『三二年テーゼ』に付て私は殆ど当時迄認識を有たなかったにも拘らず、彼等はわざわざ同『テーゼ』を持参に及び、その内容を写し取らせて、いかにもこの『テーゼ』の下に言動したものである如く強いたのであります」

横浜事件の本質は、被告人らの行為が治安維持法の構成要件に該当するからではなく、戦局の推移にともない、思想司法の弾圧対象が「聖戦完遂に障礙を与ふるが如き一切の思想」に及んだことにより、法が政治的恣意的に運用されたことを示す顕著な一例であるということにあり、わが司法の歴史の一大汚点と言うべきものであって、これを正すのが再審裁判所の任務でなければならない。

第三章　各　論

はじめに――判決文の再構成について

本件請求のうち、確定判決の謄本が存在するのは小野康人と、和田喜太郎の関係だけであるが、その余の請求人についても、予審終結決定書または「共犯者」に対する判決ならびに公判始末簿の記載等に基づき確定判決の再構成が可能であることは、さきに指摘したところである。本意見書の別紙として、請求人（ないしその被相続人）に対する判決書を再構成したものを掲げた。確定判決の内容が、かかるものであると推定できる所以を以下において申述べる。

別紙一、青山鉞治に対する判決

青山鉞治の名前は、小野康人に対する判決（甲一号証の一）の「第二」事実の（一）の中で、右事実の共犯者として挙げられている。また「特高月報」昭和一九年八月号（甲六号証）の中では青山は右小野らと共に改造社内左翼グループのメンバーとして名指しされているが、右小野に対する判決および予審終結決定のいずれにおいても、改造社内左翼グループとしての活動は犯罪事実とされていない。

従って、小野判決中右の部分のみが青山の犯罪事実とされたものと推定される所以である。

別紙二、畑中繁雄に対する判決

畑中に対する昭和二〇年六月九日付予審終結決定書（甲二号証の二）と同人と同一日時に判決を受け右予審終結決定書にもその氏名が引用されている小森田一記に対する昭和二〇年九月四日付判決書（甲一号証の四）とを対比すれば、右判決書の犯罪事実中第一、（一）、（二）、（五）記載の事実とほぼ同一の事実が右予審終結決定書の理由中にも記載されていることから、畑中繁雄に対する判決は、右予審終結決定書の理由中に記載された事実をそのまま犯罪事実と認定し、これに治安維持法第一条後段、第十条を適用して有罪を宣告したものであることを合理的に推定することができる。

別紙三、平館利雄に対する判決

平館利雄被告人に対する原判決の「犯罪事実」は、西沢富夫に対する判決（甲一号証の三）の各「犯罪事実」が、平館利雄被告人が所謂共謀共同正犯としてその全てに参画している記載となっていること、右西沢判決の「犯罪事実」中第五（細川家族救援等）の項で「……（細川嘉六）検挙後モ専ラ平館利雄ヲ中心トシテ既定方針ニ基ヅキ活動ヲ継続スルコト並ニ……」と平館被告人が中心的活動家と認定されていること、平館被告人は西沢富夫氏と共に「満鉄グループ」を形成したものと構成され、その「犯罪事実」としての行動は西沢富夫氏のそれと形影相伴うが如く取調官により構想されたものであること、平館被告人は昭和十八年五月十一日の検挙から右判決言渡直前の昭和二十年九月四日まで長期に亘る拘禁を受けてその間酷烈な拷問による虚偽の自白が強要され、西沢富夫氏の同様拷問による虚偽の自白事実と充分整合性のある虚偽自白を内容とする平館被告人の供述調書が作成されている筈であること、しかも平館被告人は西沢富夫氏と同日である昭和二十年九月十五日に同じく懲役二年執行猶予三年の判決を言渡されたものであることと、以上の諸事実からすれば平館利雄被告人に対する原判決の「犯罪事実」は西沢判決の「犯罪事実」中、西沢富夫とあるところを平館利雄とし、平館利雄とあるのを西沢富夫と読み替えたものと断じて誤りがないであろう。

ただ具体的な事実としてその異同が問題となる点は、西沢判決の「犯罪事実」中、第二（ソ聯委員会への参加活動）の中で

「……委員ノ共産主義意識ノ啓蒙ヲ図リ同年三月上旬頃ヨリ同年八月十三日頃迄ノ間前後十回ニ亘リ同調査室会議室ニ於テ同委員会カ開催セラルルヤ被告人ハ該委員会ニ約八回出席シテ各方面ヨリソ聯ノ国力ヲ過大ニ評価シ又ハソ聯ノ発展ノ基礎カ社会主義ニ在ルコトヲ強調シ或ハ『ソ聯ニ於ケル計画経済史序説』ト題シテ研究発表ヲ為シ……」

と西沢富夫氏の「ソ聯委員会」への出席回数が約八回となっているのに対して平館被告人の場合は出席回数が何回か、という問題と、西沢富夫氏が「ソ聯ニ於ケル計画経済史序説」という研究発表をなしたのに対し、平館被告人は如何なる研究発表をしたのかしなかったのかという問題の二点である。

しかし、右出席回数について云えば前述の通り平館被告人が指導的立場で活動していたことが認定されていることからして西沢富夫氏の出席回数より多いことが推定されこそすれ、大幅に少ないことは有り得ない。また右「ソ聯委員会」への参加の具体的態様としての研究発表の件は、自から何等かの研究発表をしたか否かに拘らず右委員会への出席と討論参加が即「委員ノ共産主義的啓蒙ニ努メ」たものとされるものであって構成要件としての罪責の成立は影響がない。

なお細川・相川予審調書（甲二―三）、小野康人予審終結決定（甲二―四）等には、「泊」町でのいわゆる「党再建準備会」の結成に関して「平館利雄ヨリ……所謂「党再建準備会」ナル秘密「グループ」ヲ結成シ之ヲ速カニ拡大強化シテ同「党」ノ中心勢力タラシムベキコトヲ提唱シタ……」として、平館被告人が重要な役割を果たしたことにされているが、これらは敗戦後言渡された原判決では、他の場合（小野康人判決、木村亨予審終結決定等）と同様、判決では斥けられたものと思われる。

以上の次第で請求人平館利雄に対する原判決を再構成す

れば別紙判決の如くであり、その正確性については殆ど疑いを容れる余地はない。

別紙四、川田寿に対する判決

川田寿に対する公訴事実は、「思想月報」昭和一八年九月号に掲載されており、これがそのまま判決において認定されたものと推定される。

別紙五、川田定子に対する判決

川田定子に関する犯罪事実は、右川田寿との共犯関係に立つものと推定されるから、川田寿に対する判決事実の一部がそのまま川田定子の判決事実と推定される。

別紙六、木村亨に対する判決

木村亨に対する予審終結決定書（甲二号証の一）記載の事実がそのまま判決において認定されたものと推定される。

昭和二〇年八月一五日の敗戦を境として、小野康人の予審終結決定書（甲二号証の四）記載の事実から、いわゆる「泊会議」の一件のみが削除され、それ以外は一言一句変わらずにこれが同人に対する判決（甲一号証の二）となっているが、木村の場合は、予審判事から「泊の一件は除く」と申渡された上で決定を受けており、右決定がそのまま判決内容となったことは明らかである。

なお小林英三郎に対する判決を再構成したものは、追而提出する。

第一、小野康人について

一、被告人小野康人に対する判決（甲一ノ一）によると、

コミンテルン及び日本共産党が国体変革、私有財産制度否定の目的事項を実現せんとする結社なることを「知悉シ乍ラ孰レモ之を支持シ」、「両結社ノ目的達成ニ寄与セムコトヲ企図シ」、

第一、雑誌『改造』の編集会議で相川博が細川嘉六執筆の「世界史の動向と日本」なる論文を昭和一七年八月号及び九月号に掲載発表を提唱するや、被告人は「該論文ガ共産主義的啓蒙論文ナルコトヲ知悉シナカラ之ヲ支持シ」編輯部員青山鉞治と共に八月号の「校正等ニ尽力」した

第二、細川嘉六が右論文等により治安維持法違反の嫌疑で検挙されるや、西尾忠四郎の要請により金二十円を細川家族の救援金として出金しその救援に務め「タル等諸般ノ活動ヲ為シ、以テ『コミンテルン』及日本共産党ノ目的遂行ノ為ニスル行為を為シタルモノ」と判示されている。

二、同人に対する主たる嫌疑は同人に対する予審終結決定（甲二—四）記載の「第一」の泊町におけるいわゆる「共産党再建準備会」の結成に参加したということにあったが、判決ではこれは全く排斥されていることを以てしても、前記判決の第一、第二の事実が当局の面子をとりつくろうための方便にすぎないものであることが強く推定される。

ところで判決は同人が「コミンテルン」や日本共産党を知悉、支持しその目的達成に寄与すべく企図したとしているが、同人は「口述書」（甲五—二—9）のなかで

「まづ第一に述べなければならないことは、私が検挙当時抱いていた考え方でありますが、総合雑誌『改造』の編輯者としての私は、けっして共産主義を信奉していたものではなく、寧ろ日本の軍閥、官僚の恣意によって強行されている大東亜戦争を、本当の民族解放の聖戦たらしめんとする純情から編輯という職域によって粉骨していた愛国者であったのであります」

「細川氏から私は共産主義の何ものをも教えられたことはないのであります」

と述べ、以下に詳細に警察で「お前は共産主義を何時信奉したか」と拷問され「ハイ申し訳ありません」と係官が書いた所へむりやりに署名捺印させられた経過などを述べている。

ある時は「日本の政治力を拡充する為に、自分が編輯者としての職域から努力して何が悪いのか」と反問したのに対し、「お前等の一人や二人殺すのは朝飯前だ。お前は小林多喜二が何うして死んだか知っているか！」などと絶叫しながら約一時間にわたり木刀などで拷問を加えられたため、ついに気絶してしまった事実もうったえている。

長谷川検事の取調べをうけた際も、「まだ警察にいる時だったので全面的に否認したら何んな拷問を受けるか知れない恐怖から、原則的に共産主義は肯定しました」。

予審の段階で判事に対し全面的に否認したが判事は「被告はそれでは何故警察で認めたか」と詰問し、小野は拷問の事実を訴えたが、予審終結決定では同人の陳述は全く無視された旨が詳細に述べられている。

同人はまた別の機会にも（甲第一七号証『文藝春秋』昭和三一年一〇月号）警察での取調について、次のように述べている。

「訊問と言うからには、被疑者である私たちの答えを訊くのかと思うと、先方で答えをつくっておいて、それを承認させるだけの話しであった。

『お前は何時共産主義を信じるようになったか？』

『自分は自由主義者で、共産主義を信じたことはありません』

『何を生意気な！』

といった具合で、世論調査の用紙のような決った形式

があって、それに彼等が気に入った答えを書きこむだけのこと、もし答えが気に入らなければ拷問であった。」

三、(細川家族の救援金支出と風見章氏との比較)

小野被告の前掲犯罪事実第二は、細川嘉六氏の家族に対し、それも西尾忠四郎からの要請に基づき金二十円を託したという事実とされているが、このことはそれじたい人間関係にもとづく自然の情に発したものとして何ら犯罪視することのできないことがらであるが、例えばこれを同じく細川家族の救援のため金一千円という、小野被告の五〇倍の金額を出してやったが不問に付された風見章の場合と比較してあまりに不公平であることは誰にでも判ることである。

風見章氏は、細川、相川両名に対する予審での証言(甲二〇号証の三所収)のなかで

八、問　証人カ細川ニ金ヲ出シタ理由ハ

答　私カ細川ノ家族ニ生活費ヲ出シテヤッタ理由ハ細川トハ懇意ニシテ居タタメ同人ガ検挙サレタ事件トハ全然関係無ク家族ノ者ニ出シテヤッタノデ深イ理由ハアリマセヌ

と弁解しているが、この点小野にしても大同小異である。このことを以てしても、小野に対する原判決が全く誤った事実認識に立っていることが明らかである。

四、(証拠について)

原判決は「証拠」として予審での同被告人や証人相川博に対する被告人訊問調書、被告人に対する司法警察官尋問調書の記載のほか

一、被告人ノ当公廷ニ於ケル供述

をあげている。

このうち警察調書や予審調書が特高警察官による拷問取調べと、その脅迫、威嚇の下で強制させられた虚偽の供述であることについては、取調べに当った特高警官の有罪判決(甲四—一、二、三)が証明するところであり、小野被告の場合もその例外ではない。ところで被告人の法廷供述について一言すると、小野康人口述書(甲五—二—9)によれば、

法廷では予審終結決定が「検事の公訴状がそのまま決定書となっているので、法廷では更にこれを反駁して否認したのでありますが、前述の如き判決を言渡されたのであります」

と述べており、小野被告の供述は全く無視されたことがうかがわれる。

「この当時の予審判事は検事の言いなりになっており、ただ検事の捜査記録だけだと信用力が少ないので、『判事』の名の付く予審判事のところでつくったものだということで、箔がつけられて非公開の予審廷でできた記録が公判廷に廻ってきて、それがそのまま公判で実際にう

のみになる、というようなことが多かった……」（甲一四―四座談会での団藤重光氏発言）という実情にあったもので、本件、横浜事件の小野康人被告人の場合も例外ではない。敗戦で浮足立った公判判事は「執行猶予」を付することで安易に有罪を言渡したものと思われる。それは未曾有の異常事態下の裁判であり、実質的な審理は行われない「裁判」の名に値しないものであった。

いずれにせよ警察段階での拷問の結果作成せられた虚偽記載の調書を有罪の証拠に採用した原判決は再審に付さるべきである。

第二、青山鉞治について

一　判決（別紙一のとおり再構成したものをいう）は、青山鉞治がコミンテルン、日本共産党を支持し、自己の職場の内外を通して一般の共産主義意識の啓蒙昂揚を図ると共に左翼分子を糾合して左翼組織の拡大強化を図る等コミンテルン、日本共産党の目的達成に寄与せんことを企図したとして、次の行為を挙げている。

「昭和一七年七月中旬頃開催せられたる雑誌『改造』の編輯会議に於て細川嘉六執筆に係る『世界史の動向と日本』と題する共産主義的啓蒙論文を雑誌『改造』の同年八月及び九月号に掲載発表することを該論文が共産主義的啓蒙論文なることを知悉しながら之を支持し、校正等に尽力して該論文を予定の如く掲載発表して一般大衆の閲読に供して共産主義的啓蒙に努めた」

二　しかし、昭和一八年九月付、神奈川県警察部特別高等課の表示がある被疑者「相川博」手記（甲二〇号証の四所収）中、「四、今次事件関係」の「5、改造編輯会議の状況並同会議を通じて雑誌『改造』に掲載発表せる左翼論文」の項の記載によれば、『改造』昭和一七年八月号編輯会議は、同年六月二五日頃改造社内社長室において社長以下七名が出席して行われているが、会議の状況は、一般論文として掲載予定の細川嘉六論文「世界史の動向と日本」が中心議題となり、会議の席上社長より「細川論文は八月号に間に合うのか」「論文が出来上がれば近来にない立派な『改造』が出来上がると思う」「いくら良いものでも百枚ものものを一度に掲載するのは困るから二回に分載した方が良いだろう」との言葉があり、その結果『改造』八月号の巻頭論文として掲載することが決定したことを知ることができる。

また、同手記の中で相川博は、細川論文については、同年三月頃の社長中心の編輯会議において、『改造』に掲載することについて社長並に編輯部員の一応の了解を得ており、細川論文は、従前から無条件で『改造』に採択することが慣例になっていた旨述べているのであって、判決が適示するような「同年七月中旬ころ」の段階における編輯会議において右論文を掲載するか否かが論議の対象となることはありえず、従って青山がその「掲載発表につき支持」するもしないもないのである。青山鉞治は、編輯部員として社の既定の方針に従い校正の職務を遂行したにすぎず、これをもって犯罪行為とすることは誤りである。

三、さらに右論文は、当時の日本の植民地の軍政に致命的な欠陥があることを大局的な見地から批判したもので、日本の目指す「東亜新秩序」の建設は、旧来の植民地支配政策ではなく、民族の独立自由を支持するソ連の新しい民族政策の成功に学ぶべきであるというものであり、従ってそれは、当時の満洲国建国のスローガンとされた「五族協和」「王道楽土の建設」ひいては「大東亜共栄圏」などの理念が、その名に恥じないものであるためにはいかなる政策的裏づけがなければならないかを科学的に論じた、いわば真正の意味で次元の高い国策協力の論文であって、決して、共産主義的な論文のたぐいではない。

四、判決は当該論文の客観的内容によらず（従って、これを証拠として採用せず）、単に被告人の自白のみをよりどころとして有罪の言渡をしたものであるが、青山鉞治がその真意に反して右論文を共産主義的啓蒙論文であり、それを知悉しながら『改造』に掲載発表して共産主義的啓蒙に努めた、等と事実に反する供述をしたのは、特高警察の苛烈な拷問を受けたことによる。

即ち、昭和一九年二月二〇日頃特高警察官から、昭和一〇年以後の共産主義運動経歴を言えと迫られ、さらに運動の覚えはないと答えるや、いきなり板の間に土下座させられ右柄沢から両頬に平手打ちを加えられ、さらに二人の刑事により、頭髪をひっぱる、竹刀の割れたもので体を殴打する、背中を靴で蹴とばす等の暴行を加えられ、上体が前にのめると右柄沢が首を押さえて床の角に額を打ちつけ、両のふくらはぎの上を二人の刑事が肉が破裂せんばかりに力まかせに踏みつけて、失神一歩手前の状態に追い込み、次いで同月二五日頃には、前回と同じ場所で右柄沢ほか数名の特高警察官から、改造社内における共産主義活動について述べよと迫られ、そのような事実がない旨答えるや、前回の拷問の結果、顔や手足がむくんだままであるのに板の間に土下座させて頬に平手打ちを加え手の指のつけ根の間に鉛筆ようのものを挟み、手をギュッと締めつける等の暴行を約三〇分間加え、このまま否認を続ければ、生命が危ないと判断せざるを得ないような身体的及び心理的状況に立ち至らせたものである。

第三、畑中繁雄について

一、判決（別紙二のとおり再構成したところによる）は、畑中繁雄が「昭和四年三月ころ共産主義を信奉するに至り日本共産党青年同盟に加入して早稲田大学内においてこれが運動に従事したるも検挙されないままんだところ、コミンテルンが世界プロレタリアートの独裁による世界共産主義社会の実現を標榜し世界革命の一環として我国においては革命手段により国体を変革し私有財産制度を否認しプロレタリアートの独裁を経て共産主義社会の実現を目的とする結社であり、日本共産党が昭和一八年六月九日まではコミンテルンの日本支部としてその目的たる事項を実行しようとし、同月一〇日以降は単独結社として同一目的事項を実行しようとする結社であることを知悉しながらいずれもこれを支持し、現下の客観情勢に鑑みいわゆる文化運動の分野において知識層を中心とする一般大衆の共産主義意識の啓蒙昂揚を図ると共に左翼組織を確立する等の運動を通じ右両結社の目的達成に資することを意図」したとした上、「昭和七年五月中央公論社に入社してから昭和一八年六月頃までの間鋭意同社員の共産主義意識の啓蒙昂揚並びに社内の左翼化を図ると共に『中央公論』の左翼的編輯及び左翼的出版物の刊行等を通じて一般大衆の共産主義の啓蒙昂揚に努め」なかんずく次の行為を行ったとして、左記四点をあげている。

すなわち畑中繁雄は、

1．昭和一二年頃より昭和一八年六月頃までの間毎月一、二回中央公論社会議室で開催された雑誌『中央公論』の編輯会議に出席して同編輯部員たる共産主義者小森田一記、青木滋その他の同志とともに編輯会議の実質上の指導権を把握し、いわゆるファッシズムの攻勢の熾烈なる客観情勢下においては『中央公論』の合法性を確保しつつ可能な限り左翼執筆者を誌上に動員して共産主義的啓蒙記事を登載し読者大衆の意識の啓蒙昂揚に資すること、及びファシズムの本質を暴露したる記事、いわゆる自由主義者、社会民主主義者の反時局的反国策的記事並びにいわゆる右翼的記事をも登載してその反ファッショ性、反国家性ないし革新性を左翼意識啓蒙の基礎たらしむること等の基本的編輯方針の下に毎回各自執筆者、テーマを提案しかつその提案理由を説明しあるいは同志の左翼的編輯企画を支持しとくに編輯長就任後は編輯会議を指導統制し種々具体的編輯方針を協議決定して極力毎号左翼的啓蒙記事の掲載に努める等の活動を通して編輯部員ならびに読者大衆の共産主義意識の啓蒙昂揚に努めたが、その間とくに昭和一二年六月開催された同年八月号の編輯会議において戸坂潤をしてマルクス主義の正当性を示唆した左翼的啓蒙論文を執筆掲載せしむべきことを提案して協議採択されるや右戸坂に執筆方を直接交渉して同年八月号の誌上に「ひと吾を公式主義者と呼ぶ」と題し前記提案と同一趣旨の論文を執筆掲載せしめたる外前後四十数回に亘る編輯会議を通し高倉輝等二十数名をして「漢字は日本に残るか」等三十数篇の左翼的啓蒙記事を執筆掲載せしめて編輯部員並びに読者大衆の共産主義意識の啓蒙昂揚に努め、

2．昭和十四年八月中旬頃右小森田一記と相謀り左翼的出版物の刊行を通して大衆の共産主義意識の啓蒙昂揚に資する意図の下に中央公論社の出版活動の強化を標榜して「出版審議会」の結成を社長嶋中雄作に提議してこれを結成せしめた上右小森田その他と共にその委員に就任し、以来昭和十五年三月頃までの間、審議会の下部機構として『中央公論』編輯部員青木滋、片上晨太郎等の共産主義者が中心となって同様意図の下に結成した「出版準備委員会」と連絡策応して左翼的出版物の刊行に努めたが殊にいずれも同準備委員会の協議採択に係る唯物史観に立脚して日本外交を論述した信夫清三郎著『近代日本外交史』、同様唯物史観に立脚して日本国家の近代的発展過程と日本憲法の制定過程とを論述した鈴木安蔵著『日本憲法史概説』、支那の政治、経済、社会等の共産主義者尾崎秀実、細川嘉六等が共産主義的観点より解説した『支那問題辞典』並びにいわゆる土地革命を基調とした桜井武雄著『日本農業の再編制』等の出版企画を積極的に支持してこれが出版を協議決定し、いずれも同社出版部を経て昭和一五年六月頃以降昭和一七年五月頃までの間に逐次六千部ないし一万部発行して一般大衆の共産主義意識の啓蒙昂揚に努め、

3．昭和一五年八月頃いわゆる近衛新体制運動が勃興するや社内の刷新を標榜して新体制組織を確立しこれを社内の左翼運動の基盤たらしめることを企図し同年九月上旬ころ右小森田一記その他と共にこれが具体策を協議した上同年一〇月下旬頃社員総会、実行委員会等の審議を経て「協和会」を結成してその指導権を獲得し、以来昭和一六年七月頃までの間右「協和会」の部門たる企画審議会、「ジャーナリズム」研究会、社内講演会等を指導すると共に共産主義者尾崎秀実外数名を招聘し「支那事変を繞る国際情勢」その他の講演会を開催して社員の左翼意識の啓蒙並びに社内の左翼化に努め、

4．昭和一六年九月頃に至り右「協和会」が解消するや同月下旬頃麹町区山王下山王ホテルにおいて前示共産主義者片上晨太郎と会合して社内の左翼化方針を協議した上同年一〇月初旬頃社長嶋中雄作を動かして社長の最高諮問機関として「理事会」を結成せしめて右片上その他の同志と共にこれが理事に就任し、以来昭和一八年六月頃までの間毎週一回社内会議室において開催された定例理事会等にて社内における左翼的人物の重用『中央公論』の左翼的編輯方法の維持強化等につき尽力して中央公論社の運営方針の左翼化に努めたものとされている。

二、しかし、右判決は存在しない事実を存在するものとし、本来国体や私有財産制度の否定に該当する筈のないものをこれに該当するとしているものである。

すなわち、第一に畑中繁雄は日本共産青年同盟に加入してその運動に従事した事実は存在しないし、「いわゆる文化運動の分野において知識層を中心とする一般大衆の共産主義意識の啓蒙昂揚を図ると共に左翼組織を確立する等の運動」をした事実も、コミンテルン、日本共産党の「目的達成に資することを意図」した事実もない。

第二に、小森田一記、青木滋、片上晨太郎らはいずれも中央公論社の社員であるが「共産主義者」ではなかった。

第三に、雑誌『中央公論』に掲載された論文はいずれも左翼的啓蒙記事ではなくむしろ国策協力記事というべきものであり、畑中繁雄ら同誌編集部員は、「編集部員並びに読者大衆の共産主義意識の啓蒙昂揚に努め」たものではなく、当時横行した非科学的非論理的各種論文に追随することなく科学的検証に堪え得る論文を雑誌『中央公論』に掲載するよう腐心したものであるにすぎない。

第四に、「出版審議会」「出版準備委員会」は「左翼的出版物の刊行を通して大衆の共産主義意識の啓蒙昂揚に資する意図の下」で結成されたものでなく、単に中央公論社内の社内機構にすぎなかったものである上、判決指摘の『近代日本外交史』等出版企画された論文は、いずれも「唯物史観に立脚して」論述されたものでも「共産主義的観点より解説」されたものでもなかった。

第五に、畑中繁雄は、「協和会」等の結成・運営に関与した事実はない。

第六に、「理事会」は、社長嶋中雄作が自ら結成した中央公論社の役員会であり、どこの会社にも存在するようなものであったにすぎない。

三、判決は、その犯罪事実を「被告人の当公判廷における供述」のみによって認定したものであることが、前記小森田一記に対する判決書から推定できる。

しかし、第一に畑中繁雄の公判においては、同人は公訴事実に関する発言は何らしておらず、従って犯罪事実を認定する証拠となるべき「被告人の供述」自体が存在していない。よって、証拠が存在しないのに存在するとした判決は当然破棄を免れないものである。

第二、仮に、「被告人の当公判廷における供述」が存在したとしても、自己に不利益な唯一の証拠が本人の自白であって日本国憲法第三八条によりこれを理由として、有罪を宣告することができないばかりか、右自白は、「強制、拷問若しくは脅迫による自白又は不当に長く抑留若しくは拘禁された後の自白」であり到底任意にされたものとはいえないのであるから、「被告人の当公判廷における供述」を証拠とすることは許されないというべきである。

　すなわち、畑中繁雄は昭和一九年一月二九日に身柄を拘束され、判決を受けて釈放される昭和二〇年九月四日までの一年半余もの長期間、満足に入浴もできず、ノミ、シラミなどに悩まされる非衛生的な状態におかれ、しかも拘束された初日から取調官数名にとり囲まれ、土下座の上髪の毛をひっぱられる、手拳で殴られる等の暴行を受け、手を押さえつけられて「私は共産主義運動をしました」と書かれた書面に指印させられる取扱いを受け、さらにその後も数回にわたり、暴行を受けたり、「共産主義者は殺してもいいんだ」等の脅迫、食物の差入を受けさせない等の責苦を加えられたのであって、このような中で、既に取調官から虚偽の自白を強要されてきたのであるから、かくの如き不当な身柄拘束の後で公判廷において自白がなされたとしても、右自白には何らの任意性も存在しないのである。

　従って、右のように任意性のない自白を唯一の証拠として有罪を宣告した判決は破棄されるべきである。

第四、川田定子について

一　判決（別紙五のとおり再構成したものをいう）は、川田定子の自白に基づき、同人が「渡米後在米若しくは寄港の本邦人に対し或は又遠く我が国の労働者階級に対し共産主義意識の鼓吹等に努めこれを通じてコミンテルン、日本共産党の目的達成に資せんとすることを決意し」たと判示し、かかる目的で行なった次の行為が治安維持法の目的遂行の為にする行為（治安維持法一条、一〇条後段）にあたると判示する。
　第一、昭和七年一一月頃日本人労働者クラブに加入し、昭和八年三月頃クラブにおいて開催した催物大会において「満洲国」と題する左翼演劇に出演した、
　第二、昭和八年五月頃アメリカ共産党に入党し同党日本人部のニューヨーク支部に所属し、
　一、本邦人労働者の勤務先で労働争議を激発せしめ、邦人労働者をして応援せしめ
　二、昭和一一年八月頃、帝国練習艦隊「八雲」「岩手」の乗組員に対して反戦ビラを配布した、というものである。

二　客観的事実
1　行為について
（一）治安維持法の被害法益は帝国の国体であり帝国の私有財産制度であるから「目的遂行の為にする行為」にいうところの目的とは帝国の国体、帝国の私有財産制度を否認することであり、否認とは「相容れざる事項の実現を図ること」をいい、「実現の観念を伴わざる否認

例えば学術研究の結果」として叙述することは否認ではないとされる（三宅正太郎「治安維持法」一九一頁）。

判示各行為は仮に事実であったとしても、次に述べるようにいずれもこれにあたらない。

（二）川田定子は、昭和五年五月渡米後、日本大使館のメイド、日本人店のウエイトレス、美術学校のモデル等をして働きながら夜学で英語を勉強し、休日は日本人労働者クラブへ遊びに行き、そこで知りあった川田寿と結婚した。

日本人労働者クラブは、ニューヨーク在住の日本人労働者によって作られた集団で、異国で働く日本人労働者の権利を守り、労働者どうしの親睦を深めることを目的として、月一回の研究会や、年に一度の演劇会等のクラブ活動、アメリカの様々な団体や運動に参加する活動を行なっていた。又休日には労働者が気軽に立ち寄り雑談する場所でもあった。川田定子は夫寿と共に主にアメリカの産業別労働組合会議のホテルレストラン組合において、各国移民や黒人労働者の組織化や労働条件改善の運動に携わっており、労働者クラブでは中心的役割を担っていた訳ではなかった。

このように、川田定子は、アメリカにおいて同国の合法的な労働組合運動に参加し、アメリカにおける労働者の権利擁護運動を行ないあるいは日本人労働者クラブのクラブ員として、反戦活動をしたり、日本人労働者の労働条件向上の運動を行なったことはあっても、帝国の国体変革又は帝国の私有財産制度否認の目的を有する結社の目的遂行に資する行為を行なったことはない。

（三）判示第一の「催物大会」とは、労働者クラブが年に一回開催する「日本の夕べ」のことであり、この催は各国の同種のクラブとの交流を目的とする娯楽性の高いものであり、共産主義意識鼓吹とはかけはなれたものである。そもそも労働者クラブは日本人労働者のアメリカにおける労働条件の向上、権利擁護の活動を行うとともに労働者間の親睦を深めることを目的とする団体であるから、労働者クラブの活動が帝国の国体変革、私有財産制度否認に資するというのは論理の飛躍である。

判示第二の一の労働争議を起こし応援したことは労働者の権利擁護活動であり、しかも、アメリカにおける邦人労働者の労働条件改善の為の活動であって、帝国の国体変革、帝国の私有財産制度否認とは何の関連性もないのであるから、治安維持法にいう「結社の目的に資する行為」とは言えない。

判示第二の一の軍艦乗組員への反戦ビラの配布は前記の労働者クラブにおいてなされたものであり、共産党とは無関係である。軍部の独裁に反対し反戦を説くことは必ずしも帝国の国体である天皇制を変革し私有財産制度を否認することとは結びつかない。

2　目的について

（一）治安維持法の目的遂行罪においては、結社目的遂行の為にする行為につき行為者が国体変革又は私有財産制度否認の目的を以ってなした場合でなければならないとされている。「蓋し法文は結社の目的遂行の為にする行為を為すと規定し行為本来の内容は単に結社の目的を認識しその遂行に資するを以って足り必ずしも当然に国体変革又は私有財産制度否認を目的としてなさるるとは限らないのであるからもし斯る目的を以ってなされたることの制限を附しないと比較的軽微な意図例えば友情の為に為された此種の行為の如きをも重大な犯罪と認むることとなって苛酷な結果を見るからである。」（同前書一九八頁）

（二）川田定子がアメリカでは専ら各国移民労働者の労働組合運動に携わっており、帰国後はこれと言って労働運動に関わっていなかったことから明らかなとおり、川田定子のアメリカでの労働組合活動は同国における労働者問題に限られていたのであって、帝国の国体変革や私有財産制度否認を目的としていたものではない。

なお、特高は、川田定子に対し、当初は帰国後米国共産党との連絡を確保し、国内における同志の結集に意を用い、共産主義者の組織化に努めた旨の嫌疑をもって逮捕取調を行なっている（特高月報昭和一八年一一月分）。ところが、判示するところから明らかなように、この点については何らの事実も浮かびあがって来ず起訴できなかったため、止むなくアメリカでの活動を取りだし、これを強引に目的遂行罪にこじつけて起訴したのである。このいきさつ自体、川田定子がアメリカでの活動において国体変革の目的を有していなかったことを物語るものである。

三　拷問による自白

以上のとおりの事実に反して、在米中の活動に階級的意識の昂揚等の意味を付加せしめ、かつそれらの行為が国体変革や私有財産制度否認を目的とする結社の為にする目的でなされたとの自白が取られたのは、以下に述べるような拷問によってである。

川田定子は昭和一七年九月一一日に逮捕され、横浜加賀町警察署に勾留され、同所において取調を受けた。

取調は同所内の武道場をカーテンで外部から遮断し、施錠された状態にして夜間七時から九時まで行われた。取調官が土足で往来する床に土下座させられ、取調官数名に取り囲まれ、「貴様のような国賊は殺してやる」等の怒号をあびせかけられながら、日本手拭でさるぐつわを噛まされたまま、顔面を手拳で殴打されたり、頭部、膝、太腿、背中等身体中いたるところを、竹刀で殴打されたり、靴で足蹴りされたりした。また、正座した太腿をこうもり傘の先でつつき、太腿を内出血させ、「その足はまぐろのように腐ってくるからぶったぎってやるよ」

等と脅迫されたり、下着を脱がされ陰部をこうもり傘でつつかれるなどの凌辱も受けた。あるいは、両手を後ろで縛られ鴨居に吊下げられそうになり心理的恐怖のあまり失神したこともあった。このような拷問により、取調が終了しても、太腿が内出血し激痛の為歩行が困難であったり、失神状態が継続して、独力では留置場に帰れないほどであった。拷問は昭和一七年九月から同年一二月まで続いた。

勾留中は寒くなってから冬服の差入が一回許可されただけで、外部との連絡は全く取れなかった。入浴は勾留中二年半にわたり一度もさせられなかった。

このような拷問と勾留生活により、身体は衰弱し、肉体的精神的苦痛は図りしれないものがあった。昭和一八年五月横浜拘置所において調書作成のための取調が再開されたが、取調官のいいなりにならなければ、再び従前と同様かそれ以上の拷問が加えられ、いずれ死に至ることは明白であると考え、取調官が勝手に作成した供述調書に署名指印して虚偽の自白をするにいたったのである。

第五、平館利雄について

一、判決（別紙第三のとおり再構成したものをいう）で認定されている事実のうち平館利雄が満鉄東京支社に勤務し、同社の研究員を代表して世界経済調査会ソ連委員会に参加し、研究者仲間の送別等の会合に出席したことなどの外形的事実は客観的に存在するが、これら研究活動や会合等の目的が「国体変革」等の目的をもって行われたとする認定は全く事実無根であり、この点は後述のとおり拷問による「自白」のみを根拠とするものである。

二、平館利雄「口述書」（甲五—二—5）によれば、昭和一八年五月一一日検挙の日より拘置所移監の同一九年三月三一日までの警察留置期間中、無数の拷問を受けたが就中、「昭和十八年五月十八日特高課の松下係長、同警部補森川、村沢巡査部長ほか一名より両手を後手に縛し竹刀を以て左右から両膝を交互に約三十分に亘り打撃を加え」このため一時精神もうろうとなったが、約一〇分後意識を恢復するや再び約三〇分間同様な暴行を加えられた。

松下係長は「お前の如き国賊は殺してもかまはぬのだ！」と幾度か連呼しながら頭髪をつかんで畳の上をねじ廻したりした。このため「私の両膝は太股に亘るまで紫色になって腫れ上り、苦痛のため再びコン睡状態に陥った」。監房内では人々の看護を受け、二、三日は臥床して起き上れなかった。第二回は昭和一八年五月二一日森川警部補外二名により、前回の打撃が少しも回復していないのに、同様「両手を後手に縛して竹刀で打擲」したため、約三〇分間に亘る打擲のため「私の両足は異常に膨れ上がり、紫色に膿化し、苦痛は全く堪え難いものとなりコン睡状態に陥る」や拷問を打ちきった。この間森川警部補は「お前のような者を一人や二人殺しても罪にも何にもならないのだ」と威嚇、脅迫した。

前記西沢富夫の「口述書」（甲五―二―4）にも、特高課左翼係長松下警部、柄沢、森川各警部補その他による「全く中世の異端審問をも凌ぐ」野蛮・残虐な拷問取調べを告発している。この拷問のため他に同人は医師と看護婦の治療看護をうけ、妻女も危篤の電報で病院にかけつけるほどまでの獄死直前の事態にまでなったことが認められる。

さらに西沢判決の中にも出ている益田直彦口述書（甲五―二―3）によると、平館と同じ森川警部補、村沢巡査部長、時として松下特高左翼係長らから苛酷な暴力による拷問を受け、その結果負傷、化膿した状況が克明に記されている。益田氏の受けた拷問による負傷が証拠となって、松下、柄沢、森川三名の特高幹部が有罪判決をうけたのであるが、同様な程度の拷問取調べは平館についても行われたとみるべきである。

なお益田氏の口述書中、伊東検事が拘置所に来て取調べをした際、調書が拷問によって作成されたことを明らかにし、全部否認の態度をとるや、伊東検事は「それではもう一度警察に帰って調べ直しにしてもらうか？」と威嚇したことが報告されている。

この事実からみても、横浜事件の取調べに当たり特高警察による野蛮残虐な拷問取調が行われたことは十分に検察官や予審判事その他裁判官は知っており、寧ろその拷問の威嚇を以て検事調書や予審の調書等を作成承認さしめたものというのが真相であろう。

三、西沢富夫被告人に対する判決（甲一―三）の「証拠」としては、

「被告人ノ当公廷ニ於ケル供述」のほか

「被告人ニ対スル予審訊問調書及予審請求書」

「被告人ニ対スル司法警察官訊問調書」

「被告人ノ検事ニ提出セシ手記」の各記載

が挙げられている。益田直彦被告人に対する判決（甲一―八）の証拠としては単に

「被告人ノ当公廷ニ於ケル供述」

を挙げるのみである。

請求人平館に対する判決の有罪の証拠も同様と思われる。これらの「証拠」のうち警察、検察段階の調書、手記類は前記のような野蛮残虐な拷問と死の脅迫とを以て捏造した虚構の記載であることは、取調べに当たった特高幹部三名の特別公務員暴行傷害罪による有罪確定判決（甲四―一―3）によって証明されるところである。右の特高警官らの有罪の証拠とされたものは、益田直彦被

告の拷問と傷害であるけれども、請求人平館本人自体全く同程度の拷問を受けたことは西沢富夫被告人その他横浜事件で特高警察の取調べをうけた全被告人や関係者の報告（口述書等）によって確認しうるところである。

また、検事はもとより予審判事と雖も、警察官による激しい拷問が行われている事実を十分に知っていたにもかかわらず、寧ろその拷問の脅威を背景として利用して予審調書や予審終結決定等を作成したのであるから、特高警察と同罪といって過言ではない。公判の裁判官といえどもこの点は同様で、拷問の事実を知りつつも、同僚の裁判官である予審判事の意思に従って有罪の判決を下す以外には、戦時下の治安維持法体制の下では他の途はとれなかったものと思われる。（「教授グループ」事件では少なくとも横浜事件のような拷問取調べは行われなかった）。

なお「公判廷ノ供述」について一言すれば、平館被告人らは判決言渡（九月一五日）の一〇日位前の九月四日に一応（保釈）出所したものの、当時は敗戦直後で社会は不安と混乱の頂点にあり、誰もが明日の運命も判らぬ時期であった上に、ましてや被告人らのように治安維持法違反で拷問と長期間の獄中生活で疲労衰弱の極にあった者たちにとって、自己及び家族の生命と生活のために形式的な判決言渡しをうけて執行猶予で釈放されるならば、という心境にあったであろうことは推察するに難くない。

このような形式的な公判廷での供述といっても、被告人らとしては全くなんら発言してもいないので、供述の内容は皆無であるが、仮に「擬制供述」とみなされることがありうるとしても、それは右のような異常な事態下の異例な法廷でのできごとであり、公判廷の供述といっても何らの任意性のないものである。

第六、川田　寿について

一、判決（別紙第四のとおり再構成したものをいう）は、川田寿の自白に基づき同人が「渡米後在米若しくは寄港の本邦人に対し或は又遠く我が国の労働者階級に対し共産主義意識の鼓吹等に努めこれを通じてコミンテルン、日本共産党の目的達成に資せんとすることを決意し」と判示し、かかる目的で行なった次の行為が治安維持法の目的遂行の為にする行為（治安維持法一条、十条各後段）にあたると判示する。

第一、昭和七年一二月より同八年二月頃まで「左翼学生」等とマルクス主義研究会を開催しチューターとなり、また、左翼文献を貸与した。

第二、昭和七年一一月頃、日本人労働者クラブに加入し、昭和八年一月より四月ころまでクラブ事務所においてマルクス主義研究会を開催し、同年三月頃クラブにおいて開催した催物大会において「満洲国」と題する左翼演劇に出演した。

第三、昭和八年五月頃アメリカ共産党に入党し同党日本人部のニューヨーク支部に所属し、

一、六名を同支部に入党させその拡大を図り、

二、同党日本人部の機関紙を本邦人労働者に配布し、本邦人労働者の勤務先で労働争議を激発せしめ、

三、昭和八年五月頃日本人労働者クラブのクラブ員を増加させ、クラブの定期集会に出て左翼的に指導し、

四、昭和一一年八月頃、帝国練習艦隊「八雲」「岩手」の乗組員に対して反戦ビラを配布し、

五、昭和一二年九月頃、日本国内に向けて「全日本の労働者諸君への手紙」と題する反戦ビラを発送した、

第四、昭和一四年一〇月頃、党籍離脱後、共産主義グループを結成してマルクス主義研究会を開催した、というものである。

二、客観的事実

1．行為について

（一）治安維持法の被害法益は帝国の国体であり帝国の私有財産制度であるから「目的遂行の為にする行為」にいうところの目的とは帝国の国体、帝国の私有財産制度を否認することであり、否認とは「相容れざる事項の実現を図ること」をいい、「実現の観念を伴わざる否認例えば学術研究の結果」として叙述することは否認ではないとされる（三宅正太郎「治安維持法」一九一頁）。

判示各行為は仮に事実であったとしても、次に述べるようにいずれもこれにあたらない。

（二）川田寿は、昭和五年七月、慶応大学経済学部在籍のままペンシルバニア大学に留学し金融論を専攻した。当時アメリカでは労働組合運動が各分野で活況を呈しており、川田寿はアメリカの組合運動に参加しつつ、同国における失業者問題や低所得者の問題、さらには日本の労働者・農民の生活水準の向上について、日本の戦争推進阻止について学問的に研究を続けていた。

日本人労働者クラブは、ニューヨーク在住の日本人労働者によって作られた集団で、異国で働く日本人労働者の権利を守り、労働者どうしの親睦を深めることを目的として、月一回の研究会や年に一度の演劇会等のクラブ活動、アメリカの様々な団体や運動に参加する活動を行なっていた。また休日には労働者が気軽に立寄り雑談する場所でもあった。川田寿はニューヨークで勉学のかたわら生活の為にアルバイトをする必要があり、職場を紹介してもらうためにクラブに出入するようになった。一クラブ員として活動に参加することはあっても特に中心的役割を果たしていたわけではなかった。川田寿は専らアメリカの産業別労働組合会議のホテルレストラン組合において、各国移民や黒人労働者の組織化や労働条件改

善の運動に携わっていた。

このように、川田寿は、アメリカにおいて同国の合法的な労働組合運動に参加しアメリカにおける労働者の権利擁護運動を行ない、あるいは、日本人労働者クラブのクラブ員として反戦活動をしたり、マルクス主義研究を行なったことはあっても、帝国の国体変革または帝国の私有財産制度否認の目的を有する結社の目的遂行に資する行為を行なったことはない。

(三) 判示第一及び第四の事実は、単なる勉強会に過ぎない。判示するところの具体的行為は、研究会の開催、チューターとなったこと、文献を貸与したことにすぎず、これだけを取り出してみれば、帝国の国体変革、帝国の私有財産制度の否認を実現する行為を目的とする結社のためにする行為とは言えない。

判示第二の「催物大会」とは、労働者クラブが年一回開催する「日本の夕べ」のことであり、この催は各国の同種のクラブとの交流を目的とする娯楽性の高いものであり、共産主義意識鼓吹とはかけはなれたものである。そもそも労働者クラブは日本人労働者のアメリカにおける労働条件の向上、権利擁護の活動を行うとともに労働者間の親睦を深めることを目的とする団体であるから、労働者クラブの活動が帝国の国体変革、私有財産制度否認に資するというのは論理の飛躍である。

判示第三の三の労働者クラブの定期集会に出席して活動方針につき協議をなすことをもって、クラブ員を「左翼的に」指導したと断じるのも同様である。

判示第三の四の軍艦乗組員への反戦ビラの配布は前記の労働者クラブにおいてなされたものであり、共産党とは無関係である。軍部の独裁に反対し反戦を説くことは必ずしも帝国の国体である天皇制を変革し私有財産制度を否認することとは結びつかない。

判示第三の二の労働争議を起こし応援した事は労働者の権利擁護活動であり、判示第三の一のアメリカ共産党への拡大工作は同党の活動目的が帝国の国体変革、帝国の私有財産制度否認ではないから、いずれも治安維持法にいう「結社の目的に資する行為」とは言えない。

2. 目的について

(一) 治安維持法の目的遂行罪においては、結社目的遂行の為にする行為につき行為者が国体変革又は私有財産制度否認の目的を以てなした場合でなければならないとされている。「蓋し法文は結社の目的遂行の為にする行為を為すと規定し行為本来の内容は単に結社の目的を認識しその遂行に資するを以て足り必ずしも当然に国体変革又は私有財産制度否認を目的としてなさるるとは限らないのであるからもし斯る目的を以ってなされたることの制限を附しないと比較的軽微な意図例えば友情の為に為された此種の行為の如きをも重大な犯罪と認むることとなって苛酷な結果を見るからである。」(同前書一

九八頁）

（二）川田寿がアメリカでは日本人よりも専ら各国移民労働者の労働組合運動に携わっており、帰国後は外務省の外郭団体である世界経済調査会に就職し、これと言って運動に関わっていなかったことから明らかなとおり、川田寿のアメリカでの活動目的は、アメリカの合法的な労働組合運動の実践に身を置きつつ実証的に研究活動を行なうことにあったのである。国体変革や私有財産制度否認を目的としていなかったことは明らかである。

なお、特高は、川田寿に対し、当初は帰国後米国共産党との連絡を確保し、国内における同志の結集に意を用い、共産主義者の組織化に努めた旨の嫌疑をもって逮捕、取調を行なっている（「特高月報」一八年一一月分）が、判示するところから明らかなように、この点については何らの事実も浮かびあがって来ず起訴できなかったため、止むなくアメリカでの活動を取りだし、これを強引に「目的の為にする行為」として起訴したのである。このいきさつ自体、川田寿が国体変革の目的を有していなかったことを物語るものである。

三、拷問による自白

以上のとおりの事実に反して、在米中の活動を、例えば単なる研究会を左翼意識の昂揚に努めた等とねじまげ、かつそれらの行為が国体変革や私有財産制度否認を目的とする結社の為にする目的でなされたとの自白が取られたのは、以下に述べるような拷問によってである。

川田寿は昭和一七年九月一一日に勤務先で逮捕され、その後一年間にわたり横浜水上警察署及び寿警察署留置場に勾留され、同所において取調を受けたが、取調の際は常時土足の床に土下座させられ、取調官数名に取り囲まれ、「貴様のような国賊は殺してやる」等の怒号をあびせかけられながら、顔面、頭部、膝、太腿等身体中いたるところを、鞭で打たれたり、竹刀、こん棒で殴打されたり、靴で足蹴りにされたりした。また、数回にわたり、後ろ手にしばった両手と両足をもって身体が弓なりになるように吊り下げられたうえ、背中を足蹴りされたり背中に乗りかかられたりした。あるいは、数十度にわたり、両手を縛ったままで柔道の背負いなげをされ、あるいは二昼夜にわたり食事時間以外は両手、身体を縛られ外されることがなかった。このような拷問により、失神することもしばしばであったが、さらに水をかけて意識を覚醒させ拷問が続けられた。取調が終了しても、太腿が内出血し激痛の為歩行が困難であったり、失神状態が継続していたので、独力では留置場に帰れないほどであった。一年にわたる拷問の結果、着衣は寸断され衣服の体をなしていなかった。

このような拷問が取調のつど行われ、取調官のいいなりにならなければいずれ死にいたることは明白な状態であったから、川田寿は虚偽の自白をするにいたったのである。

第七、和田喜太郎について

一、和田喜太郎に対する原判決（甲一―八）によれば、同被告は「共産主義者木村亨等ノ啓蒙」その他左翼文献の繙読により、共産主義を信奉するに至り、コミンテルンおよび日本共産党が所揭の目的事項を実行せんとする結社なることを「知悉シ乍ラ孰レモ之ヲ支持シ」、「右両結社ノ各目的達成ニ資センコトヲ企図シ」

第一（1）中央公論社で前記木村亨、および編輯部員で共産主義者浅石晴世と共に同社の編輯方針を左翼的観点より指導して一般大衆殊に知識層の共産主義意識の啓蒙、昂揚を図ることを以て

（2）除村吉太郎、橘樸、小池基之を左翼評論家なりと断じ同社編輯長たる共産主義者畑中繁雄に対し右除村の執筆交渉方を提議し、自らも橘、小池に対し執筆方を依頼し

（3）昭和一八年五月、浅石と共に『中央公論』誌上に左翼評論家をして中小工業者のプロレタリアートへの転落の過程等を暗示した啓蒙論文を執筆掲載せしむべく協議し

第二（1）共産主義者高木健次郎、由田浩、浅石晴世等が結成していた「政治経済研究会グループ」なる非合法グループに加入、そのグループの拡大強化に努め、就中

イ．深井英五との会見報告などにより研究発表して共産主義的観点より論議し

ロ．昭和一七年一二月一七日高木健次郎外七名の「グループ」員とともに検挙を免るるため、同「グループ」を二班に分ち、第二班に属し、一八年一月七日、由田浩方で第二班の会合で共産主義的観点より論議を重ね、意見交換し

「タル等諸般ノ活動ニ従事シ以テ両結社ノ各目的遂行ノ為ニスル行為ヲ為シタルモノ」

とされている。そして、その証拠は

「被告人ノ当公廷ニ於ケル判示同旨ノ供述」だけがあげられている。

二、再審請求事由

和田喜太郎は、いわゆる「政治経済研究会」グループ事件に属する者として昭和一八年九月九日森数男、板井庄作、由田浩、小川修、高木健次郎、勝部元、山口謙三、白石芳夫、らと共に検挙せられたのであり（甲六、特高月報）、神奈川警察部特高課松下英太郎警部、同警部補柄沢六治、同森川清造その他警官による拷問取調べを受け、原判決に基づき服役中昭和二〇年二月七日獄中で死

亡したものである。

原判決後、横浜事件被告人ら三〇余名による連名の告訴に基づき、右松下警部ら特高課幹部が特別公務員暴行傷害罪で有罪判決をうけ、その判決が確定したことにより、和田喜太郎を含む横浜事件被告人全員が司法警察職員により激しい拷問取調を受けたことが今日明白となったのであるから、本件は刑事訴訟法第四三五条（旧刑訴法四八五条）第七号（司法警察職員の職務に関する犯罪）の場合に該当するほか、同条第六号の無罪を言渡すべき明らかな証拠を新たに発見した場合にあたるというべきことについては再審請求書、追加補足書等に陳述したところであるが、重ねて補足陳述する。

三、和田は共産主義信奉者ではなく、原判決掲記の前記「結社の目的遂行の為にする行為」としてあげられている事項は、特高警察の拷問の下に強制自白自認させられた虚偽の供述に基づくものである。

（一）（木村亨らは共産主義者ではない。）
原判決中「共産主義者」とされている木村亨、浅石晴世、畑中繁雄、高木健次郎、由田浩らは、すべて共産主義者ではなく、これらの人々が共産主義者であることを認めさせられたのは拷問の結果によるものである（これらの人々の中には拷問と留置場の生活のため獄中であるいは保釈直後死亡するに至ったものが数名に達した。すなわち世界経済調査会高橋善雄は昭和一九年五月二三日、右の浅石晴世は昭和一九年一一月一三日、未決取調べ中に死亡し、満鉄東京支社所属の西尾忠四郎は昭和二〇年六月三〇日保釈直後の同年七月二七日、重なる疲労衰弱のため死亡した）。
横浜事件の被告人らをして共産主義者であることを承認させるため厳しい拷問が行われたことは各人の口述書（甲五―二―1～32）で異口同音に訴えているところである。和田とともに逮捕された人々についてみても、例えば
小川修口述書（甲五―二―11）は、
一、寿警察署留置場に於ける取扱につき
「自分達グループ全員を徹底的に共産主義者に仕立て上げ、グループ活動を全然共産主義なりと一方的に決定した筋書きを暴力を以て強制した」と述べ、以下詳細に「左翼の取調べがどんなものか見せてやる」と称する凄惨な拷問取調べ状況を報告している。
前出松下英太郎警部の如きは「なんだ、此奴は未だ生（ナマ）ぢゃねぇか……おいその竹刀を寄越せ」と小川を滅多打ちにした事実も報告されている。
勝部元（甲五―二―12）も、
激しい拷問で負傷して化膿し外科医院に通院せざるをえなかったこと、松下等より「絶対に此の傷についてはどうして出来たのか云ってはいけぬ……」と口止めされ

た事実をうったえ、「コミンテルン及び日本共産党に関する認識」「政経研究会の本質」等警察調書の記載はすべて暴力による強制された捏造であることをうったえている。

由田浩（甲五—二—13）も、

「共産主義運動に従事せる事実ありや」と訊かれ否定すると人事不省に陥るまでの拷問を加えられ、やむなく訊問を肯定し署名捺印した状況を詳述している。そして和田喜太郎の右原判決に犯罪事実として掲げられている、「（第二の（1）のロ）昭和一八年一月七日の由田方での会合」について、「共産主義運動展開のための協議なりと述べるべく強いられましたが、事実は之と相違し、全く酒杯を交わしつつ行った歓談に過ぎませんでした」と述べている。その他、

『『グループ』の会合に於て為した職場研究中の言動についても一々共産主義運動の目的遂行の為の活動だと強いられ、記述に際してもこの様な強制下に『創作』を余儀なくされた」と述べている。

山口謙三（甲五—二—14）も、

特高の森川警部補らに拷問を受け人事不省となり病院にかつぎ込まれ危く死ぬ所であったところ、松下係長の取調に際して「お前には未だ眼鼻がつく所についてるな、白色テロとはどんなものかよく覚えとけ」となぐられたことなどを報告している。

高木健次郎（甲五—二—10）も、

「一問毎一答毎に平手と木剣の乱打を浴せられ、」しまいには昏倒し、医者が診察に来て注射投薬等の騒ぎとなったこと、調書は「徹頭徹尾私及び他の『メンバー』を共産主義者に仕立て『グループ』の活動なるものを共産主義運動として認定した上で作成された」ことなどをうったえている。

和田は不幸にも獄中で死亡したため口述書は残されていないが、右のように同人と同時に逮捕され取調べを受けた人々や横浜事件の被告人ら全員の「口述書」その他により、同人がどんなに残酷な拷問を受けたかが強く推定される。同人は年齢も比較的若く（二七歳）、性格も中央公論社の先輩であった木村亨や慶大仏文科で同期の作家堀田善衛氏らによるとおとなしい性格であったといわれる。

同人が何故に他より先んじて昭和一九年八月二一日判決を言渡され、しかも実刑に処せられたか、また官選弁護人の弁護士の姓名も定かでないが、実妹気賀すみ子によれば弁護人はいらないと言っていたよしであるが、これらのことは同人の弱い性格を物語るものとも思われる。

いずれにせよ昭和二〇年二月横浜刑務所で若くして一生を終わったことは、同人に対する激しい拷問と陰惨かつ不衛生な留置場生活に原因する悲惨な結果であることは明らかである。

四、証拠について

原判決は有罪の証拠として何故か「被告人ノ当公廷ニ於ケル判示同旨ノ供述」のみをあげている。この点は横浜事件の判決の多くについて共通しており、同事件の警察、検察、予審の段階ではおびただしい量の調書類が作成せられたはずであるのに、被告人の公判廷供述のみをあげることは甚だ不審であることや、戦後新憲法三八条、新刑訴法三一九条の趣旨は、本件再審にあたっても大いに考慮されなければならないことについては、さきに提出した昭和六一年八月四日付再審請求理由追加補足書三項で詳述したとおりである。

この点についてなお一言すれば、和田被告に対する原判決が言渡された昭和一九年八月という段階は敗戦まで一年余の前でまさに戦局の最も苛列、しかも敗戦色のようやく濃厚になりつつあった時期で（七月七日サイパン島守備隊「玉砕」、九月二七日グアム・テニアン島守備隊「玉砕」）、治維法違反被告など「非国民」ないしは「国賊」視された時代である。したがって「公判廷」といっても、戦後の人権尊重時代の司法環境とは全く空気を異にした被告人にとって険悪きわまる時代であったことを銘記しなければならない。

第八　木村　亨について

一、判決（別紙六のとおり再構成したものをいう）によって認定されている木村亨の犯罪事実の「第一」は、昭和一四年一〇月頃より一六年三月初旬頃迄の間に、細川嘉六を中心とするいわゆる「細川グループ」を結成し、細川宅等において会合して「内外の客観情勢を共産主義的観点より分析批判して相互に意識の昂揚並に同志的結合の強化に務め」た、というものであり

同「第二」は、昭和一六年一二月初旬から一七年六月中旬までの間に、右「細川グループ」を、平館・西尾・西沢の「満鉄グループ」と合体して「強力なる左翼組織たらしむる目的を以て」種々会合し、「支那問題並に独ソ戦等をめぐる国際情勢を共産主義的観点より論議して同志的結合の強化並に相互に意識の昂揚に務め」た、というものである。

ところで、右「第一」にいう「細川グループ」の結成・会合と、右「第二」にいう「細川グループ」と「満鉄グループ」の合体工作の各中心人物に擬せられている細川嘉六は、昭和一九年一〇月一七日の第七回予審尋問調書（甲二〇号証の三所収）の中で、次のとおり供述している。

すなわち、右予審調書において細川嘉六は、浅石晴世・

木村亨の両名とは、昭和一四年頃『中央公論』の編輯記者と論文執筆者という関係で知りあい、小野康人、相川博の両名とは、昭和一三年五月ころやはり編輯記者と論文執筆者という関係で知りあい、東洋経済新報社の出版編輯員加藤政治とは昭和一四年ころ、同社の刊行する「現代日本文明史」シリーズ中の『植民史』の担当者と執筆者という関係で知りあったこと等を述べたあと、石川予審判事の質問に対しつぎのように応答している。

「問　其の頃被告人は右の者等を結集して所謂細川グループなる秘密グループを作ったのではないか。

答　私は先程述べました様に、右の者等と偶然に相寄った時に、主に国際問題に付、私が事情に通じて居る者より意見を聞き、又自分の意見を述べる事もありますが、只今お尋ねの様な、細川グループとか非合法または秘密とか謂う様なグループを作ったことはありませぬ。

私の所に集まるのは何程かの政治的目的が有ってでは無くてお互が、寄り集まる位のものでありまして、結社とか同志的結合とか謂う程のものでもありませぬ。

問　昭和一六年三月頃から昭和一七年六月頃迄の間、被告人宅其の他に於いて、右の者等と会合し、共産主義の観点より内外の客観情勢を分析検討して相互に意識の昂揚並に同志的結合の強化を図ったのではないか。

答　私等が仕事の事や其の他で、前申しました様に私宅や其の他で相会し時には前申した様な話題で話合った事もありますが、只今お尋ねの様な一定の目的を以て会合し共産主義の観点より内外の客観情勢を分析検討し又は同志的結合の強化に努めた様なことはありませぬ。

私が浅石晴世外数名の者と親しさを増してきて、同人等と話合ひをしたからと言って同志的結合とは申せませぬ。」

以上のとおり細川嘉六は、いわゆる「細川グループ」なるものの実態が執筆者と編輯者との自然な人間関係以上のものでないことを明確に供述している。特高警察の直接・間接の圧力の中で事件の中心人物が一貫して維持している右供述こそが、客観的事実を反映するものに外ならない。

しかも、本意見書第一章に述べたとおり、特高警察の構想の中では、右「細川グループ」の結成・会合、および同グループと「満鉄グループ」との合体工作なるものは、富山県泊町における「日本共産党再建準備会」結成謀議へ向けての準備活動として位置づけられていた(右構想に即して執筆させられた昭和一九年四月二八日付木村亨「手記」、同年五月一日付平館利雄「手記」、同年五月六日付相川博「手記」――いずれも、甲二〇号証の四所収――にも、このようなストーリーが明確に述べられている)。

にもかかわらず、右「泊会議」の一件は木村亨の犯罪事実からは除外されている。このことは、犯罪事実の取捨選択が証拠の有無とは関係なく全く恣意的・政策的になされたものであることを物語っている。

木村亨の犯罪事実の「第三」は、同人が細川嘉六の論文「世界史の動向と日本」を『改造』誌に掲載することにつき共同謀議をした、というものであるが、本章第二において青山鉞治につき述べたとおり、右論文を『改造』誌に掲載することは昭和一七年三月段階で既に確定していて、同年七月の時点になってからいまさら協議決定を要するという問題ではないのみならず、問題の論文（甲十六号証の一および二）は客観的に見てわが国の対東亜諸民族に対する政策を策定するうえで民族独立運動に対し配慮することが世界史的動向に沿う所以であることを述べた論稿であって、その趣旨においてわが国のいわゆる国体を変革するべきことに言及したものでないことは明らかである。従って、いずれにしても木村亨の行為を治安維持法違反に問うことは客観的事実に符号しない。

木村亨の犯罪事実の「第四」は細川逮捕後の昭和一七年一一月および昭和一八年一月に、同人らが大阪商科大学教授名和統一と会合し「独ソ戦をめぐる内外の客観情勢並に農村問題に付、共産主義的観点より分析批判して相互に意識の昂揚並に同志的結合の強化に務め」たというものである。

しかし、右二回の会合の内容について名和統一は昭和一九年九日付予審尋問調書（甲二〇号証の三所収）の中で、①昭和一七年一一月四日の料亭「亀清」での会合における話題は、当時大阪において設立準備中であった東洋紡績経済研究所（別名綿業研究所）と、満鉄東京支社調査室等との研究交流促進の件であったこと、②同日の喫茶店「晩翠軒」での会合における話題も、その継続で、東西における各研究者の研究状況についての情報交換であったこと、③昭和一八年一月三〇日の料亭「亀清」での会合における話題は、山田盛太郎著「日本資本主義分析」に対する小倉正平の批判的論文が熟読に値することを名和が指摘して、日本資本主義に関する学問的論争の展開が望ましいという結論に至るアカデミックな議論であったこと、④同日の料亭「今半」での会合における話題は、独ソ戦および今次大戦をめぐるものであったが、たとえばルーズベルト、ヒットラーなどのかかえるブレーントラストにならって、東條内閣においても知的要素が増大する見込みがあること、就中、東亜諸民族の独立運動への配慮を力説した細川・尾崎らの思想が発展させられる必要があること等が論じられたこと、がそれぞれ供述されているが、判決の指摘するような「相互の（共産主義的）意識の昂揚並に同志的結合の強化に務め」たような事実を認めうる部分は全くない。

「犯罪事実」の「第二」ないし「第四」について客観的事実が右のとおりであるにもかかわらず、木村が特高警察の構想にそう「手記」を書かされ、かつ同趣旨の供述をしたのは、ひとえに拷問の結果にほかならない。

二、木村亨が特高警察から受けた拷問の態様については、同人が取調べに当たった特高警察官らを昭和二二年四月に告訴するに先立って執筆した口述書（甲五号証の二の七）および、その後同人が昭和五七年一二月に出版した著書『横浜事件の真相』（二三〜二七頁、四〇〜四一頁）に述べられている。

それらによれば、木村はまず逮捕当日の昭和一八年五月二六日の夕刻から山手署二階の取調室に引き出され、床に土下座させられて、柄沢警部補以下五、六名の特高刑事の拷問を受けている。

特高刑事らは、両手を後手にしばられ手錠をかけられた木村に対し、柄沢警部補の、「きさまのような共産主義者は生かしちゃ帰さぬからそう思え」という叫びを合図に、手にした木刀、竹刀（束ねた紐が外れ、先がバラバラになったもの）、こわれた椅子の足などを得物としておそいかかり、木村の頭、胴、背中、足などところきらわずなぐりつけ、また蹴りつける、という暴行を働いた。

そして右暴行の勢いで横倒しにされた木村の顔を靴で踏みつけ、意識もうろうとなった木村の右手首をつかんで、柄沢警部補において作成した「わたくしは共産主義者であります」と記載されたワラ半紙に同人の指印を押させ、「これでよし。この野郎、あとで文句を言ってみろ、ほんとに殺してもかまわぬのだから、そう思え」という捨て台詞を言って、約一時間にわたる同日の「取調べ」を終えた。

翌五月二七日には森川警部補が主任となって昼間から黒いカーテンをおろした取調室において、取調べが続行された。森川警部補が、「きさまの取調べは俺がやることになった。きさまのような共産主義者は殺してもかまわんのだ。さあ、きさまらが泊でやったことを正直に申し上げろ！　きさまらは泊で共産党の再建会議をやったろう」と怒鳴りつけた後、森川の合図で、木村は上着とズボンをぬがされ、両手を後手にしばられ手錠をかけられた。そして、床に並べられた直径約五センチ、長さ約五〇センチほどの丸太七〜八本の上に木村を正座させたうえ、一人の刑事が同人のひざの上に飛びのってこれを踏みつけた。木村が「去年の泊旅行は出版記念会だ、共産主義者の会なんかじゃない」と必死に否認すると、森川警部補は、「きさまがまだそんな寝言を言うのなら、こちらが言わせてやるから覚悟しろ」と言って、他の刑事たちに合図し、五、六人の刑事たちが、前記と同様の得物（なお、ロープの束が得物に加わっていた）をもって、木村の全身をなぐりつけた。木村は右拷問のために失神し、全身にみみず腫れおよび内出血が生じた。

このような態様の拷問はその後も同年五月三〇日、八月六日、八月三〇日にもくりかえされている。当時の状況の下では特高刑事の「きさまのような共産主義者は殺してもかまわぬのだ」というような言葉は、単なるおどし文句ではなく、実際に被疑者として生命の危機を感じさせるものであり、そのような言葉にひきつづいて加えられる拷問の態様も生命の危険を感じさせるような激しいものであって、「取調べ」の最初の段階でこれを行うことにより、特高警察は被疑者が、警察の意にそった手記を書き、また供述せざるを得ない状況に置くのである。

木村の場合も、右のごとき拷問により、このような状況に置かれ（更に昭和一八年一〇月半ばの「手記」執筆開始までは、差入れをも禁止されるという圧迫を加えられて）、相川らの先行する手記をひきうつす、という形での「手記」執筆を強いられ、このように強制された手記にそった調書をとられたのである。

木村に対する「取調べ」という名の拷問を指揮した柄沢、森川警部補に対しては、（その上司にあたる松下警部とともに）特別公務員暴行傷害罪の有罪判決が確定している。検察官は右暴行傷害が、益田直彦に対する関係でのみ認定されているに過ぎないと強弁するが、当時の特高刑事が、被疑者に対する個人的怨恨などに基づいて暴行を働いたのではなく、「共産主義者を完封する国策の下に」、「中央よりこれが摘発について厳重な督励を受け」（甲四号証の三、最高裁判所判決に添付された弁護人望月武夫の上告趣意参考）、いわば使命感に基づいて、拷問を取調べの手段に用いたものである以上、柄沢、森下らが益田直彦以外の被疑者に対しては暴力を振るわなかった、と考えることは全く荒唐無稽と言うほかはない。

右のように客観的事実に反することが明らかで、かつ拷問による自白に基づいてなされた有罪判決が再審により取消されるべきものであることについては多言を要しない。

以上

なお、昭和六一年（た）第三号小林英三郎に関する各論は、追而提出する。

〔別紙〕再構成・復元による判決

〔別紙　一〕判　決

本籍　愛知県名古屋市北区志賀本通二ノ十七
住所　東京都世田谷区代田二ノ九五五東亜荘
元改造社編集部員　青山　鉞治
当三十二年

右ノ者ニ対スル治安維持法違反被告事件ニ付当裁判所ハ検事山根隆二関与審理ヲ遂ケ判決スルコト左ノ如シ

主　文

被告人ヲ懲役二年ニ処ス

但シ本裁判確定ノ日ヨリ参年間右刑ノ執行ヲ猶予ス

理　由

一、犯罪事実

被告人ハ昭和五年三月愛知県名古屋市東区双葉町愛知県第一中学校第五学年ヲ卒業シ昭和五年四月名古屋高等商業学校ニ入学昭和十年三月同高商ヲ卒業シタル後一時名古屋毎日新聞ニテ校正ヲ手伝ヒ居タルカ昭和十一年四月東京市芝琴平町一五番地日本政治経済研究所ニ入所シ同所発行ノ雑誌「大衆政治経済」ノ執筆並ニ編集ニ携り同所退所後昭和十三年二月東京都芝区新橋七丁目十二番地改造社ニ入社シ同社発行ノ雑誌「改造」ノ編集部員トシテ昭和十九年一月二十九日検挙セラルル迄勤務シ居リタルカ前記名古屋高等商業学校ニ在学中当時ノ社会思潮ノ影響ヲ受ケエンゲルス著「社会主義ノ発展」マルクス著「賃労働ト資本」「労賃価格及利潤」等ノ左翼文献ヲ繙読シタル結果終ニ昭和七年末頃ニハ共産主義ヲ信奉スルニ至リ「コミンテルン」カ世界「プロレタリアート」ノ独裁ニ依ル世界共産主義社会ノ実現ヲ標榜シ世界革命ノ一環トシテ我国ニ於テハ革命手段ニヨリ国体ヲ変革シ私有財産制度ヲ否認シ「プロレタリアート」ノ独裁ヲ通シテ共産主義社会ノ実現ヲ目的トスル結社ニシテ日本共産党ハ其ノ日本支部トシテ其ノ目的タル事項ヲ実行セントスル結社ナルコトヲ知悉シ乍ラ孰レモ之ヲ支持シ自己ノ職場ノ内外ヲ通シテ一般共産主義意識ノ啓蒙昂揚ヲ図ルト共ニ左翼分子ヲ糾合シテ左翼組織ノ拡大強化ヲ図ル等前記両結社ノ目的達成ニ寄与セムコトヲ企図シ

昭和十七年七月中旬頃開催セラレタル雑誌「改造」ノ編輯会議ニ於テ相川博カ細川嘉六執筆ニ係ル「世界史の動向と日本」ト題スル唯物史観ノ立場ヨリ社会ノ発展ヲ説キ社会主義ノ実現カ現在社会制度ノ諸矛盾ヲ解決シ得ル唯一ノ道ニシテ我国策モ亦唯物史観ノ示ス世界史ノ動向ヲ把握シテソノ方向ニ向ッテ樹立遂行セラルヘキコト等ヲ暗示シタル共産主義的啓蒙論文ヲ雑誌「改造」ノ同年八月号及九月号ニ連続掲載発表ヲ提唱スルヤ被告人ハ該論文カ共産主義的啓蒙論文ナルコトヲ知悉シ乍ラ之ヲ支持シ編輯部員小野康人ト共ニ八月号ノ校正等ニ尽力シテ該論文（昭和一九年地押題三七号ノ二四ノ八頁乃至四七頁）ヲ予定ノ如ク掲載発表シテ一般大衆ノ閲読ニ供シテ共産主義的啓蒙ニ努メタル等諸般ノ活動ヲ為シ以テ「コミンテルン」及ビ日本共産党ノ目的遂行ノ為ニスル行為ヲ為シタルモノナリ

二、証拠

一　被告人ノ当公廷ニ於ケル供述

一　本件記録編綴ノ相川博ニ対スル予審第四回被告人尋問調書謄本ノ記載

三、法律ノ適用

治安維持法第一条後段、第十条、刑法第五十四条第一項前段、第十条、第六十六条、第六十八条、第六十八条第三号、第七十一条、第二十五条

昭和二十年九月十五日

横浜地方裁判所第二刑事部

裁判長判事　八並達雄

判事　若尾　元

判事　影山　勇

〔別紙　二〕判　決

本籍並住所

東京都杉並区下高井戸四丁目九百三十三番地

無職（元「中央公論」編輯長）

畑中　繁雄

当三十八年

右ノ者ニ対スル治安維持法違反被告事件ニ付当裁判所ハ検事山根隆二関与審理ヲ遂ケ判決スルコト左ノ如シ

主　文

被告人ヲ懲役弐年ニ処ス

但シ本裁判確定ノ日ヨリ参年間右刑ノ執行ヲ猶予ス

理　由

一、犯罪事実

被告人ハ奈良縣立郡山中學校、第二早稲田高等學院ヲ経テ昭和七年三月早稲田大學文學部英文科ヲ卒業後同年五月東京都麹町區「丸之内ビルディング」内株式會社中央公論社ニ入社シ一時雑誌「婦人公論」ノ編輯部員タリシモ昭和八年十二月雑誌「中央公論」ノ編輯部員ニ転シ次テ昭和十四年十二月同編輯次長ト為リ更ニ昭和十六年九月同編輯長ニ就任シタルモノナルカ右早稲田高等學院在学中共産主義者榎本駒次郎其ノ他ノ感化ヲ受ケタルト「エンゲルス」著「空想より科學へ」其ノ他ノ左翼文献ヲ繙読シタル結果遂ニ昭和四年三月頃共産主義ヲ信奉スルニ至リ日本共産青年同盟ニ加入シテ同大學内ニ於テ之カ運動ニ従事シタルモ検擧セラレスシテ止ミタルモノナルトコロ「コミンテルン」カ世界「プロレタリアート」ノ獨裁ニヨル世界共産主義社會ノ実現ヲ標榜シ世界革命ノ一環トシテ我國ニ於テハ革命手段ニヨリ國体ヲ変革シ

私有財産制度ヲ否認シ「プロレタリアート」ノ獨裁ヲ経テ共産主義社會ノ實現ヲ目的トスル結社ニシテ日本共産党ハ昭和十八年六月九日迄ハ其ノ日本支部トシテ右目的タル事項ヲ實行セントスル結社同月十日以降ハ単独結社トシテ前記同一目的事項ヲ實行セントスル結社ナルコトヲ知悉シ乍ラ孰レモ之ヲ支持シ現下ノ客観情勢ニ鑑ミ所謂文化運動ノ分野ニ於テ知識層ヲ中心トスル一般大衆ノ共産主義意識ノ啓蒙昂揚ヲ圖ルト共ニ左翼組織ヲ確立スル等ノ運動ヲ通シ右両結社ノ目的達成ニ資センコトヲ意圖シテ昭和七年五月前記ノ如ク中央公論社ニ入社シ爾来昭和十八年六月頃迄ノ間鋭意同社員ノ共産主義意識ノ啓蒙昂揚並ニ社内ノ左翼化ヲ圖ルト共ニ「中央公論」ノ左翼的編輯及左翼的出版物ノ刊行等ヲ通シテ一般大衆ノ共産主義意識ノ啓蒙昂揚ニ努メタルカ就中

（一）昭和十二年六月頃ヨリ昭和十八年六月頃迄ノ間毎月一、二回中央公論社會議室ニ開催サレタル雑誌「中央公論」ノ編輯會議ニ出席シテ同編輯部員タル共産主義者小森田一記、青木滋其ノ他ノ同志ト共ニ編輯會議ノ實質上ノ指導権ヲ把握シ所謂「ファッシズム」ノ攻勢ノ熾烈ナル客観情勢下ニ於テハ「中央公論」ノ合法性ヲ確保シツツ可能ナル限リ左翼執筆者ヲ誌上ニ動員シテ共産主義的啓蒙記事ヲ登載シ讀者大衆ノ意識ノ啓蒙昂揚ニ資スルコト及「ファッシズム」ノ本質ヲ暴露シタル記事、所謂自由主義者、社会民主主義者ノ反時局的反国策的記事並所謂右翼的記事ヲモ登載シテ其ノ反「ファッショ」性反国家性乃至革新性ヲ左翼意識啓蒙ノ基礎タラシムルコト等ノ基本的編輯方針ノ下ニ毎回各自執筆者、「テーマ」ヲ提案シ且其ノ提案理由ヲ説明シ或ハ同志ノ左翼的編輯企畫ヲ支持シ特ニ編輯長就任後ハ編輯會議ヲ指導統制シテ極力毎号左翼的啓蒙記事ノ掲載ニ努ムル等ノ活動ヲ通シテ編輯部員並讀者大衆ノ共産主義意識ノ啓蒙昂揚ニ努メタルカ其ノ間特ニ被告人ハ昭和十二年六月開催セラレタル同年八月號の編輯會議ニ於テ戸坂潤ヲシテ「マルクス」主義ノ正當性ヲ示唆セル左翼的啓蒙論文ヲ執筆掲載セシムヘキコトヲ提案シテ協議採択セラルルヤ戸坂ニ執筆方ヲ直接交渉シテ同年八月號ノ誌上ニ「ひと吾を公式主義者と呼ぶ」ト題シ前記提案ト同一趣旨ノ論文ヲ執筆掲載セシメタル外前後四十数回ニ亘ル編輯會議ヲ通シテ高倉輝等二十数名ヲシテ「漢字は日本に丈残るか」等三十数篇ノ左翼的啓蒙記事ヲ執筆掲載セシメテ編輯部員並讀者大衆ノ共産主義意識ノ啓蒙昂揚ニ努メ

（二）昭和十四年八月中旬頃右小森田一記ト相謀リ左翼的出版物ノ刊行ヲ通シテ大衆ノ共産主義意識ノ啓蒙昂揚ニ資スル意圖ノ下ニ中央公論社ノ出版活動ノ強化ヲ標榜シテ「出版審議會」ノ結成ヲ社長嶋中雄作ニ提議シテ之ヲ結成セシメタル上右小森田其ノ他ト共ニ其ノ委員ニ就任シ爾来昭和十五年三月頃迄ノ間、同審議會ノ下部機構トシテ「中央公論」編輯部員青木滋、片上晨太郎等ノ

共産主義者カ中心トナリテ同様意圖ノ下ニ結成シタル「出版準備委員會」ト連絡策応シテ左翼的出版物ノ刊行ニ努メタルカ殊ニ孰レモ同準備委員會ノ協議採擇ニ係ル唯物史観ニ立脚シテ日本外交ヲ論述セル信夫清三郎著「近代日本外交史」、同様唯物史観ニ立脚シテ日本國家ノ近代的発展過程ト日本憲法ノ制定経過トヲ論述セル鈴木安蔵著「日本憲法史概説」、支那ノ政治、経済、社會等ヲ共産主義者尾崎秀實、細川嘉六等カ共産主義的観点ヨリ解説セル「支那問題辭典」、並所謂土地革命ヲ基調トセル櫻井武雄著「日本農業の再編制」等ノ出版企畫ヲ積極的ニ支持シテ之カ出版ヲ協議決定シ孰レモ同社出版部ヲ経テ昭和十五年六月以降昭和十七年五月頃迄ノ間ニ逐次六千部乃至一萬部発行シテ一般大衆ノ共産主義意識ノ啓蒙昂揚ニ努メ

（三）昭和十五年八月頃所謂近衛新体制運動カ勃興スルヤ社内ノ刷新ヲ標榜シテ新体制組織ヲ確立シ之ヲ社内ノ左翼運動ノ基礎タラシメンコトヲ企図シ同年九月上旬頃右小森田一記其ノ他ト共ニ之カ具体策ヲ協議シタル上同年十月下旬頃社員総會、實行委員會等ノ審議ヲ経テ「協和會」ヲ結成シテ其ノ指導権ヲ獲得シ、爾来昭和十六年七月頃迄ノ間右「協和會」ノ部門タル企畫審議會、「ジャーナリズム」研究會、社内講演會等ヲ指導スルト共ニ共産主義者尾崎秀實外数名ヲ招聘シ「支那事変を繞る國際情勢」其ノ他ノ講演会ヲ開催シテ社員ノ共産主義意識ノ啓蒙並社内ノ左翼化ニ努メ

（四）昭和十六年九月頃ニ至リ右「協和會」カ解消スルヤ同月下旬頃麹町區山王ホテルニ於テ前示共産主義者片上晨太郎ト會合シテ社内ノ左翼化方針ヲ協議シタル上同年十月初旬頃社長嶋中雄作ヲ動カシテ社長ノ最高諮問機関トシテ「理事會」ヲ結成セシメテ右片上其ノ他ノ同志ト共ニ之カ理事ニ就任シ爾来昭和十八年六月頃迄ノ間毎週一回社内會議室ニ於テ開催サレタル定例理事會等ニテ社内ニ於ケル左翼的人物ノ重用、「中央公論」ノ左翼的編輯方法ノ維持強化等ニ付尽力シテ中央公論社ノ運営方針ノ左翼化ニ努メタル等諸般ノ活動ニ従事シ以テ前示両結社ノ目的遂行ノ為ニスル行為ヲ為シタルモノナリ

二、証拠

被告人ノ当公廷ニ於ケル供述

三、法律ノ適用

治安維持法第一条後段、第十条、刑法第五十四条第一項前段、第十条、第六十六条、第六十八条第三号、第七十一条第二十五条

仍ッテ主文ノ如ク判決ス

昭和二十年九月十五日

横浜地方裁判所第二刑事部

裁判長判事　八並達夫　印
判事　若尾　元　印
判事　影山　勇　印

〔別紙　三〕判　決

本籍　横浜市南区大岡一丁目二千百九十一番地
住所　右　同区——
元南満洲鉄道株式会社東京支社
平館　利雄
当四十年

右ノ者ニ対スル治安維持法違反被告事件ニ付当裁判所ハ検事山根隆二関与審理ヲ遂ケ判決スルコト左ノ如シ

主　文

被告人ヲ懲役弐年ニ処ス
但シ本裁判確定ノ日ヨリ参年間右刑ノ執行ヲ猶予ス

理　由

一、犯罪事実
被告人ハ福島県白河市ニ於テ羽二重工場経営者ノ家庭ニ生レ横浜高等商業専門学校ヲ経テ昭和五年三月東京商科大学ヲ卒業シタル後直チニ東京社会科学研究所ノ研究員トナリ次イテ昭和十二年九月南満洲鉄道株式会社（略称「満鉄」）ニ入社シ「満鉄」大連本社調査部第三調査室ニ勤務シ昭和十五年三月ヨリ「満鉄」東亜経済調査局第三課世界経済班ニ転シ現在ニ至リタルモノナルトコロ前記東京商科大学ニ在学中同大学教授大塚金之助ノ主宰スル大塚ゼミナール及学内ノ社会科学研究会ニ参加シテ右大塚及学友ヨリ啓蒙指導ヲ受ケマルクス著「資本論」等ノ左翼文献ヲ繙読シタル結果昭和四年十二月頃ニハ共産主義ヲ信奉スルニ至リ「コミンテルン」カ世界「プロレタリアート」ノ独裁ニ依ル世界共産主義社会ノ実現ヲ標榜シ世界革命ノ一環トシテ我国ニ於テハ革命手段ニ依リ国体ヲ変革シ私有財産制度ヲ否認シ「プロレタリアート」ノ独裁ヲ通シテ共産主義社会ノ実現ヲ目的トスル結社ニシテ日本共産党ハ其ノ日本支部トシテ其ノ目的タル事項ヲ実現セントスル結社ナルコトヲ知悉シ乍ラ孰レモ之ヲ支持シ自己ノ職場ノ内外ヲ通シテ一般ノ共産主義意識ノ啓蒙昂揚ヲ図ルト共ニ左翼組織ノ拡大強化ヲ図ル等前記両結社ノ目的達成ニ資センコトヲ企図シ
第一、昭和十五年九月頃ヨリ「満鉄」東京支社調査室勤務ノ共産主義者西沢富夫、西尾忠四郎ト共ニ所謂「満鉄グループ」ヲ結成シ爾来昭和十七年三月頃迄ノ間同調査室等ニ於テ屢々会合シテ内外ノ客観情勢ノ分析批判等ヲシテ意識ノ昂揚、同志的結合ノ強化ニ努メ第二、昭和十七年三月初旬麹町区大手町八十三番地財団法人世界経済調査会内ニ「ソ聯委員会」カ結成セラルルヤ右西沢富夫ト共ニ満鉄ヲ代表シテ参加シソ聯ノ国力ヲ過大ニ評価シソ聯ニ於ケル社会主義ノ発展ヲ謳歌シテ委員ノ共産主義意識ノ啓蒙ヲ図リ同年三月上旬頃ヨリ同年八月十三日頃迄ノ間前後十回ニ亘リ同調査室会議室ニ於テ委員会カ開催セラルルヤ被告人ハ該委員会ニ数回出席シテ各方面ヨリソ聯ノ国力ヲ過大ニ評価シ又ハソ聯ノ発展ノ基礎カ社会主義ニ在ルコトヲ強調シソ聯ノ計画経済ト資本主義国家ニ於ケル統制経済トヲ比較シ前者カ唯一ノ発展的経済様式タルコトヲ暗示シテ委員ノ共産主義的啓蒙ニ努メ

第三、昭和十六年六月初旬頃ヨリ昭和十七年六月中旬頃迄ノ間予テヨリ細川嘉六ヲ中心トシテ雑誌「改造」ノ編輯記者相川博、同小野康人、雑誌「中央公論」ノ編輯記者木村亨、同浅石晴世、東京新聞記者加藤政治、日刊工業新聞記者新井義夫等ノ共産主義者カ結成シ居リタル非合法「グループ」ナル所謂「細川グループ」ト前記「満鉄グループ」トノ合体ヲ策シテ屡々東京都赤坂区葵町「満鉄」東京支社調査室其ノ他ニ於テ右細川嘉六其ノ他ノ者等ト屡々会合シテ当面ノ客観情勢ヲ共産主義的観点ヨリ分析ヲナシ相互ニ意識ノ昂揚ヲ図ルト共ニ同志的結合ノ強化ニ努メタルカ殊ニ

（一）西沢富夫カ「フインランド」日本公使館武官室ニ派遣セラルルニ際シテ其ノ壮行会カ昭和十六年六月一日頃東京都京橋区築地料亭千楽ニ於テ開催セラルルヤ前記西沢富夫、細川嘉六、益田直彦ト会合シ

（二）昭和十七年二月二十日頃同年三月頃ノ二回ニ亘リ右細川嘉六ヲ中心トスル「亜細亜民族発達叢書」発刊ノ為編輯会議カ東京都麹町区丸ノ内中央公論社会議室ニ於テ開催セラルルヤ細川嘉六、西尾忠四郎、西沢富夫、木村亨、新井義夫其ノ他ノ者等ト会合シ

（三）前記新井義夫カ中央亜細亜協会勤務トナリ北支出発ニ際シ其ノ壮行会カ昭和十七年五月九日頃東京都京橋区銀座八丁目料亭銀八ニ於テ開催セラルルヤ前記細川嘉六、相川博、西尾忠四郎、西沢富夫、木村亨、加藤政治、新井義夫等ト会合シ

（四）昭和十七年六月十五日頃東京都目黒区目黒料亭目黒茶寮ニ於テ右「細川グループ」及「満鉄グループ」ノ親睦会カ開催セラルルヤ前記細川嘉六、相川博、西尾忠四郎、西沢富夫、加藤政治、木村亨其ノ他ノ者等ト会合シテ同志的結合ノ強化並ニ相互ニ意識ノ昂揚ニ努メ

第四、昭和十七年七月十日頃東京都赤坂区葵町「満鉄」東京支社地下食堂ニ於テ細川嘉六、相川博、西尾忠四郎、西沢富夫、木村亨、加藤政治、等ト会合シ独ソ戦ヲ繞ル内外ノ諸情勢ヲ共産主義的観点ヨリ論議シテ相互ニ意識ノ昂揚ニ努ムルト共ニ右細川嘉六ノ執筆ニ係ル「世界史の動向と日本」ト題シ唯物史観ノ立場ヨリ社会ノ発展ヲ

説キ社会主義社会実現カ現存社会制度ノ矛盾ヲ解決シ得ル唯一ノ道ニシテ我国策モ亦唯物史観ノ示ス世界史ノ動向ヲ把握シテ其ノ方向ニ沿ヒ樹立遂行セラルヘキコト等ヲ暗示シタル共産主義的啓蒙論文ヲ雑誌「改造」ノ同年八月号及九月号ニ連続掲載発表スルコトニ付協議シタル結果当時同雑誌ノ編輯部員タリシ右相川博、小野康人等カ「改造」編輯長大森直道其ノ他ノ者ト尽力シテ該論文ヲ予定ノ如ク発表シ一般大衆ノ閲読ニ供シテ共産主義的啓蒙ニ努メ

第五、前記細川嘉六カ曩ニ発表シタル「世界史ノ動向ト日本」ト題スル論文等ニヨリ昭和十七年九月四日治安維持法違反ノ嫌疑ニテ検挙セラルルヤ同月十六日頃東京都赤坂区葵町「満鉄」東京支社地下食堂ニ於テ相川博、西尾忠四郎、西沢富夫、加藤政治、木村亨等ト会合シテ細川嘉六検挙ノ対策ニ付協議シタル結果同人検挙後モ専ラ被告人ヲ中心トシテ規定方針ニ基キ活動ヲ継続スルコト並ニ検挙セラレタル細川嘉六ニ対シ家族ノ救援ヲ為スヘキコト等ヲ協議シテ之カ実践ニ努メ

第六、昭和十四年十一月頃治安維持法違反事件ニ付検挙セラレタル共産主義者伊藤律カ昭和十七年六月頃保釈出所スルヤ同人及西沢富夫等ト

（イ）昭和十七年九月二十日頃及同月二十五日頃ノ二回ニ亘リ東京都芝区新橋駅前明治製菓喫茶店地下食堂ニ会合シ

（ロ）同年十一月十五日頃及昭和十八年三月二十五日頃ノ二回ニ亘リ東京都京橋区銀座六丁目食堂三笠ニ会合シ

テ農村議員団ハ日本農村ノ最モ有力ナル政治団体ニテ農業発展ニ於ケル其ノ功績ハ没スヘカラサルモノカアル等農業問題ヲ中心トスル客観情勢ヲ分析批判シ農民ノ組織化方策ニ付討議シテ相互ニ意識ノ昂揚ニ努メ

第七、昭和十七年十一月初旬頃及昭和十八年一月三十日頃ノ二回ニ亘リ大阪商科大学教授ニシテ共産主義者名和統一カ上京シタルヲ機会ニ

（イ）昭和十七年十一月四日頃東京都芝区虎ノ門料亭「亀清」ニ於テ西尾忠四郎、西沢富夫、木村亨等ト共ニ名和統一ト面接シ

（ロ）同日更ニ同所喫茶店「晩翠軒」ニ於テ相川博、西尾忠四郎、西沢富夫、木村亨、加藤政治等ト共ニ名和統一ト面接シ

（ハ）昭和十八年一月三十日頃東京都芝区虎ノ門料亭「亀清」ニ於テ相川博、西尾忠四郎、西沢富夫、木村亨、加藤政治、浅石晴世等ト共ニ名和統一ト面接シ

（ニ）同日更ニ右八名ハ東京都芝区三田通リ料亭「今半」ニ於テ会合シ

テ相互ニ情報意見ノ交換ヲ為シ独ソ戦ヲ繞ル内外ノ客観情勢並ニ農村問題等ニ付共産主義的観点ヨリ分析批判シテ相互ニ意識ノ昂揚並ニ同志的結合ノ強化ニ努メ

第八、前記世界経済調査会ノ主事ニシテソ聯班ノ主任タル共産主義者益田直彦カ近ク外務省伝書使トシテ入露スルコトトナルヤ昭和十八年二月二十日頃前記「満鉄」東京支社調査室及同年五月七、八日頃東京と麹町区丸ノ内「日劇」ビル二階喫茶店「耕一路」等ニ於テ西沢富夫ト共ニ右益田直彦ニ面接シ同人ノ入露後ノ活動方針並ニ今次世界大戦ニ於ケルソ聯ノ動向及在ソ共産主義者ノ意向其他ソ聯ニ於ケル各種情報及資料ノ蒐集等ニ付協議シタル等諸般ノ活動ヲ為シ以テ「コミンテルン」及日本共産党ノ目的遂行ノ為ニスル行為ヲ為シタルモノナリ

二、証拠

一、被告人ノ当公廷ニ於ケル供述

一、被告人ニ対スル予審尋問調書及予審請求書ノ各記載

一、被告人ニ対スル司法警察官尋問調書ノ記載

一、被告人ノ検事ニ提出セル手記ノ記載

三、法律ノ適用

治安維持法第一条後段、第十条、刑法第五十四条第一項前段、第十条、第六十六条、第六十八条第三号、第七十一条、第二十五条

昭和二十年九月十五日

横浜地方裁判所第二刑事部

裁判長　判事　八並達夫　印

判事　影山　勇　印

判事宇野茂夫填補ニ付署名捺印スルコト能ハス

〔別紙四〕判　決

本籍　茨城県稲敷郡朝日村大字実穀千三百四十六番地

住所　東京都世田谷区玉川等々力町二丁目千五百七十八番地

財団法人世界経済調査会資料課主事　川田　寿

当三九年

右ノ者ニ対スル治安維持法違反被告事件ニ付当裁判所ハ検事山根隆二関与審理ヲ遂ケ判決スルコト左ノ如シ

主　文

被告人ヲ懲役三年ニ処ス

但シ本裁判確定ノ日ヨリ四年間右刑ノ執行ヲ猶予ス

理　由

被告人ハ比較的恵マレタル家庭ニ生育シ大正十二年四

月慶応義塾大学予科ニ入学、昭和五年六月同大学経済学部本科ヲ中途退学後間モナク渡米シ学僕生活ヲ為シツツ「ウイチタ」市所在「フレンド」大学及「フラデルフイア」市所在「ペンシルバニア」大学等ニ学ンテ「バチエラー・オブ・アーツ」「マスター・オブ・アーツ」等ノ学位ヲ護タルモ漸ク生活ニ窮シ昭和七年十月頃以降「ニューヨーク」市ニ於テ料理店ヲ転々シテ調理場雑役等ノ労働ニ従事シタル後其ノ間結婚セル妻川田定子ト共ニ昭和十六年一月帰国シ間モナク日本経済連盟対外事務局（同年六月財団法人世界経済調査会ニ改組ス）ノ資料課主事ニ就職シテ現在ニ至リタルモノナルトコロ右慶応義塾大学入学後同大学内左翼団体ナル「三田社会科学研究会」ニ入会シ「マルクス」著「賃労働と資本」「エンゲルス」著「空想より科学へ」其ノ他多数ノ左翼文献ヲ繙読シテ昭和三年一月頃ニハ共産主義ヲ信奉スルニ至リ「関東学生社会科学研究会連合会」組織部長、同委員長等ノ部署ヲ歴任シ右連合会ノ組織ノ拡大強化ヲ通シテ学生大衆ノ左翼意識ノ啓蒙ヲ企テタルノミナラズ日本共産党員曽木克彦及吉見三郎等ト連絡策応シテ同党ノ活動資金約二百五十円ヲ蒐集シテ同党上部ニ提供スル等ノ活動ニ従事シタル為検挙セラレ昭和五年五月東京刑事地方裁判所検事局ニ於テ治安維持法違反トシテ起訴猶予ノ寛典ニ浴シタルニ拘ラス尚共産主義ニ対スル信念ヲ変ヘス「コミンテルン」カ「世界プロレタリアート」ノ独裁ニ依ル世界共産主義社会ノ実現ヲ標榜シ世界革命ノ一環トシテ我国ニ於テハ革命手段ニ依リ国体ヲ変革シ私有財産制度ヲ否認シ「プロレタリアート」ノ独裁ヲ通シテ共産主義社会ノ実現ヲ目的トスル結社ニシテ日本共産党カ其ノ目的タル事項ヲ実現セントスル結社ナルコトヲ熟知シナカラ孰レモ之ヲ支持シ渡米後在米若ハ寄港ノ本邦人ニ対シ或ハ又遠ク我国ノ労働者階級ニ対シ共産主義意識ノ鼓吹等ニ努メ之ヲ通シテ右両結社ノ各目的達成ニ資センコトヲ決意シ

第一、昭和七年十二月頃ヨリ昭和八年二月頃迄ノ間数回ニ亘リ「ニューヨーク」市西百六丁目付近所在ノ基督教会「美以教会」ニ於テ左翼学生川瀬信行、大野辰夫、青木了一其ノ他数名ト共ニ「マルクス」主義研究会ヲ開催シ被告人自身「チューター」ト為リテ一九二九年以来ノアメリカ金融恐慌ヲ例示シツツ資本主義社会ノ内部矛盾ノ激化ト共産主義社会実現ノ必然性ヲ強調解明シタル外其ノ間右大野辰夫ニ対シテハ「日本資本主義発達史講座」其ノ他ノ左翼文献ヲ貸与閲読セシメ青木了一ニ対シテ「マルクス」主義ニ立脚セル人口論ノ解説ヲ為シタル等鋭意同人等ノ左翼意識ノ昂揚ニ努メ

第二、昭和七年十一月頃「ニューヨーク」市所在ノ本邦左翼的労働者ヲ結集セル「日本人労働者クラブ」ニ加入シテ鋭意同「クラブ」員等ノ左翼意識ノ昂揚ヲ図リ殊ニ昭和八年一月頃ヨリ同年四月頃迄ノ間約八回ニ亘リ

「ニューヨーク」市東九丁目ナル右「クラブ」事務所ニ於テ「マルクス」主義研究会ヲ開催シ北村某外数名ニ対シ帝国主義段階ニ於ケル資本主義ノ諸矛盾及革命ノ必然性等ニ関スル解説ヲ施シテ同人ノ意識昂揚ニ努メタル一方同年三月頃ニハ右「クラブ」主催ノ下ニ同市第八番街付近「ギリシャ人労働者クラブ」ニ於テ開催セラレタル「催シ物大会」ニ於テ満洲事変ニ取材シ所謂日本帝国主義ノ野望ト日満無産階級ノ戦争ニ因ル疲弊困憊トヲ暴露セル「満洲国」ト題スル左翼演劇ニ前記定子ト共ニ出演シ「日本人労働者クラブ」員等数十名ノ本邦人観客ニ対シ階級意識ノ啓蒙、昂揚及反戦意識ノ鼓吹ニ努メ

第三、昭和八年五月頃ニ至ルヤ「コミンテルン」ノ「アメリカ」支部ナル「アメリカ」共産党ニ加入シ本邦人共産主義者ヲ結集シテ我国及在米邦人等ニ対シ共産主義ノ宣伝等ヲ為シツツアリタル同党日本人部ノ「ニューヨーク」支部ニ所属シ昭和十四年十月頃外国人党員ノ党籍ヲ離脱セシムル同党ノ方針ニ従ヒ党籍ヲ離脱スル迄ノ間特ニ活発ナル運動ヲ展開シタルカ就中

一、右支部ニ所属シタル期間「ニューヨーク」市西十八丁目付近西野某方其ノ他ニ於テ同支部所属ノ右西野外十数名ノ本邦人ト共ニ毎月一回会合ヲ催シ組織ノ拡大強化其ノ他同支部当面ノ活動方針ニ関スル協議ヲ重ネルト共ニ其ノ期間川瀬信行外六名ヲ勧誘シテ同党ニ入党セシメ右日本人部「ニューヨーク」支部員ニ獲得シ

二、右期間「ニューヨーク」市内ニ於テ同党日本人部機関誌月刊「労働新聞」（昭和十年十月頃ヨリハ「同胞」ト改題）ヲ毎号約十五部宛井上某、堀某其ノ他ノ本邦人労働者ニ配布シタルノミナラス昭和十年頃ニハ本邦人労働者二十数名ヲ擁スル同市西八丁目二十八番地「レストラン」業「ジャンブルショップ」ニ更ニ昭和十三年十一月頃ニハ本邦人井上某経営ノ同市「ブロードウェー」百八十丁目付近「日光レストラン」外二ヶ所ニ各争議ヲ激発セシメ孰レモ其ノ都度本邦人労働者数名乃至二十数名ヲ動員シテ右争議ノ応援ニ当ラシメ之ヲ通シテ本邦労働者大衆ノ階級意識ノ昂揚ニ努メ

三、昭和八年五月頃以降前掲「ニューヨーク」市「日本人労働者クラブ」内ニ「アメリカ」共産党日本人部ノ方針ヲ浸透セシムルコトニ努力シ同「クラブ」従来ノ宗派的偏向ヲ排シテ之カ大衆化ニ努メタル結果三十名内外ノ同「クラブ」員ヲ約八十名ニ増加セシムルコトニ成功シ爾来昭和十一年六月頃同「クラブ」カ経済的事情等ニ因リ解散スル迄ノ間前掲同「クラブ」事務所ニ於テ毎月一回開催セラレタ定期集会ニ出席シテ同「クラブ」員北村某等数十名ト共ニ「メーデー」ノ闘争方針其ノ他同「クラブ」当面ノ活動方針ノ協議ヲ為シ之ヲ通シテ同「クラブ」員等ヲ左翼的ニ指導スルコトニ努メ

四、昭和十一年八月頃帝国練習艦隊軍艦「八雲」「岩手」カ「ニューヨーク」市ニ寄港スルヤ同党日本人部

「ニューヨーク」支部員等ト協議ノ上各自分担ヲ定メテ右軍艦乗組水兵等ニ反戦意識ヲ鼓吹スルコトニ努メタルカ被告人自身ハ其ノ同郷ナル茨城県出身将兵ノ同市内見物ノ案内ノ機会ヲ利用シテ妻定子ト共ニ海軍二等機関兵曹広澤吉雄外数名ノ水兵等ニ対シ日本「ファシスト」軍部ノ独裁ニ反対シ帝国主義戦争ノ犠牲ト為ルコトヲ回避スヘキ旨ノ内容ヲ有シ「アメリカ」共産党日本人部ノ署名アル「ビラ」数枚ヲ菓子折中ニ潜マセテ交付シ其ノ反戦意識ノ激発ヲ図リ

五、昭和十二年九月頃「ニューヨーク」市ニ於テ右党日本人部「ニューヨーク」支部員ナル前掲西野某等ト相謀リ我国労働者階級ノ反戦意識ヲ鼓吹スル意図ノ下ニ「全日本の労働者諸君への手紙」ト題シ支那事変ハ日本帝国主義ノ支那侵略ノ野望ニ基クモノナレハ「アメリカ」労働総同盟及産業別組織委員会カ日本品ノ不買ヲ決議シタルハ蓋シ当然ノ措置ニシテ全日本ノ労働者ハ須ク結束シテ軍部ト近衛内閣ノ戦争政策ヲ排シ平和ト建設的施設ニ向ツテ決起、闘争スヘキ旨ノ内容ヲ有スル「ビラ」数百枚ヲ我国ニ発送スルニ当リ「野崎ジョージ」ノ変名ヲ用ヒテ之ニ署名シ我国労働者階級ニ対シ反戦意識ノ鼓吹ニ努メ

第四、昭和十四年十月頃党籍離脱後ハ旧日本人部「ニューヨーク」支部員等十数名ト共ニ共産主義「グループ」ヲ結成シテ左翼勢力ノ維持結集ヲ図リ殊ニ同年十一月頃ヨリ昭和十五年三月頃迄ノ間前掲西野某方ニ於テ右「グループ」員ナル同人等ト共ニ前後数回ニ亘リ「ロシア共産党」編「ロシア共産党史」ヲ「テキスト」トシテ「マルクス主義研究会」ヲ開催シ之カ批判検討ヲ通シテ相互ノ意識ノ昂揚ニ努メタル等諸般ノ活動ヲ為シ以テ「コミンテルン」並ニ日本共産党ノ各目的遂行ノ為ニスル行為ヲ為シタルモノナリ

右ノ事実ハ被告人ノ当公判廷ニ於ケル判示同旨ノ供述ニ依リ之ヲ認ム

法律ニ照スニ被告人ノ判示所為中国体ノ変革ヲ目的トスル結社ノ目的遂行ノ為ニスル行為ヲ為シタル点ハ治安維持法第一条後段ニ私有財産制度ヲ否認スルコトヲ目的トスル結社ノ目的遂行ノ為ニスル行為ヲ為シタル点ハ同法第十条最後段ニ該当スルトコロ以上ハ一個ノ行為ニシテ二個ノ罪名ニ触ルヽ場合ナルヲ以テ刑法第五十四条第一項前段第十条ニ依リ重キ前者ノ刑ニ従ヒ情状憫諒スヘキヲ以テ同法第六十六条第七十一条第六十八条第三号ヲ適用シ酌量減軽ヲ為シタル刑期範囲内ニ於テ被告人ヲ懲役三年ニ処スヘク尚犯情ニ鑑ミ同法第二十五条ニ依リ本裁判確定ノ日ヨリ四年間右刑ノ執行ヲ猶予スヘキモノトス仍テ主文ノ如ク判決ス

昭和二十年七月二十六日

横浜地方裁判所第二刑事部

裁判長　判事　八並達夫　印
判事　影山　勇　印
判事宇野茂夫填補ニ付署名捺印スルコト能ハス

〔別紙　五〕判　決

本籍　茨城県稲敷郡朝日村大字実穀千三百四十六番地
住所　東京都世田谷区玉川等々力町二丁目千五百七十八番地
無職　川田　定子
当三五年

右ノ者ニ対スル治安維持法違反被告事件ニ付当裁判所ハ検事山根隆二審理ヲ遂ケ判決スルコト左ノ如シ

主　文

被告人ヲ懲役二年ニ処ス
但シ本裁判確定ノ日ヨリ三年間右刑ノ執行ヲ猶予ス

理　由

被告人ハ比較的恵マレタル家庭ニ生育シ大正十五年四月愛知県岡崎市立高等女学校ヲ卒業後東京逓信局事務員「ワイダブルシーエー」事務員トナリ昭和五年渡米シ「ワシントン」大使館参事官加藤外松ノ従者トシテ勤務シタ後「ニューヨーク」市ニ渡リ日本経済連盟対外事務局（昭和十六年六月財団法人世界経済調査会ニ改組ス）ノ現資料課主事川田寿ト結婚シ昭和十六年一月帰国シ現在ニ至リタルモノナルトコロ右寿ト結婚後同人ヨリ借リ受ケシ「野呂栄太郎」著「日本資本主義発達史」其ノ他多数ノ左翼文献ヲ繙読シテ共産主義ヲ信奉スルニ至リ「コミンテルン」カ「世界プロレタリアート」ノ独裁ニ依ル世界共産主義社会ノ実現ヲ標榜シ世界革命ノ一環トシテ我国ニ於テハ革命手段ニ依リ国体ヲ変革シ私有財産制度ヲ否認シ「プロレタリアート」ノ独裁ヲ通シテ共産主義社会ノ実現ヲ目的トスル結社ニシテ日本共産党カ其ノ目的タル事項ヲ実現セントスル結社ナルコトヲ熟知シナカラ孰レモ之ヲ支持シ渡米後在米若ハ寄港ノ本邦人ニ対シ或ハ又遠ク我国ノ労働者階級ニ対シ共産主義意識ノ鼓吹等に努メ之ヲ通シテ右両結社ノ各目的達成ニ資センコトヲ決意シ
第一、昭和七年十一月頃「ニューヨーク」市所在ノ本邦人左翼的労働者ヲ結集セル「日本人労働者クラブ」ニ加入シテ鋭意同「クラブ」員等ノ左翼意識ノ昂揚ヲ図リ殊ニ昭和八年三月頃ニハ右「クラブ」主催ノ下ニ同市第八番街付近「ギリシャ人労働者クラブ」ニ於テ開催セラレタル「催シ物大会」ニ於テ満洲事変ニ取材シ所謂日本帝国主義ノ野望ト日満無産階級ノ戦争ニ因ル疲弊困憊トヲ暴露セル「満洲国」ト題スル左翼演劇ニ前記寿トトモニ出演シ「日本人労働者クラブ」員等数十名ノ本邦人観客ニ対シ階級意識ノ啓蒙、昂揚及ビ反戦意識ノ鼓吹ニ努メ

第二、昭和八年五月頃ニ至ルヤ「ニューヨーク」市ニ於テ「コミンテルン」ノ「アメリカ」支部ナル「アメリカ」共産党ニ加入シ本邦人共産主義者ヲ結集シテ我国及在米邦人等ニ対シ共産主義ノ宣伝等ヲ為シツツアリタル同党日本人部ノ「ニューヨーク」支部ニ所属シ昭和十四年十月頃外国人党員ノ党籍ヲ離脱セシムル同党ノ方針ニ従ヒ党籍ヲ離脱スル迄ノ間特ニ活発ナル運動ヲ展開シタルカ就中

一、昭和十年頃ニハ本邦人労働者二十数名ヲ擁スル同市八丁目二十八番地「レストラン」業「ジャンブルショツプ」ニ更ニ昭和十三年十一月頃ニハ本邦人井上某経営ノ同市「ブロードウエー」百八十丁目付近「日光レストラン」他二ヶ所ニ各争議ヲ激発セシメ孰レモ其ノ都度本邦人労働者数名乃至二十数名ヲ動員シテ右争議ノ応援ニ当ラシメ之ヲ通シテ本邦人労働者大衆ノ階級意識ノ昂揚ニ努メ

二、昭和十一年八月頃帝国練習艦隊軍艦「八雲」及「岩手」カ「ニューヨーク」市ニ寄港スルヤ同党日本人部「ニューヨーク」支部員等ト協議ノ上各自分担ヲ定メテ右軍艦乗組水兵等ニ反戦意識ヲ鼓吹スルコトニ努メタルカ被告人自身ハ夫寿ノ同郷ナル茨城県出身将兵ノ同市内見物ノ案内ノ機会ヲ利用シテ夫寿ト共ニ海軍二等機関兵曹広澤吉雄他数名ノ水兵等ニ対シ日本「ファシスト」軍部ノ独裁ニ反対シ帝国主義戦争ノ犠牲ト為ルコトヲ回避スヘキ旨ノ内容ヲ有シ「アメリカ」共産党日本人部ノ署名アル「ビラ」数枚ヲ菓子折中ニ潜マセテ交付シ其ノ反戦意識ノ激発ヲ図リ

タル等諸般ノ活動ヲ為シ以テ「コミンテルン」並ニ日本共産党ノ各目的遂行ノ為ニスル行為ヲ為シタルモノナリ

右ノ事実ハ被告人ノ当公判廷ニ於ケル判示同旨ノ供述ニ因リ之ヲ認ム

法律ニ照ラスニ被告人ノ判示所為中国体ノ変革ヲ目的トスル結社ノ目的遂行ノ為ニスル行為ヲ為シタル点ハ治安維持法第一条後段ニ私有財産制度ヲ否認スルコトヲ目的トスル結社ノ目的遂行ノ為ニスル行為ヲ為シタル点ハ同法第十条最後段ニ該当スルトコロ以上ハ一個ノ行為ニシテ二個ノ罪名ニ触ルゝ場合ナルヲ以テ刑法第五十四条第一項前段第十条ニ依リ重キ前者ノ刑ニ従ヒ情状憫諒スヘキヲ以テ同法第六十六条第七十一条第六十八条第三号ヲ適用シ酌量ヲ為シタル刑期範囲内ニ於テ被告人ヲ懲役弐年ニ処スヘク尚犯情ニ鑑ミ同法第二十五条ニ依リ本裁判確定ノ日ヨリ参年間右刑ノ執行ヲ猶予スヘキモノトス

仍テ主文ノ如ク判決ス

昭和二十年七月二十六日

横浜地方裁判所第二刑事部

裁判長　判事　八並達夫　印

判事　影山　勇　印

判事宇野茂夫填補ニ付署名捺印スルコト能ハス

〔別紙　六〕判　決

本籍　和歌山縣新宮市新宮千二百三十五番地

住所　埼玉縣北足立郡與野町大字上落合千十三番地

中央公論出版部記者　木村　亨

当三十一年

右ノ者ニ対スル治安維持法違反被告事件ニ付当裁判所ハ検事山根隆二関与審理ヲ遂ケ判決スルコト左ノ如シ

主　文

被告人ヲ懲役弐年ニ処ス

但シ本裁判確定ノ日ヨリ参年間右刑ノ執行ヲ猶予ス

理　由

一、犯罪事実

被告人ハ小學校教員ノ家庭ニ成育シ和歌山縣新宮中学校ヲ卒業後上京シテ書生、新聞配達夫、家庭教師ヲ為ス傍ラ勉学シ中央大学豫科ヲ経テ昭和十四年三月早稲田大学文学部哲学科ヲ卒業後直チニ中央公論社ニ入社シ雑誌「中央公論」ノ出版部員編輯記者トシテ活躍シ昭和十八年九月退社シタルモノナルトコロ右中央大学豫科在学中学内ノ「読書會」ニ参加シ「ミーチン」著「史的唯物論」其ノ他ノ左翼文献ヲ繙読シタルト共産主義者柴山正雄ノ指導感化ヲ受ケタル結果遂ニ昭和十一年四月頃共産主義ヲ信奉スルニ至リ桑原由正其ノ他ト史的唯物論ノ研究会ヲ開催シ或ハ戸坂潤等ノ主宰スル「唯物論研究會」ニ加入シテ活動シタル為メ昭和十一年十二月二十日検挙セラレ昭和十二年五月十五日東京刑事地方裁判所検事局ニ於テ治安維持法違反ニヨリ起訴猶予処分ニ付セラレタルニ拘ラス依然同主義ニ対スル信念ヲ変ヘス「コミンテルン」カ世界「プロレタリアート」ノ独裁ニ依ル世界共産主義社會ノ実現ヲ標榜シ世界革命ノ一翼トシテ我国ニ於テハ革命手段ニヨリ国体ヲ変革シテ私有財産制度ヲ否認シ「プロレタリアート」ノ独裁ヲ通シテ共産主義社會ノ實現ヲ目的トスル結社ニシテ日本共産黨ハ其ノ日本支部トシテ其ノ目的タル事項ヲ實現セムトスル結社ナルコトヲ知悉シ乍ラ孰レモ之ヲ支持シ現下ノ情勢ニ鑑ミ自己ノ職

場ノ内外ヲ通シテ一般ノ共産主義意識ノ啓蒙昂揚ヲ圖ルト共ニ左翼組織ノ拡大強化ヲ圖ル等前記両結社ノ目的達成ニ資セムト企圖シ

第一、昭和十四年十月頃ヨリ昭和十六年三月初旬頃迄ノ間ニ評論家ニシテ共産主義者タル細川嘉六ヲ中心トシテ被告人及共産主義者タル雑誌「改造」ノ編輯記者相川博、小野康人、雑誌「中央公論」ノ編輯記者浅石晴世、東京新聞記者加藤政治、日刊工業新聞記者新井義夫等カ逐次結集シテ所謂「細川グループ」ヲ結成シ爾来昭和十七年六月中頃迄ノ間世田ヶ谷三丁目二千八百三十二番地ナル右細川嘉六方其ノ他ニ於テ屡々同人等ト會合シテ當面ノ内外ノ客観情勢ヲ共産主義的観点ヨリ分析批判シテ相互ノ意識ノ昂揚並ニ同志的結合ノ強化ニ努メ

第二、昭和十六年十二月初旬ヨリ昭和十七年六月中頃迄ノ間豫テヨリ南満洲鉄道株式會社（略稱「満鉄」）東京支社調査室世界経済班勤務ノ共産主義者平館利雄、西尾忠四郎、西沢富夫ノ結成シ居タル所謂「満鉄グループ」ト合体シテ強力ナル左翼組織タラシムル目的ヲ以テ屡々赤坂區葵町「満鉄」東京支社調査室其ノ他ニ於テ右平館利雄等ト會合シ當面ノ内外ノ客観情勢ノ共産主義的分析批判等ヲ通シテ相互ニ意識ノ昂揚ニ努ムルト共ニ同志的結合ノ強化ニ努メタルカ特ニ

（イ）前記新井義夫カ中央亜細亜協會勤務トナリ北支出発ニ際シ其ノ壮行會ヲ昭和十七年五月九日頃東京都京橋區銀座八丁目料亭銀八ニ於テ開催シ前記細川嘉六、平館利雄、西尾忠四郎、西沢富夫、相川博、加藤政治等ト會合シ

（ロ）昭和十七年六月十五日頃東京都目黒区目黒町料亭茶寮ニ於テ右「細川グループ」及「満鉄グループ」ノ親睦會ヲ開催シテ前記細川嘉六、相川博、西尾忠四郎、西沢富夫、加藤政治、平館利雄、其ノ他ノ者等ト會合シテ種々交歓ヲ遂クルト共ニ支那問題並ニ獨ソ戦等ヲ繞ル國際情勢ヲ共産主義的観点ヨリ論議シテ同志的結合ノ強化並ニ相互ニ意識ノ昂揚ニ努メ

第三、昭和十七年七月七日頃「満鉄」東京支社地下食堂ニ於テ右細川嘉六、相川博、平館利雄、西尾忠四郎、西沢富夫、加藤政治ト獨ソ戦ヲ繞ル内外ノ諸情勢ヲ共産主義的観点ヨリ論議シテ相互ニ意識ノ昂揚ニ努ムルト共ニ右細川嘉六ノ「世界史の動向と日本」ト題シ唯物史観ノ立場ヨリ社會ノ発展ヲ説キ社會主義社會ノ實現カ現存社會制度ノ諸矛盾ヲ解決シ得ル唯一ノ道ニシテ我国策モ亦唯物史観ノ示ス世界史ノ動向ヲ把握シテソノ方向ニ向カッテ樹立遂行セラルヘキコト等ヲ暗示シタル共産主義的啓蒙論文ヲ雑誌「改造」ノ同年八月號及九月號ニ連続掲載発表ノ可否ニ付協議シタル結果、相川博、小野康人其ノ他ノ「改造」編輯関係者ノ検閲ニ抵觸セサル様慎重ニ考慮シテ発表スルコトニ決定シ該決定ニ基キ右相川博等カ同志タル「改造」編輯長大森直道其ノ他ト尽力シテ

該論文ヲ豫定ノ如ク発表シテ一般大衆ノ共産主義的啓蒙ニ努メ

第四、昭和十七年十一月初旬頃及昭和十八年一月三十日頃ノ二回ニ亘リ大阪商科大学教授ニシテ共産主義者名和統一カ上京シタルヲ機會ニ

（イ）昭和十七年十一月四日頃東京都芝區虎之門料亭「亀清」ニ於テ西尾忠四郎、平館利雄、西沢富夫等ト共ニ名和統一ト面接シ

（ロ）同日更ニ同所喫茶店「晩翠軒」ニ於テ相川博、西尾忠四郎、平館利雄、西沢富夫、加藤政治等ト共ニ名和統一ト面接シ

（ハ）昭和十八年一月三十日頃東京都芝区虎之門料亭「亀清」ニ於テ相川博、西尾忠四郎、平館利雄、西沢富夫、加藤政治、浅石晴世等ト共ニ名和統一ト面接シ

（ニ）同日更ニ右八名ハ東京都芝區三田通リ料亭「今半」ニ於テ會合シテ相互ニ情報意見ノ交換ヲ為シ獨ソ戦ヲ繞ル内外ノ客観情勢並ニ農村問題ニ付共産主義的観点ヨリ分析批判シテ相互ニ意識ノ昂揚並ニ同志的結合ノ強化ニ努メ

タル等諸般ノ活動ヲ為シ以テ「コミンテルン」及日本共産黨ノ目的遂行ノ為ニスル行為ヲ為シタルモノナリ

二、証拠

一、被告人ノ当公廷ニ於ケル供述

一、被告人ノ検事ニ提出セル手記ノ記載

三、法律ノ適用

治安維持法第一条、同法第十条、刑法第五十四条第1項前段、第十条第六十六条、第六十八条第三号、第七十一条、第二十五条

仍ッテ主文ノ如ク判決ス

昭和二十年九月十五日

横浜地方裁判所第二刑事部

裁判長　判事　八並達夫　印

判事　若尾　元　印

判事　影山　勇　印

※

昭和六一年（た）第二号

決　定

本籍　東京都渋谷区――――

住居　東京都江東区――――

請求人　亡小野康人の妻　小野　貞

右弁護人　別紙記載のとおり

右小野康人に対する治安維持法違反被告事件について、昭和二〇年九月一五日当裁判所が言渡した有罪の判決に対し、再審の請求があったので、当裁判所は、検察官及び請求人の意見を聴き、次のとおり決定する。

主　文

本件再審請求を棄却する。

理　由

本件再審請求の趣旨及び理由は、請求人の弁護人ら提出の再審請求書及び同補充書記載のとおりであるから、これを引用する。

一　旧刑事訴訟法四八五条六号の主張について

所論は要するに、原判決の有罪認定の証拠とされた亡小野康人の司法警察官又は豫審判事等に対する自白が、司法警察官の拷問により強制された虚偽の自白であることを証する新たな証拠が発見されたので、再審を開始のうえ、無罪又は免訴の判決言渡しをされたい、というのである。(なお、請求理由には、原判決に適用された治安維持法はその後廃止されたので、改めて免訴の判決を受けるべき事由があるようにも記載されているが、再審事由としての「免訴を言渡すべき」新証拠を発見した場合とは、原判決言渡し当時において、犯罪後の法令により刑が廃止されたとき、大赦があったとき、時効が完成したとき等、いわゆる実体的訴訟条件が欠けていたことが、新証拠により明らかとなった場合をいうものと解すべきであるから、右の主張の点は主張自体理由がないものとして顧慮するに値しない。)

そこで検討するに、請求人の夫であった小野康人は、昭和二〇年九月一五日横浜地方裁判所第二刑事部において、治安維持法違反の罪により懲役二年(三年間執行猶予つき)の有罪判決を受けたこと、その有罪認定の証拠として、被告人(前記小野康人)の当公廷における供述、被告人に対する豫審第三回訊問調書の記載、被告人に対する司法警察官第一六回訊問調書の記載等の標目が判決に引用されていることは、甲第一号証の一の右判決の謄本の写しによって明らかである。

そこで次に右自白が拷問による虚偽自白であるとの点について、請求人提出の各証拠を検討すると、

1　甲第一号証の二ないし八の判決書謄本又は同写し、甲第二号証の一ないし九の豫審終結決定書謄本又は写し、甲第三号証の公判請求書写し、甲第八号証の一、二の弁護士の事件受任簿、甲第九号証の一、二の思想月報中の記事等は、単にいわゆる横浜事件に連座した者に対する判決書又は公訴事実の内容等に過ぎず、なんら拷問の事実を証するものとはいえない。

2　甲第四号証の一ないし三の判決書謄本写しは、横浜事件の連座者の一人である益田直彦を取調べた警察官三名が、益田直彦に対し自白をさせようとして暴行陵虐の行為をなし、右益田に傷害を追わせた事実を認定したものであるが、それ以上に出るものではなく、益田直彦の事件と小野康人の事件とは明らかに別個であるから、小野康人を取調べた警察官等が小野康人に対し拷問をした事実（ひいてはその結果同人が虚偽の自白をした事実）を証するに足りるものとはいえない。

3　甲第五号証の一、二の告訴状、口述書、甲第二一ないし二三号証の口述書等は小野康人及び横浜事件連座者が取調べ警察官から拷問を受けたとする主張を記載したものであるが、右告訴を受けた当時（昭和二二年）の捜査の結果によっても告訴人の一人である益田直彦について、取調べた警察官三名に暴行・傷害の嫌疑があるとして取りあげられ、その件が起訴されて有罪判決を受けるに至ったのみであって、その余の告訴人（小野康人もその中に含まれている）の拷問を受けたとする告訴事実は、すべて起訴されるに至らなかったことが、右告訴状及び口述書等と、甲第四号証の一ないし三とを対照して窺い知ることができる。

ましで、その後四〇年余を経た現時点においては、拷問をしたという当時の警察官、又はその部下等の生存の有無、所在のいかん等もさだかでなく、これらの直接の見聞者から拷問の事実の有無の確かめようがないことからして、右拷問をされたという主張の当否を確かめることは不可能であるといわざるを得ない。また、証拠とされた自白が虚偽の自白であったかという観点から見ても、請求人の主張の信用性を判断するについて、原判決の有罪認定の当否を判断すべき右判決の認定の基礎となった証拠資料を備えた訴訟記録が存在せず（当裁判所の事実取調べの結果によれば、太平洋戦争が敗戦に終わった直後の米国軍の進駐が迫った混乱時に、いわゆる横浜事件関係の事件記録は焼却処分されたことが窺われる。）、いまさら右証拠資料を復元することは不可能というべきであるから（当裁判所は事実の取調べとして、原判決に関与した元判事若尾元の証人尋問を行ってみたが、被告人の氏名も覚えていない有様でなんら得るところはなかった。）、原判決の認定の基礎となった証拠資料の内容が把握できない以上、本来右旧証拠資料と新証拠資料を対照し又は総合検討して行うべき、いわゆる新証拠の明白性、すなわちそれによって原判決の有罪認定に合理的な疑いを抱かせるに足りる蓋然性の有無の判断は、およそ不可能であるというべきであって、右各証拠も小野康人に対する警察官の拷問の事実、ひいてはその結果虚偽の自白がなされた事実を証するに足りるものとはいえない。

4　甲第六号証、甲第七号証の一ないし一二、甲第一三号証、甲第一四号証の一ないし二、甲第一五号証、甲第一六号証の一、二、甲第一七号証、甲第一八号証、甲第一九号証等の出版物、印刷物等は、いずれも小野康人を含む横浜事件連座者及びその弁護人等の手記又は体験談とか、同事件の研究書あるいは資料解説といった類のものであり、それらの性質上特に信用性が高いものとはいえず、また前同様に原判決の基礎となった証拠資料と対照等して、その正確性及び信用性を判断することは不可能であるから、これらも小野康人に対する警察官の拷問の事実等を証するに足りるものとはいえない。

また、甲第一〇号証の一ないし三、甲第一一号証、甲第一二号証の一、二等は横浜事件とは関係のない学者グループに対する治安維持法違反被告事件の判決書謄本等であって、これも右拷問の事実を証するには程遠いものであり、甲第二〇号証の一ないし四は、横浜事件連座者の一人細川嘉六に関する治安維持法被告事件の弁護人による訴訟記録の写しであるが、その中には細川嘉六についての司法警察官尋問調書、同人及びその他事件関係者についての豫審判事の尋問調書写し等が存在し、右細川の事件についての証拠資料の内容を知ることはできるが、右細川の事件と小野康人の事件とは全く別個の事件であるうえに、小野康人についての司法警察官又は豫審判事による尋問調書は含まれていないから、これらをもって小野康人の事件にあてはめ又は類推することはできないのであって、これらの証拠によっても所論の拷問の事実があったことを証するには足りない。

なお、請求人は、元看守、原判決当時の裁判官等を証人として取調べることも求めているが、本件被告事件の捜査、公判から四〇年余を経過した今日、若尾元証人の例でみたように、その当時の捜査、公判の状況等について正確な記憶が保たれているとは甚だ期待し難いうえに、仮に記憶に基づく証言が得られたとしても、前述のように訴訟記録がなく、他に十分な資料もない本件において、その供述の正確性及び信用性を判断することは到底不可能というべきであるから、これ以上の取調べを行う必要はないと考える。

二　旧刑事訴訟法四八五条七号の主張について

所論は、甲第四号証分一ないし三の確定判決の存在をもって、旧刑事訴訟法四八五条七号の事由があるとも主張するが、右判決は益田直彦の事件の取調べ関係者についてのものであって、小野康人の事件に関するものではなく、また、同号にいう「被告事件ニ付職務ニ関スル罪ヲ犯シタル」者は、その当時における判事又は検事に限られ、司法警察官を含んでいないことは法文上明らかであるから、右主張は失当といわざるを得ない。

三　以上のとおりで、本件再審請求は、旧刑事訴訟法四八五条六号、七号所定の要件に該当する場合とは認められず、その理由がないので同法五〇五条によりこれを棄却することとし、主文のとおり決定する。

昭和六三年三月二八日

横浜地方裁判所第二刑事部

裁判長裁判官　和田　保
裁判官　村田　鋭治
裁判官　植垣　勝裕

〈別紙〉弁護人目録

弁護人　森川　金寿
〃　関原　勇
〃　芦田　浩志
〃　飛鳥田一雄
〃　日下部長作
〃　黒田　陽子
〃　陶山圭之輔
〃　三野研太郎
〃　畑山　穣
〃　鈴木　孝夫
〃　佐久間哲雄
〃　根岸　義道
〃　岩橋　宣隆
〃　影山　秀人
〃　平岩　敬一
〃　輿石　英雄
〃　間部　俊明
〃　大川　隆司
〃　前田　留里

＊

〈編集者注〉第一次再審請求は九名の請求人によって申し立てられたが、そのうち判決が現存するのは小野康人氏と和田喜太郎氏の分だけであった。和田氏の請求人だった母かよさんは後述するように請求書提出の翌年に他界されたため実際は小野氏一人だけとなっていた。

そのため他の請求人については先に掲載しているように残存する資料を用いてそれぞれの「判決書」を復元作成したのであった。

次に、その一人、木村亨氏に対する「決定」を掲げるが、他の平館利雄、畑中繁雄、川田寿、川田定子氏に対する「決定」も、第三段落の「判決書」復元に関する箇所に否定的評価を下した部分を除くと、そのほかはまったく同一である。

また小林英三郎氏については、復元した判決書が提出されていなかったため、「方式違反」として不利益な取り扱いを受けてもやむを得ないというべきだとして棄却された。

和田氏については先述のようにかよさんが昭和62年7月27日、青山鉞治氏は翌63年2月12日に亡くなったため、「手続きの終了」が宣言された。

※

決　定

住居　東京都杉並区——

請求人　木村　亨

右弁護人　別紙記載の通り

右請求人に対する治安維持法違反被告事件について、昭和二〇年九月一五日当裁判所が言渡した有罪の判決に対し、再審の請求があったので、当裁判所は、検察官及び請求人の意見を聴き、次のとおり決定する。

主　文

本件再審請求を棄却する。

理　由

本件再審請求の趣旨及び理由は、請求人の弁護人ら提出の再審請求書及び同補充書記載のとおりであるから、これを引用する。

一　旧刑事訴訟法四八五条六号の主張について

所論は要するに、原判決の有罪認定の証拠とされた請求人の自白が、司法警察官の拷問により強制された虚偽の自白であることを証する新たな証拠が発見されたので、再審を開始のうえ、無罪又は免訴の判決言渡しをされたい、というのである。（なお、請求理由には、原判決に適用された治安維持法はその後廃止されたので、改めて免訴の判決を受けるべき事由があるようにも記載されているが、再審事由としての「免訴を言渡すべき」新証拠を発見した場合とは、原判決言渡し当時において、犯罪後の法令により刑が廃止されたとき、大赦があったとき、時効が完成したとき等、いわゆる実体的訴訟条件が欠けていたことが、新証拠により明らかとなった場合をいうものと解すべきであるから、右の主張の点は主張自体理由がないものとして顧慮するに値しない。）

そこで検討するに、請求人が昭和二〇年九月一五日、横浜地方裁判所において、治安維持法違反の罪により懲役二年（三年間執行猶予つき）の有罪判決を受けた事実は認められるが、本件再審請求書に原判決謄本の添付がないうえ、請求人についての原判決原本及び訴訟記録は裁判所及び検察庁に保存されておらず（当裁判所の事実取調べの結果によれば、太平洋戦争が敗戦に終わった直後の米国軍の進駐が迫った混乱時に、いわゆる横浜事件関係の事件記録は焼却処分されたことが窺われる）、他に原判決認定の犯罪事実及びこれを認めた証拠の内容について、これを明らかにすべき証拠資料は存在しない。

請求人の弁護人は、請求人に対する予審終結決定書謄本及び他の横浜事件連座者の判決書謄本又は同写し等を手がかりに、請求人に対する原判決書を私案として復元したものを提出しているが、予審終結決定書記載の起訴事実が、そのまま判決に犯罪事実として認定されたとは限らないのであるから、右復元判決書記載の事実を原判決の認定事実と同一視することはできないし、仮りにこれがほぼ同一であったとしても、いかなる証拠により右事実が認定されたかは訴訟記録がないために全く不明であり、請求人側が提出した全資料をもってしても、原判決が右認定の基礎とした証拠の内容を概略的にも把握することができない。

請求人は元看守、原判決当時の裁判官等を証人として取調べることも求めているが、本件被告事件の捜査、公判から四〇年余を経た今日、その当時の捜査、公判の状況等について正確な記憶が保たれているとは甚だ期待し難く、これらの者をいまさら取調べても、原判決の証拠内容の復元は不可能というべきである。（当裁判所は試みに原判決の関与者と思われる元判事若尾元の証人尋問を行ったが、当時の被告人の氏名も覚えていない有様で、なんら得る所はなかった。）

そうすると、原判決の認定の基礎となった証拠資料の内容が把握できない以上、本来右旧証拠資料と新証拠資料を対照し、又は総合検討して行うべきいわゆる新証拠の明白性、すなわちそれによって原判決の有罪認定に合理的な疑いを抱かせるに足りる蓋然性の有無の判断は、およそ不可能であるというべきであって、請求人は司法警察官による拷問のあったことを縷縷主張するけれども、請求人提出の証拠資料によってはその事実を認めるには足らず（益田直彦を取調べた警察官三名についての特別公務員暴行陵虐罪の有罪確定判決は、益田直彦に対する関係で有罪と認定されただけであって、請求人についてもあてはまるとは認められない。）、仮りに右拷問があったとしても、その結果虚偽の自白がなされたことを確かめる手段がない（原自白供述と他の証拠とを比較、対照し、又はこれらと新証拠を総合考案して検討することができない）のであるから、結局において「無罪ヲ言渡スベキ明確ナル証拠ヲ新ニ発見シタルトキ」に該当するとは認めることができない。

二　旧刑事訴訟法四八五条七号の主張について

所論は、甲第四号証の一ないし三の確定判決の存在をもって、旧刑事訴訟法四八五条七号の事由があるとも主張するが、右判決は益田直彦の事件の取調べ関係者についてのものであって、請求人の事件に関するものではなく、また、同号にいう「被告事件ニ付職務ニ関スル罪ヲ犯シタル」者は、当時における判事又は検事に限られ、司法警察官を含んでいないことは法文上明らかであるから、右主張は失当といわざるを得ない。

三　以上のとおりで、本件再審請求は、旧刑事訴訟法四八五条六号、七号所定の要件に該当する場合とは認められず、その理由がないので同法五〇五条によりこれを棄却することとし、主文のとおり決定する。

昭和六三年三月二八日

横浜地方裁判所第二刑事部

裁判長裁判官　和田　保

裁判官　村田　鋭治

裁判官　植垣　勝裕

即時抗告審
（東京高裁）

■一九八八・4・1　即時抗告の申立
■〃・4・1　横浜地裁意見書（即時抗告否認）
■〃・5・25　即時抗告理由書
■〃・8・1　上申書（大川隆司）
■〃・8・3　裁判所より検察官へ「求意見」
■〃・9・8　検察官意見書
■〃・10・20　即時抗告理由補充書
■〃・12・16　決定（棄却）

即時抗告の申立

亡小野康人の妻小野貞の請求にかかる、横浜地方裁判所昭和六一年（た）第二号再審請求事件について、昭和六三年三月三一日同裁判所から、再審請求を棄却する旨の決定を受けましたので、これに対し旧刑事訴訟法第五一〇条により即時抗告の申立をします。

申立の理由

追而提出いたします。

昭和六三年四月一日

右申立人（弁護人）　森川　金寿

同　大川　隆司

東京高等裁判所　御中

意見書

請求人　亡小野康人の妻　小野　貞

右小野康人に対する治安維持法違反被告事件について、昭和二〇年九月一五日当裁判所が言い渡した有罪の判決に対する再審請求書件について、昭和六三年三月二八日当裁判所がした請求棄却決定に対し、弁護人森川金寿、同大川隆司から即時抗告の申立があったが、右申立は理由がないものと思料する。

昭和六三年四月一日

横浜地方裁判所第二刑事部

裁判長裁判官　和田　保

裁判官　村田　鋭治

裁判官　戸田　彰子

※

昭和六三年（く）第五三号

再審請求即時抗告事件

請求人　小野　貞

昭和六三年五月二五日

右弁護人　別紙記載のとおり

東京高等裁判所

第二刑事部　御中

即時抗告理由書

標記事件について再審請求を棄却した原決定に対する、弁護人の即時抗告の理由は左記のとおりである。

記

第一、一件記録の不存在は、裁判所が判断を拒否する理由とはなりえない

一、原決定は、一件記録すなわち確定判決における有罪認定の基礎となった証拠資料を備えた訴訟記録が存在しないこと、いまさら右証拠資料を復元することは不可能であることを理由として、本件について再審開始事由の有無を判断する上で必要な、いわゆる新証拠の明白性の有無を検討することが、「およそ不可能である」としている。

1　しかし、一件記録が存在しないことは、再審請求を受けた裁判所が判断を停止する理由になりえないことは、判例の示すところである。

すなわち、判決書以外の一切の訴訟記録が「保存期間満了」により廃棄されている加藤新一再審請求事件に関する広島高裁決定（昭五一・九・一八、判例時報八二七号）は、

「原確定記録によらなければ常に原判決の認定に関連する諸事実その他原訴訟及び捜査手続等の関係事実につき、他の資料による立証を全く許さないということになると、もし偶々右記録の全部もしくは一部が消失、盗難、紛失等の事情で無くなったような場合、これら全く請求人に関係のない偶発的事情によって記録のある場合に比し、請求人に不利益結果を招来する事態の発生も考えら

れ」るとし、このように一件記録のない場合には再審請求事由の判断に必要な限度で、原判決の有罪認定の基礎に関する請求人の立証活動を認めるべきであるとしている。

2　同じ広島高裁の山本久雄再審請求事件も、判決書以外に一件記録が存在しない（原爆投下による戦災のため焼失したと推定されている）ケースであるが、同高裁の決定（昭六二・五・一、判例時報一二三三号）は、結論としては請求を棄却したものの、一件記録がなくても他の資料から確定判決の証拠構造を解明する努力をすべきであるとして、記録外にたまたま保存されていた医師の鑑定書控にもとづき、「確定判決の証拠構造を推論」している。

3　本件にあっては、一件記録は保存期間満了にともない廃棄されたり、偶然的事由から紛失したというものではなく、原決定も推定しているように、太平洋戦争の敗戦直後に、意識的に「焼却処分」されているのであって、これが、司法当局とくに思想実務家として弾圧立法の運用にあたった関係者が進駐軍からその責任を追及されるのを極力避けようとして取られた措置であろうことは想像に難くないのである。

すなわち本件について一件記録が存在しないのは、単に「請求人に関係のない偶然的事情」によるというよりは、むしろ権力自体による公文書毀棄という犯罪行為によるものであるとすれば、再審請求を審理する裁判所が、一件記録の不存在を補うための立証活動に広く門を開く責任は、一層重いというべきである。

記録保存期間の経過によって一件記録が存在しないという場合でさえ、請求人の利益に配慮して、かかる立証の機会を保障した広島高裁の態度に比較したときに、原決定のとった態度は極めて不当である。

4　ちなみに原決定は、原判決に関与した元判事若尾元が「被告人の氏名も覚えていない有様」であったことを唯一の根拠として、一件記録中の「証拠資料の復元は不可能である」、「原判決の認定の基礎となった証拠資料の内容が把握できない」と速断してしまっているのであるが、この点も甚だ不見識である。すなわち、当時の刑事訴訟手続においては、一般的に予審判事と比べて公判部の裁判官と事件との接触の度合は極めて希薄であると言えるが、とくに本件の場合、公判手続きは極めて形式的であった。

公判期日は一回開かれただけで、起訴状の朗読から判決の宣告までを一気に行ったのであって、この手続きに関与した裁判官が「被告人の氏名さえ覚えていない」のは、むしろ当然である。四〇数年前に一度だけ自分の前に現れた人物の氏名を、いまだに記憶している人があるとすれば（たとえそれがどんなに記憶力にすぐれた裁判官であっても）、そのことのほうが、むしろ不思議と言わなければならないであろう。

これに対して、請求人の側は、身に覚えのない嫌疑によって、二年余の長期にわたって不当に身柄を拘束され、しかもその間に受けた拷問と、劣悪な環境のため、健康被害まで生じているのであるから、その体験は忘れようとしても忘れられるものではない。このような条件の決定的な相違を無視して、公判担当判事に記憶がなければ、他の事件関係者の記憶も信頼できないと決め付けることは、全くの暴論である。(なお、原決定は若尾元判事に対する「証人尋問」を実施したと言うが、弁護人はこの「証人尋問」なるものに立ち会う機会を与えられておらず、そもそもいつこれが実施されたかということすら知らされてない。)

二、確定判決の証拠構造が、客観的に推認しうるものであることは、以下に述べるとおりである。

1　請求人の被相続人たる被告人小野康人に対する確定判決が証拠として援用しているものは、四点あるが、そのうち三点は被告人(請求人)自身の公判廷・予審段階・警察段階の各自白であり、残りの一点は相川博の予審(第四回)調書である。

2　一件記録が存在しないために、右に援用された被告人らの自白の内容そのものを直接記載した資料は存在しないが、判決における犯罪事実の記載それ自体を分析することにより、「自白」の主たる内容は、犯罪の外形的事実ではなく、その主観的要素すなわち当該行為が「コミンテルンや日本共産党のために」なされた、という主観的意図の告白にあることが、自ずから明らかになる。なぜならば、そのような主観的要素を抜きにした外形的行為そのものは、いかなる意味でも犯罪行為として問擬しえないものだからである。

3　右被告人の場合について具体的に見てみれば、「犯罪事実」の第一は、相川博が『改造』誌の昭和一七年八月号・九月号に細川嘉六の論文「世界史の動向と日本」を掲載することを提唱したときに、これを支持し、校正作業に従事した、というものであり、被告人が「該論文が共産主義的啓蒙論文なることを知悉し」ていたという一点を除けばおよそ犯罪とはなりえない事実である。また、その第二は、細川嘉六の逮捕後、その家族に対して二〇円のカンパをした、というものであって、これまた当該行為が「コミンテルン及び日本共産党の目的遂行のため」なされたという主観的要素を除けば、およそ犯罪とはなりえない事実である。

従って、確定判決が被告人に治安維持法違反の罪を着せるために援用した証拠は、結局被告人が当該行為を「コミンテルン及び日本共産党のために致しました」という趣旨の「自白」に他ならないことが論理的に明らかである。

4　ちなみに、右被告人以外について現存する各判決の援用する証拠を見ると、被告人の自白以外の証拠をあげているものは一つもない。

しかも、西沢富夫に対する判決（甲第一号証の三）が、被告人の公判廷・予審段階・警察段階の各調書と検事宛ての手記を証拠として援用しているほかは、和田喜太郎（甲一号証の八）、小森田一記（同号証の四）、白石芳夫（同号証の二）、小川修（同号証の五）、益田直彦（同号証の六）、手島正毅（同号証の七）に対する各判決、すなわち現存する他のすべての判決が、ただ公判廷における被告人の自白を有罪の唯一の証拠としているのである。

5　なお、細川嘉六に関する弁護人の一件記録（甲二〇号証の一～四）中には、相川博、平館利雄、木村亨の各手記が収録されている。これらによれば、細川嘉六が『改造』誌に「世界史の動向と日本」と題する論文を寄稿したのは個人的行動ではなく、昭和一七年七月四～五日に富山県泊町において開催された、日本共産党再建準備会結成の会合における決議事項の一つとして実践に移されたものである旨が自白されている。

このような「手記」の内容と供述調書の内容、また各被告人の供述調書の内容の間には、相互に矛盾のないことが要請されていて、捜査当局は、まさにそれらの内容を相互に一致させるためにこそ、さまざまの努力をするのであるから、細川記録中のこれら手記の内容は、共通する事項についての被告人の供述内容を具体的に推認する資料となりうるものである。

第二、確定判決の証拠とされた自白が、拷問による虚偽の自白であったことを立証する新証拠について

一、拷問の事実は特高警察官に対する確定判決によって客観的に立証される

1　本件再審請求にあたり、請求人が提出した新証拠のうち、内容的に最も有力と思料されるものの一つが、神奈川県警察部特別高等課において、横浜事件の一連の捜査に当った警察官達の中心人物である、左翼係長・警部松下英太郎、同係取調主任・警部補柄沢六治、同・警部補森川清造の三名に対する特別公務員暴行傷害被告事件の確定判決（甲第四号証の一ないし三）であった。

2　右特高警察官三名のうち、松下と森川は他二名の警察官（警視前田弘および巡査部長杉田甲一）とともに小野康人の取調べにあたったものであり、この四名に警部平畑又次、巡査部長斉藤武雄の二名を加えた計六名が、相川博の取調べに当たっている。

そして右特高警察官らは小野に対する取調べの過程でもまた相川に対する取調べの過程でも、竹刀や木刀ないし椅子を用いて全身を乱打したり、靴で蹴ったり、頭髪

をつかんで額をコンクリートの床に打ち付け失神せしめるというような拷問を行っている。

3　原決定は、右確定判決が認定した松下・柄沢・森川三名の犯罪事実が直接には訴外益田直彦に対する拷問のみにかかわっているということに着目して、

「益田直彦の事件と小野康人の事件とは明らかに別個であるから、小野康人を取り調べた警察官等が小野康人に対し拷問をした事実を証するに足りるものとはいえない」

と判示している。

4　しかし、証拠の新規性・明白性の判断するに当たり、原決定のように、当該証拠がそれ自体においてある事実の存否を立証するかどうか、という基準によることは、判例上確立した再審法理に甚だしく反している。

すなわち、再審法理に関するリーディング・ケースであるいわゆる最高裁白鳥決定（昭和五一・五・二〇、第二小法廷）は、つぎのように言う。

「刑事訴訟法四三五条六号にいう『無罪を言い渡すべき明らかな証拠』とは、確定判決における事実認定につき合理的な疑いをいだかせ、その認定を覆すに足りる蓋然性のある証拠をいうものと解すべきであるが、右の明らかな証拠であるかどうかは、もし当の証拠が確定判決を下した裁判所の審理中に提出されていたとするならば、はたしてその確定判決においてなされたような事実認定に到達したであろうかどうかという観点から、当の証拠と他の全証拠を総合的に評価して判断すべきである」

白鳥決定に引き続き出された同裁判所のいわゆる財田川決定（昭和五一・一〇・一二、第二小法廷）も、右法理を敷衍して次のように言う。

「この原則を具体的に適用するにあたっては、確定判決が認定した犯罪事実の不存在が確実であるとの心証を得ることを必要とするものではなく、確定判決における事実認定の正当性についての疑いが合理的な理由に基づくものであることを必要とし、かつ、これをもって足りると解すべきであるから、犯罪の証明が十分でないことが明らかになった場合にも右の原則があてはまるのである。」

5　本件に右法理を適用するならば、「特高警察官に対する有罪判決が小野康人に対して拷問が行われた事実を直接認定しているかどうか」が問題なのではなく、「請求人小野を取調べたのと同じ特高警察官が訴外益田に対し拷問を加えた、という事実を認定した判決が、小野が審理を受けていた当時すでに確定していたとすれば、

はたして裁判所は小野に対し本件判決においてなされたような事実認定に到達したであろうか」、換言すれば「確定判決において小野の有罪の証拠とされた本人ないし相川博の自白の任意性・信用性について合理的疑いが生じないかどうか」ということが、問題とされなければならない。

6　特高警察官に対する東京高裁の有罪判決（甲第四号証の二）のなかで、訴外益田直彦に対する拷問の本質について「思想犯罪に対する取締が厳重を極めた時期に於て、特高警察官が思想犯捜査の過程に於て惹起せしめたもの」と認定されているとおり、問題の拷問は益田に対する私怨その他の個人的事情から発生したものではなく、いわゆる思想犯罪の捜査という、彼等にとっての職務そのものを遂行するための手段として実行されたものである。

だからこそ彼等の上告趣意書（甲四号証の三の判決に別紙として添付されている）においても、情状として、右犯行の動機が公の目的遂行にあったことが、るる訴えられているのである。たとえば弁護人望月武夫の上告趣意書では、「共産主義活動を完封する国策の下に被告人等特高警察官は中央よりこれが摘発について厳重な督励を受け、今にして思えば想像に絶する雰囲気の中において鹿追う猟師山を見ざるの愚を敢えてしたものである」と弁じているが、これはまことにもっともな指摘である。

しかも、訴外益田にかけられた嫌疑と、小野康人に対する嫌疑とは、相互に全く脈絡のないものではなく、特高当局が一連の事件としてとらえていたものであった（一連の事件であることとの認識は、特高月報＝甲六号証という客観的証拠によって裏付けられている）。

そうであってみれば、特高警察官らが、益田直彦ばかりでなく小野康人はじめ横浜事件のすべての被告人・被疑者に対して拷問を行っていたと疑うのが自然かつ合理的というものである。

二、拷問と自白との間には因果関係が存在する

右特別公務員暴行傷害事件の判決（甲四号証の二＝高裁判決）自体が、拷問は、被疑事実を認めない被疑者に対して自白を強制するという目的によってなされたことを認定している。

右判決では直接言及されてはいないが、特高警察官は目的の自白を得るまでは拷問を中止しなかったこと、逆にいえばある時期までに拷問が終わったということは、自白を獲得することが出来たからであると考えられること、は見易い道理である。

そして一般に、自白の内容が虚偽であることは、それが不本意になされたものであることを推定させるものといえるが、横浜事件にあっては、一連の事件の最も中核にある事実について、なされた「自白」が虚偽のもので

あることが客観的に立証されており、もっていかに拷問が多用されたかを推測するに足りるのである。

三　自白の虚偽性の例証

１　特高月報（甲六号証）における位置づけによれば、横浜事件の中核的事実は、昭和一七年七月、富山県泊町において行われた日本共産党再建準備会結成の謀議（いわゆる「泊会議」）であり、その他の事実は「泊会議」の準備過程（いわゆる「細川グループ」の結成、及びこれと「満鉄グループ」との合体工作）あるいは「泊会議」での決定事項の実践として位置づけられるか、または「泊会議」への参加者が、それぞれの職場等で展開した左翼的活動、というような周辺的事実である（そのような「事件」の構造については、昭和六二年一一月一三日付弁護人意見書で詳述した）。

２　予審判事が、相川博の調書や手記をふりかざして追及したにもかかわらず、細川嘉六が、「泊会議」なるものを終始否認し、それがただの酒宴・遊山にすぎないものであることを明確に供述していることは、同人の第八回予審調書（甲二〇号証の三所収）により明らかである。

そして細川嘉六は、第九回の予審調書のなかで、泊における事実につき特高の意にそう虚偽の自白をした被告人、相川・平館・木村らにつき、精神鑑定を要求している。その理由は、このような虚偽の自白は、

「平常ノ心理ヲ異常状態ニ転化シタル、肉体及ビ精神ニ於ケル異常ナル苦悩ヲ経験セズシテナサレタモノトハ考エラレナイ」

から、というものであり、端的に言えば「拷問による自白である」という指摘である。

細川嘉六の右抗議（昭和一九年一二月一二日）をうけた予審判事は、精神鑑定こそしなかったが、相川博を再度取調べている（同年一二月一六日付、相川博第七回予審調書。甲二〇号証の三所収）。

相川は、第七回予審調書の中で、泊において日本共産党再建準備会なる非合法グループを結成したとか、同グループをカムフラージュするための合法組織として民族問題研究所を設立するという話が出た、としていた従前の供述が「言過ぎ」であり「間違っていた」と述べ、実質的に自白を撤回するに至った。

石川予審判事が、その直後の昭和一九年一二月二九日付で取りまとめた細川・相川両名に対する予審終結決定（甲二号証の三）においては、細川が否認し、かつ相川が自白を撤回した事実は全く無視され、特高の思い込みどおりの犯罪事実が認定されているのであるが、それにもかかわらず、このもっとも中核的な事実である「泊会議」＝日本共産党再建謀議が敗戦を契機として公訴事実から除かれた事実は、この点に関する自白の虚偽性を裁

判所当局が十分に認識していたことを示すものに他ならない。

第三、裁判所が元被告人本人らの取調べをしないままに再審の門を閉ざすことは許されない

前述のように、被告人の取調べにあたった特高警察官が、訴外益田直彦に対する拷問をした、という事実について有罪判決を受けた事実は、被告人の有罪を認定する上での唯一の証拠である「自白」の任意性・信用性を疑わしめる新事実である。

ところで、横浜事件における一連の判快は、すべて公判廷における被告人の自白を証拠として援用していることは前述したとおりであるが、この公判廷における審理そのものが、きわめて「いいかげん」であったことは当時の弁護人であった海野普吉が、これを伝えている（甲七号証の二）。

すなわち、公判は数人のグループ毎に一回開廷・即日判決という方式ですすめられ、起訴状に対し被告人が「そんなことはありません」と否認するのに対し裁判長が「調書では認めているようだね」と聞き、これに対し被告人が「それは、認めなければ、なぐったり蹴ったりの拷問ですから、そういったまでです」と指摘しても、それは聞き流され、弁護人の弁論もないままに、執行猶予付の有罪判決が宣告されるという実態であった（同号証一一三頁）。

そうだとすれば「被告人の当公廷における供述」には自白は含まれず、したがって判決においてこれを被告人有罪の証拠に援用すること自体が、そもそも「いいかげんな裁判」たる所以であるが、仮にそこまでは決めつけないまでも、すくなくとも捜査段階での被告人の「自白」が虚偽である所以を公判廷が、まともに取り調べたとはいいがたいという実態がうかがえる。

そういう意味では、拷問の体験を具体的に述べ、捜査段階の自白が虚偽である所以を述べる被告人の供述自体も、実質的には新証拠であると言えよう。なるほど、拷問体験等を中心とする本人の供述は、それ自体は客観的証拠とは言えないであろうが、前記のような資料と総合すればその信用性が高いことが確認され、従って特高有罪判決に指摘されている事実の普遍性を認定する根拠となる筈である。

原決定はこのような手続きを経ずに漫然と再審請求を棄却しているものであって、実態的真実の発見を使命とする裁判所の任務を忘れたものであると言っても過言ではない。

以上

弁護人　弁護士　森川　金寿

関原　勇
芦田　浩志
輿石　英雄
岩橋　宣隆
影山　秀人
三野研太郎
佐久間哲雄
飯田　伸一
陶山吉之輔
間部　俊明
宮田　学
畑山　穣
平岩　敬一
山本　英二
鈴木　孝夫
根岸　義道
黒田　陽子
日下部長作
前田　留里
大川　隆司

昭和六三年（く）第五三〜五九号
再審請求即時抗告事件

上申書

昭和六三年八月一日

右弁護人　大川　隆司

東京高等裁判所
第二刑事部　御中

標記事件について、本弁護人は、御庁が再審請求の当否を判断するに先立って、左記第一・第二に関する事実の取調べを実施されるよう上申致します。

記

第一、請求人本人尋問の実施について

1　各請求人（小野貞の場合は被相続人たる小野康人）は、それぞれが特高警察官から受けた拷問体験について、身柄解放後間もない時期において、「口述書」を作成し、これを昭和二二年四月に、当時の横浜地方裁判所検事局に提出している。すなわち、

五三号事件関係の被相続人小野康人の口述書は、甲五—二—九
五四号事件の請求人小林英三郎の口述書は、同五—二—二一
五五号事件の請求人畑中繁雄の口述書は、同五—二—一七
五六号事件の請求人川田定子の口述書は、同五—二—二
五七号事件の請求人平館利雄の口述書は、同五—二—五
五八号事件関係の被相続人川田寿の口述書は、同五—二—一
五九号事件の請求人木村亨の口述書は、同五—二—七
として、本件で提出したところのものである。

2　これらの口述書のほかに、ほとんどの請求人は、著書や談話の形で、みずからの拷問体験、ならびにその拷問により身に覚えのない「コミンテルン・日本共産党支援の意思」の自白をさせられて治安維持法違反事件をでっち上げられたことを、これまでに物語り、世に問うてきた。

請求人畑中繁雄の著書『日本ファシズムの言論弾圧抄史（甲七—六はその抜粋）
請求人木村亨の著書『横浜事件の真相』（甲七—五はその抜粋）
請求人川田定子とその夫寿の談話に基づく中村智子の著書『横浜事件の人びと』第一章（甲七—一一はその転載）

は、その代表的なものである。

3　本件請求に際して請求人によって新たに執筆された

小野貞の供述書（甲二一号証）
小林英三郎の報告書
川田定子の供述書（甲二三号証）
木村亨の上申書（本年七月一八日付）

などの中においても、拷問体験は、くりかえし言及されている（請求人小野貞は、宅下げ手続きを通じて小野康人の血染めの下着を手にした体験を述べている）。

4　これらの供述は、特高警察官に対する有罪判決（請求人外益田直彦に対する拷問に関する）が各請求人の事案とも関連性を持ち、従って再審を開始するに足りる明らかな新証拠であることを判断するうえで重要な資料であるが、原審は、釈放直後の口述書の信用性に関しては、検察官が公訴の提起に踏み切らなかったという一事をもって、これを消極に解し、また近時の供述証拠に

関しては、供述者の記憶に信頼が置けないであろう、との予断に基づき、やはりこれを消極に解した。往時の供述、近時の供述いずれにせよ、その具体的信頼性をテストするために、原審の裁判官は、請求人に一目会うことすらしなかった。

しかし、これらの既存の供述証拠の信用性を具体的に検討するためには、推測・推論ではなく、供述者自身を裁判所が直接調べることが一番の近道ではないか。本件の審理において、今一番裁判所に求められているのは、このことであろう。

5

説をなすものは、たとえば小野康人に対する判決(甲一―二)が、有罪の証拠として、捜査段階の自白調書ばかりでなく「被告人の当公廷における供述」が援用されていることをとらえて、特高の拷問と有罪の自白との間には因果関係がない、というかもしれない。

しかし、横浜事件の被告人たちを裁いた法廷は、茶番劇以外のなにものでもなかった。大部分の被告人(本件請求人の関係では、小野康人・小林英三郎・畑中繁雄・平館利雄・木村亨)の弁護人を勤めた海野普吉弁護士は、『ある弁護士の歩み』(甲七―二)のなかで(一四九頁～一五〇頁)「法廷はどんなふうに進行したのですか」というインタビュアーの質問に答えて、つぎのように、法廷の実態を描きだしている。

「実にこっけいな法廷です。検察官が起訴状を読みます。が、事実の認否について、『そんなことはありません』とみんな断ってしまうと、八並達夫裁判長が、『こういう調べを受けたね』という質問をします。『受けました』と答える。『調書では認めているようだね』、『それは認めなければならないように、ぶんなぐられたり、蹴とばされたりしたから、そうしたんです』。それはそれでいいということで結審です。ぼくもなにをいったかよく覚えがないのですが、ただ『敗戦になった状態で、連合軍から占領されたということについては、一体なにが原因か。そういうことを阻止しようとしたのは、こういう人々なんだ』ということをいった覚えだけはあります。」

ちなみに海野弁護士の弁護活動の顛末を記載した、同弁護士の事件簿(甲八―一)によれば、右被告人のそれぞれについての公判の記録は、

「公判、事実審、論告、弁論、言渡、即決す」と書かれていて、一回の公判で起訴状朗読から判決まで、一気に行われたことは明らかである。しかも、一期日に裁かれる被告人は一人ではない。「公判始末簿」の記載によって確かめると、

昭和二〇年八月二九日の公判は、請求人小林英三郎のほか、三名(青山鉞治、若槻繁、大森直道、いずれも改造社関係)

同年九月四日の公判は、請求人畑中繁雄のほか、四名(益田直彦、小森田一記、沢赳、青木滋、益田以外はいずれも中央公論社関係)

同年九月一五日の公判は、請求人平館利雄、木村亨、被相続人小野康人のほか三名(西沢富夫、相川博、加藤政治、いずれも「党再建準備会グループ」)となっていて、いずれも決して少なくない数である。

これだけの数の被告人をそれぞれまとめて、一回で起訴状朗読から判決までやってしまおう、というのであるから、まことに恐れ入った話である。海野弁護士の回顧録を別にして考えても、右公判が、全く形骸化したものであることは、客観的資料だけからも断言できる。

6　本件の取調べにあたった特高警察官が被疑者に対する拷問を行った、という事実は、のちになって戦後の最高裁判所がこれを確認した。

しかし、請求人らが被告人の座にあったとき、「特高の拷問によって、ウソの自白を余儀なくされました」という訴えは、あらかじめ筋書きが決まっていた茶番劇を主宰する八並裁判長の耳には届かなかった。

請求人らが官憲によって最初に身柄を拘束されてから、今日までに四六年が経過しようとしているが、その間わが国の裁判所は、捜査段階で拷問が行われたという、請求人のアピールに耳を傾けて、訴えの当否を吟味しようとしたことは、一度もないのである。

わが国の裁判所はついにこれを行わなかった、という記述が歴史書に載らないようにするためには、御庁においてこれを実施していただくほかはない。請求人らは、既に高齢である。最年長の平館利雄は八三歳、最年少の木村亨が七四歳である。幸いにして、まだ出廷する体力のあるうちに、取調べをお願いしたい。なお、具体的な供述能力がどの程度あるか、ということを調べる資料として、小林英三郎、川田定子、平館利雄、木村亨の四名については、いずれも本年五月から六月にかけて、弁護人の質問に答えて拷問体験等を供述した模様をビデオに撮影した録画テープがあるので、これを見ることによって、右の点を検討されたい。

第二、国立公文書館所蔵資料の送付嘱託について

1　総理府の付属機関である国立公文書館(千代田区北の丸公園三番二号)の所蔵文書のなかには、戦後米軍によって押収され、のちにおおむね昭和四八年頃以降順次返還を受けた、いわゆる「里帰り文書」といわれる一群の文書がある。そのなかに、つぎの二つの資料が含まれている。

①「地方庁特高事務分担表」(昭和一七年一一月、内務省警保局保安係作成)

② 「課員宿所名簿（当直用）」
（昭和二〇年五月、神奈川県警察部特別高等課作成）

右①の資料は、その作成時点における、神奈川県を含む全国各府県の特高警察官の氏名と担務内容を一覧表にしたものであり、②の資料は、その作成時点における、神奈川県特高課の職員の氏名・住所を記載したものである。

2　これらの資料が顕出されることによって、
第一には、請求人らが「口述書」等において、拷問の加害者を名指しにしている供述の信用性をチェックすることが出来るとともに、
第二には、本件に関与した元特高警察官の所在を調査する手掛りとなる（ちなみに神奈川県職員録は、戦時期は昭和一七年一一月一日現在の分までが残っているが、これには警部補以上の者の氏名だけしか載っていない）。

3　ところで、前記各資料は、一般の閲覧者に対しては「プライバシー保護のため」という理由で、資料中に登場するすべての人名および住所を抹消した形で（つまり原資料の該当箇所を紙で覆ってコピーしたものを）閲覧させるに過ぎず、これでは全く何の役にも立たない。従って御庁から公式に送付嘱託をしていただかなければ、資料の内容にアプローチできないので、これを実施していただきたいと考える次第である。

以上

※

求意見

昭和六三年（く）第五三号

請求人　亡小野康人の妻　小野　貞

右小野康人に対する治安維持法違反被告事件について昭和二〇年九月一五日横浜地方裁判所第二刑事部が言渡した有罪の判決に対する再審請求事件について、昭和六三年三月二八日右裁判所がした請求棄却決定に対し、同年四月一日弁護人森川金寿、同大川隆司から別紙のとおり即時抗告の申立があったので、意見を求める。

なお、これに対する意見はなるべく早く、書面で提出されたい。

昭和六三年八月三日

東京高等裁判所第二刑事部

裁判長裁判官　坂本　武志

東京高等検察庁
検察官　殿

※

昭和六三年（く）第五三号

意見書

再審請求人　亡小野康人の妻　小野　貞

右小野康人に対する治安維持法違反被告事件に係る有罪の確定判決に対する再審請求事件について、昭和六三年三月二八日横浜地方裁判所のなした再審請求棄却の決定に対し、同年四月一日右再審請求人の弁護人らが申し立てた即時抗告に対する検察官の意見は、左記のとおりである。

昭和六三年九月八日

東京高等検察庁
検察官検事　西村　好順

東京高等裁判所第二刑事部　殿

記

本件再審請求人の弁護人らが申し立てた即時抗告は、理由がないので、棄却さるべきものと思料する。

所論は、本件再審請求を棄却した原決定が不当である旨縷縷主張するが、本件再審請求が、旧刑事訴訟法第四八五条六号及び七号所定の要件に該当する場合とは認められないとして、本件再審請求を棄却した原決定は、洵に相当であり、何ら審理不尽の違法も存しない。

以上

※

昭和六三年（く）第53—59号

再審請求即時抗告理由補充書

請求人
小野康人相続人妻　小野　貞
同　畑中　繁雄
同　平館　利雄
同　小林英三郎
同　川田寿相続人妻

同　川田　定子
同　木村　亨

右抗告事件について後記のとおり再審請求理由を補充陳述致します

第一　刑事記録より見る「泊会議」（党再建準備会会議）とその消滅の意義
第二　細川論文の事前検閲通過の意味
第三　刑事一件記録の滅失処分と「裁判を受ける権利」
第四　刑事一件記録の滅失処分と再審での立証責任

昭和六三年十月二十日

弁護人弁護士　森川　金寿
大川　隆司

東京高等裁判所
第二刑事部　御中

記

第一　刑事記録より見る「泊会議」（党再建準備会会議）とその消滅の意義

一、「泊会議」の重大性

細川嘉六に対する予審請求書（昭和一八・九・一一）記載の「公訴事実」（「思想月報」一〇六号）にはいわゆる「泊会議」（日本共産党再建準備会会議）に関する記載は全く見られないが、細川嘉六・相川博予審終結決定（昭和一九・一二・二九）「理由」の第一（三）には、いわゆる「細川グループ」「満鉄グループ」合体による「日本共産党再建準備会」結成と活動方針確定のための会議の模様が詳細に記載せられ、この「党再建準備会」が中心となって諸種の活動をなし『改造』誌の「世界史の動向と日本」なる論文もこの会議の一環としてとらえている。その他小野康人予審終結決定（昭二〇・七・二〇）西尾忠四郎予審終結決定（昭二〇・八・二二）にはそれぞれ重要な嫌疑事実として（小野の場合は第一事実、西尾の場合は第五の（一）ないし（六）の各事実）この泊会議が挙げられている。とくに特高警察側の意図をうかがわせるものとして、「特高月報」（昭一九年八月号）には、「細川嘉六を中心とする所謂党再建準備会なる非合法グループ事件」を挙げ、その第一に「泊温泉」での「日本共産党再建準備」の会合を記載している。また特高警察の意向のままに作成されたとみられる平館利雄の「手記」（昭一九・五・一）、相川博「手記」（昭一九・五・九）、木村亨「手記」（昭一九・四・二八）には「泊会議」が特筆され、「満鉄・細川両グループ」の合流合体による党再建準備会が結成されたことの重要性が強調せられている（「『泊会議』ニ於テ初メテ党再建準備会ガ両グループノ合流合体ニヨリ結成サレタノデアリマス」（平館）、「日本共産党再建ノ為メニ有力ナ一翼、中心的ナ一環トシテ寄与貢献スルタメノ方法手段ヲ協議検討シ、活動方針ヲ決定シテソノ強力ナ準備活動ニ着手スルコトガ泊会議ノ主要ナ目的デアリマシテ…コノ泊会議ヲ契機トシテ一段ト有機的ナ運動力ニ飛躍発展サセルコトニヨッテ、コノ目的ヲ達成セント企図シタノデアリマス」（相川）「今ヤ極度ニ衰微弱体化セル日本共産党勢力ヲ挽回シ再ビ之ヲ盛立テル有力ナル支援組織タラシメルト共ニ、ヤガテハ其ノ発展強化ニ伴ヒ自ラヲ日本共産党ノ中心勢力タラシメント意図シタノデアリマス。斯クノ如キ重要意義ヲ有スル『泊会議』ノ決議事項ヲ要約シテ申シ上ゲマス…」（木村）等々）。

二、「泊会議」の消滅とその意味

このように一連の検挙諸事件の中心的重要性をもつと目されていた「泊会議」（党再建準備会議）の容疑事実は敗戦を境として忽然と消滅してしまった（注）。小野康人、西沢富夫に対する判決（いずれも昭二〇・九・一五付）や、木村亨に対する予審終結決定（昭二〇・八・二七）には「泊会議」への追及は全くない。この事実は何を意味するであろうか？

（注）但し前記西尾忠四郎予審終結決定（昭二〇・八・二二付）の場合は、同年七月二七日死亡しているためか、依然として「泊会議」が記載されている。

これらの点に関し、たとえば木村亨「口述書」は「昭和二〇年八月二五日、石川判事は告訴人の徹底糾弾に対し『どうかもうかんべんしてくれ、これ以上問題にしてくれるな』と詫び」たと述べている。相川博も小野康人もその他西沢、平館もいずれもこの「泊会議」のことで言語に絶する拷問を受けたことが口述書でうかがわれる。敗戦により被告人たちは更に勢いをえて抗議を強めたものと思われるが、もともと細川嘉六に対する予審判事の取調べで多数現場証人を取調べても「泊会議」の証拠は何ら上がらなかったのであり、予審判事もそれが事実無根であることを信じていたからにほかならない。このように全く架空の容疑事実を相川、平館、木村の前記「手記」のように、きわめてまことしやかに書かしめるには、想像に絶する拷問の暴力が用いられたことが確実に推定される。そしてこのような暴力は「泊会議」以外の容疑事実についても用いられたことは確実である。

三、横浜事件被告人と拷問

かくして益田直彦以外の被告人たちが、同等以上の拷問を受けたことは、この「泊会議」の容疑事実の経韓からも十分に推定できる。細川嘉六が予審で石川予審判事に対し、相川、平館らの「精神鑑定」の実施を要求したゆえんである。なお川田定子夫人に対してまで残酷な拷問を加えたことは、他の男子に対しての暴力の酷烈さをも推定させるものがある。

第二　細川論文の事前検閲通過の意味

一、横浜事件で特徴的なことは、『改造』誌昭和十七年八、九月号所載の細川嘉六論文「世界史の動向と日本」が峻厳な情報局の事前検閲をパスしていたことである。それも八月号、九月号が続けてパスしているのである。この点について当時『改造』誌に携わっていた青山鉞治(著書『横浜事件』22―23頁、旧版13―14頁)は、

「とにかく私たちは細川論文を事前検閲に出すことにした。特別に軍の作戦や機密にわたる箇所はないと考え、校正刷は情報局の雑誌検閲課だけに届けた。この連絡には鍛代利通があたった。そして校了ぎりぎりに、内閲はわずかの削除と字句の訂正だけで下りてきた。…」

「…九月号に掲載する後半の具体的政策に関する叙述の校閲には、よりいっそうの神経をつかった。…四校目を内閲に出した。そして何度も催促して、やっと今回も校了ぎりぎりになって「許可」の判を押した校正刷が戻ってきた。…しかしそれから一カ月近くたって、思わぬ毒矢が『改造』編集部へ飛び込んできた」と叙述している。なお青山同著は海軍側の態度について、雑誌担当官のこの点についての意見として、「海軍は…内政一般には関与しない。まして一元的に言論統制をする建前であれば、そこの検閲を経た論文内容にあえて異議をさしはさむ筋はない」という意見であったという(前掲書各27頁、18頁)。

当時の実状として、海軍の担当官が言うように、一元的言論統制機関であった情報局(昭和一五年一二月内閣情報部を改組強化―畑中繁雄『日本ファシズムの言論弾圧抄史』46頁参照)の検閲をパスすれば、それでもって十分とされる建前になっていた。陸軍報道部の検閲は青山が言うように軍事機密に関するものに限られていた。だから細川論文に対する谷萩陸軍報道部長の攻撃は筋違いでいくら当時でも「きわめて非立憲的な横ヤリ」(黒田秀俊『昭和軍閥』、なお同氏『横浜事件』53頁も同旨)であった。情報局の検閲課としては「正規の手続きで検閲を通過させた雑誌の論文を、横合いから弾圧しようとする陸軍の非立憲的な横暴にたいして、当然抗議し、理由を明らかにして、手ぬかりのなかったことを主張すべきであった」(黒田前掲『横浜事件』53頁)とすらあるほどであり、これが正しい態度であったと言わなければならない。

なお同著が指摘するように『中央公論』『改造』の発売日は、ともに毎月十九日であった。したがって八月号についていえば二カ月近く、九月号の場合でも一カ月近く経過していたわけである。ということは、表現され

たかぎりにおいては、ベテランの検閲官がみても、細川氏の論文には問題がなかったということである」（53頁）という意見が当時としても正しいと言わなければならない。当の陸軍報道部にいて谷萩報道部長の下で雑誌を担当していた陸軍中佐平櫛孝は、戦後の著書『大本営報道部』（八〇年十月発行）のなかでこの当時を反省し「はじめは軍事関係に限られていた発言が、いつのまにかすこしずつはみだしていって、実質上の言論検閲に近いところまで行った。」（85頁）「こちらにそれほどの自覚がなくとも、世間には『はしゃげすぎ』ということもある。たしかに、私たちははしゃげすぎていたのだ。しかし、石を投げられた側にとっては、生死にかかわる大事件であったろう。当時の肩いからした軍部と、それに立向かう手段を持たなかった民間言論機関との関係はまさにこのようなものであった。」（90頁）などと言っている。実際には「はしゃげすぎ」どころか、獄死者数人まで出し、最大雑誌社二つも廃業に追込んだ大言論弾圧事件にまで発展したものである。

陸軍の横暴の犠牲となったのは第一に言論機関と所属関係者であるが、警察検察も、独立であるべき司法機関まで軍部の支配の前に、その忠実な下僕になり下がってしまったのであった。このようにして旧憲法の下でも一応認められていた言論著作印行の自由（旧憲法二九条）を陸軍の横ヤリによって（「法律ノ範囲内ニ於テ」逸脱犯され、不法に（同二三条の実質的違反）逮捕監禁審問処罰せられたのである。少なくとも旧刑法（一九五条）でも「裁判、検察、警察の職務を行ないまたはこれを補助する者」らの刑事被告人その他の者に対する暴行陵虐行為は処罰されたが、横浜事件の被告人たちは一人の例外もなく激しい拷問の対象になったことは益田直彦の例にみても、また獄死者数人を出していること、生存被害者らの警官告訴当時の「口述書」その他証言によってきわめて明らかである。

第三　刑事一件記録の滅失処分と「裁判を受ける権利」

旧憲法第二四条は「日本臣民ハ法律ニ定メタル裁判官ノ裁判ヲ受クルノ権ヲ奪ハルルコトナシ」と規定し、同第五七、五八条の規定と照応して公正な裁判の権利を国民に保障したものと解されていたようであるが、勿論その前提としてそもそも裁判を受ける権利を保障したものである。この点、現行憲法三二条三七条と同趣旨と解される。そしてこの場合刑事事件に関しては再審請求の権利や刑事補償請求の権利も含まれているものといわなければならない。

ところで本件請求人らの「横浜事件」被告の場合、原決定も判示しているように「敗戦直後の米国軍の進駐が迫った混乱時に、いわゆる横浜事件関係の事件記録は焼却処分されたことがうかがわれる」のであるが、この処分行為は単なる私人としてでなく当時の国家機関の組織的行為としてなされたものであることは、その完全処分という徹底性からみて明らかなことである。当時の裁判検察警察関係機関が一致協力して治安維持法関係事件記録をすべて処分したのは第一には自己保身の目的であったとも思われるが、意識的無意識的に将来被告人その他関係者からの刑事訴追や再審請求、刑事補償請求などが遂行されるのを妨害乃至防御する目的もあったものであることも否定出来ない。なお旧法下でも刑事再審請求の他、刑事補償請求もさかんに行われていたことは判例などに明らかである。（原審での昭和六一年八月四日付再審請求理由追加補充書二項引用の、本件横浜事件の数年前に起こった拷問等で有名な神奈川県下の大疑獄事件関係大審院（昭一五・一二・一九）決定も刑事補償請求事件であり、昭和十三年治安維持法違反事件で訴追され無罪の言渡しをうけた大内兵衛教授も昭和十九年刑事補償の請求をした模様である〈別紙〉。）

原決定は請求人らの有罪判決書や記録がないことを主たる理由として再審請求について実質的に判断することを拒んでいる。しかしその列挙する理由はすべて請求人らの責めに帰すべきものでなく、かえって国家機関の側の責に帰すべきものである。このことは請求人らにとって実質的に再審請求権ひいては刑事補償請求権を奪うこととなり、新旧憲法がいずれも保障する「裁判を受ける権利」を実質的に奪う違憲の処分といわなければならない。このゆえに国家機関として裁判所は請求人らの有罪判決を復元し、再審を開始すべき憲法上の責務があるというべきである。

第四　刑事一件記録の滅失処分と再審での立証責任

右に述べたような本件「横浜事件」記録のたどった極めて特殊な事情（国家機関によって組織的計画的に滅失処分された）の下での再審請求事案において、「無罪」の証拠の「明白性」「新規性」などをいかに判断すべきかについて、原決定は本件の特殊事情を一切考慮することなく、警察官三人に対する特別公務員暴行傷害罪の有罪判決は「益田直彦に対する関係で有罪と認定されただけであって」、請求人らについてもあてはまるとは認められないとし、請求人提出の証拠によっては拷問があった事実を認めるには足らないとしている。しかししばしば指摘したように最高裁「白鳥決定」によれば「無罪を言渡すべき明らかな証拠」とは、「確定判決における事実認定につき合理的な疑いをいだかせ、その認定を覆すに足りる蓋然性のある証拠」と解すべきであるが、右の明らかな証拠であるかどうかは、(1)「もし当の証拠が確定判決を下した裁判所の審理中に提出されていたとするならば、はたしてその確定判決においてなされたような事実認定に到達したであろうかどうかという観点から、当の証拠と他の全証拠と総合的に評価して判断すべきであり」、(2)この判断に際しても、再審開始のためには「確定判決における事実認定につき合理的な疑いを生ぜしめれば足りるという意味において『疑わしいときは被告人の利益に』という刑事裁判における鉄則が適用される」ものと解すべきである、としている。

本件で提出した三警察官に対する特別公務員暴行傷害罪の確定有罪判決は請求人らと同じ一連の治安維持法違反容疑事件について、同じ神奈川県警察部特別高等課の左翼係長松下警部や同係取調主任柄沢、森川両警部補らの幹部指揮下に、同じ横浜市内の各警察署にほぼ時を同じくして拘束取調べを受けたものであることは客観的に明らかである。

請求人ら各人についてみると、川田定子(取調者松下、柄沢他)川田寿(定子と同じと推測される)、平館利雄(松下、森川他)、木村亨(松下、柄沢、森川他)、小野康人(森川、松下他)、畑中繁雄(松下、森川他)、小林英三郎(柄沢、松下他)、青山鋮治(柄沢他)と取調べを行った警察官の氏名が挙げられている(以上は各「口述書」による)。

このように有罪判決を受けた三警察官の名が全ての請求人の取調べ者、拷問者として指摘されているが、このほか三十二共同告訴人各人の「口述書」をみると、この三警察官らがいかに猛威を振るったかが明らかである。このように前記有罪判決は決して益田直彦だけに関するものではありえない。すくなくとも最高裁決定のいう「疑わしきは被告人の利益に」との原則に照らし、確定有罪判決の存在は「事実認定につき合理的疑いを生ぜしめるに足りる」ものといわなければならない。そしてこの場合「新証拠と総合評価」すべき全記録は国家機関によって故意に焼却ないし滅失処分されているのであるから、検察側は禁反言の原則からしても、「汚れた手」のままで抗争することは許されないものと思われる。

この意味で、少なくとも、本件新証拠たる確定有罪判決によって生じた、原有罪判決の事実認定についての合理的疑いをくつがえすことの立証の責任は、検察側にあるものといえよう。

※

昭和六三年(く)第五三号

決定

東京都江東区南砂二—三—一—六一〇
請求人　亡小野康人の妻
小野　貞

右小野康人に係る治安維持法違反被告事件の有罪の確定判決に対する再審請求事件について、昭和六三年三月二八日横浜地方裁判所がした再審請求棄却決定に対し、弁護人森川金寿ほか一名から即時抗告の申立があったので、当裁判所は検察官の意見を聴いたうえ、次のとおり決定する。

主　文

本件抗告を棄却する。

理　由

本件抗告の理由は、弁護人森川金寿ほか二〇名が連名で提出した即時抗告理由書及び同弁護人ほか一名が連名で提出した同補充書に記載されたとおりであるから、これらを引用する。

一　抗告理由第一について

所論は、要するに、一件記録、すなわち原判決における有罪認定の基礎となった証拠資料を備えた訴訟記録が存在しないことなどを理由に、原決定が本件再審請求を棄却したのは不当である、というのである。

よって、検討するに、本件においては、小野康人に対する原判決の謄本の写し（甲第一号証の一）が提出されているが、それによると、原判決は、小野に関する治安維持法違反の犯罪事実を認定した証拠として、被告人の当公廷における供述、被告人に対する予審第四回訊問調書の記載、本件記録編綴の相川博に対する予審第四回被告人訊問調書謄本の記載、被告人に対する司法警察官第一六回訊問調書の記載（原判決に「記添」とあるのは、「記載」の誤記と認める。）を掲げるのみで、それ以上の証拠説明などもしていないから、一件記録によらなければ、右各証拠の具体的内容を知ることはできないし、また、そのほかにどのような証拠が取り調べられたかも知ることができない。

しかるところ、本件においては、一件記録が存在せず、右各証拠の具体的内容等を知ることができないから、一件記録が存在しなくなった原因はともあれ、本件において新証拠として提出された証拠資料と、一件記録中の右各証拠などの旧証拠資料とを総合して、原判決の有罪認定に合理的な疑いを抱かせるに足りる蓋然性の有無を検討し、本件再審請求が、旧刑事訴訟法四八五条六号にいう「有罪の言渡を受けたる者に対して無罪を言渡すべき明確なる証拠を新に発見したるとき」との再審開始の要件を具備するか否かを判断するに由ないものといわざるを得ない。

なお、所論は、一件記録によらなくても、原判決の証拠構造等を客観的に推論することは可能であるとして、るる主張するが、小野が原判示の行為をするに際し、所論の主観的意図を有していた事実の認定のみに主眼を置いて、原判決が同人及び相川博の各供述を採証したものとは、にわかに断定することができないし、また、細川嘉六に対する治安維持法違反被告事件の訴訟記録の写しの中に、相川博、平館利雄及び木村亨の各手記（甲第二〇号証の四）が存在するからといって、原判決が採証した小野の供述内容も、これらと同様のものであったとは、にわかに推論することができない。

二　抗告理由第二について

所論は、要するに、本件において請求人が提出した新証拠、なかでも、益田直彦に対する警察官の拷問の事実を肯定した松下英太郎ほか二名に対する特別公務員暴行傷害被告事件の確定判決は、原判決の証拠とされた小野、相川両名の各供述も、警察官の拷問による結果の虚偽の自白であったことを立証する新証拠であるのに、このことを認めず、本件再審請求を棄却した原決定は不当である、というのである。

よって、検討するに、右被告事件の判決の写し（謄本の写しを含む。甲第四号証の一ないし三）、及び小野、相川の両名を含め、いわゆる横浜事件に連座したとされている者が作成した口述書の写し（甲第五号証の二の1ないし32）等を総合すると、右事件の取調べを担当した警察官によって、益田直彦に対してだけでなく、右両名に対しても拷問が行われたのではないかとの疑いを否定し去ることはできない。

しかし、前記のように、本件においては訴訟記録が存在せず、小野・相川両名の供述その他の旧証拠の内容を知ることができないため、右疑念があるにしても、右両名の供述内容の真偽を含めて、原判決の有罪認定に合理的な疑いを抱かせるに足りる蓋然性があるか否かを判断するに由ないものといわざるを得ないから、所論の確定判決も、いまだ旧刑事訴訟法四八五条六号にいう「有罪の言渡を受けたる者に対して無罪を言渡すべき明確なる証拠」に当たるとはいい得ない。

なお、所論は、小野、相川らに対する予審終結決定においては、いわゆる泊会議に関する事実が認定され、これについても治安維持法違反の嫌疑があるとされているのに、小野に対する原判決の認定事実中に右事実が存在しないのは、右両名の供述が虚偽であることを示す証左にほかならない旨主張する。

しかし、原判決が、右の予審終結決定にあるいわゆる泊会議に関する事実を認定しなかったからといつて、そのことから直ちに、原判決の認定事実を裏付ける小野、相川の供述内容が虚偽であると断定することはできない。

三　抗告理由第三について

所論は、要するに、いわゆる横浜事件の被告人ら本人を直接取り調べることなく、原決定が本件再審請求を棄却したのは不当である、というのである。

しかし、既に本件においては、右被告人らが昭和二〇年四月に、同事件の取調べを担当した警察官らを特別公務員暴行等の被疑者として告訴するに際し、その取調べの状況等を詳細に記述して作成した前記口述書の写しが提出されているのであって、右告訴以降の年月の経過等も考慮すると、その被告人ら本人を原審が直接取り調べたところで、右口述書以上の明確な供述が得られていたとは思われず、また、仮にそのような供述が得られていたとしても、一件記録も存在しない本件にあっては、その正確性・信用性を肯認し得ていたとも思われない。

四　結論

以上の次第で、所論はいずれも採用することができず、その他所論にかんがみ本件全資料を精査検討してみても、本件再審請求が、旧刑事訴訟法四八五条六号に該当せず、また、同条七号にも該当しないとして、これを棄却した原決定に誤りがあるものとは認められない。

したがって、本件抗告は理由がないから、同法四六六条一項により、主文のとおり決定する。

昭和六三年一二月一六日

東京高等裁判所第二刑事部

裁判長判事　坂本　武志

判事　田村　承三

判事　泉山　禎治

〈編集者注〉地裁決定と同様に、高裁決定も、判決書および予審終結決定がそろって存在した小野康人氏に対するのと、判決書を復元せざるを得なかった他の請求人とでは、文面は多少異なっている。小野氏の場合はやはり言葉を費やす必要があったということである。

しかし判決書は存在しなくても、予審終結決定が残っていた木村亨氏の場合、「原判決の内容のある程度の推測は可能」として、直ちに退けてはいない。が、結局は訴訟記録が存在しないの一点張りで棄却とされた。

畑中繁雄氏の場合も予審終結決定が残存していたが、同じ筆法で棄却、平館利雄氏は同じ満鉄グループの西沢富夫氏の判決書が存在しており手がかりが全くないわけではないが、やはり訴訟記録がないので判断不能、川田寿、定子氏の場合は特高が作成した「思想月報」に公訴事実の記載があり、判決の内容は類推できるが、しかしやはり訴訟記録がないので再審開始の判断はできないと結論している。
なお、「抗告理由第二」の特高警官による拷問については、地裁決定を修正して、益田直彦氏に対してだけでなく「請求人に対しても拷問が行われたのではないかとの疑いを否定し去ることはできない」と判定している。文面はどれも全く同じである。

※

決定

東京都杉並区――――

請求人　木村　亨

右請求人に係る治安維持法違反被告事件の有罪の確定判決に対する再審請求事件について、昭和六三年三月二八日横浜地方裁判所がした再審請求棄却決定に対し、請求人及び弁護人森川金寿ほか一名から即時抗告の申立があつたので、当裁判所は検察官の意見を聴いたうえ、次のとおり決定する。

主　文

本件抗告を棄却する。

理　由

本件抗告の理由は、弁護人森川金寿ほか二〇名が連名で提出した即時抗告理由書及び同弁護人ほか一名が連名で提出した同補充書に記載されたとおりであるから、これらを引用する。

一　抗告理由第一について

所論は、要するに、請求人に対する頭書被告事件の訴訟記録が存在しないことなどを理由に、原決定が本件再審請求を棄却したのは不当である、というのである。
よつて、検討するに、本件再審請求書には原判決の謄本の添付がないうえに、原判決の原本及び訴訟記録も存在しないから、原判決が、請求人に関するどのような治安維持法違反の犯罪事実を、取り調べたどのような証拠に基づいて認定したかを知ることができない。
ただ、原判決の原本及び訴訟記録が存在しなくなつたことについては、原決定が述べているような請求人に無関係の特殊な事情が介在していたともうかがわれるうえに、本件においては、請求人に対する予審終結決定の謄本の写し（甲第二号証の一）等の関係資料が提出されており、これらによると、原判決の内容のある程度の推測が可能で、再審請求の理由の有無を判断する手掛かりも全くないというわけではないから、本件再審請求書に原判決の謄本の添付を欠くという法律上の方式違反の点はさておいて、以下に検討を進めることとする。

右のように、請求人については、予審終結決定がなされているところ、その中で認定された事実と原判決が認定した事実とが、同一であるとは必ずしも断定し得ないとしても、後者が前者以外の事実を認定していたものとは考えられないし、また、いわゆる横浜事件の他の被告人らに対する判決謄本の写し等（甲第一号証の一ないし八）に照らすと、原判決もその事実を認定するについて、少なくとも被告人（請求人）の捜査段階、予審及び公判における供述中のある部分を証拠に採用していたのではないかと思われる。

しかし、前記のように、本件においては訴訟記録が存在しないため、細川嘉六に対する治安維持法違反被告事件の訴訟記録の写しの中に、請求人の手記（甲第二〇号証の四の一部）が存在するにしても、請求人が自身に対する被告事件において、どのような供述をしていたのか、その具体的内容を知ることはできない。

したがつて、本件において新証拠として提出された証拠資料と、訴訟記録中の右供述その他の旧証拠資料とを総合して、原判決の有罪認定に合理的な疑いを抱かせるに足りる蓋然性の有無を検討し、本件再審請求が、旧刑事訴訟法四八五条六号にいう「有罪の言渡を受けたる者に対して無罪を言渡すべき明確なる証拠を新に発見したるとき」との再審開始要件を具備するか否かを判断するに由ないものといわざるを得ない。

二　抗告理由第二について

所論は、要するに、本件において請求人が提出した新証拠、なかでも、益田直彦に対する警察官の拷問の事実を肯定した松下英太郎ほか二名に対する特別公務員暴行傷害被告事件の確定判決は、原判決が証拠として採用したとみられる請求人の供述も、警察官の拷問による結果の虚偽の自白であつたことを立証する新証拠であるのに、このことを認めず、本件再審請求を棄却した原決定は不当である、というのである。

よつて、検討するに、右被告事件の判決の写し（謄本の写しを含む。甲第四号証の一ないし三二）、及び請求人を含むいわゆる横浜事件の連座者が作成した口述書の写し（甲第五号証の二の1ないし32）等を総合すると、右事件の取調べを担当した警察官によつて、益田直彦に対してだけでなく、請求人に対しても拷問が行われたのではないかとの疑いを否定し去ることはできない。

しかし、前記のように、本件においては訴訟記録が存在せず、請求人の供述その他の旧証拠の内容を知ることができないため、右疑念があるにしても、請求人の供述内容の真偽を含めて、原判決の有罪認定に合理的な疑いを抱かせるに足りる蓋然性があるか否かを判断するに由ないものといわざるを得ないから、所論の確定判決も、いまだ旧刑事訴訟法四八五条六号にいう「有罪の言渡を受けたる者に対して無罪を言渡すべき明確なる証拠」に当たるとはいい得ない。

三　抗告理由第三について

所論は、要するに、請求人を含むいわゆる横浜事件の被告人ら本人を直接取り調べることなく、原決定が本件再審請求を棄却したのは不当である、というのである。

しかし、原判決以降長年月が経過し、かつ、訴訟記録も存在しない本件にあつては、原審が右被告人ら本人を直接取り調べたとしても、これにより、その決定の結論を左右するに足りるような供述が、得られていたものとは考えられない。

四　結論

以上の次第で、所論はいずれも採用することができず、その他所論にかんがみ本件全資料を精査検討してみても、本件再審請求が、旧刑事訴訟法四八五条六号に該当せず、また、同条七号にも該当しないとして、これを棄却した原決定に誤りがあるものとは認められない。

したがつて、本件抗告は理由がないから、同法四六六条一項により、主文のとおり決定する。

昭和六三年一二月一六日

東京高等裁判所第二刑事部

裁判長判事　坂本　武志

判事　田村　承三

判事　泉山　禎治

特別抗告審（最高裁）

■一九八八・12・24　特別抗告申立て
特別抗告理由書
■〃・12・26　東京高裁判事意見書
■一九八九・2・28　抗告理由補充書（弁護団）
■〃・2・28　抗告理由補充書（新井弁護人）
■〃・12・15　上申書（大法廷回付・口頭の弁論の開始の要請）
■一九九〇・2・5　上申書（ビデオ「横浜事件を生きて」提出の件）
■〃・8・15　求意見書（最高裁より最高検察庁検察官へ）
■〃・9・18　意見書（最高検検事から）
■〃・10・22　抗告理由補充書（検察官意見に対して）
■〃・10・24　抗告理由補充書（「山本老再審請求事件」第一小法廷決定に関連して）
■一九九一・1・17　抗告理由補充書（大赦令による赦免と再審請求）
大赦令について（小野、小林、木村請求人）
■〃・2・8　補充意見書（検察官より最高裁裁判長へ）
■〃・3・14　最高裁決定（棄却）

特別抗告の申立て

（く）五三号　再審請求人　亡小野康人妻　小野　貞
同　五四号　同　小林英三郎
同　五五号　同　畑中　繁雄
同　五六号　同　川田　定子
同　五七号　同　平館　利雄
同　五八号　同　亡川田　壽妻　川田　定子
同　五九号　同　木村　亨

東京都新宿区——
右七名弁護人弁護士　森川　金壽
横浜市中区——

同　弁護士　大川　隆司

右東京高等裁判所六三年（く）第五三号即時抗告事件について同裁判所が昭和六三年一二月一六日付でなした棄却決定は不服につき、ここに特別抗告を致します

昭和六三年一二月二四日

右弁護人弁護士　森川　金壽

同　大川　隆司

最高裁判所　御中

特別抗告理由書

はじめに——最高裁への要望と期待

本件「横浜事件」は、昭和十七年から敗戦の年にかけての、大規模な思想言論出版に対する弾圧事件として、また苛酷な拷問事件として著名でありますが、それと共に判決その他一切の刑事訴訟記録が敗戦後米軍進駐前、自己保身に目がくらんだ特高警察、裁判検察機関の統一的組織的な計画の下に焼却いんめつ処分にふせられたことによっても悪名が高い事件であります。この点第一審決定も「敗戦直後の米国の進駐が迫った混乱時に……焼却処分されたことが窺われる」としております。

原決定もこの前提の下に例えば「小野に対する判決に証拠説明がないから、一件記録によらなければ右各証拠の具体的内容を知ることは出来ないし、またそのほかにどのような証拠が取調べられたかも知ることができない」として、要するに一件記録が存在しないから再審開始事由に「該当するか否かを判断するに由ない」とし、なお「一件記録が存在しなくなった原因はともあれ」と第三者的傍観的態度を取っております。

そして拷問の点についても、小野、相川の「両人に対しても拷問が行われたのではないかとの疑いを否定し去ることはできない」としつつも、訴訟記録が存在しないため小野らの供述その他の旧証拠の内容を知ることができないなどの理由により再審理由の判断ができないとしております。

さらに被告人本人の取調べに関しても「一件記録も存在しない本件にあっては、その正確性、信用性を肯認し得ていたとも思われない」として、請求人の各主張を退けております。

これらのことは結局「訴訟記録が存在しないからいかんともしがたい」ということに帰し、それだけのことなら敢えて高等裁判所の判断を煩わすこともないことであります。前記原決定の言う「記録の存在しなくなった原因はともあれ」との文書の「ともあれ」ではすまされないから、請求人たちは本件再審請求に及んでいるのでありまして、この点の責任を如何にしてくれるのかということを裁判所に問うているのであります。すなわち、原

決定がたちどまった地点が、まさに出発点なのであります。

勿論、請求人らとしては、これまで長期間にわたりあらゆる努力を払って判決その他記録捜しをしてきたのでありまして、けっして漫然拱手していたものではありません。しかし民間人の力には限度がありまして、この上は本来記録保管責任のある裁判検察当局の積極的努力を期待してきたのであります（その結果、和田喜太郎被告の判決が入手できたなどのことはありますが）。

もし原決定のような消極的態度をとるのであれば、本件のような一切を闇に葬り去るべく国家機関による組織的犯罪が行われた事件については、何らの救済手段もとることができず、いたずらに犯人たちをしてほくそ笑ましめるだけであります。

もっとも、本件のような前例を見ないような内容を含む複雑な事件に就いては、下級審裁判所よりも、むしろ人権擁護の最後の砦である最高裁判所による大所高所からの判断にまつべきものであるかも知れません。

以下、抗告理由の諸点を順次陳述いたします。

抗告理由第一点

原決定は憲法（三二条、三一条、一三条）の違反又はその解釈の誤りがある

前述の如く原決定は訴訟記録の存在しないことを理由として、実質的に、再審開始要件を具備するか否かについての一切の判断を拒んでいるのでありますが、そもそも訴訟記録の存在しないこと自体、国家機関の一部であった裁判所も加担して、「横浜事件」関係一切の記録を闇に葬り去ったのでありますから、同じ国家機関の一部である現裁判所としては、記録の不存在をもって判断拒否の理由とすることは許されないはずであります。

これを例えば益田直彦被告人の場合についてみれば、同人に対する特別高等警察官三名による拷問致傷による特別公務員暴行傷害罪の有罪判決は確定しているので同人から再審請求が有れば当然再審開始の条件が具備されていると解すべきものとおもわれますが、この場合でも原審裁判所の態度からすれば、訴訟記録が存在しないからとして再審開始をこばむことになるのではないでしょうか。現行刑訴法によれば「原判決の証拠となった書面を作成し若しくは供述をした司法警察職員」の職務犯罪につき確定有罪判決あるときは当然再審の自由とされているが（四三五条七号—旧法の場合も実質的には同趣旨と解される）、この場合でも記録不存在の理由で再審審理に深入りすることをこばむことになるのであろうか。それではあまりに不条理ではないか。

既にこれまでに指摘したように、昭和二〇・三・一九付け司法省刑事局長通牒では「（判決原本が）滅失した

るときは裁判所に於いて再び判決の原本を作成し得るものと解すべく、若し判事死亡したる等の理由に因り判決原本作成すること能わざるときは裁判所当該事件につき再び審理判決を為すべきものとす」としている。これは刑の執行に関するものとしても本件のような人権回復の請求の場合十分に考慮せらるべきものと思われます。

最高裁大法廷昭和二六・七・一八決定も「天災事変等により裁判書の原本滅失した場合」の処置につき、犯行、刑の種類及び範囲を具体的に明確ならしめるに足りるその他の証拠資料を添附して裁判執行の指揮をすることができると判示しています。特に同決定に於ける沢田、藤田両裁判官の意見は、この様な場合裁判官が検察官の申請により「慎重審理を遂げた上裁判の内容及びその確定について之を確認しうるときは認証ある書類を検察官に交付して刑の執行を許すべ」きことを主張しております。

これらの事案は本件と異なり天災事変等に因る場合でありますが、本件のような国家機関に因って人為的に記録を滅失した場合には当然国家機関がその償いをなすべきものと信ぜられ、この場合裁判所が本人等の証言を慎重判断して人権の回復に務むべきものであり、憲法三二条「何人も、裁判所に於いて裁判を受ける権利を奪われない」、同三一条（適法の手続きの保障）、同一三条（個人の尊重、生命・自由・幸福追求の権利の尊重）の趣旨に沿う所以であると信じます。

しかるに原決定はこれらの憲法条項（旧憲法二四条も裁判を受ける権利を保障している）に留意することなく（この点原審補充書第三点で主張した）請求人・抗告人の主張を退けたことは、これらの憲法条項に違反したかまたはその解釈を誤ったものとして、破棄取消しを免がれない。

抗告理由第二点

原決定は憲法三六条（拷問及び残虐な刑罰の禁止）三八条（不利益供述の禁止、自白の証拠能力）などの規定の解釈を誤ったもので破棄取消しを免れない

原決定は各請求人らに就いて「拷問が行われたのではないかとの疑いを否定し去ることはできない」と述べております。しかしこの場合も「本件に於いては訴訟記録が存在せず、請求人の供述その他の旧証拠の内容を知ることができないため」として結局「原判決の有罪認定に合理的な疑いを抱かせるに足りる蓋然性が有るか否かを判断するに由ない」として請求人らの主張を退けています。

然しながら「拷問が行われた疑い」があるならば、刑事訴訟法三一九条（任意にされたものでない疑いのある自白）の規定の趣旨により、それだけで「原判決の有罪認定に合理的な疑いを抱かせる蓋然性」がある場合にあ

たるものといえないであろうか（もとより記録以外の証拠をも勘案して）。

原決定はこの点に於いて、前記憲法各条の規定の解釈を誤ったものと言わなければなりません。

抗告理由第三点

原決定は最高裁判所の判例（昭和二六・七・一八大法廷決定刑集五―八―一四七六）（いわゆる山本老事件）または広島高等裁判所昭和六二・五・一決定（いわゆる加藤再審事件）乃至同裁判所昭和五一・九・一八決定（いわゆる加藤再審事件）に反する判断をしているから、破棄取消しを免れない

（一）前掲最高裁の昭和二六年の決定は、刑の執行に関するものではありますが、実質的には本件のような人為的に国家機関の手により組織的計画的に記録一切をいん滅せしめた場合の再審請求に、その趣旨は先例となり得るものと思います。本件の場合、前掲沢田、藤田両裁判官の意見の様に、この先例に鑑みて原審に於いても裁判所が記録の不存在を理由とすることなく、請求人・弁護人側の苦心して原有罪判決を再構成した方法等により、再審を開始すべきであったものと思われます。

（二）かりに右（一）の判例が適切な事案でないとしても、右広島高等裁判所の決定（判例時報１２３３号）の事案の場合は訴訟記録の大部分が広島市への原爆投下による戦災のため焼失したケースにも拘らず、「確定判決の証拠構造を推論」し「記録のない本件においては香川鑑定書控に基いて香川鑑定書の検討をすすめることが許されると解するのが相当」として審理を進めている。そして証人六名及び請求人を二回にわたり尋問したりしている。このことは記録の無いことを理由に「一件記録も存在しない本件にあっては、その正確性信用性を肯認し得ていたものとも思われない」として請求本人や申請証人をとりしらべなかった本件と大きな差異があると言わざるを得ません。

また同じく広島高等裁判所昭和五一・九・一八決定（いわゆる加藤再審事件、判例時報８２７号）は「原判決書三通のほか、他に記録のないような場合」について「しかし原確定記録によらなければ常に原判決の認定に関連する諸事実その他原訴訟及び捜査手続き等の関係事実につき、他の資料による立証を全く許さないということになると、もし偶々右記録の全部もしくは一部が焼失、盗難、紛失等の理由で無くなったような場合、これら全く請求人に関係のない偶然的事情によって記録のある場合に比し請求人に不当に不利益な結果を招来する事態の発生も考えられ……特に記録のない場合に限り、かつ再審請求理由の判断に必要な限度では右立証を認めるべき

ものと解される」として証拠調のうえ再審開始の決定をしております。
本件原決定は、これら両高等裁判所の判例と相反する判断をした場合にあたります。

抗告理由第四点

原決定は刑訴法四一一条一号（法令違反）三号（重大な事実誤認）の事由があり、これを破棄しなければ著しく正義に反する場合にあたるので破棄取消しを求める

上記の如く原決定は請求人らに対する拷問の疑いを否定できないとしながら、訴訟記録のないことを理由に請求人らの主張を退けておりますが、刑訴法三一九条一項の規定は「拷問による自白、不当に長く抑留・拘禁された後の自白その他任意にされたものでない疑いのある自白はこれを証拠とすることができない」としており、原決定の言うような「拷問が行われたのではないかとの疑いを否定し去ることが出来ない」とするならば、請求人らすべては特高警察官らの拷問によって自白を強制されたことは本人供述書などによって極めて明らかであり、かつ請求人らが不当に長くしかも不衛生な留置場に拘禁せられていたことは記録自体で明らかなことであるから、訴訟記録がなくても「原判決の有罪認定に合理的な疑いを抱かせるに足りる蓋然性」があることはきわめて明らかなことであります。

例えば小野康人被告の犯罪事実として挙げられているのは、僅かに「細川論文」を『改造』誌にのせるについて校正をしたとか、金二十円を細川家族の救援のためカンパしたという事実だけなのであります。雑誌社員が雑誌の校正をするのは業務上当り前の仕事であって、その意図を治安維持法に当はめられるように自白せしめたのが拷問によったものであることは明らかであります。またカンパについてみれば人情友情の発露にすぎず風見章氏のごときは金一千円をカンパしたのに何等とがめられていないことは細川予審調書の記載でも明らかであり、きわめて不公平、恣意的な判断であります。

これらの事実は追って詳細補充いたしますが、原決定はこれらの事実があるにもかかわらず請求人らの再審開始の要求をいれなかったことは刑訴法四一一条一号及び三号の事由がある場合にあたり、かつ原決定を破棄しなければ著しく正義に反するものでありますから破棄せられたい。

＊

昭和六三年（く）第五三号

意見書

請求人　亡小野康人の妻　小野　貞

右の者からの再審請求事件について、昭和六三年一二月一六日当裁判所がした即時抗告棄却決定に対し、弁護人から特別抗告の申立てがあったが、右申立ては理由がないものと思料する。

昭和六三年一二月二六日

東京高等裁判所第二刑事部

裁判長判事　坂本　武志

判事　田村　承三

判事　泉山　禎治

※

昭和六三年（し）第一二四号乃至一三〇号

抗告理由補充書

特別抗告人　再審請求人　亡小野康人の妻　小野　貞

同　小林英三郎

同　畑中　繁雄

同　川田　定子

同　平館　利雄

同　亡川田　壽の妻　川田　定子

同　木村　亨

右特別抗告事件に付後記のとおり抗告理由を補充致します

一九八九年（平成元年）二月二八日

右弁護人　弁護士　森川　金寿

内田　剛弘

戸田　謙

新井　章

最高裁判所

第二小法廷　御中

「はじめに——最高裁判所への要望と期待」への補充

（一）本件原記録の所在追及についての請求人らの努力

請求人・弁護人らは、本件原記録の所在については国内外にわたり、その原本又は謄本類所在の可能性があると推定される関係機関等へは、左記のとおり極力照会問合わせをしてきました。

記

1　横浜地方検察庁――この結果それまで五件しかないとされてきた（昭和四二年海野普吉弁護人に対する同検察庁の回答―甲七の一海野普吉『ある弁護士の歩み』）原判決の外二件（益田直彦　手島正毅各判決）を加え得た。

2　横浜刑務所――裁判所の照会に対し和田喜太郎被告人に対する判決が送付された。

3　法務大臣に対する「横浜事件」関係記録の開示申請（別紙一）――昭和一六・五・二六司法大臣訓令、同二〇・一〇・六司法省刑事局長通牒による治安維持法国防保安法など「思想関係事件」裁判書乃至一件記録証拠物件等の保管の責任に基づく。

同申請に対しては、同省には保管されていない旨の回答（別紙二）があった。

4　最高裁判所に対する「横浜事件」判決など開示申請（別紙三）――目下申請中。

5　米国大統領への請願（別紙四の一、二）――これに対しては「協力する」旨の好意的回答（別紙五の一、二、三、四）を得た。なお同回答の中に指示された日本の国立国会図書館の保管文書類を弁護人らが調査したが関係資料は発見出来なかった。また同回答に指示されていると思われる米国メリーランド所在の国立文書館等についてはこれまで人を介して調査して貰ったことがあるが、これまでのところ発見されていない。

請求人弁護人らとしては、理屈はともかく自分たちの手によって出来得る限りの努力を尽くしてみようとして来たのでありますが、これ以上は民間市民の力によってはきわめて困難であります。しかしながらこれまでの成果の活用により、関係被告人のほぼ全員について原判決とほぼ同一内容の判決文を再構成することができたのであります。原決定もこれについての努力をみとめたものか、判決謄本の添附を欠くほぼ全員（小林英三郎被告分を除く）について、ともかくも再審開始理由の有無についての検討を進めたのであります。

原決定は遺憾ながらそれ以上には深く進まなかったのではありますが、これは原審が本件の特異性を看過し、通常の事件として審理を進められた過ちによるものであります。この点最高裁判所としては、原審よりさらに百歩を進められ、究極的にこれ以上記録が存在しないことを前提として再審を開始せられ、請求人らの人権を伸長せられることを切望致します。

(二)　本件治安維持法違反被告事件の特徴と供述調書等の不存在への対応

原決定は請求人乃至被相続各人について「拷問のあった疑いを否定し去ることはできない」としつつも、訴訟記録が存在しないため、例えば小野康人被告について「一件記録によらなければ右（原判決に掲げる）各証拠の具体的内容を知ることはできないし……」とか、拷問の疑いが否定し去ることができないとしても「小野、相川両名の供述その他の旧証拠の内容を知ることができない」ためなどの理由で「原判決の有罪認定に合理的な疑いを抱かせるに足りる蓋然性があるか否かを判断するに由ない」とし、また各本人らを取調べてみても「一件記録の存在しない本件にあっては、その正確性、信用性を肯認し得ていたものとも思われない」等として、そこから一歩も前進しようとしない態度をとっております。

しかし、例えば小野被告人に対する原判決の犯罪事実として挙げられているものは「両結社」の性格目的を「知悉し」「支持し」「両結社の目的達成に寄与せんことを企図して」第一（1）「細川論文」を雑誌改造に掲載するについて、これを「該論文が共産主義的啓蒙論文なることを知悉しながら」これを支持し、（2）校正に尽力したこと、第二、細川家族の救援の要請に応じ金二十円を出金したこと、の二点に過ぎません。

第一の事実については、同人は改造社の社員として当然の職務行為をなしたまでであり、それじたい何らの法に触れるものではありません。そしてこれらの客観的な行為を為したかどうかの事実については、改造誌の存在、担当職制により何ら争いがあるべきものではなく、問題は前提となる「両結社」の性格目的を「知悉し」「支持し」「両結社の目的達成に寄与せんことを企図して」行なったのかどうかという主観的思想のいかんにかかるものであり、また「該論文が共産主義的啓蒙論文なることを知悉しながら」との点についても主観的心理の問題に属するもので、原決定がいうような「一件記録が存在しないため、小野らの供述その他の旧証拠の内容を知ることができない」等という程の複雑多岐にわたるような事柄ではありません。

そして「該論文が共産主義的啓蒙論文」であるかどうかということは当該論文を読めば分かることであり、結局被告人がそのことを「知悉し」ていたかという点が問題となるにすぎないが、このことも細川論文を客観的に評価すればすむことであります。

「共産主義的啓蒙論文」ということは当局側の一方的な評価にすぎず、仮に被告人がそう供述したところでそれじたい無意味というべきであります。いずれにせよこの場合小野被告人の供述調書の内容を知らなければ再審開始理由の判断が出来ないというようなものではあり得ません。第二の事実も極めて簡単なことでカンパそのものについて争いが有るはずのものではなく、千円を出した風見章氏と取扱いの差異は、「両結社」の性格目的を「知悉し」「支持し」「両結社の目的達成に寄与せんことを企図して」カンパしたかどうかという主観的内面の心理、思想にすぎません。

本件のような治安維持法違反被告事件の特徴は、具体的結果についてではなく、それを行なった動機目的という内面の思想心理を追及の対象とするものであり（「思想事件」）、思想係りの作業は「ひとの外形的行為とかかわりのない精神の内奥への立入りであり介入である」（奥平康弘『治安維持法小史』191頁）。

被疑者被告人に共産主義者レッテルを押付け、「両結社」との結付きを認めさせるには警察留置場という悪名高い「代用監獄」と「拷問」が徹底的無慈悲に悪用されました。小野被告人に対しても例外ではありません（甲五―二―9口述書）。松下ら特別高等警察幹部らの特別公務員暴行傷害罪有罪判決の証拠とされた益田直彦口述書（甲五―二―3）によれば「否認は命がけなり」と威嚇し、「泊会合」が「党再建」の目的だとする虚構の構想を押付け激しい拷問を加えたり、「我々は貴様たち共産主義者は殺しても差支えないことになっているのだ」「数日前も一人殺した」「小林多喜二を知っているか」などと、生命の危害をもって脅迫したりした結果、結局暴力に屈し「万事赤池（巡査）に一任、彼の思い通りの手記の代筆をさせた」ことがうかがえますが、このことは同じ神奈川県特高警察によって取調べられた「横浜事件」関係被疑者被告人に共通の事実であって、その政治的社会的地位のためか比較的暴力的強制に会わなかった細川嘉六被告人（予審第九回訊問調書第九問答）をして、虚構の手記を書かされた平館利雄、相川博、木村亨らの「精神鑑定」を要請せしめた所以であります。

ここに至っては原決定の言うような原供述調書その他の原記録がないから判断できないというより以前の、当時の特高警察特有の取調べ方式に対する認識の有無の問題であり、いやしくも治安維持法関係事件を審理する場合、普通一般の認識では事の真実発見には極めて不十分であります。

(三)「疑わしきは被告人の利益に」の原則について

「証拠の明白性の意義をどのように理解するかは、明白性の有無の判断方法『疑わしいときは被告人の利益に』の原則と密接に関連」する（青柳文雄氏ら五名共著『注解刑事訴訟法』第四巻432頁）といわれる。この点に関して最高裁白鳥決定は「無罪を言渡すべき明らかな証拠」とは「確定判決の事実認定につき合理的な疑いをいだかせ、その認定を覆すに足りる蓋然性のある証拠をいう」とした。右の解釈は「高度の蓋然性」という限定を加えることなく単に「蓋然性」としていること、その蓋然性も「有罪等の確定判決を覆し無罪等の事実認定に到達する」ものではなく、「確定判決の事実認定につき合理的な疑いをいだかせ、その認定を覆すに足りる」蓋然性をもって足りる趣旨と解されている。そしてこのような解釈は再審請求に対する再審理由の有無の審判についても「疑わしいときは被告人の利益に」の原則の適用を肯定する考え方と一体不可分の関連性をもつものと理解されるとする（前掲書433頁）。そして「白鳥決定」はこの点について「再審開始のためには確定判決における事実認定につき合理的な疑いを生ぜしめれば足りるという意味において『疑わしいときは被告人の利益に』という刑事裁判における鉄則が適用される」と判示した。

つづく最高裁財田川決定は更に敷衍して、「この原則を具体的に適用するにあたっては、確定判決が認定した犯罪事実の不存在が確実であるとの心証を得ることを必要とするものではなく、確定判決における事実認定の正当性についての疑いが合理的な理由に基づくものであることを必要とし、かつ、これをもって足りると解すべきである」としました。

本件では取調べに当たった特高幹部三名に対する特別公務員暴行傷害罪の有罪確定判決の存在は、益田被告人と同じ特高警察官らによって同じ治安維持法違反罪のかどによって同じ時期に同じ横浜市内の警察署で取調べを受けた本件請求人らに対する関係において、白鳥決定のいう「確定判決における事実認定につき合理的な疑いを生ぜしめ」るもの、ないしは財田川決定にいう「確定判決における事実認定の正当性についての疑いが合理的な理由に基づくもの」といえないであろうか。ことに本件においては前述の如く国家権力によって計画的に処分せられた経過からして、国家権力の側にとって本件旧記録の存在は不利であるから処分されたものと見るべきであるから、旧記録不存在の事実は原決定のように請求人側にとって不利に考えるべきでなく、「疑わしいときは被告人の利益に」の原則がことに強く適用されてしかるべきものと信じます。

（四）旧刑訴法四八五条「七号」の事由について

本件「横浜事件」は取調べに当たった特高警察幹部三名とも特別公務員暴行傷害罪で有罪確定判決を受けたという、現行刑訴法四三五条七号に該当する典型的事案でありまして、これは益田直彦被告については直接該当するがその他の被告人らについても前記の如く実質的に同じことが言えると思われます。

ただ旧法四八五条「七号」には司法警察官が含まれていないが、実質的に最も猛威を振っていたと思われる特高警官らによる拷問の事実の顕著な本件は、戦後の新法「七号」の規定の中に「司法警察職員」を加えるについて影響を及ぼしたものと思われます。いずれにせよこの種治安維持法関係事件で、取調べに当たった警察官らによる拷問のかどで有罪確定判決が存在する唯一ともいえる本件「横浜事件」の再審請求審理にあたっては、この拷問の明白な証拠の存在について特別の注意を払っていただきたい。

（五）本件は国際的にも注目される重大人権事案である

本件横浜事件被告人らに関する取調べは、戦前は勿論今日でも悪名の高い「代用監獄」―警察留置場に長期間拘禁のうえ、同署建物内で多数の荒くれ男たちによって、無抵抗無防備の一人だけを取囲んで残虐非道な暴行脅迫をほしいままにしたという、典型的な人権じゅうりん事件として今日国際的にも注目されつつあります。

現在政治問題化している「拘禁二法」と関連して国連人権委員会等でも日本の「代用監獄」は日本語でそのまま発音されるほど注目されつつありますが、本件横浜事件再審請求の結果いかんは国際的にも批判の目にさらされるものと思われます。人権の砦としての貴裁判所の真髄を発揮せられることを切に期待致します。

抗告理由各点の補充

一、抗告理由第三点（判例違反）の補充

原決定は最高裁判所の判例（昭和五〇・五・二〇最高裁「白鳥事件」再審請求に関する特別抗告決定、同五一・一〇・一二「財田川再審請求事件」特別抗告決定）に反する判断をしているから、破棄取消しを免れない。

前記「はじめに」の（三）『疑わしきは被告人の利益に』の原則について」の項で述べたように、最高裁「白鳥決定」は「無罪を言渡すべき明らかな証拠」とは「確定判決の事実認定につき合理的な疑いをいだかせその認定を覆すに足りる蓋然性のある証拠をいう」とし、その蓋然性も「有罪などの確定判決を覆し無罪等の事実認定に到達する」ものでなく「確定判決の事案認定につき合理的な疑いをいだかせ、その認定を覆すに足りる」蓋然性をもって足りる趣旨と解されている（前掲青柳ら『注解刑事訴訟法』４３３頁）。

しかるに原決定は松下等特高警察官の有罪判決その他を総合すると「益田直彦に対してだけでなく右両名（小野、相川）に対しても拷問が行なわれたのではないかとの疑いを否定し去ることはできない」と、きわめて合理的な疑問を呈しておりながら、「本件においては訴訟記

録が存在せず小野、相川両名の供述その他の旧証拠の内容を知ることができないため、右疑念があるにしても、右両名の供述内容の真偽を含めて、原判決の有罪認定に合理的な疑いを抱かせるに足りる蓋然性があるか否かを判断するに由ないものといわざるを得ない」としている。

しかしそもそも拷問が行なわれた疑いが認められるとすれば、それがいかなる目的で小野らに加えられたかについては、「容疑事実」を認めさせることにあったことは言をまたないところである。そして本件小野らの容疑の主たるものは「泊会合」が党再建のための会議であっかどうかについてであり（小野にたいする予審終結決定）、原判決の第一（細川論文の掲載、校正）、第二（細川家族への金二十円のカンパ）容疑事実については、「校正」「カンパ」などの外形的事実については争う余地もないことであり、ただそれらの行為の趣旨目的が「両結社」の目的遂行の為であったかという点に、すなわち小野の内面心理、思想如何に取調べの焦点がしぼられて行ったであろうことは容易に推定出来る事柄であります（甲五—二—9小野口述書参照）。

したがってこの「拷問の疑い」が否定できないとすれば、「再審無罪」とまではいえなくとも、「再審開始」の要件としての「原判決の有罪認定に合理的な疑いを抱かせるに足りる」蓋然性があるというに十分ではないでしょうか。ことに本件においては一件旧記録が国家機関ないし関係者によって滅失処分せられた疑いが顕著であることを考慮するのが必要であるから、「疑わしきときは被告人の利益に」の原則が適用されなければならないと信ぜられるのであります（旧記録を処分してしまったのは再審請求を含め旧悪の暴露を妨げんとしたものと思われる）。

なお最高裁「財田川再審事件」決定も「白鳥決定」を敷衍して「この原則を具体的に適用するにあたっては、確定判決が認定した犯罪事実の不存在が確実であるとの心証を得ることを必要とするものではなく、確定判決における事実認定の正当性についての疑いが合理的な理由に基づくものであることを必要とし、かつ、これをもって足りると解すべきである」としましたが、原決定はこの点で最高裁「白鳥決定」「財田川決定」の趣旨に反する判断をしているから破棄さるべきであります

一、抗告理由第四点中、刑事訴訟法四一一条一号（法令違反）の事由の補充

前項「判例」違反の主張がかりに容れられないとしても、原決定が被告人らに対する拷問の疑いを否定し去ることは出来ないとしながらも、訴訟記録の無いことを理由として請求人らの請求を退け「原判決の有罪認定に合

理的な疑いを抱かせるに足りる蓋然性があるか否かを判断するに由ない」としたことは、旧刑訴法四八五条六号の規定の解釈を誤ったからであり、これが判決に影響を及ぼすものであることは明らかであります。

けだし本件のような治安維持法違反被告事件において拷問が行なわれたということは、被告人に対して取調官の意に添わない供述を許さず、警察側の見込んだ構想を被疑者被告人に押付けるということにほかならず、その虚構の供述をもとに作られた判決は重大な疑いを以てみるべきものであり、少なくとも再審開始のための「合理的疑いを抱かせ、その認定を覆すに足りる蓋然性がある証拠」と言えるからであります。そしてこの場合は「疑わしきときは被告人の利益に」の原則が働くので、原決定が指摘するような旧記録の不存在はむしろ訴追側に不利に働くものであります。訴追側があくまでもその意思を貫徹しようとするならば一切の旧記録を呈示すべきであります。

一、抗告理由第四点中、刑事訴訟法四一一条三号(重大な事実誤認)の事由の補充

原決定は被告人小野らに対して特高警察官らによる「拷問が行なわれたのではないかとの疑いを否定し去ることができない」としながらも訴訟記録の不存在の故に「原判決の有罪認定に合理的な疑いを抱かせるに足りる蓋然性があるか否かを判断するに由ない」とする。しかし前記「はじめに」の(二)「本件治安維持法違反被告事件の特徴と供述調書等の不存在への対応」の項で述べたように、例えば小野康人被告に対する有罪判決の犯罪事実としてあげられているものはきわめて単純な事柄で、その外形事実だけに関しては何ら争いのありえないことがらであります。問題はそれらの行為が「両結社」の目的遂行の為になされたかどうかの内面の心理状態に関する問題であり、それは取調官側でその勝手な見込みを暴力と死の脅迫とを以ておしつけるものであり、原決定の言うごとく拷問の疑いを否定し得ないとすれば、供述調書等の存在は再審開始のための審理にとって不可欠とはいい得ないと思われます。この点において原決定は、旧記録を不可欠としたことに於いて前記の法令の解釈の違反があるとともに、本件のような治安維持法違反被告事件の特殊性についての事実を誤認し、その誤認が原決定に影響をおよぼしているから、破棄せらるべきであります。

次に原決定は小野らの予審終結決定においては「泊会議」に関する事実が認定され、これについても治安維持法違反の嫌疑があるとされているのに、小野に対する原判決の認定事実中に右事実が存在しないのは小野らの供述が虚偽である事を示す証左にほかならない旨の請求人

側の主張に対して、原決定は「そのことから直ちに、原判決の認定事実を裏付ける小野らの供述内容が虚偽であると断定することはできない」としています。

しかしそもそも小野らが検挙されるに至ったのは、先に検挙された西沢、平館らの家宅捜索の際に発見された泊での記念写真によるもので、この「泊会合」を「党再建」の会議と見込んだ特高警察によって、その筋書きを被疑者が認めるまで、きわめて激しい暴行脅迫が加えられ、その結果虚偽の供述が行なわれたことは容易に推定できることであります。その一番重大視された「泊会議」関係の容疑が敗戦の時期を境として忽然として容疑事実から外されてしまったことは、予審終結決定がいかに虚偽の供述の強制によって作成せられた調書などに基づいていたかを示すものであります。原決定は「そのことから直ちに……」といっていますが、予審終結決定で最も重要視された（同決定第一の事実）「泊会議」関係が判決の中では取上げられなかった事実は、被告人らが否認したにもかかわらずむりやりに認める調書が作成せられたことを示すものにほかなりません。

原決定も少なくとも小野らに対して拷問が行なわれたことを否定し得ないとしているのでありますから、「泊会議」関係だけでなく、小野に対する原判決判示の犯罪事実に関しても同様な拷問がおこなわれたことは容易に推定できることであります。この点について小野口述書には取調べの状況がきわめて詳細に記載せられております。たとえば（問）「泊で何を話したか？」に対して、取調べの森川警部補は自ら（答）「政治の中核体に就いて色々熟議しました」と書く。あるいはまた（問）「改造社長山本実彦を伺う思うか？」の問に対して同警部補はみずから（答）「彼は共産主義者であります。殊にソ連旅行後は、五ケ年計画の成果に賛嘆し一日も早き共産革命の達成を望んでいました」と書いてしまうという具合であります。

小野被告人に対する拷問も他と同様酷烈をきわめ、「彼等は本当に実行すると（「殺してやる」）痛感する程酷いものでした。木刀で打つ、靴で蹴る、椅子でなぐる……私の髪をとらえて引据え、額をコンクリートに打ちつける……」等など。

原決定は「告訴以降の年月の経過も考慮すると、被告人ら本人を原審が直接取調べたところで右口述書以上の明確な供述が得られていたとは思われず」と述べていますが、一度受けた拷問取調べの状況は年月の経過によって必ずしも薄れるものではなく、むしろ裁判官等による適切な質問によって新たな事実が判明したり（例えば康人妻小野貞は警察から宅下げの衣類に背から腹にかけてべったりと血がついていたことを証言している〈注〉）、よりよく事実が明らかになることは経験上明らかなことであります。原決定がこのことに思いを致さず本人らの取調べの申請を退けたために、拷問取調べの詳細について重大な事実誤認に陥ったものと思われます。

原決定はこの点に就いて重大な事実を誤認しその誤認は原決定に影響を及ぼすことが明らかであるから破棄せられるべきであります。

〈注〉小野貞他一人著『横浜事件―妻と妹の手記』143・44、特に143頁（益田直彦氏が来訪したとき、血だらけの康人氏のひとえ（単衣）を不用意に捨ててしまったことを「それは惜しいことをした」としきりに残念がった。）

※

昭和六三年（し）第一二四号

昭和六三年（し）第一二四号乃至一三〇号

抗告理由補充書

特別抗告人再審請求人亡小野康人の妻　小野　貞

同　小林英三郎

同　畑中　繁雄

同　川田　定子

同　平館　利雄

同　亡川田　壽の妻　川田　定子

同　木村　亨

右特別抗告事件に付後記のとおり抗告理由を補充致します

一九八九年（平成元年）二月二八日

右弁護人　弁護士　新井　章

最高裁判所

第二小法廷　御中

第三　抗告理由第三点の補充

特別抗告申立書記載の抗告理由第三点について、請求人らは以下のとおり論旨を補充する。

一　原決定の判断

原決定は、亡小野康人にかかる件については、原判決の謄本の写し（甲第一号証の一）によって、原判決が有罪認定した証拠が、①被告人小野の当公廷における供述、②同被告人に対する予審第四回訊問調書の記載、③相川博に対する予審第四回被告人訊問調書謄本の記載、および、④被告人小野に対する司法警察官第一六回訊問調書

の記載　の四点であることを認定しながら、原判決にはそれ以上の証拠説明がなく、したがって、「一件記録によらなければ右各証拠の具体的内容を知ることはできない」から、これらのいわば旧証拠資料と新たに提出された証拠資料とを総合的に検討して、原判決に再審開始の事由ありや否やを判断するに由なしとした。

他方また、木村亨らその余の再審請求人（ただし小林英三郎をのぞく）にかかる件についての原決定は、原判決の原本や訴訟記録が存在しないことを認めつつも、「予審終結決定の謄本の写し（甲第二号証の一）等によると、原判決の内容のある程度の推測が可能で」あり、「再審請求の理由の有無を判断する手掛りも全くないというわけではない」などとし、その上で、さらに、「予審終結決定の中で認定された事実と原判決が認定した事実とが同一であるとは必ずしも断定し得ないとしても、後者が前者以外の事実を認定していたものとは考えられないし、また、いわゆる横浜事件の他の被告人に対する判決謄本の写し等（甲第一号証の一ないし八）に照らすと、原判決もその事実を認定するについて、少なくとも被告人（請求人）の捜査段階、予審及び公判における供述中のある部分を証拠に採用していたのではないかと思われる」（傍線は引用者、以下すべて同じ）などとまで判示しながら、結局は、前と同様に、「本件においては訴訟記録が存在しないため、被告人が……どのような供述をしていたのか、その具体的内容を知ることはできず、したがって、新旧証拠資料を比較・総合して原判決に関し再審請求に理由ありや否やの判断をすることができないとした。

さらに、請求人小林英三郎にかかる原決定は、同請求人からその口述書（甲第五号証の二の21）や同じ改造社関係の事件関係者青山鉞治、水島治男らの口述書（同号証の二の16、20、22、24）等が提出されていたにも拘らず、「全資料を精査検討してみたが、原判決が請求人に関するどのような治安維持法違反の事実を、どのような証拠に基づいて認定したかの点は依然として明らかでなく、再審請求の理由の有無について判断する手掛りさえ得られない」とした。

二　広島高裁決定等の判旨

（一）しかしながら、訴訟記録がなんらかの事由で滅失したからといって、再審裁判が不可能とされるわけでないことは、すでに特別抗告申立書中でも指摘したところであり、実際、石田老事件の名古屋高裁判決（昭和三八年二月二八日、高刑一六巻一号八八頁、判例時報三二七号五頁）では原判決のほかには捜査から予審終結決定までの資料のみで、また加藤老事件の広島高裁決定（昭和五一年九月一八日、判例時報八二七号一八頁）では原判決以外にはたまたま予審終結決定書を掲載した新聞記事があるだけで、さらに山本老事件の広島高裁決定（昭和六二年五月一日、判例時報一二三三号四二頁）では原判決のみで、それぞれ再審の審理を行ない、かつ裁判を言渡しているのである。

これらの裁判に共通していることは、一般的に言って、事件当時より相当長年月を経過し、原裁判の証拠資料も廃棄されているなど新たな立証活動に困難の多い再審請求事案において、「単に（訴訟）記録がないということのみで、常に請求人に不利益な結果になるというのも相当でなく、本件のごとき原判決書三通のほか、他に記録のないような場合、右記録以外の資料により、本来記録により明らかにしうるようなことを補充立証できるかという点につき考えてみる必要がある（旧刑訴法六四条、現行刑訴法五二条）」（右加藤老事件決定）とする。刑事裁判に特有の人権感覚がみられるということであり、さらに言えば、その背後には、「再審開始のためには確定判決における事実認定につき合理的な疑いを生ぜしめれば足りるという意味において、『疑わしいときは被告人の利益に』という刑事裁判における鉄則が適用されるものと解すべきである」とする、かの白鳥決定（最高裁第二小法廷、昭和五〇年五月二〇日、最高裁判例集二九巻五号一七七頁）のごとき考え方が存するものということができよう。

（二）かくして、右各再審事件では、それぞれ裁判所が、「訴訟記録以外の資料により、本来記録により明らかにしうるようなことを補充立証できるか」という見地から、苦心惨憺して新たな証拠資料を蒐集し、原判決に合理的な疑いを容れるような事実認定の誤りが存するか否かを判断しているのであるが、その中でも特に注目されるのは、山本老事件の広島高裁決定の審究の姿勢であって、この決定は、「……裁判記録の存在しない本件においては、香川鑑定書と同一内容とみられる香川鑑定書控がそれに替るものとなるが、確定判決に記載された証拠の内、請求人の予審調書及び検事訊問調書における犯行自体についての自白を裏付けるのは香川鑑定書のみであるという証拠構造に照らすと、……香川鑑定書の結論に合理的な疑問が生じたときに、新証拠の明白性が認められるものと言える」として、原判決の事実認定と証拠判断の内容に着目し、その特徴を把握して、それに即した新旧資料の総合的、重点的な検討をすすめることにより、再審開始の要否に判定を下しているのである。

三　原判決の事実認定の論理構造とその特徴

（一）本件罰条の法構造とその特徴

このような見地から本件各事案をみると、まず原判決で認定された「犯罪事実」はすべて当時の治安維持法一条後段および同法一〇条にかかわるものとされている。

1　すなわち、同法一条後段とは、この場合、「（国体ヲ変革スルコトヲ目的トシタ）結社ノ目的遂行ノ為ニスル行為ヲ為シタル者」を指し、同法一〇条とは、同じくその最後段の、「（私有財産制度ヲ否認スルコトヲ目的トシタ）結社ノ目的遂行ノ為ニスル行為ヲ為シタル者」を意味していると思われるが、これら各法条にいう「結社ノ目的遂行ノ為ニスル行為」の意義については、昭和五年一一月一七日の大審院判決（刑集九巻七八八頁）で、「苟モ国体ノ変革又ハ私有財産制度ノ否認ヲ目的トスル結社ノ存在スルコトヲ知リ該結社ヲ支持シ其ノ拡大強化ヲ図ル行為ヲ為シタル者ハ同結社ト組織関係ヲ有セス又ハ其ノ機関ノ統制指揮ヲ受クルコトナキモ治安維持法第一条ノ所謂結社ノ目的遂行ノ為ニスル行為ヲ為シタル者ニ該当スルモノトス蓋シ結社ヲ支持シ其ノ拡大強化ヲ図ル行為ハ畢竟結社ノ目的遂行ノ為ニスル行為ニ外ナラサレハナリ」とされ、さらに翌六年五月二一日の大審院判決（刑集一〇巻二三九頁）によって、「治安維持法第一条ニ所謂結社ノ目的遂行ノ為ニスル行為トハ国体ノ変革又ハ私有財産制度ノ否認ヲ目的トシテ組織シタル結社ナルコトヲ認識シテ該結社ヲ支持シ其ノ拡大ヲ図ル等結社ノ目的遂行ニ資スヘキ一切ノ行為ヲ包含スルモノト解スヘキモノナルヲ以テ苟モ叙上ノ如キ結社ナルコトヲ知リ乍ラ之カ支持拡大ニ資スヘキ行為アリタル以上其ノ行為カ国体ノ変革又ハ私有財産制度否認ノ目的ニ出テタルト否ト又右目的ト直接重要ナル関係アルト否トハ同法第一条第一項第二項各後段（昭和三年改正当時）ノ罪ノ成立ニ消長ヲ来スヘキモノニアラス」と解釈されていた。

2　右によって明らかなとおり、右各法条にいう目的遂行罪は、第一に、「結社ノ目的遂行ニ資スヘキ一切ノ行為ヲ包含スル」もので、（大正一四年制定当初の治安維持法（旧法）に定められていた目的実行のための「協議」罪（二条）も、「煽動」罪（三条）も、これに関わる利益供与罪（五条）もすべてを含んで、）およそ客観的に結社の目的遂行にとって役立つ行為であれば、その一切を対象とするという、極端に〈開かれた構成要件〉の犯罪であり、たとえ、「情ヲ知リテ結社ニ加入シタル者」（一条後段）、すなわち党籍のある者でなくとも、「日本共産党となんらかの形で実質的につながっている――と当局が判断した――者を、遠慮会釈なく権力の射程範囲内におくために……新規採用された」（奥平康弘『治安維持法小史』一〇二～一〇三頁）罰条であるという点に、きわ立った特徴があるということができる。

第二に、これとの関連で、同罪は「結社ノ目的遂行ノ為ニスル行為」を取締るための、文字どおり「目的遂行罪」であって、その行為が客観的ないしは結果的にみて当該結社の目的遂行に資するというだけではなく、主観的にも、判例のいうように、「国体ノ変革……等ヲ目的トシテ組織シタル結社ナルコトヲ認識シテ該結社ヲ支持シ其ノ拡大ヲ図ル等」のことが必要とされる点が注目される。この行為者における認識・知情という要件は、同法一条前段の「国体ヲ変革スルコトヲ目的トシテ」とあるような、典型的な目的罪の主観的構成要件と同じではないけれども、「結社ノ目的遂行ノ為ニスル」という文言にも含意されているように、「そのことに役立つつもりでなされる」とか、少なくとも、「事情を承知したうえで行なわれる」といった程度の主観的、心理的状況の存在を要求するものであって、この点も同罪の重要な特徴ということができるのである。

しかも、右の両者は相互に関連し合っていて、前者、すなわち客観的な寄与行為がそれ自体としてはありふれた日常的所為であって、寄与性が稀薄であればあるほど、後者の行為者における認識・知情の度合いはより深いものが要求され、その逆もまた真なりといった関係にあることが理解されよう(つまり、前者で、些細な日常的行為をも「目的遂行的な」にとり込もうとすればするほど、後者で、その思想的意味づけや背景の描出に無理をしなければならなくなる)。

(二) 原判決の論理構造(証拠構造)とその特異性

1 さればこそ、本件各事案等に関する横浜地裁判決(甲第一号証の一ないし八)は、いずれも判決理由の冒頭に、

「被告人ハ……昭和〇年頃ニハ共産主義ヲ信奉スルニ至リ『コミンテルン』カ世界『プロレタリアート』ノ独裁ニヨル世界共産主義社会ノ実現ヲ標榜シ世界革命ノ一環トシテ我国ニ於テハ革命手段ニヨリ国体ヲ変革シ私有財産制度ヲ否認シ……共産主義社会ノ実現ヲ目的トスル結社ニシテ日本共産党ハ其ノ日本支部トシテ其ノ目的タル事項ヲ実行セントスル結社ナルコトヲ知悉シ乍ラ孰レモ之ヲ支持シ……左翼組織ノ拡大強化ヲ図ル等前記両結社ノ目的達成ニ寄与セムコトヲ企図シ」

といった主観的事情を認定して掲記し、その上で本文には、①ある出版社の編集会議である論文の雑誌掲載に賛成意見を述べ、かつ校正に当った、②右論文掲載に関連して逮捕された者の家族に生活費をカンパした(以上、小野関係)、③戦時下の政治経済を研究する会合を組織し、会員勧誘などに努めた(白石芳夫関係)、④「満鉄」東京支社内に共産主義者グループをつくり、しばしば会合を重ねた、⑤共産主義者某らと会合をもち、農民の組織化等の問題を討議した(以上、西沢富夫関係)などの諸行為を摘示し、それらのまとめとして、末尾に、「……以テ『コミンテルン』及日本共産党ノ目的遂行ノ為ニスル行為ヲ為シタルモノ」と付記しているのである。

2 このような原判決の「犯罪事実」の論理構造からすれば、そこに挙示されたいわば日常的な、些細な諸行為――そこにはいかなる私的所為も入りうることは前述した――が、「コミンテルン」や日本共産党の「目的遂行ノ為ニスル」ものであることを説明するために、被告

人（請求人ら）の該行為にあたっこの認識や願望・意図、さらにはそれらの所在を理由づける背景や経緯といったメンタルな事情の存在が決定的な重要性を帯びることは多言を要しないところであり、かつは、「自白が証拠の王」とされていた当時の司法状況もあって、原判決が証拠として、「被告人ノ当公判ニ於ケル供述」のみを唯一掲記し（白石関係ほか多数）、これに加えるものがあっても、被告人の予審調書や司法警察員調書、被告人の検事に提出した手記か、せいぜい同僚被告人の予審調書（小野、西沢関係ほか）程度にとどめたのは、けだし当然のなりゆきであったろう。要するに、これがすなわち、本件各件の裁判の証拠構造なのであって、それは「構造」と称するのもはばかられるほど単純に、しかも決定的に被告人の「自白」が重きをなしている構造なのである。

（その意味では、請求人木村らに関する原決定が、「いわゆる横浜事件の他の被告人らに対する判決謄本の写し等……に照らすと、原判決もその事実を認定するについて、少なくとも被告人（請求人）の捜査段階、予審及び公判における供述中のある部分を証拠に採用していたのではないかと思われる」と判示したのはきわめて妥当であって、むしろ叙上の論理構造等からすれば、そのように推断する以外にはないというべきであろう。）

四　結び——原決定の誤り

このように、被告人の自白が唯一ないし決定的な証拠とされて有罪判決がみちびかれている本件各事案において、当の被告人の自白が取調官憲の拷問による内容虚偽のもの（もしくはその虚偽自白をもとにしてまとめ上げられた予審調書や公判廷供述）ということになれば、有罪判決そのものが前提を失して是正に追い込まれることは見易いところであり、請求人らは、まさにさような意味合いにおいて、当時なされた被告人の自白が真実とは全くかけ離れた虚構であり、そのことを証しする証拠、すなわち、「無罪ヲ言渡スヘキ明確ナル証拠ヲ新ニ発見シタ」として、甲第五号証の一、同号証の二の1ないし32などの証拠資料や土井郷誠らの人証を提出してきたのである。

それどころか、原審自身、その決定中で、拷問警察官らにかかわる確定有罪判決（甲第四号証の一ないし三）や事件関係者らの口述書（同第五号証の二の1ないし32）等から綜合判断して、「請求人らに対しても（取調官憲による）拷問が行われたのではないかとの疑いを否定し去ることはできない」とまで説示している。

とすればなおのことであるが、担当裁判所としては、提出された証拠資料等を検討し、必要とあれば人証取調べなども実施して（刑訴法四四五条参照）、本件再審請求の理由の有無を審査し、もって再審開始の可否を決すべきであったのであり、にも拘らず原審が、前記のごとく訴訟記録の欠缺をほとんど唯一の理由として、本件再審請求の理由の成否の審査を実質的に拒んだのは、結局のところ前引の各高裁決定の趣意に背反したというほかはないのである。

※

上申書

（大法廷回付、口頭弁論の開始の要請）

昭和六三年（し）第124ないし130号

再審請求人　亡小野康人　妻　小野貞
他六名

弁護人　弁護士　森川金壽
同　戸田謙
同　新井章
同　内田剛弘
同　斉藤一好

右特別抗告事件について、後記のとおり上申致します。

一九八九年（平成元年）十二月十五日

最高裁判所
第二小法廷　御中

記

一、これまでしばしば述べたように、本件請求人らは大部分が相当の高齢に達し、また証人を予定している関係者らも老齢となり、中には死去する人も増加しつつあります（例えば本件で証人として申請してきた元横浜拘置所看守土井郷誠氏は本年九月、また投獄せられた美作太郎氏（元日本評論編集長）も本年七月死亡した）。

二、本件は戦前から戦後の今日までも現存する「代用監獄」たる警察留置場を利用しての特高警察官らによる典型的な拷問の行われた事件であり、原審も述べるように各請求人らについて「拷問が行われたのではないかとの疑いを否定し去ることはできない」とされる事案であります。しかもその訴訟記録たるや「司法関係者」によって「焼却処分されたことが窺われる」（一審決定）ものであり、人権擁護の最高の殿堂である最高裁判所が訴訟記録の無いことをもって判断を回避（原審は「一件記録が存在しなくなった原因はともあれ」としてそれ以上判断に進むことを停止した）されることは絶対にありえないと信ずるものであります。

三、本件はかくの如き異例の論点を含むものでありますから、大法廷に回付せられ、口頭弁論により、請求人らの意を尽くさせ、もってその納得のいくような機会を与えられたく、重ねて上申申入れ致します。

※

昭和六三年（し）第１２４ないし１３０号

上申書（ビデオドキュメント「横浜事件を生きて」提出の件）

再審請求人　亡小野康人妻　小野　貞
他六名
弁護人　弁護士　森川　金壽

右特別抗告事件について後記のとおり上申いたします。

一九九〇年（平成二年）二月五日

最高裁判所
第二小法廷　御中

記

一、この程別添ビデオドキュメント「横浜事件を生きて」（五十九分間）が有志（中野区中野五—二四—一六—２０１映像事務局）により製作発売されました。同ビデオの内容は再審請求人木村亨、川田定子、平館利雄の証言のほか獄中で死んだ和田喜太郎の実妹気賀すみ、元横浜拘置所看守土井郷誠その他関係者が証言しております。ことに土井元看守などはその死亡（八九年九月）前最後の貴重な証言となりました。

貴庁において参考に供せられたく上申致します。

添附物件
（一）ビデオドキュメント「横浜事件を生きて」　一巻
（二）同説明チラシ　一枚

※

昭和六三年（し）第１２４ないし１３０号

要望書（口頭弁論の実施など）

再審請求人　亡小野康人妻　小野　貞
小林英三郎

弾圧事件であり、今日もこの事件に対する言論出版界のみならず広く社会的関心を集めております。

したがって、貴裁判所において大法廷に回付せられ、かつ少なくとも口頭弁論を実施せられて、年老いた請求人らをはじめ国民一般を納得せしめるにたるご裁判を仰ぎたく、ここに弁護人請求人連署の上ご要望申し上げるしだいであります。

一九九〇年（平成二年）三月　日

畑中　繁雄
川田　定子
平館　利雄
川田　定子
木村　亨
亡川田　寿妻
森川　金壽
戸田　謙
新井　章
内田　剛弘
大川　隆司
斉藤　一好

右七名弁護人弁護士

右再審請求事件につき、左記のとおりご要望申し上げます。

記

本件再審請求事件については、敗戦後米軍進駐の時期に「いわゆる横浜事件記録は焼却処分されたことが窺われる」（一審決定）とされる奇怪な処置を受けた事件についての再審請求でありますが、原決定は「請求人に対しても拷問が行われたのではないかとの疑いを消し去ることはできない」としながら、訴訟記録が存在しないことを理由として抗告を棄却されたという極めて異例の案件であります。

しかも事件は、三十余名の言論出版関係者に対する大

昭和六三年（し）第一二四号

求意見書

申立人　小野　貞

右の者に対する治安維持法違反被告事件について、昭和六三年一二月一六日東京高等裁判所のした再審請求棄却決定に対する即時抗告棄却決定に対し、特別抗告の申立があったので、刑訴法施行法二条、旧刑訴法四六四条により、意見を求める。

平成二年八月一五日

最高裁判所第二小法廷
裁判長裁判官　香川　保一

最高検察庁検察官　殿

＊————————

意見書

昭和六三年（し）第一二四号

請求人　亡小野康人の妻
小野　貞

右の者に対する再審請求事件につき、弁護人から申立てのあった特別抗告について、次のとおり意見を開陳する。

平成二年九月一八日

最高検察庁
検事　土屋　真一

最高裁判所第二小法廷
裁判長裁判官　香川保一　殿

本件特別抗告は、次に述べるとおり、その主張はいずれも理由がなく棄却されるべきであると思料する。

一　本件記録によると、請求人の夫小野康人に対する治安維持法違反事件について、第一審の横浜地方裁判所は、昭和二〇年九月一五日に同法違反により同人を懲役二年に処し三年間右刑の執行を猶予する旨の有罪判決を言い渡し、上訴の申立てがなかったので、同判決がそのころ確定したことが認められる。その後、請求人の弁護人らは、同確定判決に対して横浜地方裁判所に再審請求をし、同裁判所は昭和六三年三月二八日に右請求を棄却する旨の決定をしたので、これに対して東京高等裁判所に即時抗告を申し立て、同高等裁判所は昭和六三年一二月一六日に即時抗告を棄却する決定をしたところ、昭和六三年一二月二四日に右原決定に対して最高裁判所に特別抗告を申し立て、原決定には憲法違反、判例違反、法令違反及び事実誤認があると主張している。

ところで、本件再審請求に適用すべき法律は、前述のとおり、本件治安維持法違反が現行刑事訴訟法の施行前に公訴の提起があった事件であるから、同法施行後も、旧刑事訴訟法（大正十一年法律第七十五号）及び日本国憲法の施行に伴う応急的措置に関する法律（昭和二十二年法律第七十六号、以下「応急措置法」という。）によることになる（刑事訴訟法施行法二条、最高裁昭和三七年一〇月三〇日大法廷決定・刑集一六巻一〇号一、四六七頁）。そして、最高裁判所は、抗告については、裁判所法七条二号の規定により、応急措置法一八条の抗告のように、訴訟法が特に最高裁判断に対してなし得るものと定めた抗告のみについて裁判権を有するのであるから、本件特別抗告も、右応急措置法一八条による抗告として、「その決定又は命令において法律、命令、規則又は処分が憲法に適合するかしないかについてした判断が不当であることを理由とするときに限り」することができるにすぎない（最高裁昭和二二年一二月八日第一小法廷決定・刑集一巻五七頁、最高裁昭和二八年六月一〇日大法廷決定・刑集七巻六号一、四一九頁）。

二　ところで、本件特別抗告理由第一点の憲法三二条（裁判を受ける権利の保障）、同三一条（法定の手続の保障）及び同一三条（個人の尊重、生命、自由及び幸福追求権の尊重）の解釈適用の誤りの各主張並びに第二点の同三六条（拷問及び残虐刑の禁止）及び同三八条（自己に不利益な供述の強要の禁止、自白の証拠能力）の解釈適用の誤りの各主張については、原決定において、本件再審請求棄却の決定等が右の憲法の各規定に適合するかどうかの判断をしていないから（最高裁昭和三七年一〇月三〇日大法廷決定・刑集一六巻一〇号一、四六七頁、同昭和四二年七月五日大法廷決定・刑集二一巻六号七五六頁）、応急措置法一八条の定める要件を満たすものでなく、適法な抗告の理由がない。

また、本件特別抗告の理由第三点の判例違反及び第四点の法令違反・事実誤認の各主張についても、応急措置法一八条による抗告が原決定における憲法判断の不当を理由とするときに限られるから、いずれも適法な抗告の理由に当たらないことは明らかである。

よって、本件特別抗告は、その各主張にいずれも理由がなく棄却されるべきであると思料する。

※

《検察官意見書に対して》

昭和六三年（し）第一二四号ないし第一三〇号

特別抗告理由補充書

再請求人　亡小野康人妻　小野　貞

他六名

右特別抗告事件について（検察官の意見に関連して）後記のとおり抗告理由を補充する。

一九九〇年十月二十二日

右弁護人弁護士　森川　金寿

戸田　謙

斉藤　一好

最高裁判所第二小法廷
裁判長裁判官　香川保一殿

特別抗告理由補充書

内田　剛弘
新井　章

検事意見に関連して

最高検察庁土屋検事の意見書（平成二年九月一八日付）の見解に対して左記のとおり弁護人の見解を陳述する（抗告理由第一点ないし第四点の補充）。

一、検事意見書の意見の結論は、要するに、本件特別抗告については「応急措置法」一八条の解釈上、「その決定又は命令において法律、命令、規則又は処分が憲法に適合するかしないかについてした判断が不当であることを理由とするときに限り」することができるが、原決定では何ら憲法判断をしていないから「応急措置法」上の適法な抗告理由がないとするものである。

しかし原審で請求人は「再審請求理由補充書」（昭和六三年十月二十日付、原審「上申書補充書綴」三八頁）をもって、同補充書第三点「刑事一件記録の滅失処分と『裁判を受ける権利』」において、原決定（横浜地裁）が一件記録がないことを主たる理由として再審請求をしりぞけたことが憲法上の「裁判を受ける権利」を奪う違憲の処分である旨を主張した。

これに対して原決定はその判断を明示してはいないけれども、横浜地裁決定と同様記録不存在の理由により請求人の請求を棄却したことによって、横浜地裁決定が憲法に違反せず合憲である旨の判断をしたものとみなされる（最高大法廷昭和二三年七月八日判決昭和二三年（れ）第一八八号刑集二巻八号八〇一頁など）。

なお上告審で初めて適用法条の違憲を主張したのに対し憲法判断をした事例（最高昭和二六年七月一一日大法廷判決・昭和二五年（あ）第一五四五号刑集五巻八号一四一九号、最高昭和三一年六月一三日大法廷判決・昭和二八年（あ）四三三九号・刑集一〇巻六号八三〇頁）もある。したがって本件抗告事件で最高裁が憲法判断をすることができないとする検察側の意見は失当である。

二、本件抗告事件の核心的問題は、まさに司法機関をふくむ国家権力機関により組織的、計画的に刑事事件の一件記録を焼却廃棄いんめつ処分してしまったという場合に、その再審請求手続きによってその被告人の名誉を回復し、補償を請求して人権を回復する権利、すなわち憲法上の「裁判を受ける権利」の実現を、「記録不存在」の理由によって拒否することができるか？という問題である。

本件再審請求準備の過程で請求人弁護人らは八方手をつくして極力旧記録の発見につとめ、その結果従来発見されていなかった若干の判決謄本は発見できたが、法務省、最高裁では不存在との回答であり、やむなくアメリカ大統領にまでその協力方を要請したほどである。これほど完全に一件記録を処分してしまった事例は稀であろう。このような徹底したいんめつ処分は司法関係機関を含む国家権力機関の力でなければ到底実施できるものではあるまい。

しかるに原決定は「記録の存在しなくなった原因はともあれ」として、その点を不問にして再審の審理手続きにはいることを拒否し、実質的に請求人の「裁判を受ける権利」即ち旧憲法二四条、現憲法三二条三七条で保障する基本的権利・自由を侵害しているが、この点で司法を含む国家機関の責任を明らかにすることがまさに正義の最終最高の殿堂たる最高裁に期待せられるものではないか。

三、次に検察官は本件特別抗告の理由第三点判例違反、第四点法令違反・事実誤認の主張について、「応急措置法」一八条の文言を根拠として適法な理由とならないと主張している。しかし応急措置法一八条は文字どおり敗戦後の暫定的立法であって、新設されたばかりの最高裁の負担を考慮しての暫定措置とみられるものであるから、四〇年以上を経過した現在の段階において依然として文字どおりに適用されるか疑問であり、ことに憲法問題以外の抗告理由を最高裁が判断することを禁じているものとは考えられない。例えば刑訴法四一一条を特別抗告に準用できるか否かについては法の明文のさだめはないが判例は昭和二六年頃からこれが準用を認め、最高裁大法廷昭和三七年二月一四日決定も（刑集一六・二・八五）これを認めるにいたった。主要な学説（団藤『新刑事訴訟法綱要』七訂版その他）もこれを認めている。
したがって本件特別抗告についても刑訴法四三三条・四〇五条のほか同四一一条も適用または準用があるものといわなければならない。

ことに特別抗告申立書第三点で指摘したように、広島高等裁判所昭和五一年九月一八日決定は一件記録がほとんど存在しない場合について「しかし原確定記録によらなければ常に原判決の認定に関連する諸事実その他原訴訟及び捜査手続き等の関係事実につき、他の資料による立証を全く許さないということになると、もし偶々右記録の全部もしくは一部が焼失、盗難、紛失等の理由で無くなったような場合、これら全く請求人に関係のない偶然的事情によって記録のある場合に比し請求人に不当に不利益な結果を招来する事態の発生も考えられ……特に記録のない場合にかぎり、かつ再審請求理由に必要な限度では右立証を認めるべきものと解される」として、本件事案よりはるか古い大正初年の刑事事件について証拠調べのうえ再審開始の決定をした判例は、本件事案のように、司法機関を含む国家機関ないしは関係者によって、故意に組織的計画的に隠匿、滅失処分に付せられたという事案には重大な先例となるものである。

また原決定は請求人らについて「拷問が行われたのではないかとの疑いを否定しさることは出来ない」とさえ判示しながら、記録の不存在の理由で抗告をしりぞけているが、拷問の疑いがあればその結果作成された自白、自認調書その他供述に基づいて認定判断された旧判決が重大な事実誤認があることを疑うべき十分な理由があり、したがって本件再審請求をしりぞけた原決定には重大な事実誤認があって、これを破棄しなければ著しく正義に反することとなる場合にあたるものである。

なお本件で特にご留意をわずらわしたいことは、本件で旧刑事訴訟法でなく現行刑訴法によって再審請求が許されるとすれば、本件は現行刑訴法第四三五条（旧刑訴法第四八五条）第七号の場合にあたる典型的な事例であり、再審開始を当然なすべき事案であることである。

この点については本件第一審に提出した「再審請求理由追加補充書」第一点で詳述したとおりであるが、横浜地裁決定では、（一）提出にかかる元警察官らの有罪確定判決は益田直彦事件の取調べ関係者についてのものであって、その他の請求人の事件に関するものでなく、また（二）同号にいう「被告事件ニ付職務ニ関スル罪ヲ犯シタル」者は、当時における判事又は検事に限られ司法警察官を含んでいないことは法文上明らかである、という全くの形式論に基づいてこの主張をしりぞけている。

しかし実質的、歴史的に考えれば、戦前においても司法警察職員とくに特別高等警察関係の職員の職権・実力は絶大なもので、むしろ裁判官・検察官らのそれを凌駕するものがあったといっても誤りではあるまい。

人権じゅうりんは主としてこれら地位上下級の司法関係職員によって犯されたものであることは公知の事実といってよい。むしろ現在よりも司法警察職員の威力、実力が強大であったことに鑑みれば、司法警察職員が被告事件について職務に関する罪を犯したことが確定有罪判決によって証明されたという本件再審請求事件こそ、戦後の基本的人権尊重を基本原則とすべき現代国家の真価を発揮すべき絶好の機会であり、特にその司法の最高の殿堂たる最高裁にこそ、再審請求をいれて、請求人らの踏みにじられた人権と正義を回復する道を明らかにせられることを期待したい。

四、検察側援用の大法廷決定は変更さるべきである。

検察側の意見書は、本件再審請求に適用さるべき法律（刑訴法など手続法）を旧法によるか新法によるかについての最高裁判例として、昭和三七年一〇月三〇日の大法廷決定を援用している。ところがこのいわゆる「岩窟王」吉田石松翁再審請求事件の大法廷決定では、検察官はその意見書において、今回の意見書とは全く違う立場をとり、「新刑訴施行後十数年を経た今日、刑訴施行法の規定を客観的に検討し、本件の如き古い事件の再審を如何に処理すべきかを考える場合、刑訴施行法二条の『新法施行前に公訴の提起のあった事件』とは、当時なお裁判所に係属中であった事件のみを指すものと解し、その再審の如きは原判決の如く新法によるべきこととするのが自然であると信ずる。しかもこれが、前述の如く、手続法は新法によるとの法の原則および従来の立法慣例にも添うこととなるのである。」と、国民の常識からみて理解しやすい法理論を展開している。この吉田石松事件での検察側の特別抗告申立の真の目的はともあれ、ここに力説した検察側の見解そのものはきわめて傾聴すべきものをもっており、この立場からすれば本件再審請求事件は新刑訴法第四三五号第七号の適用されるべき典型的事案というべきである。

前記大法廷決定は、名古屋高等裁判所による「原決定」の判断である「現行刑訴法は、基本的人権の保障を理念とする憲法のもとで、この憲法の精神を刑事訴訟手続に移し刑事被告人の保護、基本的人権の保障をはかるため、特に旧刑訴法を大幅に、そして根本的に改正して、できあがったものである。従って旧刑訴法のもとで公訴が提起された事件でも現行刑訴法によることは特段の支障のない限り、現行刑訴法により審判すると解することが、憲法の精神にも副う所以である。云々」との判示に対し「新刑訴法を如何なる時から如何なる事件に適用するかは経過法の立法に際して諸般の事情を勘案して決せらるべき問題で、法律に一任されているものである」として、刑訴施行法二条が新法施行前に公訴の提起があった事件については、新法施行後もなお旧法及び応急措置法による旨を規定し、新法を適用しないことにしたのは何ら憲法に違反するものではない、とした。

この大法廷決定の考え方は、刑事訴訟法という国民の基本的人権を左右する立法についての取扱いを、「法律に一任」することをもって足るとした点で、憲法一一条、一三条、三一条、三二条、三七条など憲法全体の趣旨構造に照らし、もはや維持すべきものとは考えられないから、すみやかに変更されるべきである。

これらの諸点からみると、検察官の援用する前記大法廷決定は今日では変更されるべきである。

※

昭和六三年（し）第一二四ないし第一三〇号

特別抗告理由補充書

再審請求人　亡小野康人妻　小野　貞
他六名
弁護人　弁護士　森川　金寿

右特別抗告事件について、後記のとおり抗告理由を補充します（いわゆる「山本老再審請求事件」第一小法廷決定に関連して）。

一九九〇（平成二）年十月二四日

最高裁判所　第二小法廷
裁判長裁判官　香川保一殿

特別抗告理由補充書

「山本老再審請求事件」第一小法廷決定に関連して
（抗告理由第一点ないし第四点の補充）

一、さきに弁護人らは平成二年十月二十二日付特別抗告理由補充書（検事意見に関連して）を提出しましたが、最近いわゆる「山本老再審請求」特別抗告事件について、御庁第一小法廷より「棄却」の決定が下され、新聞等に本件「横浜事件」への影響が報じられたので、弁護人は念のため、右「山本老」事件と本件「横浜事件」の性質および争点が全く異なるものであることについて述べ、抗告理由第一点ないし第四点を補充致したく本補充書を提出する次第であります。

二、右「山本老再審請求」特別抗告事件の第一小法廷決定は、未だ決定正文が入手できないので、新聞報道（十月一九日付『朝日』）および解説（十月二〇日付『朝日』）その他、原審広島高裁決定（『判例時報』一二三三号）などを参照すれば、本件「横浜事件」とは事案の性質、争点において著しく異なっており、右新聞解説の説くような、「横浜事件」などについては「今回の決定により、ともに最高裁で事実審理が行われる可能性はなくなった」との説明は、明らかに誤りであります。すなわち、これらの新聞報道、解説が今回の第一小法廷の決定によって、「旧刑事訴訟法下で確定した有罪判決に対する再審請求で最高裁に不服申し立てできるのは、憲法判断に及ぶものに限られる」との「初判断」を示し、その結果「横浜事件」に言及し、「今回の決定により、最高裁で事実審理が行われる可能性はなくなった」と解説していることは、次の点で誤りであります。

第一点は、同決定が第一小法廷決定であって最高裁の大勢であるとはいえないこと、であり、げんに、本件「横浜事件」再審請求では、刑事訴訟法施行法第二条そのものの違憲性を問い、昭和三七年十月三十日「吉田石松翁再審請求特別抗告事件」大法廷決定の判例変更を求めている次第であります。貴第二小法廷においては、基本的人権の尊重、被告人の権利保護の現憲法の建前に立って、この第一小法廷の観点とは異なった憲法感覚あふれる御判断をお願いしたい。

第二点は、本件「横浜事件」再審請求で、請求人・弁護人らが特に重視しているのは、司法機関を含む国家機関が組織的、計画的に刑事記録を焼却、隠滅処分してしまった事実が明らかであるのに、一審、二審の決定ともに「一件記録が存在しないから、これ以上再審開始するか否かの審理手続を進めることはできない」として、請求人らの裁判を受ける権利を剥奪侵害したことは、新・旧憲法の「裁判を受ける権利」を侵害した違憲の処分である、として、司法を含めた国家機関の責任を問うているものであり、「山本老事件」とは争点をまったく異にするのであります。

もとより請求人・弁護人らは本件「横浜事件」においても刑訴法第四一一条の準用があるべきことを主張し、御庁の御決断を期待しているのでありますが、最大の争点は右の憲法問題であります。

右、蛇足とは存じながら、念のため、補充陳述致します。

*

特別抗告理由補充書
（大赦令による赦免と再審請求）

昭和六三（し）第一二四ないし第一三〇号

請求人　故小野康人妻　小野　貞
他六名

右特別抗告事件について後記のとおり抗告理由を補充する。

一九九一年一月十七日

弁護人　森川　金寿
戸田　謙
斉藤　一好
新井　章
内田　剛弘

最高裁判所
第二小法廷　御中

抗告理由補充書

（再審請求と大赦との関係）

一、事実関係について

まず本件昭和二〇年十月一七日勅令第五七九号大赦令による赦免が請求人ら関係者らに対しいかなる形で知らされていたかについて見ると、すくなくとも本件請求人らの一人としてこの様な赦免があったことを知る者はなく、いずれも今回吉本調査官の指摘によって初めてこの事実を知ったものである。このことは法律的観点からは別として社会的実態としては請求人関係者にとって大赦令はなきに等しいことを意味している。

例えば請求人木村亨が昭和二四・五年頃居住地の目黒警察署に所用でおもむいたところ、係員の手元の原簿には木村の名の所に「挙動不審」のゴム印ようのものが押捺されていたので驚いてその訳を聞くと、「君達のような前科のあるものにはすべてこの様な印を押すことになっているのだ」との説明であった。

「大赦令」という一片の紙切れの存在によって「晴天白日の身」（東京高裁昭二七・四・二四決定）になったからとして、再審請求や刑事補償請求などの一切の権利を剥奪されるならば、「赦免」というよりもむしろ「懲罰」にひとしいこととなるが、それは決してこの大赦令の意図するところではあるまい。また前掲東京高裁決定のいわゆる「晴天白日の身」云々のくだりも決してその様な法的効果を所期したものではなかろう。

二、再審請求と大赦との法的関係

請求人らに対する本件有罪判決が、右大赦令によって将来に向かいその言い渡しの効力を失ったとしても（恩赦法三条一号）、同法自体が明記するように「有罪の言渡に基づく既成の効果は、大赦、特赦……によって変更される事はない」（一一条）のであるから、請求人がかつて有罪判決を受けた事実、およびこれにより既に被った名誉の毀損その他不利益効果は依然残っている訳である。

したがって請求人らが再審により無罪の判決を受けるとなれば、「無罪判決の公示」（旧刑事訴訟法五一五条、新刑事訴訟法四五三条）を得て名誉を回復しうることはもちろん、この間未決拘留等によって被った不利益につき刑事訴訟法（旧法、新法）に基づく刑事補償を受ける余地も生ずるのであるから、このような法的利益が存する以上、大赦の措置によっても請求人らの再審請求は妨げられないといわなければならない。

三、諸家の見解について

大赦と再審請求権その他との関係について通説は圧倒的に再審請求はさまたげられないとする。反対説はきわめて少数である。通説の理由とするところは概ね、「再審で無罪の判決を受ければ、判決の公示（四五三条）・刑事補償（刑補一条二項）をはじめ、有罪の判決に伴う付随的効果の除去など、種々の法律的利益があるものである。刑の言い渡しが効力を失った後にも（∵恩赦法三条一号、五）再審の請求は許されるものと解しなければならない。このばあいにも法律的実益がぜんぜんないわけではなく、また、名誉回復の利益は同じ事だからである」（団藤重光『新刑事訴訟法綱要』七訂版）という見解に尽きると思われる。

もっとも細かな点に付いては再審肯定説のなかにも若干の意見の相違もみられ、例えば大赦後の再審請求について、「再審の審判において無罪の判決までですることができるか、それとも結局は免訴の言い渡しをするほかないかは、一つの問題である」とし、免訴の立場をとるものもある（例えば著者代表青柳文雄ら五名『注釈刑事訴訟法』第四巻）。しかし同書でも指摘するように「有罪の言い渡しを受けた者の名誉回復等を重視して最後まで黒白を明らかにするという見地に立ち、再審の手続きは大赦によって妨げられるべきでない」との学説、判例（刑の廃止の場合についての東京高裁決定昭四〇・一二）が有力である。この決定は非常救済手続たる再審については旧刑訴法三六三条二号（現三三七条二号）の適用はないとしているが、憲法の精神に添うものといえよう。

四、おわりに

大赦がなされれば一切の名誉回復措置が自動的にとられ、刑事補償も同法二五条のような条件なしに許されるという立法措置がなされない限り、大赦によって再審請求の道が閉ざされるとしたり、無罪判決はできないとしたりする見解は所詮実社会の苦しみを知らない机上の空論にすぎないのではあるまいか。

本件請求人その他関係者はすでに老齢者、病弱者（それも若い頃の拷問、留置場生活と関連がある）がほとんどである。有力な証言を期待できた本人（益田直彦など）、証人（例えば土居郷誠元看守）などは本件の継続審理中に他界して終った。

これらの事情に鑑み是非とも速やかな正義の裁判を要望したい。

〈付記〉

前述一、（事実関係について）の項に関してご参考のため左記請求人らの森川弁護士宛て親書を提出する。

記

請求人　故小野康人妻　小野　貞

同　小林英三郎

同　木村　亨

最高裁第二小法廷の調査官より御問合せの一九四五年十月一七日勅令第五七九号大赦令について

このような勅令がでたこと、または大赦になったことを知っているか、どうか、のおたずねにお答え申し上げます。

一、本人小野康人は故人のため、妻小野貞が代って申し上げますが、私どもは、そのような勅令について、又大赦令についても何も存じませんし、何処からも何の通知も受けておりません。一九九一年一月五日、私は歩行困難のため、家族の者に、国立国会図書館保管の当日の官報を調べてもらいましたところ、一九四五年十月一七日勅令第五七九号大赦令が発令された記載はありましたが、大赦令に浴した者として横浜事件連座者の氏名は一名の記載もなく、従って小野康人の名も、なかったことを確認してまいりました。マイクロフィルムのコピーを申込んでまいりましたから届き次第、御手元に差出しますゆえ、御確認下さい。

勅令で大赦令が発令されても、本人に対し一片の通知もなく、官報に名前も公示されずでは、知るすべもなく、大赦を受けたとは言えないと存じます。従って大赦を受けたという証明は無いと存じます。

二、尚、大赦令は罪を犯した者を赦す、又は罪を犯し刑を受けた者の刑を免ずるという命令の意味と私は考えます。私たち横浜事件再審裁判請求人は、治安維持法に違反する行為は、何一つ行っていないのに、拷問によって虚偽の自白調書をとられ、その自白調書を証拠として有罪の判決を受けたことを不当として無罪を主張し再審を願い出ておるのでございますから、大赦令とは関係ないと存じます。

三、横浜地裁に於ては、①拷問が証明されたのは益田直彦のみであって、小野には関係がない。②横浜事件の訴訟記録は、裁判所に於て、焼却処分した為（訴訟継続中、公判以前に）原判決の認定の基礎となった証拠資料の内容が把握できないから取調べ不可能である、という理由による棄却でございました。

東京高裁に於ては、①は修正され、小野、相川にも拷問があったことが認められましたが、②は、原因はともあれ、事件記録がないから、と地裁と同じ理由の棄却でございました。

最高裁に特別抗告いたしましたのは、東京高裁に於て、拷問が認められましたことにより、有罪認定の根拠とされた調書すべてに、疑問が存することは明白となりましたから、裁判のやり直し、即ち再審を願出るのでございます。

裁判所に於て、公判前に証拠書類を湮滅し、記録不存在を理由に再審請求を棄却されるのは、憲法三二条違反の人権蹂躙にあたると考えます。

又、疑問を多々含む調書のみを証拠として認定された有罪の原判決は、裁判の鉄則「疑わしきは被告人の利益に」にも反することは明白となり、これも憲法違反と考えます。

詳しくは小冊子『横浜事件・真実を求めて』に記しましたので、添付いたします。拙文にて恐縮ながら御目通し願い上げます。

再審裁判を開始して下さいますよう切に御願い申し上げます。

故小野康人妻
小野　貞

一九九一年一月一〇日
最高裁判所第二小法廷　調査官様

一九四五年十月に治安維持法が撤廃されたことは知っていたが、勅令による大赦令ということは知りませんでした。もちろん、裁判所その他から、大赦令に関する通告等を受けたこともありません。


当時、治安維持法が撤廃され、獄中の共産党員その他の治安維持法受刑者が釈放されたことは、新聞等で承知しましたが、進駐米軍の占領政策の一環としてなされたものと理解しておりました。

そして、これによって、治安維持法に関しては、従来の、いわゆる前科もすべて取り消されたものと、素人判断で思っていました。御承知のように、小生は、その年八月二九日の公判で、執行猶予の判決を受け、即日釈放されていたわけで、治安維持法が撤廃されたことによって、それ程直接的な影響を受ける状態でなかったことも関係しているかもしれません。

これについて、ずっと後のことになりますが、先生にお願いして再審請求を始めたころ、木村君に右のようなことを話しましたところ、木村君は「いや、そうじゃない、戸籍書類や住民登録に、前科のことが記載されていて、現に実生活の上で影響が残っている」と云っていました。今度の「報告」にある、目黒区役所の住民票かなにかに「挙動不審」の判が捺してあったことなどを言ったのかと思いますが、小生の経験にはそういうことはありませんでした。

前述のように、治安維持法の廃止により、いわば全部帳消しになったと思っていたのですが、この問題について、再審請求を始めたころ、新宿御苑近くに当時在った先生の事務所に弁護士の方々がお集まりになって、再審について検討していただいたとき、議論があり、結局「将来にわたって判決が無かったものと見做す」というのであって、判決そのものが無くなったわけではない、ということになったと記憶します。そしてそれであれば、再審請求も成り立つ、ということになったのではないでしょうか。

以上のように、治安維持法廃止が、大赦令によるものであったことは、この度初めて聞くことで、それに伴って、大赦の場合再審請求が出来るか云々の問題になるわけだと思いますが、大赦令について専門的な知識もなく、この点については先生はじめ、弁護士の方々のご判断にお願いしたいと思います。そして、その後の措置についても、他の原告各位や、支援する会等のご意見も加えながら、弁護団の御指導によるべきだと愚考致しますので、何分にもよろしくお願い申し上げます。

一九九〇年十二月二十七日

小林英三郎

昭和二〇年十月一七日勅令第五七九号大赦令による赦免が知らされていたという事実は私には全くございません。

むしろ反対に、私の経験では昭和二四・五年頃に所用のため目黒警察署に参りました際に係員の手許の氏名原簿には私のところに「挙動不審」のゴム印ようの判が押捺されておりましたので、私は驚きまして係員にその訳を聞きましたら、

「君達のような前科のある者にはすべてこのような印判を押してはっきりわかるようにしているのだ」

との説明に二度驚いた記憶があります。

一九九一年一月一四日

請求人　木村　亨

弁護人　森川金寿先生

補充意見書

昭和六三年（し）第一二四号ないし第一三〇号

請求人　小野　貞ほか六名

右の者らに対する再審請求事件につき、弁護人らから申立てのあった特別抗告について、次のとおり補充意見を開陳する。

平成三年二月八日

最高検察庁　検事　土屋　眞一

最高裁判所　第二小法廷

裁判長裁判官　香川保一　殿

請求人らから平成三年一月一七日付け特別抗告理由補充書（大赦令による赦免と再審請求）が提出されたので、その主張について意見を述べる。

請求人らの主張は、要するに、本件治安維持法違反により有罪判決の言渡しを受けた請求人らが昭和二〇年一〇月一七日付け大赦令（勅令第五百七十九号）により赦免され、請求人らに対する有罪判決が将来に向かって効力を失ったとしても、再審により無罪判決を得た場合における請求人らの名誉の回復、刑事補償の可能性等の法的利益が存する以上、右大赦の措置によって請求人らの再審請求が妨げられるものでないところ、本件再審請求棄却決定には、この点について何ら判断をしていない違法があり、これを看過した本件即時抗告棄却決定には法令違反があるというにある。

しかし、請求人らの右主張は、本件特別抗告理由書に全く記載されておらず、抗告の提起期間の満了後、相当の日時が経過した時点において、このような新たな主張をすることが許されないことは明らかであって、本件主張は不適法である。また、仮に、これが不適法でないとしても、次に述べるとおり、請求人らの主張は、特別抗告の適法な理由に当たらないことは明らかである。すなわち、

請求人らは、本件の再審請求の理由及び即時抗告の理由において、右の大赦にもかかわらず無罪を求めて再審請求をすることが許されると主張したことは全くなく、したがって、本件の再審請求及び即時抗告の各棄却決定においても、この点について何ら判断されていない。

ところで、本件のような場合に、再審請求が可能か否かという問題は、再審請求の理由が法に適合するか否かということの以前に論議されるべき事柄であるが、原々審及び原審の判断をみる限り、再審請求が可能という前提に立って、判断がなされていることは明らかであり、その意味で、本件主張は、特段の意味を持たないものとも言い得る。

検察官としては、かかる時機に遅れた、かつ、利益のない主張にあえて踏み込む必要はないものと思料する。

なお、既に検察官意見書に述べたとおり、本件特別抗告は、日本国憲法の施行に伴う応急的措置に関する法律（昭和二十二年法律第七十六号）一八条による抗告として、「その決定又は命令において法律、命令、規則又は処分が憲法に適合するかしないかについてした判断が不当である限り」することができるにすぎないが、原決定では、前記の点について、本件再審請求棄却決定等が憲法に適合するかどうかの判断をしておらず、また、請求

人らの本件主張に他の意味があるとしても、単なる法令違反の主張にすぎないから、請求人らが現実に前記大赦により赦免されたものであるかどうかについて確認するまでもなく、適法な抗告理由に当たらないことは明白である。

よって、本件特別抗告は、これまで述べた理由により不適法であり、棄却されるべきであると思料する。

※

昭和六三年（し）第一二四号、同第一二六号、同第一二七号、同第一二八号、同第一二九号、同第一三〇号

決　定

申立人　亡小野康人の妻　小野　貞
申立人　畑中　繁雄
申立人　川田　定子
申立人　平館　利雄
申立人　亡川田　壽の妻　川田　定子
申立人　木村　亨

右の者らからの各再審請求事件について、昭和六三年一二月一六日東京高等裁判所がした即時抗告棄却の各決定に対し、申立人らから特別抗告の申立てがあったので、当裁判所は、検察官の意見を聴いた上、次のとおり決定する。

主　文

本件各抗告を棄却する。

理　由

本件各抗告の趣意第一点は、憲法一三条、三一条、三二条違反を主張する。ところで、本件は、旧刑訴法の下で言い渡された有罪の確定判決に対する再審請求事件であり、刑訴法施行法二条により旧刑訴法及び刑訴応急措置法が適用され、原決定に対する不服申立てとしては、刑訴応急措置法一八条による特別抗告が認められるが（最高裁昭和三七年（し）第一一号同三七年一〇月三〇日大法廷決定・刑集一六巻一〇号一四六七頁参照）、同条一項は、「その決定又は命令において法律、命令、規則又は処分が憲法に適合するかしないかについてした判断が不当であることを理由とするときに限り、最高裁判所に特別抗告をすることができる」と規定しているところ、原決定は、申立人ら提出の各証拠が、旧刑訴法四八五条六号にいう「有罪ノ言渡ヲ受ケタル者ニ対シテ無罪ヲ言渡スヘキ明確ナル証拠」に当たるか否かについて判

断をしているだけであるから、所論は、刑訴応急措置法一八条の適法な抗告の理由に当たらない。

同第二点は、憲法三六条、三八条違反を主張するが、その実質は、申立人ら提出の益田直彦に対する警察官の拷問の事実を肯定した松下英太郎外二名に対する特別公務員暴行傷害被告事件の確定判決が、旧刑訴法四八五条六号にいう「有罪ノ言渡ヲ受ケタル者ニ対シテ無罪ヲ言渡スヘキ明確ナル証拠」に当たらないとの原決定の認定判断を論難するものであって、事実誤認及び同号の解釈適用の誤りをいう単なる法令違反の主張であるから、刑訴応急措置法一八条の適法な抗告の理由に当たらない。

同第三点は、判例違反の主張であり、同第四点は、単なる法令違反、事実誤認の主張であって、いずれも刑訴応急措置法一八条の適法な抗告の理由に当たらない。

よって、刑訴法施行法二条、旧刑訴法四六六条一項により、裁判官全員一致の意見で、主文のとおり決定する。

平成三年三月一四日

最高裁判所第二小法廷

裁判長裁判官　香川　保一

裁判官　藤島　昭

裁判官　中島敏次郎

裁判官　木崎　良平

第二次再審請求（一九九四・7〜二〇〇〇・7）

請求審（横浜地裁）

■一九九四・7・27　再審請求書
■〃　・11・30　検事意見書
■一九九五・3・2　意見書（検事意見書反論）
■〃　・4・11　再度、検事意見書
■〃　・6　意見書（検事意見書反論）
上申書（小野貞）
■一九九六・7・30　決定（棄却）

再審請求書

東京都江東区——
請求人（被告人亡小野康人妻）小野　貞
同所同番地
同（同　長女）小野　信子
東京都多摩市——
同（同　二男）小野　新一

横浜市中区——
右弁護人弁護士　日下部長作
ほか一〇名（別紙弁護人目録記載の通り）

請求の趣旨

請求人らの被相続人小野康人が、治安維持法違反被告事件につき横浜地方裁判所より昭和二〇年九月一五日宣告された有罪判決について、再審を開始する。

との決定を求める。

請求の理由

第一 「横浜事件」の概要

1　「横浜事件」は太平洋戦争の時期における、最大規模の治安維持法違反被告事件であり、被検挙者は約九〇名、内起訴されたものは三五名にのぼった。

捜査の端緒は二つあった。一つは在野の経済学者（戦後参議院議員）細川嘉六が雑誌『改造』の昭和一七年八月号および九月号に発表した論文「世界史の動向と日本」であり、これが治安維持法違反にあたるとして、細川嘉六は昭和一七年九月一四日、東京警視庁に検挙された。

一方、神奈川県警察部による米国帰り思想犯の検挙の一環として、同年九月一一日に川田寿・定子夫妻が在米当時米国共産党に所属していた嫌疑で逮捕された。

後者の、いわゆる「米国共産党事件」からイモ蔓式に被検挙者が増えて行く中で、細川嘉六が昭和一七年七月に、郷里の旅館に雑誌編集者等を招いて開いた宴会の写真が入手されたことが契機となって、これが日本共産党再建謀議としての「泊会議」としてでっちあげられるところとなった。

この時から細川の事件も神奈川県警察部に移送され、「泊会議」に出席した者（改造社、中央公論社に所属する編集者や満鉄調査部に所属する研究者など）の周辺に弾圧が広がったわけである。被疑者・被告人全体としての意思の連絡もなく、従って一つの脈絡を持った事件ではないのに、これらの一連の弾圧が「横浜」事件と呼ばれる所以は、「横浜」にある神奈川県警察部特別高等課による弾圧事件だからである。

2　特高警察の描いた事件の「構図」は、『特高月報』昭和一九年八月号に「神奈川県に於ける左翼事件の取り調べ状況」と題して、執筆されている。それによれば、「泊会議」が全体の要（日本共産党再建謀議）であり、「泊会議」以前の諸々の会合は、「泊会議」に合流するための準備であり、また「泊会議」以後の諸々の行為は、「泊会議」における決定の実践として位置付けられている。そして

「今回の検挙は最近に於ける共産主義運動として他に類例のなき大なる事件にして、就中本事件に依り、①国家機密の外国への漏洩を未然に防止し得たること及②中央公論社、改造社内の永年に亘る不逞活動を究明剔抉して遂に之を廃業に立至らしめ、戦時下国民の思想指導上偉大な貢献を為し得たることは特筆すべき事項なり。」

と自画自賛している。

3　被告人らのうち敗戦前に刑の宣告を受けた者は、和田喜太郎（昭和一九年八月二一日）、川田寿・定子夫妻（昭和二〇年七月二六日）、森数男、白石芳夫、小川

修（以上、昭和二〇年七月三一日）だけで、大部分の被告人に対しては、敗戦後に刑の宣告がなされている。

敗戦直後のどさくさまぎれに開かれた「公判」は、いずれも第一回公判で起訴状朗読から判決宣告までを一気に行うという異常なものであった。被告人小野康人が、いわゆる「党再建準備会グループ」として他の五名（相川博、平館利雄、木村亨、西沢富夫、加藤政治）とともに、昭和二〇年九月一五日に第一回公判を迎え、この日のうちに判決の宣告までが一挙になされたことは、弁護人海野普吉の事件簿に記録が残っている。

また弁護士海野普吉は自伝的著書『ある弁護士の歩み』のなかで、インタビュアーの「横浜事件の法廷がどのように進行したか」との質問に答えて、つぎのように語っている。

「実にこっけいな法廷です。検察官が起訴状を読みます。が、事実の認否について、『そんなことはありません』とみんな断ってしまうと、八並達雄裁判長が『こういう調べを受けたね』という質問をします。『受けました』と答える。『調書では認めているようだね』、『それは認めなければならないように、ぶんなぐられたり、蹴とばされたりしたから、そうしたんです』。それはそれでいいということで結審です。ぼくもなにをいったかよく覚えがないのですが、ただ『敗戦になった状態で連合軍から占領されたということについては、一体なにが原因か。そういうことを阻止しようとしたのは、こういう人々なんだ』ということをいった覚えだけはあります。」

4　一連の事件のうち最も中核をなす筈の「泊会議」は、敗戦前の予審終結決定（細川嘉六および相川博につき昭和一九年一二月二九日、小野康人につき昭和二〇年七月二〇日）には当然含まれていたが、敗戦後の予審終結決定（木村亨につき昭和二〇年八月二九日）または判決段階では訴因から除外された。その余の事実については公判廷での「自白」があったものとして判決書のうえでは処理がされ、被告人に対してはいずれも執行猶予付きの有罪判決が言い渡され、これらの判決は確定した。

ただし細川嘉六は公訴事実を否認したまま、昭和二〇年一〇月八日の治安維持法の廃止をむかえ、免訴の判決を得た（他に、森数男が一審の実刑判決に対して上告中に治安維持法の廃止を迎え、免訴の判決を得ている）。

5　被告人らの内、実刑判決を執行されたのは和田喜太郎だけ（同人は横浜刑務所服役中に昭和二〇年二月七日死亡）とはいえ、未決勾留期間が極めて長く、未決勾留中に獄死した浅石晴世ら、疲気保釈の直後に死亡した西尾忠四郎らの例もあるように、過酷、残虐な弾圧事件であった。

生き残った被告人ら三三名は戦後共同して、拷問した特高警察官を特別公務員暴行凌虐罪で告訴し、被告訴人のうち三名の警察官（松下英太郎、柄沢六治、森川清造）

が、益田直彦にたいする拷問の件で起訴され、一、二審とも有罪の実刑判決を受け、上告棄却の判決（昭和二七年四月二四日最高裁第一小法廷）によってこれが確定した。

しかし、その直後に実施された講和恩赦により、結局特高警察官たちは下獄せずに済んでいる。

6　本件請求人小野貞を含む次の九名は、さきに昭和六一年七月三日付で、御庁に対し第一次再審請求を申し立てた経緯がある。

被告人（六名）木村亨、平館利雄、畑中繁雄、青山鉞治、小林英三郎、川田定子

相続人（三名）小野貞（小野康人を相続）、川田定子（川田寿を相続）、和田かよ（和田喜太郎を相続）

この時の再審請求事由は、前述の通り特高による拷問の事実が戦後の判決によって確認されたことであった。

裁判所は、「特高警察官の拷問が益田に対してのみならず、請求人に対してもなされたのではないかという疑いは否定できないが、一件記録が発見されない以上、拷問と有罪認定との因果関係が把握できない」という理由（昭和六三年一二月一六日東京高裁決定）により、結局右第一次請求を容れなかった。

なお、一件記録の所在については、「太平洋戦争が敗戦に終わった直後の米国軍の進駐が迫った混乱時に、いわゆる横浜事件関係の事件記録は焼却処分されたことが窺われる」旨が横浜地方裁判所決定（昭和六三年三月二八日）に示されている。

7　しかし、弁護士海野普吉が遺した、著名事件に関する弁護記録が、国会図書館憲政資料室に「海野文書」として保存されているが、細川嘉六の治安維持法違反被告事件についての記録は、そのなかに含まれている（以下において、この資料を「細川事件記録」と略称する）ので、これが他の被告人に関する事件についても重要な参考資料になる。

第二　確定判決の認定した小野康人の「犯罪事実」とその「証拠」

一　小野康人にかかる「犯罪事実」

1　本件請求人らの被相続人である小野康人は、昭和二〇年九月一五日、横浜地方裁判所第二刑事部において、治安維持法違反被告事件について、懲役二年執行猶予三年の有罪判決を受けた。

2　判決によって認定された「犯罪事実」の要旨は、

①雑誌『改造』の編集会議の席上、同僚の編集部員相川博が、同誌の昭和一七年八月号および九月号に細川嘉六執筆の論文「世界史の動向と日本」を掲載すべきことを提案したのを支持し、かつ八月号の校正等の作業に従

事して、右細川論文を一般大衆の閲覧に供して共産主義的啓蒙に努めたこと

②細川嘉六が右論文等により検挙された後、西尾忠四郎の要請をうけて、細川の家族を救援するため金二〇円を同人に寄託したこと

の二点が「コミンテルン及日本共産党の目的遂行の為にする行為」にあたる、とするものであり、適用法条として治安維持法第一条後段および第一〇条が示されている。

二　確定判決における証拠の構造

1　右有罪認定の証拠として掲げられているのは、相川博の予審調書のほかは、被告人自身の供述（公判廷における供述、予審調書、警察官調書）のみである。問題の細川嘉六執筆にかかる論文「世界史の動向と日本」（以下において「細川論文」と略称）は、犯罪事実の一部として特定されてはいるが、その内容は証拠として援用されてはいない。

確定判決が援用する相川博の予審調書等の証拠そのものは、今日まだ発見されていないが、相川博の予審調書と実質的に同一の内容と思われる、同人の『手記』（昭和一八年九月一五日付で、鶴見警察署において作成されたもの。以下、「相川手記」という）が、細川事件記録のなかに含まれている。

2　相川手記によれば、細川論文は「私達細川を中心とする党再建活動と密接不離の関係があり」、「再建準備と連合して、来たるべき共産革命に対処し、全国に散在せる共産主義者の蹶起を促すため、之れが指令的内容を持つ大論文」であり、全体を通じての結論は、

「ソ連邦に於いて実現され、又第二次世界大戦後は支那、印度等のアジア後進諸民族の独立運動の指導精神となるものは社会主義理念に基づいた世界観でなければならぬことを論断主張し、日本も亦この世界史発展の大勢に遅れることなく、速やかに国内社会主義革命を断行すべきことを強調し、全国同志の蹶起激励につとめている」ものであるというのである。

3　共犯者とされた相川の右趣旨の自白（それはまた、小野自身の自白の内容でもあると思われる）を根拠として、確定判決は細川論文の趣旨を、

「唯物史観の立場より社会の発展を説き、社会主義の実現が現在社会制度の諸矛盾を解決し得る唯一の道にして、我国策も亦、唯物史観の示す世界史の動向を把握してその方向に向かって樹立遂行せらるべきこと等を暗示したる共産主義的啓蒙論文」

と、決めつけたのである。

そして、細川論文の本質を、右のような「共産主義的啓蒙論文」と評価するからこそ、これを雑誌に掲載するための小野の行為（相川提案の支持や校正作業への従事）、

あるいはこの論文故に検挙された細川嘉六の留守家族を救援するための小野の行為の性質が、

「自己の職場の内外を通して、一般共産主義意識の啓蒙昂揚を図ると共に、左翼分子を糾合して左翼組織の拡大強化を図る等前記両結社（注、コミンテルンおよび日本共産党）の目的達成に寄与せむことを企図」したものと評価され、かかる企図の一環としての行為と評価されるところとなったのである。

論文そのものを証拠として具体的に検討することの無いまま、拷問によって得られた捜査当局に都合の良い自白だけに基づいてこじつければ、このような事実認定がなされるわけである。

4　相川の「自白」が、特高警察による激しい拷問の結果であることは言うまでもない。

特高警察官を告訴（昭和二二年四月）するに際して、告訴状に添付された相川の「口述書」によれば、同人は逮捕されてから拘置所に移管されるまでの期間中（昭和一八年五月二六日〜一九年四月一〇日）鶴見警察署において、主に平畑・森川両警部補から拷問を受けている。その態様は、被疑者を取調室のコンクリートの床に座らせて両手を後手に縛った上で、数人掛りで竹刀で頭や背中を叩いたり、拳骨で殴ったり、靴で蹴りつけるというものであった。

「神奈川特高警察は警視庁とは違うんだ。貴様のようなやせこけたインテリは何人も殺しているのだ」「きさまの女房は自殺したぞ。……会いたいだろうがきさまは白状せんから会わすことはできん」などという脅迫も加えながらの、このような暴行が、数日ないし一週間おきに行われ、また約半年にわたって、弁当の差し入れは禁止されていた。拘置所に移管されたときの相川は、辛うじて歩行に耐えるという程度に衰弱していた。

このような状況の中で「手記」は書かれたのであるが、それは実際には本人が当初執筆したものを取調側が「跡形もなく補筆修正」し、その指示するところに従って書き写す、というだけの作業であった。

小野康人も、相川博と同日に逮捕され、勾留場所が寿《ことぶき》警察署（九月一四日以降は磯子警察署）であり、森川警部補とコンビを組む相手が平賀警部補であったほかは、相川と同じような拷問を受け、相川が書いた手記を参考として、「改造社における共産主義活動」に関する手記を書かされており、その経緯が同人の「口述書」に記載されている。

請求人小野貞は、昭和一八年八月に県警特高課から宅下げされた夫の衣類（単衣《ひとえ》）の、背中から腰にかけて一面に血がにじんでいるのを見て、特高室で号泣したことを忘れることができない。

5　相川博や被告人本人の「手記」や供述調書は、いずれも右のような状況の下で成立した、任意性を欠くものであり、また信用性・真実性を欠くものである。また、「犯罪事実」の認定に沿うような、どんな「自白」があろうと、それらの自白が客観的事実と符合しないことは、(自白の前提となった拷問の事実について究明・立証するまでもなく)、細川論文の客観的内容と対比するだけで自ずから明らかである。

三　細川論文の客観的内容と、
　　その証拠としての新規性

1　細川論文の内容が、「社会主義革命の断行を強調」したり「社会主義の実現に向かって国策を樹立すべきことを暗示」したりする趣旨のものでないことは、当該論文を一読すれば明らかである。

そもそも、そのような趣旨の論文であれば、戦時下における情報局検閲課の検閲を通過するわけがない。

細川論文の趣旨は、民族自決主義が第一次世界大戦後、ソ連の民族政策にも支えられて世界的な趨勢になっていることをふまえ、日本は今次大戦を通じて、欧米帝国主義諸国と同じ道を進むのではなく、アジア諸民族の自決・独立の達成を助けるべきである、ということに尽きる。

2　すなわち論文全体のまとめにあたる第七節中の、つぎのような箇所がこの論文の眼目である。

「現在に至るまで過去二十年間の世界情勢の展開は独善的独断的でなく冷静に科学的に考察研究せられることなくしては、十億のアジア民族の人心を集め領導すべき真実雄渾なる全国民的思潮とこれに基づく政策は生まれるものではない。」(九月号四〇頁上段)

「大東亜戦の遂行と大東亜共栄圏の樹立とに関し、支那、インド等諸民族の我が民族政策に対するそれぞれの輿論が、致命的な重要性を有する……この民族的輿論を領導するということは、すなわち八紘一宇の大理想を実現すべき一個重大なる必要不可欠の条件に外ならない。」(同四二頁下段)

「現在大和民族はその発展史上空前の重大時機に立っている。最も冷静最も厳重に日清日露戦争以後支那事変に至るまでのアジア大陸に対する自己の発展史を反省し、真実にアジア十億諸民族の心を把握領導するに足る雄渾なる思潮、これより自然に湧出する大政策を得るや否やは大和民族の将来を決定する唯一重大なる点である。」(同四五頁下段)

「もし欧米勢力をアジアより駆逐したる大和民族が、日清日露戦争以後の如く依然として欧米帝国主義の追随者としてアジア諸民族に対するときはアジア諸民族のうちに孤立する危険を自ら招くものである。あきらかに日本によって欧米勢力を駆逐してもらったアジア諸民族の大和民族に渇望するものは欧米帝国主義の亜流者たる日本にはない。」(同四六頁下段)

3　このように、わが国の国策樹立にあたってアジア諸国の民族自決権を尊重すべしという主張は、たとえば満州事変開始直後の『東洋経済新報』（昭和六年九月二六日号および一〇月一〇日号）の社説「満蒙問題解決の根本方針如何」において石橋湛山が、

「我が国民にして従来通り、満蒙における支那の主権を制限し、日本のいわゆる特殊権益を保持する方針を採る限り、いかに我が国から満蒙問題の根本的解決を望むも、その目的はとうてい達し得ぬこと明白」

と主張しているなど他にも例はあり、このような言論が、「国体の変革」すなわち天皇制の打倒へ向けての結社活動の一環にあたるとして、治安維持法の適用を受けるべき筋合いではない。

4　右論文の執筆・出版が治安維持法違反に該当しないとすれば、その校正に従事することが同法違反に該当する筈はなく、また論文執筆を理由として検挙された細川嘉六の留守家族を救援することも治安維持法違反と評価されるわけがない。しかも細川嘉六の留守家族の救援の件については、細川の知人である風見章（近衛内閣の書記官長）が金一〇〇〇円を拠出したことが、風見自身によって供述されている（右供述調書の写は細川事件記録に含まれている）。この行為について風見章が治安維持法違反に問われた事実はない。

そもそも一家の主が治安維持法違反の嫌疑で検挙されたからといって、その「家族の救援」の趣旨で金銭を拠出することまでが「国体の変革」などという目的の遂行に資すると評価しうる訳はないのであって、小野康人に対するこの訴因が、まったくの付け足しに過ぎないことは明らかである。

5　確定判決は、細川論文の雑誌掲載を手伝ったことを理由として被告人小野康人を処罰しているのに、その論文自体は証拠としていない。前述のとおり敗戦直後の混乱の中で、形だけを取り繕った茶番劇のような「公判」が開かれたにすぎないので、そもそも証拠物などは公判廷に顕出されていなかった可能性さえある。

いずれにしても確定判決が細川論文そのものを証拠に用いて審理した結果でないことが明らかな以上、問題の論文は再審開始事由としての新証拠にあたり、しかもこれを証拠に加えるならば、同論文の趣旨を「社会主義実現の方向に向かって我が国策を樹立すべきことを暗示した共産主義的啓蒙論文」であるとするなどの事実誤認は生じえず、従って被告人は無罪の宣告を受けたであろうことは明らかである。

証拠方法

甲第一号証　雑誌『改造』昭和一七年八月号および九月号に掲載された、細川嘉六執筆にかかる論文「世界史の動向と日本」

甲第二号証　相川博「手記」（昭和一八年九月一五日）

なお、細川論文の客観的評価等に関し、専門家による鑑定書の提出を準備中である。

付属書類

一　判決謄本写
二　甲号証写
三　弁護人選任届
四　戸籍謄本

右の通り再審を請求する次第である。

平成六年七月二七日

右弁護人　弁護士　日下部長作
同　山本一郎
同　山本祐子
同　三野研太郎
同　本田敏幸
同　岩橋宣隆
同　間部俊明
同　山本一行
同　渡辺智子
同　小沢弘子
同　大川隆司

横浜地方裁判所　御中

〈検察官意見書〉

意見書

再審請求人　小野貞　他二名

小野康人に対する治安維持法違反被告事件について、昭和二〇年九月一五日横浜地方裁判所が言い渡した有罪の確定判決に対する再審請求についての検察官の意見は、左記のとおりである。

平成六年一一月三〇日

横浜地方検察庁
検察官　検事　北岡英男

横浜地方裁判所第二刑事部　殿

記

一　本件再審請求の理由は、必ずしも明確ではないが、要するに、原判決は、その判決書の記載から明らかなとおり、雑誌「改造」昭和一七年八月号及び九月号に掲載された細川嘉六執筆に係る「世界史の動向と日本」と題する論文（以下「細川論文」という。）を証拠として取り調べず、専ら拷問によって得られた任意性、信用性・真実性のない被告人及び相川博の自白に基づき、細川論文が、「唯物史観の立場より社会の発展を説き、社会主義の実現が現在社会制度の諸矛盾を解決し得る唯一の道にして、我国策も亦、唯物史観の示す世界史の動向を把握してその方向に向かって樹立遂行せらるべきこと等を暗示したる共産主義的啓蒙論文」である旨認定した上、被告人が、「自己の職場の内外を通じて、一般共産主義意識の啓蒙昂揚を図ると共に、左翼分子を糾合して左翼組織の拡大強化を図る等前記結社（コミンテルン及び日本共産党）の目的達成に寄与せむことを企図」し、判示各所為等「諸般の活動を為し、以て『コミンテルン』及び日本共産党の目的遂行の為にする行為を為したるもの」と認定して、有罪の言渡しをしたものであるところ、細川論文の客観的内容を見れば、治安維持法違反の適用を受けるような「社会主義の実現の方向に向かって我国策を樹立すべきことを暗示した共産主義的啓蒙論文」とは到底認められないのであり、原判決裁判所で取り調べられていない細川論文は、旧刑事訴訟法第四八五条第六号にいう「有罪ノ言渡ヲ受ケタル者ニ対シテ無罪ヲ言渡スベキ明確ナル証拠ヲ新ニ発見シタルトキ」に該当するというものである。

二　しかしながら、原判決は、「犯罪事實第一」として、「相川博カ細川嘉六執筆ニ係ル『世界史ノ動向ト日本』ト題スル唯物史観ノ立場ヨリ社會ノ発展ヲ説キ社會主義ノ實現カ現在社會制度ノ諸矛盾ヲ解決シ得ル唯一ノ道ニシテ我國策モ亦唯物史観ノ示ス世界史ノ動向ヲ把握シテソノ方向ニ向ツテ樹立遂行セラルヘキコト等ヲ暗示シタル共産主義的啓蒙論文ヲ雑誌『改造』ノ同年八月號及九月號ニ連續掲載發表ヲ提唱スルヤ被告人ハ該論文カ共産主義的啓蒙論文ナルコトヲ知悉シナカラ之ヲ支持シ編輯部員青山鉞治ト共ニ八月號ノ校正等ニ盡力シテ該論文（昭和十九年地押第三七號ノ二四ノ八頁乃至二九頁同號ノ二五ノ一六頁乃至四七頁）ヲ豫定ノ如ク掲載發表シ以テ一般大衆ノ閲讀ニ供シ」と判示しているのであって、原判決は、その判決書の「證據」欄に掲記してはいないけれども、原判決裁判所が押収した細川論文を証拠として取り調べ、その内容をも事実認定の用に供していることが明らかであって、細川論文が存在することをもって、旧刑事訴訟法第四八五条第六号にいう「無罪ヲ言渡スベキ明確ナル証拠ヲ新ニ発見シタルトキ」に該当するものとは到底言えない。

三　以上の次第であるから、本件再審請求は、旧刑事訴訟法第四八五条第六号所定の要件に該当せず、理由がないことが明らかであり、同法第五〇五条に基づき棄却されるべきである。

※

意見書

再審請求人　小野　貞
外二名

御庁平成六年（た）第一号再審請求事件につき、検察官から提出された平成六年一一月三〇日付意見書に対し、弁護人は左記のとおり反論する。

平成七年三月二日

右弁護人　弁護士　日下部長作
同　山本　一郎
同　山本　祐子
同　三野研太郎
同　本田　敏幸
同　岩橋　宣隆
同　間部　俊明
同　山本　一行
同　渡辺　智子
同　小沢　弘子
同　大川　隆司

横浜地方裁判所　第二刑事部　御中

記

一、検察官意見書の要点

検察官は「原判決は、その判決書の「証拠」欄に掲示してはいないけれども、原判決裁判所が押収した細川論文を証拠として取り調べ、その内容をも事実認定の用に供していることが明らか」であるとして、細川論文は新証拠にあたらないとする。しかし、細川論文の内容を事実認定の用に供していることがなぜ「明らか」だといえるのか、主張の根拠についての説明は全然ない。むしろ、以下に述べるとおり、確定判決裁判所は、細川論文を証拠として取調べてないことが明らかにうかがわれる。

二、確定判決が細川論文を取調べていないと判断すべき理由

1、確定判決は、「犯罪事実」欄において、細川論文を「唯物史観ノ立場ヨリ社会ノ発展ヲ説キ社会主義ノ実

現カ現在社会制度ノ諸矛盾ヲ解決シ得ル唯一ノ道ニシテ我国策モ亦唯物史観ノ示ス世界史ノ動向ヲ把握シテソノ方向ニ向ッテ樹立遂行セラルヘキコト等ヲ暗示シタル共産主義的啓蒙論文」と判断し、かつ、右論文の押収番号及び掲載頁を「昭和十九年地押第三七号ノ二四ノ八頁乃至二九頁同号ノ二五ノ一六頁乃至四七頁」と記載しているが、「証拠」欄には、「被告人ノ当公廷ニ於ケル供述」のほかには、「被告人ニ対スル豫審第二、三、四回尋問調書ノ記載」、「相川博ニ対スル豫審第四回被告人尋問調書謄本ノ記載」及び「被告人ニ対スル司法警察官第十六回尋問調書ノ記添」を掲げるのみであって、細川論文を掲げていない。

　このことは、確定判決裁判所が細川論文を公判廷で証拠として取調べていないことを強く推測させるものである。

　すなわち、確定判決は、前記のように細川論文の趣旨を判断しているのであり、かつ、確定判決のその判断が本件犯罪の成否を決しているのであるから、もし確定判決裁判所が細川論文を公判廷で証拠として取り調べたとすれば、これを「証拠」欄に掲げるのが当然であるからである。

　ことに、確定判決は、前記のように、「証拠」欄に、「被告人ノ当公廷ニ於ケル供述」のほかに、被告人の予審調書などを掲げているが、このことを確定判決裁判所と同一の構成又は確定判決裁判所と裁判官一名のみが異なる構成の裁判所が昭和二〇年七月から九月にかけて判決をしたいずれも横浜事件連座者である被告人白石芳夫（七月三一日）、同小川修（同日）、同益田直彦（九月四日）、同手島正毅（九月一日）、同小森田一記（九月四日）らに対する判決（今日、保存されている判決書は、時期を異にする和田喜太郎の判決〈昭和一九年八月二一日〉を除けば、これらが全部である）において「証拠」としてそれら被告人の公判廷に於ける供述のみが掲げられているのと対比すると、それらの被告人の公判廷における供述が裁判所の認定した事実を全部認めた内容のものであったと思われるのに対し、本件被告人の公判廷における供述がその一部のみを認めた供述（たとえば、外形事実を認めるが、趣旨を争う供述など）であった可能性が強いのであるから、本件の場合、細川論文を「証拠」欄に掲げる必要性は一層大きかったと考えられるものである。

　2、確定判決の宣告は、昭和二〇年九月一五日であるが、弁護人海野普吉の事件簿によると、被告人小野康人に対する確定審の公判は他の横浜事件連座者五名（西沢富夫、平館利雄、木村亨、加藤政治、相川博）の公判とともに、同日はじめて開かれ、即日判決の宣告までなされたものである。

　ところで、同日は、太平洋戦争敗戦により終戦の詔書が発せられた同年八月一五日の一か月後にあたるが、右八月一五日から同月三〇日連合国最高司令官マッカーサー元帥が厚木に到着し、次いで同年九月二日ポツダム宣言受諾の降伏文書が調印される頃までは、日本社会が極度の混乱に陥り、裁判所を含む諸官庁において機密書類、言論弾圧関係書類などの書類の多くが焼却されたことは周知のとおりであって、本件被告人についての第一次再審についての横浜地方裁判所の昭和六三年三月二八日の決定が「太平洋戦争が敗戦に終わった直後の米国軍の進駐が迫った混乱時に、いわゆる横浜事件関係の事件記録は焼却されたことが窺われる。」と判断しているのは、一般的には正しいというべきである。

そして、右のように焼却されたことは、押収物についても同様であったと考えられるのであり、むしろ裁判所の実務の取扱いから考えれば、事件記録については、当該裁判部の書記が保管していた未済事件のものは除外された可能性があるが、当該裁判部とは別に証拠品係が保管していた押収物については、未済事件既済事件の区別をするいとまもなく、一律に焼却されたものと考えられるのである。

従って、前記九月一五日当時には、押収物中の細川論文は、すでに焼却されていたと考えられるのである。

3、旧刑事訴訟法においては、裁判所は、証拠物と思料するものを差し押さえるべきものとされていたが（第一四〇条第一項）、その物を公判廷で証拠として取り調べるかどうかは、裁判所の判断に委ねられていた。

従って、押収物はすべて公判廷で取り調べるという裁判所もあったが、前記のように押収物は当該裁判部とは別の証拠品係が保管していてその出納にも内部の手続を要することから、事前に一件記録を検討して証拠として取り調べる必要があると考えられるもののみ、公判廷で取り調べるという運用をする裁判所も少なくなかった。

一方、旧刑事訴訟法は、証拠物の取調方法として、証拠物を被告人に示すべきことを定めているが（第三四一条第一項）、同時に、証拠物のうち書面の意義が証拠となるものについては、被告人が文字を解しないときはその要旨を告げるべきことを定めているのであり（同条第二項）、その趣旨からは、証拠物のうち書面の意義が証拠となるものについて被告人が文字を解するときは、単にその物の外形を示せば足りるものではなく、その物に記載されてある文字を閲覧しその書面の意義を理解することができる程度に被告人に示すことが必要であると解されるのであり、五四頁、約六万字の細川論文の場合、これを読了すれば相当速く読んでも一時間はかかるのであるから、その証拠調に相当の時間を要することは、言うをまたないところである。

ところで、確定審の公判が開かれた昭和二〇年九月一五日当時の状況を考えてみると、すでに同年九月二日の降伏文書調印により日本政府の統治権は連合国最高司令官の支配下に置かれており、裁判所もいつ占領軍の命令により超法規的措置を取らなければならないことになるか予断を許さない状況であったことは周知の事実であり、裁判所としては、そのような事態を避けるため被告人ほか五名の事件について急遽形式的に公判を開き判決をしたと考えられるものである。

従って、そのように形式的に審理判決をした裁判所がわざわざ細川論文などの押収物を公判廷に持ち込んで時間のかかる証拠調をしたとは考えられないのであり、仮に右公判当時、細川論文が押収物として庁内には存在していたとしても、公判廷において証拠物として取り調べられたことはなかったと考えるものである。

再審請求書四頁に引用したとおり、海野弁護士の著書『ある弁護士の歩み』において、横浜事件の法廷での証拠調についてごく簡単な被告人尋問が行われたというだけで証拠物の取調についてまったく触れられていないことも、右推断を裏付けるものである。

三、確定判決の認定事実と、予審終結決定の同一性について

確定判決の認定事実の中に前項1のとおり細川論文の押収物番号が特定され、その趣旨について「唯物史観ノ立場ヨリ社会ノ発展ヲ説キ……共産主義的啓蒙論文」と指摘されているからには、裁判所は細川論文の内容を証拠として取調べたにちがいない、と検察官が考えたとすれば、それはあまりにも皮相な観察である。

確定判決における犯罪事実の記載は、予審終結決定(昭和二〇年七月二〇日予審判事石川勲蔵)をそのまま機械的に引きうつしたものである。厳密に言えば、予審終結決定では犯罪事実の「第一」としてあげられていた、いわゆる「泊会議」(被告人らが細川嘉六を中心として昭和一七年七月富山県下新川郡泊町の旅館に集まり、「日本共産党再建準備会」の結成の謀議をした、というもの)の一件が、判決からはすっぽり消えているので、予審終結決定中の犯罪事実第二の(一)と(二)が、判決ではそれぞれ「第一」および「第二」と表示されている。

それ以外は予審終結決定中の「理由」の記載と、判決中の「犯罪事実」の記載とは、一字一句ちがいはない。すなわち裁判所は、あえて公判において証拠の取調をしなくても、犯罪事実を認定したかのような作文(むしろ、作文とさえ言えない筆写作業というべきである)を容易にすることができるのである。

四、確定判決の事実認定と細川論文の内容との著しい乖離

1、細川論文を「共産主義的啓蒙論文」と評価する確

定判決の判断は、相川博が手記の中で、細川に対し、「来るべき共産革命に対処し、全国に散在せる共産主義者の蹶起を促すため、これが指令的内容を持つ大論文」を執筆してほしいと依頼し、論文の基調も日本が「世界史発展の大勢に遅れることなく速やかに国内社会主義革命を断行すべきことを強調し、全国同志の蹶起激励につとめている」ものである、としているところ（相川の予審調書も同旨と推定される）とは、よく符合するが、細川論文の内容とは全然符合しない。（この点は、七で詳細に述べる）

2、第二次大戦の背景をなす重大な世界情勢の一つに植民地・半植民地における民族主義の台頭があり、これに、インパクトを与えているものが「ソ連の民族政策」であるという指摘は、決して特異な見解ではなく、右翼のイデオローグ大川周明でさえ、「現在に於いて、アジア復興の最も重大なる外面的刺激は、実に労農ロシアそのものより来る。世界戦尚未だ酣なりし頃、連合諸国は人道と自由とを口実とし、民族の自決乃至独立等の誘惑的標榜を掲げて、能くアジアの弱小民族を己に加担せしめたるに拘らず、戦後に於ける彼等の態度は、深刻鮮明にその標榜と懸隔せるが故に、今や至処真摯なる国民主義者の道徳的信頼を失い尽くした。而して彼等は唯だボルシェヴィキによってのみ、大いなる希望を鼓舞せられつつある」と、同趣旨の指摘を行なっている（『復興亜細亜の諸問題』昭和一四年、中公文庫版一六四頁）ほど、普遍的な見方であり、そのことの指摘が、ただちに日本国内における社会主義革命の提唱につながるという性質のものではない。

細川論文も、右とほぼ同旨の文脈で「ソ連の民族政策」を重視しているのであるから、論文それ自身を裁判所が実際に読んでいるならば、右論文が「社会主義の実現が現在社会制度の諸矛盾を解決し得る唯一の道」であることを論じている、などという評価が出てくるわけがないのである。

3、細川論文は情報局（内務省検閲課のほか、陸軍、海軍、外務各省の情報部等の機能を統合して、昭和一五年一二月六日に発足）の検閲をクリアーして出版された総合雑誌『改造』の昭和一七年八月号および九月号に掲載された論文であるから、それが治安維持法第一条、すなわち国体変革を目的とする結社の活動に資するものであるなどと考える余地は本来存在しない。にもかかわらず、あえて当該論文の出版が治安維持法違反にあたると判断する作業は、たとえていえば殺人罪を認定するに際して、犯行に使用された凶器の取調べを欠くようなものである。この場合いわば「甲第一号証」として、当該凶器が取調べられなければならないのと同様に、本件において、細川論文それ自体が取調べられなければ、事実認定はできない筈なのに、証拠の標目にこれが指摘されない、ということをどのように解釈すべきか、ということは前項および本項1、2に述べたとおりである。

要するに確定判決は、亡小野康人が細川論文の「雑誌掲載を支持」し、「校正等に尽力」したことを犯罪事実として特定しながら、その論文の内容自体は判断資料に用いていないと解釈せざるをえない。

五、新規性の有無についての判定原則

「疑わしきは被告人の利益に」解すべしとの法原則は、刑事司法上普遍的なものであって、再審法理もその例外ではない。

本件確定審が、細川論文を取調べていないことは前述のとおり明らかであると考えるが、いま百歩譲って、右取調べの有無については、一件記録が無くなっているために確定できない、と仮定してみよう。かかる前提に立ったときに、再審請求を受けた裁判所はどのように考えるべきであろうか。この問題について考えた適切な先例と言うべきものが、いわゆる松尾事件（強姦致傷被告事件にかかる再審請求事件）に関する熊本地方裁判所の決定（昭和六三年三月二八日判例時報一二八五号三頁）である。

右再審請求にかかわる確定審の事件記録は、既に廃棄されていた。そして弁護人は「犯人の顔を目撃した」旨の証言の信用性を争い、夜間には犯人の顔の識別は不可能であることを立証するため、「犯行現場の明るさについての夜間検証」を、新たな証拠として申請した。

この点について裁判所は、「記録が無いことのみから『新規性、明白性』の判断が不可能であるとして再審請求の理由が無いとすることは、請求人の責に帰することのできない事由で請求人に不利益を課することになるから、再審が誤って有罪の言渡しを受けた者を救済するための制度であることに徴し許されない」とし、「確定判決書のみならず、収集しうるできる限りの資料をもって、本件記録の再現及び確定判決の心証形成過程の探究に努め、これを前提に判断するほかに道はない」、「この場合どうしても確定し得ない問題が生ずることになろうが、このような問題について、請求人に利益にも不利益にも推測されるときには、記録の廃棄が請求人の責に帰すべき事由によらないことからも、また前記再審制度の目的からも、請求人に不利益な事実を前提とすべきではない」という大前提を定立した上で、前記検証の「新規性」を認めている。

本件においても確定審の事件記録は存在しないいま、検察官は推測のみにもとづいて確定審が細川論文の取調べをしたと主張しているが、裁判所がすくなくとも右先例に従い、疑わしきことを請求人の不利益に決すべきでないことは明らかである。

六、再審請求理由の補充と関連証拠の提出

被告人小野康人が細川の家族救援のため二〇円を拠出したことが治安維持法第一条・第一〇条違反「犯罪事実第二」に該当するとされているのに対して、内閣書記官長や司法大臣の経歴を持つ風見章は同趣旨の救援金一〇〇〇円を拠出しながら起訴されていない。

風見が一〇〇〇円を拠出した事実を立証する証拠は、本件確定判決中「犯罪事実第二」について無罪を宣告すべき新証拠である。

七、細川論文各章の要旨と、「相川手記」によるその歪曲

別紙のとおり。

以上

《付属書類》

一、横浜事件資料集（被告人に対する予審終結決定書、一部の被告人に対する確定判決等所収）

二、（国会図書館憲政資料室所蔵の細川嘉六関係事件記録中の）風見章、細川サダ、山浦貫一の各予審尋問調書

なお、請求人小野貞本人が、横浜事件の真相に関する自分自身の体験と、各種資料にふれた感想などをまとめた手記を最近刊行した（『横浜事件・三つの裁判』所収）ので、裁判所の御一読をお願いしたく、本意見書に添付する。

（別紙）

細川嘉六論文『世界史の動向と日本』各章の要旨と、『相川手記』によるその歪曲

（前注）

細川論文は一ないし七の章からなるが、以下においては各章ごとに、「1　論文の要旨」と「2　相川手記による評価」とを対照して記載する。

なお『相川手記』の該当箇所を特定するための頁数は、海野文書の原本の丁数ではなく、活字印刷になっているものの頁数である。

第一章

1　（論文の要旨）

本章は、論文全体の目的を述べているもので、その要旨は次のとおりである。

現在の世界情勢は、以下のような点において、日清日露戦争や第一次世界大戦を通じて得られた既成観念や政策を、はるかに超越した客観的事態の発展に基づいている。

①　世界が、単に枢軸国対反枢軸国とに分裂しているというのにとどまらず、フランスがヴィシー政府とロンドン政府に分裂し、支那が南京政府と重慶政府に分裂しているなど、四分五裂、諸国内乱の状態を示している。

これらは、第一次大戦においては、戦争末期ないし戦後においてはじめて出現した現象であるが、現大戦では、既にその過程中に出現している。

②　第一次世界大戦は資本主義世界における大戦であったが、現大戦では一大強国となったソビエト・ロシアが、その一角に加わっている。英米両国が、窮境脱出の方策としてソ連に追随しているのは、すでにソ連が軽視できない実力を持っている証拠である。

③　第一次大戦が、英・仏・露などの連合国と、独・墺・伊三国同盟の二つの陣営が、逐次形成され、この対立抗争の結果発生したのに対して、現大戦には、このような先行条件はない。列強は、戦争の準備というよりも、この重大局面を回避しようという意図を持ちながら、それにもかかわらず、国際的対立によって不可避的に戦争勃発に至った。国際連盟の崩壊という事実こそ、現大戦が人類史上未曾有の重大事態に基づいていることを示す。

この未曾有の大戦争が解決を求めている最重要の問題は、「幾千年にわたって発展して止まない世界文明に相応すべき世界文化の創造と発展」である。

世界的変局の発展は日本民族の運命を決定するのであるから、情勢の認識こそが重要である。抽象的独善的理論では民族的死活問題は解決されない。

「八紘一宇の政治的理念」が「全世界二〇億の民心を収攬すべき雄渾なる政治的良識」「雄渾なる世界政策の基礎」となるための不可欠の前提として、「現世界の混乱を惹起しつつある世界史的発展の根本問題を検討」することが、本論文の目的である。

2（相川手記における右部分の評価）

「共産主義を建国の理想とするソ連が世界の一大強国として出現している今日においては、……ソ連邦の社会主義的建設および文化思想の世界的影響は到底否定し得ない事を論評している点は明らかに第二次世界大戦後世界各国に起こるべき革命を予想すると共にこれが宣伝につとめている」（七〇三頁）

第二章

1（論文の要旨）

本章は第二次世界大戦の世界史的背景にふれて、つぎのとおり論じている。

第一次、第二次大戦は偶発事件ではない。

それは「人類六千年の歴史において積成発展したる文明と文化との調整問題が、第二〇世紀に至って初めて世

界史的規模において提起されているという事実」を表現している。ここに、

「文明」とは「人類の自然支配力の体系」をいい、

「文化」とは「文明と関連する人類の生活価値の体系」をいう。

文明はルネッサンス時代に大躍進をとげ、以後停止することなく発展してきた。とくに一九世紀の生産力の発展は、資本主義的近代工業が欧米において支配的勢力を持ち、全世界が欧米の資本主義の支配勢力下に網羅されるという事態をもたらした。

しかし資本主義生産は、「世界経済の組織化」とともに、

利潤獲得の動機とし、人類の消費を直接の目的としない生産

過剰商品・過剰資本を国外に輸出する必要

そのための列強相互間の闘争の激化

領土分割の完了、再分割をめぐる国際紛争の不可避性

過剰生産の吸収策としての軍備拡張

などの点において「史上空前の世界民族間における闘争激化」を内包している。

すなわち現代社会は、「文明に相応すべき文化の建設という任務をいかに遂行すべきかの危機に当面している」

2（相川手記における評価）

「近代資本主義社会の崩壊は眼前に迫り人類史の新しい建設は……社会主義の理想、社会主義的文化建設の理念なくしては不可能であることを力説している」

「現代資本主義世界秩序の崩壊が切迫し今日の如き高い段階に到達した科学技術生産力を更に一層高度に発達せしめるためには更に高度の文化の創造即ち新たなる社会秩序の理念が必要であり、この高度の文化を有するものはソ連であ（ることを）……指摘している」（七〇五～七〇六頁）

第三章

1（論文の要旨）

本章では「文明と文化の矛盾」の解決方向について、以下のように論じている。

「文明と文化の関係問題」はルネッサンス時代に出現している。

宗教改革、ルネッサンスの成熟、近代精神の成長、などのもたらしたものは、教会の改革に止まらぬ全社会の変革であった。

近代社会の歴史的意義は、

①科学の発展と、その人間生活への応用、および（①を基礎として）

②個人の自由と平等とを実現するための環境がととの

えられたこと、であった。
人間による自然界の征服の拡大は、人間の政治的平等の主張の本格的展開をもたらした。ところが、「科学の無限の発展が国家の将来を決定する」という発想でソ連の指導者層が努力しているのと対照的に、現代文明への懐疑・絶望の声が、科学発展の本拠ヨーロッパで高まっている。(たとえばシュペングラー)
文明と文化との矛盾を解決するもう一つの方法として戦争がある。ヒトラーが、アリアン民族のみが神の寵児であるとの思想で国民を奮起させたのは、その代表例である。
しかし、科学・技術を未発達の昔に逆転させたり、文明を崩壊させることなく、現代文明に相応すべき文化体系、「人間が生きがい働きがい、そして無限の希望を将来にもち得べき文化体系」が建設されるべきである。

2 (相川手記における評価)
「ルソー、ベンサムによって社会構成の原則として主張された自由平等の原則はマルクス等の唯物論によって『科学的に論証され科学的に肯定され』た事、この唯物論は一九一九年に建国されたソ連邦における科学技術の発達の信条となり、一方に於いては資本主義世界に於ける『技術の統制』と『科学の窒息』とを必要とする思想、並びにルーデンドルフの全体主義戦争の遂行の思想を結果として生んだというように、唯物論思想の正当性を論述している」(七〇六頁)

第四章

1 (論文の要旨)
本章では、第一次大戦後に模索された解決策の限界について、以下のように論じている。

「文明と文化の調整問題」を解決するために、第一次大戦後さまざまの努力がなされてきた。

国際連盟、ワシントン条約、不戦条約、世界経済会議、産業合理化、等々がそれである。

しかし戦後体制を形成したベルサイユ条約には、ソ連から民族自決主義の徹底、無賠償の原則などの提言があったにもかかわらず、禍根を残した。

ドイツの賠償負担がヒトラー政権成立の遠因となり、民族自決主義の不徹底に由来する、植民地・半植民地の反帝国主義運動の高揚を見たことがその例である。

民族的自覚への無理解に起因する、英米仏による圧迫・搾取の強化がその背景にある。

結局、列強の指導層が発揮した政治的・経済的・文化的知力は、資本主義世界における矛盾を解決するに至らなかった。

２（相川手記における評価）

本章に関しては、相川手記中に格別のコメントはない。

第五章

１（論文の要旨）

本章では、現下の情勢の特徴のうち、ソ連の発展とくに民族政策の成功にふれて、以下のような事実を具体的な統計数値などを示しつつ指摘している。

資本主義世界の行き詰まりとならんで、ソ連邦の発展および植民地・半植民地における民族独立運動の高揚が、最近二〇年間の世界情勢における特徴である。

ソ連の発展の内容は、経済領域における変革にとどまらず、

▼民族政策における「世界史上空前の実験と成果」

▼連邦内の後進民族をスラブ民族と同等の地位に立たせる方針

▼初等・中等教育の普及、辺境諸民族の文盲退治

▼民族単位の共和国の設立と、連邦レベルの中央権力における民族会議の重視

などの点において顕著である。

ナチス・ドイツとの東部戦線におけるソ連が示している抵抗力の基礎となっているものは、このような民族政策によってささえられた民族意識にある。

２（相川手記における評価）

「共産主義を建国の理念とするソ連邦の実相を賞揚して過大に評価しその宣伝に努むると共に社会主義社会の建設を礼讃している」（七〇八頁）

第六章

１（論文の要旨）

本章では、現下の情勢の特徴のうち民族独立運動の高揚にふれて、つぎのように論じている。

第一次大戦とロシア革命の影響をうけて、多くの植民地・半植民地諸国が近代的革新の軌道に乗った。その例はトルコ、イラン、アフガニスタン、インドなどにも見られるがとくに、新疆省はじめ支那全体について見ることができる。

▼新疆省では一九三一～三四年の内乱を契機として、旧支那式の専制政治を廃し、民族平等政策を展開、それによって全省を支那の主権下に確保しえた。

▼これを「赤化」というのはあたらない。教育されているのは孫文の三民主義である。

支那全体について言えば、農民・勤労者の民主主義・反帝国主義要求の徹底に向かう北伐は、資本家・地主層の恐怖心から国共分裂（一九二七）を招いたが、日本と

支那との戦争は、ふたたび国共合作をもたらした。中国共産党は、極左的方針を捨て、三民主義を根本原則として国民党と提携した。

　支那事変の継続による民衆動員は、軍事のみならず支那社会の政治経済文化全般に及ぶ。

「重慶政府は抗戦を持続する限り、民衆動員に成功せざるを得ない立場にあり、民衆動員に成功するためには、共産党の如くに民衆の生活に即し、その生活の向上を計り、国民的愛国心の発揚を策せざるを得ない。」

　世界情勢の発展は、支那・インドのみならずトルコ・イラン・アフガニスタン等に影響して、新たなるアジアの局面を展開するであろう。

2（相川手記における評価）

「インド及び支那革命の根本動力は共産主義にあり、国民党の政策や勢力は益々共産党の民族政策や民衆動員による革命的政策に追随せざるを得ずとなしている点は、細川が第一次欧州大戦後、この大戦とロシア革命との影響の下に民族独立運動の段階に入った支那及びインドの革命運動は将来アジア問題解決のための決定的地位を占めるものであり、すでに『新民主主義』即ち『社会主義』革命の段階に入っていることを力説している」（七一〇頁）

第七章

1（論文の要約）

　本章は、論文全体の結びであって、その要旨は次の通りである。

　資本主義世界における停止なき対立の激化と、反帝国主義・新民主主義運動の発展とは、「文明と文化との調整問題解決の二つの方向にほかならない。」

　世界情勢を独善的・独断的でなく冷静に科学的に研究することなしには一〇億アジア民族の人心を領導する政策は生まれない。

　科学と愛国心が両立し得ないという考え方は、アリアン民族至上主義の亜流である。

「わが皇軍が大東亜戦の緒戦において偉大なる成功をなしたが、……現世界戦争は単なる武力によって最後の目的に到達すべきものではない。大東亜戦の遂行と大東亜共栄圏の樹立とに関し、支那・インド等諸民族のわが民族政策に対するそれぞれの輿論が、致命的に重要性を有する。」

　これまでの日本は欧米帝国主義の亜流としての進路を驀進してきた。支那民族が日本から疎隔せざるを得なくなった大きな事由の一つは、この日本の進路にあった。この重大なる国策の失敗は断じて現在再び繰り返されるべきではない、

2（相川手記による評価）

「第二次欧州大戦後発生すべき世界革命の中心原動力は支那及びインド等のアジアの帝国主義の圧政下にあえぐ植民地半植民地の被抑圧民族の革命運動と独立運動であって、その目標は一方に於いては反帝国主義であり、又一方に於いては『新民主主義革命』即『社会主義革命』であります。……この社会主義的世界革命の波はアジアを席巻するであろう、従って資本主義世界の没落は必至であるという確信をのべているのであります」（七一〇頁）

「更に細川は……日本の国内革新の目標もこれ（＝支那及びインドの革命運動）と同様なものであり、労働者農民及び市民というような広範な勤労大衆を基礎とするブルジョア民主主義革命でなくてはならぬことを強調しているのであります」

以上

証人尋問調書

証人　山浦貫一

細川嘉六、相川博に対する治安維持法違反被告事件に付、昭和十九年十二月五日横浜地方裁判所に於て、予審判事石川勲蔵は裁判所書記細谷清立会の上、右証人に対し尋問すること左の如し。

一問　氏名、年令、職業及住所は如何

答　氏名は山浦貫一
年令は当五十二年
職業は読売新聞記者
住所は東京都大森区——

予審判事は刑事訴訟法第二百一条の規定に該当するものなりや否を取調べ之に該当せざることを認め、偽証の罰を告げ宣誓を為さしめたり。

二問　証人は細川嘉六を知って居るか。

答　昭和十六年七、八月頃改造社発行の雑誌「大陸」の座談会に出席致しました処、細川嘉六も出席して居り、其の頃より知合となり、私も細川も評論家で、評論家としての交際は致して居りますが、別に懇意ではありませぬ。

三問　相川博は。

答　同人は改造社の編輯記者をして居り、細川と知合になった頃より雑誌の原稿を取りに来て居て知って居る程度であります。

四問　風見章は。

答　私は新聞記者で政治の方面を取扱って居り、風見は新聞記者としての先輩で、現在政治家で、仕事の上の交際であります。

五問　証人は細川嘉六が検挙せられた事を何時頃知ったか。

答　日時の点は判然致しませぬが、確か昭和十七年十二月末頃と思ひますが、私の事務所、東京都京橋区銀座西七丁目五番地タイムスビル四階に、私を相川が訪ね来り、話の序でから細川が検挙せられた事を話したので承知したのであります。

六問　其の際細川の救援金の話は出なかったか。

答　先程申しました様に、細川が検挙せられた事は話しましたが、同人の為め金を出してくれとは申しませぬでした。相川が何と言って居るか知りませぬが、同人は細川の家族が当時金に困って居る様な話を致して居りました。

七問　証人は其の頃風見章より細川の救援金二百円を受取った事はないか。

答　私が相川から細川の検挙せられた事を聞いた当時、東京都品川区上大崎、風見章を訪ねた際、雑談の末、細川が検挙せられ家族が困って居るだらうと言ふ話は致しましたが、細川の救援金を出してくれとは私は風見に申しませぬでした。

私が少し金が要るやうに言ったので、私に風見は百円札二枚封筒に入って居たのかも知れませぬが呉れたのでありまして、此の金は細川の救援金としては受取ったのではありませぬ。

八問　証人は風見から受取った二百円を細川の救援金として相川に渡したのではないか。

答　先程申しました様に、相川が、細川が検挙せられ家族の者が困って居るとの話を致しましたので、私は風見から二百円受取った後、相川に電話で私の事務所に来る様に申し、相川が私の事務所に来たので、私は同人に風見から受取った金であるかどうか判りませぬが、風見に関係なく私から、相川の家族が困って居るだらうから此の金をやってくれと言って、二百円、百円札二枚相川に渡したのであります。

九問　細川が如何なる事件で検挙せられたのか、相川より聞いたか。

答　詳しい事は聞きませぬが、雑誌改造に執筆掲載した論文の事で検挙せられたとの事でありました。

一〇問　証人は細川に金を出してやる理由があるのか。

答　私は事件の内容も深く知らずお互いに評論家として家族の者が困って居ると聞いたので二百円出したまでで、深い理由はありませぬ。

一一問　証人が二百円相川に渡した事に付、相川は斯様に述べて居るがどうか。

此の時相川博に対する予審第五回尋問調書記録併合第一冊一〇四九丁六行目より一〇五〇丁十三行目迄を読聞けたり。

答　大体お読聞けの様な趣旨でありますが、私が相川に、風見から細川の救援金として二百円受取ったとか、相川に、風見の方に御礼に行く様私が言った記憶は判然致しませぬ。

一二問　外に細川の救援金を取次いだ事はないか。

答　私が細川に金を渡したのは右二百円だけで、外には誰からも細川の救援金を取次いだ事はありませぬ。

証人　山浦貫一　右読聞け云々　署名捺印したり

前同日

横浜地方裁判所　裁判所書記　細谷　清

予審判事　石川　勲蔵

証人尋問調書

証人　細川サダ

細川嘉六、相川博に対する治安維持法違反被告事件に付、昭和十九年十二月五日横浜地方裁判所に於て予審判事石川勲蔵は裁判所書記細谷清立会の上、右証人に対し尋問すること左の如し。

一問　氏名、年令、職業及住所は如何。

答　氏名は細川サダ

年令は当五十五年

職業は無職

住所は東京都世田ケ谷区――――――

予審判事は刑事訴訟法第二百一条の規定に該当するものなりや否やを取調べたる処、同条第一項第四号に該当することを認めたるに依り、宣誓を為さしめず。

二問　細川嘉六は証人の夫か。
答　私は細川嘉六と大正九年二月十一日事実上の婚姻をし、同年十二月十四日に其届出を為し夫婦として現在に及んで居りますから、細川は私の夫です。

三問　証人は相川博を知って居るか。
答　私の主人は評論家で雑誌杯に執筆投稿する関係上、相川さんは改造社の編輯記者で、二、三年前より私方に来られるので知って居ります。

四問　証人は相川博より金を貰った事があるか。
答　私の夫が昭和十七年九月十四日検挙せられ、同年十二月末頃相川さんが私方にお見へになり、此の金は風見章が主人が検挙せられ生活に困るだらうからと言って下さったとの事で、二百円其の時相川さんが私に渡してくれました。
其の後日時は判然致しませぬが、昭和十八年一月二月三月四月に何れも二百円宛、相川さんが私方に前と同じ様に風見さんからと言って持ってきてくれたので、私は其の金を受け取りました。
私が相川さんから、風見さんからと言って受取った金は、都合五回で千円だけで外にはありませぬ。

五問　其の金の事を細川に話したか。
答　主人は検挙以来引続き勾留されて居るので、其の金の事は未だ主人に話して居りません。
私も生活に困り其の金は生活費に費消致しました。

六問　証人は相川に、細川が満鉄より一ケ月二百円の嘱託費を貰って居ると話した事があるか。
答　話の序でに私が左様な話を相川さんに致したかも知れませぬ。

七問　細川は満鉄から何時迄嘱託費を貰って居たか。
答　主人は一ケ月二百円宛満鉄から嘱託費を頂いて居りましたが、検挙せられてから昭和十七年十月だけ貰ったので其の後は貰って居りませぬ。
満鉄の方は嘱託であったので、手当等も貰ひませぬでした。私は生活費に困り、私の妹、兵庫県御影町西平野伊賀塚十五番地、大阪住友の重役をして居る小林晴十郎妻、小林よね子より幾分の援助を受けて居ります。尚困った時は他の兄弟からも補助を受けた事があります。

八問　証人は、相川博、加藤政治、小野康人、木村亨、平館利雄、西尾忠四郎、西沢富夫等より金を受取った事はないか。
答　私は先程申しました様に、相川さんより千円受取っただけで只今お尋ねの方々からは金を受取った事はありませぬ。

証人　細川サダ　右読聞け云々　署名捺印したり

前同日

横浜地方裁判所　裁判所書記　細谷　清

予審判事　石川　勲蔵

証人尋問調書

証人　風見　章

細川嘉六、相川博に対する治安維持法違反被告事件に付、昭和十九年十二月六日横浜地方裁判所に於て予審判事石川勲蔵は裁判所書記細谷清立会の上右証人に対し尋問すること左の如し。

一問　氏名、年令、職業及住所は如何。

答　氏名は風見章

年令は当五十九年

職業は著述業

住所は東京都品川区――――

予審判事は刑事訴訟法第二百一条の規定に該当するものなりや否やを取調べ、之に該当せざることを認め、偽証の罰を告て宣誓を為さしめたり。

二問　証人は細川嘉六を知って居るか。

答　私は以前新聞に関係して居た関係上、細川も新聞業に関係して居り、四、五年前より同人と知合となりたるが其の後時々私方に出入致して居りました。

三問　相川博は。

答　同人は雑誌改造社の編輯記者をして居り、私方に原稿等を取りに来り承知して居ります。

四問　証人は細川嘉六が検挙せられた事を何時頃知ったか。

答　日時は判然しませぬが、細川が検挙せられた後、昭和十七年の十一月末頃と思ひますが、読売新聞の政治記者をして居る山浦貫一が来り、細川が何かの筆禍事件で検挙せられた事を話したので知ったのであります。

五問　証人は其の際細川の為に救援金を出したか。

答　其の時山浦の話では、細川が検挙せられ、家族の者が困って居るとの話で、一ヶ月二百円位は要るだらうとの話で、私は先程申した様に細川とは知合であるので、家族の者に同情し、百円札二枚、二百円を封筒に入れ、細川の家族にやってくれと言って山浦に渡しました。

六問　其の金を細川に渡した報告を受けたか。

答　其の事に付山浦から、細川に其の金を渡した報告があった記憶はありませぬが、翌昭和十八年一月頃、相川が私方に来り、先般山浦に預けた金は、細川の家族が困っているので、細川の奥さんに渡したとの話でありました。

七問　其の後細川の為め証人は出費したか。

答　只今申した様に、相川が私方に来り、細川が検挙せられ家族が生活にも困って居るとの事で、細川が何んな事件で検挙せられたか詳しい事は知りませぬが、家族の者に同情し、長い間面倒はみられないが取り敢へず一ヶ月二百円位の生活費を出してやらうと言って、一月相川が来た時二百円、次に二月、三月、四月に日時は判然致しませぬが四回に八百円、其の都度相川が私方に来た時渡してやりました。

私が細川に金を出したのは、先程山浦に渡したのを入れて五回で一千円でありまして、それ以外にはありませぬ。

八問　証人が細川に金を出した理由は。

答　私が細川の家族に生活費を出してやった理由は、細川とは懇意にして居た為め同人の検挙された事件とは全然関係無く家族の者に出してやったので、深い理由はありませぬ。

私は、相川より細川が如何なる事件で検挙せられて居るか細かい事は聞きませぬから、細川が何んな事件で検挙されたか存じませぬ。ただ筆禍事件と思って居るのであります。

九問　証人は相川が検挙せられた事を何時知ったか。

答　私方に、相川が時々来て居りましたが、昭和十八年五月頃より来なくなり、誰かの話で相川も検挙されたと聞いて知ったのでありますが日時の点は判然致しませぬ。

十問　昭和十八年一月三十日頃

平館利雄　西尾忠四郎

西沢富夫　名和統一

木村　亨　加藤政治

相川　博　浅石晴世

等が証人方に行ったか。

答　其の頃であったか日にちの点は判然しませぬが、お尋ねの相川、木村、加藤が大阪商大教授名和等を連れて来た事は記憶あります。

一一問　其の際何んな話をしたか。

答　私は人の意見を聴く方で、私より意見を述べる事はしないのでありまして、其の折も若い人の話を聞き、雑談の末若い者にしっかりやり給へと言った位の記憶があるだけで、細かい記憶はありませぬ。

証人　風見　章　右読聞け云々　署名捺印したり

前同日

横浜地方裁判所　裁判所書記　細谷　清

予審判事　石川　勲蔵

第二回証人尋問調書

証人　山浦貫一

細川嘉六、相川博に対する治安維持法違反被告事件に付、昭和十九年十二月九日横浜地方裁判所に於て予審判事石川勲蔵は裁判所書記藤間栄太郎立会の上、前回に引続き右証人に対し尋問すること左の如し。

一問　此の前の陳述に付、訂正する事があるか。

答　左様であります。

良く考えて見ると間違って居るので、本日上申書を以て申上げる通りでありますから、左様に御訂正を願ひます。

此の時証人は昭和十九年十二月九日附上申書を提出したるを以て、本調書末尾に添付す。

二問　上申書以外の点の供述は。

答　上申書以外の点は此の前の御取調の際申し上げた通り相違ありませぬ。

三問　上申書に依ると、証人が細川の家族の為め救援金として風見より細川に渡して呉れと言って二百円受取り、其金を相川に風見より此の金を細川の家族の為め渡されたと言って二百円渡し、其際証人より御礼には風見方に相川に直接行く様話したとの事になって居るが、其の通りか。

答　其の通り相違ありませぬ。

四問　此の前の調べの際証人は、相川に金を渡す時風見に関係無く証人から細川の家族に此の金をやって呉れと云って二百円（百円札二枚）相川に渡したと云って居るが其点も間違ひか。

答　其点も聞違ひで只今申上げた通りであります。

五問　証人は此の前の取調後、風見章、細川嘉六の妻に会ったか。

答　右両人には御取調後未だ会って居りませぬ。

六問　どうして此の前の調べの際間違った陳述をしたか。

答　私は風見とは懇意にして居り、同人より色々な事で金を受取った事がありましたので、私が受取った金と間違って居たので、能く考へて見ると上申書の通りであったので、御訂正を願ったのであります。

証人　山浦貫一　右読聞け云々　署名捺印したり

前同日

横浜地方裁判所　裁判所書記　藤間栄太郎

予審判事　石川　勲蔵

上申書

私儀昭和十九年十二月五日貴庁に細川嘉六外一名に対する治安維持法違反被告事件に就き証人として御呼出しを受け、其の際供述致し候点に就き多少の誤解にて陳述が相違せる為、左記の通り御訂正御願ひ申上候。

左記

私が昭和十七年十二月末頃風見章を訪ね、同人に細川が検挙せられた事を話しましたが、同人の為風見章に細川の救援金を出して呉れと申しませんでした、私が風見に少し金が要るからと言って、私に風見が百円札二枚封筒に入れて呉れたと申し、又私が相川に御礼には相川より風見の方に行く様にとは申しませんでした、と供述致しましたが、

其の点が誤解で間違って居るので、

実は私から、細川が検挙せられた事を話し、同人の家族が困ってゐるから一ケ月二百円位は要るだらうと申しますと、風見がそれでは細川の家族に此の金をやってくれといって二百円（百円札二枚）封筒に入れて渡してくれたので、私は此の金を受取り、二三日後相川を呼んで、風見さんから細川の家族にやってくれと云はれて此の金を渡されたと言って、相川に私が風見より受取った二百円を渡し、尚ほ其の時、御礼には相川より風見の方に直接行ってくれと申しましたのでありまして、此の前の御取調の時も相川に私が金を渡す時、風見の方に御礼に行くよう私が言った記憶は判然致しませんと申しましたが、

よく考えて見ると右の様な次第でありますから、此の前の陳述を御訂正下され度御願申上げます。

昭和十九年十二月九日

東京都大森区久ケ原町一、一〇五番地　山浦　貫一

横浜地方裁判所

予審判事　石川　勲蔵　殿

〈検察官意見書〉

意見書

再審請求人　小野　貞他二名

小野康人に対する治安維持法違反再審請求事件について、弁護人の平成七年三月二日付け補充意見書に対する検察官の意見は、左記のとおりである。

平成七年四月一一日

横浜地方検察庁　検察官検事　北岡　英男

横浜地方裁判所第二刑事部　殿

記

第一　弁護人は、原判決裁判所がいわゆる細川論文を証拠として取り調べていないとする根拠が種々あるとして検察官の平成六年一一月三〇日付け意見書を論難しているので、以下検討する。

一　弁護人は、原判決はその証拠欄に「被告人ノ当公廷ニ於ケル供述」のほかには、「被告人ニ対スル予審第二、三、四回尋問調書ノ記載」、「相川博ニ対スル予審第四回被告人尋問調書謄本ノ記載」及び「被告人ニ対スル司法警察官第十六回尋問調書ノ記添（記載の誤記と思われる。）」を掲げるのみであって、いわゆる細川論文を掲げていないことをとらえ、原判決裁判所が同論文を公判廷で証拠として取り調べていないことを強く推測させるものである旨主張する。

しかしながら、検察官の平成六年一一月三〇日付け意見書において指摘したとおり、原判決の判決書の「犯罪事実」欄の第一事実中に「該論文（昭和十九年地押第三七號ノ二四ノ八頁乃至二九頁同號ノ二五ノ一六頁乃至四七頁）ヲ豫定ノ如ク發表シ以テ……」の記載があり、かつ、右判決書引用のページ数と本件再審請求書添付の雑誌「改造」中にいわゆる細川論文が掲載されているページ数が完全に一致することからすれば、判決書の証拠欄にいわゆる細川論文が掲記されていないとしても、原判

決裁判所が、押収してある雑誌「改造」に掲載されているいわゆる細川論文を直接取り調べ、その内容をも事実認定の用に供していることは明白である。

ところで、旧刑事訴訟法第三六〇条第一項は「有罪ノ言渡ヲ為スニハ罪ト為ルヘキ事実及証拠ニヨリ之ヲ認メタル理由ヲ説明シ法令ノ適用ヲ示スヘシ」と規定しているところ、「罪ト為ルヘキ事実及証拠ニヨリ之ヲ認メタル理由ヲ説明シ」とは、犯罪事実に対する証拠を示して、その証拠と犯罪事実との関係を明らかにし、裁判所の証拠判断の根拠を推知せしめれば足り、いかなる証拠によりいかなる事実を認定したかは、判文記載の事実とあいまってその内容を推知し得る程度に説示すれば足りるものとされており（大審院決定大正一三・三・二五・大審院刑事判例集第三巻第三号二三七頁）、犯罪事実の認定に供した証拠といえども、必ずしも証拠欄に掲記しなければならないものではないのであって、原判決のように証拠欄に記載しなかったとしても刑事訴訟法上の問題は何らない。したがって、原判決がその証拠欄にいわゆる細川論文を掲記していないことをもって、原判決裁判所が同論文を取り調べていないと推認することはできない。

二　弁護人は、原判決が宣告された昭和二〇年九月一五日当時、いわゆる細川論文は既に焼却処分されていたと考えられる旨主張する。

しかしながら、仮に太平洋戦争が敗戦に終わった直後の米国軍の進駐が迫った混乱時に、いわゆる横浜事件関係の事件記録が一部焼却処分されたことが窺われるとしても、公判係属事件の事件記録や証拠物が焼却処分されてしまったとは到底考えられないところであり、弁護人のいわゆる細川論文が本件裁判前に既に焼却処分されていたと考えられるとの主張は何ら根拠がない。

三　弁護人は、原判決裁判所は占領軍の命令に基づく超法規的措置による裁判終結を回避するため、急きょ形式的に公判を開き判決を言い渡したものと考えられるから、そのような裁判所がわざわざいわゆる細川論文等の押収物を公判廷に持ち込んで相当時間を要する証拠調べをしたとは考えられない旨主張する。

しかしながら、弁護人の右主張は全く具体的根拠のない単なる推測にすぎない。また、そもそも、証拠物の取調べ方法について、旧刑事訴訟法第三四一条第一項は「證據物ハ裁判長之ヲ被告人ニ示スヘシ」と定めているにすぎず、同条第二項によれば、証拠物中書面の意義が証拠となるものについて、被告人が文字を解せないときにその要旨を告知することとされているところであって、本件にあっては、法文上、いわゆる細川論文の要旨を被告人に告知する要のない場合であるから、弁護人の主張は主張自体失当である。

四　弁護人は、原判決における犯罪事実の記載は、予審終結決定をそのまま機械的に引き写したものであるから、原判決の犯罪事実中にいわゆる細川論文の押収番号の記載があることをもって、同論文を取り調べた根拠となし得ない旨主張する。

しかしながら、原判決が予審終結決定の犯罪事実をそのまま機械的に引き写したものでないことは、原判決が予審終結決定の認定事実中、いわゆる「泊会議」に関する事実を除外していることからも明らかである。弁護人の主張は全く具体的根拠のない単なる推測にすぎない。

五　弁護人は、原判決の事実認定は細川論文の内容と著しくかい離しているので、原判決はいわゆる細川論文を事実認定の資料に用いていないと解釈せざるを得ない旨主張する。

しかしながら、原判決が認定した犯罪事実がいわゆる細川論文の内容と著しくかい離しているというのは単なる弁護人の主観であり、弁護人の主張は失当である。

以上検討したとおり、原判決がいわゆる細川論文を取り調べていないとする弁護人の主張はいずれも理由がない。

第二　弁護人は、本件事件の確定記録が現存していないために、原判決裁判所がいわゆる細川論文を取り調べたか否か確定できないとしても、「疑わしきは被告人の利益に」の法理により、同論文に旧刑事訴訟法第四八五条第六号にいういわゆる「新規性」を認めるべきである旨主張する。

しかしながら、前記のとおり、原判決裁判所がいわゆる細川論文を取り調べ、これを事実認定の資料に供したことは明らかであるから、弁護人の主張は失当である。

第三　弁護人は、内閣書記官長や司法大臣の経歴を持つ風見章が本件犯罪事実第二と同趣旨の救援金一、〇〇〇円を拠出しながら起訴されていないとして、同人が一、〇〇〇円を拠出した事実が判明する細川嘉六及び相川博に対する治安維持法違反被告事件の予審判事による証人尋問調書をもって、本件犯罪事実第二について無罪を言い渡すべき新証拠である旨主張する。

しかしながら、たとえ右風見が右細川の家族救援のため一、〇〇〇円を拠出したという事実があったとしても、それが直ちに小野康人の無罪を証明するに足りる証拠とならないことは言うまでもないところである。けだし、証拠関係が異なれば別異の取扱いを受けることは当然であるからである（ちなみに右証人尋問調書によると、右風見は、右細川が治安維持法違反事件で検挙されたことを知らずに、単に知人である同人の家族の生活を援助する目的で出捐したにすぎない旨証言しているのであって、治安維持法第一条、第一〇条にいう「情ヲ知リテ」の要件を充たす内容の証言はしていない。）。

第四　以上の次第であるから、本件再審請求は、旧刑事訴訟法第四八五条第六号所定の要件に該当せず、理由がないことが明らかであり、同法第五〇五条に基づき棄却されるべきである。

※

意見書（一）

被　告　人　小野康人
再審請求人　小野　貞
外二名

御庁平成六年（た）第一号再審請求事件につき、検察官から提出された平成七年四月一一日付意見書中第一点に対し、弁護人は左記のとおり反論する。

平成七年六月　日

右弁護人弁護士　日下部長作
同　山本　一郎
同　山本　祐子
同　三野研太郎
同　本田　敏幸
同　岩橋　宣隆
同　間部　俊明
同　山本　一行
同　渡辺　智子
同　小沢　弘子
同　大川　隆司

横浜地方裁判所第二刑事部　御中

記

一　検察官は、弁護人が平成七年三月二日付意見書（以下「前意見書」という。）において、確定判決がその「証拠」欄に細川論文を掲げていないことは、確定判決裁判所が細川論文を公判廷で証拠として取り調べていないことを強く推測させるものであると主張したのに対し、

①　確定判決の「犯罪事実」欄に「該論文（昭和十九年地押第三七号ノ二四ノ八頁乃至二九頁同号ノ二五ノ一六頁乃至四七頁）」云々の記載があり、右記載のページ数と本件再審請求書添付の雑誌「改造」中の細川論文のページ数が完全に一致することから、確定判決裁判所が細川論文を取り調べてその内容を事実認定の用に供したことは明白である、

②　旧刑事訴訟法第三六〇条第一項の「罪ト為ルヘキ

事実及証拠ニヨリ之ヲ認メタル理由ヲ説明シ」の解釈につき、大正一三年三月二五日の大審院決定（大審院刑集三巻三号二三七頁）を引用し、犯罪事実の認定に供した証拠といえども必ずしも「証拠」欄に掲記しなければならないものではなく、確定判決が「証拠」欄に細川論文を掲記していないことから確定判決裁判所が細川論文を取り調べていないと推認することはできないと主張する。

1　しかしながら、右①の主張は、旧刑事訴訟法の下における公判審理及び判決書作成の実情をまったく知らない者の主張である。

すなわち、旧刑事訴訟法の下では、裁判官が公判請求書又は予審終結決定記載の犯罪事実を真実として認定する場合、ことに被告人が公判廷においてそれらの書面認載の犯罪事実を読み聞かされてその通りであると答えた場合など外形事実に争いがない場合には、判決書の犯罪事実の記載としてそれらの書面記載の犯罪事実をそのまま引き写すことがしばしば行われていたのであり、その際、それらの書面記載の犯罪事実中の押収物の表示も、それが証拠として取り調べられたかどうかにかかわりなく、そのまま引き写されたのである。

本件の場合も、確定判決の「犯罪事実」欄に記載されている当該論文のページの数字は、予審終結決定の記載と完全に一致しており、その記載を引き写したものと考えられるのであるから、それが雑誌「改造」中の細川論文のページの数字と一致するからといって、確定判決裁判所が細川論文を取り調べたと推論することができないことは、明らかである。

2　また、右②の主張も、旧刑事訴訟法第三六〇条第一項の意義についての初歩的な理解を欠き、かつ、大正一三年三月二五日の大審院決定の趣旨をまったく取り違えた主張である。

旧刑事訴訟法（大正一一年法律第七五号、大正一三年一月一日施行）第三六〇条第一項が「有罪ノ言渡ヲ為スニハ罪ト為ルヘキ事実及証拠ニヨリ之ヲ認メタル理由ヲ説明」すべきことを定めているのは、旧々刑事訴訟法（明治二三年法律第九六条、同年一一月一日施行）が「刑ノ言渡ヲ為スニハ罪トナルヘキ事実及ヒ証拠ニ依リテ之ヲ認メタル理由ヲ明示」すべきことを定めているのを承継したものであって、その趣旨は、いうまでもなく、証拠により犯罪事実を認定した経過を明らかにすることによって妥当な事実認定がされることを担保することにあったのである。

したがって、証拠により犯罪事実を認めた理由としては少なくともその認定の根拠となった証拠の標目を示さなければならないことは、もとより当然のことであると解されていたのであり（小野清一郎「刑事訴訟法講義」全訂第三版四七二頁は、「証拠の種目を挙ぐることは勿論必要である。」と述べている。）、検察官主張のような犯罪事実の認定に供した証拠といえども「証拠」欄に掲記する必要はないなどというような見解は、旧々刑事訴訟法以来まったく存在しなかったのである。

しかしながら、一歩を進めて、旧刑事訴訟法第三六〇条第一項の解釈として、証拠により犯罪事実を認めた理由をどの程度具体的に示さなければならないかは、法文上必ずしも明らかでないところ、その点について、証拠のどの部分を犯罪事実認定の資料としたかが少くとも事実認定と相まって明らかになる程度に示されなければならないことを判示したのが、検察官引用の大正一三年三月二五日の大審院決定である。

右大審院決定は、原判決において被告人が大正一二年九月新橋駅跡で焼け落ちた屋根銅板を窃取したとの事実を認定し、証拠として「被告人ノ当公廷ノ供述」と鉄道職員の「盗難始末書ノ記載」を掲げた事案につき、それでは被告人の供述内容も盗難始末書にどのような記載があったかも推知できず、そのため証拠のどの部分を犯罪事実認定の資料としたかが判断できないとして原判決を破毀した判例であって、検察官主張のように犯罪事実の認定に供した証拠といえども「証拠」欄に掲記する必要はないなどというのは、右判例の趣旨をまったく取り違えているものである。

すなわち、右判例の判示するところは、次のとおりである。

「審案スルニ刑事訴訟法第三百六十条第一項ニハ有罪ノ言渡ヲ為スニハ罪ト為ルヘキ事実及証拠ニ依リ之ヲ認メタル理由ヲ説明シ法令ノ適用ヲ示スヘシトアルヲ以テ事実裁判所カ犯罪事実ヲ認定スルニハ必ス証拠ニ依リ之カ理由ヲ明示セサルヘカラスサレハ裁判所カ其ノ認定シタル犯罪事実ニ付判文上ニ於テ証拠上ノ理由ヲ付スルニ当テハ其ノ認定ノ憑拠トナリタル証拠ノ内容ハ必スシモ具体的ニ之ヲ明示スルノ要ナシト雖モ常ニ必ス判文上如何ナル証拠及証拠ノ如何ナル部分ニ依リテ如何ナル事実ヲ認定シタルモノタルモノナリヤ少クトモ判文記載ノ事実ト相俟テ其ノ内容ヲ推知シ得ヘキ程度ニ於テ説示シ以テ推理判断ノ由来スル処ヲ明確ニスルコトヲ要シ此ノ要件ヲ欠ク処ノ判決ハ如何ナル証拠ヨリ演繹又ハ帰納シテ犯罪事実ヲ認定スルニ至リタルヤノ推理判断ノ理由ヲ欠如スルモノニシテ前示法条ノ規定ニ反シ理由不備ノ違法アルヲ免レサルモノトス」

「事実裁判所カ其ノ判文上ニ於テ犯罪事実ヲ認メタル憑拠トシテ単ニ証拠ノ題目ノミヲ羅列スルニ止リ毫モ其ノ内容ヲ明示セス且判示事実ト相俟ツモ其ノ証拠ノ内容ヲ推知シ得サルニ於テハ到底其ノ推理判断ヲ為シタル所以ヲ知ルニ由ナキモノニシテ斯ル判決ハ証拠理由ヲ明示セサル違法アリト謂ハサルヘカラス」

ちなみに、この判決の事案は、関東大震災直後に発生した事件であるが、被告人の公判廷での供述は自白とはいえないものであり、盗難始末書もお粗末なものであって、証拠説明をおろそかにすることが冤罪の危険をはらんでいることを示す好例である。

「原判決ヲ査閲スルニ其ノ事実理由ノ部ニ於テ被告人ハ犯意ヲ継続シテ大正十二年九月二十三日ヨリ同月二十五日ニ至ル間三回ニ亘リテ東京市芝区日蔭町一丁目一番地鉄道省新橋駅跡ニ於テ同停車場ヨリ焼落チタル屋根銅板合計六十貫（価格金九十円）ヲ窃取シタリトノ事実ヲ認定シ其ノ証拠上ノ理由トシテ単ニ被告人ノ当公廷ノ供述東京鉄道局新橋保線区主任島津某代雇江川某ノ盗難始末書ノ記載ニ依リテ認定スル旨説示スルニ止ルヲ以テ右被告供述ノ内容ハ如何ナルモノナリヤ及盗難始末書ニハ如何ナル事項ノ記載アリヤ判文上毫モ之ヲ推知スルニ由ナク従テ証拠ノ如何ナル部分又ハ如何ナル点ヲ以テ前記犯罪事実認定ノ資料ト為シタルモノナリヤヲ判断スルコトヲ得ス加之記録ニ徴スルニ被告人ハ原審公廷ニ於テ焼亜鉛板ト思ヒ之ヲ拾ヒ取リタリトノ事実ノミヲ認メ窃盗ノ意思ハ全然之ヲ否認スル所ニシテ之ヲ以テ犯罪ヲ自白シタルモノト為スヲ得サルヤ明ナリ又江川某ノ盗難始末書ニハ犯人検挙ノ結果盗取セラレタル事実判明シタル次第ナル旨ノ記載アルニ過キスシテ之ニ依テ直ニ判示事実ヲ証明スルコト難シ之ヲ要スルニ原判決ハ犯罪事実ヲ認メタル証拠上ノ理由ヲ明示セサル不法アルモノニシテ現行刑事訴訟法第三百六十条第一項ノ規定ニ違背スルハ勿論旧刑事訴訟法第二百三条第一項ノ規定ニモ亦違反スルヲ以テ論旨ハ其ノ理由アリ而シテ此ノ不法ハ本件事実ノ確定ニ影響ヲ及ホスヘキ法令違反ニシテ此ノ点ニ於テ原判決ヲ破毀スヘキモノト認ム」

要するに、検察官は、右判例が「其ノ認定ノ憑拠トナリタル証拠ノ内容ハ必スシモ具体的ニ之ヲ明示スルノ要ナシト雖」と説示した傍論の部分を取り上げ、さらにこれを誤解して犯罪事実の認定に供した証拠といえども「証拠」欄に掲記する必要はないなどという暴論ともいうべき見解に到達したものであって、右判例がそのような趣旨のものでないことは、右判例を少し丹念に読めば容易にわかることである。

3　そもそも、本件は、昭和一八年五月に検挙され、その後起訴された事件であって、戦時刑事特別法（昭和一七年第六四号、同年三月二一日施行）第二六条が摘用される事件である。

右戦時刑事特別法第二六条は、「有罪ノ言渡ヲ為スニ当リ証拠ニ依リテ罪ト為ルヘキ事実ヲ認メタル理由ヲ説明シ法令ノ適用ヲ示スニハ証拠ノ標目及法令ヲ掲グルヲ以テ足ル」と定めて有罪判決における証拠説明を簡略化しているのであって、当時大審院判事であった梶田年氏は、その趣旨を次のとおり解説している。

「従来証拠説明を為すには、犯罪事実を認定するに足る丈けの証拠の具体的内容を記載することを要するものとせられていた為に、判決を作成する上に於て、煩雑な証拠内容を一々記述する必要から労力と時間を要したのであるが、戦時下に於ては此の労力と時間を省略する趣旨から、証拠を特定し得る程度に其の標目、例えば何年何月何日の検証調書、誰々の鑑定書、訊問調書、又は公判供述等の記載を為し、其の内容事実は之を省略することを得るものとしたのである。」（梶田年「戦時民事刑事特別法解義」二〇二頁）

しかしながら、右法律の下でも、犯罪事実の認定に供した証拠の標目を「証拠」欄に掲げなければならないことは、右解説によっても、明らかである。

検察官の前記②の主張は、右法律の存在をまったく看過しているものである。

4　したがって、前意見書で申し述べたとおり、本件確定判決裁判所が細川論文を公判廷で証拠として取り調べたとすれば、これを「証拠」欄に掲げるのが当然であり、細川論文を「証拠」欄に掲げていないことは、確定判決裁判所がこれを公判廷で証拠として取り調べていないことを強く推測させるものである。

二　検察官は、弁護人が前意見書において、確定審の公判が開かれた昭和二〇年九月一五日当時細川論文はすでに焼却されていたと考えられると主張したのに対し、敗戦直後の混乱時であっても、公判係属事件の事件記録、証拠物が焼却処分されてしまったとはとうてい考えられないと主張するが、右は、敗戦直後の混乱時の世相についての理解を欠くものである。

すなわち、昭和二〇年八月一五日から同年九月二日のポツダム宣言受諾の降伏文書が調印される頃までの間、日本社会は極度の混乱に陥ったのであって、中央の諸官庁においても、多数の書類が無差別に焼却されたが（このことは、いわゆる東京裁判における木戸幸一の尋問調書にも、その記載がある。）、ことに連合軍の進入路となった神奈川県では、人々は、今日明日にも連合軍が来て戦争犯罪人を追及したり、暴行、掠奪をしたりするのではないかという疑心暗鬼におびえ、裁判所を含む諸官庁においても、機密書類、言論弾圧関係書類などの書類その他を、中央からの指示によることなく、各自のまちまちの判断で焼却したのであって、その結果、平時の常識ではとうてい考えられないようなことが起こったのであり、証拠書類、証拠物等の焼却にあたり関係事件の既済未済による区別も無視されたということも充分考えられる状況であったのである。

このことは、当時横浜地方裁判所及び同検事局で行われた記録証拠物等の廃棄がだれのどのような指示で行われたか、実際にどれだけのものが廃棄されたかについて本来残されているべき記録が裁判所にも検察庁にもまったく存在しないことからも、裏付けられるものである。

その意味で、本件被告人についての第一次再審についての横浜地方裁判所の決定がいわゆる横浜事件関係の事件記録は焼却されたと判断しているのは、一般的には正しいというべきであって、横浜事件関係の事件記録及び証拠物は、焼却されなかったことが明らかなものでないかぎり、焼却されたと考えるべきところ、本件押収物中の細川論文が、焼却されなかったという証拠はなにもないのである。

したがって、前意見書で申し述べたとおり、昭和二〇年九月一五日当時には、押収物中の細川論文はすでに焼却されていたと考えられるのである。

三　検察官は、弁護人が前意見書において、かりに確定審の公判当時細川論文が押収物として存在していたとしても、形式的に審理判決をした確定判決裁判所がわざわざ細川論文を公判廷に持ち込んで時間のかかる証拠調をしたとは考えられないと主張したのに対し、旧刑事訴訟法第三四一条の解釈として、本件の場合、細川論文の要旨を被告人に告知する要がなく、弁護人の主張は失当であると主張する。
しかしながら、旧刑事訴訟法第三四一条の解釈として、証拠物中書面の意義が証拠となるものの取調方法については、展示に合わせて朗読をも必要と解する有力な学説があったのであり（小野清一郎、刑事訴訟法講義全訂第三版三三六頁）、少くとも、その物の外形だけを示すのではなく、その物に記載されてある文字を閲覧しその書面の意義を理解することができる程度に被告人に示すことが必要であると解すべきである。

このことは、旧刑事訴訟法第三四七条第一項が各個の証拠の取調の終るごとに被告人に意見があるかどうかを問うべきものと定めていることから考えても、当然であり、ことに、本件細川論文のように数十ページにわたる文書について、外形だけ示せばよいというのでは、被告人の証拠についての意見陳述権は意味がないものになることが明らかである。

もっとも、形式的に審理判決をしようとしていた裁判所としては、細川論文を公判廷に持ち込んでも外形だけ示せばよいと考えていたかもしれないが、もともと、裁判所にとって、押収物は必ずしも取り調べなければならないものではなく、また、押収物の取調は出納に内部の手続を要するため煩わしいことであったのであるから、そのように考えていたとすれば、細川論文について形式的な取調をするよりも取調をしない方を選んだであろうことは、容易に推測されるところである。

したがって、前意見書で申し述べたとおり、形式的に審理判決をした裁判所がわざわざ細川論文などの押収物を公判廷に持ち込んで証拠調をしたとは考えられないのであり、かりに右公判当時、細川論文が押収物として存在していたとしても、公判廷において証拠物として取り調べられることはなかったと考えられるのである。

※

上申書

請求人　小野　貞

平成六年（た）第一号再審請求事件につき、検察官から提出された平成六年一一月三〇日、及び平成七年四月一一日付の検事意見書に対して、私の申し上げたいことを記します。

平成七年四月一一日付の検事意見書によると、

一、弁護人は、小野康人の原判決の証拠欄に細川論文が掲げられていないゆえ、原判決は裁判所が同論文を証拠として取り調べていないと推測される旨、主張するが、「原判決の「犯罪事実」欄の第一事実中に、「該論文（昭和十九年地押第三七号の二四の八頁乃至二九頁、同号の二五の一六頁乃至四七頁）を予定の如く発表し以て……略」の記載があり、その引用の頁数と本件再審請求書添付の『改造』中に掲載されている細川論文のページ数が完全に一致することからすれば、判決書の証拠欄に細川論文が掲記されていないとしても、裁判所が押収してある『改造』掲載の細川論文を直接取り調べ、その内容をも事実認定の用に供していることは明白である。」（傍線引用者）

と記載されております。しかし「犯罪事実」欄中の押収物の頁数が『改造』所載の細川論文の頁数と一致している、というだけで、裁判所が該論文を読んだ、か、読まないか、は明記されておりません。まして、私が傍線で指摘した「その内容をも事実認定の用に供していることは明白である。」とは自らに都合のよい飛躍した断定であって、事実認定の用に供した内容について具体的な説明はおろか、一言も何も記されてはいないので、明白との断言は強弁に過ぎ、何等証明にはなりません。更に、検事意見書は

「旧刑事訴訟法第三六〇条第一項に『有罪の言渡を為すには罪と為るべき事実及証拠により之を認めたる理由を説明し法令の適用を示すべし』と規定している。それは犯罪事実に対する証拠を示して、その証拠と犯罪事実との関係を明らかにし、いかなる証拠によりいかなる事実を認定したかは裁判所の証拠判断の根拠を推知せしめれば足り、必ずしも証拠欄に掲記しなければならないも

のではないのであって、原判決が証拠欄に記載しなかったとしても刑事訴訟法上の問題は何らない。原判決がその証拠欄に細川論文を掲記していないことをもって原判決裁判所が同論文を取り調べていないと推論することはできない。」

他に、第二、第三、第四、第五項目に亘って、細川論文を原判決裁判所は取り調べているとの推論を、検事意見書は述べ、「細川論文は新証拠にはならないゆえ、再審請求は棄却されるべきである。」と結論しておられます。

私は二回の検事意見書により、「原判決裁判所は細川論文を読んでいなかった」という確信はますます固く動かぬものとなりました。何故なら、検察側は、問題の主題を避け、細川論文の内容にかかわって語っていることは一言もないからです。

細川論文は内閣情報局（内務省検閲課のほか、陸軍、海軍、外務各省の情報部等の機能を統合して昭和十五年十二月六日に発足）の検閲をクリアーして、総合雑誌『改造』の昭和十七年八、九月号に連載、発行された論文であって、治安維持法に違反する共産主義の啓蒙論文などと摘発されるいわれはありません。

従って、小野康人が職務上情報局の検閲で許可された論文の掲載を支持し、校正したからといって、治安維持法違反の犯罪者として処罰される理由は全くありません。許可した情報局の責任は不問のままです。

原判決裁判所が、細川論文を取り調べその内容をも事実認定の用に供しているのであるならば、情報局の検閲許可をくつがえし、治安維持法違反である、と断定した該論文の内容について、反論理由を明記しなければならないと思います。

原判決は細川論文が情報局の検閲許可を得たことは一切無視で、それについては一字の記載もありません。

細川論文は共産主義的啓蒙論文である、と断定していますが、その論旨の根拠は原判決の証拠欄の三項目、

一、本件記録編綴の相川博に対する予審第四回被告人訊問調書謄本の記載（原書類は裁判所により焼却されて、ありませんが、その調書の原本となった「相川博手記」が現存しています。）、即ち、拷問による虚偽の自白である「相川博手記」の内容と一致いたします。原判決より抜粋すれば、

「昭和十七年七月中旬頃開催せられたる雑誌『改造』の編集会議に於て相川博が細川嘉六執筆に係る「世界史の動向と日本」と題する唯物史観の立場より社会の発展を説き社会主義の実現が現在社会制度の諸矛盾を解決し得る唯一の道にして我国策も亦唯物史観の示す世界史の動向を把握してその方向に向って樹立遂行せらるべきこと等を暗示したる共産主義的啓蒙論文を雑誌『改造』の

同年八月号及九月号に連続掲載発表を提唱するや被告人は該論文が共産主義的啓蒙論文なることを知悉しながら之を支持し……以下略」

とあるのみであって、裁判官が細川論文を読み検討したと推しはかられる証明はありません。また、小野は前述のとおり検閲をパスする、そして実際にパスした細川論文を支持したのであって、「共産主義的啓蒙論文を知悉しながら支持した」のではありません。

証拠欄に挙げられている四項目はすべて拷問による虚偽の自白調書のみです。それについては第一次再審請求についての高裁の棄却決定書中の二、抗告理由第二について、の中で、

「よって、検討するに、右被告事件の判決の写し（謄本の写しを含む。甲第四号証の一ないし三）、及び小野、細川の両名を含め、いわゆる横浜事件に連座したとされている者が作成した口述書の写し（甲第五号証の二の1ないし32）等を総合すると、右事件の取り調べを担当した警察官によって、益田直彦に対してだけでなく、右両名に対しても拷問が行なわれたのではないかとの疑いを否定し去ることはできない。」

と判示されておりますから、原判決の判定の根拠が非常に疑点の多いものであると言えます。

まして、今回提出した「相川博手記」は拷問による虚偽の自白を証明するものであって、一例を挙げれば、検閲をクリアーした細川論文について、「検閲に提出するのは之を避け、編集部員が勝手に削除、訂正、加筆して発行した」との虚偽が、当時出張中で不在であった編集長まで登場させて、会話入りでその場の様子がまことしやかに記されています。

細川論文については、拷問によって強制された、歪曲された意見が記されている、その「相川博手記」が、そのまま原判決に引き写しの如く登場しているのを対照すれば、細川論文は直接取り調べられず、その内容が事実認定の用に供されていない、ことは一目瞭然です。

情報局の検閲を通過した論文が、治安維持法違反に当る、との理由説明は一言も記載されておりません。

事件の根本問題である細川論文について、原判決が明らかにしていないことこそ重大です。再審の法廷でこそ、新証拠を検討して、真相を明らかにして頂きたいと切望いたします。

犯罪事実第二

小野康人が、細川嘉六氏検挙後に留守宅の細川夫人に対し、お見舞いとして二〇円差上げたことが犯罪と認定されたのは不当である、として、元司法大臣、近衛内閣の書記官長をつとめられた風見章氏が細川夫人に（相川博を取次役として）一カ月二〇〇円ずつ五回、計一、〇〇〇円の生活援助金を拠出しながら、予審判事の取り調

べで不問となった際の「証人尋問調書」を新証拠として提出したところ、検事意見書は、「証拠関係が異なれば別異の取扱いを受けることは当然であり、それが直ちに小野康人の無罪を証明するに足る証拠とはならない。」と一蹴されました。

ちなみに、風見氏については、予審判事の「証人が細川に金を出した理由は」の問に対し、答は「私が細川の家族に生活費を出してやった理由は、細川とは懇意にして居た為同人の検挙された事件とは全然関係なく家族の者に出してやったので、深い理由はありませぬ。私は細川より細川が如何なる事件で検挙せられて居るか細かいことは聞きませぬから、細川が何んな事件で検挙されたか存じませぬ。ただ筆禍事件と思って居るのであります。」との証言で不問となりました。

今回の検事意見書は、

「右風見は、右細川が治安維持法違反事件で検挙されたことを知らずに、単に知人である同人の家族の生活を援助する目的で出損したにすぎない旨証言しているのであって、治安維持法第一条、第一〇条にいう『情を知りて』の要件を充たす内容の証言はしていない。」

と補足注釈をしております。それは、小野康人についても、職務上交渉のあった執筆家の細川氏の御郷里である泊町にお招き頂いて、御馳走になった折の、お返しも未だしていなかったから、そのお返しもかね、今度の御災難に対してお見舞いを差上げよう、ということで、招待に預かった人たちが二〇円ずつ集めて、細川夫人に差上げたお見舞いであって、風見氏の場合と、何ら異なる証拠関係ではありません。当時、私もそのお見舞いのことは聞いて知っておりました。

誰が聞いても一般世間に通用する常識範囲の行為が共産主義者への救援とは、こじつけ理由としか申せません。小野の調書は、裁判所の焼却により残存してありません。原判決の証拠欄に挙げられている第二項、第四項の「被告人に対する予審第四回訊問調書の記載、及司法警察官第十六回訊問調書の記載」に、共産主義者救援の為に二〇円出損した、と記されてあったのなら、それは想像を絶する拷問によって作られた調書であること、の証明となります。

第一次再審請求の高裁決定を勘案し、原判決は再審されるべきである、と訴えます。

ある集会で、「一、〇〇〇円の生活援助金が不問で、二〇円のお見舞いが犯罪」と報告すると、思わず失笑の波が場内に拡がりました。

なお、検事意見書の第一の四項に次のように書かれていました。

「弁護人は、原判決における犯罪事実の記載は、予審終結決定をそのまま機械的に引写したものであるから、原判決の犯罪事実中にいわゆる細川論文の押収番号の記載があることをもって、同論文を取り調べた根拠となし得ない旨主張する。

しかしながら、原判決が予審決定の犯罪事実をそのまま機械的に引き写したものでないことは、原判決が予審終結決定の認定事実中、いわゆる『泊会議』に関する事実を除外していることからも明らかである。弁護人の主張は全く具体的根拠のない単なる推測にすぎない。」

ここに至って、私は唖然としました。「訊くに落ちず語りに落ちる」の俚諺そのまま、反論の言葉さえ見当りません。

小野は細川論文を校正した、という理由で検挙されたのではありません。

細川論文は昭和十七年の『改造』八、九月号に、情報局の検閲をクリアーして連載されたものです。八月号は七月末に、九月号は八月末に発売され、殆ど売切れてから九月半ばに、陸軍報道部長の谷萩大佐が『日本読書新聞』に「細川論文は共産主義の宣伝である」と書いたため、急遽『改造』は発禁処分となり、九月十四日細川嘉六氏は警視庁に逮捕、世田谷署に取り調べのため留置されたのです。

情報局も改造社も、その関係で何の取り調べも受けませんでした。海軍報道部の見解については、改造グループとして検挙された青山鉞治氏の著書に記されていますから、次に引用いたします。青山憲三（鉞治）著『横浜事件――元「改造」編集者の手記』27頁。

「私は大森編集長の指示によって、細川論文に対する海軍報道部の見解と態度をききだすことにした。平出大佐には会えなくて、雑誌担当の浜田昇一少佐（のち中佐）と面談した。そして浜田少佐の見解が即ち報道部の見解であると判断してよいと思ったが、細川論文についても海軍はその伝統に従って、形式的にはきわめて合理的な考え方をもっていた。海軍は海上で戦争をするのが第一の任務で、その作戦に影響する事項は厳重に取締まるが、内政一般には関与しない。まして情報局で一元的に言論統制をする建前であれば、そこの検閲を経た論文内容にあえて異議をさしはさむ筋はない。これが浜田少佐の返答であった。」

小野を含むいわゆる「泊会議」グループが一斉検挙されたのは、それより八カ月後の昭和十八年五月二十六日、神奈川県警特高課であり、横浜市の各警察署に留置されました。理由は前年（昭和十七年）七月、富山県泊温泉に於て、共産党再建準備会議を催したという容疑で、細川論文ではありません。

神奈川県警は太平洋戦争開始来、アメリカより帰国した人たちを調査中、滞米中共産主義者であったという人を検挙して取り調べ、その交友関係者の家宅捜索で押収したアルバムから、目に止めた旅行スナップ九枚中の一枚が、目下思想関係で東京で取調中の細川氏を中心に、当局がマーク中の『改造』『中央公論』の編集者であったため、目の色を変えてとびつき、有名な共産党再建秘密会議の「五色温泉会議」をヒントに、当時は壊滅状態にあった、共産党再建準備会議の捏造を思いつき、内務省警保局の指揮の下に弾圧を強行したのです。初期には泊温泉会議と記されております。（泊町には温泉はありません）

「泊会議」を端緒に、苛烈極まる拷問を強行して、五名も死の犠牲者を出し、次々と言いがかりを捏造して、検挙者八〇余名、有罪判決を受けた者三〇余名に及んだのが横浜事件です。「泊会議」の実体は細川氏招待の御馳走の宴会だったのです。

細川氏は警視庁の取り調べでは治安維持法違反の容疑が晴れ釈放寸前であった、と夫人から聞きました。昭和十九年初秋、細川氏検挙後二年、小野を含む泊グループ検挙後一年四カ月後に、細川氏は神奈川県警からの要請で移管されて、横浜事件の主謀者、「泊会議」が事件の核である、と神奈川県警特高課からの内務省警保局への報告書も現存しております。

国立公文書館　54―14―2

（アメリカより返還されたもの）

及び　ワシントンの公文書館保管文書のコピー

（「泊会議」記載と思われる部分が欠落している）

敗戦の約一カ月前の七月二〇日付の小野の予審終結決定の大部分を費やして告発されている「泊会議」が敗戦後の混乱時に、横浜事件関係の記録が裁判所自らによって焼却され（第一次再審請求に対する横浜地裁棄却決定に記載）原判決から除外されたのは、捏造した事件を隠蔽し消し去ろうという検察及び裁判所の自作自演と言うべきです。期せずして、検事意見書はそれを語っております。

私は再審請求に参加して、原判決を見るまで、小野は捏造された「泊会議」に出席したとの理由で有罪とされたもの、と思っておりました。亡くなった小野もそう理解したまま、と思います。戦争被害の一つと諦めておりました。原判決をよみ、とても、この事件をこのまま埋もらせてはいけないと思いました。

事件後四十余年たって、原判決をよみ、「泊会議」は消滅して無く、合法的に発売された『改造』掲載の論文を校正したこと、と細川夫人への二〇円のお見舞いが懲役二年執行猶予三年の有罪とは、全く驚きました。情報局の検閲をクリアーした細川論文を共産主義宣伝の啓蒙論文であると断定した理由は一字もありません。該論文をよみ、検討したことを証明するものは何もありません。原判決は細川論文そのものを読まずに判定された、と確信いたします。

私は平成六年一一月三〇日付の検事意見書に対し、無罪を主張し、再審請求にふみ切ったいきさつを書いた拙著「横浜事件・三つの裁判」を提出いたしましたが、御覧頂けたのでしょうか？　その回答はまだいただいておりません。改めて、今回の平成七年四月一一日付の検事意見書に対し、細川論文を新証拠として、再審裁判を開廷して下さるようお願い申し上げます。

《付記》

ここに至って、むしろ私の脳裡に浮かび上がってきたのは、神奈川県特高課が、相川博を拷問して、細川論文は検閲を避けて、勝手に発売した、との虚偽の自白調書をとり（「相川博手記」及び極秘の「特高月報」昭和一九年八月分に、その虚偽の自白が記載されています。それゆえ、予審終結決定、判決、ともに情報局検閲許可の事実は全く除外されたのです）更に、相川博を拷問して該論文は共産主義の宣伝であるとの虚偽の自白調書をとり、それ等の調書を証拠として、（原判決の証拠欄に記載）判定した判決である、という事実です。捏造事件犯罪認定のからくりです。

細川論文を原判決裁判所は読んでもいないし、検討もしていない、と確信いたします。

小野の件は横浜事件の一端に過ぎません。

第一次再審請求（請求者九名）は、事件は神奈川県警特高課員の拷問によって捏造されたものであるとして無罪を主張し、新証拠として、戦後、拷問した特高課員を、被害者三三名が共同で、人権蹂躙、職権濫用で告訴し、昭和二六年三月最高裁判所に於て確定した「特別公務員暴行傷害罪」で特高課員三名に対する一年半、一年の実刑有罪判決をかちとった益田直彦の判決書、を提出したのでした。

高裁で「小野、相川の両名を含め、いわゆる横浜事件に連座したとされている者が、右事件の取調べを担当した警察官によって、益田直彦に対してだけでなく、右両名に対しても拷問が行なわれたのではないかとの疑いを否定し去ることはできない。」と消極的な表現ながら、拷問のあったことが認められました。

しかし、地裁、高裁共に、裁判所に於て、事件記録を焼却処分したため、対照すべき資料がなく、原判決の正否の判断ができない、という理由の棄却でした。

訴訟継続中に、裁判所が自ら裁判資料を焼却処分しておいて、対照すべき資料が無いから、という理由の棄却。理由の原因が自らの違法行為です。また、一件記録焼却不存在後の裁判の判決が正当と言えるかどうか？　という点からも、大いに問題のある事件処理と思います。

今回こそ、提出した新証拠をお取り上げ頂き再審裁判の法廷を開き真相を明らかにして下さるようお願い申し上げます。

※――――――――

平成六年（た）第一号再審請求事件

決定

住居　東京都江東区――――――――

請求人（亡小野康人の長女）　小野　信子

昭和二四年五月二五日生

住居　東京都八王子市――――――――

請求人（亡小野康人の二男）　小野　新一

昭和二一年五月一六日生

右請求人らの弁護人　別紙記載のとおり

亡小野康人に対する治安維持法違反被告事件について、昭和二〇年九月一五日当裁判所が言い渡した有罪の確定判決に対し、再審の請求があったので、当裁判所は、検察官及び請求人の意見を聴き、次のとおり決定する。

主　文

本件再審請求を棄却する。

理　由

一　請求の趣旨及び理由

本件再審請求の趣旨及び理由は、要するに、亡小野康人は昭和二〇年九月一五日横浜地方裁判所において治安維持法違反被告事件（いわゆる「横浜事件」）について有罪の判決（確定）を受けたが、確定判決の犯罪事実として摘示された事実のうち、①雑誌「改造」昭和一七年八月号及び九月号掲載の細川嘉六執筆の「世界史の動向と日本」と題する論文（以下「細川論文」という。）を掲載発表して共産主義的啓蒙に努めたとの点については、論文自体が判決の証拠として援用されておらず、新証拠である細川論文そのものによれば、同論文が「社会主義の実現に向かって我が国策を樹立すべきことを暗示した共産主義的啓蒙論文」でないことが明らかである、②亡小野康人が細川の家族に救援金二〇円を拠出した点については、新証拠である風見章、細川サダ、山浦貫一の予審判事に対する証人尋問調書（細川嘉六、相川博に対する治安維持法違反被告事件記録中のもの）によれば、司法大臣等を歴任した風見章が同趣旨で救援金一〇〇〇円を拠出しながら何ら起訴されていない事実が存在する、したがって、右細川論文及び右風見章等の証人尋問調書はいずれも亡小野康人が無罪であることの新規、明白な証拠であり、旧刑訴法四八五条六号により右確定判決について再審開始決定を求める、というものである。

二　当裁判所の判断

1　原確定判決及びその認定事実等

関係記録によれば、以下の事実が認められる。

(一) 亡小野康人は、予審を経た後（予審終結決定は昭和二〇年七月二〇日付け）、昭和二〇年九月一五日横浜地方裁判所（第二刑事部）で治安維持法違反罪により懲役二年・執行猶予三年の判決を受け、これが確定した。

(二) 原確定判決は、雑誌改造社の編集部員であった亡小野康人が、昭和一七年七月中旬ころ開催された編集会議において前記細川論文の掲載発表が提唱されるや、右論文が共産主義的啓蒙論文であることを知悉しながら、これを支持し、校正等に尽力して「改造」誌に掲載発表し、一般大衆の閲読に供して共産主義的啓蒙に努め（犯罪事実第一）、細川嘉六が右論文発表により検挙されるや、金銭（二〇円）を他人に託して細川の家族の救援に努め（犯罪事実第二）るなど諸般の活動をし、もってコミンテルン及び日本共産党の目的遂行のためにする行為をしたとの事実を認定し、これが当時の治安維持法一条後段、一〇条に該当すると判断した。

(三) 原確定判決書の犯罪事実欄には、細川論文の摘示としてかっこ書で「昭和一九年地押第三七号ノ二四ノ八頁乃至二九頁同号ノ二五ノ一六頁乃至四七頁」と記載されている部分が存在する。一方、その証拠欄には右論文に関連して関係者の供述記載等が掲げられているものの、論文そのものは証拠として掲記されていない。

2　細川論文について

(一) 所論が細川論文を新証拠とする根拠は、この論文がそもそも原確定判決の証拠欄に掲記されていない点のほか、右論文を一読すれば、その内容が原確定判決認定のような共産主義的啓蒙論文、すなわち「社会主義革命の断行を強調」したり、「社会主義の実現に向かって国策を樹立すべきことを暗示」したりするようなものでないことが明白であるから、これを共産主義的啓蒙論文であると認定した原確定審においては細川論文を証拠として取り調べているはずはないとする点にあり、したがって、同論文が原確定審の公判廷に顕出されていれば、原確定判決と異なった判断（無罪の判断）がなされた蓋然性が高いと主張するものである。

(二) しかしながら、前記のとおり、原確定判決の犯罪事実欄には押番号（予審段階における押収番号と認められる。）及びページ数（「改造」誌の当該号のページ数）により細川論文が特定されており、予審において押収されていた右論文掲載の「改造」誌が原確定審においても記録として引き継がれていた（したがって、原確定審の裁判官がその存在を認識していた）ことは明らかである。そして、この論文が共産主義的啓蒙論文であるとの判断が原確定判決認定の犯罪事実の前提をなすものであるから、原確定審が、押収されていた右論文を取り調べることなく、すなわち、その内容を検討することなく判決をしたとはおよそ考えがたいところであり、原確定審はこれを取り調べた上で判決をしたと解するのが自然である。

確かに、原確定判決の証拠欄には細川論文（の掲載された「改造」誌の該当号）は掲げられていないが、当時施行されていた戦時刑事特別法二六条によれば、判決において証拠によって罪となるべき事実を認めた理由（旧刑訴法三六〇条一項）を示すには証拠の標目を掲げることで足りるとされていたところ、その標目は事実認定に関係あるすべての証拠を網羅することまで要求されていたものとは解されない（現に、関係資料によれば、横浜事件関係者中小森田一記、白石芳夫、小川修等に対する横浜地方裁判所第二刑事部の判決書には、いずれも証拠として当該被告人の公判供述のみが掲げられているに過ぎないことも、右を裏付けるものである。）。

そして、細川論文は、一般に公刊された雑誌である「改造」に掲載されたものであり、亡小野康人をはじめ当時の訴訟関係者の間では、その論文の存在及び内容は（その意味するところの評価はともかく、掲載された文章自体としては）すでに周知のものとされていたと考えられるので、原確定判決があえて証拠欄に細川論文を摘示しなかったとしてもあながち不自然とはいえず、右摘示がないことをもって直ちに原確定審が細川論文を取り調べていないと推認することは論理の飛躍があるというべきである。

また、関係資料によれば、同じ裁判所（第二刑事部）が言い渡した判決の中には、原確定判決と同様、判決書の証拠欄において証拠物（証拠物たる書面）を摘示せず、犯罪事実欄においては証拠物の押収番号を記載している例（益田直彦に対する判決書）が存在する上、本件原確定判決を除く各判決書についてはいずれも証拠欄に証拠物の摘示がなされていないことも右認定に沿うものといえる。

(三) 所論は、終戦直後であった当時の裁判所において、横浜事件関係の書類は焼却処分されたことがうかがわれるとするが、仮にそのような事実があったとしても、現に係属中の事件記録まで焼却されたとは到底考えがたい（所論は、押収物については未済既済の区別をするいとまもなく一律に焼却された可能性があるとするが、単なる憶測の域を出ないものである。）。

(四) 次に、所論は、原裁判は一回の公判期日で終結し、即日判決が言い渡されており、相当の分量である細川論文を取り調べる時間的余裕はなかったはずであると主張する。

しかしながら、旧刑訴法三四一条一項は証拠物の取調べについて被告人に示すことを規定しているのみであり、亡小野康人は文字を解しない者ではなく（同条二項参照）、かつ論文の内容自体は十分に知っていたはずであるから、論文（の掲載された「改造」誌の該当号）の取調べにおいてその内容を詳細に示すことは必要でなく、取調べにはそれほど時間はかからなかったと考えられ、一回の公判期日で論文を取り調べた上終結することは十分可能であったと認められる。

（五）更に、所論は、原確定判決摘示の事実は予審終結決定をそのまま引き写したものであり、原確定審は証拠調べをせずに原確定判決を作文あるいは筆写しただけであるなどと主張するようであるが、原確定判決は、予審終結決定において摘示されていたいわゆる「泊会議」の事実については犯罪事実として認定しておらず、原確定判決が予審終結決定をそのまま引き写したとはいえない。その他の事実についても、原確定審が証拠調べの結果、予審終結決定と同一の事実を認定したとしても何ら不自然ではなく、原確定審が細川論文を取り調べなかったとする根拠にならないことは明らかである。

また、所論は、もし原確定審が細川論文それ自身を実際に読んでいるならば、原確定判決のような評価が出てくるわけがないとも主張する、しかしながら、論文内容の評価ないし意味づけは裁判所としての判断過程そのものであり、一義的に定まる性質のものでないのは当然であるから、原確定審が細川論文について共産主義的啓蒙論文であるとの評価のもとに本件の事実認定をしたとしても、そのことから直ちに細川論文自身を取り調べずに判断したとはいえない（なお、細川論文に対する原確定審の評価の当否自体は即再審開始事由となるものではない。）。

（六）以上のとおり、所論指摘の点はいずれも原確定審が細川論文を取り調べなかったことの根拠となり得るものとはいえず、前記事実関係を総合検討すれば、原確定審は右論文（の掲載された「改造」誌の該当号）を証拠として調べたことが推認できる。したがって、細川論文及びその内容に関する鑑定書等は旧刑訴法四八五条六号にいう新たな証拠とは認められない。

3　細川の家族に対する救援金の拠出について

所論は、細川が治安維持法違反の容疑で検挙された際、その家族の救援のため亡小野康人が二〇円を拠出した（犯罪事実第二）との原確定判決の認定に関し、内閣書記官長、司法大臣等の経歴を持つ風見章が同様に細川の家族に対して一〇〇〇円を拠出しながら、起訴されていない旨の事実を示す証拠（細川サダ、風見章、山浦貫一の予審判事による証人尋問調書）が無罪を言い渡すべき新たな証拠であると主張している。

しかしながら、被疑者の家族の救援のために金銭を拠出する行為は、それ自体治安維持法の規定する「国体の変革」ないし「私有財産制度の否認」の目的を直接推認させる行為でないことは明らかであり、他の事実ないし証拠により、右目的を有し、その目的遂行のために金銭を拠出したことが認められる場合に限って治安維持法違反の犯罪事実が認定できるのであるから、たまたま同時期に同様の金銭拠出を行い、かつ起訴されていない者がいたとしても、その拠出の経緯ないし動機は様々であり、右事実により直ちに亡小野康人の行った前記金銭拠出行為について治安維持法所定の目的が欠けるとする根拠になるわけでないことは明らかである。

したがって、所論主張の前記事実が認められるとしても、右事実を証明する証拠は、旧刑訴法四八五条六号にいう無罪を言い渡すべき明確なる証拠とは認められない。

なお、原確定判決は、前記金銭拠出行為（犯罪事実第二）を細川論文の出版に関わった行為（犯罪事実第一）と包括して一罪（同一の行為が治安維持法一条後段、一〇条にそれぞれ該当し、相互間は刑法五四条一項前段の観念的競合）を構成するものと認定していると解されるから、仮に犯罪事実第二が認められないとしても、全体として罪名罰条に変動はなく、したがって、前記金銭拠出行為（犯罪事実第二）に関する所論の主張は、それ自体無罪ないし原確定判決認定の罪より軽い罪を認めるべき場合に当たらず、この点においても旧刑訴法四八五条六号の要件を欠くものというべきである。

三　結論

以上のとおり、所論主張の証拠はいずれも旧刑訴法四八五条六号の要件に該当するものとは認められないから、同法五〇五条一項により本件再審請求を棄却することとする。

（なお、本件請求は冒頭掲記の請求人両名及び亡小野康人の妻小野貞が共同してしたものであるが、小野貞は請求後に死亡したことが認められる。）

平成八年七月三〇日

横浜地方裁判所第二刑事部

裁判長裁判官　中西　武夫

裁判官　曳野　久男

裁判官　白川　純子

即時抗告審（東京高裁）

■一九九六・7・30　即時抗告の申立て
■〃　・9・30　抗告理由書
■一九九七・3・31　求意見書（東京高裁より東京高等検察庁の検察官へ）
■〃　・4・7　検察官意見書
■一九九八・8・31　決定（棄却）

即時抗告の申立

請求人（亡小野康人の長女）小野　信子
請求人（亡小野康人の二男）小野　新一
右両名弁護人　日下部長作
同　山本　一郎
同　山本　祐子
同　三野研太郎
同　大川　隆司
同　小沢　弘子

横浜地方裁判所平成六年（た）第一号再審請求事件について、同裁判所が平成八年七月三〇日付けでなした棄却決定は不服につき、即時抗告致します。

一九九六年七月三〇日

東京高等裁判所　御中

※

平成八年（く）第一八六号
再審請求即時抗告事件

抗告人（再審請求人）小野　信子
同　小野　新一

抗告理由書

平成八年九月三〇日

右両名弁護人（氏名略）

東京高等裁判所

第三刑事部　御中

標記事件について弁護人は左記のとおり原決定を不服とする理由を申述べます。

記

第一、原確定審は、細川論文を取り調べていない

一、抗告人としては、細川論文はそれが共産主義的啓蒙論文であるとの判断が原確定判決認定の犯罪事実の前提となっている重要な証拠である（このことは、原決定の認めるところである。）のにかかわらず、原確定判決の証拠欄にはその摘示がなく、被告人の公判廷における供述と予審調書などの証拠書類の摘示があるだけであることから、原確定審は細川論文を取り調べていないと主張するものである。

すなわち、原確定審判決の証拠欄に細川論文が掲げられていないのは、原確定審が細川論文を犯罪事実認定の証拠にしなかったことを意味するものであって、それは、細川論文を取り調べなかったか、細川論文を取り調べたが犯罪事実認定の証拠にしなかったかのいずれかであるが、細川論文は、原決定のいうとおり、それが共産主義的啓蒙論文であるとの判断が犯罪事実認定の前提となっている証拠であるから、なんらかの事情で取り調べられなかったことはあり得ても、公判廷において全面的な自白があった場合（その場合は、公判廷の自白だけで犯罪事実を認定できると考えられていた）でもないのに、細川論文を取り調べながら犯罪事実認定の証拠にしなかったとは考えられないことである。

以下原決定の判断に即して反論する。

1、原決定は、その「理由」二の2の（二）において、

「原確定判決の犯罪事実欄には押番号（予審段階における押収番号と認められる。）及びページ数（『改造』誌の当該号のページ数）により細川論文が特定されており、予審において押収されていた右論文掲載の『改造』誌が原確定審においても記録として引き継がれていた（したがって、原確定審の裁判官がその存在を認識していた）ことは明らかである。

そして、この論文が共産主義的啓蒙論文であるとの判断が原確定判決認定の犯罪事実の前提をなすものであるから、原確定審が、押収されていた右論文を取り調べることなく、すなわち、その内容を検討することなく判決をしたとはおよそ考えがたいところであり、原確定審はこれを取り調べた上で判決をしたと解するのが自然である。」

と判示している。

しかし、

（1）原確定判決の犯罪事実欄の記載からは、押収物である細川論文掲載の『改造』誌が昭和一九年当時現存していたことは窺われるが、敗戦直後の極度の混乱期を経た後の昭和二〇年九月一五日の原確定審公判期日当時現存していたかどうかは明らかではなく、もとより原確定審の裁判官がそれが現存していることを認識していたとはいえない（細川論文の押番号やページ数は、細川論文の証拠調をしなくても、また細川論文が現存しなくても、原確定判決が証拠として掲げている予審調書の記載によって知ることができるし、また予審終結決定を引き写すことによっても記載することができる。）。

（2）細川論文が共産主義的啓蒙論文であるとの判断が原確定判決認定の犯罪事実の前提をなすものであることは、原決定のいうとおりであるが、それだからといって、原確定審が細川論文を取り調べることもなく判決をしたとは「およそ考えがたい」と断定するのは、原確定判決の証拠欄に細川論文が掲げられていないことの意味や現行法と基本的に異なる旧刑訴法とその運用の実態、さらには戦争直後の異常事態と原確定審の審理裁判の異常さをまったく理解しない主観的判断であって、到底承服できない。

（3）原確定判決の証拠欄の記載によると、原確定審裁判所は、細川論文を除く他の証拠、すなわち被告人の公判廷における供述と予審調書などの証拠書類によって犯罪事実を認定したものであることが明らかである。

細川論文が共産主義的啓蒙論文であるとの判断が原確定判決認定の犯罪事実の前提をなすものであればこそ、もし原確定審が右論文を取り調べたのであれば、被告人が公判廷で全面的に自白した場合は別として、右論文を犯罪事実の認定に供し判決の証拠欄に掲げるのが当然であって、原確定審が右論文を取り調べながら、格段の理由もなく、右論文を犯罪事実の認定に供することも証拠欄に掲げることもしないことこそ「およそ考えがたい」ことであり、むしろ取り調べなかったために、犯罪事実の認定に供することも証拠欄に掲げることもできなかったと考える方が自然である。

2、原決定は、右1記載の判示に引き続き、「当時施行されていた戦時刑事特別法二六条によれば、判決において証拠によって罪となるべき事実を認めた理由（旧刑訴法三六〇条一項）を示すには証拠の標目を掲げることで足りるとされていたところ、その標目は事実認定に関係あるすべての証拠を網羅することまで要求されていたものとは解されない（現に、関係資料によれば、横浜事件関係者中小森田一記、白石芳夫、小川修等に対する横浜地方裁判所第二刑事部の判決書には、いずれも証拠として当該被告人の公判供述のみが掲げられているに過ぎないことも、右を裏付けるものである。）。」

と判示している。

しかし、

（1）抗告人は、判決の証拠欄に掲げるべき証拠の標目に事実認定に関係あるすべての証拠を網羅しなければならないと主張しているのではなく、裁判所が犯罪事実の認定に供した証拠は必ず証拠欄に掲げなければならないと主張しているのに、原決定は、故意に論点をすりかえ、裁判所が犯罪事実の認定に供した証拠は必ず証拠欄に掲げなければならないとする抗告人の主張に対する判断を回避しているのである。

けだし、裁判所が犯罪事実の認定に供した証拠は必ず証拠欄に掲げなければならないことは、旧刑訴法第三六〇条第一項に「有罪ノ言渡ヲ為スニハ罪ト為ルベキ事実及証拠ニ依リ之ヲ認メタル理由ヲ説明シ法令ノ適用ヲ示スヘシ」、戦時刑事特別法第二六条に「有罪ノ言渡ヲ為スニ当リ証拠ニ依リテ罪ト為ルヘキ事実ヲ認メタル理由ヲ説明シ法令ノ適用ヲ示スニハ証拠ノ標目及法令ヲ掲ゲルヲ以テ足ル」とあることから、当然であり、原決定も、これを否定することはできなかったものである。

（2）なお、原決定は、関係資料中の小森田一記らに対する判決に証拠として当該被告人の公判供述のみが掲げられていることをとらえて、証拠欄に事実認定に関係あるすべての証拠を掲げる必要はないというもののようであるが、旧刑訴法の下では、自白は証拠として重んぜられ、区裁判所においては被告人が自白したときは他の証拠を取り調べないこともできるとされていたのであり（三四六条）、地方裁判所等においても公判廷における全面的な自白があればそれだけで犯罪事実を認定できると考えられていたため、公判廷における全面的な自白がある（と裁判所が判断した）場合には、証拠欄にそれのみが掲げられていた。

小森田らの場合も真実全面的に自白したかどうかはさておき、裁判所によって全面的自白があったものと判断されたものと考えられるが、小野康人の場合には、原確定判決の証拠欄に被告人の公判廷の供述のほかに予審調書などが掲げられていることから、公判廷において全面的な自白があった場合でないことが明らかであって、原確定審が細川論文を取り調べたとすれば、犯罪事実の認定に供した証拠として証拠欄に掲げるのが当然である。

3、原決定は、右2記載の判示に引き続き、

「そして、細川論文は、一般に公刊された雑誌である『改造』に掲載されたものであり、亡小野康人をはじめ当時の訴訟関係者の間では、その論文の存在及び内容は（その意味するところの評価はともかく、掲載された文章自体としては）すでに周知のものとされていたと考えられるので、原確定判決があえて証拠欄に細川論文を摘

示しなかったとしてもあながち不自然とはいえず、右摘示がないことをもって直ちに原確定審が細川論文を取り調べていないと推認することは論理の飛躍があるというべきである。
また、関係資料によれば、同じ裁判所（第二刑事部）が言い渡した判決の中には、原確定判決と同様、判決書の証拠欄において証拠物（証拠物たる書面）を摘示せず、犯罪事実欄においては、証拠物の押収番号を記載している例（益田直彦に対する判決書）が存在する上、本件原確定判決を除く各判決書についてはいずれも証拠欄に証拠物の指摘がなされていないことも右認定に沿うものといえる。」

と判示している。

しかし原決定のこの判断は、原確定判決が細川論文を犯罪事実の認定に供したことを前提とするものであるとすれば、到底承服できない。

犯罪事実の認定に供した証拠は、証拠欄に掲げなければならないのであり、細川論文の存在及び内容が訴訟関係者の間で周知であったところで、これを犯罪事実の認定に供した場合に証拠欄に掲げなくてもよいという理由はなにもないからである。

また、原決定の指摘する益田直彦に対する判決は、証拠として被告人の公判廷の供述のみが掲げられている場合であって、犯罪事実欄に掲げられている証拠物（押収番号が表示してあるもの）は、犯罪事実の認定に供されなかったことが明らかであり（取り調べられたかどうかは、明らかでない）、本件原確定審において細川論文が取り調べられたとする証拠にならない。

なお、旧刑訴法の下における判決の犯罪事実の記載にあたり証拠調をしていない押収物について押収番号を表示して特定している例は、しばしば見受けられるのであって、犯罪事実欄に押収番号が表示されているからといって、その押収物が取り調べられたといえないことは、もとよりである。

二、抗告人としては、原確定審が細川論文を取り調べていないことの裏付となる事情として、

①敗戦直後の混乱時になされた記録証拠物等の焼却により、押収物である細川論文は確定審の公判が開かれた昭和二〇年九月一五日にはすでに焼却されていた蓋然性が大きいこと、

②原確定審は、敗戦直後の異常事態から、きわめて形式的に審理裁判がなされたものであって、原確定判決の犯罪事実の記載も予審終結決定を引き写しており、また、細川論文にかぎらず、証拠物の取調はなされなかった蓋然性が大きいこと、

を主張するものである。

以下、原決定の判断に即して反論する。

1、原決定は、その「理由」二の2の(三)において、

「所論は、終戦直後であった当時の裁判所において、横浜事件関係の書類は焼却処分されたことがうかがわれるとするが、仮にそのような事実があったとしても、現に係属中の事件記録まで焼却されたとは到底考えがたい(所論は、押収物については未済既済の区別をするいとまもなく一律に焼却された可能性があるとするが、単なる憶測の域を出ないものである。)」

と判示している。

しかし、押収物である細川論文掲載の『改造』誌が昭和二〇年九月一五日の原確定審公判期日当時現存していたかどうかについては、小野康人についての第一次再審についての横浜地方裁判所の決定が「当裁判所の事実取調べの結果によれば、太平洋戦争が敗戦に終わった直後の米国軍の進駐が迫った混乱時に、いわゆる横浜事件関係の事件記録は焼却処分されたことが窺われる」と判断しており、敗戦直後の異常な事態の下では、ことに証拠物については、既決未決の区別なく焼却したことも充分考えられる状況であり、細川論文がすでに焼却されていた蓋然性も大きいのに、現に係属中の事件記録まで焼却されたとは「到底考えがたい」と判断するのは、そのような異常な事態を理解しない主観的判断であって、到底承服できない。

2、原決定は、その「理由」二の2の(四)において、

「旧刑訴法三四一条一項は証拠物の取り調べについて被告人に示すことを認定しているのみであり、亡小野康人は文字を解しない者ではなく(同条二項参照)、かつ論文の内容自体は十分に知っていたはずであるから、論文(掲載された「改造」誌の該当号)の取り調べにおいてその内容を詳細に示すことは必要でなく、取り調べにはそれほど時間はかからなかったと考えられ、一回の公判期日で論文を取り調べた上終結することは十分可能であったと認められる。」

と判示している。

しかし、細川論文は、数十ページにわたる難解な文書であり、その証拠調にあたって外形だけ示せばよいというのでは、被告人の証拠についての意見陳述権が無意味になることが明らかである。もっとも、形式的に審理判決をしようとしていた原確定審裁判所としては、外形だけ示せばよいと考えていたかもしれないが、そうであるとすれば、細川論文について押収物出納の内部手続きをした上で形式的な取り調べをするよりも取り調べをしない方を選んだであろうことは、容易に推測されるところである。

3、原決定は、その「理由」二の2の(四)において、

「原確定判決は、予審終結決定において摘示されていたいわゆる「泊会議」の事実については犯罪事案として認定しておらず、原確定判決が予審終結決定をそのまま引き写したとはいえない。その他の事実についても、原確定審が証拠調べの結果、予審終結決定と同一の事実を認定したとしても何ら不自然ではなく、原確定審が細川論文を取り調べなかったとする根拠にならないことは明らかである。」

と判示し、さらに、

「論文内容の評価ないし意味づけは裁判所としての判断過程そのものであり、一義的に定まる性質のものでないのは当然であるから、原確定審が細川論文についての共産主義的啓蒙論文であるとの評価のもとに本件の事実認定をしたとしても、そのことから直ちに細川論文自身を取り調べずに判断したとはいえない」

と判示している。

しかし、

（1）抗告人は、原確定判決の犯罪事実の記載が予審終結決定の犯罪事実の記載全部を引き写したものであるとは主張していないのであり、原確定判決の犯罪事実の記載が予審終結決定の犯罪事実の記載中いわゆる「泊会議」の事実を除く部分を引き写したものであると主張しているのであるから、いわゆる「泊会議」の事実が除外されているからといって引き写したものでないとする判示は、失当である。

（2）問題は、原確定判決の犯罪事実の記載と予審終結決定の犯罪事実の記載中いわゆる「泊会議」の事実を除く部分が一千余字にわたってまったく同一であることであって、そのことは、原確定審裁判所が証拠調べの結果枝葉末節にいたるまで予審判事と同一の判断に到達したことによるものとは考え難く、原確定判決が予審終結決定を引き写したことを意味するものと考えるのが自然である（二人の司法修習生が一千字にわたってまったく同一文字を連ねた起案を提出した場合、一方が他方を引き写したものと判定されるのと同様である）。

4、そもそも、旧刑訴法の下においては、訴訟関係人から提出した証拠物は公判廷において取り調べるべきものとされていたものの（三四三条本文前段）、事実上裁判所の裁量によって取り調べないこともできたのである（同条但書）。そして、裁判官は、公判開廷前に証拠書類を閲読して心証をとることができたため、裁判所は、押収物であっても、取調の必要がないと考えるときは、出納の内部手続の煩わしさもあって、取調をしないこともしばしばあったのである。

もっとも、通常の場合であれば、本件細川論文のような重要な証拠については、そのようなことはなされなかったであろうが、原確定審が敗戦直後の異常事態の下で本件のように言論の自由に関する重大事件で被告人も争っている事件を一回の公判で終結し即日判決したきわめて形式的な審理裁判をしたことから考えると、細川論文ばかりでなく、証拠物の取調はなされなかった蓋然性が大きいのである（なお、後記海野普吉著『ある弁護士の歩み』の記述も、これに符合する）。

第二、原確定審における「審理」の実態は、裁判の体をなしていなかった

一、はじめに

1、第一の一の1の冒頭で引用した部分は原決定の核心をなす部分である。

2、そして右核心的判断は、「原確定判決中の犯罪事実欄には押番号及びページ数により細川論文が特定されている」という事実だけに立脚しているが、弁護人が従前から指摘しているとおり、原確定判決中の右記載は予審終結決定書の記載をそのまま、引き写したものに過ぎない、と考えるのが自然であり、そうだとすれば原確定判決中の右記載は、原確定審固有の審理判断過程を反映したものとは到底言えないわけである。

原決定は弁護人の右指摘を、「原確定判決は、予審終結決定において摘示されていたいわゆる『泊会議』の事実については犯罪事実として認定しておらず、原確定判決が予審終結決定をそのまま引き写したとはいえない。」（五丁表）

と判示して却けている。すなわち「泊会議」が認定から除外されているというところに、原確定審が予審に引きずられず独自の審理を行なったあかしを求めているのである。

3、しかし、原確定審における弁護人や他の被告人が文書に書き遺しているその審理実態は、到底裁判の体をなしていないものであって、およそ「証拠調べ」がなされた形跡はない。

また、「泊会議」は、警察・検察当局の描いたシナリオによっても横浜事件を構成する多岐にわたる「犯罪事実」の核心をなす事実であって、この事実が予審終結決定と公判の判決との間で卒然として消えてしまったという事実こそ、原確定審における裁判が言葉の真の意味での裁判ではなく、裁判に名を藉りた政治的処置であったことを如実に物語っているのである。

4、原決定は、いわば今日の裁判所における常識が、そのまま戦時下の裁判所においても常識として通用していた筈である、という思いこみを大前提として（「はた

して今日の常識が通用するような裁判所であったのか」ということが、まさに解明されるべき課題であるのに）、判決を書く以上は審理はなされたであろう、審理をした以上は本件で最も重要な証拠である細川論文を取調べたであろう、そう考えるのが「自然である」と安易に想像しているにすぎない。

以下、本項においては、文献資料に遺されている横浜事件の公判の実態について述べ、次の第三項において判決中の「犯罪事実」から「泊会議」が消し去られた事情の政治性について述べ、原決定の推論が想像に基く空論に過ぎないことを論証する。

二、原確定審における「審理」の実態は、どのようなものであったか

1、横浜地方裁判所に残っている「公判始末簿」によると、横浜事件についての判決（敗戦後の分）は、次の五つのグループにわけて宣告されている。

昭和二〇年八月二九日　青山鉞治、小林英三郎、若槻繁、大森直道（「改造社」グループ）

同年　八月三〇日　新井義夫、高木健次郎、由田浩、板井庄作、山口謙三、渡辺公平（昭和塾塾友らによる「政治経済研究会」グループ）

同年　九月　一日　安藤次郎、手島正毅（「満鉄」グループ）

同年　九月　四日　益田直彦、小森田一記、畑中繁雄、沢赳、青木滋（「中央公論社」グループ）

同年　九月一五日　平館利雄、西沢富雄、小野康人、木村亨、加藤政治（「泊会議」参加者グループ）

2、各グループの被告人らは一括して「審理」を受け、かつ起訴状朗読から判決宣告までが一日で行なわれた。右全てのグループの審理について弁護人として関与した弁護士海野普吉は、『ある弁護士の歩み』（昭和四三年、日本評論社刊）の中で、「審理」の実態をつぎのように述べている。

「実にこっけいな法廷です。検察官が起訴状を読みます。が事実の認否について、『そんなことありません』とみんな断わってしまうと、八並達夫裁判長が、『こういう調べを受けたね』という質問をします。『受けました』と答える。『調書では認めているようだね』、『それは認めなければならないように、ぶんなぐられたり、蹴とばされたりしたから、そうしたんです。』それはそれでいいということで結審です。ぼくもなにをいったかよく覚えがないのですが、ただ『敗戦になった状態で、連合軍から占領されたということについては、一体なにが原因か。そういうことを阻止しようとしたのは、こういう人々なんだ』ということをいった覚えだけはあります。」

(同書一四九〜一五〇頁)

3、右につづいて海野弁護士は、インタビュアーの「ずいぶん乱暴な裁判ですね」という質問に対し、次のように答えて右の如き「裁判」成立の背景事情を説明している。

「裁判とはいえません。私もその点については大いに恥じるのですが、もっと堂々とやればよかったのです。裁判長が、八月二七日に早く公判をやりたいという話がありました。私は記録もなにも写していない、これではやれないじゃないか、予審終結決定が本人のところにいっているかもしらぬが、弁護人のところにきていないなら、予審終結決定も見ないで裁判をやることはできないと頑強につっぱりました。すると裁判長は『そういわないで、いいじゃないか、わかっているでしょう』としきりにいうのです。『執行猶予』をにおわせたつもりだったのでしょう。」(同書一五〇頁)

4、前記八月二九日公判の模様については、共同被告人の一人青山鉞治が『横浜事件——元「改造」編集者の手記』(昭和六一年、希林書房刊)において、「審理」の実態を紹介している。その要旨はつぎのとおりである(同書一七六〜一八〇頁)。

① 検事の立会はなかった。

② 八並裁判長は被告人四名の名前を呼んだのち、「めいめいには訊問しないで、一括して訊ねるが、君たちは細川嘉六の『世界史の動向と日本』という論文をはじめ、幾つかの論文・記事その他を雑誌『改造』に掲載発表することによって、共産主義思想の宣伝普及につとめたことを認めるね」と質問した。

③ これに対して四名の被告人(大森直道、小林英三郎、若槻繁、青山鉞治)のだれからも認否の発言がないうちに、海野弁護人がつぎのような「弁論」をした。

「諸君、あの空を見たまえ。飛行機がゆうゆうと飛んでいるでしょう。しかし、あの飛行機は一機として日の丸をつけていないのですぞ。全部アメリカの飛行機です。日本は完全に敗北したのです。いいですか諸君、いわば諸君の過去の半生は、あの八月一五日をもって一応無に還ったもひとしいのです。再生日本とともに諸君も、これからまたまったく新しく出発をしなければなりません。諸君の双肩にかかる責任は、きわめて重大なるものがあります。どうか、今日この裁判を新しい出発の起点にして、日本人としての自覚をますます強固にされることを切望するのであります。」

④ すると裁判長は、「はじめから用意していた一枚のメモ用紙を手に取って」、四名の被告人に対し、いずれも懲役二年、執行猶予三年の判決を宣告したうえ、「日本はまことに開闢以来の困難な局面に立たされま

した。諸君の有能な才能を、今日こそ正しく発揮するときだと思います。どうか自重して健全な生活を営まれることを希望します。」と説示した。

三、結論

裁判所と弁護人との間で阿吽の呼吸による事実上の取引きが成立している、という状況の下での「公判」は、まさに右のようなセレモニーの場に過ぎなかったのである。このことは青山鉞治らについて開かれた昭和二〇年八月二九日の公判のみならず、同じ裁判所による九月一五日（本件原確定審）までの横浜事件関係全公判について同様であった、と考えられる。

ちなみに、日本に進駐する米軍の先遣隊は、八月二八日に厚木飛行場に到着、三〇日にはマッカーサー総司令官自身も到着し、九月二日には横浜沖米艦ミズーリ号上で降状文書への調印が行なわれた。このような情勢の中で横浜地方裁判所の構内では、進駐軍兵士が「剣付鉄砲でがたがた回っている」（海野前掲書一四九頁）というのが当時の裁判所をとりまく状況であった。

第三、横浜事件全体の構図の中における「泊会議」の位置づけについて

一、警察当局が横浜事件の全体構造をどのように把握していたか、ということは昭和一九年八月分の『特高月報』の記事、「神奈川県に於ける左翼事件の取調状況」にまとめられている。

右記事によれば（「横浜事件」という共通のネーミングは、勿論まだないが）、

「神奈川県に於ては、昭和一七年より本年に掛け、夫々人的連係を持つ一連の事件として、『米国共産党員事件』、『ソ連事情調査会事件』、細川嘉六を中心とする所謂『党再建準備会グループ事件』、『政治経済研究会事件』、『改造社並に中央公論社内左翼グループ事件』、『愛政グループ事件』等総員四十八名を検挙し」たとされている「一連の事件」の相互関係は、つぎのように記載されている。

「（1）米国共産党員川田寿はソ連事情調査会事件の被疑者等とは密接なる連絡を有し、

（2）ソ連事情調査会事件の中心人物は細川嘉六を中心とする党再建準備会事件の有力メンバーたり。

（3）更に右党再建準備会事件の主要分子たりし『中央公論』記者浅石晴世は『政治経済研究会』事件の中枢的存在として活躍せり。

（4）又改造社並に中央公論社内左翼グループ中の先鋭分子は同じく党再建準備会の有力なるメンバーとして加盟し、

（5）愛政グループが党再建準備会事件関係被疑者に依

りて指導されつつありしことは前述の通なり。」

二、右の記述自体から、特高警察の認識においては「細川嘉六を中心とする党再建準備会事件」が全体の中心にあり、その他の事件はいずれも「党再建準備会」メンバーに指導されて発生した派生的事件として把握されていたことが明らかである。

そして、ここにいう「日本共産党再建準備と見られるべき活動」とは、細川嘉六および相川博（「改造」記者）、小野康人（同）、木村亨（「中央公論」記者）、西尾忠四郎（満鉄）、加藤政治（「東京新聞」記者）らが「一昨年六月富山県泊温泉に於て細川を中心に会合して日本共産党の再建に付協議」したこと、すなわち「泊会議」を指すものにほかならない。

『改造』昭和一七年八、九月号に掲載された細川嘉六の論文「世界史の動向と日本」の位置づけも、「細川嘉六を中心とする所謂『党再建準備会』なる非合法グループの意図を代表するものにして、全国同志の決起を促す指令的論文」とされている。

特高警察の描いた「横浜事件」全体の構造を図解すると、別紙略図のようなものになる。すなわち、「細川グループ」（細川を中心とする「改造」誌および「中央公論」誌記者らのグループ）と「満鉄（東京支社）グループ」とが、一年余の「合体工作」を経て、昭和一七年七月「泊会議」において「日本共産党の再建」を協議し、かつ右協議結果の実行として、「改造」への細川論文の掲載、細川検挙後の再建運動の代表に擬せられた名和統一氏への工作、などを行なうとともに、メンバー各自が、それぞれの勤務する世界経済調査会、改造社、中央公論社、満鉄東京支社等を「共産主義運動に利用しつつあった」というのが全体のシナリオである。

三、右シナリオの中では、「泊会議」の持つ意味は極めて重要であり、扇の要の位置をなすものである。

そしてこの認識は、単に特高警察当局の認識であるにとどまらず裁判所の認識でもあったことは、細川嘉六、相川博の予審終結決定書（昭和一九年一二月二九日付）ならびに、小野康人の予審終結決定書（昭和二〇年七月二〇日付）の各記載自体から明らかである。

従って、このように要の位置をなす公訴事実が突然消滅するなどということは、本来ならば「およそ考えがたい」ところである。しかし、このような「およそ考えがたい」ことが、昭和二〇年八月一五日の敗戦を契機として、現に起こったのである。

この間の事情について、前出海野普吉『ある弁護士の歩み』（一五一頁）には、次のように書かれている。

「乱暴な裁判といえば、こんなこともありました。さきにもお話しました『泊会談』のメンバーのうちで、ある者の予審終結決定書には泊会談に出席したと載っておるのにかかわらず、他の者の予審終結決定書には名前を載せていないといったケースがあるのです。なぜそういう結果になったかというと、早く予審終結決定書を書いてくれと石川予審判事にいったのですが、大勢の予審終結決定書のことだからなかなかはかどらない。中には、石川予審判事が原稿を書いて、私の事務員竹下君が清書したのもあるのです。そのときに石川予審判事は『海野さん、もう泊会談はここらでいいにしよう』といって、私どもの目の前で名前を落としました。この当時の横浜の検事局および判事諸公が、いかにあわてておったかという好例です。いままでいろいろの事件があったでしょうけれども、検事局ならびに判事諸公が、こんなにうろたえまわったことはなかったと思います。」

右の文章にふれられている予審終結決定の内容で「泊会談に出席したと載っておる」者と、「載っていない」者との差は、当該予審終結決定が八・一五敗戦の前になされたもの（細川、相川、小野）と敗戦後になされたもの（木村亨ほか）との差である。敗戦後の予審終結決定書が現在残っているのは木村亨の分（昭和二〇年八月二七日付）だけであるが、その木村は『横浜事件の真相——再審請求へのたたかい』（昭和六一年、笠原書店刊）の中でつぎのように記している（同書九八頁）。

「敗戦直後、あわてた裁判所側が俄にぼくたちに妥協を求めてきた事実のひとつをあげてみると、それまでぼくが繰り返して特高の暴行を非難し、事件がつくりごとにすぎないと、例の申し合わせに従って予審調書もとらせないほど突っぱねていたのに対して石川予審判事は、八月二十日すぎのある日、急にぼくを呼び出して、明らかに狼狽しながらこう言ったのを忘れない。

『木村君、〝党再建〟のことは取り消すから、もうこのへんで妥協してくれないか。』」

四、木村亨氏が書き残している右のエピソードは、直接には裁判所の予審段階に関する出来事である。

しかし海野弁護士の回顧録にある八並裁判長との「取引き」の一件は、予審判事の処置が公判部の裁判官にも伝えられ、公判部においても「右にならえ」の処置がとられるに至った経緯を窺わせるものと解するのが自然というものではなかろうか。

原確定判決の内容が、予審終結決定とちがって「泊会議」の事実を除外したことの持つ意味は、右のような事実経過の中において把握すべきものであり、これは裁判所（予審部、公判部を通じて）の政治性、恣意性を示す事実でこそあれ、公判部がみずからの独自の役割を果たしたことの証左であるなどと理解するのは、あまりにも空論に走るものである。

第四、細川の家族救援金拠出は犯罪とはなりえない

1、原決定は、風見章が細川嘉六の家族救援のため一〇〇〇円を拠出しながら何ら罪に問われなかったという事実は、小野康人が二〇円を拠出したことにより治安維持法第一条後段ないし同法一〇条違反（「結社の目的遂行の為にする行為」）の有罪判決を受けたことに対する再審開始事由になりえないとしたが、その理由として判示するところは、

「たまたま同時期に同様の金銭拠出を行い、かつ起訴されていない者がいたとしても、その拠出の経緯ないし動機は様々であり、右事実により直ちに亡小野康人の行った前記金銭拠出行為について治安維持法所定の目的が欠けるとする根拠になるわけではない」

というのである。

2、しかし弁護人が主張していることは、被告人の留守宅にわずかの金銭を贈ることは、それが主観的にはどんな動機を持ってなされたにしても、「国体を変革する」とか「私有財産制度を否認する」という結社の目的遂行の為にする行為とはなりえない、すなわち不能犯であるという趣旨である。

ちなみに、大審院判決（昭五・一一・一七刑事判例集九・八〇〇）も、「結社ノ存在スルコトヲ知リ該結社ヲ支持シ其ノ拡大強化ヲ図ル行為」をもって「目的遂行ノ為ニスル行為」としている。

昭和一七年当時日本共産党は既に壊滅し存在していなかった（さればこそ、泊会議はその「再建準備」とされたのである）のであるから、大審院判決にいう「結社ノ存在」の認識もその「拡大強化」もある筈はない。

3、予審の段階では、泊会議＝日本共産党再建準備会なる「秘密グループ」の結成というストーリーが前提にあり、細川留守宅へのカンパも「同グループの拡大強化」の一環として位置づけられていたので、小野康人に対する予審終結決定も大審院判例の要件と平仄をあわせていたかのようであるが、原確定判決において泊会議（予審における公訴事実「第一」）および公訴事実第二の冒頭部分（「第二、右決定ニ基キ爾来昭和十八年五月二十六日検挙セラルル迄ノ間同「グループ」ノ拡大強化ニ努メタルカ特ニ」）が削除された結果、小野康人の行為は「結社」の存在認識も、その「拡大強化」の目的意識をも欠くものとなったのである。

第五、結　論

以上の次第で細川論文の件についても、細川留守宅へ

の救援金の拠出についても、小野康人について無罪を宣告すべき新証拠があると言える。

原決定は、戦時下において異常な裁判がなされたのではないか、という課題と取り組むのをことさら回避し、当時の裁判所と現在の裁判所の常識とをアプリオリに同一視した上で、その主観的判断にもとづき弁護人らの主張を簡単に却けているが、このような裁判所の姿勢は、司法に対する国民の信頼を損うものである。

原決定が報じられた翌日の「朝日新聞」社説を本書面の末尾に添付するので、参照されたい。

以上

※

平成八年（く）第一八六号

求意見書

請求人（亡小野康人の長女）小野　信子

同　（亡小野康人の二男）小野　新一

右亡小野康人に対する治安維持法違反被告事件（横浜地方裁判所昭和二〇年公第八〇について、昭和二〇年九月一五日横浜地方裁判所が言渡した確定判決に対する再審請求事件について、平成八年七月三〇日同裁判所がした請求棄却決定に対し、弁護人日下部長作らから即時抗告の申立てがあったので、速やかに意見を求める。

平成九年三月三一日

東京高等裁判所第三刑事部

裁判長裁判官　秋山　規雄

東京高等検察庁

検察官　殿

※

平成八年（く）第一八六号

意見書

請求人（亡小野康人の長女）小野　信子

同　（亡小野康人の二男）小野　新一

右亡小野康人に対する治安維持法違反被告事件に係る有罪の確定判決に対する再審請求事件について、平成八年七月三〇日横浜地方裁判所がなした再審請求棄却決定に対し、同日右再審請求人らの弁護人日下部長作らが申し立てた即時抗告に対する検察官の意見は、左記のとおりである。

平成九年四月七日

東京高等検察庁　検察官検事　伊藤　薫

東京高等裁判所第三刑事部　殿

記

本件再審諸求人らの弁護人日下部長作らが申し立てた即時抗告は、理由がないので、棄却されるのが相当と思料する。

所論は、本件再審請求を棄却した原決定が不当である旨主張するが、本件再審請求が旧刑事訴訟法第四八五条六号の要件に該当する場合とは認められないとして本件再審請求を棄却した原決定は、誠に相当であり、何ら審理不尽の違法も存しない。

（以上）

※

平成八年（く）第一八六号

決　定

有罪の言渡しを受けた者　亡小野　康人

明治四一年五月七日生

請求人（長女）小野　信子

請求人（二男）小野　新一

右亡小野康人にかかる治安維持法違反被告事件の有罪確定判決に対する再審請求事件につき、平成八年七月三〇日横浜地方裁判所がした再審請求棄却決定に対し、弁護人から即時抗告の申立てがあったので、当裁判所は、検察官の意見を聴いた上、次のとおり決定する。

主　文

本件抗告を棄却する。

理　由

一　本件抗告の趣意は、弁護人日下部長作、同山本一郎、同山本祐子、同三野研太郎、同大川隆司及び同小沢弘子連名作成名義の即時抗告申立書及び同理由書に記載されたとおりであるから、これらを引用する。

論旨は、要するに、原決定は、本件再審請求を棄却する理由として、①原確定審は雑誌「改造」昭和一七年八月号及び九月号掲載の細川嘉六執筆の「世界史の動向と日本」と題する論文（以下「細川論文」という。）を証拠として取り調べた上、原確定判決をしたと認められるから、細川論文は旧刑訴法四八五条六号にいう新たな証拠に該当しない、②内閣書記官長、司法大臣等の経歴を持つ風見章が亡小野康人と同時期に細川嘉六の家族に対して金銭を拠出しながら起訴されなかった事実が仮にあったとしても、そのことは亡小野が細川の家族に対して行った金銭拠出行為に治安維持法所定の目的がなかったことの根拠に直ちになるものではないから、右の事実を証明するという風見章、細川サダ、山浦貫一（二通）の予審判事に対する証人尋問調書（細川嘉六、相川博に対する治安維持法違反被告事件記録中のもの）は、旧刑訴法四八五条六号にいう無罪を言い渡すべき明確な証拠とは認められないと述べているが、原決定のこの判断は、次の理由で不当である。すなわち、①の点については、原確定審裁判所は細川論文を証拠として取り調べていないことが明らかであるし、②の点については、亡小野は細川の留守宅にわずか二〇円の金銭を贈ったにすぎないから、この行為は、それがどんな動機からなされたものであっても、治安維持法一条後段、一〇条にいう国体を変革するとか私有財産制度を否認するという結社の目的遂行のためにする行為とはなり得ない、したがって、細川論文及び右各証人尋問調書はいずれも亡小野について無罪を宣告すべき新たな証拠といえるから、原決定を取り消した上、本件につき再審を開始する旨の裁判を求める、というのである。

二　そこで検討するのに、まず、関係証拠によると次の事実が明らかである。

1　亡小野康人は、昭和二〇年七月二〇日横浜地方裁判所の予審終結決定により同裁判所の公判に付され、同年九月一五日同裁判所において治安維持法違反の罪により懲役二年、三年間執行猶予の刑に処せられ、同判決はその頃確定した。

2　原確定審裁判所が認定した罪となるべき事実の要旨は、亡小野は、雑誌「改造」の編集部員であったが、コミンテルン及び日本共産党が国体を変革し、私有財産制度を否認することを目的とする結社であることを知りながら、その目的達成に寄与したいと企て、

第一　昭和一七年七月中旬ころ開催された右雑誌の編集会議において細川論文の掲載発表が提唱された際、右論文が共産主義的啓蒙論文であることを知りながらこれを支持し、他の編集部員と共にその校正等に尽力して右論文を右雑誌の同年八月号及び九月号に掲載発表させ一般大衆の閲読に供して共産主義的啓蒙に努め、第二　細

川嘉六が細川論文等により治安維持法違反の嫌疑で検挙されるや、同年一〇月二五日ころ、金二〇円を他人に託して細川の家族の救援に努め、もってコミンテルン及び日本共産党の目的遂行のためにする行為をしたというものであり、同裁判所は、右行為は当時の治安維持法一条後段、一〇条に該当すると判断し、有罪の判決をした。

3　原確定判決の証拠欄には、「被告人ノ当公廷ニ於ケル供述」、「被告人ニ対スル予審第二、三、四回尋問調書ノ記載」、「相川博ニ対スル予審第四回被告人尋問調書謄本ノ記載」、「被告人ニ対スル司法警察官第一六回尋問調書ノ記添」が挙げられているだけで、細川論文は証拠として挙げられていない。ただし、右判決の犯罪事実欄には、細川論文の摘示として、かっこ書きで、「昭和十九年地押第三七号ノ二四ノ八頁乃至二九頁同号ノ二五ノ一六頁乃至四七頁」と記載されている。なお右番号は前記予審終結決定に記載された細川論文の押収番号と同一である。

4　原確定判決原本は横浜地方検察庁に保管されているが、原確定審記録は同検察庁にも保管されておらず、現在のところその存在が確認できない状況にある。

以上の事実が明らかである。

三　細川論文について

1　本件再審請求において細川論文を新証拠であると主張する理由は、原確定判決はこれを証拠欄に細川論文を掲げていないこと、原確定判決はこれを証拠として用いなかったために誤って共産主義的啓蒙論文であると認定したものので、もしこの論文を証拠として取り調べ、その内容を一読しておれば、それが共産主義的啓蒙論文でないことが明らかとなって、このような事実誤認は生じることなく、被告人は無罪の判断を受けたであろうというのである。

2　前記のとおり、原確定判決の証拠欄に細川論文は掲げられておらず、また、原確定審記録も現存しないから、原確定審裁判所が細川論文を証拠として取り調べたか否かをこれによって直接的に確かめることはできず、今となっては周辺的証拠から合理的に推認するほかはない。

まず、亡小野に対する昭和二〇年七月二〇日付けの予審終結決定には、細川論文が昭和一九年の押収番号を付記して引用されているから、その時点で、本件予審裁判所が右論文が掲載されていた「改造」昭和一七年八月号及び九月号を証拠物として押収していたことについてはほとんど疑う余地がない。そして、旧刑訴法上、予審終結決定において公判に付する旨の言渡しがなされた場合には、押収物があるときはそのまま公判に係属して押収の効力が継続すると規定されていたから（旧刑訴法三一九条参照）、押収されていた右「改造」八月号及び九月号は、本件予審終結決定に付随して、法律上当然に公判裁判所に引き継がれたものと認められる。敗戦前約一か月のこの時点で、同論文が現存していなかったと考えるべき根拠はない。

3 この論文が右のとおり現存していたとすると、これが共産主義的啓蒙論文であることは被告人に対する有罪認定の前提となる関係事実であったから、原確定審裁判所において、押収されている右論文を取り調べることなく判決したとは考え難く、これを取り調べた上で判決をしたと考えるのが自然であるとする原決定の判断は、右の観点からは一応合理的と考えられる。

しかし、もし原確定審裁判所が細川論文を証拠として取り調べたのであれば、何故その論文を有罪判決中の証拠欄に掲げなかったのか、証拠として取り調べておきながら、これを有罪判決中の証拠欄に掲げないことにする何らかの理由があったかどうか、その点について大きな疑問が残ることは否定できない。

4 そこで、原確定判決の犯罪事実欄に、細川論文の押収番号と改造誌の当該号の頁数が正確に特定・摘示されている事実に着目して、ここに原確定審裁判所が細川論文を直接検討した経過が露呈しているとする見方が生じないではない。しかし、この部分の記載は、被告人に対する予審終結決定記載の事実をそのまま記載したというに近いもののようにもみえる。もとより、予審終結決定においては、最終的に有罪認定がされた犯罪事実の外に、いわゆる「泊会議」の事実が掲げられていたのであるから、判決ではそれを除いたその余の事実についてだけ有罪認定がされた点からすると、有罪とされた事実は予審終結決定の事実と全く同じではないことになる。だから、予審終結決定の事実を引き写しただけではないといえなくはないにしても、有罪認定がされた事実だけについていえば、その全体について予審終結決定中の該当部分を筆写したのとほとんど変わらないことはそのとおりであるから、有罪認定がされた犯罪事実の記載中に、細川論文の押収番号と改造誌の当該号の頁数が正確に特定・摘示されているからといって、これを原確定審裁判所が同論文を現実に取り調べたことの認定根拠とすることに十分な理由があるとまでは思えない。

5 その他、原決定は、本件再審請求中でされている主張に対して次のとおり判断している。すなわち、被告人に対する原確定判決は、敗戦約一か月後の昭和二〇年九月一五日という、まさに米軍進駐を前にした時期に慌ただしくされており、当時横浜事件の関係書類は焼却処分されたとの主張に対しては、仮に焼却処分の事実があるとしても、現に係属中の事件記録や証拠物まで焼却されたとは考えられないとし、また、原確定審での裁判は一回で、即日判決が言い渡されているから、相当の分量である細川論文を取り調べる時間的余裕はなかったはずであるとする主張に対しては、被告人に示して取り調べることは十分可能であったと認められるとして、いずれも排斥している。これらの判断は、いずれも十分理由があるところであって、再審請求の主張に確かな根拠があるとは思えない。

また、もし原確定審裁判所が細川論文を一読しておれば、原確定判決のような評価がされるはずはないという主張に対して、原決定が、論文内容の評価は裁判所としての判断過程そのものであるから、原確定判決のような事実認定をしたとしても、そのことから細川論文を取り調べずに判断したとはいえないと述べているのは、合理的で、もっともな判断だといわなければならない。

6　以上によれば、原確定審裁判所が細川論文を自ら取り調べたか否かは、これらの資料だけからはいずれとも判然としないとみるのが相当である。したがって、原決定の判断中、原確定審裁判所は細川論文を取り調べたと推認できるとする部分は、必ずしもそのままは是認できない。このことは、原確定審裁判所と同じ構成の裁判体が、原確定判決宣告と同じ日である昭和二〇年九月一五日にした治安維持法違反被告事件の判決の中に、犯罪事実として被告人が亡小野らに細川論文を右「改造」八月号及び九月号に発表させた事実を認定しながら、判決文中で細川論文に押収番号を付記していないものがあり（西沢富夫に対する判決）、そこには細川論文を取り調べることなく事実を認定した例があると窺えることとも、符合しているようにみえる。

7　しかし、そうだからといって、細川論文が直ちに新証拠と評価できるとはいえない。すなわち、原確定判決は、有罪認定の証拠として前述の尋問調書等を掲げている。旧刑訴法においては、有罪の言渡しにおける証拠理由の説示にあたっては、認定の根拠となった証拠上の内容は必ずしも具体的に明示する必要はないが、常に必ず判文上いかなる証拠及び証拠のいかなる部分によっていかなる事実を認定したか、少なくとも判文上記載の事実と相まってその内容を推知しうべき程度に説示し、もって推理判断の由来するところを明確にしなければならないとされていたものであり、そのような運用を前提として、ただ原確定判決当時は、戦時刑事特別法による特例として、証拠の標目を掲げれば足りるとされていたにすぎない（同法二六条）。いわば、判決への記載は、時節柄、証拠の標目を示すだけで足りるとされてはいたが、犯罪事実の実質的な認定・判断に当たっては、いかなる証拠及び証拠のいかなる部分によっていかなる事実を認定したかを実質的に検証する実務慣行が続いており、そのような意味で原確定判決中に前記の各証拠の標目が摘示されている趣旨と理解されるのである。つまり、細川論文は、公刊雑誌である「改造」に掲載され、論文の存在及び内容は関係者には周知されていたはずで、同論文の文章自体については争いはなく、裁判上の重点は専らその意味・評価にあったと考えられたために、原確定判決の証拠欄に掲げられている証拠中においては、細川論文の中核的部分を取り上げ、これをめぐる意味・評価を標的とした尋問が行われ、その結果が記載されていたはずで、そうであればこそ、この論文の意味・評価については細川論文自体にあたるまでもなく、この尋問調書等によって十分有罪認定ができると判断され、そのために原確定審裁判所としてはあえて論文自体を掲げる必要を感じていなかったものと判断されるのである。原確定判決が、有罪認定の根拠にした証拠として前述した証拠の標目を掲げた趣旨は、右の点にあったと理解される。このように考えると、本件被告人以外の者に対して有罪認定をした判決の中に、証拠として同論文自体を掲げていない点で本件と同じ扱いをしている例がある理由についても、よく理解・納得することができる。

このように、仮に細川論文自体が証拠として取り調べられていなくても、その要旨は原確定判決が掲げる証拠中に十分あらわれており、それに加えるかたちで同論文の意味・評価についての尋問内容が記載されていたと推認されるのであるから、細川論文の内容はすでに原確定審での証拠調べの対象とされていたということができ、そうすると同論文やその鑑定書等を旧刑訴法四八五条六号にいう新たな証拠と認めることはできないことになる。

原決定のその旨の判断は、右の意味では結論において正当と考えられるので、この点に関する論旨は理由がない。

四　風見章らの予審判事に対する各証人尋問調書について

この点に関する原決定の判断、すなわち内閣書記官長、司法大臣等の経歴を持つ風見章が細川嘉六の家族に対して金銭を拠出しながら起訴されなかったという事実があっても、そのことは亡小野がした細川の家族に対する金銭拠出行為に治安維持法所定の目的がなかったことの根拠にはならないから、右の事実を証明するという細川嘉六及び相川博に対する治安維持法違反被告事件についての証人山浦貫一（二通）、同細川サダ及び同風見章の予審判事に対する各証人尋問調書は旧刑訴法四八五条六号にいう無罪を言い渡すべき明確な証拠に該当しないとの判断は法律上全く当然のことであって、そのことに格別の疑問をさしはさむ余地はない。

所論は、亡小野はわずか二〇円の金銭を贈ったにすぎないから、右行為は、どんな動機からなされても、国体を変革するとか私有財産制度を否認するという結社の目的遂行のためにする行為とはなり得ないと主張する。しかし、右主張は、つまるところ、原確定判決の認定した事実関係を前提としてその評価の誤りを主張するものであり、新証拠に基づいて事実認定の誤りを主張するものではないから、適法な再審事由にはなり得ない。所論は採用できない。

以上の次第であるから、この点についても論旨は理由がない。

よって、本件再審請求を棄却した原決定は正当であり、本件抗告は理由がないから、旧刑訴法四六六条一項によりこれを棄却することとし、主文のとおり決定する。

平成一〇年八月三一日

東京高等裁判所第三刑事部

裁判長裁判官　秋山　規雄

裁判官　下山　保男

裁判官　福崎伸一郎

特別抗告審（最高裁）

■一九九八・9・7　特別抗告の申立て
■〃・9・7　申立て補充書
■〃・10・9　申立て補充書（二）
■一九九九・10・8　上申書（弁護人の追加選任）
■二〇〇〇・3・15　申立て補充書（三）
■〃・4・28　検事意見書
■〃・7・11　決定（棄却）

特別抗告の申立

請求人（亡小野康人の長女）　小野　信子

請求人（亡小野康人の二男）　小野　新一

横浜市中区——

右両名弁護人　日下部長作

藤沢市――――――同　山本　一郎

藤沢市――――――同　山本　祐子

横浜市中区――――同　大川　隆司

横浜市中区――――同　小沢　弘子

右請求人にかかる東京高等裁判所平成八年（く）第一八六号即時抗告事件（原決定、横浜地方裁判所平成六年（た）第一号再審請求事件）について、平成一〇年八月三一日、同裁判所がした抗告棄却決定は、不服につき、特別抗告を申し立てる。

一九九八年九月七日

右両名弁護人（氏名略）

最高裁判所　御中

※

特別抗告申立補充書

請求人（亡小野康人の長女）小野　信子

同　（亡小野康人の二男）小野　新一

右請求人らにかかる東京高等裁判所平成八年（く）第一八六号即時抗告事件（原決定・横浜地方裁判所平成六年（た）第一号再審請求事件）について、平成一〇年八月三一日付で同裁判所がした抗告棄却決定に対し、請求人らの弁護人たる日下部長作、山本一郎、山本祐子、大川隆司および小沢弘子は、本日付で御庁に対し特別抗告の申立てを行ったが、右抗告の趣旨につき、左記のとおり補充する。

一九九八（平成一〇）年九月七日

右両名弁護人　大川　隆司

最高裁判所　御中

記

原決定には以下のとおり憲法解釈の誤りがある。

一、被告人小野康人の確定判決に記載された犯罪事実の第一は、細川嘉六執筆の「世界史の動向と日本」と題する「共産主義的啓蒙論文」（以下「細川論文」という）を、雑誌『改造』の編集者として同誌に掲載せしめた、ということである。

従って、原確定審裁判所が右「細川論文」を証拠として取り調べないまま、右論文が治安維持法の禁止する「共産主義的啓蒙論文」に該当する旨の被告人や関係者の自白のみを根拠として有罪の宣告をしたとすれば、再審請求との関係では細川論文は新たな証拠であり、右論文の客観的内容が「共産主義的啓蒙論文」とは到底言えないことが明らかであるから、裁判所は再審の門を開いて、右論文を審査した上で、あらためて被告人に対する無罪を宣告すべきである——請求人の主張の骨子は右のとおりである。

二、原決定は、「もし、原確定審裁判所が細川論文を証拠として取り調べたのであれば、何故その論文を有罪判決中の証拠欄に掲げなかったのか……大きな疑問が残ることは否定できない」（九頁）、

「有罪認定がされた事実だけについていえば、その全体について予審終結決定中の該当部分を筆写したのとほとんど変わらない……から、有罪認定がされた犯罪事実の記載中に細川論文の押収番号と改造誌の当該号の頁数が正確に特定・摘示されているからといって、これを原確定審裁判所が同論文を現実に取り調べたことの認定根拠とすることに十分な理由があるとまでは思えない」（一〇～一一頁）、

「以上によれば、原確定裁判所が細川論文を自ら取り調べたか否かは、これらの資料だけからはいずれとも判然としないとみるのが相当である」（一一頁）、

として請求人らの指摘に耳を傾けるかのような姿勢を示しながら、結局つぎのような全くの推測に基づいて、細川論文の新規性を否定した。

三、原決定の核心的部分は、

「細川論文は、公刊雑誌である『改造』に掲載され、論文の存在及び内容は関係者には周知されていたはずで、同論文の文章自体については争いはなく、裁判上の重点は専らその意味・評価にあった」旨の想定（一四～一五頁）にある。

右想定を前提として、「原確定判決の証拠欄に掲げられている証拠中においては、細川論文の中核的部分を取り上げ、これをめぐる意味・評価を標的とした尋問が行われ、その結果が記載されていたはずで、そうであればこそ、この論文の意味・評価については細川論文自体にあたるまでもなく、この尋問調書等によって十分有罪認定ができると判断され、そのために原確定審裁判所としてはあえて論文自体を掲げる必要を感じていなかったも

のと判断される」という推測が展開されている。

四、しかし、捜査当局による尋問が細川論文の「意味・評価」、すなわち右論文が「共産主義的啓蒙論文であることを認める旨の自白」を獲得することを「標的」としてなされたであろうことは容易に推認しうるとしても、裁判所の役割は、しばしば捜査当局の拷問や圧力によって獲得されうるこの種の自白が客観的真実に符合するかどうかを、捜査当局から独立した立場で審理することであった筈である。

この役割を放棄してしまえば、裁判所の存在意義はなくなってしまう。

五、その意味で、「細川論文の存在及び内容が関係者に周知されている」ということと、「その内容を裁判所が客観的に取調べた」ということとの間には雲泥の差がある。

原決定が想定するように、原確定審裁判所が、「この論文の意味・評価については細川論文自体にあたるまでもなく、この尋問調書等によって十分有罪認定ができると判断」していたとすれば、そのことこそが細川論文を新証拠として取り調べることを主な目的として再審を開始すべき理由ではないか。

六、原決定は、「疑わしきは被告人の利益に」という、再審制度にも適用されるべき刑事裁判に普遍的な法理を忘れ、請求人・被告人に不利な状況を、客観的資料に基づかず、勝手に推測することによって、原確定判決中に細川論文が証拠として掲げられていないという動かし難い事実を、全く反対の結論に導く材料に用いている。

しかも、横浜事件について客観的資料すなわち一件記録が今日存在しない理由は、裁判所自体がこれを廃棄したと推定される旨が第一次再審請求手続の中で横浜地方裁判所の決定（昭和六三年三月三一日）の中で指摘されているところである。

七、右のとおり、原決定は、原確定判決の明示的な記載に反しても、細川論文の証拠としての取調べの有無を疑わしい事実とし、かつ疑わしきは被告人の不利益に、と解することを前提として、再審の門をことさら閉ざす決定をしたものであって、これは裁判を受ける権利（憲法三二条）を否定するものにほかならない。

以上

追而

本件特別抗告の趣旨については、事案の重大性に鑑み、更に補充すべきものがあるので、その提出期限について、格別の配慮をされるよう本書により上申する。

平成一〇年（し）第一五三号

特別抗告申立補充書（二）

請求人（亡小野康人の長女）小野　信子
同　（亡小野康人の二男）小野　新一

右請求人らにかかる東京高等裁判所平成八年（く）第一八六号即時抗告事件について、平成一〇年八月三一日付で同裁判所がなした抗告棄却決定に対し請求人らの弁護人たる日下部長作、山本一郎、山本祐子、大川隆司および小沢弘子は、特別抗告を申立、平成一〇年九月七日付特別抗告申立補充書を提出したが、更に抗告の趣旨理由を次のとおり追加する。

右両名弁護人　日下部長作
同　大川　隆司

一九九八（平成一〇）年　一〇月九日

最高裁判所　第一小法廷　御中

記

第一

一　原決定は既に述べたとおり憲法三二条に違反するばかりでなく、昭和五〇年五月二〇日最高裁第一小法廷決定「刑訴法四三五条六号にいう『無罪を言渡すべき明らかな証拠』であるかどうかの判断に際しても、再審開始のためには確定判決における事実認定につき合理的な疑いを生ぜしめれば足りるという意味において『疑わしいときは被告人の利益に』という刑事裁判における鉄則が適用される」との前例にも違反するものである。

二（一）原決定は

「戦時刑事特別法による特例として、証拠の標目を掲げれば足りるとされていたに過ぎない（同法二六条）。いわば、判決への記載は、時節柄、証拠の標目を示すだけで足りるとされていたが、犯罪事実の実質的な認定、判断に当たってはいかなる証拠及び証拠のいかなる部分によっていかなる事実を認定したかも実質的に検証する実務慣行が続いており、そのような意味で原確定判決中に前記各証拠の標目が摘示されている趣旨と理解されるのである。つまり細川論文は、公刊誌である『改造』に掲載され、論文の存在及び内容は関係者に周知されていたはずで、同論文の文章自体については争いはなく裁判上の重点は専らその意味、評価にあったと考えられたために、原確定判決の証拠欄に掲げられている証拠中においては、細川論文の中核的部分を取り上げ、これをめぐる意味評価を標的とした尋問が行われ、その結果が記載されていたはずで、そうであればこそこの論文の意味評価については、細川論文自体にあたるまでもなく、この尋問調書によって充分有罪認定できると判断され、その為に原確定審裁判所としてはあえて論文自体を掲げる必要を感じなかったものと判断される」と断定している。
（二）しかしこの認定は、継続中の事件記録や証拠物まで焼却されたとは考えられず原確定審判決時には存在したとの推定、論文内容の評価は裁判所としての判断過程そのものであるから、細川論文は公刊雑誌であり、論文の存在及び内容は関係者に周知されていたはずとの推定、原確定判決の証拠欄に掲げられている証拠中においては、細川論文の中核的部分は取り上げられ、これをめぐる意味評価を標的とした尋問が行われ、その結果が記載されていたはずとの推定など多くの推定を前提としている。

三（一）細川論文が原確定判決時存在していたか否かについては横浜地裁昭和六一年（た）第二号再審請求事件の決定中にも「当裁判所の事実取調べの結果によれば太平洋戦争が敗戦に終わった直後の米国軍の進駐が迫った混乱時にいわゆる横浜事件関係の事件記録は焼却処分されたことが窺われる」と記載されており、原判決に関与した判事若尾元も調べられた結果であることを忘れてはならない。

　この認定に沿う本件治安維持法違反関係記録が終戦直後焼却されたとの弁護人海野普吉や被告人の一人西尾忠四郎の妻須和の供述もある（中村智子著「横浜事件の人びと」田畑書店二六三頁）。

　昭和二〇年七月二六日には「対日ポツダム宣言」が発表され、日本は同年八月九日国体護持を条件にポツダム宣言受諾を決定し、同月一四日受諾を連合国に申し入れている。ポツダム宣言一〇項には「……吾等の俘虜を虐待せる者を含む一切の戦争犯罪人に対しては厳重なる処罰を加えらるべし日本国政府は日本国民の間に於ける民主主義的傾向の復活強化に対する一切の障礙を除去すべし言論、宗教及思想の自由並びに基本的人権の尊重は確立せらるべし」と宣言されている。

　右受諾に伴い日本政府あげてその対策が図られたことは当然である、言論、思想の自由を犯し、基本的人権を侵害した治安維持法違反関係の記録も焼却されたことは予想されるところである。

　現に、横浜地方裁判所における横浜ＢＣ級法廷で「文書はポツダム宣言に違反して日本の現地司令官たちが、上層部門から軍需物資と装備の処分を八月一四日から八月二九日までのあいだに早急に完了するよう命ぜられたこと」が明らかにされている。（横浜の空襲と戦災５四五八頁）。

また当時の神奈川県知事藤原孝夫は「……八月一二日、内務省より地方県庁宛『終戦の見込みなので治安維持に万全を期せられたし』との電報がありました」（同書五一七頁）「終戦処理の第一着手として、内務省よりの指令通達は公文書の焼却と陸海軍で保有していた特殊物資を民間へ引渡すことであり、もし時間的に間に合わなければ、とりあえず県に引渡しを受けるようにとの指図でした」（同書五一八頁）と思い出を語っている。

原確定判決の証拠欄に押収物件の『改造』細川論文の記載のないことはその時点で既に存在しなかったことを物語るものである。なお同じ押収物件である筈の細川論文は、細川嘉六・相川博予審終結決定では「昭和十九年地押第四〇号の三五、三六」（横浜事件資料集四〇頁）または「前同号の二一の（一）（二）」（同資料集四二頁）であり、小野康人予審終結決定では「昭和十九年地押第三七号の二四、二五」（同資料集五〇頁）となっている。右各押収番号符合の異なる理由は不明である。

（二）１　細川論文が本件治安維持法違反事件にとって重要であることは小野康人予審終結決定でも明らかなとおり、理由第一として「党再建準備会」なるものの結成を認定し、第二の一として細川論文をそのグループの拡大強化のための共産主義的啓蒙文書と判断していることである。

２　既に昭和一七年当時は共産党が壊滅していることは「一九三六年一一月二八日東京朝日新聞が破格共産党潰滅の功労者に恩遇、内務（特高）、司法官僚に対する四八氏に叙勲、金銀杯下賜という栄典の授与」を報じている（昭和天皇と治安体制　荻野富士夫　新日本出版社一九四頁）。ゾルゲを取り調べた（一九四一年）吉河光貞検事も「法曹のあの人この人訪問記」の中で国内共産党は壊滅していたと書いている。奥平康弘教授も「治安維持法と横浜事件」の講演の中で一九三四年段階で日本共産党は事実上なくなってしまっていると語っている。それ故に治安維持法を適用するためには「共産党再建準備会」なるものを無理にでも創作する必要があったのである。

さらにコミンテルンも第七回大会では従来の路線を放棄し、世界革命から人民戦線の結成へと転換し事実上本来の機能を停止していたことは現在では公知のことである。（ＮＨＫ取材班『国際スパイゾルゲの真実』九三頁、『ヒトラーに派遣されたスパイ』角川文庫五四頁）

森数男予審終結決定（昭和二〇年四月三〇日）では「昭和一八年六月九日同月一〇日以降コミンテルンを解散」する旨の記載があり、さらに昭和二〇年七月三一日付白石芳夫に対する判決（横浜地裁第二刑事部の裁判長八並達雄）でも同様の認定をしている。「党再建準備会」なるものが前提に存在しなければ、存在しない結社のための「目的遂行行為」も成立せず、確定判決記載の事実は無罪を免れない。

捜査機関の適用条文も昭和一八年五月一〇日付司法警察員芦田辰次郎の細川嘉六に対する送致書によれば治安維持法五条（森川金寿編『細川嘉六獄中調書』三九頁）であり、昭和一八年一二月二三日付司法警察員高橋義一の森数男に対するものは同法二条国防保安法四条違反である（資料集三五頁）。

（三）細川論文の内容が周知であったか否かも疑わしい。細川論文は発刊当時は当時の厳しい事前検閲（執筆者の事前通告と論文内容の検討）を通っていた。細川自身執筆動機について「（一）諸民族を日本の八紘一宇の理想の下に有効に協力さす必要があること、（二）この戦争は長期に亘る困難なる戦争であるゆえ、この戦争に諸民族が日本に感謝して断られない協同連帯関係を発展させる必要のあること」と予審判事に対する第五回訊問調書で述べている（前記『細川嘉六獄中調書』三一〇頁）。

従って戦時下の論文として特異なものではなく、かつ発刊後間もなく陸軍報道部からの横槍により発売禁止になったもので、「論文の存在及び内容は関係者には周知されていた」と断定することはできない。

ちなみに横浜地裁第二刑事部八並達雄・若尾元・影山勇が関与した判決は横浜事件資料集からすると昭和二〇年九月一日の手島正毅に対する判決が最初で、昭和二〇年九月四日、益田直彦・小森田一記、同年同月一五日、西沢富夫・小野康人で、これら被告人のうち判明している小野康人の予審終結決定は昭和二〇年七月二〇日である。小野康人の判決は第一回公判期日が開廷され即日判決を言い渡された経緯からすると、合議裁判官らは三年前発売され直ちに発禁となった細川論文を、証拠調以前に直接見聞しその内容を知る機会はなかったと推測する方が合理的である。

四　原決定では原確定判決の証拠欄に掲げられている証拠中に相川博に対する予審第四回訊問調書や被告人小野康人の司法警察員や予審訊問調書が掲載されているので、細川論文の中核的部分を取り上げ、これをめぐる意味・評価を標的とした尋問が行われ、その結果が記載されていた筈と推定している。

しかし予審終結決定も終戦直前で、昭和二〇年五月二九日には横浜大空襲で横浜地裁を中心とする市街は壊滅状態であったのであり、当時は新刊古本を問わず雑誌を含め入手困難で特に発売禁止となった『改造』は入手できない。細川論文の存在及び内容が周知されていたとの推論は前記のとおりで、押収論文自体判決時存在しなかったと思われるので、その尋問や記載結果の推定も合理性がない。

しかも細川論文を共産主義的宣伝文書との予断と偏見をもって意識的に読むのであれば別であるが、前記　細川嘉六の供述書の執筆の動機からも、そのような論文と読むことはできない。

党再建準備会である泊会議が架空で、前記のとおりコミンテルンが機能を停止し、日本共産党が壊滅しているとすると、細川論文が共産党の啓蒙的宣伝文書であるとすることは疑わしいが、仮に原決定のとおり細川論文の中核的部分をめぐり尋問が行われていたと仮定しても、その前提である原確定判決の証拠欄に記載された相川博に対する予審第四回訊問調書については細川嘉六はその相川供述を否定しており（前記『細川嘉六獄中調書』三四〇頁乃至三四五頁）、さらに細川嘉六第九回訊問調書では、事実無根の泊会議を共産党再建準備会であると認めた平館・相川・木村の精神鑑定さえ求めている（前記『細川嘉六獄中調書』三四八頁）。

横浜事件関係者、特に泊会議に関する被告人らに対する拷問のあったことは公知の事実であり、小野康人らの二年以上に亘る長期勾留のあったことも記録上明らかである。その間に死亡者も出ていること、敗戦直後で被告人の釈放が予測されていたと思われることからすると被告人らの自供の任意性、信用性も甚だ疑わしい。

以上、共産党再建準備会議である泊会議が架空であるから、細川論文がその宣伝文書という趣旨をもつものではありえず、従って原決定のいうようにこの論文をめぐる意味評価を標的として尋問したとは到底推測することはできない。

判決当時に存在せず、担当裁判官も見なかった筈の細川論文が、治安維持法一条・一〇条に違反する共産主義の啓蒙宣伝文書であるか否か、細川論文を新たな証拠として採用し取り調べれば自ら小野康人の無実であることが明らかになるであろう。

第二

前記のとおり共産党再建準備会の結成または共産党再建準備会のグループの存在がなかったとすれば、小野康人の起訴状自体から明らかなとおり、細川嘉六の家族に対する救援であるから風見章の救援と同じである。わずかな金額からも家族の生活費であり治安維持法違反の寄付金と解することはできない。

以上、第一第二の理由により特別抗告を追加補充するものである。

上申書

請求人　齋藤　信子（旧姓　小野）

同　　小野　新一

右請求人らの被相続人たる被告人亡小野康人に対する治安維持法違反被告事件の再審請求特別抗告事件（御庁平成一〇年（し）第一五三号）につき、左記のとおり上申致します。

平成一一年一〇月八日

右弁護人　日下部長作
同　　　　大川　隆司

最高裁判所　第一小法廷　御中

記

一、請求人の氏および住居の変更について

請求人旧姓小野信子は、平成九年六月二三日婚姻に伴い、氏および住居を変更致しました。

新しい住居および氏名は左のとおりです。

東京都千代田区――――――

齋藤　信子

二、弁護人の追加選任について

請求人の両名は従前の弁護人に加えて本件につき左の弁護士四名を弁護人に選任致しました。

1、東京都港区――――――　弁護士　佐藤　博史

2、札幌市中央区――――――　弁護士　笹森　学

3、横浜市中区――――――　弁護士　笹隈みさ子

4、横浜市中区――――――　弁護士　横山　裕之

三、「特別抗告申立補充書三」の提出予定について

本件については、日本弁護士連合会人権委員会の中に「横浜事件委員会」が本年度設置され、調査が進められております。

弁護人団としては、右調査の進展をも考慮しつつ、「特別抗告申立補充書三」を、遅くとも本年度内には提出する予定でありますので、同書面をご参考のうえ、審理判断を下していただきたいと考える次第です。

四、参考文献の提出について

総合雑誌『世界』の最近（平成一一年一〇月）号に、「雑誌編集者から見た横浜事件」（橋本進執筆）という論文が掲載されております。右論文は、本件確定判決をはじめとする横浜事件の「犯罪事実」の架空性・捏造性

を編集実務の視点から把握したものでありますので、参考資料として提出する次第です。

添付書類
一、戸籍謄本（請求人齋藤信子）　一通
二、住民票写（同右）　一通
三、弁護人選任届　八通
四、雑誌『世界』平成一一年一〇月号抜粋　一通
以上

平成一〇年（し）第一五三号治安維持法再審請求特別抗告事件

特別抗告申立補充書（二）

請求人（亡小野康人の長女）齋藤　信子
（亡小野康人の二男）小野　新一

右請求人の頭書事件につき、弁護人らは、その特別抗告の申立の理由を左記のとおり、補充する。

二〇〇〇（平成一二）年三月一五日
右両名弁護人　弁護士　日下部長作
同　山本　一郎
同　山本　祐子
同　大川　隆司
同　小沢　弘子
同　佐藤　博史
同　笹隈みさ子
同　笹森　学
同　横山　裕之

最高裁判所
第一小法廷　御中

一　本再審請求は、再審請求書（平成六年七月二七日付）一四頁にも明らかなように、
①確定判決は、細川論文を、その証拠に援用していない、
②従って、確定判決裁判所は、細川論文を取り調べないまま、これを「共産主義的啓蒙論文」と認定して、小野康人に対し有罪判決を下したものである、
③しかし、細川論文を一読すれば、それが共産主義的啓蒙論文でないことは明らかである、
④従って、細川論文は、再審開始事由としての新証拠に当たる、

として、申し立てられたものである（＊）。
＊同様の主張は、第一審で、請求人らの平成七年三月二日付意見書三頁、同平成七年六月　日付意見書（二）一八頁でも繰り返され、原審でも、平成八年九月三〇日付抗告理由書三頁に、当審でも、平成一〇年九月七日付特別抗告申立補充書六頁に、それぞれ同様の主張が展開されている。
なお、本件再審請求では、小野康人の「細川の家族に対する救援金の拠出行為」も問題になっているが、本補充書では、それ自体としては、問題にしない。

二　これに対する検察官の主張は、右①の点は認めながら、右②の点を否定し、確定判決裁判所が押収した細川論文を証拠として取り調べ、これを事実認定の用に供していることは明らかであるから、（右③の点はともかくとして〈その意味は後述する〉）、結局、右④の点が否定され、右細川論文が新証拠に該当することはない、というものであった（検察官の平成六年一一月三〇日付意見書四頁、同平成七年四月一一日付意見書六頁）。

三　そこで、右②の点、すなわち、「確定判決裁判所が細川論文を取り調べたのか否か」が、本件における争点となり、
⑴第一審の横浜地方裁判所（中西武夫、曳野久男、白川純子）は、その平成八年七月三〇日付決定で、「原確定審は、右論文（の掲載された「改造」誌の該当号）を証拠として調べたことが推認できる。したがって、細川論文及びその内容に関する鑑定書等は旧刑訴法四八五号六号にいう新たな証拠とは認められない」（同一〇頁〜一一頁〔傍線引用者〕）と判示して、
本件再審請求を棄却し、
⑵第二審の東京高等裁判所（秋山規雄、下山保男、福崎伸一郎）は、その平成一〇年八月三一日付決定で、右第一審決定をそのまま是認したものではないが、「仮に細川論文自体が証拠として取り調べられていなくても、その要旨は原確定判決が掲げる証拠中に十分あらわれており、それに加えるかたちで同論文の意味・評価についての尋問内容が記載されていたと推認されるのであるから、細川論文の内容はすでに原確定審での証拠調べの対象とされていたということができ、そうすると同論文やその鑑定書等を旧刑訴法四八五号六号にいう新たな証拠と認めることはできないことになる。
原決定のその旨の判断は、右の意味では結論において正当と考えられるので、この点に関する論旨は理由がない」（同一六頁〔傍線引用者〕）と判示して、
右第一審決定を、結論的に、是認した。

四　しかしながら、亡小野康人に対する確定判決（八

並達雄、若尾元、影山勇）は、敗戦から一ヶ月を経過した一九四五（昭和二〇）年九月一五日に第一回公判が開かれ、その日のうちに宣告されたものであるところ、当時の世相を振り返ると、ポツダム宣言の受諾によって軍国主義的思想が否定されることは分かっていたものの、法秩序が未だ整わず混乱を極めていた頃であって、これまでも縷々主張してきたように、確定判決は、「裁判」と呼ぶにはあまりにも拙速かつ杜撰な審理によって下されたものと言うほかはなく、このことを看過することは絶対に許されない。

これをあたかも平常時における裁判と同視して立論する、検察官の前記意見あるいは第一、二審の裁判所の前記判断は、根本的に誤っている。

すなわち、請求人らは、「確定判決裁判所は細川論文を取り調べていない」という従前の主張を維持するが、しかし、仮にそうでないとしても、右第一審決定及び第二審決定には重大な判断の遺脱がある、と本補充書によって主張する。

五　すなわち、先に引用した第一審決定及び第二審決定の判示にも明らかなように、両決定は、確定判決裁判所は細川論文（あるいはその内容）を証拠調べの対象にしているから、細川論文だけでなく、その内容に関する鑑定書も新証拠と認めることはできない、と判断しているが、そこにいう鑑定書とは、①今井清一教授の平成七年一〇月六日付鑑定書「細川嘉六『世界史の動向と日本』について」（以下、「今井鑑定書」という）及び②荒井信一教授の一九九六年三月一三日付鑑定書「細川嘉六『世界史の動向と日本』について」（以下、「荒井鑑定書」という）であるところ、右両鑑定書（以下、単に「本件鑑定書」という）は、それ自体に明らかなとおり、細川論文の意義を明らかにしたものであるから、確定判決裁判所が細川論文を証拠調べしていない場合だけでなく、仮に、確定判決裁判所が細川論文を証拠調べしていたとしても、細川論文は「共産主義的啓蒙論文」ではない、という意味を有するものであることは言うまでもない。

すなわち、本件鑑定書は、細川論文が確定判決裁判所において証拠調べされたのか否かとは無関係に、独立して新証拠としての意義を持つ、のである。

要するに、本再審請求は、確定判決裁判所が細川論文を証拠調べしたうえで確定判決を下したのか否かというわば形式的な点だけでなく、細川論文は「共産主義的啓蒙論文」であるのかという実質的な点を問題にしたものであるのに、第一審決定及び第二審決定は、このことを完全に看過し、形式的な点についてのみ判断を下して、本件再審請求を棄却したのである。

本再審請求は、小野康人にとっての第二次の再審請求であったが、検察官の意見（＊）も、裁判所の判断も、細川論文の意義に関する実質的な論議を完全に回避し、その形式的な面だけに着目して、本件再審請求には理由がない、としている点で、まことに姑息な、そして、法の根底にある正義の観念に反する許されざるものである、と言わなくてはならない。

＊前記の叙述で、検察官の意見を「右③の点（すなわち、細川論文が共産主義的啓蒙論文であるのか否かの点）はともかくとして」と紹介したのも、そのような意味においてである。

注目すべきは、検察官が、細川論文が共産主義的啓蒙論文なのかという実質的な点についての反論を徹底して回避している、ということであるが、仮にこのことを正面から論ずることになれば、検察官は、おそらくは、請求人らの主張を認めざるを得ないことになるであろう。

しかしながら、そもそも検察官は、公益の代表者として、裁判に誤りがあることを発見した場合は、自ら再審を請求すべき立場にある（旧刑訴法四九二条一項一号。なお、現行刑訴法四三九条一項一号、検察庁法五条参照）。従って、検察官は、本再審請求に実質的に理由があるのか否かについて、正々堂々、正面から論ずべきである。実際、これまでの再審請求においては、検察官は、常に、確定判決が実質的にも正当であることを主張してきた（あるいは、検察官の目にも確定判決の事実認定の誤りが明らかである場合には、検察官は率直にそれを認めてきた）。それが再審請求における検察官のあるべき姿なのである。

いずれにしても、本再審請求における検察官の態度は、まことに特異なものである。

六　そこで、確定判決を改めて読むと、確定判決は、①細川論文を「唯物史観ノ立場ヨリ社会ノ発展ヲ説キ社会主義ノ実現カ現在社会制度ノ諸矛盾ヲ解決シ得ル唯一ノ道ニシテ我国策モ亦唯物史観ノ示ス世界史ノ動向ヲ把握シテソノ方向ニ向ツテ樹立遂行セラルヘキコト等ヲ暗示シタル共産主義的啓蒙論文」と認定したうえで、②小野康人は、「該論文（引用者注・細川論文）カ共産主義的啓蒙論文ナルコトヲ知悉シナカラ之ヲ支持シ…該論文ヲ…（引用者注・雑誌『改造』ニ）掲載発表シテ一般大衆ノ閲読ニ供シテ共産主義ノ啓蒙ニ努メ」たものと認定して、（前記のとおり、さらに、③小野康人の「細川の家族に対する救援金の拠出行為」を認定して、）これらの行為が「『コミンテルン』及日本共産党ノ目的遂行ノ為ニスル行為」に該当し、治安維持法一条後段、一〇条等に違反するとして、小野康人に対する有罪判決を下していることが分かる（なお、以下、便宜上、確定判決のカタカナ部分はひらがなで引用する）。

すなわち、本件では、①細川論文が「共産主義的啓蒙論文」であるのか否かという点だけでなく、②小野康人の細川論文に対する認識がどのようなものであったのかという点も、事実認定上の重要な争点だった、と言わなくてはならない。

そして、本件鑑定書は、直接的には、右①の点を論じたものであるが、間接的には、右②の点にも関連するものであり、いずれにしても、細川論文それ自体とは別に、新証拠としての固有の意義を有するものなのである。

言うまでもなく、細川論文が「共産主義的啓蒙論文」ではないとすれば、小野康人がこれを雑誌『改造』に掲載した行為が「共産主義の啓蒙に努め」たことになるはずもないから（さらにまた、「細川の家族に対する救援金の拠出行為」が「コミンテルンや日本共産党の目的遂行の為にする行為」に該当することもないから）、小野康人が治安維持法違反の罪に問われた根拠は雲散霧消し、小野康人に対しては無罪判決が下されなければならなかった、ということになる。

つまり、本件鑑定書は、それ自体で、小野康人に対し無罪を言い渡すことが明らかな証拠となり得る実質を持つ新証拠なのであって、裁判所が、本件再審請求に理由がないとするためには、単に、細川論文が確定判決裁判所で取り調べられたか否かという形式的な面だけでなく、本件鑑定書をも参照しながら、細川論文が共産主義的啓蒙論文であるのか否かという実質的な面についても、判断を下さなくてはならなかったのである。

そこで、本件鑑定書がどのような意義を有するのか、すなわち、本件鑑定書の「明確性」（旧刑訴法四八五条六号）について、以下、論ずることにする（なお、本件鑑定書の「新規性」は明らかであって、改めて論ずる必要はない）。

七　さて、確定判決は、先にみたように、細川論文を「唯物史観の立場より社会の発展を説き社会主義の実現が現在社会制度の諸矛盾を解決し得る唯一の道にして我国策も亦唯物史観の示す世界史の動向を把握してその方向に向かって樹立遂行せらるべきこと等を暗示したる共産主義的啓蒙論文」と認定しているが、ここでは右判示を二つに分け、前段の、①細川論文が「唯物史観の立場より社会の発展を説（いた）」ものであるのか否か、と、後段の、②細川論文が「社会主義の実現が現在社会制度の諸矛盾を解決し得る唯一の道」であることを説いたものであるのか否か、に分けて考察することにしよう。

八　まず、細川論文が「唯物史観の立場より社会の発展を説（いた）」ものであるのか否か、である。

この点について、確定判決には、細川論文が「唯物史観の立場」に立って「社会の発展」を説いたものであることの具体的な根拠は何ら判示されていない。しかし、（確定判決が援用する相川博の予審調書と実質的に同旨と考えられる）相川博の手記で、「（細川論文は、）ルソー、ベンサムによって社会構成の原則として主張された自由平等の原則はマルクス等の唯物史観によって科学的に論証され科学的に肯定された…というように、唯物論思想の正当性を論述している」（印刷版「手記」七〇六頁）と述べられていることを鵜呑みにして、かかる認定を行ったのではないかと思われる。

しかしながら、細川論文が「唯物史観の立場」に立って「社会の発展」を説いたものであると認定すること自体誤りである、と言わなくてはならない。

このことは、細川論文自体に明らかであると弁護人らは考えるが、この点について、本件鑑定書には、つぎのような指摘がある。

①「細川嘉六はたしかにマルクス主義の研究者ではあるが、いわゆる大正デモクラシー期に育った民主主義者であり、ヒューマニストで、古武士の風格を身につけてもいた。東京帝大法科大学政治学科を大正六（一九一七）年に卒業、矢内原忠雄と同期である。住友総本社に入社し、間もなく読売新聞記者に転じ、大正九年に大原社会問題研究所に入り、そこで長く国際問題などを中心に研究調査にあたった。こうした経歴にもよるのであろうが、戦前のマルクス主義者にはあまり見られない第一次大戦後の国際平和機構に対する高い評価など、独特の広い見方をもっていた。

この論文の骨格を形作っている文明と文化との調整問題は、二と三でも論じられているように（引用者注・今井鑑定書の二、三のこと）、唯物史観でいう生産力と生産関係との矛盾という概念よりはもっと広いテーマである。それは、今日の環境問題などの課題とも関係することからも分かるように、射程距離の極めて長い問題である。」（今井鑑定書七頁〜八頁）

②「（細川論文の）二章、三章の世界史論を通読して感じるのは、それが一種の生産力史観に基づいて展開されていることである。近代以降においては生産力の発展はとくに工業において顕著であるから、それはまた工業中心史観でもある。論文の至る所で工業化を指標として生産力の発展、停滞、後退が示されている。そのこと自体を問題にするわけではないが、たとえば、一九二九年の世界恐慌の日本にたいする『打撃』について『日本においては近隣に後進地域たる植民地半植民地を有することによって打撃は軽微であった』と述べているのを見ると、其の感を深めざるをえない。」（荒井鑑定書三頁第三段落）

③世界恐慌の日本への波及について、「一九三一年のコミンテルンの『日本の情勢と日本共産党の任務』（三二テーゼ）も、日本では社会的諸条件が『工業恐慌と農業危機との結合を導き、都市および農村において経済恐慌を未曾有に先鋭なものとしている』という認識を示し

ている。細川の認識がこのコミンテルンの認識とまったく違うことはいうまでもないが、このような違いが生じるのは細川の史観が彼独自の工業中心史観であるからである。」(荒井鑑定書四頁第一段落)

④「イギリスの産業革命に先導された近代工業の発達はヨーロッパを中心に行われるのであるから、工業中心史観はまた近代ヨーロッパ中心史観にならざるをえない。…総じて細川の世界史観はこれまで考察したように生産力史観(工業中心史観)、ヨーロッパ中心史観を特徴とするものであって、史学史的には自由主義的歴史観として分類できる性質のものであり、政治思想的には近代主義的リベラル左派の考え方にちかい。」(荒井鑑定書四頁第二、三段落)

⑤「それにもかかわらず前記判決(引用者注・確定判決)は細川論文について二か所で『唯物史観』という言葉を使っている。唯物史観は、人間の意志から独立した生産力と生産関係との照応・矛盾を中心として社会発展の歴史を法則的にとらえていく考え方である。細川の生産力史観がこのマルクス主義の考え方から強く影響されたであろうことは推察できる…(中略)…。確かにその影響は重要ではあるが、本論文に関する限り自由主義的歴史観に史的唯物論を加味して修正したという性格のものであって、さきに指摘したようなその本質には変わりはない。それは彼の生産力史観が工業史観に偏して交通を除けば農業のような他の産業部門の分析を欠いているなど、生産力を構造的に捉えていないこと、またとくにいわゆる独占資本段階に不可欠な金融資本についての分析がほとんど無く、そのために『世界経済組織化』の把握が平面的であるなど、生産関係の分析が一般論以外にはほとんど捨象されている印象を与えていることなどによく現れている。生産力と生産関係の矛盾は、生産と消費の矛盾に単純化されている観がある。生産と消費の矛盾に過剰生産恐慌の原因を求める考え方は自由主義的経済学説にもあり、史的唯物論に固有のものではない。」(荒井鑑定書四頁第三段落)

⑥「むしろ細川の生産力史観が戦時中の言論界で流行した生産力(抗戦力)論の枠組みで展開されていることが重要であろう。」(荒井鑑定書四頁第四段落)

以上によれば、細川論文が「唯物史観の立場より社会の発展を説(いた)」ものであるとの確定判決の事実認定そのものが誤りなのであり、換言すれば、本件鑑定書は、そのことを明らかにする新証拠なのである。

九　つぎに、細川論文が「社会主義の実現が現在社会制度の諸矛盾を解決し得る唯一の道」であることを説いたものであるのか否か、である。

この点についても、確定判決は、認定の根拠を明示していない。しかし、ここでも、相川博の前記手記につぎのように述べられているところに依ったものであろう。
「細川は唯物史観の立場に立って、ソ連邦に於て実現され、又第二次大戦後は支那インド等のアジア後進諸民族の独立運動の指導精神となるものは社会主義理念に基づいた世界観でなければならぬことを論断主張し、日本も亦この世界史的発展の大勢に遅れることなく速やかに国内社会主義革命を断行すべきことを強調し、全国同志の決起激励に努めているのであります。」(印刷版「手記」七一二頁)
しかし、確定判決のかかる認定もまた全くの誤りである。
弁護人らは、この点も、細川論文それ自体を虚心に読めば明らかであると考えるが、本件鑑定書には、つぎのような指摘がある。
①「細川は、こう論じて『現代世界の歴史的根本問題たる文明と文化との調整問題を大日本的に大胆不敵に解決する国民的意力』を、日本国民はいかなる苦難を嘗めても獲得しなければならないと結んでいる。日本のアジア諸民族に対する民族政策の変革の必要を世界史の動向と結びつけて切論したのである。」(今井鑑定書七頁第三段落)
②「(確定)判決は、この論文が『社会主義社会の実現が現存社会制度の諸矛盾を解決し得る唯一の道』だとしていると主張するが、この論文の結論はそれとは異なっている。たしかにソ連について文明と文化の矛盾の例外であるとか、その工業建設の成果を高く評価してはいるが、同時にそれが『血の粛清』などの犠牲を払っての所産であることにも目を閉ざしてはいない。中国についても農民、勤労者、都市小市民の民主主義的要求があまりにも強烈だったために資本家・地主が脅えて国共分裂を引き起こしたことを批判的に書いており、これらの層と資本家、地主との共存をめざす新民主主義の道を評価している。」(今井鑑定書八頁第三段落)
③「この論文の主題は世界史の動向をにらんだ対外政策の問題であるが、そこではまず国際連盟の創設当初から民族自決の理念が不徹底で、植民地の独立にまで及んでいなかったことが問題とされる。そしてそれがより徹底的に進められた事例として、ソ連とその構成員である周辺諸共和国の経済発展があげられ、さらにその影響をうけたアジア諸国家諸民族の民主主義的革新が高く評価されている。民族自決政策が不徹底であったことは確かに当時の資本主義の問題ではあるが、社会主義とならなくては解決ができない問題だとは論じてはいない。この当時は敵国だったアメリカでも取り上げようとしていた問題であり、他の諸国でも理想としてはめざすことのできる方向である。」(今井鑑定書八頁第四段落)
④「論文の七では、『ソ連、トルコ、イラン、インド、支那等における挙国的な反帝国主義―新民主主義運動の

発展沈静更に大発展』は、文明と文化との調整問題解決の一つの方向として注目すべきで、これらに対する冷静な考察の上に日本のアジア政策が立てられなければならないという結論が出されている。これは細川自身が世界史の動向を見定めた上での見解であって、『共産主義的啓蒙論文』の域をはるかに超えたものだと言ってよいであろう。」（今井鑑定書八頁第四段落）

⑤「細川は資本主義的世界秩序が生産力の発展にたいして桎梏と化し、世界市場の獲得をめぐる列強間の闘争を激化させ、結局その矛盾の解決が戦争に求められたり、恐慌を必然化させたりしていることを強く批判し、そこに現代文明の危機を見ている。そしてこの危機を解決するために『現代文明に相応すべき文化体系』の成長が急務であるとしたことはさきに述べた通りである。彼のいう『文化』とは、生活者が働きがいと未来への希望をもって生活できるような価値体系のことであり、かれがソ連においてそれが実現しつつあると考えたことも事実であるが、それをもって細川がこの論文で社会主義社会の実現を説いたものと即断することはできない。それは二つの面からいえるように思う。」（荒井鑑定書五頁第三段落）

⑥「一つはソ連論の大半がその民族政策に当てられていることである。そしてその『成功』が『文字を知らざる諸民族に文字を教え近代文明と文化とを教え来ったこと』すなわち近代化の成功に求められていることである。ソ連の国内建設が主として『後進地域』の諸民族の近代化について論じられ、しかもそれが抗戦力論の枠組みのなかで論じられていることは、細川の真意が、日本の『大東亜共栄圏』政策の批判にあったことを示している。細川は日本がアジア諸民族を組織化しその力を抗戦力として役立てるためには、日本の対アジア民族政策が合理的なものであり、その近代的な改革と自立を促進するような性格のものであるべきことを示唆したにすぎない。」（荒井鑑定書五頁第四段落）

⑦「おなじことは第六章でトルコ、中国、とくに新疆省、インドなどの近代化や民族問題について論じた部分についても指摘できる。これらの地域における民族運動の発展は第一次世界大戦の結果とソ連の反帝国主義外交の影響を受けておこなわれたが、議論の中心は『国内革新』の問題におかれている。」（荒井鑑定書五頁第五段落）

⑧「このように見てみると、細川論文は抗戦力の観点から日本の『大東亜共栄圏』における民族政策について政策提言をおこなった論文と規定することができよう。そして日本が東亜諸民族の力量を抗戦力として結集し、諸民族の融和と世論の支持を得て指導性を発揮するためには大胆な『革新』が必要であることを説いたものである。この場合の『革新』が日本の国内革新（例えば社会

主義革命）ではなく、むしろ未解放諸民族の民族自決と近代的進歩の促進など、植民地主義と植民地支配の『革新』をさすことは論文全体の議論の進め方から明らかである。そして基本的には抗戦力論の枠組みを真摯に維持したことによって総力戦の遂行を至上命令とする内閣情報局の検閲をパスすることができたと思われる。本論文を社会主義社会の実現による矛盾の止揚を説いた『共産主義的啓蒙論文』とするのは、陸軍《ママ》の予断に基づいた全くの曲解というよりほかはない。」（荒井鑑定書六頁第二段落）

⑨「細川論文の主題とされた民族政策についていえば、連合国の公表した戦争目的である大西洋憲章（一九四〇年八月）も民族自決権として、すべての民族の政体選択の自由、『関係国民の自由に表明する希望と一致しない領土的変更』を望まないこと、『主権及び自治を強奪された者』へのその返還をかかげ、また社会的経済的要求として『改善された労働条件、経済的進歩及び社会保障をすべての者に確保するための』協力と『恐怖及び欠乏からの解放をうたっている。識字運動のような文化の問題を除けばこのような民族自決や経済的社会的進歩の諸原則は、内容的には細川の主張した『革新』の内容とちかい。その意味で細川の民族政策に関する政策提言は総力戦段階における普遍的な問題にきわめて近接しえたものとして積極的に評価することができよう。」（荒井鑑定書六頁第三段落）

以上によれば、細川論文が「社会主義の実現が現在社会制度の諸矛盾を解決し得る唯一の道」であると論じたものでないことが明白である。

一〇　以上、要するに、本件鑑定書は、細川論文が共産主義的啓蒙論文ではないことを明らかにしたものであって、細川論文とは別に、それ自体として、小野康人に対し無罪を言い渡すべき明確な証拠に該当するのである。

しかるに、第一審決定も、第二審決定も、本件鑑定書が有するかかる意義を完全に看過して、その結論を下したものであって、破棄を免れない。

一一　ところで、従来、請求人らは、本件鑑定書の意義について、必ずしも明瞭には主張してこなかった。

しかし、本件再審請求が、細川論文は「共産主義的啓蒙論文」ではないということをその中核に据えたものだったことに照らすと、本件鑑定書が、細川論文とは別に、新証拠として固有の意義を有するものだったことは、裁判所にも容易に理解できる事柄だったと言わなくてはならない。

換言すると、本件再審請求の最大の争点とは、細川論文が「共産主義的啓蒙論文」であるか否か、あるいは、小野康人はこれを知悉しながら「改造」に掲載したのか否か、であって、（形式的な争点としての）細川論文が確定審で証拠として調べられたのか否か、ではない。

貴最高裁判所は、財田川決定（最一小決昭和五一・一〇・一二刑集三〇・九・一六七三）において、原審が、当該請求人の主張の意味を釈明することもなく、刑訴法四三五条六号の主張がなされていることを看過した点で、「審理不尽の違法がある」と判断して、原決定及び原原決定を取り消されたことがある。

本件における第一審決定及び第二審決定は、細川論文が「共産主義的啓蒙論文」であるか否か、あるいは、小野康人はこれを知悉しながら『改造』に掲載したのか否か、という、本件再審の核心についての判断を完全に回避していることからも、右の最高裁財田川決定の法理は、本件にもそのまま当てはまる。

一二　最後に、本件を含む一連の事件が「横浜事件」と呼ばれるのは、「事件」が「横浜」で「発生」したからではない。神奈川県警察部特別高等課（神奈川県警特高課）によって、「事件」の「摘発」が「横浜」を舞台に展開されたからである。

そして、本再審請求は、「横浜事件」が、「治安維持法」という現在の日本国憲法のもとではその存在そのものが許されない「法律」をひとまず前提としても、神奈川県警特高課によってでっち上げられた、完全なフレームアップである、と主張するものであり、本件がその他の再審請求事件とは明らかに異なる「事件」である所以も、またそこにある。

折しも、現在、神奈川県警の不祥事に始まり、警察官の姿勢が厳しく問われているが、警察官のみならず、過去の検察官や裁判官の姿勢（さらには、弁護士の姿勢〔＊〕）にも問題があったことを率直に認めることこそが、新たな世紀を迎えるにあたって、司法が行わなくてはならないことである、と私どもは、信じて疑わない。

＊本件事件の弁護人だった海野普吉が、本件裁判が執行猶予を付ければそれでよいと言った雰囲気の中で行われ、弁護人がかかる訴訟進行に徹底して抵抗しなかったことを自己批判的に回想していることは、本件再審請求書四頁でも紹介しておいた。

本再審請求は、小野康人の遺志を継ぐ請求人らによって維持されているが、やがて貴裁判所によって下される判断によって、小野康人をはじめとする「横浜事件」に連座させられ、無念の想いを抱いたまま亡くなっていった、全ての者の名誉が回復されるよう切望せずにはおれない。

現に、「横浜事件」をめぐっては、神奈川県警特高課の警部一名、警部補二名は、横浜事件の取調べで暴行凌虐行為を行ったとして、懲役一年六月から懲役一年の実刑に処せられている（横浜地判昭和二四年二月

二五日、東京高判昭和二六年三月二八日、最判昭和二七年四月二四日)。

検察官や裁判官は、犯罪のために不慮の死を遂げた「被害者」のことを想って、「加害者」たる犯罪者を断罪するにあたって、「被害者」の「無念の死」に言及することがある。むろん、そのこと自体は全く正しい。

そうであるのなら、なおさらのこと、司法が犯した「犯罪」によって無念の死を遂げざるを得なかった亡小野康人をはじめとする「横浜事件」の「被害者」に対して、今の世に生きる私ども法律家がなし得ることは、彼らのすみやかなる名誉回復である。

どうか、貴最高裁判所の手によって、「横浜『事件』」を解決して頂きたい。

それは、いまや、貴最高裁判所に委ねられた崇高な使命、否、貴最高裁判所に課せられた絶対的な義務のはずである。

以上

平成一〇年(し)第一五三号

※

意見書

申立人(亡小野康人の長女)齋藤　信子
申立人(亡小野康人の次男)小野　新一

右の者らからの再審請求事件について、弁護人から申立てのあった特別抗告に対する検察官の意見は、左記のとおりである。

平成一二年四月二八日

最高検察庁
検事　大久保慶一

最高裁判所第一小法廷
裁判長裁判官　町田　顕　殿

記

本件は、旧刑事訴訟法の下で有罪の言渡しがあり確定した治安維持法違反事件の判決に対する再審請求事件に係る特別抗告事件であるから、本件に関しては、刑事訴訟法施行法第二条により「日本国憲法の施行に伴う刑事訴訟法の応急的措置に関する法律」(昭和二二年法律第七六号、以下「応急措置法」という。)第一八条が適用されるが、同条第一項は、「その決定又は命令において法律、命令、規則又は処分が憲法に適合するかしないかについてした判断が不当であることを理由とするときに限り、最高裁判所に特に抗告することができる」と規定しているところ、原決定は、平成八年七月三〇日横浜地方裁判所がした再審請求棄却決定における、いわゆる細川論文や風見章らの予審判事に対する各証人尋問調書はいずれも旧刑事訴訟法第四八五条第六号にいう新たな証拠に該当しない旨の判示の当否につき、判断したものであって、同決定等が憲法に適合するかしないかについて判断したものではないので、所論は、応急措置法第一八条の適法な抗告理由に当たらない。

よって、本件特別抗告は、理由がなく棄却されるべきであると思料する。

＊

平成一〇年（し）第一五三号

決　定

申立人　亡小野康人の長女　齋藤　信子

同　　亡小野康人の二男　小野　新一

右の者らからの再審請求事件について、平成一〇年八月三一日東京高等裁判所がした即時抗告棄却決定に対し、申立人らから特別抗告の申立てがあったので、当裁判所は、検察官の意見を聴いた上、次のとおり決定する。

主　文

本件抗告を棄却する。

理　由

本件抗告の趣意は、憲法三二条違反を主張するところ、本件は、旧刑訴法の下で言い渡された有罪の確定判決に対する再審請求事件であり、刑訴応急措置法が適用され、刑訴法及び刑訴法施行法二条により旧刑訴法及び刑訴応急措置法が適用され、原決定に対する不服申立てとしては、刑訴応急措置法一八条による特別抗告が認められるが、同条一項は、「その決定又は命令において法律、命令、規則又は処分が憲法に適合するかしないかについてした判断が不当であることを理由とするときに限り、最高裁判所に特に抗告をすることができる」と規定している。しかしながら、原決定は、申立人ら提出の証拠について、旧刑訴法四八五条六号にいう「有罪ノ言渡ヲ受ケタル者ニ対シテ無罪ヲ言渡スヘキ明確ナル証拠ヲ新ニ発見シタルトキ」に当たるか否かを判断しているだけであるから、所論は、刑訴応急措置法一八条の適法な抗告の理由に当たらない。

よって、刑訴法施行法二条、旧刑訴法四六六条一項により、裁判官全員一致の意見で、主文のとおり決定する。

平成一二年七月一一日

最高裁判所第一小法廷

裁判長裁判官　町田　顯

裁判官　遠藤　光男

裁判官　井嶋　一友

裁判官　藤井　正雄

裁判官　大出　峻郎

第三次再審請求（一九九八・8〜二〇〇五・3）

請求審（横浜地裁）

■一九九八・8・14　再審請求書
■二〇〇〇・4・20　再審理由補充書
■二〇〇一・1・26　再審理由補充書（2）
■　〃　5・9　再審理由補充書（3）
■　〃　5・9　再審理由補充書（4）
■　〃　5・29　鑑定の請求
■　〃　9・25　検察官・鑑定についての意見書
■　〃　10・2　裁判所・鑑定の決定
■二〇〇二・5・27　大石眞京大教授・鑑定意見書
■　〃　7・1　検察官・鑑定嘱託書

■二〇〇二・12・20　浅古弘早大教授・鑑定意見書
■二〇〇三・2・5　弁護団・最終意見書
■　〃　4・15　再審開始「決定」

再審請求書

東京都田無市
請求人（木村亨の妻）　木村　まき
東京都新宿区
右弁護人弁護士　森川　金寿
外四名
（別紙弁護人目録記載のとおり）

請求の趣旨

請求人は、木村亨（以下木村という。）に対する治安維持法違反被告事件につき、昭和二〇年九月一五日横浜地方裁判所が有罪の言渡しをした確定判決（以下本件判決という。）に対して再審を請求する。

なお、いわゆる横浜事件（その内容は後述する。）により横浜地方裁判所において有罪の確定判決を受けた木村亨、青山鉞治、小野康人、川田壽、川田定子、小林英三郎、畑中繁雄、平館利雄及び和田喜太郎の九名は、右本人またはその遺族を請求人として、右各確定判決に対し、昭和六一年七月三日横浜地方裁判所に再審請求をし、同裁判所（昭和六一年（た）第二ないし一〇号）は、昭和六三年三月二八日決定をし、右のうち青山鉞治及び和田喜太郎を除く七名に付、東京高等裁判所（昭和六三年（く）第五三ないし五九号）は、昭和六三年一二月一六日抗告につき決定をし、右七名に付、最高裁判所（昭和六三年（し）第一二四ないし一三〇号）は、平成三年三月一四日特別抗告につき決定をした（以下第一次再審請求事件という。）ので、申し添える。

請求の理由

第一　確定判決の存在と再審の理由

本件判決は、別紙一のとおりであると認められるが、本件判決は、旧刑訴法四八五条六号及び七号の場合に当たる。

以下にその理由を述べる。

なお、別紙一は、弁護人において、現存の各資料を総合して本件判決を復元したものであるが、右復元の方法については後に詳述する。

第二　本件判決のなされた事件の概要

本件判決は、いわゆる横浜事件の一部につきなされたものとされているが、これに対する再審の理由を述べるに先立ち、その前提として、いわゆる横浜事件の概要を述べることとする。

いわゆる横浜事件の概要は、別紙二の「いわゆる横浜事件の概要」のとおりである。

【編集者注】「いわゆる横浜事件の概要」は省略。

第三　判決及び訴訟記録の存在不明と再審規定の解釈

一　いわゆる横浜事件関係の判決書及び訴訟記録の存在不明

いわゆる横浜事件に関する訴訟記録として請求人・弁護人に存在が明らかであるものは、証拠方法記載の甲第一ないし三号証があるに過ぎない。

刑事確定訴訟記録は、明治一五年治罪法（三二〇条）

を経て、旧旧刑訴法（二一一条）までの間、裁判所（旧旧刑訴法以降は実際は裁判所に付置された検事局）が保管することと定められ、旧刑訴法においては、明文の規定はなくなったが、昭和二四年現行刑訴法が制定施行されるまでは従来と同様であった。現行刑訴法（五三条）において、この点につき別に法律で定められることとなった。そして、地方裁判所の裁判書及び訴訟記録は新法律制定までの間は従前通り検察庁において保管されることとなったが、昭和四六年一月に、法務省刑事局長通達「検務関係文書等保存事務暫定要領」（昭和四五年刑事第四二号）が制定され、爾来これにより取り扱われ、その後、刑事確定訴訟記録の保管、保存等に関する昭和六二年法六四号・刑事確定訴訟記録法が制定されたものであるが、記録保管庁には変わりがない。

右によって明らかなように、本件判決及び訴訟記録の保管責任庁は横浜地方検察庁である。

本請求に至るまでの間、請求人側でいわゆる横浜事件関係の判決書及び訴訟書類の所在につき調査した経過は次のとおりである。

いわゆる横浜事件において二〇数名の被告人の弁護を担当した海野普吉弁護士は、昭和四二年、横浜地方検察庁に対して右被告人らの判決謄本の交付を請求したが、白石芳夫、小川修、西沢富夫、小野康人及び小森田一記の判決謄本以外については、「当庁が当時進駐軍に庁舎の一部を接収され、あるいはその他諸般の事情により現在右原本が見当たらない」旨の回答であったということである（海野普吉「ある弁護士の歩み」（甲第七号証の一））。

次いで、第一次再審請求に先立ち、昭和六一年五月から六月にかけ、森川金寿弁護人が横浜地方検察庁にいわゆる横浜事件の被告人の判決謄本の交付と一件記録の閲覧を請求したが、新たに益田直彦及び手島正毅の判決の存在が判っただけであった。

さらに、治安維持法違反事件などのいわゆる「思想事件」については、同法等の廃止に伴って発せられた昭和二〇年一〇月六日付司法省刑事局長通牒（刑事一二三四九号）により「現存事件記録、判決原本、資料、報告書等一切の書類、図書及び証拠物件は各庁において目録を作成の上厳重に保管し、その目録一部を司法省に送付する」ことが各裁判所に指示されたという経過があったので、前記第一次再審請求に際し、請求人らが司法省の後身である法務省に対し昭和六二年六月九日付でいわゆる横浜事件の訴訟記録の開示請求を行ったが、同年一〇月二一日同省刑事局総務課長名で「申請にかかるいわゆる横浜事件に関する判決原本、謄本または訴訟記録は保管されておりません。なお同事件に関する判決言渡当時、当省において横浜地方検察庁から当該事件に関する判決謄本の送付を受けたか否かについても、現在、一切記録が存せず不明です」との文書回答に接した。

その後、弁護人の努力によって、和田喜太郎に対する判決謄本を横浜刑務所から入手出来た。

また、今次の再審請求の準備のため、請求人らは、横浜地方検察庁に訴訟記録の開示等を求めているが、十分の理由を示さず拒否された。

それでは、本来永久保存であるべき判決原本や同様保存を確保すべき訴訟記録がなぜ右のように存在が不明であるのだろうか。

公知のように、昭和二〇年八月一四日日本政府がポツダム宣言を受諾して敗戦となったが、同月二八日ころ先発隊が横浜に到着した後、同月三〇日には連合国最高司令官マッカーサー元帥が日本に到着し（当初二週間は横浜に駐在）、日本を占領した。そして、後記のように同年一〇月四日に「政治的民事的及信教的自由に対する制限の撤廃に関する覚書」（甲第九号証の二）が発せられたころから、横浜地方裁判所や同検事局は、連合国軍兵士の厳重な監視下に置かれた。右の事情からすると、横浜地方裁判所や同検事局において、書類を焼却できた期間は、ほぼ同年八月いっぱいに限られていると考えられるが、そのころ裁判所や検事局において各種書類を焼却する光景が見られているし（甲第七号証の一、「弁護士海野普吉」中の松岡英夫・高木健次郎各執筆分（甲第七号証の二の1・2）、竹下甫「ある弁護士の置土産」（甲第七号証の三））、当時陸、海軍、内務省関係の各官庁において中央の指示で書類の焼却を進めていたという事実も認められるので（甲第一一号証）、司法関係においても同様で、その間にいわゆる横浜事件関係の訴訟記録を焼却した疑いもなくはない。

しかし、右一〇月四日までの間は、内務省や司法省においては、思想取締まりはなお活動を続ける旨の意向を表示していたこと（甲第一〇号証）、しかも、いわゆる横浜事件の判決は、三三件中、敗戦までに言渡されたものの七件、同年八月一八日言渡されたもの一件、八月二九日に言渡されたもの四件、同月三〇日言渡されたもの六件、同年九月上旬言渡されたもの八件、最後に同月一五日言渡されたもの七件であって、少なくとも同年八月二九日以降に言渡されたものが二五件もあることに徴すると、敗戦後、判決前の事件の訴訟記録のすべてまで焼却することはいささか考えがたいことである。また、進駐軍の庁舎接収による混乱のため、これほど多量の訴訟書類を紛失することも到底考えられないことである。そうすると、司法官庁が、右覚書が発せられてから思わぬ指令に周章狼狽して、判決書及び訴訟記録を隠匿か廃棄したことが最もあり得ることと思われるが、本件判決当時、裁判所は人手不足で、いわゆる横浜事件の予審終結決定の一部を海野普吉法律事務所の職員が代書したことも伝えられていること（甲第七号証の一、甲第七号証の二の

1、甲第七号証の三）をも合わせ考えると、誠に異常ではあるけれども、判決言渡し後に一部判決書の作成をしなかったことも全くあり得ないことではないと思われる。

ところで、第一次再審請求事件における木村に対する第一審決定（甲第一四号証の一の1）は、「当裁判所の事実取調べの結果によれば、太平洋戦争が敗戦に終わった直後の米国軍の進駐が迫った混乱時に、いわゆる横浜事件関係の事件記録は焼却処分されたことが窺われる」旨判示し、また、同第二審決定（甲第一四号証の一の2）は、「原判決の原本及び訴訟記録が存在しなくなったことについては、原決定が述べているような請求人（木村）に無関係の特殊な事情が介在していたともうかがわれる」と判示する。しかし、右に検討したところによると、第一審決定の右判示は、焼却時期の認定において誤っている可能性が高いといわなければならないが、ただ、明らかにではないけれども司法官庁の焼却処分を認めたと見られることは評価できるのであり、これに反し、同第二審決定の右判示は、第三者的立場での判断を示すばかりで、司法当局自らの責任についての自覚を全く感じさせないものであって不当極まるものである。

いずれにせよ、裁判所あるいは検事局が故意に記録の存在を不明にしたことを推認せざるを得ない。

二　判決書及び訴訟記録の存在不明と再審法規の解釈

判決書及び訴訟記録の保存は、再審制度の正当な運用に誠に重要であって、その責任者は、いかなる事情があるにせよその責務を怠ってはならず、ましてや故意にこれを存在不明にすることは、絶対に許されることではない。前記のようないわゆる横浜事件関係の判決書及び訴訟記録の存在不明は、国家としてこれ以上恥ずべきことはないのであって、責任者は深く責任を感じるべきであるが、それと共に、このような場合、何よりも判決、記録の不存在を再審請求人の不利益に帰せしめてはならないのであり、国家（司法当局）としては、あらゆる方法を講じて再審請求人らの利益を守る義務があるというべきである。

そのためには、再審規定の解釈及び運用を請求人に有利に弾力的にしなければならない。

再審に関する規定は、もともと確定判決及び訴訟記録等が正常に保存されている通常の事態を予想して規定されたものであって、右予想の及ばない異常の場合には、再審制度の趣旨に従って弾力的な解釈及び運用がなされるべきであることは論をまたない。

訴訟記録が存在しない事件についての再審請求事件は、広く知られている事件では旧刑訴法適用の事件では、①名古屋地裁昭和三六年四月一一日決定（いわゆる吉田巌窟王事件）、②昭和五一年九月一八日決定（いわゆる加藤老事件）及び③広島高裁昭和六二年五月一日決定（いわゆる山本老事件)、新刑訴法適用の事件では、④熊本地裁昭和六三年三月二八日決定(判例時報一二八五号三頁)等があるが、これらの決定は、訴訟記録が存在しなくても再審理由の審査は可能であるとし、訴訟記録以外の資料による立証を可能とし(①~④)、記録がないことのみからその判断が不可能であるとして再審請求の理由がないとすることは、再審制度の趣旨から許されないとすると共に、収集し得るかぎりの資料を以て事件記録の再現及び確定判決の心証形成過程の探究に努めるべきであるとし、どうしても確定し得ない問題について請求人に利益にも不利益にも推測される時には、請求人に不利益な事実を前提とすべきではない旨判示し(④)、いずれも再審制度の趣旨に沿って、請求人に有利な規定の解釈及び運用をすべきであるという態度を示している。

右各事件は、いずれも確定判決が存在する点で本件と異なるものではあるが、注意すべきことは、右各事件の記録の不存在の理由は、戦禍(①、③)あるいは保存期間の満了による(②、④)ものであるのに比し、本件のそれは、前記のように、国家機関の故意による違法な隠匿または廃棄であるということであり、この点で、再審規定の解釈及び運用については、上記の各事件以上に請求人の利益に配慮すべきである。

本件の場合、具体的には次の諸点が考えられる。

1　旧刑訴法四九七条所定の判決謄本の提出義務を課すべきでないことは、上記により当然であり、再審請求書に判決謄本の添付を欠くことは法律上の方式違反にはならないというべきである(したがって、第一次再審請求事件の木村に対する第二審決定の、この点(判決謄本の不添付)は「さしおいて」以下に検討を進める旨の判示は相当でない。)。

2　横浜地方裁判所は、自ら確定判決の再現に努めるべきであるが、請求人において判決を再現した場合には、再現方法に一応の合理性があり、その内容に再審理由の有無の判断に最低限必要と思われる事項が充足していると認められる以上は、審理の上でこれを本件判決と同様の価値を認めるべきである。

3　「新証拠」の要件についても弾力的な解釈が要求される。

右第一審決定は、「原判決の認定の資料となった証拠資料の内容が把握できない以上、右要件の有無の判断は不可能である」旨判示し、右第二審決定も、「訴訟記録が存在せず、請求人(木村)の供述その他の内容を知ることができないため」右要件の判断ができない旨判示しており、両者は、そのニュアンスを若干異にしながらもほぼ同様の趣旨と解せられるが、後述するように、本件においても訴訟記録に現れていない他の資料によって右要件の存否の判断も可能であるというべきであるから、それを認めない右各判断は不当である。

第四　本件判決の復元

木村については、訴訟記録としては、同人に対する予審終結決定しか存在が明らかでないので、弁護人において、木村に対する本件判決を別紙一のように復元した。

復元の方法は、次のとおりである。

いわゆる横浜事件に関し、訴訟資料が現に存在することが明らかな被告人について、訴訟資料をつぶさに検討すると、先に事件の概要において分析したところであるが、確定判決及び予審終結決定の両者が存在する場合（小野康人及び白石芳夫）には、確定判決（甲第一号証の一及び二）の認定する事実は、予審終結決定（甲第二号証の四及び八）の認定する事実及び特高月報昭和一九年八月分（甲第六号証）記載の犯罪事実とほとんど合致することが認められ、確定判決のみ存在する場合（西沢富夫、小森田一記、小川修、益田直彦、手島正毅及び和田喜太郎）には、確定判決（甲第一号証の三、四、五、六、七及び八）の認定する事実は、甲第六号証記載の犯罪事実とほとんど合致し、予審終結決定のみ存在する場合（木村、畑中繁雄、細川嘉六、相川博、森數男、板井庄作、高木健次郎及び西尾忠四郎）には、予審終結決定（甲第二号証の一、二、三、四、五、六、七及び九）の認定する事実は、甲第六号証記載の犯罪事実とほとんど合致する。また、甲第六号証の表示する各グループのうち同一のグループに所属するとされているものについての確定判決あるいは予審終結決定の認定事実は、相互に同一事実であるか、あるいは部分的に重なりあっており、いずれも甲第六号証記載の事実を越えるものではない。

さらに、木村の犯罪事実に関しては、細川嘉六に対する訴訟記録（海野普吉弁護士が謄写し、現在国立国会図書館憲政資料室保管のもの）（甲第三号証の四の1ないし3）が存在し、これらは請求人に対する事実認定の資料となるものである。

右の事情によると、木村のように、予審終結決定しか訴訟記録が存在しない場合において、木村に対する予審終結決定認定の事実並びに甲第六号証において木村の犯罪として記載されている事実、甲第六号証において木村と同じグループに属するとされた他の被告人の判決あるいは予審終結決定認定の事実及び右甲第三号証の四の1ないし3とを総合すれば、木村に対する本件判決認定の事実をほぼ完全に推認出来る。

また、現在存在が明らかな確定判決挙示の証拠もほぼ同様、被告人（共犯者を含む）の供述のみしか挙示されていないので、本件判決挙示の証拠も、それらと同様の証拠が挙示されているとほぼ確実に推認される。

そこで、木村に対する予審終結決定を主たる根拠とし、甲第六号証、及び木村が、甲第六号証において、「党再建準備会グループ」及び「中央公論社グループ」所属とされているところから、弁護人において、いずれも右各グループ所属とされる細川嘉六及び相川博の予審終結決定、益田直彦の判決、西沢富夫の判決、西尾忠四郎の予審終結決定、小野康人の予審終結決定及び判決並びに甲第三号証の四を参考にして考えると、木村に対する判決の事実は、同人に対する予審終結決定書記載の事実どおりであることが推認される。なお、小野康人の判決が、敗戦を境として、同人の予審終結決定記載の事実からいわゆる「泊会議」の一件のみが削除され、それ以外は一言一句変わらずに記載されていること、後述のように、木村が予審判事から「泊」の一件は除く旨申渡された上で決定を受けていることに徴すると、「泊会議」の一件は本件判決の認定事実には含まれていないと推認される（木村亨「横浜事件の真相」甲第七号証の四）。

また、本件判決挙示の証拠としては、西沢富夫、益田直彦及び小野康人の各判決に徴すると、被告人の当公廷における供述のみか、右のほか、被告人に対する予審訊問調書、本件記録編綴の相川博に対する予審訊問調書謄本の記載、被告人に対する司法警察官訊問調書、被告人の検事に提出せる手記の記載の一部あるいは全部が併記されているものと推認される。

右のように推認されるところにより、別紙一のように判決を復元した。（なお、証拠については、便宜小野康人の判決に倣った。）

以上のようにして作成された別紙一の復元判決は、前記の本件判決と同一の内容を有すると認めるべき要件を満たすものと認められるから、これに本件判決と同価値を認め、これに基づき再審理由の有無を判断すべきである。

第一次再審請求事件の木村に対する第一審決定は、弁護人が提出した本件判決の復元私案につき、「予審終結決定書記載の起訴事実が、そのまま判決に犯罪事実として認定されたとは限らないのであるから、右復元判決書記載の事実を原判決の認定事実と同一視することはできないし、仮にこれがほぼ同一であったとしても、いかなる証拠により右事実が認定されたかは訴訟記録がないため全く不明であり、請求人側が提出した全資料をもってしても、原判決が右認定の基礎とした証拠の内容を概略的にも把握することができない」旨判示しているが、右復元判決は、右の要件に適合するものと認められるのであって、右判示は、正に記録の存在不明の前記の理由及び再審制度の趣旨を解しない考え方であって不当であるといわなければならない。

同第二審決定は、さすがに、「予審終結決定の中で認定された事実と原判決が認定した事実とが、同一であるとは必ずしも断定し得ないとしても、後者が前者以外の事実を認定していたものとは考えられないし、また、いわゆる横浜事件の他の被告人らに対する判決謄本の写し等に照らすと、原判決もその事実を認定するについて、少なくとも被告人（木村）の捜査段階、予審及び公判における供述中のある部分を証拠に採用していたのではないかと思われる」旨判示しており、本件判決の右の復元方法を是認し、右復元判決がほぼ本件判決と同価値であることを認めるものと解され、この点では右第一審決定に比して評価できる。

第五　再審理由

再審の理由は次のとおりである。

一　旧刑訴法四八五条六号該当

本件は、公訴事実が罪とならないとして無罪を言い渡すべきか、犯罪後の法令により刑の廃止があったとして免訴の言い渡しをすべき明確な証拠を新たに発見したときに当たる。

1　本件判決当時、治安維持法はすでに廃止されていたというべきである。

公知のように、日本政府は、昭和二〇年八月一四日「ポツダム宣言」を受諾したが、同宣言には「日本国政府は日本国国民の間における民主主義的傾向の復活強化に対する一切の障礙を除去すべし　言論、宗教及び思想の自由並びに基本的人権の尊重は確立せらるべし」と明記せられており、右条項が「治安維持法」の撤廃を含む趣旨であることは明白である。したがって、右宣言受諾以降は、降伏文書の調印（昭和二〇年九月二日）を待たず、治安維持法違反による有罪宣告は、法令上の根拠がなくなり、不可能になったものというべきであり、本件においては、罪とならずとして旧刑訴法三六二条により無罪を言渡すか、犯罪後の法令により刑の廃止があったものとして旧刑訴法三六三条により免訴の言渡しをなすべきものであった。

ところが、このことは、当時、日本政府にも、また、一般にも明確に意識されず、本件訴訟においてもなんら論議されることはなかったが、昭和二〇年一〇月四日の連合国最高司令官の日本政府に宛てた政治犯人の即時釈放要求を明記した「政治犯釈放」の通牒（甲第九号証の一）及び治安維持法の即時撤廃、効力停止要求を明記した同日付の前記甲第九号証の二の覚書が発せられ、これによって、日本国政府は、右宣言受諾によって、国内法的手続きを待つまでもなく治安維持法の無効を認めたものであるということが明確に裏付けられた。そして、前記のように、本件判決当時、右の治安維持法の効力についての考え方についてはなんら論議されておらず、右連合国司令官の通牒、覚書はもちろん証拠とはなっていなかったものであるから、右通牒及び覚書は、請求人に対して無罪もしくは免訴を言渡すべき明確な新たに発見した証拠に当たるものというべきである。

2　本件判決の認定事実当時、構成要件事実である「日本共産党の存在」はすでになくなっていた。

本件判決は、「コミンテルン」及び「日本共産党」の目的遂行のためにする行為を犯罪行為とするものであるから、本件犯行当時、「日本共産党が存在すること」は犯罪構成要件事実である。

ところで、本件犯行当時「日本共産党」は実質的に存在していなかった。

このことは、戦後国家権力自身がこれを確認している。すなわち、昭和三七年に公安調査庁が編纂した「日本共産党史（戦前）」と題する調査資料が刊行された（甲第一三号証）。これは、同庁が検察庁、警視庁その他の援助を得て取り纏めた調査資料であるが、右によれば、「日共の組織は昭和九年末までにおおむね破壊された」（四三一頁）とされている。この時点では検挙を免れていたただ一人の中央委員である袴田里見らによって機関紙「赤旗」は昭和一〇年二月一〇日付第一八七号まで刊行されたが、同人も昭和一〇年三月四日検挙され、「わずかに残っていたメンバーも同年七月中までに根こそぎ検挙されてしまった」（四三三頁）。右のごとく、昭和九年に「中央部が潰滅して以降は、厳密には日共の組織活動は存在しなくなったといってよい。形式的には、コミンテルンに日共を代表して野坂参弍らが駐在していたし、地方にはなおいくらかの残党組織があったけれども、それらは統制ある組織活動を行うほどの力はなく、おおむね昭和十年の八、九月頃までに検挙されている」（四三五頁）。

このように、取締当局側は、昭和九年から一〇年にかけて日本共産党が壊滅したと認定している。そして、昭和一八年六月のコミンテルン解散決議に触れ、「この解散決議に日共は参加していない。形式的には野坂参弍（参三）や山本懸藏が代表として駐在していたが、自己の決議を報告する実体のないものとして、その資格を欠いたものであろう」と言い切っている（四八九頁）。

右の資料記載の事実は、その作成者及びその内容に徴して信頼すべきものであると認められ、これによると、本件判決の認定事実のうち日本共産党の目的遂行のためにする行為については、犯罪構成要件事実を欠くもので、犯罪は成立しないから、犯罪の証明がないものとして旧刑訴法三六二条により無罪とすべきものである。

ところが、本件判決当時、右の事実が明確に意識されず、本件訴訟においてもなんら審理されなかったのであるから、共産党の不存在を証明する前記の調査資料は、無罪を言渡すべき明確な新たに発見した証拠に当たるというべきである。

3　本件判決の挙示する各証拠は別紙一記載のとおりであるが、いずれも警察官の拷問によりまたは其の影響下において作成されたもので、信用性がない。

本件判決の認定する犯罪事実は、治安維持法第一条あるいは第一〇条所定の「国体を変革することあるいは私有財産制度を否認することを目的とする結社「コミンテルン」あるいは「日本共産党」の目的遂行のためにする行為を為した」ということであるから、木村に本件犯罪が成立するというためには、木村の行為自体の右の客観的性格の外、木村の右結社の右性格に対する認識及びその目的遂行の意思（以下主観的要件という。）があることが必要であることはいうまでもない。そして、本件判決が木村の供述証拠のみを証拠として挙示していることから考えると、右供述証拠は、木村の行為の外、木村に右主観的要件があったことを認めた内容のものであると推認される（したがって、第一次再審請求事件における木村に対する第二審決定の、木村の供述の具体的な内容を知ることができないとする判示は相当でない）。したがって、本件判決の事実を正当に認定しうるかどうかは、一に、木村の右の点についての供述が信用性があるか否かにかかっているといえる。したがって、右自白の信用性について「新証拠」を加えて検討し、それがないことが明らかになれば、旧刑訴法四八五条六号に当たるものとして、再審を開始しなければならない。

（一）木村は、昭和一八年五月二六日、神奈川県警察部特高課員により検挙され、神奈川県警察部山手警察署に留置されたが、その後、同特高課員の拷問を受けた。

右特高警察による拷問の態様は、次のとおりである。

以下は、昭和二二年四月にいわゆる横浜事件により検挙された木村らが、同人らの取調べに当たった特高警察官らを告訴するに先立って木村が執筆した口述書（甲第五号証の二の7）及びその後同人が昭和五七年一二月に出版した著書である前記の「横浜事件の真相」記載によるものであるが、右各証拠は、具体的詳細で、迫真性に富むものであり、信頼性に欠けるところがない。

木村は、まず逮捕当日の昭和一八年五月二六日の午後五時ころから、山手警察署二階の取調室に引き出され、床に土下座させられて、神奈川県警察部特高課員柄沢六治警部補、佐藤兵衛巡査部長以下八名くらいの特高刑事の拷問を受けた。特高刑事らは、両手を後手に縛られて手錠をかけられた木村に対し、柄沢六治警部補の「きさまのような共産主義者を生かしちゃ帰さぬからそう思え」という言葉や、佐藤らの罵声を合図に、交々手にした竹刀、竹刀（束ねた紐が外れ、先がバラバラになったもの）、こん棒、泥靴などで、木村の頭、顔、背中、膝、手足などところきらわずめった打ちにし、殴りつけ、また蹴りつける、という暴行を働いた。そして右暴行の勢いで横倒しにされた木村の顔を靴で踏みつけ、意識もうろうとなった木村の右手首をつかんで、柄沢六治警部補において作成した「私は共産主義者であります」と記載されたワラ半紙に同人の指印をさせ、「これでよし。この野郎、あとで文句を言ってみろ、ほんとに殺してもかまわぬのだから、そう思え」という捨て台詞を言って、約一時間にわたる同日の「取調べ」を終えた。そのため、全身の疼痛が激しく、激しい発熱があった。

翌五月二七日には森川清造警部補が主任となって、赤池巡査部長と共に、午前一〇時ころから約一時間にわたり、昼間から黒いカーテンをおろした取調室において取調べが続行された。森川清造警部補が、「きさまの取調べは俺がやることになった。きさまのような共産主義者は殺してもかまわんのだ。さあ、きさまらが泊でやったことを正直に申し上げろ！　きさまらは泊で共産党の再建会議をやったろう」と木村に申向けた後、森川清造警部補の合図で木村の上着とズボンをぬがせ、両手を後手に縛って手錠をかけ、床に並べられた直径約五センチ、長さ約五〇センチほどの丸太七、八本の上に正座させたうえ、一人の刑事が同人の膝の上に飛び乗ってこれを踏みつけた。木村が「去年の泊旅行は出版記念会だ、共産主義者の会なんかじゃない」と必死に否認すると、森川清造警部補は、「きさまがまだそんな寝言を言うのなら、こちらが言わせてやるから覚悟しろ」と言って、他の刑事たちに合図し、五、六人の刑事たちが、前記と同様の凶器や、ロープの束、椅子の壊れたものなどをもって、木村の顔、頭、背、腹、手足など全身を殴りつけたり、蹴ったりした。木村は右拷問のために失神し、全身みみず腫れになり、痔疾が悪化して多く出血した。

同年五月三〇日午前一一時、前同所において、森川清造警部補、赤池巡査部長両名の取調べを受けたが、森川清造警部補が、「この聖戦下によくもやりやがったな」と言うので、木村が、「何ですか」と聞き返すと、木村に対し、竹刀のバラで顔面、頭を目茶苦茶に殴りつけ、泥靴で頭を踏みつけ、「貴様のところの細君が弁当を持って来たが、こんなものは食わせるわけにはゆかん、見ておれ」と木村の目の前で自ら弁当を食べてしまった。

同年八月六日、午後八時ころ同警察署特高室右隅土間において、森川清造警部補及び荒木巡査部長両名により取調べが行われた。森川清造警部補は、木村に対し、「この野郎、よくも黙っていやがった」「生かしちゃおかんから覚悟を決めろ」などと脅迫し、こん棒、竹刀のバラなどを手に、木村を素裸にして角のついたこん棒を横に並べた上に正座させ、全身真っ黒に腫れ上がって歩行困難になるまで暴行すること約二時間に及んだ。監房に帰された時は、さすがの看守もびっくりして、同房の人びとがバケツに水をくんで木村の身体を冷やすことを許可した。発熱疼痛甚だしく、出血もあった。衣類は泥まみれになり、所々が引き裂かれていた。

同年八月末日の午前一〇時ころ、同警察署二階取調室土間において、森川清造警部補、佐藤兵衛、赤池及び荒木各巡査部長ら七、八名の取調べを受けた。森川清造警部補は、「泊の党再建会議で何をしとった。名和統一と会ってどうした。党の組織を言え、言わぬと殺してしまうぞ」と言って、木村を裸にして縛り上げ、正座させた両足の間に太いこん棒を差し込んだうえ、膝の上に乗っかかりグイグイ腿に食い込むところを見はからって、ロープ、竹刀、こん棒で全身をひっぱたくこと約一時間に及んだ。そのため、疼痛甚だしく、全身にわたって黒く腫れ、半失神状態で監房に帰って横臥した。

当時の状況の下では、特高刑事の「きさまのような共産主義者は殺してもかまわぬのだ」というような言葉は、単なる脅し文句ではなく、実際に木村に生命の危機を感じさせるものであり、そのような言葉とともに加えられる暴行の態様も生命の危険を感じさせるような激しいものであって、木村は、「取調べ」の最初の段階でこのような拷問を受け、さらに、昭和一八年一二月三一日までは、森川清造警部補が、「検事の命令だ、許可はならぬ」と言って差し入れをも禁止されるという圧迫を加えられ、遂に苦しみに耐えかねて、事実を歪曲し、木村の行為をことさら共産主義と結びつけ、木村が、共産主義者であり、その行動がすべて、「コミンテルン」あるいは「日本共産党」が国体を変革すること及び私有財産制度を否認することを目的とする結社であることを認識しながら、その目的遂行の為にしたということを強制的に認めさせられ、相川博らの先行する手記を引き写すという形で、警察の意に沿うその旨の「手記」の執筆を強いられ、続いてこのように強制された「手記」に沿った調書をとられたのである。

以上に述べた経緯、事情から明らかなように、右「手記」及び警察官作成の訊問調書の各記載は、警察官の拷問の結果作成されたもので、木村が真に認めたものでもなく、また、客観的事実に反するものであるから、その信用性は全くない。

ところで、木村を含むいわゆる横浜事件の被検挙者三三名は、昭和二二年四月、同人らを取調べた元松下英太郎警部、同柄沢六治警部補（後に警部）及び同森川清造警部補を含む元・現神奈川県警察部・警視庁の警察官三〇名を横浜地方裁判所検事局に対し、特別公務員暴行傷害罪等により告訴したところ（甲第五号証の一）、右松下英太郎、柄沢六治及び森川清造の三名が横浜地方裁判所に特別公務員暴行傷害罪により起訴され、同裁判所は、昭和二四年二月二五日、右三名に対し、部下の司法警察官数名と共謀していわゆる横浜事件関係者の益田直彦に対し暴行陵虐の行為をなし、傷害を負わせた事実を認定して松下英太郎に対し懲役一年六月、柄沢六治及び森川清造に対しそれぞれ懲役一年に処する旨の判決を言渡し(甲第四号証の一)、同人らが控訴したが、東京高等裁判所は、昭和二六年三月二八日、右三名に第一審判決と同じ事実を認定し、同じ刑を言渡し(甲第四号証の二)、同人らはさらに上告したが、最高裁判所は昭和二七年四月二四日上告棄却の判決を言渡し(甲第四号証の三)、ここに右有罪判決は確定した。

右判決は、右益田直彦に対する関係のみで事実を認定しているけれども、当時の特高刑事は、被疑者に対する個人的怨恨などに基づいて暴行を働いたのではなく、いわば使命感に基づいて組織的に拷問を取調べの手段に用いたものである以上、柄沢六治、森川清造両警部補らが、益田直彦以外の被疑者に対しては暴行を振るわなかったと考えることは到底できないのであり、いわゆる横浜事件の被検挙者全員に対して右同様の拷問が行われたことは、松下英太郎警部等に対する前記の告訴事件に際して右関係者が執筆した「口述書」(甲第五号証の二の1ないし31)及び板井庄作作成の「警察における拷問について」と題する書面(甲第五号証の三)によっても明らかに認められる。

そして、右の有罪判決の認定事実の判示からも、右の暴行が神奈川県特高の組織を挙げての行為であることが窺われるのであり、右判決は、前記のように、右のような拷問が、いわゆる横浜事件の益田直彦以外の被疑者に対しても加えられたことを明確に認定する証拠になっていると思われる。そして、前記の第一次再審請求事件における木村に対する第一審決定が、木村に対する警察官の拷問を認められないとし、前記の取調べ警察官に対する有罪判決が木村に関する事実ではないことを理由に木村に対する拷問の証拠となし得ない旨の形式的な判断をしたのに対し、同第二審決定は、「請求人(木村)に対しても拷問が行われたのではないかとの疑いを否定し去ることはできない」旨実質的に拷問を認める判断をせざるを得なかったのである。

(二) その後、木村は、検事の取調べを受けて起訴されたうえ、続いて予審判事の取調べを受けて昭和二〇年八月二七日予審終結決定を受け、同年九月一五日公判が開かれて直ちに判決が言渡されたものである。(なお、木村は、昭和二〇年九月四日保釈された。)

ところで、木村の口述書等によっても明らかなように、検事の実質的な取調べは無きに等しい。さらに、予審における訊問調書があるにしても、実質的な審理に基づくものではなく、警察官の訊問調書を引き写したようなものに過ぎず、木村も再度の警察官による拷問を恐れて右の措置を認めたものというべきであり、その信用性は全くないものといわなければならない。

さらに、本件の公判も、前記のように予審終結決定後間もなく、同時に平館利雄、西沢富夫、西尾忠四郎、相川博、小野康人及び加藤政治の六名と同時に開かれ、実質的な審理もなく形式的に行われたものであって、公判廷において木村が供述を行ったかあるいは事実を認めたかも疑わしく、いわんや最も重要な証拠である木村の自白が前記のような拷問によるものであるなどの事情など、その信用性についての審理は全く行われない状況で結審され、即時判決が言い渡されたものである（甲第七号証の一、甲第七号証の二の１・２、甲第七号証の四）。

しかも、当時は、前記のとおり、内務省においても司法省においてもなお思想犯罪の取締まりを続ける旨公言していた状況にあって、事実を否認することによって亦身体の拘束を受けて厳しい取調べを受ける虞れもあり、また、前記の木村の口述書や「横浜事件の真相」等によると、木村は、本件公判前、予審判事から、泊の件ははずすから、妥協して呉れという趣旨の話をされたことが認められるとともに、木村らが身体が衰弱していることを心配し、一日も早く木村らの執行猶予の判決を得て事件を終わらせたいと希望する海野普吉弁護人と、敗戦により動揺し、右同様の結論にしたいという裁判所との合意があったことが窺われるのであって（甲第七号証の一、甲第七号証の二の１・２、甲第七号証の四）、木村は、右のような状況下において右弁護人の説得によって右のような訴訟進行にやむなく同意したという事情があったことが認められるのであり、右のような事実に徴すると、たとえ右公判において、木村が形式的に事実を認める発言があったとしても、それは、畢竟警察官の前記のような拷問及び前記のような事情の影響によってなされたものであると認められるから、その信用性は全くない。

なお、相川博に対する予審訊問調書も亦、同人の口述書（甲第五号証の二の８）によって明らかなように、木村と同様、警察官の残虐な拷問に影響されて作成されたものであって、その信用性は全くない。

以上のとおりで、木村の供述等の証拠が本来信用性が認められないものであるのに、公判廷においてはこの点についての審理はまったく行われず、松下英太郎警部等に対する右有罪判決により初めて明らかになったものであるが、右判決を加味して考えると、本件判決挙示の証拠によっては、本件判決認定の事実は到底証明することが出来ないといわざるを得ず、その他に本件判決認定の事実を認めるべき証拠があるとは認められないのである。

そうすると、木村に対する前記の拷問を証明するに足る松下英太郎外二名に対する前記三通の判決（特に第一、二審の各判決）及び前記の被告人の公判廷の供述に至る特殊な経緯は、木村に対して無罪を言渡すべき明確な新たに発見した証拠であるというべきである。

二　旧刑訴法四八五条七号該当

旧刑訴法四八五条七号は、「（略）公訴の提起若は其の基礎となりたる捜査に関与したる検察官（略）被告事件に付職務に関する罪を犯したること確定判決に因り証明せられたるとき」を再審理由としているが、本件は右の場合に当たると認められる。

以下問題と考えられる点について説明する。

前記のように、司法警察官である松下英太郎警部外二名は、いわゆる横浜事件の被疑者の一人である益田直彦に対する特別公務員暴行傷害罪によって有罪の確定判決を受けた。

1　旧刑訴法四八五条七号には、右のように、明文上は、検察官に関する事項が規定されているのみで、司法警察官についての、事項は規定されていない。しかし、旧刑訴法下においては、警察官中に地方裁判所検察官と同一の権を持つ司法警察官もあり（旧刑訴法二四七条）、県警察の司法警察官は、検察官の輔佐として其の指揮を受けて犯罪を捜査する権限があった（旧刑訴法二四八条）ことからも判るように、犯罪捜査に関しては検事と司法警察官は一体のものと考えられていたこと、旧刑訴法四八五条七号の法意は、「審判に付其の正確を疑わしむるに足るべき顕著なる推測事由ある場合に於ては須く之等の疑惑を除く」ことにあったこと（大審院昭和一一年（れ）三四〇四号昭和一二年六月八日判決、刑集一六巻九二一頁）を合わせ考えると、同条にいう検察官には司法警察官をも含むと解するのが相当である。そして、現行刑訴法四三五条七号は、警察が第一次的独立の捜査機関となった制度の変革にともない、警察官に従前と同様同条の適用があるとするためには明文上司法警察職員を加える必要があるとして、旧刑訴法を改正したものであると解せられるのであり、右解釈の正当性の裏付けとなるものと思われる。

2　また、松下英太郎ら三名に対する有罪確定判決は、益田直彦に対する犯行を内容とするものであるが、前記のように、いわゆる横浜事件の捜査は、文字通り神奈川県警察部特別高等課の全組織を挙げて行ったものであると認められ、特に、左翼係長である松下英太郎警部、取調べ主任であった柄沢六治警部補及び同森川清造警部補は、右組織の幹部であったから、右事件の全被疑者に対する拷問の責任を負うべきものであることを考慮すれば、右判決は、本件判決についても旧刑訴法四八五条七号のいう「確定判決」に含ませるのが相当である。

なお、右一の3及び二の理由は、形式上は、第一次再審請求事件においても再審の理由として主張したもののようであるが、旧刑訴法五〇五条二項の規定の趣旨は、「再審制度の性質上安易な再審請求を強く抑止すると共に、同じようなことで二度までも裁判所の判断をする無駄は省こうとすることにある」が、「しかし再審制度が本来真の冤罪者を救済するための制度であるとしたら、この救済の途が多少とも阻害されるような形での形式的な理解は相当ではない」（前記広島高裁昭和五一年九月一八日決定）のであり、右一の3については、前にも触れたように、第一次再審請求事件においては、（木村に対する第二審決定においては、拷問の疑いがあるとされながらも）訴訟記録の不存在の下においては判断ができないものとして、判断を受けなかったものというべきであり、訴訟記録の不存在の下にあっても、その判断が可能であることを論証して明確な判断を求めるものであり、右二については、本件の特殊性にかんがみ、同規定の立法趣旨に立脚した新判断を求める趣旨であるから、いずれの理由も、第一次再審請求事件の再審理由と右規定にいう「同一の理由」ということはできない。

以上述べたように、本件判決は、特高警察が、木村に対し、史上まれにみる悪法である治安維持法を意のままにみだりに適用し、残虐極まる拷問により被疑者の虚偽の自白を得てこれを証拠としたものであり、しかも、裁判所までが、敗戦後、敗戦により当然無効とされたことが明らかな同法を適用して、実質的な審理もせず、刑に執行猶予を付することにより事件をうやむやに決着をつけ、あまつさえ、司法官憲が事件を世の中から葬ろうとして判決、訴訟記録を消滅、隠匿したことが疑われる事件であり、わが国における捜査、司法における最も恥ずべき事件であるといわなければならない。このような事件に付再審を開始して、木村の無実を明らかにし、その名誉を回復することは、人権の尊重が叫ばれるわが国における司法機関の重大な責任であり、同時に、今後の司法の正しい運用にも資するものである。貴裁判所の賢明なご判断を切望する。

〔別紙〕判　決

【編集者注】木村亨氏の「復元判決」は第一次再審請求のさいに復元したものと同文なので省略（一四〇頁参照）。ただし、「証拠」については、「被告人ノ当公廷ニ於ケル供述」のほか次の3件を追加。

一、被告人ニ對スル豫審訊問調書ノ記載

一、本件記録編綴ノ相川博ニ對スル豫審訊問調書謄本ノ記載

一、被告人ニ對スル司法警察官訊問調書ノ記載

再審請求書

東京都大田区――――

請求人（小林英三郎の妻）小林　貞子

東京都新宿区――――

右弁護人弁護士　森川　金寿

外四名

（別紙弁護人目録記載のとおり）

請求人は、小林英三郎（以下小林という。）に対する治安維持法違反被告事件につき、昭和二〇年八月二九日横浜地方裁判所が有罪の言渡しをした確定判決（以下本件判決という。）に対して再審を請求する。

【編集者注】以下、「請求の趣旨」「請求の理由」については、前掲・木村亨氏のものと重なるので省略。

ただし、「請求の理由」中の「第四　本件判決の復元」にさいしての「犯罪行為」の推認、及び「第五　再審理由」中の小林被告人に対して特高警察官が行った拷問による取調べについては別個の記述となるので、その箇所を収録。

（第四　本件判決の復元）

そこで検討すると、小林は、甲第六号証において、「改造社グループ」に所属しているとされているところから、同グループに所属したとされる小野康人の判決、相川博の予審終結決定を検討したけれども、小林の具体的犯罪行為は全く現れない。しかし、甲第六号証によれば、小林が、昭和一六年九月ころから特に「改造時局版」の編集活動に関し、他の改造社の編集部員と提携して、満鉄系共産主義執筆者を動員して大衆啓蒙に努めたことが容疑事実であったことが認められるので、認定事実もこの事実に限られるものと推認できる。

また、証拠としては、小野康人の判決に挙示されたものを出ないと推認されるので、これに倣った。

以上の推認に基づき、別紙のように判決を復元した。

右の復元判決は、やや具体的事実の指摘には欠けるが、小林の犯罪行為としての骨格は明らかになっており、前記の本件の特殊事情からすれば、本件判決と同一の内容を有すると認めるべき要件を満たすものというべきであるから、これに本件判決と同価値を認め、これに基づき再審理由の有無を判断すべきである。

（第五　再審理由）

（一）小林は、昭和一九年一月二九日、神奈川県警察部特高課の高橋警部補、村沢巡査部長外二名により逮捕され、神奈川県警察部伊勢佐木警察署に連行され、同署に留置された。その後、右警察官ら特高警察官により拷問を受けた。

右特高警察による拷問の態様は、次のとおりである。以下は、いわゆる横浜事件関係で検挙された小林らが、昭和二二年四月に同人らの取調べに当たった特高警察官らを告訴するに先立って小林が執筆した口述書（甲第五号証の二の21）記載によるものであるが、右各証拠は、具体的詳細で、迫真性に富むものであり、信頼性に欠けるところがない。

小林は、まず逮捕当日の昭和一九年一月二九日の夕刻から伊勢佐木警察署の取調室に引き出されたが、高橋警部補が小林に対し、小林が昭和一五年頃から共産主義運動をしていたことについて自白を強要したが、小林がこれを否認し、執拗な押し問答の後、否認調書を作成した。その後四五日してから、松下英太郎警部が外二名の警察官と来て、右同所において、小林に対し、連れてこられた理由を問い、判らぬ旨答えると、「白っぱくれるな、共産主義運動をやっていた事実は判っているのだ」「お前らは今の情勢をどう思っているか、文句なしに喉笛をぶち抜いて殺しても構わないのだ、法律で扱われるのはむしろ有難いと思え」と脅迫し、頭髪をつかんで顔面を殴打しながら「お前はなかなか強情だから一番腕利きの主任に調べさせる」と捨てゼリフをして帰った。

検挙後約一ケ月放置の後、柄沢六治警部補、石橋巡査部長、中村巡査が取調べをし、小林が共産主義運動をやった事実なしと述べると、小林を土間に正座させ、柄沢六治警部補が頭髪をつかんでねじり、石橋巡査部長、中村巡査は両側から殴ったり蹴ったりして、そのため小林は歩行が困難な状態になった。

さらに数日後、右三名の警察官が右同所で取調べ、未だ十分自白しないと言って、小林に対し、その両手を縛り、頭髪を持って引き倒し、木片用のもので背中を打ち、また、足で全身を踏みつけるなど暴行をし「天井へ逆吊りにしてやろうか」とか「たばこの火で責めてやろうか」などと言って脅迫し、すでに衰弱して階段の上り下りも苦しくなっていた小林がひどく苦痛を訴えたので、一応中止したが、その後右と同様のことが数回行われた。また、それまでの看守の同情により行われていた弁当の差入れも柄沢六治警部補が知ってこれを中止させた。これらの過酷な取調べは、同年三月末まで続いた。

当時の状況の下では、特高刑事の右のような脅迫文言は、単なるおどし文句ではなく、実際に小林に生命の危機を感じさせるものであり、同時に加えられる肉体に対する拷問も生命の危険を感じさせるような苛酷なものであって、小林は、「取調べ」の初期の段階でこのような拷問を受け、苦しみに耐えかねて、事実を歪曲し、小林の行為をことさら共産主義と結びつけ、小林が共産主義者であり、その行動はすべて、「コミンテルン」あるいは「日本共産党」が国体を変革すること及び私有財産制度を否認することを目的とする結社であることを認識しながら、その目的遂行の為にしたものであるということを認めさせられ、警察の意に沿うその旨の「手記」を強制的に書かされ、このように強制された「手記」に沿った調書をとられたのである。

以上に述べた経緯、事情から明らかなように、右「手記」及び警察官作成の訊問調書の各記載は、警察官の拷問の結果作成されたものであって、小林が真に認めたものでもなく、また、客観的事実に反するものであるから、その信用性は全くない。

〔別紙〕

判　決

本籍　東京都大田區――――

住所　――――――――

元改造編輯部次長

小林英三郎

当三十五年

右ノ者ニ對スル治安維持法違反被告事件ニ付當裁判所ハ檢事山根隆二關與審理ヲ遂ケ判決スルコト左ノ如シ

主　文

被告人ヲ懲役貳年ニ處ス

但シ本裁判確定ノ日ヨリ參年間右刑ノ執行ヲ猶豫ス

理　由

一、犯罪事実

被告人ハ第三高等學校ヲ經テ昭和八年東京帝国大學文學部社會學科ヲ卒業スルヤ文藝春秋社ニ入社シ右文藝春秋社在社中人民戰線的雜誌「大衆政治經濟」ヲ創刊シ昭和十四年三月東京都芝區新橋七丁目十二番地改造社ニ入社シ同社發行ノ雜誌「大陸」「改造時局版」「時局雜誌」ノ編輯部員及雜誌「改造」ノ編輯次長トシテ昭和十九年一月二九日檢擧セラルル迄勤務シ居タルカ、前記東京帝國大學ニ在學中社會科學研究會ニ參加シ共産主義ヲ信奉スルニ至リ共産青年同盟ニ參加シ赤色救援会ニ所屬シテ左翼運動ニ從事シ前記文藝春秋社ニ在職中ノ昭和八年及一一年ノ二回ニ亘リ治安維持法違反罪ニ依リ檢擧セラレ孰レモ懲役貳年執行猶豫參年ニ處セラレタルモノナルトコロ「コミンテルン」カ世界「プロレタリアート」ノ獨裁ニ依ル世界共産主義社會ノ實現ヲ標榜シ世界革命ノ一環トシテ我國ニ於テハ革命手段ニ依リ國體ヲ變革シ私有財産制度ヲ否認シ「プロレタリアート」ノ獨裁ヲ通シテ共産主義社會ノ實現ヲ目的トスル結社ニシテ日本共産黨ハ其ノ日本支部トシテ其ノ目的タル事項ヲ實行セントスル結社ナルコトヲ知悉シ乍ラ孰レモ之ヲ支持シ自己ノ職場ノ内外ヲ通シテ一般共産主義意識ノ啓蒙昂揚ヲ圖ルト共ニ左翼分子ヲ糾合シテ左翼組織ノ擴大強化ヲ圖ル等前記両結社ノ目的達成ニ寄與センコトヲ企劃シ他ノ改造社ノ編輯部員トノ緊密ナル提携ノ下ニ前記雜誌特ニ「改造時局版」ニ満鐵系共産主義執筆者ヲ動員シテ大衆啓蒙ニ努メル等諸般ノ活動ヲ為シ以テ「コミンテルン」及日本共産黨ノ目的遂行ノ為ニスル行為ヲ為シタルモノナリ

二、証拠

一、被告人ノ當公廷ニ於ケル供述

一、被告人ニ對スル豫審訊問調書ノ記載

一、被告人ニ對スル司法警察官訊問調書ノ記載

三、法律ノ適用

治安維持法第一條後段第十條刑法第五十四條第一項前段第十條第六十六條第六十八條第三号第七十一條第二十五條

仍テ主文ノ如ク判決ス

昭和二十年八月二十九日

横濱地方裁判所第二刑事部

裁判長判事　八並　達雄

判事　若尾　元

判事　影山　勇

再審請求書

東京都豊島区――

請求人（高木健次郎の長男）高木　晋

東京都新宿区――

右弁護人弁護士　森川　金寿

外四名

（別紙弁護人目録記載のとおり）

請求人は、高木健次郎（以下高木という。）に対する治安維持法違反被告事件につき、昭和二〇年八月三〇日横浜地方裁判所が有罪の言渡しをした確定判決（以下本件判決という。）に対して再審を請求する。

【編集者注】以下、「請求の趣旨」「請求の理由」については、前掲・木村亨氏のものと重なるので省略。

ただし、「請求の理由」中の「第四　本件判決の復元」にさいしての「犯罪行為」の推認、及び「第五　再審理由」中の高木被告人に対して特高警察官が行った拷問による取

調べについては別個の記述となるので、その箇所を収録。

（第四　本件判決の復元）

高木については、訴訟記録としては、同人に対する予審終結決定しか存在が明らかでないので、弁護人において、高木に対する本件判決を別紙のように復元した。

復元の方法は、次のとおりである。（中略）

そこで、高木の予審終結決定を主たる根拠とし、高木が、甲第六号証において、「政治経済研究会グループ」に属していたとせられているので、右グループに所属するとされる小川修、白石芳夫及び和田喜太郎の各判決、森数男、白石芳夫、板井庄作の各予審終結決定を参考にして考えると、高木に対する判決の事実認定も同人に対する予審終結決定と同一であると推認できる。

また、本件判決挙示の証拠としては、小川修、白石芳夫及び和田喜太郎の各判決と同様、被告人の当公廷における判示同旨の供述を挙示しているものと推認できる。

右のように推認されるところにより、別紙のように判決を復元した。

以上のようにして作成された別紙の復元判決は、前記の本件判決と同一の内容を有すると認めるべき要件を満たすものと認められるから、これに本件判決と同価値を認め、これに基づき再審理由の有無を判断すべきである。

（第五　再審理由）

（一）高木は、昭和一八年九月九日、神奈川県警察部特高課の警察官（警部補一名及び巡査二名）により逮捕され、神奈川県警察部保土ケ谷警察署に連行され、同警察署に留置された。その後、特高警察官らの拷問を受けた。

右特高警察による拷問の態様は、次のとおりである。

以下は、主として、いわゆる横浜事件関係で検挙された高木らが、昭和二二年四月に同人らの取調べに当たった特高警察官らを告訴する（この点については後に詳述する。）に先立って高木が執筆した口述書（甲第五号証の二の10）記載によるものであるが、高木執筆の「昭和塾事件と海野先生」（「弁護士海野普吉」所収）（甲第七号証の二の2）をも参照した。右各証拠は、具体的詳細で、迫真性に富むものであり、信頼性に欠けるところがない。

高木は、まず逮捕翌日の昭和一八年九月一〇日午前一〇時頃から二時間、保土谷警察署二階の柔道場において、神奈川県警察部特高課の石渡六郎警部補、横山巡査部長及び佐藤兵衛巡査部長の取調べを受けたが、石渡六郎警部補が、高木の前の椅子に腰かけ、高木の右側に横山巡査部長と佐藤兵衛巡査部長が木剣を持って座り、高木に対し、石渡六郎警部補が、「全部正直に申し上げろ」という前置きで、「足尾会議で何を協議したのか」と問い、高木が、「協議の事実なし」と繰り返し述べると、「この野郎、とぼけていやがる」と言いながら、そのたび高木の両頬を平手で打ち、横山巡査部長、佐藤兵衛巡査部長は、木剣で腿を乱打した。昼食後、午後一時過ぎから再び訊問が開始され午後三時過ぎ頃まで続いた。その内容は、午前と同様の問答であったが、一問毎一答毎に平手と木剣の乱打を浴びせられて、高木は、心臓の鼓動が次第に激しくなり、これでは身体がたまらぬと考え、昭和塾の創立事情、昭和塾内の政治班研究会の結成事情及びその内容、いわゆる政経研究会結成の事情と会員の氏名を一通り述べると、右三名の警察官は、「こっちには皆分かっているが、お前の口から言わせないうちは承知出来ぬ」と言って乱打するので高木は、「主要なことは皆述べた積りだが、こうなった以上は私も覚悟している。しかし、自分の気のつかぬことで重要なことがあるかも知れぬから、せめてヒントだけでも与えて呉れぬか」と頼むと、「こっちから言えば貴様はそれだけのことしか言わぬからこっちからは言わぬ、貴様が悪いことをしたと思っているのなら何でも隠さずに申し上げろ」と繰り返し、「未だ隠していやがる」と言って乱打は益々激しさを増し、遂に高木は昏倒した。

その後水を飲まされ意識を回復したが、打たれた大腿部が腫れ上がり、めまい、嘔吐が昂進してどうしても立ち上がれなくなり、やむなく午後六時頃、横山巡査部長、佐藤兵衛巡査部長に担がれて留置場に下された。間もなく老年の医師が診察に来て、注射を打ち、水薬と散薬を与えた。治療費は、高木の抗議にもかかわらず、自己負担せざるをえなかった。

翌一一日午前中、右三名の警察官が前日同様のやり方で訊問を開始したが、もうこれ以上は聞き出せないと諦めたのか、それ以上の暴行はなかった。大腿部の血斑と腫脹は二週間くらいで治癒し、食事も三日後から摂れるようになったが、差入れ弁当が許されたのはさらにそれから一週間後であった。

高木に対する右のような罵声と暴行による拷問は、高木に生命の危険を感じさせるに足るものであって、高木は、取調べの最初の段階でこのような拷問を受け、苦しみに耐えかねて、事実を歪曲し、高木の行為をことさら共産主義と結びつけ、高木が共産主義者であり、その行動がすべて、「コミンテルン」あるいは「日本共産党」が国体を変革すること及び私有財産制度を否認することを目的とする結社であることを認識しながら、その目的遂行の為にしたということを強制的に認めさせられ、警察の意に沿う「手記」の執筆を強いられ、続いてこのように強制された「手記」に沿った調書をとられたのである。

以上に述べた経緯、事情から明らかなように、右「手記」及び警察官作成の訊問調書の各記載は、警察官の拷問の結果作成されたもので、高木が真に認めたものでもなく、また、客観的事実に反するものであるから、その信用性は全くない。

〔別紙〕

判決

本籍並住所　福島縣福島市――――――
會社員（日本製鐵株式会社監理部監理課）
高木健次郎
当三十二年

右ノ者ニ對スル治安維持法違反被告事件ニ付當裁判所ハ検事山根隆二關與審理ヲ遂ケ判決スルコト左ノ如シ

主文

被告人ヲ懲役貳年ニ處ス
但シ本裁判確定ノ日ヨリ参年間右刑ノ執行ヲ猶予ス

理由

一、犯罪事實

被告人ハ第二高等學校ノ文科ヲ經テ昭和十一年三月東京帝国大學經濟學部經濟學科ニ入學シ昭和十四年三月同科ヲ卒業後直チニ東京市麹町區丸之内郵船ビル内ニ本社ヲ有スル日本製鐵株式会社（通稱「日鐵」）ニ入社シ一時「日鐵」輪西製鐵所ニ勤務シタルモ間モナク本社會計課勤務トナリ昭和十七年三月以降ハ本社監理部監理課ニ轉シ作業能率増進等ニ關スル事項等ノ調査研究ヲ為シ来リタルモノナルカ其ノ間昭和十三年十二月ヨリ四ケ月間麹町區永田町一丁目十五番地ノ後藤隆之助ヲ理事長トスル昭和塾ニ入リ政治經濟、社會等各般ニ亘リ研究ヲ遂ケタルモノナルトコロ既ニ右第二高等學校在學中交友千葉秀雄等ノ感化ヲ受ケタルコト「無産者政治教程」其ノ他ノ左翼文獻ヲ翻讀シタル結果遂ニ共産主義ヲ信奉シ日本共産青年同盟ニ加入シテ學内ニ於ケル右同盟組織ノ擴大強化ニ務メタル為昭和九年十月二十日檢擧セラレ、昭和十年八月十日仙台地方裁判所検事局ニ於テ治安維持法違反ニヨリ起訴猶豫處分ニ付セラレタルニ拘ラス依然共産主義ニ關スル信念ハ変ラス

第一、「コミンテルン」カ世界「プロレタリアート」ノ獨裁ニ依ル世界共産主義社會ノ實現ヲ標榜シ世界革命ノ一環トシテ我國ニ於テハ革命手段ニ依リ國體ヲ變革シ私有財産制度ヲ否認シ「プロレタリアート」ノ獨裁ヲ通シテ共産主義社會ノ實現ヲ目的トスル結社ニシテ日本共産黨ハ其ノ日本支部トシテ其ノ目的タル事項ヲ實行セムトスル結社ナルコトヲ知悉シ乍ラ孰レモ之ヲ支持シ思想的交友關係等ヲ辿リテ共産主義意識ノ昂揚ヲ圖ルト共ニ左翼組織ヲ確立スル等ノ活動ヲ通シテ右両結社ノ各目的達成ニ資セムコトヲ企テ

（一）昭和十一年五月上旬右千葉秀雄其ノ他ノ二高出身ノ共産主義者ヨリ成ル「グループ」ニ参加シ爾来昭和十二年十月中旬頃迄ノ間前後約十数回ニ亘リ本郷區本郷追分町帝大基督教青年會館會議室ニ於テ同人等ト共ニ山田盛太郎著「日本資本主義分析」等ヲ「テキスト」トシテ秘密裡ニ研究會ヲ開催シ時ニ被告人自ラ「チューター」トナリテ是等ノ左翼書籍ニ基キ共産主義理論ノ解説ヲ為スト共ニ内外ノ客觀情勢ヲ共産主義觀點ヨリ分析批判シテ相互ニ共産主義意識ノ昂揚ニ努メ更ニ昭和十三年五月上旬ニ至ルヤ右千葉秀雄、吉田秀大等ヲ中心トスル前述ノ二高出身者ノ共産主義「グループ」ニ参加シ爾来昭和十六年十二月迄ノ間前後約十回ニ亘リ京橋區銀座四丁目料理店「三平」其ノ他ニ開催セラレタル同「グループ」ノ會合ニ出席シ或ハ右「グループ」ノ會合ト別個ニ右千葉秀雄ト前後三十回以上ニ亘リ京橋區西銀座ノ喫茶店「耕一路」其ノ他ニ於テ會合シテ共産主義理論ノ研究ヲ重ネ又ハ共産主義的觀點ヨリ日本資本主義ノ發展ノ過程ヲ論議シ國際情勢ノ分析批判ヲ為ス等相互ニ共産主義意識ノ昂揚ニ努メタル等一方其ノ間昭和十三年十一月中旬曽テ東大經濟學部助教授有澤広巳ノ演習ニ参加シ居タル學生小坂徳三郎、小林久明外六名ヲ糾合シテ通称「昼食會」ナル「グループ」ヲ結成シタル上昭和十四年三月迄ノ間前後十数回ニ亘リ本郷區本郷・丁目森永「キャンデーストア」等ニ於テ同人等ト「昼食會」ヲ催シ其ノ席上右同様共産主義的觀點ヨリ日本資本主義ノ發展過程ヲ解説シ或ハ國際情勢ヲ分析批判シテ同人等ノ共産主義意識ノ啓蒙昂揚ニ努メ

（二）昭和十六年六月初旬前記昭和塾ノ會議室ニ於テ同塾ノ卒業生（通稱「塾友」）タル共産主義者板井庄作、由田浩等ト協議ノ上塾友並木正吉外十四名ヲ糾合シテ「昭和塾々友研究會政治班」ヲ結成シ爾来同年十一月初旬迄ノ間前後十数回ニ亘リ右昭和塾會議室麹町半藏門竹工堂ビル内平貞藏事務所等ニ於テ蝋山政道著「政治史」ヲ「テキスト」トシテ研究會ヲ開催シタル上所謂講座派ノ理論ニ基キ幕末明治維新ヨリ日露戰争前後ニ至ル日本ノ近代資本主義國家トシテノ發展ノ諸過程ヲ分析解明シ或ハ岩淵辰雄其ノ他ヲ招キ日本軍部論等ニ關スル講演會ヲ開催シタル上該講演ニ基キ論議ヲ重ネテ會員ノ共産主義意識ノ昂揚ニ努メタルト共ニ同政治班ノ活動ヲ指導統制シテ極力之カ左翼化ニ努メ

（三）昭和十六年十月十五日右昭和塾ノ講師尾崎秀實カ國防保安法違反其ノ他ノ嫌疑ヲ以テ検擧セラレタルト内外ノ客觀情勢ノ緊迫化トニヨリ右昭和塾ハ解散スルコトトナリ「昭和塾々友研究會政治班」モ亦解散ノ止ムナキニ直面スルヤ被告人ハ豫テ同志的結束ヲ固メ居タル右板井庄作、由田浩、浅石晴世等ト共ニ同月十八日ヨリ同年十二月下旬ニ亘リ栃木縣足尾町古河鑛業株式會社足尾鑛業所倶樂部、麹町區丸ノ内二丁目八番地古河電気工業

株式會社応接間其ノ他ニ於テ屡々會合シテ右政治班解散後ノ被告人等ノ活動方策ニ付キ協議シタル結果遂ニ右政治班加入ノ共産主義分子其ノ他ノ意識分子ヲ結集シテ共産主義理論ノ研究ト内外ノ諸情勢ノ分析批判等ヲ通シテ共産主義意識ノ昂揚ヲ圖ルト共ニ左翼組織ヲ確立スル意圖ノ下ニ所謂「政治經濟研究會グループ」ナル非合法「グループ」ヲ結成シ爾来昭和十八年六月初旬迄ノ間逐次「グループ」員ヲ獲得シ前後二十数回ニ亘リ密カニ會合ヲ開催シ或ハ「ピクニック」「ハイキング」等ヲ催シテ共産主義理論ノ研究並ニ内外ノ政治經濟ノ諸情勢ノ分析批判ヲ為シテ「グループ」員ノ共産主義意識ノ昂揚同志的結合ノ強化ヲ圖リタル外「グループ」ノ組織並ニ活動方針ニ付種々協議シテ之カ實践ニ努ムル等ノ活動ヲ為シ殊ニ被告人自身「グループ」ヲ指導統制シテ其ノ擴大強化ニ努メタルカ就中

（イ）昭和十六年十二月二十一日頃及同月二十六日頃ノ二回ニ右板井庄作、浅石晴世、由田浩等ト共ニ世田谷區世田谷五丁目二千八百三十二番地ナル共産主義者細川嘉六方外一カ所ニ於テ同人ト會合シテ同「グループ」ノ指導ヲ仰クト共ニ同人ヨリ所謂歴史ノ必然性ニ從ヒ共産主義運動ヲ勇敢ニ展開スヘキ旨鼓舞激勵セラレテ愈々同志的結合ヲ強化シ

（ロ）昭和十七年六月頃ヨリ昭和十八年六月初旬頃迄ノ間大日本産業報國會勤務ノ並木正吉、「日鐵」本社勤務ノ勝部元、中澤護人、「日鐵」八幡製鐵所勤務ノ渡辺公平、興亜院囑託森數男等ノ共産主義分子ヲ順次同「グループ」ニ加入セシメ

（ハ）昭和十七年七月二十四日頃同年八月二十八日頃ノ二回ニ神田區一ツ橋學士会館三階小會議室ニ於テ由田浩外五名ノ「グループ」員ト共ニ「ファッシズム」ノ研究會ヲ開催シ各自共産主義的觀點ヨリ之カ討議ヲ試ミテ相互ニ意識ノ昂揚ニ努メ

（ニ）昭和十七年十一月三日頃千葉縣船橋市内某喫茶店ニ於テ「グループ」員板井庄作、山口謙三、浅石晴世、勝部元、小川修等ト會合シ満洲事變以後ノ内外ノ諸情勢ヲ共産主義的觀點ヨリ研究ヲ為スコト積極的ニ「メンバー」ヲ獲得スル一面各自ノ職場内ニ於テ組織活動ヲ強化スルコト極力「グループ」ノ存在ヲ秘匿スルコト其ノ他同「グループ」ノ組織並ニ活動方針ヲ協議決定シテ之カ實践ニ努メ

（ホ）次イテ同年同月十五日頃及同月二十日頃ノ二回ニ中野區新山通二丁目二十三番地浅石晴世方ニ於テ同人其ノ他ノ「グループ」員ト共ニ特ニ同「グループ」ノ研究課題、研究方法、研究會開催方法ニ付協議ヲ重ネタル結果「グループ」員ハ各自満洲事變以後ノ内外ノ諸情勢ヲ各自ノ職場ヨリ得タル重要資料ヲ基本トシテ共産主義的觀點ヨリ之ヲ分析批判シ或ハ綜合スル等ノ方法ニヨリ大東亜戰争ニ對スル日本ノ戰力ノ判定ヲ為スト共ニ一面

各産業ニ於ケル資本ノ構造ト勞働力ノ構成ノ變動トヲ究明シ依テ以テ革命ノ展望ニ資スルコト、研究課題及研究分担ヲ鐵鋼業ヲ被告人及勝部元、鐵鋼業ニ於ケル勞働問題ヲ山口謙三、非鐵金屬業特ニ銅及軽金屬工業ヲ被告人及小川修、電氣事業ヲ板井庄作、熱帯農業及製糖業ヲ白石芳夫、中国共産黨、日本農業及國際情勢ヲ森數男、國内情報及文化問題ヲ浅石晴世及和田喜太郎、支那問題ヲ新井義夫ト夫々為スコト並ニ該研究方法ニ依ル研究分担ノ發表ヲ中心トシテ論議ヲ重ヌル事等ヲ各決定シ該決定ニ基キ爾来同年十二月五日頃ヨリ昭和十八年六月六日頃迄ノ間右浅石晴世方杉並區永福町二百三十七番地山口謙三方千葉縣市川市八幡千二百二十九番地勝部元方等ニ屡次開催セラレタル同「グループ」ノ會合ノ席上右勝部元、由田浩、板井庄作、白石芳夫、森數男、新井義夫等カ各研究分担ノ發表ヲ為シタルカ被告人モ二回ニ亘リ「鐵鋼業ニ於ケル勞働形成」「日本ニ於ケル鐵鋼業ノ新情勢」ト題シ前者ニ就キテハ同問題ノ自己ノ論文ヲ謄冩シタル「パンフレット」ヲ浅石晴世其ノ他ノ「グループ」員一同ニ配布シタル上「ドイツ」ニ於ケル勞働戰線及「ソビエットロシア」ニ於ケル勞働賃金政策カ夫々鐵鋼業勞働者ヲ優遇セル實情ヲ讃美スルト共ニ日本鐵鋼業ニ於ケル勞働力ノ不足ハ鐵鋼業内部ニ於ケル各製造部門或ハ工業間ノ勞働力ノ構成上ノ不均衡ニ因ルモノナルカ之ハ日本資本主義ノ半封建的特質ニ原因スルモノナルヲ以テコレカ究極的解決ニハ該特質ヲ克服セサルヘカラスト強調シテ我國ニ於ケル「ブルジョア」民主主義革命ノ必然性ヲ示唆シ後者ニ就キテハ「日鐵」設備能力表等重要資料ニ基キ日本鐵鋼業ハ船舶ニヨル内地向石炭鐵鑛石ノ輸送困難、米国ヨリノ屑鐵輸入杜絶等ニヨリ一部熔鑛爐ノ吹止實施セラレ昭和十八年度銑鐵鋼鐵ノ生産量ハ昭和十七年度ヨリ減少ノ傾向ニアリテ日本敗戰ノ危機ハ切迫シツツアリト解説シタル上之等各自ノ研究發表ヲ中心トシテ更ニ各自共産主義的觀點ヨリ論議ヲ重ネテ以テ相互ニ共産主義意識ノ昂揚ニ務メタル外其ノ間「グループ」員ト「全聯邦共産黨小史」其ノ他ノ革命文獻ノ回讀並ニ之カ意見ノ發表ヲ為スコトヲ決定シテ實行シ以テ戰略戰術ノ樹立ニ資スルト共ニ相互ニ革命意識昂揚ニ努メ

（へ）「日鐵」本社内及輪西、釜石、廣畑、八幡ノ各製鐵所内ノ進歩的分子ヲ共産主義的ニ啓蒙スルト共ニ之等ヲ結集シテ全「日鐵」内ニ左翼組織ヲ確立セム事ヲ企圖シ昭和十四年六月中旬ヨリ昭和十八年四月中旬迄ノ間「日鐵」本社内其ノ他ニ於テ前記渡辺公平ニ對シ山田盛太郎著「日本資本主義分析」ヲ、輪西製鐵所勤務ノ岡村俊夫ニ對シ「ジョン・リットルページ」著「ソ聯の十年」等ノ左翼文獻ヲ、日鐵本社監理部投資課勤務ノ藤井信一ニ對シ前記「鐵鋼業ニ於ケル勞働形成」ト題スル自己ノ左翼的論文ヲ謄冩シタル「パンフレット」ヲ夫々貸與又ハ贈與シテ回讀セシメ又同人等並ニ「日鐵」本社會計課

勤務ノ三古谷栄、廣畑製鐵所勤務ノ中澤護人（後ニ「日鐵」本社勤務）、釜石製鐵所勤務ノ藤井康三等ニ對シ屡次共産主義理論ノ正當性ヲ強調シテ其ノ研究ヲ勸奨シ或ハ内外ノ客觀情勢ヲ共産主義的觀點ヨリ分析批判スル等極力同人等ノ共産主義意識ノ啓蒙昂揚ヲ圖ルト共ニ「日鐵」監理部事務室其ノ他ニ於テ屡々右勝部元、中澤護人等ト共ニ會合シ右「政治經濟研究会グループ」ノ下部組織トシテ右渡辺公平其ノ他ノ者ヲ「シンパ」トシテ左翼組織ヲ結成スヘク協議シテ之カ具體化ニ努メ

タル等諸般ノ活動ニ從事シ以テ両結社ノ各目的遂行ノ為ニスル行為ヲ為シ

第二、昭和十八年六月九日「コミンテルン」執行委員會幹部會カ同月十日以降「コミンテルン」ヲ解散スル旨ノ聲明ヲナスヤ被告人ハ右幹部會ノ態度ヲ全面的ニ肯定スルト共ニ右勝部元、板井庄作等カ同年七月四日頃右「政治經濟研究會グループ」ノ方針トシテ右解散聲明ノ趣旨ニ則リ共産主義運動ヲ展開スヘキ旨協議シタル事實ヲ聞知シテ之ヲ承認シ茲ニ日本共産黨カ「コミンテルン」解散後モ右解散ノ趣旨ニ從ヒ引續キ革命行動ニヨリ國體ヲ變革シ私有財産制度ヲ否認シ「プロレタリアート」ノ獨裁ヲ樹立シ之ヲ通シ共産主義社會實現ヲ目的トシテ活動スル結社ナルコトヲ知リ乍ラ之ヲ支持シ被告人ノ運動ヲ繼續シテ其ノ目的達成ニ資スル意圖ノ下ニ

（一）昭和十八年七月中旬ヨリ同年九月八日迄ノ間ニ回ニ亘リ「日鐵」監理部事務室外一カ所ニ於テ右勝部元、中澤護人ト共ニ曩ニ協議シタル左翼組織ノ結成方針ニ付協議ヲ重ネタル外「日鐵」八幡製鐵所公余倶樂部ニ於テ右勝部元、渡辺公平、大島毅一等ト共ニ内外ノ客觀情勢ヲ共産主義的觀點ヨリ分析批判シ大東亜戰争ハ愈愈日本ニ不利ニ進展シテ國内危機ノ増大ニヨル國内變革ハ必至ナリト論斷シ或ハ右中澤護人ニ對シ辨証法的唯物論ノ積極的研究ヲ慫慂シ前記三古谷栄ニ對シ「ピアトニッキー」著「ファッシズム論」ヲ、輪西製鐵所勤務ノ川村猛ニ對シ「ブランデンブルク」著「世界史ノ成立」其ノ他ヲ夫々貸與閲讀セシメテ同人等ノ共産主義意識ノ啓蒙昂揚ヲ圖ル等極力「日鐵」内ニ於ケル左翼組織ノ確立ニ努メ

（二）同年八月二十日頃及同年九月五日頃ニ回ニ亘リ麹町區丸ノ内丸ビル内食堂「花月」、喫茶店「キャッスル」等ニ於テ勝部元、小川修、森數男、板井庄作、山口謙三等「政治經濟研究會グループ」ノ「メンバー」ト會合シ「イタリア」ノ政治情勢ヲ中心トスル國際情勢並ニ日本鋼管株式會社川崎工場ノ勞働者ノ動向ヲ中心トスル國内情勢等ヲ共産主義的觀點ヨリ分析批判シテ相互ニ共産主義意識ノ昂揚ニ努メルト共ニ同年七月三十一日浅石晴世ノ検擧以来一時中斷シ居タル同「グループ」ノ研究會ヲ近ク再開スヘキ旨協議シ

タル等諸般ノ活動ニ從事シテ以テ日本共産黨ノ目的遂行ノ為ニスル行為ヲ為シタルモノナリ

二、証拠

一、被告人ノ當公廷ニ於ケル供述

三、法律ノ適用

治安維持法第一條後段第十條刑法第五十四條第一項前段第十條第六十六條第六十八條第三号第七十一條第二十五條

仍テ主文ノ如ク判決ス

昭和二十年八月三十日

横濱地方裁判所第二刑事部

裁判長判事　八並　達雄

判事　若尾　元

判事　影山　勇

再審請求書

石川県金沢市――――

請求人（平館利雄の長女）　平館　道子

東京都新宿区――――

右弁護人弁護士　森川　金寿

外四名

（別紙弁護人目録記載のとおり）

請求人は、平館利雄（以下平館という。）に対する治安維持法違反被告事件につき、昭和二〇年九月一五日横浜地方裁判所が有罪の言渡しをした確定判決（以下本件判決という。）に対して再審を請求する。

【編集者注】以下、「請求の趣旨」「請求の理由」については、前掲・木村亨氏のものと重なるので省略。

ただし、「請求の理由」中の「第四　本件判決の復元」にさいしての「犯罪行為」の推認、及び「第五　再審理由」中の平館被告人に対して特高警察官が行った拷問による取調べについては別個の記述となるので、その箇所を収録。

また平館氏については、「復元判決」も第一次再審請求のさいに復元したものと同文のため省略（一三一頁参照）。

（第四　本件判決の復元）

平館については、訴訟記録として存在が明らかなものは全くないので、弁護人において、平館に対する本件判決を別紙のように復元した。

復元の方法は、次のとおりである。(中略)

そこで、平館が、甲第六号証において、「党再建準備会グループ」、「ソ連事情調査会」及び「満鉄グループ」所属とされているところから、弁護人において、甲第六号証により右各グループに共通して所属するとされ、その犯罪事実としての行動が平館と形影相伴うがごとく取調官によって構想されたものと認められる西沢富夫の判決を主たる根拠とし、いずれも右各グループ所属の細川嘉六及び相川博の予審終結決定、木村亨の予審終結決定、益田直彦の判決、西尾忠四郎の予審終結決定、小野康人の予審終結決定及び判決並びに甲第三号証の四を参考にして、本判決認定の事実を推認した。なお、小野康人、細川嘉六、相川博の各予審終結決定において認定されているいわゆる「泊会議」の件は、小野康人の判決においては認定されていないことから見て、本件判決においても認定されていないものと推認される。

また、本件判決挙示の証拠としては、西沢富夫、益田直彦及び小野康人の各判決に徴すると、被告人の当公廷における供述のみか、右のほか、被告人に対する予審訊問調書、本件記録編綴の相川博に対する予審訊問調書謄本の記載、被告人に対する司法警察官訊問調書、被告人の検事に提出せる手記の記載の一部あるいは全部が併記されているものと推認される。

右のように推認されるところにより、別紙のように判決を復元した。(なお、証拠については、便宜上西沢富夫の判決に倣った。)

以上のようにして作成された別紙に掲げる復元判決は、前記の本件判決と同一の内容を有すると認めるべき要件を満たすものと認められるから、これに本件判決と同価値を認め、これに基づき再審理由の有無を判断すべきである。

(第五　再審理由)

(一) 平館は、昭和一八年五月一一日に神奈川県警察部特高課員により逮捕され、神奈川県警察部山手警察署に留置され、その後、特高警察により無数の拷問を受けた。

右特高警察による拷問の態様は、次のとおりである。

以下は、昭和二二年四月にいわゆる横浜事件により検挙された平館らがその取調べに当たった特高警察官らを告訴するに先立って平館が執筆した口述書(甲第五号証の二の5)の記載によったものであるが、右証拠は、具体的詳細で、迫真性に富むものであり、信頼性に欠けるところがない。

平館が受けた拷問のうち最も残虐なものは、次の二回である。

第一回目は、逮捕後まもなくの同月一八日ころの午後一時ころより山手警察署二階の取調室において、神奈川県警察部特高課員の松下英太郎警部（左翼係長）、同森川清造警部補、村沢巡査部長及び某巡査部長の取調べがあった際である。松下英太郎警部は、村沢及び某両巡査部長に命じて、平館の両手を後ろ手に縛り、竹刀で左右から両膝を交互に約三〇分間にわたり打った。そのため、平館は、苦痛のため一時精神肉体共に虚脱朦朧状態に陥り、前面にうつ伏せになってしまったので、一時打つのは中止されたが、約一〇分もして意識を恢復すると、再び三〇分にわたって殴打し続けた。その間松下英太郎警部は、「お前のような国賊は殺してもかまわぬのだ」と幾度か叫びながら、平館の頭髪をつかんで畳の上をねじり廻した。そのため、平館は、両膝が、大腿に至るまで紫色に腫れ上がり、苦痛のために再び昏睡状態に陥ったので、そこで拷問は打ち切られ、しばらくして係員に促されて監房に連れていかれたが、ほとんど歩行することも出来ず、這って帰った。そして、平館は、独房に帰ってから、係の者の許可を得てただちに臥床し、同房の人々の看護によりようやく生気を取り戻すことが出来たが、引き続き臥床して二、三日は床から起き上がることが出来なかった。

第二回目は、同月二一日ころの午前九時ころから、磯子警察署二階の調室での森川清造警部補、村沢巡査部長、某巡査部長の三名の取調べの際である。前回同様の拷問であるが、森川清造警部補は、前回の拷問による傷が未だ少しも治っていない平館に対し、部下に命じて両手を後ろ手に縛り、約三〇分にわたり竹刀で殴打したため、平館は、両足が異常に膨れ上がり、紫色に化膿し、苦痛は全く堪え難いものとなった。その間、平館が昏睡状態になると、拷問は打ち切られたが、その間、森川清造警部補は、「お前のような者を一人や二人殺しても罪にもなんにもならないのだ」と威嚇しながら暴行したのである。平館は、監房に帰されたが、それから五日間ばかりは苦痛のため起き上がることが出来ず、わずかに用便は同房の人々に助けられてすます状況であった。

このような態様の拷問は、その他にも多数回に及んだが、当時の状況の下では、特高刑事の「お前のような国賊は、殺してもかまわぬのだ」というような脅迫文言は、単なるおどし文句ではなく、実際に平館に生命の危機を感じさせるものであり、そのような言葉に引き続いて加えられる肉体に対する拷問の態様も生命の危険を感じさせるような激しいものであって、平館は、「取調べ」の最初の段階でこのような拷問を受け、苦しみに耐えかねて、事実を歪曲して、平館の行為をことさら共産主義と結びつけ、平館が、共産主義者であり、その行動がすべて、「コミンテルン」あるいは「日本共産党」が国体を変革すること及び私有財産制度を否認することを目的とする結社であることを認識しながら、その目的遂行の為にしたということを強制的に認めさせられ、警察の意に沿うその旨の「手記」の執筆を強いられ、続いてこのように強制された「手記」に沿った調書をとられたのである。

以上に述べた経緯、事情から明らかなように、右「手記」及び警察官作成の訊問調書の各記載は、警察官の拷問の結果作成されたもので、平館が真に認めたものでもなく、また、客観的事実に反するものであるから、その信用性は全くない。

再審請求書

千葉県市川市
請求人（由田浩の妻）由田　道子
東京都新宿区
右弁護人弁護士　森川　金寿
外四名
（別紙弁護人目録記載のとおり）

請求人は、由田浩（以下由田という。）に対する治安維持法違反被告事件につき、昭和二〇年八月三〇日横浜地方裁判所が有罪の言渡しをした確定判決（以下本件判決という。）に対して再審を請求する。

【編集者注】以下、「請求の趣旨」「請求の理由」については、前掲・木村亨氏のものと重なるので省略。

ただし、「請求の理由」中の「第四　本件判決の復元」にさいしての「犯罪行為」の推認、及び「第五　再審理由」中の由田容疑者に対して特高警察官が行った拷問による取調べについては別個の記述となるので、その箇所を収録。

（第四　本件判決の復元）

由田については、判決及び訴訟記録で、存在が明らかなものは全くないので、弁護人において、由田に対する本件判決を別紙のように復元した。

復元の方法は、次のとおりである。（中略）

そこで、由田は、甲第六号証において、「政治経済研究会グループ」に属していたとせられているので、いずれも同グループに属するとせられる小川修、白石芳夫及び和田喜太郎の各判決、高木健次郎、森數男、白石芳夫及び板井庄作の各予審終結決定並びに甲第六号証に由田の名が現れる各事実を集結し、かつ、由田作成の口述書（甲第五号証の一の13）を参照して、本件判決の認定事実を推認した。

そして、証拠は、小川修、白石芳夫及び和田喜太郎の判決と同様、被告人の当公廷における判示同旨の供述を挙示していると推認される。

右の各推認されるところにより、本件判決を別紙のように復元した。

(第五　再審理由)

(一)　由田は昭和一八年九月九日、神奈川県警察部特高課の室賀警部補外二名の警察官により逮捕され、神奈川県警察横浜臨港警察署に留置され、その後、右特高警察の拷問を受けた。
右特高警察による拷問の態様は、次のとおりである。

以下は、いわゆる横浜事件により検挙された由田らが、昭和二二年四月に同人らの取調べに当たった特高警察官らを告訴するに先立って由田が執筆した口述書（甲第五号証の一の13）記載によるものであるが、右証拠は、具体的詳細で、迫真性に富むものであり、信頼性に欠けるところがない。

右逮捕当日の午前一〇時頃から、右警察署三階の調室において、右警察官が、由田に対し、いきなり「お前は共産主義運動に従事せる事実ありや」と尋ねたので、これを否定すると、「何を言うか、この野郎」と言って、竹刀の折れたものや弓の折れたものなどで由田の全身を強烈に乱打し始め、その間悪罵と嘲笑を浴びせ、「小林多喜二はどうして殺されたか、貴様らはよく知っている筈だ、貴様のような共産主義者は叩き殺してやる」などと言って、交互に殴る、打つ、蹴る、あるいは膝裏に三角棒を挟んで座らせて膝の上を泥靴で踏みつけるなどした。由田が否認し続けると、右警察官らは、「そんな筈はない、貴様らは足尾で何を謀議決定したか、その後の言動は共産主義の展開に外ならぬではないか」と言って、またまた前記のような暴行を続行した。右は二時間余に亘るもので、遂に、由田は虐殺されるのではないかと恐れ、やむなく右の訊問どおり認めて書類に署名押印したが、そのまま人事不省に陥り、留置場に下げられた。由田は、右の暴行により、大腿部、背部、腕、顔面に受傷し、その箇所は紫色に腫れ上がり、ところによっては血がにじみ出るありさまで、傷は約二週間も治らず、また、発熱のため、食事は一週間くらいの間摂ることができなかった。

それから三、四日後、松下英太郎警部（特高課左翼係長）、逗子警部補その他巡査部長、巡査が来て、調室において、由田に前回のような暴行を加えて、共産主義運動についての陳述を強いた。しかし、逗子警部補は、由田の体質が繊弱で、このような拷問には到底堪え難いと見てとり、松下英太郎警部にこれを中止するよう願い出たため、その後は幸いに暴行は中止された。

しかし、さらに、同年一一月中旬頃、由田は、室賀警部補から、「殺す、殺す」と言って、竹刀、鞭で乱打され、鼻に薬罐の水を注入されるなどの暴行を受けて身体の各部に受傷したことがあった。

当時の状況の下では、特高刑事の右のような脅迫的な言辞は、単なるおどし文句ではなく、実際に由田に生命の危機を感じさせるものであり、同時に加えられる肉体に対する拷問の態様も生命の危険を感じさせるような激しいものであって、「取調べ」の最初の段階でこのような拷問を受け、苦しみに耐えかねて、由田は、事実を歪曲し、由田の行為をことさら共産主義と結びつけ、由田が、共産主義者であり、その行動がすべて、「コミンテルン」あるいは「日本共産党」が国体を変革すること及び私有財産制度を否認することを目的とする結社であることを認識しながら、その目的遂行の為にしたものであることを強制的に認めさせられ、同年一〇月中旬から、警察の意に沿うようにその旨の「手記」の執筆を強いられ、続いてこのように強制された「手記」に沿った調書をとられたのである。

以上に述べた経緯、事情から明らかなように、右「手記」及び警察官作成の訊問調書の各記載は、警察官の拷問の結果作成されたもので、由田が真に認めたものでもなく、また、客観的事実に反するものであるから、その信用性は全くない。

〔別紙〕

判決

本籍　千葉縣市川市――――
住所――――
会社員（古河電工株式會社庶務課）
由田　浩
当三十三年

右ノ者ニ對スル治安維持法違反被告事件ニ付當裁判所ハ檢事山根隆二關與審理ヲ遂ケ判決スルコト左ノ如シ

主文

被告人ヲ懲役貳年ニ處ス

但シ本裁判確定ノ日ヨリ参年間右刑ノ執行ヲ猶豫ス

理由

一、犯罪事實

被告人ハ古河電工株式會社庶務課ニ勤務シ麹町區永田町一丁目十五番地ノ後藤隆之助ヲ理事長トスル昭和塾ニ入リ政治經濟、社會等各般ニ亘リ研究ヲ遂ケ共産主義ヲ信奉セル者ナルカ「コミンテルン」カ世界「プロレタリアート」ノ獨裁ニ依ル世界共産主義社會ノ實現ヲ標榜シ世界革命ノ一環トシテ我國ニ於テハ革命手段ニ依リ國體ヲ變革シ私有財産制度ヲ否認シ「プロレタリアート」ノ獨裁ヲ通シテ共産主義社會ノ實現ヲ目的トスル結社ニシテ日本共産黨ハ其ノ日本支部トシテ其ノ目的タル事項ヲ實行セムトスル結社ナルコトヲ知悉シ乍ラ孰レモ之ヲ支持シ現下内外ノ情勢ニ鑑ミ青年知識層ノ間ニ共産主義意識ノ啓蒙昂揚ヲ圖ルト共ニ左翼組織ヲ確立スル等ノ活動ヲ通シテ右両結社ノ各目的達成ニ資セムト企圖シ

一 昭和十六年六月初旬前記昭和塾ノ會議室ニ於テ同塾ノ卒業生(通稱塾友)タル共産主義者高木健次郎、板井庄作等ト協議ノ上塾友並木正吉外十四名ヲ糾合シテ「昭和塾々友研究會政治班」ヲ結成シ爾来同年十一月初旬迄ノ間前後十数回ニ亘リ右昭和塾會議室、麹町區半藏門竹工堂ビル内平貞藏事務所等ニ於テ蝋山政道著「政治史」ヲ「テキスト」トシテ研究會ヲ開催シタルウエ所謂講座派ノ理論ニ基キ幕末・明治維新ヨリ日露戰争前後ニ至ル日本ノ近代資本主義國家トシテノ發展ノ諸過程ヲ分析解明シ或ハ岩淵辰雄其ノ他ヲ招キ日本軍部論等ニ関スル講演會ヲ開催シタルウエ該講演ニ基キ論議ヲ重ネテ會員ノ共産主義意識ノ昂揚ニ努メ極力同政治班ノ左翼化ニ努メ

二 昭和十六年十月十五日右昭和塾ノ講師尾崎秀實カ國防保安法違反其ノ他ノ嫌疑ヲ以テ検擧セラレタルト内外ノ客觀情勢ノ緊迫化トニヨリ右昭和塾ハ解散スルコトトナリ「昭和塾々友研究會政治班」モ亦解散ノ止ムナキニ直面スルヤ被告人ハ豫テ同志的結束ヲ固メ居タル共産主義者高木健次郎、板井庄作、浅石晴世等ト共ニ同月十八日ヨリ同年十二月下旬ニ亘リ栃木縣足尾町古河鑛業株式會社足尾鑛業所倶樂部、麹町區丸ノ内二丁目八番地古河電気工業株式會社応接間其ノ他ニ於テ屢々會合シテ右政治班解散後ノ被告人等ノ活動方策ニ付キ協議シタル結果遂ニ右政治班加入ノ共産主義分子其ノ他ノ意識分子ヲ結集シテ共産主義理論ノ研究ト内外ノ諸情勢ノ分析批判等ヲ通シテ共産主義意識ノ昂揚ヲ圖ルト共ニ左翼組織ヲ確立スル意圖ノ下ニ所謂「政治經濟研究會グループ」ナル非合法「グループ」ヲ結成シ爾来昭和十八年六月初旬迄ノ間逐次「グループ」員ヲ獲得シ前後二十数回ニ亘リ密カニ會合ヲ開催シ或ハ「ピクニック」「ハイキング」等ヲ催シテ共産主義理論ノ研究並ニ内外ノ政治經濟ノ諸情勢ノ分析批判ヲ為シテ「グループ」員ノ共産主義意識ノ昂揚同志的結合ノ強化ヲ圖リタル外「グループ」ノ組織並ニ活動方針ニ付キ種々協議シテ之カ實践ニ努ムル等ノ活動ヲ為シタルカ就中

(イ) 昭和十六年十二月二十一日頃及同月二十六日頃ノ二回ニ右高木健次郎、板井庄作、浅石晴世等ト共ニ世田谷區世田谷五丁目二千八百三十二番地ナル共産主義者細川嘉六方外一カ所ニ於テ同人ト會合シテ同「グループ」ノ指導ヲ仰クト共ニ同人ヨリ所謂歴史ノ必然性ニ従ヒ共産主義運動ヲ勇敢ニ展開スヘキ旨鼓舞激勵セラレテ愈々同志的結合ヲ強化シ

(ロ) 昭和十七年七月二十四日頃同年八月二十八日頃ノ二回ニ神田區一ツ橋学士會館三階小會議室ニ於テ高木健次郎外五名ノ「グループ」員ト共ニ「ファッシズム」

ノ研究會ヲ開催シ各自共産主義的觀點ヨリ之カ討議ヲ試ミテ相互ニ意識ノ昂揚ニ努メ

（八）同年十一月十五日頃及同月二十日頃ノ二回ニ中野區新山通二丁目二十三番地浅石晴世方ニ於テ同人其ノ他ノ「グループ」員ト共ニ特ニ同「グループ」ノ研究課題、研究方法、研究會開催方法ニ付協議ヲ重ネタル結果「グループ」員ハ各自満洲事變以後ノ内外ノ諸情勢ヲ各自ノ職場ヨリ得タル重要資料ヲ基本トシテ共産主義的觀點ヨリ之ヲ分析批判シ或ハ綜合スル等ノ方法ニヨリ大東亜戰争ニ對スル日本ノ戰力ノ判定ヲ為スト共ニ一面各産業ニ於ケル資本ノ構造ト勞働力ノ構成ノ變動トヲ究明シ依テ以テ革命ノ展望ニ資スルコト、研究課題及研究分担ヲ非鐵金屬業特ニ銅及軽金屬工業ヲ被告人及小川修、鐵鋼業ヲ高木健次郎及勝部元、鐵鋼業ニ於ケル勞働問題ヲ山口謙三、電氣事業ヲ板井庄作、熱帯農業及製糖業ヲ白石芳夫、中国共産黨、日本農業及國際情勢ヲ森數男、國内情報及文化問題ヲ浅石晴世及和田喜太郎、支那問題ヲ新井義夫ト夫々為スコト並ニ該研究方法ニ依ル研究分担ノ發表ヲ中心トシテ論議ヲ重ヌルコト等ヲ各決定シ該決定ニ基キ同年十二月五日頃ヨリ昭和十八年六月六日頃迄ノ間右浅石晴世方杉並區永福町二百三十七番地山口謙三方千葉縣市川市八幡千二百二十九番地勝部元方等ニ屡次開催セラレタル同「グループ」ノ會合ノ席上右高木健次郎、勝部元、板井庄作、白石芳夫、森數男、新井義夫等カ各研究分担ノ發表ヲ為シタルカ被告人モ同「グループ」ノ會合ニ出席シ且自己ノ研究分担ニ付昭和十七年十二月十七日頃右山口方ニ開催セラレタル會合ニ於テ右小川修ト打チ合セノ上被告人カ我國ニ於ケル「ヂュラルミン」等ノ軽金屬ノ生産量並ニ航空機ノ生産量カ米英ニ比シ劣弱悲觀スヘキ状況ニアルコトヲ力説シタルニ付加シテ米國銅ノ輸入杜絶其ノ他ノ原因ニヨル銅材料カ将来益々逼迫シ銅加工業ノ前途ハ頗ル憂慮スヘキ状態ニ在リテ大東亜戰遂行上不安ナル旨強調シタル上之等各自ノ研究發表ヲ中心トシテ更ニ各自共産主義的觀點ヨリ論議ヲ重ネテ以テ相互ニ共産主義意識ノ昂揚ニ務メタル外其ノ間右小川修、勝部元其ノ他ノ「グループ」員ト「全聯邦共産黨小史」其ノ他ノ革命史ニ關スル文獻ノ回讀並ニ之カ意見ノ發表ヲ為スコトヲ決定シテ實行シ以テ戰略戰術ノ樹立ニ資スルト共ニ相互ニ革命意識ノ昂揚ニ努メ

（二）昭和十七年十二月十七日頃前記山口方ニ於ケル會合ニ於テ右高木健次郎外七名ノ「グループ」員ト共ニ檢擧ヲ免ルル為爾今「グループ」ヲ二班ニ分チ第一班ヲ高木健次郎、浅石晴世、白石芳夫、小川修、板井庄作、第二班ヲ被告人、勝部元、森數男、新井義夫、山口謙三、和田喜太郎トナシ右両班ハ高木及勝部ニ於テ連絡ヲ保持シツツ随時會合ヲ開催スル等ノ活動方針ヲ協議決定シ該決定ニ基キ昭和十八年一月七日頃江戸川區小岩町三百六十二番地被告人方ニ於テ勝部元、山口謙三、森數男、和

田喜太郎ト共ニ第二班ノ會合ヲ開催シ勝部元ノ我國ニ於ケル昭和六年以降ノ「インフレーション」ノ推移ニ關スル研究發表ヲ中心トシテ共産主義的觀點ヨリ論議ヲ重ネテ相互ニ意識ノ昂揚ヲ圖ルト共ニ今後ノ研究課題トシテ歐州大戰以後ノ獨逸及蘇聯ノ革命史ノ研究ヲ為スヘキコトニ付意見ノ交換ヲ遂ケ

タル等諸般ノ活動ニ従事シ以テ両結社ノ各目的遂行ノ為ニスル行為ヲ為シタルモノナリ

二、証拠

一、被告人ノ當公廷ニ於ケル供述

三、法律ノ適用

治安維持法第一條後段第十條刑法第五十四條第一項前段第十條第六十六條第六十八條第三號第七十一條第二十五條

仍テ主文ノ如ク判決ス

昭和二十年八月三十日

横濱地方裁判所第二刑事部

裁判長判事　八並　達雄

判事　若尾　元

判事　影山　勇

再審請求書

東京都新宿区――――
請求人　板井　庄作

東京都新宿区――――
右弁護人弁護士　森川　金寿
外四名

（別紙弁護人目録記載のとおり）

請求人は、請求人に対する治安維持法違反被告事件につき、昭和二〇年八月三〇日横浜地方裁判所が有罪の言渡しをした確定判決（以下本件判決という。）に対して再審を請求する。

【編集者注】以下、「請求の趣旨」「請求の理由」については、前掲・木村亨氏のものと重なるので省略。

ただし「第四　本件判決の復元」の一部（板井氏については予審終結決定が存在する）と「第五　再審理由」中の被告人に対して特高警察官が行った拷問による取調べにつ

いては別個の記述となるので、それらの箇所を収録。

（第四　本件判決の復元）

そこで、請求人は、請求人の予審終結決定を根拠とし、甲第六号証及び請求人が甲第六号証において、「政治経済研究会グループ」に属していたとせられているので、右グループに属する小川修、白石芳夫及び和田喜太郎の各判決並びに高木健次郎、森數男、白石芳夫及び板井庄作の各予審終結決定を参考にすると、白石芳夫の判決の認定事実が同人の予審終結決定認定の事実と同一であることにも徴して、被告人の判決の認定事実は、同人の予審終結決定認定の事実と同一であると推認できる。

また、証拠としては、小川修、白石芳夫及び和田喜太郎の判決と同様、被告人の当公廷における判示田旨の供述を挙示しているものと推認できる。

（第五　再審理由）

本件判決の認定する犯罪事実は、治安維持法第一条あるいは第一〇条所定の「国体を変革することあるいは私有財産制度を否認することを目的とする結社「コミンテルン」あるいは「日本共産党」の目的遂行のためにする行為を為した」ということであるから、請求人に本件犯罪が成立するというためには、請求人の行為自体の右の客観的性格の外、請求人の右結社の右性格に対する認識及びその目的遂行の意思（以下主観的要件という。）があることが必要であることはいうまでもない。そして、本件判決が請求人の供述証拠のみを証拠として挙示していることから考えると、右供述証拠は、請求人の行為の外、請求人に右主観的要件があったことを認めた内容のものであると推認される（この点で、第一次再審請求事件における木村亨に対する第二審決定の、請求人（木村亨）の供述の具体的な内容を知ることができないとする判示は相当でない。）。

したがって、本件判決の事実を正当に認定しうるかどうかは、一に、請求人の右の点についての供述が信用性があるか否かにかかっているといえる。したがって、右自白の信用性について「新証拠」を加えて検討し、それがないことが明らかになれば、旧刑訴法四八五条六号に当たるものとして、再審を開始しなければならない。

請求人は、昭和一八年九月九日、神奈川県警察部特高課員により逮捕され、神奈川県警察部磯子警察署に留置された。その後、神奈川県警察部特高課員の拷問を受けた。

右特高警察による拷問の態様は、次のとおりである。

右は、本請求に当たり、請求人が記憶に従って記載した「警察における拷問について」と題する書面（甲第五号証の三）によるものであるが、信頼するに足るものである。

請求人は、逮捕の翌日か翌々日、同警察署の刑事部屋において、長谷川検事の取調べを受けたが、同検事が、請求人を国賊呼ばわりしたので、これに抗議したところ、立会っていた四、五名の刑事が、「この野郎、検事さんに口答えしやがって」と喚きながら、請求人に襲いかかり、殴る蹴るの暴行を加えた。検事は、黙って一部始終を見ていたが、やがて刑事に合図して請求人を監房に連れ戻させた。このことから見て、右のような取調べが、検事の指揮下において行われていることは明らかである。

その直後、松下英太郎警部（特高係長）が請求人の取調べ主任となった高橋義一警部補ら数名を引き連れて来て、請求人を同署二階の刑事部屋に連れ込んで土下座させ、矢庭に頭髪をつかみ、「レーニンのような面構えだな」「検事さんに口答えしたそうだな、いい度胸だ」「小林多喜二がなぜ死んだか知っているだろうな、お前のようなやつらは殺しても構わないのだ」などと喚き、頭を床にねじ伏せ、土足で踏みつけた。それを合図に、高橋義一警部補らが、請求人の手を後ろ手にねじ上げ、用意した木刀、竹刀などで所嫌わず殴打した。この為、特に大腿部は紫色に変色し、普段の二倍くらいにふくれ上がった。そして、ふらふらになった請求人に水をかけ、警察官が用意してきた「私は共産主義者です」と書かれた紙面に無理に拇印させた。

このような拷問が一〇月半ばころまでの間に三回くらい続いた。警察官が請求人に拷問によって認めさせようとしたのは、請求人らの「政治経済研究会」の活動を「コミンテルン」、「日本共産党」と結びつけようとすることであった。請求人は、このような拷問を避け、なんとか生きのびようと考えたこともあり、また、請求人の思想、行動が正義にかなったものであることを積極的に記録に留める意思で、警察官の意に沿うかのような調書の作成に応じた。

当時の状況の下では、特高刑事の右のような脅迫文言は、単なるおどし文句ではなく、実際に請求人に生命の危機を感じさせるものであり、同時に加えられる肉体に対する拷問の態様も生命の危険を感じさせるような激しいものであって、「取調べ」の最初の段階でこのような拷問を受け、苦しみに耐えかねて、事実を歪曲し、請求人の行為をことさら共産主義と結びつけ、請求人が共産主義者であり、その行動がすべて、「コミンテルン」あるいは「日本共産党」が国体を変革すること及び私有財産制度を否認することを目的とする結社であることを認識しながら、その目的遂行の為にしたものであることを強制的に認めさせられ、その旨の「手記」の執筆を強いられ、続いて、このように強制された「手記」に沿った調書をとられたのである。

以上に述べた経緯、事情から明らかなように、右「手記」及び警察官作成の訊問調書の各記載は、警察官の拷問の結果作成されたもので、請求人が真に認めたものでもなく、また、客観的事実に反するものであるから、その信用性は全くない。

〔別紙〕

判決

本籍　東京都本郷區――――
住所　同都杉並區――――
板井　庄作
当二十九年

右ノ者ニ対スル治安維持法違反被告事件ニ付當裁判所ハ検事山根隆二關與審理ヲ遂ケ判決スルコト左ノ如シ

主　文

被告人ヲ懲役貳年ニ處ス
但シ本裁判確定ノ日ヨリ参年間右刑ノ執行ヲ猶豫ス

理　由

一、犯罪事實

被告人ハ裕福ナル銀行員ノ家庭ニ生育シ東京府立第一中學校第一高等學校理科ヲ經テ昭和十四年三月東京帝国大學工学部電氣工學科ヲ卒業後同年五月電氣廳技手トナリ同廳長官官房総務課第一部第二調整課第二部電力課等ニ順次勤務シ昭和十六年九月電氣廳技師ニ次イテ昭和十七年十一月一日行政簡素化実施ニ伴フ官制ノ變更ニヨリ遞信技師ニ任セラレ更ニ昭和十八年十一月一日軍需省ノ創設ト共ニ軍需技師（高等官六等）ニ任セラレ同省電力局電力課勤務トナリタルモ昭和十九年一月十九日依願免官トナリタルモノナルカ其ノ間昭和十五年四月ヨリ昭和十六年三月迄麹町區永田町一丁目十五番地所在後藤隆之助ヲ理事長トスル昭和塾ニ入リ政治經濟等各般ニ亘リ研究ヲ遂ケタルモノナルトコロ右大學在學中ヨリ大森義太郎著「史的唯物論」其ノ他ノ左翼文獻ヲ繙讀シタルト右昭和塾ニ於テ塾講師ノ所謂進歩的意見ニ接シ且浅石晴世其ノ他ノ共産主義者ノ感化ヲ受ケタル結果遂ニ昭和十六年四月頃ニ共産主義ヲ信奉スルニ至リ

第一、「コミンテルン」カ世界「プロレタリアート」ノ獨裁ニ依ル世界共産主義社會ノ實現ヲ標榜シ世界革命ノ一環トシテ我國ニ於テハ革命手段ニヨリ國體ヲ變革シ私有財産制度ヲ否認シ「プロレタリアート」ノ獨裁ヲ通シテ共産主義社會ノ實現ヲ目的トスル結社ニシテ日本共産黨ハ其ノ日本支部トシテ其ノ目的タル事項ヲ實行セムトスル結社ナルコトヲ知悉シ乍ラ孰レモ之ヲ支持シ現下内外ノ情勢ニ鑑ミ青年知識層ノ間ニ共産主義意識ノ啓蒙昂揚ヲ圖ルト共ニ左翼組織ヲ確立スル等ノ活動ヲ通シテ右両結社ノ各目的達成ニ資セムコトヲ企圖シ

（一）昭和十六年六月初旬共産主義者高木健次郎其ノ他ノ者ト昭和塾ノ會議室ニ於テ協議ノ上同塾ノ卒業生（通稱塾友）タル並木正吉外十余名ヲ糾合シテ政治問題研究

ヲ標榜シテ「昭和塾々友研究會政治班」ヲ結成シ爾来同年十一月初旬迄ノ間前後十数回ニ亘リ右高木健次郎等ト共ニ右昭和塾會議室麹町區半藏門竹工堂ビル内平貞藏事務所等ニ於テ蝋山政道著「政治史」ヲ「テキスト」トシテ研究會ヲ開催シタル上所謂講座派ノ共産主義理論ニ基キ幕末・明治維新ヨリ日露戦争前後ニ至ル日本ノ近代資本主義國家トシテノ發展ノ諸道程ヲ分析解明シ或ハ岩淵辰雄其ノ他ノ講師ヲ招キ日本軍部論等ニ関スル講演會ヲ開催シタル上該講演ニ基キ論議ヲ重ネテ相互ニ共産主義意識ノ昂揚ニ努メ殊ニ同年八月六日頃平貞藏事務所ニ開催セラレタル研究會ニ於テハ被告人ハ自ラ「征韓論と西南戦争」ト題シ階級闘争ノ立場ヨリ研究發表ヲ為シテ會員ノ共産主義意識ノ啓蒙昂揚ニ努メ

(二) 昭和十六年十月十五日右昭和塾ノ講師尾崎秀實カ國防保安法違反其ノ他ノ嫌疑ヲ以テ檢擧セラレタルト内外ノ客觀情勢ノ緊迫化トニヨリ右昭和塾ハ解散スルコトトナリ「昭和塾々友研究會政治班」モ亦解散ノ止ムナキニ直面スルヤ被告人ハ豫テ同志的結束ヲ固メ居タル右高木健次郎、由田浩、浅石晴世ト共ニ同月十八日ヨリ同年十二月下旬迄ノ間栃木縣足尾町古河鑛業株式会社足尾鑛業所倶樂部、麹町區丸ノ内二丁目八番地古河電気工業株式會社応接間其ノ他ニ於テ屡々會合シテ右政治班解散後ノ被告人等ノ活動方針ニ就キ協議シタル結果右政治班加入ノ共産主義分子其ノ他ノ意識分子ヲ結集シテ共産主義理論ノ研究ト内外ノ諸情勢ノ分析批判等ヲ通シテ共産主義意識ノ昂揚ヲ圖ルト共ニ左翼組織ヲ確立スル意圖ノ下ニ所謂「政治經濟研究會グループ」ナル非合法「グループ」ヲ結成シ爾来昭和十八年六月初旬迄ノ間右高木健次郎ト共ニ前後二十数回ニ亘リ同「グループ」ノ會合ヲ開催シ或ハ「ピクニック」「ハイキング」等ヲ催シテ共産主義理論ノ研究並ニ内外ノ政治經濟等諸情勢ノ分析批判ヲ為シテ「グループ」員ノ共産主義意識ノ昂揚同志的結合ノ強化ヲ圖リタル外同「グループ」ノ組織並活動方針等ヲ協議決定シテ之ガ實践ニ努ムル等同「グループ」ノ擴大強化ニ努メタルカ就中

(イ) 昭和十六年十二月二十一日頃及同月二十六日頃ノ二回ニ右高木健次郎、浅石晴世、由田浩ト共ニ世田ケ谷區世田ケ谷五丁目二千八百三十二番地ナル共産主義者細川嘉六方外一カ所ニ於テ同人ト會合シテ同「グループ」ノ指導ヲ仰クト共ニ同人ヨリ所謂歴史ノ必然性ニ從ヒ共産主義運動ヲ勇敢ニ展開スヘキ旨鼓舞激勵セラレテ愈々同志的結合ヲ強化シ

(ロ) 昭和十七年一月二十日頃同年六月十七日頃同月二十八日頃及同年十一月三日頃ノ前後四回ニ亘リ中野區新山通二丁目二十三番地浅石晴世方外三ケ所ニ於テ同人其ノ他ノ「グループ」員ト會合シ同「グループ」ノ研究課題其ノ他組織並ニ活動方針ニ付協議シタルカ殊ニ同年十一月三日頃千葉縣船橋市内某喫茶店ニ於テ「グループ」

員高木健次郎、山口謙三、浅石晴世、勝部元、小川修等ト會合シ滿洲事變以後ノ內外ノ諸情勢ヲ共產主義的觀點ヨリ研究ヲ為スコト積極的ニ「メンバー」ヲ獲得スル一面各自ノ職場內ニ於テ組織活動ヲ強化スルコト極力「グループ」ノ存在ヲ秘匿スルコト其ノ他同「グループ」ノ組織並活動方針ヲ協議決定シテ之カ實践ニ努メ

（ハ）次イテ同年十一月十五日頃及同月二十日頃及同年十二月五日頃ノ三回ニ亘リ前記浅石晴世方ニ於テ同人外九名ノ「グループ」員ト共ニ特ニ同「グループ」ノ研究課題、研究方法、研究會ノ開催方法等ニ付協議ヲ重ネタル結果「グループ」員ハ滿洲事變以後ノ內外ノ諸情勢ヲ各自ノ職場ヨリ得タル重要資料ヲ基本トシテ共產主義的觀點ヨリ之ヲ分析批判シ或ハ綜合スル等ノ方法ニヨリ大東亜戰争ニ對スル日本ノ戰力ノ判定ヲ為スト共ニ一面各產業ニ於ケル資本ノ構造ト勞働力ノ構成ノ變動トヲ究明シ依テ以テ革命ノ展望ニ資スルコト、研究課題及研究分担ヲ電氣事業ヲ被告人、鐵鋼業ヲ高木健次郎及勝部元、鐵鋼業ニ於ケル勞働問題ヲ山口謙三、非鐵金屬工業特ニ銅及軽金屬工業ヲ由田浩及小川修、熱帯農業及製糖業ヲ白石芳夫、中国共產黨、日本農業及國際情勢ヲ森數男、國內情報及文化問題ヲ浅石晴世及和田喜太郎、支那問題ヲ新井義夫ト夫々為スコト並ニ該研究方法ニ依ル研究分担ノ發表ヲ中心トシテ論議ヲ重ヌルコト等ヲ各決定シ該決定ニ基キ爾来同年十二月五日頃ヨリ昭和十八年六月六日頃迄ノ間右浅石晴世方杉並區永福町二百三十七番地山口謙三方千葉縣市川市八幡千二百二十九番地勝部元方等ニ於テ開催セラレタル同「グループ」ノ會合ノ席上右高木健次郎、勝部元、由田浩、白石芳夫、森數男、新井義夫等カ各研究分担ノ發表ヲ為シタルカ被告人モ亦自己ノ研究分担ヲ發表シテ現今生產力ノ擴充カ叫ハレツツアルニ拘ラス工業生產面ニ於ケル電力ノ需要ハ絶對的ニハ却テ減少ノ傾向ニ在ルコトヲ指摘シテ生產擴充計劃ヲ論議シ且技術者ノ不平不満ヲ利用シテ積極的ニ啓蒙活動ヲ為スヘク大東亜戰争ノ推移ハ日本ニ不利ニシテ日本內部ニ矛盾ト相剋トヲ激化セシメ急速ニ革命ノ機運醸成セラレツツアリト強調シタル上之等ノ研究發表ヲ中心トシテ各自共產主義的觀點ヨリ論議ヲ重ネ以テ相互ニ共產主義意識ノ昂揚ニ務メタル外其ノ間「グループ」員トノ間ニ「全聯邦共產黨小史」其ノ他ノ革命文獻ノ回讀カ意見ノ發表等ヲ為スコトヲ決定シテ實行シ以テ戰略戰術ノ樹立ニ資スルト共ニ相互ニ革命意識昂揚ニ努メ

（ニ）昭和十八年四月二十四日頃右浅石晴世、由田浩、勝部元、小川修、山口謙三等ト共ニ北多摩郡三鷹町ヨリ調布町方面ニ「ピクニック」ヲ催シテ同志的結合ヲ強化スルト共ニ同「グループ」ノ組織並ニ活動方針ヲ協議決定シテコレガ實践ニ努メ

タル等諸般ノ活動ニ従事シ以テ右両結社ノ各目的遂行ノ為ニスル行為ヲ為シ

第二、昭和十八年六月九日「コミンテルン」執行委員會幹部會カ同月十日以降「コミンテルン」ヲ解散スル旨ノ聲明ヲナスヤ被告人ハ右幹部會ノ聲明ヲ全面的ニ肯定シ日本共産黨カ「コミンテルン」解散後モ右解散趣旨ニ從ヒ引續キ革命手段ニヨリ國體ヲ変革シ私有財産制度ヲ否認シ「プロレタリアート」ノ獨裁ヲ樹立シ之ヲ通シテ共産主義社會實現ヲ目的トシテ活動スル結社ナルコトヲ知リ乍ラ依然之ヲ支持シ其ノ目的達成ニ資スル意圖ノ下ニ

(一) 昭和十八年七月四日頃前記勝部方ニ於テ同人、森數男、山口謙三、白石芳夫等ト會合シ大東亜戰争ノ敗北ヲ契機トシテ我國ニ到來スヘキ革命ハ所謂二段革命ニシテ所謂「三十二年テーゼ」ハ依然正當性ヲ有スルヲ以テ之ヲ支持シテ積極的ニ研究ヲ為スヘキコト「コミンテルン」解散ハ各國ノ共産主義運動ニ對シ實質的ニハ大ナル變更ヲ生セサシメサルヲ以テ「政治經濟研究會グループ」トシテモ引続キ運動ヲ展開スヘキコト並勞働者ノ日常生活ノ諸問題ヲ捉ヘテ階級意識ノ啓蒙昂揚ヲ圖ルト共ニ産業報告會ノ左翼化ニ努ムルコト等ヲ協議決定シテ之カ實践ニ努メ

(二) 同年七月下旬電氣廳技師後藤譽之助ヲ左翼的ニ啓蒙スル目的ヲ以テ電氣廳ニ於テ同人ニ對シ「エンゲルス」著「フォイエルバッハとドイツ古典哲学の終焉」外一冊ノ左翼書籍ヲ貸與シテ之ガ閲讀ヲ勧奨シ

(三) 同年九月五日頃麹町區丸ノ内丸ビル内喫茶店「キャッスル」ニ於テ右「政治經濟研究會グループ」ノ高木健次郎、勝部元、山口謙三等ト會合シ日本鋼管株式會社川崎工場ニ於ケル勞働者ノ動向ヲ中心トスル國内情勢ニ付論議ヲ重ネテ相互ニ共産主義意識ノ昂揚ニ努ムルト共ニ同年七月三十一日浅石晴世ノ檢擧後一時中斷シ居タル同「グループ」ノ研究會ヲ近ク再開スヘキ旨協議シ

タル等諸般ノ活動ニ從事シ以テ日本共産黨ノ目的遂行ノ為ニスル行為ヲ為シタルモノナリ

二　証拠

一、被告人ノ當公廷ニ於ケル供述

三　法律ノ適用

治安維持法第一條後段第十條刑法第五十四條第一項前段第十條第六十六條第六十八條第三号第七十一條第二十五條

仍テ主文ノ如ク判決ス

昭和二十年八月三十日

横濱地方裁判所第二刑事部

裁判長判事　八並　達雄

判事　若尾　元

判事　影山　勇

※

再審理由補充書

請求人　別紙請求人目録記載の通り

平成一二年四月二〇日

右請求人弁護人
弁護士　森川　金寿
同　環　　直彌
同　竹澤　哲夫
同　斉藤　一好
同　新井　　章
同　内田　剛弘
同　兵頭　　進
同　吉永　満夫
同　阿部　泰雄
同　大島　久明
同　岡山未央子

横浜地方裁判所
第二刑事部　御中

請求人らは、再審請求書の「第五、再審理由」の「一、旧刑訴法四八五条六号該当」の項で、本件は公訴事実が罪にならないとして無罪もしくは犯罪後の法令により刑の廃止があったものとして免訴の言渡をすべき明確な証拠を新たに発見したときに当たる旨を主張し、同項の冒頭（1項）で、「本件判決当時、治安維持法はすでに廃止されていたというべきである」ことを指摘した。そこで、以下この点について論旨を補充することとする。

一　はじめに——問題の所在

請求人やその親族に対し、昭和二〇年（一九四五年）八月一四日頃から月末にかけて相次いで言渡された本件各判決の主たる罰条が治安維持法であったことは言うまでもないが、同法は同年一〇月四日連合国最高司令官より発せられた「政治的民事的及信教的自由ニ対スル制限ノ撤廃ニ関スル覚書」によって廃止され、直ちにその効力を停止されることとなった。そのため、右同日以降わが国で同法によって訴追されたり、有罪判決の言渡を受けたりする者はもはやなくなったわけである。

そこで、しからば、さような運命を辿った治安維持法が、同年八月一五日の終戦、さらにいえば連合国が対日降伏条件を提示した「ポツダム宣言」をわが国が受諾した同月一四日から以降、右「覚書」による明確な廃止の日までの約二箇月の間、果たして有効に存続し得たかどうか、言い換えれば、この間も日本国民は治安維持法によって相変わらず取締られ、訴追され、有罪判決を受け続けなければならなかったかが問題となる。

二　ポツダム宣言の受諾と大日本帝国憲法の存立＝旧憲法体制への影響

もとよりポツダム宣言の受諾が、わが国の国家体制、とくに大日本帝国憲法（旧憲法ともいう）以下の法体制にいかなる否定的影響をもたらしたと考えるべきかに関しては、国際法と国内法との交錯、憲法と条約との優劣関係をどう理解するかなどにもかかわる重要な問題だけに、さまざまな受けとめ方があり得よう。

しかし、わが国に無条件降伏を強いたポツダム宣言の受諾にもかかわらず、当時のわが国家・国法体制が何らの影響をも蒙ることなしに済まされたとする学説はまず見当らず、それどころか、むしろそれがわが国未曾有の政治・外交・軍事上の出来事であっただけに、わが国戦前の国家・国法体制にフェイタルな影響を及ぼしたと受けとめる見解が大勢を占めるといってよいであろう。

1　ところで、この問題について最も早くから斬新な見解を発表し、しかも、その見解によって戦後のわが国憲法学界をリードしてきたのは故宮沢俊義教授であり、そのいわゆる「八月革命」説は大いに注目を集めるところとなってきた（「八月革命の憲法史的意味」『世界文化』一九四六年五月号、のち「日本国憲法生誕の法理」と改題して『憲法の原理』に所収）。

そこで教授は、敗戦後の第九〇帝国議会で、神権君主主義の大日本帝国憲法から国民主権主義の日本国憲法への一大転換が行われたこと、わけてもその手続が旧憲法の改正手続をもって行われたという事態を合理的に理解するには、そこに「特別な理由」が見出されねばならず、その「特別な理由」を析出するためには、昭和二〇年八月、終戦とともに行われた、わが国憲法史上の「大変革」の本質的意味を明らかにすることが是非とも必要であるとして、その立場から次のように説いている（『憲法の原理』三八三～三八九頁、傍線は引用者―以下同じ）。

「……一九四五年八月一四日日本政府は、連合国の最終回答を諒承した上で、終局的にポツダム宣言の条項を受諾する旨を連合国に申し入れた。かくして、降伏によって、『日本の最終の政治形体はポツダム宣言のいうところにしたがい、日本国民の自由に表明される意志によって定め』られるべきことにきまった。

ところで、この『日本の最終の政治形体…』うんぬんの言葉は……いうまでもなく、日本の政治についての最終的な権威が国民の意志にあるべきだ、ということを意味する。……そして、その言葉を、日本はそのままに受諾し、とって（ママ）もって日本の政治の根本建前とすることを約したのである。……日本は、敗戦によって、それまでの神権君主主義をすてて、国民主権主義を採ることに改めたのである。

かような変革はもとより日本政府が合法的になし得るかぎりではなかった。天皇の意志をもってしても、合法的にはなしえないはずであった。したがって、この変革は憲法上からいえば、ひとつの革命だと考えられなくてはならない。……降伏によって、つまり、ひとつの革命が行われたのである。敗戦という事実の力によって、それまでの神権主義がすてられ、あらたに国民主権主義が採用せられたのである。この事実に着目しなくてはならない。

……かように考えると、神勅主権主義の否定と国民主権主義の成立とは、すでに降伏とともに、なしとげられたことであり、新憲法が、その明文で国民主権主義を定めているのは、いわば宣言的な意味をもつにとどまる、といわなくてはならない。」

「……私の見るところでは、八月革命によって、明治憲法は廃止されたと見るべきではなく、それは引きつづき効力を有し、ただ、その根拠たる建前が変った結果として、その新しい建前に抵触する限度においては、明治憲法の規定の意味が、それに照応して、変ったと見るべきである。」

そして、右のような見解は、その著『日本国憲法コンメンタール』の中で、さらに次のように敷衍・展開されている（五〜六頁）。

「降伏がかような憲法的意味をもち、降伏によって、日本の憲法が右のような実質的修正を受けたと解すべきものとすれば、明治憲法はそこでどうなったとみるべきであるか。

降伏によって、日本の憲法は実質的な修正を受けたと解すべきである。すなわち、降伏によって、明治憲法は廃棄されてしまったわけではない。しかし、その意味は根本的に変った。たとえば、明治憲法発布の際の告文や上諭の言葉にあらわれていた天皇主権主義的な意味は降伏によって除かれてしまったと考えなくてはならない。……軍に関する諸規定や、軍の存在を前提とする諸規定はすべて効力を失ったと考えなくてはならない。……

降伏によって、明治憲法は廃棄されはしなかった。しかし、右にのべられたような重大な憲法的変革が降伏によってもたらされた以上、明治憲法の条文は形式的にはそのままであっても、その有する意味は、実質的には、その限度において、変ったとみなくてはならない。」

2　また、同じく戦前からのわが国公法学の泰斗であり、立憲主義的憲法学の祖ともいわれた故美濃部達吉博士も、旧憲法七三条に関してではあるが、

「形式的には未だ改正せられず元の儘に存置せられて

いるとしても、ポツダム宣言受諾の結果として、当然に効力を失ったものと解すべきであろう。」

と主張していた（「憲法改正の基本問題」『世界文化』一九四六年五月号所収）。

さらに、著名な英米法学者で、憲法制定経過の問題にも詳しい田中英夫教授も、その著『憲法制定過程覚え書』（有斐閣刊）の中で次のように説いている（一七四頁）。

「（5）ポツダム宣言の受諾は、明治憲法にどういう影響を及ぼしたか。

私は、この問題は、ポツダム宣言中、別段の立法措置（憲法改正を含む）をとらなくてもそのままで実現可能なものと、立法措置による制度的裏づけがなければ実現されないものとを、分けて考えるべきだと思う。合衆国で条約の国内法的効力を論ずるときに用いられる言葉を使えば、self-executing か否かで区別して考えるべきだということになる。

例えば、『言論、宗教及び思想の自由……は確立せらるべし』というポツダム宣言の定めは、そのような規定がポツダム宣言受諾とともに明治憲法に加えられたのと同じ効果が生じたもの……とみるべきであろう。このような定めが self-executing なことは、現行憲法の第一九条ないし第二一条がそうであるのと同様である。

これに対し政治機構の面の多くは、ポツダム宣言の趣旨を制度化することによってはじめて実定法的効力を生ずるのであり、それまでは日本国が国際法的義務を負っていたにとどまるものと考えるべきであろう。」

3　これらの所説は、さらに次世代の憲法学者達によっても支持され、練り上げられるところとなっているが（例えば樋口陽一『憲法Ⅰ』現代法律学全集第二巻九三頁以下）、いずれにせよ、これらの所説から窺えるように、わが国が連合国の発したポツダム宣言を受諾したことによって（後注※）、これと相容れざる旧憲法以下の国内法令は、そのかぎりで法的な存続の基盤を失ったものというべきであり、少なくとも右宣言のうち、「言論、宗教及び思想の自由並びに基本的人権の尊重は、確立せらるべし」（一〇項末段）のような self-executing（そのままで実施可能）な条項に関しては、あたかもさような規定が旧憲法に書き加えられたと同様の、実質的な修正が施されたものとみるべきであって、従って、これに抵触する国内諸法令は直ちにその効力を失うこととなったものと解するのが相当である。

※注　この点に関して宮沢教授が「降伏によって」といっている趣旨が、昭和二〇年八月一四日の「ポツダム宣言受諾によって」というのと同旨であることは、その論旨自体からしても、また「八月革命」という呼称からも明瞭である。国際法的には、わが国の連合国に対する外交上正式の「降伏」は翌九月二日の降伏文書の調印を俟ってということになるようだが、ここで

の議論は、ポツダム宣言受諾に始まる未曾有の事態がわが国憲法秩序にいかなる法的な関連・影響をもつと理解されるかという、あくまで憲法的評価（解釈）の問題なのであるから、外交上何時を以て正式の降伏とみるかという国際法上の論題とは自ら別問題であることを弁別しなければならない。

三　ポツダム宣言受諾と治安維持法の失効

他方、治安維持法の内容をみると、一条から六条までは「国体ヲ変革スルコトヲ目的トシテ結社ヲ組織シタル者」らを処罰し、七条から九条までは「国体ヲ否定シ又ハ神宮若ハ皇室ノ尊厳ヲ冒涜スベキ事項ヲ流布スルコトヲ目的トシテ結社ヲ組織シタル者」らを処罰し、さらに一〇条から一三条までは「私有財産制度ヲ否認スルコトヲ目的トシテ結社ヲ組織シタル者」らを処罰しようとする定めから成っている。すなわち、同法は、一方で「国体」変革のための組織的諸活動を、他方で私有財産制度否認を目的とした組織的諸活動を刑罰（の威嚇）をもって禁遏しようとした治安立法であって、現に本件再審請求にかかる確定判決の被告人ら六名は同法一条後段および一〇条該当の廉で訴追され、有罪判決を受けている。

ところで、そこにいう「国体」とは、大正一四年（一九二五年）制定の旧治安維持法に関する大審院判例（昭和四年五月三一日大審院刑事判例集八巻七号三一七頁）によれば、「万世一系ノ天皇君臨シ統治権ヲ総攬シ給フコト」を意味しており、それはまさしく神権主義的天皇制の国家体制を指示していた。しかし、かような意味での「国体」の存続可能性については、故宮沢教授の次のような指摘があることに留意しなければならない（前掲『憲法の原理』三八五頁）

「この八月革命は、いわゆる『国体』の変革を意味するであろうか。この問いに対する答えは、『国体』の下に何を理解するかによって異なってくる。もし、『国体』の下に、天皇が神意にもとづいて日本を統治するという神権主義的天皇制を理解するならば、そういう『国体』は、八月革命によって消滅してしまったといわなくてはならない。八月革命の革命たる所以が、何よりも、それまでの神権主義の否定にある以上これは当然である。」

そして、前引のように「神勅主権主義の否定と国民主権主義の成立とは、すでに降伏とともに、なしとげられたこと」であり、「われわれが好むと好まざるとにかかわらず降伏とともに神権主義はすでに廃棄され、日本の政治の根本建前として国民主権主義が成立している」というのであるから、そうだとすれば、まさにそのような「国体」の護持を最大の保護法益としてきた治安維持法の諸規定は、ポツダム宣言の受諾によって、最もラディカルな意味において当然失効したものと解しなければなるまい。

また、「私有財産制度ヲ否認スルコトヲ目的トシテ結社ヲ組織シタル者」を処罰する規定は、日本国民の思想・表現・集会・結社の自由を国家権力をもって強圧的に抑制しようとした刑罰法規であるから、これまたポツダム宣言の受諾に伴い、同宣言一〇項末段の「言論宗教及び思想の自由並びに基本的人権の尊重は、確立せらるべし」の条項に真向から抵触するものとして、当然に効力を失ったものというほかはない。

四　結びに——治安維持法の失効と「刑ノ廃止」

かくして、本件判決で罰条とされた治安維持法の諸規定が、判決時にはすでにその効力を失っていたのだとすれば、この事態は、旧刑事訴訟法三六二条にいう「被告事件罪トナラス」に該当するものとして無罪の言渡しをなすべき筋合いであり、あるいは、少なくとも同法三六三条二号にいう「犯罪後ノ法令ニ因リ刑ノ廃止アリタルトキ」に該当するものとして、免訴の判決が言渡されるべきケースということができる。

もとより右条号の文意からすれば、「刑ノ廃止アリタルトキ」とは廃止を定める法令が制定され、それが公布・施行されるときを典型的には意味していようが、同条が定める免訴判決の制度趣旨を実質的に考慮すれば、たとえ形式的にはいまだ廃止法令の制定がなくとも、それと同視しうるような法的状態がすでに生じたと認められる場合には、裁判所としては同条号を類推適用して、免訴判決を言渡すべきものと解して差し支えなしと思われる。

因みに、判例は、占領軍の占領目的阻害行為を処罰する昭和二五年政令三二五号は、昭和二七年法律一三七号（同年五月七日施行）によって明文で廃止されたが、むしろそれに先立つ同年四月二八日に対日平和条約が発効し、占領状態が解消されたときを以て事柄の本質上当然に失効したものと認められるから、それまでに同号違反の廉で訴追された者については、「犯罪後の法令により刑が廃止された場合にあたるものとして」、免訴の判決を言渡すのが相当としている（最判昭二八・七・二二刑集七巻一五六二頁　同二八・一二・一六　刑集七巻二四五七頁ほか）。

以上

請求人目録

平成一〇年（た）第二号	請求人	木村	まき
同　年（た）第三号	請求人	小林	貞子
同　年（た）第四号	請求人	板井	庄作
同　年（た）第六号	請求人	由田	道子
同　年（た）第七号	請求人	高木	晋
同　年（た）第八号	請求人	平館	道子

再審理由補充書（２）

請求人　木村まき
外５名

平成13年１月26日
上記請求人弁護人
弁護士　森川　金寿
外10名

横浜地方裁判所第２刑事部　御中

【目次】

序

請求人らは、本件再審請求書において、第三「判決及び訴訟記録の存在不明と再審規定の解釈」として、大要次のとおり主張した。すなわち、横浜事件の判決書及び訴訟記録の不存在について、第一次再審請求事件における請求人木村亨に対する第一審決定（甲第14号証の１の１）においては「当裁判所の事実取調べの結果によれば、太平洋戦争が敗戦に終わった直後の米国軍の進駐が迫った混乱期に、いわゆる横浜事件関係の事件記録は焼却処分されたことが窺われる」と判示し、同第二審決定（甲第14号証の１の２）は「原判決の原本及び訴訟記録が存在しなくなったことについては、原決定が述べているような請求人（木村亨）に無関係の特殊な事情が介在していたともうかがわれる」と判示している。

この判示から窺われるように、本件確定判決等は国家機関の故意による焼却処分等を原因として滅失せしめられたと推定する十分の状況が存在するのである。このような経過と事実が示すように、判決書等その不存在は請求人らの意思に基づくものではなく、全く逆に戦犯追及をおそれた司法官憲の犯罪的な湮滅行為によるものであることを強く推定することができるとすれば、その不存在による不利益を再審請求人らに帰せしめることは再審の制度的理念に背くことになり、絶対に許されないものといわなければならない。本件再審の審理にあたっては、国家（司法当局）としてはあらゆる方法を講じて再審請求人らの利益を守る義務があるとさえ言えるのであり、そうとすれば本件の場合、再審請求書に判決謄本の添付を欠くことを以て直ちに法律上の方式違反として請求をしりぞけることはできないものというべきである、旨を主張した。

　本書面は、この点について論旨を補充するとともに本件再審請求の判断について立脚すべき再審の基本理念に関連して請求人、弁護人の確信を披瀝しようとするものである。

第一　再審請求における原判決謄本添付の意義

　再審請求に際し、原判決謄本を添付しえない場合においても、その添付しえない理由が、国家機関による判決書の滅失行為が明らかな場合など請求人らの責めに帰しえない事由によるものであるときは、再審制度の理念、原判決謄本添付を求めている法制の趣旨に従い、可能な限りの復元をもって足りるとすべきである。

1　法が判決謄本添付を求める趣旨

旧刑事訴訟法第４９７条は、再審請求の際に原判決の謄本、証拠書類及び証拠物を添付することを求めており、これは改正後の刑事訴訟規則第２８３条にそのまま引き継がれている。

　そもそも何故に法はここで判決謄本添付を求めるのか。それは、当然のことながら、再審審判の対象の存在と範囲・内容等を確定するためにほかならない。法の趣旨は、それ以上でも以下でもない。

　そして、通常の場合、その原判決の存在、範囲及び内容の特定は、再審開始を求める者の側で、原判決謄本等を添付する方法によってなすべきことが求められているのである。

2　本件の場合

（1）本件における特殊事情

しかし、本件では、その方法を現実に履行することは不可能である。そして、この履行不能は、請求人らの責めに帰すべき事由に起因しない。信じ難いこと、そして許すべからざることではあるが、当時の司法官憲自体によって焼却されてしまったと強く推定されること上記のとおりである。

すでに再審請求書第三「判決及び訴訟記録の存在不明と再審規定の解釈」の一「いわゆる横浜事件関係の判決書及び訴訟記録の存在不明」で詳述したように、横浜事件関係の訴訟記録類は、司法官憲が故意に焼却滅失し、あるいは有罪判決を法廷において口頭で言渡した後、判決書そのものをそもそも作成しなかったことが強く推認されるなかで、不存在ないし存在不明という異常事態がもたらされているのである。

このことは、先にも述べたように、いわゆる横浜事件の第一次再審請求事件における請求人木村亨に対する第一審決定（甲第14号証の1の1）、同第二審決定（甲第14号証の1の2）が、ともにその判断のなかで認めたとおりである。

本件のように請求人らの責めに帰しえない明白な事情によって判決謄本等が添付できない場合には、不添付それ自体を形式的に解釈して、それを理由として再審請求棄却の判断に至るのは、先に述べた法の趣旨、また後に述べる再審制度の根本理念に照らして、明らかに誤りであるといわなければならない。

本件の場合、その添付に代わる他の方法によって、原判決の存在、範囲及びその内容等を明らかにすれば足りると解すべきである。

（2）特定すべき内容

判決謄本等の添付に代わる他の方法によって明らかにされるべき内容は、先に述べた法の趣旨に鑑みて、原判決の存在及び理由の概要と適用法条を特定するに足りるものであればよい。具体的には、原判決言渡裁判所、言渡年月日、判決主文、罪となるべき事実の概要、適用法令、罰条、罪名がその求められる内容であろう。それで充分なのである。求められる要件を、独自の判断であまりに緩和させているのではないかと、あるいは思われるかも知れない。しかし、次章に述べるように、そもそも再審制度自体がどのような根本理念によって存在するのか等に想いをいたすとき、この解釈運用こそが当然であると言わなければならない。

そして、本件においては、すでに再審請求書に添付した復元資料によって、これらの事実は充分に特定されているものということができる。

（3）不添付を理由とする棄却は許されない

したがって、前述した法（旧刑事訴訟法第４９７条、刑事訴訟規則２８３条）が判決謄本等の添付を求める趣旨、及び次に述べる再審制度の根本理念に照らして、本件のごとき特殊事情下における再審請求に対し、法の定める要件を形式的に解して判決謄本等の不添付を理由として請求を棄却することは許されないものといわなければならない。

第二　再審制度の根本理念との関係において——求められる要件緩和

再審制度は、言うまでもなく、有罪確定者のために確定判決の事実認定の誤り等について非常救済を認めた手続である。そして、現行法は、無罪・免訴等を言渡すべき事由について、新証拠の提出を要件とし有罪確定者である請求人に有利な方向でのみ機能する利益再審のみを認めている。

周知のように、旧刑事訴訟法に存在した不利益再審が廃止されたのは、憲法がその第39条に二重の危険の法理を取り入れたことによる。その結果、利益再審のみを認めることとなった現行の再審制度の目的は、実体的真実の追求ではなく、無罪者の救済（無辜の救済）に徹すべきものとなった。無辜の救済のみが、無辜の救済こそが、再審の根本理念である。

この理念は、日本国憲法の施行に伴う刑事訴訟法の応急措置に関する法律第20条に端的に示されている。同法は、現行憲法施行にあたって、とりあえず旧刑事訴訟法の条文のうち現行憲法に抵触することの明白なものについて定めた全文20カ条の応急措置法であるが、同条は、端的に、「被告人に不利益な再審は、これを認めない。」と規定したのである。

このように、再審制度が無辜の救済を根本理念とし目的とするものである以上、再審におけるすべての手続は、この理念に照らして判断されなければならない。再審法制においては、いったん裁判所ならびに訴訟関係人を、通常手続における証拠法上の制約から解放して、いわゆる行動証拠等をふくむ証拠能力の制限のない新たな証拠を加えた証拠資料の全体を総合的に評価することによって自由な心証を形成し、確定判決を見直すことを認めているのである。再審請求における形式的要件についても、右理念に照らして、解釈運用されなければならない。

1　再審請求事件における先例

再審の手続的要件について、これを再審制度の理念との関係で理解する上で、過去の先例に学ぶものは多大である。まず、最高裁判所自らが、この再審制度の根本理念について判示し、その理念に照らして、形式的要件を大幅に緩和し、再審開始への道を開いた判例がある。

（1）財田川差戻決定の内容

その最も大きなものの一つが、財田川決定（最決昭51・10・12刑集30巻9号1673頁）である。同決定は、これに先立つ白鳥決定（最決昭50・5・20刑集29巻5号177頁）を受けて、「疑わしいときは被告人の利益に」という刑事裁判における鉄則が再審手続においても貫かれるべきであることを明言し、現実に、死刑確定囚に対して再審の扉を開いた判例としてあまりに有名である。

同決定は、次のように判示する。

「刑事訴訟法435条6号にいう『無罪を言い渡すべき明らかな証拠』とは、確定判決における事実認定につき合理的な疑いをいだかせ、その認定を覆すに足りる蓋然性のある証拠をいうものと解すべきであり、右の明らかな証拠であるかどうかは、もし当の証拠が確定判決を下した裁判所の審理中に提出されていたとするならば、はたしてその確定判決においてされたような事実認定に達したであろうかどうかという観点から、当の証拠と他の全証拠とを総合的に評価して判断すべきであり、この判断に際しても、再審開始のためには確定判決における事実認定につき合理的疑いを生ぜしめれば足りるという意味において『疑わしいときは被告人の利益に』という刑事裁判における鉄則が適用されるものである。そして、この原則を具体的に適用するにあたっては、確定判決が認定した犯罪事実の不存在が確実であるとの心証を得ることを必要とするものではなく、確定判決における事実認定の正当性についての疑いが合理的な理由に基づくものであることを必要とし、かつ、これをもって足りると解すべきであるから、犯罪の証明が十分でないことが明らかになった場合にも右の原則があてはまるのである。」

ここに貫かれているのはまさに再審制度の根本理念そのものであり、その根底には、誤判による犠牲はいかなる段階にあっても速やかに救済されるべきであり、再審制度が無辜の救済を理念とする、まさに非常救済手続であるとする確固とした把握と「疑わしいときは被告人の利益に」が再審における明白性判断をも貫くべき刑事裁判の鉄則であることの透徹がある。

さらにここで注目したいのは、再審開始の手続的要件という観点から右最高裁決定を見たときに見出すことのできる、次の二点についてである。

(1) その一つは、この財田川事件再審請求事件は、正式な再審請求書ではなく、被告人の書いた「私はやっていない」という趣旨の一通の書信から始まっていることである。資格のある弁護人の書いた正式な再審請求書ではないから、形式的にも内容的にも不備のあるその一通の書信の存在が、有効な再審請求として扱われたという事実が、そこには現に存在する。

(2) もう一つは、この請求には新証拠はおろか判決謄本も何も添付されていなかったことである。それでもこの財田川再審においては、これらの手続的不備を再審の障害事由とはせず、再審請求としてきちんと受けとめ、要件的な不備を超え、かつ要件の著しく狭い特別抗告事件であるにもかかわらず、中身の審理に踏み込み、判断を示すにいたったという事実がここにある。

結局、この再審請求事件において「新証拠とみられるものは、原原審が職権により鑑定を命じて取り調べた鑑定人高村巌作成の鑑定書があるのみ」（同決定より引用）であった。

このように、形式的にいうならばあまりにも不備ともいえる右再審請求に対して、同決定が次のように判示し、結論に到達していることに注目しなければならない。

「右のように、申立人の自白の内容に前記のようないくつかの重大な、しかも、たやすく強盗殺人の事実を認定するにつき妨げとなるような疑点があるとすれば、新証拠である高村鑑定を既存の全証拠と総合的に評価するときは、確定判決の証拠判断の当否に影響を及ぼすことは明らかであり、したがって原審及び原原審が少くとも高村鑑定の証明力の正確性につき、あるいは手記の筆跡の同一性について、更にその道の専門家の鑑定を求めるとか、又は鑑定の条件を変えて再鑑定を高村鑑定人に求めるとかして審理を尽すならば、再審請求の事由の存在を認めることとなり、確定判決の事実認定を動揺させる蓋然性もありえたものと思われる。そうだとすると、原決定は、申立人の請求が、刑訴法435条6号所定の事由をも主張するものであることに想いをいたさず、かつ、原原審が申立人の請求を棄却しながらも、本件確定判決の事実認定における証拠判断につき、前記のような数々の疑問を提起し上級審の批判的解明を求めるという異例の措置に出ているにもかかわらず、たやすく原原決定を是認したことは審理不尽の違法があるというほかなく、それが原決定に影響を及ぼすことは明らかであり、かつ、原決定及び原原決定を取り消さなければ著しく正義に反するものと認める。

よって、刑訴法411条1号、434条、426条2項により、原決定及び原原決定を取り消し、本件を高松地方裁判所に差し戻すのを相当と認める。」

ここにあるのは、形式的要件に対し、一義的に硬直した解釈で臨むのではなく、再審制度の本来の存在意義に立ち戻り、無辜の救済という根本理念に立脚して請求人の真意に「想いをいた」すべきものとして再審事件に立ち向かう姿勢である。最高裁判所は、ここで、「疑わしいときは被告人の利益に」という刑事裁判上の鉄則が確定判決に貫徹しているかどうかという観点から、新証拠を加えて慎重に確定判決を見直しているのである。

（2）財田川決定に学ぶもの

このような最高裁判所の姿勢は、その後の多くの再審請求事件にも引き継がれ、少なくない数の再審事件において無実を叫ぶ冤罪に苦しむ人々の救済に積極的に機能してきた。

再審制度の理念が無辜の救済にあることはもはや明白である。「疑わしいときは被告人の利益に」の原則は、無辜の処罰を回避するための制度的保障としての刑事裁判上の原則というよりはそれ以上の「鉄則」であり、人類多年の歴史的経験によって獲得確立されるに至ったものである。そして、現行刑事訴訟制度もこの原則に貫かれるべきものとして構築されている。

2　本件の場合

翻って本件をみると、本件ではたしかに確定判決の謄本が存在しない。そのことを形式的にとらえるならば、法の求める要件を、字義どおりには満たしていないことになる。しかし、そもそもその事態が生じた原因はといえば、すでに述べたように、請求人らの責めに帰すことができない、司法官憲による隠滅行為という特殊な事情によるものなのである。

そのような事情から生じた形式的不備にどう対応すべきか、上記財田川決定の先例にしたがって、再審制度の根本理念に立脚して考えるとき、答えはあまりにも明確である。

硬直した姿勢で形式的な判断に陥るのではなく、再審制度の理念に立ち返り、最高裁判例としての財田川決定にみる精神を生かし、これにしたがった判断を切望するものである。

第三　免訴再審と原確定判決

本件の場合は、さらにもう一つ別の観点から再審請求の手続的要件を検討しなければならない。それは、本件において請求人らが旧刑事訴訟法第４８５条６号の再審理由のうち、「無罪」に加えて「犯罪後の法令により刑の廃止があったとして免訴の言い渡しをすべき明確な証拠を新たに発見したとき」に当たるとしていることに関連する。

すなわち、本件は、他の多くの再審事件と異なり、「免訴再審」が問題になっているのである。判決謄本の添付などの手続的要件について、はたして無罪再審と免訴再審では手続的要件を定める趣旨においてまったく同じであろうか。当然、異なるはずである。なぜなら、再審請求審における審判に必要な事項が、無罪再審と免訴再審とにおいてまったく同じであるとは言えないからである。

1　審判に必要な事項と免訴再審の要件

「免訴を言い渡すべき明らかな証拠をあらたに発見した」といって再審を申し立てるとき、一体何のために判決謄本を添付しなければならないのかを理念に即して考えてみる。免訴を言い渡すためにも、原判決の全文の全体が細部にいたるまで確定できなければ判断できないであろうか。答えは否である。

たしかに、判決のなかの「罪となるべき事実」、それから「適用法令とその罰条」「罪名」は必要であろう。

しかし、事実認定の詳細が必要なはずはない。なぜなら、判決の根拠となった適用法令あるいは適用罰条がそもそも犯行時から判決時までの間に廃止されたという事実の明らかな証拠が新たに発見されれば、もはやそれ以上踏み込むこともなく、再審の扉は開かれて当然だからである。

したがって、本件の場合、治安維持法の何条違反か、適用された法令、事案の概要ならびに有罪判決の主文、判決裁判所、判決年月日が明らかになれば、再審請求に対する判断としては十分であるといわなければならない。

2 ポツダム宣言受諾と「刑の廃止」

平成12年4月20日付再審理由補充書ですでに主張したように、昭和20年8月14日、わが国がポツダム宣言を受諾するにいたった（天皇による受諾の公表は同月15日）ことによる直接的な効果として、これと真っ向から抵触する治安維持法は失効するにいたり、本件確定判決の言渡時においては同法は当然に失効して、治安維持法違反被告事件である本件はその追行につき訴訟条件を欠缺するにいたっていたものと解さなければならない。

であるならば、その治安維持法を適用法令として有罪判決の確定に至ったものであることを特定するに足るものであれば、罪となるべき事実の詳細が明らかにされていないとしても、免訴再審における審判対象の特定としては、必要にして十分であるといわなければならない。

＊――――――――――

再審理由補充書（3）
――記録の滅失と再審審理について

請求人　木村　まき
外5名

平成13年5月9日

上記請求人弁護人
弁護士　森川　金寿
外10名

横浜地方裁判所第2刑事部　御中

【目次】

第一　はじめに

平成13年1月26日付再審理由補充書（2）、第二で述べたとおり、再審審理の理念は専ら無辜の救済であるから、再審手続では法の弾力的運用が必要不可欠である。換言すれば、再審事件においては、裁判所が再審審理をするに当たり、確定有罪判決の内容を確定する方法、再審開始の要件である新証拠の認定方法、その他再審事件の審理方法において、裁判官の果たすべき役割が極めて大きいことになる。

再審審理において、裁判官の果たすべき役割が大きいということは、裁判官が再審事件に費やす時間と情熱が、結論を大きく左右するということを意味する。再審事件は、裁判官の正義感が最もよく実現され得る場であり、一通の手紙から再審開始決定がなされた財田川事件の例のとおり、これまでの多くの再審開始決定において、担当裁判官は、「無罪の発見」のために、努力し、情熱をもって臨んできたのである。これから述べる3件の再審事件で、裁判官が、多大な時間とエネルギーを費やしていることに注目されたい。

ところで、再審手続きにおいては、先ず確定有罪判決の内容を確定する作業から始まる。この作業は、確定記録によって行なわれるが、再審手続きにおいては確定記録がない場合がまれではない。これから述べる再審事件では、いずれも確定記録の保管期間が経過することによって記録が廃棄されている。

しかし、確定記録がないからといって再審請求人に不利益を与えてはならない。記録がないために再審請求で不利益に扱われることは、刑罰権を行使した国家としては余りにも無責任である。「記録がないことを請求人の不利に扱ってはならない」ことは、再審手続きの鉄則である。

まして、「当裁判所の事実取調べの結果によれば、太平洋戦争が敗戦に終った直後の米国軍の進駐が迫った混乱期に、いわゆる横浜事件関係の事件記録は焼却処分されたことが窺われる」（第一次再審請求事件における木村亨に対する第一審決定、甲第14号証の1の1、但し、焼却時期については、異論があり得る）という本件では、確定記録がないことをもって請求人の不利益に扱うことは絶対にあってはならないことである。

以下、これまでの再審事件において、裁判官がどのようにして確定記録の不存在を克服してきたか具体的事例をみることにする。

第二　加藤老事件

1　事件概要

大正4年7月11日発生した強盗殺人事件について、大正5年8月4日、広島控訴院は被告人加藤新一に対し無期懲役を言い渡し、被告人の上告に対する大正5年11月7日大審院の上告棄却の判決により右控訴院判決が確定した。

加藤は、昭和38年3月の第一次再審請求から昭和49年6月の第5次再審請求まで計5回再審請求を出したがいずれも棄却された。

確定事件の刑事記録は、昭和7年6月16日、保存期間満了により破棄された。

以上の経過の中で、加藤は、昭和50年に至り、広島高裁に第6次再審請求をなし、同高裁は、昭和51年9月18日、再審開始決定を出した（判例時報827号18頁以下）。

以下、ここではこの広島高裁の再審事件を加藤再審事件といい、同高裁の再審開始決定を加藤開始決定という。

2　再審審理の基本原則

加藤開始決定は、再審審理の方法について、いわゆる白鳥決定を引用したうえ、

これ（白鳥決定）は、右「明らかな証拠」であるかどうかの判断につき、それは、当のあらたな証拠と従前の他の全証拠との総合的評価によってなされるべきこと、そしてまた、この場合も、右「疑わしいときは被告人の利益に」という刑事裁判における鉄則が適用されるものであることを示した点で注目すべきものといえよう。

と述べ、「綜合評価」と「疑わしいときは被告人の利

益に」との基本的立場を明かにした。

3　記録の滅失の場合の補充立証

加藤開始決定は、確定記録が滅失している場合、確定事件の再現の方法について、次のとおり述べた。

しかしまず、問題は、本件のごとき原一ないし三審判決書のほか全く記録の存しない場合、右（註・前記再審原則）をいかに解すべきかである。……単に記録がないということのみで、常に請求人に不利益な結果になるというのも相当でなく、本件のごとき原判決書三通のほか、他に記録のないような場合、右記録以外の資料により、本来記録により明らかにしうるようなことを補充立証できるかという点について考えてみる必要がある。……原確定記録によらなければ常に原判決の認定に関連する諸事実その他原訴訟及び捜査手続等の関係事実につき、他の資料により立証を全く許さないということになると、もし偶々右記録の全部もしくは一部が消失、盗難、紛失などの事情で無くなったような場合、これらは全く請求人に関係ない偶然的事情によって記録のある場合に比し請求人に不当に不利益な結果を招来する事態の発生も考えられ、他面右立証を認めたとしても右資料の証拠価値に十分配慮し、同証明にも本来の記録による証明に比する程に厳格を期するということであれば、格別の弊害があるとも考えられないところで、特に記録のない場合に限り、再審請求理由の判断に必要な限度では右立証を認めるべきものと解される。

4　補充立証による確定事件の再現

イ　凶器の再現

犯行に使用された凶器について、確定一審判決では「鋭利ナル刃物」と、確定二審判決では「鋭利ナル刃器」と表現され、一方、共犯者とされている岡崎太四郎の（右各判決に引用されている）供述では「押切、藁切（刀）」と表現されていた。そのため、加藤再審事件では、確定判決が、一体どのような性状、形状を持った凶器を前提に有罪判決しているのかが問われることとなり、石井信太郎証人尋問調書等の補充立証により、一定性状、形状の凶器を確定した。

そして加藤開始決定は、加藤から提出された小林宏志鑑定書等各種鑑定書、裁判所における小林宏志外の証人尋問等によって、右凶器によって確定判決が示す被害者の23個の創傷ができたとするには多大な疑問が生じると判断している。

ロ　血痕鑑定書の再現

確定判決は、加藤が事件当夜着ていたとされる筒袖衣服に人血が付着していたという医師安西茂太郎の鑑定書を証拠として採用している。

加藤開始決定は、補充立証により当時の鑑定技術を考察し、右安西が採用したと思われる鑑定方法を確定した。その上で、確定判決は、自ら実施した三上証人の証言等から、

結局、………「筒袖衣服ノ表面ニ付着セル斑点ハ」「血痕ニシテ」「人血ナリ」とする鑑定結論は、安西茂太郎の用いた方法では、まず右「人血」であるとする点は、その信用性は皆無に等しく、また右「血痕」にして、という点も、その信用性に多大な疑念があるということが明らかになった

と述べた。

5 新証拠による開始決定

結局、加藤開始決定は、新証拠として、前記小林証言、三上証言等が確定裁判所に提出されていたならば、有罪の言い渡しにはとうてい到達しえなかったものであると断じ、右証拠は、旧刑訴法四八五条六号所定の無罪を言い渡すべき「明確ナル」かつ「新ニ発見シタル」証拠に当たると判断した。

第三　榎井村事件

1 事件の概要

昭和21年8月21日香川県の榎井村で発生した強姦致傷事件について、本事件再審請求人であるA（当時18歳）は共犯とされるBと共に高松地裁に起訴され、昭和22年12月24日、高松地裁はAに対し無期懲役の有罪判決を言い渡し（Bに対しては懲役6年―そのまま確定）、Aの控訴に対し昭和23年11月9日高松高裁は第一審と同様の事実を認定して被告人に対し懲役15年の判決を言い渡し、被告人Aの上告に対し最高裁は昭和24年4月28日上告棄却を言い渡して、右控訴審判決が確定した。

Aは、服役中の昭和26年頃、事件について無実であるから将来の再審のために確定記録を保存されたい旨申し出た上、昭和30年5月仮出獄後、事件関係者に当たり調査活動を進めた。

ところが、確定記録は、昭和37年6月5日、判決書を除き全て破棄された。

その後も、Aは調査を続け、昭和39年に至りBの所在をつきとめ、BはAに対し虚偽の自白をしたことを告白し謝罪した。

以上の経過を経て、Aは、平成2年3月19日、高松高裁に再審請求をなし、同高裁は平成5年11月1日、再審

開始決定を出した（判例時報1509号146頁以下）。

以下、この高松高裁の再審事件を榎井村再審事件といい、同高裁の再審開始決定を榎井村開始決定という。

2　再審審理の基本原則

榎井村開始決定は、白鳥決定を引用するばかりでなく財田川決定を持ち出し、

また、同じくいわゆる財田川決定（………）が、右判示の法原則（註・白鳥決定の法原則）を確認踏襲した上、この原則を具体的に適用するにあたっては、当該確定判決が認定した犯罪事実の不存在が確実であるとの心証を得ることを必要とするものではなく、その確定判決における事実認定の正当性についての疑いが合理的な理由に基づくものであることを必要とし、かつ、これをもって足りると解すべきであるから、犯罪事実の証明が十分でないことが明らかになった場合にも右の原則があてはまる、と判示している。証拠の明白性に関するこのような解釈論は、判例において既に確立したものとなっているから、当裁判所においても、これに従って、本件再審請求に対する判断を行うべきものと考える。

と述べた。

3　記録の滅失と綜合評価

この事件において、検察官は、確定記録が存在せず、従って確定判決裁判所の心証形成の過程が明確ではないから、旧証拠との綜合評価は不可能であると主張したが、裁判所は、

確定判決及び第一審判決には有罪認定の用に供した証拠の内容がかなり詳細に記載されており、各上告趣意から請求人の原証の内容も窺うことができるほか、関連文書の収集や証人及び請求人の尋問も行われて相当程度に記録が再現されているから、新旧証拠の綜合評価は十分可能であるというべきである。

と述べ、綜合評価の原則を採用した。

4　確定事件の再現

榎井村再審事件では、確定判決が詳細に証拠を挙げているため記録がなくてもかなりの部分について確定事件（証拠書類、証拠物等裁判所に提出された証拠一切）を再現できたようである。しかし、それでも榎井村再審決定は、確定判決の証拠構造を判断するに当たって、Aの弁護人及びAが上告審に提出した上告趣意書、或いは再審審理中に存在が判明した香川県警保管の書類綴を取り

調べた上、確定事件を再現した。

5　**証拠評価のための事実の取調べ**

イ　**Bの自白の信用性に対する疑問**

榎井村開始決定は、もともと確定判決におけるBの自白には不自然さがあることを認めた上、再審審理におけるBの証言及び取調べ警察官Cの証言から、Bは警察官Cの誘導でAが犯人であると思い込み、Aとの共犯であることを供述した疑いがあると判断した。

ロ　**Kの供述に対する疑問**

確定判決は、本件犯行現場に遺留されていたパナマ帽がAの所有であると判断し、これが有罪判決の重要な決め手となっていた。また、確定判決では、このパナマ帽はAの所有であるとするBの供述、二人連れの男に売ったとするKの供述がA所有を裏付けていた。ところが、香川県警察本部に保管されていた「重要犯罪端緒録」では、Kは二人連れの男女に売ったとの記載があり、確定判決の認定と異なった事実を示しており、確定判決に疑問が生じることになった。

ハ　**パナマ帽に付着した汗に関する疑問**

確定判決では、パナマ帽の汗から判定されるその所有者（使用者）の血液型は不明であることになっていた。請求人Aの血液型はA型の分泌型であったが、同じA型の血液型でも、分泌型であれば汗からA型であることが判明するが非分泌型であれば判明しないという実験報告が再審裁判所に提出された。そこで、榎井村開始決定は、仮にパナマ帽がA所有のものであれば、汗から血液鑑定でA型であることが判明することになる。ところが、確定判決では、パナマ帽から血液型は不明であったとされており、これは非分泌型の体液を持つ者が所有者であることを推測させることになると判断した。

6　**新証拠のよる開始決定**

榎井村開始決定は、自白は誘導によるとするBの証言、右重要犯罪端緒録、血液型に関する実験報告書等を新規性のある証拠であると認め、右各証拠が確定判決の公判審理中に提出されていれば、有罪認定には至らなかったであろうと判断した。

第四　松尾事件

1　**事件の概要**

昭和29年8月31日発生した強姦致傷事件について、昭和30年12月23日、熊本地裁は被告人松尾政夫に対し懲役3年の有罪判決を言い渡し、被告人の控訴に対し昭和31年4月13日福岡高裁は控訴棄却、被告人が同年同月16日上告権を放棄したことによって、右熊本地裁判決が確定した。

松尾は、昭和34年9月7日出した第一次再審請求から昭和53年1月6日出した第12次再審請求まで計12回再審請求を出したがいずれも棄却された。

確定事件の刑事記録は、熊本地検に保管されていたが、昭和37年9月19日頃、当時の記録保管細則に基づき保存期間である昭和36年12月31日が経過したことにより破棄された。

以上の経過の中で、松尾は、昭和58年に至り、熊本地裁に再審請求をなし、熊本地裁は、昭和63年3月28日、再審開始決定を出した（判例時報１２８５号3頁以下）。以下、この熊本地裁の再審事件を松尾再審事件といい、同地裁の再審開始決定を松尾開始決定という。（右開始決定は検察官からの抗告なく確定したが、松尾は、右決定後間もなく死亡している。）

２　再審審理の基本原則

松尾開始決定は、再審審理の方法について、白鳥決定に依拠し、次のとおり述べた。

もし当の証拠が確定判決を下した裁判所の審理中に提出されていたとするならば、はたしてその確定判決においてなされたような事実認定に到達したであろうかどうかという観点から、当の証拠と他の全証拠とを総合的評価して判断すべきであり、この判断に際しても、……「疑わしきは被告人の利益に」という刑事裁判における鉄則が適用される……。従って、この判断にあたっては、先ず確定判決裁判所が、その審理過程において提出証拠の取捨選択をどのように行ない、どのような心証を形成したかを明らかにし、その後、本件再審請求において現われた証拠を吟味したうえ、そのうちの新規性があると認められた証拠を加え確定判決裁判所の立場に立ってこれらを検討することが必要となる。

と述べ、「疑わしきは被告人の利益に」と綜合評価の原則を確認した。

３　記録の滅失の場合の審理方法

松尾開始決定は、確定記録が滅失している場合の再審審理の方法について、次のとおり述べて、記録の不在は請求人の不利となってはならないという基本的立場を堅持した。

ところが、本件においては……、訴訟記録ないし証拠の写し等が全く保存されていないから、確定判決の審理がどのように行われたか、またいかなる証拠を排斥したのかを直截に知ることができない。このような場合、記録が無いことのみから「新規性、明白性」の判断が不能であるとして再審請求の理由が無いとすることは、請求人の責に帰することのできない事由で請求人に不利益を課することになるから、再審が誤って有罪の言渡しを受けた者を救済するための制度であることに徴し許されないというべきである……

従って、収集しうるできる限りの資料をもって、事件記録の再現及び確定判決の心証形成過程の探究に努め、………、どうしても確定し得ない問題が生ずること………について、請求人に利益にも不利益にも推測されるときには、記録の廃棄が請求人の責に帰すべき事由によらないことからも、また前記再審制度の目的からも、請求人に不利益な事実を前提とすべきではないと考える。

右の、「どうしても確定し得ない問題が生ずること……について、請求人に利益にも不利益にも推測されるときには、記録の廃棄が請求人の責に帰すべき事由によらないことからも、また前記再審制度の目的からも、請求人に不利益な事実を前提とすべきではないと考える。」との部分は、重要な提言である。

4 事実の取調べ

松尾再審事件での事実の取り調べは、次のとおり、徹底して行われている。

イ 次の資料の取り調べ

a 請求人が提出した各種資料

b 検察官が事件当時の事件被害者及び事件目撃者から改めて事情を聴取した供述調書等

c 裁判所から事件関係者に対してなされた照会の回答書（これらの関係者には、確定判決裁判所の陪席裁判官一名、事件当時の捜査検察官、事件当時の刑事弁護人等が含まれている）

d 裁判所から事件の捜査を補助した熊本県警本部刑事部化学捜査研究所への照会の回答書

e 裁判所から九州大学医学部（確定判決での鑑定機関）に対してなされた照会の回答書

f 検察庁から取り寄せた従前の再審請求事件の決定書

ロ 裁判所が独自になした事件関係者からの事情聴取（これを松尾開始決定は関係者の裁判所に対する申述と呼んでいる。この関係者には、確定判決裁判所の裁判長と陪席裁判官1名、同裁判所書記官等が含まれている）

ハ 事件現場での検証

ニ なお、松尾開始決定は、事件関係者の所在を確認する過程で、関係者10名については死亡していることを確認している。つまり、ここには死亡していない全ての事件関係者から事情を聴取しようとする裁判所の意気込みが感じられる。

5　確定判決の事件記録再現と心証形成の再現

松尾事件の確定判決の証拠の標目には、全部で22点の証拠が掲げられていた。松尾開始決定は、「原記録の再現及び確定判決の心証形成過程の探求」という項を設けて、この22点の証拠について、前記事実の取り調べに基づき、できる限り忠実に再現することを試みている。また、松尾開始決定は、前記再現された証拠に基づき、確定判決がどのような推論を経て有罪心証に至ったかを再現している。

6　新証拠による開始決定

松尾開始決定は、事件当夜の明るさに関する各種文書（事件目撃者の証言の信用性を減殺することになる）、（精液の）血液型の変化に関する鑑定書（被害者のズロースに付着していた血液型がA型及びB型、松尾の血液型がO型であることについて、確定判決はO型の血液型が何らかの要因でA型又はB型に変質したことを暗示していたことに対し、血液型は簡単に変質するものではないという鑑定）等を新証拠と認め、これら証拠が確定判決裁判所に提出されていれば、「確定判決裁判所は、………『疑わしいときは被告人の利益に』という刑事裁判の鉄則に従い到底有罪認定には到達し得なかったと考えられる」と判断した。

五　結び

本横浜事件は、判決原本すら存在しない事件である。

しかし、前述の各種先例の基本的立場からすれば、判決書もまた再現可能の対象となることはいうまでもないであろう。

判決原本がないからといって再審請求が拒否される理由は全くない。

そして、既に本件再審請求書で述べたとおりの方法で、判決書はほぼ遺漏なく再現されている。

更に、本事件の公訴事実自体は単純で、確定判決の証拠の再現も容易である。

従って、本事件の審理にとって記録の不存在は、全く障害となることはない。

よって、早急に、実質審理に入ることを望む次第である。

以上

参考文献　加藤克佳「時の経過と刑事再審」愛知大学法学部法経論集第１４３号５頁以下）

※

再審理由補充書（4）

請求人　木村　まき
外5名

平成13年5月9日

上記請求人弁護人
弁護士　森川　金寿
外10名

横浜地方裁判所第2刑事部　御中

補充書（1）ないし（3）を踏まえ、これらに基づいて再審理由を整理し、問題点についてさらに若干の付言をするとともに再審請求の骨子を明確にし、併せて本再審請求審における新証拠並びに事実取調について意見を述べる。

一、本件再審請求の骨子

1　再審の対象である本件確定判決（以下「原判決」という）は別紙のとおりであり、原判決言渡し日は昭和20年8月29日、同月30日、及び9月15日と分かれる。

2　わが国がポツダム宣言を受諾した（同年8月14日）ことによって、同日、受諾の意思表示が中立国を介して連合国に到達すると同時に本件の罰条である治安維持法第1条の保護法益である「国体」は崩壊し、同条の基礎は失われ消滅した。

3　仮にその「国体」が、ポツダム宣言受諾後残ったと仮定しても、それは形骸に過ぎず、本件事実についての違法性の実質は消滅した。

4　治安維持法はポツダム宣言、特に第10項後段に直接かつ明白に違反する。

5　ポツダム宣言受諾の効果は前記2の同年8月14日を以て発生することは同宣言第5項によっても明らかである。

6　昭和20年10月15日公布のポツダム勅令「治安維持法等廃止の件」は確認的、宣言的なものである。

7　したがって上記原判決言渡しが前項ポツダム勅令公布の日（同年10月15日）以前であっても、原判決裁判所は、（1）被告事件罪とならずとして無罪判決を言渡す（旧刑訴第362条前段）か、もしくは（2）ポツダム宣言の受諾によって本件治安維持法については刑の廃止があったとして、判決をもって免訴を言渡すか（旧刑訴第363条2号）をすべきであった。

8　よって、原判決について再審開始の上、前項（1）の無罪判決か、もしくは同（2）の免訴判決を言渡すことを求める。

二、新証拠並びに記録取寄せ等について

1　（1）ポツダム宣言受諾が本件適条の治安維持法第1条の保護法益である「国体」にいかなる消長をもたらしたか、（2）同「国体」と大日本帝国憲法上の国家体制との関連その他について、憲法法理の観点からの研究者の鑑定を求め、また刑事法の側面からも同種の鑑定を求めた上、これらの鑑定書面を新証拠とし、さらに必要に応じて当請求審において証人尋問を請求することとしたい。

2　本件判断の参考として、占領終了後の占領管理法令（昭和25年政令第325号）の効力の帰趨等について争われ、免訴の結論にいたった最高裁判所大法廷判決（①昭和28年7月22日言渡、②同年12月16日言渡、③昭和30年4月27日言渡）の写しを提出する。

3　本件と同じ事実関係で起訴された被告人細川嘉六に対する免訴確定判決（昭和20年11月言渡）謄本を、その保管庁横浜地方検察庁より取寄せられたい。

4　本件と同じ頃、いわゆる企画院事件とよばれている被告人勝間田清一、和田博雄、稲葉秀三、正木千冬に対する治安維持法違反事件について東京地方裁判所が言渡した無罪確定判決（昭和20年9月言渡）謄本を、その保管庁東京地方検察庁より取寄せられたい。

以上

鑑定の請求

請求人　木村　まき
外5名

平成13年5月29日

横浜地方裁判所第2刑事部　御中

上記請求人弁護人
弁護士　森川　金寿
外10名

本件、治安維持法違反再審請求事件につき、弁護人は下記鑑定事項につき鑑定を請求します。

一、鑑定事項

1　連合国のポツダム宣言をわが国が1945年8月14日に受諾したことによって、直ちにわが国内法秩序に影響・効果が生じたと考えるべきか。

2　ポツダム宣言受諾によって、大日本帝国憲法の存

在ないし効力にいかなる法的な影響・効果が生じたと考えられるか。

3　同じくポツダム宣言受諾により、治安維持法、国防保安法その他思想関係法規の存在ないし効力にいかなる法的な影響・効果が生じたと考えられるか。特に治安維持法第1条における「国体」に対する法的な影響・効果は如何。

二、**弁護人が推薦希望する鑑定人**

東京都調布市——　奥平　康弘

意見書

平成13年9月25日

横浜地方裁判所第2刑事部　殿

横浜地方検察庁
検察官　検事　沖本　浩

記

1　本件鑑定請求の趣旨

本件鑑定請求は、弁護人が本件再審請求について「治安維持法は昭和20年8月14日、ポツダム宣言受諾の効果により、廃止されあるいは効力を失ったので、その後に言い渡された木村亨らに対する治安維持法違反被告事件の判決では、無罪ないしは免訴を言い渡すべきであったにもかかわらず有罪が言い渡された。」旨主張した上、「同年10月5日に連合国最高司令官が政治犯釈放に関する通牒及び治安維持法等の廃止を要求した覚書を発出し、この『通牒』及び『覚書』が、木村亨らに無罪または免訴を言い渡すべき新たに発見した明らかなる証拠であり、旧刑事訴訟法第485条第6号の再審理由に当たる。」旨主張する部分に関わるものであり、本件鑑定の目的は、木村亨らに対する判決言渡しの前に、ポツダム宣言受諾の効果として治安維持法の効力が失われていたことを立証することにあると解される。

2　本件鑑定請求事項は、本来鑑定になじまないものであり、必要性もない

法令の解釈は、通常の鑑定において行われる科学的法則に基づく事実の分析と異なり、必ずしもその結論が普遍性を有するとは言い難い。

すなわち、個々の学識経験者の見解の相違がそのまま

「鑑定結果」に反映する可能性が高く、結局、当事者の意見の対立が学識経験者の意見の対立に形を変えるだけに終わるおそれが大であり、であれば、当事者の弁論に委ねることでその目的を達せられるものと考える。

そもそも、裁判官は法令解釈についての十分な知見を有しているのであるから、専門家によって裁判所の知識の補充を行うという鑑定の性質から考えても、法令の解釈を対象とした鑑定は、その必要性に乏しいと言わなければならない。

法令の解釈に関して実際に鑑定を行った例としては、釧路地方裁判所判決昭和43年3月29日（いわゆる「北島丸事件」最判昭45・9・30刑集24巻10号1435頁の第1審、日本漁船が、我が国の支配が事実上及んでいない国後島沿岸海域において、都道府県知事の許可を受けることなく操業したことが漁業法違反に該当するか否かが争点となった事例）や、東京地方裁判所判決昭和53年6月29日（いわゆる「月刊ペン事件」最判昭56・4・16刑集35巻3号84頁の第1審、創価学会会長池田大作らの異性関係をめぐる醜聞が刑法第230条ノ2第1項にいう「公共ノ利害ニ関スル事実」に該当するか否かが争点となった事案）等数件がある程度であり、件数的にもきわめて希なケースであると言える。

加えて、上記の釧路地方裁判所判決は、上記の争点に関して3名の大学教授に鑑定を命じ、漁業法違反に該当しないとの消極意見を述べた教授の意見を採用して、被告人に無罪を言い渡したものの、控訴審では、当該事案は漁業法違反に該当するとされて、地裁判決は破棄され、同東京地方裁判所判決も、「公共ノ利害ニ関スル事実」に該当するか否かについて「消極」の意見を述べた鑑定人となった大学教授を取調べた上、公共の利害に関する事実に該当しない旨の判断をして、刑法第230条ノ2第1項の適用を否定し、被告人に有罪判決を宣告したが、最高裁判所において、本件の記事内容は公共の利害に関する事実に該当するとの判断を下し、有罪判決を破棄し東京地裁に差し戻している。

上記地裁判決2例は、いずれも法令の解釈、適用をめぐる争点に関して、学識経験者による鑑定を実施した上で結論を導いたにもかかわらず、いずれも上訴審において、法令の解釈、適用の誤りを理由に破棄されて、結論自体を否定されているのであって、結局は無意味な鑑定であったと認められる。

一方、弁護人からの法令の解釈に関する鑑定請求が採用されなかった例としては、昭和36年2月13日の東京地裁決定（参議院本会議での乱闘を契機とする公務執行妨害被告事件、判例時報252号36頁）があり、同決定は、「ところでかような問題に関する法律解釈は元来裁判所が一定の事実認定に対して法令の適用をする場合に当然なすべき本来の職務である。仮に裁判所がその知識を補充するために学者の意見を徴するとしても、本件で弁護人の申請する前記鑑定人らの所説は国会の自律権と裁判権との関係につき、もっぱら前者に重点をおいて立証されているのであるが、本件についてはなお国会議員の職務執行の過程において生じた刑法の保護法益に対する侵害を如何に評価すべきかの問題が残されているのである。しかも問題を前記弁護人申請の鑑定人の説くところに限定してもなお既に前記兼子一の意見のような反対説もあることであるから、これを更に右のような範囲に迄拡大するときは、いよいよもって一様な結論を得られるとは限らないのであって弁護人申請のような鑑定証人を採用するとすれば右のような範囲に迄これを及ぼさなければ十分とは云えず、かくては裁判官本来の職責たる法律解釈の仕事をあげて学者にゆだねるとの誹りを免れないことになろう。」と述べて、鑑定請求を却下しているのであるが、同決定において述べられている理は本件にも当てはまるものである。

すなわち、本件鑑定請求は、ポツダム宣言受諾後の治安維持法の効力の有無という法令の解釈に関する問題を鑑定事項とするものであるが、鑑定によってその当否が問われる「八月革命説」に関しては、同説が提唱されて以来、憲法学界において十分に議論されてきた事項であり、現時点においても、これに異を唱える有力説が存在するのである。

本件で、学識経験者による鑑定を行ったとしても、それは学界内部での意見の対立をそのまま裁判の場に持ち込むことになるだけであり、いずれかの立場に偏った鑑定人の人選を行うのでもなければ統一的な鑑定意見など望むべくもないといえる。

裁判所は、鑑定人の出した結論に拘束されるわけではなく、鑑定結果は、裁判所の判断の参考にとどまるものであるから、積極、消極の両論併記の鑑定結果であれば、単に学識経験者の文献を参考にするのと大差はなく、あえて鑑定を行う実益に乏しく、必要性に欠けると言わなければならない。

3　治安維持法の効力に関する争点は再審理由に該当せず、鑑定は無意味である

仮に、弁護人請求にかかる鑑定が、治安維持法の効力を判断するために、必要かつ有益であったとしても、本件再審請求における再審理由の有無を判断するためには不要であると思料する。

上記のとおり、本件鑑定請求に関する弁護人の主張は、結局、木村亨らに対して、裁判所が、効力を有しない治安維持法を適用して有罪を宣告したという法令の解釈、適用の誤りを指摘しているものである。

しかしながら、再審は、確定有罪判決の事実認定の誤

りを正すことをその目的とする非常救済手段であり、同じ非常救済手段であってももっぱら法令の適用の誤りを正すことを目的とする非常上告と区別されなければならない。

そもそも、旧刑事訴訟法第485条第6号にいう無罪若しくは免訴を言い渡すべき明白な証拠を新たに発見した場合とは、有罪判決確定後に、原判決の事実認定を覆すに足る蓋然性を有する証拠資料が新たに発見された場合を意味するものと解されるが、本件鑑定請求に関わる弁護人の主張は、「新証拠」である「通牒」及び「覚書」が、「昭和20年8月14日にポツダム宣言受諾の効果により治安維持法が廃止され若しくは失効していたにもかかわらず、裁判所がその法律の失効に気づくことなく、誤った法律の適用を行ったことを事後的に認識させた」というものにすぎず、確定有罪判決の事実認定の誤りを正す新証拠を発見したというものではない。

すなわち、弁護人の主張するところは、事後的な法的評価としての治安維持法の廃止ないしは失効であって、事実認定の問題ではなく、純粋な法律問題なのである。

ポツダム宣言受諾によって治安維持法が廃止されあるいは失効していたと仮定しても、その論点は、非常上告の対象として取り上げられることはあっても、再審の対象となることはないのである。

そうであれば、弁護人が請求する鑑定を実施して、本件各判決言渡しの当時の治安維持法の効力について明らかにしても、その鑑定結果は、本件再審請求における再審理由の有無の判断には何ら資するところがないのであり、鑑定を行うこと自体が無意味であると言わなければならない。

4 結論

したがって、本件鑑定については、不必要というほかはなく、裁判所においては、弁護人からの鑑定請求に対して、職権を発動すべきではない。

鑑定の決定

請求人　木村　まき
外5名

上記の請求人らからの各再審請求事件について、弁護人から鑑定の請求があったので、検察官の意見を聴き次のとおり決定する。

主　文

1　別紙記載の事項について鑑定を行う。
2　鑑定人として京都大学教授　大石　眞を指定する。

平成13年10月2日

横浜地方裁判所第2刑事部

裁判長裁判官　矢村　宏
裁判官　柳澤　直人
裁判官　石井　芳明

鑑定事項

1　連合国のポツダム宣言をわが国が1945年8月14日に受諾したことによって、直ちにわが国内法秩序に影響・効果が生じたと考えるべきか。

2　ポツダム宣言受諾によって、大日本帝国憲法の存在ないし効力にいかなる法的な影響・効果が生じたと考えられるか。

3　同じくポツダム宣言受諾により、治安維持法、国防保安法その他思想関係法規の存在ないし効力にいかなる法的な影響・効果が生じたと考えられるか。特に治安維持法第1条における「国体」に対する法的な影響・効果は如何。

鑑定意見書

平成14年5月27日

横浜地方裁判所第2刑事部
裁判長裁判官　矢村　宏殿

京都市左京区――――
京都大学教授　大石　眞

先に依頼を受けました、いわゆる横浜事件の再審請求事件にかかる鑑定事項について慎重に検討した結果、結論を得ましたので、ここに意見書をご送付申し上げます。

第一　事実関係

まず、本件に関係する事実を箇条書きにして整理しておけば、以下の通りである。

昭和16年（1941年）3月10日　改正治安維持法の

公布
昭和18年（1943年）9月9日　請求人、神奈川県警察部に逮捕される（いわゆる横浜事件）
昭和20年（1945年）7月26日　ポツダム宣言の発表
8月11日　日本政府の申入れに対する連合国の回答（いわゆるバーンズ回答）
8月14日　ポツダム宣言の受諾
8月24日　横浜事件に関する予審終結の決定
8月30日　横浜地裁における治安維持法違反被告事件の公判、即日判決（確定）
9月2日　降伏文書に調印
10月4日　いわゆる自由の指令
10月15日　治安維持法等廃止ノ件（ポツダム勅令）

第二　鑑定事項

本件に関して鑑定事項として示されたところは、以下の三点である。

1　連合国のポツダム宣言をわが国が1945年8月14日に受諾したことによって、直ちにわが国内法秩序に影響・効果が生じたと考えるべきか。

2　ポツダム宣言受諾によって、大日本帝国憲法の存在ないし効力にいかなる法的な影響・効果が生じたと考えられるか。

3　同じくポツダム宣言受諾により、治安維持法、国防保安法その他思想関連法規の存在ないし効力にいかなる法的な影響・効果が生じたと考えられるか。特に治安維持法第1条における「国体」に対する法的な影響・効果は如何。

第三　結論と理由

以下、前記の鑑定事項の記載順序にしたがって、各事項に対する結論と理由を述べることにしたい。

1　連合国のポツダム宣言をわが国が1945年8月14日に受諾したことによって、直ちにわが国内法秩序に影響・効果が生じたと考えるべきか。

（1）この問題については、「直ちに」及び「影響」の意味が必ずしも明らかではないが、まず、ここに通常時における国際法と国内法との関係を当て嵌めて考えると、ポツダム宣言の受諾により、国際法上は、その条項を誠実に履行する義務を負うという意味において、わが国に対するいわば債権的な意味での法的効果が生じ、その限りでわが国法秩序に対する影響が生じたことは、明らかである。

（2）他方、通常時における国際法と国内法との関係を当て嵌めると、ポツダム宣言の受諾により、その条項が直ちに国内法化されるという意味において、わが国内法秩序に対するいわば物権的な法的効果が生じた、ということにはならない。

このことは、現行憲法制定議会における政府答弁の中でも、「ポツダム宣言が日本の基本秩序に齎らしまする意義に付きまして……政府の執って居りまする考え方は、ポツダム宣言は我々に或国家組織上の変更を為すべき義務を負わせて居るのである、其の内容が直ちに我が国の法律秩序に変動を及して居るものではない」として明言されたところである（昭和21年9月5日貴族院憲法改正特別委員会における金森徳次郎国務大臣答弁。清水伸編『逐条日本国憲法審議録』第1巻、94頁。同趣旨は、昭和21年8月26日貴族院本会議でも述べられている。前掲書、122頁参照）。

（3）しかし、ポツダム宣言を受諾したことによって、その条項を国内的に実現することが日本政府及び日本国民に課せられた至上命令になり、その不履行はまったく許されないという意味において、ポツダム宣言の受諾によりわが国内法秩序に対する重大な影響が生じたことも疑いのないところであろう。

実際、前記の憲法制定議会における政府答弁も、当時、主権の所在も含め、8月15日前後に明らかに「変わるべき情勢」にあったことを認めているから（昭和21年8月26日貴族院本会議における金森徳次郎国務大臣答弁。参照、前掲・清水編『逐条日本国憲法審議録』284頁）、憲法改正問題を含めて、ポツダム宣言の受諾がわが国の国内法秩序に深刻な影響を及ぼすことは、その時点においても明らかであったといえる。

（4）このことは、そもそも、占領管理体制の下では、通常時における国際法と国内法との関係をめぐる法理をそのまま当て嵌めることはできないことを示している。すなわち、国家改造のための管理を伴う新しい占領方式である占領管理の体制において、互いに平等な主権国家の存立を前提とした国際法を前提とし、その国内法秩序との関係を考えるのは、かなり無理がある（参照、高橋正俊「憲法の制定とその運用」佐藤幸治＝初宿正典＝大石眞編『憲法五十年の展望Ⅰ』有斐閣、74頁・76頁）。

（5）占領管理体制の下では、被占領国が本来有すべき固有の統治権は占領管理の担い手に移るのであって、この場合、占領管理に関する国際法上の義務はそのまま国内法上の義務となるものと解される。しかも、この義務は実施内容について被占領国の裁量又は選択の余地をほとんど残さない厳格なものであるから、占領管理体制の基礎をなす国際約束は、実質上、被占領国の国内法秩序の重要な構成要素になると考えられる。

この場合、占領管理の方式がいわゆる直接管理・間接管理のいずれであるかは、結論に直接関わりがない。

（6） 8月11日のバーンズ回答は、日本の統治権が、ポツダム宣言の降伏条項を実施するため適当と認める措置をとる連合国最高司令官の制限下に置かれることを述べている。したがって、わが国はポツダム宣言の受諾によりそのような占領管理体制の下に置かれたのであり、連合国最高司令官にその具体的実施が委ねられた同宣言は、そのまま国内法としての意味をもつという意味において、その受諾により直ちにわが国内法秩序に対する影響・効果が生じたと解すべきものである。

2　ポツダム宣言受諾によって、大日本帝国憲法の存在ないし効力にいかなる法的な影響・効果が生じたと考えられるか。

（1） ポツダム宣言の受諾が大日本帝国憲法（以下、「明治憲法」という）の存在又は効力に与えた法的な影響・効果は、天皇による受諾という行為に着目するか、受諾に伴う降伏・敗戦という事実に着目するかによって異なりうるが、いずれの場合であっても、ポツダム宣言に関する日本の申入れに対するいわゆるバーンズ回答をどう解釈するかがまず問題となる。

（2） このバーンズ回答は、日本国民に自由に最終的な統治形態を決定させるという趣旨を含んでいることから、国民主権を要求したものと解されるが、同回答が引用しているポツダム宣言第12項は、「前記諸目的ガ達成セラレ且日本国国民ノ自由ニ表明セル意思ニ従ヒ平和的傾向ヲ有シ且責任アル政府ガ樹立セラルルニ於テハ連合国ノ占領軍ハ直ニ日本国ヨリ撤収セラルベシ」として、占領軍の撤収条件を述べたものである。

したがって、同宣言は現況を国民主権とすることまで要求していないから、そこから直ちに日本が国民主権を採用したという結論を引き出すことはできないと考えられる（参照、前掲・高橋「憲法の制定とその運用」82頁・98頁）。

（3） しかし、ポツダム宣言の受諾という行為に着目した場合、外交大権に基づくこの行為を通して、天皇自らが、明治憲法の基礎をなしていた天皇による統治権の総攬という君主主義を放棄したものと解される。

これにより、当然にいわば憲法制定権力の平和的な交替が行われ、国民主権に変わったということにはならないが、前記のバーンズ回答は、天皇及び日本国政府の国家統治の権限が、降伏条項を実施するため適当と認める措置をとる連合国最高司令官の制限下に置かれることを明言している。そうだとすると、対外的独立性を前提とした統治権の始源性や総攬性は否定され、君主主義に基礎を置いていた明治憲法の諸規定も、その法規性を失ったと解される。

なお、この点については、明治憲法上本来認められないと考えられる受諾行為を天皇がなしたことが、いわゆる憲法改正の限界との関係で無効ではないかとして問題視される余地はあるが、ここでの問題には直接関係がない。

(4) 他方、受諾に伴う降伏・敗戦という事実に着目した場合、明治憲法は廃止されたわけではなく、引き続き効力を有していたとはいえ、その事実の力によって、同憲法を中心としたわが国の実質的な憲法秩序が大きく変化したことについては、学説は一致している。

この降伏・敗戦という事実の力による憲法秩序の変化は、占領管理体制の下では、明治憲法を含む日本の国法がもはや独立国の法令としての意味を失い、むしろ占領管理法令としてのポツダム宣言が、国内法、とくに実質的な意味での憲法としての地位を占めるようになったことから生じたものである。このように、ポツダム宣言の内容に応じて明治憲法の性格と内容が変わるという意味において、その受諾により明治憲法の存在又は効力に対する法的影響・効果が生じたと考えられる。

(5) このような実質的な憲法秩序の変化の具体的内容については、学説上いろいろな考え方がある。この点について最も有力な学説は、明治憲法に加えられた大きな変化として、日本国の主権(独立性)の停止、領土の縮小、軍関係規定の失効、基本的人権の尊重、国民主権の確立(天皇主権の否定)、憲法改正限界としての「国体」の消滅などを挙げている(参照、宮澤俊義『憲法〈改訂版〉』有斐閣、46～49頁、同〈芦部信喜補訂〉『全訂日本国憲法』日本評論社、4～6頁)。

これによれば、降伏によって直ちに明治憲法が廃棄されたり、天皇・内閣・議会といった機関が消滅したりしたわけではないが、明治憲法は、そうした根本的変更を加えられた上で存続し、そのような憲法的機関も大きくその地位と性格を変えるに至ったということになる(参照、大石眞『日本憲法史』有斐閣、２６４頁)。

(6) この考え方については、いわゆる八月革命説を前提とした国民主権の確立のように、異論の余地があるものもないではないが(参照、佐藤幸治『憲法〈第3版〉』青林書院、76頁。日比野勤「現行憲法成立の法理」高橋和之＝大石眞『憲法の争点〈第3版〉』有斐閣、4頁以下など)、少なくとも、占領管理体制の下に置かれることによって、明治憲法が大前提としていた対外的独立性(主権)が停止し又は日本国がそれを喪失したこと、わが国の領土が縮小したことについては、それらが本来的に国際法関係事項であるという事情もあって、学説上ほとんど異論を見ないところである。

(7) また、明治憲法自体、ポツダム宣言の条項と抵触する限度において失効し、少なくとも、軍に関係する諸規定は軍の解体とともに内容を失うに至ったことは、多くの学説の承認するところである(参照、小嶋和司『憲法概説』良書普及会、68～69頁)。そして、天皇制に関連する諸規定についても、その権限の始源性・総攬性が失われ、その大権はむしろ総司令部の統治手段としての役割を担うようになったものと解される（参照、前掲・高橋「憲法の制定とその運用」80～81頁）。

（8）ポツダム宣言の受諾が明治憲法にどういう影響を及ぼしたかの問題については、さらに、同宣言中、別段の立法措置（憲法改正を含む）をとらなくてもそのままで実現可能なものと、立法措置による制度的裏づけがなければ実現されないものとを区別して考え、同宣言第10項にいう「言論、宗教及思想ノ自由……ハ確立セラルベシ」などは、いわば self - executing なものとして前者に属するとする一方で、統治機構の面の多くは、ポツダム宣言の趣旨を制度化することによって初めて実定法的効力を生ずるものとして、後者に属するとし、これについては日本国が国際法的義務を負っていたにとどまると解する学説もあるが（参照、田中英夫『憲法制定過程覚え書』有斐閣、174～175頁）、前者についてのみなぜそう解すべきかは説明されていない。

３　同じくポツダム宣言受諾により、治安維持法、国防保安法その他思想関連法規の存在ないし効力にいかなる法的な影響・効果が生じたと考えられるか。特に治安維持法第1条における「国体」に対する法的な影響・効果は如何。

（1）前記のように、明治憲法自体、ポツダム宣言と抵触する限度において失効し、明治憲法を補充する附属法令やその他の諸法令も、その限度において失効するとともに、天皇制に関する明治憲法の規定も、天皇の権限の始源性・総攬性が失われる限度において失効するとすれば、憲法上の君主主義又は軍関係規定と密接に関連する思想関連法規の存在又は効力についても、同じような影響・効果が生じたと考えられる。

（2）いわゆる国体の語にはいろいろな用法があるが、実定法上の観念としては、代表的な思想関連法規である治安維持法第1条所定の「国体」がある。その意味については、大審院の判例があり、「万世一系の天皇君臨し統治権を総攬し給ふこと」と解釈されている（大審院昭和4年5月31日判決）。この意味における「国体」は、天皇の権限の始源性・総攬性を前提とした天皇制であり、したがって、これと密接に関連する治安維持法の諸規定（第1条～第9条）は、ポツダム宣言受諾により効力を失ったと解すべきものである。

なお、上記の大審院判例は、改正前の治安維持法第1条に関するものであったが、法の文言・趣旨に変わりはない。

（3）また、治安維持法の諸規定のうち、私有財産制度の否認に関わるもの（第10条～第13条）については、占領管理法令としてのポツダム宣言第10項にいう「言論、宗教及思想ノ自由……ハ確立セラルベシ」との規定と抵触する疑いがきわめて強いものである。したがって、それらの規定もまた、その点において、ポツダム宣言の受諾により失効したと解すべきものである。

（4）他方、思想関連法規の一つとして掲記されている国防保安法の諸規定は、「国家機密」、すなわち「国防上外国ニ対シ秘匿スルコトヲ要スル外交、財政、経済其ノ他ニ関スル重要ナル国務ニ係ル事項」にかかわる法所定の該当物件等の保護を目的とするものである。したがって、占領管理体制の下であっても、その保護の必要がなくなるわけではないから、必ずしもポツダム宣言と抵触するようなものではなく、その受諾により直ちに効力を失ったと解することはできないと考えられる。

（5）なお、ポツダム宣言の受諾による明治憲法下の思想関連法規に対する法的効果が問題視された同種事案としては、いわゆる食糧メーデープラカード不敬罪事件がある（最大判昭和23年5月26日刑集2巻6号529頁）。

これは、正式に廃止される前の刑法所定の不敬罪に問われ、第二審において有罪を認定された上で大赦令（昭和21年勅令511号）による免訴判決を受けた被告人が、ポツダム宣言により天皇を主権者とする国家が崩壊するのと同時に不敬罪も消滅したことを理由に無罪判決を求めて上告したものである。

これに対して多数意見は、大赦令の施行により公訴繫属中の事件について公訴権消滅の効果が生ずるにもかかわらず、控訴審が実体的審理をなし、判決理由の中で有罪認定をした点については違法としたが、主文において免訴判決を言い渡したのは、結論において正当であるとして、上告を棄却した。

（6）しかし、これに対しては、刑法の不敬罪の保護法益は天皇の地位の最高独立性に由来するものであり、ポツダム宣言の受諾による「天皇の地位の本質的変貌は刑法不敬罪の保護法益をその瞬間において消滅せしめたものといわざるを得ない」として、原判決を破棄し、被告人の無罪を宣告すべきだとする反対意見（庄野理一裁判官）がある。

また、刑法所定の不敬罪が全面的に消滅したということはできないとして、原判決を正当とした補足意見（霜山精一裁判官・澤田竹治郎裁判官）も、不敬罪の「保護法益が全面的に消滅した場合には不敬罪の規定は実質的に廃止せられたものという外はない」ことを認めている。

（7）このように、ポツダム宣言の受諾により刑罰法規の保護法益が消滅するという議論は、すでに最高裁判所裁判官の中にもあったが、その問題に言及した学説としては、ポツダム宣言の受諾とともに、天皇主権が否定され、それに応じて天皇制の根拠としての神権主義が否定された結果として、不敬罪の規定は効力を失ったとみるのが正しい、とする有力な見解があった（参照、宮澤

俊義『憲法Ⅱ〈新版〉』有斐閣、316～317頁）。

その後の判決解説なども一致して同様の見方を示しているが（参照、一円一億「天皇と不敬罪」ジュリスト増刊・憲法判例百選〈初版〉173～174頁ほか）、これまで述べたように、この結論自体は、いわゆる八月革命説に立たなくても十分成り立ちうるものである。

鑑定嘱託書

早稲田大学法学部教授
浅古　弘　殿

横浜地方検察庁
検察官検事　沖本　浩

請求人木村まきほか5名からの平成10年（た）第2号、第3号、第4号、第6号、第7号、第8号の各再審請求事件について、下記事項の鑑定を嘱託します。

記

1　日本国が「ポツダム宣言」を受諾した時期はいつの時点と解すべきか。

2　「ポツダム宣言」受諾によって、国際法または国内法的にいかなる法的効力が発生すると考えるべきか。

3　「ポツダム宣言」受諾によって、大日本帝国憲法の存在ないし効力にいかなる影響・効果が生じたと考えられるか。

4　「ポツダム宣言」受諾によって、治安維持法、国防保安法その他思想関係法規の存在ないし効力にいかなる法的な影響・効果が生じたと考えられるか。特に治安維持法第1条における「国体」に対する法的な影響・効果はいかなるものであったか。

鑑定意見書

平成14年12月20日

横浜地方検察庁
検察官検事 沖本　浩殿

早稲田大学法学部教授
浅古　弘

先に依頼を受けました、請求人木村まきほか5名からの平成10年（た）第2号、第3号、第4号、第6号、第7号、第8号の各再審請求事件にかかる鑑定事項について、慎重に検討した結果、結論を得ましたので、ここに意見書をご送付申し上げます。

第一　事実関係

本件に関係する事実を箇条書きにして整理すれば、以下の通りである。

大正14（1925）年　4月22日　治安維持法公布（大正14年法律第46号）
昭和3（1928）年　6月29日　治安維持法中改正（昭和3年緊急勅令第129号）
昭和16（1941）年　3月10日　治安維持法改正（昭和16年法律第54号）
昭和18（1943）年　9月9日　請求人、神奈川県警察部に逮捕さる（「横浜事件」）
昭和20（1945）年　7月26日　ポツダム宣言の発出
8月10日　ポツダム宣言受諾に関する日本国政府申入
8月11日　連合国側の日本国政府に対する回答（「バーンズ回答」）
8月14日　ポツダム宣言受諾通告（詔書）
停戦実施方に関する米国政府の日本国政府への通報（16日午前日本到達）
8月16日　ポツダム宣言の或条項実施に関する日本国政府の四国政府に対する希望申入
8月24日　横浜事件に関する予審終結の決定
8月29日　横浜地裁、治安維持法違反被告事件判決
8月30日　横浜地裁、治安維持法違反被告事件判決
9月2日　降伏文書に調印
ポツダム宣言受諾（詔書）
9月15日　横浜地裁、治安維持法違反被告事件判決
9月20日　「ポツダム」宣言ノ受諾ニ伴ヒ発スル命令ニ関スル件（勅令第542号）
9月22日　米国、降伏後に於ける米国の初期の対日方針を公表
10月4日　政治的、公民的及び宗教的自由の制限の除去に関する総司令部覚書
10月15日　治安維持法廃止等の件（昭和20年ポツダム勅令第575号）

第二　鑑定事項

本件に関して鑑定事項として示されたところは、以下の四点である。

1　日本国が「ポツダム宣言」を受諾した時期は何時の時点と解すべきか。

2　「ポツダム宣言」受諾によって、国際法または国内法的にいかなる法的効力が発生すると考えるべきか。

3　「ポツダム宣言」受諾によって、大日本帝国憲法の存在ないし効力にいかなる影響・効果が生じたと考えられるか。

4　「ポツダム宣言」の受諾によって、治安維持法、国防保安法その他思想関係法規の存在ないし効力にいかなる法的影響・効果が生じたと考えられるか。特に治安維持法第1条における「国体」に対する法的な影響・効果はいかなるものであったか。

第三　結論と理由

以下、前記の鑑定事項の記載順序にしたがって、各事項に対する結論と理由をのべることとしたい。

1　日本国が「ポツダム宣言」を受諾した時期は何時の時点と解すべきか。

（1）「帝國議会ニ對スル終戦経緯報告書」（＊1）によれば、ポツダム宣言の条項受諾に至る経緯は、次の如くであったことがわかる（＊2）。

昭和20（1945）年7月26日、アメリカ合衆国・連合王国・中国の三国政府首脳は、連名で「日本國ノ降伏條件ヲ定メタル宣言」をポツダムに於いて日本国政府に対し発出した。8月8日、ソ連邦は対日宣戦布告とともにこの宣言に参加し、ポツダム宣言は、米英中ソの四国共同宣言となった。

7月28日、当時の鈴木貫太郎内閣は、この宣言を「黙殺」すると発表したが、原爆の投下とソ連邦の参戦により、8月10日、日本国政府は「天皇ノ國家統治ノ大権ヲ変更スルノ要求ヲ包含シ居ラザルコトノ了解ノ下ニ」(the prerogative of His Majesty as a sovereign ruler)（＊3）宣言条項を受諾することを決定し、スイス及びスウェーデン両政府を介して、この旨を米英中ソ4ヵ国に通告した（＊4）。これに対して、8月11日、4ヵ国政府は「降伏ノ時ヨリ　天皇及日本國政府ノ國家統治ノ権限ハ降伏條項ノ実施ノ為其ノ必要ト認ムル措置ヲ執ル聯合國最高司令官ノ制限ノ下ニ置カルルモノトス (the authority of the Emperor and the Japanese Government to rule the state shall be subject to the Supreme Commander of the Allied Powers)」及び「日本國ノ最終的ノ政治形態ハ「ポツダム」宣言ニ遵ヒ日本國國民ノ自由ニ表明スル意思ニ依リ決定セラルベキモノトス（The ultimate form of government of Japan shall-in accordance with the Potsdam Declaration-be established by the freely expressed will of the Japanese people)」（＊5）等を内容とする合衆国政府回答を日本政府にスイス政府を介して伝えた。

この回答に接した日本政府は、国体・武装解除・保障占領の問題を巡っての激論の末、8月14日の御前会議に於いて聖断を仰いだ結果、同日午後の閣議に於いてポツダム宣言の条項受諾を決定し、「米英支蘇四國ニ對シ其ノ共同宣言受諾通告」の詔書を発するとともに、「米英蘇華四國ニ對スル八月十四日附日本國政府通告」をスイス政府を介して合衆国政府に伝達した（＊6）。合衆国政府は、8月14日付の日本国政府の通告をポツダム宣言ならびに8月11日付連合国回答の「完全なる受諾」と見なしていることを伝達し、停戦命令の発出と正式降伏条項受理下打合せのためフィリピンへの使者派遣とを求める文書をスイス政府を経由して通報してきた（「停戦実施方ニ関スル八月十四日附米國政府ノ日本國政府ヘノ通報」）（＊7）。この公電が日本政府に到達したのは8月16日午前のことであった。日本政府は、スイス政府経由で、武装解除や保障占領などについて「「ポツダム」宣言ノ或條項実施ニ関スル八月十四日附日本國政府ノ四國政府ニ對スル希望申入」を行い、翌17日に希望条件に対する降伏の実施に必要な通報は連合国最高司令官より適切な時期に為される旨の回答が届けられた（＊8）。

8月18日、正式降伏条項受理下打合せのため、陸軍中将河辺虎四郎に全権委任状が下付され、翌19日マニラに出発、20日午前の会談で、本土進駐に関する連合国最高司令官の要求事項を記載した文書と帰国後日本国政府に伝達すべき日本国天皇の詔書、降伏文書及び陸海軍一般命令第1号を受領した。8月28日、連合軍先遣隊が厚木飛行場に飛来し、30日、連合国最高司令官のマッカーサー元帥が同地に到着して、連合国軍隊の日本本土進駐が開始された。

9月2日、東京湾内米国軍艦ミズリー号上において、日本側全権委員重光葵及び梅津美治郎が、連合国最高司令官マッカーサー元帥に対し「ポツダム宣言受諾」の詔書を提出し、降伏文書に署名をし（午前9時4分）、連合国最高司令官が各国を代表して署名し（午前9時8分）、次いで米国、中国、英国、ソ連邦、オーストラリア、カナダ、フランス、オランダ、ニュージーランドの順に署名して、正式降伏の式を了した（＊9）。

(2) 以上が、ポツダム宣言発出から降伏文書署名に至る経緯であるが、この降伏文書への署名は、8月11日の合衆国政府回答のなかで、「天皇ハ日本國政府及日本帝國大本営ニ對シ「ポツダム」宣言ノ諸條項ヲ実施スル為必要ナル降伏條項署名ノ権限ヲ與ヘ且之ヲ保障スルコトヲ要求セラレ（The Emperor will be required to authorize and ensure the signature by the Government of Japan and the Japanese Imperial General Headquarters of the surrender terms necessary to carry out the provisions of the Potsdam Declaration)」（＊10）るとして、ポツダム宣言の諸條項を実施するために必要とする降伏条項に、天皇が日本国政府及び大本営に署名を命ずることを要求したことによる。この回答の立案文書では、天皇と軍代表が降伏文書に署名することになっていたが、天皇自身に降伏文書への署名を求めない方が「確実に日本軍を降伏せしめる」との英国政府の判断により、天皇が日本国政府と大本営に署名を命ずることになったものであるといわれている（＊11）。

この合衆国政府回答を受けて出された、8月14日の日本国政府のポツダム宣言受諾の通告に於いても、「天皇陛下ニ於カセラレテハ其ノ政府及大本営ニ對シ「ポツダム」宣言ノ諸規定ヲ実施スル為必要トセラルベキ條項ニ署名スルノ権限ヲ與ヘ且之ヲ保障セラルルノ用意アリ(His Majesty the Emperor is prepared to authorize and ensue the signature by His Government and imperial General Headquarters of the necessary terms for carrying out the provisions of the Potsdam Declaration・)」（＊12）として、天皇は政府及び大本営に「必要トセラルベキ條項」に署名する権限を与えることを約したのである。ポツダム宣言受諾の通告と同時に、外務省は「當面ノ要準備事項」（＊13）を8月15日に起案している。その「一、降伏條項ノ署名」によれば、「八月十一日　米英蘇支四國回答ニ依レバ敵側ハ『「ポツダム」宣言ノ條項ノ実施ニ必要ナル降伏條項』surrender termsナルモノノ署名ヲ我方ニ要求スル意嚮ナリ　右降伏條項ハ五月八日ノ獨ノ降伏條項ト同様、彼我双方署名スルモノニ非ズシテ我方ノミ署名スルモノナルヤモ知レズ、何レニスルモ右降伏條項ノ内容ニ付テハ商議ヲ許サズ先方提出ノ案ニ無條件ニ署名スベシトノ態度ニ出デ来ル可能性アリ、従テ事前ニ我方希望ヲ先方ニ通ジ置クコト適當ナリ　八月十四日附我方回答ガ先方ニ到達セバ先方ヨリハ次ニ降伏條項ノ署名地及署名期日ヲ通報シ来ルベシ、仍テ我方トシテハ早目ニ右署名ノ為ノ全権委員及随員ノ人選ニ着手シ全権委員ニ與フル全権委任状（案別紙甲ノ通）御下附ヲ奏請スルノ手続ヲ執ルヲ要ス」とあり、ポツダム宣言受諾通告に伴い当面まず準備しておかなければならないことの第一が、ポツダム宣言の履行に必要な「降伏条項」に対する署名であり、全権委員の人選とその署名に必要な「全権委任状」の準備であるとの認識であったことがわかる。「「ポツダム」宣言ノ或條項実施ニ関スル八月十四日附日本國政府ノ四國政府ニ對スル希望申入」に於ても、「帝國政府ハ「ポツダム」宣言ノ若干條項ノ実施ノ円滑ヲ期スル為切実ナル希望ヲ存シ之ヲ右宣言実施條項署名ノ際其ノ他適当ナル機会ニ開陳セシメ度キ処或ハ斯ル機会ナキコトヲ虞レ茲ニ之ヲ瑞西國政府ノ斡旋ニ依リ米英華蘇四國政府ニ伝達セントス（the Japanese Government would like to be permitted to state to the Governments of America , Britain, China , the Soviet Union what they most earnestly desire with reference to the execution of certain provisions of the Potsdam Proclamation. This may be done possibly at the time of the signature. But fearing that they may not be able to find an appropriate opportunity, they take the liberty of addressing the Governments of the Four Powers through the good offices of the Government of Switzerland.）」（＊14）として、日本国政府としては、条項の内容については署名までになお降伏の条件について商議したい旨の希望を有していたことがわかる。

日本国政府のポツダム宣言受諾通告に対する「停戦実施方ニ関スル八月十四日附米國政府ノ日本國政府ヘノ通報」では、「降伏ノ受理及其ノ実施ノ為「ダグラス、マックアーサー」元帥ガ聯合國最高司令官ニ任命セラレタル処同元帥ハ正式降伏ノ時、場所其ノ他詳細事項ニ関シ日本國政府ニ通報スベシ（For the purpose of receiving such surrender and carrying it into effect , General of the Army Douglas MacArthur has been designated as the Supreme Commander for the Allied Powers, and he will notify the Japanese Government of the time , place and other details of the formal surrender.）」（＊15）と連合国最高司令官のマックアーサー元帥が「正式降伏ノ時、場所其ノ他詳細事項」を日本国政府に通報することとしていた。

（3）上述の点からして、ポツダム宣言を発出した合衆国政府を始めとする4ヵ国政府及びポツダム宣言受諾を通告した日本国政府は、ポツダム宣言の諸条項を実施するためには、必要とする降伏条項に日本国政府及び大本営の署名が必要であり、降伏文書への署名を以て日本国政府のポツダム宣言受諾が完成するものと考えていたことが知れる。

（4）依って、日本国政府のポツダム宣言受諾の時期は、降伏文書に署名が行われた昭和20（1945）年9月2日午前9時8分であった（＊16）と思考する。

2　「ポツダム宣言」受諾によって、国際法または国内法的にいかなる法的効力が発生すると考

えるべきか。

（1）ポツダム宣言受諾に依る日本の降伏は、この降伏文書の署名を以て正式に法的効力を生じたことは明らかである。しかし、いかなる法的効果を生じたかについては若干の検討を要する。この降伏文書の法律上の性質を巡っては議論がある。連合国から手交された降伏文書を見た外務省は、「我方全権ガ署名シ先方ガ之ヲ受諾スルノ形式トナリ居ル処右ハ一種ノ国際約束ト見ルベキモノニシテ我方ハ之ニ依リ寡クトモ国際上ノ義務ヲ負フ次第ナリ」（＊17）として、日本側だけが義務を負い、連合国側の義務を規定しない「異例的な性格」を持つ「国際約束」と理解したのである。

終戦連絡中央事務局においても、「降伏文書ハソノ形式及内容ヨリ我方ノ降伏ニ関スル義務ノ連合国ニ対スル一方的意思表示ニシテ相手方アル単独行為トモ解セラルルニ非ザルモ、連合国ガ之ヲ受諾シ居ルニ付国内法ニ於ケル贈与ノ形式ニ類似シ従テ之ヲ以テ国際約束ニ非ズトハ言ヒ難カルベシ但シソノ形式ハ全ク従来ノ国際約束ト異ナル。普通ノ休戦協定ト看做スコトヲ得ズ、単ニ我方ノ休戦ニ関スル一方的意思表示ナリト言ハザルベカラズ。此ノ意味ニ於テ我方トシテハ休戦協定ニ代ハルモノト認メラルルモ相手国ノ休戦ヲ規定シ居ラザルハ「降伏文書」タル特質トモ思ハル。ソノ内容ヨリスレバ一般ノ休戦協定ヨリ遙ニ広範ナル事項ヲモ含ミ居リ此ノ意味ニ於テハ従来ノ休戦協定ト講和条約ノ中間的性質ヲ有スルモノトモ見ラル」（＊18）と、外務省と同じく「異例的な性格」を持つ「国際約束」との理解を示していた。

学界においても、「条約の内容がきわめて一方的であり、その合意の仕方もまた一方的命令的であっても、そこに合意が行われ条約が成立するのを妨げるものではない」（＊19）から「ポツダム宣言は休戦条件の提示と見るべき一方的意思表示であって、その受諾は形式上一の国際法的合意を成立せしめると解することができる」との高野雄一の説（＊20）、「降伏文書はその法律上の性質としては、相手国の受諾を条件とした単独行為といふ国際法上の特殊の行為（Act sui ' generis）と見るのが一番妥当のやうに思はれる」とする田中二郎の説（＊21）、あるいは「講和条約の締結には、講和の条件の大綱を約し、これによって敵対行為を終了させる講和予備条約（preliminaries of peace）が結ばれることがある。日本の降伏文書（instrument of surrender）がこの範疇に入るか、あるいは前出の全般的休戦条約に入るかは、明瞭ではないが、形式的には後者に、実質的には（ポツダム宣言の受諾などから見て）前者に入るように考えられる」とする一又正雄の説（＊22）などがあった（＊23）。しかし、いずれの説に立つにしても、降伏文書が国際法上の法的に有効な文書であることには異論はないところであるから、この降伏文書の署名によって、日本が、国際法上、ポツダム宣言の受諾を約し（降伏文書第1項）、連合国の占領管理に服し、ポツダム宣言の条項を誠実に履行すべき責めを負うこととなった（降伏文書第6項）ことは明らかである。

（2）国際法上、ポツダム宣言の受諾を約し、連合国の占領管理に服し、ポツダム宣言の条項を誠実に履行すべき責めを負うこととなったことが確かだとすれば、そのことが国内的にはいかなる効力を持ったのであろうか。従来から、国際法は国内でも法としての拘束力をもつか、国際法と国内法が抵触した場合、その関係はどうなるか、国際法が優先するか、国内法が優先するか、等々が問題とされてきた。この問題について、法を「強制秩序としてみるかぎり、法の妥当を支える重要な契機として権力的な要素を無視することはできないのであって、そうした点を考慮するならば、少なくとも現段階においては、国内法独自の妥当根拠に基づいて妥当しているとみるべきであって、国内法が国際法の委任に基づいて妥当しているということはいえないだろう。国際法違反の国内法も国内関係においては合法性を認められており、しかも、国際法の立場から直接それを無効とすることができないという事実は、この点をはっきり示しているといわなければならない」として、二元論の主張を肯定する田畑茂二郎の説（＊24）がある。

しかしながら、この説においても、国際法と国内法の交錯するすべての面について、これまで二元論で主張されたところがそのまま認められるわけではないとする。すなわち、国際関係においては国際法の規定が優先し、国家は「国際法上当然に負わなければならない国際責任を、国内憲法上の事情を理由として回避することは許されない」とし、国内関係においてはとくに国際法違反の国内法を無効とする憲法規定がないかぎり、国際法違反の国内法もそのまま有効な国内法として妥当性が認められるが、国家は対外的に国際法違反の責任を負わなければならないとする。

（3）これに対して、第一次大戦後に、国際連盟の成立を契機とする国際主義的な政治風潮を背景として、純粋法学の立場から二元論を批判し、国際法優位の一元論を展開するケハルゼンなどのウィン学派の人々や横田喜三郎の説（＊25）がある。大日本帝国憲法（以下、「帝国憲法」という）には、条約及び確立された国際法規の遵守を謳った規定（日本国憲法第89条第2項）も、条約の国内法化に関する規定もなかった。美濃部達吉は、憲法学の立場から条約について、「條約ヲ以テ単ニ国際法上ノ効力ニ止マリ国内法規トシテノ効力ヲ有スルヲ得ズト為スハ、到底支持スルコトヲ得ザル見解ナリ。條約モ固ヨリ国家ノ意思表示ニ外ナラザルヲ以テ、條約ニシテ確定シタルトキハ国家ノ意思ハ既ニ決シタルモノニシテ、国際法上ノ意思ト国内法上ノ意思トノ二ノ別々ノ国家意思ガ存スルニハ非ズ。若シ條約ノ内容ニシテ国内法規ヲ定ムルモノナルトキハ、條約ガ有効ニ締結セラルルト共ニ、其ノ條約ガ国内法規トシテ有効ニ成立スルモノナラザルベカラズ」（＊26）としていた。実際の取り扱いにおいても、条約は、天皇によって公布された。公布されれば、国家機関及び国民を拘束するものとされた。公布は、公式令に依り、官報登載をその方式とした。

（4）この国際法優位の一元論からすれば、「降伏文書が一種の国内法として拘束力を持つものである」（＊27）ということになる。また、二元論の立場からは、国際法が国内的に適用されるためには、国内法に変型される必要が生じる場合があると説かれるが、ポツダム宣言受諾の詔書及び降伏文書はともに官報に登載され（＊28）、公布されたとみることができるから、ポツダム宣言及び降伏文書は国内法に「変型」されたということができよう。そうだとすると、国内法としても、ポツダム宣言と降伏文書は法的拘束力を持ったと考えられる。

3　「ポツダム宣言」受諾によって、大日本帝国憲法の存在ないし効力にいかなる影響・効果が生じたと考えられるか。

（1）降伏文書とポツダム宣言の受諾によって、日本は、連合国の占領管理に服し、国の基本的体制として、「民主主義的傾向ノ復活強化（the revival and strengthening of democratic tendencies）」をはかり、「言論、宗教及思想ノ自由並ニ基本的人権ノ尊重」を確立する（宣言第10項）等、ポツダム宣言の条項を誠実に履行すべき責めを負うことになり（降伏文書第6項）、「天皇及日本國政府ノ國家統治ノ権限ハ（中略）聯合國最高司令官ノ制限ノ下ニ置カルルモノ（The authority of the Emperor and the Japanese Government to rule the state shall be subject to the Supreme Commander for the Allied powers）」（降伏文書第8項）となったことは明らかである。これにより日本は、連合国の占領管理に服することによって国の対外主権を失い、その対内主権についても、連合国最高司令官による制限を課せられることになった。その限りにおいて、帝国憲法は、国の最高法規たる性格を失うこととなった。しかし、このことは帝国憲法の失効ないし廃棄を意味するものと解することにはならない。施行後の日本国憲法も同様であり、サンフランシスコ講和条約締結までの占領下においては、日本国憲法もその最高法規たる性格を完全に発揮していたわけではなかったからである。

（2） 8月11日付の4ヵ国回答は、「日本國ノ最終的ノ政治形態ハ「ポツダム」宣言ニ遵ヒ日本國國民ノ自由ニ表明スル意思ニ依リ決定セラルベキモノトス」としていたことから、ポツダム宣言受諾とともに国民主権の実現を要求したものと解されることがあるが、同回答が引用しているポツダム宣言第12項は連合国の占領軍の撤収条件を述べたもので、占領軍の撤収について、宣言所定の諸目的が達成されたうえ、「日本國國民ノ自由ニ表明セル意思ニ従ヒ平和的傾向ヲ有シ且責任アル政府ガ樹立セラルルニ於テ」はじめて行われるものとするものであり、ポツダム宣言受諾とともに、国民主権の実現を求めるものではなかったのである。政府の議会での答弁も、「ポツダム宣言が日本の基本秩序に齎らしまする意義につきまして（中略）政府の執って居りまする考え方は、ポツダム宣言は我々に或国家組織上の変更を為すべき義務を負わせて居るのである。其の内容は直ちに我が国の法律秩序に変動を及ぼして居るものではない」（＊29）との理解を示していた。すなわち、ポツダム宣言の受諾によって直ちに帝国憲法が失効したり、廃棄されたり、天皇・内閣・議会などの国家機関が消滅したり、国民主権が実現したりしたわけではない、との認識であったことがわかる。

（3）ところで、国内法化した条約と憲法や法律との関係について、「條約ハ固ヨリ憲法ノ下ニ於テ憲法ノ認ムル大権ニ依リ締結セラルルモノナルヲ以テ憲法自身ヲ變更スルヲ得ザルハ言ヲ挨タズ、（中略）法律ハ必ズシモ條約ヲ拘束スル効力ナク條約ヲ以テ既定ノ法律ヲ變更シ得ルノ力アルモノト解スベシ」（＊30）と述べていた美濃部達吉は、「朝日新聞」に寄稿し、「所謂「憲法の民主主義化」を実現するためには、形式的な憲法の条文の改正は必ずしも絶対の必要ではなく、現在の憲法の条文の下においても、議院法、貴族院令、衆議院議員選挙法、官制、地方自治制、その他の法令の改正及びその運用により、これを実現することが十分可能であることを信ずるもので、仮令結局においてその改正が望ましいとしても、それは他日平静な情勢の恢復を待って慎重に考慮せらるべき所で、（中略）少なくとも現在の問題としては、憲法の改正はこれを避けることを切望して止まないものである」「重要なのは、憲法の改正ではなくして、その解釈及び運用を正当ならしめることである」（＊31）との見解を示していた。

後に、いわゆる「八月革命」（＊32）を唱えることになる宮澤俊義も、1945年9月28日の外務省での講演では、「帝國憲法ハ民主主義ヲ否定スルモノニ非ズ。現行憲法ニテ十分民主的傾向ヲ助成シ得ルモ、民主的傾向ノ一層ノ発展ヲ期待スルタメ」に、いくつかの点について「改正ヲ適当」とするが、「唯、憲法ノ改正ヲ軽々ニ実施スルハ不可ナリ」との考えを示していた（＊33）。さらに「毎日新聞」に寄せた論稿でも、「現在のわが憲法典が元来民主的傾向と相容れぬものでないことを充分理解する必要がある」が、「いふまでもなく、立憲主義に立脚する」帝国憲法の「立憲主義的な解釈が多かれ少なかれ歪められてきた」のであるから、「わが憲法をしてその本来有する立憲主義を百パーセント回復せしむる」ことを目標とすべきであると説いていたのである（＊34）。

憲法研究会の鈴木安蔵も、「8月15日で日本の主権が大きく制限をうけたことは疑いないが、日本国家は瓦解せず、天皇を統治権の総攬者とする国家秩序が大きい制限を受けて継続している。憲法も存続はしている。したがって、新しく憲法を作るというところまでは考えていなかった」と、「朝日新聞」の座談会（＊35）で、発言をしている。

（4）昭和20（1945）年9月22日に、「降伏後ニ於ケル米国ノ初期ノ対日方針」（SWNCC150／4／A）が公表され、10月4日に、マッカーサーは近衛文麿に憲法改正の意向を示唆し、ついで11日には、総理大臣幣原喜重郎との会談で、正式に憲法の改正を口頭で指令した。これに刺激され、この時期の新聞には、学者その他の知識人の憲法改正問題に関する意見が相次いで掲載されたが、これまで見てきたように、帝国憲法が「日本國國民ノ間ニ於ケル民主主義的傾向ノ復活強化」（宣言第10項）と相容れぬものでなく、ポツダム宣言が要求する「民主主義的傾向」は、吉野作造らによって支えられた大正デモクラシー期の民主主義を「復活強化」することで達成されうると考える論者が多く、降伏・ポツダム宣言受諾によって、帝国憲法が失効ないし廃棄となり、その全面的改正が必要になったという見解をとる論者は、政府部内はもとより学界においてすら、ほとんどいなかったのである。

4 「ポツダム宣言」の受諾によって、治安維持法、国防保安法その他思想関係法規の存在ないし効力にいかなる法的影響・効果が生じたと考えられるか。特に治安維持法第1条における「国体」に対する法的な影響・効果はいかなるものであったか。

（1）ポツダム宣言の受諾について、日本国政府としての最大の懸念は国体がどうなるかという点にあった。周知のように政府は、「天皇ノ國家統治ノ大権ヲ変更スルノ要求ヲ包含シ居ラザルコトノ了解」の下にポツダム宣言を受諾することを決定し、連合国に通告した。これに対する連合国の回答は、右の条件に直接答えることを避け、「降伏ノ時ヨリ　天皇及日本國政府ノ國家統治ノ権限ハ降伏條項ノ実施ノ為其ノ必要ト認ムル措置ヲ執ル聯合國最高司令官ノ制限ノ下ニ置カ」れ、「日本國ノ最終的ノ政治形態ハ「ポツダム」宣言ニ遵ヒ日本國國民ノ自由ニ表明スル意思ニ依リ決定セラルベキモノ」というものであった。この回答に接した日本政府は、果たしてこれで国体は護持されるのか、を巡っての激論の末、8月14日の御前会議に於いて聖断を仰ぎ、ポツダム宣言の受諾を決定したのであった。

昭和天皇は、その御前会議で「国体問題についていろいろ疑義があるとのことであるが、私はこの回答文の文章を通じて、先方の相当好意を持っているものと解釈する。先方の態度に一抹の不安があるというのも一応はもっともだが、私はそう疑いたくない」と発言したといわれている（＊36）。8月14日の終戦の詔書においては「茲ニ国体ヲ護持シ得テ」とされた。また、9月5日の第88回帝国議会における東久邇総理大臣の施政方針演説でも「ポツダム宣言ハ原則トシテ、天皇ノ国家統治ノ大権ヲ変更スルノ要求ヲ包含シ居ラザルコトノ了解ノ下ニ、涙ヲ呑ンデ之ヲ受諾スルニ決シ」たと述べられている。これらのことからいって、結局それは国体を護持しての降伏とされたことは明らかである（＊37）。

宮澤俊義は、9月2日から東京帝国大学で3回に亘って開講された「戦争終結と憲法」と題する連続講義で、「ポ宣言は必ずしも国体を否認していないというだけで、決してこれを保障していないということである。同宣言は、国民の自由に表明する意思に従い、平和的傾向を有し、且つ責任ある政府が樹立せられることを要望するだけで、国体原理が日本に存続すべきかどうかについては、積極的に何らの意向も表明していない」から、「プラクティカリーには国体原理は降伏によって何ら影響を受けぬといってよい」と講じたといわれる（＊38）。

（2）ポツダム宣言受諾の際に、最大の懸念となっていた国体とは何であったのか。その意味については、治安維持法第1条に定める「国体」の意義に対する大審院の判例があり、国体とは「萬世一系ノ天皇君臨シ統治権ヲ総攬シ給フコト」と解釈されている（＊39）。この大審院の解釈は通説的解釈であり、上杉慎吉も「大日本帝国ハ萬世一系ノ天皇之ヲ統治ス（憲法第1條）、大日本帝国ノ統治権者ハ天皇ナリ、之レヲ我カ国体ト為ス」（＊40）と解釈する。

この通説判例の立場から、国体を「萬世一系ノ天皇君臨シ統治権ヲ総攬シ給フコト」と解すると、降伏文書第8項の「天皇及日本國政府ノ國家統治ノ権限ハ（中略）聯合國最高司令官ノ制限ノ下ニ置カル」との関係が問題になる。この点について、横田喜三郎は「日本の国体をもって憲法の第一条にある『大日本帝国ハ万世一系ノ天皇コレヲ統治ス』ということであるとすれば、降伏文書は国体と必ずしも抵触しない。この文書によって統治権は制限されたけれども、統治権そのものは否定されず、天皇がこれを有することも疑ひをいれないからである」（＊41）としていた。

ところで、美濃部達吉は、国体という語は、「歴史的に発達し形成された日本の国家の最も重要な特質を指す意味」に用いられており、「国初以来日本が萬世一系の皇統を上に戴き、君民一致、嘗て動揺したことのないこと」が、その中心要素をなすものであり、「法律的観念ではなくして、主としては歴史的観念であり、又倫理的観念である」と説明している（＊42）。美濃部の説に立てば、国が同一性を保つ限り国体は変わらないということになる。

当時、ポツダム宣言の受諾によって、直ちに帝国憲法が失効したり、廃棄されたり、天皇・内閣・議会などの国家機関が消滅したり、国民主権が実現したりしたわけではない、との認識であったことからすれば、この横田の解釈は妥当なものといいうるであろう。

それ故、「降伏後ニ於ケル米国ノ初期対日方針」の公表は、政府にとって刺激的であった。なぜならば、「我方ノ自主的発意ニ依リ日本ノ変革更正ヲ具体的ニ実現」しなければ、「国家トシテノ自主権ノ全面的喪失ヲ招来」し、「終戦決定当時「ポツダム」宣言ノ降伏条項ヲ受諾スルニ決シタル際ノ帝国ノ意図ハ没却」せられ（＊43）、すなわち国体の護持が不可能になるとの危機感を持ったのである。

（3）敗戦による社会の動揺に直面するだけに、治安の維持はこれまでにもまして大きな課題となっていたのである。国体の護持が至上命令であれば、本来的にそれを本質とする治安維持法を存続活用することに、政府は、何の疑念も躊躇もなかった（＊44）。

8月17日、総辞職した鈴木貫太郎に代わり、組閣を命ぜられた東久邇宮稔彦王は、天皇から「特ニ憲法ヲ尊重シ、詔書ヲ基トシ、軍ノ統制、秩序ノ維持ニ努メ、時局ノ収拾ニ努力」するようにとの指示（＊45）を受けていた。東久邇内閣の内務大臣山崎巌は、その就任にあたって、「国内の秩序の維持に全力をつくすべく邁進したい」「国民団結を乱す事態に対しては取締を厳にしていく」（＊46）と言明していたのである。内務省が作成した「終戦善後措置」によれば、「既往ニ於テ検挙、若ハ結社禁止セラレタル旧大本教、ひとのみち、天理本道等ノ不逞教団ノ元幹部、旧信者中ニハ最近ニ於ケル国内外ノ情勢ヲ目シテ嘗テ自己等ノ教説シタル所ト全ク符合シ居レリト做シ、斯ル見地ヨリ旧信ノ絶対誤ナカリシコトヲ盲信シテ再ビ旧信ニ復帰シ、或ハ教団再建ヲ企図スル等ノ不穏行動ニ出デツツアリテ既ニ治安維持法違反若ハ不敬罪等ノ悪質犯罪トシテ検挙取締ヲ加へ、又目下内偵中ノモノニテモ数件ニ上レルノ実状ニアリ」（＊47）とあって、治安維持法及び不敬罪がなお存続し、警察によって活用されていたことがわかる。

その一方で、「終戦善後措置」は、「1　治安維持法ノ国体否定又ハ神宮若ハ皇室ノ尊厳冒涜ヲ目的トスル結社、集団（主トシテ宗教団体）ニ関スルモノ並ニ私有財産制度否認ヲ目的トスル結社ニ関スルモノハ治安維持法ヲ以テ問擬セズ、其ノ手段、方法ニ於テ公安ヲ害スルガ如キ場合ハ他ノ一般法ニヨリ之ヲ処断スルモノトス　2　治安維持法ノ予防拘禁制度ハ適用ヲ差シ控フルモノトス」（＊48）として、治安維持法の運用についての自制を求めていたことも確かであるが、治安維持法違反事件の司法処理は、10月4日に「政治的、公民的及宗教的自由ニ対スル制限除去ニ関スル総司令部覚書」が発せられるまで続けられたといわれている（＊49）。

9月22日に、「降伏後ニ於ケル米国初期ノ対日方針」が公表されると、外務省では早速その内容を検討し、30日に「『降伏後ニ於ケル米国初期ノ対日方針』説明」（＊50）を作成し、そのなかで、「唯治安維持法、思想犯保護観察法、出版法（第二十六条）等ノ国体変革ノ罪ヲ対象トスルモノハ廃止セザルベカラザルベシ」（＊51）との考えを示していた。

しかしその一方で、山崎巌内務大臣や岩田宙造司法大臣が、それぞれこれからも治安維持法の適用がある旨を外国特派員に語ったと報じられた（＊52）。

（4）9月26日に哲学者三木清が豊多摩刑務所で獄死したことがきっかけとなって、政治犯の処遇が問題となり、10月4日に「政治的、公民的及宗教的自由ニ対スル制限除去ニ関スル総司令部覚書」が発せられ、治安維持法を廃止するよう指令が出され、それまで日本政府が堅持してきた治安維持法体制に根本的な動揺をもたらすことになったのである。そして、10月8日には、司法省は「治安維持法、国防保安法其ノ他思想関係法規ノ廃止ニ伴フ思想関係ノ訓令通牒及思想事務廃止ノ件」を訓令し、思想関係事務を廃止した（＊53）。

しかし、この時点ではまだ、治安維持法も国防保安法その他思想関係法規も正式には廃止されてはいなかった。国防保安法は、軍機保護法や軍用資源機密保護法など秘密保護立法とともに、昭和20（1945）年10月13日勅令第568号を以て廃止され、治安維持法は、昭和20（1945）年10月15日勅令第575号「昭和二十年勅令第五百四十二号「ポツダム」宣言ノ受諾ニ伴ヒ発スル命令ニ関スル件ニ基ク治安維持法廃止等ノ件」を以て廃止されたのである。

【注】

＊1　国立公文書館蔵「帝國議会ニ對スル終戦経緯報告書」

＊2 高野雄一「「ポツダム」宣言受諾の経緯」国際法外交雑誌第45巻第1・2号、1946年、五百旗頭真『米国の対日占領政策』（上・下）中央公論社、1985年参照

＊3 外務省特別資料部篇『日本占領及び管理重要文書（基本篇）』東洋経済新報社、1949年、14頁

＊4 植田隆子「帝國政府のポツダム宣言受諾をめぐるスイスの仲介」（一九四五年八月）」、国際法外交雑誌86巻4号、1987年、42—45頁

＊5 前掲『日本占領及び管理重要文書集（基本篇）』16頁

＊6 植田隆子、前掲論文、56—58頁

＊7 植田隆子、前掲論文、60頁

＊8 植田隆子、前掲論文、60—65頁

＊9 「調印式概況」（江藤淳編『占領史録』第1巻、講談社、1981年、239・240頁）

＊10 前掲『日本占領及び管理重要文書集（基本篇）』16頁

＊11 山極晃・中村政則編、岡田良之助訳『資料日本占領1 天皇制』大月書店、1990年、368頁以下

＊12 前掲『日本占領及び管理重要文書集（基本篇）』18頁

＊13 前掲『占領史録』第1巻、38頁

＊14 前掲『日本占領及び管理重要文書集（基本篇）』18頁

＊15 前掲『日本占領及び管理重要文書集（基本篇）』22頁

＊16 「聯合国最高司令官發 ZAX5017號文書」（前掲『占領史録』第1巻、242頁）

＊17 「今回聯合国側要求ノ詔書、降伏文書及一般命令発出ノ国内手続ニ関スル件」（前掲『占領史録』第1巻、194頁以下）

＊18 「終戦事務情報」第2号（昭和20年10月8日）、7頁

＊19 高野雄一「第二次大戦の占領・管理—日本の場合を中心として—」（国際法学会編『国際法講座』第3巻、1954年、243—244頁）

＊20 高野雄一「法令解説」（日本管理法令研究会編『日本管理法令研究』第1巻第1号、1946年、100—101頁）

＊21 田中二郎「日本管理法令と国内法」（前掲『日本管理法令研究』第1巻第1号、51頁）

＊22 一又正雄『国際法』酒井書店、1974年、248頁

＊23 この問題については、芳川俊憲「連合国軍隊による日本占領の法理と実際」（「岡山大学法学会雑誌」第22巻第3・4号、1973年）が詳しい

＊24 田畑茂二郎『国際法 I』（法律学全集55）有斐

閣、1957年、123—147頁
＊25 横田喜三郎『国際法の基礎理論』有斐閣、1949年、85—194頁
＊26 美濃部達吉『憲法撮要』（改定第5版）有斐閣、1932年、547頁
＊27 田中二郎、前掲論文、55頁
＊28 昭和20年9月2日官報号外
＊29 清水伸編『逐条日本国憲法審議録』第1巻、有斐閣、1962年、94頁
＊30 美濃部達吉、前掲書、554頁
＊31 美濃部達吉「憲法改正問題」（「朝日新聞」1945（昭和20）年10月20日・21日・22日）
＊32 宮澤俊義「八月革命と国民主権主義」（『世界文化』第1巻第4号、1946年、64頁以下）
＊33 宮澤俊義講「「ポツダム」宣言ニ基ク憲法、同附属法令改正要點」（前掲『占領史録』第3巻、1982年、71—81頁）
＊34 「毎日新聞」1945（昭和20）年10月19日
＊35 「民主主義獲得への途」（「朝日新聞」1945（昭和20）年12月24・25日）
＊36 下村海南「終戦秘史」（前掲『終戦史録』下巻、941頁）
＊37 佐藤達夫『日本国憲法成立史』第1巻、有斐閣、1962年、24頁
＊38 高見勝利「憲法体制の転換と宮澤憲法学」（『宮澤俊義の憲法学史的研究』有斐閣、2000年、173頁以下）
＊39 昭和4年5月31日大審院判決（刑集8—317）
＊40 上杉慎吉『新稿憲法術義』（第13版）有斐閣、1940年、85頁
＊41 横田喜三郎「無条件降伏と国体」（『国際法外交雑誌』第45巻第1・2号、15頁）
＊42 美濃部達吉『逐条憲法精義』有斐閣、1931年、72—75頁
＊43 10月9日付「自主的即決的施策の緊急樹立に関する件（私案）」（前掲『占領史録』第3巻、57頁以下）
＊44 荻野富士夫「治安維持法・「改正」史」（『治安維持法関係資料』第4巻、新日本出版、1996年）、730頁
＊45 「国務大臣稔彦王殿下ノ演説」（「官報号外」1945年9月3日）
＊46 「毎日新聞」1945年8月19日
＊47 荻野富士夫、前掲書、363頁以下
＊48 荻野富士夫、前掲書、363頁
＊49 荻野富士夫、前掲書、733頁
＊50 前掲『占領史録』第1巻、300頁以下
＊51 前掲『占領史録』第1巻、316頁
＊52 荻野富士夫、前掲書、365・366頁

＊53　法務省官房司法法制調査部編『続司法沿革史』1963年、344頁

再審請求最終意見書

請求人　木村まき　外5名

平成15年2月5日

横浜地方裁判所第2刑事部　御中

上記請求人ら弁護人
弁護士　森川　金寿　外9名

Ⅰ　はじめに

第1（略）
第2　裁判所に望む
1　第1次及び第3次再審請求にかかる元被告人の生存者

第1次再審請求（1986年）の請求人は下記の9名であった。

青山鉞治、川田定子、川田寿相続人（妻川田定子）、木村亨、小野康人相続人（妻小野貞）、小林英三郎、畑中繁雄、平館利雄、和田喜太郎相続人（母和田かよ）

元被告人本人の生存者は6名である。

しかし再審請求審の審理の期間中にも青山鉞治、和田かよは死亡した。

今回の第3次再審請求における請求時の請求人は下記のとおりであった。

板井庄作、勝部元、畑中繁雄、木村亨相続人（妻木村まき）、小林英三郎相続人（妻小林貞子）、高木健次郎相続人（長男高木晋）、平館利雄相続人（長女平館道子）、由田浩相続人（妻由田道子）

しかし、その後現在までに請求人のうち勝部元、畑中繁雄が死亡し、残るところ唯一の生存者は板井庄作請求人だけになった。横浜事件元被告人約30余名のなかの一人である。

2　上記のように横浜事件の犠牲者のうち唯一の生存者である板井庄作請求人はもとより、今日まで必死になって犠牲者たちを支えてきた各遺族たちにとっても、本件のような国家権力による人権侵害ともいうべき重大な人権侵害事案は可及的速やかに是正救済せらるべきである。

Ⅱ　検察官の旧刑訴法第497条、第504条による棄却相当説に対する反論

検察官は、平成10年（た）第3号（小林英三郎元被告

人関係）及び同第6号（由田浩元被告人関係）については、有罪確定判決（原判決）の謄本の添付がない上、原判決の原本及び訴訟記録も存在せず、原判決の認定事実を窺い知るべき証拠資料も提出されていないのであるから、法律上の方式に違反した場合であり、旧刑事訴訟法第497条、第504条により棄却さるべきであるという。

そして、弁護人が復元した判決は、再審理由の有無の判断に最低限必要と思われる事項を充足していないともいう。

しかし、右の検察官の見解は、再審請求書に詳述し、また本意見書Ⅷ章でも述べるとおり、原判決原本及び訴訟記録の不存在が、司法当局の不当違法な行為により生じたと強く推認される本件においては、再審法規の法解釈を過ったものというべきであって、不当というほかはない。

Ⅲ　ポツダム宣言の受諾と旧憲法・治安維持法の効力

この点については弁護人が既に再審理由補充書（平成12年4月20日付）等において主張したところであるが、その後検察官から反論書が提出され、さらに鑑定人大石眞からの鑑定意見書等も提出されたので、これらをふまえて弁護人らの見解を再度補充陳述する。

第1　ポツダム宣言受諾後のわが国の政治・社会状況

本項の主題についての法律的な検討に入る前に、1945年（昭和20年）8月14日のポツダム宣言受諾後、10月15日の勅令575号（治安維持法等の廃止）の発令に至るまでの約2カ月間、占領下のわが国の政治・社会状況が実際どのように経過・推移していたかを概観しておくこととしたい。

1　戦勝連合国側の動き

（1）まず、ポツダム宣言をわが国に受諾せしめた連合国側がその後いかに行動したかをみると、同年8月15日トルーマン大統領は、英・ソ・中3国の同意の下に、マッカーサー元帥を連合国最高司令官（ＳＣＡＰ）に任命、これを受けてマニラのマッカーサー司令部は早くも翌16日には日本側に打電して、降伏条件の伝達・進駐手続の打合せのため軍使を派遣するよう要求し、これに応じて19日マニラに飛んだ日本政府・軍の代表に対し、無条件降伏を公示する天皇布告案や降伏文書・陸海軍一般命令第1号を手交するとともに、25日からは占領軍部隊の進駐を開始したい旨通告した。

この折衝に基づき連合国（米）軍は、同月28日には先遣隊を厚木（→横浜）に到着させ、続いて30日にはマッカーサー連合国最高司令官兼米太平洋陸軍司令官をはじめとする本隊を厚木（→横浜）に進駐させ、さらに9月2日早朝には米第1騎兵師団を横浜に上陸させた。同日午前からは東京湾沖に停泊した戦艦ミズーリ号上において、戦勝連合国の各代表と戦敗国日本の天皇・政府・軍部の代表の間で、降伏文書の調印式を行い、正式に＝外交上戦争状態を終結させ、無条件降伏を確認し、対日占領体制をスタートさせた。そして、同月から10月にかけ次々と占領軍部隊を上陸・進駐させ、同年末までには日本全土に43万名を超える占領軍隊を展開し終えることとなった。

マッカーサー最高司令官は、横浜に到着後直ちに米太平洋陸軍司令部（ＧＨＱ／ＡＦＰＡＣ）を設置して、占領業務を開始したが、９月17日には占領業務の全土的・全面的な実施に備えるため東京に司令部を移動するとともに、間接統治方式による占領行政（とくに民政部門）の責務を果たすべく、同司令部の機構を大幅に改組することとし、10月２日にはその中の軍政局を発展的に解消して、新たに連合国最高司令官総司令部（ＧＨＱ／ＳＣＡＰ）を発足させた。この日以降、マッカーサー元帥は両司令部のキャップとして、本格的に占領業務を遂行していくこととなったのである（以上、竹前栄治『ＧＨＱ』岩波新書「はじめに」、本文22～24、36～46頁）。

（２）ところで、同年８月11日の日本政府に対する米英中ソ４ヵ国政府の最終回答（いわゆるバーンズ回答）が、

「降伏の時より、天皇及び日本国政府の国家統治の権限は、降伏条項実施のためその必要と認むる措置を執る連合国最高司令官の制限の下に置かるるものとす。……最終的の日本国の政府の形態は、『ポツダム』宣言に遵い、日本国国民の自由に表明する意思により決定せらるべきものとす。……」（傍線引用者、以下同じ）

などとして、ポツダム宣言は天皇の国家統治の大権を変更する要求を含むものではないと了解するとした日本側の要請を、間接的な表現ながらきっぱりと拒絶し、戦勝連合国の絶対的な支配＝日本国の「無条件降伏」を通告する内容のものであったことは、広く知られるとおりである（前掲『ＧＨＱ』82、１５０～１５４頁。なお、このバーンズ回答がかような内容のものとして発出されるまでの経緯については、甲第16号証〈古川純「ポツダム宣言受諾と治安維持法」法律時報02年５月号所収〉等に詳しい）。

※そこでいう「連合国最高司令官の制限の下に置かるる」という訳語が、原文の「…be subject to the SCAP」（最高司令官に従属する）という表現の真意をはぐらかし、その衝撃性を弱めるための、わが国外務官僚に

よる意図的な曲訳であることもまたよく知られている（同上書154頁）。

そして、この点を一層明確にしたのは、後掲の「降伏後ニ於ケル米国ノ初期ノ対日方針」（SWNCC 150／4）であって、そこでは「連合国最高司令官ト日本政府トノ関係」として、次のように指示・説明されていた（塩田庄兵衛ほか『戦後史資料』新日本出版社、199頁）。

「天皇及ビ日本政府ノ権力ハ、降伏条項ヲ実施シ、日本ノ占領及ビ管理ノ施行ノタメ樹立セラレタル政策ヲ実行スル為必要ナル一切ノ権力ヲ有スル最高司令官ニ隷属スルモノトス。

日本社会ノ現在ノ性格並ビニ……米国ノ希望ニ鑑ミ、最高司令官ハ米国ノ目的達成ヲ満足ニ促進スル限リニ於テハ、天皇ヲ含ム日本政府機関……ヲ通ジテ其ノ権力ヲ行使スベシ。日本政府ハ最高司令官ノ指示ノ下ニ、国内行政事項ニ関シ通常ノ政治機能ヲ行使スルコトヲ許容セラルベシ。但シ、右方針ハ天皇又ハ他ノ日本ノ機関ガ降伏条項実施上最高司令官ノ要求ヲ満足ニ果タサザル場合、最高司令官ガ……直接行動スル権利及ビ義務ノ下ニ置カルルモノトス。

尚右方針ハ……現在ノ日本統治方式ヲ利用セントスルモノニシテ、之ヲ支持セントスルモノニアラズ……」

このように、間接統治方式の下で天皇および日本政府が与えられていた統治の権限は、「国内行政事項に関し通常の政治機能を行使すること」に限定され、しかも、その内容はすべて「最高司令官の指示の下に」置かれて、その要求を実現することにのみ目的づけられていたのであるから、実質的には連合国最高司令官の統治権を限定的に、代理行使するという以上のものでないことは疑う余地がない。それゆえ、これをしもなお、天皇や日本政府が制限的ながら日本統治の権限を保有していたなどとする検察官流の見解は、実際から乖離した強弁という外はないのである（なお、この点は後に詳述する）。

（3）次いで、かような対日外交・占領方針の下に、8月15日にトルーマン大統領がマッカーサー元帥を連合国最高司令官に任命するに先立ち与えた指令では、

「日本の降伏を実施するために、最高司令官を指名することに関する米・中・英・ソ政府間の協定に従い、貴官はここに連合国軍最高司令官に任命される。降伏の瞬間から、天皇と日本政府の統治権限は貴官の管轄下に移され、貴官は降伏条件を実現するに適当と判断した措置をとるものとする」

とされており、最高司令官の任務権限は「降伏条件の実現」に一応限定されていた。

しかし、任命後の対日占領政策の実施をめぐる様々な内外の要請等に促されて、マッカーサー最高司令官の任務も権限も急速に拡大される状況となり、そういう中で

9月6日、マッカーサー最高司令官の求めに応じて、国務・陸・海軍3省調整委員会極東小委員会（SFE）が検討・起草し、大統領が署名して発せられた「連合国軍最高司令官の権限に関するマッカーサー元帥への通達」では、

「貴官は、貴官の使命を実行するため貴官が適当と認めるところに従って貴官の権限を行使する。我々と日本との関係は、契約的基礎の上に立っているのではなく、無条件降伏を基礎とするものである。貴官の権限は最高であるから、貴官はその範囲に関しては日本側からのいかなる異論をも受け付けてはならない。……

ポツダム宣言の中に述べられている政策意図は、完全に実行される。しかし、それは、我々が日本との契約的関係に拘束されているからではない」

ということが確認され、マッカーサー最高司令官の日本統治の権限は、日本側からの異論の余地を全く与えない絶対的・無条件のものとして規定されていたのである（T・コーエン『日本占領革命―GHQからの証言・上』TBSブリタニカ、99～104頁、前掲『GHQ』152頁）。

（4）このようにマッカーサー最高司令官の対日占領政策に関する運営権限は、天皇も日本政府も絶対服従とされた強力極まるものであったが、とはいえ、それは無制約の権限ではなく、彼を任命した米国大統領や政府・統合参謀本部の指令によって制約されることはもとより、対日占領政策に連合諸国の意向を反映させるため45年12月頃に設けられた極東委員会（FEC。13カ国で構成、在ワシントン）の指令や、その出先機関である対日理事会（ACJ。米英中ソ4国で構成、在東京）の勧告・助言に従うべきものとされていた（前掲『GHQ』48～52頁）。

マッカーサー最高司令官に対する殆ど最初のガイダンスは、彼が日本に向う直前の8月29日無線で送信された国務省の「降伏後ニ於ケル米国ノ初期ノ対日方針」（SWNCC150／3）であった。この重要文書は、国務・陸・海軍3省調整委員会（SWNCC）の策定に係るものであるが、同委員会はなおこれに若干の補充を加えた上で（SWNCC150／4）、9月6日には統合参謀本部、次いでトルーマン大統領の承認を得て、直ちにこれをマッカーサー最高司令官に宛て発送した。米国の対日占領政策の要綱をまとめたこの方針書は、当時のマッカーサー最高司令官自身の占領行政に関する楽観的な見通しに米国内外から疑問の声が出されたことにも配慮して、同月22日には対外的にも公表されたから、対日戦後処理についての米国の基本的な方針を国際社会に初めて明示したものとして、各方面に大きな反響を呼び起こすことになったのは蓋し当然であったろう（油井大三郎『未完の占領改革』211～218頁）。

ここで注目されるのは、既にこの方針書の中で、「人種・国籍・信教又ハ政治的見解ヲ理由ニ差別待遇ヲ規定スル法律、命令及ビ規則ハ廃止セラルベシ。……此等諸法規ノ実施ヲ特ニ其ノ任務トスル諸機関ハ廃止又ハ適宜改組セラルベシ。政治的理由ニヨリ日本当局ニヨリ不法ニ監察セラレ居ル者ハ、釈放セラルベシ」として、治安維持法等の人権抑圧法令の廃止や特高警察等の機関の廃止、さらには政治犯の釈放が明確に指示されていたことである（前掲『戦後史資料集』２００頁）。

※これからすると、後述のように、実際に治安維持法等の治安立法や特高警察等の機関が廃止され、政治犯が釈放されたのは、ＧＨＱの「人権指令」が10月4日、釈放措置が同月10日、日本政府の勅令５７５号が同月15日であったから、実現が大分——1カ月近く——遅れたことになる。

ただ、この国務省筋の方針書は、事柄の性質上マッカーサー連合国最高司令官への「命令」となるものではなかったので、統合参謀本部はこれを基礎としてさらにその内容を練り上げ、11月3日に「日本占領・管理のための連合国最高司令官に対する降伏後における初期の基本的指令」（ＪＣＳ１３８０／15）として、マッカーサー最高司令官に伝達した（もっとも、その前身である秘密指令（１３８０／5）は、既に9月1日に作成され、17日までにはマッカーサーの下に届けられている）。

この「初期の基本的指令」は、文字通り占領初期における連合国の基本的な政策指針として、マッカーサー最高司令官をも拘束する決定的な「命令」であり、政治・経済・財政のあらゆる分野にわたって、日本社会の民主的な改革を強力に推し進める原動力となった。その内容は、3部（1．総論・政治、2．経済、3．金融・財政）、50ヵ条から成り、政治的解放、言論と集会の自由、好ましからざる人物の追放と資格停止、国粋団体の解散、工業の非軍事化、経済・労働の民主化、教育改革等といったように、当時の日本社会の改革課題を網羅したものとなっており、実際連合国の対日占領政策は、このガイドラインにリードされつつ、実施・展開されていくことになるのである（前掲『未完の占領改革』２０４～２１３頁、同『日本占領革命・上』31～36、81～90、１０９～１１０頁）

（5）かくしてマッカーサー連合国最高司令官は、これらの方針書や指令に促され援けられつつ、9月に入ってからは着々と、かつ果敢にポツダム宣言の各条項を実現するための占領政策を実施していった。

目ぼしいところを挙げただけでも、主要戦犯容疑者39人の逮捕（9月11日）、検閲制度の廃止（同月29日）、治安維持法等の撤廃・特高警察機関等の廃止・政治犯の釈放を命ずる「人権指令」（10月4日）、①婦人の解放と参政権の授与、②労働組合組織化の奨励と児童労働の廃止、③教育の自由化・民主化、④秘密警察制度と思想統制の廃止、⑤経済の集中排除と民主化を指示する「5大改革」(同月11日)、財閥解体指令(11月6日)、農地小作人への分配(同月7日等)、天皇の資産の凍結(同月18日)、国家神道の廃止(12月15日)等の措置を相次いで実行している。そして、これら一連の措置の〝締めくくり〟として翌46年1月4日には、戦時中要職にあった者の「公職追放」を指令し、日本を侵略戦争への道に導いた旧政治支配層を一掃するという、ドラスティックな施策を敢行したのである(前掲『日本占領革命・上』108~112頁)。

(6)これらの中で特に注目されるのは、10月4日の「人権指令」の発出である。このGHQの指令は、正式には「政治的・市民的・宗教的自由ニ対スル制限ノ撤廃ニ関スル覚書」と題するメモランダムであるが、その内容は、

①「天皇・皇室及ビ帝国政府ニ関スル自由ナル討議ヲ含ム、思想・宗教・集会及ビ言論ノ自由ニ対スル制限ヲ設定シ又ハ維持スル」一切の法令、「情報ノ蒐集及ビ頒布ニ対スル制限ヲ設定シ又ハ維持スル」一切の法令等(具体的には治安維持法・国防保安法・軍機保護法等の治安立法のすべて)を廃止し、その効力を直ちに停止させること、

②10月10日までにすべての政治犯を釈放すること、

③特高警察をはじめすべての政治・思想・秘密警察と関連機関を廃止すること、

④内務大臣・警保局長・警視総監以下、政治・思想・秘密警察とその関連機関のすべての官吏を罷免すること、

⑤この指令に基づいて採られた措置の具体的・詳細な報告書を、同月15日までにGHQに提出すること

を求めるものであり(前掲『戦後史資料』203~206頁)、これがポツダム宣言10項後段の「民主化傾向の復活・強化、言論・宗教・思想の自由等の尊重」条項の実現を意図した措置であることは言うまでもない。

それに加えて、この重要な指令を公表したGHQのダイク民間情報教育局長が、「本指令は日本政府が自発的に措置を採らないために発するもので、天皇制批判の自由を日本国民は初めて享有できる。これは民主主義の基礎をつくる一連の政策の一つである」と背景説明したことも見逃せない(前掲『未完の占領改革』226頁)。

それは、後述するように、日本政府側がポツダム宣言の受諾=無条件降伏後も、同宣言の指示するところを真摯に受け止めることなく、同宣言を実行することを怠り続け、それどころか敗戦前と少しも変わらずに、「国体」の護持を呼号し、天皇制批判の言論等への監視・抑圧体制を改めず、獄中の多数の政治犯を一向に釈放しようとしてこなかった事実を指しているわけだが、さらに、この指令発出の直接的な契機としては、9月26日に高名な

哲学者三木清が悲惨な獄死を遂げたことが内外に報じられたにも拘わらず、日本の政府・治安当局がこれについて何らの反省も示さず、叙上のような傲岸な人権抑圧的態度を採り続けたこと、また、この事態に怒った米本国政府のD・アチソン国務次官が10月3日、政治犯の速やかな釈放を促す電報をマッカーサー（の政治顧問）宛に送りつけたこと等の事情が与って大きいと指摘されている（同上書221～226頁、奥平康弘『治安維持法小史』筑摩書房242頁以下）。

この「人権指令」の発令が当時のわが国支配層にとっていかに大きな衝撃を与えたかは、これによって直ちに東久邇宮内閣が総辞職の已むなきに逐い込まれたという一事に照らしても、容易に推し量られるが、それだけではなく、この「指令」が出されたことによって、それまで敗戦にも拘わらず護持されたと、政府によって喧伝されてきた「国体」の観念が根本から揺さぶられ、崩壊させられる情況となり、天皇制や軍部・政治家に対する国民の批判が一気に束縛から解き放たれたという点で、一般国民の政治意識や大衆心理への影響が量り知れぬほど大きかったと受け止められている（前掲『未完の占領改革』226～229頁）。

この「人権指令」が発令された10月4日以後は、もはやこれらの治安法令が当局によって発動されて、国民が逮捕・処罰されるという事例は皆無となり、特高警察等の思想・秘密取締機関は廃止、10月10日にはすべての関係職員4000名は即時罷免され、10月10日にはすべての政治犯3000名が釈放された。こうして治安維持法体制は、「人権指令」によって完全に息の根を止められたのであり、同月15日の勅令575号の発令はその現実を後追いしたものに過ぎない。この日まで治安維持法が形式的にも実質的にも有効に存続したなどとする検察官の主張は、事実に目を覆う虚言以外の何ものでもないのである（この点も後に詳述する）。

（7）このように見てくると、戦勝連合国、わけてもその中心となった米国政府は、日本政府によってポツダム宣言が受諾されるや、かねてからの準備に基づいて直ちに連合国最高司令官を任命し、8月末からは彼を先頭に、連合国（米）軍を日本に上陸・進駐させて、10月までには日本全土に占領軍部隊を配備・展開する一方、マッカーサー連合国最高司令官に指令して、遅くとも9月中旬頃からは「降伏後における米国の初期の対日方針」を実行させ始めていることが明らかである。

終戦直後のわが国の極度の荒廃と混乱、その日本への外国軍隊の進駐と占領配備、単なる軍事占領にとどまらず、平和・民主主義・人権国家への日本の再生ということまでを課題とした占領政策の遂行といった（＊）困難極まる諸事情を考慮すれば、上記のような連合国側の取組みは――問題点がまったくなかったわけではないとしても――望み得る最速、最良のペースのものであったといって過言ではなく、マッカーサー連合国最高司令官をキャップとした対日占領当局は、8月14日のポツダム宣言受諾の直後から、「平和・民主・人権の新日本の建設」を指向する同宣言の実現に向けて全力で走り出していたと解して誤りはないであろう。

※これを、国際法上伝統的にいわれてきた「戦時占領」とも「平時占領」とも区別して、「戦後占領」という新概念で呼ぶべきだとする学説があった（甲第16号証（古川論文）83頁）。

2　日本国側の動き

（1）次に同じ時期の日本国側の動きを見ると、まず8月14日のポツダム宣言受諾をふまえて、直ちに同日天皇が「終戦の詔書」を発している（前掲『戦後史資料』167～168頁）。この詔書は、それまで永く日本の主権者＝統治権者であり続けた天皇が、その立場と責任において国民に向け発した公文書であり、その形式・体裁・内容からして、わが国が連合国側のポツダム宣言を受諾し、降伏したことを主権者として全国民に布告し、国民の理解と協力を呼びかけたものである。このように、わが国至高の統治権者であった天皇が、全国民に向けてポツダム宣言受諾の事実を告示したということ自体――ましてや、この詔書発布の事実は、連合国側に対する日本政府の最終通告書の中で、日本国側のポツダム宣言受諾の意思が揺るぎないことの証しとして援用されている――が、8月14日の右宣言受諾が国際的にも国内的にも、確定的な事態となったことを示しているといってよいであろう。

にも拘わらず検察官が、同日の宣言受諾は単なる受諾意思の伝達に過ぎず、日本側による正式のポツダム宣言受諾は9月2日の降伏文書調印によって初めてなされたなどとしているのは、天皇の詔書が発せられた経緯と意義に照らしても到底認めることができない（この点も後に詳述する）。

（2）むしろ問題は、この詔書の中で天皇が「朕ハ茲ニ国体ヲ護持シ得テ……」と述べているように、当時のわが国政治支配層が上記のようなポツダム宣言受諾の経緯にも拘わらず、これを無視ないしは希望的に解釈して、依然わが国の「国体」＝「天皇ノ国家統治ノ大権」は護持されているとしたり、さような「国体」の護持こそが敗戦後のわが国の最大の政治・外交課題だなどと、声高に主張し続けていたことである。

その事例は実に枚挙に暇がない程で、例えば8月14日天皇の上記詔書の発布を受けて直ぐに出された「内閣告諭」は、「聖断既に下る」とした上で、「今や国民の斉《ひと》しく嚮《むか》うべきは国体の護持にあり」と述べていたし（前掲『戦後史資料』169頁）、また、敗戦で総辞職した鈴木貫太郎内閣の後を受けて首相に就任した東久邇宮も、開口一番、「国体護持という一線は、対外交渉の最後の線であるとともに、国民指導の根本方針である」と力説し、さらに同月28日の記者会見でも、「国体護持ということは理屈や感情を超越した固いわれわれの信仰である」旨を強調したと報ぜられている（前掲『未完の占領改革』213頁）。

他方、東久邇宮内閣の重光葵外相が降伏文書の調印に先立って天皇に拝謁した際に、「ポツダム宣言の要求するデモクラシーは、その実、わが国柄と何等矛盾するところはないのみならず、日本本来の姿は、これによって却って顕われて来ると思われます」と奏上し、天皇から賛意を得たと自ら語っているように、同宣言にいう「民主化」の要求は旧憲法の枠内でも実現可能だと希望的に解釈する、イージイな受け止め方もまた、当時の支配層の中には広範に存在したようだ（前掲『未完の占領改革』214～215頁）。この年秋から始まった憲法改正の動きの中で、これに関わった当時の政・官・学界の有力者たちが示した反応や行動の軌跡をみても、このことは十分に頷けるように思われる（古関彰一『新憲法の誕生』中公叢書ほか）。

（3）このように当時のわが国最高指導者たちが、ポツダム宣言の受諾という事態の歴史的・画期的な意義を自覚的に捉え得ず、旧態依然たる状況認識でいたのであるから、その下僚たち、わけても内務・治安当局者が同様の考え方に立って、敗戦後も職務に当たり続けたとしても何の不思議もない。

事実、東久邇宮内閣の内相に就任した山崎巌は、就任に当たって、「国内の秩序維持に全力を尽くすべく邁進したい」「国民団結を乱す事態に対しては取締りを厳にしていく」と言明し、「国体護持」を至上命題とする内閣方針の下で、「国体」そのものを保護法益とする治安維持法等を用いて、秩序維持に当たる姿勢を公然と打ち出した。それを受けて内務省が発した8月15日以降に採るべき「終戦善後措置」なる通達は、その中に「社会運動ノ取締方針ニ関スル件」の項目を設け、

「一　社会運動ニ対シテハ国家存立ノ根本タル我ガ国体ニ相反スルガ如キモノニツキ之ヲ取締ルモノトス。即チ、

1　国体変革ヲ目的トスル結社又ハ之ガ支援結社又ハソノ準備結社ニ関スルモノ

2　国体変革ヲ目的トスル集団又ハソノ（支援・準備ヲ目的トスル）集団ニ関スルモノ

3　国体変革ヲ直接又ハ間接ノ目的トシテ

イ　其ノ目的タル事項ノ実行ニ関スル協議若ハ煽動

ロ　其ノ目的タル事項ノ宣伝

ハ　騒擾、暴行、生命・身体・財産ニ害ヲ加フベキ犯罪ノ煽動ニ関スルモノ」

と定めて、1941年制定の新治安維持法どおりの徹

底した取締りを続ける方針を明示したが、その結果、3000人近くの政治犯が獄中に止め置かれ、7700人もの人が「左翼関係要視察人」として、ひき続き治安警察の監視下に置かれることとなったとされている（荻野富士夫『治安維持法関係資料集・第4巻』新日本出版社730頁以下、前掲『未完の占領改革』215頁）。

（4）このような中、ポツダム宣言受諾後も日本の治安当局が依然として取締姿勢を改めず、多数の政治犯を獄舎に繋いでいることに対して、受刑者らからはもちろん、国の内外から非難の声が次第に高まり、9月26日には先述のように三木清が悲惨な獄死を遂げる事態になると、さすがにGHQも黙ってはおれず、10月1日には日本政府側に報告を求めるに至った。さらに同月3日には、米本国のD・アチソン国務次官までがマッカーサー最高司令官の政治顧問、G・アチソンに宛てて、政治犯の釈放に関しGHQがこれまでにとった措置について報告せよ、と求める厳しい内容の電報を送り付けたことも既述の通りである。

ところが、その日山崎内相はロイター通信社の特派員のインタビューに答えて、相も変わらず、「思想取締の秘密警察は現在なお活動を続けており、反皇室的宣伝を行う共産主義者は容赦なく逮捕する。政府形態の変革、とくに天皇制廃止を主張する者はすべて共産主義者と考え、治安維持法によって逮捕される」旨豪然と述べていたし、また、岩田宙造法相も中国中央通信社の特派員の取材に応じて、「司法当局としては現在のところ政治犯の釈放の如きは考慮していない。かかる犯罪人を刑期より前に釈放することは、裁判を無効にすることであり、我々にはかかる権限は与えられていない。かかる権限は天皇の大権に属し、唯一の具体的方法は陛下の御発意による恩赦以外にない」と答え、治安維持法に関しても、「撤廃は考慮していないが、修正を加える必要はあると考え、既に具体的に考慮している。しかし、法律の改廃は議会の権限に属するが、ただ緊急勅令という方法もある」等と語ったと伝えられる（前掲『治安維持法関係資料集・第4巻』365～366頁、前掲『未完の占領改革』222～226頁）。

（5）以上に見られるとおり、日本の当時の政治支配層や治安当局は、日本の民主化・自由化を要求するポツダム宣言を受諾し、無条件降伏した後であるにも拘わらず、ほんの一部、戦時中に制定された「言論出版集会結社等臨時取締法」等の戦時法規を改廃した程度でお茶を濁し、治安維持法や国防保安法など国民の思想や言論出版等の自由をきびしく制限する主要な弾圧法令については、そのまま存続・活用する姿勢を改めようとはしなかった。結局のところ彼らは、敗戦の前後を通じ、一貫して国民には「国体」＝天皇主権の国家体制の信奉を強い、「国体」＝天皇制批判の言動には厳罰をもって対処・抑圧するという方針を採り続けてきたのである（この経過については、詳しい紹介が甲第17号証〈荻野富士夫「敗戦と治安体制」法律時報02年5月号所収〉でなされている。なお、さらにこの点を掘り下げて、敗戦直後の日本の治安当局が、治安維持法体制の維持に関してどのように考え、いかにしてこれを保続させようと図ってきたかについて検討分析した論攷として、渡辺治『日本国憲法「改正」史』日本評論社、39～44頁がある）。

わが国司法もまた、このような当時の支配層の思想と政策の影響から免れる立場になかったのは蓋し当然不可避のことであって、多くの治安維持法等裁判の担当裁判官が——その内心はいかにもあれ——同法や国防保安法等の治安法令を、旧憲法とともに有効とみなして裁判処理に当たったであろうことは推察に難くない。わけても横浜事件の裁判では、33件の被告事件のうち実に25件までが、8月29日から9月15日までの間にそそくさと、慌ただしい判決言渡で片付けられており、それも多くが僅か1回程度の公判審理で、あとは判を捺したように「懲役2年執行猶予3年」というワン・パターンの判決で処理されているというのが実態である。このような裁判所の対応については、「長期間の拷問と拘禁生活に苦しむ事件関係者の身柄解放の願望につけ込み、執行猶予付の有罪判決で妥協させ、占領軍の容喙のないうちに司法的処理を済ませてしまおうという思惑が働いた」のではとする、厳しい見方が呈せられている（前掲『治安維持法関係資料集・第4巻』732頁）。

（6）このように、わが国がポツダム宣言受諾によって国家体制の〝革命的な〟転回期を迎えたにもかかわらず、当時の政治支配層が真に事態の意味するところを理解・認識しようとせず、旧態依然たる感覚で「国体護持」のイデオロギーに捕らわれていたために、上述したような同宣言の実現を図ろうとする連合国最高司令官総司令部との間で、笑うに笑えない悲喜劇的な事態を生み出している。

例えば、9月27日に天皇が初めてマッカーサー最高司令官を表敬訪問した際の有名な写真が翌々日の新聞に掲載されたとき、その衝撃的な印象に驚いた山崎内相は、それが皇室の尊厳を傷つけるという理由で、新聞の即時発売禁止を命令したが、その措置に憤激したGHQは、直ちにその命令を撤回させただけでなく、27日に遡って「新聞・映画・通信に対する一切の制限法令」の撤廃を命ずる指令を出した。

また翌46年5月の「食糧メーデー」に、「国体はゴジされたぞ、朕はタラフク食ってるぞ、ナンジ人民飢えて死ね、ギョメイギョジ」と書いたプラカードが参加者によって掲示されたときにも、時の政府はこの表現を天皇を侮辱するものとして刑法の不敬罪で訴追し処罰しようとしたが、GHQはこれを許さず、むしろ不敬罪の規定そのものの撤廃を命じて、直ちに刑法典から削除させたとされる（前掲『ＧＨＱ』１５４～１５５頁、前掲『未完の占領改革』２１９～２２０頁）。

しかし、これらの事例に比べて遥かに重大で深刻な両者の矛盾対立は、上述した日本政府・官憲側の「国体護持」↓治安維持体制の保続↓政治犯の拘禁継続といった旧套墨守の態度と、ポツダム宣言に則って戦後日本の民主改革をなし遂げようと意気ごむ連合国側（わけてもその中核たる米国側）の改革姿勢との激突であって、その間の甚だしい懸隔を一気に、ドラスティックに解消しようと図ったオペレーションこそが、他ならぬ10月４日の「人権指令」だったわけである。

この「人権指令」が当時のわが国支配層は言うに及ばず、社会全体にも量り知れない劇的な〝衝撃〟をもたらしたことは既に述べたが、反対に、もしこの「人権指令」がこの時期に発令されていなかったとしたら、日本政府・官憲はいつまでも「国体護持」の旗印を降ろさず、その旗印の下で、「国体」批判・天皇制反対を唱える人々の自由な言論を治安維持法等によって抑圧し続けたであろうし、裁判所もまた、これらの弾圧法規に基づいて罪なき被訴追者を裁き、処罰し続けたに違いない。そのような、思うだに忌まわしい不幸な事態に、遅ればせながら断固たる終止符を打ったのがこのＧＨＱの「人権指令」であったことを、われわれは片時も忘れるべきではないと思うのである。
（７）最後に、敗戦直後の時期のわが国政府や支配層の人達の時局認識は概ね以上のごとくであったけれども、一部ではあったが、ポツダム宣言受諾という事態の歴史的・画期的な意義を――不十分ながら――察知し、国政大改革に向けた自己変革の必要を言い出していた者がいたことを紹介しておきたい。
それは、当時連合国側との折衝の最先端に位置付けられていた外務省の役人たちであって、彼らは米国の「初期の対日方針」の公表を受けて、その内容を検討した結果、「封建的傾向の実力による修正」という政策方針の中に天皇制の変改が含まれるのかどうかは不明だが、天皇制を存続させていくためには、日本政府側が自ら改革の姿勢を示す以外にはない、と受け止めていたといわれる。

また、その後、上記「人権指令」の発出を受けた段階でも、発令後の政治情勢を分析する中で、指令に示された占領政策の進歩性に衝撃を受け、今や占領軍は「革命勢力タルノ感アリ」と驚愕して、もはや日本政府側のスタッフたちが自己改革することなしに、旧態依然たる感覚・認識に捕らわれていたのでは、日本は国家としての自主権の全面喪失を招来し、ポツダム宣言受諾の際の日本側の意図が没却される危険があると、危機感を表明していたと伝えられる（前掲『未完の占領改革』２１９、

227頁）。

これらの反応とても、依然として古い「国体」観念から脱却できずにいたという重大な問題性はあるが、それでもなお、他の多くの政府関係者らとは違って、いつまでも連合国側から要求を突きつけられては慌てふためき、渋々ながら政治改革の歩を進めていくというのでは駄目であって、日本国側のスタッフとしては、自らの時局認識や思想を思い切って改め、自己変革を遂げていく必要があるということに思い至った点においては、まだしも救いがあると評価できるように思われるのである。

第2　ポツダム宣言の受諾と旧憲法・治安維持法の効力

1　はじめに——問題の所在

（1）さて、以上のように終戦直後のわが国の政治・外交・社会状況を概観すると、1945年8月14日の日本国のポツダム宣言受諾→戦争（戦闘）の終結→無条件降伏という事態を受けて、連合国側は直ちに軍事占領を開始するとともに、これを背景としてポツダム宣言の実現に向け態勢を整備し、自ら精力的な活動に乗り出す一方、日本国側にも同宣言の履行を厳しく求めて、指令・指示を繰り出していったことが明らかに看取される。同月末から9月中旬までは占領支配の体制を確立するのに日子を要したことは確かだが、同月中旬以降は、ポツダム宣言に基づく占領政策の実施に本格的に着手できるようになり、戦争犯罪人の逮捕（宣言10項前段関係）、検閲制度の廃止、言論・出版・集会・結社等の自由の制限立法の廃止、特高警察等取締機関の廃止、政治犯の釈放（以上、同項後段関係）といった措置を次々と断行することとなった。

これに対して日本政府は、ポツダム宣言の受諾→無条件降伏という未曾有の、厳しい非常事態にも拘わらず、旧態依然として「国体」（天皇主権の政治体制）護持の想念に捕らわれ続け、同宣言が明らかに国民主権国家への転換を日本国側に要請・指示していることを把え得ぬまま、旧体制の温存にひたすら腐心し、それに必要な治安維持法等の思想取締法制や特高警察等の取締機関を存続させるとともに、拘禁中の政治犯を誰一人として釈放させようとはしなかった。これを要するに、当時の日本政府・指導層には、ポツダム宣言の意味するところを真正面から的確に理解し、そこに謳われた連合国側の要求を「受諾」することの重く、厳しい意義を冷静に受け止めて行動するという姿勢も能力も欠けており、それゆえ、同宣言の履行を強く迫る連合国側の要求や指示を何とかして躱し、緩めさせ、引き延ばそうと画策はしても、同宣言を誠実・迅速に実現していかねば、という積極的な意欲を示すことは終になかったのである。

こうしてポツダム宣言受諾後のわが国の政治・社会状況は、かような両者の悲劇的な矛盾対立をはらんだ拮抗状態の中で、それでもなお、同宣言の実現を志向する戦勝連合国側の強い意図に沿って進捗・展開していったものとみられるが、そこで、このような当時の政治・社会的情勢をもふまえつつ、その時点でわが国を支配していた基本的な法秩序は何であり、ポツダム宣言の妥当力や旧憲法の規範力はどのような状態に置かれていたと考えられるか、またその状態の中で、治安維持法や国防保安法等の治安法令は果たして有効な法的存在たり得たか等の、本項の主題に検討を進めていきたいと考える。

（2）もとよりこの場合、ポツダム宣言の受諾が当時わが国の（公）法秩序の頂点にあった「大日本帝国憲法」（旧憲法）の存在や効力に、いかなる影響をもたらしたかを考えるに当たっては、叙上のような事実関係（終戦直後の日本の政治・社会の実情）を無視することは許されまい。なぜなら、一般に法の解釈の合理性・妥当性を決するのは、その解釈内容を当該法規に関わる現実の社会関係に当てはめてみたときに、社会的に妥当な解決結果を得られるかどうかという点に係っており、そのような実践的な検証を経ることによってはじめて、法解釈の正当性（真理性）が吟味され、確証されると解されているところ（川島武宜『科学としての法律学』弘文堂53～57頁）、ポツダム宣言受諾の結果、わが国（公）法秩序にどのような影響がもたらされたとみるかという法的評価＝解釈の問題は、ポツダム宣言受諾によってストレートな影響が旧憲法秩序に及ぼされたと評価判断するにせよ、旧憲法秩序には間接的・漸進的な影響がもたらされたに過ぎないと評価判断するにせよ、叙上のような敗戦直後のわが国政治・社会状況の実際に照らして検討吟味されてはじめて、その評価＝解釈の妥当性や真理性が確保されると考えられるからである。

しかし他方、事実に基づく法解釈の検証がいかに必要有効だからといって、法の解釈が、現実の社会関係における事実のありようをそのまま無批判に受け入れるような、没規範的なものであってよい筈はない。法の解釈は、あくまで関係する法がいかなる理念や価値の実現を目指しているかを踏まえるという、規範的な見地に立って、事実問題の認識とは相対的に異なった独自の価値判断として行われなければならない。法の規範が予想し志向する「社会状態」と、実際に展開する現実の社会状態との間に乖離が生じること（法と現実のギャップ）はわれわれが日常経験するところであって、決して珍しいことではないが、両者の間にさような乖離が生じている場合にも、法の規範とするところに忠実な立場を採って、むしろ現実を批判的に評価し解釈することが求められるケースがあれば、逆に、社会の現実に合わせて法の規範とするところを——法規の概念の範囲内で——修正し、現実的に妥当な法解釈を行うことが要請されるケースもあり得るわけである。

本件の場合は、1945年8月14日に行われた「ポツダム宣言受諾」という天皇・日本政府の行為が、当時の日本社会（とくに旧憲法以下の法体系）にいかなる法的な影響を与えたと評価判断されるかということをめぐって、半世紀後の今日の時点で振り返ったときに、果たしてどのような評価＝解釈が、当時から今日までを通じた客観的・妥当なそれとして受けとめられるか、が問われている。それゆえ、行われるべき法解釈は、当時の日本社会の現実から遊離した空疎で、観念的なものに終わってはならないと同時に、当時の日本社会の混迷した現実を無批判に受け入れ、現実の辻褄合わせをするようなものであってはならぬことも、また当然である。戦勝連合国側がポツダム宣言を通じて戦敗国日本に突きつけた政治＝外交的要求の意味するところを、当時の国際社会の中に位置付け、その動向とも関わらせつつ適切に把握して、その日本側による受諾からもたらされる様々な効果の国際法・国内法的な意義を探ることこそが行われるべく、当時の日本政府や指導層がポツダム宣言受諾という事態を迎えて、自ら抱いていたとされる不徹底・不十分な認識・見識の状態を、そのまま無批判に前提に据え、さような現実と整合し、その状態を合理的に説明し得る限りで、ポツダム宣言の日本国内法秩序への影響可能性や妥当力を肯認するというようなことであってはならないと思うのである。

2　ポツダム宣言の受諾と天皇・日本国政府の統治権

（1）そこで、以上のような見地から考察すると、まず気が付くことは8月14日のポツダム宣言受諾の「瞬間から」、日本国は無条件降伏によって戦勝連合国による占領支配下に置かれることになり、それまで天皇（やその補弼機関たる日本政府）が有していた統治権は、連合国側に〝召し上げられ〟て、彼らの権限は連合国最高司令官に従属する（be subject to その支配下に置かれる）とされたことである。

もっとも、既引のバーンズ回答の、「降伏の時より、天皇及び日本国政府の国家統治の権限は、……連合国最高司令官の制限の下に置かるるものとす」という表現（ことに日本政府訳）は聊か紛らわしいが、もともと「統治権」とは国家の最高支配権力を意味し、その最高性ゆえに「主権」とも呼ばれるわけであるから（末川博編『全訂　法学辞典』日本評論社757頁）、一国に統治権者＝主権者が複数併存するなどという事態は本来あり得べきことではなく、従って、上記バーンズ回答の意味するところは、降伏の時より天皇や日本政府の統治権は失われ（永久に失われたか、占領終結の時期まで一時的に失われたかは別にして）、代わって連合国最高司令官が新たに日本国の統治権者となったということにほかならない（なお、この点につき大石眞教授の「鑑定意見書」4頁以下参照）。

ところで、かかる状態はいつからスタートしたかといえば、それは、まさに8月11日のバーンズ回答が明記しているように、「降伏の時より天皇及び日本国政府の国家統治の権限は……連合国最高司令官の制限の下に置かるるものと」されたのであり、また、当時のトルーマン大統領が同月15日、マッカーサー元帥を連合国最高司令官に任命した際の指令が明示するように、「ポツダム宣言受諾の瞬間から、天皇と日本政府の統治権限は貴官の管轄下に移され」たのである。日本国の天皇が同月14日に全国民に向けてポツダム宣言受諾の事実を告示する「終戦の詔書」を発布し、しかも、その詔書発布の事実を最大の根拠として引用しつつ、連合国への宣言受諾通告書を日本政府が作成・送付したという経緯に照らしても、その点は十分に首肯できることは、弁護人らが既に指摘したところである。

この点に関して検察官は、9月2日に調印された降伏文書の1項に、「下名は、茲に……ポツダム宣言の条項を天皇……等に代り受諾す」と記述されていることを理由に、同宣言の受諾は正式にはこの時を以てなされたものと解すべく、8月14日の受諾通告は、単に日本国側に受諾の意向があることを連合国側に伝えたに止まる旨主張するが、これが史実に反する虚妄の弁であることは、叙上の連合国（米国）文書等に照らしておのずと明らかであろう。降伏文書の文言は、既に8月14日に確定的になされていた同宣言受諾→無条件降伏の事実を、軍事外交上＝国際的に確認したものに過ぎない（これらの点についても大石「鑑定意見書」5頁参照）。

それに、もし検察官の弁の如くとすれば、9月1日までは連合国側にとっても日本国側にとっても、ポツダム宣言の正式受諾以前の段階（8月14日の受諾通告は非公式のもので、受諾の内意を伝えただけのもの、せいぜい受諾の予告ということになる）、ひいては無条件降伏以前の状態＝戦争状態にあったということになる外はないが、それでは、8月14日から9月1日までに両者間で行われた様々な重大な出来事――例えば8月14日の天皇による上記「終戦の詔書」の発布、同月28日から開始された連合国軍の日本進駐などの事態――は、一体どのように説明できるのか。検察官のいうところは余りにも現実から遊離していて、荒唐無稽の形式論という以外にはないのである（検察官提出の早大教授浅古弘の「鑑定意見書」も、上記の点につき何ら説明するところがない点で、同断である。なお、この点に関しては甲第16号証（古川論文）84～85頁の参照を乞う）。

※因みに、降伏文書2項には、「下名は茲に、……一切の軍隊の連合国に対する無条件降伏を布告す」とあ

るが、検察官の論理を以てすれば、わが国は9月2日にはじめて連合国側に無条件降伏したのであって、同月1日までは降伏以前の状態にあったということにならざるを得ない理である。

（2）また、この点に関連して検察官は、前掲降伏文書8項は「天皇及び日本国政府の国家統治の権限は、降伏条項の実施の為必要と認むる措置を執る連合国最高司令官の制限の下に置かるるものとす」とされていたから、この文言からは、天皇の統治権が連合国最高司令官の制限の下とはいえ、降伏後も存続することが予定されていたことになるとし、そのような天皇の統治権存続を認める連合国の意思は、占領支配の実施を天皇・日本国政府の権限や機構を利用して行うという、「間接統治方式」を採用したことにも表れていると主張する。

しかし、検察官が引用する降伏文書8項の文言なるものは、同文書の日本政府訳であって、そこにいう「連合国最高司令官の制限の下に置かるる」という表現は、原典である英文の降伏文書では「…be subject to the SCAP」と記されていて、正しくは「連合国最高司令官に従属する」とでも訳すべき趣意であることは、弁護人が既にバーンズ回答の例で紹介した通りである。従って、それにも拘わらず検察官が、降伏文書原典の表現の衝撃性を緩めようとしてなされた日本政府（外務省）訳の不正確な訳文を手がかりとして、「制限」であるから部分的な禁止であり、だから、禁止され残った範囲で天皇の統治権は存続を認められたなどと主張するのは、二重の意味で誤りを犯し、ますます真実を遠ざける結果となるだけのことである。

また、検察官が言及する「間接統治方式」という点についても、その正確な趣旨は、既掲の米国政府「降伏後ニ於ケル米国ノ初期ノ対日方針」（9月22日公表）が明示していたように、「……最高司令官ハ米国ノ目的達成ヲ満足ニ促進スル限リニ於テハ、天皇ヲ含ム日本政府機関ヲ通ジテ其ノ権力ヲ行使スベシ」ということであって、連合国最高司令官が——天皇等を介して——自らの権力（統治権）を行使するのであり、天皇や日本政府が——一定の制限の下に、許された範囲内で——統治権を行使するなどということでは全くない。

さればこそ、天皇・日本政府に許される政治的な機能は、「最高司令官ノ指示ノ下ニ国内行政事項ニ関シ通常ノ政治機能ヲ行使スルコト」に限定され、それさえも、「天皇又ハ他ノ日本ノ機関ガ、降伏条項実施上最高司令官ノ要求ヲ満足ニ果サザル場合、最高司令官ガ……直接行動スル権利及ビ義務ノ下ニ置カルルモノトス」とされていた次第であって、このような「初期ノ対日方針」の定めにも如実に表わされていたように、連合国の占領下では、日本国の統治権は連合国最高司令官が掌握し、天皇や日本政府に許されていたことは、最高司令官の掌握する統治権を、一定の範囲で限定的に、代行するという以上のことではなかった。また、右「初期ノ対日方針」が自ら述べるように、「間接統治方式」とは最高司令官が自らの統治権を行使するのに、天皇や日本政府が従前から用いてきた「日本統治形式ヲ利用セント」しただけのことに過ぎず、天皇の国家統治権を一定限度で存続させたなどということは現になかったし、そもそもあり得べきことではなかったのである（以上に関して、大石「鑑定意見書」5、6頁参照）。

3　ポツダム宣言受諾と旧憲法の効力

かくして、ポツダム宣言の受諾→連合国への無条件降伏→連合国による対日占領の開始という一連の事態を迎える中で、叙上のようにポツダム宣言「受諾の瞬間から」わが国が降伏状態に入り、それまで天皇・日本政府の保有していた国家統治権は取り上げられて、連合国最高司令官が新たに統治権を掌握し、天皇らはその権力の下に「従属する」という事態になったとすると、天皇の統治権の法的根拠であった大日本帝国憲法（旧憲法）の存在ないし効力は、いかなる状態に置かれることになったかが問われざるを得ないことになる。

（1）ところで、すでに本項前半でみたように、連合国側はポツダム宣言を日本国に受諾させるや、直ちに最高司令官を任命して同宣言に定める降伏条項を実施すべきことを命じたが、その後発せられた重要文書も、悉く同宣言に定める降伏条件の実施を命ずるものとなっていた。それは、連合国の対日占領政策の目的が、同宣言に明示された、降伏後の日本国の平和的・民主的・人権的国家としての再生ということにもっぱら当てられていたことからの、当然の帰結であった。

トルーマン大統領が8月15日マッカーサー元帥を連合国最高司令官に正式任命する際の指令からして、「降伏の瞬間から貴官は……降伏条件を実現するに適当と判断した措置をとるものとする」と明示していたことは既述の通りだが、それ以後も日本軍の武装解除等の完全実施（ポツダム宣言9項関係）を命ずる9月2日の「一般命令第1号」が然り、「ポツダム宣言の中に述べられている政策意図は、完全に実行される」と謳う同月6日の「連合国最高司令官の権限に関するマッカーサー元帥への通達」が然り、さらには同月22日公表された前掲「初期ノ対日方針」もまた然りであって、ポツダム宣言に定められた「降伏条項ヲ実施シ日本ノ占領・管理ノ施行ノタメ樹立セラレタル政策ヲ実行スル為必要ナル一切ノ権力」を最高司令官は付与されるとするほか、「最高司令官ハ米国ノ目的達成ヲ満足ニ促進スル限リニ於テハ、天皇ヲ含ム政府機関等ヲ通ジテ其ノ権力ヲ行使」することになるが、その際も「天皇又ハ他ノ日本ノ機関ガ降伏条項実施上最高司令官ノ要求ヲ満足ニ果サザル場合、最高司令官ガ……直接行動スル権利……ノ下ニ置カルル」ものと定めていた。

これら指令・方針書等の内容からも優に窺えるように、連合国側の方針は、ポツダム宣言の定めるところを完全に実現させることを目指していたのは勿論として、その実現には時間をかけてじっくりとか、日本国側による「履行」をまって実現させるといった悠長な態度ではなく、ポツダム宣言の受諾後から直ちにその実現に向けて動き出し、日本側の取組みが不十分とみれば直ちに代わって自らが実行に乗り出すという、迅速・果断なやり方で進められていたことが明らかである。

（2）そのような連合国側の政策方針の下で、旧憲法は直ちに改廃の手が加えられる事態にこそはならなかったものの、①旧憲法に「神聖不可侵」と謳われた天皇の統治権（4条）は真っ先に奪い上げられて、連合国最高司令官の管轄下に移されることとなり、天皇はそれ迄のように日本国の主権者として振舞うことが許されぬ状態に置かれたし（それどころか最大の戦犯容疑者と目されて、天皇の逮捕・訴追・処刑を要求する連合国内部の声に曝されたことは周知の通り）、また、②天皇の陸海軍の統帥権（11条）や編制・兵額決定権（12条）、宣戦講和の権限（13条）など軍事に関する条項は、先の「一般命令第1号」等によってすべて無にされ、さらに、③前掲「初期ノ対日方針」や「人権指令」「5大改革」等の実施によって国民の思想・表現・信教等の自由を制限する諸規定（22～29条）も改廃されたに等しい状態におかれることとなったわけである。

もちろんこの時期（8月15日から9、10月頃までの間）、わが国政府・指導層が旧憲法の抜本改革などには思いも及ばず、「国体」＝天皇主権制の存続を熱望して、その体制を支える旧来の政治・法制度（アンシャン・レジーム）の維持拡充に奔命していたことは屡述の通りであるが、彼らの時局認識や政治的見識がさような程度のものであったことは事実としても、客観的な当時のわが国政治・社会の状況としては、叙上のように既に旧憲法体制はその核心部分において変容・崩壊させられ、実質的な改廃措置が進行していたとみるのが相当な状態にあったといえよう。

（3）そこで、このような当時の政治・社会状況をふまえつつ考察したときに、8月14日のポツダム宣言受諾によって、同宣言の定める対日占領改革の原則や理念と相容れざる限りで、旧憲法の規定は改廃されたと観るのが法的評価・判断として妥当（正当）か、それとも検察官が主張するように、降伏文書6項の「下名は、茲に『ポツダム』宣言の条項を誠実に履行すること……を天皇……の為に約す」なる文言は、同宣言の実現について日本国側の「履行」の余地を認めていると読めるので、降伏文書調印によって直ちに旧憲法秩序に改変の効果が生じたとはいえず、旧憲法秩序は「改変されるべき運命にあったとはいえ、現実に改廃の措置が講じられるまでは温存されていたもの」と解するのが妥当か、ということが問題となる。

しかし、何は措いても後者＝検察官流の見解が成り立ち得ぬことがはっきりしているといえるのは、もしそうとすると、旧憲法が改正され、新たに日本国憲法が成立する運びとなったのは１９４６年11月３日（施行はさらに翌47年５月３日）であるから、実にその日まで「大日本帝国憲法」下の「法秩序は温存され」たということになるわけで、これほど甚だしく、ポツダム宣言受諾後のわが国政治・社会の抜本的な占領改革経過から乖離し、事理に反した法的判断はないからである。

既に本項前半で指摘したように、旧憲法が「改正」される遥か以前の、ポツダム宣言受諾の直後から、ＧＨＱは戦犯容疑者の逮捕（45年９月11日）を皮切りに、検閲制度の廃止指令（同月29日）、治安維持法等の撤廃や特高警察組織の解散、政治犯の釈放を命ずる「人権指令」（10月４日）、婦人の参政権付与をはじめとする「５大改革」の指令（同月11日）、財閥解体指令（11月６日）、国家神道の廃止指令（12月15日）等といった、旧憲法秩序とは全く相容れない民主的な改革措置を次々と執ってきたし、日本政府側でも、同月22日には労働者の労働基本権を保障する「労働組合法」を、46年９月には「労働関係調整法」を相次いで制定し、また公教育関係でも、教育勅語に代えて普遍的・民主的な「教育基本法」を、新憲法の施行に先立つ47年３月に制定・施行するなど、旧憲法下では考えられもせぬ民主的・人権的な重要法律を数多く成立させている（なお、46年１月には天皇のいわゆる「人間宣言」も）。

こうしてポツダム宣言受諾から新憲法の制定までの一年余の間にも、彼我双方の努力によって旧憲法的法秩序とは全く異質な、民主的な新立法や人権的な新制度が次々と生み出され、旧憲法下の法秩序が容赦なく打ち壊されてきているのに、このような社会的事実を前にしても、検察官は恬然として「旧憲法下の法秩序は温存され」ていたと言い続けるのであろうか。

事は、同宣言受諾後の時期を45年８月から10月頃までに限ってみても、基本的に同断であって、既に弁護人らが縷述したように、同宣言の趣意に沿った占領改革の政策措置は８月15日以降――多少の遅れがあったとはいえ――着々と講じられていたのであるから、今日から顧みて、旧憲法下の法秩序は何時をもって実質的に改廃されるエポック（転換期）を迎えたと解するのが妥当かといえば、それはやはり８月14日のポツダム宣言受諾の「瞬間から」と解するのが、歴史的経過からしてもまた事理に則してみても自然であり、相当と思われるのである。

（４）この点について弁護人らは、先に再審理由補充書において、故宮沢俊義教授らの所説を援用しつつ、わが天皇・日本政府は、8月11日の連合国側最終回答＝バーンズ回答にいう、「最終的の日本国の政府の形態は、『ポツダム』宣言に遵い、日本国国民の自由に表明する意思により決定せらるべきものとす」との立言や、ポツダム宣言12項に謳う、「日本国国民の自由に表明せる意思に従い、平和的傾向を有しかつ責任ある政府が樹立せらるるに於ては……」の条項を、同月14日を以て全面的に受諾したことにより、それまでの神権君主主義を捨て、新たに国民主権主義を採用するという選択を行い、そのことを連合国側に約したわけだが、その時以降旧憲法は実質的な修正を受け、ポツダム宣言に盛られた諸原則や理念に抵触する限りにおいて、実質的に変更（改廃）されたと解すべきが相当であると主張した（ポツダム宣言〈とくに12項〉やバーンズ回答の成立の経緯、それらの意味するところについては、甲第16号証〈古川論文〉に詳しい解説がある）。

御庁の依頼に応じて提出された大石教授の「鑑定意見書」も、基本的に弁護人らの主張と同旨であり、これを裏付けるものとなっている。即ち、同教授によれば、

①「……ポツダム宣言を受諾したことによって、その条項を国内的に実現することが日本政府及び日本国民に課せられた至上命令になり、その不履行はまったく許されないという意味において、……わが国内法秩序に対する重大な影響が生じたことは疑いのないところ」だが、「このことは、そもそも占領管理体制の下では、通常時における国際法と国内法との関係をめぐる法理をそのまま当て嵌めることはできないことを示して」おり、「国家改造のための管理を伴う新しい占領方式である占領管理の体制において……は、被占領国が本来有すべき固有の統治権は占領管理の担い手に移るのであって、この場合、占領管理に関する国際法上の義務はそのまま国内法上の義務になると解される」。従って、「ポツダム宣言は、そのまま国内法としての意味をもつという意味において、その受諾により直ちにわが国内法秩序に対する影響・効果が生じたものと解すべき」である（「鑑定意見書」2～4頁）。

②ポツダム宣言の受諾が旧憲法の存在ないし効力に与えた法的な影響については、その天皇による受諾という行為に着目するか、受諾に伴う降伏・敗戦という事実に着目するかによって異なり得るが、前者の見地からいえば、「外交大権に基づくこの行為を通して、天皇自らが、明治憲法の基礎をなしていた天皇による統治権の総攬という君主主義を放棄したものと解され」、そうだとすると、「君主主義に基礎を置いていた明治憲法の諸規定も、その法規性を失ったと解される」（5頁）。

③他方、後者の見地からしても、ポツダム宣言受諾によって直ちに明治憲法は廃止されたわけでなく、引き続

き効力を有していたとはいえ、「受諾に伴う降伏・敗戦という事実の力によって、明治憲法を中心としたわが国の実質的な憲法秩序が大きく変化したことについては、学説は一致している」。「この降伏・敗戦という事実の力による憲法秩序の変化は、占領管理体制の下では、明治憲法を含む日本の国法がもはや独立国の法令としての意味を失い、むしろ占領管理法令としてのポツダム宣言が、国内法、とくに実質的な意味での憲法としての地位を占めるようになったことから生じたもの」であるので、「このように、ポツダム宣言の内容に応じて明治憲法の性格と内容が変わるという意味において、その受諾により明治憲法の存在又は効力に対する法的影響・効果が生じたと考えられる」(5、6頁)

というのである。

このような教授の結論と理由については、いずれも妥当な内容として支持できるだけでなく、教授自身が指摘されるように、多くの点で学界の大勢を占める見解でもあって、大方に異論がないところと思われる。ことに、右①でいわれる対日占領政策の特別の性格や意義については、多くの文献・資料が一致して指摘している通りであって(前掲『未完の占領改革』全編、『日本占領革命・上』第1部、とくに第1章、『GHQ』70～78、150～154頁、甲第16号証(古川論文)83頁、高橋正俊「憲法の制定とその運用」『憲法五十年の展望』第1巻有斐閣ほか)、単に敵国を軍事的に打ち負かすだけでなく、降伏後の敵国の政治体制の改革にまで踏み込んだ占領支配を行い、そうすることによって新たな戦争の根源を絶つという新しい占領方式(「戦後占領」あるいは「占領管理」方式等と呼ばれる、「無条件降伏」はその前提)が、第2次世界大戦の終結に当たってわが国に適用されたということの、特別に重い世界史的意義をふまえずしては、ポツダム宣言受諾の真義を捉えることはできないと思われるのである。

4　ポツダム宣言受諾と治安維持法の効力

さて、以上のような一連の問題検討の最後の課題は、ポツダム宣言の受諾が、旧憲法下で制定され「国体」護持を直接・明示的な保護法益とする、治安維持法の存在ないし効力にいかなる影響・効果を及ぼしたかという問題である。ただ、この点に関しては弁護人らは再審理由補充書で既に主張を展開しており、これを支持する内容の大石「鑑定意見書」も提出されているので、それらを補う趣旨で触れるに止めたい。

(1)前項でも述べたように、ポツダム宣言受諾により、旧憲法の規定自体が同宣言の趣意に反する限りにおいて当然に失効したものとすれば、旧憲法の神権天皇制＝「国体」の護持を直接かつ最大の保護法益とする治安維持法の規定(1～9条)もまた、旧憲法の天皇制条項

（1、4条等）とともに、当然失効すべき運命に立たされたと解することには何の問題もあるまい。また、「私有財産制度を否認する」ことを目的とした結社・関連活動を処罰する同法の規定（10～14条）にしても、それが「言論・宗教及び思想の自由並びに基本的人権の尊重」を要請するポツダム宣言10項後段に真っ向から抵触し、この要請に適合的でない旧憲法の人権制限規定（29条ほか）とともに、当然に失効したものと解すべきことに多くの異論があろうとは思われない。

（2）しかし、このような論理的な帰結とは別に、問題を上述した終戦直後のわが国の政治・社会状況と照らし合わせて考察することによって、現実的に妥当な結論を導く努力も逸することができない。そこで、この見地に立って検討すると、まず戦勝連合国側では、ポツダム宣言の受諾によって日本国側に非武装化・民主化・人権確立等の要求を強いて受け入れさせることができるとの考えの下に、8月15日には直ちに最高司令官を任命して、彼にポツダム宣言に定める降伏条項の実施を命令するとともに、早ければ同月29日、遅くとも9月6日には「降伏後ニ於ケル米国ノ初期ノ対日方針」を最高司令官マッカーサー元帥に伝達して、その中で、「日本国民ハ個人ノ自由並ビニ基本的人権ノ尊重、特ニ信教・集会・言論・出版ノ自由ニ対スル欲求ヲ増大スルヨウ奨励セラルベク……」「人種・国籍・信教又ハ政治的見解ヲ理由ニ差別待遇ヲ規定スル法律、命令及ビ規則ハ廃止セラルベシ。……此等諸法規ノ実施ヲ特ニ其ノ任務トスル諸機関ハ廃止……セラルベシ」等と指示した。

そして、この後も、同月10日には「言論及び新聞の自由に関する覚書」を、27日には「新聞・言論の自由に関する追加措置」を、さらに29日には「新聞・映画・通信に対する一切の制限法令を撤廃の件」（検閲制度の廃止）をと矢継ぎ早に指令して、言論・表現の自由に対する抑圧法制の即時撤廃を命ずる一方、特高警察に対しては、それが「日本国民の民主的発展における障害を創り出してきた責任は疑う余地がない」と認識した上で（米戦略局調査分析課「連合国占領下の日本警察制度」9月28日付）、同月8日頃から10月1日頃にかけて警視庁特高課の臨検や幹部の呼び出し等の調査を進めていた。

これに対して日本政府側、とくに内務省・司法省の幹部らが旧態依然たる思想と姿勢の下で、「国体」護持のための〃武器〃とされた治安維持法を手離そうとはせず、それどころか、敗戦後の「混乱」を鎮めるためとして特高警察組織の一層の拡充さえ企てる方針でいたことは、弁護人らが既に指摘した通りである（＊）。

※とはいえ、彼ら政治・思想取締当局者らに「ポツダム宣言受諾」の事態が全く影響を与えなかったわけでないことは、①戦時中に立法された言論出版集会結社等臨時取締法等をいち早く廃止したことや（8月28日）、

②前掲内務省通牒「終戦善後措置」の「社会運動ノ取締方針ニ関スル件」の中で、「治安維持法ノ国体否定……ヲ目的トスル結社、集団（主トシテ宗教団体）ニ関スルモノ並ビニ私有財産制度否認ヲ目的トスル結社ニ関スルモノハ、治安維持法ヲ以テ問擬セズ」として、同法の運用範囲の縮限を図っていたこと（同月下旬）などの事実から、窺い知ることができる。

ともあれ、当時の日本政府・治安当局の治安立法改廃に対する姿勢は、ポツダム宣言の実現という改革目標からは程遠いものであり、治安維持法等の思想取締法規の撤廃は早くから意図されていたにも拘わらず、日本政府側が一向にそれを実行しようとする態度を示さなかったので、これに業を煮やしたGHQが10月4日に至って、遂に前掲「人権指令」を発出することとなった次第であり、その間の消息は、この指令発出に際してダイク民間情報教育局長が発表した、「本指令は、日本政府が自発的に措置を採らないために発するもので……」という談話からも窺えることは既に紹介した通りである（以上につき、甲第17号証〈荻野論文〉参照）。

（3）このように見てくると、治安維持法を中核とする治安立法体制は、かの勅令575号（治安維持法等廃止の件）が発令された10月15日まではもちろんのこと、同月4日の「人権指令」発出までの間においても、既に実際上機能麻痺に陥り、崩壊が始っていたことは明白な事実であり、右勅令によって廃止措置が執られるまでは、同法は形式的にも実質的にも有効な法律として存続していたとする検察官の主張は、歴史的事実に反する虚妄の論という外はない。

然らば、何時を以て治安維持法は――形式的にはともかく――実質的に失効したかといえば、それはやはりポツダム宣言受諾によってわが国が天皇主権体制を放棄し、その根拠たる旧憲法の規定も同宣言の趣意にそぐわぬ限りで失効したと解される時期に、治安維持法（の関連諸規定）も運命をともにし失効したものと解するのが、法的・規範的な評価判断としては妥当と思われる。

既に指摘したように、8月15日から10月15日までの間において日本政府・治安当局は、治安維持法が依然有効であり、これに基づく特高警察等による国内の思想取締りは可能と信じていたと思われ、裁判所もまた、これと同様の考え方の下に治安維持法を解釈適用して、裁判に当たっていたものと察せられる。しかし、当時の日本国当事者たちがとったそのような見解・行動は、ポツダム宣言受諾→無条件降伏という未曾有の事態がもたらしたわが国（公）法秩序への影響を、彼らが慎重に分析検討し、的確に洞察した上での結果というよりは、敗戦直後の虚脱と混乱の中で十分な判断資料もないまま、漫然と旧来の立場や見解を踏襲して行ったものとみるのが相当と思われるので、さような大混乱の最中での関係者たちの事実認識や法意識を前提として、それと整合するような現実肯定的な法的評価・判断（例えば治安維持法はその当時法的にも有効な存在であり、機能していたとすることき）を下すことは妥当とはいえまい。

そうではなくて、この当時わが国を支配し、わが国政治社会に妥当していたとみられる（公）法規範・法秩序はいかなるものであったかを、規範的な見地（従って現実批判的な見地）から評価・判断することこそが、この際は肝要である。そうだとすれば、既に10月4日の「人権指令」自体が、その以前から求められていた治安維持法体制の撤廃の課題を、日本政府側が自発的に実行しないことに怒って当時のＧＨＱが発出したものであったことを想起するとき、やはり同法の失効はポツダム宣言受諾によって直ちにもたらされたと理解・判断するのが相当と考えられるのである。

Ⅳ　旧刑事訴訟法第４８５条第６号の再審理由

――「無罪もしくは免訴を言い渡すべき明確なる証拠を新に発見したるとき」

再審の対象は、確定有罪判決である。本件の場合、昭和20年8月29日及びそれ以降に、横浜地方裁判所第二刑事部（裁判長判事八並達雄、判事岩尾元、同影山勇）が各言渡し、確定にいたった治安維持法違反被告事件に係る確定有罪判決（以下、原判決という）である。いずれも、わが国のポツダム宣言受諾後（終戦後）に弁論を終結し、言渡された有罪判決である。

再審請求人、弁護人（以下、単に弁護人という）は、終戦後に治安維持法違反（同法1条、10条）を理由に、本件各公訴事実につき、これを有罪とすることのできる理由は全くなく、したがって原判決には旧刑事訴訟法第４８５条第６号の「無罪もしくは免訴を言渡すべき」再審理由がある、と主張しているのである。

第１　「罪とならず無罪」再審理由について

旧刑事訴訟法第４８５条第６号は、再審理由につき、次のとおり規定する。

「有罪ノ言渡ヲ受ケタル者ニ対シテ無罪若ハ免訴ヲ言渡……ベキ明確ナル証拠ヲ新ニ発見シタルトキ」

上にいう「無罪」は、「被告事件罪ト為ラス」と「犯罪ノ証明ナキトキ」（旧刑訴３６２条）の二類型にわかれるが、弁護人は本件について第一次的に同前段の無罪すなわち「罪とならず無罪」に該当すると主張するものである。もっとも、「犯罪ノ証明ナキトキ」は事実認定上の証明に限られるものではなく、法令の解釈適用や適正手続に関わる瑕疵が「犯罪ノ証明」に影響する場合等も含まれると解すべきであるとすれば、後段無罪の主張でもある。
本件における再審理由は以下のとおりである。
1　本件事実に対する適用法条である治安維持法第1条、第10条は、確定審弁論終結時もしくは確定判決言渡時においては失効している。
2　失効原因は次のとおりである。
（1）同法第1条の保護法益である「国体」は、大日本帝国憲法（以下、旧憲法という）第1条ないし第3条、その告文及び憲法発布勅語等に示されるように絶対主義的、神権的天皇制を根幹とするものであるが、その「国体」はわが国がポツダム宣言を受諾することによって崩壊した。そして、その崩壊によって右保護法益は消滅もしくは回復することのできない損傷を被るにいたった。
（2）同法第10条について考えると、旧憲法第29条は「日本臣民ハ法律ノ範囲内ニ於テ言論著作印行集会及結社ノ自由ヲ有ス」と規定する。ここにいう「法律ノ範囲内」の言論等の制限立法は、上の国体崩壊により失効するにいたり、それと同時に「国体」（同法1条）、「私有財産制度」（同法10条）に関する言論等の「法律」的拘束が除去され、これらに関する憲法的自由は即時、全面的に回復するにいたった。
（3）ポツダム宣言10項後段「日本国政府ハ日本国国民ノ間ニ於ケル民主主義的傾向ノ復活強化ニ対スル一切ノ障礙ヲ除去スベシ。言論、宗教及思想ノ自由並ニ基本的人権ノ尊重ハ確立セラルベシ」はこのことを裏付ける。
（4）したがって、わが国のポツダム宣言受諾の時点で、本件事実の実質的違法性は消滅し、治安維持法第1条、第10条はともに、同時に失効に帰したものといわなければならない。
（5）勅令第575号は確認的、宣言的なものである。したがって、本件確定審の弁論終結時、本件は罪とならず、もしくは犯罪の証明なきときに該ること明らかであり、本件には無罪を言渡すべき再審理由がある。

第2　刑の廃止免訴再審（旧刑訴485条6号）について

1　原判決には、免訴を言渡すべき再審理由がある。
2　旧刑事訴訟法第363条第2号は「犯罪後ノ法令ニ因リ刑ノ廃止アリタルトキ」を免訴原因とするところ、治安維持法は少くとも、その第1条、第10条につき確定審弁論終結時、上記事由により失効し、公訴権は消滅に帰していたとせざるをえないから、原判決には「刑ノ廃止アリタルトキ」に該当する再審理由の存在すること明らかである。

第3　明白性と新規性

わが国が初めて経験する終戦（敗戦）はポツダム宣言

の受諾によってもたらされた。

　ポツダム宣言の受諾が、大日本帝国憲法の存在、その効力、その憲法下の国内法秩序に、いかなる影響と効果をもたらしたと考えるべきか。

　本件治安維持法第1条の保護法益は「国体」であり、同第10条は私有財産制度の否認に関わる言論等の禁圧立法である。同法第1条の保護法益である国体、同第10条の言論等の制限立法がポツダム宣言の受諾によりいかなる法的な影響・効果をもたらしたか。

　これらの事項について、直接的に答える判例はない。参考とすべきものとしていわゆる食糧メーデープラカード不敬罪事件最高裁判決（最大判昭23・5・26刑集2巻6号529頁）があることは大石鑑定が指摘するとおりである。

　これらの事項は再審理由の明白性に関係するとともに、その明白性は新規な証拠によって裏付けられることを法（旧刑訴435条6号）は要求する。その新証拠として、弁護人は平成13年5月29日、前記事項を鑑定事項とする法学鑑定を請求したのである。

　裁判所は平成13年10月2日付で同鑑定請求を採用し、「1、別紙記載の事項について鑑定を行う。2、鑑定人として京都大学教授大石眞を指定する。」との決定を行った。決定にいう「別紙記載」の鑑定事項は弁護人請求のそれと同旨である。鑑定人の指名は裁判所の職権によってなされた。

　右鑑定事項は、憲法、国際法、刑事法等の観点からの専門的知見による、検討すなわち法学鑑定が必要であると思われるが、裁判所が職権で指名した鑑定人大石眞教授は憲法専攻である。

　平成14年5月27日、大石眞鑑定人による同日付鑑定意見書が提出された。

　同鑑定意見書は「第一　事実関係」に掲記する事実と事実関係に基づく前記諸事項の法的効果等につき鑑定意見を詳述している。弁護人の、これに対する意見は前記Ⅲで述べたところであるが、同鑑定意見書によって、本件再審理由に係る明白性、新規性の要件は十分に充足したものと、弁護人は確信する。

　なお、これらの鑑定事項に関する新証拠として、弁護人は法律時報74巻6号掲載の「小特集＝横浜事件第三次再審請求」に係る諸論文のうち、①古川純教授「ポツダム宣言受諾と治安維持法」②荻野富士夫教授「敗戦と治安体制」③小田中聰樹教授「横浜事件第三次再審請求における刑事訴訟法上の新論点の検討」の三論文を、上記大石眞鑑定意見と同旨の新証拠として提出しているところである。

Ⅴ　拷問による自白
――信用性のない証拠にもとづく判決

本件元被告人らの各確定判決認定の犯罪事実は、警察官の拷問によりまたその影響下において強制的に作成された虚偽自白のみによって認定されたもので、事実誤認であり、元被告人らが無罪であることは新証拠によって明らかであるから、旧刑事訴訟法第４８５条６号の再審理由がある。この点に関する検察官の意見に対する反論は、以下のとおりである、

第１　平成10年（た）第2号（木村亨元被告人関係）及び同第8号（平館利雄元被告人関係）につき

検察官は、右主張は、すでに第一次再審請求に際して主張し、理由なしとして棄却されたものと同一のものであって、同一の理由による再審請求を禁じた旧刑事訴訟法第５０５条第2項に抵触するという。

そして、再審請求書において主張の根拠として引用した広島高等裁判所昭和51年9月18日決定の判文につき、本件と事案を異にするから根拠とはならないというのであるけれども、右判文は、本件主張が、司法当局の不当な行為により生じたと推測される訴訟記録の不存在を理由に棄却され、再審理由が実質的な判断を受けていないというべき特殊な本件においてまさに考慮されるべき再審法の解釈原則を示したものというべきものであって、検察官の右見解は不当である。

第2　全事件につき

検察官は、本件においては、原判決の原本及び記録が存在しないのであるから、有罪認定に用いられた証拠がいかなるものであったのかを確定することができず、被告人の供述以外に犯罪事実を証明する証拠がなかったと断言することはできないはずであるといったり、弁護人が新証拠として主張する松下英太郎警部ほか2名にかかる特別公務員暴行傷害被告事件の確定有罪判決は、益田直彦以外の他の「横浜事件」関係者に対しても拷問を加えたとの事実を認定するものでないことは言うまでもなく、本件元被告人らの供述の信用性判断を左右する直接証拠となるものではなく、本件元被告人らに対しても拷問が行われた疑いを否定し去ることができないとしても、新証拠としての「明白性」の要件を充足しない旨述べたりしているけれども、これらの見解が不当であることは再審請求書において詳細述べたところである。

Ⅵ　治安維持法第1条、同第10条の犯罪構成要件事実の欠缺
――日本共産党不存在論

第1　検察官の意見（平成13年9月25日付「意見書」）

1　第1の論点

本件においては、原判決の原本及び訴訟記録が存在せず、上記主張に係る原判決の内容は、弁護人において、木村亨に対する予審終結決定書の写し及び他の「横浜事件」関係者についての判決書謄本又は写し等を手掛かりとして作成した私案であるところ、同予審終結書の起訴事実や上記関係者に対する判決書の記載内容がそのまま請求人に対する原判決の認定事実になるとは必ずしもいえないのであるから、原判決が認定した犯罪事実の具体的内容は不明であると言わざるを得ない。

従って、原判決が「『コミンテルン』及び『日本共産党』の目的遂行のためにする行為を犯罪行為とするものである」とする弁護人の主張は一つの仮定にすぎず、これを所与の前提として犯罪事実の成否を論ずることは失当であるから、上記弁護人の主張に理由がないことは明らかである。

2　第2の論点

仮に、木村亨に対する原判決が弁護人主張のとおり「『コミンテルン』及び『日本共産党』の目的遂行のためにする行為」を犯罪行為として認定したものであったとしても「日本共産党史（戦前）」は新証拠には該当しないので、同主張についても、旧刑事訴訟法第485条第6号の要件を充足せず、再審理由とはならないものと解する。

弁護人は、昭和9ないし10年頃までに、構成員の相次ぐ検挙により「日本共産党」の組織は壊滅状態にあり、実質的に存在しなくなったのであるから、「日本共産党」の目的遂行のためにする行為という犯罪はその前提を欠いて成立せず、さらに「日本共産党」が昭和10年頃までに構成員の検挙により潰滅していた事実は、原判決当時、裁判所において意識されず、審理の対象ともなり得なかったのであり、昭和37年刊行の「日本共産党史（戦前）」の記載内容をもって「日本共産党」の組織の不存在の事実が認識できたので、「日本共産党史（戦前）」が事実認定の誤りを明らかにする新たな証拠となる旨主張しているものと解されるのであるが、そもそも、他の「横浜事件」関係者である細川嘉六らの予審終結決定（甲第2号証の3）においては、同人らが「衰微弱体化」した「日本共産党」を「復興再建」するために「党再建準備会」を組織していた旨の指摘がなされており、「横浜事件」の捜査及び公判審理が「日本共産党」は「復興再建」しなければならない状態であったことを前提として行われていたことは明らかであり、弁護人の主張するように、「日本共産党」が壊滅状態にあったことが裁判所においてなんら意識されていなかったということはおよそあり得ないといわなければならない。

弁護人が証拠として提出している「日本共産党史（戦前）」に記載されている「日本共産党」が原判決当時、壊滅状態であったとの事実は、裁判所において当然了解していた事実であり、原判決の事実認定は「日本共産党」が壊滅状態にあった事実を前提として行われたものと解すべきである。

証拠の新規性は、当該証拠により原判決の事実認定の条件に変更があったと認められる場合に、これを認めることができるものと解されるのであるから、「日本共産党史（戦前）」の記載内容が新規性の要件を充足しないことは明白であり、再審理由にはあたらないと言わざるを得ない。

よって、「日本共産党」の不存在を根拠として、木村亨に無罪を言い渡すべきであったとする弁護人の主張も理由がない。

第2　検察官の意見に対する反論

1　第1の論点に対する批判

いわゆる横浜事件の判決謄本や予審終結決定書謄本は、全て失われたわけではなく、判決謄本8通、予審終結決定書謄本9通及び司法警察官公訴事実2通と司法警察官意見書1通の合計20通（対象の被告は17名）は、裁判所側の敗戦時を口実とする、故意の焼却、または隠匿がなされたにも拘わらず、戦後、弁護人らの努力により発見されている。

これら20通の裁判記録について詳細に調査した結果、『犯罪事実』に共通し、治安維持法にいう目的罪に相当する『具体的内容』は次のような内容であることが判明している。

最も古いものは、起訴状ともいうべき「川田寿に対する治安維持法違反被告事件公訴事実」という横浜地方裁判所検事局報告（甲第3号証の2、「思想月報」昭和18年9月、106号所収）である。昭和17年9月11日、神奈川県警察部に検挙され、昭和18年9月1日、横浜地検より予審請求された川田寿が犯したとされる治安維持法違反の公訴事実（甲第3号証の4の3）に該当する部分で、最も重要な部分は次の通りである。

『『コミンテルン』カ世界『プロレタリアート』ノ独裁ニ依ル世界共産主義社会ノ実現ヲ標榜シ世界革命ノ一環トシテ我国ニ於テハ革命手段ニ依リ国体ヲ変革シ私有財産制度ヲ否認シ『プロレタリアート』ノ独裁ヲ通シテ共産主義社会ノ実現ヲ目的トスル結社ニシテ日本共産党カ其ノ日本支部トシテ其ノ目的タル事項ヲ実現セントスル結社ナルコトヲ熟知シナカラ孰レモ之ヲ支持シ」その上、「右両結社ノ各目的達成ニ資センコトヲ決意シ」たというものである。そして、以下に被告人のこの部分に該当するとされる、個々の具体的事実が挙げられてある。

他の19通の訴訟記録は、いずれも昭和18年9月1日以後に作成されたものであるが、その全てにそれぞれ、被告人の公訴事実に共通する『具体的内容』として、前記カッコ内記載部分が些細な字句の訂正を別としてそっくり記載されているのである。

これは、同年9月1日以前に記述された、カッコ内の部分が、他の被告人たちのそれぞれ公訴事実の『具体的内容』の骨子として、そのまま書き写されたと認めざるを得ない。

例えば、昭和17年9月14日、警視庁に検挙された「細川嘉六に対する治安維持法違反被告事件公訴事実」(「思想月報」前掲号所収)という東京地検の報告書、あるいは昭和18年9月9日、神奈川県警察部に治安維持法容疑で検挙された森数男に対し、横浜特高警察官・高橋義一が作成した、昭和18年12月23日付「司法警察官意見書」の、いずれも骨子が、上記カッコ内の部分であることは、初めに挙げた川田寿に対する公訴事実の骨子が、東京地検検事または横浜特高警察官によって、それぞれそのまま書き写されたものであることを示している。

以下、このカッコ内の部分を「公訴事実骨子」と呼ぶことにすれば、20通の現存する訴訟記録のいずれにも、「公訴事実骨子」が定型化されて、いわば不動文字のように書き写され記載されている事実が明白になったといわなければならない。当然、20通以外の弁護側に発見されていない横浜事件訴訟記録にも「公訴事実骨子」がそっくり同文で記載されていることが、疑いの余地なく推測されるのである。

従って、検察官の第1の論点は全く根拠のない言いがかりにすぎず、再審請求に対するあげ足取りの意見といわざるを得ない。

2　第2の論点に対する批判

公安調査庁の「日本共産党史(戦前)」は新規かつ明白な再審証拠である。

横浜事件訴訟記録の大部分にわたる「公訴事実骨子」を検討すれば、次のような事実が判明する。

まず、コミンテルンが大正8年(1919年)「プロレタリアートの独裁と国際ソビエト共和国の樹立を唯一の目的」としてモスクワに創立されたことは事実であるが、昭和10年(1935年)第7回大会では、欧州におけるファシズムの顕著な台頭を前にして、プロレタリアート独裁の旗を下ろし、反ファシズム人民戦線戦術に歴史的戦術転換をとげ、以後、コミンテルンは欧州各国における人民戦線の歴史の消長と運命を共にして行くのである。さらに、昭和14年(1939年)、大戦前夜のドイツとソ連の不可侵条約締結により、反ファシズム人民戦線戦術が破綻し、コミンテルンの実質的活動は停止し、昭和18年(1943年)6月9日、解散したのである。

従って、横浜事件被告人たちの、同年9月1日以降における、「コミンテルンヲ支持シ其ノ目的遂行ニ資センコトヲ決意」することは到底あり得ないのである。

次に、日本共産党についていえば、同党は、大正11年（1922年）に創立され、一旦解党の後再建され、3・15事件（昭和3年、1928年）、4・16事件（昭和4年、1929年）の弾圧とこれに続く特高警察による弾圧で、その活動が大幅に低下した上、昭和8年（1933年）の党内スパイ査問事件の発覚により、壊滅的打撃を受け、遂に昭和10年（1935年）3月4日、最後の中央委員・袴田里見が検挙されるに及んで、完全に壊滅したのである（甲第13号証、公安調査庁編「日本共産党史（戦前）」参照）。

以上の歴史上の客観的事実経過により、コミンテルン及び日本共産党の目的遂行のためにする行為（治安維持法第1条後段、第10条）は、犯罪構成要件事実を欠くもので犯罪は成立しないから、犯罪の証明がないものとして旧刑訴法362条により無罪にすべきものであった。

検察官は、「日本共産党が原判決当時、壊滅状態であったとの事実は、裁判所において当然了解していた事実であり、原判決の事実認定は、日本共産党が壊滅状態にあった事実を前提として行われたものと解すべきである」と強弁して、裁判所が当時、そのような事実を知っており、日本共産党壊滅の事実を前提として判断したと主張するが、もし当時、裁判所がそのように認識していたとするならば、通常の論理的、合理的審理と判断がなされるかぎり、治安維持法第1条後段、第10条の適用は構成要件を欠き適用できず、当然無罪にしたはずである。

しかるに、確定判決が有罪認定したのは前記事実を知らなかったからというほかはなく、検察官の反論は支離滅裂といわざるをえない。従って、「日本共産党史（戦前）」（甲第13号証）は新規性の要件を充足していることが明白である。

従って、検察官の意見は、この点でも理由がないのである。

Ⅶ　旧刑事訴訟法第485条7号の再審理由

（略）

※

横浜地裁「決定」

決定

被告事件　治安維持法違反被告事件
原裁判　昭和20年8月29日に小林英三郎に対し、同月30日に由田浩及び高木健次郎に対し、同年9月15日に木村亨及び平館利雄に対し、それぞれ横浜地方裁判所が言い渡した有罪の確定判決
請求人　別紙請求人目録のとおり
弁護人　別紙弁護人目録のとおり

主　文

本件各再審請求について再審を開始する。

理　由

第1　再審請求の趣意

本件は、木村亨、小林英三郎、由田浩、高木健次郎、平館利雄（以下一括して「木村亨ら」という）が、ポツダム宣言受諾後、治安維持法が廃止されるまでの間に、同法1条、10条違反の罪により処罰された事案（いわゆる横浜事件）に対する各再審請求事件である。各再審請求の趣意は、弁護人提出の再審請求書、再審理由補充書、同（2）、同（3）、同（4）、再審請求最終意見書記載のとおりであるからこれらを引用するが、その要旨は共通して下記1から4のとおりである。

1　木村亨らは、昭和20年8月29日ないし9月15日の間に各再審請求書記載の事実につき治安維持法1条、10条違反の罪で有罪判決を受けたが、有罪の判決を受ける以前の同年8月14日にポツダム宣言が受諾されたことによって、原判決時においては治安維持法は廃止され又は失効していた。したがって、木村亨らに対しては旧刑事訴訟法485条6号により無罪又は免訴の判決をすべきである（以下「再審理由1」という）。

2　原判決は、「コミンテルン」及び「日本共産党」の目的遂行のためにする行為をしたことを犯罪行為と認定しているものであるが、本件各行為当時、日本共産党の組織は消滅していた。したがって、木村亨らの行為については構成要件該当事実を欠き、犯罪が成立しないのであるから、旧刑事訴訟法485条6号により無罪の判決をなすべきである（以下「再審理由2」という）。

3　原判決は、木村亨らの自白に基づいているが、当該自白は拷問ないしその影響下になされたものであって、信用性を欠くので、旧刑事訴訟法485条6号により無罪の判決をなすべきである（以下「再審理由3」という）。

4　旧刑事訴訟法485条7号は、捜査に関与した検察官が被告事件につき職務犯罪を犯したことが確定判決により証明された場合を再審理由としているが、同条にいう検察官には司法警察官も含まれると解すべきである。いわゆる横浜事件のうち、本件とは別件に当たる事件については、捜査に関与した司法警察官が特別公務員暴行

傷害罪で有罪の確定判決を受けており、これをもって本件も捜査に関与した検察官が被告事件につき職務犯罪を犯したことが確定判決により証明された場合に当たるといえる。よって、旧刑事訴訟法485条7号により無罪の判決をなすべきである（以下「再審理由4」という）。

第2　本件再審請求が不適法（判決書謄本の不添付）との検察官の主張について

1　主張

検察官は、小林英三郎及び由田浩についての請求に関し、再審の請求に原判決謄本の添付がなく不適法であるから、各再審理由を判断する以前に旧刑事訴訟法504条により請求は棄却されるべきであると主張している。

2　前提

そこで検討するに、旧刑事訴訟法497条は、「再審ノ請求ヲ為スニハ其ノ趣意書ニ原判決ノ謄本……ヲ添ヘ之ヲ管轄裁判所ニ差出スヘシ」と規定しているところ、本件各請求には判決謄本の添付がなく、形式的にみれば請求は上記法律上の規定に違反しているといえる。

しかしながら、原判決が保存されておらず、請求人がその謄本を取得することが物理的に不可能であるなど、本件各請求に原判決の謄本の添付がないことについては請求人の責めに帰すべきでない特殊な事情が存する。そうであれば、原判決の謄本の添付のないことのみをもって請求を棄却すべきではない。かかる特殊な事情が存する場合には、関係資料から再審理由の有無を判断できる程度に原判決の内容を推認できるのであれば、原判決の謄本の添付がなくても再審の請求は適法なものとして認められると解するべきである。

3　検討

これを前提に検討するに、まず、小林英三郎に関しては直接及び間接の訴訟記録が関係資料中に存在せず、原判決の具体的な内容は明らかでない。次に、由田浩に関しても直接の訴訟記録は存在せず、当時由田浩と行動を共にしていたと思慮される小川修の判決などの間接的な資料から原判決の内容をある程度推認することができるが、その推認の程度は必ずしも強いものではなく、再審理由2ないし4のような具体的事実関係に基づく再審理由の有無を判断できる程度にまで至っているとは言い難い。

しかしながら、弁護人により提出された資料を総合すれば、小林英三郎が昭和20年8月29日に、由田浩が同月30日に、それぞれ治安維持法1条、10条違反の罪で処罰された事実自体を認めることができる（なお、検察官により争われてはいないが、他の請求人の関係においても治安維持法1条、10条違反の罪で処罰されたと認められるのは同様である）。

そうであれば、再審理由1は治安維持法の効力を問題とするものであるから、その性質上理由の有無を判断することは可能であり、原判決の謄本がないことを理由として請求を棄却すべきではない。

以上のとおり、少なくとも再審理由1との関係では検察官の主張は理由がないので、以下再審理由についての判断をすることとする。

第3　再審理由1について

1　争点

再審理由1に関する争点は、大きく分けて、①昭和20年8月14日（以下、特にことわりのない限り、日付については昭和20年の当該日付をさす）にポツダム宣言を受諾したことにより治安維持法1条、10条が実質的に失効したといえるか、②仮に治安維持法1条、10条が実質的に失効していたとして、それが旧刑事訴訟法485条6号所定の再審理由に該当するといえるかという2点である（なお、検察官は平成13年9月25日付け意見書において、8月14日の時点ではポツダム宣言の法的な効力が生じていないという趣旨であると思われるが、ポツダム宣言の受諾がなされたのは9月2日であるとする主張をしている。しかしながら、法的な意味はともかく、日本が8月14日にポツダム宣言を受諾したことは公知の事実であると思われ、以下ではポツダム宣言は8月14日に受諾されたことを前提に検討する）。

2　争点①について、

（1）ポツダム宣言の国内法的効力

ア　当事者の主張

請求人及び弁護人は、日本が8月14日にポツダム宣言を受諾したことにより、国家体制が革命的に転換され、旧憲法をはじめとした国内法秩序もポツダム宣言の内容とする諸原則にしたがって変革が生じたと主張する。

また、弁護人の援用する鑑定人大石眞の鑑定書（以下「大石鑑定」という）では、ポツダム宣言の国内法的な効力について、「通常時における国際法と国内法の関係を当て嵌めると、ポツダム宣言の受諾により、その条項が直ちに国内法化されるという意味において、わが国内法秩序に対するいわば物権的な法的効果が生じた、ということにはならない」が、「そもそも、占領管理体制の下では、通常時における国際法と国内法との関係をめぐる法理をそのまま当て嵌めることはできない」「占領管理体制の基礎をなす国際約束は、実質上、被占領国の国内法秩序の重要な構成要素になると考えられる」とし、「我が国はポツダム宣言の受諾によりそのような占領管理体制の下に置かれたのであり、連合国最高司令官にその具体的実施が委ねられた同宣言は、そのまま国内法としての意味をもつという意味において、その受諾により直ちに我が国内法秩序に対する影響・効果が生じたと解すべき」旨述べられている。

　他方、検察官は、ポツダム宣言は日本がこれを受諾した8月14日の時点では法的効力を生じておらず、かつ、9月2日の降伏文書の調印により法的な効力を生じた以降においても、日本は国際的に法秩序改変の責務を負ったにすぎず、直ちに国内法秩序改変の効果は生じていないと主張している。

　また、検察官の提出した浅古弘作成の「鑑定意見書」と題する書面（以下「浅古鑑定」という）では、ポツダム宣言は9月2日の「降伏文書の署名をもって正式に法的効力を生じ」、国際法的な観点からみても「国内法としても、ポツダム宣言と降伏文書は法的拘束力を持った」とされている。
イ　検討
(ア)　以上の主張等について検討するに、まず検察官の主張のうち、8月14日の時点でポツダム宣言に法的な効力が生じていなかったとする点については相当でない。
　すなわち、国家間での合意が文書等の一定の形式をもって行われる場合、通常は当該形式が整った時点において法的な効力が生じると解されるが、ポツダム宣言の受諾は、日本が交戦状態にあった米国らによりなされた降伏勧告を受け入れるというものであり、国家間において通常の合意がなされた場合とは別異に考える必要がある。ポツダム宣言はいわゆる無条件降伏を日本に対し勧告する内容のものであり、いわば緊急状況下における交戦国間の合意であって、その性質や受諾が為された以降降伏文書に署名がなされるまでの経緯などに鑑みれば、受諾がなされたときより戦争終結の条件とされた条項については、当事国間において少なくとも国際法的な拘束力を生じるに至ったと考えられ、その後になされた降伏文書への調印等は、ポツダム宣言の受諾がなされた事実を確認する意味合いのものであったというべきである。

　検察官は、「8月14日に日本国がポツダム宣言受諾の意向を連合国側に通告したと同時に、同宣言を受諾したことになると当事国が理解していたのだとすれば、降伏文書には『受諾ス』ではなく、『受諾シタコトヲ確認ス』などの文言が用いられなければならなかったはずである」として、文理上、降伏文書によりポツダム宣言が受諾されたこととなっていることなどを理由に上記のような主張をする。しかし、もとより文書による合意が国際法上の合意の成立要件とされていないことからすれば、形式的思考に過ぎて妥当とは言い難い。浅古鑑定も、「降伏文書への署名をもって正式に法的効力を生じた」とするが、それが8月14日のポツダム宣言の受諾により何らの法的な効力も生じていないという趣旨であれば、やはり上記の理由により形式的にすぎ、大石鑑定で述べられているようなポツダム宣言の特殊性に照らし妥当とはいえない。

（イ）もっとも、日本がポツダム宣言を受諾し、ポツダム宣言が内容とするところにつき対外的な義務を負うに至ったとしても、弁護人の主張するように国家体制が革命的に転換され、直ちに旧憲法をはじめとした国内法秩序もポツダム宣言の内容とする諸原則にしたがって変革が生じたとするのにも疑問がある。確かに、ポツダム宣言の受諾が国内法秩序に事実上影響を及ぼしたことは否定できないが、ポツダム宣言の受諾は法的に見れば一種の国際約束にすぎず、また歴史的にも受諾をもって天皇を主権とする国家体制が革命的に転換されるような国内状態は生じてはいなかったといえる。受諾をもって革命が生じたとするのは論理飛躍があるというべきであり、これを直ちに是認することはできない。

また、大石鑑定が、日本が占領管理体制下に置かれたことにより事実上ポツダム宣言が国内法的影響をもったと評価することには妥当性が認められるものの、占領管理体制なるものの法的な意味内容やこれが天皇主権より上位にくる論拠について、十分に説得的な説明がなされているとは言い難い。8月14日にポツダム宣言が国内法的な効力を生じたとする結論はともかく、その論拠については直ちに是認することはできない。

（ウ）しかしながら、対外的な受諾という行為を離れて国内における事象に目を向ければ、天皇は、8月14日にポツダム宣言を受諾するとともに終戦の詔書を発し、ポツダム宣言を受諾したことを国内的にも公示している。

旧憲法の上諭の趣旨や、旧憲法下における天皇の地位・権限（唯一の主権者であり、統治権を総攬し、緊急の必要がある場合に法律に代わる勅令を発することや、戦時又は国家事変の場合に臣民の権利義務に関する大権の施行も可能であった）に照らせば、国内法的には、上記事実をもって、緊急状況下における非常大権の一環として、天皇が少なくとも勅令に準ずる権限を行使したと解するのが相当である（なお、旧憲法下において、勅令は後に開かれる帝国議会の協賛・承諾がなければ効力を失うとされているところ、ポツダム宣言受諾直後の帝国議会において、天皇がポツダム宣言を受諾したことを前提として議事が行われたことは自明の理であるから、かかる経緯に鑑み、前記行為は直後の帝国議会において黙示の協賛を受けたものと解すべきである）。

そうすると、8月14日に天皇が終戦の詔を発したことにより少なくとも勅令を発したのに準じた効力が生じたというべきであり、ポツダム宣言は国内法的にも効力を有するに至ったというべきである。検察官の主張するように、日本が法秩序改変の対外的な義務を負ったに過ぎず、8月14日の時点では国内法的には何の影響もなかったとするのは妥当でない。

（2）治安維持法の効力

ア　当事者の主張

上記のように、ポツダム宣言は8月14日の時点で国内法的にも効力を有するに至ったと解するが、そうであっても治安維持法が実質的に失効したといえるかについては当事者間で争いがある。請求人及び弁護人は、前記の主張を前提として、ポツダム宣言の内容と抵触する本件で罰条とされた条項を含む治安維持法の諸規定は効力を失ったと主張するのに対し、検察官は、ポツダム宣言が国内法的効力を有することを前提とした主張はしていないが、浅古鑑定（国内法的な効力が生じていることを前提とした上で、ポツダム宣言受諾後も政府は治安維持法を存続活用することに疑念をもっておらず、治安維持法は10月15日に廃止されたとする）を提出しており、同様の主張をしているものと思われる。

イ　検討

（ア）まず、ポツダム宣言の受諾により国内法秩序が革命的に変革し治安維持法も全面的に失効したかのような弁護人の主張は、前述のように直ちに採用することはできない。

（イ）もっともポツダム宣言10項後段では、戦争終結の条件として、日本国国民の間に於ける民主主義的傾向の復活強化、言論、宗教及び思想の自由並びに基本的人権の尊重の確立が命令形と解しうべき文言によって求められている。上記条項は、治安維持法等の法規の改廃を直接に要求するものとまでは言い難いが、これが国内法化されたことにより、当該条項と抵触するような行為を行うことは法的に許されない状態になったと解される。

他方、本件で木村亨らに適用された治安維持法1条には「国体ヲ変革スルコトヲ目的トシテ結社ヲ組織シタル者又ハ結社ノ役員其ノ他指導者タル任務ニ従事シタル者ハ死刑又ハ無期若ハ7年以上ノ懲役ニ処シ情ヲ知リテ結社ニ加入シタル者又ハ結社ノ目的遂行ノ為ニスル行為ヲ為シタル者ハ3年以上ノ有期懲役ニ処ス」と規定され、同法10条には「私有財産制度ヲ否認スルコトヲ目的トシテ結社ヲ組織シタル者又ハ情ヲ知リテ結社ニ加入シタル者若ハ結社ノ目的遂行ノ為ニスル行為ヲ為シタル者ハ10年以下ノ懲役又ハ禁錮ニ処ス」と規定されている。これは態様を問わず特定の事項を目的とした結社をすることなど自体を処罰するものであって、かかる行為自体を直接に処罰することは、民主主義の根幹をなす結社ないし言論の自由を否定するものである。してみれば、当該条項を適用し違反者を処罰することは上記ポツダム宣言の条項と抵触するものであると言える。

そうすると、治安維持法1条、10条は、ポツダム宣言に抵触して適用をすることが許されない状態になった以上、もはや存続の基盤を失ったというべきであり、実質的にみて効力を失うに至ったと解すべきである。

大石鑑定においても、「治安維持法の諸規定のうち、私有財産制度の否認に関わるもの（第10条～13条）については、占領管理法令としてのポツダム宣言10項にいう『言論、宗教及思想ノ自由……ハ確立セラルベシ』との規定と抵触する疑いが極めて強いものである。したがって、それらの規定もまた、その点においてポツダム宣言の受諾により失効したと解すべきものである」とされているが、当裁判所の見解とその基礎を同じくするものであるといえる。

（ウ）検察官は、ポツダム宣言受諾後に連合国により発せられた、「政治的民事的及宗教的自由ニ対スル制限ノ撤廃ニ関スル覚書」等においても、治安維持法が効力を有していたことを前提とした記載がなされており、これはポツダム宣言受諾後も治安維持法が効力を有していたことを連合国が了解していたことを示すものであるとの反論をしている。しかしながら、上記「覚書」は、それが発された経緯に鑑みれば、ポツダム宣言受諾後、日本が直ちに治安維持法等の廃止をしなかったため発せられたものというべきで、連合国が治安維持法の効力を承認していたものとは解されない。また、実質的に効力を失ったと解される条項についても、形式的にはなお存続し続けていたのであるから、「覚書」にそのような記載がなされてもなんら不自然なところはなく、検察官の指摘は上記結論に影響を及ぼすものではない。

また、浅古鑑定では、「敗戦による社会の動揺に直面するだけに、治安の維持はこれまでにもまして大きな課題となっていたのである。国体の護持が至上命題であれば、本来的にそれを本質とする治安維持法を存続活用することに、政府は何の疑念も躊躇もなかった」「10月4日に『政治的、公民的及宗教的自由ニ対スル制限除去ニ関スル総司令部覚書』が発せられ、治安維持法を廃止するよう指令が出され、それまで日本政府が堅持してきた治安維持法体制に根本的な動揺をもたらすことになった」とされ、治安維持法は10月15日に廃止されたと結論づけられている。

上記浅古鑑定の指摘は、当時の日本国内における事象の分析としては妥当な側面を有するが、法の効力の問題とは問題点を異にするものといえ、そのような事象、歴史的事実があったことをもって治安維持法がポツダム宣言の内容に抵触していなかったことの法的論拠となるものではない。よって、浅古鑑定の上記部分も採用できない。

（3）小括

以上のとおり、弁護人の主張のうち、ポツダム宣言の受諾により旧憲法下における国内法秩序が革命的に変革し治安維持法も全面的に失効したとする点は、前述のように直ちに採用することはできないが、本件で罰条とされた治安維持法1条、10条は、ポツダム宣言が国内法的な効力を有するに至ったことにより実質的にその効力を失うに至ったと解される。

そうすると、その限度で弁護人の主張は理由があり、他方、検察官の主張は失当である。

3　争点②について

（1）免訴を言い渡すべき場合に当たるとする主張について

ア　解釈

上記のように、治安維持法1条、10条はポツダム宣言の受諾により実質的に失効したと解されるが、かかる事態は旧刑事訴訟法363条2号が免訴理由として定める「犯罪後ノ法令ニ因リ刑ノ廃止アリタルトキ」に当たると解される（なお、昭和25年政令第325号違反の罪は講和条約発効後においては、「刑の廃止」があったものとして免訴すべきであると判示する最大判昭28年7月22日（刑集7巻1562頁）は、本件と異なり現行刑事訴訟法についての判断であり、事案を同じくするものでもないが、法律の廃止がなされなくとも「刑の廃止」があったといえる事態があることを認める点では、当裁判所と同様の見解に立つものといえる）。

イ　検察官の主張の検討

そうであるとしても、検察官は、再審制度は事実誤認に対する救済のための制度であり、本件のような法律の実質的効力如何といった法の解釈・適用に関する問題は、再審理由とはなり得ず、法の解釈・適用に誤りがあった場合の救済制度である非常上告の対象となりうるに過ぎないと主張するので、この点について検討する。

再審制度は本来事実誤認に対する救済のための制度であり、一般的に法の解釈適用についての誤りが存することを理由として再審の申立てがなされることを法が予定しているとは解されない。その意味で、治安維持法の実質的効力如何についても、再審理由としての免訴を言い渡すべき場合には当たらないとする検察官の主張も十分考慮するに値する。

しかしながら、前記アで述べたように旧刑事訴訟法上の免訴事由には刑の実質的な廃止のあった場合も含まれると解されるところ、免訴事由のある場合も再審理由として規定されており、法の文言に反してまで、再審理由としての免訴を言い渡すべき場合から刑の実質的廃止がなされた場合を除外すべきと解する理由はない。実質的にみても、これを認めなければ本件のような事案では有罪判決を受けた者が積極的に救済を求める手段がなくなってしまうことになるが、そのような結論は衡平の観点から問題があるといわざるをえない。

そうすると、再審理由としての免訴を言い渡すべき場合には、通常の免訴事由と同様に刑の実質的な失効の場合を含むと解すべきであり、本件における治安維持法1条、10条が実質的に失効したことも再審理由に当たる。検察官の主張は失当である。

(2) 無罪を言い渡すべき場合に当たるとする主張について

なお、弁護人は、弁論終結時あるいは判決時に罰条である治安維持法が失効していたのである以上、罪とならず、あるいは犯罪の証明がなく、無罪判決をすべきとの主張もしている。しかしながら、治安維持法の効力を上記のように解したとしても、犯罪とされる行為の後に法が失効したにすぎず、かかる場合について無罪とする理由はない。無罪を言い渡すべき場合に当たるとする弁護人の主張は失当である。

4 検討結果

以上検討したように、治安維持法1条、10条は、ポツダム宣言が国内法的な効力を有するに至ったことにより実質的に失効したと解され、これは旧刑事訴訟法363条2号にいう「犯罪後ノ法令ニ因リ刑ノ廃止アリタルトキ」に当たると認められる。

そして、弁護人の請求により当裁判所の採用した鑑定人大石眞の鑑定書等の証拠は、これまで述べたようにその論拠とするところ全てを当裁判所において採用するものではないが、結論も含め当裁判所の見解に影響を与えており、旧刑事訴訟法485条6号にいう新証拠といえ、本件は、同条の「免訴ヲ言渡(ス)……ヘキ明確ナル証拠ヲ新ニ発見シタル」場合に当たるといえる。

したがって、再審理由1は免訴を言い渡すべき理由があると認める限りにおいて理由がある。

第4 結論

以上のとおり、免訴事由に関する再審理由1には理由があるから、再審理由2ないし4については判断するまでもなく、旧刑事訴訟法506条1項により主文のとおり決定する。

平成15年4月15日

横浜地方裁判所第2刑事部

裁判長裁判官　矢村　宏

裁判官　柳澤　直人

裁判官石井芳明は転補のため押印できない。

〔別紙〕

請求人目録

有罪の言渡しを受けた者　亡木村　亨

請求人（木村亨の妻）木村　まき

有罪の言渡しを受けた者　亡小林英三郎

請求人（小林英三郎の妻）小林　貞子

有罪の言渡しを受けた者　亡由田　浩

請求人（由田浩の妻）由田　道子

有罪の言渡しを受けた者　亡高木健次郎

請求人（高木健次郎の長男）高木　晋
有罪の言渡しを受けた者　亡平館　利雄
請求人（平館利雄の長女）平館　道子

弁護人目録

各請求人弁護人　森川　金寿
同　上　環　直彌
同　上　竹澤　哲夫
同　上　斉藤　一好
同　上　新井　章
同　上　内田　剛弘
同　上　兵藤　進
同　上　阿部　泰雄
同　上　吉永　満夫
同　上　大島　久明
同　上　岡山未央子

即時抗告審（東京高裁）

- ■二〇〇三・4・18　検察官・即時抗告申立書
- ■〃・4・21　地裁裁判官・意見書
- ■〃・7・10　弁護団・意見書
- ■〃・9・10　弁護団・意見書（2）
- ■二〇〇四・4・19　弁護団・即時抗告に対する決定促進を要望する上申書
- ■〃・12・9　早期の棄却決定を求める上申書
- ■二〇〇五・3・10　決定（即時抗告棄却・再審開始決定）

即時抗告申立書

平成15年4月18日

東京高等裁判所　殿

横浜地方検察庁

検察官検事　鈴木　和宏

請求人木村まきほか4名に係る平成10年（た）第2号、第3号及び第6ないし第8号各再審請求事件につき、平成15年4月15日横浜地方裁判所がそれぞれ再審を開始する決定をし、各決定謄本は同日検察官に送達されたので、同決定に対し、以下の理由により即時抗告を申し立てる。

理　由

1　原決定の再審開始決定理由と即時抗告申立ての趣旨

原決定は、要するに

木村亨、小林英三郎、由田浩、高木健次郎及び平館利雄（以下、一括して「木村亨ら」という。）に適用された結果、木村亨らが有罪判決を受けることとなった治安維持法1条及び10条の規定は、天皇が、昭和20年8月14日（以下日付については昭和20年の当該日付を指す。）に、ポツダム宣言を受諾するとともに終戦の詔書を発し、同宣言を受諾したことを国内的に公示したことにより国内法的にも効力を有するに至った同宣言の10項後段と抵触しており、同宣言の受諾により存続の基盤を失い、実質的に見て効力を失うに至ったと解すべきである。

そして、かかる事態は、旧刑事訴訟法363条2号が免訴理由として定める「犯罪後ノ法令ニ因リ刑ノ廃止アリタルトキ」に当たると解されるが、免訴事由のある場合も再審理由として規定されているから、本件も再審理由に当たるところ、治安維持法の規定の効力に関する鑑定人大石眞の鑑定意見書等の証拠は、その論拠とするところすべてを当裁判所において採用するものではないが、結論も含め当裁判所の見解に影響を与えており、旧刑事訴訟法485条6号にいう新証拠といいえ、本件は、同条の「免訴ヲ言渡（ス）…ヘキ明確ナル証拠ヲ新タニ発見シタル」場合に当たるといえる。

と判示して、木村亨らについて本件再審の開始を決定した。

しかしながら、原決定には、治安維持法の適用法条は天皇が終戦の詔書を発したことをもって実質的に失効したとの判断、再審の対象とならない同法の法的効力について再審事由に当たるとした判断、大石鑑定等は明確な新証拠であるとの判断について、いずれも明らかな誤りがあり、その誤りは、本件再審開始決定の根幹に関わる重大なものであるから、原決定は、到底取消しを免れない。

以下、その理由を述べる。

2　治安維持法の適用法条は天皇が終戦の詔書を発したことをもって実質的に失効したとの判断の誤りについて

（1）治安維持法は同法を廃止する勅令が公布されるまで効力を有していたこと

ア　ポツダム宣言の受諾から治安維持法が廃止されるまでの経緯

ポツダム宣言は、昭和20年7月26日、米国、英国及び中華民国の3国が、我が国に戦争終結を迫るために出した13項目の内容からなるものであるが、同宣言は、要するに、日本国が連合国の占領下におかれること、カイロ宣言の条項の履行と日本国の主権の及ぶ範囲を規定し、日本国軍隊の武装解除、戦争犯罪人の処罰と、日本国の無条件降伏の宣言等を要求するものであり、その10項では、「吾等ハ日本人ヲ民族トシテ奴隷化セントシ又ハ国民トシテ滅亡セシメントスルノ意図ヲ有スルモノニ非ザルモ吾等ノ俘虜ヲ虐待セル者ヲ含ム一切ノ戦争犯罪人ニ対シテハ厳重ナル処罰ヲ加ヘラルベシ日本国政府ハ日本国国民ノ間ニ於ケル民主主義的傾向ノ復活強化ニ対スル一切ノ障礙ヲ除去スベシ言論、宗教及思想ノ自由並ニ基本的人権ノ尊重ハ確立セラルベシ」と記載している。

このポツダム宣言については、その後、日本国政府において、8月10日付けで、連合国側に、「帝国政府ハ一九四五年七月二十六日ポツダムニ於テ米、英、支三国政府首脳者ニ依リ発表セラレ爾後ソ聯政府ノ参加ヲ見タル共同宣言ニ挙ゲラレタル条件ヲ　右宣言ハ　天皇ノ国家統治ノ大権ヲ変更スルノ要求ヲ包含シ居ラザルコトノ了解ノ下ニ受諾ス」との申入れがなされ、これに対して、連合国側から、翌11日に、

吾等ノ立場ハ左ノ通ナリ

降伏ノ時ヨリ　天皇及日本国政府ノ国家統治ノ権限ハ降伏条件ノ実施ノ為其ノ必要ト認ムル措置ヲ執ル聯合国最高司令官ノ制限ノ下ニ置カルルモノトス

天皇ハ日本国政府及日本帝国大本営ニ対シポツダム宣言ノ諸条項ヲ実施スル為必要ナル降伏条項署名ノ権限ヲ与ヘ且之ヲ保証スルコトヲ要請セラレ又　天皇ハ一切ノ日本国陸、海、空軍官憲及何レノ地域ニ在ルヲ問ハズ右官憲ノ指揮下ニ在ル一切ノ軍隊ニ対シ戦闘行為ヲ終止シ、武器ヲ引渡シ及降伏条項実施ノ為最高司令官ノ要求スルコトアルベキ命令ヲ発スルコトヲ命ズベキモノトス

日本国政府ハ降伏後直ニ俘虜及被抑留者ヲ聯合国船舶ニ速カニ乗船セシメ得ベキ安全ナル地域ニ移送スベキモノトス

最終的ノ日本国ノ政府ノ形態ハポツダム宣言ニ遵ヒ日本国国民ノ自由ニ表明スル意思ニ依リ決定セラルベキモノトス

聯合国軍隊ハ「ポツダム」宣言ニ掲ゲラレタル諸目的ガ完遂セラルル迄日本国内ニ留マルベシ

との回答がなされたことにより、我が国は、同月14日、連合国に対して、ポツダム宣言を受諾する旨通告し、同日、天皇は、「朕ハ帝国政府ヲシテ米英支蘇ニ対シ其ノ共同宣言ヲ受諾スル旨通告セシメタリ…朕ハ茲ニ国体ヲ護持シ得テ忠良ナル爾臣民ノ赤誠ニ信倚シ常ニ爾臣民ト共ニ在リ」などとする内容の終戦の詔書を発した。

そして、その後、9月2日に、連合国側と我が国との間で、「下名ハ…『ポツダム』…宣言ノ条項ヲ日本国天皇、日本国政府及日本帝国大本営ノ命ニ依リ且之ニ代リ受諾ス」と記載のある降伏文書の調印がなされ、同日、上記終戦の詔書と降伏文書の内容が官報号外で公告され、国民の知るところとなった。

一方、ポツダム宣言に関しては、その内容が官報等で公告されることのないまま、その後の同月20日に、ポツダム緊急勅令と称される、連合国総司令部から発せられる司令等を実施するための「『ポツダム』宣言ノ受諾ニ伴ヒ発スル命令ニ関スル件」と題する昭和20年勅令第542号が公布された。

そして、これに基づき、10月4日、総司令部から、「政治的民事的及宗教的自由ニ対スル制限ノ撤廃ニ関スル覚書」が発せられたが、同覚書には、「一　日本帝国政府ハ政治的、民事的及宗教的自由ニ対スル制限並ニ人

種、国籍、信仰又ハ政見ヲ理由トスル差別待遇ヲ撤廃スルタメ（イ）左記ノ事項ニ関スル一切ノ法律、勅令、省令、命令及規則ヲ廃止シ其ノ効力ヲ直ニ停止セシムルモノトス　①天皇、皇室及帝国政府ニ関スル自由ナル討議ヲ含ム思想、宗教、集会及言論ノ自由ニ対スル制限ヲ設定又ハ之ヲ維持スルモノ…③法令ノ条文又ハ其ノ適用ニヨリ人種、国籍、信仰又ハ政見ヲ理由トシテ特定ノ者ニ対シ不当ナル恩恵又ハ不利ヲ与フルモノ（ロ）上記ノ（イ）項ニ該当スル法規ハ左ノモノヲ含ム。…①治安維持法…」などと記載されており、治安維持法に関する条項も含まれていた。

その結果、その後の同月15日、「治安維持法廃止等ノ件」と題する昭和20年勅令第575号が公布され、同法は、同日、廃止されるに至った。

イ　治安維持法廃止まで同法は効力を有していたものであること

(ア)　ポツダム宣言の受諾と終戦詔書等の意義

上記したポツダム宣言の受諾から治安維持法が廃止されるまでの経緯からすれば、その一連の文書の文理上等からも、ポツダム宣言は、連合国側が我が国に対して、主として、我が国が連合国の占領下におかれることや、カイロ宣言の条項の履行と日本国の主権の及ぶ範囲を定めるとともに、日本国軍隊の武装解除、戦争犯罪人の処罰と日本国の無条件降伏を要求したものであり、その後、我が国がこのポツダム宣言を受諾するに当たっては、我が国は、同宣言に天皇の国家統治権を変更するとの要求は含まれていないことの確認を求め、これに対し、連合国側は、天皇及び日本国政府の国家統治の権限は連合国最高司令官の制限の下におかれるものであることとして、いわゆる国体そのものは護持することを認めた上で、天皇は指揮下にある軍隊に対し戦闘行為を終結し武器を引き渡すとともに降伏条項実施のための命令を発すること、連合国側の捕虜や被抑留者を安全な地域に移送すること等を要求し、このような交渉経緯を経て、我が国は、8月14日に、連合国側に対して同宣言を受諾する旨通告した上で、9月2日に、連合国側との間で、降伏文書に調印し、同宣言を受諾したものであることが明らかである。

そして、降伏文書は、日本国側の一方的意思表示ではあるが、連合国の各代表者が署名して降伏を受諾するという体裁を取っている上、もともと、降伏文書の文面は連合国が起案したものであって、その内容は当然連合国の意思に合致するものであるところ、同降伏文書に現れた日本国及び連合国の意思は、天皇、日本国政府及びその後継者が、ポツダム宣言の内容を履行し、同宣言実施のために連合国最高司令官が要求する国内法規の改廃を含む制度及び組織改革のための命令を発し、措置を執る責務を負うというものにすぎず、同文書の記載自体からは、ポツダム宣言の受諾をもって治安維持法を始めとする関係法令を無効ないし廃止とするような効力が発生しているとは認められない。そして、連合国は、日本国にその責務を実行させるために、天皇や日本国政府の統治権を、連合国最高司令官の制限の下に置くという制約はあるものの、存続させることにしたと解されるのであり、実際にも、日本の占領政策の実施が間接統治の方法により行われたことからも、日本国が対内的な統治権を完全には喪失していなかったことを示すものと認められる。

そうすると、ポツダム宣言の受諾から降伏文書の調印に至る一連の手続において、法令の改廃手続を待たずに、ポツダム宣言の条項と抵触する憲法以下の法規の改廃の効果を直接的に発生させるものではないことは明らかであるといわなければならない。

そして、ポツダム宣言のうちの前記した10項に関していえば、その後段において、「日本国政府ハ日本国国民ノ間ニ於ケル民主主義的傾向ノ復活強化ニ対スル一切ノ障礙ヲ除去スベシ言論、宗教及思想ノ自由並ニ基本的人権ノ尊重ハ確立セラルベシ」とは記載されているものの、その文理上からも、その意味するところは、今後において民主主義的傾向の復活強化に対する一切の障害を除去することと、言論、宗教及び思想の自由並びに基本的人権の尊重が確立されることを求めるというものであって、日本国政府に対してその旨の責務を課しているにすぎず、これに反する規定は直ちに無効とすべきである旨宣言しているのでないことは明白であり、また、この10項の文言は、抽象的なものであって、その文言のみからは、具体的にどのような行為が民主主義的傾向の復活強化に対する障害であるのかなどといったことは判然としないものである。

また、8月14日に天皇から発せられた終戦の詔書には、単に、「朕ハ帝国政府ヲシテ米英支蘇ニ対シ其ノ共同宣言ヲ受諾スル旨通告セシメタリ」と記載しているだけで、ポツダム宣言という名称の記載もなければ、「其ノ共同宣言」なるものがどのような内容のものであるのかには全く触れられていないのであって、終戦の詔書の記載からは、同宣言の内容は全く不明であり、8月14日の天皇の終戦の詔書をもってポツダム宣言の内容が国内法的に効力を有するに至ったものと解することは、到底できない。

(イ) 治安維持法の本件適用法条は勅令による同法廃止までの間効力を有していたものであること

上記のとおり、ポツダム宣言の内容が国内法的な効力を有するに至ったものとは到底解せない以上、同宣言の内容に抵触することを理由に治安維持法の規定の効力の有無を論ずることができないことは当然のことであり、これを理由に、同法の適用法条が効力を失った、あるいは、実質的に廃止されたなどとすることは到底できないところである。

そして、前記のとおり、治安維持法については、10月4日に、連合国総司令部から、「政治的民事的及宗教的自由ニ対スル制限ノ撤廃ニ関スル覚書」が発せられた結果、同月15日、「治安維持法廃止等ノ件」と題する昭和20年勅令第575号が公布され、同日、廃止されるに至ったものであり、それまでは、同法が法的に有効に存在していたものであることは明らかである。

そうすると、この治安維持法が廃止されるまでの間になされた木村亨らに対する判決は、同法が有効なものとして適用されたものであり、その法的効力の有無ないし実質的な刑の廃止の有無といった問題を論ずる余地はない。

ウ　原決定の判断の誤り

(ア)　上述したとおり治安維持法は10月15日に勅令により廃止されるまでは、有効に存在していたことは明らかであるにもかかわらず、原決定は、同法1条及び10条の規定は、8月14日に実質的に見て効力を失うに至った旨判示しており、その誤りは明らかというべきである。
(イ)　原決定は、「法的な意味はともかく、日本が8月14日にポツダム宣言を受諾したのは公知の事実であると思われる」として、我が国がポツダム宣言を受諾した時期について、これが8月14日である旨認定した。
しかしながら、前記のとおり、我が国は、8月14日に、連合国側に対して同宣言を受諾する旨通告した上で、その後、9月2日に、連合国側との間で、降伏文書に調印し、同宣言を受諾したものであるから、8月14日は、あくまでも、我が国が連合国側に対し同宣言を受諾する旨通告したというに留まるものであり（浅古弘早稲田大学教授作成の鑑定意見書5頁参照）、その受諾という国家行為は、9月2日の降伏文書調印の時点で初めてなされたものと認められる。

そうすると、原決定には、我が国がポツダム宣言を受諾した日時についての明らかな判断の誤りがあるものといわなければならない。
(ウ)　原決定は、「天皇は、8月14日にポツダム宣言を受諾するとともに終戦の詔書を発し、ポツダム宣言を受諾したことを国内的にも公示している。旧憲法の上諭の趣旨や、旧憲法下における天皇の地位・権限…に照らせば、国内法的には、上記事実をもって、緊急状況下における非常大権の一環として、天皇が少なくとも勅令に準ずる権限を行使したと解するのが相当である。」と判示するが、国民がポツダム宣言の具体的な内容を知ることができなかったのであるから、このような詔書を勅令に準じるものとして官報公告と同一の効果を認めることはできないし、これを前提に、帝国議会の議事をもって当該詔書の勅令的効果に黙示の協賛ないし承諾を与えたと見なすことは、擬制の上に擬制を重ねるものであって、到底容認できるものではない。

(エ) 原決定の判示するように、8月14日をもってポツダム宣言が国内法的な効力を有するに至り、これに抵触する法律は実質的に失効し、実質的に刑の廃止があったとするならば、ひとり治安維持法に止まらず、同宣言に抵触し得るすべての法令の効力を否定することともなりかねないが、ポツダム宣言の内容を知ることが不可能であったのであるから、法的安定性を害すること甚だしく、社会を混乱に陥れるものであるというほかなく、到底、許容することができないものである。

3 再審の対象とならない治安維持法の法的効力について再審事由に当たるとした判断の誤りについて

治安維持法の適用法条が原決定の判示する時期に失効したか否かの法的評価の問題は再審理由たり得ない。

(1) 治安維持法の当該法条が実質的に失効したことは、旧刑事訴訟法の規定する再審理由には当たらないこと

ア 上述したとおり、木村亨らに適用された治安維持法の法条は、その判決言渡し当時において失効しておらず、有効なものであったことは明白であるが、仮に失効したとしても、旧刑事訴訟法485条6号に規定する再審理由になるとの判断は明白な誤りである。

すなわち、そもそも、再審制度は、確定した有罪判決の事実誤認に対する救済制度であることは疑いを入れない(平沼騏一郎・新刑事訴訟法要論69頁など旧刑事訴訟法下における定説であり、現行刑事訴訟法についての定説でもある。)。

しかしながら、原決定が再審理由に当たると判断した治安維持法の失効の問題は、弁護人も「ポツダム宣言受諾に始まる未曾有の事態がわが国憲法秩序にいかなる法的な関連・影響をもつと理解されるかという、あくまで憲法的評価(解釈)の問題なのである」(再審理由補充書12頁)と述べるとおり、被告人が何をしたのかという「事実」の問題ではなく、被告人がなした行為に適用すべき治安維持法が有効なものとして存在していたかどうかという「法的評価」そのものの問題であり、およそ再審の対象となるものではない。大審院昭和15年2月15日決定は、「凡そ再審は確定判決に顕著なる事実の誤謬ある場合に限るものなること刑事訴訟法第485条の規定に依り之を知るを得べく第一審と第二審とが特定の事実に対し為したる法律解釈の相違に因る差異の如きは或いは非常上告の問題となることあり得べきも再審の理由となるべきものに非ず」と判示し(法律新聞4533号5頁)、そのことを明らかにしている。そしてまた、最高裁判所昭和27年4月4日第二小法廷判決は、本件と同様

に法令の廃止が問題となった事案について、「被告人等の前示行為当時たる昭和23年2月及び3月においては、右長野県木炭検査規則は既にその効力を失っていたのであるから、原略式命令が被告人等の前示行為を右規則に違反するものとして処断したことは、適用すべきでない法令を適用した違法があり、この点において、本件非常上告はその理由があるものと認める。」と判示して、旧刑事訴訟法520条1号の規定により、原命令中法令違反の部分を破棄し（刑集6巻4号578頁）、これを再審ではなく非常上告の対象としているのである。

イ　確かに、旧刑事訴訟法485条6号は、免訴を言い渡すべき場合も再審の対象として列挙しているのであるが、ここでいう「免訴を言い渡すべき」場合とは、訴訟条件となる実体的な事実について誤認がある場合を指すのであって、時効の起算点や中断に関する事実を原判決が誤って認定し、時効の起算点が早まったり、中断事由が存在しないことが「新証拠」によって認められ、その結果、時効完成という免訴事由が認められるような事実関係についての実体的な判断の変更がなされる場合に限られるのである（臼井滋夫「再審」総合判例研究叢書・刑事訴訟法（14）113頁参照）。

これに対して認定される事実そのものには変更はないが、その事実について、大赦や刑の廃止などがあったことが後に分かったというような場合には、それが、刑事訴訟法上は非常上告の問題となることはあっても、再審の対象外の問題にすぎないと言わねばならない。すなわち、そもそも、大赦や刑の廃止は、裁判所においてその存在をよく知り得るものであって、大赦や刑の廃止を認める「新証拠」などといったものは、およそ観念することができず、旧刑事訴訟法485条6号が予定する事態ではないということができる。

そうすると、原決定の判示するような本件治安維持法の適用法条について実質的に刑の廃止があったとする立場に立ったとしても、本件は、検事総長がなし得る非常上告の問題が生ずるということはあっても、再審の対象となり得ないものであることは明らかである。

(2)　原決定の判断の誤り

ア　治安維持法の適用法条の実質的失効をもって旧刑事訴訟法の再審事由に当たるとした原決定は、旧刑事訴訟法485条6号の解釈適用を誤るものであり、上記大審院決定及び上記最高裁判決に明らかに反するものである。

イ　なお、原決定は、「実質的にも、これ（再審）を認めなければ本件のような事案では……積極的な救済を求める手段がなくなってしまう」旨判示するが、これは上記非常上告という制度の存在のみならず、恩赦制度の存在をも忘却看過した不当な判断であるというほかはなく、到底首肯できるものではない。

すなわち、治安維持法の罪に関しては、勅令第575号により同法が廃止された直後の10月17日に、勅令第579号による大赦令が公布・施行されているが、同勅令は、その1条で、「昭和20年9月2日前左ニ掲グル罪ヲ犯シタル者ハ之ヲ赦免ス…20治安維持法違反の罪…」と規定し、9月2日以前に治安維持法違反の罪を犯した者については大赦に処しているところ、木村亨らは、いずれも、9月2日以前に治安維持法違反の罪を犯した者であるとともに、同勅令が公布・施行された10月17日の以前に、既に有罪の判決の言渡しを受けていたものであることが明らかであるから、そうすると、木村亨らについては、いずれも、当時施行されていた恩赦令2条の「大赦ハ勅令ヲ以ッテ罪ノ種類ヲ定メ之ヲ行フ」との規定及び同勅令3条の「大赦ハ別段ノ規定アル場合ヲ除クノ外大赦アリタル罪ニ付左ノ効力ヲ有ス　一刑ノ言渡ヲ受ケタル者ニ付テハ其ノ言渡ハ将来ニ向テ効力ヲ失フ…」との規定により同勅令の公布・施行と同時に、大赦により、上記有罪判決による刑の言渡しの効力を失うという効果が生じ、この時点で、既に、法律上の救済を受けるに至っていたものである（東京高裁昭和27年4月24日決定・高裁刑事判決特報29号148頁参照）。

また、原決定の上記判示は、再審制度の本質を見誤る謬論というべきである。再審制度は、上訴制度が許された確定判決の法的安定性、すなわち「確定によって事件は終結し、…関係人ないしは社会も事件の影響から解放され、記録も廃棄に向けて保管されるのみとなる。そして刑の執行によって、あるいは贖罪が行われ、更生のための努力が行われる」（小西秀宣「再審」刑事手続下1017頁）のであって、これらをすべて一挙に覆すという誠に例外的なものであってみれば、旧刑事訴訟法、そしてまた旧々刑事訴訟法及び現行刑事訴訟法も、刑罰法令の適用・実現の前提となる事実認定が、その証明の程度を高度の蓋然性をもって満足せざるを得ないことから、確定後であってもその誤りが明らかな場合に限ってこれを是正しようとするものであって（臼井滋夫「再審」法律実務講座刑事篇第12巻2700頁）、それを超えて、誤判一般を救済するために存する制度であるわけではないのである。原決定のように、再審の範囲を法的三段論法の大前提である法の解釈にまで拡大することは、非常上告制度との法的整合性を失わせることとなり、立法論を旧刑事訴訟法の解釈論に持ち込む誤りを犯すものと言わざるを得ず、裁判所が新たな立法をするに等しい。

4　大石鑑定等は明確な新証拠であるとの判断の誤りについて

(1) 大石鑑定等は再審の理由となる証拠には該当しないこと

ア そもそも、本件で問題とされているような、治安維持法の適用法条がその適用時において効力を有していたか否かといった問題は、法律判断の領域に属し、裁判所の専権事項であることは明白であって、法律学者による鑑定にはなじまない問題である。

したがって、この点のみをとってみても、本件大石鑑定等が再審理由となるべき証拠としての適格性を有するものでないことは、火を見るよりも明らかである。

イ そして、大石鑑定等は、「鑑定意見書」などといった表題が付されており、一見すると、いかにも当該事件についての証拠であるかのような体をなしているのであるが、その実体は、単なる法律学者の「学術的意見」の開陳の域を出ないものであって、かような学術的意見そのものは、当該事件における事実の認定を左右するような証拠とならないものであることは明らかである。

再審理由となるべき証拠としての適格性を有する鑑定というものは、事実の存否や程度、その他の事実に関する問題について、専門的知識を有する鑑定人が、その知識に基づき、既存の証拠物や証拠書類を科学的に検査して得られた結果等をいうのであり、かような点から見ても、大石鑑定等が再審理由となる証拠としての適格性を有しないものであることは明らかである。

ウ 原決定は、かような単なる鑑定人の学術意見の開陳にすぎないものについて、「鑑定」等といった証拠的な表題があることから、再審理由としての証拠の適格性を有するものであるとして扱っている点において、明らかな訴訟手続に関する判断の誤りを犯しており、法令違反のそしりを免れない。

(2) 大石鑑定等は新証拠とはいえないこと

加えて、同鑑定等には、再審理由としての新規性の存在を認めることはできない。

すなわち、再審理由としての証拠に新規性が認められるというためには、当該証拠に、証拠方法としての新規性ではなく、証拠資料としての新規性を要するものと解すべきところ(神戸地裁決定昭和42年4月14日下級刑集9巻4号525頁等)、本件鑑定等は、大石鑑定人でなければなし得ないものではなく、法律学者であれば、誰でもその学術的意見を開陳できるような筋合いのものであって、いくらでも他の鑑定人に依頼することのできる極めて代替性の高いものであるところ、本件で問題とされているポツダム宣言の国内法的効力の有無等については、昭和20年代から、各種判例や学術文献等で取り上げられてきており(たとえば、いわゆる不敬罪事件・最大判昭和23年5月26日・刑集26号529頁、宮沢俊義「八月革命の憲法史的意味」『世界文化』1946年5月号、美濃部達吉「憲法改正の基本問題」『世界文化』1946年5月号、田中英夫『憲法制定史の覚え書』有斐閣174頁)、ポツダム宣言の受諾とともに関係法令が無効となる旨の少数説も散見されるのであって、今更ながら、これらと同趣旨の大石鑑定等に、証拠資料としての新規性が認められるものではなく、単に、証拠方法としての新規性が認められるにすぎないのである。

かような大石鑑定等に再審理由となるべき証拠としての新規性を認めた原決定の判断は、明らかに誤ったものであり、到底首肯され得ないものというほかはない。

なお、原決定で「鑑定人大石眞の鑑定等」と判示した「等」が不明確であるので、念のために付言すると、治安維持法がポツダム宣言受諾によって効力を失ったか否かの判断材料は、「ポツダム宣言」の内容そのものであり、原決定審で取り調べられた弁護人提出の「通牒」や「覚書」が発出されて、初めてその法的評価が可能になったわけではないし、これらは、何ら「新規」な判断材料を含むものではないから、これらの「通牒」や「覚書」が新証拠と認められないことはいうまでもない。

(3) 大石鑑定等は再審理由となるべき明確な証拠には当たらないこと

ポツダム宣言の受諾によって大日本帝国憲法下の法秩序が改変されたか否かという点については、本件再審請求事件においても、大石鑑定とは結論を異にする浅古鑑定意見からも明らかなように、未だ確定的かつ統一的な見解など存在しないというのが現状であり、大石鑑定等には、治安維持法を有効だとして有罪認定した原判決の結論を覆すに足る蓋然性の存在、すなわち「明確なる証拠」としての性格の存在を認めることはできない。

このことは、原決定自体が、その理由中で、「鑑定人大石眞の鑑定書等の証拠は、これまで述べたようにその論拠とするところ全て当裁判所において採用するものではない」と述べて、いわゆる8月革命説を主張する大石鑑定の見解を否定し退けていることからも明らかであるといえるのであって、かような大石鑑定等に証拠としての明確性の存在を認めた原決定の判示は、ひっきょう、自己撞着しているものというほかはない。

なお、念のため付言しておくと、前記「通牒」は、日本国政府に対して、身柄拘束を受けている政治犯の釈放を求める内容であり、同「覚書」は治安維持法の即時停止と将来に向けた廃止を要求する内容であって、ポツダム宣言受諾によっても、未だ治安維持法が有効であることを前提としており、これらをもってしても、当然に治安維持法の効力が失われていたことを確認する内容であるといえないことは明白であるから、その文言からは、原判決言渡しの時点で治安維持法が失効していたという法的評価を導き得ないものであることは当然である。

（4）原決定の判断の誤り

しかるに、原決定は、大石鑑定等を再審開始を決定し得る「新規」かつ「明確な」「証拠」であると判示しているのであって、同決定は、結論に重大な影響を及ぼす二重、三重の誤りを重ねていることは明らかであるというほかはない。

5　結論

以上論述してきたとおり、原決定は、原判決の時点で、治安維持法の効力が実質的に失われていたと解釈した点、そもそも再審の対象とならない事項を再審の問題として扱った点、さらに、大石鑑定等が、旧刑事訴訟法485条6号に規定する新規性と明白性を有する証拠であると判断した点のいずれの点においても、重大な誤りがあり、到底破棄を免れず、取り消されるべきであるので、即時抗告に及んだ次第である。

※――――――――

意見書

平成15年（即抗）第3号

平成10年（た）第2号事件請求人　木村　まき
同　第3号事件請求人　小林　貞子
同　第6号事件請求人　由田　道子
同　第7号事件請求人　高木　晋
同　第8号事件請求人　平館　道子

上記の者らからの再審請求事件について、平成15年4月15日当裁判所がした再審開始決定に対し、横浜地方検察庁検察官から即時抗告の申立てがあったが、当裁判所の意見は同決定のとおりであり、検察官の即時抗告は理由がないものと思料する。

平成15年4月21日

横浜地方裁判所第2刑事部
裁判長裁判官　矢村　宏
裁判官　柳澤　直人
裁判官　上原恵美子

東京高等裁判所刑事訟廷事件係　御中

※――――――――

意見書

請求人　木村　まき
外4名

平成15年7月10日

東京高等裁判所第3刑事部　御中

弁護人　森川　金寿
同　環　直彌
同　竹澤　哲夫
同　斎藤　一好
同　新井　章
同　内田　剛弘
同　吉永　満夫
同　大島　久明
同　岡山未央子

検察官の平成15年4月18日付即時抗告申立書に対する弁護人の意見要旨は次のとおりである。

Ⅰ　意見の趣旨

検察官の即時抗告申立は、あらゆる観点からみて理由のないことが明白であるから速やかに棄却されるべきである。

Ⅱ　意見の要旨

第一　検察官即時抗告の違法、不当

即時抗告申立の理由は後述の三点であり、これに対していずれも理由のないことの要旨を述べるが、それに先立って、まず検察官の本申立の違法不当性を指摘しておかなければならない。

1　本件再審請求事件の審理は、旧刑訴法および刑訴応急措置法（以下、応措法という）による（刑訴施行法第2条、昭37・10・30最大決）。

2　応措法が不利益再審を禁じた（同法20条）ことは刑事再審制度が無辜・誤判の救済に徹すべくその理念を新たにしたことを意味する。

3　それにもかかわらず、再審における検察官の地位について、これを旧刑訴法、現行法とも、筆頭の再審請求権者に位置づけている。

その趣旨は公益の代表者として検察官が無辜・誤判の

訴えである再審について、誤判を主張する元被告人の立場に立って積極的に活動すべきことを法が要請していることを示すものであり、仮にも確定審における検察官の立場を承継したり、確定審の立場を代弁したりすることを法が容認するものではないと解すべきである。

4 確定審の経過によると、確定審は実質的審理を欠いたまま（旧刑訴１３４、１３５条等々）、たった1回しかも短時間の法廷で確定判決に至っていること、疑いをさしはさみようのない事実である。

かかる経緯と事実を踏まえて、元被告人側が実質的審理による主張、立証の機会を与えるべきであるという再審の要求に対して、これを妨げ、阻止する立場に立つ検察官の主張と姿勢を正当化するいかなる理由があるのだろうか。

5 仮に対審における当事者として、確定判決をなお正当であるとの主張に検察官が固執するとしても、原決定に基づく再審公判すなわち公開を保障された法廷で（憲法82条2項但書）、その主張、立証を展開する機会が十分あるのである。

6 本件確定審の経緯と実態に鑑みると、本件のような場合こそ検察官がすすんで再審請求権者として再審請求人となって再審開始を求めるべきではないのか。仮に検察官自らが再審請求人となることまで求めることが困難であるとしても、確定審の審理と有罪確定判決になお固執して、原決定の破棄を求め再審開始を妨げ、阻止しようとする検察官の本件申立には、正当性、相当性の一片さえ存在しない。

7 板井庄作は、本人である請求人らのうちのただ一人の生き残りであった。原審横浜地裁平成10年（た）第4号事件の請求人であったが、原開始決定の2週間前、平成15年3月31日他界した。痛恨、言葉を知らない。

第二 検察官の即時抗告理由について

検察官の即時抗告理由の骨子は、以下の三点である。

第1点 治安維持法が廃止されたのは、原判決後の昭和20年10月15日であり、それまで同法は有効に存在していたのに、原決定は、我が国がポツダム宣言を受諾したのは同年8月14日であるとした上で、その効果として、同法1条及び10条が、同日、実質的に失効したと判断しているが、これは誤りである。

第2点 仮に、これが失効していたとしても、再審制度は本来事実誤認に対する救済のための制度であるのに、原決定は、原判決の法の解釈適用についての誤り（免訴となるべき事由があったこと）を理由として、再審開始決定をしており、これは明らかに法律に反している。

第3点 法は、再審開始の要件として、「（免訴を言い渡すべき）明確なる証拠を新たに発見したとき」と定めている。すなわち、「新規性」のある「明確」な「証拠」の存在が必要であるところ、原決定は、大石鑑定がこれに当たるとしているが、同鑑定は、証拠とは言えない上、新規性も明確性もない。

第三　以下、順次意見を述べる。

一　第1点について

1　検察官の即時抗告申立の理由は原審で検察官が提出した平成13年9月25日付意見書（以下、「意見書」という）の繰り返しであり、その論旨が余りにも文理主義・形式主義に逸り過ぎていること

検察官が、即時抗告申立の理由「2　治安維持法の適用法条は天皇が終戦の詔書を発したことをもって実質的に失効したとの判断の誤りについて」（即時抗告申立書2～7頁）で述べるところは、原審で検察側が提出した「意見書」の内容を要約したという以上のものではなく、そこには新たな論拠として付け加えるものが殆どみられない。そのことからの当然の結果として、上記即時抗告理由の主張は、原審「意見書」と同様、ポツダム宣言やバーンズ回答、降伏文書、天皇の終戦の詔書など、太平洋戦争の終結・降伏にかかわる重要諸文書の文言や文理にのみ依拠した論旨となっており、そのレベルから一歩も踏み出るものとなってはいないのである。

すなわち、即時抗告理由2項を一見すれば明らかなように、検察官は、

①　まずは、ポツダム宣言の発出からその受諾、降伏文書の調印に至る「一連の文書の文理上等からも」、連合国側が日本国に対して「いわゆる国体そのものは護持することを認めた」ことや、同宣言の「受諾」が降伏文書の調印が行われた1945年9月2日であること等の事実が明らかであるとし（上記申立書4頁）、

②　次いで降伏文書についても、「同文書の記載自体からは、ポツダム宣言の受諾をもって治安維持法を始めとする関係法令を無効ないし廃止とするような効力が発生しているとは認められない」と断じ（5頁）、

③　さらに天皇の「終戦の詔書」に関しても、「終戦の詔書の記載からは、同宣言の内容は全く不明であり、8月14日の…終戦の詔書をもって、ポツダム宣言の内容が国内法的に効力を有するに至ったものと解することは、到底できない」と断ずるなど（6頁）、

その論旨とするところは、相も変わらぬ関係諸文書の文言に依拠した文理解釈論であって、それら関係文書の性格やそれが発せられた経緯・背景、発出後の事情など、文書の存在や内容を評価するのに欠かすことのできない実際的な関連事情がすべて考慮の外に置かれ、捨象されてしまっている。

この点に関しては、さすがに原決定も、原審検察官の「意見書」について、その論旨が余りにも降伏文書等関

係諸文書の文理にこだわり、「形式的思考に過ぎて妥当とは言い難い」と批判しているが（原決定書6頁）、この剴切な批判はもとより今般の即時抗告理由にもそのまま当て嵌まるものであって、かような検察官の主張が失当であることは多言を要しまい。

2　即時抗告理由の論旨の偏頗性

また、検察官の主張は、その表題の「治安維持法の適用法条は天皇が終戦の詔書を発したことをもって実質的に失効したとの判断の誤りについて」という表現にも見られるように、原決定が治安維持法の失効の論拠を、あたかも天皇の終戦の詔書の発布の事実に専ら求めたかの如くに挙げつらっている。

ところが原決定は、その「理由」の「第3　再審理由1について」の「2　争点①について」の「（1）ポツダム宣言の国内法的効力」（同上書4～8頁）において、同宣言の国内法的効力を認め得るとする有力な論拠として天皇の終戦の詔書の発布という事実を挙げてはいるものの（7～8頁）、これをもって直ちに治安維持法が失効したと判断しているわけでは決してない。

原決定は、その構成を一見すれば明らかなように、「ポツダム宣言は8月14日の時点で国内法的にも効力を有するに至ったと解するが、そうであっても治安維持法が実質的に失効したといえるかについては当事者間で争いがある」からとして、右後段の問題につきわざわざ「（2）治安維持法の効力」という項を設け、わが国が戦争終結の条件の一として受諾したポツダム宣言10項後段の内容・性格と、治安維持法1条、10条とを対比検討した上で、「そうすると治安維持法1条、10条は、ポツダム宣言に抵触して適用をすることが許されない状態になった以上、もはや存続の基盤を失ったというべきであり、実質的にみて効力を失うに至ったと解すべきである」と結論しているのである。

かような次第であるから、検察官の上記表題のような立言は、検察官が原決定の論旨とするところを的確に捉え得ず、誤解ないし曲解したことを端的に証するものという以外にはなく、即時抗告理由はこの点からしても失当といわざるを得ない。

3　原決定の妥当性

ところで検察官は、結論として原決定には、①ポツダム宣言受諾の時期を8月14日とし降伏文書調印の9月2日としなかった点、②治安維持法は10月15日の廃止勅令で初めて効力を失ったのに、8月14日の同宣言受諾により実質的に失効したとした点、③天皇の「終戦の詔書」の発布は、天皇が非常大権を行使して緊急勅令を発したに等しい出来事と解されるから、これによってポツダム宣言の受諾の事実は国内的に公示され、同宣言は国内法的な効力を生じたとする点等において、判断を誤ったものと非難している。

（1）しかし、原決定は①については、（a）「法的な意味はともかく、日本が8月14日にポツダム宣言を受諾したことは公知の事実であると思われ」るとした上で（原決定書4頁）、（b）さらにポツダム宣言の性格等について本格的な法的検討を加え、『「ポツダム宣言はいわゆる無条件降伏を日本に対し勧告する内容のものであり、いわば緊急状況下における交戦国間の合意であって、その性質や受諾が為された以降降伏文書に署名がなされるまでの経緯などに鑑みれば、受諾がなされたときより…当事者間において少なくとも国際法的な拘束力を生じるに至ったと考えられ、その後になされた降伏文書への調印等は、ポツダム宣言の受諾がなされた事実を確認する意味合いのものであったというべきである」とし（5〜6頁）、（c）これに対して降伏文書に「受諾ス」とあることから、この時初めて同宣言の受諾が正式になされたとする検察官の主張や浅古鑑定意見は、「形式的に過ぎて妥当とは言い難い」と却けているのであって（6頁）、かような原審の判断はまことに的確妥当であり、間然するところはない。

（2）次いで、②については原決定は、

（a）ポツダム宣言10項後段は、「治安維持法等の法規の改廃を直接に要求するものとまでは言い難いが、これが国内法化されたことにより、当該条項と抵触するような行為を行うことは法的に許されない状態になったと解される」とした上で（8頁）、

（b）治安維持法1条、10条の規定は、「態様を問わず特定の事項を目的とした結社をすることなど自体を処罰するものであって、…民主主義の根幹をなす結社ないし言論の自由を否定するものであ」り、そうだとすれば、「治安維持法1条、10条は、ポツダム宣言に抵触して適用することが許されない状態になった以上、もはや存続の基盤を失ったというべきであり、実質的にみて効力を失うに至ったと解すべきである」と判示し（9頁）、

（c）これに対して、検察官が言及するGHQの「政治的民事的及宗教的自由ニ対スル制限ノ撤廃ニ関スル覚書」（10月4日付）についても、この「覚書は、それが発された経緯に鑑みれば、ポツダム宣言受諾後、日本が直ちに治安維持法等の廃止をしなかったため発せられたものとは解されない。また、実質的に効力を失ったというべきで、連合国が治安維持法の効力を承認していたものとは解されない。また、実質的に効力を失ったと解される条項についても、形式的にはなお存続し続けていたのであるから、『覚書』にそのような記載がなされてもなんら不自然なところはな」い等として、検察官の主張を一蹴しているのであって（10頁）、原審の判断は手堅く妥当であり、支持することができる。

※原決定は、治安維持法1条、10条がポツダム宣言の

受諾により失効したことの論拠を同宣言10項後段に求めており、これはこれで充分合理的な論証となっている。が、なおこの外にも、同宣言12項の「日本国国民ノ自由ニ表明セル意思ニ従ヒ…責任アル政府ガ樹立セラルルニ於テハ…」という文言や、バーンズ回答の中の同旨の文言、それに「降伏ノ時ヨリ天皇及日本政府ノ国家統治ノ権限ハ…連合国最高司令官ノ制限ノ下ニ置カルルモノトス」というメッセージにも配意しつつ、当時唯一絶対の主権者であった天皇自身が8月14日同宣言受諾の通告を連合国になさしめ、かつ、国内に向けても「終戦の詔書」を発していることや、敗戦・無条件降伏という未曾有の事実の力等によって、明治憲法の神権君主主義体制は実質的な変改を余儀なくされ、それとの関わりにおいて、治安維持法1条の「国体」護持条項も実質的に失効したとする見解（大石教授の鑑定意見はまさにそれであり、右鑑定意見でもいわれているように、むしろかような考え方が憲法学界の大勢と察せられる）が有力に存在し得ることを付言しておきたい。

（3）さらに、③について原決定は、

（a）「旧憲法の上諭の趣旨や、旧憲法下における天皇の地位・権限（唯一の主権者であり、統治権を総攬し、緊急の必要がある場合に法律に代わる勅令を発することや、戦時又は国家事変の場合に臣民の権利義務に関する大権の施行も可能であった）に照らせば、国内法的には、上記事実＝『終戦の詔書』の発布をもって、緊急状況下における非常大権の一環として、天皇が少なくとも勅令に準ずる権限を行使したと解するのが相当である」などとし（7頁）、

（b）これに対して、「検察官の主張するように、日本が法秩序改変の対外的な義務を負ったに過ぎず、8月14日の時点では国内法的には何の影響もなかったとするのは妥当ではない」として、これを却けているのであって（7～8頁）、この点に関しても原審の判断には何の問題もないどころか、充分説得的ということができる。

検察官は、「終戦の詔書」には単に「米英支蘇ニ対シ其ノ共同宣言ヲ受諾スル旨通告セシメタリ」とあるだけで、国民はポツダム宣言という名辞も、その具体的な内容も知らされなかったのだから、このような詔書に勅令に準じるものとして、官報公告と同一の効果を認めることはできないなどというが（即時抗告申立書5～7頁）、かような論難はここでの問題の根幹を外れた、児戯に類する〝言い掛かり〟という外はないものである。

もともと「終戦の詔書」の発布は、天皇という当時の絶対的な主権者がこの詔書を全国民に向けて発することにより、国民に対して8月14日ポツダム宣言を受諾したという重大な事実を知らせるとともに、それによってわが国が連合国に降伏しもって今次の戦争を終結させ、向

後は平和建設に転換していくという未曾有の政治的決断＝意思決定を公告し示達したというところに、重要極まる—国内的な—政治的・法的意義がある。それと同時に、このことを通じて連合国側に、日本国のポツダム宣言受諾の意思と、それに基づく戦争終結・全面降伏・占領受入れ等の決意が揺ぎないものであることを顕示し、保証してみせたという意味で、国際的にも政治的・外交的な意義をもつパフォーマンスであったということができる。

この「終戦の詔書」の発布が、天皇自身の肉声（録音）によって全国津々浦々の国民に放送・伝達されたこと、そして、これにより承詔必謹、全国民が降伏と敗戦・被占領の現実を受け容れ、直ちに戦争態勢を解く方向に自らを導いていったことは、あまねく知られるところである。原審裁判所が着目したのは、まさにこのような詔書発布の事実がもたらした重大極まる政治的・法的な意義、わけても国内的に及ぼした重要な法的意義と効果であって、原決定が「緊急状況下における非常大権の一環として…勅令に準ずる権限の行使」と解すると説示するのは、その国内法的な意義・効果の所在を裏付ける一つの合理的な説明に外ならない（他にも合理的な論証があり得ないわけではない）。

このような問題の核心を逸れて、検察官が、詔書には「共同宣言」とあるだけでポツダム宣言の名も、その具体的な内容も摘示されていないから、国民は詔書によっては同宣言の内容を知ることができなかったはずで、右詔書の宣布をもって官報告示と同一視することはできぬなどとして、またもや詔書の文言・文理を挙げつらうのは、一体いかなる見識からか。ポツダム宣言の周知徹底とこれに基づく戦後改革の実行は、天皇の詔書をふまえて政府・属僚が担うべき重要な責務であったはずであり、事実、8月14日この詔書の発布に伴い発せられた「内閣告諭」は、「聖断既に下る、赤子の率由すべき方途は自ら明らかなり。…政府は国民と共に承詔必謹・刻苦奮励、常に大御心に帰一し奉り、必ず国威を恢弘…せんことを期す。…官吏は宜しく陛下の有司として…聖旨を奉行し、…復興精神喚起の先達とならんことを期すべし」と命じていたのである。形式を見て実質を顧みない検察官の文理主義は、ここに極まれりの観がある。

二　第2点について

この点の検察官の主張は原審以来のものであり、これに対する原決定の説示（原決定の理由第3の3）にさらに付加すべきものはないように思われる。

若干、弁護人の意見を付加すれば次のとおりである。

1．検察官は「再審制度は事実誤認に対する救済のための制度である」というが、「事実誤認」に限定する実定法上の根拠を示さない。

2．6号再審理由は「無罪」、「免訴」、「刑の免除」、

「軽い罪」等を掲げる。「無罪」には、いうまでもなく「罪とならず」無罪（旧刑訴３６２条）を含む。いずれも法令の解釈、適用等に関連する。

3．その救済は非常上告によるべきものと言うとしても、そうとすれば請求権者は検事総長に限定され、上記各理由による有罪確定者は救済されないことになるから、原決定のいうとおり「衡平の観点から問題がある」（原決定12頁）。

4．再審理由を事実誤認に限定することによって、法令の解釈、適用の誤り等による誤判の犠牲の救済の道を塞ぐことになる検察官の主張は、応措法20条、日本国憲法等による不利益再審の廃止に伴う再審制度の前記根本理念の転換を無視し、これに反することに帰着する。

5．検察官は、再審は「確定有罪判決の事実誤認に対する救済制度であることは疑いを入れない」といい、「現行刑訴法についての定説でもある」（本件申立書8頁）というが、かかる「定説」は存しない。えん罪主張が事実誤認を主張する場合が圧倒的に多いという事実があるからといって再審理由を事実誤認に限定する「定説」を生み出す訳がない。

三　第3点について

1．検察官は、治安維持法の効力問題は、法律判断の領域に属し、裁判所の専権事項であって、法律学者による鑑定になじまない。そして、大石鑑定等は、単なる法律学者の「学術的意見」に過ぎないものであって、再審理由となるべき証拠としての適格性を有しないと主張する。

しかし、右鑑定は、ポツダム宣言の受諾により治安維持法1条、10条が実質的に失効した旨の法的評価を行うものではあるけれども、その結果、かかる事態は旧刑訴法３６３条2号が免訴理由として定める「犯罪後ノ法令ニ因リ刑ノ廃止アリタルトキ」に当たるとする事実判断を導くものであるから、旧刑訴法４８５条6号所定の免訴を言い渡すべき証拠に当たることは明らかである。検察官の右主張は理由がない。

2．検察官は、ポツダム宣言の国内法的効力の有無等については、昭和20年代から各種判例や学術文献等で取り上げられてきており、ポツダム宣言の受諾とともに関係法令が無効となる旨の少数説も散見されるから、大石鑑定等には証拠資料としての新規性が認められないと主張する。

しかし、治安維持法の失効を本格的に論定したものは、大石鑑定以前には、原審甲第16号証の古川純作成の論文を除き憲法学上存在しない。しかも、右古川論文は、本件再審請求後執筆・公表されたものであるから、大石鑑定の新規性を妨げるものではない。検察官の主張には理由がない。

3．検察官は、ポツダム宣言の受諾によって大日本帝国憲法下の法秩序が改変されたか否かという点については、いまだ確定的かつ統一的な見解は存在せず、大石鑑定等には、治安維持法を有効だとして有罪認定した原判決の結論を覆すに足る蓋然性の存在、すなわち「明確なる証拠」としての性格の存在を認めることはできないし、原判決の判示自体に自家撞着がある旨主張する。

しかし、大石鑑定が結論の妥当性において明確性を持つものであることは明らかであるし、また、原決定の大石鑑定の評価においても誤りはない。検察官の主張には理由がない。

以上

意見書（2）

平成15年9月10日

請求人　木村　まき
外4名

東京高等裁判所第3刑事部　御中

弁護人　森川　金寿
外8名

検察官の平成15年4月18日付即時抗告申立書の下記主張に対する弁護人らの意見を以下のとおり補充する。

記

1　検察官の主張

検察官は、本件事案は非常上告で救済されることは有り得ても、再審手続で救済される事案ではないと主張する。

その論点は、次のとおりである。

①再審は事実認定の誤りを救済する手続である。治安維持法が失効したか否かは法的評価の問題であり、再審手続にはなじまない。

②再審事由の「免訴を言い渡すべき場合」とは、事実認定において「時効の起算点を誤った場合」等である。「刑の廃止」に関する認定の誤りは、「事実認定の誤り」ではないから再審によって救済される対象ではない。

③本件事案が仮に救済されるとすれば、法令解釈の統

一を目的とする非常上告手続によって救済されることになる。

以上の検察官の主張に対し、原再審開始決定も、上記①の点について、検察官の主張に理解を示したものの、「衡平の観点」から免訴の場合も再審が認められるべきであると述べた。

しかしながら、後に詳論するとおり、この検察官の主張は何れも間違っている。即ち、

① 上記①については、仮に「再審は、『事実』認定の誤りを救済する手続きである」という一般命題が成り立つとしても、「刑の廃止」という「刑罰阻却原由たる事実」もその『事実』認定の誤り」の「事実」に組み入れられているから、検察官の主張は失当となる。

② 上記②について、検察官の主張は、再審を定める旧刑訴法の明文に反する解釈である。

③ 上記③について、本件で非常上告手続をもち出しても、原決定に対する批判とはなり得ない。「刑の廃止」の誤認は非常上告手続の対象であるからといって、再審手続の対象ではないとはいえないからである。

よって、原審再審開始決定には、旧刑訴法上問題となる部分は全くない。また、旧刑訴法の当然の解釈として本件免訴事案が再審の対象となるのであるから、再審開始決定をするに当り、「衡平の観点」を持ち込む必要も認められない。

以下、詳論する。

2 免訴と再審の関係について

(1) 旧刑訴法は、再審請求と免訴との関係について、次のとおり定めている。

第485条 再審ノ請求ハ左ノ場合ニ於テ有罪ノ言渡ヲ為シタル確定判決ニ對シテ其ノ言渡ヲ受ケタル者ノ利益ノ為ニ之ヲ為スコトヲ得

6号 有罪ノ言渡ヲ受ケタル者ニ對シテ無罪若シクハ免訴ヲ言渡シ、刑ノ言渡ヲ受ケタル者ニ對シテ刑ノ免除ヲ言渡シ又ハ原判決ニ於テ認メタル罪ヨリ輕キ罪ヲ認ムヘキ明確ナル証拠ヲ新ニ発見シタルトキ

第506条 再審ノ請求ヲ理由アリトスルトキハ再審開始ノ決定ヲ為スヘシ

上記法条によれば、「有罪ノ言渡ヲ受ケタル者」について「免訴ヲ言渡(ス)……ヘキ」場合で、かつ「明確ナル証拠ヲ新ニ発見シタ」場合には、「再審の請求」に「理由」があることになり、裁判所は「再審開始ノ決定」をしなければならない。

（2）それでは、「免訴ヲ言渡（ス）……ヘキ」場合とは、いかなる場合をいうかについて、旧刑訴法第３６３条は、次のとおり定める。

第３６３条　左ノ場合ニ於テハ判決ヲ以テ免訴ノ言渡ヲ為スヘシ

１　確定判決ヲ経タルトキ

２　犯罪後ノ法令ニ因リ刑ノ廃止アリタルトキ

３　大赦アリタルトキ

４　時効完成シタルトキ

これによれば、「犯罪後ノ法令ニ因リ刑ノ廃止アリタルトキ」は、裁判所は免訴の判決を言渡さなければならない。

（3）ところで、ここで「犯罪後ノ法令ニ因リ刑ノ廃止アリタルトキ」とは、当該刑を廃止する旨の法令が制定された場合に限るのか、という問題がある。

この点について、検察官も引用する最高裁昭和28年7月22日判決は、原審が有罪判決をしたのに対し、「本件は原判決後に刑が廃止されたときにあたる」と述べて、「原判決及び第一審判決を破棄する。被告人を免訴する。」との判決を言渡した。

この判決によれば、「刑の廃止」には実質上刑罰法規が失効する場合も含むことになる。

（4）そこで、上記旧刑訴法の再審規定と免訴規定とを組み合わせると、刑の廃止の場合の免訴と再審開始との関係を次のとおり述べることができる。

①　旧刑訴法３６３条により「犯罪後ノ法令ニ因リ刑ノ廃止アリタルトキ」は、問われている犯罪事実の有無に拘らず、裁判所は免訴の判決をしなければならない。

②　裁判所が、刑が廃止されていることを見過ごして有罪判決をした場合は、旧刑訴法４８５条６号により「有罪ノ言渡ヲ受ケタル者」について「免訴ヲ言渡（ス）……ヘキ」場合となる。

③　免訴を言渡すことについて旧刑訴法４８５条６号でいう「明確ナル証拠ヲ新ニ発見シタ」場合には、旧刑訴法５０６条でいう「再審の請求」に「理由」があることになる。

④　再審請求に「理由」があれば、裁判所は、旧刑訴法５０６条に基づき再審開始決定をしなければならない。

（5）そうすると、本件事案での争点は、次のとおりとなる。

ａ「犯罪後ノ法令ニ因リ刑ノ廃止アリタルトキ」であ

るか否か、即ち、確定判決が言渡された時点で、治安維持法（1条・10条）が、「法令ニ因リ」廃止されていたか否か。

b　免訴を言渡すことについて「明確ナル証拠ヲ新ニ発見シタ」場合であるか否か。

である。

このa及びbについて、原決定は、何れも肯定した。従って、原決定が再審開始決定をしたことに何ら法律上問題はない。原決定が、

「衡平の観点」を持ち出す必要もなかったのである。

(6)　検察官は、原開始決定が、治安維持法第1条及び第10条の失効について、廃止立法によるのではなくポツダム宣言との関係において失効したと判断した点を捉えて、本件での「刑の廃止」は「法的評価」の問題であると主張し、事実認定の誤りを救済する再審にはなじまないという。

しかしながら、仮に再審制度が「事実認定の誤りを救済する手続」であるとの主張が一般論として通用するとしても、検察官は、この「事実」をもって「構成要件的事実」に限定して議論をしているかのようである。

そうであれば、その主張には、何ら根拠がないばかりでなく、間違っている。

再審制度は、現に制定されている（旧）刑訴法を逐条的に解釈して評価されるべきものであり、その結果「構成要件的事実の認定の誤りのみを救済する制度」であると評価されるのか、それとも「構成要件的事実以外の事実の認定の誤りをも救済する制度」であると評価されるのかを決めればよいことである。

おそらく法制史的には、再審は、検察官が主張するような構成要件的事実の認定の誤りを正す制度から発展したという側面があったのかもしれない。

しかし仮にそのような側面があったとしても、その発展史と「現行制度」とは混同されてはならない。

（旧）刑訴法上の再審制度は、その条項が定める限りにおいて、即ち本件に即して述べると検察官が主張する構成要件的事実以外の事実である「刑の廃止」に関する事実の認定の誤りをも組み入れているのである。

このような事情から、再審が構成要件的事実認定の誤りのみを正す制度であるとの理解は、全くの誤解である。

(7)　検察官は、免訴理由である「刑の廃止」とか「大赦」は、裁判所においてその存在をよく知り得るものであって、「新証拠」などといったことは観念することができないから、旧刑事訴訟法485条6号が予定する事態ではないと主張している。

しかし、この論理は逆立ちしている。旧刑事訴訟法485条6号が「刑の廃止」という免訴事由を再審に取り

込んでいるのであるから、「新証拠」も「刑の廃止」に則して解釈すればよいのである。「新証拠」の解釈が難しいから「刑の廃止」を無視するというのは暴論である。

確かに、「構成要件的事実認定における誤り」と同等の趣旨で「刑の廃止」或は「大赦」の有無の誤認について「あらたに証拠が発見された」ということにはその表現に違和感があることは事実である。

しかしながら、再審が主として『構成要件的』事実認定の誤りからの救済」の制度であることから、再審要件が「『構成要件的』事実認定の誤りからの救済」を中心に定められたことによって、そこに語感における違和感が生じているだけのことである。

「刑の廃止」が見過ごされて判決が言い渡されるということは極めて異例の事態である。しかし、そのような異例の事態を予想して再審制度が組み立てられているのであるから、この場合にふさわしい「新証拠」のあり方を模索すればよいことになる。

「新証拠」での「新」とは、客観的には存在していたにも拘らず、確定判決裁判所（及び元被告人）がその存在を知らなかった場合である。

そこで、「廃止法令」により「刑が廃止」されたにも拘らず有罪判決が言い渡された場合には、確定判決裁判所は「廃止法令」を知らなかったのであるから、「廃止法令を掲載した官報」が新証拠となる。

「刑が実質的に失効」しているにも拘らず有罪判決が言い渡された場合には、確定判決裁判所は、「刑が実質的に失効」していたことを知らなかったのであるから、刑が実質的に失効したと評価する他の事件の確定判決、或は鑑定書などが新証拠となる。

以上のとおり、検察官の新証拠に関する主張は、旧刑事訴訟法の明文に反するから失当である。

3　学説と判例

（1）免訴事由である「刑の廃止」について、『注釈刑事訴訟法第3巻』４９７頁（青柳文雄外、立花書房、平成8年7月1日発行）は、「『刑の廃止』は実質上のそれを指し、文字通り『廃止』の形式による場合の外、法令の有効期間の経過、旧・新法の抵触等によって実質上刑罰が失効する場合を含む。」と述べている。

『大コメンタール刑事訴訟法第5巻Ⅱ』（藤永幸治外編、青林書院、１９９８年7月10日発行）２１６頁も、「新・旧法の抵触によって旧罰則が失効する等の場合も含む」としている。

このように学説の大勢は、「刑の廃止」に「刑の実質的失効」が含まれるとしている。

（2）検察官は、原審での平成13年9月25日付意見書9

頁において、実質的刑罰権の失効を認めた前記最高裁判決について、多数意見の中でもそれぞれ理由が異なるから、この判例は「旧・新法の抵触等によって実質上刑罰が失効する場合」としてはふさわしい判例ではないと主張している。

しかしながら、多数意見のうち、裁判官真野毅、同小谷勝重、同島保、同藤田八郎、同谷村唯一郎、同入江俊郎の意見は、政令３２５条の罰則は、平和条約の発効と同時に当然失効したとするものであり、裁判官井上登、同栗山茂、同河村又介、同小林俊三の意見は、同規定は憲法違反で実質的効力を失っているとするものであり、いずれも法の実質的失効を認める点において、一致していることになる。

(3) 免訴と再審の関係について、『大コメンタール刑訴法　第7巻』(藤永幸治外編、青林書院、２０００年2月29日発行) 37頁は、再審事由を定める新刑訴法４３５条の解釈として、「免訴を言渡すべき場合とは３３７条所定の各事由について、事実誤認がある場合である。免訴事由を処罰不相当事由として捉え、この観点から処罰不相当事由に関する事実誤認を広く免訴事由に取り込み……」と述べている。

このように、法の当然の解釈として、「処罰不相当事由」である「刑の廃止」を再審事由に取り込んだことが説明されている。

(4)『注解刑訴法下巻』(平場安治外著、青林書院新社、昭和52年4月11日発行) ３０７頁以下は、再審が確定判決における「事実認定の誤り」を是正する制度であることを前提に、ここでいう「事実」とはいかなる範囲のものをいうかについて議論をしている。そして、新刑訴法４３５条の6号の規定を手がかりとして、「構成要件的事実」「処罰条件たる事実」「刑の必要的免除の理由たる事実」「犯罪阻却原由たる事実」及び「刑罰阻却原由たる事実」を挙げている。ここで同書が「刑罰阻却原由たる事実」を挙げているのは、法４３５条6号が、「刑の廃止」という免訴事由を再審事由に取り込んでいるからである。

従って、同書も、「刑の廃止」に関する判断の誤りは、当然に再審理由となると解している。同書が、任意的な刑の免除事由等は上記「事実認定の誤り」の「事実」から除外されるとした上で、更に、「訴訟法的事実—免訴事由以外の訴訟条件に関する事由を含めて—の認定に誤りがある場合も同様である。」と述べ、「事実認定の誤り」の事実から除外される「訴訟法的事実」に「免訴事由」が含まれないことを明示していることからも、このことは明らかである。

(5) 検察官は、大審院昭和15年2月14日決定(法律新聞4533号5頁)が、「凡そ再審は確定判決に顕著なる事実の誤謬ある場合に限るものなること刑事訴訟法第485条の規定に依り之を知るを得べく第一審と第二審とが特定の事実に対し為したる法律解釈の相違に因る差異の如きは或は非常上告の問題となることあり得べきも再審の理由となるべきものに非ず」と述べていることを引用して、②再審は確定判決に顕著な事実誤認がある場合に限る、①本件は、治安維持法の廃止の有無という法律の解釈の問題であるから、非常上告の対象となっても再審の理由とはならない、と主張している。

しかしながら、検察官の上記判例の引用は、間違っている。

上記判例に「凡そ再審は確定判決に顕著なる事実の誤謬ある場合に限るものなること」とあるが、免訴事由を再審事由に取り込んでいた旧刑訴法でも、この「事実の誤認」の「事実」に「刑罰阻却原由たる事実」が含まれていたのであり、このことを当然の前提として、上記判決は述べているのである。

また、検察官は、上記判決中の「特定の事実に対し為したる法律解釈」の部分をも引用しているが、本件事案では、この下りは全く関係がない。検察官は、「治安維持法の廃止の有無」という法律の評価の問題をもって上記判決がいう「特定の事実に対し為したる法律解釈」に還元しようとしているが、「法の廃止」に関する「評価・見解」(これは「法の解釈」とは言わない)と「事実に対する法の適用」における「法の解釈」とは次元が異なる問題である。

以上の趣旨で、検察官は、上記判例を間違って引用している。

なお、上記大審院の判決が、検察官が引用する部分に続く次の部分を読めば、検察官が引用する部分は、傍論であり判決の要旨ではないことが分かる。

「加之連続犯は一罪として処断すべきものなれば連続犯として処断せる確定判決の事実認定一部に付無罪と認むべき明確なる証拠を発見したる如き場合は刑事訴訟法485条第6号に所謂原判決に於て認めたる罪より軽き罪を認むべき場合に該当せず蓋し右は原判決の認定したる犯罪より其の法定刑の軽き他の犯罪を認むべき場合を言うものなればなり……。」

(6) 検察官は、従前の主張である原審平成13年9月25日付意見書13頁において、既に廃止された刑罰法令に基づき有罪判決を言渡した確定判決に対する再審請求を認めて免訴判決を言渡した東京高裁昭和32年6月10日判決について、この判決は間違っていると主張し、この判決の結論に反対する評論をした裁判官岩田誠の論文(判例タイムズ83号25頁）を引用している。

この岩田評論は、確かに免訴事由に関する「事実認定の誤り」は再審事由とはなり得ないと述べているが、実は、この岩田評論は論理が一貫していない。何故なら、岩田は、「どうも刑訴第435条に『免訴を言渡すべき明らかな証拠をあらたに発見したとき』に再審請求を許すべきものと規定したのは、何らかの立法上の過誤ではないかと思われる。」と述べているからである。即ち、岩田は、刑訴法上免訴事由に関するの誤認は再審事由であるという結論になるが、それは「何らかの立法上の過誤」であると主張していることになる。

旧刑訴法が大正11年に制定施行され、新刑訴法でも受け継がれている免訴再審について、「立法上の過誤」であるからと述べて法律の規定に反した解釈をすることは許されないであろう。

（7）検察官は、再審手続において「免訴を言い渡す場合」とは、訴訟条件となる実体的な事実について誤認がある場合（例えば時効の起算点の誤り）であると主張し、臼井滋夫『総合判例研究叢書・刑事訴訟法（14）』113頁を引用している。
確かに、同書は、検察官の主張にそう立論をしているが、ここでも上記岩田裁判官の「立法の誤り」との論説が引用されている。

従って、同書もまた、刑事訴訟法を素直に解釈すれば、「刑が廃止」されたことの認定の誤りも再審事由になることを認めていることになる。

（8）以上のとおり、学説判例によっても検察官の主張には理由がないことが分かる。

4　非常上告について

（1）検察官は、本件は非常上告の問題であると主張している。
旧刑訴法516条は、非常上告について次のとおり定めており、現行刑訴法454条も同趣旨である。
516条　判決確定後其ノ事件ノ審判法令ニ違反シタルコトヲ発見シタルトキハ検事総長ハ大審院ニ非常上告ヲナスコトヲ得
この非常上告とは、確定判決に「法令の解釈適用」に誤りがある場合に、「審判における法令違反を是正して法令の解釈適用の統一を図ることを目的とする制度」（伊藤栄樹外著『注釈刑事訴訟法第7巻』立花書房、平成12年8月10日発行、195頁）である。

(2) 検察官は、本件が非常上告の対象となり得ても再審の対象とはなり得ないと主張しているが、その趣旨は必ずしも判然としない。

検察官は、前記大審院の判決が「特定の事実に対し為したる法律解釈の相違に因る差異の如きは或は非常上告の問題となることあり得べきも」と述べているところを引用しているところから、非常上告は、「構成要件的事実」に対する「法令の解釈適用の誤り」を救済する制度であると主張しているものと思われる。

そうであれば、本件事案は、「確定判決は、治安維持法が廃止されたことを見過ごして、本来免訴判決を言渡すべきところ有罪判決を言渡した」場合であり、その違反は「治安維持法の廃止を見過ごした違反」であって、「法令の解釈適用の誤り」即ち「ある犯罪事実に対し治安維持法の解釈適用を誤ったという違反」ではない。

従って、その限りにおいて、本件は、非常上告とは関係がない。

(3) 検察官は、判決言渡し時に効力を失っていた法令を適用して処断した確定判決には非常上告の理由があるとした最高裁昭和27年4月4日判決を引用し、「刑の廃止」は再審ではなく非常上告の対象であると主張している。

即ち、検察官は、非常上告について、単に「法令の解釈適用の誤り」だけではなく、「廃止された法令を間違って有効な法令と勘違いしてこれを適用した誤り」の場合も、非常上告の対象となると主張しているのである。

そうであれば、本件も、非常上告の対象となる事案である。

しかしながら、仮に、本件が非常上告の事案であって検事総長が非常上告をする要件が満たされているとしても、だからといって、そのことによって再審要件がないという判断はどこからも出てこない。

即ち、「無辜の救済」という再審制度の目的と「法令の解釈適用の統一」という非常上告制度の目的とは、その基本的な目的を異にするのであり、一方が認められれば他方は認められないという関係にはないのである。

さらに、非常上告では、「……検事総長ハ……ナスコトヲ得」として、するもせぬも検事総長の裁量とされ、検事総長が権限を発動しない場合には「無辜の救済」が放置される可能性が生じる。本件はまさにそのように「放置」された事案であって、本件に関する無辜の救済のために検事総長が何らの措置も講じていないのに、本件は非常上告によるべきと主張するのは矛盾も甚だしいと言わねばならない。

従って、再審と非常上告とでは、それぞれ独自の要件があり、いずれか一方しか認められない場合もあれば、両方同時に認められることも論理的には有り得る制度である。

　これは非常上告の対象であるから再審の対象とはなり得ないという検察官の論理は、通用しない。

5　大赦について

　検察官は、治安維持法で有罪判決を受けた元被告人らについて、昭和20年10月17日付勅令579号が定める大赦令によって有罪言渡しの効力が失われ、法律上の救済を受けていると主張している。

　確かに、検察官が引用する東京高裁昭和27年4月24日決定は、大赦を受けた元被告人について、大赦を理由に再審請求を棄却している。

　しかしながら、この決定は再審法制に対する基本的理解が間違っている。「大赦」とは、恩赦の一種であり、確定判決の効力をその後において失わせる効果をもつものであるが、再審との関係においては、再審に影響を与えることは有り得ない。恩赦と再審とは、全く目的を異にする救済制度であるから、恩赦の恩恵を受けたことで再審請求が阻止されることは理論的におかしい。

　この点について、鈴木壽一（『法律実務講座刑事編第12巻』２９４１頁）は次のとおり「再審の手続は、大赦によって妨げられるべきではない」と述べている。


「併し、恩赦は元来適法且つ合法な刑罰権の行使を前提とする（第1節4参照）。若し、大赦が判決確定前にあった場合であるならば刑罰権は未だ具体的に確定されていないから、免訴の判決をする外、一切を水に流して、それ以上有罪無罪につき争わしめないとすることも、相当な解釈と思われるけれども、既に有罪の判決が確定し、刑罰権が具体的に、確立された後、その判決の適法性又は合法性が疑われる場合は、おのずから問題が別なのではなかろうか。若し、確定判決が刑罰法規に照して誤であるならば、その誤は刑罰過程内において匡正されるべきであって、恩赦がこれに干渉すべきではない。然れば、判決確定前、刑罰権の成否未定の間において大赦があった場合、被告人は実体に関する理由を主張して無罪の判決を求めることができず、免訴の判決に対して上訴し得ないとしても、ひと度有罪の判決が確定し刑罰権の具体的成立を見た後においては、これに対する再審の手続は、大赦によって妨げられるべきではないと思われる。」


　上記は現行恩赦法（昭和22年3月28日制定）に関する解説であり、検察官主張の大赦は大正元年9月26日発令の恩赦令に基づくものであるが、恩赦令に関しても上記基本的考え方が妥当する。

　よって、上記高裁決定は誤っている。

6 結論

以上のとおり、免訴判決が言渡されるべきであったことで再審を開始した原決定は、旧刑訴法が認めた再審開始理由の本来的一類型であり、解釈上何らの疑義もないものといわなければならない。

よって、検察官の即時抗告は直ちに棄却されるべきである。

以上

即時抗告に対する決定促進を要望する上申書

平成16年4月19日

東京高等裁判所第3刑事部　御中

請求人　木村　まき
外5名

上記請求人弁護人　森川　金寿
外10名

頭書事件は、横浜地方裁判所による平成15年4月15日の再審開始決定に対して、検察官が同年同月18日付で即時抗告を申し立てたものであります。同即時抗告に対して、弁護人らは、同年7月10日付意見書及び同年9月10日付意見書（2）を提出しておりますところ、検察官側では即時抗告申立書以外に追加ないしは補充の主張立証を行う予定はないと聞いております。

横浜地方裁判所の再審開始決定から既に1年を経過しておりますので、貴裁判所におかれては、可及的速やかに検察官の即時抗告を棄却する旨の決定をして頂きたく上申する次第です。

以上

早期の棄却決定を求める上申書

請求人　木村　まき

外5名

平成16年12月9日

東京高等裁判所第3刑事部　御中

上記請求人弁護人　森川　金寿
外10名

一　上申の趣旨

頭書即時抗告申立事件について、可及的速やかに即時抗告を棄却する旨の決定をされるよう求めます。

二　上申の理由

1．本件即時抗告申立事件の特質

頭書即時抗告申立事件は、横浜地方裁判所の平成15年4月15日の再審開始決定に対して、検察官が同年同月18日付で即時抗告を申し立てたものでありますが、再審を開始すべき対象となった元被告人らに対する確定判決は、昭和20年8月29日から同年9月15日の間に下されており、明年には確定判決後60年を迎える時期になろうとしております。

元被告人らについて治安維持法1条ないし10条の構成要件該当事実が存しなかったこと、元被告人らが強制された自白が拷問によるものであったこと、大日本帝国憲法がポツダム宣言の受諾により無効になったことからすれば、原審横浜地裁の再審開始決定は当然の結論であり、誤った裁判から元被告人の救済を図るための再審制度の趣旨からは、原審横浜地裁の再審開始決定を速やかに確定することこそが求められています。

国民の政治的自由、表現の自由を基本的人権として擁護する現行憲法の下で、憲法遵守義務を負う検察官が、原決定に対して敢えて異議を申し立てること自体、検察官の対憲法擁護の姿勢ないし政治的立場を疑わせるところです。

元被告人らのうち唯一の生存者であった元請求人板井庄作氏は、原決定が出される半月前の平成15年3月31日に死亡し、全ての元被告人らは、生存中に救済を受けることが出来ませんでしたが、請求人らの承継人のうちの元被告人の妻らも既に高齢に達しており、原審決定を確定し、現請求人らの生存中に審理を終了することが求められています。

よって、可及的速やかに棄却の決定を出されるよう求める次第であります。

2．検察官による即時抗告申立後の経緯

検察官による平成15年4月18日付即時抗告申立後の経緯は以下の通りです。

記

①　同年5月15日　請求人ら弁護人7名が貴裁判所と面会し、早期に決定を出されるよう求めた。
②　同年7月10日　請求人ら弁護人の同日付の即時抗告に対する意見書提出
③　同年9月10日　請求人ら弁護人の同日付の即時抗告に対する意見書（2）提出
④　同16年4月19日　請求人ら弁護人の同日付即時抗告に対する決定促進を要望する上申書提出
⑤　同年10月15日　請求人ら弁護人4名が貴裁判所と面会し、早期に決定を出されるよう求めた。

検察官が即時抗告申立書以外に書面等を貴裁判所に提出する予定がないことは、請求人ら弁護人が問い合わせの上確認し、上記①の面会の際に、貴裁判所にお伝えした通りであり、弁護人らにおいても上記②及び③で提出した意見書以外に提出を予定している書面等はありません。

請求人ら弁護人は、上記⑤の面会の場で、貴裁判所に対し、早期に決定を出されるよう要請すると共に、貴裁判所の審理の進行についてお尋ねしましたところ、「検討中であるとしか言えない。」旨を述べられました。

しかし、上記した通り、本案件は、検察官の即時抗告の申立以来既に1年8ヶ月が経過し、検察官と弁護人の全ての主張の最後である平成15年9月10日付弁護人らの意見書（2）を提出してからも既に1年3ヶ月が経過しようとしております。

本案件が即時抗告事件であるという性格からも、早期に貴裁判所の決定がなされることが要請されるものと考えます。

よって、早期に棄却決定を出されるよう要請する次第です。

以上

決　定

住居　東京都西東京市――
請求人（亡木村亨の妻）木村　まき

住居　東京都大田区――
請求人（亡小林英三郎の妻）小林　貞子

住居　千葉県市川市――
請求人（亡由田浩の妻）由田　道子

住居　東京都豊島区――
請求人（亡高木健次郎の長男）高木　晋

住居　石川県金沢市――

請求人（亡平館利雄の長女）平館　道子

上記の各請求人から請求があった木村亨、小林英三郎、由田浩、高木健次郎及び平館利雄に係る各治安維持法違反被告事件の有罪確定判決に対する各再審請求事件について、平成15年4月15日横浜地方裁判所がした各再審開始決定に対し、検察官から即時抗告の申立てがあったので、当裁判所は、検察官の意見を聴いた上、次のとおり決定する。

主　文

本件各即時抗告をいずれも棄却する。

理　由

本件各即時抗告の趣意は、検察官検事鈴木和宏作成名義の即時抗告申立書に、これに対する弁護人の意見は、弁護人森川金寿、同環直彌、同竹澤哲夫、同斎藤一好、同新井章、同内田剛弘、同吉永満夫、同大島久明及び同岡山未央子連名作成名義の意見書及び意見書（2）にそれぞれ記載されたとおりであるから、これらを引用する。

論旨は、要するに、原決定は、木村亨、小林英三郎、由田浩、高木健次郎及び平館利雄（以下、一括して「木村亨ら」という。）が有罪判決を受けることとなった治安維持法1条及び10条の各規定（1条は、「国体ヲ変革スルコトヲ目的トシテ結社ヲ組織シタル者又ハ結社ノ役員其ノ他指導者タル任務ニ従事シタル者ハ死刑又ハ無期若ハ七年以上ノ懲役ニ処シ情ヲ知リテ結社ニ加入シタル者又ハ結社ノ目的遂行ノ為ニスル行為ヲ為シタル者ハ三年以上ノ有期懲役ニ処ス」と、10条は、「私有財産制度ヲ否認スルコトヲ目的トシテ結社ヲ組織シタル者又ハ情ヲ知リテ結社ニ加入シタル者若ハ結社ノ目的遂行ノ為ニスル行為ヲ為シタル者ハ十年以下ノ懲役又ハ禁錮ニ処ス」とそれぞれ規定していた。）は、天皇が昭和20年8月14日にポツダム宣言を受諾するとともに終戦の詔書を発したことにより、ポツダム宣言は国内法的にも効力を有するに至り、その結果、上記各規定は実質的にその効力を失うに至ったとし、かかる事態は、本件につき旧刑訴法363条2号が免訴理由として定める「犯罪後ノ法令ニ因リ刑ノ廃止アリタルトキ」に当たり、鑑定人大石眞の鑑定意見書（以下「大石鑑定」という。）等は結論も含め裁判所の見解に影響を与えており、旧刑訴法485条6号にいう新証拠といえるから、本件は、同条同号の「免訴ヲ言渡（ス）……ヘキ明確ナル証拠ヲ新タニ発見シタル」場合に当たるとして、木村亨らについていずれも再審開始の決定をしたが、原決定には、（1）治安維持法の適用法条は天皇が終戦の詔書を発したことによって実質的に失効したとの判断、（2）再審の対象とならない同法の法的効力について再審事由に当たるとした判断、（3）大石鑑定等は明確な新証拠であるとした判断について、いずれも明らかな誤りがある、すなわち、（1）治安維持法は、同年10月15日、「治安維持法廃止等ノ件」と題する勅令が公布されたことにより、同日廃止されるに至ったのであり、それまでは、同法は法的に有効に存在していたことは明らかである、ポツダム宣言の受諾は、同年9月2日の降伏文書調印の時点で初めてなされたものであるところ、同文書の記載自体からは、ポツダム宣言の受諾をもって治安維持法を始めとする関係法令を無効ないし廃止とするような効力が発生しているとは認められない、（2）再審制度は、確定した有罪判決の事実誤認に対する救済制度であるところ、治安維持法の失効の問題は、被告人がなした行為に適用すべき同法が有効なものとして存在していたかどうかという「法的評価」そのものの問題であり、およそ再審の対象となるものではない、本件のような場合の救済手段としては、非常上告の制度があるし、そもそも、木村亨らは、同年10月17日に大赦令が公布・施行されたことにより、すでに救済を受けている、（3）大石鑑定は、単なる法律学者の学術的意見にすぎず、再審理由としての適格性を有しないばかりか、極めて代替性の高いものであって、これまでにも同趣旨の見解が散見されていたのであるから、証拠資料としての新規性が認められず、さらに、確定判決の結論を覆すに足る蓋然性の存在、すなわち明確性も認められない、これらの誤りは、本件再審開始決定の根幹に関わる重大なものであるから、原決定は取消しを免れない、というのである。

そこで、検討する。

1　初めに、本件において、請求人らに再審請求権があるか否かについて、大赦による赦免との関係で検討する。この点に関する検察官の所論は、本件では、木村亨らは大赦により各有罪判決による刑の言渡しの効力を失うという効果が生じ、その時点で、すでに法律上の救済を受けるに至っていたから、再審請求は許されないというものである。

（1）木村亨らの有罪確定判決と大赦令の公布・施行

関係資料によれば、①木村亨は、昭和20年9月15日、横浜地方裁判所において、治安維持法違反被告事件について、懲役2年、3年間執行猶予の判決を受け、②小林英三郎は、同年8月29日、同裁判所において、同被告事件について、懲役2年、3年間執行猶予の判決を受け、③由田浩は、同年8月30日、同裁判所において、同被告事件について、懲役2年、3年間執行猶予の判決を受け、④高木健次郎は、同年8月30日、同裁判所において、同被告事件について、懲役2年、3年間執行猶予の判決を受け、⑤平館利雄は、同年9月15日、同裁判所において、同被告事件について、懲役2年、3年間執行猶予の判決を受け、これら有罪判決は、いずれもそのころ確定したものと認められる。

ところで、治安維持法は、昭和20年10月15日、「治安維持法廃止等ノ件」と題する昭和20年勅令第575号が公布・施行されたことにより、同日、廃止され、次いで、同月17日、昭和20年勅令第579号による大赦令が公布・施行された。同大赦令は、その1条1項で「昭和二十年九月二日前左ニ掲グル罪ヲ犯シタル者ハ赦免ス」と、同項20号で「治安維持法違反ノ罪」と規定しているところ、木村亨らは、いずれもこれに該当し、かつ、同大赦令が公布・施行された同年10月17日までに、上記各有罪判決が確定していたことが明らかであるから、木村亨らについては、当時施行されていた恩赦令3条1号により、同日以後、上記各有罪判決による刑の言渡しはその効力を失ったものである。

(2) 大赦により赦免されたにもかかわらず、無罪を主張して再審を請求することが許されるか否かについては、消極説と積極説がある。

判例をみると、東京高裁昭和27年4月24日決定(高裁刑事判決特報29号148頁)は、確定判決が大赦によりその効力を失ったときは、これに対して無罪を主張して再審を請求することは許されないものと解すべきであるとしている(ただし、確定判決の後に刑の廃止があった場合につき、再審請求権は、刑の廃止により消滅しない旨判示する東京高裁昭和40年12月1日決定・高刑集18巻7号836頁がある。)。

学説は、消極説(平野龍一・刑事訴訟法341頁ほか)と積極説(臼井滋夫・法律実務講座刑事編12巻2740頁・総合判例研究叢書刑事訴訟法(14)192頁、鈴木壽一・法律実務講座刑事編12巻2941頁、団藤重光・新刑事訴訟法綱要7訂版593頁、岸盛一・刑事訴訟法要義406頁、横井大三・刑事裁判例ノート(5)362頁、鈴木茂嗣・刑事訴訟法292頁、森本和明・新刑事手続Ⅲ519頁、高田卓爾・注解刑事訴訟法下巻〔全訂新版〕351頁、臼井滋夫＝河村博・注釈刑事訴訟法〔新版〕7巻153頁、高田昭正・大コンメンタール刑事訴訟法7巻116頁ほか)に分かれている。

思うに、再審公判において、実体審理をせずに直ちに免訴の判決をすべきであるとしても、名誉回復や刑事補償等との関連では、再審を行う実益があることにかんがみると、積極説が相当と考えられる。したがって、検察官の上記所論は採用することができない。

2　次に、治安維持法が実質的に失効したとして刑の廃止があったことによる免訴事由を主張する再審請求が許されるか否かについて検討する。

検察官の所論は、

（1）ポツダム宣言の受諾は、昭和20年9月2日の降伏文書調印の時点で初めてなされたものであり、また、終戦の詔書の記載からは、同宣言の内容は不明であり、このような詔書を勅令に準じるものとして官報公告と同一の効果を認めることはできないのであって、原決定には、ポツダム宣言を受諾した日時についても、同宣言の内容が国内法的に効力を有するに至った時期についても、その判断を誤っている、さらに、降伏文書の記載自体からは、ポツダム宣言の受諾をもって治安維持法を始めとする関係法令を無効ないし廃止とするような効力が発生しているとは認められず、治安維持法について言えば、同年10月15日、「治安維持法廃止等ノ件」と題する昭和20年勅令第５７５号が公布され、同日廃止されるまでは、法的に有効に存在していたというべきであり、同年8月14日に実質的に失効したとする原決定は誤りである、（2）仮に木村亨らに適用された治安維持法の法条がその判決言渡当時において失効していたとしても、それは、事実の問題ではなく、「法的評価」そのものの問題であるから、およそ再審の対象となるものではない、旧刑訴法４８５条6号にいう免訴を言い渡すべき場合とは、訴訟条件となる実体的な事実について誤認がある場合を指すのであって、時効の起算点や中断に関する事実を原判決が誤って認定し、時効の起算点が早まったり、中断事由が存在しないことが新証拠によって認められ、その結果、時効完成という免訴事由が認められるような事実関係についての実体的な判断の変更がなされる場合に限られるのであり、刑の廃止があったことが後に分かったというような場合には、非常上告の問題となることはあっても、再審の対象外である、（3）そもそも治安維持法がその適用時において効力を有していたか否かは、法律判断の領域に属し、裁判所の専断事項であることは明白で、法律学者の鑑定にはなじまないし、単なる法律学者の学術的意見の開陳の域を出ない大石鑑定は、当該事件における事実の認定を左右するような証拠とはいえず、再審理由としての証拠の適格性を有しない、また、大石鑑定には、証拠資料としての新規性が認められず、大石鑑定と異なる意見もあるように、未だ確定的かつ統一的な見解など存在しないというのが現状であり、原判決の結論を覆すに足る蓋然性の存在、すなわち「明確ナル証拠」としての性格の存在も認められない、と主張する。

そこで、所論にかんがみ検討するに、原判断には、以下に述べるとおりの疑問がある。すなわち、所論（1）との関係では、治安維持法1条、10条の廃止につき、その実質的廃止を認めず、昭和20年10月15日公布の上記勅令によって廃止されたとするのか（浅古弘作成の鑑定意見書［以下、『浅古鑑定』という。］の結論）、あるいは、それ以前に実質的に廃止されたことを認めるかにつき学説上争いがあり（判例をみると、不敬被告事件についての最高裁昭和23年5月26日大法廷判決・刑集2巻6号529頁の多数意見は、大赦があったので免訴すべきであるとして、不敬罪がその行為当時消滅していたとの主張につき判断していないが、庄野理一裁判官の少数意見は、ポツダム宣言の受諾により不敬罪の保護法益が消滅し、不敬罪が実質的に廃止されていた旨述べていた。また、憲法の施行前すでにポツダム宣言の受諾によって直ちに自白に関する証拠上の制限に関する国民の権利が確立したとの所論を排斥した最高裁昭和25年2月1日大法廷判決・刑集4巻2号73頁がある。）、また、実質的廃止を認めるとしても、その時点を、昭和20年8月14日、日本国政府が連合国に対しポツダム宣言受諾を通告したときとするのか（大石鑑定は、明示的に判断を示していないが、この見解を前提としているように解される。）、翌日、天皇が終戦の詔書を発したときとするのか（原判断）、あるいは同年9月2日、降伏文書に署名がなされたときとするのかなどなど、その見解は様々であると考えられ、いずれを正当として採用すべきであるか、にわかに決し難い。原決定に影響を与えている大石鑑定の結論は、憲法学者らの間で有力な見解であることがうかがわれるところ、治安維持法1条の失効に関しては、説得的であるが、同法10条の失効に関しては、必ずしもそうではないようにも思われる。

さらに、所論（2）との関係では、再審は、事実認定の誤りの是正という点が基本になるのであるから、犯罪後の処罰法令の実質的失効が免訴事由に当たるとしても（最高裁昭和28年7月22日大法廷判決・刑集7巻7号1562頁参照）、処罰法令が実質的に失効したか否かは法解釈そのものという側面を有しており、それを根拠に再審理由があるとすることは、上記のような再審の本質と相容れないようにも思われるところである。すなわち、大石鑑定及び浅古鑑定は、それぞれ国際法学の学説、さらには大日本帝国憲法、治安維持法の解釈に基づく法的判断を行っており、この法的判断が、治安維持法の実質的失効を認めるのか、認めるとしてその時期はいつかという判断に直結している。加えて、所論（3）との関係でも、以上のように相当の見解の対立があることからすると、治安維持法の実質的失効を説く大石鑑定が、旧刑訴法485条6号にいう「明確ナル証拠」に当たるといえるのかも問題となってくるところである。

3　以上のようにみてくると、検察官の上記所論を直ちに排斥することは困難であり、免訴を言い渡すべき明確なる証拠を新たに発見した場合に当たるとして再審を開始した原判断をにわかに是認することはできない。しかし、以下の理由により、請求人らが主張する他の再審理由の主張（原決定がいう「再審理由3」）が理由あるものと認められるから（これについて、原決定は、判断を省略しているが、当審において直ちに判断することとする。）、原決定は、各請求につき再審を開始するとした結論においてこれを是認することができる。

4　原判決謄本不添付の点について

本件各再審請求には、原判決謄本の添付がなされていない。原審において、検察官は、この点について、小林英三郎及び由田浩についての請求に関し、原判決騰本の添付がなく不適法であるから、各再審理由を判断する以前に、旧刑訴法497条、504条により請求は棄却されるべきである旨主張しているので、まず、この点につき検討する。

この点について、原決定は、「原判決が保存されておらず、請求人がその謄本を取得することが物理的に不可能であるなど、本件各請求に原判決の謄本の添付がないことについては請求人の責めに帰すべきでない特殊な事情が存する。そうであれば、原判決の謄本の添付のないことのみをもって請求を棄却すべきではない。かかる特殊な事情が存する場合には、関係資料から再審理由の有無を判断できる程度に原判決の内容を推認できるのであれば、原判決の謄本の添付がなくても再審請求は適法なものとして認められると解するべきである。」と判断しており、正当である。

木村亨らに対する確定判決の判決原本が存在しないところ、請求人らは、判決書を復元し、これを各請求書において別紙として示しているが、その復元の過程は、関係資料に基づく、合理性を有するものと認められるので、これらを基に以下の判断を進めて差し支えないものと考える。なお、原決定は、小林英三郎及び由田浩に関して、刑の実質的廃止以外の再審理由のような具体的事実関係に基づく再審理由の有無を判断できる程度にまで至っているとは言い難いとするが、後述の再審理由があるとの判断をなす限りにおいては、小林英三郎（ただし、後述のとおりの補正をする。）及び由田浩に関しても、本件各請求書において復元された各判決書を基にすることで、差し支えないものと考える。

以下、各有罪の言渡しを受けた者ごとに、判決復元の合理性につき検討する。

①　木村　亨

木村亨については、同人に対する予審終結決定謄本写し（昭和20年8月27日付け。甲二号証の一［各請求人につき、証拠番号は同じであるが、以下、便宜、木村亨に係る事件記録を基に証拠を特定する。］）しか訴訟記録が存在しないが、特高月報（昭和19年8月分）写し（甲六号証）において、木村亨が「党再建準備会グループ」及び「中央公論社グループ」所属とされているところから、いわゆる横浜事件の関係被告人の予審終結決定（謄本）写し、判決（謄本）写し等を参考の上、木村亨の予審終結決定記載の認定事実から「いわゆる」と、木村亨の判決の認定事実からいわゆる「泊会議」の1件を除いて木村亨の判決の認定事実とし、証拠としては、木村亨の当公廷における供述のみか、このほか、木村亨の予審訊問調書、本件記録編綴の相川博に対する予審訊問調書謄本の記載、木村亨の司法警察官訊問調書及び木村亨の検事に提出せる手記の一部あるいは全部が併記されていると推認しているのは（証拠については、便宜小野康人の判決にならって復元したとする。）、合理性があると考えられる。

② 小林英三郎

小林英三郎については、同人の判決及び訴訟記録として、存在が明らかなものは全くない。小林英三郎は、甲六号証において、「改造社グループ」に所属していると されているところから、同グループに所属したとされる小野康人の判決謄本写し、相川博の予審終結決定写しを検討したが、これらに小林英三郎の具体的犯罪行為は全く現れない。しかし、甲六号証によれば、小林英三郎が、昭和16年9月ころから特に「改造時局版」の編集活動に関し、他の改造社の編集部員と提携して、満鉄系共産主義執筆者等を動員して大衆啓蒙に努めたことが容疑事実であったことが認められるので、小林英三郎の認定事実もこの事実に限られるものと推認し、証拠としては、小野康人の判決に挙示されたものを出ないと推認しているが、一応の合理性を有するものと考えられる（ただし、その活動をなした時期は、甲六号証に従い、昭和16年9月ころから昭和17年5月ころの間とすべきであろう。なお、残された関係被告人の判決からすると、細川嘉六の家族の救援金を拠出した行為等も含まれていた可能性がないとはいえない。）。

③ 由田　浩

由田浩については、同人の判決及び訴訟記録で、存在が明らかなものは全くないが、由田浩は、甲六号証において、「政治経済研究会グループ」に属していたとされているので、いずれも同グループに属するとされる小川修、白石芳夫及び和田喜太郎の各判決（謄本）写し、高木健次郎、森數男、白石芳夫及び板井庄作の各予審終結決定（謄本）写し並びに甲六号証に由田浩の名前が現れる各事実を集めるなどして、判決の認定事実を推認し、証拠は、小川修、白石芳夫及び和田喜太郎の各判決（謄本）写しと同様、被告人の当公廷における判示同旨の供述を挙示していると推認しているが、合理性があるといえる（なお、由田浩は、後記同人の口述書写しにおいて、司法警察官から手記の作成を命じられ、事実の歪曲を強いられた被疑事実を列挙している。）。推認のための資料は、小林英三郎の場合より相当に多いといえる。

④　高木健次郎

高木健次郎については、訴訟記録としては、同人に対する予審終結決定写し（昭和20年8月24日付け。甲二号証の七）しか存在が明らかでないので、高木健次郎の予審終結決定写しを主たる根拠とし、高木健次郎が甲六号証において、「政治経済研究会グループ」に属していたとされているので、同グループに所属するとされる小川修、白石芳夫及び和田喜太郎の各判決（謄本）写し、森數男、白石芳夫及び板井庄作の各予審終結決定（謄本）写しを参考にし、高木健次郎に対する判決の認定事実も同人に対する予審終結決定の事実と同一であると推認し、証拠としては、小川修、白石芳夫及び和田喜太郎の各判決（謄本）写しと同様、被告人の当公廷における判示同旨の供述を挙示しているものと推認できるとしているが、合理性を有すると考えられる。

⑤　平館利雄

平館利雄については、同人の判決及び訴訟記録で、存在が明らかなものは全くないが、平館利雄が、甲六号証において、「党再建準備会グループ」、「ソ連事情調査会」及び「満鉄グループ」所属とされているところから、各グループに共通して所属するとされるなどした西澤富夫の判決謄本写しを主たる根拠とし、同じく各グループ所属の細川嘉六及び相川博の予審終結決定写し、木村亨の予審終結決定謄本写し、益田直彦の判決写し、西尾忠四郎の予審終結決定謄本写し、小野康人の予審終結決定謄本写し及び判決謄本写し等を参考にして、平館利雄の判決の認定事実を推認し（ただし、いわゆる「泊会議」の件は、小野康人の判決においては認定されていないので、平館利雄についても認定されていないものと推認した。）、証拠としては、被告人の当公廷における供述のみか、このほか、被告人に対する予審訊問調書、被告人に対する相川博に対する予審訊問書謄本の記載、被告人に対する司法警察官訊問調書、被告人の検事に提出せる手記の記載の一部あるいは全部が併記されているものと推認した（ただし、復元判決では、証拠については、便宜西澤富夫の判決にならった。）としているのは、合理性があると考えられる。

なお、付言するに、いわゆる横浜事件関係被告人の残された判決（謄本）写し及び予審終結決定（謄本）写し等を検討すると、それらに記載の犯罪事実は、いずれも、要するに、「……等の諸般の活動をなし、もって、（国体を変革することを目的とし、かつ、私有財産制度を否認することを目的とする結社である）コミンテルン及び日本共産党（ただし、昭和18年6月のコミンテルン解散声明後の行為については、後者のみを掲げているようである。）の目的遂行のためにする行為をなした」（これは、治安維持法1条後段及び10条にそれぞれ該当する事実で、刑法54条1項前段の観念的競合であり、科刑上一罪となる。）というものであり、この限度を出るものはない。そうすると、木村亨らに関しても、予審終結決定（謄本）写しが存する者はもちろん、そうでない者についても、上記甲6号証等の参考資料をも併せ検討すると、それぞれの判決において認定された事実は、上記の限度内の事実であったことは動かないと認められる。そうであるとすると、個々の具体的犯罪行為をすべて詳細に確定できなくても、後述の判断をなす限りにおいては、例えば、小林英三郎に関して行った程度の犯罪事実の推認でも差し支えないものと解する。また、挙示証拠も、後に詳述するが、上記程度の限度を出ないものと考えられるから、それぞれ上記の推認が合理的なものといえる。

5　原決定がいう再審理由3、4について

（1）請求人らは、木村亨らに無罪の判決をなすべき理由として、①原判決は、木村亨らの自白に基づいているが、当該自白は拷問ないしその影響下になされたものであって、信用性を欠くので、旧刑訴法485条6号に該当する事由がある（原決定がいう「再審理由3」）、②いわゆる横浜事件の捜査に関与した司法警察官である松下英太郎警部ほか2名は、同事件の被疑者の一人である益田直彦に対する特別公務員暴行傷害罪によって有罪の確定判決を受けており、旧刑訴法485条7号にいう検察官には司法警察官をも含むと解するのが相当であり、また、松下英太郎警部ほか2名は、いわゆる横浜事件の全被疑者に対する拷問の責任を負うべきものであることを考慮すれば、その有罪確定判決は、木村亨らについても、同条同号にいう「確定判決」に含ませるのが相当であるから、旧刑訴法485条7号に該当する事由がある（原決定がいう「再審理由4」）、と主張している。

これに対し、検察官は、原審において、上記主張①につき、木村亨及び平館利雄に関しては、そもそも、同主張は、上記両名がすでに第1次再審請求に際して主張し、理由なしとして棄却されたものと同一のものであり、小林英三郎に関しては、そもそも、同主張は、同人がすでに第1次再審請求に際して主張していたものと同一のものであり、同一の原由による再審請求を禁じた旧刑訴法505条2項に抵触する、仮にそうでないとしても、上記3名に関し、さらには、その余の由田浩及び高木健次郎に関し、各有罪の言渡しを受けた者についても、原判決の原本及び記録が存在しないのであるから、有罪認定に用いられた証拠がいかなるものであったかを確定することができず、各有罪の言渡しを受けた者及び相川博らの供述以外に各有罪の言渡しを受けた者の犯罪事実を証明する証拠がなかったと断言することができない、また、請求人らが新証拠として主張する上記特別公務員暴行傷害事件の有罪確定判決は、益田直彦に対する関係で拷問の事実があったことを認定したにとどまり、木村亨らに対しても拷問を加えたとの事実を認定をするものではなく、同判決が木村亨らの供述の信用性判断を左右する直接証拠となるものではない、そして、今回の請求に際して提出された証拠、資料を総合しても、依然として、木村亨らの供述が内容虚偽であって、それがゆえに確定判決の有罪認定に対して合理的な疑いを抱かせる蓋然性すなわち「明白性」の要件が充足されると認めることはできない、上記主張②につき、同主張も、木村亨、小林英三郎及び平館利雄に関しては、それぞれ前同様であるから、旧刑訴法505条2項に抵触するほか、仮にそうでないとしても、上記3名に関し、さらには、その余の由田浩及び高木健次郎に関し、旧刑訴法485条7号には、司法警察官の職務犯罪が含まれていないことは、文言上明らかであるし、上記有罪確定判決は、木村亨らに関するものではないから、同条同号に該当しないことも明らかであるなどと主張する。

そこで、これらの主張を踏まえて、以下、検討する。

（2）木村亨らを含むいわゆる横浜事件の被検挙者のうち33名は、昭和22年4月、同人らを取り調べた元神奈川県警部松下英太郎、同柄沢六治及び元神奈川県警部補森川清造（告訴状では、森川利一と表記されていたが、後記各判決では、森川清造と表記されている。）を含む警察官多数を横浜地方裁判所検事局に対し、特別公務員暴行傷害罪により告訴したところ、松下英太郎、柄沢六治及び森川清造の3名が横浜地方裁判所に特別公務員暴行傷害罪により起訴され、同裁判所は、昭和24年2月25日、上記3名に対し、部下の司法警察官数名と共謀していわゆる横浜事件関係者の益田直彦に対し暴行陵虐の行為をなし、傷害を負わせた事実を認定して松下英太郎を懲役1年6月、柄沢六治及び森川清造をそれぞれ懲役1年に処する旨の判決を言い渡し、同人らが控訴したが、東京高等裁判所は、昭和26年3月28日、上記3名に対し第1審判決とほぼ同じ事実を認定し、それぞれに対し第1審判決と同じ刑を言い渡し、同人らは、さらに上告したが、最高裁判所第一小法廷は、昭和27年4月24日各上告棄却の判決を言い渡し、上記有罪判決は確定した（各判決謄本写しが甲四号証の一ないし三）。

東京高等裁判所が認定した事実の要旨は、「被告人ら3名は、神奈川県警察部特別高等課に勤務していたもので、被告人松下英太郎は左翼係長警部、被告人柄沢六治、同森川清造は同係取調主任警部補の地位にあって各司法警察官として思想事件の捜査に従事していたが、その職務に従事中、昭和18年5月11日、治安維持法違反事件の被疑者として検挙された益田直彦（当時世界経済調査会員）の取調べに際し、同人が被疑事実を認めなかったので、被告人らはその他の司法警察官等と共謀して同人に拷問を加えて自白させようと企て、同月12日ころから約1週間位の間、数回にわたって、神奈川県神奈川署の警部補宿直室において、益田直彦に対し、頭髪をつかんで股間に引き入れ、正座させた上、手拳、竹刀のこわれたもの等で頭部、顔面、両腕、両大腿部等を乱打し、これにより腫れ上がった両大腿部を靴下ばきの足で踏んだり揉んだりする等の暴行陵虐の行為をなし、よって、益田の両腕に打撲傷、挫傷、両大腿部に打撲挫傷、化膿性膿症等を被らせ、そのうち両大腿部の化膿性膿症についてはその後治療まで数ヶ月を要せしめたのみならず長くその痕跡を残すに至らしめた。」というものであった。

（3）ところで、請求人らは、旧刑訴法485条7号該当の主張もし、同条同号の「(略) 公訴ノ提起若ハ其ノ基礎ト為リタル捜査ニ関与シタル検察官（略）被告事件ニ付職務ニ関スル罪ヲ犯シタルコト確定判決ニ因リ証明セラレタルトキ」との規定中の検察官には司法警察官をも含むと解するのが相当であると主張する。ことに、治安維持法においては、刑事手続の特則が定められており、その捜査に関しても、例えば、同法26条1項において、「検事ハ被疑者ヲ訊問シ又ハ其ノ訊問ヲ司法警察官ニ命令スルコトヲ得」と規定されていることなどからすると、治安維持法の捜査に関して、特に、旧刑訴法485条7号にいう検察官には、司法警察官が含まれると解釈すべき根拠があるようにも思われる。また、上記3名が職務に従事中犯した犯罪に対する有罪確定判決は、益田直彦に関するものであるが、上記3名は、その立場上も、いわゆる横浜事件全体の捜査を指揮するなどし、他の被疑者に対する拷問にも直接関与していたことがうかがわれることなどからすると、上記3名の確定判決は、益田直彦に対する被告事件についてのものであるが、木村亨らに対する被告事件についても相応の関係あるいは意味を有するものであることも否定できない。

（4）結論としては、木村亨らにつき、旧刑訴法485条7号に該当する事由があると直ちにはいえないとしても、以下のとおり、木村亨らについて、旧刑訴法485条6号の事由のあることが肯定される。

すなわち、いわゆる横浜事件関係被告人益田直彦に関する司法警察官3名の上記有罪確定判決が、直ちに木村亨らにつき旧刑訴法485条7号のそれに該当するといえないとしても、その確定判決の存在により、木村亨ら及び他のいわゆる横浜事件関係被告人が上記告訴をするに当たって提出した、告訴状の付属書類である各口述書写し（甲五号証の二の1ないし31）及び「警察における拷問について」と題する書面（板井庄作作成）写し（甲五号証の三）並びに陳述書（板井庄作作成。甲一五号証の一）等の信用性を否定することが極めて困難になったといわなければならない。益田直彦に関しては、上記有罪確定判決において、同人作成の口述書写し（甲五号証の二の3）において述べられているところとほぼ同様の拷問の事実が認定されているところである。また、多数の告訴事実から、益田直彦に対する拷問の事実のみが起訴されたのは、同人の口述書写しにあるように、口述書作成当時も両股に傷跡が残っているなどの立証方法があったからであることがうかがわれるから、益田直彦に対する拷問が、いわゆる横浜事件の司法警察官による取調べの中で例外的出来事であったとみるべきものではない。

個別的にみると、木村亨らの各口述書写しにおいては、要旨、以下の事実が供述されている。各口述書は、刑事告訴の目的で作成されたものであり、その内容も必ずしも統一がとれていないが（例えば、平館利雄の場合、拷問の事実だけで、取調べとの関連については、ほとんど供述されていない。）、その要旨を記載する。

① 木村　亨（甲五号証の二の7）

昭和18年5月26日検挙。同日、山手警察署2階取調室土間において、柄沢六治、佐藤兵衛ほか8名くらいから、約1時間にわたり、竹刀、棍棒、竹刀のバラ、泥靴等により、頭、顔、背、膝、手、足を滅多打ちされ、全身疼痛激しく発熱あり。同月27日、同所において、森川、赤池ら7、8名から前同様の拷問を受ける。同月30日、同所において、森川、赤池から拷問を受ける。同年8月6日、同署特高室において、森川・荒木から前同様の拷問を受ける。同月末日、同署2階取調室土間において、森川、佐藤、赤池、荒木ら7、8名から、裸にして縛り上げ、正座させた両足の間に太い棍棒を差し込み、膝の上に乗っかかり、ロープ、竹刀、棍棒で全身をひっぱたく拷問を受け、半失神状態で房へ帰る。加えて、差入食物を厳禁し、手記を幾度となく書き改めさせ、手記の捏造を行った。昭和19年4月末、未決移監となり、検事調べに際し、検事に抗議した。予審判事に対しても、事件の捏造を徹底的に暴露し、石川予審判事も、予審調書においては、これを全部取り消した。昭和20年8月25日、石川予審判事は、木村の徹底糾弾に対し、詫び言を繰り返した。

② 小林英三郎（甲五号証の二の21）

昭和19年1月29日検挙。同日伊勢佐木警察署調室において、高橋警部補の取調べがあり、自白を強要されたが、否認した。その後4、5日して、同署取調室において、松下英太郎警部ほか2名が、頭髪をつかんで顔面を殴打した。その後約1ヶ月して、柄沢警部補、石橋部長、中村巡査らが、前同所で取調べを行い、否認すると、土間に正座させて頭髪をつかんでねじり、両側からたたいたり蹴ったりして、歩行困難な程度になった。さらに数日後、前記3名が同署宿直室で取調べを行い、まだ十分自白しないと言って、両手を縛り、頭髪をもって引き倒し、木片様のもので背中を打ち、足で全身を踏みつけたが、非常に苦痛を訴えたので、一応中止した。その後、これと同様のことが数回行われた。このような取調べは同年3月末まで続いた。昭和19年11月2日横浜拘置所へ移監。昭和20年1月末起訴された。その後同年5月ころ、簡単な予審取調べが1、2回あったのみで、終戦後、同年8月20日、予審判事から、警察及び検事局の調書内容を是認すれば、帰れるようにするからと妥協的申し入れがあり、これを承認したので、予審、公判とも事実についての取調べは何ら行わず、形式的な手続だけで、同月29日執行猶予を申し渡されて釈放された。

③　由田　浩（甲五号証の二の13）

昭和18年9月9日検挙。横浜臨港警察署に留置。同日、同署3階調室において、最初の訊問調書を取る機会に、否認すると、神奈川県警察部特高課室賀警部補ほか2名が、竹刀の折れたのや弓の折れたの等で全身を強烈に乱打し、膝裏に三角棒をはさんで座らせ、腿の上を泥靴で踏みつけるなどした。2時間余を経過し、虐殺の憂き目にあうを恐れ、やむなく訊問を肯定し、署名捺印し、そのまま人事不省に陥った。大腿部、背部、腕、顔面に受けた傷は、約2週間治らなかった。その3、4日後、特高課左翼係長松下警部、逗子警部補らが来て、又もや、前回のごとき暴行傷害を加えて陳述を強いた。その後、訊問調書の資料とするため、同年10月中旬より、毎日、手記の作成を命ぜられ、事実の歪曲を強いられた。そのために、同年11月中ごろ、室賀警部補からさらに竹刀、鞭をもって乱打されるなどした。取調検事も事実の歪曲をし、起訴行為を正当化せんとした。予審に当たった広沢判事は、昭和20年8月15日の終戦後、妥協的態度に出て、予審も長引き、家族の者達も心配するだろうから、検事の起訴事実を認めるなら、執行猶予にしてやるから穏便にしてはどうかと言い、同月30日横浜地方裁判所で、懲役4年の求刑で、懲役2年、3年間執行猶予の判決を宣告された。

④　高木健次郎（甲五号証の二の10）

昭和18年9月9日検挙。保土ヶ谷警察署に勾留。同月10日、同所柔道場において、石渡六郎警部、横山巡査部長、佐藤兵衛巡査部長らから自白を強いられ、否認すると、両頬を平手で打ち、木剣で腿を乱打した。これが午前、午後と続き、午後3時過ぎに遂に昏倒した。医師が診察に来て、注射を打ち、薬をくれた。翌11日も、石渡らから拷問を受ける。傷は2週間ほどで大体治った。その後、取調べは、主として石渡警部が当たり、下調べが約1ヶ月間断続して行われた後、訊問調書作成の基礎となるべき手記を作成させられ、同年12月下旬完了した。その後、石渡は訊問調書作成に従事したが、そこでは、捏造とでっち上げがなされた。昭和19年1月25日拘置所に移監されて、昭和20年8月30日釈放まで約1年7ヶ月間、未決被告として過ごした。

⑤ 平館利雄（甲五号証の二の5）

昭和18年5月11日検挙。昭和19年3月31日拘置所に移監されるまで、警察留置期間中、無数の拷問を受けたが、そのうち最も残虐なるものは2回ほどある。第1回は、昭和18年5月18日ころ、山手警察署2階取調室において、松下英太郎係長、森川警部補、村沢巡査部長らから拷問を受ける。両手を後ろ手に縛し、竹刀で左右から両膝を交互に約30分間にわたり打撃を加えた。もうろう状態になったので、一時打撃を中止したが、意識を回復するや再び打擲を始め、約30分継続した。頭髪をつかみ畳の上をねじり廻した。苦痛のため昏睡状態になる。這って房に帰ったが、2、3日床から起き上がり得なかった。第2回は、同年5月21日ころ、磯子警察署2階調室において、森川警部補、村沢らから、前同様の拷問を受ける。やはり昏睡状態に陥り、這うようにして房に帰り、5日間ばかりは身体の苦痛のため起き上がることができなかった。

以上によれば、益田直彦に対する特別公務員暴行傷害罪により有罪確定判決を受けた司法警察官3名は、木村亨らのうち、高木健次郎を除く4名に対する拷問にも直接関与している。そして、木村亨らは、同人らが司法警察官から受けた拷問の回数、内容、程度等に個人的差異はあるものの、いずれもが治安維持法違反被疑事件により勾引されて警察署に引致された直後ころから、警察署留置場に勾留されている間、その取調べ中、相当回数にわたり、拷問を受けたこと、そのため、やむなく、司法警察官の取調べに対し、虚偽の疑いのある自白をし、訊問調書に署名押印した（手記の作成を含む。）ことが認められる。虚偽の疑いがある自白部分は、外形的な個々の具体的行為を行ったことについてというよりは、個々の具体的行為を、国体を変革することを目的とし、かつ、私有財産制度を否認することを目的とする結社であるコミンテルン及び日本共産党の目的遂行のためにする意思をもってなしたことなどの主観的要件等に関するものであったと考えられる（以下の自白の場合も同じ。）。

その後、司法警察官による拷問の影響継続下にあって、検事の取調べに対し、前同様の自白をし、訊問調書に署名押印した（手記の作成を含む。）者、さらに、予審判事による被告人訊問に対し、前同様の自白をした者（なお、後記相川博は、このような一人と考えられる。）もいたことがうかがわれる。そして、木村亨らは、昭和20年8月15日の終戦後しばらくして、勾留期間が長期にわたっている中で、予審判事らの示唆に応じ、寛大な処分を得ることを期待して（なお、同年9月15日に判決を受けた木村亨及び平館利雄は、それぞれ、同月4日、同月2日、判決宣告前に保釈により釈放された。）、いずれも、予審判事に対し、犯罪事実をほぼ認めて、前同様の自白をして予審終結決定を得（上記のとおり、木村亨のそれは、同年8月27日付けであり、高木健次郎のそれは、同月24日付けである。）、公判廷においても、公判に付された罪となるべき事実を認めて、前同様の自白をし（公判廷の自白といっても、各口述書写し等によれば、複数人共同で、短時間で終了した即決裁判を受けていることがうかがえ、具体的な事実関係を自白したものとは認められない。）、執行猶予付き判決を得たことが認められる。したがって、木村亨らの上記のいずれの自白も、個々の具体的行為を、上記各結社の目的遂行のためにする意思をもってなしたことなどの主観的要件等に関しては、信用性のない疑いが顕著である（旧刑訴法下にあっても、拷問等により得られた任意性のない自白は証拠となし得ないとの考えなどもあり得ようが、ここでは、上記のような公判廷の自白も存するので、まとめて証明力の問題として検討する。）。

一方、各有罪確定判決に挙示された証拠について検討するに、いわゆる横浜事件の関係被告人の残されている判決によると、当該被告人の当公廷における供述のみか、あるいは、これにその被告人の司法警察官訊問調書（後記各残存判決中、検察官訊問調書が挙示されている例は見当たらない。）、その被告人作成の検事に提出した手記（後記各残存判決中、司法警察官に提出した手記が挙示されている例は見当たらない。）、予審訊問調書が併記されており、一人の被告人については、いわゆる横浜事件関係被告人である相川博の予審訊問調書謄本（同人のこの供述も、同人の口述書写し［甲五号証の二の8］等によると、司法警察官による拷問の影響下にある虚偽の疑いのある自白として、上記の主観的要件等に関して信用性のない疑いが顕著である。）も挙示されていたことが認められるから、木村亨らについても、最大限、同様の証拠が挙示されていたと推認して誤りであるとはいえない。詳説するに、現存する判決（謄本）写し（甲一号証の一ないし八）によれば、白石芳夫（昭和20年7月31日宣告。懲役2年、3年間執行猶予）、小川修（同日宣告。懲役2年、3年間執行猶予）、和田喜太郎（同年8月21日宣告。懲役2年、未決勾留日数２００日本刑算入）、手島正毅（同年9月1日宣告。懲役2年、3年間執行猶予）、小森田一記（同年9月4日宣告。懲役2年、

3年間［ただし、甲一号証の四では判読不能のため、推測となる。］執行猶予）及び益田直彦（同日宣告。懲役2年、3年間執行猶予）の各判決（謄本）写しでは、いずれも被告人の当公廷における（判示同旨の）供述のみを掲げており、小野康人（同年9月15日宣告。懲役2年、3年間執行猶予）の判決謄本写しでは、被告人の当公廷における供述、被告人に対する予審訊問調書の記載、相川博に対する予審被告人訊問調書謄本の記載、被告人に対する司法警察官訊問調書の記載を掲げており、西澤富夫（同日宣告。懲役2年、3年間執行猶予）の判決謄本写しでは、被告人の当公廷における供述、被告人に対する予審訊問調書及び予審請求書の各記載、被告人に対する司法警察官訊問調書の記載並びに被告人の検事に提出せる手記の記載を掲げている。以上によれば、昭和20年9月15日宣告分は、被告人の当公廷における供述のほか、被告人のそれまでの自白等を掲げて詳しくなっているが、同月4日以前の宣告分では、被告人の当公廷における供述のみであることが指摘できよう。

すなわち、各被告事件につき、当該被告人の自白（さらには、罪となるべき事実に相川博が関係する被告人の場合は、相川博の上記自白が含まれる。以下、同じ。）が挙示証拠のすべてであることがいわゆる横浜事件関係被告人の判決の特徴であり、そのために、当該被告人の自白の信用性に顕著な疑いがあるとなると、直ちに本件各確定判決の有罪の事実認定が揺らぐことになるのである。要するに、治安維持法1条後段、10条違反の各行為につき、個々の具体的行為を、国体を変革することを目的とし、かつ、私有財産制度を否認することを目的とする各結社の目的遂行のためにする意思をもってなしたことなどの主観的要件等につき、当該被告人の自白を除くと、これを証すべき証拠が何ら存在しないことになる。しかも、何らかの間接事実等により、これを推認できるとも考え難い。

以上の理由により、上記3名の司法警察官に対する1審、2審、3審の各判決（謄本）写し（甲四号証の一、二、三）、木村亨らの口述書写しを含む31通の口述書写し（甲五号証の二の1ないし31）、「警察における拷問について」と題する書面（板井庄作作成）写し（甲五号証の三）及び陳述書（板井庄作作成。甲一五号証の一）等は、木村亨らに対し、無罪を言い渡すべき、新たに発見した明確な証拠であるということができる。

（5）なお、木村亨ら5名のうち、木村亨、小林英三郎及び平館利雄は、各有罪の確定判決に対し、昭和61年7月3日横浜地方裁判所に再審請求をし、同裁判所は、昭和63年3月28日再審請求棄却決定をし、東京高等裁判所は、同年12月16日即時抗告棄却決定をし、最高裁判所は、平成3年3月14日特別抗告棄却決定をした（これが第一次再審請求である。)。

この3名のうちの小林英三郎に関しては、第一次再審請求において、再審請求の理由の有無の判断の手がかりとなる程度の証拠資料の提出もないとして、結局、法律上の方式違反として、旧刑訴法497条、504条により不適法棄却されている。

他方、木村亨及び平館利雄に対する1審決定は、「本件再審請求書に原判決謄本の添付がないうえ、請求人についての原判決原本及び訴訟記録は裁判所及び検察庁に保存されておらず(当裁判所の事実取調べの結果によれば、太平洋戦争が敗戦に終わった直後の米国軍の進駐が迫った混乱時に、いわゆる横浜事件関係の事件記録は焼却処分されたことが窺われる)、他に原判決認定の犯罪事実及びこれを認めた証拠の内容について、これを明らかにすべき証拠資料は存在しない。」との基本的判断に立ち、各再審請求は、旧刑訴法485条6号、7号所定の要件に該当する場合とは認められず、その理由がないので同法505条によりこれを棄却するとしている。

その結論に至る過程で若干の実体的判断をしているがごとくであるが、要するに、確定判決の認定事実及びその認定の基礎となった証拠資料の内容の把握ができないということに尽きており、その実質は、前記小林英三郎同様、法律上の方式に違反したとする不適法棄却であると解してよい。したがって、木村亨、小林英三郎及び平館利雄の本件各再審請求については、いずれも旧刑訴法505条2項(同条同項の規定は、「前項ノ決定アリタルトキハ同一ノ原由ニ因リ再審ノ請求ヲ為スコトヲ得ス」というもので、現行刑訴法447条2項と同旨である。)の適用を受けないものというべきである。この点に関する検察官の主張は採用の限りでない。

そうすると、木村亨らについては、いずれも旧刑訴法485条6号の事由があるので、この点で、本件各再審請求は理由がある。したがって、本件各再審請求について再審を開始するとした原決定は、結論において正当であり、本件各即時抗告の申立ては、結局、理由がないことに帰する。

よって、旧刑訴法466条1項により本件各即時抗告を棄却することとし、主文のとおり決定する。

平成17年3月10日

東京高等裁判所第3刑事部

裁判長裁判官　中川　武隆

裁判官　毛利　晴光

裁判官　鹿野　伸二

第四次再審請求（二〇〇二・3～二〇〇八・10）

請求審（横浜地裁）

■二〇〇二・3・15　再審請求書
■〃・12・17　再審請求補充書（1）
■二〇〇三・5・19　再審請求補充書（2）
■〃・8・4　検察官意見書
■二〇〇四・6・22　検察官への求釈明書
■二〇〇五・3・17　上申書（検察官への釈明請求）
■〃・5・26　検察官釈明書
■二〇〇六・5・31　再審請求補充書（3）
■二〇〇七・11・5　再審請求補充書（4）
■二〇〇八・1・31　申立書（三者協議要望）
■〃・3・18　上申書（事件の実体判断を）

■〃・10・31　再審開始決定

再審請求書

東京都八王子市――――――
請求人（亡小野康人の二男）小野　新一
東京都渋谷区――――――
請求人（亡小野康人の長女）齋藤　信子

請求人らは、亡小野康人に対する治安維持法被告事件に関し、横浜地方裁判所が１９４５（昭和20）年９月15日に言い渡した有罪判決について、以下のとおり、「無罪ヲ言渡スベキ明確ナル証拠」を「新ニ発見シタ」ので、旧刑事訴訟法４８５条６号に基づき、再審を請求する。

横浜地方裁判所
刑事部　御中

2002（平成14）年3月15日

請求人ら弁護人

弁護士　日下部長作
同　山本　一郎
同　山本　祐子
同（主任）大川　隆司
同　小沢　弘子
同　佐藤　博史
同　笹隈みさ子
同　笹森　学
同　横山　裕之
同　藤田　充宏
同　竹田　真

目　次

第1　請求の趣旨

請求人らの被相続人である小野康人に対する治安維持法被告事件に関し、横浜地方裁判所が1945（昭和20）年9月15日に言い渡した有罪判決について、再審を開始する。

との決定を求める。

第2　請求の理由

1　請求人らと小野康人との関係

請求人小野新一は、1959（昭和34）年1月5日に死亡した小野康人（やすひと）（以下、小野）の二男、請求人齋藤信子は、小野の長女で、いずれも、小野の相続人である（戸籍謄本（甲1号証の1、2））。

2 確定判決が認定した犯罪事実と証拠

（1）小野に対する治安維持法違反被告事件に関し、横浜地方裁判所は、1945（昭和20）年9月15日、以下のとおりの「犯罪事実」を認定し、小野に対し、懲役2年執行猶予3年の判決を言い渡したが（確定判決〔甲2号証〕）、検事（＊）及び小野から控訴がなされなかったため、同判決は、控訴期間の経過とともに確定した（以下、確定判決。なお、以下の引用では、原文中の「」を生かすため、『』を外括弧とする）。

＊事件の取調べ及び公判立会検事は、山根隆二である。

『被告人ハ大正十四年三月東京都神田区三崎町大成中学校第四学年ヲ修了シ昭和三年四月法政大学豫科ニ入学昭和六年三月同大学豫科ヲ卒業シタル後一時実兄築井健人ノ営ム出版業ヲ手伝ヒ居リタルカ昭和十年四月同大学英文学部ニ入学シ昭和十三年三月同学部ヲ卒業スルヤ直ニ東京都芝区新橋七丁目十二番地改造社ニ入社シ同社発行ノ雑誌「大陸」「改造時局版」「改造」並ニ改造社出版部ノ各編輯部員トシテ昭和十八年五月二十六日検挙セラルル迄勤務シ居リタルカ前記法政大学豫科ニ在学中当時ノ社会思潮ノ影響ヲ受ケエンゲルス著「社会主義ノ発展」マルクス著「賃労働ト資本」「労賃価格及利潤」等ノ左翼文献ヲ繙読シタル結果終ニ昭和五年末頃ニハ共産主義ヲ信奉スルニ至リ昭和七年初頃日本「プロレタリア」作家同盟東京支部員ニ推薦セラレ左翼文化運動ニ従事シタル経歴ヲ有スルモノナルトコロ「コミンテルン」カ世界「プロレタリアート」ノ独裁ニ依ル世界共産主義社会ノ実現ヲ標榜シ世界革命ノ一環トシテ我国ニ於テハ革命手段ニヨリ国体ヲ変革シ私有財産制度ヲ否認シ「プロレタリアート」ノ独裁ヲ通シテ共産主義社会ノ実現ヲ目的トスル結社ニシテ日本共産党ハ其ノ日本支部トシテ其ノ目的タル事項ヲ実行セントスル結社ナルコトヲ知悉シ乍ラ孰レモ之ヲ支持シ自己ノ職場ノ内外ヲ通シテ一般共産主義意識ノ啓蒙昂揚ヲ図ルト共ニ左翼分子ヲ糾合シテ左翼組織ノ拡大強化ヲ図ル等前記両結社ノ目的達成ニ寄与セムコトヲ企図シ

第一、昭和十七年七月中旬頃開催セラレタル雑誌「改造」ノ編輯会議ニ於テ相川博カ細川嘉六執筆ニ係ル「世界史ノ動向ト日本」ト題スル唯物史観ノ立場ヨリ社会ノ発展ヲ説キ社会主義ノ実現カ現在社会制度ノ諸矛盾ヲ解決シ得ル唯一ノ道ニシテ我国策モ亦唯物史観ノ示ス世界史ノ動向ヲ把握シテソノ方向ニ向ッテ樹立遂行セラルヘキコト等ヲ暗示シタル共産主義的啓蒙論文ヲ雑誌「改造」ノ同年八月号及九月号ニ連続掲載発表ヲ提唱スルヤ被告人ハ該論文カ共産主義的啓蒙論文ナルコトヲ知悉シナカラ之ヲ支持シ編輯部員青山鉞治ト共ニ八月号ノ校正等ニ盡力シテ該論文（昭和十九年地押第三七号ノ二四ノ八頁

乃至二九同号ノ二五ノ一六頁乃至四七頁）ヲ豫定ノ如ク掲載発表シテ一般大衆ノ閲読ニ供シテ共産主義的啓蒙ニ努メ

第二、前記細川嘉六カ曩ニ発表シタル「世界史ノ動向ト日本」ト題スル論文等ニヨリ昭和十七年九月十四日治安維持法違反ノ嫌疑ニテ検挙セラルルヤ同年十月二十日頃西尾忠四郎ヨリ細川家族ノ救援ニ資スル為出捐アリタキ旨要請セラルルヤ即時之ヲ快諾シ同月二十五日頃東京都赤坂葵町「満鉄」東京支社調査室ニ於テ金二十円ヲ西尾忠四郎ニ依託シテ細川家族ノ救援ニ努メタル等諸般ノ活動ヲ為シ以テ「コミンテルン」及日本共産党ノ目的遂行ノ為ニスル行為ヲ為シタルモノナリ』

（2）そして、確定判決が「証拠」として引用したのは、以下の4つである。

「一、被告人ノ当公判ニ於ケル供述
一、被告人ニ対スル豫審第四回訊問調書ノ記載
一、本件記録編綴ノ相川博ニ対スル豫審第四回被告人訊問調書謄本ノ記載
一、被告人ニ対スル司法警察官第十六回訊問調書ノ記添《ママ》（引用者注・「記載」の誤記と思われる）」

また、確定判決が「法律ノ適用」として掲げたのは、「治安維持法第一条後段、第十条、刑法第五十四条第一項前段、第十条、第六十六条、第六十八条第三号、第七十一条、第二十五条」である。

このうち、本再審請求との関係で重要なのは、治安維持法第1条後段（以下、本文で条文を引用する場合は、アラビア数字を用いる）と第10条である。そこで、治安維持法第1条と第10条を確認しておくと、そこには以下のようにあった。

治安維持法第1条

「国体ヲ変革スルコトヲ目的トシテ結社ヲ組織シタル者又ハ結社ノ役員其ノ他指導者タル任務ニ従事シタル者ハ死刑又ハ無期若ハ七年以上ノ懲役ニ処シ情ヲ知シリテ結社ニ加入シタル者又ハ結社ノ目的遂行ノ為ニスル行為ヲ為シタル者ハ三年以上ノ有期懲役ニ処ス」

治安維持法第10条

「私有財産制度ヲ否認スルコトヲ目的トシテ結社ヲ組織シタル者又ハ情ヲ知リテ結社ニ加入シタル者若ハ結社ノ目的遂行ノ為ニスル行為ヲ為シタル者ハ十年以下ノ懲役又ハ禁錮ニ処ス」

3　確定判決の証拠構造

（1）確定判決は、証拠の標目を掲げているだけで証拠説明を行っていない（＊）。

＊旧刑事訴訟法360条1項は、「有罪ノ言渡ヲ為スニ

ハ罪ト為ルヘキ事実及証拠ニ拠リ之ヲ認メタル理由ヲ説明シ法令ノ適用ヲ示スヘシ」と定め、現行刑事訴訟法とは異なり、いわゆる証拠説明を必要的なものとしていた。そして、大判大正13年8月9日刑集3巻725頁は、「案スルニ刑事訴訟法第三百六十條ノ規定ハ裁判所カ如何ナル證據ニ依リテ犯罪事實ヲ認定シタルカヲ判決書ニ明示シ之ヲ見ル者ヲシテ其ノ認定ノ由テ基ク所ヲ了知セシメ以テ裁判ノ公正ヲ確保スルノ趣旨ニ出テタルモノナルカ故ニ其ノ證據説明ハ一件記録ヲ待ツコトナク該判決書自體ニ依リテ其ノ證據ノ内容ノ如何ナルモノナルカヲ了知シ得ルノ程度ニ於テ之ヲ為ササル可カラス而テ其ノ證據説明ハ必スシモ各證據ノ内容ヲ逐一具體的ニ判文ニ掲記スルコトヲ要セスト雖少クトモ判文記載ノ事實理由ト對照シテ其ノ内容ヲ推知シ得ヘキモノナルコトヲ要スルモノニシテ之ニ反シ單ニ證據ノ名稱題目ノミヲ掲ケテ毫モソノ内容ノ如何ナルモノナルカヲ示ササルカ如キハ事實認定ノ基礎タル證據ノ内容ヲ説示スルコトヲ要求スル刑事訴訟法第三百六十條ノ精神ヲ没却スルモノト謂ハサル可カラス」と判示して、証拠説明の重要性を説いたのである。

ところが、戦時刑事特別法26条は、「有罪ノ言渡ヲ為スニ当リ証拠ニ拠リテ罪ト為ルベキ事実ヲ認メタル理由ヲ説明シ法令ノ適用ヲ示スニハ証拠ノ標目及法令ヲ掲グルヲ以テ足ル」と定め、証拠説明に代えて、証拠の標目だけで足りるとした。つまり、確定判決は、戦時刑事特別法に依っていることになる。しかし、この戦時刑事特別法26条は、同法19条の「戦時ニ於ケル刑事手続ニ関スル特例ハ本章ノ定ムル所ニ依ル」という条文を受けたものであって、確定判決が言い渡された1945(昭和20)年9月15日は、既にわが国の敗戦が確定し、「戦時」ではなかったから、戦時刑事特別法に依ることはできなかったのである(なお、同法附則4項には「戦時終了ノ際ニ於テ必要ナル経過規定ハ勅令ヲ以テ之ヲ定ム」とあったが、敗戦後、そのような勅令は定められないまま、1946〔昭和21〕年1月15日、昭和20年法律47号によって同法が廃止されたと思われる)。

つまり、確定判決は、証拠説明を欠いているという意味でも違法で、破棄されなくてはならないのであるが、この問題は、しばらく措く。

しかし、確定判決は、「犯罪事実」として、上記のとおり、

①小野は、「コミンテルンが世界プロレタリアートの独裁による世界共産主義社会の実現を標榜し、世界革命の一環としてわが国においては革命手段により国体を変革し私有財産制度を否認しプロレタリアートの独裁を通して共産主義社会の実現を目的とする結社で、日本共産

党はその日本支部としてその目的たる事項を実行せんとする結社であることを知悉しながら、いずれもこれを支持して自己の職場の内外を通して一般共産主義意識の啓蒙昂揚を図るとともに左翼分子を糾合して左翼組織の拡大強化を図る等、コミンテルン及び日本共産党の目的達成に寄与することを企図し」ていたこと（なお、確定判決は、以下ひらがな書きで、かつ、口語体に直して引用する）、

②細川嘉六（以下、細川）が執筆し、『改造』1942（昭和17）年8月号及び9月号に掲載された「世界史の動向と日本」と題する論文（以下、本件細川論文〔甲3号証の1、2〕。二つを区別する場合は、8月号論文〔甲3号証の1〕、9月号論文〔甲3号証の2〕という。なお、読みやすさのために、そのひらがな書きを甲3号証の3として添付する）は、「唯物史観の立場より社会の発展を説き社会主義の実現が現在社会制度の諸矛盾を解決し得る唯一の道にしてわが国策もまた唯物史観の示す世界史の動向を把握してその方向に向かって樹立遂行されるべきこと等を暗示した共産主義的啓蒙論文」であること、

③小野は、細川論文が「共産主義的啓蒙論文であることを知悉しながらこれを支持し」、その校正等に尽力して、細川論文を掲載発表して「一般大衆の閲読に供して共産主義的啓蒙に努め」たこと（確定判決判示第一の犯罪事実。以下、小野の判示第一の行為を「細川論文の掲載」という）

④小野が治安維持法違反の嫌疑で逮捕された細川の家族のために西尾忠四郎（以下、西尾）に20円を委託したことが「細川家族の救援」のためだったこと（確定判決判示第二の犯罪事実。以下、小野の判示第二の行為を「細川家族の救援」という）、

⑤小野が細川論文の掲載発表に尽力したこと及び細川家族の救援を行ったことは、コミンテルン及び日本共産党の目的遂行のためにする行為であり、小野もこれを認識していたこと、

の各事実を認定判示し、治安維持法第1条後段、第10条を適用しているから、確定判決は、小野が「細川論文の掲載」と「細川家族の救援」を行った当時、コミンテルン及び日本共産党（すなわち「国体ヲ変革スルコトヲ目的トシタ結社」〔治安維持法第1条後段〕ないし「私有財産制度ヲ否認スルコトヲ目的トシタ結社」〔同第10条〕）、少なくともその再建を準備する集団（＊）が存在していたことを当然の前提にしていることに注意しなくてはならない。

＊細川論文が掲載された1942（昭和17）年当時、コミンテルンは存在していたが（コミンテルンは、1943〔昭和18〕年5月に解散した）、既に日本共産党は壊滅し、日本国内に日本共産党が存在していなかっ

た。そして、そのことは、治安当局も承知していた事実であるから、日本国内の「結社」としては、「日本共産党の再建を準備する集団」などが問題となるにすぎない。そして、当時、そのような集団のひとつとして、「党再建準備会」が存在するとされ、小野はその一員と目されていた。

そこで、以下、本件で問題となる「結社」を「党再建準備会」という。現に、小野らの「事件」は、当時、「党再建準備会グループ事件」と呼ばれた。

確定判決が、小野を、「結社ノ目的遂行ノ為ニスル行為」（治安維持法第1条後段と同第10条に共通する言葉。以下、目的遂行行為）により有罪であるとするためには、「党再建準備会」の存在が不可欠なのである。

つまり、確定判決は、「事件」の構造（仮に、「事件構造」と呼ぼう）として、「党再建準備会」の存在を不可欠の前提としているのである。

従って、「党再建準備会」の存在が否定されれば、確定判決は、その基礎を失い、文字通り、砂上の楼閣ということになる。

そうだとすれば、「党再建準備会」の存在を否定する証拠は、本件につき再審を開始させるに足る新証拠である、ということになる。

（2）さらに、確定判決は、上記事実認定の「証拠」として、小野の司法警察官尋問、予審尋問、公判での各供述（以下、総称して、小野供述という）及び相川博（以下、相川）の予審尋問での供述（以下、相川供述）を掲げているから、小野供述は、上記①ないし⑤の各事実をいずれも認めたもの、すなわち、「自白」であり、相川供述は、これを裏付けるもの、すなわち「共犯者の自白」と位置づけられていることになる。

従って、確定判決の事実認定は、もっぱら小野供述及び相川供述に支えられており、これが確定判決の「証拠構造」（すなわち、確定判決の事実認定と証拠の関係）である。

そうだとすれば、小野供述及び相川供述の証拠能力またはその信用性に合理的な疑いを生じさせる証拠は、本件につき再審を開始させるに足る新証拠である、ということになる。

4　旧法事件における証拠の明確性の判断方法

（1）ここで、念のため確認しておくと、本件は、旧刑事訴訟法（以下、旧刑訴法）適用事件であるが、旧刑訴法適用事件の場合にも、白鳥・財田川決定の趣旨はそのまま適用される。

この点については、榎井村事件再審開始決定が、以下のように説いているとおりである。

「一　旧刑訴法四八五条六号所定の無罪を言い渡すべき明確な証拠を新たに発見したときという再審理由と、現刑訴法四三五条六号所定の無罪を言い渡すべき明らかな証拠をあらたに発見したときというそれは、文言が実質的に同じであることや、旧刑訴法上の被告人に不利益な再審はこれを認めないとする応急処置法二〇条及び旧刑訴法は日本国憲法の趣旨に適合するようにこれを解釈しなければならないとする応急措置法二条の規定などからして、同義であるとみるべきであり、したがって、旧刑訴法の右再審理由については、現刑訴法のそれに解釈がそのまま妥当するというべきである。

二　右再審理由は、証拠の新規性（あらたな証拠）と証拠の明白性（明らかな証拠）を具備すべきものであるところ、後者に関しては、最高裁のいわゆる白鳥決定（昭和五〇年五月二〇日決定刑集二九巻五号一七七頁）が、①明白性の意義につき、現刑訴法四三五条六号にいう「無罪を言い渡すべき明らかな証拠」とは、当該確定判決における事実認定につき合理的な疑いをいだかせ、その認定を覆すに足りる蓋然性のある証拠をいうとし、②その判断方法につき、右の明らかな証拠であるかどうかは、もし当の証拠が当該確定判決を下した裁判所の審理中に提出されたとするならば、はたしてその確定判決においてなされたような事実認定に到達したであろうかどうかという観点から、当の証拠と他の全証拠とを総合的に評価して判断すべきであるとし、③更に、この判断に際しても、再審開始のためには当該確定判決における事実認定につき合理的な疑いを生ぜしめれば足りるという意味において、「疑わしいときは被告人の利益に」という刑事裁判の鉄則が適用される、と判示しており、また、同じくいわゆる財田川決定（昭和五一年一〇月一二日決定刑集三〇巻九号一六七三頁）が、右判示の法原則を確認踏襲した上、この原則を具体的に適用するにあたっては、当該確定判決が認定した犯罪事実の不存在が確実であるとの心証を得ることを必要とするものではなく、その確定判決における事実認定の正当性についての疑いが合理的な理由に基づくものであることを必要とし、かつ、これをもって足りると解すべきであるから、犯罪事実の証明が十分でないことが明らかになった場合にも右の原則があてはまる、と判示している。証拠の明白性に関するこのような解釈論は、判例において既に確立したものとなっているから、当裁判所においても、これに従って、本件再審請求に対する判断を行うべきものと考える。」（高松高決平成5年11月1日判例時報1509号146頁＊）。

＊なお、榎井村事件再審開始決定は、確定記録が廃棄されている場合の総合評価の方法及び新規性の意義につ

いて、上記判示に引き続いて、以下のように判示したことも、重要である。

「なお、この点について検察官は、本件では、確定記録が廃棄されて旧証拠が存在せず、また、確定審裁判所の心証形成の過程が明確でないため、旧証拠との総合評価は事実上不可能であるから、総合評価をするとしても、実際には、新規証拠のみによって異なる事実認定ができるかどうかという個別評価によるほかない旨の意見を述べているが、前記第二のとおり、確定判決及び第一審判決には有罪認定の用に供した証拠の内容がかなり詳細に記載され、最も重要な証拠であるB（原文・実名）の自白の内容は特に詳細に記載されており、各上告趣意から請求人の反証の内容も窺うことができるほか、関連文書の収集や証人及び請求人の尋問も行われて相当程度に記録が再現されているから、新旧証拠の総合評価は十分可能であるというべきである。

証拠の新規性（あらたな証拠）とは、要するに、証拠の未判断資料性（実質的な証拠価値の判断を経ていない証拠）を意味するものと解するのが相当である。したがって、同一人のあらたな供述など、証拠方法としては同じであっても、証拠資料として内容にあらたなものがあれば、新規性が認められるべきであり、また、当該確定判決前から存在していたものでも、新規性が肯定されるべきである。」

（2）従って、以下の論述では、請求人らが提出すべき新証拠について、それが確定審の審理中に提出されていたとすれば、はたして確定判決の事実認定に到達できただろうかという観点から、その証拠と旧証拠とを総合的に評価して判断すべきであり、その判断に際しても、再審開始のためには確定判決における事実認定につき合理的な疑いを生ぜしめれば足りるという意味において、「疑わしいときは被告人の利益に」という刑事裁判における鉄則が適用されることを前提に論ずることにする。

5　確定判決と細川論文

（1）ところで、確定判決は、「証拠」として、細川論文を掲げていない。

そこで、請求人らは、確定判決裁判所（以下、確定審）は、細川論文の証拠調べを行わないで、細川論文を共産主義的啓蒙論文と認定している、と考え、かつ、細川論文を虚心に読めば、細川論文は共産主義的啓蒙論文でないことが明らかであるから、細川論文そのものが新証拠となるとして、1994（平成6）年7月27日、横浜地方裁判所に、再審請求した（以下、第二次再審〔横浜地方裁判所平成6年（た）第1号事件〕＊）。

＊なお、横浜事件に関する再審請求は、１９８６（昭和61）年7月3日に、警察官による拷問による自白強制を理由に、木村亨（以下、木村）、小野貞（さだ）（小野の妻）、平館利雄（以下、平館）、畑中繁雄（以下、畑中）、青山鉞治（えつじ）（以下、青山）、小林英三郎（以下、小林）、川田定子（兼川田寿の妻）、和田かよ（和田喜太郎〔以下、和田〕の母）によって申し立てられた再審請求を「第一次再審」（横浜地方裁判所昭和61年（た）第2ないし10号事件）、小野による上記再審請求を「第二次請求」、１９９８（平成10）年8月14日、ポツダム宣言受諾により治安維持法が失効したことを理由に、木村まき（木村の妻）、小林貞子（小林の妻）、板井庄作、由田道子（由田浩の妻）、高木晋（高木健次郎の長男）、平館道子（平館の長女）によって申し立てられた再審請求を「第三次再審」と呼んでいる（なお、第三次請求は、横浜地方裁判所平成10年（た）第2ないし8号事件として、現に貴裁判所に係属中である）。その意味では、本件再審請求は、「第四次再審」ということになる。

これに対し、横浜地方裁判所は、１９９６（平成8）年7月30日、細川論文は証拠として調べられたことが推認できるとの理由で、細川論文は新証拠とならないとして、再審請求を棄却し（第二次地裁決定〔甲4号証〕〔裁判長裁判官中西武夫、裁判官曳野久男、裁判官白川純子〕）、東京高等裁判所は、１９９８（平成10）年8月31日、仮に細川論文自体が証拠調べされていなくても、その要旨は小野供述や相川供述に十分現れており、細川論文の意味・評価について尋問内容が記載されていたと推認できるから、細川論文の内容はすでに確定審での証拠調べの対象とされていたということができ、細川論文を新証拠と認めなかった地裁決定は結論において正当であるとして、抗告を棄却し（第二次高裁決定〔甲5号証〕〔裁判長裁判官秋山規雄、裁判官下山保男、裁判官福崎伸一郎〕）、最高裁も、２０００（平成12）年7月11日、特別抗告を棄却し（第二次最高裁決定〔甲6号証〕〔裁判長裁判官町田顯、裁判官遠藤光男、裁判官井嶋一友、裁判官藤井正雄、裁判官大出峻郎〕）、ここに第二次請求に関する横浜地裁決定が確定した。

従って、請求人らは、確定審で細川論文の証拠調べが行われなかったという主張を繰り返すことはもはやできない。

しかしながら、細川論文が共産主義的啓蒙論文でなかったとすれば、小野供述や相川供述は、客観的な事実に反する供述ということになり、確定判決が認定した犯罪事実は、文字通り、空中楼閣であることになり、根底から覆ることになる。

つまり、「細川論文は共産主義的啓蒙論文である」という事実は、確定判決が認定した犯罪事実の大前提なのであり、確定判決は、「細川論文は共産主義的啓蒙論文である」という事実によって支えられているのである(＊)。

＊判示第二の「細川家族の救援」も、細川逮捕の理由となった細川論文が共産主義的啓蒙論文でなければ、「コミンテルン及び日本共産党の目的遂行のためにする行為」と評価されることもあり得ない。従って、「細川論文は共産主義的啓蒙論文である」という事実は、判示第一の「犯罪事実」の大前提だけでなく、判示第二の「犯罪事実」の大前提でもあることに注意しなくてはならない。

従って、「細川論文は共産主義的啓蒙論文である」という事実に合理的な疑いを生じさせる証拠であれば、それは本件につき再審を開始させるに足る新証拠である、ということになる。

6　確定判決の非裁判性

(1)ところで、確定判決は、裁判長判事八並達雄、判事若尾元、判事影山勇という３人の判事によって、敗戦から１ヶ月を経過した１９４５(昭和20)年９月15日に、第一回公判が開かれ、その日のうちに宣告されたものであるが、既にその当時から、本件は「横浜事件」の一つとして、特別視された事件である。

実際、横浜事件を含む治安維持法違反事件に関する書類は、驚くなかれ、裁判所自身の手によって、敗戦直前の１９４５(昭和20)年８月14日ころから焼却され始め、８月末ころもそれは続けられていたのである(中村智子『横浜事件の人びと』〔１９７９年・田畑書店〕〔甲７号証〕２６１〜３頁、海野普吉『ある弁護士の歩み』〔１９６８年・日本評論社〕〔甲８号証〕１５１頁、木村亨『横浜事件の真相』〔１９８６年・笠原書店〕〔甲９号証〕１４９頁)。(＊)

＊このことは、第一次再審に関する横浜地裁棄却決定(１９８８〔昭和63〕年３月28日。以下、第一次地裁決定〔裁判長裁判官和田保、裁判官村田鋭治、裁判官植垣勝裕〕)(甲10号証)も、以下のように判示して、これを認めている。

「……原判決の有罪認定の当否を判断すべき右判決の認定の基礎となった証拠資料を備えた訴訟記録が存在せず(当裁判所の事実取調べの結果によれば、太平洋戦争が敗戦に終わった直後の米国軍の進駐が迫った混乱時に、いわゆる横浜事件関係の事件記録は焼却処分されたことが窺われる。)、いまさら右証拠資料を復元することは不可能というべきであるから(当裁判所は事実の取調べとして、原判決に関与した元判事若尾元の証人尋問を行ってみたが、被告人の名前も覚えていない有様でなんら得るところはなかった。）、原判決の認定の基礎となった証拠資料の内容が把握できない以上、本来右旧証拠資料と新証拠資料を対象し又は総合検討して行うべき、いわゆる新証拠の明白性、すなわちそれによって原判決の有罪認定に合理的な疑いを抱かせるに足りる蓋然性の有無の判断は、およそ不可能であるというべきであって……」（傍線は引用者）

　マッカーサーの厚木進駐は、１９４５（昭和20）年8月30日のことであるから、第一次地裁決定にいう「太平洋戦争が敗戦に終わった直後の米国軍の進駐が迫った混乱期」とは、確定判決言渡前を意味しているが、既に、その時点で、「いわゆる横浜事件関係の事件記録は焼却処分された」のである。それも、裁判所自身の手によって。

　亡小野貞（小野の妻）は、この棄却決定に批判して、「なんと？　裁判所自身が、事件の記録を焼却処分してしまった、つまり証拠隠滅してしまったから、いまごろ再審を申し立ててもどうにもならない、という理屈です」と書いているが（小野貞・大川隆司『横浜事件・三つの裁判』〔１９９５年・高文研〕〔甲11証〕22頁）、まことにもっともである。

裁判所にも、ポツダム宣言の受諾によって軍国主義的思想は徹底的に否定されるであろうこと、治安維持法の思想は軍国主義そのものであって、治安維持法による処罰に加担した者はその責任を厳しく問われるに違いないことが明白だったからにほかならない。

（2）ところで、小野は、相川と同じ１９４３（昭和18）年5月26日に逮捕され、寿警察署（同年5月26日から同年9月13日）、ついで、磯子警察署（同年9月13日から１９４４〔昭和19〕年4月6日）に勾留され、その間、筆舌に尽くし難い拷問を受け（＊）、１９４４（昭和19）年4月6日から１９４５（昭和20）年7月17日に保釈により釈放されるまで、横浜拘置所に勾留されていたが、確定審が行うべきことは、小野ほかの「横浜事件」の被告（＊＊）に対し、「無罪判決」を下し、その名誉を回復することであった。

＊小野をはじめとする横浜事件の被疑者は、全員、激しい拷問にあった（特別公務員暴行・傷害事件告訴状〔木村亨『横浜事件の真相』〔甲9号証〕182頁以下参照〕）。その証拠は、枚挙に暇がないが、本再審請求では、直接の体験者（木村、平館、小林、川田定子、但し、小野に関しては小野貞、獄死した和田に関しては和田の妹・気賀すみ子）の証言のビデオテープ

『言論弾圧・横浜事件証言』（1990年青銅プロ）（甲12号証）を新証拠として提出する。激しい「拷問」によって得られた小野供述や相川供述に証拠能力がないことはいうまでもない。

＊＊横浜事件で逮捕された者は、全部で82名、そのうち起訴された者は33名である。

しかし、確定審は、姑息にも、弁護人に執行猶予判決を約束して、被告人に公判廷で公訴事実を認めるように仕向け、「即日判決」によって治安維持法違反事件の被告を解放する、という道を選んだ。

（3）裁判所は、本件再審請求が、これまでの再審請求とは異なり、殺人等の「自然犯」ではなく、治安維持法違反という「思想犯」に関するものであることを直視しなければならない。

「思想犯」とは、ときの支配権力によって創り出される「犯罪」であり、支配権力が崩壊したのちは、「犯罪」視されること自体が誤っているのである。

しかも、小野らがコミンテルンや日本共産党の目的達成に寄与することを企図して種々の活動を行っていたという事実が実際にあったのならともかく、全くそうではなかったのであるから、「横浜事件」は二重の意味で、権力によって創り出された「犯罪」だった。

（4）裁判所が、一方で、ある罪名に関する書類を焼却しながら、他方で、同じ罪名で有罪判決を下す、ということが一体許されることなのか。

裁かれるべきは、小野ではなく、裁判所なのである。

裁判所によって「犯罪」者に仕立て上げられたことが明白であるのに、その者が裁判所に「新証拠」を提出しないと再審が開始されることはない、などと裁判所がいう資格があるのか。裁判所は、むしろ自ら進んで、「横浜事件」で「犯罪」者とされた者の汚名を雪ぐ必要があるのではないか。

ともあれ、確定判決は、「裁判」の名に値しないのである。

7　新証拠その1
——予審終結決定と「泊会議」の写真等

（1）ところで、小野に対する確定判決と1945（昭和20）年7月20日付予審終結決定（予審判事石川勲蔵）（予審終結決定。笹下同志会編『横浜事件資料集』〔1986年・東京ルリユール〕（甲13号証）による）とを対比すると、顕著な差異がある。

すなわち、予審終結決定には、「第一」として、以下の犯罪事実が掲げられていた。確定判決の「被告人ハ大正十四年……寄與セムコトヲ企図シ」に引き続く判示である。

『第一、昭和十五年八月頃ヨリ共産主義者タル評論家細川嘉六ト相識リ同人ヲ中心トスル所謂「細川グループ」ノ一員トナリテ親交ヲ重ネ居タルカ昭和十七年七月五日右細川嘉六ノ招請ニ応シテ同人及同グループタル相川博、木村亨、加藤政治、及当時南満州鉄道株式会社社員タル平館利雄、西尾忠四郎、西沢富夫等ノ共産主義者ト共ニ細川ノ郷里富山県下新川郡泊町「紋左旅館」事柚木ひさ方及同町料亭「三笑楼」事平柳梅次郎方二箇所ニ会合シ細川嘉六ヲ中心トシテ当面ノ客観情勢ニ対応スヘキ方策等ニ付鳩首協議シタルカ席上右平館利雄ヨリ内外ノ客観情勢ハ我国ニ於ケル「ブルジョア」民主主義革命ノ機運ヲ益々醸成セシメツツアリテ革命ノ主体的条件タル日本共産党（略称「党」）ノ衰微弱体化セルヲ急速ニ復興再建セシムル為ノ運動ノ展開コソ焦眉ノ急務ナルヲ以テ該運動ノ指導体トシテ所謂「党再建準備会」ナル秘密「グループ」ヲ結成シ之ヲ速ニ拡大強化シテ同「党」ノ中心勢力タラシムヘキコトヲ提唱シタルニ対シ細川嘉六初メ被告人等一同之ニ賛同シテ茲ニ右「グループ」ノ結成ヲ決定シ次テ戦略戦術トシテノ所謂「千九百三十二年テーゼ」及反「フアツシヨ」人民戦線確立ノ運動方針ニ付討議シテ之ラノ依然基本的ニ正当ナルコトヲ確認支持シ該「テーゼ」ノ革命ノ展望ノ下ニ各自ノ職場ヲ中心トシテ産業報国会、帝国農会、協調会、大政翼賛会、隣組並ニ東亜聯盟其ノ他ノ右翼団体等凡ユル合法団体及ヒ合法場面ヲ利用シテ極力労働者・農民・智識階層ニ共産主義意識ノ啓蒙ヲ為スト共ニ之カ組織化ニ努メ以テ同「グループ」ノ拡大強化ヲ図ルコト殊ニ同「グループ」ノ活動ヲシテ合法ヲ偽装セシムル為民族問題研究所ヲ設置シテ之ヲ本拠トシ民族問題ノ研究ヲ標榜シテ果敢ナル運動ヲ展開スヘキコト等ヲ決定シ更ニ該研究所ノ組織及人的配置等ヲモ審議決定シ』


そして、確定判決の判示第一の「犯罪事実」は、予審終結決定では、以下のように、位置づけられていた。

『第二、右決定ニ基キ爾来昭和十八年五月二十六日検挙セラルル迄ノ間同「グループ」ノ拡大強化ニ努メタルカ特ニ
（一）（以下、確定判決の判示第一と同じ）
（二）（以下、確定判決の判示第二と同じ）』
つまり、予審終結決定では、確定判決の判示第一の「細川論文の掲載」と判示第二の「細川家族の救援」は、小野が、「紋左旅館」と「三笑楼」での「会合」の「決定」に基づき、「党再建準備会グループ」の拡大強化に努めたためのものであり、「特に」突出したものと位置づけられていたことになる。
（2）ところで、予審終結決定で、「第一」として認定された、富山県下新川郡泊町の「紋左旅館」と「三笑楼」

で開かれた日本共産党再建のための会議は、俗に「泊会議」と称せられる（以下、泊会議）（＊）。

＊「五色温泉会議」に倣って、「泊温泉会議」とも呼ばれたが、泊には温泉はない。

そして、小野は、「党再建準備会グループ」に属するものと位置づけられてきた。

それが小野供述の内容であり、また、相川供述の内容でもあった。

(3) しかし、そうだとすれば、泊会議を日本共産党再建のための会議と認定できて初めて、確定判決判示第一の「細川論文の掲載」、同第二の「細川家族の救援」の事実を「コミンテルン及び日本共産党の目的遂行のためにする行為」と認めることができることになる。

しかるに、確定判決は、泊会議を「犯罪」とは認定しなかった。泊会議は日本共産党再建のための会議であると明確に述べた小野供述や相川供述が存在していたにもかかわらず、である（なお、小野供述の詳細がどのようなものだったのかは、記録が保存されていないので、残念ながら、知ることができないが、相川供述は、相川の手記〔以下、相川手記（甲14号証）〕が残されており、これによってその内容を推認することが可能である〔相川手記は、そのままでは読みにくいので、その印刷版（以下、相川手記印刷版）を甲15号証として提出する〕）。

本件は、旧刑訴法のもと、すなわち職権主義のもとでの裁判であるから、裁判所は、証拠から認定できる犯罪事実は全て認定しなくてはならなかった。従って、予審終結決定に掲げられた犯罪事実を判決で認定しないということは、この点に関する小野供述や相川供述を信用できないものと判断したことになる。

そうだとすれば、小野供述と相川供述には、重大な部分において虚偽があることになり、その信用性には合理的な疑いがあることになる。

むろん、確定審が、小野供述や相川供述を慎重に検討し、泊会議に関する部分は信用できないが、その余は信用できると判断したのなら、予審終結決定と確定判決の相違を問題視することはできない。

しかし、既にみたように、確定審の審理とは、裁判と呼ぶに値しない、「事件処理」に過ぎなかった（＊）。

＊木村によれば、予審終結決定を下した石川勲蔵判事は、1945（昭和20）年8月20日すぎのある日、木村を呼び出して、明らかに狼狽しながら、「木村君、〝党再建〟のことは取り消すから、もうこのへんで妥協してくれないか。」と述べたという（木村亨『横浜事件の真相』〔甲9号証〕98頁、なお、同125頁参照。同様の指摘として、海野普吉『ある弁護士の歩み』〔甲8号証〕151頁）。

石川判事の言は、確定判決の事実認定と符合しているが、しかし、石川判事は、確定審の判事ではない。ともあれ、確定判決の事実認定が予審終結決定のそれと根本的に異なっているのは、確定審が、証拠を慎重に吟味した結果では絶対にない。

つまり、予審終結決定と確定判決の事実認定の矛盾について、十分な検討を経ていないという意味で、予審終結決定は、確定判決の事実認定が空疎なものであることを照らし出しているのであり、いまや小野にとっての新証拠なのである（＊）。

＊正確に言えば、予審終結決定は、裁判書の一つであるから、証拠評価の対象ではない。然り、評価の対象は、小野供述と相川供述の信用性である。しかし、小野供述や相川供述が存在しない以上、予審終結決定によって、小野供述や相川供述の全貌がどのようなものだったのかを推認することができ、従って、訴訟記録が存在しない本件では、予審終結決定も新証拠足り得ると考えなくてはならない。

（4）ところで、泊会議が日本共産党再建のための会議とされたのは、1943（昭和18）年5月11日に逮捕された平館の自宅から発見された一枚の写真（泊集合写真〔甲16号証〕）がきっかけだった。

しかし、小野の手元に残されたその他の写真（泊スナップ写真〔甲17号証の1ないし9〕）をみれば、それが日本共産党再建のための会議などではなく、細川が、戦時下の劣悪な食糧事情のもとで、編集者を郷里に招いて慰労した宴会にすぎないことがよく分かる。

つまり、甲17号証の1ないし9の泊スナップ写真は、泊会議に関する小野供述や相川供述の虚偽を教える新証拠なのである。

（5）なお、泊会議が細川による雑誌編集者の慰労会だったことについては、ほかにも証拠がある（＊）。

＊詳細な分析は、のちに提出する再審申立補充書に譲らざるを得ないが、「泊会議」に関する相川供述の内容を推認させ、かつ、その虚偽を明らかにするもっとも重要な証拠として、細川の第8回（1944〔昭和19〕年10月30日）及び第9回（1944〔昭和19〕年12月12日）予審尋問調書がある（いずれも、森川金壽編著『細川嘉六獄中調書』〔1989年・不二出版〕〔甲18号証〕に収録されている）。

8　新証拠その2
――細川論文に関する鑑定書等

（1）ところで、既にみたように、「細川論文が共産主義的啓蒙論文である」ことは、確定判決の事実認定の大前提であるところ、細川論文は、そのようなものではないとする2通の鑑定書がある。

①今井清一教授の1995（平成7）年10月6日付鑑定書（細川嘉六「世界史の動向と日本」について）（今井鑑定書〔甲19号証〕）

②荒井信一教授の1996（平成8）年3月13日付鑑定書（細川嘉六「世界史の動向と日本」について）（荒井鑑定書〔甲20号証〕）

である。

この2通の鑑定書は、第二次再審でも証拠として提出したが、しかし、裁判所は、上記のとおり、争点をもっぱら細川論文が証拠調べされたのか否かという点に絞り、2通の鑑定書に照らせば、細川論文が（仮に証拠調べされたとしても）共産主義的啓蒙論文ではないと認定できるか否かについて、何らの判断をも示していないから、2通の鑑定書の証拠価値については裁判所の判断が下されていないことになり、新証拠としての資格を未だに有している。

（2）さて、確定判決は、既にみたように、細川論文を「唯物史観の立場より社会の発展を説き社会主義の実現が現在社会制度の諸矛盾を解決し得る唯一の道にして我国策も亦唯物史観の示す世界史の動向を把握してその方向に向かって樹立遂行せらるべきこと等を暗示したる共産主義的啓蒙論文」と認定している。

そこで、ここではこの判示を二つに分け、

前段の、

①細川論文が「唯物史観の立場より社会の発展を説（いた）」ものであるのか否か、と、

後段の、

②細川論文が「社会主義の実現が現在社会制度の諸矛盾を解決し得る唯一の道」であることを説いたものであるのか否か、

に分けて考察することにする。

（3）まず、細川論文が「唯物史観の立場より社会の発展を説（いた）」ものであるのか否か、である。

この点について、確定判決には、細川論文が「唯物史観の立場」に立って「社会の発展」を説いたものであることの具体的な根拠は何ら判示されていない。しかし、（確定判決が援用する相川供述と実質的に同旨と考えられる）相川手記で、『（細川論文は、）ルソー、ベンサムニヨツテ社会構成ノ原則トシテ主張サレタ自由平等ノ原則ハマルクス等ノ唯物論ニヨツテ「科学的ニ論証サレ科学的ニ肯定サレ」タ事、…（中略）…トイフヤウニ唯物論思想ノ正当性ヲ論述シテヰルノデアリマス」（相川手記印刷版〔甲15号証〕706頁）と述べられていることを鵜呑みにして、かかる認定を行ったのではないかと思

われる。

しかしながら、細川論文が「唯物史観の立場」に立って「社会の発展」を説いたものであると認定すること自体誤りである、と言わなくてはならない。

このことは、細川論文自体に明らかであるが、この点について、2通の鑑定書には、つぎのような指摘がある。
①「細川嘉六はたしかにマルクス主義の研究者ではあるが、いわゆる大正デモクラシー期に育った民主主義者であり、ヒューマニストで、古武士の風格を身につけてもいた。東京帝大法科大学政治学科を大正六（一九一七）年に卒業、矢内原忠雄と同期である。住友総本社に入社し、間もなく読売新聞記者に転じ、大正九年に大原社会問題研究所に入り、そこで長く国際問題などを中心に研究調査にあたった。こうした経歴にもよるのであろうが、戦前のマルクス主義者にはあまり見られない第一次大戦後の国際平和機構に対する高い評価など、独特の広い見方をもっていた。
この論文の骨格を形作っている文明と文化との調整問題は、二と三でも論じられているように（引用者注・今井鑑定書の二、三のこと）、唯物史観でいう生産力と生産関係との矛盾という概念よりはもっと広いテーマである。それは、今日の環境問題などの課題とも関係することからも分かるように、射程距離の極めて長い問題である。」（今井鑑定書7〜8頁）
②「（細川論文の）二章、三章の世界史論を通読して感じるのは、それが一種の生産力史観に基づいて展開されていることである。近代以降においては生産力の発展はとくに工業において顕著であるから、それはまた工業中心史観でもある。論文の至る所で工業化を指標として生産力の発展、停滞、後退が示されている。そのこと自体を問題にするわけではないが、たとえば、一九二九年の世界恐慌の日本にたいする『打撃』について『日本においては近隣に後進地域たる植民地半植民地を有することによって打撃は軽微であった』と述べているのを見ると、其の感を深めざるをえない。」（荒井鑑定書3頁第3段落）
③世界恐慌の日本への波及について、「一九三二年のコミンテルンの『日本の情勢と日本共産党の任務』（三二テーゼ）も、日本では社会的諸条件が『工業恐慌と農業危機との結合を導き、都市および農村において経済恐慌を未曾有に先鋭なものとしている』という認識を示している。細川の認識がこのコミンテルンの認識とまったく違うことはいうまでもないが、このような違いが生じるのは細川の史観が彼独自の工業中心史観であるからである。」（荒井鑑定書4頁第1段落）
④「イギリスの産業革命に先導された近代工業の発達はヨーロッパを中心に行われるのであるから、工業中心史観はまた近代ヨーロッパ中心史観にならざるをえない。

……総じて細川の世界史観はこれまで考察したように生産力史観（工業中心史観）、ヨーロッパ中心史観を特徴とするものであって、史学史的には自由主義的歴史観として分類できる性質のものであり、政治思想的には近代主義的リベラル左派の考え方にちかい。」（荒井鑑定書4頁第2、3段落）

⑤「それにもかかわらず前記判決（引用者注・確定判決）は細川論文について二か所で『唯物史観』という言葉を使っている。唯物史観は、人間の意志から独立した生産力と生産関係との照応・矛盾を中心として社会発展の歴史を法則的にとらえていく考え方である。細川の生産力史観がこのマルクス主義の考え方から強く影響されたであろうことは推察できる…（中略）…。確かにその影響は重要ではあるが、本論文に関する限り自由主義的歴史観に史的唯物論を加味して修正したという性格のものであって、さきに指摘したようなその本質には変わりはない。それは彼の生産力史観が工業史観に偏して交通を除けば農業のような他の産業部門の分析を欠いているなど、生産力を構造的に捉えていないこと、またとくにいわゆる独占資本段階に不可欠な金融資本についての分析がほとんど無く、そのために『世界経済組織化』の把握が平面的であるなど、生産関係の分析が一般論以外にはほとんど捨象されている印象を与えていることなどによく現れている。生産力と生産関係の矛盾は、生産と消費の矛盾に単純化されている観がある。生産と消費の矛盾に過剰生産恐慌の原因を求める考え方は自由主義的経済学説にもあり、史的唯物論に固有のものではない。」（荒井鑑定書4頁第3段落）

⑥「むしろ細川の生産力史観が戦時中の言論界で流行した生産力（抗戦力）論の枠組みで展開されていることが重要であろう。」（荒井鑑定書4頁第4段落）

以上によれば、細川論文が「唯物史観の立場より社会の発展を説（いた）」ものであるとの確定判決の事実認定そのものが誤りなのであり、換言すれば、2通の鑑定書は、そのことを明らかにする新証拠なのである。

（4）つぎに、細川論文が「社会主義の実現が現在社会制度の諸矛盾を解決し得る唯一の道」であることを説いたものであるのか否か、である。

この点についても、確定判決は、認定の根拠を明示していない。しかし、ここでも、相川の前記手記につぎのように述べられているところに依ったものであろう。

『以上ノ如ク「細川」ハ唯物史観ノ立場ニ立チ、ソ聯邦ニ於テ実現サレ、又第二次大戦後ハ支那、印度等ノアジア後進諸民族ノ独立運動ノ指導精神トナルモノハ社会主義理念ニ基イタ世界観デナケレバナラヌコトヲ論断主張シ日本モ亦コノ世界史発展ノ大勢ニ遅レルコトナク速ヤカニ国内社会主義革命ヲ断行スベキコトヲ強調シ、全

国同志ノ蹶起激励ニツトメテヰルノデアリマス」(相川手記印刷版〔甲15号証〕711～712頁)

しかし、確定判決のかかるこの認定もまた全くの誤りである。

この点も、細川論文それ自体を虚心に読めば明らかであるが、2通の鑑定書には、つぎのような指摘がある。

①「細川は、こう論じて『現代世界の歴史的根本問題たる文明と文化との調整問題を大日本的に大胆不敵に解決する国民的意力』を、日本国民はいかなる苦難を嘗めても獲得しなければならないと結んでいる。日本のアジア諸民族に対する民族政策の変革の必要を世界史の動向と結びつけて切論したのである。」(今井鑑定書7頁第3段落)

②「(確定)判決は、この論文が『社会主義社会の実現が現存社会制度の諸矛盾を解決し得る唯一の道』だとしていると主張するが、この論文の結論はそれとは異なっている。たしかにソ連について文明と文化の矛盾の例外であるとか、その工業建設の成果を高く評価してはいるが、同時にそれが『血の粛清』などの犠牲を払っての所産であることにも目を閉ざしてはいない。中国についても農民、勤労者、都市小市民の民主主義的要求があまりにも強烈だったために資本家・地主が脅えて国共分裂を引き起こしたことを批判的に書いており、これらの層と資本家、地主との共存をめざす新民主主義の道を評価している。」(今井鑑定書8頁第3段落)

③「この論文の主題は世界史の動向をにらんだ対外政策の問題であるが、そこではまず国際連盟の創設当初から民族自決の理念が不徹底で、植民地の独立にまで及んでいなかったことが問題とされる。そしてそれがより徹底的に進められた事例として、ソ連とその構成員である周辺諸共和国の経済発展があげられ、さらにその影響をうけたアジア諸国家諸民族の民主主義的革新が高く評価されている。民族自決政策が不徹底であったことは確かに当時の資本主義の問題ではあるが、社会主義とならなくては解決ができない問題だとは論じてはいない。この当時は敵国だったアメリカでも取り上げようとしていた問題であり、他の諸国でも理想としてはめざすことのできる方向である。」(今井鑑定書8頁第4段落)

④「論文の七では、『ソ連、トルコ、イラン、インド、支那等における挙国的な反帝国主義—新民主主義運動の発展沈静更に大発展』は、文明と文化との調整問題解決の一つの方向として注目すべきで、これらに対する冷静な考察の上に日本のアジア政策が立てられなければならないという結論が出されている。これは細川自身が世界史の動向を見定めた上での見解であって、『共産主義的啓蒙論文』の域をはるかに超えたものだと言ってよいであろう。」(今井鑑定書8頁第4段落)

⑤「細川は資本主義的世界秩序が生産力の発展にたい

して桎梏と化し、世界市場の獲得をめぐる列強間の闘争を激化させ、結局その矛盾の解決が戦争に求められたり、恐慌を必然化させたりしていることを強く批判し、そこに現代文明の危機を見ている。そしてこの危機を解決するために『現代文明に相応すべき文化体系』の成長が急務であるとしたことはさきに述べた通りである。彼のいう『文化』とは、生活者が働きがいと未来への希望をもって生活できるような価値体系のことであり、かれがソ連においてそれが実現しつつあると考えたことも事実であるが、それをもって細川がこの論文で社会主義社会の実現を説いたものと即断することはできない。それは二つの面からいえるように思う。」（荒井鑑定書5頁第3段落）

⑥「一つはソ連論の大半がその民族政策に当てられていることである。そしてその『成功』が『文字を知らざる諸民族に文字を教え近代文明と文化とを教え来ったこと』すなわち近代化の成功に求められていることである。ソ連の国内建設が主として『後進地域』の諸民族の近代化について論じられ、しかもそれが抗戦力論の枠組みのなかで論じられていることは細川の真意が、日本の『大東亜共栄圏』政策の批判にあったことを示している。細川は日本がアジア諸民族を組織化しその力を抗戦力として役立てるためには、日本の対アジア民族政策が合理的なものであり、その近代的な改革と自立を促進するような性格のものであるべきことを示唆したにすぎない。」（荒井鑑定書5頁第4段落）

⑦「おなじことは第六章でトルコ、中国、とくに新疆省、インドなどの近代化や民族問題について論じた部分についても指摘できる。これらの地域における民族運動の発展は第一次世界大戦の結果とソ連の反帝国主義外交の影響を受けておこなわれたが、議論の中心は『国内革新』の問題におかれている。」（荒井鑑定書5頁第5段落）

⑧「このように見てみると、細川論文は抗戦力の観点から日本の『大東亜共栄圏』における民族政策について政策提言をおこなった論文と規定することができよう。そして日本が東亜諸民族の力量を抗戦力として結集し、諸民族の融和と世論の支持を得て指導性を発揮するためには大胆な『革新』が必要であることを説いたものである。この場合の『革新』が日本の国内革新（例えば社会主義革命）ではなく、むしろ未解放諸民族の民族自決と近代的進歩の促進など、植民地主義と植民地支配の『革新』をさすことは論文全体の議論の進め方から明らかである。そして基本的には抗戦力論の枠組みを真摯に維持したことによって総力戦の遂行を至上命令とする内閣情報局の検閲をパスすることができたと思われる。本論文を社会主義社会の実現による矛盾の止揚を説いた『共産主義的啓蒙論文』とするのは、陸軍の予断に基づいた全

くの曲解というよりほかはない。」（荒井鑑定書6頁第2段落）

⑨「細川論文の主題とされた民族政策についていえば、連合国の公表した戦争目的である大西洋憲章（一九四〇年八月）も民族自決権として、すべての民族の政体選択の自由、『関係国民の自由に表明する希望と一致しない領土的変更』を望まないこと、『主権及び自治を強奪された者』へのその返還をかかげ、また社会的経済的要求として『改善された労働条件、経済的進歩及び社会保障をすべての者に確保するための』協力と『恐怖及び欠乏』からの解放をうたっている。識字運動のような文化の問題を除けばこのような民族自決や経済的社会的進歩の諸原則は、内容的には細川の主張した『革新』の内容とちかい。その意味で細川の民族政策に関する政策提言は総力戦段階における普遍的な問題にきわめて近接しえたものとして積極的に評価することができよう。」（荒井鑑定書6頁第3段落）

以上によれば、細川論文が「社会主義の実現が現在社会制度の諸矛盾を解決し得る唯一の道」であると論じたものでないことこそが明白である。

（5）さらに、請求人らは、今般、波多野澄雄教授の2002年3月10日付鑑定書（細川嘉六「世界史の動向と日本」について）（波多野鑑定書〔甲21号証〕）を得た。

波多野鑑定書は、今井鑑定書や荒井鑑定書とは異なり、細川論文が「社会主義の実現が現在社会制度の諸矛盾を解決し得る唯一の道にしてわが国策もまた唯物史観の示す世界史の動向を把握してその方向に向かって樹立遂行されるべきこと等を暗示した共産主義的啓蒙論文」だったとすれば、「戦時下の治安維持法に抵触する有罪の根拠とされる相当の理由となり得る」という前提に立って（波多野鑑定書1頁）、「大戦下の日本政府の対外国策との関連で吟味し」た（同1頁）ものである。

そして、波多野鑑定書によれば、以下のことが明らかになる。

すなわち、「日本が対米英開戦に突入した前後」の時期、「日本の対外国策が直面していた重要課題の一つは、軍事占領した南方（東南アジア）をいかに統治するのか」という問題であり、「占領地域に軍隊を常駐させ軍政を布くのが有利なのか、あるいは占領地域の民族に自治や独立を与えるのが有利なのか、という難題が存在し」たが（以上、波多野鑑定書1頁）、「外務省は開戦前後を通じて一貫して東南アジア占領地の早期独立を主張し」、「いずれにせよ、細川論文が執筆されたと考えられる開戦前後の時期は」、上記の問題が「民間においても、盛んに議論の対象となっていた」（以上、同2頁）。

そして、「一国の発展に注目するよりも、人類史を発展させた普遍的な要因や理念に着目しつつ、ルネッサンス以降の世界史の構造的展開を示し、その文脈で当時の日本の国策のあり方を示そうとする啓蒙論文である」細川論文は（以上、同2頁）、「総力戦体制の構築に必須とされた生産力・抗戦力の増強という国策にマッチする形で議論が展開され、総力戦への協力を宣伝する役割を担っていた内閣情報局の検閲を通過することが可能であった」（以上、同3頁）。

さらに、『日本の民族政策はアジア諸民族の「世論」に耳を傾けるべきである。しかるに、これまでの日本の民族政策は、欧米帝国主義の「亜流」または「追随者」であり、弱小民族への配慮を欠いたものであり、例えば、孫文が説いたように、中国やアジア諸民族の「自立国家としての存立、独立平等の地位」の確保のために貢献することこそは日本の将来に有利であり、日本の利益でもあると述べている」細川論文「の主張は、東南アジア占領後の統治政策として、植民地化（軍政）よりも、可能な限り独立や自治を与えるべきという開戦前後の外務省を中心とする政府の主張と軌を一にするものであり、決して日本の対外国策と矛盾するものではなかった」（以上、同4頁）。

また、「戦争の時代を迎え、主要な交戦国が総力戦体制の構築を迫られるなかで、覚醒しつつある諸民族をいかに抗戦力として動員するかは、枢軸国、連合国を問わず最も重要な課題であった」が、細川論文は「民族自決権として、すべての民族の政体選択の自由、主権と自治の尊重を掲げ」た「太平洋憲章」もその主張の「一環として位置づけ」ているところ（以上、同4～5頁）、「日本もドイツも少なくとも外交指導者のレベルでは、戦争の勝敗とは別に、大戦後の世界秩序を形成する基本原理は、諸民族の自治や独立を最大限に容認する方向にあることを予期していたのである」（以上、同5頁）。

「細川にとって『革新』とは日本国内の社会主義革命でも、ソ連や中国の共産主義の支援と連携でもなく、帝国主義や植民地主義に立ち向かい、独立を志向するアジア諸民族に対する自決権の承認と支援を意味した。確かに、中国や他のアジア諸民族のなかにはソ連の支援や影響を受けているが、それを『「赤化」という言葉を以てぼかすことは、新たにアジアに展開しつつある民族問題の本質的解決を誤らしめる危険を内包している』と細川は言う。民族主義、弱小民族の保護、信仰の自由の保障など、民族自決原則に則った解決こそが本質的なものであり、それが世界史の動向であるというのである。」

「外務省の奮闘にもかかわらず、第二次世界大戦を通じて国策としてアジア諸民族の独立や自治の容認政策は限定的なものに終わったが、その目指す方向は細川論文と軌を一にしていたのである。」（以上、5頁）

つまり、波多野鑑定書によれば、細川論文は、当時の外務省のアジア諸民族の独立の容認政策と目指す方向を同じくするものであり、共産主義的啓蒙論文などではなく、人類の歴史に照らして、わが国が進むべき道を誤らない為に、警鐘を乱打した愛国・救国の論文ということになる。

「世界史の動向と日本」という細川論文の表題が端的にそのことを示しているではないか（＊）。

＊木村が細川論文執筆の経緯とその意義について、つぎのように書いていることも、このことに完全に符合する。

『細川さんにしてみれば、中国問題をともに長く研究していた親しい尾崎秀実氏がゾルゲ事件で逮捕され、つづいて自宅へ下宿させていて身内ともいえる水野成氏も中西功さん関係で検挙されたばかりのとき、情勢はついに日米開戦に発展したのを目のあたりにして、憂国の至情から情勢打開の必要をひと一倍ひしひしと痛感したであろうことは想像に難くない。「わしは黙って見ておれない。覚悟を決めて書く。」そう言って細川さんが決意のほどを見せた、そのときのあの顔をぼくはおそらく終生忘れることはできない。

翌昭和十七年八月・九月両月の『改造』の巻頭を飾った「世界史の動向と日本」はそんな細川さんの覚悟から書かれたものである。

ぼくが横浜へ検挙される二、三ヶ月前に無事前線から生きて帰還した友人の佐藤正二君（前橋市のドクター）は、前線でその『改造』の細川論文を読んで大いに勇気づけられた、とぼくに語ったことをはっきりおぼえている。細川さん自身は戦後「その論文はへっぴり腰のものだった」と反省しているが、聖戦万歳・翼賛万歳一色のあの日米帝国主義戦争のまっただ中で、多少の表現上の問題はあったにせよ、あれだけの新しい民主主義論を展開できたことは、まさに画期的な意義を持つ論文であったと評価してよいのではあるまいか。』（木村『横浜事件の真相』〔甲9号証〕12頁）

（6）以上、要するに、今井鑑定書、荒井鑑定書、波多野鑑定書は、細川論文が共産主義的啓蒙論文ではないことを明らかにしたものであって、確定審にこれが提出されたとすれば、確定判決の事実認定に達したとは到底いえない、小野に対し無罪を言い渡すべき新証拠に該当する。

むろん、今井清一教授、荒井信一教授、波多野澄雄教授の上記の点に関する証言を得れば、このことはより一層明確となるであろう。その意味で、今井教授、荒井教授、波多野教授の鑑定証言も新証拠となるであろう。

なお、弁護人は、追って、細川論文が共産主義的啓蒙論文ではないことのそのほかの新証拠を提出する予定である。

（7）ところで、細川論文が客観的に共産主義的啓蒙論文ではないとすれば、「細川論文の掲載」が目的遂行為に該当することもあり得ないが、仮に、細川論文が共産主義を容認した論文だったとしても、直ちに「細川論文の掲載」が目的遂行行為となるのではない。

治安維持法の下でも思想の自由は保障されていたのであり、それが行動となる場合に初めて「犯罪」となったからである。

つまり、ここでも、「細川論文の掲載」は、小野のそれ以前の行為と切り離されて問題となるのではなく、小野がどのような意図で細川論文を掲載したのか、端的に言って、確定判決が判示したように、小野が「コミンテルンが世界プロレタリアートの独裁による世界共産主義社会の実現を標榜し、世界革命の一環としてわが国においては革命手段により国体を変革し私有財産制度を否認しプロレタリアートの独裁を通して共産主義社会の実現を目的とする結社で、日本共産党はその日本支部としてその目的たる事項を実行せんとする結社であることを知悉しながら、いずれもこれを支持して自己の職場の内外を通して一般共産主義意識の啓蒙昂揚を図るとともに左翼分子を糾合して左翼組織の拡大強化を図る等、コミンテルン及び日本共産党の目的達成に寄与することを企図し」、そのために「細川論文の掲載」を行った場合にのみ、「細川論文の掲載」が目的遂行行為となるのである。

そして、そのような観点に立つと、「細川論文の掲載」に関する小野供述や相川供述の信用性が問題になるが、その内容を推認させる相川手記によれば、8月号論文に関する編集会議（相川手記では１９４２〔昭和17〕年6月25日頃＊）で、細川論文の掲載を決定したが、その際、検閲のことが話題となり、「事前検閲」には出さないで、編集部で「検閲」することに決まった旨の供述がある（相川手記印刷版〔甲15号証〕６９７、６９９頁）。

＊なお、極めて重要な問題であるが、確定判決は、判示第一で、8月号論文の編集会議の時期を「七月中旬頃」と認定していて、6月25日頃という相川手記とは明らかに異なっている。

既にみたように、予審終結決定によれば、「細川論文の掲載」は、7月5日の泊会議での「決定ニ基キ」なされたものであるから、その編集会議が泊会議より前ということは論理的に成り立ち得ない。そして、確定判決は、予審終結決定から泊会議を削除しただけのものであるから、「7月中旬の編集会議」は、そのまま残った。

ところが、『改造』8月号の発行は、１９４２（昭和17）年7月25日であり、結局、確定判決は、編集会議からわずか10日前後ののちに細川論文という長大な論文が月刊誌に掲載・発行されたという「事実」を認定したことになる。このようなことは、検閲制度もなく、印刷・製本・運送のいずれの段階でも当時とは比較にならない現在でも、到底不可能である。

つまり、ここでも、「泊会議」が横浜事件の真実を照らし出していることが分かるが、「7月中旬の編集会議」の虚構を論じた論文として、橋本進「雑誌編集者から見た横浜事件——五〇年にわたって封印された真相」（『世界』1999年10月号〔甲22号証〕。以下、橋本論文）がある。

橋本論文も、それが確定審の審理中に提出されていたとすれば、確定判決の事実認定に到達しなかったことが明らかであるから、本件につき再審を開始すべき新証拠である。

そして、『特高月報』昭和19年8月分「神奈川県に於ける左翼事件の取調状況」（甲23号証）には、以下のような、これに符合する記載がある。

『又昭和十七年八、九月号に掲載せられたる細川嘉六の「世界史の動向と日本」の如きは細川を中心とする所謂「党再建準備会」なる非合法グループの意図を代表するものにして、全国同志の決起を促す指令的論文なりし旨を陳述し居れるが、これが検閲通過に付ては編集会議に於て種々協議を行ひ事前検閲に出すことは却って注意を惹くべき事を懼れて之を避け、編集長中心となりて数箇所の削除訂正を加え、掲載したるものなり。』（傍線引用者）

ここでは、細川論文は、細川が「党再建準備会」の代表として全国の同志の決起を促す「指令的論文」として執筆したものであるとされ（＊）、編集会議では、協議の結果、「事前検閲」に出すことはかえって注意を引くことを恐れてこれを避け、編集長（注・大森直道）が中心となって、数箇所の加除訂正を加えて、『改造』に掲載した、とされている。

＊相川手記にも、相川が細川に論文の執筆を依頼した場面の供述として、相川が細川に「共産革命ノ客観情勢ハ成熟シ昨冬ノ大東亜戦争ノ勃発ニ依リ急速ニ革命ノ時期ガ到来スルモノト確信シテヰマスガ兼テカラ協議ヲ重ネテヰマス様ニ日本共産党ノ早急結成ハ勿論必要デハアリマスガ再建準備ト聯合シテ来ルベキ共産革命ニ対処シ全国ニ散在セル共産主義者ノ蹶起ヲ促スタメ之レガ指令的内容ヲ持ツ大論文ヲ執筆シテ頂イテ改造誌上ニ是非発表シテ頂キタイノデス」（傍線引用者）と述べたとある（相川手記印刷版〔甲15号証〕698頁）。

なお、相川手記によると、相川の上記依頼に対し、細川は躊躇の態度を示したので、相川が「大丈夫デス。検閲ノ方ハ私ガ責任ヲ以テ引キ受ケマス」と言い、相川が論文の概要を示したうえで、「日本ハ大東亜戦争ニヨリテ欧米帝国主義ヲ東亜カラ駆逐スルトイフ大方針デ進ンデヰルガ、日本自体ガ帝国主義デアル以上ソノ指導者ガ変ルトイフ丈ケノ話デ東亜諸民族ノ上ニハ何等ノ影響モ及ボサナイコト、及日本ガ真ニ大東亜地域ノ指導者トシテノ役割ヲ果スタメニハ現在ノ国内諸体制ヲ根本カラ建直ス、即チ国内革新ノ必要ガアルコトツマリ共産革命ノ必然性ヲ暗示シテ欲シイ」と述べて奮起を促すと、細川は、『君ノイフヤウナ筆法デ行ケバ何トカ書ケルト信ズル。自分ハ今迄支那印度ヲ中心トシタ民族問題民族革命ノ必然性ニ就テ研究シソノ成果ヲ発表シテ来タガ、ソレモ一応終ツタカラ今度ハ日本内地ノ問題ヲ研究シテ見タイト考ヘテヰタノダ。而シ今一応世界史ノ発達トコレニ基ヅク将来ノ動向ヲ批判研究スルコトハ大イニ有意義デモアルシ自分ガ嘗テ云ツタヤウニ俺達ガ乗リ出ス世界ノ檜舞台ハ愈々ヤツテ来タノダ。年コソ取ツテルガ君等若イ者ニハ未ダ負ケナイ。ヨシ引受ケタ。覚悟ヲ決メテ心血ヲ注イデ書クコトニスル。コレハ吾々ノ「春の歌」ダヨ』と言って快諾したというのである（相川手記印刷版〔甲15号証〕698頁）。

相川手記によれば、細川論文の構想は、相川が提示したもので、細川の従来の論文とは異なり、「日本内地ノ問題」に関して論じたものということになるが（また、そうでなければ、共産主義者に決起を促すための指令的大論文にはなるまい）、しかし、実際の細川論文の成立経緯はそのようなものではないし、そのことは、細川の従来の論文と細川論文を対比してみても明らかである。

その意味でも、相川供述は、虚偽なのであるが、この点に関する新証拠は、のちに提出する。

しかし、現実には、細川論文は、雑誌の目次を内閣情報局に提出し、記事の表題と執筆者について検閲を経たのち、内閣情報局に校正刷を提出し、厳重な検閲を受けるという当時の厳しい統制に従って、執筆・掲載されたのである。

つまり、相川手記（そして、特高月報）は、細川論文が、内閣情報局の事前検閲を経て掲載されたという事実を、敢えて、ねじ曲げたものだったのであるが、何故にかかる欺瞞が行われたのかといえば、「党再建準備会」の指令的論文が内閣情報局の事前検閲を経ていたというのでは、到底事件になり得ないと考えられたからにほかならない。

つまり、相川供述は、そして、おそらくは小野供述も、細川論文が内閣情報局の事前検閲を経て掲載されたという重要な事実を隠蔽してなされたものであって、「泊会議」に関する部分だけでなく、「細川論文の掲載」に関しても、重大な部分において虚偽だったのである。

（8）こうして、細川論文は、内閣情報局の事前検閲を経て『改造』に掲載されたものであり、当時にあっても、共産主義的啓蒙論文と考えることには無理があり、いわんや治安維持法違反に問うことなどは不可能だったのである。

しかし、陸軍報道部は、細川論文を問題視し、ついには、細川が逮捕されるに至った。

その具体的な経過は、以下のとおりである。

①1942（昭和17）年9月7日ころ、陸軍報道部の「月例綜合雑誌批判会」の席上で、同部員の平櫛孝（少佐）（以下、平櫛）が、細川論文は明らかに共産主義の宣伝であって、一部分はレーニンの帝国主義論と同一であり、相当の処分を必要とするなどと批判した。

②1942（昭和17）年9月14日付「日本読書新聞」に、陸軍報道部長の谷萩那華雄（なかお）（大佐）が、細川論文は共産主義の宣伝であって検閲の手抜かりであると発表した。

③1942（昭和17）年9月14日、警視庁が細川を治安維持法違反容疑で逮捕した。

④1942（昭和17）年9月16日ころ、細川論文が削除処分となった。

つまり、横浜事件は、陸軍報道部が生み出したということができるが、きっかけを作った平櫛は、戦後、以下のように記述して、その誤りを認めた。

『「あれはお国のためにやったことだ。戦争に勝つためにはしかたがなかったのだ」などと戦後になって弁明した元軍人、元政府高官はたくさんいたが、お国のためにならなかったからこそ、日本は敗《ママ》けたのだ、と私は自らを責めてきた。大きな眼でみて、それがお国のためにならないことに気づかなかった自らの不明を恥じいるばかりである。』（平櫛孝『大本営報道部』〔甲24号証〕〔1980年・図書出版社〕86頁）

そして、平櫛は、『石を投げた子供には、石を投げられた蛙の立場はわからない。だから、いろいろあったであろう私たちの「横暴」について、私の側から書くのは、それもまた一方的なものになる恐れなしとしない』と書き、『幸い、当時中央公論社の編集者をしていた黒田秀俊氏が著書『昭和軍閥』（図書出版社刊）のなかで、雑誌『改造』の発禁について回想しているくだりがある。ここには、加害者として私の名も出てくるので、あまり名誉にならない話だが、それを引用してみよう』として、3頁に及ぶ引用ののち、以下のように、書いた。

『若い頃の自分のことを、こうはっきり書かれてしまうのは、決して気持のいいものではないが、事実関係の大筋はそのようなものであった。私には弁解の言葉もないし、また、加害者が弁解するのは見苦しい。こちらにはそれほどの自覚がなくとも、世間には「はしゃぎすぎ」ということばもある。たしかに、私たちは、はしゃぎすぎていたのだ。しかし、石を投げられた側にとっては、生死にかかわる大事件であったろう。当時の肩いからした軍部と、それに立向う手段を持たなかった民間言論機関との関係はまさにこのようなものであった。』（同89～90頁）

平櫛も、横浜事件が空想の産物だったことを認めているのである。

9　結　語

（1）本件を含む一連の事件が「横浜事件」と呼ばれるのは、「事件」が「横浜」で「発生」したからではない。神奈川県警察部特別高等課（以下、神奈川県警特高課）によって、「事件」の「摘発」が「横浜」を舞台に展開されたからである。

そして、本再審請求は、「横浜事件」が、「治安維持法」という現在の日本国憲法のもとではその存在そのものが許されない「法律」をひとまず前提としても、神奈川県警特高課によってでっち上げられた、完全なフレームアップである、と主張するものであり、本件が他の再審請求とは明らかに異なる所以も、またそこにある。

（2）折しも、神奈川県警を発端として、警察官、検察官、裁判官の不祥事が次々に明らかとなり、司法のあり方が厳しく問われているが、過去の司法にも問題があったことを率直に認めること（＊）こそが、新たな世紀を迎えて、私どもが行わなくてはならないことである、と弁護人らは、信じて疑わない。

＊海野弁護士は、裁判の直後に、自己の弁護方針を真摯に反省している（海野普吉『ある弁護士の歩み』〔甲8号証〕１５０頁）。軍人だった平櫛が反省していることは既にみた。

本再審請求は、小野の遺志を継ぐ請求人らによって維持されているが、やがて貴裁判所によって下される判断によって、小野をはじめとする「横浜事件」に連座させられ、無念の想いを抱いたまま亡くなっていった、全ての者の名誉が回復されるよう切望せずにはおれない。

（3）現に、「横浜事件」をめぐっては、神奈川県警特高課の元警部1名（松下英太郎）、元警部補2名（柄沢六治、森川清造）は、横浜事件の取調べで暴行凌虐行為を行ったとして、懲役1年6月から懲役1年の実刑に処せられた（横浜地判昭和24年2月25日〔甲25号証〕、東京高判昭和26年3月28日〔甲26号証〕、最判昭和27年4月24日〔甲27号証〕。＊）。

＊上記高裁判決は、以下のように、量刑の理由を説明した。

「元来本件は昭和十八年当時戦局が漸く苛烈を加え、為に国内の結束が強く要望されるに至り、殊に思想犯罪に対する取締が厳重を極めた時期に於て、特高警察官が思想犯罪捜査の過程に於て惹起せしめたものである。而して其の後終戦により制度の変革が行われ人権の保障ということが法制の根幹とされるに至ったのであって、犯罪自体今日とは異なった雰囲気の下に行われたものであるのみならず、今日の社会はかかる犯罪については十分な保障を与えられて居り人権の侵害については懸念がないから被告人等の行為に対しては最早他戒の必要がないという考えもあろうし、又被告人等は終戦後退官し、最早警察官ではないし既に犯罪後七、八年も過ぎて居り、被告人等としても其の間苦悩の日を送ってきたのであるから自戒の必要も又失われている、即ち被告人等に対しては厳罰を科さなくてもよいということも考えられるであろう。

然しながら民主主義の社会であろうと君主主義の社会であろうと法治国に於ては裁判官、検察官は勿論のこと司法警察官による暴行凌虐の所為の如きは絶対に許されないものであることは言をまたない。元来司法警察官の如きは一面強力な職権を与えられているのであるからその反面所謂拷問の所為の如きは厳禁されているのは当然であり如何なる意味に於ても拷問は許されぬというのが法治国に於ける法制の根幹であり最低の保障であると見做さなければならない。而して被告人等はかかる禁制を破ったものである。

成る程終戦後に於ては人権擁護ということが一層強く叫ばれることになり、本件の如き所為に対して摘要される法条所定の刑罰の如きが加重されるに至ったのも、その一つのあらわれであろうが今日前記の如き人権保護の最低の保障が現実に於て全うされているかといえば遽かに然りと断定することはできないのである。いわんや予想される将来の難局に対し、右点に関する懸念を単なる杞憂に過ぎないとする証拠もないのである。而して若し斯る人権擁護の第一課が現実に保障されたと認められない場合は民主主義と称するものの如きも畢竟空虚なるものに過ぎないのである。

之を要するに被告人等の所為は法治国に於て戦時であると平時であるとを問わず堅く戒められている禁制を破ったものであるから、之を戦局苛烈な時期に於ける一場の悪夢に過ぎぬとして看過し去ることはできない。又個人は何時如何なる場合にあっても官憲の暴行凌虐に身をさらされないよう充分な保障を得なければならぬという観点からして、我国に於ては今尚判示の如き種類の犯罪に対しては自他共に充分の戒心を払う必要があると認められる次第である。

よって被告人等に対しては酌量すべき一切の事情を充分考慮しても猶科するに実刑を以てすべき充分な理由があるものと認める。」

判決は、民主主義の社会でも君主主義の社会でも、平時でも戦時でも、何時いかなる場合でも、法治国においては、官憲の暴行凌虐に身をさらされない十分な保障がなければならない、予想される将来の難局に対し、かかる懸念を単なる杞憂にすぎないとする証拠もない、もしこのような初歩的な人権が保障されていなければ民主主義は空虚なものに過ぎない、と説いた。

再び「戦争の時代」を迎えつつある今日、深い意味を持つ判示といわなくてはならないが、本件再審で、民主主義の意義が問われているのである。

なお、民主主義といえば、小野らとは異なり、妥協的な裁判を拒否して戦い続け、最終的には免訴判決を得た細川は、つぎのように語っていたという。

「こんどの敗戦で、連合軍側はわが国に対して『民主主義』というぼた餅を投げ込んでくれたのだが、残念なことに日本人はそのたべ方を知らない。」「民主主義なんてのは文字や言葉じゃないぜ。文字や言葉でそれを繰り返したってナンセンスじゃ。本当の民主主義というものはな、どんなことにも文句をつけるということじゃ。こんどの横浜では、諸君が特高にあれほどひどい乱暴を受けたのじゃ。ああそうですか、と黙ってひき下がっているときじゃない。彼らの暴行に対して断乎として文句をつけねばならん。今はどんなことよりも前に、今度の横浜の特高に文句をつけることから始めるのじゃ。」

（木村亨『横浜事件の真相』〔甲9号証〕126頁。*）

*これに符合する細川の言として、「執行猶予にしてやるから我慢せよという。それはだめだ。私は裁判所か国家があやまらない以上は、ここは死んでも出やせぬぞ、私は日本が民主々義的に平和な発展をすることだけを望んだ。それは民衆に基礎を置かなければだめなんだ。私は軍国主義侵略に反対し、民主々義を主張した。この主張しか持っていない私に、わるかったと頭をさげよ、そうしたら出てやる、とに角大官連中がこの拘置所に入れかわる都合があるから、出てくれという」というものがある（森川金壽編著『細川嘉六獄中調書』〔甲17号証〕363頁）。

細川は、徹底した民主主義者であり、偉大な思想家、かつ、真の愛国者であった。

平櫛が認めたように、陸軍（と特高、検事、判事）が真の愛国者を弾圧したために、わが国は戦争政策を誤り、そして、敗れたのである。

（4）検察官や裁判官は、犯罪のために不慮の死を遂げた「被害者」のことを想って、「加害者」たる犯罪者を断罪するにあたって、「被害者」の「無念の死」に言及することがある。

むろん、そのこと自体は全く正しい。

そうであるのなら、なおさらのこと、司法が犯した

「犯罪」によって無念の死を遂げざるを得なかった小野康人をはじめとする「横浜事件」の「被害者」に対して、今の世に生きる私ども法律家が唯一なし得ることは、彼らのすみやかなる名誉回復である。

どうか、貴裁判所の手によって、横浜「事件」を「解決」して頂きたい。

それは、いまや、貴裁判所に委ねられた崇高な使命、否、貴裁判所に課せられた絶対的な義務である。

以上

※

平成14年（た）第1号再審請求事件

請求人　小野　新一

請求人　齋藤　信子

再審請求補充書（1）

平成14年12月17日

横浜地方裁判所第二刑事部　御中

頭書事件の平成14年3月15日付再審請求書につき、弁護人らは、下記のとおり、請求の理由を補充する。

請求人ら弁護人　弁護士　日下部長作

他一〇名

記

第1　本再審請求事件の審理の進め方

1　貴裁判所が本再審請求事件をどのような方法で審理しようとしておられるのか、未だ不明であるが、もし、本再審請求に対する検察官の意見書の提出を待っておられるとすれば、それは誤りである。

何故なら、旧刑訴法509条は、「再審ノ請求ニ付決定ヲ為ス場合ニ於テハ請求ヲ為シタル者及其ノ対手人ノ意見ヲ聴クヘシ」と定め、再審請求について決定する場合には相手方たる検察官の意見を聞かなくてはならない、と規定しているが（＊）、審理を開始するための要件は、何ら規定していないからである。

＊念のためにいえば、いささか奇妙であるが、裁判所は、再審請求について決定する場合には、「請求ヲ為シタル者」、すなわち、再審請求を求めている請求人らの意見も、改めて聞かなくてはならないのである（「いささか奇妙」といったのは、請求人の意見は、「すみやかなる再審開始」に決まっているからである）。

そもそも再審請求に対する裁判所による審理では、職権主義が支配しているのであって、その審理は、裁判所が独自にこれを行い得るのである（公判審理も職権主義に拠っていた旧刑訴法のもとではなおさらである）。むろん適正手続を保障した日本国憲法下での旧刑訴法に基づく手続は、日本国憲法に適合するように運用されなくてはならず、完全に旧刑訴法のもとでの手続と同じではないが（＊）、しかし、再審請求に対する検察官の意見を聞かないまま、再審請求に関する審理を開始することに何らの支障もないことだけは確認しておかなくてはならない。

＊「日本国憲法の施行に伴う刑事訴訟法の応急的措置に関する法律」2条は、「刑事訴訟法は、日本国憲法、裁判所法及び検察庁法の制定の趣旨に適合するようにこれを解釈しなければならない」と定め、例えば、同20条は「被告人に不利益な再審は、これを認めない」として、旧刑訴法486条の不利益再審を明文で否定した。

2　つまり、貴裁判所は、約9か月前の本年3月15日に申し立てられた本再審請求について、その再審請求書に添付された証拠書類の精査を既に終えておられても、何ら不思議ではないのである。

しかし、この間の事情に照らすと、貴裁判所は、検察官の意見書の提出を漫然と待っておられるのではないかと思われ、仮にそうであるとすれば、そのような考え方は基本的に誤っていることを指摘するとともに、仮に、検察官に答弁書の提出を求められる場合には、その提出時期を明示してなされるべきであると考える。

そして、去る12月12日に貴裁判所に問い合わせたところ、検察官の意見書は未だ提出されておらず、その提出期限は定められていない、とのことであった。

そこで、弁護人らは、貴裁判所に対し、早急に、検察官に提出時期を明示して意見書の提出を求められるよう上申する。その場合、本再審請求が約9か月前に申し立てられたことに照らすと、その時期は、遅くとも2003（平成15）年2月末日を超えるものではないはずである（＊）。

＊なお、念のためにいえば、仮に、検察官が答弁書を期限までに提出しなかったとしても、再審事由の有無の審理に何ら支障がないことは上記のとおりである。検察官の再審請求に対する意見は、貴裁判所が再審請求に対し決定を下すまでに聞くことで足り、また、それは口頭による結論のみの意見（例えば、「再審開始相当」または「再審開始不相当」）でよいのである。

刑事被告人の迅速な裁判を受ける権利の保障（日本国憲法37条1項）の趣旨は、本件にも及ぼされなくてはならず、貴裁判所が、本件再審請求事件を漫然と放置しておくことは、絶対に許されない。

3　ところで、本件再審請求書11頁ないし12頁でも指摘したように、横浜事件の第1次再審請求は、「警察官の拷問による自白強制」を理由に、第2次再審請求は、「細川論文の証拠調べ未了」を理由に、第3次再審請求は、「ポツダム宣言受諾による治安維持法の失効」などを理由に、申し立てられたものであるが、これらに共通する特徴は、いずれの場合も、横浜事件におけるある事象を孤立的に捉えて再審事由を構成しているということである。

これに対し、第4次再審請求にあたる本件再審請求は、事件を全体的・総合的に捉えて再審事由を構成したものであり、横浜事件の虚構性、すなわち、横浜事件で有罪とされた者全ての無実、端的に、「横浜事件の真実」を正面から明らかにしようとするものである。

従って、第4次再審請求の理由を、これまでの再審請求のように、ひと言で説明することは困難であるが、強いていえば、

①横浜事件の起点であり、その中核に据えられた「泊会議」が虚構だったこと、

②確定判決の有罪認定を支える「細川論文」は共産主義的啓蒙論文ではないこと、

の2点（いずれも事実誤認）に集約することができ、そのことを明らかにする新証拠として、

①との関係で、予審終結決定（甲13号証）、「泊会議」の写真（甲16号証、17号証の1ないし9）、相川手記（甲15号証）、細川予審尋問調書（甲18号証）等（＊）が存在する、といってよい。

＊請求人らが警察官によって激しい拷問にあったことを証する新証拠たる特別公務員暴行・傷害事件告訴状（甲9号証）、ビデオテープ『言論弾圧・横浜事件』（甲12号証）も、その間接的な証拠である。

また②との関係で、今井、荒井、波多野の各鑑定書（甲19、20、21号証）、橋本論文（甲22号証）、相川手記（甲15号証）や細川予審尋問調書（甲18号証）等が存在する。

さらに、細川論文を最初に問題にし、横浜事件を生み出した元凶ともいうべき「陸軍報道部」に所属していた平櫛孝（当時、少佐）は、その著書（『大本営報道部』甲24号証＊）で、横浜事件が空想の産物だったことを既に認めている。

＊なお、いうまでもないが、これも新証拠のひとつである

ともあれ、第4次再審請求こそが、再審請求における新証拠の明白性判断に関する「総合評価」の立場に立って、「横浜事件の真実」を明らかにしようとする、初めての再審請求なのである。

4　ここで、現在、貴裁判所に係属している第3次再審請求と第4次再審請求との関係について、一言しておく必要がある。

何故なら、第3次再審請求の理由、すなわち「ポツダム宣言受諾による治安維持法の失効」が認められると、元被告人らには免訴が言い渡されるべきだったことになり、それ故に、有罪を言い渡した確定判決は誤りだったことになる。

しかし、仮にそのような理由で、横浜事件について再審が開始され、元被告人らに免訴の言い渡しがなされたとしても、それは、日本が連合国に敗れポツダム宣言を受諾したことに基づく再審開始であって、元被告人らはもともと治安維持法によって有罪にされるべきではなかったことに基づく再審開始ではない。

つまり、第3次再審請求は、有罪を言い渡した確定判決に重大な誤りがあるとして再審開始を求める点では、第4次再審請求と同じであるが、「横浜事件の真実」を明らかにするという見地からは、第4次再審請求とは異なり、真実が永久に解明されないことになる危険性をはらんでいるのである。

ところが、貴裁判所は、第3次再審請求についてはそれなりに審理を進めておられることが窺われるから、その意味でも、弁護人らは、貴裁判所に対し、改めて第4次再審請求に関するすみやかな審理の開始を求める必要がある。

何故なら、「横浜事件の真実」を明らかにしようとする真の再審請求とは、第4次再審請求であって、第3次再審請求ではないからである。

第2　証人尋問の請求

1　以上を踏まえ、請求人らは、本書面とは別に本日提出する証人尋問請求書（1）記載のとおり、証人尋問の請求をする。

貴裁判所が証人尋問を行われれば、本件に関する証拠書類や証拠物についての貴裁判所の理解も深まり、第4次再審請求こそが、「横浜事件の真実」を明らかにする「真の再審請求」であることを分かって頂けるはずである。

しかも、証人の中には高齢者も含まれ、徒らにときを過ごしている余裕はない。

2　ところで、再審請求手続では職権主義が支配すると理解されてきたためであろうか、証人尋問は、非公開の法廷で行われるのが従来の取り扱いである（弁護人らが知る唯一の例外は、「日産サニー事件」に関する福島地方裁判所いわき支部での証人尋問で、これは公開の法廷で実施された)。
しかし、本件では、細川論文の「改造」への掲載が政治的な犯罪行為とされているから、「政治犯罪、出版に関する犯罪又はこの憲法第3章で保障する国民の権利が問題となってゐる事件の対審は、常にこれを公開しなければならない」という日本国憲法82条2項但書によれば、また、本件での証人尋問は公開の法廷で行われるべきであり、これを妨げる理由はないというべきである。
そこで、弁護人らは、上記の証人尋問を、公開の法廷で行われるよう求める次第である。

以上

※

平成14年(た)第1号再審請求事件
請求人　小野　新一
請求人　齋藤　信子

再審請求補充書(2)

平成15年5月19日

横浜地方裁判所第二刑事部　御中

請求人ら弁護人　弁護士　日下部長作
同　山本　一郎
同　山本　祐子
同　大川　隆司
同　小沢　弘子
同　佐藤　博史
同　笹森　学
同　横山　裕之
同　藤田　充宏
同　竹田　真
同　大東　泰雄

頭書事件の平成14年3月15日付再審請求書につき、弁護人らは、下記のとおり、請求の理由を補充する。

記

第1　治安維持法第1条後段及び第10条の構成要件

1　確定判決が、認定した「犯罪事実」に適用した「法律」は、治安維持法第1条後段及び第10条である(刑法の規定は、ここでは問題ではないので、措く)。
そこで、治安維持法第1条及び第10条の条文を確認しておくと、以下のとおりであった。
治安維持法第1条
「国体ヲ変革スルコトヲ目的トシテ結社ヲ組織シタル者又ハ結社ノ役員其ノ他指導者タル任務ニ従事シタル者ハ死刑又ハ無期若ハ七年以上ノ懲役ニ処シ情ヲ知リテ結社ニ加入シタル者又ハ結社ノ目的遂行ノ為ニスル行為ヲ為シタル者ハ三年以上ノ有期懲役ニ処ス」
治安維持法第10条
「私有財産制度ヲ否認スルコトヲ目的トシテ結社ヲ組織シタル者又ハ情ヲ知リテ結社ニ加入シタル者若ハ結社ノ目的遂行ノ為ニスル行為ヲ為シタル者ハ十年以下ノ懲役又ハ禁錮ニ処ス」（なお、以下、煩瑣なので、カタカナ書きをひらがな書きにする。）
つまり、確定判決は、その認定した「犯罪事実」が、「国体を変革することを目的」とする「結社」（第1条）及び「私有財産制度を否認することを目的」とする「結社」（第10条）の「目的遂行の為にする行為」（以下、「目的遂行行為」）に該当すると判断し、小野を有罪としたのである。

2　ところで、確定判決が認定した「犯罪事実」は、1942（昭和17）年7月から同年10月にかけての出来事であるから、適用されたのは、1941（昭和16年）3月に改正された治安維持法である。

そこで、改正前の治安維持法（1928〔昭和3〕年に緊急勅令によって改正されたいわゆる1928年法。以下、旧法）と改正後の治安維持法（いわゆる1941年法。以下、新法）の関係をみておく必要があるが、本件で重要なのは、旧法では「国体を変革することを目的」または「私有財産制度を否認することを目的」とする「結社」に関する「目的遂行行為」だけだったのに（旧法1条）、新法では、これが細分化して規定されたことである。

その結果、「目的遂行行為」には、以下のものがあることになった（＊）。

①「国体を変革することを目的」とする「結社」の「目的遂行行為」（第1条後段）

②第1条の「結社」を「支援することを目的」とする「結社」（いわゆる「支援結社」）の「目的遂行行為」（第2条後段）

③第1条の「結社」の「組織を準備することを目的」とする「結社」（いわゆる「準備結社」）の「目的遂行行為」（第3条後段）

④第1条ないし第3条の「目的を以て」「結成」された「集団」に関する「目的遂行行為」（第4条後段）

⑤第1条ないし第3条の「目的を以て」（その「目的たる事項の実行に関し協議」、「煽動」、その「目的たる事項を宣伝」し、）その他「目的遂行行為」（第5条後

段）

⑥「私有財産制度を否認することを目的」とする「結社」の「目的遂行行為」（第10条）

＊そのほか、以下が主な改正点である。

1 「国体を変革すること」を目的とする犯罪と「私有財産制度を否認すること」を目的とする犯罪とを別個の条文として規定し、かつ、刑期を引き上げ厳罰化した。

2 処罰対象が結社、集団にかかわらない宣伝等に拡大された。具体的には、「第1条乃至第3条の目的を以て其の目的たる事項の実行に関し協議若は煽動を為し」、「其の目的たる事項を宣伝し」、及び「其の他其の目的遂行の為にする行為を為し」「たる者」の処罰規定である（第5条）。最後の類型が上記⑤の「目的遂行行為」に当たる。

そこで、第1条後段及び第10条の「目的遂行行為」は、「国体を変革することを目的」とするか「私有財産制度を否認することを目的」とするかの違いはあるものの、いずれにしても「結社」を前提としており、その「結社」とは、「集団」（第4条）はもちろんのこと、「支援結社」（第2条）や「準備結社」（第3条）でも、その構成要件を充足しないことになる。

実際、新法第1条後段の「目的遂行行為」の意義について、当時でも以下のように説明されていた。

「本条には、目的遂行云々と極めて概括的な規定をしてゐるので、其の文字的には相当広く解し得られる。すなわち結社の拡大強化を図る一切の行為は勿論、その結社を支援するための結社所謂外郭団体の行為も之に包含され、又国体の変革を目的とする集団的活動——未だ結社と認むべき程度に至らざるもの——もこの範疇に入り得る。然しながら改正法は、結社の目的遂行のためにする行為を為すものの中、外郭団体の組織者並びに指導者及び集団結成者並びに指導者に付ては、それぞれ第二条及第四条に特別規定を設けてゐるので、それ等の者は本条に含まない訳である。」（法制局参事官山崎丹照「改正治安維持法概説」荻野富士夫編『治安維持法関係資料第4巻』170頁。傍線引用者。以下同じ）

さらに、「準備結社」（第3条）について、以下のとおり、説かれていたことを知っておく必要があろう。

「其の三は　準備結社に関する規定を新設したことである。

最近に於ける共産主義運動の特色は、上述のごとく分散的、個別的な形態をとってゐる点であるが、特に注意されるのは彼らがその究極の目的においては国体の変革を待望しつつも、先づ、当面の問題としては集会、宣伝、啓蒙等の方法によって共産主義を養成結集し、党再建の機運を醸成することを主たる目的とする結社を組織せんとすることである。かかる結社を現行法上第一条の結社と認めることは不可能であり、而もかかる結社に対しては外郭団体に対すると同様に相当の重刑を持って望み、且つ結社そのものを捉へてこれを処理するの要があるのである。」(山崎・前掲165頁)

「本条の構成要件中『第一条ノ結社ノ組織ヲ準備スルコト』を目的とする結社とは、例へば、日本共産党再建を準備するがごときことを意味する。而してそれは党再建準備委員会の如く、第一条の結社に近接して具体的に第一条の結社の組織予備行動を為すもののみならず、例へば結社性を認めうる読書会・研究会の如く、集会宣伝啓蒙等の方法に依り、党的機運の醸成に努むると共に共産主義者を養成結集して、党再建に資するが如き行為を包含するの趣旨と解する。」(山崎・前掲173頁)

3 そうだとすれば、「国体を変革すること」(第1条)及び「私有財産制度を否認すること」(第10条)を目的とする「結社」たる「日本共産党」が既に存在せず、その「再建の準備」が問題となり得るにすぎなかった1942(昭和17)年当時には、第1条や第10条の「結社」ではなく、第3条の「準備結社」のための「目的遂行為」だけが問題となるはずであった。

しかし、それでは、第1条や第10条を適用することができなくなることから、「コミンテルン」や「日本共産党」を「結社」と措定し、その「再建準備行為」を、「結社」のための「目的遂行行為」とすることによって、第1条後段や第10条を適用することが思いつかれた。

それは、許されざる治安維持法の拡大解釈というべきであるが、しかし、ここではその当否が問題ではない。

そのような拡大解釈のもとでも、「日本共産党」の「再建準備行為」が認定できなければ、「結社」のための「目的遂行行為」は認定できなかったということである。

実際、予審終結決定では、「細川グループ」は、「日本共産党」の「再建準備会」であり、確定判決の判示第一の「細川論文の掲載」と判示第二の「細川家族の救援」は、「紋左旅館」と「三笑楼」での日本共産党再建のための会議、すなわち「泊会議」の「決定」に基づき、「党再建準備会グループ」の拡大強化のためのものであり、「特に」突出したものと位置づけられていた。

換言すれば、「細川論文の掲載」と「細川家族の救援」が「結社」の「目的遂行行為」に該当するというためには、「日本共産党」の再建準備行為(以下、予審終結決定の用語に従って、「党再建準備会」)の存在が不可欠なのであって、百歩譲って、仮に、細川論文が共産主義的啓蒙論文だったとしても(*)、党再建準備会を実在のものと認定できなければ、せいぜい第5条の「其の目的たる事項を宣伝し其の他其の目的遂行の為にする行為」として処罰し得たにとどまったのである。

＊なお、細川論文が共産主義的啓蒙論文でないことは、本再審請求の柱の一つであり、後記の予審訊問における細川の供述に照らしても、明白である。

このことは、新法第5条について、以下のように説かれていたことからも明白である。

「其の五は　宣伝その他国体変革の目的遂行に資する行為を取り締まる規定を設けたことである。現行法は個人的行為に関する取締規定として、実行の協議、煽動及び犯罪煽動に関する取締り規定のみを設けその余の行為に及んでいないのである。然しながら最近に於ける運動情勢を見るに、宣伝、啓蒙その他の危険な行動を取締る必要が多分に生じてきた。宣伝は煽動と共に結社活動に於て欠くべからざる運動方法として重要なる意義を有するものである。然るに現行法の下に於ては宣伝が結社の目的遂行の為に為された場合に於ては結社関係の行為として取締り得るのであるが、結社と関係なく不逞目的の実行を宣伝した場合に於ては之を取締ることが出来ないのである。」（山崎・前掲166頁）

4　そこで、小野の予審終結決定が、治安維持法第1条後段及び第10条で問擬する「犯罪事実」を以下のように構成していたことは、治安維持法の構造上、当然のことだったといわなくてはならない。

『被告人ハ大正十四年三月東京都神田区三崎町大成中学校第四学年ヲ修了シ昭和三年四月法政大学豫科ニ入学昭和六年三月同大学豫科ヲ卒業シタル後一時実兄築井健人ノ営ム出版業ヲ手伝ヒ居リタルカ昭和十年四月同大学英文学部ニ入学シ昭和十三年三月同学部ヲ卒業スルヤ直ニ東京都芝区新橋七丁目十二番地改造社ニ入社シ同社発行ノ雑誌「大陸」「改造時局版」「改造」並ニ改造社出版部ノ各編輯部員トシテ昭和十八年五月二十六日検挙セラルル迄勤務シ居リタルカ前記法政大学豫科ニ在学中当時ノ社会思潮ノ影響ヲ受ケエンゲルス著「社会主義ノ発展」マルクス著「賃労働ト資本」「労賃価格及利潤」等ノ左翼文献ヲ繙読シタル結果終ニ昭和五年末頃ニハ共産主義ヲ信奉スルニ至リ昭和七年初頃日本「プロレタリア」作家同盟東京支部員ニ推薦セラレ左翼文化運動ニ従事シタル経歴ヲ有スルモノナルトコロ「コミンテルン」カ世界「プロレタリアート」ノ独裁ニ依ル世界共産主義社会ノ実現ヲ標榜シ世界革命ノ一環トシテ我国ニ於テハ革命手段ニヨリ国体ヲ変革シ私有財産制度ヲ否認シ「プロレタリアート」ノ独裁ヲ通シテ共産主義社会ノ実現ヲ目的トスル結社ニシテ日本共産党ハ其ノ日本支部トシテ其ノ目的タル事項ヲ実行セントスル結社ナルコトヲ知悉シ乍ラ孰レモ之ヲ支持シ自己ノ職場ノ内外ヲ通シテ一般共産主義意識ノ啓蒙昂揚ヲ図ルト共ニ左翼分子ヲ糾合シテ左

翼組織ノ拡大強化ヲ図ル等前記両結社ノ目的達成ニ寄与セムコトヲ企図シ
第一、昭和十五年八月頃ヨリ共産主義者タル評論家細川嘉六ト相識リ同人ヲ中心トスル所謂「細川グループ」ノ一員トナリテ親交ヲ重ネ居タルカ昭和十七年七月五日右細川嘉六ノ招請ニ応シテ同人及同グループタル相川博、木村亨、加藤政治、及当時南満州鉄道株式会社社員タル平館利雄、西尾忠四郎、西沢富夫等ノ共産主義者ト共ニ細川ノ郷里富山県下新川郡泊町「紋左旅館」事柚木ひさ方及同町料亭「三笑楼」事平柳梅次郎方二箇所ニ会合シ細川嘉六ヲ中心トシテ当面ノ客観情勢ニ対応スヘキ方策等ニ付鳩首協議シタルカ席上右平館利雄ヨリ内外ノ客観情勢ハ我国ニ於ケル「ブルジョア」民主主義革命ノ機運ヲ益々醸成セシメツツアリテ革命ノ主体的条件タル日本共産党（略称「党」）ノ衰微弱体化セルヲ急速ニ復興再建セシムル為ノ運動ノ展開コソ焦眉ノ急務ナルヲ以テ該運動ノ指導体トシテ所謂「党再建準備会」ナル秘密「グループ」ヲ結成シ之ヲ速ニ拡大強化シテ同「党」ノ中心勢力タラシムヘキコトヲ提唱シタルニ対シ細川嘉六初メ被告人等一同之ニ賛同シテ茲ニ右「グループ」ノ結成ヲ決定シ次テ戦略戦術トシテノ所謂「千九百三十二年テーゼ」及反「フアツシヨ」人民戦線確立ノ運動方針ニ付討議シテ之ラノ依然基本的ニ正当ナルコトヲ確認支持シ該「テーゼ」ノ革命ノ展望ノ下ニ各自ノ職場ヲ中心トシテ産業報国会、帝国農会、協調会、大政翼賛会、隣組並ニ東亜聯盟其ノ他ノ右翼団体等凡ユル合法団体及ヒ合法場面ヲ利用シテ極力労働者・農民・智識階層ニ共産主義意識ノ啓蒙ヲ為スト共ニ之カ組織化ニ努メ以テ同「グループ」ノ拡大強化ヲ図ルコト殊ニ同「グループ」ノ活動ヲシテ合法ヲ偽装セシムル為民族問題研究所ヲ設置シテ之ヲ本拠トシ民族問題ノ研究ヲ標榜シテ果敢ナル運動ヲ展開スヘキコト等ヲ決定シ更ニ該研究所ノ組織及人的配置等ヲモ審議決定シ
第二、右決定ニ基キ爾来昭和十八年五月二十六日検挙セラルル迄ノ間同「グループ」ノ拡大強化ニ努メタルカ特ニ
（一）昭和十七年七月中旬頃開催セラレタル雑誌「改造」ノ編輯会議ニ於テ相川博カ細川嘉六執筆ニ係ル「世界史ノ動向ト日本」ト題スル唯物史観ノ立場ヨリ社会ノ発展ヲ説キ社会主義ノ実現カ現在社会制度ノ諸矛盾ヲ解決シ得ル唯一ノ道ニシテ我国策モ亦唯物史観ノ示ス世界史ノ動向ヲ把握シテソノ方向ニ向ッテ樹立遂行セラルヘキコト等ヲ暗示シタル共産主義的啓蒙論文ヲ雑誌「改造」ノ同年八月号及九月号ニ連続掲載発表ヲ提唱スルヤ被告人ハ該論文カ共産主義的啓蒙論文ナルコトヲ知悉シナカラ之ヲ支持シ編輯部員青山鉞治ト共ニ八月号ノ校正等ニ盡力シテ該論文（昭和十九年地押第三七号ノ二四ノ八頁乃至二九同号ノ二五ノ一六頁乃至四七頁）ヲ豫定ノ如ク掲

載発表シテ一般大衆ノ閲讀ニ供シテ共産主義的啓蒙ニ努メ

（二）前記細川嘉六カ曩ニ発表シタル「世界史ノ動向ト日本」ト題スル論文等ニヨリ昭和十七年九月十四日治安維持法違反ノ嫌疑ニテ検挙セラルルヤ同年十月二十日頃西尾忠四郎ヨリ細川家族ノ救援ニ資スル為出捐アリタキ旨要請セラルルヤ即時之ヲ快諾シ同月二十五日頃東京都赤坂葵町「満鉄」東京支社調査室ニ於テ金二十円ヲ西尾忠四郎ニ依託シテ細川家族ノ救援ニ努メ

タル等諸般ノ活動ヲ為シ以テ「コミンテルン」及日本共産党ノ目的遂行ノ為ニスル行為ヲ為シタルモノナリ』

つまり、予審終結決定は、「コミンテルン」及び「日本共産党」という「結社」の目的遂行のための行為として、１９４２（昭和17）年7月5日の泊会議における「党再建準備会」の結成と活動方針の決定（犯罪事実第二）を、治安維持法第1条後段及び第10条を適用するための不可欠な要素として認定しているのである。

このことは、a「細川論文の掲載」とb「細川家族の救援」（いずれも犯罪事実第二）の冒頭に、『右決定ニ基キ爾来昭和十八年五月二十六日検挙セラルル迄ノ間同「グループ」ノ拡大強化ニ努メタルカ特ニ』とあることからも明白である。

すなわち、予審終結決定では、「細川論文の掲載」や「細川家族の救援」が、直接的に「コミンテルン」や「日本共産党」の「目的」に結びついているとされたのではなく、それらが「党再建準備会」である泊会議での「決定」に基づく行為であるが故に、「結社」のための「目的遂行行為」とされたのである。

それが、本件の「事件構造」である（「事件構造」という言葉については、再審請求書8頁参照）。

実際、確定判決が掲げた証拠である小野及び相川の供述は、そのような内容のものであった。

つまり、本件における確定判決が認定した事実と証拠との関係、すなわち、「証拠構造」もまた泊会議を不可欠の要素としたものだったのである。

項を改めてこの点を確認しておこう。

第2　小野・相川供述における泊会議の意味

1　さて、小野の供述が具体的にどのような内容のものであったのかを知る手掛かりは、残念ながら、ない。

確定判決が、証拠に、小野の、①公判廷供述、②予審訊問調書の記載、③司法警察官訊問調書の記載を掲げているところから、その内容は「犯罪事実」に添うものであったろうと推測できるだけである。

実際、小野に対しても警察官による激しい拷問がなされたが、その結果ともいうべき「司法警察官訊問調書の記載」（上記③）も証拠とされていることからすれば、小野も司法警察官の想定に添った供述を行ったとみるべきであり、それ以外の推測は不可能である（但し、小野の公判廷供述〔上記①〕は、単に本件公訴事実を認めるというだけのものだったように思われる）。

そして、何よりも、小野に対する予審終結決定が、上記のようなものだったからには、小野の供述とは、予審終結決定にいう「犯罪事実」、すなわち、泊会議で「党再建準備会」が結成され、活動方針が決定されて、その決定に基づいて「細川論文の掲載」と「細川家族の救援」がなされた、というものだったと考えるべきであり、それ以外の推認はあり得ない。

しかし、いずれにしても、小野の供述の具体的内容は不明というほかはない。

2　しかし、確定判決が掲げる、その余の証拠である相川の第4回予審訊問調書の記載については、内容そのものは不明であるものの、その具体的内容を推測できる確実な手掛かりがある（なお、以下の引用では、読みやすさのため、旧漢字は新字体に、カタカナは平仮名に、漢数字はアラビア数字に、置き換えた）。

⑴相川の鶴見警察署における昭和18年9月15日付手記

相川は、鶴見警察署における昭和18年9月15日付手記で、以下のように供述している。

『…（前略）…「細川」の論文を中心に編集方針に就ての協議を行ひ「細川」の論文「世界史の動向と日本」なる共産主義思想の宣伝啓蒙論文を「改造」8月号の巻頭論文として掲載することは既に私が個人の意見として昭和17年1月10日頃の午前9時頃、

東京都世田ヶ谷区世田ヶ谷5の2832番地　細川嘉六宅を訪問し同人に会合しました際私は細川に対して、

「共産革命の客観情勢は成熟し昨冬の大東亜戦争の勃発に依り急速に革命の時期が到来するものと確信していますが兼てから協議を重ねています様に日本共産党の早急結成は勿論必要ではありますが再建準備と連合して来るべき共産革命に対処し全国に散在せる共産主義者の決起を促すため之れが指令的内容を持つ大論文を執筆して頂いて改造誌上に是非発表して頂きたいのです」と述べますと、細川は

「それは大いに有意義なことであり、自分も必要であると考えるが実は君も承知の通り、尾崎秀実事件に関連し当局も相当警戒していると思うから従来論文の発表を自発的に控えて来たのだが…」

とのことでありましたので私は、

「大丈夫です。検閲の方は私が責任を以て引受けます。先生に書いて頂く論文は『世界史の動向と日本』という題で唯物史観の立場から…（中略）…共産革命の必要性を暗示して欲しい」と述べて奮起を要望します《ママ》。

細川「君のいうような筆法でいけば何とかかけると信じる…（以下、略）…」と云って快諾してくれたのです。』（甲15号証697頁〜698頁）

ここで、相川は、細川論文が執筆された経緯として、①1942（昭和17）年1月10日ころ、論文の題名及び概要を相川が細川に提示して、執筆されたものである旨供述し、②泊会議については一切言及していない（甲15号証699頁〜701頁参照）、ことが注目される。

⑵相川の山根隆二検事宛の昭和19年5月6日付手記

相川は、山根検事に宛てた昭和19年5月6日付手記で、以下のように供述している。

『一、泊会議開催の目的

平館利雄、西沢富夫、西尾忠四郎の「満鉄グループ」と、加藤政治、木村　亨、浅石晴世、小野康人、新井義夫、相川（私）の「細川グループ」との同志的関係は極めて自然に結束を固め、大東亜戦争勃発前後から、昭和17年5月20日頃の目黒茶寮の会、同年6月10日頃の同志新井義雄の送別会等を通じて益々緊密強固となったのでありますが、ここに申し上げました細川グループは、昭和14年3月頃から細川嘉六を中心と致しまして、同16年3月頃までに亘りまして結ばれました上述の細川嘉六、浅石晴世、加藤政治、木村亨、小野康人、新井義夫、相川（私）の同志的関係でありまして、細川グループの各同志は、細川嘉六宅、犬養健支那研究室其の他各同志宅或いは銀座等の喫茶店等で客観情勢の分析検討、革命の展望等を協議、同志的結束を図ると共に、その共産主義宣伝のための活動方針につきましても協議して参ったのであります。満鉄グループと細川グループの2つのグループは当時の客観情勢の有利な展開、切迫せる革命気運に即応して、従前の対等な関係を脱し、一団となって細川嘉六を首領として組織的な統制力ある運動力に飛躍発展することを目差し、昭和17年5月頃から、一方に於きましては民族問題研究所の設立による合法擬装活動を企図し、又、他方におきましては昭和17年7月5日富山県下新川郡泊町におきまして党再建準備会を開催したのであります。

私達の企図しました党再建は、私達同志が新しく日本共産党を創立すると云うのではなく、存在するかどうかさえも不明な程弱体且つ微力な党の再建強化の為の有力な要因として、また、其の一翼、一構成主要部分として、即ち日本共産党の組織の有力な一還として寄与貢献することを目的とし、本質としたものであります。…（中略）…

私達の企図いたしました「党再建」は、「コミンテルン」支部として日本に唯一つ存在することを許される非合法党である日本共産党組織の有力な一翼、中心的な一環を結成する為の準備活動でありまして、この為に必要なる

一、客観情勢の分析・検討
二、革命の展望
三、党の戦略・戦術
四、党の組織問題
五、当面の任務としての民族問題研究所の設立

等に関しまして、同志的協議決定を為すことが泊会議開催の目的であります。…（中略）…

微力、弱体な日本共産党再建の為に有力な一翼、中心的な一環として寄与貢献するための方法手段を協議検討し、活動方針を決定して、その強力な準備活動に着手することが泊会議の主要な目的でありまして、満鉄グループと細川グループとの極めて自然に行われた合流合体を、この泊会議を契機として一段と組織的な有機的な運動力に飛躍発展させることによって、この目的を達成せんと企図したのであります。

之を要するに、私達は当初より、コミンテルン及び弱体化せる日本共産党の目的達成に寄与すべく活動したのであります。

二、泊会議開催の経緯

細川嘉六の論文「世界史の動向と日本」が愈々完成し、泊会議が迫りましたので、私は昭和17年6月25日の午前10時頃細川嘉六宅を訪ね、書斎で泊会議の目的等に関しまして、細川嘉六に向い、「この様な客観情勢の急速な成熟に対応して私達も決して拱手傍観すべきではなく、満鉄グループとの同志的結束を機会として何らかの新しい出発が必要である。これは即刻日本共産党再建の準備に取りかかること以外にはない。…」（以下、略）…』

（国立国会図書館憲政資料室所蔵「海野晋吉文書」のうち細川嘉六氏裁判記録（甲29号証））

以上に見るとおり、ここで相川は、泊会議が党再建会議だったこと、細川論文が泊会議で決定された党再建のための活動方針に基づくものであったことを明言している（させられている）のである。

⑶相川の昭和19年12月16日第7回予審訊問調書

相川の昭和19年12月16日第7回予審訊問調書には、以下の記載がある。

『1問　これまで陳述したことにつき訂正することはないか。

答　私は、これまでのお取調べの際、私等が、細川の郷里泊町の紋左旅館、三笑楼において日本共産党の再建準備会なる非合法グループを結成したと述べたこと、並

びに、民族問題研究所の設立につき協議したと述べましたが、それは、私の言過ぎで、実は、細川、満鉄両グループが合流合体し、同志的結合の強化を図り、相互に意識の昂揚に努めた程度であります。尚、その時民族問題研究所設立の話は出なかったと思います。その他の点は大体これまで述べた通りで、訂正することはありません。

2問　何故間違った陳述をしたのか。

答　私は警察の取調を受けた際、係官より、警察で述べた通りを検事、判事にも陳述せよと言われたので、今迄間違った陳述を致したのであります。

3問　その他の点は間違いないか。

答　私が昭和19年5月6日山根検事に宛、泊に行って紋左旅館、三笑楼で協議したことにつき手記を提出致しましたが、その内容もただ今述べる点が間違っております。尚、同手記の民族問題研究所の組織に関する人的配置等も此の前のお取調の際申し上げたとおり間違っていると思います。

4問　何故間違った手記を認めて提出したのか。

答　私は、警察の取調と同趣旨でなければならぬと思い、警察の調書と同趣旨の手記を認めて提出したのであります。

5問　此の手記は何か見て書いたのか。

此の時昭和19年5月6日付被告人より山根検事に宛てたる手記記録被告人に対する第2冊902丁ないし918丁を示す。

答　お示しの手記は私が横浜刑務所の留置場において、何も見ず、私の記憶を辿り認めたものであります。…（以下、略）…』（国立国会図書館憲政資料室所蔵「海野晋吉文書」のうち細川嘉六氏裁判記録（甲30号証））

ここから分かることは、相川が、警察段階での供述だけでなく、従前の供述を、懸命に正そうとしていることである。

しかし、確定判決の証拠の標目に、相川の第4回予審訊問調書が掲げられていることからも明らかなように、相川のかかる供述ではなく、相川が正そうとした、従前の相川供述、すなわち、相川の（警察段階の供述及び第4回までの予審訊問調書が信用できるものとされたままなのである。

3　さらに、確定判決に証拠として掲げられていないが、小野及び相川の供述と同旨のものとして、木村及び平館の供述がある。

(1) 木村の山根検事宛昭和19年4月28日付手記

木村は、山根検事に宛てた昭和19年4月28日付手記で、以下のように供述している。

『私はコミンテルン並びに日本共産党の任務・目的に副うために活動の遂行を意図致しまして、一方、中央公論社に於いて左翼的啓蒙活動を展開すると同時に、他方、昭和15年末頃より共産主義者細川嘉六を中心に私を始めとして、相川博、加藤政治、浅石晴世、小野康人、新井義夫等の共産主義者が結集して共産主義グループを結成し、前記の意図、目的を以て現情勢に対処す可き当面の任務、方針を協議決定し、三々五々相会しては客観情勢の分析批判、革命の展望等をなし、特に、私は右の加藤、浅石を誘って国内右翼団体利用方策検討の為に日本右翼運動史研究会を開催する等相当活発な活動を展開して参ったのであります。

然るに、私共と同じく、細川嘉六を中心として満鉄東京支社調査部に於いても、平館利雄、西沢富夫、西尾忠四郎、益田直彦等の共産主義者が、同様共産主義グループ、所謂「満鉄組」を結成して居りましたので、私は昭和17年2月頃、之を左翼的出版計画「アジア民族発展史講座」の刊行活動に動員し、中央公論社の左翼的利用に協力せしめると共に細川グループの理論的見地の高度化のために、嘗ての「日本資本主義発達史講座」(岩波書店刊行)が示した理論水準を抜くマルクス主義的成果を期して、右の平館等満鉄組を主とする執筆者全員の共同研究会を開催し、可なりの成果を収めたのであります。この間に於いて私共は、細川嘉六を中心とする2つのグループを合体せしめて所謂細川グループを拡大強化すべき必要を痛感し、同志の間に其の合体気運が醸成せられつつありましたので、両グループの合流合体を図る目的を以て、昭和17年5月上旬頃新井義夫渡支壮行会並びに昭和17年6月中旬頃目黒茶寮会議等を開催し、両グループ全員(浅石のみ病気のため欠席)出席の下に細川を中心に国家内外の政治的・経済的・軍事的諸情勢を検討批判し、相互に意識の昂揚を図って親睦を強化したのでありますが、右の二会合を通じて両グループ合流の気運は頓に濃厚となったのであります。

然るに、次いで、昭和17年7月5日頃富山県泊町に於いて、旅館紋左、料亭三笑、両会議の開催に至って、右の合流合体は完全に成功し、茲に細川グループは所斯の如く飛躍的に拡大強化せられ、急速に所謂党再建準備組織を結成確立するに至ったのでありまして、今や極度に衰微弱体化せる日本共産党勢力を挽回し、再び之を盛立てる有力なる支援組織たらしめると共に、やがては其の発展強化に伴い自ら日本共産党の中心的勢力たらしめんと意図したのであります。

斯の如き重要意義を有する泊会議の決議事項を要約して申し上げますと、即ち、先ず、客観情勢の分析批判の結果、今次大戦、帝国主義世界戦争の一翼たる日本の大東亜戦(対英米支帝国主義戦)は緒戦に於いて軍事的勝利を獲得したが、国内資本主義経済の自己矛盾と占領地域並びに全アジア民族の反帝国主義独立闘争に因って危機に直面する日が意外に近迫して居り、昭和18年秋頃か

ら一般的革命情勢に入るであろうと云う革命の見透しの後

一、民族問題研究所設立の件
一、組織方針、活動方針、
一、戦略、戦術
一、分担、任務

等を協議決定したのでありますが、民族問題研究所の設立は私共中核体組織の本拠として必要不可欠の合法的研究機関でありますから、早急の実現を要望せられたのであります。次いで組織方針は申すまでもなく、労働者、農民等の革命的主体階級の組織を第一に、インテリ層の啓蒙組織をも重大なりとなし、活動方針即ち行動綱領としましては未だ表面に反帝スローガン及び反天スローガンを掲示すべきでないことを主として清室空屋の申し合せをもなし、更に、戦略戦術としましては1932年並びに1935年の両コミンテルンテーゼを踏襲採用することに決定し、特に合法場面の最大限の利用に関しては意を用いることとなし、此の会議を終了したのであります。

泊以後に於ける私共の活動は勿論右の決議に基くのでありますが、之を列挙致しますと、

一、細川論文「世界史の動向と日本」掲載活動
一、民族問題研究所設立準備活動
一、細川検挙回避対策活動
一、細川検挙後対策協議並びに細川救援活動
一、名和グループ獲得連絡活動

等でありました。…（以下、略）…』（国立国会図書館憲政資料室所蔵「海野普吉文書」のうち、細川嘉六氏裁判記録（甲31号証））

木村の供述は、予審終結決定の内容そのものであるといっても過言ではないが、それは、同時に、相川の第4回予審訊問調書の内容が木村の上記供述とほぼ同様のものだったことを教えているのである。

⑵平館の山根検事宛昭和19年5月1日付手記

平館は、山根検事に宛てた昭和19年5月1日付手記で、以下のように供述している。

『一、日本共産党再建準備会

イ、準備会の主体

…（中略）…相川博、加藤政治、木村亨、小野康人、西沢富夫、西尾忠四郎、益田直彦

の9名を云うのでありまして、最初は昭和15年10月頃、私を中心として、西尾忠四郎、西沢富夫を糾合して結成された「満鉄グループ」と、同時期頃、矢張り、細川嘉六を中心として、相川博、加藤政治、木村亨、小野康人、益田直彦によって結成された「細川グループ」とがあったのでありますが、この2つの「グループ」が次の様な機会により合流合体して拡大された「細川グループ」と

なったのであり、これが再建準備会の主体であります。
一、西沢富夫芬蘭行き壮行会及び帰朝歓迎会
二、新井義夫北支行き壮行会
三、アジア民族発達史刊行計画
四、目黒茶寮懇親会
五、民族問題研究所設立計画

これらの諸会合は、いずれもそれ独自の意義を持つと共に、前記「満鉄グループ」と「細川グループ」との合流合体に役立って居るのでありますが、両グループの真に合流合体するに至りましたのは後に述べる「泊会議」に於いてであります。換言すれば「泊会議」に於いて始めて党再建準備会主体が両グループの合流合体により結成されたのであります。

ロ、準備会の目的

昭和16年12月8日の日米開戦は、日本が其の運命を全幅的に枢軸陣営に縛り付けたことを意味するのでありますが、今次世界大戦に於ける枢軸陣営の形勢は既に昭和16年6月の独ソ開戦により潜在的に不利となり、昭和17年半ば頃には、それが漸次明瞭化するのであります。即ち、日本は遠からず敗戦を免れぬと云う見透しが明瞭化するのでありますが、この敗戦という客観的条件こそ日本革命の絶好の機会と考えたのであります。

しかるに、この日本革命の絶好の機会を前にして、革命の主体的条件たる日本共産党は微々として振わず、その活動も極めて不活発である所から、吾々「細川グループ」は、この日本共産党の拡大強化のため、日本に於ける諸々の共産主義運動の中心的指導勢力となり、驥（やが）て「グループ」の拡大強化の後は日本共産党に合流合体し、若しくは党に代って革命遂行の主体たらんとしたのであります。将来日本共産党に合流合体するか、若しくは党に代るか、その時の両者の具体的勢力関係によって決定されるので、予め決定するわけにはいかないのでありますが、いずれにせよ、他の諸々の共産主義運動よりも一層強固な右の如き意図の下に、先ず「グループ」自体の拡大強化に全員が積極的に努力して参ったのであります。

グループの全員が、かかる意図を有するに至ったのは、後に述べる「泊会議」以来であります。

之を要するに、再建準備会の目的は「コミンテルン」並びに日本共産党の目的達成のために貢献せんとする所にあったのであります。

…（中略）…

ニ、泊会議

以上のような目的と任務とを持つ強固な「グループ」を結成す可く、細川、相川の発意により、昭和17年7月5日細川の郷里富山県下新川郡泊町旅館「紋左」並びに料亭「三笑」で開かれた会合が、即ち、泊会議であります。

泊会議の意味は、

一、「満鉄グループ」と「細川グループ」とが真の意味に於いて合流合体したこと、
二、この拡大された「細川グループ」や如上の目的と任務とを規定し、積極果敢な共産主義活動を展開すべく決意したこと
にあるのでありますが、…（中略）…「紋左旅館」及び「三笑料亭」に於ける会議は厳格な意味に於ける会議ではなく、笑談の程度のものでありますが、両会議を通じて規定されたことは尚、その外に
一、組織問題
二、戦略戦術問題
三、民族問題研究所設立問題
等でありまして、これ等の問題は既に「準備会の任務」の項で述べた通りであります。
ホ、準備会議の実践活動
準備会は以上のように泊会議によって結成され、活動方針が決定されたのでありますが、以後次のような実践活動を展開したのであります。
一、組織活動
イ、細川論文「世界史の動向と日本」を「改造」誌に掲載することの可否につき会合
ロ、民族問題研究所設立運動…（以下、略）…』
（国立国会図書館憲政資料室所蔵「海野普吉文書」のうち細川嘉六氏裁判記録〔甲32号証〕）

以上の平館の供述も、木村の供述と同様に、本件に関する予審終結決定の内容に見事に添うものであるが、このことは、確定判決が掲げた小野及び相川の供述の内容も、平館（及び木村）の供述と同様に、泊会議が党再建準備会であり、細川論文の掲載と細川家族の救援は、泊会議での決定に基づくものであるというものだったことをより一層明確にしているのである。

4　そして、相川の第3回予審訊問調書、さらには、確定判決が証拠に掲げた相川の第4回予審訊問調書の記載内容を推認させるものとして、細川の第7回予審訊問調書ないし第9回予審訊問調書がある。

尋問者は、いずれも石川勲蔵予審判事であるが、同判事は、細川訊問に先立ち、自ら泊に赴き、現地での検証と関係者の訊問を行っており、その訊問には泊会議に関する同判事の心証が率直に反映されている。

そして、何よりも、同判事は本件に関する予審終結決定を（むろん、細川に対する予審終結決定も）下した判事であるから、上記細川予審訊問調書は、その意味でも極めて重要である（＊）。

＊なお、細川に対する予審終結決定（昭和19年12月29日。甲13号証38頁～44頁）は、本件に関する予審終結決定（昭和20年7月20日。甲13号証49頁～50頁）に先立つ約7ヶ月前に下されたが、相川が細川の共同被告人に

なっていることでも注目される。つまり、石川判事は、細川を相川と一体として裁き、ついで小野に対する予審終結決定を下したのである。

そこで、以下、その全部を引用する。

⑷細川の昭和19年10月27日第7回予審訊問調書

『1問　之まで陳述したことに付き訂正することはないか。

答　別にありませぬ。

2問　取調請求書記載の第一事実であるが、被告人は浅石晴世、木村亨、小野康人、加藤政治、新井義夫、相川博等を承知して居るか。

答　私が浅石晴世、木村亨と知合いになったのは昭和14年頃で、両者共、東京市麹町区丸の内、中央公論社発行の雑誌『中央公論』の編集記者をして居て、論文掲載のことに関して交際するようになり、小野康人、相川博は何れも同市芝区田村町、改造社の編集記者をしており、同人等とも昭和13年5月頃より論文掲載に関して交際するようになり、加藤政治は元東京市日本橋区本石町、東洋経済新報社の出版編集員を勤めて居て昭和14年頃より同社が発行した『現代日本文明史』の内の「植民史」の執筆を私が致すことの交渉から知合いとなり、同人は後に都新聞社記者、更に東京新聞記者になったとのことであります。新井義夫は先程の浅石の紹介で知合いとなり、同人は東大文学部史学科を卒業し、一時、藤本ビルブローカーに就職しておりましたが失職したため、昭和16年3月頃から6月頃までの間、私が執筆して居る「植民史」の資料収集、原稿の清書等を手伝わせて居り、お尋ねの者は何れも仕事の上で交渉をもつ様になり親しく交際致して居りました。

3問　昭和14年10月頃より昭和16年3月頃までに於ける右の者等との交際の状況は。

答　私は右の者等とは、私が執筆する論文や出版せんとする著書等のことに付き私の家に来ることもあり、又同市赤坂区溜池山王ビル内支那研究室、同市同区葵町満鉄東京支社調査室等で度々会って親密の程度も増して居りました。

4問　被告人は昭和14年10月頃、相川博に斯様な事を話したか。

この時相川博に対する予審第3回訊問調書書記録併合第1冊986丁6行目まで第11問答を読聞けたり。

答　私は先程申しました様に、相川その他の者とは次第に親しくして居りましたから、お尋ねの頃同人等が私方に来た事があるかも知れませぬ。私は同人等に会った時は、

一、単なる原稿取りでは駄目で見識を持った記者でなくてはならぬ事

一、君等は日本の持つ問題に付き十分なる研究をして確信を持つまでに至らねばならぬ事
一、日本の過去に於ける左翼運動は色々な重大な問題を起こしたが斯かる事を再び繰り返してはならぬ事
一、私は日本に於いて神がかりの主張は日本を弱化させるから之を棄てて合理的の思想に勢力を持たせる様にする事
一、言論機関を改革してその場当りの浮沈せる言論の弊を脱して国民生活の健全なる発達をもたらすべき公明正大の言論機関でなくてはならぬ事
等を話したことがありますが、只今お読聞けの様な事をした事はありませぬ。
5問　その頃被告人は右の者等を集結して、所謂細川グループなる秘密グループを作ったのではないか。
答　私は先程述べました様に右の者等と偶然に相集まった時に、主に国際問題に付き私が事情に通じて居る者より意見を聞き、又自分の意見を述べる事もありますが、只今お尋ねの様な細川グループとか、非合法又は秘密とかいう様なグループを作った事はありませぬ。私の所に集まるのは何程かの政治的目的が有ってではなくて、お互いが寄り集まる位のものでありまして、結社とか同志的結合とかいうほどのものでもありませぬ。
6問　昭和16年3月頃から昭和17年6月頃までの間被告人方その他に於いて、右の者等と会合し共産主義の観点より内外の客観情勢を分析検討して相互に意識の昂揚並に同志的結合の強化を図ったのではないか。
答　私らが仕事の事やその他で前申しました様に、私方やその他で相会し、時には前申した様な話題で話合った事もありますが、只今お尋ねの様な一定の目的を以て会合し共産主義の観点より内外の客観情勢を分析検討し、又は同志的結合の強化に努めた様な事はありませぬ。私は浅石晴世外数名の者と親しさを増してきて、同人等と話合いをしたからと言って同志的結合とは申されませぬ。
7問　細川グループは斯様な実践活動をして居たのではないか。
この時前同調書記録併合第1冊990丁11行目まで第14問答を読聞けたり。
答　只今お読聞けの様な事はありませぬ。私が細川グループを結成しお読聞けの様な目的で定期的に会合した事もありませぬ。私等が2、3人集まった時は、私は時には主として国際問題、民族問題を中心にして意見を聞き、又私が意見を述べただけで、お読聞けの様な特定の問題に付き分析批判した事もなく、又私の論文を『改造』『中央公論』の両雑誌に掲載致した事はありますが、之を以て両雑誌を利用して大衆の左翼啓蒙に努めたのではありませぬ。両雑誌に執筆するに付き、私は如何なる執筆家が良いかと尋ねられた時知って居る場合は答えた事がありますが、意識的に両雑誌を大衆の左翼啓蒙等に利

用せんとした様な話し合いをした事はありませぬ。
8問　昭和16年3月頃から昭和17年7月頃まで1ヶ月平均2回として合計34回位会合したことはないか。
答　右の者等は私方やその他に何回位集まったか判りませぬ。私は右の者等が常の如く私方やその他に往来して居たものとしか考えられませぬ。
9問　昭和15年12月10日頃、及び昭和16年5月10日頃の2回相川博方、昭和16年7月10日頃、同年8月2日頃の2回被告人方、昭和16年9月20日頃支那研究室、昭和17年5月20日頃山浦貫一事務所に会合した事はないか。
答　お尋ねの内で私は、相川博方に行った事はなく、私の家や支那研究室で会合した記憶はありませぬ。最後の山浦貫一事務所には行きました。
10問　山浦貫一方ではどんな会合か。
答　その時集まった者は山浦貫一、岩淵辰雄、木村亨、浅石晴世、加藤政治、小野康人、相川博、私の8人位であったかと思います。その席上で私は、北一輝の『支那革命外史』、内藤湖南の『支那論』を論究し、両著書を対比して批判論述し、日本の従来の支那に付いての理解が不十分なることを指摘したのであります。
11問　被告人はその席上で支那民族革命を中心にアジア民族問題に付きマルクス主義の立場から批判検討をしたのではないか。
答　私はその時日本の支那通が、両著書の様に第一次欧州大戦後支那民衆は政治的に自覚した事実を十分に理解して居らず、従って対立政策は常に所期の効果を収めないという事を論じ、支那に付いての認識を深めねばならぬ事を述べたのでありまして、お尋ねの様なマルクス主義の立場からアジア民族問題を批判検討したのではありませぬ。
12問　取調請求書記載の第二事実であるが、被告人は平館利雄、西尾忠四郎、西沢富夫を承知して居るか。
答　私は昭和15年4月頃、南満州鉄道株式会社（略称満鉄）東京支社調査室の嘱託となり、1週に1度位随意に調査室に出入りして居りますと、同調査室にお尋ねの平館利雄、西尾忠四郎、西沢富夫等が勤務して居たので、その頃より知合いとなり、右3名は世界情勢調査を担当して居り、私は国際問題を研究して居りましたので、自ら親しく交際する様になったのであります。
13問　当時、平館利雄等が共産主義を信奉して居た事を知って居たか。
答　左様な事は全然知りませぬ。もっとも右3名が世界情勢を調査研究して居りましたから、世界情勢の資料に通じて居る事、ロシアに付いての造詣の深い事、優秀な調査員である事は承知して居りました。
14問　右、平館利雄等が当時所謂満鉄グループなる非合法グループを結成して居る事を承知して居たか。
答　全然知りませぬ。

15問　被告人は右、平館利雄等と昭和16年6月初頃より昭和17年6月半頃までの間、満鉄東京支社調査室その他で会合したことはないか。

答　私はお尋ねの期間中、平館利雄その他の者等と先程述べました木村亨その他の者等とも、時には、満鉄東京支社調査室又は同食堂に集まった事はあるかも知れませぬ。又平館利雄、西尾忠四郎、西沢富夫等が時には私方や支那研究室等にお尋ねの頃私を訪ねて来て会った事があると思います。

16問　被告人は先程尋ねた所謂細川グループと満鉄グループを合体して強力な左翼組織を結成せんとした事はないか。

答　断じてありませぬ。ただ私としては先程申しました、浅石晴世外数名の者や又只今述べました平館等と交際する様になり、交際が広くなっただけで強力な左翼組織を結成せんとした事はありませぬ。

17問　右両グループの者が会合し、内外の客観情勢に付き共産主義の立場より分析批判し相互に意識の昂揚又は同志的結合の強化を図った事はないか。

答　私は相川、木村その他の者や、又平館、西尾、西沢等と偶然に相寄った時、満鉄地下食堂でお互いにビールを飲んだ事が時折あり、又右の者等と調査室で話し合った事もありましたが、私は当時主に国際問題を研究して居たので、その席上でその問題に付き私が事情に通じて居るものより意見を聞き、又自分の意見を述べたこともありまして、お尋ねの様な共産主義の立場により内外の客観情勢を分析批判し相互に意識の昂揚を図り、又同志的結合の強化を図る為の会合をした事は有りませぬ。

18問　被告人等は新井義夫の北支出発に付き壮行会を開いたか。

答　新井義夫が中央亜細亜協会に就職し、「ペキン」に勤務する事になり、昭和17年5月9日頃と思いますが、東京市京橋区銀座8丁目、料亭「銀八」に於いて新井義夫の壮行会を開催致しました。

19問　その時の出席者は。

答　その時出席した者は、木村亨、相川博、加藤政治、平館利雄、西沢富夫、西尾忠四郎、新井義夫、私の8名であったかと思います。

20問　その席上でどんな話しをしたか。

答　ただ酒を飲んで歌った事は記憶にありますが、どんな話しが出たか記憶にありませぬ。

21問　その席上で被告人を中心に支那問題、独ソ戦等の国際情勢を共産主義的観点より論議し同志的結合の必要を話したのではないか。

答　左様な記憶はありませぬ。ここで私と新井義夫との関係を申しますと、彼は大学出身でありますが鮮人の為、藤木ビルブローカーに勤務して居りましたが、差別待遇で耐えられないから退職したいと言って居りましたのを、就職が困難であるから私はそれを引止めて居りましたが、遂に退職し、その後私の所で私の手伝いをし、2、3の新聞記者となり、生活に困って居たので、私も彼を何処かに就職させようと考えて居りました折から、彼が東洋民族史の編集を計画して私に相談しましたので、之によって衣食住を支えて行く様に、又彼の願って居た史学の研究をする様に援助して居りました所、計らずも中央亜細亜協会に就職する事になり、私は大変之を喜び、彼の壮行会を開き前途を祝ってやったものであります。その帰り私の発意で、東京市品川区上大崎、風見章方にその時集まった者を連れて行きました。

22問　何の用で行ったのか。

答　私は支那問題に付き、風見章と意見を同じくして居る処から、同人と懇意になり、同人は私の尊敬する大人物で、壮行会に集まった者等を風見に引合わせる事は良い感化を与える事になると思い、私が若い者を風見方に同行したのであり、左翼意識の昂揚を図るため連れて行ったのではありませぬ。元来私は何人でも私が尊敬する大人物には何時でも只今申しました様な考えで、右の者等を引合わせて居たのであります。

23問　先程尋ねた両グループの親睦会を目黒茶寮で開催したか。

答　昭和17年6月頃かと思いますが、同市目黒区料亭「目黒茶寮」で私等が会合した事がありますが、両グループの親睦会ではありませぬ。その会は最初、風見が私、相川外1人に鰻を御馳走するとの事でありましたが、だんだん人数が増えて、場所も目黒茶寮に決めるとの事で、私も賛成し風見も出席することになって居りましたが、病人が出て欠席との事で私はその会を私の尊敬する奥野七郎の還暦祝いにしたのであります。私が満鉄側の右3名を呼んだのは、この機会に奥野の人物に接しせしめると同時に、私が満鉄側の者に論文の資料等で世話になったお礼の考えもあったのであります。

24問　何人位集まったか。

答　この時集まった者は、奥野七郎、平館、西尾、西沢、加藤政治、木村、相川、私の8人くらいであったと思います。

25問　その席上ではどんな話があったか。

答　その席上では雑談で終わったので別に之という記憶はありませぬ。私は会に少し遅れて行き、奥野は途中で帰り、私は他の者と一緒に最後まで居りました。

26問　その席上で斯様な話合いはしなかったか。この時被告人相川博に対する予審第3回訊問調書記録併合第1冊1002丁3行目より1004丁裏11行目まで23問答を読聞けたり。

答　只今お読聞けの様な事は全然ありませぬ。

27問　会合の費用は誰が支払いしたか。

答　その会の費用は最初から私が出すと言って、相川に一任して置きましたので、私が改造社から受取る金で支払ってくれたものと思っておりました所、後に聞くと社からも少し出て居るとの事でありました。その時私が幾ら支払い、改造社から幾ら出したか記憶にありませぬ。』（甲18号証324頁～333頁）

「細川グループ」は秘密グループであり、細川の一連の論文はその実践としての共産主義的啓蒙論文ではなかったか、という石川判事の（相川の第3回予審訊問調書に基づく）訊問に、細川は、断固として反駁した。

(5)細川の昭和19年10月30日第8回予審訊問調書

『1問　之まで陳述した事に付き訂正の箇所はないか。

答　別にありませぬ。

2問　取調請求書記載の第三事実であるが、被告人は昭和17年7月5日、富山県泊町に行ったか。

答　参りました。

3問　行った理由は。

答　私が昭和17年7月5日富山県下新川郡泊町に行った理由は、当時私が執筆した『植民史』の原稿料の残を、東洋経済新報社から500円受取りましたので、私が日頃親しくして居て、これ迄述べました私の著書其の他雑誌等の論文執筆並に出版等に付世話になって居りながら、従来これと言ってお礼もしないのでこの機会にお礼の心算で若い者を泊町に案内したのであります。

泊町を選んだ理由は、当時東京に於いては物資不足で、これと言うご馳走も出来ませぬでしたが、泊町は私の郷里で旅館料理屋に別懇の処が有って、御馳走もあると言う事を、日頃私が自慢して居りましたので、泊町の紋左旅館、及同町料亭三笑楼に案内したのであります。

4問　誰々を案内したか。

答　私が、紋左旅館及三笑楼に案内した者は、今迄述べました、平館利雄、西尾忠四郎、西沢富夫、相川博、木村亨、加藤政治、小野康人の7名で、私は7月2日朝、東京を家内と一緒に出発し、松島、平泉、長岡を見物して、5日朝泊町に到着し、駅前の旅館で一休し、家内は同町より2、3里奥の山ノ湯温泉に行き、私は約束通り紋左旅館に朝8時頃参りましたが、先程の7名も皆が酒を飲んで居りました。

5問　被告人が紋左旅館に着いてからどうしたか。

答　私等は、紋左旅館で酒を飲み食事をしながら雑談して居りましたが、泊町から約海上3里位ある親不知に行きたいと言う希望者もあり、私もこれに賛成し午前11時頃、私、相川、木村、小野、西沢の5人が行く事になり、他の3人は疲れが出たので同旅館に休んで居り、5人は食後間も無く同町大屋浦から漁船で、米幾らかと酒2升を持ち、親不知の酒場で昼食をする考えで出発しました。

6問　親不知から何時頃帰ったか。

答　私等5人は漁船で親不知に行きましたが、網が揚った後で魚がなく、次の網を待つと遅くなるので、昼食もせず帰りは親不知から汽車で泊町に帰り、一同が紋左に着いたのは、午後6時近くでありました。紋左に残って居った者は、泊町を見物して私等が帰るのを待って居たとの事であります。

7問　相川博から、浅石晴世、村上敦、益田直彦、奥野七郎も案内してはどうか、と話があったか。

答　私は、泊町に行く事は相川に一任して居て、別に人数を制限して居りませぬでしたから、相川から右お尋ねの者等を入れてはどうかと話があった様に思いますが、右の者等は出席致しませんでした。

8問　被告人等が泊町に会合した理由は此の様な事ではないか。

此の時被告人相川博に対する予審第4回訊問調書記録併合第1冊1009丁5行目より同丁裏4行目迄、第3問答を読聞けたり。

答　断じて其の様な理由ではありませぬ。先程申した理由であります。

9問　紋左旅館では斯様な事を協議したのではないか。

此の時前同調書記録併合第1冊1009丁裏5行目より1016丁裏10行目迄、第4問答を読聞けたり。

答　私等が、紋左旅館の離座敷八畳と六畳の二間で酒を飲み食事をしながら取り止めも無く雑談をした記憶はありますが、其の他の事は記憶にありませぬ。私が相川君等と、農村の状態を話し又、石原莞爾の興亜運動の事を話した時、私は積極的に何か運動するよりも国民はもっと経験を経て自から解決の道を見付けるだろうと言う気持で、若い者のみならず「インテリ」の気持を抑える感を以って話した事がありますが、それは5日ではなくて、6日朝酒を飲みながら話したのであります。

10問　其の時協議が午後12時頃終り、一同記念撮影をしたか。

答　7月6日朝、私を除く他の者が紋左旅館を出発する時、私等一同記念写真を写しましたが、5日午後12時頃記念撮影した事はありませぬ。

11問　親不知に行く船中でどんな話をしたか。

答　船中では、取り止めの無い雑談位したと思いますが、飲食は致しませんでした。

12問　親不知から帰ってからどうしたか。

答　先程申しました様に、午後6時近く私等は紋左に帰り、残って居た者と一緒に間もなく約束してあった同町料亭、三笑楼に案内致しました。

13問　三笑楼に行った理由は。

答　三笑楼は私の亡父の友人で別懇の間柄にあった為、一同を御馳走する為行ったのであります。

14問　表面は御馳走するという事で、実は紋左旅館の会議に引続き協議する趣旨で行ったのではないか。
答　断じて左様な事ではありませぬ。
15問　三笑楼に行ってからどうしたか。
答　私等一同は、午後6時頃三笑楼に着き、別館に案内され大いに飲み食い、底抜けする程騒ぎました。其の時、お酌として芸者二人を呼んで貰いましたが、名は知りませぬ。
16問　何時頃引揚げたか。
答　宴会は午後6時過頃から始まり、午後10時半か11時頃迄飲んで居て、一同は紋左旅館に引揚げた様な記憶があります。
17問　三笑楼では斯様な事を協議し決定したのではないか。
此の時前同調書記録併合第1冊1018丁11行目より1023丁7行目まで、第7問答を読聞けたり。
答　只今お読聞けの様な事は事実はありませぬ。
18問　泊町に於ける会議の模様に付、相川博は斯様に述べて居るがどうか。
前同調書記録併合第1冊1023丁8行目より1026丁裏12行目まで第8問答を読聞けたり。
答　只今お読聞けの様な事は毫末もありませぬ。
19問　被告人相川博は泊町に於ける会議の模様につき斯様な手記を提出しているがどうか。
此の時相川博提出の昭和19年5月6日山根検事に宛てたる手記記録相川博に対する第2冊902丁乃至918丁を読聞けたり。
答　お読聞けの様な事実は総てありませぬ。最初から泊町で会議を開くという暗示もなく又黙認した事もありませぬ。従って会議の目的及協議等の事実はありませぬ。私が先程述べました様に農村の状態等を、相川等と話した日も7月6日であるのに、相川は5日と言って居る位で、相川の心理に重大なる錯覚があると思います。私が相川が言う様な事情で泊に行ったのではないという事は、泊から帰った直後、満鉄調査室で寝籐椅子を買い度いと申しますと、其処に居た西尾等が、泊に行って御馳走になったお礼に満鉄組の私等に買わして下さいと言った事があり、又其の後相川が私方に来り、私の塑像を泊に行ったお礼に作らして呉れ、と言った事からしても、私が若い者を泊に案内した事位は判ると思います。
20問　泊に行った費用はどの位要ったか。
答　泊に行った者の内には鉄道パスを持って居る者もあり、相川、西沢、西尾の如きは他の用事を兼ねて居り、特に泊に行く為に汽車賃を要しませぬので、泊に行く費用は特に各自の負担にはならないのでありまして、私が泊に於て紋左旅館、三笑楼其の他で支払いました費用は、雑費を入れて約300円位であったと思いますが、旅館や料亭に幾ら支払ったか忘れました。

21問　此の色紙は。

此の時被告人相川博に対する昭和19年地押第40号の95、96を示す。

答　お示しの色紙は、何れも7月6日夜私が紋左旅館の主人夫妻に書いて渡した物に相違ありませぬ。

22問　此の色紙は。

此の時前同号の100を示す。

答　お示しの色紙は、私が7月5日夜三笑楼に行った時、同家の主人に書いてやったものであります。

23問　泊の会議で決定した事を実行に移したか。

答　泊では先程申した様に会議等した事はありませぬから実行に移す筈はありませぬ。

24問　被告人等は泊で協議決定した事に基き、両グループを指導統制し其の拡大強化を図ったのではないか。

答　左様な事はありませぬ。

25問　取調請求書記載の第3の（1）事実であるが、被告人等は昭和17年7月下旬頃満鉄東京支社地下食堂に会合したか。

答　私等がお尋ねの頃、お尋ねの協議に会合した記憶はありませぬ。私等がその場所に偶然落合った事があるかも知れませぬ。

26問　その会合に付き、相川博は斯様に述べて居るがどうか。

この時被告人相川博に対する予審第4回訊問調書記録併合第1冊1028丁裏11行目より1029丁裏全部第12問答を読聞けたり。

答　私はお読聞けの私の論文「世界史の動向と日本」を雑誌『改造』に連続掲載すべく、相川に相談した事があり、その直後、小野にもこの論文を出すがでっかいからのりきるかと言った事もあって、私は中央公論社の四季雑誌『東亜政治と東亜経済』に「東亜共栄圏の民族問題」という論文を執筆したので、「世界史の動向と日本」という論文は雑誌『改造』に執筆掲載する順序と考えて居たから、私は相川、小野に左様に言ったのであります。私は論文の発表に付いては独自の論題で両者に交互に発表して居たので、お読聞けの様に論文掲載可否に付論議した事はありませぬ。

27問　その時被告人始め、平館利雄、西沢富夫、西尾忠四郎、木村亨、加藤政治、相川博等が会合したのではないか。

答　私は私の論文の事に付き会合しないのですから、誰が集まったか人数も判りませぬ。

28問　被告人がその時雑誌『改造』8月、9月号に掲載する「世界史の動向と日本」という論文を、一同に対し、皆が掲載して良いと思うなら掲載すると述べ 論文掲載の可否に付き提議したのではないか。

答　左様な事はありませぬ。

29問　この論文の事に付き第5回の取調べの際斯様な陳述をしたが之の通りか。

この時被告人に対する予審第5回訊問調書記録併合第1冊1112丁5行目より1128丁裏8行目まで、第23問答乃至第33問答を読聞けたり。

答　私の論文「世界史の動向と日本」を昭和17年8月、9月号の雑誌『改造』に連続掲載した動機、その内容等に付ては只今お読聞けの様に第5回のお取調べの際申上げた通り相違ありませぬ。

30問　この論文を発表して一般大衆の閲読に供し共産主義的啓蒙を図ったのではないか。

答　全く左様な事はありませぬ。この論文は左翼とか右翼とかの思想を持った少数の人を目的にした論文ではなく、何れにも属せざる大多数の国民の国策に対して賢明なる理解を為し、有効適切に国運の発展に参与し得る能力を養うに資する論文であります。私は国運を決定するものは前述の大多数の者の動向に懸って居るものと考えますから、左翼とか右翼とかの勢力を重要視して居りませぬ。

31問　この論文を掲載するに付き被告人に対し相川博、小野康人等が編集長大森直道等と相談して、検閲に接触せざる様慎重考慮して発表するという話合いをしなかったか。

答　私の論文の検閲は何時も原稿を渡す人に、社の編集の検閲に任せて居り、この論文の時も原稿を渡した相川に委していたので、お尋ねの様な事はありませぬ。

32問　その論文掲載に付き被告人等が満鉄東京支社地下食堂に会合した際、独ソ戦を繞る内外の諸情勢に付き論議した事はないか。

答　只今申しました様に私等が論文掲載に付特に会合した事はありませぬ。偶然に私が満鉄東京支社地下食堂でビールを飲んだ際、ソ連通の平館、西尾、西沢の何れかに独ソ戦の新聞発表のニュースに付雑談した事があるかと思います。

33問　その時の事に付相川博は斯様に述べて居るがどうか。

この時被告人相川博に対する第4回訊問調書記録併合第1冊1033丁4行目より1034丁13行目まで第17問答を読聞けたり。

答　左様な事は毛頭ありませぬ。

34問　取調請求書記載第3の（2）事実であるが、民族問題研究所の事に付被告人方や満鉄地下食堂等に会合した事はないか。

答　私は民族問題研究所を設置したいという考えがありましたのは、昭和15年夏頃、昭和研究会の東亜政治班で、橘樸、尾崎秀実、平貞蔵、平館利雄、原口健三等と東亜民族問題研究に従事致しましたが、約2ケ月位で昭和研究会解散により中断し、昭和16年春頃より、興亜院総裁鈴木貞一の委嘱を受けて非公式研究機関として、同院嘱託橘樸、鈴木重雄に私を加えて3人にて興亜理念の確立に関する研究を致して居りましたが、鈴木総裁が企画院の総裁に転じた為め、研究も中絶して居たので、私は民族問題研究が重大だと考え、昭和17年3、4月頃、加藤政治、相川博の何れかに誰かこの研究に浄財を出してくれる人は無いかと話した事があり、又、加藤政治にてくれる人は無いかと話した事があり、又、加藤政治に民族問題研究所の立案をしてくれと話した所、加藤が立案して来たので、その問題に付私方で話したことがあります。その後同年6月末頃私方に、加藤が来たり私に文部省に於いて東亜民族研究所とか言う機関を設立したと話したので、私はお株を取られた形で浄財を出す人も無かろうと話し、私はその問題は放棄して仕舞ったので、この問題に付私方や満鉄地下食堂等に会合し、又この問題に付話合った記憶はありませぬ。

35問　昭和17年7月20日から21日に被告人方にこの問題に付相川博、加藤政治等が会合した事はないか。

答　左様な事はありませぬ。

36問　相川博は被告人と斯様な協議をしたと述べて居るがどうか。

この時被告人相川博に対する予審第5回訊問調書記載併合第1冊12丁裏2行目まで第2、3問答を読聞けたり。

答　左様な事はありませぬ。もしお読聞けの様な民族問題研究所の問題に付私が加藤政治、相川博に話した事があるとすれば、昭和17年6月中旬頃の事かと思います。

37問　この問題に付同年7月26日頃、満鉄地下食堂に被告人等は会合した事はないか。

答　私はこの問題に付満鉄側の平館利雄、西沢富夫、西尾忠四郎の3人に相談した事もなく、又、満鉄地下食堂に会合した事もありませぬ。私が加藤政治、相川博、木村亨の内誰かに金さえ有れば満鉄側にも優秀な研究員があると言ったことがあります。

38問　7月26日の満鉄地下食堂の会合に付相川博は斯様に述べて居るがどうか。

この時前同調書記録併合第1冊１０３８丁裏3行目より１０４０丁裏6行目まで第4問答を読聞けたり。

答　お読聞けの様な事は全くありませぬ。

39問　この民族問題研究所の事に付相川博等が同年9月5日頃、満鉄地下食堂に会合した事を承知して居るか。

答　知りませぬ。

40問　その会合の事に付相川博は斯様に述べて居るがどうか。

この時前同調書記載記録併合第1冊１０４０丁裏7行目より１０４３丁裏8行目まで第5問答を読聞けたり。

答　お読聞けの様な事は相川博からも、又他の者からも聞いた事はありませぬ。
41問　研究所員選任の話合いをした事があるか。
答　昭和17年6月末頃文部省に民族問題の研究所が出来る以前で、私が加藤、相川等の民族問題研究所の立案をした以後で、私は研究所長問題に付加藤政治、相川博、木村亨の内何れかと所長には政界の大物を推薦し、総務に情報局嘱託奥野七郎はどうかと話合った事があります。
42問　研究所長は合法的を偽装する為め、なるべく当局より指弾されない人物を選ぶ事にしたのではないか。
答　私が研究所長に大物を選ぶ事がよいと言ったのは、資金の調達並に研究に権威を持たす為めであって、合法を偽装する為めではありませぬ。
43問　被告人等が泊に会合した事並に民族問題研究所等の事に付き平館利雄、木村亨は斯様な手記を提出して居るがどうか。
　この時被告人に対する記録第3冊８６２丁乃至８７３丁平館利雄昭和19年5月1日山根検事に宛てたる手記の謄本、及び９０３丁乃至９０９丁木村亨同年4月28日同検事に宛てたる手記の謄本を示す。
答　お示しの手記の内容は全く虚構で、私には理解出来ませぬので、各筆者の心理に重大なる錯覚があるとしか思われませぬ。
44問　日本共産党の拡大強化の為め、泊町に会合したのではないか。
答　斯かる意図の下に私は、泊町に行ったのではありませぬ。又泊町に行った若い者の中に斯かる意図のある事を暗黙の間に知り之を黙認した事もありませぬ。』
（甲18号証３３４頁～３４５頁）

石川判事は、相川の第4回予審訊問調書を援用して、泊会議は党再建準備会であり、細川論文は泊会議の決定に基づく共産主義的啓蒙論文ではないかと執拗に訊問したが、細川は、動ずることなく、これを否定した（特に上記18、19、23、24、26～33、44の各問答参照）。

(6)細川の昭和19年12月12日第9回予審訊問調書
『1問　これまで陳述した事に付訂正する事はないか。
答　別にありませぬ。
2問　被告人は泊から何日頃帰ったか。
答　私は5日、6日、7日紋左旅館に泊まり、8日朝泊を出発しその日帰京致しました。
3問　被告人等が会合した紋左旅館、三笑楼の部屋等はこの図面や写真の通りか。
　この時昭和19年11月12日為したる検証調書記録併合第2冊第１３６３丁以下添附の図面並に写真を示す。
答　私が泊まった紋左旅館及び会合をした三笑楼の部

屋の模様等はお示しの図面や写真の通りであります。

4問　7月5日朝食の時、紋左旅館では酒、ビールは出さなかったと言って居るがどうか。

答　私は7月5日の朝、紋左旅館に着いた時は、他の者は酒を飲みながら朝食をして居りましたので朝食の時、酒、ビールを飲んだ事は間違いありませぬ。

5問　相川、平館は7月5日正午頃、親不知に行く前、紋左旅館の中庭で記念撮影をしたと言うがどうか。

答　記念撮影の事はこの前のお取調べの時申上げた通りで、5日の日に紋左旅館の中庭で撮影した事はありませぬ。5日には親不知に行く船中及び親不知に行って、西沢が写しただけであります。記念撮影は6日朝食前、紋左旅館の中庭で私を始め一同が撮り、出発の時玄関の所で女中を入れて写したのであります。

6問　7月5日の夜、三笑楼では芸者は午後6時頃来て8時頃帰ったと言うがどうか。

答　それは違います。芸者は私等が宴会を終り、私が色紙に河童の絵を描いた時居たと思いますが、最後まで居たので、私等は三笑楼では会議等は致しませんでした。

7問　平館利雄は被告人等との会合に付斯様に述べておるがどうか。

この時被告人平館利雄に対する予審第1回訊問調書記録併合第2冊第1305丁裏8行目より第1329丁裏12行目まで第8問答乃至24問答を読聞けたり。

答　私等が昭和17年5月9日頃、料亭銀八で新井義夫の壮行会を開いた事、昭和17年6月15日頃、目黒茶寮で親睦会を開いた事及び同年7月5日私等が郷里泊町へ行った事は間違いありませぬが、只今お読み聞けの様な協議等した事はありませぬ。それ等の会合に付いては今までのお取調べの際詳細申上げた通りであります。西沢富夫の歓迎会には私も出席致しましたが、それは銀八ではなくて築地の鳥屋で開いたと思いますが、鳥屋の名は忘れました。日時は昭和16年8月10日頃であったかと思います。

8問　被告人は風見章から現金千円受取ったか。

答　私はその事は知りませぬ。妻からも私の留守中、風見から千円を貰ったと聞いて居りませぬ。

9問　現在どう思って居るか。

答　私は本予審廷に於いて所懐を大体陳述し尽くした事を感謝します。問題になった諸論文に於いて私が共産主義思想の宣伝を意図したものでない事は、諸論文に関する訊問に於いて陳述した所に依り証明されて居ると確信します。私はシンパ事件に座した経験を通じて共産主義思想から脱離を決意し、この決意を現実にする為め努力して来たものであります。この努力の成果は上述諸論文の内容及び私の執筆意図に於いて実証されて居る所であります。又予審廷で審理された所謂細川グループ及び満鉄グループと私との関係の訊問は、私がその決意を前記諸論文に於いて現実にした所を更に文筆と異なる行動という別方面に於いても又現実にした事を証明して居ると確信して居ります。私はこのグループ関係事件が共産主義思想及びその運動からの私の離脱を立証するに至った事は、私にとって不幸中の幸とも考えられるのであります。

私はこの際出来るだけ裁判所のお手数を煩わしたくないのですが、如何にしても只一つお願いせねばならぬ事があります。それは夫々手記を執筆した平館、相川、木村に付精神鑑定及び斯かる手記の出来た事情の御取調べを為して頂き度いのであります。その理由は右三人の手記の内容、及び平館、相川等が予審廷に於いて陳述した事が全く事実無根のものであり、かつ斯の如き陳述が平常の心理に於いて為され得べきものとは考えられないものであり、斯の如き陳述が事実為されたとする限りは、それは平常の心理を異常状態に転化したる肉体及び精神に於ける異常なる苦悩を経験せずして為されたものとは考えられないものであると言う事にあります。私も世田谷警察署に検挙せられた当時訊問に対して私が諸論文を執筆した事由は、日本をして真実に八紘一宇の理想を実現せしめんとする止むに止まれない愛国の熱情に外ならないと答えました処、その答の終わらない内に取調官芦田警部補、助手上田巡査の二人は猛然として私に暴行を加えたので、私はそれが為め健康を持続し難く、生命を落とす危険に陥ると思い、警察の調べは最終のものでなく、後に検事、判事の調べがあるものと思い、私の主張を枉げて、警察官の要求に追従して、私の警察に於ける取調べを終了したのであります。従って警察の調書は検事並に予審判事の調書と甚だしく異なる結果となりました。検事、予審判事の調べによって始めて、私は自己の所懐を有りの儘に陳述する事が出来たのであります。

以上述べました事が私の現在に於ける心境でありますから、裁判官各位の公正なる御判定をお願い致します。

10問　被告人の将来の方針は。

答　学問は私の生命であります。40にして惑わず50にして天命を知ると言う事が私にとってはここ6、7年、一時に競合しつつ体得されて居ます。元より私は愚鈍加うるに努力足らず、今後に於いても言う程の事も成果を得ることは期待されませぬが、然しここに更生の勇猛心を奮起して、未曾有の努力を為し、自己の精神と学問とを一層純化し敦厚（とんこう）ならしめ、之に依って敬天愛民の私の主張を伸ばしたい事は私の切望する処であります。

斯の如き学問は我国家に対して私が尽くし得る只一つの方途であると確信します。裁判官各位の公正なる判定に依ってこの方途が私に許される事を努めて切願せざるを得ませぬ。万一この願いの許されない場合、私は一切を捨て、翻然来竜を願って農夫となり、閑雲野鶴（かんうんやかく）の境地に於いて余生を送るでありましょう。これが私の将来に対する方針であります。
11問　これで予審の取調べを終わるが何か弁解する事はないか。
この時予審判事は被告人に対し事件記録並に証拠物に基づき本件犯罪の嫌疑を受けたる原因を告知したり。
答　之までのお取調べの際詳細申上げましたので別に申上げる事はありませぬ。』（甲18号証346頁～350頁）

石川判事は、泊会議の実在を確認すべく、泊で自ら行った検証の結果と関係者の訊問を突きつけて細川を問い質したが、細川の供述にむろん変更はなかった。

細川の「現在の心境」に関する供述については、最後にみる。

第3　予審終結決定と確定判決

1　こうして、「細川論文の掲載」と「細川家族の救援」を、治安維持法第1条後段及び第10条にいわゆる「目的遂行行為」に該当するとして、小野を有罪としようとすれば、小野が「コミンテルン」や「日本共産党」のためにそのような行為を行ったというのでは決定的に不十分であり、「泊会議の開催」という「党再建準備会」の「結成」とそこでの活動方針の「決定」という事実が不可欠だった。それは、1941（昭和16）年に改正された治安維持法の構造が教えているだけでなく、本件の予審終結決定の構成に明白である。

否、神奈川県特高警察が、小野らに激しい拷問を加えて供述させようとしたのが、「細川論文の掲載」や「細川家族の救援」という客観的に明白な事実ではなく、泊での宴会が「泊会議」という「党再建準備会」の「結成」であり、そこで活動方針が「決定」されたという（虚構の）「事実」だったことに照らしても、「泊会議」こそが、横浜事件のアルファでありオメガであった。

2　相川の供述が、予審が進むにつれて後退していったのも、究極的には「泊会議」が現実のものか、そうではない幻かという点だった。

そして、特筆しなければならないが、確定判決は、相川の後退した供述ではなく、泊会議が真実であるとする相川の第4回予審訊問調書を証拠に掲げたのである。

つまり、確定判決の事実認定を支える証拠とは、泊会議を真実であるとしたものであり、それが本件の「証拠構造」にほかならない。また、そうでなければ、治安維持法によって小野が有罪とされることはない。

言葉を換えれば、確定判決を支える証拠は、泊会議を真実とするものでなくてはならないのであり、それが「治安維持法の構造」の論理的帰結である。

要するに、予審終結決定が「犯罪事実」として掲げた事実のうち、「泊会議」を真実と認定できなければ、小野が有罪とされることはない。

3　ところが、確定判決が認定した「犯罪行為」とは、予審終結決定のうち、先に傍線を付した部分を削除したものだった。

念のため、確定判決が認定した「犯罪事実」を、確認しておくと、以下のとおりである。

『被告人ハ大正十四年三月東京都神田区三崎町大成中学校第四学年ヲ修了シ昭和三年四月法政大学豫科ニ入学昭和六年三月同大学豫科ヲ卒業シタル後一時実兄築井健人ノ営ム出版業ヲ手伝ヒ居リタルカ昭和十年四月同大学英文学部ニ入学シ昭和十三年三月同学部ヲ卒業スルヤ直ニ東京都芝区新橋七丁目十二番地改造社ニ入社シ同社発行ノ雑誌「大陸」「改造時局版」「改造」並ニ改造社出版部ノ各編輯部員トシテ昭和十八年五月二十六日検挙セラルル迄勤務シ居リタルカ前記法政大学豫科ニ在学中当時ノ社会思潮ノ影響ヲ受ケエンゲルス著「社会主義ノ発展」マルクス著「賃労働ト資本」「労賃価格及利潤」等ノ左翼文献ヲ繙読シタル結果終ニ昭和五年末頃ニハ共産主義ヲ信奉スルニ至リ昭和七年初頃日本「プロレタリア」作家同盟東京支部員ニ推薦セラレ左翼文化運動ニ従事シタル経歴ヲ有スルモノナルトコロ「コミンテルン」カ世界「プロレタリアート」ノ独裁ニ依ル世界共産主義社会ノ実現ヲ標榜シ世界革命ノ一環トシテ我国ニ於テハ革命手段ニヨリ国体ヲ変革シ私有財産制度ヲ否認シ「プロレタリアート」ノ独裁ヲ通シテ共産主義社会ノ実現ヲ目的トスル結社ニシテ日本共産党ハ其ノ日本支部トシテ其ノ目的タル事項ヲ実行セントスル結社ナルコトヲ知悉シ乍ラ孰レモ之ヲ支持シ自己ノ職場ノ内外ヲ通シテ一般共産主義意識ノ啓蒙昂揚ヲ図ルト共ニ左翼分子ヲ糾合シテ左翼組織ノ拡大強化ヲ図ル等前記両結社ノ目的達成ニ寄與セムコトヲ企図シ

第一、昭和十七年七月中旬頃開催セラレタル雑誌「改造」ノ編輯会議ニ於テ相川博カ細川嘉六執筆ニ係ル「世界史ノ動向ト日本」ト題スル唯物史観ノ立場ヨリ社会ノ発展ヲ説キ社会主義ノ実現カ現在社会制度ノ諸矛盾ヲ解決シ得ル唯一ノ道ニシテ我国策モ亦唯物史観ノ示ス世界史ノ動向ヲ把握シテソノ方向ニ向ッテ樹立遂行セラルヘキコト等ヲ暗示シタル共産主義的啓蒙論文ヲ雑誌「改造」ノ同年八月号及九月号ニ連続掲載発表ヲ提唱スルヤ被告人ハ該論文カ共産主義的啓蒙論文ナルコトヲ知悉シナカラ之ヲ支持シ編輯部員青山鉞治ト共ニ八月号ノ校正等ニ盡力シテ該論文（昭和十九年地押第三七号ノ二四ノ八頁

乃至二九同号ノ二五ノ一六頁乃至四七頁）ヲ豫定ノ如ク掲載発表シテ一般大衆ノ閲讀ニ供シテ共産主義的啓蒙ニ努メ

第二、前記細川嘉六カ曩ニ発表シタル「世界史ノ動向ト日本」ト題スル論文等ニヨリ昭和十七年九月十四日治安維持法違反ノ嫌疑ニテ検挙セラルルヤ同年十月二十日頃西尾忠四郎ヨリ細川家族ノ救援ニ資スル為出捐アリタキ旨要請セラルルヤ即時之ヲ快諾シ同月二十五日頃東京都赤坂葵町「満鉄」東京支社調査室ニ於テ金二十円ヲ西尾忠四郎ニ依託シテ細川家族ノ救援ニ努メ

タル等諸般ノ活動ヲ為シ以テ「コミンテルン」及日本共産党ノ目的遂行ノ為ニスル行為ヲ為シタルモノナリ』

つまり、確定判決は、予審終結決定が掲げた泊会議を「犯罪事実」と認定せず、「細川論文の掲載」と「細川家族の救援」という行為を、泊会議を媒介としないで、直接的にコミンテルンと日本共産党の「目的遂行行為」と認定しているのである。

治安維持法第1条後段及び第10条の構成要件に照らし、かかる事実認定によっては小野を有罪とすることができないことは、既にみてきたとおりであるが、ここで問題なのは、予審終結決定で「犯罪行為」とされていた事実（それも、事件の核心ともいうべき事実）について、裁判所が何らの判断も下さないということが果たして許されるか否かである。

4　ところで、確定判決は、敗戦後に下されたが、いうまでもなく、旧刑事訴訟法のもとでの裁判によって言い渡された。

そして、旧刑事訴訟法は、職権主義を採用し、実体的真実の発見が裁判所の職責だったから、裁判所は、予審終結決定に掲げられた犯罪事実に関わりなく、公訴事実の同一性の範囲内の全ての犯罪事実を認定すべき権限と義務を負っていた。

すなわち、「刑事ノ裁判ハ実体的真実発見ヲ本義トシ裁判所ハ被告事件ニ付職権ヲ以テ諸般ノ取調ヲ為シ事案ノ真相を究明スヘキモノナレハ検事ノ提起シタル公訴ノ内容カ被告人ヲ特定シ特定ノ犯罪事実ヲ指示シタルトキト雖裁判所ハ苟モ被告事件ニ関係アリト認メラルル一切ノ事項ニ付取調ヲ為シ得ヘキヤ言ヲ俟タス」（大審院昭和9年4月18日判決『大審院刑事判例集』法曹会昭和27年、13巻394頁。なお、旧漢字は新漢字に改めた。以下、同じ）、「予審判事カ検事ノ起訴ニ基キ予審処分ニ着手シタル後其終結ノ決定ヲ為スニ当リ起訴ノ目的タル犯罪ナリト認メ公判ニ付スルノ決定ヲ為シタルトキハ公判裁判所ハ其犯罪全部ニ付キ審理判決ヲ為スノ職権ヲ有シ予審終結決定ニ於テ定メタル犯罪ノ範囲、内容ノ如何ハ之ヲ問ウノ必要ナシ。従テ公判裁判所カ審理ノ結果被

告ニ予審終結決定ニ認ムル所ヨリモ一層広キ範囲ヲ有スル犯罪アリト認メタルトキハ其全部ニ対シテ刑ヲ科スルコトヲ妨ケス……」（大審院明治37年2月15日判決「大審院刑事判決録」東京法学院大学第10輯257頁）などとされていたのである。

また、このことは、樫田忠美『日本刑事訴訟法論・上巻』（巌松堂書店昭和10年）の「不変更主義ハ処分権主義ニ対立スル主義ナリ。之ハ当事者ノ意思ニ依リ訴訟ノ目的物ニ変更ヲ加フルコトヲ許サズシテ、裁判所ハ当事者ノ意思如何ニ拘束セラルルコト無ク実体的真実ヲ発見スベク努力スルノ責務アリト為スノ主義ナリ。刑事訴訟法ハ不変更主義ヲ採ル」、「不変更主義ハ職権主義トモ云フ。検事ガ無罪ヲ求ムルモ裁判所ハ刑ノ言渡ヲ為シ、当事者ガ証拠申請ヲ為サザルニ拘ラズ証拠調ヲ為シ、検事ノ求刑ヨリ重キ刑ヲ言渡シ、被告人自白シ居リ且処刑セラレンコトヲ熱望シ居ルトキト雖職権ヲ以テ真実ノ発見ニ努メ、罪無シト認メタルトキハ無罪ヲ宣告スルガ如キ一ニ裁判所自身ノ職権ニ依リ為シ得ルトコロナリトノ意味ニ外ナラズ」（19頁以下）との記述、あるいは、小瀬保郎「訴因と審判の対象」（「公判法大系Ⅱ」日本評論社、昭和50年、234頁以下）の「（引用者注・旧刑事訴訟法のもとで）裁判所は、犯罪事実の表示に拘束されることなく、公訴事実の同一性の範囲内において、審判の権利と義務を有していた。したがって、この犯罪事実の記載（引用者注・旧刑事訴訟法291条1項の「公訴ヲ提起スルニハ被告人ヲ指定シ犯罪事実及罪名ヲ示スヘシ」に基づき表示された「犯罪事実の記載」の意）は、審判の対象を特定するものではあったが、審判の対象そのものではなかった」との記述からも窺える。

つまり、旧刑事訴訟法のもとで、裁判所は、実体的真実発見の義務を負い、公訴事実の同一性の範囲内で、予審終結決定に掲げられていない犯罪事実であっても、それが犯罪と認められる場合には、その事実を認定すべきものとされていたのであり、予審終結決定に掲げられた犯罪事実について、何らの判断を下さないで判決を言い渡すなどということはおよそあり得ないことだったのである。

旧刑事訴訟法362条は、現行刑事訴訟法と同様に（＊）、「被告事件罪ト為ラズ又ハ犯罪ノ証明ナキトキハ判決ヲ以テ無罪ノ言渡ヲ為スベシ」と規定していたが、予審終結決定に犯罪事実として掲げられた事実については、裁判所は、これを審理する義務を負い、有罪無罪の判断を下すべき職責を負っていたのである。

＊参考までに、現刑事訴訟法336条は、「被告事件が罪とならないとき、又は被告事件について犯罪の証明がないときは判決で無罪の言渡をしなければならない」と規定する。

樫田忠美『日本刑事訴訟法論・下巻』297頁は、

「仮令予審ニ於テ公判ニ付スルニ足ルベキ犯罪ノ嫌疑アリトシテ公判ニ付ストノ決定ヲ為シタリトスルモ公判ハ之ニ拘束セラルルコト無ク、独自ノ見解ヲ以テ犯罪ノ証明ナシト認メタルトキハ無罪ヲ言渡サザルベカラズ」と記しているが、ある事実が「犯罪事実」として公判に付された以上、裁判所は、その事実について、有罪無罪の判断を示す職責を負っていることは、あまりに当然である。

ところが、確定判決は、既にみたように、予審終結決定で「犯罪事実」とされた「泊会議の開催」による党再建準備会の結成と運動方針の決定という本件の中核的事実について、何らの判断も下さず、かつ、「細川論文の掲載」と「細川家族の救援」という事実を「犯罪事実」としながら、それが泊会議で決定された運動方針に基づくものであるという事実は、敢えて認定しなかった。

かかる確定判決の判示をどのように理解するのかは、一個の問題である。

しかし、確定判決を、「泊会議」は事実であり、「細川論文の掲載」や「細川家族の救援」は「泊会議」で決定された運動方針に基づくものである、との余地を残したものと理解することは許されない。

実体的真実発見の職責を負う裁判所が、予審終結決定に犯罪事実として掲げられた事実を、判決で、有罪認定の根拠としなかった以上、裁判所は、これを「犯罪の証明なき」ものとして、実質的に無罪としたものであり、確定判決は、理由中で無罪の判断を示すことを脱漏したものと解するほかはない（その意味では、確定判決には形式的な違法があることになる）。

5　ところで、確定判決が証拠として掲げた小野供述及び相川供述（但し、小野の公判廷供述は除く）は、既にみたように、泊会議が党再建準備会を結成し、運動方針を決定した場であり、「細川論文の掲載」や「細川家族の救援」は、その方針に従ったものであるというものだった。

にもかかわらず、裁判所が、そのような事実を認定しなかったということは、裁判所は、そのような小野供述及び相川供述を信用できないと判断したことになる。裁判所が実体的真実発見の義務を負っていた旧刑事訴訟法の裁判手続では、それ以外の解釈が成り立つ余地はない。

そうだとすれば、確定判決は、明示的な判断は下していないものの（というよりも、小野供述や相川供述を証拠の標目に掲げてはいるが）、予審終結決定と対比すれば、泊会議に関する小野や相川の供述を信用せず、泊会議の虚構を認定したものと理解すべきものである。

然り、確定判決は、「細川論文の掲載」と「細川家族の救援」を「目的遂行行為」と認定して、小野に有罪を言い渡したものであるが、同時に、「泊会議」は党再建準備会であるから「泊会議の開催」も「目的遂行行為」に該当し、かつ、「細川論文の掲載」と「細川家族の救援」は「泊会議」で決定された運動方針に基づくものであるから「目的遂行行為」に当たるという点については、黙示的に無罪を言い渡したものなのである。

しかし、「泊会議」が虚構のものであれば、「細川論文の掲載」や「細川家族の救援」が「結社」の「目的遂行行為」とされることは、治安維持法の構造に照らして、あり得ない。

確定判決の証拠構造は、崩壊寸前の脆弱そのものであり、「新証拠」のひとつが本件に関する予審終結決定である、と請求人らが主張するのも、そのためにほかならない。

第4 結語

細川は、第9回予審訊問の最後に、石川予審判事から現在の心境を聞かれて、「裁判所の手を煩わせたくないがただ一つお願いしなければならないことがある」として、「事実に反する相川らの供述は、肉体及び精神の異常状態の結果なされたものに違いないから、(彼らの精神鑑定と)かかる供述がなされた事情を調べてもらいたい」と訴えた。

しかし、同時に、予審では真実を述べることができたので、「裁判官各位の公正なる御判定をお願い致します」と結んだ。

然り、細川の訴えに虚心に耳を傾け、泊会議が真実のものか、それとも虚構なのかを見極めさえすれば、横浜事件が空中楼閣であることは、当時であっても見抜くことは困難ではなかった。

しかし、石川予審判事が下した「判定」、すなわち、細川に対する予審終結決定、そして、本件に関する予審終結決定は、細川の真実の訴えを退け、相川らの供述こそが信用できるとし、泊会議は「党再建準備会」であって、「細川論文の掲載」は、泊会議での「決定」に基づくものである、と断じたものだったのである。

ところが、確定判決は、相川らが供述する泊会議が虚構のものであることを黙示的に認めながら、そして、強調しなくてはならないが、泊会議の崩壊は、治安維持法の構造に照らせば、「横浜事件」全ての崩壊を意味し、小野らは完全に無実であると宣明することが裁判所の職責なのに、何故かそうしなかった。

つまり、細川が求めた「裁判官各位の公正なる御判定」は下されておらず、裁判所は自らに課された崇高な職責を未だ果たしていないのである。

こうして、本件再審請求は、貴裁判所に、細川が求めたことの実現を求めるものでもある。

貴裁判所の責任は、まことに重いといわなければならないが、しかし、貴裁判所によるその誠実な履行こそが、司法の信頼を回復する唯一の道であると、私どもは信じて疑わない。

以上

※

平成14年（た）第1号

意見書

平成15年8月4日

横浜地方裁判所第2刑事部　殿

横浜地方検察庁

検察官検事　總山　哲

小野康人に対する治安維持法違反被告事件について、昭和20年9月15日横浜地方裁判所が言い渡した有罪の確定判決に対する再審請求についての検察官の意見は、下記のとおりである。

記

第1　本件再審請求の理由について

本件再審請求書の記載は多岐にわたっているが、弁護人らが主張するところは、要するに

①　本件治安維持法違反事件において有罪認定をするための前提となる「結社」は存在していなかったものであり、そのことを示す明確なる証拠として新たにスナップ写真9葉（甲17号証）を発見したので、旧刑事訴訟法第485条第6号の再審事由がある

②　原判決が判示する細川嘉六（以下、「細川」という。）が執筆し、「改造」1942（昭和17）年8月号及び9月号に掲載された「世界史ノ動向ト日本」と題する論文（以下、「細川論文」という。）は、共産主義的啓蒙論文ではなく、そのことを示す明確なる証拠として3通の鑑定書があり、これらは新たに発見したものといえるから、旧刑事訴訟法第485条第6号の再審事由がある

というものである。

しかしながら、以下に述べるとおり、上記各主張は、いずれも、理由がなく、失当であることは明らかである。

第2　有罪認定の前提となる結社が存在していなかったことを示す明確な証拠を新たに発見したとの主張（上記①の主張）について

1　弁護人らは、本件治安維持法違反事件の有罪認定の前提となる結社は存在していなかったことを示す明確な証拠を新たに発見したとして、具体的には

治安維持法違反事件において有罪の認定をするためには、同法第1条に規定する「国体ヲ変革スルコトヲ目的トシテ（組織シタ）結社」が存在することが不可欠の前提となっており、この点について、原判決は、「被告人ハ、…『コミンテルン』カ…共産主義社会ノ実現ヲ目的トスル結社ニシテ日本共産党ハ其ノ日本支部トシテ其ノ目的タル事項ヲ実行セントスル結社ナルコトヲ知悉シ乍ラ…前記両結社ノ目的達成ニ寄与セムコトヲ企図シ」ていた旨判示しているが、本件事件当時、コミンテルンは存在していたものの、日本国内においては、日本共産党は壊滅していて存在していなかった。

そうすると、国内の結社としては、「日本共産党の再建を準備する集団」などが問題となるにすぎないところ、当時、そのような集団の一つとして、元被告人小野康人（以下、「元被告人」という。）がその一員であると目されていた「党再建準備会」が存在するとされており、この点については、本件事件の予審終結決定が、「被告人ハ…共産主義者タル評論家細川嘉六ト相識リ同人ヲ中心トスル所謂「細川グループ」ノ一員トナリ…昭和17年7月5日右細川嘉六ノ招請ニ応シテ同人及同グループ員タル相川博、木村亨、加藤政治、及…平館利雄、西尾忠四郎、西澤富夫等ノ共産主義者ト共ニ細川ノ郷里富山県下新川郡泊町『紋左旅館』事柚木ひさ方及同町料亭『三笑楼』事平柳梅次郎方ノ二箇所ニ会合シ…席上右平館利雄ヨリ…革命ノ主体的条件タル日本共産党ノ衰微弱体化セルヲ急速ニ復興再建セシムル為ノ運動ノ展開コソ焦眉ノ急務ナルヲ以テ該運動ノ指導体トシテ所謂『党再建準備会』ナル秘密『グループ』ヲ結成シ之ヲ速ニ拡大強化シテ同『党』ノ中心勢力タラシムヘキコトヲ提唱シタルニ対シ細川嘉六初メ被告人等一同之ニ賛同シテ茲ニ右『グループ』ノ結成ヲ決定シ…」と判示して、俗に「泊会議」と称されている上記紋左旅館及び三笑楼での会合を、日本共産党再建のための会議であったと認定している。

しかし、上記泊会議と呼ばれる会合は、予審終結決定が判示するような日本共産党再建のための会議などではなく、細川が戦時下の劣悪な食糧事情の下で雑誌編集者を郷里に招いて行った慰労会にすぎなかったものであり、そうすると、ひいては、上記「党再建準備会」の存在そのものが否定されることになるから、原判決は元被告人を有罪とした治安維持法違反事件についてのそもそもの前提事実を失うことになるという関係にあるところ、今般、上記泊会議がこのような単なる慰労会にすぎないものであったことを示す明確なる証拠として新たにスナップ写真9葉（甲17号証）を発見したので、旧刑事訴訟法第485条第6号の再審事由がある。

旨主張しているところである。

2　しかしながら、結社の存否に関して言えば、コミンテルンが存在していたこと自体は、弁護人らも自認しているところであり、そうすると、弁護人の主張に立ったとしても、本件において有罪認定をするための前提となる結社が少なくとも1つは存在していたことが明らかであるから、結社が存在しないことを前提とした弁護人らの上記主張は、自己矛盾に陥っているのであって、まず、この点で、その主張が失当であることは明らかである。

3　また、弁護人らは、上記のとおり、日本共産党は壊滅していて存在しなかった旨主張するが、弁護人らの援用する予審終結決定も、日本共産党が衰微弱体化してはいたものの存在していたという認識の下に上記判示をしており、その際、その前提として、原判決とほとんど同様の、「被告人ハ、…『コミンテルン』カ…共産主義社会ノ実現ヲ目的トスル結社ニシテ日本共産党ハ其ノ日本支部トシテ其ノ目的タル事項ヲ実現セントスル結社ナルコトヲ知悉シ乍ラ…前記両結社ノ目的達成ニ寄与セムコトヲ企図シ」との判示もしているところ、弁護人らは、その主張する「日本共産党が存在しなかった」ことを裏付ける新規かつ明確なる証拠を何ら提示・提出してはいない。

そうすると、本件において、日本共産党が存在しなかったことを理由とした再審事由が存しないことは明らかであるから、これを理由とする弁護人らの本件再審請求は、その前提を欠くもので、失当であることは明らかである。

4　さらに、弁護人らは、上記のとおり、予審終結決定が泊会議を日本共産党再建のための会議であった旨判示していることを援用した上で、同会議は、日本共産党再建のための会議ではなく、そのことを示す明確な証拠として新たにスナップ写真9葉が発見されたと主張するが、原判決は、泊会議や上記「党再建準備会」に関しては何ら判示しておらず、これとは全く無関係に、被告人が細川論文を雑誌「改造」に掲載し発表したことや、細川の家族の救援に努めたことを認定して有罪の判決を言い渡しているのであるから、泊会議が日本共産党再建のための会議であったかどうかや、そのことを示す証拠が新たに発見されたかどうかは、原判決の有罪認定とは何ら関係のないことであって、これが本件の再審事由となり得ないものであることは明らかである。

5　なお、念のため付言するに、仮に、弁護人らの主張する泊会議が日本共産党再建のための会議であったか否かという観点に立ったとしても、そもそも、泊会議が弁護人らの主張するような単なる慰労会であったとしても、そのことによって、当時、日本共産党（あるいは党再建準備会）が存在していなかったとの結論を導き出すことができないことは当然である上、弁護人らは、前記スナップ写真９葉を見れば泊会議が雑誌編集者の慰労会であることがすぐに分かるとして、これが泊会議が日本共産党再建のための会議ではなかったことを示す新たに発見された明確な証拠であるとするのであるが、上記スナップ写真を見ても、これが弁護人らの主張するような雑誌編集者の慰労会の写真であると確定できるようなものでないことは明らかであるところ、この点をさておいたとしても、当時の状況下において、日本共産党を再建するための活動をする者が、その活動を合法なものであるかのように偽装して行うことは当然のことであり、そうすると、上記スナップ写真も泊会議が合法なものであるかのように偽装するため撮影されたものであるということも言い得るのであるから、このような写真の存在をもって、これが泊会議が日本共産党再建のための会議ではなかったことを示す明確な証拠であるなどということは到底言えない。

６　そうすると、弁護人らの上記主張は、いずれの点から見ても、失当であることは明らかである。

第３　細川論文が共産主義的啓蒙論文ではないことを示す明確な証拠を新たに発見したとの主張（上記②の主張）について

１　弁護人らは、細川論文が共産主義的啓蒙論文ではないことを示す明確な証拠を新たに発見したといえるとして、具体的には

原判決は、細川論文について、「唯物史観ノ立場ヨリ社会ノ発展ヲ説キ社会主義ノ実現カ現在社会制度ノ矛盾ヲ解決シ得ル唯一ノ道ニシテ我国策モ亦唯物史観ノ示ス世界史ノ動向ヲ把握シテソノ方向ニ向ツテ樹立遂行セラルヘキコト等ヲ暗示シタル共産主義的啓蒙論文」である旨判示しているが、同論文は、原判決が判示するような共産主義的啓蒙論文ではなく、今井清一作成にかかる「細川嘉六『世界史の動向と日本』について」と題する１９９５（平成７）年10月６日付け鑑定書（以下、「今井鑑定書」という。）、荒井信一作成にかかる「細川嘉六『世界史の動向と日本』について」と題する１９９６（平成８）年３月13日付け鑑定書（以下、「荒井鑑定書」。）及び波多野澄雄作成にかかる「細川嘉六『世界史の動向と日本』について」と題する２００２（平成14）年３月10日付け鑑定書の各鑑定書は、そのことを示す明確な証拠であって、これを新たに発見したものといえるから、旧刑事訴訟法第４８５条第６号の再審事由がある。

旨主張している。

2　しかしながら、本件において、細川論文が共産主義的啓蒙論文であるか否かという点は、裁判所が事実認定において行う評価の問題であって、原判決を言い渡した裁判所の判断過程そのものに関する問題であるから、その評価の当否自体が直ちに再審事由となるものではなく、したがって、細川論文が共産主義的啓蒙論文であると認定した原判決の評価の当否を争おうとする弁護人らの上記主張が当を得ないものであることは明らかであって、弁護人らが本件再審請求の根拠として援用しようとする上記3通の鑑定書も、また、そもそも、旧刑事訴訟法第485条第6号にいう新たな証拠としての証拠適格を有しないものであるというほかない。

この点については、元被告人についてのいわゆる第二次再審請求事件における横浜地方裁判所の決定（横浜地裁平成6年（た）第1号平成8年7月30日決定）も、「論文内容の評価ないし意味づけは裁判所としての判断過程そのものであり…細川論文に対する原確定審の評価の当否自体は即再審開始事由となるものではない。…したがって、細川論文及びその内容に関する鑑定書等は旧刑訴法485条6号にいう新たな証拠とは認められない。」と判示し、同事件の抗告審である東京高等裁判所の決定（東京高裁平成8年（く）第186号平成10年8月31日決定）も、「もし原確定審裁判所が細川論文を一読しておれば、原確定判決のような評価がされるはずはないという主張に対して、原決定が、論文内容の評価は裁判所としての判断過程そのものであるから、原確定判決のような事実認定をしたとしても、そのことから細川論文を取り調べずに判断したとはいえないと述べているのは、合理的で、もっともな判断だといわなければならない。…仮に細川論文自体が証拠として取り調べられていなくても、その要旨は原確定判決が掲げる証拠中に十分あらわれており、…細川論文の内容は既に原確定審での証拠調べの対象とされていたということができ、そうすると同論文やその鑑定書等を旧刑訴法485条6号にいう新たな証拠と認めることはできないことになる。」と判示しているところである。

3　なお、弁護人らが新たな証拠であると主張する上記3通の鑑定書中、上記今井鑑定書及び荒井鑑定書の2通は、上記第二次再審請求事件においても旧刑事訴訟法第485条第6号にいう新たな証拠であるとして主張され援用されたものである。

弁護人らは、この2通の鑑定書について、「第二次再審でも証拠として提出したが、裁判所は、その証拠価値について何らの判断も示していないから、新証拠としての資格を未だに有している」旨主張するが、上記のとおり、第二次再審請求事件の横浜地裁決定及びその抗告審決定は、いずれも、「論文内容の評価ないし意味づけは裁判所としての判断過程そのものであり…細川論文に対する原確定審の評価の当否自体は即再審開始事由となるものではない。」との判断の下に、上記2通の鑑定書が旧刑事訴訟法第485条第6号にいう新たな証拠とは認められないことを明確に判示しているのであるから、弁護人らの上記主張が理由のないものであることは明白である。

4　そうすると、弁護人らの細川論文が共産主義的啓蒙論文ではないことを示す明確な証拠を新たに発見したとの主張もまた、失当であることは明らかである。

第4　恩赦により原判決の刑の言渡しが効力を失っていることについて

なお、念のため付言するに、元被告人は、昭和34年1月5日に亡くなっているところ、元被告人についての再審請求は、昭和61年7月3日になされたいわゆる第一次再審請求に始まり、その後、本件のいわゆる第4次再審請求にまで至っているものであるが、その対象となる原判決は、昭和20年9月15日に言い渡され、同月21日に確定した（確定判決謄本（写し）・弁護人請求甲2号証）後、同年10月17日に公布・施行された大赦令により、刑の言い渡しの効力を失うに至っており、元被告人は、その時点で、既に、法律上の救済を受けるに至っているものである。

そうすると、既に、大赦令による法律上の救済を受けている本件については、そもそも、再審の請求権が消滅しており、その請求をすることができないものであって（東京高裁昭和27年4月24日決定・高等裁判所刑事判決特報29号148頁）、本件再審請求は、請求自体が不適法なものであるというほかない。

第5　結論

上記のとおり、本件再審の請求は、請求自体不適法なものである上、いずれの点から見ても、旧刑事訴訟法第485条第6号所定の要件には該当せず、理由がないことが明らかであるから、同法第504条及び第505条に基づき棄却されるべきである。

＊

平成14年（た）第1号再審請求事件

請求人　小野　新一
請求人　齋藤　信子

求釈明書

平成16年6月22日

横浜地方裁判所第2刑事部　御中

請求人ら弁護人　弁護士　山本　一郎
同　山本　祐子
同　大川　隆司
同　小沢　弘子
同　佐藤　博史
同　笹森　学
同　横山　裕之
同　藤田　充宏
同　竹田　真
同　大東　泰雄

弁護人らは、検察官の平成15年8月4日付意見書（以下、意見書）につき、平成16年5月18日の三者協議の結果を踏まえ、検察官に対し、下記のとおり、釈明を求める（なお、従前弁護人だった日下部長作弁護士は、平成16年6月4日逝去し、弁護人でなくなった）。

記

1　検察官は、意見書で、細川論文を『「世界史ノ動向ト日本」と題する論文』とカタカナ書きで引用している（同1頁）。

しかし、細川論文は、全文ひらがな書きであり、その表題も「世界史の動向と日本」である（甲3号証の1、2）。検察官は、確定判決が全文カタカナ書きで、細川論文も「世界史ノ動向ト日本」と表記しているため、細川論文の表題を「世界史ノ動向ト日本」と誤認したのかも知れない。しかし、実際に細川論文にあたれば、その表題が「世界史の動向と日本」であることは一見して明白であり、検察官のかかる誤記は、（まことに驚くべきことと言わなくてはならないが、）検察官が細川論文を（精査はもとより）一見もしていないのではないかと疑わざるを得ない。

そもそも、本件は、確定判決裁判所が、敗戦直後の混乱の最中、細川論文を精査することもなく、有罪判決を、執行猶予付きで、下すことによって、事件処理したのではないかと強く疑われる事件であって（それ故に、第2次再審請求事件は、このことを正面から問題にしたのである）、本件再審請求に臨む者が、細川論文を一読もしないことは絶対に許されない。つまり、検察官が、細川論文を読まずして、意見書を起草するなどということは、あってはならないことなのである。

そこで、弁護人は、検察官に対し、以下のとおり、釈明を求める。

①検察官の意見書は、細川論文の内容とは無関係に、起草されたものではないのか。

２　検察官の意見書では、新証拠として、①「泊会議」の写真９葉と②細川論文に関する３通の鑑定書だけが取り上げられているにすぎない。

しかし、本件再審請求書では、それ以外にも、予審終結決定（同18頁）、細川の第８回及び第９回の予審訊問調書（同18頁）、橋本論文（同28頁）、平櫛手記（同31頁）などを新証拠として掲げている。

そこで、弁護人は、検察官に対し、以下のとおり、釈明を求める。

②予審終結決定（甲13号証の49―50頁）、細川の第８回及び第９回の予審訊問調書（甲18号証の３３４―３５０頁）、橋本論文（甲22号証）、平櫛手記（甲24号証）の新証拠としての新規性・明確性に関する検察官の意見は、どのようなものか。

３　検察官は、意見書で、「結社の存否に関して言えば、コミンテルンが存在していたこと自体は、弁護人らも自認しているところであり、そうすると、弁護人の主張に立ったとしても、本件において有罪認定をするための前提となる結社が少なくとも１つは存在していたことが明らかであるから、結社が存在しないことを前提とした弁護人らの上記主張は、自己矛盾に陥っているのであって、まず、この点で、その主張が失当であることは明らかである」（３頁）と主張し、細川論文の執筆・掲載行為が、日本共産党の存在とは無関係に、コミンテルンと直接的に結びついて、治安維持法１条、10条の目的遂行行為に該当し得るという前提に立っているように思われる。

しかし、再審請求補充書（３）（反論書）３頁ないし７頁で詳論したように、また、細川論文の執筆自体がコミンテルンという「結社」のための「目的遂行行為」に当たるとして、細川が逮捕・勾留されなかったことからも明白なように、細川論文の執筆・掲載行為が、日本共産党の存在と無関係に、コミンテルンと直接的に結びついて、その目的遂行行為に当たり得る、などと説かれたことは、当時にあっても、全くない。

そこで、弁護人は、検察官に対し、以下のとおり、釈明を求める。

③検察官の意見書の上記記述の趣旨は、「細川論文の執筆・掲載行為が、日本共産党の存在と無関係に、コミンテルンと直接的に結びついて、その目的遂行行為に当たり得る」という意味か。

仮にそうだとすると、そのような法解釈が成り立つことを説いた当時の文献を明らかにされたい。

４　検察官は、『弁護人らは、上記のとおり、日本共産党は壊滅していて存在しなかった旨主張するが、弁護人らの援用する予審終結決定も、日本共産党が衰微弱体化してはいたものの存在していたという認識の下に上記判示（引用者注・泊会議に関する判示）をしており、その際、その前提として、原判決とほとんど同様の、「被告人ハ、…『コミンテルン』カ…共産主義社会ノ実現ヲ目的トスル結社ニシテ日本共産党ハ其ノ日本支部トシテ其ノ目的タル事項ヲ実現セントスル結社ナルコトヲ知悉シ乍ラ…前記結社ノ目的達成ニ寄与セムコトヲ企図シ」との判示もしているところ、弁護人らは、その主張する「日本共産党が存在しなかった」ことを裏付ける新規かつ明確なる証拠を何ら提示・提出してはいない。／そうすると、本件において、日本共産党が存在しなかったことを理由とした再審事由が存しないことは明らかであるから、これを理由とする弁護人らの本件再審請求は、その前提を欠くもので、失当であることは明らかである』（3頁。中略は原文のまま）と主張する。

しかし、その理由は、日本共産党が既に1935年の段階で壊滅状態にあり、1941年当時存在しなかったことは、歴史的な事実であるばかりか、治安当局にとっても公式に表明されている。本件再審請求で、歴史を欺く主張を展開することは、ことに公益の代表者である検察官にとっては、絶対に許されない。

そこで、弁護人は、検察官に対し、以下のとおり、釈明を求める。

④検察官は、「日本共産党が既に1935年の段階で壊滅状態にあり、1941年当時存在しなかったこと」を否定するのか。

仮にそうだとすると、そのことを裏付ける文献を明らかにされたい。

5　検察官は、意見書で、『弁護人らは、上記のとおり、予審終結決定が泊会議を日本共産党再建のための会議であった旨判示していることを援用した上で、同会議は、日本共産党再建のための会議ではなく、そのことを示す明確な証拠として新たにスナップ写真9葉が発見されたと主張するが、原判決（引用者注・確定判決）は、泊会議や上記「党再建準備会」に関しては何ら判示しておらず、これとは全く無関係に、被告人（引用者注・小野）が細川論文を雑誌「改造」に掲載し発表したことや、細川の家族の救援に努めたことを認定して有罪の判決を言い渡しているのであるから、泊会議が日本共産党再建のための会議であったかどうかや、そのことを示す証拠が新たに発見されたかどうかは、原判決の有罪認定とは何ら関係のないことであって、これが本件の再審事由となり得ないものであることは明らかである』（4頁）と主張する。

確かに、確定判決は、泊会議や党再建準備会については何ら判示せず、これとは無関係に、細川論文の掲載や細川家族の救援（以下、細川論文の掲載等）が目的遂行行為に該当する旨判示している。

しかし、党再建準備行為が認定できなければ、細川論文の掲載等が治安維持法1条・10条の目的遂行罪に該当することはないのであって、また、そうだからこそ、泊会議が党再建準備会だったことを認めさせるために、横浜事件の関係者に対する激しい拷問が用いられたのである。

つまり、細川論文の掲載等が、泊会議と結びつかなければ、1条・10条の目的遂行行為に該当することはないのであって、弁護人は、この点に目を瞑った確定判決の判示の当否を問うているのである。

しかも、確定判決は、旧刑事訴訟法（以下、旧刑訴法）のもとでの刑事裁判によって下されたが、旧刑訴法は、職権主義に拠っていたから、裁判所には、実体的真実発見の義務があり、予審終結決定で犯罪として掲げられたものについては、犯罪事実と認定できるか否かを判断しなければならなかった。したがって、確定判決が泊会議を犯罪事実と認定しなかったということは、確定判決は言外に泊会議の虚構を認めたもの（泊会議については被告人を無罪としたもの）と考えるべきであり、泊会議の崩壊は、細川論文の掲載等が1条・10条の目的遂行行為であることの崩壊に直結するから、予審終結決定そのものが新証拠になる、と主張しているのである。

ちなみに、『日本共産党史（戦前）』（１９６２〔昭和37〕年5月、公安調査庁刊）には、「第四期」として「中央部の壊滅以降終戦まで」の記述があり、そこには「日共の全国的組織が壊滅して以来、直接日共の再建を目的とした活動の主要なものは大体以上の諸運動であった。これらの運動の外にも、日共の再建運動の発展を希望し、その一翼を担当しようとするグループ活動も若干見られたが、その多くは小規模なグループの形態を出るものではなかった」（同書４８０頁）とあるが、泊会議に関する言及は一切ない。泊会議の虚構は、公安調査庁も言外に認めているのである。

そこで、弁護人は、検察官に対し、以下のとおり、釈明を求める。
⑤検察官は、泊会議が党再建準備会ではなかったことを認めるのか。
仮にそうだとすると、治安維持法の構造に照らし、細川論文の執筆・掲載行為が治安維持法1条、10条の目的遂行行為に該当することはないと考えられるが、この点に関する検察官の意見はどのようなものか。

6　検察官は、上記に関連して、『なお、念のため付言するに、仮に、弁護人らの主張する泊会議が日本共産党再建のための会議であったか否かという観点に立ったとしても、そもそも、泊会議が弁護人らの主張するような単なる慰労会であったとしても、そのことによって、当時、日本共産党（あるいは党再建準備会）が存在していなかったとの結論を導き出すことができないことは当然である上、弁護人らは、前記スナップ写真9葉を見れば泊会議が雑誌編集者の慰労会であることがすぐに分かるとして、これが泊会議が日本共産党再建のための会議ではなかったことを示す新たに発見された明確な証拠であるとするのであるが、上記スナップ写真を見ても、これが弁護人らの主張するような雑誌編集者の慰労会の写真であると確定できるようなものではないことは明らかであるところ、この点をさておいたとしても、当時の状況下において、日本共産党を再建するための活動をする者が、その活動を合法なものであるかのように偽装して行うことは当然のことであり、そうすると、上記スナップ写真も泊会議が合法なものであるかのように偽装するため撮影されたものであるということも言い得るのであるから、このような写真の存在をもって、これが泊会議が日本共産党再建のための会議ではなかったことを示す明確な証拠であるなどということは到底言えない』（4頁）と主張する。

しかしながら、旧刑訴法事件の再審請求審においても、「疑わしいときは被告人の利益に」という刑事裁判の鉄則が当てはまることは、榎井村事件再審開始決定（平成5年11月1日高松高決判時1509号146頁）が明確に判示するところである。

つまり、泊会議が党再建準備会であることの立証責任は、再審請求審段階でも、検察官にあるのであって、そうでないことの立証責任が請求人にあるのではない。

したがって、請求人は、泊会議が党再建準備会であったことについて合理的な疑いを生じさせる新規・明確な証拠を提出すれば足りるのであるが、上記のとおり、泊会議の虚構は、確定判決自体が黙示的に認定した厳然たる事実なのである。

そうであるのに、泊会議が党再建準備会であった可能性があり、単なる想像にすぎない記述とはいえ、スナップ写真9葉が偽装されたものであるかのように言う検察官の上記主張は、客観義務を負い、公益の代表者である検察官によるものとは到底思われない。

そこで、弁護人は、検察官に対し、以下のとおり、釈明を求める。

⑥検察官の上記意見は、検察官の単なる推測を述べたにすぎないものか、それとも、具体的な根拠をもって述べたものか。

仮に後者とすれば、具体的な根拠を明らかにされたい。

⑦そもそも、検察官は、請求人に泊会議が党再建準備会でなかったこと、及び当時泊会議以外に党再建準備会が存在していなかったことの立証責任があると主張するのか。あるいは、検察官は、泊会議が党再建準備会だったことの立証責任は検察官にあり、泊会議以外の党再建

準備会の存在は本件再審請求で問題にする余地がないことを認めるのか。

7 検察官は、意見書で、『なお、念のために付言するに、元被告人（引用者注・小野の意）は、昭和34年1月5日に亡くなっているところ、元被告人についての再審請求は、昭和61年7月3日になされたいわゆる第一次再審請求に始まり、その後、本件のいわゆる第四次再審請求にまで至っているものであるが、その対象となる原判決は、昭和20年9月15日に言い渡され、同月21日に確定した（確定判決謄本（写し）・弁護人請求甲2号証）後、同年10月17日に公布・施行された大赦令により、刑の言い渡しの効力を失うに至っており、元被告人は、その時点で、既に法律上の救済を受けるに至っているものである。／そうすると、既に、大赦令による法律上の救済を受けている本件については、そもそも、再審の請求権が消滅しており、その請求をすることができないものであって（東京高裁昭和27年4月24日決定・高等裁判所刑事判決特報29号148頁）、本件再審請求は、請求自体が不適法なものであるというほかない』（6—7頁）と主張する。

検察官が援用する東京高裁昭和27年決定が判例としての価値を有していないことは、再審請求補充書（3）（反論書）で詳論したが、特筆すべきは、鈴木寿一検事（当時鳥取地方検察庁検事正）、臼井滋夫検事（当時法務省刑事局参事官）、横井大三検事（当時最高検察庁検事）が、異口同音に、同決定の結論に反対しておられることである（同18—19頁）。

仮に、検察官の上記主張が正しければ、本件再審請求のみならず、これまでの第1次ないし第3次の再審請求のすべてが不適法として却下されなくてはならなかったことになるが、検察官が、これまでそのような主張を行わなかったことに照らしても（だからこそ、第1次ないし第3次の再審請求に関する決定では、この点の判断がなされていないのである）、検察官の主張には、理由がない。

さらに、第3次再審請求は、現在もなお東京高裁に係属中であるが、仄聞するに、同事件で、検察官は、東京高裁昭和27年決定に言及してはいるが、大赦による不適法却下の主張は行っていない。

本件再審請求が不適法であり却下されるべきであるという検察官の主張は、歴史に蓋をせよ、というに等しい（＊）。

＊なお、検察官の上記主張は、本案前の主張であり、本来であれば、冒頭に掲げられるべきものである。しかし、検察官は、「なお書き」として末尾に付記するにとどめている。このことは、検察官自身、その主張の正当性に確信を有していないことを示すものである。

本件再審請求の適法性については、裁判所の職権判断事項ではある。

しかし、検察官が、本件再審請求は不適法である旨の主張を維持するのか、それとも撤回するのかは、裁判所の判断にも大きく影響する。

そこで、弁護人は、検察官に対し、以下のとおり、釈明を求める。

⑧本件再審請求は不適法であり却下されるべきであるという検察官の意見は、意見を起案した大橋充直検事独自の意見であって、上級庁の判断を経た検察庁の統一的な見解ではないのではないか。

仮にそうだとすると、検察官は、本件再審請求は不適法であり却下されるべきであるという意見を維持するのか。

8　最後に、貴裁判所は、平成16年5月18日の三者協議の席上、貴裁判所の現在の構成で、本件横浜事件第4次再審請求についての判断を下したい旨の態度を表明された。

貴裁判所の積極的な姿勢として高く評価するが、そうであればなおさらのこと、然るべき期限を設けて、本求釈明書に対する検察官の釈明を求められたいと考える。

以上

平成14年（た）第1号再審請求事件

上申書

平成17年3月17日

横浜地方裁判所第2刑事部　御中

請求人ら弁護人　大川　隆司
同　佐藤　博史
同　笹森　学
同　横山　裕之
同　竹田　真
同　大東　泰雄

弁護人らは、貴裁判所に対し、弁護人らの平成16年6月22日付求釈明書（以下、求釈明書）につき、検察官に対し、早急に期限を定めて釈明を求めるよう、下記のとおり、上申する。

記

弁護人らは、検察官の平成15年8月4日付意見書につき、平成16年5月18日の三者協議の結果を踏まえ、平成16年6月22日、検察官に対し釈明を求める旨の求釈明書を提出した。

そして、平成16年7月8日、弁護人大東が、貴裁判所に対し、検察官の釈明期限を確認したところ、貴裁判所は、

「求釈明書は検察官に送付した。裁判所としては、検察官の回答期限を定めるつもりであり、期限をいつごろに設定すればよいか、検察庁に問い合わせている。現在、その回答を待っているが、地検は、上級庁と協議しないと、期限についても回答できないようだ。回答があり次第、期限を設定し、弁護人にも連絡する」

と回答された。

以後、弁護人大東は、数度にわたり、貴裁判所に、上記と同様の問い合わせを行ったが、その度、貴裁判所は、検察官に連絡されたが、基本的な変化は全くなかった。すなわち、検察官は、上記求釈明書を受領したのち、既に約9ヶ月が経過しているのに、釈明の期限すら回答せず、本件再審請求事件は、何らの進展もみせていない。

検察官のかかる態度は、本件事件の重要性に照らしても、あまりに不誠実で、本件に真剣に取り組んでいるものとは到底思われない。

ところで、平成17年3月10日、東京高等裁判所は、横浜事件の第3次再審請求について、検察官の即時抗告を棄却し、同月15日、検察が特別抗告を断念したことを公式に発表したことから、貴裁判所によって下された再審開始決定が確定し、貴裁判所で再審公判が開始されることになり、本件第4次再審請求についても、社会的な関心を集めている。

検察官が、これ以上、上記求釈明に対する釈明を怠ることは、社会的にも許されない。

何故なら、上記求釈明は、いずれも、第3次請求では必ずしも光を当てられていない、しかし、横浜事件の真実を明らかにするうえで、不可欠な事項について、検察官の誠実な回答を求めるものだからである（ここで、詳論する暇はなく、その必要もないが、弁護人らの求釈明事項とは、例えば、①予審終結決定・細川予審訊問調書・橋本論文・平櫛手記の新規性・明確性に関する検察官の意見、②細川論文とコミンテルンとの関係、③日本共産党の存否に関する検察官の認識、④泊会議に関する検察官の認識〔泊会議のスナップ写真に関する検察官の見解の真意を含む〕などであった）。

貴裁判所は、平成16年5月18日の三者協議の席上、貴裁判所の現在の構成で、本件横浜事件第4次再審請求についての判断を下したい旨の態度を表明された。弁護人らは、貴裁判所の積極的な姿勢として高く評価する。

そうであればなおさら、検察官の不誠実な態度を諫め、

然るべき期限を設けて、検察官の早急な釈明を求められたいと考える。

よって、弁護人らは、貴裁判所に対し、求釈明書につき、早急に期限を定めて検察官に釈明を求めるよう、上申する。

以上

※

釈明書

請求人小野新一及び齋藤信子にかかる平成14年（た）第1号再審請求事件に対する検察官の釈明は下記のとおりである。

平成17年5月26日

横浜地方裁判所第2刑事部　殿

横浜地方検察庁

検察官検事　飯倉　立也

記

No.	求釈明要旨	釈明要旨
①	検察官の意見書は、細川論文の内容とは無関係に、起草されたものではないのか。	同意見書は細川論文の内容と無関係に起草されたものではない。
②	予審終結決定、細川の第8回及び第9回の予審訊問調書、橋本論文、平櫛手記の新証拠としての新規性・明確性に関する検察官の意見は、どのようなものか。	予審終結決定は、確定審の一件記録に含まれるもので、新規性の要件を満たさない。細川の第8回及び第9回の「予審訊問調書」なるもの、橋本論文及び平櫛手記は、他の証拠と総合しても、無罪等を言い渡すべき明確なる証拠に該当しない。
③	検察官の意見書の上記記述の趣旨は、「細川論文の執筆・掲載行為が、日本共産党の存在と無関係に、コミンテルンと直接的に結びついて、その目的遂行行為に当たり得る」	検察官の意見書に記載した趣旨は、日本共産党以外にもコミンテルンという団体が存在していたことを指摘して、弁護人らの主張の論理上の矛盾を指摘し

	④	⑤
という意味か。 仮にそうだとすると、そのような法解釈が成り立つことを説いた当時の文献を明らかにされたい。	検察官は、「日本共産党が既に１９３５年の段階で壊滅状態にあり、１９４１年当時存在しなかったこと」を否定するのか。 仮にそうだとすると、そのことを裏付ける文献を明らかにされたい。	検察官は、泊会議が党再建準備会ではなかったことを認めるのか。 仮にそうだとすると、治安維持法の構造に照らし、細川論文の執筆・掲載行為が治安維持法1条、10条の目的遂行行為に該当することはないと考えられるが、この点に関す
たに過ぎない。 その余は釈明の必要がない。	検察官は、弁護人らが援用する予審終結決定の判示を引用し、弁護人らの主張を裏付ける新規かつ明確なる証拠の提示・提出がないことを指摘したに過ぎない。 その余は釈明の必要がない。	釈明の必要がない。

	⑥	⑦
る検察官の意見はどのようなものか。	検察官の上記意見（スナップ写真９葉と泊会議の関係）は、検察官の単なる推測を述べたにすぎないものか、それとも、具体的な根拠をもって述べたものか。 仮に後者とすれば、具体的な根拠を明らかにされたい。	そもそも、検察官は、請求人に泊会議が党再建準備会でなかったこと、及び当時泊会議以外に党再建準備会が存在していなかったことの立証責任があると主張するのか。あるいは、検察官は、泊会議が党再建準備会だったことの立証責任は検察官にあり、泊会議以外の党再建準備会の存在は本件再審請求で問題にする
	検察官は、スナップ写真９葉のみをもっては弁護人らの主張を裏付けることにはならないことを指摘したに過ぎない。 その余は釈明の必要がない。	一般的に、再審請求人は、再審請求手続において、無罪等を言い渡すべき新規かつ明確な証拠を提出する責任を有するのは当然である。 その余は釈明の必要がない。

	余地がないことを認めるのか。	
⑧	本件再審請求は不適法であり却下されるべきであるという検察官の意見は、意見を起案した大橋充直検事独自の意見であって、上級庁の判断を経た検察庁の統一的な見解ではないのではないか。 仮にそうだとすると、検察官は、本件再審請求は不適法であり却下されるべきであるという意見を維持するのか。	釈明の必要がない。

※

平成14年（た）第1号再審請求事件

請求人　小野　新一
請求人　齋藤　信子

再審請求補充書（3）

2006（平成18）年5月31日

横浜地方裁判所第2刑事部　御中

請求人ら弁護人　弁護士　大川　隆司
（主任）
同　佐藤　博史
同　笹森　学
同　横山　裕之
同　竹田　真
同　大東　泰雄

弁護人らは、2002（平成14）年3月15日に申し立てた本件再審請求の理由について、下記のとおり、補充する。

第1　第3次再審請求と第4次再審請求の異同

1　第3次再審請求（以下、第3次請求）と（本件請求である）第4次再審請求（以下、第4次請求）は、同じく、「横浜事件」と総称される治安維持法違反被告事件の再審請求である。

しかし、両者は、

①請求人

及び

②再審請求の対象となる確定判決（あるいはその認定事実）

を異にしているほか、

③第3次請求では被告人5名の確定判決が存在しないため（裁判所が訴訟記録を故意に廃棄したからである）これを復元する作業を必要としたが、第4次請求では確定判決が存在しているためその必要がない、

という点で異なっている。

さらに、第3次請求と第4次請求は、再審理由が異なる。

すなわち、第3次請求の再審理由は、

ⓐポツダム宣言受諾に伴い治安維持法は失効したので、確定判決は免訴事由がある、

ⓑ有罪判決の根拠となった被告人らの自白は拷問による虚偽のものである、

というものであるが、

第4次請求の再審理由は、

㋐（確定判決の有罪認定の大前提である）「泊会議」は全くの虚構である（以下、「泊会議」の虚構）、

㋑（同じく確定判決の有罪認定の大前提である）細川論文は共産主義的啓蒙論文ではない（以下、細川論文の共産主義的啓蒙論文非該当性）、

というものである。

2　そして、第3次請求について、横浜地方裁判所は、ポツダム宣言受諾に伴い治安維持法が失効したこと（上記ⓐ）を認めて再審開始を決定した（横浜地決平成5年4月15日判時1820号45頁）。

これに対し、検察官が即時抗告を申し立てたが、東京高等裁判所は、横浜地裁決定には賛同できないとしながらも、神奈川県警特高課警部らが拷問したことを認めた刑事判決に川田寿らの口述書を加味すれば、確定判決の事実認定には疑問が生ずるとして、被告人らの自白は拷問による虚偽のものであること（上記ⓑ）を認めて、再審開始の結論を維持し（東京高決平成17年3月10日判タ1179号137頁）、検察官が特別抗告を断念したことにより、第3次請求の再審開始が確定し、貴裁判所のもとで再審公判が開始された。

そして、貴裁判所は、本年2月9日、第3次請求の元被告人5名に対し免訴の判決（以下、貴判決）を言い渡された。

貴判決に対して控訴が申し立てられ、現在東京高等裁判所に係属中であるばかりか、第4次請求については未

だ再審開始決定を得ていないので、貴判決の免訴という結論の当否は、第4次請求にとって当面の問題ではない。しかし、貴判決は、第4次請求に無関係ではない。

第2　貴判決の第4次請求にとっての意義

1　さて、貴判決の免訴という結論について、無実の罪に苦しんだ者の名誉回復の道を閉ざすものとの否定的な評価が一般的であるように思われる。しかし、第4次請求の弁護人である私どもは、必ずしもそのようには考えない（念のため、貴判決の結論が無罪であれば、より直截に第3次請求の被告人5名の名誉回復が図られたに違いない）。

何故なら、貴判決には、第3次請求の被告人5名が無実であることを前提とした判示が随所にあるからである。以下、列記する（傍線部が特に重要である）。

①『平成17年3月10日、即時抗告審である東京高等裁判所は、原審である横浜地方裁判所の上記判断をにわかに是認することはできないとしながらも、被告人らについては、旧刑事訴訟法485条6号の事由があることが肯定されるとして、再審を開始した原決定の結論を是認し、即時抗告を棄却した（以下「本件抗告審決定」という。）。すなわち、上記横浜事件関係被告人益田直彦に関する司法警察官3名の有罪の確定判決の存在によって、同人らに対する告訴状付属書類である被告人木村らの各口述書写し、板井庄作作成の「警察における拷問について」と題する書面、同人作成の陳述書等の信用性を否定することは困難となったとし、各被告人の口述書で述べられた取調べにおいて神奈川県警特高による各被告人に対する拷問の状況の詳細を摘示した上、「被告人木村らは、同人らが司法警察官から受けた拷問の回数、内容、程度等に個人的差異はあるものの、いずれもが治安維持法違反被疑事件により勾引されて警察署へ引致された直後ころから、警察署留置場に勾留されている間、神奈川県警特高の警部であった松下英太郎、同警部補柄沢六治及び同森川清造らから、相当回数にわたって竹刀等で全身を殴打されるなどの暴行を繰り返し受けるなどの拷問を加えられ、そのため、やむなく、司法警察官の取調に対し、虚偽の疑いのある自白をし、訊問調書に署名押印し、手記を作成したことが認められ、その後、司法警察官による拷問の影響継続下にあって、検事の取調べに対し、司法警察官に対すると同様の自白をして訊問調書に署名押印し、手記を作成したことが認められる。そして、被告人らは、予審判事らの示唆に応じ、寛大な処分を得ることを期待して予審判事に対し、犯罪事実をほぼ認め、同様の自白をして予審終結決定を得て、公判廷でも罪となるべき事実を認め、いずれも執行猶予の判決を得たこ

とが認められる。そのような自白は、個々の具体的行為を結社の目的遂行のためにする意思をもってなしたことなど主観的要件等に関しては、信用性がない疑いが顕著である。被告人らの原判決に挙示された証拠は、当該被告人らの自白がすべてであり、被告人らの自白の信用性に顕著な疑いがあるとすると、当該被告人らの自白等を挙示証拠のすべてとする各被告人らに対する確定判決の有罪の事実認定が揺らぐことになるから、無罪を言い渡すべき、新たに発見した明確な証拠がある」旨判示した。そして、この決定はそのころ確定した。』（貴判決6頁～7頁）

②「確かに、本件のように免訴事由が存する場合であっても、本人の名誉回復の利益のほか、判決の公示、刑事補償といった法律的利益が認められることから反対説はあるものの、再審請求は許されると解すべきである。そして、開始された再審裁判において、被告人らに免訴事由が存しない場合には、本件抗告審決定が詳細に説示するとおり、被告人らに対する原判決に摘示された自白調書等については拷問によるものとの判断がなされていることから、通常の公判手続の規定に則り、さらに公訴事実に関する審理を遂げた上、上記抗告審決定の判断を覆す新たな証拠がなければ、上記抗告審決定の内容に沿った判決が言い渡されることになると思われる。」（同10頁）

③『以上のとおり、弁護人らが主張する点を考慮しても、「無罪を言い渡すべき、新たに発見した明確な証拠がある」ことを理由として開始された本件再審公判において、被告人らに免訴判決を言い渡すことは、無実の罪に問われて無念の死を遂げた被告人らから、再度名誉回復や刑事補償等の具体的な法的利益を奪うということにはならない。』（同13頁）

④『しかし、既に述べたように、再審開始決定が確定すると、その審級に従いさらに審判をすることになるのであり、再審の審判は原判決の当否を審査する手続ではない。再審公判裁判所としては、改めて判決の言渡しを行うことになるのであり、原判決は、本判決の確定によって完全に失効するに至ることになるのである。再審公判において、原判決を無効にするためにこれと矛盾する判決をしなければならない理由はないといわなければならないし、原判決の実体的瑕疵を不問に付する結果になるものでもない。しかも、本件各被告事件については、本件抗告審決定で、被告人らに「無罪を言い渡すべき、新たに発見した明確な証拠」が存在すると判示されているのであり、かかる抗告審決定の内容は当審において覆す余地のないものであり、再審請求における本件抗告審決定及び当審の審理・判決を通じてみると、原判決の結論は明らかに否定されているのである。被告人らに免訴判決を言い渡すことが再審の理念・目的に合致しないとい

うことにはならない。』(同13頁~14頁)

⑤「弁護人らの主張するところは、結局、原判決の確定によりこうむった不利益は、再審公判手続や無罪判決によって完全に回復すべきであるという点にあると認められるが、旧刑事訴訟法は、再審開始決定後の再審公判においても、前記のとおり、通常の公判手続と同様の審理と判決がなされることを当然のこととして予定しているものと解される。他方、免訴の判決には一事不再理の効果が認められ、被告人は、無罪判決と同様に将来的にも訴訟係属から解放されることになるばかりでなく、免訴判決は実体審理前になされる終局裁判であるところ、被告人に対しては有罪判決が確定するまで無罪の推定が働くことは刑事裁判の大原則であり、免訴判決はこのような被告人を訴訟手続から解放するものである。被告人らの名誉は、このような訴訟過程と免訴の終局判決、さらにはこれに先立つ再審請求に対する裁判所の判断、上記のような現行刑事補償法上の救済規定等を通じて回復されることが期待されるのであり、無罪判決ではなく免訴判決を言い渡すことが被告人らの名誉回復の道を閉ざすということにはならず、これが再審の理念・目的に反するものとはいえない。」(同14頁)

貴判決は、免訴事由がある場合でも(つまり、再審開始になった場合、再審公判で、無罪ではなく、免訴とされる場合でも)無罪を言い渡すべき新証拠の発見を理由とした再審請求は許され(上記②)、再審請求審では無罪を言い渡すべき明白な(旧刑訴法では「明確な」)新証拠があるか否かが審理され、これが肯定された場合には、無罪を言い渡すべき新証拠があることを理由に再審を開始することになるが(上記①)、免訴事由がある場合は、再審公判では無罪とならず免訴にせざるを得ない、しかし、その場合でも再審請求審の無罪を言い渡すべき新証拠があるという判断は覆らないから(上記②、④、⑤)、無実の罪に苦しんだ者の名誉回復は図られる(上記③)、といわれるのである。

かかる貴裁判所の見解(すなわち、免訴事由がある場合には、再審開始決定はできるが、再審公判で無罪判決を下すことはできないという見解)に立てば、再審請求審の役割は、再審公判のそれよりも、はるかに重要ということになる。何故なら、再審請求審での判断こそが、無実の罪に問われた者の名誉回復にとって決定的だからである(免訴事由がない通常の再審では、再審請求審の判断はあくまでも仮のものであって、決定的なのは、再審公判での判断である)。

このことを第4次請求に当てはめると、第4次請求の被告人(小野康人)が無実であることを裁判所が示す機会は、再審請求審の判断、すなわち、本再審請求に対する貴裁判所の決定しかないことになる。

つまり、貴判決によれば、裁判によって横浜事件の真実に迫ることができる機会は、再審請求審であって、再審公判ではない。

そこで、思い起こさなくてはならないのが、第3次請求の再審理由と第4次請求の再審理由の相違で、第3次請求の再審理由の上記ⓐ（ポツダム宣言受諾による治安維持法の失効）は、横浜事件の真実とは無関係である。何故なら、日本のポツダム宣言受諾以前、すなわち、治安維持法が有効であったことに疑問がないときに有罪判決が下された場合でも、横浜事件が冤罪であることが明らかにされなくてはならないからである。

同じく上記ⓑ（拷問による虚偽自白）も横浜事件の真実に迫るものとは言えない。何故なら、神奈川県警による拷問は横浜事件を特徴づけるものではあるが、拷問の存在と特高によるフレームアップとは必ずしも同じではないからである。実際、酷い拷問は免れ、最後まで否認を貫き、かつ、治安維持法の正式な失効によって、免訴とされた細川嘉六がそのことを象徴しているが、横浜事件の真実に迫る再審開始決定とは、細川嘉六の無実をも明らかにするものでなくてはならないのである。

しかし、第4次請求の再審理由は、まさに横浜事件の真実に迫ろうとするものである。すなわち、上記㋐（「泊会議」の虚構）、同㋑（細川論文の共産主義的啓蒙論文非該当性）が認められれば、横浜事件は、拷問の有無、あるいは自白の有無に関係なく、特高警察によるフレームアップだったことが白日の下に晒されるだろう。否、横浜事件の真実とは、戦時下にあって、文字通り命がけで、わが国の進むべき道を示そうとした者らをフレームアップによって圧殺しようとした治安機構の総体（軍部、特高警察、思想検事・思想判事の司法官）に光を当てることによってはじめて浮かび上がるものなのである。

ところで、貴判決には、まことに残念なことと言わなくてはならないが、上記㋐（「泊会議」の虚構）について、重大な見落としともいうべき判示があった。

それが本補充書提出の根本的理由でもあるが、第4次再審請求にとって（貴判決によれば）最大の名誉回復の機会である（貴裁判所による）再審開始決定の内容に直結する重大な問題なので、項を改めて論じよう。

第3　貴判決と「泊会議の虚構」

1　さて、貴判決は、第3次請求の被告人らが起訴され・有罪判決を受けた経緯について、つぎのように判示された。第4次請求との関係では、以下の傍線部の判示が重要である。

『（1）昭和17年9月11日、世界経済調査会の資料課主事であった川田壽とその妻定子が治安維持法違反の罪により神奈川県警警察部特別高等課（以下「神奈川県警特高」という。）に検挙されたことをきっかけとして、同会、政治経済研究会（昭和塾）及び満鉄調査部などに属する研究者並びに改造社及び中央公論などの編集者等総勢約60名の者が次々と治安維持法違反の罪で検挙され、神奈川県警特高の取調べを受けた。そして、これら被検挙者のうち三十数名について公訴が提起され、昭和20年9月初旬までの間に判決がなされた者について、その全員が有罪となった（なお、この一連の出来事は一般に「横浜事件」と総称されていることから、以下においても適宜この呼称を用いることとする。）。

（2）政治学者であった細川嘉六は、昭和17年7月5日から6日にかけて、出版社の関係者らと郷里である富山県下新川郡泊町（現在は朝日町）にある旅館等において会合するなどし（引用者注・「泊会議」である）、その際、上記旅館の中庭において細川ら7名の写真が撮影された（引用者注・本件集合写真である）。その後、雑誌「改造」の昭和17年8月号及び9月号に「世界史の動向と日本」と題する細川論文が掲載されると、同年9月7日、陸軍報道部の平櫛孝少佐は、雑誌編集者らに対し、「細川論文は戦時下巧妙なる共産主義の宣伝であり、このことを陸軍報道部長谷萩那華雄大佐に報告した」などと発言した。これを受けて同大佐が、「日本読書新聞」（同月14日号）の「戦争と読書」と題する談話において、細川論文を「戦時下巧妙なる共産主義の宣伝であり、これを見逃したのは検閲の手ぬかりである」などと指摘したことから、細川は細川論文の執筆などを内容とする治安維持法違反の罪により警視庁に検挙されて世田谷署に留置された（その後細川は、治安維持法違反の罪により起訴され、予審判事の取調べを受けるなどした後、予審終結決定により昭和19年12月29日横浜地方裁判所の公判に付されたが、戦後、治安維持法の廃止により免訴の言渡しがなされた。ただし、横浜地方裁判所の昭和20年度刑事第一審公判始末書には一部免訴との記載もある。）。

昭和18年1月には世界経済調査会の高橋善雄が、同年5月11日には同会の益田直彦がそれぞれ検挙されると、関係者として満鉄東京支社調査部でソ連事情調査の仕事に就いていた被告人平館利雄及び西澤富夫も検挙されるに至った。その際、被告人平館が所持していた前記写真が押収され、同月26日、前記写真を撮影した西尾忠四郎、写真に写っていた7名のうち未検挙であった中央公論社の被告人木村亨、改造社の小野康人らが治安維持法違反の罪により一斉に検挙され、さらに、同年9月9日には、政治経済研究会に所属していた被告人由田浩、同高木健次郎が、翌19年1月29日改造社の被告人小林英三郎が、それぞれ検挙されるに至った。検挙された被告人らは、神奈川県警特高の取調べを受けた（なお、横浜事件で検挙された者の中には、中央公論社の和田喜太郎など、留置場や拘置所等で死亡した者も複数存する。）。被告人5名は、それぞれ治安維持法違反の罪で横浜地方裁判所に起訴され、同裁判所での予審を経て（被告人高木については昭和20年8月24日、被告人木村については同月27日にそれぞれ予審終結決定がなされている。）公判に付された。そして、横浜地方裁判所は、被告人5名に対して、上記取調べにおいて作成された各被告人の自白調書や手記、公判供述などの自白（ただし、罪となるべき事実に相川博が関係する場合には同人の自白も含む。）によって治安維持法違反の犯罪事実を認定し、被告人小林に対しては昭和20年8月29日、被告人由田及び同高木に対しては同月30日、被告人木村及び同平館に対しては同年9月15日、いずれも懲役2年、執行猶予3年の有罪判決を言い渡した（被告人らに対する判決原本は保存されていないことから、その内容が確定的に明らかとはいえないが、後記のとおり、復元された原判決書には証拠として当該被告人の自白が挙示されている。）。そして、各判決は控訴の申立てがないまま確定した（以下この確定した原判決を単に「原判決」という。）。

（3）昭和22年4月、横浜事件の被検挙者のうち33名は、同人らの取調べに当たった神奈川県警特高の警部であった松下英太郎、同警部補であった柄沢六治、同森川清造を含む警察官多数を特別公務員暴行傷害罪により横浜地方裁判所検事局に告訴したところ、警察官のうち松下、柄沢及び森川の3名について公訴が提起され、昭和24年2月25日横浜地方裁判所において、益田直彦に対する特別公務員暴行傷害罪が認定され、松下に対して懲役1年6月、柄沢及び森川に対して懲役1年の実刑判決がそれぞれ言い渡され、松下ら3名が控訴したものの、昭和26年3月28日、東京高等裁判所は、松下ら3名に対して第1審判決とほぼ同様の事実認定をした上、第1審判決と同様の刑を言い渡した。松下ら3名は上告したが、昭和27年4月24日に最高裁判所において上告が棄却されたことから松下ら3名に対する有罪判決は確定した。

高等裁判所において認定された上記松下ら3名に対する犯罪事実の要旨は、『被告人ら3名は、神奈川県警察部特別高等課に勤務していたもので、被告人松下は左翼係長警部、被告人柄沢、同森川は同係取調主任警部補の地位にあって各司法警察官として思想事件の捜査に従事していたが、その職務に従事中、昭和18年5月11日、治安維持法違反事件の被疑者として検挙された益田の取調べに際し、同人が被疑事実を認めなかったので、被告人らはその他の司法警察官らと共謀して益田に拷問を加えて自白させようと企て、同月12日ころから1週間くらいの間、数回にわたって、神奈川県神奈川署の警部補宿直室において、益田に対し、頭髪をつかんで股間に引き入れ、正座させた上、手けん、竹刀の壊れたもの等で頭部、顔面、両腕、両大腿部等を乱打し、これにより腫れ上がった両大腿部を靴下履きの足で踏んだり揉んだりする等の暴行陵虐の行為をなし、よって、益田の両腕に打撲傷、挫傷、両大腿部に打撲挫傷、化膿性膿症等を被らせ、そのうち両大腿部の化膿性膿症についてはその後治癒まで数か月を要せしめたのみならず長くその痕跡を残すに至らしめた」というものであった。』（貴判決2頁～5頁）

貴裁判所の上記判示について、補足すべき重要な点があるが（この点は、後述する）、横浜事件の全体像を記述したものとして、第4次請求の弁護人らにも異論はない。

そして、重要なのは、以下の事実である。

①横浜事件の発端は、検閲を経た細川論文に軍部が着目したことにあったこと。

②細川をまず検挙したのは警視庁特高だったが（＊）、治安維持法1条による本格的な事件化は神奈川県警によってなされたこと（だからこそ、「横浜事件」と呼ばれるのである）。

＊貴判決では、明確にされていないが、細川は、警視庁特高によって、治安維持法1条（結社罪）や同法11条（目的遂行罪）ではなく、同法5条（宣伝罪）に基づき逮捕されたのである（甲18号証〔細川嘉六獄中調書〕39頁）。

③そして、神奈川県警特高は、捜索で押収された本件集合写真に着目し、「泊会議」をでっち上げ、これを細川論文と結び付け、ここに「横浜」事件の構図が完成したこと。

④神奈川県警特高は、その構図を証拠立てるために、苛烈な拷問を用い、その結果、「泊会議」と細川論文を結び付ける虚偽の自白が生まれたこと。

2　貴判決は、上記判示に続いて、再審請求の経過について判示された。

第4次請求との関係では以下の傍線部の判示が重要である。

『（4）被告人木村、同小林、同平館、小野ら9名は、昭和61年7月3日横浜地方裁判所に対して再審の請求をした。同裁判所は、昭和63年3月28日、「本件再審請求書には原判決謄本の添付がないうえ、請求人（引用者注・被告人の誤記である）についての原判決原本及び訴訟記録は裁判所及び検察庁に保存されておらず（当裁判所の事実調べの結果によれば、太平洋戦争が敗戦に終わった直後の米国軍の進駐が迫った混乱時に、いわゆる横浜事件関係の記録は焼却処分されたことが窺われる。）、外に原判決認定の犯罪事実及びこれを認めた証拠の内容について、これを明らかにすべき証拠資料は存在しない」旨判示し、原判決の判決書や訴訟記録が存在せず、原判決が認定に供した証拠資料の内容が把握できないことなどを主な理由として再審請求を棄却し、即時抗告審である東京高等裁判所もほぼ同様の理由で即時抗告を棄却した。被告人木村らは、最高裁判所に特別抗告したものの、平成3年3月14日に特別抗告は棄却された（なお、そのうちの一人である小野は、平成6年7月27日に再び横浜地方裁判所に再審を請求したが〔引用者注・第2次請求である〕、平成8年7月30日に再審請求は棄却され、即時抗告審である東京高等裁判所でも平成10年8月31日に即時抗告が棄却され、更に平成12年7月11日最高裁判所において特別抗告が棄却された。）。

再審請求を認められなかった被告人木村は、自ら横浜事件の拷問、人権侵害問題を世界の場で訴える活動をするとともに、再審請求のための資料集めなど再審請求に向けた活動を積極的に行っていたが、平成10年7月14日に病死した。

被告人木村が死亡した直後の同年8月14日、各被告人の遺族らにより横浜地方裁判所に本件再審開始決定に係る再審の請求がなされた（引用者注・第3次請求である）。そして、平成13年4月15日、横浜地方裁判所は、「昭和20年8月14日にポツダム宣言が受諾されたことにより、原判決時点においては治安維持法は実質的にみて効力を失うに至ったと解すべきであり、これを判断するに当たっては原判決の謄本がないことを理由として再審請求を棄却すべきではなく、免訴を言い渡すべき明確なる証拠を新たに発見した場合（旧刑事訴訟法485条6号）に当たる」旨判示して再審開始の決定をした。

この決定に対して、検察官が即時抗告したものの、平成17年3月10日、即時抗告審である東京高等裁判所は、原審である横浜地方裁判所の上記判断をにわかに是認することはできないとしながらも、被告人らについては、旧刑事訴訟法485条6号の事由があることが肯定されるとして、再審を開始した原決定の結論を是認し、即時抗告を棄却した（以下「本件抗告審決定」という。）。すなわち、上記横浜事件関係被告人益田直彦に関する司法警察官3名の有罪の確定判決の存在によって、同人らに対する告訴状付属書類である被告人木村らの各口述書写し、板井庄作作成の「警察における拷問について」と題する書面、同人作成の陳述書等の信用性を否定することは困難となったとし、各被告人の口述書で述べられた取調べにおいて神奈川県警特高による各被告人に対する拷問の状況の詳細を摘示した上、「被告人木村らは、同人らが司法警察官から受けた拷問の回数、内容、程度等に個人的差異はあるものの、いずれもが治安維持法違反被疑事件により勾引されて警察署へ引致された直後ころから、警察署留置場に勾留されている間、神奈川県警特高の警部であった松下英太郎、同警部補柄沢六治及び同森川清造らから、相当回数にわたって竹刀等で全身を殴打されるなどの暴行を繰り返し受けるなどの拷問を加えられ、そのため、やむなく、司法警察官の取調べに対し、虚偽の疑いのある自白をし、訊問調書に署名押印し、手記を作成したことが認められ、その後、司法警察官による拷問の影響継続下にあって、検事の取調べに対し、司法警察官に対すると同様の自白をして訊問調書に署名押印し、手記を作成したことが認められる。そして、被告人らは、予審判事らの示唆に応じ、寛大なる処分を得ることを期待して予審判事に対し、犯罪事実をほぼ認め、同様の自白をして予審終結決定を得て、公判廷でも罪となるべき事実を認め、いずれも執行猶予の判決を得たことが認められる。そのような自白は、個々の具体的行為を結社の目的遂行のためにする意思をもってなしたことなど主観的要件等に関しては、信用性がない疑いが顕著である。被告人らの原判決に挙示された証拠は、当該被告人らの自白がすべてであり、被告人らの自白の信用性に顕著な疑いがあるとすると、当該被告人らの自白等を挙示証拠のすべてとする各被告人らに対する確定判決の事実認定が揺らぐことになるから、無罪を言い渡すべき、新たに発見した明確な証拠がある」旨判示した。そして、この決定はそのころ確定した。』（貴判決5頁～7頁）

貴判決の上記判示は、客観的な経過に関するものであるので異論はないが、第3次請求についてであるため、その後（平成14年3月15日）に申し立てられた（本件）第4次請求についてはもちろん触れられていない。

3　上記の判示を受けて、貴裁判所は、「当裁判所の判断」を示された。

第4次請求との関係では、以下の傍線部の判示が重要である。

『（1）まず、本件各公訴の対象となった治安維持法違反被告事件の内容（旧刑事訴訟法291条は、「公訴ヲ提起スルニハ被告人ヲ指定シ犯罪事実及罪名ヲ示スヘシ」と規定し、同法312条で「公判ニ付スルニ足ルヘキ犯罪ノ嫌疑アルトキハ予審判事ハ決定ヲ以テ被告事件ヲ公判ニ付スル言渡ヲ為スヘシ」と規定している。以下、公訴の対象となった犯罪事実を「公訴事実」という。）について検討すると、各被告人に対する訴訟記録等が残されていないことから、旧刑事訴訟法291条に規定する被告人を指定し犯罪事実及び罪名を示す書面である起訴状も残されておらず、訴訟記録上、公訴事実の内容は明らかではない。

他方、再審請求に当たっては、旧刑事訴訟法497条によれば、再審の趣意書に原判決の謄本を添付されることが求められているが、上記のとおり、訴訟記録等が残されておらず原判決原本も存在しない。そのため、本件再審請求書には、原判決の謄本は添付されておらず、これに代わるものとして、弁護人らが関係資料から原判決の内容を復元した書面（復元された原判決）が原判決の謄本に代わるものとして添付されている。すなわち、弁護人らは、被告人木村に関しては昭和20年8月9日付け予審終結決定謄本の写しが、被告人高木に関しては同月24日付け予審終結決定の写し（ただし、途中の省略がある。）がそれぞれ存在しており、その他の関係証拠を併せ考慮して、当時の横浜地方裁判所が予審終結決定どおりの事実を認定したとして、原判決の内容を復元し、また、被告人小林、同由田及び同平舘に関しては、予審終結決定さえも存在せず、原判決の内容の復元は更に困難ではあるものの、被告人木村及び同高木と同様に、いずれも当時の治安維持法1条後段及び10条（国体を変革すること及び私有財産制度を否認することを目的とする結社の目的遂行のためにする行為）に該当する事実であったなどとして、被告人小林、同由田及び同平舘に対する原判決の内容を復元しているところである（それぞれの復元された原判決の内容は、別紙のとおりである。）。

そして、本件再審開始決定に対する本件抗告審決定において、弁護人らが再審請求書において関係資料を基に復元した原判決の内容については、復元過程の合理性が認められており、当裁判所としても、既に公判手続において取り調べた関係各証拠によって認定した本件治安維持法違反被告事件に至る経過などの背景事情に加え、被告人木村らに対する原判決謄本の写しなどを総合すると、弁護人らの上記復元は合理的なものとして公認することができるところである。

そうすると、上記のとおり、本件各公訴事実に関しては、被告人らの自白調書をほとんど唯一の証拠として認定されているのであるから、本件審判の対象となる公訴事実は、復元された各被告人に対する原判決中の犯罪事実にほぼ対応するものと認めて誤りはないと考えられる。

そして、その内容は、要するに、「コミンテルンが革命手段により国体を変革し、私有財産制度を否認して共産主義社会を実現することを目的とする結社であり、日本共産党がその日本支部として目的を実行しようとする結社であることを知悉しながら、これを支持し、その目的達成に寄与することを企図して、活動に従事するなど目的遂行のためにする各種行為を行った」との事実であることが認められ、そこには被告人らの活動状況などに違いはあるものの、結局は以上のような目的遂行行為を処罰の対象として検察官が公訴を提起したものと推認される。このように検察官が公訴の対象とした被告人らに対する公訴事実の内容は、同人らに対する原判決に記載された犯罪事実に沿うものと認められるのが相当である。』

（貴判決7頁～8頁）

すなわち、貴判決は、確定判決が存在しない第3次請求について、以下のように判断された。

①原判決の内容は、第3次請求の弁護人による「復元された原判決」と認めることに合理性がある。

②再審公判の審判の対象である公訴事実は、「復元された原判決」の犯罪事実にほぼ対応するものと認めて誤りはない。

③そして、公訴事実の内容は、被告人らの活動状況に違いはあるものの、コミンテルンと日本共産党の目的遂行のために各種行為を行ったというものであり、検察官は、そのような目的遂行行為を処罰の対象として公訴を提起した。

しかし、貴裁判所の上記判断には重大な事実の誤認がある。

そして、それは第4次請求との関係で重要であるとともに、横浜事件の真実との関係でも見逃すことができないものである。

問題は、貴判決にある、いわゆる「被告人らの活動状況」あるいは「各種行為」とは何かである。

4　確かに、第3次請求の被告人5名の「活動状況」には「違い」がある。

しかし、既に引用した貴判決の横浜事件の全体像を記した判示にも明白なように、その骨格となる行為とは、「泊会議」(あるいは「泊会議」における決定)とそれに基づく細川論文の掲載である。

そして、「泊会議」の参加者は、細川、木村、平館、小野、西尾、相川、西沢富夫、加藤政治の8名であり、本件集合写真に写っているのは、撮影者の西尾を除く7名である。

つまり、第3次請求の被告人5名のうち、木村と平館は、「泊会議」の参加者なのである(第3次請求のその余の被告人、すなわち、小林、由田、高木は、「泊会議」に参加していない)。

しかし、まことに奇妙なことと言わなくてはならないが、貴判決に別紙として添付された「復元された原判決」のうち木村と平館について、「泊会議」は完全に消失しているのである(そこで、本補充書にも、木村と平館の「復元された原判決」を添付する。なお、小林、由田、高木は、細川論文の掲載とは無関係なので、省略する)。

すなわち、木村について、犯罪事実として、昭和14年10月頃から昭和16年3月初旬頃までの間の「細川グループ」としての活動(同第一)、昭和16年12月初旬から昭和17年6月中頃までの間の「満鉄グループ」との結合強化のための活動(同第二)が掲げられながら、昭和17年7月5日の「泊会議」は消失し、昭和17年7月10日頃の満鉄東京支社地下食堂における協議で細川論文の掲載が決定され、その決定に基づき細川論文が掲載されたこと

（同第三）が掲げられている（同第四があるが、無関係なので省略する）。

また、平館についても、犯罪事実として、昭和15年9月頃から昭和17年3月頃までの間の「満鉄グループ」としての活動（同第一）、昭和16年6月初旬頃から昭和17年6月中頃までの間の「細川グループ」との結合強化のための活動（同第三）が掲げられながら、木村の場合と同様、昭和17年7月5日の「泊会議」は消失し、昭和17年7月10日頃の満鉄東京支社地下食堂における協議で細川論文の掲載が決定され、その決定に基づき細川論文が掲載されたこと（同第四）が掲げられている（同第二、第五ないし第八があるが、無関係なので省略する）。

さらに、第3次請求の被告人にはなっていないが、西沢も、木村、平館、小野らと同様に、昭和20年9月15日に判決を受け、西沢に対する判決は残されているところ、同人に対する判決でも、昭和15年9月頃から昭和17年3月頃までの間の「満鉄グループ」としての活動（同第一）、昭和16年6月初旬頃から昭和17年6月中頃までの間の「細川グループ」との結合強化のための活動（同第三）が掲げられながら、木村、平館の場合と同様、昭和17年7月5日の「泊会議」は消失し、昭和17年7月10日頃の満鉄東京支社地下食堂における協議で細川論文の掲載が決定され、その決定に基づき細川論文が掲載されたこと（同第四）が掲げられている（甲13号証〔横浜事件資料集〕74頁〜77頁。同第二、第五ないし第八があるが、無関係なので省略する）。

5　ところで、第3次請求の再審公判で問題になったのは、原判決が認定した犯罪事実ではなく、言うまでもなく、公訴事実である。

そして、貴判決は、この点について、上記のとおり、「結局は以上のような目的遂行行為を処罰の対象として検察官が公訴を提起したものと推認される。このように検察官が公訴の対象とした被告人らに対する公訴事実の内容は、同人らに対する原判決に記載された犯罪事実に沿うものと認められるのが相当である」（貴判決8頁）と判示された。

しかし、「泊会議」の関係者について、予審請求したのは検察官であるが、予審終結決定により審判の対象となる公訴事実を確定して公判に付したのは、検察官ではなく、予審判事（石川勲蔵）である。

つまり、貴判決は、上記判示において、明らかに事実を誤認しておられるが、「泊会議」の関係者について、予審終結決定と判決の経過をみると、以下のような事実があることが分かる。

それが、横浜事件の全体像を記述した貴判決の判示に関する「補足すべき重要な点」である。

1　昭和19年12月29日、細川と相川に対する予審終結決定が下された（裁判官石川勳藏。甲13号証〔横浜事件資料集〕38頁）。同決定には「泊会議」が犯罪事実として掲げられていた（犯罪事実の（三）。同39頁）。

2　昭和20年7月20日、小野に対する予審終結決定が下され（裁判官石川勳藏。甲13号証〔横浜事件資料集〕49頁）。同決定にも「泊会議」が犯罪事実として掲げられていた（犯罪事実の第一。同49頁）。

3　昭和20年8月22日、西尾に対する予審終結決定が下された（裁判官石川勳藏。甲13号証〔横浜事件資料集〕44頁）。同決定にも「泊会議」が犯罪事実として掲げられていた（犯罪事実の第五。同46頁。なお、西尾は、後記のとおり、その前の昭和20年7月27日に死亡していたから、予審終結決定の主文は「公訴棄却」である〔同44頁〕）。

4　昭和20年8月27日、木村に対する予審終結決定が下された（裁判官石川勳藏。甲13号証〔横浜事件資料集〕128頁）。同決定には「泊会議」が犯罪事実として掲げられていなかった（同134〜135頁参照）。

5　昭和20年9月15日、細川を除く、「泊会議」の参加者5名、すなわち、木村、平館、小野、相川、西沢、加藤に対し、懲役2年執行猶予3年の有罪判決が下された。このうち、判決が存在するのは、小野と西沢であり、そのうちの1つが本件原判決（裁判長八並達雄、裁判官若尾元、同影山勇。甲13号証〔横浜事件資料集〕51頁）であるが、そこには「泊会議」が犯罪事実として掲げられていなかった（同52頁）（西沢判決の場合も同様であることは、既にみた〔同76頁〕）。なお、木村及び平館に対する「復元された原判決」によれば、合議体の構成は、同じく裁判長八並達雄、裁判官若尾元、同影山勇である（西沢判決も同様である〔甲13号証〔横浜事件資料集〕77頁〕）。（なお、残る「泊会議」の参加者で、本件集合写真の撮影者である西尾は、保釈直後の昭和20年7月27日に死亡し〔甲13号証〔横浜事件資料集〕77頁〕、上記のとおり、同年8月22日に予審終結決定により公訴棄却となり、判決は受けていない。）

6　つまり、昭和20年8月22日から8月27日の間に、「泊会議」が消失したのであり、このことは、同じ石川勳藏による小野の予審終結決定（8月22日付け）と木村の予審終結決定（8月27日付け）とを対比すれば、一目瞭然である。

そして、小野の予審終結決定では、細川論文の掲載は（昭和17年7月5日の）「泊会議」での決定に基づくものとされたが、木村の予審終結決定では、細川論文の掲載は、（「泊会議」が消失したため、）（昭和17年7月10日頃の）満鉄東京支社地下食堂における協議に基づくものとされた。

説明できない矛盾は、小野の予審終結決定と判決の食い違いである。すなわち、小野の予審終結決定には、「泊会議」が掲げられており、これを裏付ける小野及び相川の自白も存在し、小野は「公判廷でも罪となるべき事実を認め」たと考えられるにも拘わらず（括弧内は貴判決6頁の判示である）、小野に対する判決では「泊会議」が消失し、いきなり細川論文の掲載が目的遂行行為に当たるとされた。

小野の判決で、何故「泊会議」が消失したのか、その理由は明らかではない。

しかし、8月22日と27日の間に、予審判事（石川勲蔵）が小野を除く「泊会議」の関係者に、「泊会議」の消失を持ちかけ、その結果、木村の予審終結決定が生まれたと考えてまず間違いない。貴判決の「被告人らは、予審判事らの示唆に応じ、寛大なる処分を得ることを期待して予審判事に対し、犯罪事実をほぼ認め、同様の自白をして予審終結決定を得て」（貴判決6頁）という判示は、このことを意味している。

しかし、それだけでは、（石川予審判事ではない）八並裁判長による小野の判決で、何故「泊会議」が消失したのか説明することはできない。ただ推認することはできる。何故なら、同じ「泊会議」の参加者である相川、小野と木村の予審終結決定で、「泊会議」が重要な意味を与えられていたり（小野の場合）、そうでなかったり（木村の場合）していたから（なお、相川、小野、西尾、木村以外の被告人に対する予審終結決定の内容は明らかではないが、相川、小野、西尾と同様、「泊会議」を公訴事実と確定された者があった可能性がある）、八並裁判長は、この明らかな矛盾を前に、石川予審判事から理由を聞くなどして、「泊会議」の虚構に気付き、そこで、小野（そして、相川）に対する判決で「泊会議」を犯罪事実として認定しなかった、ということである。

訴因制度を採用せず、職権主義が支配した旧刑訴法の手続では、たとえ、予審終結決定で「泊会議」が記載されていなかったとしても、それが重要な犯罪事実であれば、裁判所は、「泊会議」を犯罪事実として認定し、木村に対しても、小野の予審終結決定と同様の事実によって有罪判決を下さなくてはならなかった。

しかし、裁判所は、そうしなかった。

つまり、小野の予審終結決定に掲げられていた「泊会議」がその判決で犯罪事実として認定されなかったことになるが、これは「泊会議」の虚構を裁判所も積極的に認めたことを意味するのであって、小野の判決は、主文でその旨判示されていないが、「泊会議」について小野が無罪であることを判決したものと言うべきなのである。

ところが、裁判所は、治安維持法の目的遂行罪の構成要件に照らせば、「泊会議」と「細川論文の掲載」は不可分一体であるのに、「細川論文の掲載」のみを犯罪事実に該当すると認定した。

つまり、判決の事実認定それ自体が明らかに不合理・不自然で、治安維持法の目的遂行罪に該当しないことを露呈したに等しいものなのである。

7　横浜事件の全体像についての貴判決の判示では重要な位置を与えられていた「泊会議」（及び「本件集合写真」）が、第3次請求の被告人のうち木村と平館に対する「復元された原判決」では完全に消失してしまったことについて、貴判決は、何ひとつ説明しておられないが（＊）、上記のように考えることによってはじめて合理的に説明できる。

＊なお、貴判決の「ただし、横浜地方裁判所の昭和20年度刑事第一審公判始末書には一部免訴との記載もある」（同3頁）との不可解な判示は、細川に対する免訴判決は、公訴事実のうち「泊会議」を除くものについて下され（「泊会議」は、小野の場合と同様に、秘かに「抹消」され）たのではないかとの推測も可能である。

そして、このことは、「泊会議」の虚構を白日の下に晒して余りあるものであり、これこそが横浜事件の真実なのである。

横浜事件の発端を作ったのは軍部であり、拷問を用いてフレームアップしようとしたのは特高である。しかし、「泊会議」の虚構に気付きながら、「泊会議」の参加者に無罪の判決を下さなかったばかりか、執行猶予付きの有罪判決を下す（さらには、訴訟記録を焼却する）ことによって事件を闇に葬ろうとしたのは、（思想検事と）思想判事なのである。

第3次請求が特高の行った非道に光を当てようとしたものであるとするなら、第4次請求は、陰湿で巧妙なかたちで横浜事件のフレームアップに加担した司法官僚の非道に迫ろうとするものである。

そして、「横浜事件の真実」という言葉にふさわしいのが後者であることは言うまでもない。

貴判決が免訴という結論を擁護して説かれたように、再審請求開始決定で、無実の罪に問われ・無念のまま死んでいった小野の名誉の回復を図ることができると言われるのなら、小野が拷問に屈服して虚偽の自白をしたのか否かではなく、小野を裁いた裁判そのものに誤りはなかったのかが明らかにされなければならない。

また、それによって既に免訴の判決を下された細川、さらには横浜事件に連座した全ての者の名誉の回復が図られるのである。

第4次請求の課題は、貴判決によって、いまや明らかになった。

貴判決の不十分な点を克服するためにも、第4次再審請求の二つの再審請求理由（「泊会議」の虚構と細川論文の共産主義的啓蒙論文非該当性）に真正面から取り組まれ、既に請求している4名の証人（橋本進、今井清一、荒井信一、波多野澄雄）の尋問を公開の法廷で行われたいと考える。
第4次請求の弁護人である私どもは、それが横浜事件の真実を解明する崇高な使命を帯びた貴裁判所の任務であると信じて疑わない。

以上

※

平成14年（た）第1号再審請求事件

請求人　小野　新一
請求人　齋藤　信子

再審請求補充書（4）

平成19年11月5日

横浜地方裁判所第2刑事部　御中

請求人ら弁護人

弁護士　大川　隆司
同　佐藤　博史
同　笹森　学
同　横山　裕之
同　木村　文幸

弁護人らは、上記事件の再審請求理由について、以下のとおり、補充する。

第1　はじめに

弁護人らは、第4次再審請求と呼ばれる本件再審請求で、再審請求の理由としては、平成14年3月15日付再審請求書記載のとおり、

①「泊会議」は虚構である、

②細川論文は共産主義的啓蒙論文ではない、

ということのみを掲げ、「拷問による自白」は主張してこなかった。

「拷問による自白」が横浜事件を特徴づけるものであるが、横浜事件の真実とは、「泊会議」という虚構に基づいて、細川論文が共産党再建のための共産主義的啓蒙論文とされたことである。したがって、横浜事件の真実を明らかにする再審請求とは、自白しなかった細川の無実をも明らかにするものでなくてはならず、「拷問による自白」のみに光を当てることは、かえって横浜事件の真実を隠すことになると考えたためである（平成19年6月7日付上申書参照）。

ところが、大島隆明裁判長は、平成19年7月2日の三者協議の場で、裁判所は、主張された再審請求理由の全部について判断し、「拷問による自白」だけを判断の対象とするようなことはしない旨明言された。

そこで、弁護人は、新たに「拷問による自白」を再審請求の理由として主張する。

なお、証拠については、横浜事件第1次再審請求（横浜地裁昭和61年（た）第2号再審請求事件。以下、第1次請求）の証拠を援用する。

第2　拷問による自白

1　確定判決と自白の関係

確定判決は、有罪認定の「証拠」として、

「一、被告人ノ当公判廷ニ於ケル供述
一、被告人ニ対スル豫審第四回被告人訊問調書ノ記載
一、本件記録編綴ノ相川博ニ対スル豫審第四回被告人訊問調書謄本ノ記載
一、被告人ニ対スル司法警察官第十六回訊問調書ノ記添《ママ》（引用者注・「記載」の誤記と思われる）」

の4つを掲げている。

つまり、確定判決の有罪認定を支える証拠は、小野と相川の自白だけである。

したがって、小野や相川が拷問によって自白したとすれば、その自白は証拠能力がないか、少なくとも、その信用性は否定されなくてはならず、小野や相川の自白が拷問によるものだった場合は、そのこと故にも再審が開始されなくてはならないことになる。

2　拷問による自白

ところで、小野の口述書（第1次請求審甲第五号証二―9）および相川の口述書（第1次請求審甲第五号証二―8）は、横浜事件関係の元被告人が特高警察による拷問を受けたことについて特別公務員暴行傷害事件として告訴した際に作成した口述書の一つであるが、小野、相川の口述書によれば、①小野、相川は、いずれも、平畑警部補、森川清造警部補、杉田巡査部長、松下英太郎警部らによって拷問を受け、その結果、特高の言うなりになって不本意にも自白してしまったこと、②検事に対しても警察署内で取調べられたため否認できなかったこと（小野）、あるいは検事にも強迫されたこと（相川）、しかし、③最終的には否認に転じたものの起訴されてしまったことが明らかである。

そして、上記警察官のうち、松下警部と森川警部補は、特別公務員暴行傷害罪によって有罪確定判決を受けた者であり（横浜地判昭和24年2月25日、東京高判昭和26年3月28日、最判昭和27年4月24日）、これらの者を含む特高警察による拷問の事実は明らかである。

なお、上記拷問事件判決は、益田直彦に対する拷問につき特別公務員暴行傷害罪の成立を認めたものであって、小野、相川に対する拷問の事実を認めたものではない。

しかし、上記拷問事件判決の被告人三人のうち二人は小野、相川の場合と同じであること、同判決は、「益田直彦に対し或は頭髪を掴んで股間に引き入れ或は正座させた上手拳、竹刀のこわれたもの等で頭部、顔面、両腕、両大腿部等を乱打し又は之により腫れ上った両大腿部を靴下穿きの足で踏んだり揉んだりする等の暴行凌虐の行為を為し…」と判示し（前掲東京高判昭和26年3月28日）、これらの行為は、小野の口述書に記された森川らの暴行（「私の髪を握って、ぐいぐいひっぱり、額を床に打ちつけ、靴で腰を蹴るのです」〔第1次請求審甲第五号証二9・53頁〕、「最初竹刀で、やたらになぐっていましたが、その中、竹刀をバラバラにほぐして、巡査と二人で無茶苦茶に打ち、更に靴で蹴り…」〔同51頁〕など）、相川の口述書に記された森川らの暴行（「…竹刀で、頭、背中、顔、手足を約三十分間に亘って擲りつけ…両腿を靴のカカトで踏んだ」〔第1次請求審甲第五号証二8・37〜38頁〕、「私の手、足、頭、顔を竹刀の竹で打たせ、次いで私の髪を掴へて引き倒し、打つける、ふむの暴行を加え、私を遂に氣絶せしめた。」〔同41頁〕など）と酷似していることからも、小野および相川の口述書記載のとおり、小野および相川に対しても、森川・松下らによって拷問が行われたものと充分に推認することができる（第3次請求に関する東京高決平成17年3月10日判タ1179号146頁〔＊〕参照）。
＊東京高決平成17年3月10日「すなわち、いわゆる横浜事件関係被告人益田直彦に関する司法警察官3名の上記有罪確定判決が、直ちに〔請求人ら〕につき旧刑訴法485条7号のそれに該当するといえないとしても、その確定判決の存在により、〔請求人ら〕及び他のいわゆる横浜事件関係被告人が上記告訴をするに当たって提出した、告訴状の付属書類である各口述書写し……等の信用性を否定することが極めて困難になったといわなければならない。益田直彦に関しては、上記有罪確定判決において、同人作成の口述書写し〔証拠略〕において述べられているところとほぼ同様の拷問の事実が認定されているところである。また、多数の告訴事実から益田直彦に対する拷問の事実のみが起訴されたのは、同人の口述書写しにあるように、口述書作成当時も両股に傷跡が残っているなどの立証方法があったからであることがうかがわれるから、益田直彦に対する拷問が、いわゆる横浜事件の司法警察官による取調べの中で例外的出来事であったとみるべきものではない。」
そして、小野の口述書（第1次請求甲第五号証二9）

によれば、拷問の結果、事実に反する自白をしてしまったことのほか、自ら述べていないことまでが調書に記載されたこともうかがえるのであって（「而も、調べるのではなくまったく拷問に終始しているのに、何一つ言いもしない事が、私が白状したことになって聴取書と言うのに書いてあるのですから驚きます」〔同54頁〕）、いずれにしても、確定判決が掲げた小野及び相川の「自白」の証拠能力および信用性は、これを否定しなくてはならない。

第3　結　語

以上のとおりであって、確定判決を支える唯一の証拠とも言うべき小野と相川の自白は、①泊会議の虚構、②細川論文の共産主義的啓蒙論文非該当性に照らして客観的に事実に反するものであるが、③拷問によって得られたものである、という意味でも、その証拠能力および証明力が否定されなくてはならないから、小野、相川の口述書は、上記拷問事件判決と一体となって上記③の事実を明らかにし、確定判決につき無罪を言い渡すべき明確な証拠なのである。

以上

＊

平成14年（た）第1号再審請求事件
請求人　小野　新一
請求人　齋藤　信子

申 立 書

平成20年1月31日

横浜地方裁判所第2刑事部　御中

弁護人らは、上記事件の再審請求理由について、下記のとおり、上申する。

請求人ら主任弁護人
弁護士　佐藤　博史

記

第1　申立の趣旨

本件につき、審理を打ち切り、決定を下される場合には、決定の送達手続につき協議するため、三者協議を開催されたい。

なお、弁護人は、以下のような決定送達手続を希望する。

1　裁判所は、決定書送達日を遅くとも3週間前に主任弁護人に告知する。

2　弁護人に対する送達は貴庁刑事書記官室で交付する方法によって行う。

3　弁護人に対する謄本は、10部交付する。

第2　申立の理由

1　貴裁判所は、平成19年7月2日の三者協議で、検察官および弁護人に対し、主張の補充等があればするように述べられ、その書面の提出期限を同年11月末と定められた。そこで、弁護人は、平成19年11月5日付「再審請求補充書（5）」を提出した。しかし、検察官は、裁判所から、「大赦による再審請求権喪失」の主張について、強く撤回を示唆され、検討する旨約していたのに、提出期限を過ぎても書面を提出せず、12月末に至って、書面は提出せず、主張はそのまま維持する旨口頭で回答があった旨の連絡が裁判所書記官を通じて弁護人になされた。

2　こうして、本件再審請求は、最終段階に至っているともいえるが（なお、弁護人は、是非とも、公開の法廷で弁護人請求の証人のうち少なくとも1人の証人尋問は実施されるよう強く希望する。本件は、社会的関心の強い事件であるばかりか、本件における真実発見のためにも、証人尋問の実施は、なお有意義であると考えられるからである）、再審請求審について、現行刑事訴訟法は、明確な規定を置いていない。

しかし、裁判所の合理的な裁量によって通常審に準じて再審請求審に臨むというのが再審実務の取扱いである。

そこで、貴裁判所が弁護人請求の証人調べを行わないまま決定を下されるのならば、少なくとも決定の送達手続については協議されるよう希望する。

この点に関する弁護人の希望は、上記のとおりであるが、その趣旨は、以下のとおりである。

すなわち、再審請求審における決定に対する異議申し立ては3日以内に即時抗告によって行なわなくてはならないが、これは、再審請求審が三審を経て確定した全記録を対象とする極めて重い手続であるにもかかわらず、通常の上訴手続と比較してもあまりに短期間であり、異議申立人にとって過酷な制度となっている。

そこで、3日間の即時抗告期間の不合理さをできるだけ軽減するために、①決定書送達日を事前に告知して、即時抗告理由書作成のための時間確保を保障し、かつ、②土日祝日を含む抗告期間になるように決定告知日を決めることによって実質的に5日以上の期間を確保する必要がある。

現在では、全国のどの裁判所においても、同様に配慮をされており、最近の例では、榎井村事件の高松高裁（事前告知）、福岡覚せい剤事件の福岡地裁・高裁（事前告知)、晴山事件の再審請求審の札幌高裁(2週間前の事前告知かつ実質5日間)、同異議申立審の札幌高裁(3週間前の事前告知)、袴田事件の即時抗告審の東京高裁(2週間前の事前告知、実質5日間)、大崎事件の再審請求審の鹿児島地裁(事前告知)、同即時抗告審の福岡高裁宮崎支部(事前告知、実質5日間)、布川事件の再審請求審の水戸地裁土浦支部(2週間前の事前告知かつ実質5日間)、第7次の再審開始決定を除く第7次までの名張事件の名古屋高裁(事前告知)、日野町事件の津地裁(事前告知、実質5日間)、足利事件の宇都宮地裁(2週間前の事前告知、実質5日間)などの例がある。

　よって、申立の趣旨記載の事項を議題とする三者協議の開催を求める次第である。

以上

※

平成14年(た)第1号再審請求事件
請求人　小野　新一
請求人　齋藤　信子

上申書

平成20年3月18日

横浜地方裁判所第2刑事部　御中

弁護人らは、上記事件について、貴裁判所に対し、下記のとおり、上申する。

請求人ら主任弁護人
弁護士　佐藤　博史

記

1　最高裁判所第二小法廷(裁判長裁判官今井功、裁判官津野修、裁判官中川了滋、裁判官古田佑紀)は、平成20年3月14日、横浜事件第3次請求について、刑の廃止と大赦を理由に免訴とした横浜地裁平成18年2月9日付判決およびこれに対する控訴を不適法とした東京高裁平成19年1月19日付判決を是認して、弁護人の上告を棄却する判決を言い渡した(同判決を本書面に添付する)。

　これによって、横浜事件第4次再審についても、再審が開始されたとしても、無罪判決ではなく、免訴判決が下されることが確実になった。

2　ところで、マスコミ各紙は、上記最高裁判決について、法律論に終始したもので、裁判所が過去の過ちについてこれを正す機会を生かさなかったものとして、一致して批判的である。
裁判官出身の今井裁判官と検察官出身の古田裁判官が補足意見で、刑事補償法の規定に敢えて言及して、免訴判決でも刑事補償が受けられ名誉回復の道があることを示唆されたことも、残念ながら、必ずしも高くは評価されなかった。
そこで、本書面にマスコミ各紙の記事を添付する。

3　しかし、そうであれば、なおさらのこと、貴裁判所によってやがて下される再審開始決定は、横浜事件とは、特高によってデッチ上げられた「泊会議」という虚構に基づく「犯罪」であり、特高の拷問による虚偽自白以前の問題であることを明確に認定し、虚偽自白をしなかった細川嘉六の無実をも明らかにするものであるように、と願わずにはおられない。
どうか、貴裁判所におかれては、貴裁判所による再審開始決定が、横浜事件の真実に迫ることのできる最後の機会であることを自覚され、歴史の批判に耐え得る決定を下されたいと切に希望する。

以上

※

平成14年（た）第1号　再審請求事件

決　定

住居　東京都八王子市――――
請求人（亡小野康人の二男）小野　新一
住居　東京都渋谷区――――
請求人（亡小野康人の長女）齋藤　信子
上記請求人らの弁護人　別紙記載のとおり

亡小野康人に対する治安維持法違反被告事件について、昭和20年9月15日当裁判所が言い渡した有罪の確定判決に対し、再審の請求があったので、当裁判所は、検察官及び請求人らの意見を聴き、次のとおり決定する。

主　文

本件について再審を開始する。

理　由

1　請求の趣旨及び理由

本件再審請求の趣旨及び理由は、弁護人ら提出の再審請求書及び再審請求補充書（1）ないし（5）並びに弁護人ら及び請求人ら作成の各意見書に記載されたとおりである。

論旨は、要するに、亡小野康人（以下、「小野」という。）は昭和20年9月15日横浜地方裁判所において治安維持法違反被告事件について有罪の判決を受け、同判決は確定したが、確定判決の認定した事実は、①細川嘉六（以下、「細川」という。）が雑誌「改造」昭和17年8月号及び9月号に連続掲載・発表した論文「世界史の動向と日本」（以下、「細川論文」と略すことがある。）が共産主義的啓蒙論文であることを知りながら、これを支持して校正等に尽力し、予定どおり掲載発表させて一般大衆の閲読に供し、共産主義的啓蒙に努め、②細川がその論文等により治安維持法違反の嫌疑で検挙されると金20円を細川の家族の救援のため西尾忠四郎に依託し、もってコミンテルン及び日本共産党の目的遂行のためにする行為をしたというものであるところ、以下のとおりの再審事由があると主張するのである。

（1）その予審終結決定では、上記のほか、被告人が、細川と相謀り、昭和17年7月5日細川の郷里である富山県下新川郡泊町で、細川が相川博（以下、「相川」という。）、木村亨、その他満州鉄道関係者らを集めて行った会合（以下、通常は「泊の会合」というが、その際に何らかの会議が開かれたことを示す際には「泊会議」ともいう。）において、日本共産党の復興再建等を目的として党再建準備会というグループを結成し、グループの活動拠点として民族問題研究所を設置し運動を展開することを審議決定した旨の事実をも犯罪事実として掲げていたが、その事実は判決では認定されていないことから、確定審では、その事実を支える小野及び相川の各供述は信用できないと判断したことになる。

そうであれば、泊の会合を日本共産党再建のための会議であると認定できて初めて判決の各犯罪事実がコミンテルン及び日本共産党再建の目的遂行のためにする行為であると認めることができるところ、確定判決は、証拠の標目として小野及び相川の各供述しか掲げていないのであるから、確定判決の事実認定が空疎なものであったことが明らかになっており、この予審終結決定は、新証拠足り得る。

また、新たに提出した泊の会合でのスナップ写真9枚（甲17の1ないし9）も、それが、細川が編集者らを郷里に招いて慰労した宴会にすぎないことを示しており、小野及び相川の各供述の虚偽性を示す新証拠に該当し、これに細川の予審訊問調書等を総合すれば、泊の会合が党再建準備会でなかったことは明らかである。

（2）細川論文は共産主義的論文でなかったことが、同論文を分析検討した今井清一作成（甲19）、荒井信一作成（甲20）の各鑑定書等の新証拠により認められ、犯罪事実の大前提が崩れている。

（3）確定判決の挙示する証拠は小野及び相川の各供述のみである。小野や相川が拷問によって自白したとすれば、その自白は証拠能力がないか、少なくとも、その信用性は否定されなくてはならない。そうであるとすれば、そのこと故にも再審が開始されなければならない。

ところで、横浜事件関係者が特高警察による拷問を特別公務員暴行傷害事件として告訴した際に提出した小野、相川の口述書（第1回請求審甲5二の8、9）によれば、小野、相川らは平畑警部補、森川清造警部補、杉田巡査部長及び松下英太郎警部らによって拷問を受け、その結果、特高の言うなりになって自白をし、検事に対しても警察署内で取調べを受けたため否認できず（小野）、あるいは検事にも強迫され（相川）、最終的には否認したが起訴されたという事実が明らかである。

上記警察官のうち松下警部と森川警部補は特別公務員暴行傷害罪により有罪の確定判決を受けており、その確定判決は、起訴の対象となった益田直彦に対する拷問について罪の成立を認めたものであるが、二人の警察官は小野、相川の取調べも担当しており、判決で認定された拷問の態様も小野、相川の口述書に記載された拷問の内容と酷似していることから、その判決から小野、相川に対しても森川、松下らによって同様の拷問が加えられたものと十分に推認できる。そして、上記小野の口述書によれば、小野は、拷問の結果、事実に反する自白をしたほか、自ら述べていないことまで調書に記載されていたこともうかがわれるので、確定判決が掲げた小野及び相川の自白の証拠能力及び信用性は否定されるべきである。

以上のとおり、小野に対して無罪を言い渡すべき明確な証拠を新たに発見したから、旧刑事訴訟法485条6号により再審開始決定を求める、というものである。

2　当裁判所の判断

（1）請求人らの再審請求権について

ところで、小野に対する本件確定判決については、昭和20年10月17日、昭和20年勅令第579号による大赦令が公布・施行され、同大赦令1条1項20号及び当時施行されていた恩赦令3条1号により、刑の言渡しがその効力を失っているところ、検察官は、既に大赦令による法律上の救済を受けている本件については、再審請求権が消滅していると主張している。

しかしながら、大赦により赦免されたとしても、再審を請求することが許されると解するのが相当である。すなわち、再審開始決定後の審理において、実体審理をせずに直ちに免訴の判決をすべきであるとしても、有罪の言渡しに基づく既成の効果は大赦によっても変更されるものではなく、名誉回復や刑事補償等との関連では、なお再審を行う実益があるというべきである。

再審の目的の一つが有罪の確定判決を受けた者の名誉回復、すなわち汚名を晴らすという点にあることは、有罪の確定判決の法的効力が何らかの形で刑の言い渡しを受けた者に及んでいることが再審請求の要件ではないこと、元被告人が死亡した場合には配偶者や直系親族等が再審の請求をできることとされていること（旧刑事訴訟法492条1項4号）、再審の結果、無罪判決がされた場合には官報等に公示することとされていること（同法515条）などから明らかである。

また、治安維持法は、昭和20年10月15日に「治安維持法廃止等ノ件」と題する昭和20年勅令第575号の公布・施行により同日廃止され、かつ、前記のとおり、大赦がされていることから、小野につき再審を開始しても、旧刑事訴訟法363条2号（刑の廃止）及び同条3号（大赦）により免訴判決をするほかないが（最高裁判所平成20年3月14日判決最高裁判所判例集62巻3号185頁）、この場合にも法律上刑事補償を受け得る地位にあることも認められる。すなわち、本件当時施行されていた旧刑事補償法では、補償請求ができるのは無罪判決と予審における免訴決定を受けた場合に限られ、再審公判で免訴判決を受けた場合は含まれていないが、現行刑事補償法25条1項は、「刑事訴訟法の規定による免訴又は公訴棄却の裁判を受けた者は、もし免訴又は公訴棄却の裁判をすべき事由がなかったならば無罪の裁判を受けるべきものと認められる充分な事由があるときは、国に対して、抑留若しくは拘禁による補償又は刑の執行若しくは拘置による補償を請求することができる。」と規定しており、同法附則9項により、同法施行後に再審で免訴の判決を受けた場合にも上記規定の適用があるものと解することができ（当裁判所がそのように解する根拠については、上記最高裁判決における古田補足意見に詳述されているとおりである。）、結局、本件についても、小野の相続人である請求人らは、再審公判の判決により刑事補償を受け得る可能性がある地位にあるものと認められる（この点に関しては、東京高裁平成17年3月10日決定（高等裁判所判例集58巻1号6頁）が、他の横浜事件関係者らについての再審開始決定に対する即時抗告申立事件において、当裁判所と同旨の判断を示している。）。

したがって、検察官の上記主張は採用することができない。

（2）そこで、再審事由の有無について検討すると、まず、関係各証拠によれば、次の事実が認められる。

ア　小野は、昭和20年7月20日横浜地方裁判所の予審終結決定により同裁判所の公判に付され、同年9月15日同裁判所において治安維持法違反の罪により懲役2年、執行猶予3年の有罪判決を受け、同判決は上訴されることなくそのころ確定した（以下、これを「本件確定判決」ともいう。）。

イ　本件確定判決が認定した犯罪事実の要旨は、「小野は、雑誌『改造』の編集部員であったが、コミンテルンが世界プロレタリアートの独裁による世界共産主義社会の実現を標榜し、世界革命の一環として我が国においては革命手段により国体を変革し、私有財産制度を否認して共産主義社会を実現することを目的とする結社であり、日本共産党がその日本支部として目的を実行しようとする結社であることを知悉しながら、これらを支持し、一般共産主義意識の啓蒙昂揚を図るとともに、左翼分子を糾合して左翼組織の拡大を図るなど、前記両結社の目的達成に寄与することを企図し、

第1　昭和17年7月中旬ころ開催された『改造』の編集会議において、相川が、唯物史観の立場から社会の発展を説き、社会主義の実現が現在社会制度の諸矛盾を解決し得る唯一の道であって、同史観の示す世界史の動向を把握してその方向に向かって国策を樹立遂行すべきこと等を暗示した共産主義的啓蒙論文である細川論文を『改造』の同年8月号及び9月号に掲載発表することを提唱すると、同論文が共産主義的啓蒙論文であることを知悉しながらこれを支持し、他の編集部員と共に8月号の校正等に尽力して同論文を予定どおりに掲載発表し一般大衆の閲読に供して共産主義的啓蒙に努め（以下、この事実を「細川論文の掲載」という。）、

第2　細川が細川論文等により同年9月14日治安維持法違反の嫌疑で検挙されるや、同年10月20日ころ、西尾忠四郎からの細川家族の救援のための出捐要請を快諾し、同月25日ころ、金20円を西尾に託して細川の家族の救援に努める（以下、この事実を「細川家族の救援」という。）などの活動を行い、もってコミンテルン及び日本共産党の目的遂行のためにする行為をした」

というものであり、同裁判所は前記行為は当時の治安維持法1条後段、10条に該当する（国体を変革すること及び私有財産制度を否認することを目的とする結社の目的遂行のためにする行為に該当する）と判断し、有罪の判決をした。そして、本件確定判決の証拠欄には、「被告人ノ当公判ニ於ケル供述」「被告人ニ対スル豫審第四回訊問調書ノ記載」「相川博ニ対スル豫審第四回被告人訊問調書謄本ノ記載」「被告人ニ対スル司法警察官第十六回訊問調書ノ記添（記載の誤りと思われる）」が挙げ

られている。

ウ　一方、予審終結決定は、本件確定判決の認定した細川論文の掲載の事実の前に、第1として、「小野は、共産主義者である細川を中心とする細川グループの一員であったが、昭和17年7月5日細川の招きに応じて同人及び同グループの構成員である相川、木村亨、加藤政治、当時南満州鉄道株式会社の社員であった平館利雄、西尾、西澤富夫ら共産主義者と共に細川の郷里である富山県下新川郡泊町にある旅館及び料亭において会合し、平館が衰微弱体化している日本共産党を急速に復興再建するため秘密グループ『党再建準備会』を結成し、同グループを拡大強化して日本共産党の中心勢力となることを提唱したのに対し、細川を始め被告人ら一同これに賛同して同グループの結成を決定し、次いでその戦略戦術を決定した」旨認定し、第2として、「上記決定に基づき、同グループの拡大強化に努め、特に（1）細川論文の掲載（2）細川家族の救援などの活動を行い、コミンテルン及び日本共産党の目的遂行のためにする行為をした」旨認定している。

(3)　次に、本件確定判決に至る経緯及び同判決後の状況として、以下の事実が認められる。

ア　昭和17年7月5日から6日にかけて、細川、小野、相川、木村、加藤、平館、西尾及び西澤は、細川の郷里である泊町にある旅館等において会合し、その際、上記旅館の中庭において西尾がほか7名の写真（甲16はその写し）を撮影した。

イ　「改造」昭和17年8月号及び9月号に細川論文が掲載されると、同年9月7日ころ、陸軍報道部の平櫛孝少佐（以下、「平櫛」という。）は、雑誌編集者らに対し、細川論文は戦時下巧妙なる共産主義の煽動であり、このことを陸軍報道部長谷萩那華雄大佐に報告したなどと発言し、同大佐は、「日本読書新聞」（同月14日号）の「戦争と読書」と題する談話において、細川論文を戦時下巧妙なる共産主義の宣伝であり、これを見逃したのは検閲の手ぬかりであるなどと指摘した。

同月14日、細川は細川論文の執筆などを内容とする治安維持法違反の嫌疑により警視庁に検挙されて世田谷署に留置され、昭和18年9月11日、同法違反の罪により起訴されて東京刑事地方裁判所の予審判事の取調べを受けた。昭和19年夏ころ、細川は東京拘置所から横浜拘置所に移監となり、泊会議の有無等に関して横浜地方裁判所の予審判事の取調べを受けた。細川は、相川とともに同年12月29日の予審終結決定により同裁判所の公判に付されたが、戦後、治安維持法の廃止により免訴の言渡しを受けた。

ウ　一方、昭和17年9月11日、世界経済調査会の主事であった川田壽とその妻定子が治安維持法違反の嫌疑により神奈川県警察に検挙されたのがきっかけとなって、同会、昭和塾及び満鉄調査部などの研究者グループから、改造及び中央公論などの編集者グループに至るまで、終戦直前までの間に約60名の者が同法違反の嫌疑により検挙され、神奈川県警察の取調べを受けるなどし、一部の者は小野と同様に起訴されて有罪判決を受けた（これら一連の出来事は一般に「横浜事件」と呼ばれており、以下、便宜上この呼称を用いる。）。

昭和18年1月には世界経済調査会の高橋善雄が、同年5月11日には同会の益田直彦（なお、同人は、当初泊町において小野らとの会合に参加する予定だった。）、満鉄調査部の平館及び西澤が検挙され、その際、平館から前記写真が押収された。同月26日、前記写真を撮影した西尾並びに前記写真に写っていた7名のうち未検挙であった小野、相川、木村及び加藤が同法違反の嫌疑により一斉に検挙され、神奈川県警察の取調べを受けるなどした。昭和20年9月15日、小野、相川、木村、加藤、平館及び西澤は横浜地方裁判所においていずれも懲役2年、執行猶予3年の判決を受けた。西尾は、同年6月30日に保釈となった後、同年7月27日、判決前に病死した。なお、小野は、長期にわたる拘禁のため著しく健康を害したなどの理由で弁護人により保釈申請がなされた結果、同年7月17日、予審終結決定前に保釈された。

エ　細川、益田、小野、相川、木村、加藤、平館及び西澤を含む横浜事件の被検挙者のうち33名は、昭和22年4月、同人らを取り調べた元神奈川県警警部松下英太郎、同警部補柄沢六治及び同森川清造（告訴状では「森川利一」と表記されている。）を含む警察官多数を横浜地方裁判所検事局に対し、特別公務員暴行傷害罪により告訴した。

相川、小野は細川論文掲載時に改造の編集部に在籍していた者であるが、小野、相川及び益田の告訴事実及び告訴状の附属書類である同人ら作成の口述書の要旨はそれぞれ以下のとおりである。

（ア）小野の告訴事実及び同人作成の口述書の要旨

a　昭和18年5月26日に検挙されて寿署に連行され、松下、森川ほか3名の警察官の取調べを受けた。細川を中心とした非合法組織「細川グループ」を発展させ、同人の郷里である泊町の旅館で日本共産党の再建準備会を結成したという虚構の事実を理由として、2年6か月という長期間にわたり自由を奪われ、言語に絶する拷問を受けた。「改造」の編集者であった私は、決して共産主義を信奉していたのではなく、愛国の精神から細川方に出入りするようになり、同人の論文を掲載したもので、同人から共産主義を教えられたことはなかった。細川に招かれて泊町に行ったのも、交友を深める宴会のためだけだったにもかかわらず、それが党再建準備会となった。

b　検挙当日、警察官から「お前は共産主義者をいつ信奉したか」と問われ、「10年前から共産主義からは離れている」などと答えると、「泊会議はどうした。河童(細川)はどうした。証拠は十分あるんだ」などと言われて武道場に連れて行かれた。警察官2名は、約1時間にわたり、押し倒し、竹刀や竹刀片で乱打し、靴で蹴るなどの暴行を加え続けた上、私の手を取って無理矢理訊問調書に署名指印させた。私は、そのまま階下の留置場に入れられたが、上記暴行により身体各所に血腫脹を生じ約5日間苦しんだ(口述書では、内出血により約5週間ほど苦しんだとされている。)。

c　同年6月初旬、森川ほか1名の警察官は、既に拷問を受けていた私を再び留置場から連れ出し、私が気絶するまでの約1時間、森川が、コンクリートの床に引き据え、頭髪をつかんで引っ張り、頭を床に打ち付け、身体を蹴り、もう1名の警察官が、「お前らの一人や二人殺すのは朝飯前だ。小林多喜二がどうして死んだか知っているか」と絶叫しながら木刀で背中を乱打する暴行・脅迫を加えた。森川からはその後も数回にわたって同様の方法で言語に絶する拷問を受け、鉛筆を指の間に挟んでこじったり、三角の椅子の足に座らせて1時間ほどそのままにしたり、両足を縛って吊したりされた。取調べはなく拷問に終始しているのに、全く言っていないことが私が白状したこととして聴取書に書いてあった。

d　同年7月10日ころ、松下及び森川は、私を留置場から連れ出し、「殺す」と叫びながら、竹刀や椅子で殴り、靴で蹴り、頭髪を捉えて引き据えて額をコンクリートに打ち付けるなどの暴行・脅迫を加えて失神させた。私は、「殺してやる」という松下らの言葉が嘘ではなく、同人らは本当に実行すると痛感し、白状しろと言われて、やむを得ず、「改造の仕事がいけないのなら仕方ありません。貴方の言うように認めますから刑務所に送って下さい」と言うと、松下が煙草を1本くれた。その4、5日後に森川が来て、改造に掲載された論文を全て共産主義に結びつけて分析したものを私に承認させることが続き、同月16日にそれを仕上げて持ち帰った。

e　同年8月20日ころ、松下、森川ほか2名の警察官は、私を留置場から連れ出し、松下から、「お前、神奈川の特高をなめてるか。殺してやるからそう思え。出鱈目を言っているではないか」などと言われ、木刀で殴り、靴で蹴る暴行を受け、歩行不可能な状態となった。私は、不潔な留置所の生活を強いられて、この拷問に耐えるより、1日も早く彼らの言うことを認めて刑務所に行った方がいいとあきらめ、改造社に勤務中に共産主義運動をしたという創作の手記を書くことになった。

f　同月24日から25日ころの取調べの際、警察官2名から木刀と竹刀片で乱打されたため、同人らの言うなりになってやむなく虚構の手記を書いた。私より先に手記を書いていた相川の手記を参考にして、改造社における共産主義活動を内容とする手記を同年9月5日までに書き上げて検事局に提出した。さらに、平館と木村の手記や調書を見せられて、これらと全く同様の日本共産党の再建準備活動を内容とする手記を書かせられ、警察官がこれを調書にした。

g　昭和18年12月末から昭和19年1月初めにかけて、検事の取調べを受けたが、まだ警察にいるときだったので、全面的に否認したらどんな拷問を受けるかしれないという恐怖から、原則的に共産主義は肯定しつつ、共産党再建などは否認した。昭和19年4月6日に拘置所に移ってからは、別の検事の取調べを受け、このときは全面的に否認したが、起訴された。予審判事の取調べに対しては全面的に否認し、判事から「それではなぜ警察で認めたか」と詰問され、前記拷問の事実を挙げて、彼らが勝手に創った事件であることを強調したが、予審終結決定では私の陳述は無視されて検事の起訴状そのままの決定書となっていた。法廷では更にこれを反駁して否認したが、有罪判決を言い渡された。

（イ）　相川の告訴事実及び同人作成の口述書の要旨

a　昭和18年5月26日に検挙され、昭和19年4月10日までの間、鶴見警察署の取調室において、松下、森川ほか4名の警察官による取調べを受けた。

検挙当日の午後2時から4時まで、森川は、私を取調室に呼び出してコンクリートの土間に正座させ、2名の警察官に見張りをさせながら、「貴様は日本共産党再建運動をやったな。泊へ何をしに行った。言え。貴様は殺してしまうんだ。神奈川特高警察は警視庁とは違うんだ。貴様のようなやせこけたインテリは何人も殺しているのだ」と怒号し、約30分間にわたり、竹刀で頭、背中、顔、手足を乱打した。私が固く口を結んでいると、森川は、2名の警察官に合図して荒縄で私の両手を背中に縛り付け、3名は交互に平手や手けんで私の両頬、頸部、頭部を殴り、更に両腿を靴の踵で踏み付けるなどの暴行を加え、「日本共産党の再建運動に努力した」旨の書面に署名を求め、私が即座に「決してそんな馬鹿なことはない。私はそんな出鱈目なものは署名できない」と述べると、再び3名は私の頭髪を捕まえて引き倒し、打つ蹴るの暴行を続け、無理矢理署名させた。上記暴行により、顔面から出血し、身体各部に血腫脹を生じ、手足の運動が困難となった。同年8月13日ころにも同様の拷問を加えられた。

b　同年6月10日ころ、森川ほか7名の警察官は、取調室の周辺に居並び、私の両手を後ろ手に縛り、「泊で共産党再建の協議会を開いたろう」と言いながら、その承認を求めて、私の頭髪をつかんでコンクリート上を引き回し、約1時間にわたり、こもごも、頭、両頬、両肩、両腿、両腕等を竹刀片で乱打し、更に両頬を平手や手けんで乱打し、靴で蹴り、靴で顔や頭を踏み付けるなどの暴行を加え、血腫脹を生じさせた。私は一言も発することが不可能だった。私が失神しかけると頭髪をつかんで引きずり回し水を飲ませて口を開くことを迫り、「貴様がやったことは貴様が言わなくてももうみんな分かっているんだ。貴様は今度来たら吊し上げて叩き殺してやるんだ」と言い、紙に書いたものを読み聞かせ、改造編集部で日本共産党再建の相談をした、細川論文は共産主義論文であるなどという虚偽の内容の調書を作って引き上げた。

同年7月ころから同年12月までの間、森川ほか1名の警察官は、交互に、もう1名の警察官とともに、1週間に1度くらいの頻度で、取調べの都度友人の調書を持参し、上記のような拷問を加えた上、私に調書を承認させた。

c　同年8月10日ころの午後3時から4時まで、松下は森川ほか1名の警察官を同行し、特高課長の面前で改造編集部は全部共産主義者である旨を承認させるため、私の頭髪をつかんで引きずり回し、「貴様のようなしぶとい野郎は肋骨を叩き折って殺してしまう」と言いながら、顔、頭、胸を靴で踏んだり蹴ったりする暴行を加え、身体各所に血腫脹を生じさせた。

同月15日ころ、森川は、数名の警察官を同行し、私に対して同様の拷問を加え、妻からの葉書を隠すようにして遠くから見せて、突然「貴様の女房は自殺したぞ。心配するな、子供だけは立派に育ててやる。どこか知らせるところはないか。今病院にいるんだ。会いたいだろうが貴様は白状しないから会わすことはできない」と脅迫した。

d　同月20日ごろ、警察官数名は、約30分間にわたり、ステッキで私の頭、両大腿部等を強打する暴行を加え、「泊でやったことを言え」と言うので、「泊は宴会だ」と言うと、私の腿を気を失うまで殴り、言語に絶する拷問を加え、私に友人の調書を無理矢理承認させ、「今まで貴様が書いた調書は駄目だ。全部書き直せ」と命じた。

同じころ、警察官22名は、私を留置場から連れ出し、土間に正座させ、突然私の全身を竹で殴り、「貴様は共産主義者だ」などと言い、私が他人の調書の内容を即座に否認すると、再び同じような暴力を加えた。その後、「お前は何も言わないから殺されてしまうぞ」と威嚇し、私は、両腿の痛みと頭の傷のため1週間留置場で病臥した。

同年9月10日ころ、松下は、2名の警察官を同行し、私が認めた泊での友人との談話の内容は全部駄目だと言って書き直しを命じ、「貴様は本当の共産党員だ」と言い、最初に2人の警察官に私の手、足、頭、顔を竹刀片で乱打させ、次いで松下が私の髪をつかんで引き倒し、更に打つ、蹴る、踏むの暴行を加え、私を失神させた。

e　同月20日ころ、2名の警察官は、「貴様は殺してしまう。小林多喜二はどうして殺されたか知っているだろう」などと罵り、荒縄で私の両手を後ろ手に縛り、竹刀片で私の頭、顔、両腿を約30分にわたって強打し、更に靴の踵で両大腿部を数十回にわたり踏み付けてほとんど気絶させた挙句、私が細川の妻に渡した救援金の目的を個人的な見舞金であるなどとして否認すると、同じように言語に絶する拷問を加え、私が「嘘は書けない」などと言うと、私の手記を加筆修正して署名させたり、私の手記を修正してそのとおり紙に書かせた。

昭和19年3月10日ころから4月5日ころまでの間、数回にわたり、2名の警察官から、竹刀片で乱打され、棍棒、椅子、手けん等で頭、顔、体を殴られ、「調書を書かないというならそう言え。お前は白紙で検事局に送ってやる。その代わり貴様は非転向として死ぬまで予防拘禁だ」と言われた。

f　私は、前記拷問のため、鶴見警察署にいる間中、顔が腫れ上がり、拘置所に移ったときは、かろうじて歩行できる程度に衰弱し、内出血のため左眼は血のにじむ状態であり、拘置所においては、約半年間、頭痛と心臓病でほとんど睡眠できなかった。

警察官は、鶴見警察署における約1年の拘禁のうち約半年間にわたり差入弁当を中止し、特に昭和19年11月ころから昭和20年3月末日までは妻の差入弁当を禁止し、言語に絶する虐待と暴力をもって300枚にわたる私の手記を破棄させ、友人の手記と調書を書き写させた。

私の警察での調書はすべて警察官自らが書いたものをほかの警察官が清書したものであって、私の書いたものはない。改造編集部における共産主義活動、細川の論文が共産主義論文であること、泊町における日本共産党の再建準備会などは、松下や森川らが私を拷問によって苦しめ、自ら書き、私に署名させたものである。

g　検事さえも、私が警察での調書を否認すると「そんなことを言っているのはお前だけだ」と脅迫して、「そんな事実はない。すべて友人の調書を書き写したものだ」という私の主張を認めなかった。私は、残されたのは公判廷のみだと決心し、予審の最後まで彼らのなすがままに任せていた。

松下は、検事局に出頭する前日には必ず鶴見警察署へ来て、30分から1時間にわたって頭や顔に暴行を加えた。他の警察官も同様で、上役が取調べに来る前日には、必ず私の顔の相が変わり、歩行できなくなるまで暴行を加えた。

(ウ) 益田の告訴事実及び同人作成の口述書の要旨

a　昭和18年5月11日に検挙され、神奈川警察署において、松下、柄沢、森川ほか3名の警察官の取調べを受けた。上記6名は、同日から約1週間連日私を取り調べるに当たり、否認は命がけであるなどと威嚇した上、泊会合の目的、内容を問いただし、これについて知らないと答えると、森川が私の頭髪をつかんで頭を股間に引き入れ、手けん、平手、竹刀片で私の頭、頬、肩を乱打し、ほか2名の警察官が後方から竹刀、竹刀片等で両大腿部を殴打し、靴下履きの足で腫れ上がった腿を揉んだ。ある日、取調中にやってきた松下が、「貴様たち共産主義者は殺しても差し支えないことになっている」「数日前も一人殺した」「諸君テロが足りぬぞ。後ろ手に捕縄をかけてうんとテロを加えるんだ」などと怒鳴ると、背後に控えていた警察官が麻紐様の物で私を後ろ手に縛り、松下が手けんで顔面を乱打した。柄沢は「小林多喜二を知っているか」を連発し、私が知っていると答えるとやはり共産主義者だと言って手けんで私の頬を殴打した。森川は、質問に対して私が知らないと答えると、7名で棍棒、竹刀、竹刀片等で袋叩きにしたため、私は死を覚悟した。上記拷問により、私の両腕、両股の傷口は化膿し、取調室との往復は壁などに寄りかかって歩き、留置場では四つんばいになっていた。その後、時々取調べに来た松下、森川らは、「そのくらいのことでは死にはしない」「治ったらまたそのとおりにするんだ」と威嚇した。

b　同年8月、森川ほか1名の警察官は、質問に対して私が知らないと答えると、やにわに平手打ちを加えた後、森川が板敷き上に私を土下座させ、靴で私の顎を蹴り上げた。

c　同年10月ころから、拷問に負けてやむを得ず虚構の事実を認めて手記を書いたり調書に指印した他の関係者らの取調べの進捗により周囲の状況が悪化したため、私は、これ以上頑張ることはいたずらに解決を延ばすに過ぎないと考え、万事を警察官に一任し、警察官に思い通りの手記を代筆させた。

d　昭和19年2月11日から留置場所が加賀町警察署に変更となり、森川が取調べに当たったが、同人は竹刀を手にして、コンクリートに土下座した私の頭髪をつかみ、「今までのようないい加減な態度は許さない」と威嚇し、翌日から同年3月上旬までの間、主として机上にある西澤の調書に合わせて調書を作成したが、この調書は森川の思い通りの内容で、同人の言うことを否定させてもらえぬまま私が速記し、別の警察官が浄書した。

e　昭和19年4月1日に横浜拘置所に入所し、同月4日から5日ころから検事が取調べを開始したが、検事は、私が調書が拷問によって作成されたことを明らかにし、全部否認の態度をとるや、「それではもう一度警察に帰って調べ直してもらうか」と暗に威嚇した。翌年6月までの間、全面否認のままで取調べは終了したが、予審終結決定は起訴状の複製に過ぎなかった。予審判事は警察の調書、検事の公訴事実の正当化に努め、私の言葉には耳を貸さなかった。

f　現在も前記拷問による傷跡が両股に残っている。

オ　前記告訴を受けて、松下、柄沢及び森川が横浜地方裁判所に特別公務員暴行傷害罪により起訴され、同裁判所は、昭和24年2月25日、上記3名に対し、部下の司法警察官数名と共謀して益田に対し暴行陵虐の行為をし、傷害を負わせた事実を認定して松下を懲役1年6月、柄沢及び森川をそれぞれ懲役1年に処する旨の判決を言い渡し、上記3名はいずれも控訴したが、東京高等裁判所は、昭和26年3月28日、上記3名に対し第1審判決とほぼ同じ事実を認定してそれぞれに第1審判決と同じ刑を言い渡し、同人らは、更に上告したが、最高裁判所第1小法廷は、昭和27年4月24日、各上告棄却の判決を言い渡し、上記有罪判決は確定した。

東京高等裁判所が認定した事実の要旨は、被告人ら3名は、神奈川県警察部特別高等課に勤務していたもので、被告人松下は左翼係長警部、被告人柄沢、同森川は同係取調主任警部補の地位にあって各司法警察官として思想事件の捜査に従事していたが、その職務に従事中、昭和18年5月11日、治安維持法違反事件の被疑者として検挙された益田の取調べに際し、同人が被疑事実を認めなかったので、被告人らはその他の司法警察官らと共謀して益田に拷問を加えて自白させようと企て、同月12日ころから1週間位の間、数回にわたって、神奈川県神奈川署の警部補宿直室において、益田に対し、頭髪をつかんで股間に引き入れ、正座させた上、手けん、竹刀の壊れたもの等で頭部、顔面、両腕、両大腿部等を乱打し、これにより腫れ上がった両大腿部を靴下履きの足で踏んだり揉んだりする等の暴行陵虐の行為をなし、よって、益田の両腕に打撲傷、挫傷、両大腿部に打撲挫傷、化膿性膿症等を被らせ、そのうち両大腿部の化膿性膿症については、その後治癒まで数か月を要せしめたのみならず長くその痕跡を残すに至らしめたというものであった。

(4)　再審請求の論旨について

ア　弁護人らは、まず、予審終結決定における犯罪事実と判決におけるそれの相違点（党再建準備会の開催、すなわち泊会議に関する事実が欠落している点）を問題にし、同決定書自体が新証拠に該当すると主張する。

確かに、本件については、確定記録が現存しておらず、その訴訟手続や確定審において取り調べられた証拠関係は明確ではない。したがって、本来は、何ら新証拠とはなり得ない訴訟手続に関する書類や確定審で取り調べられた証拠で、確定記録が保存されていればその中に編綴されているはずのものであっても、それによって訴訟手続上の問題点が明らかになったり、新旧の証拠の対照が可能になることも考えられ、本件が確定審の訴訟記録が保存されていないという特殊な事案であることにかんがみれば、それらが再審事由を認めるべき新証拠に当たると解する余地はある。

しかしながら、党再建準備会の存在が認定できて初めて細川論文の掲載や細川の家族に対する救援活動がコミンテルン及び日本共産党の目的遂行のための行為であると評価できるとの弁護人らの主張については、当時の裁判例等によれば、当時の治安維持法の目的遂行行為の解釈としては、結社の存在を必須のものとしていたわけでないこともうかがわれるところであって、その解釈の当否の問題はあるにせよ、いずれにしろ、それは確定審の法解釈の適否を争う主張であって、何らかの再審事由に該当する事実を証明するものとはいえない。

このことは、泊会議の事実が認定されなかったことによって、小野及び相川の各供述の信用性が否定されているのであるから、その余の事実についても両者の供述の信用性が崩壊していることになるとの弁護人らの主張についても同様であり、確定審における証拠判断の適否（同一人の供述について部分的に信用性を認めることの適否）を問題にしているにすぎず、新規性は認められない。

また、弁護人らは、予審終結決定で認定された泊会議に係る事実を公判で認定しないのであれば、少なくとも理由中で一部無罪の宣告をすべきであるとも主張する。しかしながら、確かに、予審終結決定において、泊会議に係る事実が「第一」として記載され、「右決定ニ基キ…」前記の細川論文の掲載、細川の家族への救援活動をしたとの事実が「第二」としてそれぞれ記載されているが、当時は現在の慣例と異なって、「第一」、「第二」と事実を書き分けていたとしても、それが必ずしも併合罪の関係にある独立した事実を記載したことを示すわけではなく、広義の一罪である場合でも上記のような記載をしていたことは横浜事件の被告人の各判決書を見ても明らかである。また、仮に、泊会議に係る事実も含め広義の一罪の関係にあると裁判所が考えたのであれば、旧刑事訴訟法の下においては、現行法のような訴因変更の手続をとることなく、公訴事実の同一性の範囲内で事実を変更（縮小）して認定することは妨げられないと解されるから、一部の事実が認められないときには理由中などで必ず無罪の判断が示さなければならないとはいえず、旧刑事訴訟法の下でも弁護人らの主張のような解釈がされていたことを示す証拠は何ら提出されていない。

いずれにせよ、この点も確定判決時における判決の主文又は理由の示し方の瑕疵の有無の問題であって、それが旧刑事訴訟法485条のいずれかの事由に当たるとは解されない。

以上のとおりであるから、弁護人らの1（1）の主張は採用できない（なお、本件請求で新たに提出されたスナップ写真9枚（甲17の1ないし9）については、後述する拷問による自白の主張の検討の際に併せて判断する。）。

イ　次に、弁護人らは、細川論文は共産主義的啓蒙論文でなかったことが、今井清一（甲19）、荒井信一（甲20）各作成の「細川嘉六『世界史の動向と日本』について」と題する鑑定書、波多野澄雄作成の鑑定書（甲21）等により認められ、犯罪事実の大前提が崩れていると主張する。

しかしながら、確定審がその点について鑑定をしていないことからも明らかなとおり、共産主義的啓蒙論文であるか否かは、そこに表現されたものがどういう意味内容を持つものであるかに加え、論文執筆の動機、経緯等を総合して判断すべきもので、評価を交えた裁判所の判断過程そのものであって、事実認定の範疇に含まれ、専門的な鑑定を要する事項とは異なるものと考えられる。このような思想の意味内容を審査して出版行為の可罰性を問うことは現行憲法下では禁止されていることである上、当時の多くの知識人がそうであったように、細川自身が一時マルクス主義の影響を受けていたばかりか、マルクス主義を研究対象にしていたこともあって、細川論文の内容にもマルクス主義の影響を受けていると思われる点も見受けられ、民族自決主義、自由主義的観点から当時の軍部の考え方を批判するという側面が強いものの、一見して全く共産主義と無縁の文書であるとまではいえず、今日の視点で、当時の時代背景を視野に入れつつ、細川論文の目的、思想を改めて審査し、当時の日本において細川論文がどの程度「共産主義」的な論文であるのかという分析を通じて確定審の判断の適否を論じるのは当を得たものとはいえない。

もっとも、当時の外部的な反響等からみると、細川論文は、いったんは内閣情報局の正規の検閲手続を通過して「改造」に掲載されたものであると推認され、売れ行きもよく、出版当初は特に問題とされることもなかったにもかかわらず、陸軍報道部の将校がこれを戦時下における巧妙な共産主義の扇動であるとして問題視したことが発端となって、事件化したものであるから、その内容にソ連や中国共産党に言及する部分が少なからずあったとしても、当時の一般的評価としては、共産主義的啓蒙論文といえるものであったか否か疑問を禁じ得ないところである。

しかしながら、上記のとおり、細川論文の評価は専門の研究者の意見により認定すべき事項とはいえず、前記鑑定書等が新証拠に当たるものとは解し得ない。

以上のとおりであるから、弁護人らの1（2）の主張は採用できない。

ウ　次に、弁護人らは、本件確定判決の事実認定の根拠となっている小野及び相川の各供述は、警察官らによる激しい拷問によって得られたものであり、その内容は重要部分である泊会議や細川論文の掲載の目的等について客観的な事実に反しているから、証拠能力及び信用性を欠いている旨主張している。

この点、前記のとおり、本件確定判決は、その認定の根拠となる証拠として、小野の公判供述、同人に対する予審第4回訊問調書の記載及び司法警察官第16回訊問調書の記載（以下、これらをまとめて「小野供述」という。）並びに相川に対する予審第4回訊問調書の記載（以下、「相川供述」ともいう。）を挙げている（なお、旧刑事訴訟法下にあっても、「強制、拷問若しくは脅迫による自白又は不当に長く抑留若しくは拘禁された後の自白は、これを証拠とすることができない」とする日本国憲法の施行に伴う刑事訴訟法の応急的措置に関する法律（昭和22年法律第76号）10条二項の規定などから、拷問等により得られた任意性のない供述は証拠となし得ないとの考えなどもあり得るところであるが、ここでは、共犯者である相川の供述や小野の公判廷における供述等も問題となっている上、再審請求審において、当時の証拠法によらずして現行法の理念を遡及的に適用して判断すべきであるとする根拠は乏しく、また、必ずしもそれが相当ともいえないので、ここでは、拷問等により得られた自白がどの程度信用できるものであるかという広義の証明力の問題として検討する。）。

小野供述が具体的にどのような内容のものであったのかは、その記録が存しないためその正確な内容を再現することはできず、これを知る有力な手がかりもないが、本件確定判決の事実認定に沿うものであったと合理的に推認できる（ただし、関係証拠によれば、小野らは、複数人共同で、審理が短時間のうちに終了し、即日判決の言渡しを受けていることがうかがわれるところ、小野は公判においては事実関係を争っていたものと推認できる。すなわち、旧刑事訴訟法の下では自白に補強証拠を要するわけではなかったから、横浜事件関係者で事実を認めた被告人の判決書（主に昭和20年8月ころ言渡しのもの）では、その被告人の公判供述のみが証拠の標目として掲げられているのが通例であるのに、小野に対する判決書には、前記のとおり、小野の公判供述のほか、小野の捜査段階の供述調書や予審訊問調書、相川の予審訊問調書が証拠として掲記されている。したがって、小野の公判供述は、外形的な事実の一部を認めたのみであって、事実関係を争ったため、自白していた時点での予審訊問調書や警察官調書、さらには共犯者とされる相川の予審訊問調書をも証拠として挙示する必要が生じたものと合理的に推認することができるのである。)。

また、相川供述が具体的にどのような内容のものであったかについても、その記録が存しないため、小野供述と同様に不明であるものの、相川の手記(甲14、15、29)や予審第7回訊問調書(甲30)、細川の予審訊問調書(甲18)等をもとにある程度これを推認することが可能であり、その内容は、泊会議において「党再建準備会」の結成やその戦略戦術を決定し、同決定に基づいて細川論文の掲載と細川家族の救援を行ったという予審終結決定や本件確定判決の認定した犯罪事実に沿うものであったと認められる。

なお、前記記録は、その保管期間内であるにもかかわらず、消失したものとされており、小野の妻らによる第1次再審請求(横浜地方裁判所(た)第2ないし第10号事件)の記録等によれば、連合国軍進駐時に焼却したことがうかがわれるのであって、何ら小野や相川の責めに帰し得ない事由による記録の消失であることは明らかである。むしろ、当時、連合国の進駐前に多量の公文書が焼却されたことは公知の事実であることからすると、横浜事件の記録も、裁判所(検事局を含む。)の側において、連合国との関係において不都合な事実を隠蔽しようとする意図で廃棄した可能性が高いのであるから、裁判所の責任において、できる限り関係する資料から合理的に確定審の記録の内容を推知すべきである。

新旧の証拠資料の対照が困難であるという理由で、安易に確定判決の有罪認定に合理的な疑いを抱かせるに足りる蓋然性の有無の判断が不可能であると判断して再審請求を認めないなどというのは裁判所の執るべき姿勢ではなく、でき得る限り、確定記録のある場合に比し請求人らに不利益にならないよう証拠の再現等に努めるのが裁判所の責務であると解される。

エ　そこで、前記の推認を前提として、小野及び相川の各供述の信用性について検討する。

(ア)　松下、柄沢及び森川の特別公務員暴行傷害罪に対する前記有罪確定判決(前記(3)オ)は、益田に対する取調べに関するものではあるが、松下ほか2名は、横浜事件の捜査全体に関与し、松下及び森川は実際に小野や相川の取調べも担当していたものであるから、小野らに対する被告事件についても、相応の関係あるいは意味を有することは明らかである。

すなわち、益田に対する取調べに関しては、前記有罪確定判決において、同人作成の口述書において述べられている内容とほぼ同様の拷問の事実が認定されているところである。また、多数ある告訴事実の中から、益田に対する拷問の事実のみが起訴されたのは、益田の口述書にもあるように、口述書作成当時も益田の両股に傷跡が残っていたこと（前記（3）エ（ウ）f）など、告訴事実の立証手段があったためであると推認されるのであって、益田に対する拷問が、横浜事件の司法警察官による取調べの中で例外的な出来事であったとは認められず、益田に対してとられていた苛酷な取調方法は、ほぼ同じ時期に同様の被疑事実により取調べを受けていた他の被疑者に対しても同様に行われていたものと容易に推認することができる。そうすると、前記有罪確定判決の存在により、小野や相川らが前記告訴をするに当たって提出した口述書や横浜事件関係者らの拷問に関する体験談等の信用性を否定することは極めて困難になったといわなければならず、前記有罪確定判決で認定された益田に対する拷問と同様の拷問が小野や相川を含む横浜事件の被疑者らに加えられたことが合理的に推認される。

そして、関係各証拠を総合すれば、小野や相川を含む横浜事件の被疑者らは、司法警察官から受けた拷問の回数、内容、程度等に各々差異があるのは当然であるものの、いずれもが治安維持法違反の嫌疑により警察署に引致された直後ころから、当時劣悪な環境にある警察署留置場に勾留されている間、糧食の授受を制限され、取調べ中には、相当回数にわたり、命に関わるような脅迫を受け、時には失神させられるような暴行を伴う激しい拷問を加えられ、生命の危険を感じるなどした結果、司法警察官らの強制誘導に屈して、やむなく虚偽の自白をして手記を作成したり、取調べの先行している関係者らの供述に沿う形で、司法警察官らの思い描く虚偽の内容の手記を同人らの言うがままに作成したり、これらに基づいて作成された同様の内容の訊問調書に署名指印したりすることなどを余儀なくされ、上記拷問が一因となって獄中で死亡したり、健康状態が悪化して出獄後まもなく死亡した者もいた（西尾はこのような一人と考えられる。）ことがうかがわれ、特に、細川と親しかった小野や相川に対しては厳しい追及が行われたと推測される。関係証拠によれば、その後、司法警察官らによる拷問の影響が継続し、勾留期間が長期にわたっている中、早期の釈放や取調べ終了後の移監などを期待して、検察官や予審判事に対しても同様の自白をした者（相川はこのような一人と考えられる。）のほか、検察官や予審判事に拷問の事実を申し立てて否認するなどしたものの聞き入れてもらえなかった者（小野はこのような一人と考えられる。）もいたことがうかがわれる。

上記拷問等の影響により虚偽の疑いのある供述部分は、泊町で会合があったことや細川論文の掲載といった個々の具体的行為の外形ではなく（もっとも、「泊会議」の存在や細川論文の掲載の経緯についての事実も一部含まれる。）、主として個々の具体的行為を、国体を変革することを目的とし、かつ、私有財産制度を否認することを目的とする結社であるコミンテルン及び日本共産党の目的遂行のためにする意思をもってしたことなどの主観的要件等に関するものであったと考えられ、特に、小野や相川については、主として、細川論文が共産主義的啓蒙論文であるとの認識を有していたか、泊町において細川らと会合をした際、小野らの予審終結決定にあるような目的や内容等を持った泊会議が開催され、同会議の決定に基づきコミンテルン及び日本共産党の目的遂行のためにする意思をもって細川論文の掲載や細川家族の救援を行ったのかなどの点に関してであったものと推認される。

（イ）そして、小野を含めた横浜事件関係者らのうちの一部は、前記のとおり、終戦前後に行われた公判において、集団で短時間の審理を受け、中には従前の供述は拷問による虚偽のものであるとしてこれを覆そうとした者もいた（小野はこのような一人と考えられる。）が、これを聞き入れてもらえることなく、十分な審理がなされないまま即日判決を受けていることがうかがわれる。

確定審裁判所が予審終結決定の認定に係る泊会議について何ら触れることなく細川論文の掲載と細川家族の救援のみを犯罪事実として認定していることや、本件確定判決の認定する編集会議の開催時期と細川論文の掲載時期との関係（橋本進の論文（甲22）でも指摘されているとおり、仮に同判決が認定するように昭和17年7月中旬ころに編集会議が開かれていたとすると、「改造」の同年8月号に細川論文を掲載するまでの期間がかなり限られたものとなり、その期間で出版が可能であるか疑問を差し挟まざるを得ない。）などに照らすと、原確定審裁判所が小野及び相川の各供述について慎重な検討を行ったとは認められず、かえって、総じて拙速と言われてもやむを得ないようなずさんな事件処理がされたことがうかがわれるところである（もっとも、そのような処理には、敗戦直後の混乱期において、劣悪な環境の施設に収容され、生命や健康を脅かされていた被告人らの早期釈放などという目的があったこともうかがわれる。）。

（ウ）また、弁護人らの主張するように、細川論文の掲載と細川家族の救援が治安維持法1条後段、10条に該当するためには、泊会議、党再建準備会の存在が不可欠であるかどうかはさておき、泊町での会合が予審終結決定が認定するような目的や内容等を持ったものであったかどうかは、小野及び相川の各供述の信用性判断において少なからぬ重要性を有していると考えられる。

すなわち、横浜事件関係者が検挙された経緯（前記(3)ウ）に徴すると、当時の神奈川県警察は、泊町での会合が日本共産党を復興再建するための秘密の会合である、あるいはその蓋然性が高いとの判断に基づき、泊町での会合の際に西尾が撮影した写真（甲16）に写っていた7名のうち未検挙であった小野及び相川らを検挙したと認められる。しかしながら、前記写真自体は被写体である細川ら及び撮影者である西尾に親密な関係があることを推認させるにとどまり、同会合の目的は何ら推認することができないばかりか、同様に同会合の際に撮影されたとうかがわれるそのほかの写真（甲17の1ないし9）等も含めて全体的に考察すれば、同会合が日本共産党を復興再建するための秘密の会合であるとうかがわれる様子は見られず、むしろ細川が戦時下の劣悪な食糧事情の下で雑誌編集者らを郷里に招いて接待し、遊興をさせるための会合であった可能性がかなり高くうかがわれるというべきである。

検察官はカムフラージュの可能性があると指摘するが、日本共産党再建準備会のような極秘を要する会合を開くというのに、料理店での宴席には芸者を呼び、酒を持って船で行楽に赴くなどの派手な行動をし、スナップ写真を撮ったり、細川が料理店の経営者のため記念に色紙を書くなどの証跡を残すということは考え難い（もっとも、これらの事情は、第1次請求審で提出された横浜事件・細川嘉六氏関係記録（第1回請求審甲20の3）に含まれる料理屋の関係者の訊問調書等から認められ、それらの資料によれば、外形的行動は行楽や酒食のもてなしであって、細川による慰労会そのものであり、その場で共産党再建準備会が行われたという雰囲気はうかがわれない。細川の場合も含め、予審段階で、なぜ、参加者の自白が重視され、このような客観的な行動状況が軽視されたのか理由は判然としない。ただ、小野の場合にも予審の記録には同様の調書類が含まれていた可能性が高いので、上記の写真9枚のみで、泊町での会合が慰労会にすぎないことを推認させる新たな証拠といえるか否かは問題であるが、さらに疑問を深める証拠とはなり得るのであり、自白の信用性に係る前記の特高警察官の有罪判決等と共に総合的に評価すべきものといえる。）。

原確定審裁判所が本件確定判決において泊会議の事実を認定していない以上、泊町での会合が単なる慰労会であったとしても、このことが直ちに小野に対し無罪を言い渡すべき事情とはならないものの、それが泊会議の存在を否定する横浜事件関係者らの供述に沿うものであるとともに、泊会議が党再建準備会であることを認めた上で、その活動の一環として確定審の認定した各行為に及んだものであるという小野及び相川の各供述の信用性に一層の疑問を抱かせる事情であるといえる。

（エ）さらに当時陸軍報道部に在籍していた平櫛孝の著書である「大本営報道部」（甲24）等によれば、細川論文は内閣情報局の正規の検閲手続を通過して掲載されたものであると推認される。

すなわち、平櫛少佐は、「言論統制の実際」の項（同書85頁以下）で、中央公論社に在籍していた黒田秀俊の著作を引用しているところ、その引用部分の要旨は、「細川論文は、この戦争で日本は欧米帝国主義者と同じ道を辿ってはならない、新しい民主主義に立って、アジア諸国民の独立の達成を助けるべきである、などと力説していた。細川論文は評判がよかったが、改造9月号もあらかた売れた。9月14日号の日本読書新聞に陸軍報道部長谷萩那華雄大佐が「戦争と読書」という長文の談話を発表し、検閲の重要性に言及し、細川論文は戦時下の巧妙な共産主義の宣伝であり、これを見逃したのは検閲の手抜かりと決めつけた。筋論から言えば主管の情報局検閲課が正規の手続で通過させた論文を、職務権限のない陸軍報道部長が「手抜かり」とクレームを付けるいわれはないが、軍閥ファッショの時代であった。この谷萩発言の火付け役が平櫛少佐であり、陸軍報道部主催の雑誌懇談会の席上で、平櫛少佐が、自分がこの論文に気付き、共産主義の宣伝であるとして谷萩大佐に報告した、『改造』の真意を聞き返答如何では即刻雑誌の継続を止めさせる、などと大見得を切った。こうなると警視庁も放置できず、細川を逮捕し、改造社では大森直道編集長と担当者の相川博が退社し、編集スタッフ全員の配置転換を行うことで恭順の意を表し、ようやく落着した。」というものである。

そして、平櫛はこれを受けて、「若い頃の自分のことを、こうはっきり書かれてしまうのは、決して気持のいいものではないが、事実関係の大筋はそのようなものであった。私には弁解の言葉もないし、また、加害者が弁解するのは見苦しい。こちらにはそれほどの自覚がなくとも、世間には『はしゃぎすぎ』ということばもある。たしかに私たちは、はしゃぎすぎていたのだ。しかし、石を投げられた側にとっては、生死にかかわる大事件であったろう。当時の肩いからした軍部と、それに立向う手段を持たなかった民間言論機関との関係はまさにこのようなものであった。」と述べ、黒田の述べる、出版前の検閲を含めた事実経過を基本的に認めているのである。

他方、相川の手記（甲14、15）には、編集会議において、事前検閲に出すことはかえって情報局の神経を尖らすのでこれを避け、検閲は編集部でやることとした旨記載があるから、この点については、相川はその手記において虚偽を述べていた疑いが強い（特高月報（昭和19年8月分）の「神奈川県に於ける左翼事件の取調べ状況」（甲13）にも「昭和17年8月号及び9月号に掲載された細川論文は細川を中心とする非合法グループ『党再建準備会』の意図を代表するもので、編集会議において協議を行い、事前検閲に出すことでかえって注意を惹くことをおそれてこれを避け、編集長が中心となり数個所の削除訂正を加えて掲載した」旨記載されており、上記相川の手記の内容は司法警察官らの意向に沿うものであったことがうかがわれる。)。

また、相川の昭和18年9月15日付け神奈川県警察部特別高等課あて手記(甲14、15)においては、泊会議について触れられていないのに対し、その後作成された同人の昭和19年5月6日付け横浜地方裁判所検事局山根隆二あての手記においては、小野や相川らの予審終結決定の事実認定に沿う泊会議の事実が述べられており、さらに、相川の予審第7回訊問調書からは、同人が上記泊会議の内容等について従前の供述を訂正しようとしていることがうかがわれる。このような供述経緯は、本件確定判決がその事実認定の根拠とした相川供述そのものに直接関係する事情ではないものの、事実認定の根拠とされた相川供述の信用性に疑問を生じさせる事情といえる。

オ　以上によれば、小野及び相川の各供述は、特に個々の具体的行為を前記各結社の目的遂行のためにする意思をもってなしたことなどの主観的要件等に関しては信用できないといわざるを得ず、このことは本件再審請求において新たに取り調べられた証拠(従前の各再審請求棄却決定に対する即時抗告審や特別抗告審において提出された証拠を含む。)により一層明らかになったというべきである。

そして、前記のとおり、本件確定判決は、小野及び相川の各供述が挙示証拠のすべてであるという証拠構造上の特徴を有しているところ、このように上記各供述の信用性に顕著な疑いがあるとなると、細川論文の掲載や細川家族の救援等の個々の具体的行為を、国体を変革することを目的とし、かつ私有財産制度を否認することを目的とする前記各結社の目的遂行のためにする意思をもってなしたことなどの主観的要件等につき、これを証すべき証拠が存在しないこととなり、直ちに確定判決の有罪の事実認定が揺らぐことになる(もっとも、判決書には認定に必要な最小限の証拠のみが挙示され、実際には他にも判示事実に沿う証拠があった可能性も直ちには否定できないが、確定記録が前記のような理由で存しない以上、この点を小野にとって不利に扱うことは許されないと解すべきで、判決書に挙示されている証拠のみを基準にして有罪の認定に影響があるか否かを判断すべきである。また、他の証拠としても、細川論文の掲載目的や細川家族の救援の目的といった主観面や泊会議の様子などは、結局は、関与した者の供述証拠に依拠せざるを得ないはずであって、その関与者として逮捕された者の多くが特高警察により拷問を受けて虚偽の自白を強いられたと供述しているのであるから、その各供述者の当時の供述の信用性については、小野や相川の場合と同様であると考えられる。)。

そうすると、前記松下ほか2名に対する各審級の判決写し（甲25ないし27）、前記告訴状及びその附属書類である小野らの口述書を含む32通の口述書の各写し（昭和61年（た）第2号再審請求事件記録中の甲5の1、5の2の1ないし32）、小野の体験談（上記記録中の甲17）、小野貞の供述書（上記記録中の甲21）、小野貞らの各著書（平成6年（た）第1号再審請求事件記録中の同人作成の意見書の添付資料、甲11）、同人らの供述を録取したビデオテープ（甲12）、木村の著書（甲9）を始めとする横浜事件関係者らの体験談、写真の写し（甲17の1ないし9）、橋本進の論文の写し（甲22）、平櫛の著書の写し（甲24）等の証拠は、小野に対して無罪を言い渡すべき、新たに発見した明確な証拠（旧刑事訴訟法485条6号）であるということができる。

(5) なお、小野の妻である小野貞は、本件確定判決に関し、「拷問による自白強制」等を理由に、前記松下ほか2名に対する各判決、前記告訴状や各口述書、横浜事件関係者らの著書や供述書等を新証拠として、昭和61年7月3日横浜地方裁判所に再審請求をし、同裁判所は、昭和63年3月28日再審請求を棄却し、東京高等裁判所は、同年12月16日即時抗告を棄却し、最高裁判所は、平成3年3月14日特別抗告を棄却している（第1次再審請求）。

さらに、小野貞は、「細川論文の証拠調べ未了」等を理由に、同論文等を新証拠として、平成6年7月27日横浜地方裁判所に再審請求をし、同裁判所は、平成8年7月30日再審請求を棄却し、東京高等裁判所は、平成10年8月31日即時抗告を棄却し、最高裁判所は、平成12年7月11日特別抗告を棄却している（第2次再審請求）。

そこで、本件再審請求が上記各再審請求と事実関係及び証拠関係が同一であれば、上記各再審請求棄却決定の内容的確定力に抵触し、旧刑事訴訟法505条2項（「前項ノ決定アリタルトキハ同一ノ原由ニ因リ再審ノ請求ヲ為スコトヲ得ズ」というもので、現行刑事訴訟法447条2項と同旨である。）の適用を受けることになるので、この点について検討すると、まず、第2次再審請求との関係では、再審事由は明らかに異なるので、上記条文に該当しないことは明白である。

次に第1次再審請求については、本件再審請求の論旨は第1次再審請求と同様に、拷問による自白強制を理由としている点で、同一の事実関係に基づく主張であることは否めない。しかしながら、前記のとおり、本件再審請求において新証拠として付加された証拠にも単に証拠方法を異にするにとどまらない実質的に異なる証拠資料としての価値があり、これらを総合して再審理由の存在が認められるのであるから、本件再審請求は同一の証拠関係に基づく請求とは認められない。のみならず、第1次再審請求棄却決定の判断内容をみると、同決定は、前記の特高警察の松下ほか2名に対する各判決については、益田の事件と小野の事件は別個であるから、小野を取り調べた警察官等が小野に対し拷問をした事実やその結果虚偽の自白をした事実を証するに足りるものとはいえず、小野らの告訴状や口述書等については、現時点においては拷問をされたという主張の当否を確かめることは不可能であるといわざるを得ないのであって、虚偽の自白であったかという観点からみても、原判決の有罪認定の基礎となった証拠資料を備えた訴訟記録が存在せず、これを復元することもできないから、上記証拠資料の内容が把握できない以上、本来旧証拠資料と新証拠資料を対照し又は総合検討して行うべき新証拠の明白性の判断は不可能であり、小野に対する拷問の事実やその結果虚偽の自白がなされた事実を証するに足りるものとはいえないなどとしている（なお、即時抗告棄却決定は、前記松下ほか2名に対する各判決、小野や相川らの口述書等を総合すると、取調べを担当した警察官によって、益田に対してだけでなく、小野や相川に対しても拷問が行われたのではないかとの疑いを否定し去ることはできないとしつつ、本件においては訴訟記録が存在せず、犯罪事実を認定した証拠として掲げられた各証拠の具体的内容等を知ることができないから、新証拠として提出された証拠資料と一件記録中の上記各証拠などの旧証拠資料とを総合して、原判決の有罪認定に合理的な疑いを抱かせるに足る蓋然性の有無を判断するに由ないものといわざるを得ないから、いまだ旧刑事訴訟法485条6号に当たるとはいえないなどとしている。）。

したがって、その結論に至る過程である程度の実体的判断をしていることは否めないが、結論的には、本件確定判決の認定の基礎となった証拠資料が存在せず、これと対照等して新証拠の明白性を判断することができないというのであって、いわば判断過程の途中で、確定記録が存しないことを理由に明白性の判断を諦めているともいえるのであって、「拷問による自白強制」の主張とその点に関する新証拠に対してはいまだ最終的、実質的判断を下していないというべきである。

したがって、本件再審請求の論旨のうち、自白の信用性に関する主張及び拷問による自白強制に関する口述書等の新証拠については、旧刑事訴訟法505条2項の適用を受けないものというべきである。

3　以上によれば、本件再審請求には理由があることは明らかであり、同法506条1項により本件について再審を開始することとし、主文のとおり決定する。

平成20年10月31日

横浜地方裁判所第2刑事部

裁判長裁判官　大島　隆明

裁判官　五島　真希

（別紙）

裁判官　横倉雄一郎

弁護人　山本　一郎
同　山本　祐子
同　大川　隆司
同　小沢　弘子
同　佐藤　博史
同　笹森　学
同　横山　裕之
同　藤田　充宏
同　竹田　真
同　木村　文幸
同　米澤　章吾

第三次請求・再審公判（二〇〇五・5〜二〇〇八・3）

■二〇〇六・2・9　判決（免訴）
■〃　・2・9　請求人・弁護団「声明」

第一審（横浜地裁）

■二〇〇五・5・26　検察官・意見書
■〃　・5・30　弁護団・再審審理の方法に関する意見書
■〃　・6・13　検察官・補充意見書
■〃　・6・22　弁護団・再審審理の方法に関する補充意見書
■〃　・10・17　検察官・意見書
■〃　・10・17　検察官の意見に対する反論書
■〃　・12・12　検察官・補充意見書
■〃　・12・12　弁護団・再反論書

意見書

平成17年5月26日

横浜地方裁判所第2刑事部殿

横浜地方検察庁
検察官　検事　粟田　知穂

先に再審開始決定のなされた木村亨、小林英三郎、由田浩、高木健次郎、平館利雄に係る平成10年（た）第2、3、6、7及び8号事件について、再審の手続に関する検察官の意見は下記のとおりである。

記

第1　結論

本件再審事件は、公判を開くことなく、検察官と弁護人の意見を聴いた上で判決をなすべきものと思料する。

第2　理由

本件再審事件は、いずれも現行刑事訴訟法施行（昭和24年1月1日）前に公訴の提起があった事件であることから、刑事訴訟法施行法第2条により旧刑事訴訟法（大正11年法律第75号、以下「旧刑訴法」という。）及び日本国憲法の施行に伴う刑事訴訟法の応急的措置に関する法律（昭和22年法律第76号、以下「応急措置法」という。）が適用されるところ、死亡者の利益のために再審の請求をなしたる事件の審理手続について、旧刑訴法第512条第1項前段には「死亡者又ハ回復ノ見込ナキ心神喪失者ノ利益ノ為ニ再審ノ請求ヲ為シタル事件ニ付テハ公判ヲ開カス検事及弁護人ノ意見ヲ聴キ判決ヲ為スヘシ」と規定されており、かつ、応急措置法においては、これらの規定について何らの措置もされていないのであるから、本規定に従って審理が行われるべきである。

（なお、応急措置法第2条には、旧刑訴法は、日本国憲法等の制定の趣旨に適合するようにこれを解釈しなければならない旨規定されているが、上記旧刑訴法第512条第1項前段の規定は、日本国憲法の制定の趣旨に反するものではない。）

再審審理の方法に関する意見書

請求人　木村　まき
外4名

平成17年5月30日

横浜地方裁判所第2刑事部　御中

上記請求人弁護人
弁護士　森川　金寿
同　環　直彌
同　竹澤　哲夫
同　斉藤　一好
同　新井　章
同　内田　剛弘
同　向　武男
同　阿部　泰雄
同　吉永　満夫

上記事件の再審審理の方法に関する弁護人らの意見は次のとおりです。

同　大島　久明
同　岡山未央子

第一　公判を開かずに判決することは違憲・違法である

旧刑事訴訟法第512条第1項は、死亡者の利益のためになされた再審請求事件については公判を開かずに検事及び弁護人の意見を聞いて判決すべきことが定められているが、この規定は、以下に述べるとおり、憲法第98条第1項及び応急措置法第2条により、現憲法下においては効力を有し得ない。また、応急措置法第11条及び第12条にも抵触する。本件において、この条項により公判を開かずに判決することは違憲・違法であり、許されないものと考える。

1　旧法第512条第1項は無効
――憲法の制定趣旨に適合する修正

本件の再審公判には「旧法（旧刑事訴訟法）及び応急措置法（日本国憲法の施行に伴う刑事訴訟法の応急措置に関する法律）」が適用される（刑事訴訟法施行法第2条）。ここに言う「旧法及び応急措置法」とは、すなわち、応急措置法によって日本国憲法の制定趣旨に適合するように根本的な修正を加えられた旧刑事訴訟法である（応急措置法第2条）。

それでは、憲法の制定趣旨は、旧刑事訴訟法に如何なる修正を加えたのか。その修正を経てなお、旧法第512条第1項は効力を維持しうるのか。答えは明らかに否である。

(1)　不利益再審の廃止による再審制度根本理念の変化
――憲法第39条…二重の危険の禁止

旧法第512条第1項の解釈に先んじて、まず留意しておかねばならないのは、憲法制定先後の再審制度の本質的な差異である。それは憲法第39条が二重の危険の禁止の法理を取り入れたことにより、不利益再審の廃止という結果となってもたらされた。これにより、再審制度は、不利益再審・利益再審の両方を予定した正義の自己回復装置から、無辜の救済のための制度、被告人のためのデュー・プロセスの制度として生まれ変わった（田宮裕『一事不再理の原則』1978年、有斐閣、303～304頁参照）。その趣旨は、憲法第39条を受けて定められた応急措置法第20条に直接看て取ることができる。

(2) 死後再審の存在意義の変化

上記（1）をふまえて死後再審の問題に目を転じると、死後再審自体の存在意義もまた、憲法制定後大きく変じたことが明らかである。

死後再審の趣旨がおよそ死者の名誉の回復にあることは旧法下であっても同様であるが、同時に、憲法によって修正を受けたのちの再審制度は、有罪の言渡を受けたまま死亡した者のためのデュー・プロセスの制度としてこそ存在意義を有するからである。

通常の刑事裁判においては、被告人の死亡によって公訴権自体が消滅してしまうため、もはや被告人に対するデュー・プロセスは問題とならないのに対し、生前に有罪の言渡を受け有罪の烙印を受けたままの元被告人には、死後といえども、やはりデュー・プロセスは重大な問題である。再審の根本理念が無辜の救済となった以上、有罪の言渡を受けたまま死亡した者のためのデュー・プロセスを欠くことは、再審制度そのものの存在意義を失することになる。死亡した元被告人らにもデュー・プロセスの保障をすることに、憲法制定後の死後再審の意義がある。

元被告人に対し憲法上保障される権利行使の機会が、死亡を理由としてその必要性を失う理由はおよそ存在しない。法制度自体が、死後再審を認めている以上、法律によって請求権を認められ請求人となった者には、元被告人に特に一身専属的なものを除き、これらの憲法的保障が等しく及ぶのである。

(3) 手続上保障されるべき主たる権利とその憲法的根拠

被告人のためのデュー・プロセスの制度として、再審の審理のなかで手続上被告人に保障されるべき権利のうち、本件で再審審理の方法を検討するに当たり、特に着目すべきは次の権利である。

(ア) 公開裁判を受ける権利…憲法第37条第1項

憲法の第37条第1項には、すべての刑事事件において、被告人には公平な裁判所の迅速な公開裁判を受ける権利が保障されている。二段階の構造を有する再審手続でも、再審公判の段階においては、かつて有罪の言渡を受けた者が、再度、被告人たる地位に立ち公判の当事者たるのであるから、その際に、この憲法第37条第1項に基づき、公平な裁判所の迅速な公開裁判を受ける権利が被告人に保障されることは論をまたない。

そして、この公開裁判を受ける権利は、特に一身専属的なものではなく、死後再審においても、元被告人らにこれが保障されることに変わりはない。

(イ) 証人審問権・証人喚問権…憲法第37条第2項、応急措置法第11条、第12条

憲法第37条第2項は、刑事被告人に対し、すべての証人に対して審問する機会を充分に与えられ、又、公費で自己のために強制的手続により証人を求める権利を保障した。そして、このうち証人審問権は、既に応急措置法の段階で第11条として法制化され、また書面の証拠能力について定める第12条もこれらに関連して定められたものである。

この証人審問権・証人喚問権も特に一身専属的なものではないから、死後再審でも、元被告人らには、自己のために証拠調べを請求する権利が保障されるのであり、また尋問する機会が充分に保障されなければならない。

これら（ア）（イ）の権利保障を実現するためには再審公判を開くことが必要不可欠であり、公判を開かずに検察官及び弁護人の意見を聴いて判決をすることでは、その保障が満たされないことは明らかである。

（4）旧刑事訴訟法第512条第1項の趣旨

翻って考えてみるに、そもそも旧法第512条第1項の趣旨はどこにあったのか。

憲法の第31条以下の人権宣言を持たない旧法下の刑事訴訟手続においては、公判の存在意義も現行法下とは全く異なるものであり、非公開の予審の存在が実質的に刑事裁判の内容を定めていたと言える。そのような手続のもとで、旧法第512条第1項の趣旨は、単に「死亡者又は回復の見込みなき心神喪失者のために公判を開かざるは、訊問すべき被告人なく、又は被告人あるもこれを訊問することを得ざるが故なり。」（小山松吉『刑事訴訟法』昭和4年2月1日刊、法政大学、732頁～）とされている。すなわち、ここでの被告人は訊問の対象とされているだけであり、被告人に対するデュー・プロセスの観点は全く欠落している。

憲法によって修正を加えられたのちの再審制度が、被告人のデュー・プロセスの制度に落着した以上、公判の存在意義も、そこにおける被告人の立場も、すべからく変質を余儀なくされたのであり、上記のような趣旨で、被告人に対するデュー・プロセスの保障を取り上げることとは許されざることである。

（5）改正における旧法第512条第1項削除の意味

実際に、昭和23年の刑事訴訟法改正によって、同条項は跡形もなく削除された。この削除の事実自体が、同条項が憲法下では有効たり得ないことのなによりの証左である。

以上述べてきたとおり、旧法第512条第1項は、憲法制定後はその趣旨に反するものとしてすでに効力を失った。もともと憲法第98条第1項によって直接的に無効となるものであり、かつ応急措置法第2条の修正によっても効力を有し得ないものである。さらには、応急措置法第11条及び同第12条とも相容れざるものである。

したがって、同条項をそのまま適用して、本件において公判を開かずに職権で判決を言い渡すことは違憲・違法の誹りを免れ得ない。

2　憲法第82条第2項但書の直接の効力

上記のとおり、弁護人らは、旧法第512条第1項は憲法の効力のもとに当然失効したものと考えるが、同時に、本件の具体的な内容に鑑みれば、再審公判が公開の法廷で開かれることは憲法上の直接の要請であることも指摘せざるを得ない。

本件はまさに、「政治犯罪」であり、「出版に関する犯罪」であり、かつ「憲法第3条で保障する国民の権利が問題となっている事件」である。こうした本件の具体的内容に着目すれば、憲法第82条第2項但書の直接の効力により、これを公判を開かずに職権で判断することが許されないことは自明である。

3　本件の特殊性

そもそも本件は確定判決に至る過程で適正な公判手続を経ていない。憲法制定前に行われた純粋に旧法下の訴訟手続であることを前提としても、少なくとも行われるべき被告人尋問や証拠調べが行われた形跡はない。まさに終戦後の混乱の中で手続をも実体をも一切無視したあまりにお粗末な幕引きであった。

この本件の実態に照らせば、本件の再審公判は、実質的にはやり直しではなく初めての公判となる。現時点で、再度、元被告人らから適正手続の保障を奪うことは許されざることであり、もしそのような事態が行われるとしたら、それは司法全体の拭い難き汚点となる。

以上の本件の特殊性に照らしても、本件で公判を開かずに判決をすることは許されない。

第二　公判の審理方法における具体的提案

1　具体的手続の基本方針

本件の再審公判に適用されるのは、旧法と応急措置法であるが、あるべき公判手続の具体的な内容は、おおよそ現行刑事訴訟法の規定する手続に近づけて進めるべきものと考える。

「旧法及び応急措置法」の適用とは、結局、具体的には現行刑事訴訟法に準じる運用に他ならないからである。

そもそも、刑事訴訟法の改正に時の政府が着手したのは昭和21年3月に政府の憲法改正草案要綱が発表された直後の同年7月からであった。昭和22年1月には第1次政府案が作成されたものの、裁判所法・検察庁法の整備が遅れたこと等諸般の情勢から憲法施行に間に合わせることは困難となり、まさに応急的な措置として、「新憲法施行上最小限度に必要な規定を選び出し、その大綱のみを規定し、応急措置をとることとなった」のが、応急措置法である（最高裁判所事務総局『刑事訴訟法二十年のあゆみ』昭和46年2月、刑事裁判資料第194号、28頁）。これに先立つ上掲第1次政府案において、すでに、大枠においては（細かい論点は措くとしても）現行刑事訴訟法の諸規定が明らかに志向されていた。

その後昭和23年7月に現行法が成立し、翌24年1月に施行されるまで、応急措置法の運用を検証しつつ、法改正作業が進められていく。その過程は、上掲『刑事訴訟法二十年のあゆみ』に詳しいが、その時点ですでに「旧法及び応急措置法」の適用とは、憲法の趣旨を反映した具体的手続法の立法作業に他ならなかったと言える。

平成17年の現在の時点において、その作業（＝「旧法及び応急措置法」の適用）を行うとすれば、結局のところ、現行刑事訴訟法の具体的な定めに近づけた運用を行わざるを得ないのではないかと思料する。

2　弁護人らの具体的要望

(1)　本件は、上述のとおり、確定判決に至るまでまともな裁判手続を経ていない。実質的に初めての公判となるこの再審公判においては、弁護人らに充分な意見陳述の機会、証拠調べ請求の機会を与えられたい。

特に、第1回公判期日を早期に指定され、当該期日で弁護人が総括的意見（証拠調べ請求の趣旨の特定を含む）を述べる機会を設けるよう求める。

なお、弁護人らは、本件の実体を明らかにするため追加して証拠調べを請求する予定であるが、すみやかに準備を整え、証拠によって証明すべき事実を明確にしたうえ証拠目録を作成し、裁判所及び検察官に事前開示する。

(2)　請求人らの地位について

本件は死後再審であるところ、上述のごとく、死後再審が有罪の言渡を受けたまま死亡した者のためのデュー・プロセスの制度である以上、元被告人らに保障された適正手続は、特に一身専属的なものを除き、彼らに代わって請求人らに保障されるべきであるから、被告人らに準じて、請求人らに再審公判の当事者としての地位を認められたい。

(3) 確定記録について
本件では、確定記録及びそれに関する資料がほとんど存在しないとされているが、なお、その存否につき弁護人らには把握しきれないものが残されている可能性がある。(弁護人らが把握できたものについては既に請求審ですべて提出済である。)
したがって、裁判所が、職権により、残された確定記録と訴訟記録の再現に資する資料(例えば、裁判官及び検察官ら保存の手控え、記録写し等)のすべてについて改めて取り寄せ、取り調べされるよう求めるものである。

(4) 再審請求審、即時抗告審で提出された証拠の取扱
再審請求の段階で提出された証拠についてはすべて職権で取り調べられたい。

以上

補充意見書

平成17年6月13日

横浜地方裁判所第2刑事部 殿

横浜地方検察庁
検察官検事 粟田 知穂

先に再審開始決定のなされた木村亨、小林英三郎、由田浩、高木健次郎、平館利雄に係る平成10年(た)第2、3、6、7及び8号事件について、再審の手続に関する検察官の補充意見は下記のとおりである。

記

第一 意見
旧刑事訴訟法(大正11年法律第75号、以下「旧刑訴法」という。)第512条第1項前段の規定は、以下に述べる理由から、日本国憲法の制定の趣旨に反しない。

第二 理由
1 応急措置法の制定の経緯
日本国憲法の施行に伴う刑事訴訟法の応急的措置に関する法律(昭和22年法律第76号、以下「応急措置法」という。)についてみるに、同法で再審について規定がなされているのは日本国憲法第39条との関係で疑義があるとされた旧刑訴法における不利益再審を認めないことと

した第20条のみであって、旧刑訴法第512条を含め、それ以外の旧刑訴法の再審に関する規定については、これを変更していないことから、応急措置法はこれらが日本国憲法の制定の趣旨に反するとは考えていなかったものと認められる。

2　大日本帝国憲法における規定の存在

大日本帝国憲法においても、「裁判ノ対審判決ハ之ヲ公開ス」との規定があり（同憲法第59条）、裁判の対審及び判決は原則として公開法廷で行うこととされていた。裁判の公開は日本国憲法によって初めて認められたものではない。このことも、旧刑訴法第512条の規定が日本国憲法の制定の趣旨に反しないことを裏付けている。

3　日本国憲法第82条の趣旨

日本国憲法第82条における「対審」とは、訴訟当事者が裁判官の面前でそれぞれ自己の主張を口頭で闘わせることをいい、民事訴訟における「口頭弁論」、刑事訴訟における「公判手続」がここでいう「対審」にあたるものとされ、「判決」とは、対審に基づいて、原告（民事事件の場合）あるいは検察官（刑事事件の場合）の申立てに対し裁判所の与える終局的判断であるとされているところ（樋口陽一他・注釈日本国憲法（下）1292頁参照）、旧刑訴法第512条第1項前段は、早期に判決を行って死亡した被告人の名誉の回復等を図ることを優先し、そもそも公判を開かずして、すなわち「対審」に基づかないで判決をすべきことを規定しているのであって、日本国憲法第82条との抵触の問題は生じない。

4　弁護人の主張について

弁護人は、平成17年5月30日付け意見書において、日本国憲法第39条、応急措置法第20条の制定等を前提として、死亡した被告人についてもデュー・プロセスの見地から、憲法37条及び応急措置法第11条、第12条の保障が及ぶものとする。しかし、日本国憲法の保障する人権が死亡した者にまで当然に及ぶとするのは、生存権や参政権、財産権等の例を引くまでもなく、論理に飛躍があることは明白であるし、応急措置法第11条、第12条の証人尋問権の保障等の規定についても、あくまでも公判を開き対審を行う場合の規定であるから、本件には妥当しない。

また、弁護人は、同意見書において、応急措置法や現行刑事訴訟法の制定経緯についても言及するが、弁護人自身が意見書第2の1「具体的手続の基本方針」で詳細に述べているように、応急措置法が立案・制定された時点より前に作成されていた政府案において、すでに大枠においては現行刑事訴訟法の諸規定が作成されていたものであり、それにもかかわらず応急措置法で旧刑訴法第

512条に関して何ら手当てがされなかったのは、むしろ上記のとおり、旧刑訴法第512条の規定が日本国憲法の制定の趣旨に反するものではなかったことを示す明らかな証拠に外ならない。

再審審理の方法に関する補充意見書

請求人　木村　まき
外4名

平成17年6月22日

横浜地方裁判所第2刑事部　御中

上記請求人ら弁護人
弁護士　森川　金寿
外10名

平成17年6月13日付検察官補充意見書を受け、上記事件の審理方法について、弁護人らは次のとおり意見を補充します。

1．検察官は、上記補充意見書において、応急措置法で再審について規定がなされているのは不利益再審を認めないこととした第20条のみであり、「旧刑訴法第512条を含め、それ以外の旧刑訴法の再審に関する規定については、これを変更していないことから、応急措置法はこれらが日本国憲法の制定の趣旨に反するとは考えていなかったものと認められる」とし（第2、1）、また、「応急措置法が立案・制定された時点より前に作成されていた政府案において、すでに大枠においては現行刑事訴訟法の諸規定が作成されていたものであり、それにもかかわらず応急措置法で旧刑訴法第512条に関して何ら手当がなされなかったのは、むしろ上記のとおり、旧刑訴法第512条の規定が日本国憲法の制定の趣旨に反するものではなかったことを示す明らかな証拠」（第2、4）だという。

すなわち、検察官の論旨は、応急措置法制定に先立って作成された新刑訴法第1次政府案で、旧刑訴法第512条第1項の規定はすでにその生命を絶たれていた事実（「刑事訴訟の制定過程（14）」『法学協会雑誌』第93巻第5号798～800頁参照）を前提としつつ、にもかかわらず応急措置法にそのことが具体的に盛り込まれなかったことが、同条項が違憲でないことの根拠となる、とするものと理解される。

2．しかし、上記論旨には理由がない。その理由は以下のとおりである。

すでに先の意見書で述べたとおり、応急措置法は「新憲法施行上最小限度に必要な規定を選び出し、その大綱のみを規定し、応急措置をとることとなった」もの（最高裁判所事務総局『刑事訴訟法二十年のあゆみ』昭和46年2月、刑事裁判資料第194号、28頁）である。しかも同法は、その第2条で、旧刑訴法のすべての条項について日本国憲法、裁判所法及び検察庁法の制定趣旨に適合するよう解釈することを義務づけていて、同条は上記の趣旨で制定された応急措置法の具体的規定では到底網羅しきれない問題を解決するために設けられたことは、その文言からも明らかである。そうすると、検察官主張のように、旧刑訴法第512条に関して応急措置法に具体的規定のないことをもって同条が日本国憲法の制定趣旨に反しないことの根拠とすることはできないと言うべきである。

3．旧刑訴法第512条第1項の死後再審公判省略規定も、応急措置法第2条に基づいて日本国憲法制定の趣旨に適合すべく解釈しなければならない。その結果、もはや文言どおりの効力を持ち得ない。その理由については先に提出した意見書に詳述したとおりである。

以上

意見書

平成17年10月17日

横浜地方裁判所第2刑事部　殿

横浜地方検察庁
検察官検事　沖本　浩
検察官検事　粟田　知穂

先に再審開始決定のなされた木村亨、小林英三郎、由田浩、高木健次郎、平館利雄に係る平成10年（た）第2、3、6、7及び8号事件について、検察官の意見は下記のとおりである。

記

第1　結論

本件各被告事件における審判の対象は治安維持法違反の罪に該当する犯罪事実と認められるところ、同罪については、刑が廃止され、かつ、大赦がなされていることは明らかである。したがって、本件については、すみやかに免訴の判決を行うべきである。

第2　理由

1　審判の対象

本件各被告事件における審判の対象は判然としないところもあるが、平成17年3月10日付け東京高等裁判所による本件再審開始決定に対する即時抗告棄却決定において示された犯罪事実を審判の対象とすることに異議はなく、いずれにしても、本件における審判の対象は、治安維持法違反の罪（第1条、第10条）に該当する犯罪事実であると認められる。

2　刑の廃止及び大赦

上記治安維持法は、昭和20年10月15日、「治安維持法廃止等ノ件」と題する昭和20年勅令第575号が公布・施行されたことにより、同日廃止された。

また、各被告人は、いずれも昭和20年9月15日までの間、横浜地方裁判所において、治安維持法違反の罪により有罪の判決を受け、各判決はそのころ確定したものと認められるところ、同年10月17日、昭和20年勅令第579号による大赦令が公布・施行され、これによって、各被告人は同日大赦を受けたことは明らかである。

ところで、旧刑事訴訟法（大正11年法律第75号。以下「旧刑訴法」という。）第511条は、「裁判所ハ再審開始ノ決定確定シタル事件ニ付テハ第500条、第507条及第508条ノ場合ヲ除クノ外其ノ審級ニ従ヒ更ニ審判ヲ為スヘシ」と規定し、再審開始決定が確定した後は、通常の手続に従って更に審判を行うこととされている。この点につき、同法第363条は、「左ノ場合ニ於テハ判決ヲ以テ免訴ノ言渡ヲ為スヘシ」、同条第2号「犯罪後ノ法令ニ因リ刑ノ廃止アリタルトキ」、同条第3号「大赦アリタルトキ」と規定し、刑が廃止されたとき又は大赦が行われたときはいずれも免訴の判決を行うべき旨を規定しているが、これらの規定は、旧刑訴法第51 1条以下の規定において、その適用が排除されていないのであるから、再審においても当然適用されるべきものである。この点については、現行刑事訴訟法（以下「現行刑訴法」という。）第451条第1項、第337条第2号、第3号においても同様に規定されており、旧刑訴法と現行刑訴法とで考え方に異なるところはない。ちなみに、現行刑訴法第451条第2項において、公判手続の停止に関する規定、被告人の死亡を理由とする公訴棄却に関する規定等の適用の排除が明示されているのに対し、刑が廃止されたとき、大赦が行われたときに免訴判決を行う規定の適用は排除されていない。

したがって、本件治安維持法違反被告事件については、犯罪後の法令により刑が廃止され、また、各被告人は大赦を受けたことは明らかであるから、判決をもって免訴の言渡しを行うべきである。

３　最高裁判例

上記のとおり、本件の審判の対象は治安維持法違反の罪に該当する犯罪事実であることは動かし難い上、同罪については、刑が廃止され、また、各被告人は大赦を受けたことは明らかであるから、すみやかに免訴の判決をなすべきである。

この点につき、いわゆるプラカード事件に関する昭和23年5月26日付け最高裁大法廷判決（刑集2巻6号529頁）は、「裁判所が公訴につき、実体的審理をして、刑罰権の存否及び範囲を確定する権能をもつのは、検事の当該事件に対する具体的公訴権が発生し、かつ、存続することを要件とするのであって、公訴権が消滅した場合、裁判所は、その事件につき、実体上の審理をすすめ、検事の公訴にかかる事実が果して真実に行われたかどうか、真実に行われたとして、その事実は犯罪を構成するかどうか、犯罪を構成するとせばいかなる刑罰を科すべきやを確定することはできなくなる。これは、不告不理の原則を採るわが刑事訴訟法の当然の帰結である。本件においても、既に大赦によって公訴権が消滅した以上、裁判所は前に述べたように、実体上の審理をすることはできなくなり、ただ刑事訴訟法363条に従って、被告人に対し、免訴の判決をするのみである。従って、この場合、被告人の側においてもまた、訴訟の実体に関する理由を主張して、無罪の判決を求めることは許されないのである。」と判示している。これによれば、刑の廃止があり、大赦された本件においても、有罪無罪に関する実体上の審理は許されず、すみやかに免訴の言い渡しを行うべきである。

検察官の意見に対する反論書

平成17年10月17日

請求人　木村　まき
外４名

横浜地方裁判所第2刑事部　御中

上記請求人弁護人弁護士　森川　金寿

外10名

検察官は、本件について治安維持法は昭和20年10月15日に勅令により廃止されたので、「刑の廃止」により直ちに免訴判決を言い渡すのが相当であると主張するが、これに対する弁護団の反論は次のとおりである。

記

1　本件で実体審理に入ることなく免訴判決を下すことは、再審手続を定める法の趣旨に照らして断じて許されない。

なぜなら、再審手続においては、免訴に先決性は認められないからである。逆に、再審の理念及び目的は、再審公判裁判所に対し誤判の完全除去及び誤判による被害者の権利及び名誉回復の義務を課するのであり、これに応じて再審公判手続においては訴訟条件の先決性は後退ないし減縮し、むしろ実体判断（無罪判決）にこそ先決性があると解すべきことになるのである。

2　通常の訴訟手続においては訴訟条件の充足が実体審理の要件であるのに対し、再審公判手続においては、上記のようにこれと逆の要請が働くのは、次のような理由による。

（1）再審の理念及び目的と訴訟条件

一番目の理由は、再審の理念及び目的が、無辜の救済にあることにある。確定有罪判決により有罪の刻印を押された無辜の元被告人を救済することこそが再審手続の究極の趣旨であり、すべての手続進行はこの目的のために尽くされなければならない。もともと訴訟事件の機能・意義は被告人にとり実体審理の負担を免除し早期に解放する点にあるが、再審公判手続は、二重の実体審理の負担を自ら進んで引き受け無罪判決を求める被告人に対し開かれるものである。そうである以上、再審公判手続の実体審理において無罪を判断しうる場合に、形式的な判断を先行させることがこの目的に適うものでないことは明らかである。

判例においても、東京高裁昭和40年12月1日決定（高刑集18集7号836頁）は、この点について、「ひっきょう旧刑事訴訟法第363条2号（現行刑事訴訟法第337条2号も同様）は通常手続における規定であり、非常救済手続たる再審には適用のないものと解すべきである。」と明言している。

（2）再審判決と確定有罪判決の効力

次に法的効果の点から言えば、「無辜の救済」のためには、すでに存在する確定有罪判決を完全に無効とすることが不可欠である。そのためには何が必要か。

①そもそも我が国の再審手続においては、再審開始決定に確定有罪判決を破棄する効力を与えていない。そこで多くの学説や判例では、再審開始決定は原判決を破棄するわけではないので確定力を有する原有罪判決を完全に失効、消滅させず、これと矛盾する内容の再審判決の確定ないし言渡をもって「当然無効の法理」により自動的、理論的に初めて完全に失効するものと解されている。つまり、再審の公判手続で無罪判決が言い渡された（ないし確定した）場合、原有罪判決と矛盾する内容の再審無罪判決によって原有罪判決が当然無効となるのである。

ところが、再審免訴判決は、原有罪判決と内容的に完全に矛盾するものではないので、これを当然無効にする効力を有するとは言い難い。

②もっとも再審判決が有罪判決前の刑の廃止を理由とする免訴であれば、当然無効とみなす余地があるとも言えるが、しかし有罪判決後の刑の廃止の場合、再審での免訴判決は原有罪判決との内容的両立性を有するため、当然無効の法理は働かず、原有罪判決の完全な失効、消滅状態を作り出すことができない。

③検察官の主張は、治安維持法の刑の廃止を昭和20年10月15日の「治安維持法廃止等ノ件」と題する勅令の公布時点に認めるものであり、有罪判決後の刑の廃止を前提としているから、その論理に立脚すれば、形式的な免訴判決は、すでにある有罪判決の完全な失効、消滅状態を作出することはない。元被告人らの有罪判決は絶命せず、その名誉の完全なる回復は望めない。

④さらには、実体的瑕疵が明白に存在するにもかかわらずこれを無視して刑の廃止を理由に免訴とすることは、原有罪判決の実体的瑕疵を不問に付する結果となり、再審の理念・目的に合致しない。

（3）本件高裁決定の重要性

東京高裁平成17年3月10日決定は、本件について、「無罪を言い渡すべき、新たに発見した明確な証拠」が認められることを明言し、再審開始を宣言した。

その重みを正面から受け止めれば、明らかに無罪判決を言い渡すべき理由があるにもかかわらず、これを無視して形式的な手続判断を実体判断に先行させて、上記のように原有罪判決の完全な失効、消滅状態を作出することすらできない中途半端な判決を出すことは、再審の理念・目的である「無辜の救済」の趣旨に反し、許されるものではない。

補充意見書

平成17年12月12日

横浜地方裁判所第2刑事部　殿

横浜地方検察庁
検察官検事　沖本　浩
検察官検事　粟田　知穂

先に再審開始決定のなされた木村亨、小林英三郎、由田浩、高木健次郎、平館利雄に係る平成10年（た）第2、3、6、7及び8号事件について、検察官の補充意見は下記のとおりである。

記

第1　意見

弁護人が平成17年10月17日付け「検察官の意見に対する反論書」（以下「反論書」という。）で言及した昭和40年12月1日付け東京高裁決定は、本件の再審審判において参照すべき裁判例とは言えない。

第2　理由

1　昭和40年12月1日付け東京高裁決定について

同決定（高刑集18巻7号836頁）は、昭和22年法律第124号「刑法の一部を改正する法律」（同年11月15日施行）によって廃止される前の刑法第73条の罪（大逆罪）の被告事件に関する再審請求事件において、「『刑の廃止』によっては再審請求権は消滅せず、ひっきよう旧刑事訴訟法第363条2号（現行刑事訴訟法第337条2号も同様）は通常手続における規定であり、非常救済手続たる再審には適用のないものと解すべきである。」と判示している。

しかし、再審の審判手続は、原判決の当否を審査しこれを取り消し又は維持する等の裁判を行うことを目的とするものではなく、再審の審判手続と再審開始決定の対象となった原裁判の審判手続との間には連続性はないのであって、再審の審判手続は、原確定判決の訴訟手続とは全く別個の手続として、これと関係なく全く新たに進行させなければならないこととされている。そのため、原確定判決の訴訟手続において取調べがなされた証拠についても新たに証拠調べの請求をしなければならないし、原確定判決の訴訟手続においてしなかった新たな証拠調べの請求も当然にできることとされているのである。したがって、有罪判決確定後に特段の経過規定もなく刑の廃止がなされたにもかかわらず、再審に限ってこれが廃止されていないかのように取り扱い、有罪・無罪の実体裁判を行うことは、このような再審審判の法的位置付けと整合しないものと言わざるを得ない。そのように解しなければ、再審審判においては有罪判決が行われることもあるところ、その場合に、問題ありとして刑の廃止がなされ長期間が経過した罰則規定によっても処罰され得るという不当な結果が生じることにもなりかねない。

そもそも、上記東京高裁決定が前記判示をしたのは、被告人側が無罪の判決を求めて再審請求を行ったのに対し、検察官が「本件再審請求は請求権が消滅した後になされた不適法なものである」旨主張したところ、「ここではむしろ『刑の廃止』により再審請求権が影響を受けるかどうか、『刑の廃止』にかかわらず再審請求が許されるかどうかがまず問題とされているのである。」とした後に引き続くものである。そして、「刑の廃止」によっては再審請求権は消滅しないとした上で、再審理由の有無につき判断し、結論において、被告人側の再審請求を棄却したものである。すなわち、再審請求権の有無、あるいは再審理由の有無についての判断と、再審開始決定後の再審の審判における判断とは、異なる場面における全く別の判断であるところ、上記東京高裁決定はこのことを当然の前提とした上で、再審請求権の有無に関する判断を示したものであることは明白であり、したがって、再審の審判の場面における「刑の廃止」について、何らかの判断を示したものとまでは言えず、本件の再審審判において参照すべき裁判例とは言えない。

なお、弁護人は、反論書において、本件再審審判において実体裁判（無罪判決）を言い渡すべき根拠の一つとして、平成17年3月10日付け東京高裁決定を引用し、同決定が本件の再審開始決定に対する検察官の即時抗告を棄却するに当たり、被告人らに対し、「無罪を言い渡すべき、新たに発見した明確な証拠」が認められる旨述べていることを挙げているかのような主張をしている。しかしながら、上記東京高裁決定では、「思うに、再審公判において、実体審理をせずに直ちに免訴の判決をすべきであるとしても、名誉回復や刑事補償等との関連では、再審を行う実益があることにかんがみると、積極説（大赦により赦免されたにもかかわらず、無罪を主張して再審を請求することが許されるとする説）が相当であると考えられる。」旨判示しているものであり、同決定は、再審請求の場面と再審審判の場面とを明確に区別して論じていることは明らかであって、弁護人の主張は理由がない。

2　まとめ

結局、検察官の従前の意見書のとおり、本件の再審審判において、有罪・無罪の実体裁判を行うことは、旧刑事訴訟法第363条第2号及び第3号に反する上、昭和23年5月26日付けの最高裁判決にも反し、許されない。

検察官の意見に対する再反論書

平成17年12月12日

横浜地方裁判所第2刑事部　御中

請求人　木村　まき

外4名

上記請求人弁護人弁護士　森川　金寿

同　環　直彌

同　竹澤　哲夫

同　斎藤　一好

同　新井　章

同　内田　剛弘

同　吉永　満夫

同　大島　久明

同　岡山未央子

同　向　武男

検察官は、平成17年10月17日付「意見書」において、法の廃止を原因とすることとあわせて、昭和20年10月17日、昭和20年勅令第579号による大赦令が公布・施行され元被告人らが同日大赦を受けたことを原因として免訴の言渡をすべしと主張する。これに対する反論として、弁護人らの平成17年10月17日付「検察官の意見に対する反論書」（以下「前反論書」という。）を以下のとおり補充する。

1　実体判断の先決性

（1）「大赦」「法の廃止」いずれを原因とする場合にも共通する免訴の不当性

刑の廃止を原因とする免訴判決の不当性については、すでに前反論書において主張したとおりであるが、大赦を原因とする免訴判決についても、弁護人らの主張内容は同様であり、本書面において、大赦に関する論点についても、まずは前反論書の主張を援用する。

すなわち、再審手続においては、その理念及び目的に照らし、裁判所に誤判の完全除去及び誤判による被害者の権利及び名誉回復の義務が課されるのであり、これに応じて訴訟条件の先決性は後退ないし減縮し、むしろ実体判断（無罪判決）こそ先決性があると解すべきであるから、無罪を言い渡すべき理由がある場合、それをことさらに無視し免訴の判断を下すことは許されない。

（2）「大赦」を原因とする免訴判決は確定有罪判決を当然無効としえない

くわえて、大赦の場合、それを原因とする免訴判決が確定有罪判決と内容的に完全に矛盾することがない点において、法の廃止の場合に比してなお顕著であることをここに指摘する。

大赦を原因とする免訴は、そもそも確定有罪判決の存在を前提とするものであり、その有罪を前提とした上で、有罪判決を受けた被告人について公訴権を消滅させ、または刑罰権を消滅させる行政権の作用にすぎないから、およそ既に存在する確定有罪判決に対し当然無効の法理は働かず、原有罪判決の完全な失効、消滅状態を作り出すことは不可能である。

前反論書2項（2）で指摘したとおり、「無辜の救済」を目的とする再審公判においては、既に存在する確定有罪判決を完全に無効とすることが不可欠である以上、「無罪を言い渡すべき、新たに発見した明確な証拠」が認められる（本件即時抗告審、東京高裁平成17年3月10日決定）本件の再審公判において、大赦を原因として免訴判決を言い渡すことは、法の廃止の場合にもまして再審の理念・趣旨に反することであり、許されない。

2　免訴では実現不可能な法的利益
――即時抗告審決定（東京高裁平成17年3月10日決定）の重要性

（1）本件再審請求即時抗告審において、東京高裁は、「大赦により赦免されたにもかかわらず、無罪を主張して再審を請求することが許されるか否か」という命題を掲げ（決定書理由1（2）、4頁）、これに対し、明確に、積極説が相当との結論を述べた（同6頁）。そして、その理由について、大赦によって赦免された場合でも、なお「名誉回復や刑事補償等との関連では、再審を行う実益がある」と述べている。

ここに見られるように、再審によって実現される名誉回復や刑事補償等の具体的な法的利益は、大赦による赦免では決して実現されないものである。そしてそれは大赦や法の廃止を理由とする免訴判決でもまた同様である。

（2）東京高裁は、上記判断につづけ、さらに進んで、本件被告人らの「いずれもが治安維持法違反被疑事件により勾引されて警察署に引致された直後ころから、警察署留置場に勾留されている間、その取調べ中、相当回数にわたり、拷問を受けたこと、そのため、やむなく、司法警察官の取調べに対し、虚偽の疑いのある自白をし、訊問調書に署名押印した（手記の作成を含む。）ことが認められる。」とし（決定書19頁）、「治安維持法1条後段、10条違反の各行為につき、個々の具体的行為を、国体を変革することを目的とし、かつ、私有財産制度を否認することを目的とする各結社の目的遂行のためにする意思をもってこれをなしたことなどの主観的要件等につき、当該被告人の自白を除くと、これを証すべき証拠が何ら存在しないことになる。しかも、何らかの間接事実等により、これを推認できるとも考えがたい。」（決定書21頁）と判断したうえで、本件では「無罪を言い渡すべき、新たに発見した明確な証拠がある」と結論づけた。

ここに明らかになったように、本件は、「無罪を言い渡すべき、新たに発見した明確な証拠がある」事案である。そのような事案で、大赦や法の廃止を理由とする免訴判決を言い渡すことは、無実の罪に問われ人間としての尊厳を踏みにじられたままに無念の死を遂げた元被告人らから、再度、名誉回復や刑事補償等の具体的な法的利益を奪うものであり、その観点からも許されない。

即時抗告審における東京高裁決定はいみじくもそのことを明確に指し示している。

3　最高裁判例（プラカード事件判決）について

検察官は、免訴判決を求める根拠として昭和23年5月26日付最高裁大法廷判決（刑集2巻6号529頁）を引用するが、同判決は通常の上告審に対する判断であり、再審公判手続にある本件とは全く事案を異にするものであるから適用されない。

本件は再審事件である。既に確定有罪判決が存在する再審の特殊性、「無辜の救済」という再審の理念・趣旨に照らせば、通常審と同様の理論で免訴を論じることができないことは、前反論書ですでに主張したとおりである。

4　まとめ

以上述べてきたように、本件は、取調べ中司法警察官らによって苛烈な拷問を受け、そのためやむなく虚偽の自白を強いられ訊問調書等に署名押印させられた被告人らが、その自白だけを証拠として、まともな公判手続をも経ることなく有罪判決を受けた事案であり、無罪を言い渡すべき、新たに発見した明確な証拠が存在する。既に第1回公判の弁護人意見陳述でも指摘したように、その過程で司法が残念ながら加害者としての役割を果たしたという苦い経緯もある。

時を経てようやく実現したこの再審公判において、今その現実を直視すれば、改めて裁判所が被告人らに「無罪」を言い渡すことは、被告人ら・請求人らのみならず司法にとっても何物にも代えがたい重みをもつ。

さきに検察官が引用したプラカード事件最高裁判例には、注目すべき記述がある。

すなわち、同判例において最高裁判事真野毅は、具体的公訴権が消滅した以上早々に実体形成の審理を打ち切り免訴という形式的判決を言い渡して訴訟を終結するのが本筋だとしながらも、原審が理由の中で有罪認定をした事実に着目し、次のように述べた。

「原判決はその理由中において違法に有罪認定をなし、違法に人の顔に泥を塗ってその基本的人権を侵害したものであるから、上告理由ありとして原判決はまさに破毀されるべきものである。」

「かくのごとく不必要に違法に押された黒の烙印をそのまま放置して顧みないことは、基本的人権の尊重を保障する憲法の精神に違反する。それ故、本件上告については、刑事訴訟法第439条に従い事実の確定に影響を及ぼさざる法令の違反があったことを理由として、原判決を破毀し、自判により免訴の判決を言い渡すべきものである。」

ここにあるのは、被告人に対する不当な有罪認定を決してそのまま放置してはならないという、憲法の精神に裏打ちされた法の良心である。プラカード事件は通常の上告審であり、まだ確定有罪判決は存在していないのであるから、最高裁が原判決を破毀して免訴判決を言い渡せばそれで被告人らの名誉回復はなされたはずである。

しかし、既に確定有罪判決が存在する本件のごとき再審事件において上記の法の良心を実現するとすれば、その有罪判決の効力を完全に消滅せしめなければならない。

加えて本件では、東京高裁が認定したように、「無罪を言い渡すべき新たに発見された明確な証拠」が存在する。

もはや、免訴判決は決して許されない。

以上

判　決

平成18年2月9日　再審公判判決

本籍　東京都港区――木村　亨
本籍　東京都大田区――小林英三郎
本籍　千葉県市川市――由田　浩

本籍　福島市――――――――高木健次郎

本籍　横浜市南区――――――平館　利雄

上記5名に対する各治安維持法違反被告事件について、横浜地方裁判所が、昭和20年8月29日に小林英三郎に対し、同月30日に由田浩及び高木健次郎に対し、同年9月15日に木村亨及び平館利雄に対し、それぞれ言い渡した有罪の確定判決に対し、再審の請求があったので、当裁判所は、平成15年4月15日になされた各再審開始決定に基づき、検察官粟田知穂、同沖本浩各関与の上更に審理を遂げ、次のとおり判決する。

主　文

被告人5名をいずれも免訴する。

理　由

1　本件再審に至る経緯等

まず、当裁判所が公判廷において取り調べた関係各証拠によれば、被告人らが治安維持法違反の嫌疑で公訴提起されて公判に付され、有罪判決を得るに至った経緯、再審請求と再審開始決定に至るまでの経過は、おおむね次のようなものであったと認められる。

(1)　昭和17年9月11日、世界経済調査会の資料課主事であった川田壽とその妻定子が治安維持法違反の罪により神奈川県警察部特別高等課（以下「神奈川県警特高」という。）に検挙されたことをきっかけとして、同会、政治経済研究会（昭和塾）及び満鉄調査部などに属する研究者並びに改造社及び中央公論などの編集者等総勢約60名の者が次々と治安維持法違反の罪で検挙され、神奈川県警特高の取調べを受けた。そして、これら被検挙者のうち三十数名について公訴が提起され、昭和20年9月初旬までの間に判決がなされた者について、その全員が有罪となった（なお、この一連の出来事は一般に「横浜事件」と総称されていることから、以下においても適宜この呼称を用いることとする。）。

(2)　政治学者であった細川嘉六は、昭和17年7月5日から6日にかけて、出版社の関係者らと郷里である富山県下新川郡泊町（現在は朝日町）にある旅館等において会合するなどし、その際、上記旅館の中庭において細川ら7名の写真が撮影された。

その後、雑誌「改造」の昭和17年8月号及び9月号に「世界史の動向と日本」と題する細川論文が掲載されると、同年9月7日、陸軍報道部の平櫛孝少佐は、雑誌編集者らに対し、「細川論文は戦時下巧妙なる共産主義の宣伝であり、このことを陸軍報道部長谷萩那華雄大佐に報告した」などと発言した。これを受けて同大佐が、「日本読書新聞」(同月14日号)の「戦争と読書」と題する談話において、細川論文を「戦時下巧妙なる共産主義の宣伝であり、これを見逃したのは検閲の手ぬかりである」などと指摘したことから、細川は細川論文の執筆などを内容とする治安維持法違反の罪により警視庁に検挙されて世田谷署に留置された(その後細川は、治安維持法違反の罪により起訴され、予審判事の取調べを受けるなどした後、予審終結決定により昭和19年12月29日横浜地方裁判所の公判に付されたが、戦後、治安維持法の廃止により免訴の言渡しがなされた。ただし、横浜地方裁判所の昭和20年度刑事第一審公判始末簿には一部免訴との記載もある。)。

昭和18年1月には世界経済調査会の高橋善雄が、同年5月11日には同会の益田直彦がそれぞれ検挙されると、関係者として満鉄東京支社調査部でソ連事情調査の仕事に就いていた被告人平館利雄及び西澤富夫も検挙されるに至った。その際、被告人平館が所持していた前記写真が押収され、同月26日、前記写真を撮影した西尾忠四郎、写真に写っていた7名のうち未検挙であった中央公論社の被告人木村亨、改造社の小野康人らが治安維持法違反の罪により一斉に検挙され、さらに、同年9月9日には政治経済研究会に所属していた被告人由田浩、同高木健次郎が、翌19年1月29日改造社の被告人小林英三郎が、それぞれ検挙されるに至った。検挙された被告人らは、神奈川県警特高の取調べを受けた(なお、横浜事件で検挙された者の中には、中央公論社の和田喜太郎など、留置場や拘置所等で死亡した者も複数存する。)。

被告人5名は、それぞれ治安維持法違反の罪で横浜地方裁判所に起訴され、同裁判所での予審を経て(被告人高木については昭和20年8月24日、被告人木村については同月27日にそれぞれ予審終結決定がなされている。)公判に付された。そして、横浜地方裁判所は、被告人5名に対して、上記取調べにおいて作成された各被告人の自白調書や手記、公判供述などの自白(ただし、罪となるべき事実に相川博が関係する場合には同人の自白も含む。)によって治安維持法違反の犯罪事実を認定し、被告人小林に対しては昭和20年8月29日、被告人由田及び同高木に対しては同月30日、被告人木村及び同平館に対しては同年9月15日、いずれも懲役2年、執行猶予3年の有罪判決を言い渡した(被告人らに対する判決原本は保存されていないことから、その内容が確定的に明らかとはいえないが、後記のとおり、復元された原判決書には証拠として当該被告人の自白が挙示されている。)。そして、各判決は控訴の申立てがないまま確定した(以下この確定した原判決を単に「原判決」という。)。

（3）昭和22年4月、横浜事件の被検挙者のうち33名は、同人らの取調べに当たった神奈川県警特高の警部であった松下英太郎、同警部補であった柄沢六治、同森川清造を含む警察官多数を特別公務員暴行傷害罪により横浜地方裁判所検事局に告訴したところ、警察官のうち松下、柄沢及び森川の3名について公訴が提起され、昭和24年2月25日横浜地方裁判所において、益田直彦に対する特別公務員暴行傷害罪が認定され、松下に対して懲役1年6月、柄沢及び森川に対して懲役1年の実刑判決がそれぞれ言い渡され、松下ら3名が控訴したものの、昭和26年3月28日、東京高等裁判所は松下ら3名に対して第1審判決とほぼ同様の事実認定をした上、第1審判決と同様の刑を言い渡した。松下ら3名は上告したが、昭和27年4月24日に最高裁判所において上告が棄却されたことから松下ら3名に対する有罪判決は確定した。

東京高等裁判所において認定された上記松下ら3名に対する犯罪事実の要旨は、「被告人ら3名は、神奈川県警察部特別高等課に勤務していたもので、被告人松下は左翼係長警部、被告人柄沢、同森川は同係取調主任警部補の地位にあって各司法警察官として思想事件の捜査に従事していたが、その職務に従事中、昭和18年5月11日、治安維持法違反事件の被疑者として検挙された益田の取調べに際し、同人が被疑事実を認めなかったので、被告人らはその他の司法警察官らと共謀して益田に拷問を加えて自白させようと企て、同月12日ころから1週間くらいの間、数回にわたって、神奈川県神奈川署の警部補宿直室において、益田に対し、頭髪をつかんで股間に引き入れ、正座させた上、手けん、竹刀の壊れたもの等で頭部、顔面、両腕、両大腿部等を乱打し、これにより腫れ上がった両大腿部を靴下履きの足で踏んだり揉んだりする等の暴行陵虐の行為をなし、よって、益田の両腕に打撲傷、挫傷、両大腿部に打撲挫傷、化膿性膿症等を被らせ、そのうち両大腿部の化膿性膿症についてはその後治癒まで数か月を要せしめたのみならず長くその痕跡を残すに至らしめた」というものであった。

（4）被告人木村、同小林、同平館、小野ら9名は、昭和61年7月3日横浜地方裁判所に対して再審の請求をした。同裁判所は、昭和63年3月28日、「本件再審請求書には原判決謄本の添付がないうえ、請求人についての原判決原本及び訴訟記録は裁判所及び検察庁に保存されておらず（当裁判所の事実調べの結果によれば、太平洋戦争が敗戦に終わった直後の米国軍の進駐が迫った混乱時に、いわゆる横浜事件関係の記録は焼却処分されたことが窺われる。）、他に原判決認定の犯罪事実及びこれを認めた証拠の内容について、これを明らかにすべき証拠資料は存在しない」旨判示し、原判決の判決書や訴訟記録が存在せず、原判決が認定に供した証拠資料の内容が把握できないことなどを主な理由として再審請求を棄却し、即時抗告審である東京高等裁判所もほぼ同様の理由で即時抗告を棄却した。被告人木村らは、最高裁判所に特別抗告したものの、平成３年３月14日に特別抗告は棄却された（なお、そのうちの一人である小野は、平成６年７月27日に再び横浜地方裁判所に再審を請求したが、平成８年７月30日に再審請求は棄却され、即時抗告審である東京高等裁判所でも平成10年８月31日に即時抗告が棄却され、更に平成12年７月11日最高裁判所において特別抗告が棄却された。）。再審請求を認められなかった被告人木村は、自ら横浜事件の拷問、人権侵害問題を世界の場で訴える活動をするとともに、再審請求のための資料集めなど再審請求に向けた活動を積極的に行っていたが、平成10年７月14日に病死した。

被告人木村が死亡した直後の同年８月14日、各被告人の遺族らにより横浜地方裁判所に本件再審開始決定に係る再審の請求がなされた。そして、平成15年４月15日、横浜地方裁判所は、「昭和20年８月14日にポツダム宣言が受諾されたことにより、原判決時点においては治安維持法は実質的にみて効力を失うに至ったと解すべきであり、これを判断するに当たっては原判決の謄本がないことを理由として再審請求を棄却すべきではなく、免訴を言い渡すべき明確なる証拠を新たに発見した場合（旧刑事訴訟法４８５条６号）に当たる」旨判示して再審開始の決定をした。

この決定に対して、検察官が即時抗告したものの、平成17年３月10日、即時抗告審である東京高等裁判所は、原審である横浜地方裁判所の上記判断をにわかに是認することはできないとしながらも、被告人らについては、旧刑事訴訟法４８５条６号の事由があることが肯定されるとして、再審を開始した原決定の結論を是認し、即時抗告を棄却した（以下「本件抗告審決定」という。）。

すなわち、上記横浜事件関係被告人益田直彦に関する司法警察官３名の有罪の確定判決の存在によって、同人らに対する告訴状付属書類である被告人木村らの各口述書写し、板井庄作作成の「警察における拷問について」と題する書面、同人作成の陳述書等の信用性を否定することは困難となったとし、各被告人の口述書で述べられた取調べにおいて神奈川県警特高による各被告人に対する拷問の状況の詳細を摘示した上、「被告人木村らは、同人らが司法警察官から受けた拷問の回数、内容、程度等に個人的差異はあるものの、いずれもが治安維持法違反被疑事件により勾引されて警察署へ引致された直後ころから、警察署留置場に勾留されている間、神奈川県警特高の警部であった松下英太郎、同警部補柄沢六治及び同森川清造らから、相当回数にわたって竹刀等で全身を殴打されるなどの暴行を繰り返し受けるなどの拷問を加えられ、そのため、やむなく、司法警察官の取調べに対し、虚偽の疑いのある自白をし、訊問調書に署名押印し、手記を作成したことが認められ、その後、司法警察官による拷問の影響継続下にあって、検事の取調べに対し、司法警察官に対すると同様の自白をして訊問調書に署名押印し、手記を作成したことが認められる。そして、被告人らは、予審判事らの示唆に応じ、寛大な処分を得ることを期待して予審判事に対し、犯罪事実をほぼ認め、同様の自白をして予審終結決定を得て、公判廷でも罪となるべき事実を認め、いずれも執行猶予の判決を得たことが認められる。そのような自白は、個々の具体的行為を結社の目的遂行のためにする意思をもってなしたことなど主観的要件等に関しては、信用性がない疑いが顕著である。被告人らの原判決に挙示された証拠は、当該被告人らの自白がすべてであり、被告人らの自白の信用性に顕著な疑いがあるとすると、当該被告人らの自白等を挙示証拠のすべてとする各被告人らに対する確定判決の有罪の事実認定が揺らぐことになるから、無罪を言い渡すべき、新たに発見した明確な証拠がある」旨判示した。そして、この決定はそのころ確定した。

２　当裁判所の判断

(1) まず、本件各公訴の対象となった治安維持法違反被告事件の内容（旧刑事訴訟法２９１条は、「公訴ヲ提起スルニハ被告人ヲ指定シ犯罪事実及罪名ヲ示スヘシ」と規定し、同法３１２条で「公判ニ付スルニ足ルヘキ犯罪ノ嫌疑アルトキハ予審判事ハ決定ヲ以テ被告事件ヲ公判ニ付スル言渡ヲ為スヘシ」と規定している。以下、公訴の対象となった犯罪事実を「公訴事実」という。）について検討すると、各被告人に対する訴訟記録等が残されていないことから、旧刑事訴訟法２９１条に規定する被告人を指定し犯罪事実及び罪名を示す書面である起訴状も残されておらず、訴訟記録上、公訴事実の内容は明らかではない。

他方、再審請求に当たっては、旧刑事訴訟法４９７条によれば、再審の趣意書に原判決の謄本を添付することが求められているが、上記のとおり、訴訟記録等が残されておらず原判決原本も存在しない。そのため、本件再審請求書には、原判決の謄本は添付されず、これに代わるものとして、弁護人らが関係資料から原判決の内容を復元した書面（復元された原判決）が原判決の謄本に代わるものとして添付されている。

すなわち、弁護人らは、被告人木村に関しては昭和20年8月9日付け予審終結決定謄本の写しが、被告人高木に関しては同月24日付け予審終結決定の写し（ただし、途中の省略がある。）がそれぞれ存在しており、その他の証拠関係も併せ考慮して、当時の横浜地方裁判所が予審終結決定どおりの事実を認定したとして、原判決の内容を復元し、また、被告人小林、同由田及び同平館に関しては、予審終結決定さえも存在せず、原判決の内容の復元は更に困難ではあるものの、被告人木村及び同高木と同様に、いずれも当時の治安維持法1条後段及び10条（国体を変革すること及び私有財産制度を否認することを目的とする結社の目的遂行のためにする行為）に該当する事実であったなどとして、被告人小林、同由田及び同平館に対する原判決の内容を復元しているところである（それぞれの復元された原判決の内容は、別紙のとおりである。）。そして、本件再審開始決定に対する本件抗告審決定において、弁護人らが再審請求書において関係資料を基に復元した原判決の内容については、復元過程の合理性が認められており、当裁判所としても、既に公判手続において取り調べた関係各証拠によって認定した本件治安維持法違反被告事件に至る経緯などの背景事情に加え、被告人木村らに対する予審終結決定（謄本）写しや関係証拠中の他の横浜事件関係者について残存する原判決謄本の写しなどを総合すると、弁護人らの上記復元は合理的なものとして肯認することができるところである。

そうすると、上記のとおり、本件各公訴事実に関しては、被告人らの自白調書をほとんど唯一の証拠として認定されているのであるから、本件審判の対象となる公訴事実は、復元された各被告人に対する原判決中の犯罪事実にほぼ対応するものと認めて誤りはないと考えられる。そして、その内容は、要するに「コミンテルンが革命手段により国体を変革し、私有財産制度を否認して共産主義社会を実現することを目的とする結社であり、日本共産党がその日本支部として目的を実行しようとする結社であることを知悉しながら、これらを支持し、その目的達成に寄与することを企図して、活動に従事するなど目的遂行のためにする各種行為を行った」との事実であることが認められ、そこには被告人らの活動状況などに違いはあるものの、結局は以上のような目的遂行行為を処罰の対象として検察官が公訴を提起したものと推認される。このように、検察官が公訴の対象とした被告人らに対する公訴事実の内容は、同人らに対する原判決に記載された犯罪事実に沿うものと認めるのが相当である。

(2) 以上のとおり、被告人5名に対する本件各公訴事実は、治安維持法1条後段、10条に該当するとされた事実であるところ、同法は、昭和20年10月15日に「治安維持法廃止等ノ件」と題する昭和20年勅令第575号が公布・施行されたことにより、同日廃止された。また、同月17日、昭和20年勅令第579号による大赦令が公布・施行されているが、この法令によると、その1条1項で「昭和二十年九月二日前左ニ掲グル罪ヲ犯シタル者ハ赦免ス」とし、同項20号で「治安維持法違反ノ罪」と規定していることから、被告人らは大赦を受けたことが明らかである。そして、公判裁判所が公訴について実体的審理をして有罪無罪の裁判をすることができるのは、当該事件に対する具体的公訴権が発生し、かつ、これが存続することを条件とするのであり、免訴事由の存在により公訴権が消滅した場合には、裁判所は実体上の審理をすすめることも、有罪無罪の裁判をすることも許されないのであり（最高裁昭和23年5月26日大法廷判決、刑集2巻6号529頁参照）、この理は、再審開始決定に基づいて審理が開始される場合においても異なるものではないと解される。したがって、本件各治安維持法違反被告事件については、被告人らに、「犯罪後ノ法令ニ因リ刑ノ廃止アリタルトキ」（旧刑事訴訟法363条2号）及び「大赦アリタルトキ」（3号）に当たる免訴事由が存することが明らかであるから、被告人らに対しては、免訴の判決が言い渡されるべきである。

(3) これに対して、弁護人らは、本件において実体審理に入ることなく免訴を言い渡すことは、再審手続を定める法の趣旨に照らして断じて許されないとして種々主張しているので、以下、これらの点について補足して説明する。

ア 弁護人らは、再審の理念・目的は、無辜の救済にあり、原判決により有罪の刻印を押された無辜の被告人を救済することが再審手続の究極の趣旨であって、すべての手続はこの目的のために尽くされなければならず、実体審理において無罪と判断しうる場合に、形式的な判断を先行させることはこの理念・目的に適うものではないとした上で、「無罪を言い渡すべき、新たに発見した明確な証拠がある」事案で免訴判決を言い渡すことは、無実の罪に問われ、人間としての尊厳を踏みにじられたままに無念の死を遂げた被告人らから、再度名誉回復や刑事補償等の具体的な法的利益を奪うものであるなどと主張する。

確かに、本件のように免訴事由が存する場合であっても、本人の名誉回復の利益のほか、判決の公示、刑事補償といった法律的利益が認められることから、反対説はあるものの、再審請求は許されると解すべきである。そして、開始された再審裁判において、被告人らに免訴事由が存しない場合には、本件抗告審決定が詳細に説示するとおり、被告人らに対する原判決に摘示された自白調書等については拷問によるものとの判断がなされていることから、通常の公判手続の規定に則り、さらに公訴事実に関する審理を遂げた上、上記抗告審決定の判断を覆す新たな証拠がなければ、上記抗告審決定の内容に沿った判決が言い渡されることになると思われる。

しかし、免訴事由が存する本件の場合をこれと同列に論じることはできない。免訴事由がある場合にも再審請求権が認められるべきであるということと、再審裁判で免訴事由が存する場合にどのような判決がなされるべきであるかということとは別個の問題である。すなわち、旧刑事訴訟法は、再審請求に対する審判と再審開始決定後の再審の審判とを明確に区別しており、前者は再審請求が適法であることを前提として、再審請求理由の有無を審判することを目的とするのに対し、後者は本案事件について審級に従い再度審理、裁判を行うものであって、原裁判の当否を審査し、これを是正することを目的とするものではないことは明らかである。両者は法律上別個の手続であって、再審開始決定は、単に法定の再審事由に該当する事実が存し、再審の審判がなされるべきである旨を判断したものであり、もとよりその限度で拘束力を有するにすぎないものである。旧刑事訴訟法511条は、「裁判所ハ再審開始ノ決定確定シタル事件ニ付テハ第五百条、第五百七条及第五百八条ノ場合ヲ除クノ外其ノ審級ニ従ヒ更ニ審判ヲ為スヘシ」と規定しているのであって（現行刑事訴訟法451条1項にも同旨の規定がある。）、再審開始決定後の再審の審判は、法自ら除外している事由があるときを除いて、通常の公判審理と同様の手続に従い、それぞれの審級における一般原則に従って公訴事実に対する審判を行うことを当然のこととして予定しているものと解される（この点は現行刑事訴訟法の解釈としても同じである。）。そして、旧刑事訴訟法は、再審公判について、通常の公判手続の規定を除外し、免訴事由が存するにもかかわらず、無罪の実体判決をすることを予定した規定を置いていないことは明らかである。旧刑事訴訟法365条1項2号は、被告人が死亡したときは決定で公訴棄却をすることを規定しているが、再審公判の場合に関して、同法512条1項及び2項で死亡者についても「判決ヲ為スヘシ」と規定し、同法365条1項2号の適用がないことを明らかにしているものの、免訴を言い渡す場合を定めた旧刑事訴訟法363条2号（刑の廃止）及び3号（大赦）の適用を排除する規定は特に置いていないのである（現行刑事訴訟法451条2項は、より明示的に、公判手続の停止に関する規定（同法314条1項本文）及び被告人の死亡を理由とする公訴棄却に関する規定（同法339条1項4号）を挙げてその適用を排除しながら、他方、免訴を言い渡す場合を定めた同法337条2号及び3号の適用は排除していない。）。そうすると、結局再審開始決定後の再審の審判においても旧刑事訴訟法363条の適用があることは明らかといわなければならない。

弁護人らは、本件が再審事件であり、既に原判決が存在するという特殊性があるから、前記最高裁判決とは事案を異にする上、旧刑事訴訟法363条2号は通常手続における規定であり、非常救済手続たる再審には適用がないと主張し、この主張に沿う裁判例もあるなどとして、東京高裁昭和40年12月1日決定（高刑集18巻7号836頁）を引用している。

確かに、本件抗告審決定は、「無罪を言い渡すべき、新たに発見した明確な証拠」があるとして再審を開始した原決定の結論を支持しているものであるところ、このような場合には、被告人らに免訴事由があっても、再審が非常救済手続であることからみると、当然に無罪の判決を言い渡すべきであるとの説もないではない。しかし、上記のとおり、旧刑事訴訟法上、通常の訴訟手続に関して当然に適用されるべき免訴事由に関する規定が再審開始決定に基づく再審公判手続において排除されると解することは困難である（なお、この点は現行刑事訴訟法のもとでも変わらない。）。再審公判においても、旧刑事訴訟法511条、同512条など法が明文で定めた手続、すなわち、再審開始決定後の再審の審判はその審級の手続に従って更に行うこととされ、免訴に関する規定の適用が排除されていないことからみて、再審公判に限って、免訴事由が存するにもかかわらず無罪判決をすることを法が予定しているとは解されないことは上記のとおりであり、上記最高裁判決の趣旨は、当然に再審公判にも妥当するものと認められる（なお、本件抗告審決定が、免訴事由がある場合に無罪を理由とする再審請求が許されるか否かについての検討に関連して、「再審公判において、実体審理をせずに直ちに免訴の判決をすべきであるとしても」と説示していることからすると、本件抗告審決定も免訴判決をすべきであるとの立場に立つものと思われる。）。弁護人らが指摘する上記東京高裁昭和40年決定は、刑の廃止によっても再審請求権が消滅しない旨を判示したものであって、再審開始決定後の再審の審判における旧刑事訴訟法363条2号の適用の可否についてまで判示したものとは認められない。

弁護人らの主張するところは、被告人らの名誉回復や刑事補償等の実質的な利益を重視するものであって、既に認定してきた治安維持法違反被告事件における歴史的な背景事情、被告人らに対する神奈川県警特高による暴行など取調べの実態、原判決が下されるまでの審理経過及び昭和61年以降、19年以上に及ぶ一連の再審請求手続経過などに徴し、相当の重みをもつことは否定し難い。しかし、現行の刑事補償法25条1項、2項（同法附則9条により旧刑事訴訟法による本件にも適用されると解される。）は、刑事訴訟法の規定による免訴の裁判を受けた者は、もし免訴の裁判をすべき事由がなかったならば無罪の裁判を受けるべきものと認められる充分な事由があるときは、国に対して補償を請求することができるとして、免訴の判決を受けた者に対しても無罪の判決を受けた者と同様の刑事補償が認められている。また、これに加えて、刑事補償法24条は「裁判所は、補償の決定が確定したときは、その決定を受けた者の申立てにより、すみやかに決定の要旨を、官報及び申立人の選択する三種以内の新聞紙に各一回以上掲載して公示しなければならない」と規定し、この規定は免訴の判決の場合に準用されているところである。

以上のように、法は、免訴判決を受けた被告人らについても、その補償や名誉回復のための手立てを講じているのである。そして、本件においては、本件抗告審決定が説示するところをもとにすると、上記刑事補償法が規定する要件に該当するという判断になるとも思われる。

以上のとおり、弁護人らが主張する点を考慮しても、「無罪を言い渡すべき、新たに発見した明確な証拠がある」ことを理由として開始された本件再審公判において、被告人らに免訴判決を言い渡すことは、無実の罪に問われて無念の死を遂げた被告人らから、再度名誉回復や刑事補償等の具体的な法的利益を奪うということにはならない。

イ　弁護人らは、既に存在する原判決を完全に無効にするためには、再審公判手続で原判決と内容的に矛盾する無罪判決を言い渡すことが必要であり、免訴判決では、原判決を当然無効にする効力を有するとは言い難く、特に有罪判決後に刑の廃止がなされた場合には、原判決の完全な失効、消滅状態を作り出すことができないから名誉回復は望めないし、原判決の実体的瑕疵を不問に付する結果となり、再審の理念・目的にも合致しないなどと主張する。

しかし、既に述べたように、再審開始決定が確定すると、その審級に従いさらに審判をすることになるのであり、再審の審判は原判決の当否を審査する手続ではない。再審公判裁判所としては、改めて判決の言渡しを行うことになるのであり、原判決は、本判決の確定によって完全に失効するに至ることになるのである。再審公判において、原判決を無効にするためにこれと矛盾する判決をしなければならない理由はないといわなければならないし、原判決の実体的瑕疵を不問に付する結果になるものでもない。しかも、本件各被告事件については、本件抗告審決定で、被告人らに「無罪を言い渡すべき、新たに発見した明確な証拠」が存在すると判示されているのであり、かかる抗告審決定の内容は当審において覆す余地のないものであり、再審請求における本件抗告審決定及び当審の審理・判決を通じてみると、原判決の結論は明らかに否定されているのである。被告人らに免訴判決を言い渡すことが再審の理念・目的に合致しないということにはならない。

弁護人らの主張するところは、結局、原判決の確定によりこうむった不利益は、再審公判手続や無罪判決によって完全に回復すべきであるという点にあると認められるが、旧刑事訴訟法は、再審開始決定後の再審公判においても、前記のとおり、通常の公判手続と同様の審理と判決がなされることを当然のこととして予定しているものと解される。他方、免訴の判決には一事不再理の効果が認められ、被告人は無罪判決と同様に将来的にも訴訟係属から解放されることになるばかりでなく、免訴判決は実体審理前になされる終局裁判であるところ、被告人に対しては有罪判決が確定するまで無罪の推定が働くことは刑事裁判の大原則であり、免訴判決はこのような被告人を訴訟手続から解放するものである。被告人らの名誉は、このような訴訟過程と免訴の終局判決、さらにはこれに先立つ再審請求に対する裁判所の判断、上記のような現行刑事補償法上の救済規定等を通じて回復されることが期待されるのであり、無罪判決ではなく免訴判決を言い渡すことが被告人らの名誉回復の道を閉ざすということにはならず、これが再審の理念・目的に反するものとはいえない。

3 結　論

本件再審請求、本件抗告審決定及び当審で取り調べた証拠によって明らかにされたところによれば、本件被告人らは、太平洋戦争中に治安維持法違反の罪により逮捕されて身柄を拘束され、神奈川県警特高による取調べを受け、それによって得られた被告人らの自白を主たる証拠として横浜地方裁判所で有罪判決を受けたものである。太平洋戦争が敗戦に終わった直後という特殊な状況下で訴訟記録が廃棄され、そのため原判決が残されていないという異常な事態もあって、再審開始までにかなりの時間をけみし、その間、生存していた被告人らが死亡し、再審裁判を受けることができなかった状況に至ったことは誠に残念というほかない。そのような中にあって、本件再審請求に対する本件抗告審決定において、被告人5名が神奈川県警特高により拷問を受けた事実が明らかにされ、原再審開始決定の結論が維持されたことによって本件再審が開始された。

当裁判所は、かかる再審開始決定を受けて、被告人5名に対する再審のための公判を特に開いた上、弁護人らの本件に関する主張に謙虚に耳を傾け、その主張を充分に吟味したところである。そして、当裁判所は、被告人5名に前記のとおり免訴事由が認められる本件においては、弁護人らの主張にもかかわらず、被告人5名に対する本件各被告事件について、免訴の判決をもってのぞむのが相当であるとの結論に達した。

以上のとおり、本件各治安維持法違反被告事件に対しては、旧刑事訴訟法363条2号及び3号により、被告人らに対して免訴の言渡しをすることとする。

よって、主文のとおり判決する。

平成18年2月9日

横浜地方裁判所第2刑事部

裁判長裁判官　松尾　昭一
裁判官　竹下　雄
裁判官　林　美紀子

2006・2・9　請求人・弁護団「声明」

声明

横浜事件第三次再審請求人
横浜事件第三次再審請求弁護団

本日、横浜地方裁判所第二刑事部は、横浜事件第三次再審請求事件にかかる治安維持法違反被告事件について、免訴の判決を言い渡した。

ところで、横浜事件の元被告人らは、過酷な拷問によって虚偽の自白を強制され、これらの自白を唯一の証拠として有罪の判決をされたものであって、無罪であることが明らかであり、このことは、すでに昨年3月10日の東京高裁決定によっても明確に認定されているところである。

以上のような実体を有する本件の再審公判においては、再審公判裁判所に対し誤判の完全除去及び誤判による被害者の権利及び名誉回復の義務を課するものであるという再審の理念及び目的に徴すると、免訴を言い渡すことは違法であるといわざるを得ず、無罪を言い渡すべきものである。

本件判決は、実質的に見て、検察と一体となって横浜事件の隠蔽を図ったものといえ、特高警察と検察の言うがままに違法な確定判決を言い渡した横浜地裁の行為への反省の姿勢は微塵も見られない不当な判決であるといわざるを得ない。

我々は、かかる不当判決には到底承服できず、ただちに控訴の手続きをとる。

以上

控訴審（東京高裁）

■二〇〇六・2・10　控訴申立書
■〃・9・8　冒頭意見・1
■〃・9・8　検察官意見書
■〃・10・5　検察官意見書に対する反論書
■二〇〇七・1・19　判決（棄却）

控訴申立書

請求人　木村まき（被告人　木村　亨）
同　小林貞子（被告人　小林英三郎）
同　由田道子（被告人　由田　浩）
同　高木　晋（被告人　高木健次郎）
同　平館道子（被告人　平館　利雄）

弁護人　弁護士　環　直彌
同　大島　久明
同　岡山未央子

上記被告人らに対する頭書事件について、平成18年2月9日横浜地方裁判所第2刑事部において言い渡された判決は不服ですので、控訴を申し立ていたします。

平成18年2月10日
東京高等裁判所　刑事部　御中

※

冒頭意見・1

被告人　木村　亨（請求人　木村　まき）
外4名

平成18年9月8日

東京高等裁判所第8刑事部御中

弁護人弁護士　森川　金寿
同　環　直彌
同　竹澤　哲夫
同　斉藤　一好

同　新井　章
同　内田　剛弘
同　向　武男
同　吉永　満夫
同　大島　久明
同　岡山未央子
同　森川　文人

第一　はじめに
——免訴判決に対して上訴権（上訴の利益）があるか

一　問題の所在——免訴判決に対して上訴権（上訴の利益）があるか

本件は、免訴判決に対する控訴事件であるところ、免訴判決に関しては、そもそも誤ってなされた免訴判決に対しても、一切、上訴権はないとする学説もあり（平野龍一『刑事訴訟法』法律学全集43巻３００頁等）、また、そのような趣旨に解される判例も存する。

しかしながら、本件は「再審」事件であり、通常審における判断と再審における判断を同一にすることはできない。こと再審事件に関しては、およそ免訴判決に対する上訴一切を否定すべしとする論拠は成り立たない。再審においては、誤った違法な免訴判決を是正し、無罪判決を求める法的利益が存するのである。

なお一言付言しておくと、旧刑事訴訟法では控訴申立に関して何らの法的制約も課されていないので、控訴申立が自由であることは原則であり、疑義があれば、本来、検察側に主張責任があることは、ふまえられるべきである。

二　およそ免訴判決に上訴権を認めないとする考え方は再審事件には該当しない

免訴判決に対して、被告人側から上訴権（上訴の利益）があるか、すなわち、免訴事由の有無を争う利益が認められるかという点について、これを否定する考え方の論拠としては、形式裁判たる免訴判決には実体判断が含まれていないこと、形式裁判によって被告人が手続から解放されたり早期に釈放されるなどの利益が、上訴を認めると損なわれること等が指摘される。

しかしながら、こと再審においては、再審制度の趣旨が、本稿第二章以下で詳述するように無辜の救済という基本的理念にあり、実体的な審理・判断が優先されるべきである以上、形式裁判たる免訴判決が実体判断である無罪判決より優先することは出来ない。ましてや本来、再審原審として、無罪判決すべきであったにもかかわらず、誤って違法になされた免訴判決でも構わない、上訴の利益がないとするのでは、無辜の救済という再審制度の趣旨が没却されてしまう。形式判断である免訴判決では無辜の救済は達し得ないのである。

そして、被告人側から請求される再審手続において、当該手続からの解放や早期釈放という利益が損なわれるということは全く根拠にはならない（この点も第二以下で詳述する）。望んで開始した手続であり、むしろ、そこで実体判断が避けられることこそ、被告人側にとって求めるものから最も遠いのである。

よって、こと再審においては、誤ってなされた違法な免訴判決に対しては、上訴の利益は認められるべきである。通常審で成り立つ論拠は成立しない。免訴事由を争って上訴により無罪判決を求めることは、少なくとも再審事件においては可能とされなければならない。一般論として、この場合の上訴を認める学説（団藤重光等）の根拠として、無罪判決の免訴判決に対する有利さを指摘する説もあるが、このことは再審ではなおさら当てはまるのである。

三　判例も、およそ免訴判決に上訴権を認めないという論拠を示すものではない

1　判例の論拠――公訴権の消滅

判例はどのような立場か。最高裁昭和23年5月26日判決（以下「最高裁プラカード事件判決」という。）は、免訴判決に対し「訴訟の実体に関する理由を主張して無罪の判決を求めることは許されない」とし、東京高裁平成元年7月6日判決は「およそ免訴の裁判は被告人に対する公訴権が爾後の事情で消滅したとして被告人を刑事裁判手続から解放するものであり、これによって被告人はもはや処罰されることがなくなるのであるから、右裁判に対し、被告人の側から、免訴の裁判自体の誤りを主張し、あるいは、無罪又は公訴棄却の裁判を求めて、上訴の申し立てをするのは、その利益を欠き、不適法というべきである（最高裁昭和23年5月26日大法廷判決・刑集2巻6号529頁、同昭和29年11月10日大法廷判決・刑集8巻11号1816頁、同昭和30年12月14日大法廷判決・刑集9巻13号2775頁、同昭和46年2月25日第一小法廷決定・裁判集179号119頁各参照）。

よって、本件控訴は、上訴権がないのにされたものであることが明らかであるから、刑訴法385条1項に従い、これを棄却する」としており、その他、同旨の判例が存在する。

これらの判例は、いずれもその論拠を、最高裁プラカード事件判決に求めている。この最高裁プラカード事件判決が示す見解は、

「そもそも恩赦は、ある政治上又は、社會政策上の必

要から司法權行使の作用又は効果を、行政權で制限するものであつて、舊憲法下でいうならば、天皇の大權に基いて、行政の作用として、既に刑の言渡を受けたものに對して、判決の効力に變更を加え、まだ、刑の言渡を受けないものに對しては、刑事の訴追を阻止して、司法權の作用、効果を制限するものであることは、大正元年勅令第二〇號恩赦令の規定に徴し明瞭である。（中略）

しかして、大赦の効力に關しては、前示恩赦令は、大赦は、大赦ありたる罪につき、未だ刑の言渡を受けないものについては、公訴權は消滅する旨（恩赦令第三條）を定めている。即ち、本件のごとく公訴繫屬中の事件に對しては、大赦令施行の時以後、公訴權消滅の効果を生ずるのである。

しかして、裁判所が公訴につき、實體的審理をして、刑罰權の存否及び範圍を確定する權能をもつのは、檢事の當該事件に對する具體的公訴權が發生し、かつ、存續することを要件とするのであつて、公訴權が消滅した場合、裁判所は、その事件につき、實體上の審理をすゝめ、檢事の公訴にかゝる事實が果して眞實に行われたかどうか、眞實に行われたとして、その事實は犯罪を構成するかどうか、犯罪を構成するとせばいかなる刑罰を科すべきやを確定することはできなくなる。

これは不告不理の原則を採るわが刑事訴訟法の當然の歸結である。本件においても、既に大赦によつて公訴權が消滅した以上、裁判所は前に述べたように、實體上の審理をすることはできなくなり、ただ、刑事訴訟法第三百六十三条に從つて、被告人に對し、免訴の判決をするのみである。從つて、この場合、被告人の側においてもまた、訴訟の實體に關する理由を主張して、無罪の判決を求めることは許されないのである。」とするものである。

2　およそ免訴判決に対する上訴を否定する根拠は示されていない

すなわち、最高裁プラカード事件判決自体は、大赦に関する事案であるが、刑の言渡を未だ確定的に受けない者に関しては、大赦により公訴権が消滅するが故に、実体審理を進めることが出来ず免訴判決すべき、と判断しているのである。

言い換えれば、この判決は、恩赦令3条2の適用により公訴権が消滅するが故、それ以上、審理を進めることはできず、従って、そのような理由に基づきなされた免訴判決に対しては、上訴により、さらに審理を続けさせることは出来ない、故に、免訴判決に対する控訴は、控訴の利益がなく不適法とするものである。

大赦令の適法な適用に論拠をおくものであり、およそ誤ってなされた免訴判決（すなわち、公訴権が消滅していない等）についてまで上訴を認めないとするものとまでの論拠は示されていない。
同じく東京高裁平成元年7月6日判決も、
「およそ免訴の裁判は被告人に対する公訴権が爾後の事情で消滅したとして被告人を刑事裁判手続から解放するものであり、これによって被告人はもはや処罰されることがなくなるのであるから（後略）」
とする。
結局、これらの判例は、公訴権の事後的消滅を理由としてなされた免訴判決に対しては、故に上訴により公判継続を認められない、とするものである。このような論拠に基づく免訴判決に対する上訴の否定は理解しうるものである。

ここでは、およそ誤ってなされた免訴判決に対して一切控訴しえない、という論拠は示されていない。公訴権の消滅事由としての免訴事由の存在に一定の根拠があっての上訴否定であり、これらの判例の立場に立つとしても、違法な免訴判決に対する控訴すら認める余地がないと解することは出来ないのである。

すなわち、判例の解釈としての争いはありうるとしても、一切の違法な免訴判決に対しての上訴まで認めないと解さなければならないとはいえない。

ましてや、本件のような再審においては、前述のとおり、再審制度の趣旨を踏まえれば、およそ免訴判決に対しては上訴できないとしなければならない理由はなく、むしろ、再審公判における違法な免訴判決は再審公判内において是正されるべきは再審制度の当然の要請である。

では何故、再審の場合には通常審と異なる判断となるのか。この点を解明するために、再審制度の性格・目的・理念を本件との関係において確認し、以下に詳述する。

第二　再審制度の目的・理念と再審裁判のあり方

一　再審制度の性格と目的・理念
――「利益再審」→「無辜の救済」

1　旧刑事訴訟法下で再審は確定有罪判決を受けた者の利益のためにも（485条）、不利益のためにも（486条）行われ得るとされていたが、「日本国憲法の施行に伴う刑事訴訟法の応急的措置に関する法律」20条で、「被告人に不利益な再審は、これを認めない」とされたことにより、再審は被告人であった者の利益のためにのみ行われることとなった（利益再審）。これはわが国の再審制度が、不利益再審も認めるドイツ型の制度から利益再審のみに限定するフランス型のそれに回帰したという沿革的意義に止まらず、日本国憲法39条で、「同一の犯罪について、重ねて刑事上の責任を問はれない」とする二重処罰の禁止原則が定められたことに基因して、いわば憲法的転回を迫られたことを意味しており、この重大な改変によって、再審制度は従前の真実発見→正義の自己回復のための制度から、むしろ「無辜の救済」という被告人とされた者の人権救済のための手続に理念・性格を転換したものとされている（団藤重光『刑事訴訟法綱要（七訂版）』589頁、鈴木茂嗣『刑事訴訟法（改訂版）』現代法律学講座28巻311頁以下、光藤景交「再審の基本構造」『刑事再審の研究』所収37頁以下ほか多数）。

2　従って、再審制度の諸規定の解釈適用に当たっては、かような再審制度の新たな目的・理念に沿って適切妥当に行われるべきことは言を俟たないし、また、この制度の本旨が被告人とされた者の誤判からの救済にあるとすれば、ひろく再審制度の運用に際して、被告人とされた者らの意見・要求が最大限に尊重されてしかるべきである（三井誠「再審手続の構造」『刑事再審の研究』所収172頁）。わけても裁判所による救済方法の裁定に関しては、被告人らが冤罪を晴らすのに最も相応しい救済手段として無罪判決を要求し、そのための実体審理を求める等の場合には、その意向が十分に顧みられねばならぬこともまた当然の事理ということができよう（実体審理の優先の原則――なお、この点については第三で詳述する）。

事実、現行刑事訴訟規則286条が、「再審の請求について決定をする場合には、請求をした者およびその相手方の意見を聴かなければならない」と定めるところにも、その間の消息を窺うことができるし、また、いわゆる松山事件仙台高裁決定（仙台高裁決定昭和48年9月18日　刑裁月報5巻9号1312頁）が、同条の趣意の解釈に関して、「再審制度が個々の裁判の事実認定の誤りを是正し、有罪の言渡しを受けた者を救済することを目的とするところから、再審請求人の意見を十分に汲んだうえで、再審請求の理由の有無を判断することが望ましいとして設けられたものと解すべきである」と説示し、さらには加藤老事件の再審開始決定（広島高裁決定昭和51年9月18日　高刑集29巻4号477頁）が、「再審制度が本来、真の冤罪者を救済するための制度であるとしたら、この救済の道が多少とも阻害されるような形での形式的な理解は相当でない」と立言するところ等に照らしても、当弁護人らの上記主張の相当なる所以が理解されるであろう（以上につき光藤・前掲書39～40頁参照）。

二　再審制度の二段階構造と内面的な制度関連

1　再審制度の二段階構造

ところで、わが国の刑事再審制度では旧刑訴法の時代から、被告人らの再審請求にそもそも理由があるかを審査する「再審請求審理手続」と、その審査の結果再審を開始すべきものとする裁判所の決定が確定したときに初めて行われる「再審公判手続」との、二段階構造が採られている。

もとより、これら二段階の審査手続はいずれも、これに先立つ確定有罪判決の事実認定等に関して被告人らから――時には公益代表者としての検察官からさえも――疑義が呈されたときに、これを採り上げて確定有罪判決を〝見直す〟こととし、当該事件について再度審査・判断を〝やり直す〟ための非常・特別な刑事訴訟手続であって（さればこそ「再審」制度と呼ばれるのであろう）、二段階の審査手続は、この目的のために資すべき慎重かつ公正な司法システムとして、一体的に存在し機能すべく予定されているものと解される。

２　再審請求審の審理手続

（１）再審請求審における審査の趣旨・目的

そのうちまず再審請求審理手続は、被告人らの再審請求が法定の「再審理由」（旧刑訴法４８５条等、現行刑訴法４３５条等）を充足するものかどうかという、「再審理由」の有無を審査・確認することを通じて、確定有罪判決の――事実認定等の――当否を吟味するものであるが、その際裁判所によって審査されるのは、「原判断に合理性が認められるか」ではなくして、「原判断に対する『疑い』に合理性が認められるか」であるとされており（鈴木・前掲書３１２頁）、かような制度理解は妥当として支持することができる。

これに対しては、より端的に再審請求審の審査の趣旨・目的は、再審開始決定後の公判手続で無罪判決を得る可能性があるか否かを予測するにあるとする見解等もあるが（光藤・前掲書57頁、三井誠・前掲書１８２頁）、いずれにせよ、「再審理由」の殆どすべてが、確定有罪判決――の事実認定等――に誤りありと疑わせるに足る事由なのであるから、その事由の有無の審査・確認を通じて、吟味されるのがほかならぬ原判決（確定有罪判決）そのものであり、その内容の当否であることは論を俟たぬところといわねばならない（鈴木・前掲書３２４頁）。

（２）再審開始決定の拘束力等

そこで問題は、裁判所が被告人らの再審請求を容れて再審開始決定を行った場合の、開始決定の拘束力如何であるが、一部に再審請求審の審査判断はある程度の予測的要素を含み、必ずしも確定的な判断とはいえぬ等の理由で消極に解する見解があるものの（高田卓爾『注解刑事訴訟法　下巻』３２７頁）、多数見解は、先述のような再審請求審の審査の性格――とくにその結果として示される再審開始決定は、無辜の救済のために確定判決の法的安定性を損なうことも已むなしとする重大な意義・性質をもつこと――等からして、再審開始決定にはあたかも上訴審における破棄差戻判決に似た拘束力が認められるべし等とする点でほぼ共通しており、例えば再審開始決定で「無罪を言渡すべき新たな証拠」があるとされたときには、さらに新たに有罪を証する証拠が付け加えられぬ限り、再審裁判所は無罪判決を言渡さなくてはならぬと説くものも少なくない（平野・前掲書343頁、鈴木・前掲書328頁、光藤・前掲書60頁、三井・前掲書190頁以下）。

また、再審開始決定が原判決（確定有罪判決）の効力にいかなる影響を及ぼすと考えるべきかという問題も、上記に劣らぬ重要性をもつが、この点についても学説の多数見解は、確定的に原判決の効力を失わせるのが再審公判の最終判決の確定によってであることはよいとして（団藤・前掲書596頁、平野・前掲書343頁ほか）、再審開始決定の確定によっても原判決の存在・効力には何らの影響なしとするのはいかにも相当でなく、実際は再審開始決定の確定によって原判決の正当性は揺さぶられ、その内容的確定力したがって執行力も失われるとか（鈴木・前掲書328頁）、確定有罪判決の効力は実質上失われる（三井・前掲書185頁以下）等とする点で、概ね一致しているということができる。

3　再審公判手続

次に再審公判手続は、これに先立ってなされた再審開始決定の確定を受けて実施される本格的審査手続であるが、その審査判断のあり方については、旧刑訴法511条は「其ノ審級ニ従ヒ更ニ審判ヲ為スヘシ」とするのみで、それ以上具体的に定めるところは殆どなく（当事者死亡等の場合の例外的な扱い〈旧法512条等〉と不利益変更の禁止規定〈旧法514条〉のみ）、裁判関係者らの解釈運用に委ねる形となっている。

(1) 再審公判手続の基本的性格

そこでまず、再審公判手続の基本的性格をどう捉えるか、言い換えれば、再審公判手続は原判決（確定有罪判決）の公判手続の再開・続行として、いわばそれとの「連続」の上で行われるものと捉えるべきか（続審説）、それとも原判決の公判手続とは切り離して、最初からやり直す新たな裁判手続として、いわば「断絶」の下で行われるものと捉えるべきか（覆審説）についてであるが、この点に関しては、「再審の審判は、その性格としても、原確定判決の基礎となった公判手続と『断絶』するものでなければならない」（藤永幸治ほか編『大コンメンタール刑事訴訟法』7巻173頁）とする考え方が一般であり、再審公判は「其ノ審級ニ従ヒ更ニ審判ヲ為スヘシ」と定める上記511条の規定のありようからしても、後者の捉え方が妥当と思われる。

立法例の中には、「確定判決により終結した手続は、有罪の言渡しを受けた者の利益のためにこれを再開することができる」（ドイツ連邦共和国刑事訴訟法359条）、「新たな公判においては、原判決を維持するか、又はこれを破棄して事件につき更に判決する」（373条1項）というものもあるが、これと対比しても、わが国における再審公判が原有罪判決の公判手続の「再開」ではなく、「やり直し」裁判の性格のものと解されることは明らかである。

別言すれば、再審公判の開始によって、一旦は終了した原公判手続が「再開」され、検察官の公訴権が復活・継続するのではなく、後述するように甚だ片面的・限定的ではあるが、再審公判を維持するのに必要な限りで検察官による公訴権の行使が更めて（新たに）行われると解すべきなのである（この点の理解は、最高裁プラカード事件判決の趣旨の適正な解釈のためにも重要である）。

（2）再審公判手続の具体的な進め方
――「破棄差戻の場合の手続に準じて」

ところで、再審公判の性格がそのようなものであり、確定有罪判決をもたらした原公判とは別個独立の訴訟手続として行われるべきものとしても、両者が内面的に密接な関連を有することは疑う余地がない。確定有罪判決に合理的な疑いが提起され、それに基づいて再審開始決定が下され、それが確定したからこそ再審公判が開かれる運びとなったのであるから、三者の内容的な因果関連は否定のしようがない。

そこで、このようにして開かれることになった再審公判の具体的な進め方については、原判決（確定有罪判決）と、これに関する合理的な疑いを認めた再審請求審の再審開始決定、およびこれを受けて開始される再審公判手続との三者の関係を、あたかも原審判決が上訴審によって破棄差戻しとなり、その差戻命令の下で開かれる差戻審の、三者の相互関係と類似のそれと捉えて、「破棄差戻の場合の手続に準じて扱われるべき」ものと解するのが通説となっている（平野・前掲書343頁、高田・前掲書375頁、鈴木・前掲書330〜331頁）。そこでは、「再審の審理は一応あらたな審理として観念されるけれども、ともかく一度審判が行われた事件についての審理のやり直しであるから、事態は破棄差戻の場合と類似するのであり、その場合の手続に準じて考えてよいであろう」などとされている（高田・前掲書360頁）。

この点では、これまでの再審事件の裁判実務も同様の理解に立って行われてきていると思われ、免田事件や徳島事件等では、再審公判に先立つ三者協議において、裁判所側から「破棄差戻後の公判手続に準じて」審理を進めたいとの方針が示され、検察・弁護双方もこれを了解して、再審の審理が実施されたという実情が報告されている（日弁連編『続　再審』355頁以下）。

（3）上記通説的理解の意味するもの

このような通説的理解について注目されることの一つは、そこで再審公判の手続を「破棄差戻の場合の手続に準じて扱うべきもの」といえるためには、再審開始決定に「（上訴審の）破棄判決に類似の拘束力」が認められることが当然の論理的前提――ないしは少なくとも望ましい前提――とされていなければならぬ道理であり、この点からしても再審開始決定に、その後の再審公判の審理のあり方をリードするに足る――上記のような――拘束力が認められて然るべしということになるという点であり、もう一つは、より重要な点であるが、この通説的理解では、原判決（確定有罪判決）―再審請求審の再審開始決定―再審公判手続の三者の関係が、あたかも原審判決―上訴審の破棄差戻判決―差戻審の審理手続の三者の関係とパラレルに、相互に密接に関連し合う関係と捉えられており、三者をそれぞれが切り離されたバラバラの関係にあるものと捉えるべきではないと理解されている、という点である。

これを言い換えれば、再審制度は、確定有罪判決（確定審）について重大な疑義が呈せられたときに、その疑義が合理的なもので、当該事案について再度の審理判断をし直すに値するかどうかを予め審査し（再審請求審）、その結果、再度の審理に値すると認められた場合にはじめて、更に本案について審判をし直す（再審公判）という手続構造をもった刑事司法システムであるが、これを全体的・総合的にみれば、再審制度は既成の確定有罪判決の誤りを匡し、それによって苦しめられてきた被告人らを冤罪から救済するという目的のもとに、すべてが収斂される仕組みの複合的な司法システムであって、いわば〝三位一体〟的な関連の下で、実質的な審判対象である「原判決（確定有罪判決）の当否を吟味し、是正する」制度ということができる。

（4）「原判決の当否を吟味する」とは
――上訴審と再審との差異

もちろん、「原判決（確定有罪判決）の当否を吟味する」といっても、再審制度は通常の上訴審とは違う非常・特別の審査制度であるから、通常の裁判手続の下で上級審が原審の判決に対するように、原判決を直接吟味の対象とし、それを維持するか是正するかを決するわけではない。そうではなくして、原判決の事実認定等の適正妥当を疑わせるような重大な疑義（再審理由）の所在が明らかになったときに、その疑義の解明を契機に、事案そのものについて再度再審裁判所が審査判断をやり直し、新たな判決を以て誤った原判決の効力を失わせ、被告人らを救済するという制度であり、さような手続を経る仕方で、実質的に原判決の当否を吟味し、その是正を図る手続にほかならない。「原判決の当否を審査し、その誤りを是正・解消する」という実質的・究極的な目的を離れて、「再審」制度の存在理由があり得るはずはもともとないのである。

（5）原判決（確定有罪判決）と再審公判の審判との関わり

なお、再審公判の審理判断と原判決（確定有罪判決）との関係については、

「再審の審判手続は、文字どおり本案事件について再度の審理・裁判を行うものであって、原判決の当否を審査し、これを取り消し又は維持する等の裁判を行うことを目的とするものではない。……再審の審判手続は、原確定判決の訴訟手続とは全く別個の手続として、これと関係なく全くあらたに進行されなければならない」

などと説くものがある（『註釈刑事訴訟法（新版）』第7巻183頁以下、臼井滋夫ほか執筆）。かような見解は、前述した再審公判の原裁判からの「断絶」を最も徹底させた考え方ということができるが、本件第1審判決は多分にこの説に影響されたとみられるふしがある。

しかし、その趣旨とするところは、①再審公判での審判は、確定有罪判決を導いた原裁判の審理手続には何ら拘束されることなく、それとはまったく別個独自の立場で——再審開始決定の下ではあるが——行われるものであり、②原判決の当否を審査し裁断することを直接の目的とする、上訴審手続の如きとは自ずから趣旨目的を異にする、という当然の事理を言わんとするにあると善解すべきものであって、再審公判の審判が原裁判（確定有罪判決）の当否の問題とは全く関わりなく、従って、再審開始決定の指摘するところにも拘束されることなく、再審裁判所の自由・無制約な判断の下に行われてよいなどとする趣意でないことは多言を要しまい。

実際にも、論者は上記の指摘に続けて、

「右のように、再審の審判手続と……原裁判の審判手続との間には、……手続的な連続性に欠けるとはいえ、それは、既に審理がなされた確定判決の存在する事件を対象にして、再度の審判がなされる手続であり、（しかも、）その手続の前には再審請求に対する審判手続が存在しているので、……通常の公判手続とはおのずから異なるところがある」

と説いているのであって、そこでは、原判決（確定有罪判決）の存在や再審請求審の介在が十分に意識されていることが見てとれるのである。

三　本件第1審判決の見解の誤り

以上のようにみてくると、本件第1審判決（以下、原審判決という）の再審制度の理解がいかに誤りに満ちた、失当なものであるかが判然とする。

1　再審公判手続の趣旨・目的に関する理解の誤り

すなわち、原審判決は、旧刑訴法511条を援用しつつ、

「（再審の審判は、）本案事件について審級に従い再度審理・裁判を行うものであって、原裁判の当否を審査し、これを是正することを目的とするものでないことは明らかである。両者は法律上別個の手続であって、再審開始決定は、単に法定の再審事由に該当する事実が存し、再審の審判がなされるべきである旨を判断したものであり、もとよりその限度で拘束力を有するにすぎない」

と判示している（判決書10頁）。

しかし、原審判決はこの判示の後にも、「再審の審判は原判決の当否を審査する手続ではない」と繰り返し明言しており（13頁）、再審公判が「原判決の当否を審査することを目的とする手続でない」というに止まらず、そもそも「原判決の当否を審査する手続ではない」旨を強調しているのである。

だが、原審判決のこの見解に従うならば、原審裁判所のいう「再審公判」とは、原判決（確定有罪判決）の当否を審査せず、また、再審請求審の再審開始決定の内容にも拘束されることなく、言い換えれば、原判決に呈せられた「合理的な疑義」の存在・内容にはかかずらうことなしに、全く自由で独自に、「本案事件について再度の審査・裁判を行う」「それぞれの審級における一般原則に従って公訴事実に対する審判を行う」ことになるのであるが、さような審判では一体何を目的に、いかなる事項を対象として審理判断を行うのか、その実体が一向に掴めないし、内容的に言って、これを「誤った裁判について再審理する」＝「再審」裁判と評することは到底できない。要するに、原審裁判所のいう再審公判とは、空疎な言葉だけを連ねた実体不明の審判であり、「再審」裁判にあらざる再審裁判という以外にはないのである。

のみならず、原審裁判所のいうごとく、再審公判の裁判所は確定有罪判決の当否の問題からも、再審請求審の再審開始決定が指摘する再審理由の所在からも離れて、自由・独自に本案事件について審理判断できるのだとすれば、判断の赴くところ、被告人らに不利益な判決が言渡される惧れも生じないわけではないのであって、そうなれば被告人らは「再審」を求めて却って「二重処罰の危険」に曝されることになり、裁判所としては「利益再審」の大原則に背くことを避けられなくなる。

2　再審制度の構造理解の誤り

また、原審判決の上記のような再審制度の説明では、

原判決（確定有罪判決）の当否は再審公判とは無関係、再審開始決定の内容も再審公判とは関わりなしということになって、原審裁判所の確定判決―再審請求審の開始決定―再審公判の審判の三者は、内容上無関連・バラバラの関係に置かれることとならざるを得ない。

しかし、それでは、先述したような上記三者の密接な内面的関連性は否定され、再審請求審とそれを踏まえた再審公判との二段階構造の存在意義――「無辜の救済」に向けた一体的な機能――は無に帰することになり、通説・裁判実務の認める、「破棄差戻しの場合に似た手続」による適切妥当な再審制度の運営は望むべくもなくなってしまう。これを要するに、原審裁判所の示す再審制度の捉え方は、再審制度の理念に沿った手続構造の枠組みと、その枠組みの下での再審制度の運営を不可能に陥れる甚だしい謬論であって、ひっきょう旧刑訴法５１１条以下に定められた再審制度の趣旨に反するものというほかはないのである。

第三　本件再審事件における無罪判決要求の正当性と原審免訴判決の誤り

一　再審事件では実体的な審理・判断が優先されるべきこと

１　通常刑事訴訟における訴訟条件の審判の先決性

通常の刑事訴訟では、公訴事実についての実体的な審理判断に先立って、管轄権の有無からはじめ裁判権の有無、被告人の存否や大赦等免訴事由の有無等、被告人に対する公訴権の存続を裏づける訴訟条件の有無についての審理判断を施し、これら訴訟条件のいずれかの欠けつが認められれば、管轄違いの判決や公訴棄却の決定・判決、さらには免訴の判決をもって訴訟手続を終了させ、実体的な審理や判断を避止することになる。

これは、そうすることによって、刑事司法の手続秩序を確保するとともに（管轄違いの判決等）、被告人をできるだけ早期に訴追手続から解放し、被告人に無用な応訴・実体審理負担や有罪判決の危険負担を課することを抑止する等の重要な意義を有しており（免訴判決等）、そのような刑事司法手続の公正確保や人権保障的意味合いからしても、また、訴訟条件は公訴そのものの前提要件と位置づけられているという手続構造からの論理的帰結としても、「訴訟条件の審査が有罪・無罪の実体判断に先行すべきは当然のことである」（田宮裕『刑事訴訟法（新版）』２３１頁）。（＊）

＊なお、この学説は、免訴判決が可能な場合にも、裁判手続が実体審理を経て無罪判断に到達しているときは、「無罪の判断はできそうである」と説いていることが注目される。

2　再審公判における実体的な審理・判断の優先性

（1）しかし、既に事案について確定有罪判決が存在し、これについて深刻な疑義（再審理由）を被告人らが提示して〃審判のやり直し〃を求めている再審事件の場合は、これと異なり、審判が既成の確定判決の〃見直し〃であり裁判の〃やり直し〃であるという事柄の性質からしても、また、「誤判からの無辜の救済」という制度の目的からしても、確定有罪判決への「合理的な疑い」の解明に向けた実体的な再審理こそが、最優先の先決課題となる。これをしも、通常の刑事訴訟の場合と同様、まずは訴訟条件の審理判断からとして管轄権の所在、被告人に対する裁判権の有無、被告人の存否、大赦等免訴事由の成否等の審査を、確定有罪判決の疑点に関わる実体審理に優先させていたら、再審手続の存在理由は殆ど喪失を免れないこと必至である。

このように、判決に向かって正常に展開されていく通常の刑事訴訟手続と、再審や非常上告のような非常救済手続とでは、事柄の性質上、訴訟条件に関する形式的審査と公訴事実についての実体的審査との順序が逆になるということについては、平野龍一博士もこれを認めて、次のように説いていることが注目される（「非常上告」日本刑法学会編『刑事訴訟法演習』所収212頁）。事例は、国税犯則取締法による税務署長の告発がないにもかかわらず処分した事件について、最高裁がこれを判決の法令違反とし、原判決を破棄して公訴棄却したケースに関するものであるが（最判昭和32年12月24日、刑集11巻3371頁）、平野博士はこの判例を解説・批評する中で、

「第一審では、まず公訴を棄却すべきかどうかを審査し、ついで免訴にすべきかどうかを審査し、それから有罪か無罪かを審査する。いわば、（事案の）外側からだんだんと核心にむかってゆくのである。

しかし、一度確定した事実を審査する場合は、順序が逆になる。まず、実体法適用の当否を審査し、ついで免訴、さらに公訴棄却の事由に移る。訴訟手続の法令の違反と判決の法令違反が併立する場合に、手続の点はただ理論的破棄にとどめ、すすんで（より正確にいえば、その前に）判決の法令違反を審査しなければならないのもそのためである」

と述べているのである。

（2）また、「無辜の救済」という再審制度の目的を実現するために、事案についての実体的な審理判断の妨げになる――通常手続の――訴訟条件規定の優先適用を排除する適例として、われわれは旧刑訴法512条1、2項の場合を挙げることができる。すなわち、同条号は、被告人死亡の場合、通常手続では当然に訴訟条件が失わ

れたとして「公訴棄却」の決定がなされるべきところ(同法365条1項2号)、上記512条は、然らずして再審手続への上記365条の適用を排し、被告人が再審請求に籠めたであろう再審裁判手続の完遂のために、あくまで再審「判決ヲ為スヘシ」(現行刑訴法では「更に審判をしなければならない」)と定めているのである。

この理は、単に被告人死亡や心神喪失の場合だけではなく、被告人らが確定有罪判決後に大赦や「刑の廃止」という事態(一般には免訴事由とされる)に遭遇したケースにも妥当させられるべき筋合いであって、これを拒むべき理由はどこにも見出すことができない(なお、この点については後に詳述する)。

(3)上記の解釈と学説の状況

因みに、以上の点に関する学説を顧みても、鈴木寿一は、

「恩赦は元来適法且つ合法な刑罰の行使を前提とする。若し、大赦が判決確定前にあった場合であるならば刑罰権は未だ確定されていないから、免訴の判決をする外、一切を水に流して、それ以上有罪・無罪につき争わしめないとすることも、相当な解釈と思われるけれども、既に有罪の判決が確定し、刑罰権が具体的に確立された後、その判決の適法性又は合法性が疑われる場合は、おのずから問題が別なのではなかろうか。

若し、確定判決が刑罰法規に照らして誤りであるならば、その誤りは刑罰過程内において匡正さるべきであって、恩赦がこれに干渉すべきではない。然れば、判決確定前、刑罰権の成否未定の間において大赦があった場合、被告人は実体に関する理由を主張して無罪の判決を求めることができず、免訴の判決に対して上訴し得ないとしても、ひと度有罪の判決が確定し刑罰権の具体的成立を見た後においては、これに対する再審の手続は、大赦によって妨げられるべきではないと思われる」

と説いており(「第四章恩赦」『法律実務講座』12巻、2941~2942頁)、この見解については、「十分支持に値するもの」との評価が呈せられている(臼井『総合判例研究叢書　刑事訴訟法(14)』191~193頁以下)。

3　原審判決の誤り

ところで、これに対して原審判決は、この論点を弁護人ら主張の第一に位置づけながら、にもかかわらず、そこで指摘されてきた根本的な論点――確定有罪判決の誤りを匡して、被告人らの名誉や利益を回復させるという再審制度の理念・性格からすれば、実体審理・判断こそが優先されるべきだとする主張――には何ら正面から答えようとせず、単なる実定法規(旧刑訴法)の解釈操作で当面を糊塗しようと図るに止まっているのは遺憾といわざるを得ない。

う外はない。

すなわち、原審判決は、①「旧刑訴法511条は、再審公判について、『……其ノ審級ニ従ヒ更ニ審判ヲ為スヘシ』と規定しており、その趣旨は、通常の公判審理と同様の手続に従い、各審級の一般原則に従って審判を行うことを当然に予定しているものと解される」こと、および、②「旧刑訴法は、再審公判について、……免訴事由が存するにもかかわらず、無罪の実体判決をすることを予定した規定を置いていないこと」の2点を挙げ、「そうすると……再審の審判においても旧刑訴法363条の適用があることは明らか」であるとして、以て、本件につき通常手続の免訴規定を「適用」して形式的な免訴判断を先行させ、実体判断をせずに済ませたことを正当づけようとしているのである（判決書9～11頁）。

しかし、原審判決の掲げるこれらの「論拠」が、いずれも実定法（旧刑訴法）の解釈として合理的な批判に耐え得ない、「独断」でなければ「強弁」（論理の飛躍）に過ぎないことは、弁護人らが次項で詳細に明らかにするとおりである。いずれにせよ、原審判決が再審制度の理念・目的や制度の性格について十分な理解を欠き、実体判断をこそ優先させるべき再審制度の基本要請を看過して、誤って形式的な免訴判断を先行させたことは否定すべくもないところといわねばならない。

二 確定有罪判決後の大赦や「刑の廃止」と旧法363条の適用の可否

1 問題の所在
——再審公判の特殊性をめぐる見解の対立

既に述べたように、旧刑訴法511条は、再審公判における審判のあり方については「其ノ審級ニ従ヒ更ニ審判ヲ為スヘシ」とするのみで、具体的には殆ど定めるところがない。

そこで、この再審公判での審理判断については、果して各審級ごとに定められた通常の審理手続に従って進められればよいのか、それとも通常の審理手続とは異なって確定有罪判決に対する再審の審理に相応しい特別な審理手続を見定めつつ、そのルールに則って行われるべきものかが大きな問題となる。

この点に関して、本件再審請求審の抗告審決定で紹介され、弁護人側が本件原審で援用した東京高裁昭和40年12月1日決定（昭和36年（お）第1号　大逆事件関係判例時報441号12頁）は、「ひっきょう旧刑事訴訟法第363条2号（現行刑事訴訟法第337条2号も同様）は通常手続における規定であり、非常救済手続たる再審には適用のないもの」と説示して、再審公判の審理手続は通常の審理手続とは異なるものであり、通常の公判手続について定められた上記363条2号は再審公判にそのまま適用されることにはならない旨を明言している。
これに対して本件原審判決は、旧刑訴法が512条1、2項で、再審公判の場合は死亡者や心神喪失者についても敢えて「判決ヲ為スヘシ」と規定して、通常公判であれば、被告人が心神喪失の場合は公判手続を停止し、死亡の場合には決定で公訴を棄却すべき旨を定めた規定（旧法352条1項、同法365条1項2号）の適用を排除しておきながら、大赦や「刑の廃止」の場合に免訴を言渡すべき旨を定めた同法363条2、3号の適用を排除する規定は設けていないので、「再審の審判においても同条の適用があることは明らか」だとして、真っ向から対立している（判決書11頁）。

2　再審制度の根本的な特殊性

このような再審公判の審理手続のあり方をめぐる見解の対立に適切妥当な決着をつけるためには、問題の根本に立ち返って再審公判の性格や基本構造はいかなるものかを確認し、その理解に立って各見解の当否を裁定することが肝要である。

そこで、その際第一に留意しなければならぬことは、既に前項冒頭でも述べたとおり、刑事再審制度は憲法39条の下で、被告人とされた者に「二重処罰の危険」を避けながら同一事案について再度の司法判断を求めることを認めるという、非常・特別の救済制度であり、「二重処罰の禁止」を謳う同条の制約の下に終始、慎重に営まれるべき「利益再審」の制度だということである。

従って、かような憲法的な制約の下で、検察官が通常の刑事訴訟の原告官のように、被告人の有罪を主張立証するために自由かつ徹底的な訴追活動を展開することは許されるわけがなく、「検察官の訴因変更請求や、事実の認定や刑の量定について新たな争点をつくる検察官の……立証活動は、憲法39条の権利を侵害するものとして禁止される」と解されているのである（藤永幸治ほか編『大コンメンタール刑事訴訟法』7巻174頁、なお、三井誠・前掲書192～194頁、鈴木・前掲書330頁、光藤・前掲書63～64頁等）――さような限界を超えて、自由で無制約な訴訟活動を検察官が許されるとしたら、被告人らはそれこそ「二重処罰の危険」に曝されることになる（再審公判の片面性・限定性、日弁連編『続　再審』261頁）。

ましていわんや、検察官は被告人であった者の利益のために自ら再審請求を行うことができる権限と職責を与えられ、原告官ではなく再審請求人として訴訟活動すべき場合さえあるにおいておや（旧法492条、現行法439条）。

第二に留意されねばならないことは、再審制度が確定有罪判決後の再度の審判手続であり、その点で、通常の公判手続が判決に至るまでの審判手続であることと比べて、多くの制度的・技術的な差異があり得ることである。前者が、既に検察官が公訴権を行使し終え、裁判所もまた裁判権の行使を終了して、それ自体としては裁判手続が完結した後に、あえて確定判決の法的安定性を害してまでも事案についての再度の審判を許すという、非常・例外的な審査手続であることに鑑みれば、さような特異性の一切ない通常の審査手続との間に、様々な異なった裁判手続上の取扱いが要請されることになるのはむしろ当然の事理といわねばなるまい。

3　再審公判の手続構造の特殊性――片面性・限定性

かくして、上記の諸事情を勘案すれば容易に察せられるように、再審公判では通常の刑事公判手続のように、検察官と被告人とが対等の訴訟当事者として渡り合い、有罪無罪を争うという手続構造ははじめから――典型的な形では――存在し得ないわけであって、被告人らが無罪やより軽い処罰を求めて原判決（確定有罪判決）への深甚な疑義を提示し、再審公判を通じてその解明を図るべくフルに訴訟活動を展開することには何らの妨げがないとしても、検察官が被告人の罪責を更めて追及するために、積極的・攻撃的な主張立証活動を展開するなどということは許されるべくもない道理である。この点に関しては、刑事裁判実務の研究者が、既引のように、

「再審の審判手続と再審開始手続の対象となった原裁判の審判手続との間には、……手続的な連続性に欠けるとはいえ、それは、既に審理がなされた確定判決の存在する事件を対象にして再度の審判がなされる手続であり、（しかも、）その手続の前には再審請求に対する審判手続が存在しているので、その性質上……通常の公判手続とはおのずから異なるところがある。また、再審は、確定判決に重大な事実誤認……がある場合に事実認定の不当を是正するとともに、それによって不利益を受ける有罪の言渡しを受けた者を救済するための非常・特別の手続であって、検察官も有罪の言渡しを受けた者の利益のためにのみ再審請求が許されるのであるから、検察官と被告人とが相対立する当事者として、名実ともに攻撃・防御活動を行う一般の訴訟手続とは、実質的にみてかなり異なった性格を有する」

と指摘していることが注目に値しよう（臼井ほか・前掲書184頁）。

4　再審公判手続に通常手続規定はそのまま適用できない

そうだとすれば、本件原審判決のように、再審公判手続を漫然と通常の公判手続と同視し、再審公判の手続に通常公判の規定をそのまま適用することで足るとすることはいかにも適当でなく、再審公判の特殊な性格や手続

構造の特質――わけても上述した二つの留意点――をふまえて、ある場合には通常手続の規定の適用を拒み、ある場合は通常規定の修正適用を図る等といったように、事柄の性質・内容に応じて適切妥当な再審手続の運営を図るという考え方こそが相当とされるであろう。

この点に関しては学説中にも、「第一に、（同一審級で）すでに一度審判を経たという事実により、通常の公判手続と異なってよい部分と、第二に、二重の危険を禁止した憲法上の保障により、通常の公判手続とは違わなければならない部分とがある。さらに、現行刑訴法451条2項以下が、再審の公判手続に関する特則を具体的に定めてもいる」と説くものがあり（藤永ほか・前掲書174〜175頁）、そこでは前者に関しては、起訴状謄本の送達（271条）や起訴状一本主義・予断排除の原則（256条6項）の不適用など、多くの手続規定が適用されないことになる例が挙げられ、後者に関しては、検察官による訴因の変更・追加請求や新たな立証課題の提起等が禁ぜられることが指摘されているが、その論旨とするところは弁護人らの上記主張と基本的に同旨であり、もとよりその内容に異存はない。

5　再審公判手続への旧刑訴法363条の適用の有無

そこで問題は、旧刑訴法363条2号や3号という通常公判に関して定められた規定が、再審手続という非常・特別の裁判手続にそのまま適用されると考えられるか、である。

（1）有罪判決確定後に刑の廃止、大赦等が行われた場合の確定判決に及ぼす影響

が、この点に関しては、すでに上来繰り返し指摘してきたように、有罪判決の確定後に生じた大赦や「刑の廃止」といった免訴事由は、これらの事由の発生時以降に確定判決の言渡しの効力を将来にわたって失わせるだけで、確定判決の存在や効力そのものには直接何らの影響を与えるものではない（大赦に関しては恩赦令11条、現行恩赦法11条参照。また、「刑の廃止」についても、判例（既掲東京高裁昭和40年12月1日決定）では、「刑が廃止されたというだけでは、確定判決の効力に変動があるわけではな」いとされている。）。

その点が、未だ判決（刑）の言渡しが行われず、確定判決を目指して公判手続が進行中の事件について、公訴権の行使を打ち切らせる趣旨・目的での免訴判決の言渡し（旧法363条2、3号）とは決定的に異なるわけで、その事理は、既掲プラカード事件最高裁判決自身が、（恩赦（大赦）のケースについてではあるが、）

「そもそも恩赦は、……行政の作用として、既に刑の言渡を受けたものに対して、判決の効力に変更を加え、まだ、刑の言渡を受けないものに対しては、刑事の訴追

を阻止して、司法権の作用効果を制限するものであることは、……赦令の規定に徴し明瞭である」と明確に指摘するところである。

（2）確定有罪判決後に大赦・刑の廃止等が行われた場合と再審審理

さればこそ、確定有罪判決に対しては判決後に大赦や「刑の廃止」という事態が生じたからといって、直ちに免訴判決で審判が打ち切られるのではなく、この確定判決に対して再審請求権を行使し、再度の審判を求めることが認められてもきたのであって、いずれにせよ、確定判決に関して、大赦や「刑の廃止」という事態の発生によっても変更されることのない、「有罪（刑）の言渡に基づく既成の効果」を根本的に除去し、新たな無罪判決等によって被告人とされた者の名誉や利益を回復するためにこそ、再審手続が存在し機能し得る道理なのである。

そうとすれば、確定有罪判決後に大赦や「刑の廃止」という事態が発生した場合には、通常公判手続におけるように——旧法363条2、3号、現行法337条に基づいて——直ちに免訴判決を行い、それ以降の公訴の継続を阻止するということにはならず、もし確定判決に対して再審の請求があれば、それに応じて再審請求審の手続が行われ、さらには再審開始決定を経て再審公判に至ることにさえなる次第であって、要するに、確定判決後の大赦や「刑の廃止」に関しては旧法363条2、3号の（拡張）適用はもちろん、準用もないと解するのが相当である。

（3）確定有罪判決前に大赦・刑の廃止が行われた場合と再審審理

もっとも、確定有罪判決に対する再審請求の中には、「有罪ノ言渡ヲ受ケタル者ニ対シテ免訴ヲ言渡スヘキ明確ナル証拠ヲ新ニ発見シタルトキ」（旧法485条6号）に該当するケース、すなわち、通常裁判の進行中に大赦等の免訴事由が発生し、にもかかわらず裁判所がこれを看過して誤って有罪判決を下し、これが確定した後、被告人らがこれに気付いて再審請求を行うというケースも、当然にあり得る。

このような場合には、再審公判でも旧法363条2、3号を援用して、確定有罪判決の〝見直し〟裁判＝免訴判決が行われることになろうから、この限りでは、再審公判にも上記363条の拡張適用ないし準用を認める余地が生じよう。

しかし、そうだからといって、前述した確定有罪判決後の大赦等の事由の発生というケースについてまで、上記363条2、3号を拡張適用ないし準用すべきことにならぬことは改めて言うまでもあるまい。

（その意味では、通常公判の規定たる上記363条2、

3号が再審公判にも（拡張）適用されるか否かという、オール・オア・ナッシングの問題ではなしに、確定有罪判決前の大赦等の事態の発生ケースには同条号の拡張適用があるが、確定有罪判決後に同様の事態が生じたケースについては拡張適用なしというふうに、考え分けすべき問題と捉えるのが適切なのであろう。既引の東京高裁昭和40年12月1日決定が、「ひっきょう旧刑訴法363条2号は通常手続における規定であり、非常救済手続たる再審には適用のないもの」と判示したのは、上記後段の趣旨を端的に言い表したものと解すべきなのかもしれない。）

6　再審審判において旧刑訴法363条の適用を肯定した原審判決の誤り

この点に関して本件原審判決は、本項冒頭でも紹介したとおり、旧法512条1、2項（現行法451条2項）は、死亡者や心神喪失者に関する取扱いについて、通常公判であれば公訴棄却や公判手続の停止の決定をなすべきところ、再審公判ゆえにこれらの措置を定めた規定の適用を排して、敢えて「判決ヲ為スヘシ」（「更に審判をしなければならない」）としているのに、大赦等の場合の免訴判決の規定（旧法363条2、3号、現行法337条2、3号）については、再審の場合にそれらの適用を排する旨の定めを設けていないので、「そうすると、結局……再審の審判においても、旧刑訴法363条の適用があることは明らか」だと断定している。

（1）原審判決の論理（反対解釈）には飛躍がある

しかし、原審判決のこの反対解釈は、まず論理的に言ってオカシイ。というのは、原審判決は、旧刑訴法が再審の規定中に上記のような内容の512条1、2号を設けておきながら、同時に、再審手続では同法363条2、3号の適用を排する旨の規定を積極的に設けずにきたことを併せ考えると、さような規定のありようの反対解釈として、旧刑訴法は、通常公判の規定である同条号を再審公判においても「適用」（原審判決はそう表現しているが、同条は第1審の公判に関する規定なのであるから、再審公判に関しては「拡張適用」ないしは「準用」となろう）する趣旨と解されるというのであるが、果たしてそうまでいえるか、疑わしいからである。

旧刑訴法が、再審公判手続では上記363条を適用しないと明記する規定を設けなかったという事実から、論理的に無理なく言えることは、同法は再審における363条の（拡張）適用については肯否いずれとも明示することをしなかったというだけのことであって、それ以上に、原審判決のごとく、「そうすると、……再審の審判においても同条の適用があることは明らか」だなどとまで言い切るのは、明らかに反対解釈の埒を超えるものであり、論理の飛躍を冒すものといわねばならない。要するに、原審裁判所が望んだ、「再審の審判においても旧法363条の適用がある」という命題を成り立たせるためには、原審が挙げた512条1、2項の反対解釈だけでは不十分なのであって、更にそれを補強する論拠が存しなければ命題は成立しないということである。

(2) 旧刑訴法512条1、2項の類推解釈こそが相当

だが、それ以上に原審判決にとって重大な誤りは、原審が上記512条2項の存在についての「反対解釈」（反面解釈）という論理操作を用いて、「363条は再審公判手続にも適用がある」とする自らの命題を根拠づけようとしたことである。

というのは、同条項の存在意義は、本来であれば公訴棄却となるべき被告人死亡等の場合にさえ、確定有罪判決に対する（利益）再審手続を完遂したいという被告人らの意向や立場を尊重して、敢えて審理を継続し、「判決ヲ為スヘシ」（現行法では「更に審判をしなければならない」）とまで定めたところにあると察せられるが、そのような同条項――ひいては同法――の再審手続の完遂→無辜の救済に向けた積極的な趣旨からすれば、確定有罪判決に対する再審請求の途上で大赦や「刑の廃止」といった免訴事由が生じたときでも、これらの事由によって再審請求の遂行が妨げられることのないよう配慮されるべきことが要請されることになるはずであって、そうだとすれば、通常公判での免訴事由を定めた363条についても、再審公判手続には適用を排するという扱いになってしかるべき筋合いである。

これを言い換えれば、512条1、2項の規定から類推解釈をして、363条2、3号もまた、一定の場合――確定有罪判決後に大赦等が行われた場合――には再審公判手続には不適用と解するのが相当であったのに、原審判決は誤って512条1、2項を反対解釈（反面解釈）して、同条項の本旨とするところに沿わない結論を導いてしまったわけである。

三　小括

以上によって知られるとおり、本件原審判決は、①旧刑訴法511条が、再審公判のあり方に関しては「……其ノ審級ニ従ヒ更ニ審判ヲ為スヘシ」と定めるだけで、具体的な再審審理の手続については殆ど定めるところがないにもかかわらず、そしてまた、通常公判と再審公判との性格・構造の差違について判例・学説が重要な指摘を重ねてきたにもかかわらず、卒然と、「再審の審判は、……**通常の公判審理と同様の手続に従い**、それぞれの審級における一般原則に従って公訴事実に対する審判を行うことを当然のこととして予定しているものと解される」

旨を断定し、また、②再審公判に関する僅かな手続規定の一である上記512条1、2項について、単純かつ強引な反対解釈を試み、その帰結として、「そうすると、結局……再審の審判においても旧刑訴法363条の適用があることは明らか」とする見解を導いたものであるところ、かような行論および見解が旧刑訴法511条や512条1、2項、さらには363条の趣意を誤るものであることは、もはや明らかといわねばならない。

第四　本件控訴の適法性、すなわち原判決(免訴判決)の違法性

以上により、本件は再審であること、そして、上訴権を否定する判例の解釈と照らしても、本件においては、違法になされた免訴判決に対して無罪を求めて上訴する利益は認められると解される。

では、具体的に本件の原判決（免訴判決）には、違法性が認められるか。

一　原判決の違法性・1
——上記判例の論拠が該当しないにも拘わらず適用している

1　最高裁プラカード事件判決適用の誤り

原判決は、

「……そして、公判裁判所が公訴について実体的審理をして有罪無罪の裁判をすることができるのは、当該裁判に対する具体的公訴権が発生し、かつ、これが存続することを条件とするのであり、裁判所は実体上の審理をすめることも、有罪無罪の裁判をすることも許されないのであり（最高裁昭和23年5月26日大法廷判決、刑集2巻6号529頁参照）、この理は、再審開始決定に基づいて審理が開始される場合においても異なるものではないと解される。」（傍線、引用者。以下、同）

としているが、この判断は、まず、本件と判例との事案の違いを踏まえず判例の適用を誤っており、かつ、再審と通常審との違いも無視した違法な判断であると指摘せざるをえない。

2　事案の相違

判例は、第一の二、2で述べたとおり、未だ公訴係属中で判決（刑の言渡し）がなされる前の段階において、大赦令が公布施行された等の事件についての裁判例であって、本件のごとく有罪判決（刑の言渡し）が確定した後に刑の廃止及び大赦が行われた事案ではない。

最高裁プラカード事件判決は、「本件のごとく公訴係属中の事件に対しては、大赦令施行の時以後、公訴権消

滅の効果を生ずる」と明示している。すなわち、恩赦令3条2に規定されている事案ということである。

事件→大赦→免訴判決（恩赦令3条 2）
未ダ刑ノ言渡ヲ受ケザル者ニ付テハ、公訴権ハ消滅ス

しかるに、本件の場合は（原判決の理解を前提とすれば）、被告人らに対しては、昭和20年8月後半から9月15日までの間にそれぞれ有罪判決が言渡され、これらについていずれも控訴申立がなされなかった結果、遅くとも9月末頃までには各有罪判決が確定しており、その後になって10月15日に治安維持法の廃止（刑の廃止）が、同月17日には大赦令の発布がなされている、という事案である。

事件→確定有罪判決→刑の廃止・大赦→再審判決
（恩赦令3条 1）
刑ノ言渡ヲ受ケタル者ニ付テハ、其ノ言渡ハ将来ニ向テ効力ヲ失ナフ

それゆえ、本件は上記判例の論理枠組みからすれば、そこにいう、「既に刑の言渡を受けたもの」に属することになり、大赦によって「判決の効力に変更が加えられ」ることにはなっても、「刑事の訴追を阻止する」とか「公訴権を消滅させる」ということにはならない。刑の廃止の効果もあくまでも訴訟追行条件の消滅を根拠として規定されているのであり、刑の言渡し後には、遡及的に訴訟追行条件を消滅させるものではなく、確定有罪判決には影響を及ぼさない。

つまり、本件においては（原判決の理解を前提とすれば）昭和20年10月15日の治安維持法の廃止、同月17日の大赦令により、確定した有罪判決が、実体法的に赦免された、すなわち刑の言い渡しが将来的にのみ効力を失ったのであり、公訴権が消滅した事案ではないのである。

したがって、本件におけるそもそもの事案を原審の理解による時系列を前提とする以上、上記判例の事案と同様の判断がなされることにはならないのである。

3 本件事案における大赦及び刑の廃止の効力——確定有罪判決の存在

「有罪の言渡をすでに受けた者」に対する大赦の効力とはどのようなものか。恩赦法3条1号は「有罪の言渡を受けた者については、その言渡は、効力を失う。」と定めているが、この「言渡が効力を失う」とはいかなる意味か。

この点に関し、最高裁判所第2小法廷・昭和32年6月19日判決は、昭和20年勅令第579号による大赦令によって赦免され、刑の言渡の効力を失った前科を、量刑当否

の判断の資料に供すること等の適否が問題となった事件において、

「被告人の前科が所論のように刑法34条の2第1項所定の期間の経過に因り又は大赦令により赦免されたことに因り、刑の言渡がその効力を失つたということは、法律上の効果の問題であつて、被告人が以前に犯罪により処罰されたという事実そのものは消滅するものではないから、所論前科調書を取り調べ、右受刑の事実を審問し又はこれを量刑当否の判断の資料に供したからといつて違法ということはできない。」

と判断している（最高裁判所刑事判例集11巻6号１６９５頁）。

同事件に関する最高裁判所判例解説によれば、

「大赦、有罪の言渡――刑の言渡及び刑の免除の言渡――を受けた者について、有罪の言渡の効力を将来に向つて失わせるものであるが、有罪の言渡に基く既成の効果を変更するものではなく（大正元年勅令23号恩赦令３条1号、11条、昭和22年法律20号恩赦法３条1号、11条）、その法律上及び事実上の効果は、刑法34条の2による刑の消滅の場合と全く異なるところはない。」（最高裁判所判例解説、刑事篇昭和32年度３３４頁）

ということになる。そこで引用されている恩赦令11条においても「刑の言渡に基づく既成の効果は大赦、特赦、減刑又は復権に因り変更せらるることなし」と規定されており（懲役刑の執行や失われた公務員の資格や恩給権等が当然に遡及的に回復されるものではないとされる）、言い渡しの効果が将来に向かって失われるということと、確定有罪判決が存在したという事実は法的に両立するのである。

すなわち、「有罪の言渡をすでに受けた者」が大赦を受けた場合、大赦によって、すでに為された過去の既成の効果は何ら変更を受けず、ただ単に将来に向かって有罪の言渡の効力が失われるという法律上の効果が発生するにすぎないのである。「まだ有罪の言渡を受けない者」の場合とは、歴然と効果が異なるのである。

ちなみに刑の廃止は、確定有罪判決後には、当該確定有罪判決には何らの影響を及ぼさない点ではやはり同様である。

本件はそもそも公訴権が消滅した事案ではなく、さらに審理を進めることが出来ないということにはならない。むしろ、本件は、確定有罪判決は歴然と存在するが故に開始された再審事件である。それにもかかわらず、原判決は、短絡的に最高裁プラカード事件判決を引用し、確定有罪判決を無視しているのであり、誤りであるといわざるを得ない。

二　原判決の違法性・2
——東京高裁昭和40年12月1日決定の解釈を誤っている

その上で、さらに原判決は、

「旧刑事訴訟法上、通常の訴訟手続に関しては当然に適用されるべき免訴事由に関する規定が再審開始決定に基づく再審公判手続において排除されると解することは困難である」とし、「ひっきょう旧刑事訴訟法363条2号（現行刑事訴訟法第337条2号も同様）は通常手続における規定であり、非常救済手続たる再審には適用のないものと解すべきである」と明示した東京高裁昭和40年12月1日決定（高刑集18巻7号836号）は、「刑の廃止によっても再審請求権が消滅しない旨を判示したものであって、再審開始決定後の再審の審判における旧刑事訴訟法363条2号の適用の可否についてまで判示したものとは認められない」（原判決書2（3）ア、11～12頁）

として、本件に対し、旧刑事訴訟法363条2号、3号を適用して免訴判決をしているが、指摘したように、判例解釈及び法令適用としては誤りである。

原判決で上記のとおり引用されている東京高裁昭和40年12月1日決定は、

「案ずるに刑法第七三条が昭和二二年法律第一二四号により廃止されたこと、旧刑事訴訟法第三六三条二号（現行刑事訴訟法第三三七条二号も同様）が『刑の廃止』を免訴の事由としていることは明らかであり、しかして免訴の判決を形式的裁判と解する限り（最高裁判所昭和二三年五月二六日大法廷判決、同裁判所判例集第二巻六号五二九頁参照）実体上の審理を行うことができないことも当然である。しかし、所論が『もし再審が開始されるとするならば』といい、再審の開始されることを前提としながら、『刑の廃止』を持ち出して免訴の判決をしなければならなくなるというのは、前後が一貫しない嫌いがある。ここではむしろ『刑の廃止』により再審請求権が影響を受けるかどうか、『刑の廃止』にかかわらず再審請求が許されるかどうかがまず問題とされているのである。しかるところ、刑が廃止されたというだけでは、確定判決の効力に変動があるわけではなく、そのほかに『刑の廃止』により再審請求権が否定されるとする事由は発見できないから、『刑の廃止』によつては再審請求権は消滅せず、ひつきよう旧刑事訴訟法第三六三条二号（現行刑事訴訟法第三三七条二号も同様）は通常手続における規定であり、非常救済手続たる再審には適用のないものと解すべきである。そこで検察官の主張を斥け、進んで実体に入り再審理由の有無につき判断したのである。」

と判示している。

すなわち、確定判決後の刑の廃止によっては確定判決の効力に変動がないことを根拠に、当該確定判決に対する再審請求権が消滅しないことを確認し、法の廃止あるときは免訴判決すべしとする旧刑訴法第363条2号が、およそ再審手続（再審請求審及び再審公判）とは無関係であることを宣言したものである。

この点は、既に指摘したとおり、少なくとも本件の事案、すなわち確定有罪判決後の大赦等の事由の発生という事案においては、原判決の解釈は誤っている。

再審手続は、この点も、既に指摘したように確定判決の誤謬を正すものである。誤判から無辜を救済することを目的とした非常救済手続である。ひとたび有罪判決が確定すれば、その確定有罪判決の効力は刑の廃止によっても変わることはないのであるから、刑の廃止によって、誤判からの救済は遂げられない。確定判決の判断がもし誤ったものであるなら、再審を開始し、再審公判で正しい判断を下すことではじめて確定判決の誤謬を正し無辜を救済することが可能となるのである。そのことを東京高裁は端的に述べている。およそ再審手続自体が持っている本質に照らせば、当然に導かれる結論である。無論、この点は、大赦が確定有罪判決後なされた場合でも異なるものではなく、原判決の判断は再審制度の意義を理解しない、誤った判断である。

三　原判決の違法性・3
——旧刑事訴訟法511条の解釈・適用を誤っている

さらに、原判決は、

「旧刑事訴訟法511条は、『裁判所ハ再審開始ノ決定確定シタル事件ニ付イテ第五百条、第五百七条及び第五百八条ノ場合ヲ除クノ外其ノ審級ニ従ヒ更ニ審判ヲ為スベシ』と規定しているのであって（現行刑事訴訟法451条1項にも同旨の規定がある。）、再審開始決定後の再審の審判は、法自ら除外している事由があるときを除いて、通常の公判審理と同様の手続に従い、それぞれの審級における一般原則に従って公訴事実に対する審判を行うことを当然のこととして予定しているものと解される。（中略）そうすると、結局、再審開始決定後の再審の審判においても旧刑事訴訟法363条の適用があることは明らかだといわねばならない。」

として旧刑事訴訟法511条の解釈として旧刑訴法363条の適用を認めているのである。

この点も既に指摘したとおり、上記②の東京高裁決定と相反する解釈であるのみならず、条文の解釈論としても、511条は限定的に列挙したものと解さなければならない（反対解釈）とする必然性はなく、類推解釈すべきであったのであって、原判決の判断は誤りであると指摘せざるをえない。

詳細は、前述したとおりであるが、過去の数多の再審事件において、その都度、裁判所、検察官及び弁護人の間で協議をしつつ審理が進行してきた先人の工夫の歴史からも明らかなように、非常救済手段としての再審公判は必ずしも手続法が明文化されているわけではない。具体的方法は再審制度の趣旨・目的に立ち返って解釈するほかないのである。

原審は、この点を無視し、旧刑訴法511条のみを根拠に当然のように363条の適用を宣言している。それはあまりに形式的かつ限定的な解釈であり、実務上の再審公判手続の運用とも全く一致しない誤った判断である。

第五　控訴の利益について
――違法判決の是正と再審無罪判決による名誉回復等の利益

一　違法な判決の是正

以上のとおり、原判決は、判例の解釈・適用、法令の適用等を誤ってなされた違法な免訴判決である。故にそれを是正する為に控訴を認めることは必要であり、すなわち控訴の利益があることは明らかである。まず、この点に、控訴の利益がある。

二　名誉回復等のために再審無罪判決を得ることの利益

また、そもそも本件事案において、無罪を主張しての再審請求が認められ、開始決定がなされたのは「名誉回復や刑事補償等との関連では、再審を行う実益がある。(東京高裁平17・3・10)」との理由に基づく。

ここで、どのような判決を得れば、名誉回復等の利益が得られるかに関して、本件のような事案において再審請求を肯定する学説においても、

「ひと度刑の言渡しによって失われた名誉を回復するという社会的効果の面から見て利益があるだけでなく、再審によって無罪の判決を受ければ、判決の公示、刑事補償等の点においても法律的実益があるところからみて、積極説に賛したい。」(臼井滋夫『総合判例研究叢書14』)

とか、

「再審の請求は、刑の執行が終り、またはその執行を受けることがないようになったときでも――これをすることが出来る。けだし、かようなばあいにも名誉回復の利益があるだけではなく、再審で無罪の判決を受ければ、判決の公示（453条）・刑事補償（刑補1条1項、2項）をはじめ、有罪の判決に伴う付随的効果の除去など、種々の法律的利益があるものである。刑の言渡が効力を

失ったのちにも、再審の請求はゆるされるものと解しなければならない。この場合にも法律的実益が全然ないわけではなく、また、名誉回復の利益はおなじだからである。」（団藤『刑事訴訟法綱要』）

と述べられている。

すなわち、再審公判において「無罪判決」を得ることによってこそ、名誉回復等の利益、すなわち再審を行う実益が認められる、ということである。

この点についても、原判決は、

「……免訴の判決には一事不再理の効果が認められ、被告人は無罪判決と同様に将来的にも訴訟係属から解放されることになるばかりでなく、免訴判決は実体審理前になされる終局裁判であるところ、被告人に対しては有罪判決が確定するまで無罪の推定が働くことは刑事裁判の大原則であり、免訴判決はこのような被告人を訴訟手続から解放するものである。被告人らの名誉は、このような訴訟過程と免訴の終局判決、さらにはこれに先立つ再審請求に対する裁判所の判断、上記のような現行刑事補償法上の救済規定等を通じて回復されることが期待されるのであり、無罪判決ではなく免訴判決を言い渡すことが被告人らの名誉回復の道を閉ざすということにはならず、これが再審の理念・目的に反するものとはいえない。」

とするが、何ら説得力がないことは明らかである。

まず、本件再審において、自ら再審開始を求めた立場にある被告人らが「将来的に訴訟係属から解放される」ということが利益になどならないことは先にも指摘したとおりである。

また、現実の無罪判決が、「無罪の推定」よりも有利であることは疑う余地はない。故に、名誉回復に関し、原判決は免訴判決でも名誉が「回復されることが期待される」とするが、それも誤っている。再審制度が前提としているのは、無罪判決による、刑事訴訟手続内における端的な名誉回復であり、このことは原判決自体、認めている故に、言い訳をしていると断ぜざるを得ない。

三 本件における控訴の利益が存することは明白である

このような誤った論拠に基づく免訴判決を是正し、控訴審において無罪判決を求めることには、再審制度の意義にも沿った利益があるのであり、原審では果たせなかった名誉回復等の再審の実益を得る、という点においても控訴の利益（実質的利益）は存するのである。

四 刑事補償法による名誉回復の可能性があることは原審の免訴判決を正当化しない

1　原審は、現行刑事補償法が、免訴の判決を受けた者がもし免訴の裁判をすべき事由がなかったならば無罪の裁判を受けるべきものと認められる充分な事由があるとき、「免訴の判決を受けた者に対しても無罪の判決を受けた者と同様の刑事補償が認められている。」こと、及び「その決定を受けた者の申立により、速やかに決定の要旨を、官報及び申立人の選択する三種以内の新聞紙に各一回以上掲載して公示しなければならない」とする同法24条は免訴の判決の場合にも準用されていることを挙げ、法は、免訴判決を受けた被告人らについても、その補償や名誉回復のための手立てを講じているとして、本件においては、本件抗告審決定が説示するところをもとにすると、上記刑事補償法が規定する要件に該当するという判断になるとも思われ、これらの規定等を通じて、「被告人らの名誉が回復されることが期待されるので、無罪判決ではなく免訴判決を言い渡すことが被告人らの名誉回復の道を閉ざすことにはならず、これが再審の理念・目的に反するものとはいえない。」と判示した。

2　しかし、原審の上記判示は誤りである。

(1)　第1に、刑事補償法は、憲法40条の趣旨を実現するため、無罪判決を受けた者への補償をする旨とその額や手続を定める法律である。

即ち同法は、通常手続、再審、非常上告の各手続のもとで事実関係が明らかにされ被告人が無罪とされた場合に、誤った裁判による拘禁を受けた被告人の被害の補償をはかろうとするものであって（刑事補償法1条）、被告人の名誉回復は、再審等の手続によって既に回復されたことを前提としているのである。

既に論じた再審制度の趣旨と刑事補償法の趣旨のいずれからみても、原確定判決によって傷つけられた被告人の名誉は、再審の裁判のもとで正され、回復することが予定されていると言わねばならない。

再審無罪判決ができる場合であるにもかかわらず、刑事補償がなされ得ることを理由に、免訴判決が許されるという原審判決の誤りは明らかである。

(2)　第2に、原審は、刑事補償法による補償決定の公示がなされ得ること（同法24条）をもって名誉回復の手立てであるとしている。

しかし、同法によってなされる公示は、補償決定の要旨に過ぎず、新聞紙に決定の要旨だけが僅か数行掲載されるに過ぎないのであって、再審の裁判の判決と比すべきもないことが明らかである。

(3)　第3に、そもそも被告人ら（請求人ら）は、被告人らの拘禁による被害の補償を求めているわけではない。再審の裁判によって、誤った原確定判決の事実認定の誤りを明らかにすることを求めて、長年にわたる再審請求を続け、ようやく即時抗告審で再審開始が決定したのである。原審の果たすべき役割は原確定判決の誤りを正すこと以外にないことは、上記の再審公判の役割で論じてきた通りである。

請求人らは刑事補償を請求しているわけではない。そうであるにもかかわらず、刑事補償の手続が存在することを理由に、原審が免訴の判決も許されるとするのはあまりにも論理が飛躍するものであり、原審の免訴判決を正当化する根拠とはなり得ない。原審が被告人らは無罪であるとの心証を有しておりながら、被告人らを免訴とし、名誉回復を得るためには刑事補償請求手続きをした上で補償決定の公告を求めよとするのは、再審による名誉回復を求める被告人らに対してあまりにも冷酷な判断ではないであろうか。

（4）第4に、原審は、被告人らの名誉が現行刑事補償法上の救済規定等を通じて回復されることが期待されるとしている。

しかし、請求人らが刑事補償法による補償請求をするか否かが不確定であるだけでなく、刑事補償に関する審理をする裁判所が、どのような判断をするかということ自体が不確定であって、原審の「期待」は、あくまで期待に過ぎず、不確定であることこの上ない。このような不確定な予測をもって原審の免訴判決を正当化することは到底出来ないと言わねばならない。

第六　結　論

繰り返しになるが、本件は有罪判決が確定した後に刑の廃止、大赦がなされ、その後、無罪を求めての再審開始決定がなされた事案であり、確定有罪判決前に公訴権が消滅したり、訴訟遂行条件が消えたという事案ではない。故に、再審公判においては、その確定有罪判決を巡って、実体審理及び判断がなされるべきであるところ、原審においては誤って違法に免訴判決がなされた事案であり、前述の判例の対象たる免訴判決の事案と全く異なるのである。

事件→大赦→免訴判決
事件→確定有罪判決→刑の廃止、大赦→再審判決

ここで大赦の対象となる者は、当然に「有罪」判決の言い渡しを受けた者であることは論理的にも当然である。従って、大赦の対象者・適用者となるのは、確定有罪判決を受けた者、ということであり、そもそも、この確定有罪判決自体が誤っており、無罪であったならば、その

者に、大赦の適用・効果も及ばないことは当然である。赦免される必要がないのである。刑の廃止の効果も同様である。

すなわち、無罪判決を受けた者が刑に服する必要はないということと、確定有罪判決を受けた者が、刑の廃止や大赦により将来的に刑の言い渡しの効力を失わされるのでは、法の適用が全く異なるのである。にもかかわらず、原判決は、その点を無視し、全く区別せずに扱うものである。先に指摘したとおり、刑の廃止や大赦されたというだけでは、確定判決の効力に変動があるわけではないという点をも看過し、本件における確定有罪判決の存在を無視し、最高裁プラカード判決との異同を考慮しないものである。

本件再審は、この確定有罪判決の存在を無視できないからこそ開始された再審である。確定有罪判決の存在が大前提である。確定有罪判決の存在を無視して再審での判決前に、刑の廃止・大赦が存するから、通常審と同様、免訴判決というのでは、そもそも再審開始をしたことの意義が没却されてしまう。有罪確定判決を再審の対象として開始しておきながら、開始した後は当該有罪確定判決を無視するというのでは、制度として矛盾するといわざるを得ない。

再審においては、この歴史的事実として存在した確定有罪判決自体を、無辜の救済という理念、すなわち誤判により不当に受けた有罪判決を司法において（確定判決による）法的安定性を破ってでも救出するという目的で是正することに意義があるのである。

本件においては、再審によって無罪判決を得ることにより、初めて被告人らが、「かつて有罪判決を受け、その後、実体法的に大赦を受けた」ということ全体が誤りであったということが明白にされるのである。そのような実体判断により、被告人らの名誉は回復されるのであり、また、それなくして回復されない。

無罪判決こそが、非常救済手続たる再審においてなされるべき判断だったのであり、原審における免訴判決は、再審公判として確定有罪判決の是正という使命を無視した法適用・判例適用を誤った違法な判決であったということである。

以上のとおり法適用を誤ってなされた再審免訴判決に対して控訴を適法と認めるべきことは再審制度としての要請からも当然であり、かつ最高裁プラカード判決その他の判例とも矛盾するものではなく、むしろ、関係法令と整合した正しい判断を導くために必要なのである。

以上

検察官意見書

意　見　書

平成18年9月8日

東京高等裁判所第8刑事部　殿

東京高等検察庁

検察官検事　大野　重國

被告人木村亨、同小林英三郎、同由田浩、同高木健次郎及び同平館利雄に対する各治安維持法違反被告事件につき、弁護人から申し立てられた控訴の適法性について、検察官の意見は下記のとおりである。

記

第1　結　論

本件控訴は、不適法であるから、速やかに棄却の判決をなすべきものと思料する。

第2　理　由

1　免訴判決に対する上訴が許されないこと

本件各被告事件は、平成15年4月15日になされた各再審開始決定により審理されたものであるところ、いずれも現行刑事訴訟法施行（昭和24年1月1日）前に公訴の提起があった事件であることから、刑事訴訟法施行法第2条により、旧刑事訴訟法（大正11年法律第75号、以下「旧刑訴法」という。）及び日本国憲法の施行に伴う刑事訴訟法の応急措置に関する法律（昭和22年法律第76号、以下「応急措置法」という。）が適用される。

横浜地方裁判所は、本件各被告事件につき、旧刑訴法及び応急措置法を適用して審理した上、「犯罪後ノ法令ニ因リ刑ノ廃止アリタルトキ」（旧刑訴法第363条第2号）及び「大赦アリタルトキ」（同条第3号）の免訴事由が存することを理由に、平成18年2月9日、「被告人5名をいずれも免訴する。」との判決を言い渡した。

これに対し、弁護人が上訴したのであるが、最高裁判所は、昭和23年5月26日、「大赦の場合には、裁判所としては免訴の判決をする一途であり、被告人の側でも、無罪を主張して、実体の審理を要求することはできないのであるから、原審がした免訴の判決に対して無罪を主張して上訴することもまた違法であるといわなければならない。」旨（大法廷判決・刑集2巻6号529頁いわゆる「プラカード事件」）判示している（同旨。最高裁判所昭和29年11月10日大法廷判決・刑集8巻11号1816頁、同昭和30年12月14日大法廷判決・刑集9巻13号2775頁、同昭和46年2月25日第一小法廷決定・裁判集

179号119頁)。

上記プラカード事件は、再審の判決に対するものではないが、旧刑訴法第511条は、「裁判所ハ再審開始ノ決定確定シタル事件ニ付テハ第500条、第507条及第508条ノ場合ヲ除クノ外其ノ審級ニ従ヒ更ニ審判ヲ為スヘシ」と規定し、再審・開始決定が確定した後の再審の審判は、法自ら除外している事由があるときを除いて、通常の公判審理と同様の手続に従い、それぞれの審級における一般原則に従って更に審判を行うこととされているため、再審審判における免訴判決に対する上訴権の有無についても、上記プラカード事件判決の場合と同様に解すべきことは明らかである。

したがって、本件各被告事件の原審がした免訴判決に対して、被告人の側から無罪を主張して上訴することは許されない。

2 旧刑訴法第512条第3項により上訴が許されないこと

本件再審請求は、既に死亡していた被告人5名の遺族らが死亡者の利益のために申し立てたものであるところ、旧刑訴法第512条第1項前段は、「死亡者又ハ回復ノ見込ナキ心神喪失者ノ利益ノ為ニ再審ノ請求ヲ為シタル事件ニ付テハ公判ヲ開カス検察官及弁護人ノ意見ヲ聴キ判決ヲ為スヘシ」と規定し、かつ、同条第3項は、「前2項ノ規定ニ依リ為シタル判決ニ対シテハ上訴ヲ為スコトヲ得ス」と規定しており、文理上、原審がした判決に対して上訴が許されないことは明らかである。

また、応急措置法は、再審に関し、被告人に不利益な再審は認めないとする規定（同法20条）を置くのみで、旧刑訴法第512条の適用を排除する定めを置いておらず、また、同条が日本国憲法制定の趣旨に適合しないとはいえない。原審裁判所が、公開の法廷で、検察官及び弁護人の意見聴取の手続を行ったのも、訴訟指揮権に基づくものにすぎず、公開審理を行うことが憲法上の要請とまで考えたわけではないことは、原審判決が、その理由中において、「同法512条1項及び2項で死亡者についても『判決ヲスヘシ』と規定し」（原判決書11頁）、「再審公判においても、旧刑事訴訟法511条、同512条などの法が明文で定めた手続、すなわち、再審開始決定後の再審の審判はその審級に従って更に行うこととされ、免訴に関する規定の適用が排除されていないことからみて」（原判決書12頁）などと、旧刑訴法第512条の適用が排除されないことを当然の前提として判示していることからも明らかである。

したがって、本件の再審審判は、依然として、旧刑訴法第512条が規律するものと解され、旧刑訴法第512条第3項により、原審の判決に対して上訴を行うことは許されない。

３　本件控訴の申立が「法律上ノ方式ニ違反」したものであること

本件控訴申立は、前記１及び２記載のとおり、上訴権がないのになされた控訴であって、旧刑訴法第４００条の規定する「控訴ノ申立法律上ノ方式ニ違反シ」た場合に該当するから、同条により、本件控訴は棄却されるべきである。

※

検察官意見書に対する反論書

平成18年10月5日

東京高等裁判所第8刑事部　御中

被告人　木村　亨（請求人　木村　まき）
外4名

弁護人弁護士　森川　金寿
外10名

平成18年9月8日付検察官意見書、第2「理由」のうち1及び3記載の主張について弁護人等の主張は、平成18年9月8日付「冒頭意見・1」記載のとおりである。

本書面では、とくに同2の論点について、次のように反論する。

1．旧刑事訴訟法第512条第3項の文理上も本件控訴は適法である。

(1)　同条項の文理

検察官は、旧刑事訴訟法第512条の「文理上、原審がした判決に対して上訴が許されないことは明らかである。」と主張するが、検察官の解釈は文理上も誤りである。

そもそも、第512条第1項および第3項の条文は、次のように規定している。

第512条第1項

「死亡者又ハ回復ノ見込ナキ心神喪失者ノ為ニ再審ノ請求ヲ為シタル事件ニ付テハ公判ヲ開カス検事及弁護人ノ意見ヲ聴キ判決ヲ為スヘシ此ノ場合ニ於テ再審ノ請求ヲ為シタル者弁護人ヲ選任セサルトキハ裁判長ハ職権ヲ以テ弁護人ヲ附スヘシ」

同第3項
「前二項ノ規定ニ依リ為シタル判決ニ対シテハ上訴ヲ為スコトヲ得ス」

この第3項で言う「前二項ノ規定ニヨリ為シタル判決」とは、本件との関わりで言えば、第1項のうち、さらには死後再審のことに限定されるのであるが、つまりは「死亡者の利益のために再審の請求を為した事件について公判を開かずに検事及弁護人の意見を聴いてなした判決」に他ならない。

下にあげるいくつかの例にも明らかなように、旧刑事訴訟法に関する当時の実務家の解説書及び学者の研究書をひもといてみても、そのような理解に反する論述を展開するものはおよそ存在しない。文理上当然のことであろう。

「右ノ規定（第512条1項2項）ニヨリ公判ヲ開カスシテ為シタル判決ニ対シテハ上訴ヲ為スコトヲ得ス」（平沼騏一郎『新刑事訴訟法要論』大正12年刊、723頁）

「死亡者又ハ回復ノ見込ナキ心神喪失者ノ為ニ再審ノ請求ヲ為シタル場合ニハ初ヨリ被告人ナク又ハ被告人アルモ之ヲ訊問スルヲ得サルナリ審理中被告人死亡シ又ハ回復ノ見込ナキ心神喪失ノ状態ニ陥リタル場合亦同シ此等ノ場合ニハ公判廷ニ出頭スヘキ被告人ナキヲ以テ公判ヲ開カス単ニ検事及弁護人ノ意見ヲ聴キ判決ヲ為スヘキモノトス若シ弁護人ナキトキハ第四十三条ノ規定ニ準シ裁判長職権ヲ以テ弁護人ヲ附スヘキモノナリ而シテ右ノ如ク公判ヲ開カスシテ為シタル判決ニ対シテハ上訴ヲ為スコトヲ許サス案スルニ一般ノ場合ニ於テ被告人死亡シタルトキハ決定ヲ以テ公訴ヲ棄却スヘキモノナリ此ノ場合ニハ死者ノ為確定判決ヲ動カスコトヲ目的トシテ訴訟ヲ為スモノナルヲ以テ此ノ法則ニ依ルヘキモノニ非サルヤ言ヲ俟タス又一般ノ場合ニ被告人心神喪失ノ状態ニ在ルトキハ公判手続ヲ停止スヘキモノナルモ此ノ場合ニハ速ニ判決ヲ為スヲ以テ被告人ノ利益ト為スコト多カルヘク一旦確定シタル判決ノ運命ヲ長ク不安ノ状態ニ在ラシムルコトノ相当ナラサルヲ慮リ此ノ法則ニ依ラサルモノトセリ。」（東京地裁部長判事潮道佐編著『刑事訴訟法・陪審法・刑事補償法先例大鑑』昭和10年刊、304頁）

「蓋言渡ヲ受ケタル者死亡又ハ心神喪失シテ全然回復ノ見込ナキトキハ到底公判ヲ開クモ其ノ陳述ヲ聴クヲ得サルカ故ニ此ノ例外ヲ設ケタルモノトス。（中略）右ノ特例ニ依リ為シタル判決ニ対シテハ上訴ヲ為スヲ得ス（第五百十一条三項）其ノ反面ノ解釈上右ノ特例ニ依ラスシテ為シタル再審ノ判決ニ対シテハ普通ノ判決ニ対スルト同一ニ上訴ヲ為スコトヲ得」（前大審院検事矢追秀

作『増補改訂　刑事訴訟法要義』昭和12年刊、７７９―７８０頁）

「本条ハ死亡者又ハ回復ノ見込ナキ心神喪失者ノ利益ノ為ニ審判スル場合ノ規定ナリ。一般ノ手続ニ於テハ前者ニ付テハ公訴ヲ棄却シ後者ニ付テハ公判手続ヲ停止スヘキモノナルモ再審ニ於テハ此等ニ対スル確定判決ヲ動カスコトヲ目的トシテ訴訟ヲ為スモノナルヲ以テ特例ヲ設ケタリ。若シ再審ノ請求ヲ為シタル者弁護人ヲ選任セサルトキハ裁判長ハ官選弁護人ヲ選任ス。此ノ判決ハ書面審理ニ依ル特別ノ判決ナルノミナラス此等ノ者ノ為ニ多クハ利益トナルヘキ判決ナルヲ以テ上訴ヲ許ス必要ナシト認メ第三項ヲ規定ス。」（大審院判事岸達也『注釈叢書　刑事訴訟法』昭和14年刊、３３８頁）

以上から明らかなように、旧刑訴法第５１２条第3項は、公判を開かずになしたという判決の特殊性に鑑み、また判決が多くは被告人の利益となるべき内容となることに鑑み、上記の必要性が乏しいものとして設けられたあくまで非常に特殊な例外である。

旧刑訴法下では被告人がおよそ訊問対象としてしか捉えられていない、という現行法下では許容されない理論がそれを後押ししているのであるが、そのことはひとまず措くとしても、同条項の文理上、「前二項ノ規定ニヨリ為シタル判決」とは「公判を開かずに為した判決」であることは明らかである。

（2）本件原審の場合

しかし、本件の原審では、事実、平成17年10月17日（第1回）、同年12月12日（第2回）、平成18年2月9日（第3回）と3回にわたって公判は開かれた。

原審の訴訟記録上も、また原審判決書の記載（15頁7行目）からも、それは明らかである。

したがって、本件は旧刑訴法第５１２条第3項にある「前二項ノ規定ニヨリ為シタル判決」には文理上も該当しない。この一点をもってしても検察官の論理が誤りであることは明白である。

2．応急措置法による修正の効果
――旧刑訴法５１２条第1項、第3項は違憲無効

1で述べたとおり、文理上も本件控訴が旧刑訴法第５１２条第3項によって許されざるものでないことは明らかであるが、本来これに先んじて留意されるべきことは、本件に適用されるべき法律が、もとのままの旧刑事訴訟法ではなく、日本国憲法の施行に伴う刑事訴訟法の応急措置に関する法律（以下「応急措置法」という。）によって日本国憲法の制定趣旨に適合するように根本的な修正を加えられた旧刑事訴訟法であることである（応急措置

法第2条)。本件に旧刑訴法を適用するに当たっては、この「憲法の制定趣旨に適合する修正」が看過されてはならない。

そして、その修正が旧刑訴法第512条第1項に及ぼした効果は、弁護人らが原審(再審公判)において横浜地方裁判所に提出した平成17年5月30日付「再審審理の方法に関する意見書」で述べたとおりであり、同条項は、憲法下ではそもそも違憲無効によりそのまま適用できず、公判を開かずに判決することは憲法の制定趣旨に反し許されない。

同条第3項は、その第1項を前提とするものであるから、当然違憲無効の誹りを免れ得ず、少なくとも当該条項を単純にそのまま適用して上訴を不可とすることは許されない。この点につき、以下に若干敷衍して述べる。

(1) 翻ってみるに、旧刑訴法第512条の本来の趣旨は、すでに平成18年9月8日付の弁護人「冒頭意見・1」第三、一、2(2)及び同第三、二、6(2)において主張したとおり、本来であれば公訴棄却となるべき被告人死亡等の場合にさえ、確定有罪判決に対する(利益)再審手続を完遂したいという被告人らの意向や立場を尊重して、敢えて審理を継続し、「判決ヲ為スヘシ」とまで定めたところにあると察せられる。1で挙げた研究書・解説書等からは、当時の理解としてもそれが異論のないところであったことが分かる。

憲法による修正が加えられる以前、すなわち不利益再審も予定される再審制度を擁する旧刑訴法下においてさえ、すでに同条項は被告人を誤った判決から救済するために、このような局面を想定して判決言渡までの完遂を裁判所に義務づけていたのである。それこそが本条項の本来の趣旨である。

(2) ところが、一方で、旧刑訴法が予定していた公判手続において被告人は訊問対象でしかあり得なかったから、訊問が不能の死亡者に対してはもはや公判を開く意味がなく、公判不要の規定が同時に設けられてしまった。それが旧法の旧法たるゆえんであるといえようか。

逆に言えば、こうした旧法の限界の中でも被告人の利益に叶う簡便な方法として同条項は設けられていたともいえる。当該手続について「簡易手続」という表現が用いられていることにその趣旨が看て取れる(たとえば、牧野英一『刑事訴訟法』昭和15年刊、595頁)。

簡便な方法をとりつつ、しかし、だからといって審理を打ち切ってしまうのではなく判決まできちんと出しなさい、と。なぜなら再審は「確定判決を動かすことを目的とするもの」であるからだと(大審院判事岸達也『前掲書』)。ここまでがもとのままの旧法の趣旨である。

（3）では、憲法的修正が加わった同条項は更に如何なる意味を持ちうるのか。
当然のことながら、上記の旧刑訴法の限界を超えて、さらに誤判の被害者である元被告人らにデュープロセスの保障があつく与えられるべきことになる。何人にも保障される「裁判を受ける権利」（憲法第32条）、すべての刑事被告人に保障される諸権利（同第37条）の要請は、旧刑訴法の限界を打ち破って、すべての被告人に与えられなければならない。

その結果、すでに原審の準備段階から弁護人らが主張してきたとおり、旧刑訴法第512条第1項の定める「簡易手続」は、応急措置法の修正を加えた旧刑訴法適用事件では採用し得ないのであるし、そうした修正を加えた場合にかぎり、旧刑訴法第512条第1項は現憲法下で有効たりうるのである。

（4）では第3項についてはどうか。
まず、いうまでもなく、上訴は被告人の当然の権利である。それは旧刑訴法下でも同様である。にもかかわらず、敢えて旧刑訴法が第512条第3項を設けたのは、次のような論理構造に基づく。

すなわち、いみじくも前大審院検事矢追秀作が述べていたとおり、同条第1項の公判不要の規定は、「公判を開いても陳述を得られない」ことを理由として設けられた例外的措置であって、あくまでこれは「特例」であり、その「特例」によって公判を開かずになされた判決に対しては、特に第3項できわめて例外的に上訴が禁止された。したがって、「其ノ反面ノ解釈上右ノ特例ニ依ラスシテ為シタル再審ノ判決ニ対シテハ普通ノ判決ニ対スルト同一ニ上訴ヲ為スコトヲ得」（矢追秀作『前掲書』）ということになる。当然の帰結である。旧刑訴法下でも、このように、「上訴の禁止」は特例にのみ適用される例外として、限定的に解されているのである。

それに加えて、憲法的修正後は、憲法的要請によって、被告人に上記の諸権利の保障が及ぶのであるから、上訴の権利の保障はより強く侵し得ないものとなる。公訴棄却の形式裁判ではなく、最後の結論まで求める死者の為の利益がより強く要請されることになるのである。

（5）もし仮に、敢えて旧刑訴法第512条第3項を憲法下でも有効たり得るように解釈するとしたら、この上訴の禁止は、もはや反論のできない死者に対し、更に有罪追及することを検察官に禁じたものに他ならないと考えられるのではないか。憲法との整合性を前提に解釈するとすれば、そのように解するほかないともいえる。
少なくとも、違法な原審判決に対する適法な上訴を被告人の側に禁止したものではあり得ない。そのような条項としては、応急措置法による憲法的修正に対し生き残り得ないこと明白である。

（6）なお、検察官は「応急措置法は第５１２条を排除する定めをおいていない。」と主張するが、この点については、弁護人らが平成17年５月30日付「再審審理の方法に関する意見書」及び平成17年６月22日付「再審審理の方法に関する補充意見書」で述べたとおりであり、応急措置法は、「新憲法施行上最小限度に必要な規定を選び出し、その大綱のみを規定し、応急措置をとることになった」（最高裁判所事務総局『刑事訴訟法二十年のあゆみ』昭和46年刊、刑事裁判資料第１９４号、28頁）ものであって、排除の明文規定がないことがその有効性を保障するものでは決してなく、憲法の趣旨に立ち返って解釈するほかないことを再度指摘しておく。

また旧刑訴法第５１２条第３項については、第１項同様、昭和23年の刑事訴訟法改正によって跡形もなく削除されている。そのこともまた、同条項がそのままでは憲法下で有効たり得ないことの証左である。

３．むすび

以上述べてきたように、旧刑訴法第５１２条第３項により本件上訴が許されないとする検察官の主張は文理的にすら成り立ち得ない不当なものである。

また、その文理を見るまでもなく、そもそも旧刑訴法第５１２条第３項は、同条第１項とともに、応急措置法に基づく修正を加えられた結果、憲法の制定趣旨に適合しないがゆえにそのままでは有効たり得ない規定となっており、単純に同条項に基づいて上訴を不可とすることは許されない。

旧刑訴法第５１２条に着目するのであれば、むしろ裁判所には、同条が旧法下の限界にありながらなお備えていた「死亡者のための利益再審における判決までの手続完遂保障」の趣旨を十二分に理解して頂きたい。すでに「冒頭意見・１」で述べてきたことをここで敢えてくり返すことは避けるが、再審では、「すでに確定有罪判決がそこに存在する」という重い事実があり、再審手続は、「その確定判決の誤りをただすこと」を目的とするものであること、この単純かつ明白な事実に着目すれば、違法な免訴判決に対する上訴の権利が否定される余地はない。

抗告審で東京高裁が認めたように、そして原審もまたその判決書で、「無罪を言い渡すべき、新たに発見した明確な証拠」が存在するという抗告審決定の内容は当審において覆す余地のないもの、と認めたように、本件は、いつでも無罪判決が可能なところまで機が熟している。

再審制度の趣旨に鑑みれば、ここまで無罪判決が可能な事態に立ち至っているのに、そこに踏み込まず形式論に終始するのは、あまりに不自然なことである。

裁判所には、この事態を直視し、形式論の陥穽に落ち込むことなく、法の趣旨に則った判断を求めるものである。

以上

※

平成19年1月19日　控訴審判決

本籍　東京都港区――（故）木村　亨
本籍　東京都大田区――（故）小林英三郎
本籍　千葉県市川市――（故）由田　浩
本籍　福島市――（故）高木健次郎
本籍　横浜市南区――（故）平館　利雄

前記5名に対する各治安維持法違反被告事件について、平成18年2月9日横浜地方裁判所が言い渡した判決に対し、原審弁護人から控訴の申立てがあったので、当裁判所は、検察官大野重國出席の上審理し、次のとおり判決する。

判　決

主　文

本件各控訴を棄却する。

理　由

弁護人は、要するに、再審の公判においては、実体的審理、判断が優先されるべきであるから、その判断をすることなく免訴とした原判決は誤りであり、免訴とした原判決に対し、被告人の側にこれを是正し無罪を求める控訴の利益が認められるべきである、という。

そこでまず、本件各控訴に至るまでの経緯をみることとする。被告人らは、各治安維持法違反被告事件について、横浜地方裁判所に公訴を提起され、同裁判所は、昭和20年8月29日被告人小林英三郎に対し、同月30日被告人由田浩及び被告人高木健次郎に対し、同年9月15日被告人木村亨及び被告人平館利雄に対し、それぞれ有罪の判決を言い渡し、各有罪の判決はそのころ確定した。

いずれについても既に死亡している被告人らの遺族か

ら平成10年8月14日再審請求があり、平成15年4月15日横浜地方裁判所は再審を開始する決定をした（なお、東京高等裁判所は平成17年3月10日検察官の即時抗告を棄却する決定をしている。）。

各治安維持法違反被告事件は、いずれも現行刑事訴訟法施行（昭和24年1月1日）前に公訴が提起されたものであるから、刑事訴訟法施行法（昭和23年法律第２４９号）２条により、なお従前の刑事訴訟法（大正11年法律第75号、以下「旧刑訴法」という。）及び日本国憲法の施行に伴う刑事訴訟法の応急的措置に関する法律（昭和22年法律第76号、以下「応急措置法」という。）によるべきものとされている。

原審は、各治安維持法違反被告事件について、基本的には旧刑訴法及び応急措置法に基づき審理し、再審の公判を開いて前記各有罪の判決の後である昭和20年10月15日に治安維持法が廃止され、同月17日に被告人らが大赦されていたことから、旧刑訴法３６３条２号（犯罪後ノ法令ニ因リ刑ノ廃止アリタルトキ）及び３号（大赦アリタルトキ）の免訴事由が存在することを理由として、「被告人５名をいずれも免訴する。」との判決を言い渡した。以上のような経緯が認められる。

本件は、このように再審の公判が開始された各治安維持法違反被告事件について被告人らを免訴する原判決に対する被告人の側からの控訴事件であるが、およそ免訴の判決は、被告人に対する公訴権が後の事情で消滅したとして被告人を刑事裁判手続から解放するものであり、これによって被告人はもはや処罰されることがなくなるのであるから、免訴の判決に対し、被告人の側から、免訴の判決自体の誤りを主張し、あるいは無罪の判決を求めて上訴の申立てをするのはその利益を欠き、不適法である（最高裁判所昭和23年５月26日大法廷判決・刑集２巻６号５２９頁、同昭和29年11月10日大法廷判決・刑集８巻11号１８１６頁、同昭和30年12月14日大法廷判決・刑集９巻13号２７７５頁参照）。被告人が死亡している場合でも、再審の公判では後記のとおり旧刑訴法３６５条１項２号の適用がないから、前記の理は変わるものではない。

そうであるならば、本件各控訴は、控訴権がないのにされたものであるから、旧刑訴法４００条によりいずれも棄却を免れない。

弁護人は、法の形式的解釈に堕することなく、無辜の救済という再審制度の趣旨に照らして解釈すると、再審の公判の場合は、実体的審理、判断が優先されるべきであり、これをしなかった違法な免訴の判決に対し、被告人の側の控訴を認めないのは、法秩序の維持及び人権保障を目的とする刑事司法の事理から許されない、という。

確かに、再審制度は、同一の事案について再度の司法判断を求めることを認める非常、特別の救済制度（なお、旧刑訴法の不利益再審は応急措置法20条により廃止されるに至っている。）であり、再審の公判については、通常の公判と制度的、技術的な差異があり得る。しかし、旧刑訴法における再審の公判についての制度設計をみると、旧刑訴法511条は、「裁判所ハ再審開始ノ決定確定シタル事件ニ付テハ第五百条、第五百七条及第五百八条ノ場合ヲ除クノ外其ノ審級ニ従ヒ更ニ審判ヲ為スヘシ」と規定し、再審開始決定の確定した後の再審の公判については、旧刑訴法511条が定める除外事由が存在する場合を除き、通常の公判と同様の手続に従い、それぞれの審級における一般原則により更に審判を行うこととしている。そして、旧刑訴法は、再審の公判について、旧刑訴法512条1項及び2項で被告人が死亡している場合でも、「判決ヲ為スヘシ」と規定し、旧刑訴法365条1項2号の適用がないことは示しているが、免訴を言い渡す場合を定めた旧刑訴法363条2号（犯罪後ノ法令ニ因リ刑ノ廃止アリタルトキ）及び3号（大赦アリタルトキ）の適用がないことを示す規定を置いていない。

要するに、旧刑訴法は、再審の公判について、免訴事由がある場合に、通常の公判に関する規定を除外し、無罪等の実体判決をすることを予定した規定を置いていない。このような旧刑訴法の規定状況から認められる再審の公判の制度設計や、そもそも免訴事由というものはそれが存在すると、公訴事実の存否について審理、判断することが許されなくなる性質のもの、すなわち公訴事実に内在する訴訟追行の可能性ないし利益がなくなるという性質のものであることなどに照らすと、再審制度の趣旨、法秩序の維持及び人権の保障を目的とする刑事司法の事理等を含めて多角的に検討してみても、再審の公判においては、通常の公判と異なり、旧刑訴法363条2号及び3号の適用がないとすることはできない（なお、弁護人は、東京高等裁判所昭和40年12月1日決定（高刑集18巻7号836頁）は、「ひつきよう旧刑事訴訟法第三六三条二号（現行刑事訴訟法第三三七条二号も同様）は通常手続における規定であり、非常救済手続たる再審には適用のないもの」と説示し、通常の公判について定められた旧刑訴法363条2号は再審の公判にそのまま適用されることにはならない旨明言しているというべきである、という。しかし、前記の決定は、再審請求事件で実体審理をする前提として再審請求権があるか否かという点について、「「刑の廃止」によつては再審請求権は消滅せず」と説示し、次いで弁護人指摘の説示をしているのである。そうであるならば、前記の決定は、再審請求事件の審理に関する限りの判断であり、再審の公判における旧刑訴法363条2号の適用の可否についてまで判断を示したものではない。）。

そして、既に説示した免訴の制度、免訴の判決の趣旨をも併せ考えると、ひいては、免訴の判決に対する被告人の側の控訴の利益についても、通常の公判の場合と別個に解することはできない。それ故、免訴の判決に対し、被告人の側に上訴の利益を認めない前記の判例は、再審の公判に関するものではないが、再審の公判の場合にも同様に当てはまるというべきである。要するに、再審の公判であろうとも、免訴の判決に対し、被告人の側に控訴の利益は認められない。

弁護人は、一度有罪の判決が確定し刑罰権の具体的成立を見た後においては、刑の廃止あるいは大赦があっても、その判決の存在や効果そのものに直接何らの影響を及ぼすものではないから、その適法性又は合法性が疑われて開始されることとなった再審の公判においては、いまだ判決がなく刑罰権の成否未定の状態にある通常の公判の場合とは異なり、刑の廃止あるいは大赦を事由にして免訴によって審理を打ち切ることなく、有罪の判決による既成の効果を根本的に除去するため、無罪の判決を言い渡す途を認めるべきであり、したがって、また、そのような判断をしなかった違法な免訴の判決に対し、被告人の側に控訴の利益を認めるべきである、という。

しかし、再審の公判が開始され、再審の判決が確定すると、当初の確定した有罪の判決は当然に効力を失うことになる。有罪の判決が確定した後に刑の廃止あるいは大赦があった場合でも、結局は、いまだ判決がなく刑罰権の成否未定の間において刑の廃止あるいは大赦があった場合と同様の状態となるのである。刑の廃止あるいは大赦の時期と刑罰権の成立の先後に応じ、免訴の判決に対して被告人の側に控訴の利益があるか否かの結論に差を認めるべき理由は見出し難い（なお、再審の公判は、確定した有罪の判決の当否を審査し、これを是正することを目的とするものではない。）。

弁護人は、各再審請求事件に対する抗告審決定が、各種書証等について、被告人らに対し無罪を言い渡すべき新たに発見した明確な証拠である旨説示し、原判決が、その抗告審決定の内容は覆す余地のないものである旨説示しており、それ故、各治安維持法違反被告事件については、いつでも無罪の判決を言い渡すことが可能なところまで機が熟しているというべきであるから、形式論に終始することなく、免訴の判決をした原判決に対しても、被告人の側に無罪を求める控訴の利益を認めるべきである、という。

しかし、被告人の側の心情はともかくとして、そもそも免訴の判決をした原判決がそのような説示をすること自体に問題があるばかりか、控訴の利益が認められて初めて実体的審理、判断をすることができるものであるから、既に説示したとおり、免訴の判決に対し、被告人の側に控訴の利益が認められない以上、弁護人の所論は採用し難い。

その他弁護人が種々述べるところを検討してみても、免訴の判決に対し、被告人の側にこれを是正し無罪を求める控訴の利益があるとは認められない。

よって、主文のとおり判決する。

平成19年1月19日

東京高等裁判所第8刑事部
裁判長裁判官　阿部　文洋
裁判官　高梨　雅夫
裁判官　森　浩史

上告審（最高裁）

■二〇〇七・9・11　上告趣意書
■二〇〇八・2・28　第3次再審最高裁審理に関する法学者声明
■〃　・3・14　判決（棄却）
■〃　・3・14　最高裁判決に対する声明

最高裁上告趣意書

被告人木村亨（請求人木村まき）外4名

上告趣意書

平成19年9月11日

最高裁判所第二小法廷御中

弁護人弁護士　環　直彌
同　竹澤　哲夫
同　斉藤　一好
同　新井　章
同　内田　剛弘
同　向　武男
同　吉永　満夫
同　大島　久明
同　岡山未央子
同　森川　文人

原審東京高等裁判所平成19年1月19日判決（以下「原審判決」という。）は、「免訴の判決に対し、被告人の側から、免訴の判決自体の誤りを主張し、あるいは無罪の判決を求めて上訴の申立をするのはその利益を欠き、不適法である。」と判示して、本件控訴を棄却した。

しかし、原審判決は、本件が再審の開始決定が確定した後に開始された再審公判事件であるという事案の特殊性を看過した結果、

Ⅰ　刑訴法405条1号に規定する上告理由

原審判決には、再審公判における被告人の裁判を受ける権利（憲法32条）と法定手続に関する保障（同31条）についての憲法解釈の誤りが存し、

Ⅱ　同法2号に規定する上告理由

原審判決は、免訴判決に対する上訴の利益に関する最高裁判例の解釈を誤って適用した結果として、これと相反する適用をあえてしており、

Ⅲ　同法3号に規定する上告理由

再審の裁判において、原確定判決後に行われた大赦等について旧刑訴法363条2号、3号が適用されるか否かに関しては未だ最高裁の判例が存しないところ、原審判決は、これに関して既に存する東京高等裁判所の判例と相反する判断をしたものであって、

本件上告には刑事訴訟法405条各号に規定する上告理由がある上、

Ⅳ　原審判決は、旧刑訴法511条ないし同363条2号、3号の解釈を誤っており、これにより判決に影響を及ぼすべき法令の違反が存し、原判決を破棄しなければ著しく正義に反するのであって、刑事訴訟法411条1号に規定する破棄事由が存する。

よって、原判決を破棄し、被告人らに対して直ちに無罪の判決をされるよう求める。

第1　上告趣意第1点（刑訴法405条1号にもとづく上告理由）

原審判決は、原原審のなした免訴の判決に対し、被告人の側にこれを是正し無罪を求める控訴の利益があるとは認められないとして、請求人らの控訴を棄却したが、この判断は次のとおり、憲法第32条及び同第31条に違反しており、破棄されなければならない。

①再審開始決定が確定し、過去の確定有罪判決に合理的な疑いが存することが裁判所によって明らかにされた、再審公判という段階における「裁判を受ける権利」は、実体裁判を求める権利であり、畢竟無罪判決を求める権利である。請求人らのその権利に基づいた上訴を「上訴の利益なし」として退けるのは、裁判の拒絶であり、憲法第32条違反に当たる。（一で詳説）

②訴訟条件を具備しているのに、その存否についての判断を原審が誤って免訴判決を下した場合、その免訴判決自体の誤りを正し、実体裁判を求める権利が当事者にはある。その権利に基づいた上訴を「上訴の利益なし」として退けるのは、裁判の拒絶であり、憲法第32条違反に当たる。（二で詳説）

③再審公判手続と通常の刑事公判手続を合理的理由もなく同一視し、再審制度の趣旨や法的構造、またそれらによって必然的に生じる通常審との差異を顧慮せずに、再審公判における免訴判決に対する「上訴の利益」を通常審と全く同様に判断することは、適正手続の最後の砦として存在する再審制度の趣旨を没却するものであって、憲法第31条違反に当たる。（三で詳説）

一　憲法第32条違反　その1
――再審公判における「裁判を受ける権利」

原審判決は「免訴判決に対し被告人の側にこれを是正し無罪を求める控訴の利益はない」と、こともなげに控訴を退けたが、その理由はあまりに単純な形式論理のみで構成されており、再審制度の趣旨や憲法で保障された国民の「裁判を受ける権利」等には些かの配慮の痕跡も認められない。

原審の判断は、再審制度の趣旨を無視して単純な形式論理に終始した結果、被告人ら請求人らの再審公判における「裁判を受ける権利」を侵害したと言わねばならない。

1．本件の再審公判はどのように開始されたか

この点について論じる前提として、まず本件のこれまでの流れを確認しておきたい。

本件は、周知のごとく、治安維持法下の言論弾圧事件として神奈川県特高によりフレームアップされ、凄惨な拷問に曝された被告人ら被害者が、自らの自由な意思に反して官憲の用意したシナリオに沿う虚偽の自白調書作成を強いられ、挙げ句は敗戦直後の混乱の中でまともな裁判すら受けられずに治安維持法違反に問われ有罪とされた事案である。

戦後ながい年月をかけて被告人らは無罪を訴え続け、ようやく平成15年4月15日、横浜地方裁判所の再審開始決定で再審の扉が開かれ、さらに検察官の即時抗告を平成17年3月10日東京高等裁判所が退け、検察官は特別抗告を断念、再審開始が確定した。

この抗告審における東京高等裁判所は、次のように述べている。

「(元被告人らは) いずれもが治安維持法違反被疑事件により勾引されて警察署に引致された直後ころから、警察署留置場に勾留されている間、その取調べ中、相当回数にわたり、拷問を受けたこと、そのため、やむなく、司法警察官の取調べに対し、虚偽の疑いのある自白をし、訊問調書に署名押印したことが認められる。」(決定書19頁)(中略)

「各被告事件につき、当該被告人の自白が挙示証拠のすべてであることがいわゆる横浜事件関係被告人の判決の特徴であり、そのために、当該被告人の自白の信用性に顕著な疑いがあるとなると、直ちに本件確定判決の有罪の事実認定が揺らぐことになるのである。要するに、治安維持法1条後段、10条違反の各行為につき、個々の具体的行為を、国体を変革することを目的とし、かつ、私有財産制度を否認することを目的とする各結社の目的遂行のためにする意思をもってなしたことなどの主観的要件等につき、当該被告人の自白を除くと、これを証すべき証拠が何ら存在しないことになる。しかも、何らかの間接事実等により、これを推認できるとも考え難い。

以上の理由により、上記3名の司法警察官に対する1審、2審、3審の各判決写し、木村亨らの口述書写しを含む31通の口述書写し、「警察における拷問について」と題する書面写し及び陳述書等は、木村亨らに対し、無罪を言い渡すべき新たに発見した明確な証拠であるということができる。」(決定書21~22頁)

2．本件の経緯をふまえると再審公判には何が求められるか

この抗告審決定からも認められる本件の本質と、再審開始決定の確定した時点での本件の具体的到達点(=確

定有罪判決に合理的な疑いが存することが裁判所によって明確にされた地点）をしかと見据えるならば、その後の再審公判段階において何がなされるべきなのかは自ずと明らかになってこよう。

過去の誤った裁判によって下された有罪の烙印を、司法自らの手によって払拭されることをひたすら求めて、元被告人ら請求人らは長年にわたって闘ってきた。上記のように抗告審の東京高等裁判所は、その主張に理由があると認め、「無罪を言い渡すべき新たに発見した明確な証拠がある」と判断したのである。そして過去の誤った裁判の「やり直し」をすべきことを決定したのである。再審開始決定が確定したことは、被告人ら請求人らには「やり直し裁判を受ける権利」があることが確定したことを意味する。

やり直し裁判とは、すなわち、過去になされた実体審理とその結果誤って言い渡された有罪判決をいったん白紙に戻し、再度、実体審理を適正手続に則ってやり直したうえ改めて適正な判断をすることである。少なくとも、誤った有罪判決確定の後に行われた立法作用（法の廃止）や行政作用（大赦）による趣旨の異なる救済を楯に、本来の司法によるやり直し裁判を拒絶することが裁判所に許されるはずがない。なぜなら、再審開始決定は、過去に誤って有罪判決を下した裁判所に対し、その裁判のやり直しを命じるものだからである。

３．「裁判を受ける権利」に関する学説

そもそも「裁判を受ける権利」とは、およそ「政治権力から独立の公平な司法機関に対して、すべての個人が平等に権利・自由の救済を求める権利」であり「『法の支配』を実現するための不可欠の手段としての意義を有する」（芦部信喜『憲法Ⅲ　人権（２）』２７５頁）。

この「裁判を受ける権利」について中央大学名誉教授小島武司は次のように述べている。

「裁判を受ける権利は、国民のすべてに対し独立の裁判所へのアクセスを保障することを通じて、基本的人権の保障と法的正義の確保を図ろうとする、思想の実現に他ならない。（中略）裁判請求権の保障が憲法に取り込まれるとき、人間の理性と歴史の経験の産物とも言うべき裁判原則の「憲法化」が行われることになる。（中略）憲法化という選択の意図に忠実な内容を裁判請求権に含ませようとするならば、この基本権は、独立の裁判所によるとの主体面の保障と並んで、適正かつ効果的な手続によるとの過程面の保障を予定しているものとみなければならない。」（小島武司「裁判請求権」『ジュリスト６３８号』３７４頁）

「その権利の内容（＝裁判に求められる手続の相当性）

は、『手続正義の感覚』いかんによって決まるものであり、（中略）この法感覚は、対象となる事件の内実に応じて多様に変化するはずであり、この変化する弾力的な手続保障を図式化するだけではさして意味を持ち得ないが、『各事件類型に適合した審理方式』とでも表現できよう。」（小島、前掲書３７５頁）

「国民は、その地位に伴って裁判を受ける権利を保障されているが、同時に、個別事件の内部においても、当事者として司法行為を要求する権利を有するとみるべきである。この権利は、単に法律上必要な審理を求める権能としてではなく、憲法に裏打ちされたデュー・プロセスに従った審理と判断を求める権利として構成されなければならない。つまり、受動的に現行の法律手続による裁判を求めるものではなく、憲法に反する手続を補正し合憲的な裁判を求める創造的な権利として把握されなければならない。（小島、前掲書３７７頁）

４．再審公判における「裁判を受ける権利」

憲法によって保障された「裁判を受ける権利」は、上記のように「法の支配」の実現を支える不可欠の手段としての存在価値を持ち、各事件類型に適合したデュー・プロセスに従った審理と判断を求める権利として理解されるべきものである。

してみれば、誤判からの無辜の救済を本質的理念とする刑事再審の、しかも既に再審開始が確定した（＝確定有罪判決に合理的な疑いが存することが裁判所によって確認された）ことにより開始された再審公判（やり直し裁判）の段階における「裁判を受ける権利」とは、具体的にどのような内容の権利なのか。

それは、過去の有罪判決を正す裁判を受ける権利である。具体的には、過去になされた実体審理とその結果誤って言い渡された有罪判決をいったん白紙に戻し、適正手続に則った実体審理をやり直したうえ改めて適正な判断をすることを裁判所に求める権利である。過去に司法によって誤って押された有罪判決の烙印を、司法手続のなかで完全に払拭されることを求める、すなわち明確な無罪判決を求める権利である。

そこまでの司法手続とその手続の経過でつけられた道筋に忠実に歩を進めれば、法の支配を実現し、基本的人権の保障と法的正義の確保を図るためには、必然的にその結論に収斂せざるを得ない。再審公判という特殊な非常救済手続に適合したデュー・プロセスに従った審理・判断とは、そのような権利に呼応するものであらねばならない。

5．本件の再審公判控訴審における「裁判を受ける権利」

本件の場合、抗告審決定に認められるごとく、再審公判（原原審）の段階で、無罪判決言渡の機もすでに十分に熟していたのであり、かつ、再審公判が二度にわたって開かれ、証拠調べが行われたという経緯がある。その審理のあとに裁判所が下すべき判断は無罪判決以外にあり得ない。

そもそも本件の被告人らは、あの終戦直後の昭和20年8月29日から9月15日にかけてまともな裁判手続を受けることもなく有罪判決を下されたが、その段階で、もし適正手続を伴う刑事裁判を受ける機会さえ保障されていれば間違いなく無罪判決を受けていたはずである。その法的地位が再審請求の段階で東京高等裁判所によって明確に認められたのである。その決定によって開かれた次のステージ（＝再審公判）で、被告人ら請求人らが実体審理と無罪判決を求めるのはあまりにも当然のことである。

「裁判を受ける権利」が「政治権力から独立の公平な司法機関に対して、すべての個人が平等に権利・自由の救済を求める権利」であり『法の支配』を実現するための不可欠の手段としての意義を有する」（芦部、前掲書）ものであり、「国民のすべてに対し独立の裁判所へのアクセスを保障することを通じて、基本的人権の保障と法的正義の確保を図ろうとする、思想の実現に他ならない」（小島、前掲書）のであるならば、本件のごとく再審公判の段階に進んだ地点では、過去の裁判の誤りを正し、今は亡き被告人らに対し明確な無罪判決を下すことこそが、法の支配の実現であり、法的正義に合致した方法である。それ以外の道はない。

ところが、原原審はこれに対し免訴判決を言い渡した。（その免訴判決自体、二で後述するとおり誤った判断であったのであるが、ここではまずそれを措くとしても、）この免訴判決に対し、被告人ら請求人らにはさらに実体審理と無罪判決を求めて異議を唱える権利がある。これが本件の控訴審における被告人ら請求人らの「裁判を受ける権利」に他ならない。

司法が司法としての本質的な機能を果たし法の正義を実現させるためには、控訴審で被告人ら請求人らの異議を真摯に受け止め、それまでの経緯に見合った適正手続により審理が行われなければならなかったはずである。

ところが原審は、本件が再審公判の段階にあることをほとんど顧慮することなく、「およそ免訴判決に対しては控訴の利益がない」という形式論に立脚して、控訴を退けた。これは、端的に裁判の拒絶であり、「裁判を受ける権利」を侵すものであって、憲法第32条に違反する。

二　憲法第32条違反　その2
――違法な免訴判決に対する上訴の利益

原審は、「およそ免訴の判決は、被告人に対する公訴権が後の事情で消滅したとして被告人を刑事裁判手続から解放するものであり、これによって被告人はもはや処罰されることがなくなるのであるから、免訴の判決に対し、被告人の側から免訴の判決自体の誤りを主張し、あるいは無罪の判決を求めて上訴の申立をするのはその利益を欠き、不適法である。」と判断し、その根拠として最高裁昭和23年5月26日大法廷判決（以下、「プラカード事件大法廷判決」という。）、同昭和29年11月10日大法廷判決、同昭和30年12月14日大法廷判決をあげる。

しかし、この原審の判断は、上告趣意第2点で詳述するようにプラカード事件大法廷判決を誤って解釈適用し、その結果、被告人ら請求人らの正当な上訴の利益を不当に否定したものであって、憲法第32条に違反する。

1．違法な免訴判決に対し免訴判決自体の誤りを主張してなした上訴を「上訴の利益なし」として退けることは裁判の拒絶に当たる

そもそも免訴事由を欠くにもかかわらず、それを「あり」としてなされた違法な免訴判決に対しては上訴する利益がある。裁判所が訴訟条件の存否判断を誤り形式裁判を下したのであるから、被告人の側にはその誤りを正し実体裁判を求めて上訴する権利があるのである。その権利に基づいた上訴を退けるのは、裁判の拒絶であり、憲法32条違反にあたる。

この理について、団藤重光元最高裁判事は、昭和53年10月31日最高裁第1小法廷決定において次のように述べている。

「訴訟条件は実体的審判の条件であって、訴訟条件が具備するかぎりは、被告人は自己に利益な実体的裁判（ことに無罪判決）を求める権利を有する。憲法32条に規定する『裁判を受ける権利』は、刑事訴訟においては、被告人のかような権利を意味するものといわなければならない。」

本件はまさに、原原審が訴訟条件の存否について判断を誤り免訴判決を下したのであって、後述するように、訴訟条件は本来具備しているのであるから、被告人らは、みずからに利益な実体的裁判（無罪判決）を求める権利を憲法によって保障されている。その権利に基づく上訴をゆえなく退けた原審の判断は、裁判の拒絶に他ならず、憲法第32条に違反する。

2．本件は訴訟条件を具備しており、免訴事由は存在しない
——再審公判において、原確定有罪判決「後」に行われた刑の廃止ないし大赦について、旧刑訴法363条2号及び3号を適用して、免訴判決を言い渡すのは誤りである

原審は、弁護人らが「一度有罪の判決が確定し刑罰権の具体的成立を見た後においては、刑の廃止あるいは大赦があっても、その判決の存在や効果そのものに直接何らの影響を及ぼすものではないから、その適法性又は合法性が疑われて開始されることになった再審の公判においては、いまだ判決がなく刑罰権の成否未定の状態にある通常の公判の場合とは異なり、刑の廃止あるいは大赦を事由にして免訴によって審理を打ち切ることなく、有罪の判決による既成の効果を根本的に除去するため、無罪の判決を言い渡す途を認めるべきであり、したがって、また、そのような判断をしなかった違法な免訴の判決に対し、被告人の側に控訴の利益を認めるべきである」旨主張したことに対し、

「刑の廃止あるいは大赦の時期と刑罰権の成立の先後に応じ、免訴の判決に対して被告人の側に控訴の利益があるか否かの結論に差を認めるべき理由は見出し難い」としてその主張を退けた（原審判決5～6頁）。

しかし、原審の理由づけは、上告趣意第2点ないし第4点でも詳述するように、判例及び法令の解釈適用を誤り、誤謬の積み重ねの上に成り立っているものである。詳論は後（上告趣意第4点）に譲り、ここでは敢えて結論だけを述べてしまえば、再審公判において原有罪判決確定「後」に行われた刑の廃止ないし大赦について、旧刑訴法363条2号及び3号を適用し免訴判決を下すことは、それ自体誤りである。

すなわち、原原審及びその判断を肯定した原審は、旧刑訴法511条の解釈を誤り、通常の刑事公判手続に関する規定は特に除外を定めた規定がない限り再審公判手続でも適用されるべきものと解釈し、旧刑訴法363条2号及び3号を再審公判の手続に適用したが、

①まず、通常の刑事公判手続に関する規定が「特に除外を定めた規定がない限り再審公判手続でも適用されるべきもの」とする論理は、再審制度の趣旨（無辜の救済）を没却するばかりでなく、再審制度の具体的構造（前提となる法的事実及び再審制度を支える法的理念が通常の公判とは全く異なることから必然的に生じる客観的構造上の差異）と著しく矛盾し現実的ではない論理であって、およそ「旧刑訴法の規定状況から認められる再審の公判の制度設計」（原審判決4頁）と合致するといえるようなものではない。

②つぎに、判決確定後の刑の廃止あるいは大赦は、す

でになされた有罪判決言渡の既成の効力に何ら影響を及ぼさないものであることは法も定めるとおり（恩赦法第11条）であって、だからこそ本件の再審開始決定が下されたのであることに鑑みれば、いまなお有効に存在する確定有罪判決の誤謬を正す再審公判において、それらの事由が訴訟遂行の障害事由とはなりえない。

③また、原審はその判断の実質的な根拠として「およそ免訴の判決は、被告人に対する公訴権が後の事情で消滅したとして被告人を刑事裁判手続から解放するものであり、これによって被告人はもはや処罰されることがなくなる」という点を挙げているが、過去の誤った確定判決からの救済を求めて敢えて再審請求を行っている被告人らには、「刑事裁判手続からの解放」や「もはや処罰されることがなくなる利益」など観念しえないことは三、1、（1）でも述べるとおり、あまりにも明白である。

④さらに、原原審は「公判裁判所が公訴について実体的審理をして有罪無罪の裁判をすることができるのは、当該事件に対する具体的公訴権が発生し、かつ、これが存続することを条件とするのであり、免訴事由の存在により公訴権が消滅した場合には、裁判所は実体上の審理をすすめることも、有罪無罪の裁判をすることも許されないのであり、この理は、再審開始決定に基づいて審理が開始される場合においても異なるものではないと解される。」（原原審判決9頁）とし、原審も、③で挙げたとおり「免訴の判決は、被告人に対する公訴権が後の事情で消滅したとして……（中略）」云々と論じ、ともに本件の審理のあり方があたかも公訴権の存否に関わるものであるかのように論じている。

しかし、これも誤りである。再審の公判は、検察官の公訴によって審理が開始されるものではなく、被告人側の再審請求が裁判所によって認められ再審開始決定が確定することで開始されるものであり、一方、公訴権はいったん有罪判決が確定し国家刑罰権の実現が図られ公訴の目的が達成されれば目的の達成により消滅するものであって、憲法が定める「二重の危険の禁止」の法理に照らしても、再審公判において、公訴権の復活、存続をストレートに観念することは許されない。公訴権の帰趨について仮に諸論あろうとも、少なくとも、再審公判が検察官の公訴権の発露として存在するものでないことは、憲法第39条と刑事訴訟法第452条（不利益再審の禁止）に照らし争いようのない真実である。であるから、再審公判における審理のあり方を、公訴権の存否によって判断すること自体が誤りであると言わねばならない。

以上のようなことから（ただし、原審の理由づけの誤りについては上告趣意第2点ないし第4点において詳述する）、有罪判決確定後の「刑の廃止」や「大赦」は、再審公判における実体審理の妨げにはなりえず、本件に免訴事由となるものは存在しないのである。

したがって、原原審は実体審理ののちに無罪判決を下すことは十分に可能であったし、またそれのみが法の正義にかなった方法であった。原原審の免訴判決は明らかに誤りである。

3．免訴判決自体の効力を争う上訴の利益

上述のように、原原審は、判決確定後の刑の廃止、大赦をもって免訴事由とし「公判裁判所が公訴について実体的審理をして有罪無罪の裁判をすることができるのは、当該事件に対する具体的公訴権が発生し、かつ、これが存続することを条件とするのであり、免訴事由の存在により公訴権が消滅した場合には、裁判所は実体上の審理をすすめることも、有罪無罪の裁判をすることも許されないのであり、この理は、再審開始決定に基づいて審理が開始された場合においても異なるものではない。」(原原審判決9頁）として形式的に免訴判決を下した。

この原原審の免訴判決は、再審制度の趣旨、制度設計について十分に検討することを怠り訴訟条件の具備についての判断を誤って、訴訟条件を具備している（免訴事由の存在しない）本件において免訴判決で裁判の扉を閉じてしまったものである。その判断を不服とし、免訴判決自体の当否を争って上訴することには重大な利益がある。その上訴を「上訴の利益なし」として退けた原審の判断は、憲法第32条に違反するといわねばならない。

三　憲法第31条違反（再審制度の趣旨の没却）
――原審判断の誤りの根本にあるもの

1．原審判断の誤り

原審は、上記のようにあくまで形式論で控訴を退けた。原審判断についての詳細な検討は上告趣意第4点に譲るが、たとえば次のような理由づけは全く合理性を有しないし、一で述べた再審公判に求められる法的正義に合致しないことを、ここで再度指摘しないわけにはいかない。

たとえば、

(1) 原審判決は、本件控訴が上訴の利益を欠く実質的理由として、

①およそ免訴の判決は、被告人に対する公訴権が後の事情で消滅したとして被告人を刑事裁判手続から解放するものであり、

②免訴の判決によって被告人はもはや処罰されることがなくなること、

を挙げ、プラカード事件大法廷判決、同昭和29年11月10日大法廷判決、同昭和30年12月14日大法廷判決をはじめとし、原審判決がプラカード事件大法廷判決を各引用したこれら大法廷判決に従った判断であることを示している。

しかし、再審公判では、被告人の「刑事裁判手続からの解放」や「もはや処罰されることがなくなる利益」を

観念しえないことは、多言を弄するまでもなく明白であろう。

再審開始決定確定後の再審公判手続における被告人にとっては、原確定有罪判決の誤りをただす実体審理が行われることこそが利益なのであって、実体審理をすることなく「刑事裁判手続から解放」されることや「もはや処罰されることがなくなること」には何の利益も認められない。

そもそも再審公判における被告人らは、既に確定した有罪判決を受けているのであるから二重の危険の禁止の法理の保護下にあり、自らの意思に反して新たに刑事裁判手続に拘束されることも、さらに処罰されることもあり得ない。再審公判では、元被告人らが自ら敢えて（二重の危険の禁止の法理の保護を受けているにもかかわらず）誤判からの救済を目的として、再度の実体審理を求めているのである。被告人らは、原原審の免訴判決の効果によって初めて「刑事裁判手続から解放」されたり「もはや処罰されることがなくなる」わけではない。

したがって、原審の言うように「刑事裁判手続からの解放」や「もはや処罰されることがなくなる利益」が、免訴判決の誤りを主張する被告人ら請求人らの上訴の利益を否定する実質的理由には決してなり得ないことは、あまりに明らかである。

（2）また、原審がここで引用するプラカード事件大法廷判決をはじめとする3件の最高裁大法廷判決はいずれも通常の刑事手続における上訴の利益を論じたものであり、その一点のみに注目しても、再審公判のステージにある本件に、その理をそのまま適用できるものでないことは明白である。

本件では、あくまで再審公判という特殊な非常救済手続における上訴の利益、ひいては「裁判を受ける権利」が問題となっているのであって、それを無視しての論述は、それだけですでに法的根拠を持たず、法的正義に合致しない。

（なお、プラカード事件大法廷判決をはじめとする最高裁判例の解釈適用について原審は他にも重大な誤りをおかしているが、その点は上告趣意第2点で詳述する。）

（3）さらに、原審は、弁護人らの「本件は再審事件であって、原原審が免訴事由とする刑の廃止あるいは大赦は有罪判決確定後に行われたものであるため確定有罪判決の存在や効果そのものに直接何らの影響を及ぼすものではないから、刑の廃止あるいは大赦を事由にして免訴によって審理を打ち切るべきではない」という主張に対して、

「再審の公判が開始され、再審の判決が確定すると、当初の確定した有罪の判決は当然に効力を失うことにな

る。有罪の判決が確定した後に刑の廃止あるいは大赦があった場合でも、結局は、いまだ判決がなく刑罰権の成否未定の間において刑の廃止あるいは大赦があった場合と同様の状態となるのである。刑の廃止あるいは大赦の時期と刑罰権の成立の先後に応じ、免訴の判決に対して被告人の側に控訴の利益があるか否かの結論に差を認めるべき理由は見出し難い」(原審判決5―6頁)としてその主張を退けた。

しかしこの原審の説く理は、理論としての形すら備えておらず、結論に対しまともな理由づけすら伴っていない。そして何より、法の正義にも合致しないものである。

(ア)まず原審は、免訴判決と実体判決を区別することもなく「再審の判決が確定すると、当初の確定した有罪の判決は当然に効力を失うことになる。」と断言するが、実体判決と当然には相矛盾することのない免訴判決に、実体判決と同様の理屈を当てはめて、「当初の確定した有罪判決は当然に効力を失うことになる」と断定することはそもそも不可能ではないのか。

(イ)のみならず、仮に上記の点を措くとしても、次の点は如何とも理解し難い。

すなわち、原審は、次の二つの場合(a)と(b)を、理由づけもなしに「結局は同様の状態となる」といっているのである。

(a)有罪判決が確定する前(=無罪推定が機能している状態)に刑の廃止あるいは大赦が行われて、通常の刑事手続の途上で刑事手続から解放され、その後処罰される危険がなくなった場合

(b)有罪判決が確定した後(=無罪推定は全く機能せず、有罪の烙印が押されている状態)で刑の廃止あるいは大赦が行われて、しかし、過去に言い渡された有罪判決の既成の効力にその効果は及ばず、冤罪を訴えて再審を請求し、しかもその再審開始が「無罪を言い渡すべき新たに発見した明確な証拠」ありとして認められた場合

この二つの全く異なる状況において、それぞれに「刑の廃止」や「大赦」が行われたとして、その二つが、なにゆえ「結局は同様の状態になる」のであろうか。

本件の被告人らはすでにその全員が亡くなっている。彼らが無念のままに亡くなるまで、あくまで冤罪を晴らすことを求め続けたのは、判決確定後の「刑の廃止」や「大赦」が彼らにとって何の救いも意味しなかったからに他ならない。当然である。過去の確定した有罪判決の既成の効力には何の効果ももたらさないその後の「刑の廃止」や「大赦」が、彼らの救いになるはずもない。なぜなら、彼らの要求は冤罪を晴らすことであり、無罪を明らかにすることであり、過去の裁判の誤りを明確に裁判所に認めてもらうことだからである。

そして長い年月を経て、ようやく裁判所自ら過去の裁

判に合理的疑いが存することを認めて再審開始を決めたにもかかわらず、後で「刑の廃止」や「大赦」が行われたから、結局は「有罪判決」はなかったのと同様だとするのでは、再審制度の意味はどこに行ってしまうのか。原審の論理に乗って敢えて極論すれば、過去の司法の誤りも、その後の「刑の廃止」や「大赦」によって「結局はなかったのと同様の状態」ということになってしまいかねない。

「刑の廃止」や「大赦」によって、過去の司法の誤りがなかったことになることなど、もちろん決して許されることではない。再審制度は、過去の誤った裁判の被害者である無辜の救済のために、法的安定を犠牲にしても法が定めた制度である。「法の支配」を実現するために、「司法による」「司法内の」非常救済を定めた制度である。その制度の健全な機能は、憲法が予定する適正手続の砦として正しく保障されなければならない。その後の「刑の廃止」(立法作用)や「大赦」(行政作用)の存在は、再審制度の枠外の出来事である。それら枠外の事柄にこと寄せて、その機能を司法自ら放棄することは許されないのである。

(4) ところで、原審は、先の二つの場合(上記(a)と(b))において、「免訴の判決に対して被告人の側に控訴の利益があるか否かの結論に差を認めるべき理由は見出し難い」ともいうのである。

原審判断は、そこでまたも、理由すら添えていない。「およそ免訴判決に対する上訴の利益は認めない」という形式論理を持ち込んだにすぎないのであろうか。再審制度が司法の誤りを司法の手続のなかで回復して無辜を救済する手続であることを、原審は全く忘れている。

原審の採るこの形式論理は明らかに誤りである。このような形式論理のみで再審の裁判がすすめられるのであれば、再審制度の存在意義は失われたも同然である。

2. 原審の上記誤りの根本にあるもの

1の(1)ないし(4)で指摘した点を見て明らかとなるのは、原審が、本件が再審公判にあることをおよそ無視した理論構成を採っている事実である。何故ここまで通常手続と同視し得たのか、その理由は、残念ながら詳述されておらず、不明である。

しかし、再審制度は、言うまでもなく、法が定めた正式な非常救済手続であり、憲法的な要請からひもとけば、適正手続を定めた憲法第31条に依拠する究極の人権救済手続である。その理念は、無辜の救済にあり、「何人も、法律の定める手続によらなければ、その生命若しくは自由を奪われ、又はその他の刑罰を科せられない」ことの最後の、そのまた最後の砦として機能する手続である。この点は異論のないところであろう。

言い換えれば、憲法第31条の直接の要請として、刑事再審制度の健全な機能が保障されなければならないのである。

したがって、その再審制度の趣旨を全く無視して、合理的な理由を付すことなく、形式的に、これを通常の刑事手続と同視することは、すなわち適正手続を定めた憲法第31条違反となることをここで指摘せざるを得ない。

ところが、原審は、上記のように、再審公判と通常の刑事公判手続を混同し、通常の公判手続に関する最高裁判例（プラカード事件大法廷判決、最高裁昭和29年11月10日大法廷判決、同昭和30年12月14日大法廷判決）をそのまま形式的に引用したうえ、有罪判決確定後の「刑の廃止」や「大赦」と判決確定前のそれらの差異を主張する弁護人らの主張を、「再審の公判が開始され、再審の判決が確定すると、当初の確定した有罪の判決は当然に効力を失うことになる。有罪の判決が確定した後に刑の廃止あるいは大赦があった場合でも、結局は、いまだ判決がなく刑罰権の成否未定の間において刑の廃止あるいは大赦があった場合と同様の状態となるのである。刑の廃止あるいは大赦の時期と刑罰権の成立の先後に応じ、免訴の判決に対して被告人の側に控訴の利益があるか否かの結論に差を認めるべき理由は見出し難い」（原審判決5―6頁）として、合理的理由すら付すことなく通常審と同視することで、退けた。

これらの判断は、まさに再審制度の趣旨の無理解に基づくものであり、再審制度の存在価値をゆがめるものであって、その趣旨を没却し、ひいては憲法第31条に違反する。

第2　上告趣意第2点（刑訴法第405条2号にもとづく上告理由）

原審判決には、プラカード事件大法廷判決の解釈を誤って適用して本件上訴の利益を否定し、同判例と相反する判断をした誤りが存する。

原審判決は、本件控訴が上訴の利益を欠く実質的理由として、

①およそ免訴の判決は、被告人に対する公訴権が後の事情で消滅したとして、被告人を刑事裁判手続から解放するものであり、

②免訴の判決によって被告人はもはや処罰されることがなくなること、

を挙げ、

同判決において、プラカード事件大法廷判決、同昭和29年11月10日大法廷判決、同昭和30年12月14日大法廷判決を各引用し、原審判決がこれら大法廷判決に従った判断であることを示している。

しかし、原審判決は、再審開始決定が確定した後に開

始された再審の公判における被告人の実体審理を求める利益、ないし上訴の利益についての解釈を誤っており、プラカード事件大法廷判決の解釈をも誤った結果、本件被告人らの上訴の利益についても誤った判断を行ったものである。

〈一〉まず、原審判決は、プラカード事件大法廷判決が違法な免訴に対する上訴を違法とはしていないにもかかわらず、同判決の論旨を誤って適用して、本件控訴を違法と判断した判例違反の誤りが存する。

1．原審判決は、弁護人らが、本件一審判決が再審開始決定確定後に開始された再審公判手続において、免訴の判決をしたのは違法であることを理由として控訴したのに対し、プラカード事件大法廷判決外二つの判決を引用して、「免訴の判決に対し、被告人の側から免訴判決自体の誤りを主張し、あるいは無罪の判決を求めて上訴の申立をするのはその利益を欠き、不適法である。」と判示している。

(1) しかし、プラカード事件大法廷判決は、「原審がした免訴の判決に対して無罪を主張して上訴することもまた違法であるといわなければならない。」と判示しているのみであって、「免訴判決自体の誤りを主張」して上訴することについてこれを否定する判断までは示しておらず、免訴事由そのものを争うと同時に無罪を主張して上訴することは上記判例が不適法とするところではないと解される。

にもかかわらず、前記プラカード事件大法廷判決に依拠する形で、被告人の側から免訴判決自体の誤りを主張し、併せて無罪を求めて上訴の申立をすることを違法とするのは、上記判決の読み方ないし解釈の誤りに立脚した原審判決の独自の誤った見解である。

プラカード事件大法廷判決についての研究者の判例評釈でも、「この判例によって明らかにされたもう一つの点は、免訴の裁判に対しては、無罪を理由として上訴することはできない、ということである。ただ免訴事由を争って、無罪を主張することはできる。本件ではまさにそうであるが、免訴事由ありと判断され、上告は理由がなかったのである。」と解説されている（坂口裕英「別冊ジュリスト」214～215頁）。

なお、原審判決が引用する最高裁昭和29年11月10日大法廷判決、同昭和30年12月14日大法廷判決は、何れもプラカード事件大法廷判決を引用して、「免訴判決に対しては被告人から無罪を主張して上訴できないこと当裁判所の判例の趣旨とするところ」と判示しているが、これら何れの判決も、免訴判決自体の誤りを主張して上訴の申立をすることを違法としているわけではない。
上記2判例がおよそ免訴の判決に対しては上訴できないと判示しているようにも読める点について、上記の坂口裕英による判例評釈は、「免訴の判決に対してはおよそ上訴できないと言うのは判例の誤解である。」と指摘し（同上論文）、
また、田宮裕が別のプラカード事件大法廷判決の評釈において、上記2判例を挙げて「なお、最高裁はその後、本判例を引用して免訴判決に対しておよそ上訴できないとしているが、本判示は、免訴事由がある場合は無罪を主張して上訴できないといっているだけだから、誤解であろう。」と解説していることが参照されるべきである（田宮裕「別冊ジュリスト」182～183頁）。

(2) 上述したように、プラカード事件大法廷判決は、違法な免訴判決に対して免訴事由の存在を争って上訴することについてまで上訴の利益がないとは述べていないのであって、免訴判決自体の誤りを主張して上訴することには上訴の利益が存しないとする原審判決は、全く独自の見解であるが、この見解の誤りは、田宮裕が昭和29年11月10日大法廷判決について行った判例評釈において、以下のように明快に指摘している。

「本判示を読んで気になることは、昭和23年5月26日大法廷判決を引用して、その趣旨から、免訴に対する上訴を否定していることである。右判決は『大赦の場合には、裁判所としては免訴の判決をする一途であり、被告人の側でも、無罪を主張して、実体の審理を要求することはできないのであるから、原審がした免訴の判決に対して無罪を主張して上訴することもまた違法であるといわなければならない』というのであって、これと本判示とを合わせると、免訴は形式裁判だから上訴を許さないという意味がでてくる。しかし、この考え方はおかしい。免訴を形式裁判と解すると（わたくしは免訴は控訴棄却・管轄違と同様な純形式裁判と解する）、無罪の主張が許されない（むろん有罪の主張も）というのは、無罪の認められうる場合であっても、免訴事由があれば、その方を先に判断するということである。無罪の主張ができないのは、免訴事由を有罪・無罪の判断と無関係に、それよりも先に判断しうるし、また、しなければならないということを前提とするからである。そして、免訴事由が認められる場合には、無罪の主張がきいてもらえないというだけであって、免訴事由そのものを争うことはむろん許されるわけである。ところが、他方、上訴権は被告人に右のように争う利益があるかどうかの問題であって、いわばその一般的な前提であるにすぎない。両者は別個の問題である。したがって上訴権の肯否は、一般的に文

句をいう利益があるかどうかで決めればよく、免訴の形式裁判説・実体裁判説とは無関係である。」と評釈されている〔田宮裕「刑事判例評釈集」第16巻（昭和36年刊）350～354頁〕。

2. なお、原審は論及していないが、控訴棄却の決定に対して、その決定の違法、不当を理由として上訴することはできないとする最高裁昭和53年10月31日第1小法廷決定（刑集32巻7号1793頁）が存するが、その趣旨は本件に及ぶものではない。

事案は、検察官が被告人の死亡を理由として公訴棄却を求めたのに対し、弁護人が検察官の主張する死体は被告人とは別人であることを理由に公訴棄却に反対したが、第1審は刑訴法339条1項4号により公訴を棄却したという案件である。

弁護人は、第1審の決定に対し、主として検察官主張の死体が別人であるとして事実誤認を理由として即時抗告の申立をしたが、抗告審は、「刑訴法339条1項各号による公訴棄却の決定に対しては、その決定の当否に拘わらず被告人・弁護人から上訴できないものと解すべき」として弁護人の即時抗告を不適法とし、弁護人が、公訴棄却の裁判について、実体裁判と区別して被告人、弁護人の上訴権を否定するが、それは合理的理由がなく、憲法32条に保障された上訴を含む裁判を受ける権利を侵害する等として特別抗告を申し立てた。

上記第1小法廷決定は、特別抗告の趣旨の「実質はすべて単なる法令違反の主張であって刑訴法433条の抗告理由に当たらない。」として弁護人の主張を退けたが、傍論で「なお、公訴棄却の決定に対しては、被告人・弁護人からその違法・不当を主張して上訴することはできないものと解すべきであるから、原決定に所論のような違法はない。」と判示している。

しかし、上記第1小法廷決定の論理は、本件に適用されるべき先例となるものではない。

(1) 刑訴法339条1項に列挙された事由は、「それが欠けた状態のままでは、訴訟追行を許さない」もので、訴訟条件のうちの手続条件といわれるものであり（平野龍一「刑事訴訟法」法律学全集43、143頁）、列挙される事由はいずれも公訴が無効とされる場合であり、不告不理の原則のもとでは公訴が有効に存在しないとされる場合であるから、いったん公訴が無効とされた場合に、被告人・弁護人がさらにこれに対して応訴する権利が認められないとすることにも理由なしとしない。

しかし、免訴の事由として刑訴法337条に列挙される事由は、これら公訴棄却とされる事由とは異なる。刑訴法339条1項に列挙される事由は、訴因を標準として客観的、形式的に判断される場合であるが、免訴とされる事由は、「それが欠けた場合には、およそ訴訟追行を許さない事由」であるとされ、「訴因に内在した性質に基づく点で、単に一定の条件の下では訴訟追行を許さないにとどまる手続的訴訟条件の場合とは異なるのである。」（同上149～151頁）とされており、公訴手続そのものが無効とされるものではなく、公訴手続自体は有効に存在しており、果たして免訴の判断がなされるべきか否かが問題となるのであるから、刑訴法337条に列挙される事由が存する場合と同列に扱うことはできないといわねばならない。

上記第1小法廷決定の論理が直ちに本件に及ぼされるものではないのである。

(2) 上記小法廷決定に対する有力な反対意見も存する。

団藤重光裁判官は、上記第1小法廷決定の結論に従いつつも、次のような意見を述べておられる。

すなわち、「訴訟条件が具備するかぎりは、被告人は自己に利益な実体判決（ことに無罪判決）を求める権利を有する。憲法32条に規定する『裁判を受ける権利』は、……かかる権利を意味する……。したがって、……もし被告人が実際には生存しているのにかかわらず、死亡したものとして公訴棄却の決定がされたと仮定するならば、被告人・弁護人はその公訴棄却の決定に対して上訴を申し立てて争うことができるはずである。」と。

団藤裁判官は、訴訟条件（手続条件）の場合であっても、原審の訴訟条件が欠如するとの判断に誤りがある場合には、訴訟条件は具備しているとの理由で被告人が実体裁判を求めて上訴しうるとされているのである。

渥美東洋教授は、いったん起訴された被告人は、「告発・起訴による被告人の犯行とされる行為の公表に由来するスティグマ、法廷出頭の義務、防御の準備の必要、地位の低下・喪失に伴う収入の喪失・減少、焦燥感・不安感」（渥美東洋「警察研究」第54巻第4号55頁）などの不利益を受けており、被告人の上訴の利益を認めないとすると、他方で訴訟を打ち切る形式裁判に二重の禁止効が認められておらず、検察官側では再起訴が許されることとの間にアンバランスを生じていることを問題とされ、「このバランスへの配慮から、……問題となっている形式裁判に一事不再理効または二重危険禁止効を認めることができない場合には、訴訟条件の欠如を誤って認定した原審判断に対する被告人の上訴を認めるべきことになると思われる。……つまり、被告人は、実は訴訟条件が具備しているかぎり、一回の公判審理の手続きで同一の訴追について解放されるべき利益を認められるのが自然であり、公平であるといえるからである。」（同上56頁）と述べられている。

上記第1小法廷決定は、刑訴法339条1項に列挙された公訴棄却とされる事由に関する判断であって、免訴事由に関する本件に直ちに及びうるものでないだけでなく、上記小法廷決定自体に有力な反対意見が存するのであるから、その論理を本件に及ぼすこともできない。

3．以上により、原審判決にはプラカード事件大法廷判決の解釈を誤って本件に適用して、この判例と相反する判断をした誤りが存するといわねばならない。

また、原審判決がプラカード事件大法廷判決外2つの判決を引用して、本件控訴には上訴の利益がないと判示したことには、根拠が存せず、原原審の免訴判決の違法を主張し、併せて無罪判決を求める本件控訴には、上訴の利益が存するといわねばならない。

以上のとおり、原審判決は、原原審が行った免訴判決の適法性についての判断を行うことなく、本件控訴を棄却したものであり、その結果プラカード事件大法廷判決と相反する判断を行ったものである。

なお、以上のような論旨については、原審における弁護人らの冒頭意見・1の第一の三（2頁〜5頁）で詳述しているので、参照して頂きたい。

〈二〉次に、再審開始決定が確定した後の再審公判において、原確定判決後に生じた免訴事由を理由とする免訴判決に対する上訴の利益の有無を判断した最高裁判例は未だ存しないにもかかわらず、原審判決は、通常手続の公訴繋属中に行われた大赦に関するプラカード事件大法廷判決の法理における「上訴の利益」論を、上訴の利益の内容がこれとは全く異なる、再審開始が確定した後の再審公判における原確定判決後に行われた刑の廃止ないし大赦の場合に漫然適用したものであり、判例解釈を誤り、同大法廷判決に相反する判断を行ったものである。

1．再審開始決定が確定した後の再審公判手続における被告人にとっては、原確定判決の誤りを正す実体審理が行われることこそが利益であって、実体審理をすることなく「刑事裁判手続から解放」されることや向後「処罰されることがなくなること」には何の利益も存しない。

（1）そもそも訴追を受けた被告人にとっては無罪判決を受けて青天白日の身となることこそが利益であることは言うまでもない。

原審判決が引用し、免訴判決に対して被告人が上訴をすることを許すか否かについてのリーディングケースとなったプラカード事件大法廷判決は、「大赦の場合には、裁判所としては免訴の判決をする一途であり、被告人の側でも、無罪を主張して、実体の審理を要求することはできないのであるから、原審がした免訴の判決に対して無罪を主張して上訴することもまた違法といわなければならない。」として、免訴事由が存する場合には被告人の側から実体についての審理を要求して上訴することは許されないと判示している。

上記大法廷判決については、「大赦発令後なお有罪なりや無罪なりやの判断をしなければならないとすると事実に争いのある様な事件では、被告人の尋問、証人尋問等に相当の時日を要するから、其間被告人には大赦があったに拘わらず釈放せられず審理を続行せられる如き場合も生ずるであろう。これは被告人にとって迷惑な話ではないか。」（上記大法廷判決での井上登裁判官の補足意見）という被告人の側に立った手続負担の検討があり、通常の公判手続きにおいては、有罪の判決があるまで被告人は無罪と推定されるという原則が存するため、これと被告人が早期に刑事裁判手続の負担から解放されることとの利益とを合わせ考えるとき、免訴の判決に対しては被告人の上訴の利益が存しないとすることとの合理性が肯定されないわけではない。

(2) しかし、上記大法廷判決の法理を再審開始が確定した後の再審公判手続について適用することは、誤りである。

(ア) プラカード事件では、1審判決と2審判決の間に大赦令が施行されており（昭和21年11月3日、昭和21年勅令511号）、同事件は未だ公訴繋属中であって、2審裁判所で実体判決が行われる前の状態にあった。従って、同事件の被告人には無罪の推定が機能し得た状態にあったのであるから、免訴の判決に対する上訴にその利益が存しないとすることにも理由がないわけではない。

しかし、本件は、確定有罪判決の誤りを正すことを求める再審事件であり、再審開始が確定した後の再審公判で確定有罪判決の誤りが正されるまでは、確定有罪判決は有効に存在しているのであり、もし再審の公判が免訴の形式判決で打ち切られた場合には、実体については何ら審理、判断されないのであるから、前の確定有罪判決が破棄されることなく存続することになる。従って、通常の刑事手続きにおける場合と異なって、無罪の推定は機能し得ない。

原審判決が述べる、「被告人を刑事手続から解放するものであ」るという論理も、いったん確定した判決につき二重の刑事負担をあえて引き受けて誤判の是正を求めている再審公判の被告人にとっては、何らの利益を意味するものでないことは明らかであって、このような原審判決の論理のもつ意味は、再審公判の被告人に対する裁判の拒否にほかならない。

（イ）さらに原審判決は、「これ（免訴判決）によって、被告人はもはや処罰されることがなくなる」ことをもって本件被告人らの利益であるとし、被告人らの上訴の利益を認めない理由としている。

しかし、上記の点は、再審公判における被告人にとって何の利益をも意味しない。

もともと本件被告人らは、既に確定した有罪判決を受け、二重の危険の禁止の法理のもとにおかれていたのであり、更に処罰されることはあり得なかったのである。にもかかわらず、敢えて誤判からの救済を受ける目的のために、その限りにおいて二重の危険の禁止の保障を自ら放棄し、再審の公判における実体審理を求めているのである。

被告人らは既に二重の危険禁止の保障の下におかれていたのであり、原原審の免訴判決によって「もはや処罰されることがなく」なったわけではないのであるから、この点をもって、免訴判決の誤りを主張して上訴する被告人らの利益を否定する論拠とすることはできない。

（３）再審の制度は、誤判からの救済を図るために被告人の請求によって再度の実体審理を行い、原確定判決の誤判から被告人を救済するところに、制度としての存在意義がある。

再審の裁判は、「有罪ノ言渡ヲ受ケタル者ニ対シ無罪ヲ言渡（ス）ベキ明確ナル証拠ヲ新ニ発見シタルトキ」（旧刑訴法４８５条６号）に、被告人を誤判から救済するための制度として、確定有罪判決の形式的確定力を破ることを認める非常救済手続である。

このような非常かつ例外的な手続を設けた唯一の目的は、無辜の被告人の救済を図るところにある。

再審開始理由が認められ、再審開始決定が確定した後の再審公判にあっては、確定有罪判決が誤判であったか否かの実体審理が行われることこそが、被告人らの利益である。この再審公判における被告人の利益を無視し、原原審の免訴の形式判決によって実体審理の利益を奪われた被告人らに対して、上訴の利益が存することを認めない原審判決の論理は、再審制度の否定に連なるものといわなければならない。

以上の通り、通常訴訟の繋属中における被告人の裁判を受ける権利、利益と再審開始が確定した後の再審公判における被告人のそれとは、その内容が大きく異なるのであり、本件のような再審公判における免訴判決に対する上訴の利益について判断した最高裁判例は未だ存しないのであって、通常訴訟繋属中の案件であるプラカード事件大法廷判決の法理を本件に及ぼすのは全くの誤りであり、同大法廷判決の解釈を誤った結果、同大法廷判決と相反する判断を行ったものといわねばならない。

第3　上告趣意第3点（刑訴法405条3号にもとづく上告理由）

再審の公判手続において、原確定判決後に行われた刑の廃止ないし大赦に旧刑訴法363条2号及び3号が適用されるか否かに関しては未だ最高裁判例が存しないところ、

東京高裁昭和40年12月1日決定は、「旧刑事訴訟法第363条2号は通常手続における規程であり、非常救済手続たる再審には適用のないもの」と判示している。

これに対し、

原審判決は、再審の公判手続に「旧刑訴法363条2号及び3号の適用がないとすることは出来ない。」と判示し、上記東京高裁決定と相反する判断を行っている。

弁護人らの、東京高裁昭和40年12月1日決定が「刑事訴訟法第363条2号は通常手続における規定であり、非常救済手続たる再審には適用のないもの」としているとする主張について、原審判決は、東京高裁昭和40年12月1日決定は、再審請求審に関する限りの判断であって、再審の公判に関して同法条が適用されるかどうかを判断したものではないとする。

しかし、上記昭和40年東京高裁決定は、大逆事件の再審請求審において、検察官が刑法73条（大逆罪）が廃止されていることを理由に、旧刑訴法363条2号の免訴の事由が生じており、従ってこの場合には裁判所は免訴の裁判をもって訴訟を終結することを要し、実体の審理を行うことが出来ないから、再審裁判所の訴訟手続は存在理由を失うこととなり、再審請求も無意義となるから、結局再審請求は不適法となるなどと主張したのに対し、「ここではむしろ『刑の廃止』により再審請求権が影響を受けるかどうか、『刑の廃止』にかかわらず再審請求が許されるかどうかが先ず問題とされているのである。しかるところ、刑が廃止されたというだけでは、確定判決の効力に変動があるわけではなく、そのほかに『刑の廃止』により再審請求権が否定されるとする事由は発見できないから」という理由で、「『刑の廃止』によっては再審請求権は消滅せず、『ひっきょう旧刑事訴訟法第363条2号は通常手続における規定であり、非常救済手続たる再審には適用のないものと解すべきである。』と判示したのである。

上記東京高裁決定が判示した「刑が廃止されたという

だけでは、確定判決の効力に変動があるわけでは」ないという「刑の廃止」と「確定判決の効力」との関係に関する判断、並びに旧刑訴法363条2号及び3号が通常手続における規定であり、非常救済手続たる再審に適用がないと解すべきことについて、再審請求審と再審公判における場合とで異なる理由は存しないのであり、上記東京高裁決定の趣旨が正鵠を得ていることが明らかである。

原審は、昭和40年東京高裁決定と相反する判断を行っているが、同高裁決定の趣旨が再審請求審の審理に関する限りの判断であるとする原審判決にこそ根拠がないと言うべきである。

第4　上告趣意第4点（刑訴法411条1号に規定する破棄事由）

原審判決は、旧刑訴法511条ないし同363条各号の解釈並びに再審公判の性格の理解のそれぞれについて重大な誤りを犯し、判決に影響を及ぼすべき法令の違反があり、原判決を破棄しなければ著しく正義に反する。

原審判決は、再審公判の場合は、実体審理・実体判断が優先されるべきで、原確定判決後に行われた刑の廃止や大赦等を理由に免訴判決を行うのは違法である、という原審における弁護人らの主張を、以下の理由のもとに排斥した。

すなわち、

①旧刑訴法511条は、再審開始決定の確定した後の再審の公判については、同条が定める除外事由が存在する場合を除き、通常の公判と同様の手続きに従い、それぞれの審級における一般原則により更に審判を行うこととし、被告人が死亡している場合に旧刑訴法365条1項2号の適用がないことを示す旧刑訴法512条1項及び2項を規定しているが、旧刑訴法363条2号（犯罪後ノ法令ニ因リ刑ノ廃止アリタルトキ）及び3号（大赦アリタルトキ）の適用がないことを示す規定をおいていないのであって、再審の公判について、免訴事由がある場合に、通常の公判に関する規定を除外し、無罪等の実体判決をすることを予定していないというのがその制度設計であること。

②免訴事由というものは、それが存在すると、公訴事実の存否について審理、判断することが許されなくなる性質のもの、すなわち公訴事実に内在する訴訟追行の可能性ないし利益がなくなるという性質のものであり、免訴の判決は被告人に対する公訴権が後の事情で消滅したとして被告人を刑事裁判手続から解放するものであること。

③有罪判決が確定した後に刑の廃止あるいは大赦があっても、その判決の存在や効果そのものに直接何らの影響を及ぼすものではないから、刑の廃止あるいは大赦を事由にして免訴によって審理を打ち切るべきではないと弁護人は主張するが、再審の公判が開始され、再審の判決が確定すると、当初の確定した有罪の判決は当然に効力を失うことになり、有罪の判決が確定した後に刑の廃止あるいは大赦があった場合でも、結局は、いまだ判決がなく刑罰権の成否未定の間において刑の廃止あるいは大赦があった場合と同様の状態になること。

④刑の廃止あるいは大赦の時期と刑罰権の成立の前後に応じ、免訴の判決に対して被告人の側に控訴の利益があるか否かの結論に差を認めるべき理由は見出し難いこと。

しかし、原審判決が挙げる上記理由は、旧刑訴法５１１条ないし同３６３条各号の解釈並びに再審公判の性格の理解のそれぞれについて重大な誤りを犯しているものであって、判決に影響を及ぼすべき法令の違反があり、原判決を破棄しなければ著しく正義に反する。

一　旧刑訴法５１１条の解釈について

原審判決は、再審公判の手続は旧刑訴法５１１条が定める除外事由の場合を除いて、それぞれの審級における一般原則に従い審理するとして、明文の除外規定が存在しない限り通常手続とまったく同様に審理を行うとするのが、旧刑訴法における再審公判の制度設計であるとしている。

しかし、再審開始が確定した後の公判の審理手続きに関する旧刑訴法の規定は、同法５１１条ないし５１４条が存するのみである。再審の公判では、被告人が既に確定判決を経ていること及び二重の危険の禁止（応急措置法２条、憲法３９条）の制約から、通常の公判手続におけると同様ではあり得ない。

通常の審理手続きに関する規定が再審公判手続に適用されるか否かは、再審の理念・目的、既に確定判決を経ていること、再審開始決定が確定していることとの関係及び二重の危険の禁止の制約等との関係を考慮しつつ、具体的検討を経て決定されなければならない問題であって、再審の公判手続が通常の手続と同様に行われることを、原則ないし前提としているとは到底言えないのである。

現行刑訴法に関する論考ではあるが、研究者も以下のように論じている。

井戸田侃「刑事訴訟理論と実務の交錯」（有斐閣２６

6頁）

「この手続については現行法はわずか2ヶ条の規定しか設けていない。その具体的内容については、あげて解釈に委ねられる。……再審公判手続の問題は、原則的には通常の公判手続によるとはいえ、それがひとたび原裁判の確定、そうして再審開始決定という手続を経ているだけに、多くの点で通常の公判手続に修正を加えることになる。」

高田昭正「大コンメンタール刑事訴訟法」（青林書院第7巻174頁）

「再審の公判手続については、第一に、（同一審級で）すでに一度審判を経たという事実により、通常の手続と異なってよい部分と、第二に、二重の危険を禁止した憲法上の保障により、通常の公判手続とは違わなければならない部分とがある。」とし、

第一の部分として、起訴状謄本の送達の必要がないこと、予断排除の原則に立ち戻る必要もないこと等を挙げている。

また、第二の部分として、「二重の危険禁止」の権利が機能することから、再審公判における検察官の訴因変更請求や、事実の認定や刑の量定について新たな争点を作る検察官の――再審公判の被告人に新たな応訴活動を強制することになる積極的・攻撃的な――立証活動は、憲法39条の権利を侵害するものとして禁止されること等を挙げている。

井戸田・上掲275頁「4　再審公判における検察官の地位」も、同旨を述べている。

再審の公判の手続において旧刑訴法363条の免訴判決に関する規定がそのまま適用されるか否かは、再審の公判手続の特殊性、とりわけ既に一度審判を経て有罪判決が確定している事実と、旧刑訴法363条各号の趣旨との関係から検討し、慎重に解釈されねばならないのである。

旧刑訴法511条が、「審級ニ従ヒ更ニ審判ヲ為スベシ」とするところから、当然に通常の手続と同様に審理を行って良いとする原審判決には、同条の解釈適用の誤りが存するといわねばならない。

二　再審の公判手続において、確定有罪判決後に行われた刑の廃止ないし大赦を、刑訴法363条2号ないし3号による免訴の事由として適用することの誤り

1．再審開始の対象となった事件の有罪が確定する前に、当該犯罪に関して刑の廃止ないし大赦が行われ、原確定審が免訴とすべきであったにもかかわらず、誤って有罪の判決をしたという場合には、「有罪ノ言渡ヲ受

ケタル者ニ対シテ免訴ヲ言渡」すべき場合に該当するので、再審開始決定が確定した後の再審公判で免訴の判決がなされる（旧刑訴法485条6号）べきことは、当然の理であろう。

しかし、有罪判決が確定した後に刑の廃止ないし大赦が行われた場合には、全く事情が異なる。

まず、有罪判決が確定した後に刑の廃止があったとしても、被告人に対する確定有罪判決の効力は全く影響を受けないことは明らかである。

他方、確定有罪判決の後に大赦が行われた場合には、有罪判決の言渡の効力は失われ（恩赦法3条1号）、受刑中の者であれば、釈放されることになるのであるが、有罪の言渡に基づく既成の効果は、大赦によって変更されることはない（同法11条）とされている。

従って、本件の原確定有罪判決は、同判決後に行われた刑の廃止ないし大赦によって影響を受けておらず、有効に存在しているのであって、その確定有罪判決の誤りを正すとすれば再審の手続によるほかないことも明らかである。

2. 原審判決は、免訴事由は、それが存在すると、公訴事実の存否について審理、判断することが許されなくなる性質のもの、すなわち、公訴事実に内在する訴訟追行の可能性ないし利益がなくなる性質のものであり、免訴の判決は、被告人に対する公訴権が後の事情で消滅したとして被告人を刑事裁判手続から解放するものであるとも説明している。

しかし、原確定判決後に生じた免訴事由が存在しないことをもって、再審開始後の公判手続における訴訟追行条件とし、同じく原確定判決後の免訴事由の存在をもって再審公判における公訴権の消滅事由とすることは、免訴制度の趣旨と相容れない。

(1) 前記の通り、確定有罪判決後の刑の廃止や大赦は有罪判決の存在の効力に影響しないのであるから、本件再審公判においては実体審理と実体判決を行うための訴訟追行条件は有効に存在していると言わなければならない。

原審は、確定有罪判決後に行われた刑の廃止や大赦が、再審公判裁判所である原原審にとって実体審理を行うことを阻止する事由となると解しているようである。

しかし、このような原審の理解には誤りがある。

再審開始決定が確定した後に行われる再審公判裁判所の役割は、原確定審が行った実体審理を同裁判所に既に提出されていた証拠に「新証拠」(旧刑訴法485条6号)を加えて、更に審理することである。原確定判決後に行われた刑の廃止や大赦は原確定判決の存在に何らの影響を及ぼさないのであるから、再審公判を担当する裁判所は、再審開始決定が確定している以上、事件について再度の実体審理を行う義務が存するのである(旧刑訴法511条)。ただ、原確定判決に至る過程で免訴とすべき事由が存したにもかかわらず、原確定審がこれを見落として有罪判決を言渡した場合に、免訴の判決がなされることは、上述したとおりである。

免訴事由が存在する場合には訴訟追行条件が欠けるとされるのは、実体判決に至ることなく被告人を刑事手続きから解放することが免訴制度の趣旨に適し、被告人の利益でもあることを理由とするのであるから、免訴事由の存在を理由に形式判決で手続を打ち切るためには、当該被告人に対する手続において判決確定に至っていないこと、及びその被告人が刑の廃止や大赦の恩恵に浴することが前提になければならない。

しかし、原確定判決後に刑の廃止や大赦が行われても再審公判における被告人には何らの影響もなく、確定した有罪判決が有効に存続し続けており、実質的にも再審公判における被告人は、確定判決後に行われた刑の廃止や大赦によって何らの恩恵にも浴していないのである。

原確定判決後に行われた刑の廃止や大赦を再審公判における免訴判決の理由とすることは、免訴の制度趣旨を大きく逸脱したものといわねばならない。

原審判決は、本件被告人らに対しては全く刑事手続からの解放という影響・効果を及ぼしていない原確定判決後の刑の廃止や大赦をもって、再審公判における実体審理と実体判決を拒む理由としてだけ援用しているのであって、このような原審判決の論理は、余りにも偏頗であり、免訴の制度趣旨からも離れた見解と言わねばならない。

再審制度の趣旨からは、原確定審の審理に訴訟条件や訴訟追行条件が具備されていたならば、再審公判裁判所としては、同事件について更に実体審理を行わなければならないのである。

(2) また原審判決は、「およそ免訴の判決は、被告人に対する公訴権が後の事情で消滅したとして被告人を刑事裁判手続から解放するもので」あるとしている。

しかし、再審の公判の審理を公訴権をもとに考えることは誤りである。

すなわち、

「公訴権」とは実体判決請求権といわれるものであり(支配的学説)、適法な公訴権が存続しない限り公訴棄却、管轄違い、免訴等の裁判が行われるという意味で、審理の始めから終わりまで一貫して存在することが公訴の有効要件として要求される訴訟条件ないしは訴訟追行条件の中に解消されるともいわれるもの（田宮裕編著「刑事訴訟法　I　捜査・公訴の現代的展開」615頁～617頁）である。

しかし、いったん判決が確定し、有罪判決として国家刑罰権の実現がはかられ、公訴の目的が達成されれば、目的の達成により公訴権が消滅することは明らかである。

再審の公判は、被告人らの再審開始請求にもとづく再審請求審の再審開始決定の確定にもとづいて開始されるものであり、検察官の公訴権にもとづいて審理が開始されるものでないのであるから、いったん消滅した公訴権が再審の公判で再度復活することはあり得ない。

しかも、「二重の危険の禁止」の法理の制約のもとでは、再審の審理において、刑罰権の実現に向かう実体判決請求権という意味での公訴権が復活し機能することはあり得ないのである。

検察官は、原確定判決の維持のために、防御的にのみ行動し得るのであり、通常の審理における同じ意味での訴追権限を内容とする公訴権を有するとはいえないのである。従って再審の公判を公訴権をもとに考えることは誤りといわねばならない。

なお、以上の論旨については、原審における弁護人の冒頭意見・1の第三の二の2「再審制度の根本的な特殊性」及び同3「再審公判の手続的構造の特殊性―片面性・限定性」（20頁～21頁）において詳述しているので、参照して頂きたい。

三　原審判決は、弁護人らの、確定有罪判決後に刑の廃止あるいは大赦が行われたとしても、その判決の存在や効果そのものに直接何らの影響を及ぼすものではなく、未だ判決がなく刑罰権の成否未定の状態にある通常の手続中に刑の廃止あるいは大赦が行われた場合とは異なって、免訴の判決によって審理を打ち切ることはできないとの主張に対して、「再審の公判が開始され、再審の判決が確定すると、当初の確定した有罪の判決は当然に効力を失うことになる。有罪の判決が確定した後に刑の廃止あるいは大赦があった場合でも、結局は、いまだ判決がなく刑罰権の成否未定の間において刑の廃止あるいは大赦があった場合と同様になるのである。」から、原確定判決後に刑の廃止あるいは大赦が行われた場合であっても通常の刑事手続中にこれらが行われた場合と同様に免訴の判決ができるとしている。

しかし、当初の確定有罪判決が効力を失うのは再審公判裁判所によって実体審理が行われ、実体判決が確定した時である。実体判決が確定するまでは確定有罪判決は存在しているのであるから、再審の実体判決が行われる前に免訴の形式判決を行う場合に同様の理屈を当てはめることはできない。

いまだ判決がなく刑罰権の成否未定の間において刑の廃止あるいは大赦があった場合には、被告人に対する刑事手続きは打ち切られて釈放され、被告人は無罪の推定を受ける状態におかれる。また受刑中の者について大赦があれば釈放される。

これに対して再審公判における被告人は長年にわたって有罪の烙印を背負い続けているだけでなく、刑の執行さえ受け終わっている者が大半であって、刑事手続の負担と刑の執行に関して、刑の廃止や大赦による利益を全く受けることはないのである。

原審判決の上記の理屈は、あまりにも観念的な考え方であるだけでなく、実際には刑の廃止や大赦の恩恵に浴していない被告人らに対して、再審公判における実体審理を打ち切るという被告人らの不利益のためだけに、免訴事由による免訴を適用しようとするものであって、極めて不合理かつ不公平であって、正義に反するといわなければならない。

四 原審判決は、上記に引き続いて、「刑の廃止あるいは大赦の時期と刑罰権の成立の先後に応じ、免訴の判決に対して被告人の側に控訴の利益があるか否かの結論に差を認めるべき理由は見いだし難い。」と述べる。

原確定判決の後の刑の廃止あるいは大赦が行われた場合に、免訴の判決ないしこれに対する上訴が問題となるのは再審の裁判に関する場合だけである。

これに対して、確定判決前に刑の廃止あるいは大赦が問題となるのは、判決が確定する前の通常の手続の場合であり、この場合に被告人に対する手続が打ち切られ、被告人は刑事手続から文字通り解放される。

通常の手続の場合、被告人は免訴判決によって刑の廃止ないし恩赦の恩恵に浴し、有罪判決の烙印を押されることなく釈放されるに至っている。

しかし、原確定判決後に刑の廃止や大赦があった場合は、これらの恩恵は再審公判における被告人には全く及んでいないのである。被告人についての有罪の判決が確定しており、被告人は長年にわたって犯罪者の烙印を背負い続け、多くは刑の執行さえも受けているのである。

このような確定有罪判決を受けた被告人が、再審請求審で「無罪を言渡」すべき「明確ナル」「新証拠」を主張立証して再審開始決定の確定をみて、前の有罪判決がえん罪であることを明らかにするための再審公判にようやく漕ぎ着けているのである。

通常手続における免訴判決に対する上訴を認めるか否かの問題と再審公判における免訴判決に対する上訴を認めるか否かの問題との間に差を設ける理由は十分に存す

るのである。

　仮に、差を設ける理由がないとすれば、通常手続における免訴判決に対する上訴の利益を認めることで差異をなくすのでなければ、再審請求審における再審開始決定を経てようやくえん罪を晴らす場である再審公判に漕ぎ着けた被告人にとって余りに酷である。

　原審判決の上記の判示は再審の制度理念に余りに反するものであり、再審の制度を支える正義の理念に反すると言わねばならない。

五　原審判決は、括弧内で（なお、再審の公判は、確定した有罪判決の当否を審査し、これを是正することを目的とするものではない。）と述べている。
　原審の上記判示の趣旨は必ずしも明らかではないが、上訴が原審の判断の当否を判断するのに対して、再審の公判が上訴とは異なる制度であり、再審公判裁判所が原確定判決の当否を審査することを直接の目的としないことから、直ちに原確定判決を是正することをも目的とするものではないと解釈しているようである。

　しかし、再審の公判が原確定判決の誤りを是正するための裁判手続であることを否定する原審判決は誤りである。

　再審の理念が「無辜の救済」にあることは既に確立した判例の流れであり（例えば仙台高裁決定昭和51年7月13日いわゆる弘前大学教授夫人殺し事件等）、無辜の救済とは、原確定判決の誤りを是正して被告人の名誉回復の救済を図るところに存する。再審が、通常の刑事訴訟手続が判決の確定により上訴の方法によっては争えなくなった後に、「これとは異なる是正原理に基づき」（田宮裕「刑事訴訟法」有斐閣498頁）認められる限定的な救済としての裁判是正の制度であることは、学説が一致して認めるところである。

　再審の公判が確定した有罪判決を是正することを目的とするものではないとする原審判決は誤りと言わなければならない。

六　再審判決は、「旧刑訴法は、免訴を言い渡す場合を定めた旧刑訴法363条2号及び3号の適用がないことを示す規定をおいていない。」ので、同条2号及び3号は再審の公判にも適用されると判示している。
　しかし、旧刑訴法が再審の公判に適用がないことを明示する規定をおいていないのは旧刑訴法363条2号及び3号だけでなく、同条1号及び4号も同様であるから、原審判決に従えば、同法1号及び4号も再審の公判手続に適用されるとすることになる。

1．しかし、旧刑訴法363条1号を再審の公判手続に適用するとすることは、再審の制度と矛盾する。（原確定審が、既に確定判決が存することを見落として有罪判決を言渡した場合に、再審の公判で、同条1号により免訴とされる場合があることは、確定判決前の刑の廃止や大赦の場合と同様である。）

再審の公判が開始される場合には、既に確定判決を経ている場合だけなのであるから、もし原審判決の論理に従うとすれば、「再審の判決が確定すると、当初の確定した有罪の判決は当然に効力を失うことになる」（原審判決5頁下から5行目～4行目）が、その反面で、再審の判決が確定するまでの間は原確定判決が効力を有しており、旧刑訴法363条1号に言う「確定判決を経たるとき」に該当し、必ず免訴を言い渡さなければならないことになる。

しかし、上記のような結論は、無辜の救済を目的とし、再審無罪判決の存在を予定している再審制度の存在と明らかに矛盾する。

再審の公判手続に関して、旧刑訴法363条1号を適用することは誤りと言わねばならない。

2．原確定判決後の時効完成を理由に旧刑訴法363条4号を再審の公判手続に適用することも、再審の制度と適合しない。

（原確定審が、公訴の時効が完成していることを見落として有罪判決を言い渡した場合に、再審の公判で、同条4号により免訴とされる場合があることは、確定判決前の刑の廃止や大赦の場合と同様である。）

旧刑訴法363条4号は、「時効完成」の場合に免訴の判決をするとしているが、判決が確定した場合には、既に公訴の提起が有効に行われて公訴の目的を達成したのであるから、その後に公訴の時効が更に進行するという観念を容れることはできないであろう。

再審の公判の場合に、原確定判決後の時効完成を理由に上記法条が適用されるとするならばどのような場合なのか、全く不明である。確定した判決の後に時効の観念を容れる余地があるとして、それは何時から進行し、何時完成するのであるのか、全く不明である。このような観念を刑事訴訟法は予定していないと言うべきであって、再審の公判手続に旧刑事訴訟法363条4号を適用できる場合を想定することも出来ない。

旧刑訴法363条4号は、通常の手続における規定であって、再審の公判に適用されることを予定した規定でないと考える外ないのである。

再審で同法同号が問題となり得るのは、原確定審における公訴の提起までに時効が完成していたか否かという問題のみである。

3．さらに、旧刑訴法363条2号ないし3号の場合に限っても、原審判決の立場からは、有罪判決後に刑の廃止ないしは大赦が存する場合には再審の公判において免訴の判決がなされるとするのであるから、確定有罪判決を受けた者は、その後に刑の廃止ないしは大赦が行われた場合には、再審の裁判で有罪判決よりも軽い免訴の判決を受けることが出来るのであるから、有罪判決確定の後に刑の廃止ないし大赦があることを理由に再審の請求が出来ることになる。しかし、この結論が不当であることは明らかであろう。

旧刑訴法363条各号は、判決が確定する前の状態における通常手続において同条各号の定める事由が存在した場合には刑事手続を打ち切って被告人を解放するとする趣旨の規定であって、判決が確定した後になお適用することを予定したものではないと考えるのがその趣旨に適する。このことを否定するならば、旧刑訴法363条各号は、再審開始が確定した後に開始される再審の公判において再審の実体審理と実体判決を拒むためだけに存在する規定ということになるが、法がそのような不合理かつ不公平な考え方をとっていると考え得る根拠は存しない。

従って、旧刑訴法363条各号の定める事由の不存在が訴訟追行条件とされるのは通常の刑事手続きの場合だけであって、再審の公判に当然に適用されるとはいえず、再審の公判の訴訟条件ないし訴訟追行条件（というものがあり得るとすればそれらは、）は、再審の公判の性格等から、通常の手続の場合とは別個に検討されなければならないのである。

以上から、再審の公判の場合にも旧刑訴法363条が適用されるとする原審判決の誤りは明白と言わねばならない。

第5　最高裁判所における本件審理にあたって

一　現憲法における最高裁判所の使命
――司法における横浜事件の解決にあたって

1．最高裁判所は憲法の番人であり、人権擁護の砦である。

昭和22年8月4日、初代の最高裁判所長官に就任した三淵忠彦氏は、全国民に向けてメッセージを送り「最高裁判所は憲法の番人たる役目を尽くさなくてはならない」と述べ、戦後新しく発足した最高裁判所の使命を確認して、宣言した。日本国憲法は、近代民主国家の憲法理念にもとづき、基本的人権を保障することを要として成り立っている。憲法が守られることによって、基本的人権も守られることになる。そして、最高裁判所が戦前の大審院と決定的に異なる特色として、憲法によって違憲審査権を与えられており、この機能が行使されることによって憲法が守られてゆく。かくして、最高裁判所が良き憲法の番人であるならば、最高裁判所は、また同時に人権擁護の砦の役割を果たすはずである。

そのことの重要性、すなわち最高裁判所が憲法の番人として人権擁護の使命を全うすべき重要性は、人権の抑圧を可能とさせた旧時代の歴史的経験を省みることによって、よりよく理解されるのである。

2. 明治憲法下の人権

明治憲法においても、その第2章は「臣民権利義務」として、わが国ではじめての人権宣言をしている。けれども、これは徳川封建体制を脱して近代立憲国家へ向かう体制を整えるための外形的人権宣言の域を出ていない。このことは、具体的な人権規定自体からも、また、のちの運用の歴史的経過からも論証される。

すなわち、明治憲法においては、法律をもってすれば、人間特有の基本的人権もこれを剥奪し、制限することが可能であった。そして、明治憲法施行後、人権を制限する法律が順次制定されていった。

明治憲法施行後、まもなくの明治33年に施行された「治安警察法」は、結社、集会、多衆運動について、警察官署への届出、警察官または内務大臣による制限・禁止・解散の宣言、制服警察官による集会への「臨監」等、刑罰を背景として厳しく取り締まることとした。また明治42年施行の「新聞紙法」は、言論・出版の自由にとって重要な発言形式である新聞について、その発行紙を内務省・地方官庁・検事局に納めさせ、また予審内容、検事の差し止めた捜査事項、公開なき官公署の会議事項等の掲載禁止をしたり、さらには安寧秩序をみだすと認めるものについては、発行差止、発売及び頒布の禁止、差押えができるものとした。

大正期に入ると、一面では大正デモクラシーを謳歌する世相もあったが、進んで昭和の軍国主義的統制下に入って、人権制限は加速化され、官憲側の運用悪化も重なって、政治的結社はもとより、自由主義運動に対するものまで、熾烈な弾圧へと移った。

その典型が、昭和3年の勅令「治安維持法改正ノ件」であり、昭和16年の全面改正法律「治安維持法」である。「国体ヲ変革スルコトヲ目的トシテ結社ヲ組織シタル者又ハ結社ノ役員其ノ他指導者タル任務ニ従事シタル者」については、その最高刑は実に死刑をもってなされた。

そして、現実の運用においては、結社にいたらない個人の思想的自由、すなわち、人間が人間として存立する価値そのものまで否定されていった。治安維持法にもとづく捜査、裁判の過程で、被疑者あるいは被告人の多くが「転向」という思想的変節を事実上強いられていったことは周知の通りである。

治安維持法では、主として思想的活動家が弾圧を受けたが、国家総動員法では、国民のすべてが多かれ少なかれ関係するような規制が行われ、裁判機関さえ、本来の司法的機能を麻痺させられ、特殊国家目的に奉仕するものとなっていったのである。

3．戦後司法改革と人権保障制度の確立

戦後司法制度の改革は、上記にみた明治憲法下の人権抑圧の歴史の反省の上に立って行われた。その基本理念は、司法制度をして人権保障の担保たらしめることにあった。

戦後の司法制度改革は、昭和20年8月14日受諾されたポツダム宣言のなかで、すでに方向付けがなされていた。ポツダム宣言は、我が国に「民主主義的傾向の復活強化」を敗戦後の諸改革の基本にすえることを要求していた。ついで同10月11日、マッカーサー連合国最高司令官は、幣原喜重郎首相に対し、「日本の伝統的社会秩序の匡正」「憲法の自由主義化」「秘密の検察およびその濫用が国民をたえざる恐怖に曝してきた諸制度の廃止」等を戦後改革の指標とするよう示唆した。司法改革制度の理念は、すでにこの段階で決まったのである。

このため、司法権の独立が一貫して求められ、昭和22年5月、現憲法施行によって、司法権の独立は完全な形で実現されることになり、最高裁判所は名実ともに独立した司法部の頂点を形成するに至ったのである。（以上、『最高裁判所』日本弁護士連合会編より）

二　本件再審上告事件（横浜事件第三次再審請求）と最高裁判所の役割

1．治安維持法被告再審事件の最高裁係属の意義

上記の通りであり、最高裁判所は、明治憲法下での人権抑圧の歴史の反省に基づきなされた戦後司法改革において、人権保障制度として格別の地位・役割を担っているのである。

本件横浜事件第3次再審請求事件は、上記の通りの戦後の司法体制の確立のための反省の大きな原因と認識された治安維持法に関する最高裁係属の初の事件である。また、再審公判（しかも死後再審）としても、上告審である最高裁まで争われた極めて希な事案である。

明治憲法下での人権抑圧の典型例であり、抗告審でも確認された通り、拷問による虚偽の自白に基づく冤罪事件の本質を持つ。

まさに、最高裁判所としては、本件においてこそ、司

法制度としての人権保障機能を果たすべきである。徒に形式的な法解釈・判例解釈に溺れることなく、事件の本質を見据え、事の本質を明らかにすること、それは、本件では無罪を明白にすることであり、免訴判決を確定させることではないのである。

2. 横浜事件の真実
――本件再審開始決定抗告審の認定

横浜事件とは、1942(昭和17)年から終戦直前にかけ、雑誌「中央公論」編集者ら60人以上が「共産主義を宣伝した」などとして、治安維持法違反容疑で神奈川県警察部特高課(特高)にでっち上げで逮捕された戦時下最大の言論弾圧事件の総称である。

30人以上が起訴され、多くは終戦直後に有罪判決を受けた。4人が獄死。警察官3人が戦後、拷問を加えたとして有罪が確定した。

この、官憲の拷問により自白を迫られたという事実は、本件抗告審(2005年3月10日東京高裁)においても以下の通り確認されている。すなわち、「いわゆる横浜事件の被検挙者のうち33名は、昭和22年4月、同人らを取り調べた元神奈川県警部A、同B及び元神奈川県警部補Cを含む警察官多数を横浜地方裁判所検事局に対し、特別公務員暴行傷害罪により告訴したところ、A、B及びCの3名が横浜地方裁判所に特別公務員暴行傷害罪により起訴され、……最高裁判所第一小法廷は、昭和27年4月24日各上告棄却の判決を言い渡し、上記有罪判決は確定した。……認定した事実の要旨は、『被告人ら3名は、神奈川県警察部特別高等課に勤務していたもので、被告人Aは左翼係長警部、被告人B、同Cは同係取調主任警部補の地位にあって各司法警察官として思想事件の捜査に従事していたが、その職務に従事中、昭和18年5月11日、治安維持法違反事件の被疑者として検挙された辰森七郎【益田直彦の誤り】(当時世界経済調査会員)の取調べに際し、同人が被疑事実を認めなかったので、被告人らはその他の司法警察官等と共謀して同人に拷問を加えて自白させようと企て、同月12日ころから約1週間位の間、数回にわたって、神奈川県神奈川署の警部補宿直室において、辰森七郎に対し、頭髪をつかんで股間に引き入れ、正座させた上、手拳、竹刀のこわれたもの等で頭部、顔面、両腕、両大腿部等を乱打し、これにより腫れ上がった両大腿部を靴下ばきの足で踏んだり揉んだりする等の暴行陵虐の行為をなし、よって、辰森の両腕に打撲傷、挫傷、両大腿部に打撲挫傷、化膿性膿症等を被らせ、そのうち両大腿部の化膿性膿症についてはその後治療まで数ヶ月を要せしめたのみならず長くその痕跡を残すに至らしめた。』というものであった。」とし、この確定判決が直ちに本件に該当するといえないとしても、このような拷問が、「いわゆる横浜事件の司法警察官による取調べの中で例外的出来事であったとみるべきものではない。」と認定している。

そして、さらに「請求人についての原判決原本及び訴訟記録は裁判所及び検察庁に保存されておらず（当裁判所の事実取調べの結果によれば、太平洋戦争が敗戦に終わった直後の米国軍の進駐が迫った混乱時に、いわゆる横浜事件関係の事件の記録は焼却処分されたことが窺われる）」とも認定する。

本件再審公判は、このような東京高裁抗告審の決定が故に、開始された公判である。

本件は、特高警察による拷問、その自白に基づく終戦直後に拙速になされた裁判、そして司法機関自身による戦争責任追及を回避する為の記録の焼却という、まさに戦時司法体制の暗部を焦点とする事案なのである。司法が本来の警察行政に対するチェック機能を麻痺させ、むしろ加担していたことに対する戦後の司法としての反省を明確にすべき事案である。

ポツダム宣言受諾後であるにもかかわらず、占領軍の到着前に有罪判決を性急に下すという司法の態度は、「いわば敗戦のどさくさに紛れて、横浜事件などに対して治安維持法による司法処分を断行したことは、治安維持法自体が失速しつつあったこと、その法益である『国体』観念も形骸化しつつあったこと、という二重の意味で、ポツダム宣言から『人権指令』に流れていた『市民的自由・権利』復活という精神に、完全に逆行するものであった。」（荻野富士夫『横浜事件と治安維持法』）と批判されるべき事態である。

最高裁判所としては、この司法自身による治安維持法体制への協力・隠蔽という過去に向かい合い、本件再審請求における司法における解決を図ることが必要なのである。本件につき、無罪判決を裁判所が下すことが、まさに「裁判所が歴史的負の遺産として背負う『戦争責任』を自らの手で清算する道」（小田中聰樹・『法律時報二〇〇五年七月』）なのである。

3. 被害の救済——無罪判決を得ること

そもそも本件事案において、無罪を主張しての再審請求が認められ、開始決定がなされたのは「名誉回復や刑事補償等との関連では、再審を行う実益がある。」（東京高裁平17・3・10）との理由に基づく。この認定は、そもそも請求人らの意思に合致し、元被告人らの意図に沿うものであり、また、多くのメディアで公表された社説等の意見にも合致する常識に属する認定である。

どのような判決を得れば、名誉回復等の利益が得られるかに関しては、本件のような事案において再審請求を肯定する学説においても、

「ひと度刑の言渡しによって失われた名誉を回復するという社会的効果の面から見て利益があるだけでなく、

再審によって無罪の判決を受ければ、判決の公示、刑事補償等の点においても法律的実益があるところからみて、積極説に賛したい。」（臼井滋夫・総合判例研究叢書14）

とか、

「再審の請求は、刑の執行が終り、またはその執行を受けることがないようになったときでも――これをすることが出来る。けだし、かような場合にも名誉回復の利益があるだけではなく、再審で無罪の判決を受ければ、判決の公示（453条）・刑事補償（刑補1条1項、2項）をはじめ、有罪の判決に伴う付随的効果の除去など、種々の法律的利益があるものである。刑の言渡が効力を失ったのちにも、再審の請求はゆるされるものと解しなければならない。この場合にも法律的実益が全然ないわけではなく、また、名誉回復の利益はおなじだからである。」（団藤刑訴綱要）

と述べられている。

すなわち、再審公判において「無罪」判決を得ることによってこそ、名誉回復等の利益、すなわち再審を行う実益が認められる、ということである。現実の無罪判決が、免訴判決による「無罪の推定」よりも有利であることは疑う余地はない。

本件において、再審一審の免訴判決を放置し、上訴の道を閉ざすことは、決して本件の解決にふさわしくなく、被害の救済にも繋がらない。本件においては、被告人らは全て死亡し、ここでの救済は、まさに被告人らの名誉回復そのものである。

治安維持法の施行・運用に関し、警察そして司法機関（検察及び裁判所）も、一度も、その過ちを率直に認め、責任の所在を明確にしたことはなく、このことは結局は、現在の司法制度の信頼を損なわせているのである。

戦後、新憲法の下において、人権の砦として期待されている最高裁判所は、その役割にふさわしい、明快かつ説得力のある判断を本件に下されたい。

既に事件からは、60年以上の時が経過し、被告人らは皆、亡くなり、関係者も高齢に及んでいる。早期の解決が必要である。最高裁判所における破棄自判による無罪判決を強く求めるものである。

以上

横浜事件第3次再審最高裁審理に関する法学者声明

1　横浜事件第3次再審請求は、再審公判第一審の免

訴判決（横浜地方裁判所2006年2月9日判決。公刊物未登載）及びそれを支持した控訴審判決（東京高裁2007年1月19日判決。判例タイムズ1239号349頁）に対する上告審が、現在、最高裁判所第2小法廷に係属している。

私たちの有志は、戦時下最大の言論弾圧事件、あるいは戦前の司法の諸悪を凝集した事件といわれる横浜事件の持つ歴史的、社会的意味にかんがみ、また、法的にも救済の必要が痛感される事件であることにかんがみ、司法自らがこの事件と誠実に向き合うことの必要性を痛感し、これまでも「横浜事件の再審開始を求める研究者声明」（2002年12月18日）、「横浜事件再審控訴審判決に対する法学者有志の緊急声明」（2007年1月19日）を公表してきた。

前者においては、共産主義運動という事件自体の不存在、拷問・強制による事件の捏造、治安維持法自体の悪法性に加えポツダム宣言受諾後に同法を適用することの不当性、請求人らの名誉回復の不完全性を、後者においては、このような事件の性格を省みることなく、有罪判決確定後に治安維持法の廃止と当該事件に対する大赦の措置があった事実のみを根拠とし、請求人側の主張を聞く姿勢を欠いたまま、再審裁判所が免訴判決を言い渡し、それを支持したことの不当性を指摘した。

私たちは、ここに改めて本件の問題を指摘し、最高裁判所の慎重な審理、それを踏まえての口頭弁論の実施、そして原判決の破棄を求めて本声明を公にするものである。

2　再審一・二審判決は、再審公判が「審級ニ従」って審判されるとの文言（旧刑事訴訟法511条）を唯一の根拠に、再審公判も通常審の公判とほぼ同等の手続であるという論理を取り、それ故に再審公判にも当然適用されると判断した。その上で、いわゆるプラカード事件最高裁判決（最大判1948年5月26日刑集2巻6号529頁）を引用し、通常審と同様、再審公判でも訴訟条件事由の判断が実体判断に先行することを前提に、免訴事由の存在を根拠に免訴判決を言い渡した。

しかし、訴訟条件事由に関する判断が実体判断に当然に先行するかについて、少なくとも、無罪判決を言い渡しうる程度に審理が熟しているような場合、実体判断を先行させることは許されるとの見解も、現在ではきわめて有力である。従って、訴訟条件判断が実体判断に先行すべきことは、必ずしも自明とはいえない。

その上、仮に通常審では訴訟条件事由の判断を実体判断に先行させるべき必然性があるとしても、再審の場合、確定後救済手続であるという特殊性への考慮が必要である。

すなわち、再審は、一応は適法と考えられる公訴権の行使に基づき、適法に成立したと考えられる確定判決につき、その誤りを証明する新規・明白な証拠が発見されたことを理由に確定判決を破棄し、公判を再開する手続である。従って、公訴権行使の適法性がなお未確定の状態にある通常審とは全く事情を異にする。

しかも、再審は、誤った確定有罪判決を受けた請求人を救済するための制度であり、そのために二重の危険の利益を放棄して再度の事実認定を求めることを請求人に許容した制度である。従って、再審において優越されるべき利益は、誤った確定有罪判決からの救済に向け、請求人に改めて当該事件の実体に関する主張・立証を許容することに他ならない。

そして、形式裁判でも有罪判決を免れるという被告人の具体的利益を観念しうる通常審と異なり、再審において訴訟条件事由を根拠に実体判断を拒むことは、国家の一方的な都合で請求人の実体判断の主張に対する利益を奪うに等しく、請求人の裁判を受ける権利（憲法32条）の観点から見て、重大な問題を孕んでいるというべきである。

かかる再審の特殊性を看過し、再審公判が審級に従うとの法形式のみを根拠に、再審公判でも訴訟条件事由が当然適用されるとして免訴判決を言い渡し、またはそれを支持して控訴の利益なしというのは、余りにも法の形式的側面のみを見て実質を見失ったものといわなければならない。

3　横浜事件は、戦後の一連の歴史研究が明らかにし、私たちの有志もすでに指摘し、さらに、本件即時抗告審である東京高裁２００５年３月10日決定（判例タイムズ１１７９号１３７頁）、横浜地裁１９４９年２月25日、同控訴審たる東京高裁１９５１年３月28日判決、同上告審たる最高裁１９５２年４月24日判決（いずれも公刊物未登載）など、裁判所自体が当時の特高警察の拷問の事実を認定したことにも表われているとおり、特高警察官の拷問によるフレーム・アップであり、事件の実体の存在自体がきわめてあいまいな事件であった。

このような観点から見たとき、本件は、すでに無罪実体判決を言い渡しうる程度に、機が熟している。のみならず、無罪判決を言い渡してこそ、帝国憲法の下においてさえ、議会内外で激しい反対論が展開され、「憲法の精神に戻ることの最も甚しいもの」で「現代立憲政治の下において、世にも稀な悪法」（美濃部達吉）と批判された治安維持法の負の遺産を司法自らの手で清算し、その犠牲者に対する救済を全うすることができ、歴史への責任に応えることとなるのである。

以上の点を踏まえ、私たちは、最高裁判所が、本件一・

二審判決のような形式的判断にとどまることなく、口頭弁論の実施を通じて請求人の主張を直接受け止め、それを踏まえて原判決を破棄することを改めて求めるものである。

２００８年2月28日

横浜事件第3次再審

最高裁審理に関する法学者声明賛同者

発起人　小樽商科大学教授　荻野富士夫
〃　憲法研究者　奥平　康弘
〃　東北大学名誉教授　小田中聰樹
〃　龍谷大学法科大学院教授　村井　敏邦
〃　一橋大学教授　渡辺　治
名古屋大学教授　愛敬　浩二
龍谷大学教授　赤池　一将
関東学院大学教授　足立　昌勝
立命館大学法科大学院教授　生田　勝義
亜細亜大学准教授　石埼　学
龍谷大学法科大学院教授　石塚　伸一
三重大学准教授　伊藤　睦
立命館大学教授　上田　寛
九州大学教授・弁護士　上田　國廣
岡山大学法科大学院教授　上田信太郎
琉球大学教授　大久保　哲
東京経済大学教授　大出　良知
鹿児島大学教授　大野　友也
九州国際大学准教授　岡田　行雄
東京慈恵会医科大学教授　小沢　隆一
関西学院大学教授　川崎　英明
立命館大学教授　葛野　尋之
神戸学院大学教授　小松　浩
西南学院大学教授　小山　雅亀
岐阜大学教授　近藤　真
大阪経済大学教授　斉藤　豊治
神戸学院大学教授　佐々木光明
明治大学法学部非常勤講師　清水　雅彦
北海道大学大学院教授　白取　祐司
大宮法科大学院大学教授　新屋　達之
山形大学准教授　高倉　新喜
大阪市立大学教授　高田　昭正
茨城大学教授　田村　武夫
神戸学院大学教授　塚田　哲之
大阪市立大学教授　恒光　徹
東北大学准教授　冨田　真
九州大学准教授　豊崎　七絵
鹿児島大学教授　中島　宏
京都大学名誉教授　中山　研一

三重短期大学教授　成澤　孝人
青山学院大学法科大学院教授　新倉　修
元専修大学教授・弁護士　庭山　英雄
龍谷大学法科大学院教授　福島　至
立命館大学法科大学院教授　渕野　貴生
関西学院大学名誉教授　前野　育三
立命館大学法科大学院教授　松宮　孝明
大阪市立大学教授　三島　聡
大阪大学法科大学院教授　水谷　規男
関東学院大学教授　宮本　弘典
立正大学専任講師　村田　和宏
名古屋大学教授　本　秀紀
龍谷大学教授　森　英樹
東北大学大学院法学研究科教授　吉田　正志

計五三名（２００８年２月27日現在）

※

平成20年３月14日　最高裁判決

判決

本籍　東京都港区——（故）木村　亨
本籍　東京都大田区——（故）小林英三郎
本籍　千葉県市川市——（故）由田　浩
本籍　福島市——（故）高木健次郎
本籍　横浜市南区——（故）平館　利雄

上記の者らに対する各治安維持法違反被告事件について、平成19年１月19日東京高等裁判所が言い渡した判決に対し、原審弁護人から各上告の申立てがあったので、当裁判所は、次のとおり判決する。

主　文

本件各上告を棄却する。

理　由

被告人５名の弁護人大島久明ほかの上告趣意のうち、最高裁昭和22年（れ）第73号同23年５月26日大法廷判決・刑集２巻６号５２９頁を引用して判例違反をいう点は、原判断が同判例の趣旨に沿うものであることが明らかであって、実質において単なる法令違反の主張にすぎず、東京高裁昭和36年（お）第1号同40年12月1日決定・高刑集18巻7号836頁を引用して判例違反をいう点は、同判例が、所論のような趣旨までをも示したものではないから、前提を欠き、その余は、憲法違反をいう点を含め、実質は単なる法令違反の主張であって、いずれも適法な上告理由に当たらない。

なお、所論にかんがみ、職権で判断する。

1　本件は、第二次世界大戦下、言論・出版関係者数十名が、治安維持法違反の被疑事実で検挙され、うち多くの者が、同法違反の罪により起訴されて、昭和20年9月までの間に有罪判決を受けたという、いわゆる「横浜事件」に関する再審事件であるところ、記録によれば、本件の経過は、次のとおりである。

(1)　木村亨、小林英三郎、由田浩、高木健次郎及び平館利雄（以下「被告人5名」という。）は、いずれも治安維持法違反の罪により横浜地方裁判所に起訴されたが、同裁判所は、昭和20年8月29日から同年9月15日までの間に、被告人らの自白を証拠として、同法1条後段及び10条違反の事実を認定し、被告人5名に対して、いずれも懲役2年、執行猶予3年の各有罪判決を言い渡し、各判決は上訴されることなく確定した（以下、被告人5名に対するこれらの判決を総称して「原確定判決」という。）。

(2)　その後、被告人5名はいずれも死亡したが、平成10年8月14日、被告人5名の妻又は子である請求人らは、原確定判決につき、無罪又は免訴を求めて本件再審請求を横浜地方裁判所に行った。

(3)　横浜地方裁判所は、平成15年4月15日、本件再審請求につき、取り調べた鑑定書等の証拠によれば、昭和20年8月14日に我が国がポツダム宣言を受諾し、同宣言が国内法的効力を有するに至ったことにより、本件で適用された治安維持法1条、10条は実質的にその効力を失ったと解され、旧刑訴法363条2号にいう「犯罪後ノ法令ニ因リ刑ノ廃止アリタルトキ」に当たるから、同法485条6号にいう「免訴ヲ言渡（ス）…ヘキ明確ナル証拠ヲ新ニ発見シタル」場合に該当すると判断して、被告人5名の再審を開始する決定をした。

(4)　これに対し、検察官が各即時抗告を申し立てたところ、東京高等裁判所は、平成17年3月10日、上記(3)の判断には疑問があり、免訴を言い渡すべき明確なる証拠を新たに発見した場合に当たるとした上記再審開始決定は、にわかに是認できないけれども、請求人らの提出した証拠によれば、原確定判決に証拠として挙示された被告人らの自白の信用性には顕著な疑いが生じたといえ、上記請求人らの提出証拠は、被告人5名に対し、無罪を言い渡すべき、新たに発見した明確な証拠であるといえるとし、結局、旧刑訴法４８５条６号の事由があるので、本件再審請求は理由があるから、上記再審開始決定は結論において正当であるとして、検察官の各即時抗告を棄却し、同決定は確定した。

（5）本件再審の第1審が、横浜地方裁判所で開始されたところ、同裁判所は、平成18年2月9日、要旨、（ア）被告人5名は、治安維持法1条後段、10条に該当する行為をしたとして起訴された、（イ）同法は、昭和20年10月15日に「治安維持法廃止等ノ件」と題する昭和20年勅令第５７５号が公布・施行されたことにより、同日廃止され、また、同月17日、同年勅令第５７９号による治安維持法違反の罪についての大赦令が公布・施行されたことにより被告人5名は大赦を受けた、（ウ）公判裁判所が公訴について実体的審理をして有罪無罪の裁判をすることができるのは、当該事件に対する具体的公訴権が発生し、かつ、これが存続することを条件とするのであり、免訴事由の存在により公訴権が消滅した場合には、裁判所は実体上の審理を進めることも、有罪無罪の裁判をすることも許されない、（エ）そうすると、本件被告事件について、被告人5名には、旧刑訴法３６３条2号（刑の廃止）及び3号（大赦）に該当する免訴事由があるから、免訴判決をもってのぞむのが相当であるとして、被告人5名をいずれも免訴する判決（以下「本件第1審判決」という。）を言い渡した。

（6）これに対し、弁護人が各控訴を申し立てて、被告人5名を免訴した本件第1審判決は違法、不当であると主張し、無罪判決を求めたところ、原審の東京高等裁判所は、平成19年1月19日、免訴判決は、被告人に対する公訴権が後の事情で消滅したとして被告人を刑事裁判手続から解放するものであり、これによって被告人はもはや処罰されることがなくなるのであって、このことは再審の場合においても通常の場合と異なるところはないから、免訴判決に対し、被告人の側から、免訴判決自体の誤りを主張し、あるいは無罪判決を求めて上訴の申立てをするのはその利益を欠き、不適法であるとして、旧刑訴法４００条により各控訴を棄却する判決（以下「本件原判決」という。）を言い渡した。

（7）そこで、弁護人が、同日、本件各上告に及んだ。

2　弁護人は、無辜の救済という再審制度の趣旨に照らし、再審の審判においては、実体的審理、判断が優先されるべきであるから、その判断をせず、旧刑訴法３６３条2号及び3号を適用して被告人5名を免訴した本件第1審判決は誤りであり、被告人の側には本件第1審判決の誤りを是正して無罪を求める上訴の利益が認められるべきであるのに、本件第1審判決の判断を是認した上、上訴の利益を認めなかった本件原判決は、同法５１１条等の解釈適用を誤っていると主張する。

しかしながら、再審制度がいわゆる非常救済制度であり、再審開始決定が確定した後の事件の審判手続（以下「再審の審判手続」という。）が、通常の刑事事件における審判手続（以下「通常の審判手続」という。）と、種々の面で差異があるとしても、同制度は、所定の事由が認められる場合に、当該審級の審判を改めて行うものであって、その審判は再審が開始された理由に拘束されるものではないことなどに照らすと、その審判手続は、原則として、通常の審判手続によるべきものと解されるところ、本件に適用される旧刑訴法等の諸規定が、再審の審判手続において、免訴事由が存する場合に、免訴に関する規定の適用を排除して実体判決をすることを予定していると は解されない。これを、本件に即していえば、原確定判決後に刑の廃止又は大赦が行われた場合に、旧刑訴法363条2号及び3号の適用がないということはできない。したがって、被告人5名を免訴した本件第1審判決は正当である。そして、通常の審判手続において、免訴判決に対し被告人が無罪を主張して上訴できないことは、当裁判所の確定した判例であるところ（前記昭和23年5月26日大法廷判決、最高裁昭和28年（あ）第4933号同29年11月10日大法廷判決・刑集8巻11号、1816頁、最高裁昭和29年（あ）第3924号同30年12月14日大法廷判決・刑集9巻13号、2775頁参照）、再審の審判手続につき、これと別異に解すべき理由はないから、再審の審判手続においても、免訴判決に対し被告人が無罪を主張して上訴することはできないと解するのが相当である。以上と同旨の本件原判決の判断は相当である。

なお、当裁判所の調査によれば、被告人（故）高木については本件再審請求を行った高木晋は、本件原判決後の平成19年9月2日に死亡したことが認められるが、再審の審判手続が開始されてその第1審判決及び控訴審判決がそれぞれ言い渡され、更に上告に及んだ後に、当該再審の請求人が死亡しても、同請求人が既に上告審の弁護人を選任しており、かつ、同弁護人が、同請求人の死亡後も引き続き弁護活動を継続する意思を有する限り、再審の審判手続は終了しないものと解するのが相当であるから、当裁判所は、被告人（故）高木に対しても、本判決を言い渡すものである。

よって、刑訴法施行法3条の2、刑訴法408条により、裁判官全員一致の意見で、主文のとおり判決する。

なお、裁判官今井功、同古田佑紀の各補足意見がある。

裁判官今井功の補足意見は、次のとおりである。

私は、本件各上告を棄却すべきものとする法廷意見に同調するものであるが、弁護人の所論にかんがみ、再審の審判手続において免訴事由が存在する場合の実体的審理、判断の可否について、補足して述べておきたい。

通常の審判手続においては、免訴事由があるときは、有罪無罪の実体判断をすることは許されず、免訴の判断をすべきであるとするのが、法廷意見で引用する昭和23年5月26日大法廷判決を始めとする当裁判所の確定した判例である。再審の審判手続についてこれと別異に解すべきか否かが、本件において問われている問題である。弁護人は、被告人は有罪の確定判決によって様々な不利益を受けているのであるから、無辜の救済という再審制度の趣旨に照らし、再審の審判手続において、無罪判決という有罪の確定判決を否定する判決を得なければ、有罪の確定判決により被った不利益を解消することはできないとして、免訴事由があっても実体的審理判断が優先されるべきであると主張する。

再審は、有罪の確定判決に対し、有罪の言渡しを受けた者に有利であるような証拠が新たに発見された場合等に、改めて審理をし直し、裁判をする制度であり、再審が開始され、再審の審判手続における裁判が確定したときには、先にされた有罪の確定判決は、完全にその効力を失うことは異論を見ないところである。そして、免訴判決は、有罪無罪の実体判決をする訴訟条件がないことを理由とする形式裁判であり、免訴事由が存在するときには、さらに実体についての審理判断をすることなく、その時点で審理を打ち切ることが被告人の利益にもなるのであって、このことは再審の審判手続においても通常の審判手続と変わることはない。本件のように有罪の確定判決を受け、死亡した被告人にとっては、審理打切りによる利益はほとんどないということができるであろう。しかし、再審の審判手続において免訴事由が存在する場合の実体的審理、裁判の可否については、本件のような再審事由の場合のみでなく、他の再審事由により開始された場合も含めた再審の審判手続全般を通じて考察しなければならず、再審の審判手続においても審理打切りによる被告人の利益は存在するものと解される。そして、再審の審判手続において免訴判決がされることによって、有罪の確定判決がその効力を完全に失う結果、これによる被告人の不利益は、法律上は完全に回復されることとなる。

もちろん有罪の確定判決があったという事実自体は、再審の審判手続における免訴判決があったからといって、覆しようのないことであるが、このことは仮に再審の審判手続において弁護人の主張するような無罪判決があったとしても同様である。再審制度は、有罪の確定判決の誤りを正し、これによって様々な不利益を受けた被告人を救済するものであるが、それは、有罪の確定判決の効力を失わせることによって実現されるにとどまるといわなければならない。

もっとも、旧刑訴法515条の規定を考慮すれば、免訴を有罪を前提とする実体判決とした場合には、弁護人の主張にも傾聴すべき面もないわけではないが、前記のとおり、免訴は有罪を前提としない形式判決であり、かつ、刑事補償法25条において、免訴の裁判を受けた者は、もし免訴の裁判をすべき事由がなかったならば無罪の判決を受けるべきものと認められる充分な事由があるときは、無罪判決を受けた者と同様の刑事補償を請求することができるものとするとともに、補償決定の公示の規定も定め、免訴判決を受けた被告人に対する刑事補償や名誉の回復について一定の配慮をしているところ、再審の審判手続において免訴判決があった場合にも同条が適用される(本件の場合にも同条が適用されるものと解されることは、古田裁判官の補足意見のとおりである。)ことからすれば、明文の規定がないにもかかわらず、他の再審事由による再審と取扱いを異にして免訴の規定の適用を排除すべき理由に乏しいものといわざるを得ない。

裁判官古田佑紀の補足意見は、次のとおりである。

私は、法廷意見に同調するものであるが、第1審判決が本件における刑事補償の可否について述べていることにかんがみ、この点に関し、以下の点を敷衍して述べておきたい。

第1審判決は、刑事補償法附則9項により、本件についても、刑事補償の対象となり得るとするものであって、私もこの説示を正当と考えるものであるが、免訴の裁判に関しては、同法施行後に裁判があった場合でも、施行前に行われた勾留等については、同法附則3項により補償されないこととなるとする同法制定当時の見解(横井大三「新刑事補償法大意」187頁)も存するところである。

確かに、附則3項は刑事補償法施行前に生じた事項全般についての経過措置を定めたものであり、「施行前に生じた事項」には、補償の原因である無罪等の裁判だけではなく、補償の対象となる抑留等も含まれると解されることからすれば、同項の文言からは上記のような見解も成り立たないわけではない。

しかしながら、刑事補償は、無罪等の裁判があった場合に、その事件に関して刑事手続により行われた身体の拘束について補償をすることを目的とするものであるから、無罪等の裁判が施行後にあった以上、拘束が施行前に行われたものであるかどうかを問わないのが合理的であって、旧刑事補償法についても同様の理解がなされており、現行刑事補償法の制定に際してそのような考えが否定されたような事情はうかがえず、附則3項中、補償の対象に関する部分は確認的なものにとどまるというべきである。また、同項の規定の位置や、同項については、国会における修正により刑事補償法25条が加えられたことに伴い、同条が施行後に裁判があった場合に限り適用することとされたことに関連して、政府原案が修正されたものであることなども考慮すれば、同項は、専ら無罪等の裁判が現行法施行前にあった場合に関する規定と解することが相当であって、同法施行後に、刑訴法施行法2条により旧刑訴法によって無罪等の裁判があったときは、附則9項のみが適用されると解すべきものと考える。

平成20年3月14日

最高裁判所第二小法廷

裁判長裁判官　今井　功

裁判官　津野　修

裁判官　中川　了滋

裁判官　古田　佑紀

※

最高裁判決に対する声明

最高裁判所第二小法廷は、本日、横浜事件第三次再審請求にかかる治安維持法違反被告事件について、上告棄却の判決を言い渡した。その結果、誤判の判決が確定した後に刑の廃止などの免訴の判決をすべき事由が生じている場合には、再審の裁判であっても免訴の判決をするのみであるとした平成18年2月9日横浜地裁判決が確定することとなる。

誤判からの救済を任務とする再審の裁判において、確定判決後に、行政や国会の議決によって刑の廃止などの措置が講じられたことを理由に誤判か否かの実体審理を行わないことは、司法による再審の拒絶以外の何ものでもない。

横浜事件は、昭和17年から19年にかけて、治安維持法違反の名のもとに特高警察と検察が一体となって言論を弾圧し、激しい拷問の中で獄死者4名、さらに瀕死で仮出所してその後死亡する者まで出したという大弾圧事件であり、そのうちの多くが敗戦直後の昭和20年8月から9月にかけて起訴され、横浜地裁は、検察官の言うがままに被告人の弁解を聞かずに、いずれも拷問によって作成された自白調書を唯一の証拠として、次々と有罪判決を下した。ここには、検察官と一体となって、執行猶予付有罪判決によって事件の係属を終了させようとした裁判所の姿勢が明らかであって、司法の健全な機能は全く働いていない。

本上告審において最高裁判所に期待されたことは、戦時下にあっても司法が健全に機能すべきことを明らかにすると共に、検察と一体となって言論弾圧に荷担した当時のわが国司法の誤りを匡すことであったにもかかわらず、事実に正面から向き合うことをせず、目を背けたのである。

本件について最初に再審の扉を開いた平成15年4月15日横浜地裁判決が、治安維持法の悪法性を正面からとらえて、ポツダム宣言受諾によって治安維持法が無効となったことを明確にしたこと、本件の再審開始を確定させることになった平成17年3月10日東京高裁即時抗告審決定が、本件が拷問による自白を唯一の証拠として有罪とされたものであって、無罪であることが明らかである旨を判示したことと対比するとき、刑事訴訟法の法技術的な論理に終始した本日の最高裁判決の不当性は余りにも明らかと言わねばならない。

請求人ならびに弁護団は、日本の司法が、今後の同種事件において、本日の判決を改めるよう強く求める。

以上

2008年3月14日

横浜事件第三次再審請求請求人
横浜事件第三次再審請求弁護団

第四次請求・再審公判
（二〇〇九・2～二〇〇九・3）

第一審
（横浜地裁）

■二〇〇九・2・17　佐藤博史主任弁護人弁論
■　〃　・2・17　大川隆司弁護団長弁論
■　〃　・3・6　佐藤主任弁護人弁論補充
■　〃　・3・30　判決（免訴）

昭和20年（公）80号　治安維持法違反被告事件
被告人　亡小野康人

弁論要旨

平成21年2月17日

横浜地方裁判所第2刑事部　御中

亡被告人相続人ら主任弁護人
弁護士　佐藤　博史

横浜事件は、横浜で起きた事件ではありません。

現在の起訴状に相当する予審終結決定によれば、犯罪事実は、①1942年7月5日の共産党再建準備会（泊会議）の開催、②同年7月の細川論文の「改造」への掲載、③同年10月の細川家族の救援のための20円の提供、の3つですが、事件の場所は、富山県泊と東京で、横浜は関係ありません。

横浜事件と呼ばれるのは、事件を仕立てたのが横浜（神奈川県警）の特高警察、黙認したのが横浜（地裁検事務局）の思想検事、仕上げたのが横浜（地裁）の予審判事、追認したのが横浜（地裁）の裁判官3名だからです。つまり、横浜の司法関係者によって摘発された事件ゆえに横浜事件と呼ばれてきたのです。

そして、「改造」の編集部員だった小野康人さんは1943年5月26日に検挙され、1945年7月17日に保釈されるまでの2年2か月間身体を拘束され、1945年9月15日に、懲役2年執行猶予3年を言い渡されました。この有罪判決が本件の確定判決です。

ところで、小野さんの次男・小野新一さんと長女・齋藤信子さんが申立てた本件再審は、第4次再審と呼ばれています。そこで、これまでの経過を振り返っておきたいと思います。

第1次再審は、23年前の1986年7月に、木村亨さん、平館利雄さん、畑中繁雄さん、青山鉞治さん、夫・壽さんの分も兼ねて川田定子さん、和田喜太郎さんの母・かよさん、小野さんの妻・貞さんが申立人になり、弁護団長・森川金寿弁護士、事務局長・大川隆司弁護士によって申し立てられました。

申立の理由は、特高警察官3名の拷問を認めて有罪にした判決は、請求人らの自白が拷問によることの新証拠になるというものでした。しかし、裁判所は、判決は益田直彦さんに関するもので、請求人らに関するものではないという理由で請求を棄却しました。そして、棄却の理由に、当時の裁判記録が存在せず、審理できないことも付け加えました。第1次再審が最高裁の棄却決定によって終わったのは、申立から5年後の1991年3月でした。

3年後の1994年7月、予審終結決定と確定判決が存在する小野さんについて、第2次再審が申し立てられました。申立人は、小野さんの遺族の親子3人で、弁護団長・日下部長作弁護士、事務局長・大川弁護士でした。

申立の理由は、確定判決は細川論文を有罪の理由に掲げていないから、細川論文を調べていないことになるが、もし調べていれば、共産主義的啓蒙論文でないことは細川論文を読めば分かるから、細川論文自体が新証拠になるというものでした。

しかし、裁判所は、細川論文は調べられたに違いないとして棄却しました。小野貞さんは事件が横浜地裁に係属中の1995年に亡くなり、2人の子によって請求が続けられましたが、最高裁は、申立から6年後の2000年7月、棄却決定を維持しました。

第3次再審は、第2次再審が東京高裁に係属中の1998年8月、木村亨さんの妻・まきさん、板井庄作さん、勝部元さん、畑中繁雄さん、小林英三郎さんの長男の小林佳一郎さん、高木健次郎さんの長男の高木晋さん、平館利雄さんの長女の平館道子さん、由田浩さんの妻・道子さんによって申し立てられました。弁護団長は森川弁護士、主任弁護人は環直弥弁護士です。申立の主な理由は、日本がポツダム宣言を受諾したことによって治安維持法は法律としての効力を失ったから免訴とすべきだったというものです。裁判記録が存在しないための苦肉の策でしたが、横浜地裁は、2003年4月15日、この主張を認めて、再審を開始しました。横浜事件が再審開始に向かって大きく動き出した瞬間でした。

しかし、検察官は即時抗告し、東京高裁は、2005年3月10日、ポツダム宣言受諾に伴う治安維持法の失効という横浜地裁の考え方は是認できないが、拷問判決に請求人らの口述書を付加すると拷問の事実を認めることができ、自白は信用できないことになるから、無罪を言い渡すべき明確な証拠があるとして、再審開始の結論を維持しました。検察官は特別抗告せず、ここに第3次請求の再審開始が確定しました。

第3次請求の再審公判の争点は、裁判所は無罪を言い渡すべきか、免訴とすべきかでした。検察官は、治安維持法の廃止と大赦を理由に免訴を主張し、横浜地裁は、2006年2月9日、検察官の主張を認めて、免訴判決を下し、東京高裁がこれを支持したのち、最高裁は、2008年3月14日、弁護人の上告を棄却し、免訴判決が確定しました。本再審公判でも、免訴か無罪かが争点ですので、この点はのちに改めて論じます。

第4次再審は、第3次請求が横浜地裁に係属中の2002年3月、小野さんの遺児2人によって申し立てられました。弁護団長は日下部弁護士、主任弁護人は、私佐藤博史でした。申立の理由は、泊会議は虚構であり、かつ、細川論文は共産主義的啓蒙論文ではないから、拷問による自白とは無関係に、事件は捏造されたものであるというものです。日下部弁護士は、2004年6月4日に亡くなられ、弁護団長は大川弁護士に代わりました。なお、その後、大島裁判長の示唆もあり、再審理由に拷問による自白を付け加えました。

そして、2008年10月31日、第4次再審について、大島隆明裁判長、五島真希裁判官、横倉雄一郎裁判官によって再審開始決定が下され、検察官は即時抗告せず、第4次再審について再審開始が確定しました。

本再審公判は、この再審開始決定を受けたものですが、本日1回の審理で証拠調べを終了し、残るのは、判決だけになりました。

残された問題は、判決の主文は免訴か無罪かです。

議論の前提として、小野さんの無実を確認しておく必要があります。

まず、予審終結決定の犯罪事実第1、すなわち、泊の会合が党再建準備会であり、治安維持法1条の目的遂行罪に当たるという点は、既に確定判決で犯罪事実と認定されておらず、小野さんの無実は明らかです。

しかし、そのことを確認するだけで済ますわけにはいきません。何故なら、横浜事件は、細川さんを囲む小野さんら7名の集合写真をきっかけに摘発された事件であり、泊の会合が党再建準備会だったのか否かが最大の問題だったからです。

そして、横浜の特高は、拷問によって細川さん以外の参加者全員から泊の会合は党再建準備会であり、細川論文の掲載は泊会議で決定されたという自白を引き出し、石川勲蔵予審判事は、泊に赴いて関係者を取り調べたうえで、泊の会合は党再建準備会であり、治安維持法に該当するとして、1945年7月20日、小野さんに対し予審終結決定を下し、公判に付しました。

ところが、石川判事は、わが国がポツダム宣言を受諾して戦争に敗れたのちの1945年8月27日、木村さんに対する予審終結決定を下しましたが、そこでは、泊会議を落としました。泊会議が虚構であることを石川判事も知っていたのです。

泊会議の場所は、『紋左(もんざ)旅館』事柚木ひさ方」とされていますが、柚木ひささんを始めとする泊の人びとは、泊の会合が党再建準備会などではなかったと特高警察や予審判事に明確に供述しました。紋左旅館は現在もあり、細川さん達が宴会を開いた部屋のある建物は移築され、集合写真の石灯籠も保存されています。そして、昨年5月には、「泊・横浜事件端緒の地」という石碑が建立されました。本日取調べられたスナップ写真からも明らかなように、泊の会合は、細川さんが出版人を郷里に招いて慰労した集まりであり、党再建準備会などでは断じてありません。

そして、石川判事にもそのことが分かっていたからこそ、敗戦後の木村さんに対する予審終結決定では、泊会議を犯罪事実から落としたのです。

確定判決で泊会議が犯罪事実と認定されなかったのも、あまりに当然のことと言わなくてはなりません。

しかし、泊会議の崩壊は、横浜事件全体の崩壊を意味しています。

何故なら、「改造」に細川論文が掲載されたことは、誰の目にも明らかな客観的事実です。そうであるのに、それが治安維持法違反とされたのは、泊で党再建準備会を開催し、その「決定に基づいて」細川論文を掲載したとされたためです。小野さん達の拷問は、まさにそのことを認めさせるためでした。

しかし、泊の会合が党再建準備会でなかったとすれば、細川論文の掲載がそこでの決定に基づくこともあり得ず、細川論文の掲載が治安維持法違反であるはずはありません。もともと細川論文は、内務省の検閲を経て掲載されたものであって、陸軍報道部の平櫛孝少佐と同報道部長谷萩那華雄大佐がいわば難癖を付けたために摘発されたものだったのです。細川論文が泊会議の決定に基づくものという構図が当時の出版状況に照らしてもあり得ないことは、橋本進証人の証言でも明らかにされました。

したがって、また細川さんが治安維持法違反とされるいわれはなく、細川さん家族を救援するために20円を提供したことが治安維持法違反1条の目的遂行罪に該当するというのは牽強付会以外の何ものでもありません。

そうだとすれば、泊会議が虚構だったことを認めた石川判事は、木村さんを公判に付すべきではなく、小野さんに対する予審終結決定を取り消すべきだったことになります。また、横浜事件の公判で、泊会議を犯罪事実と認定できなかった八並達雄判事、若尾元判事、影山勇判事は、細川論文の掲載や細川家族の救援を犯罪事実と認定することも許されず、全員を無罪とすべきだったことになります。さらに、当時も今も、検察官には真実に忠実であるべき客観義務がありますが、公判に立ち会った山根隆二検事には無罪の判決を求める義務がありました。否、公判に立ち会った海野普吉弁護士も、泊会議の虚構の承認は横浜事件全体の崩壊を意味すると主張し、無罪の弁論をすべきでした。しかし、誰もそうしなかったのです。

横浜事件は、特高警察だけが責任を負うべき事件ではありません。当時の弁護人を含む司法関係者全員が、その職責に悖る行為を行った結果、小野さん達にいわれのない濡れ衣を強いた事件なのです。

細川論文が、前年の１９４１年12月8日、日本が太平洋戦争に突入し、さらには東南アジアへ進出するというときに、日本が進むべき道を示すべく、警鐘乱打する思いで書かれた憂国・救国の論文であることは、「世界史の動向と日本」というその表題からも明らかです。

細川論文が共産主義的啓蒙論文ではないことは、荒井信一証人の証言、同鑑定書、今井清一鑑定書、波多野澄雄鑑定書によっても明らかにされました。細川論文は、西欧列強の帝国主義がアジアを植民地化し搾取の対象としたことの誤りを説き、アジア諸民族の自治、すなわち民族自決の原則に沿うことこそがわが国の進むべき道であることを説いたもので、再び恐慌と戦争の時代を迎えアメリカに追随すべきか否かが問われている現在、その透徹した歴史観には今なお学ぶべき点が多いと思います。

そして、最大の有罪証拠とされた小野さんと相川博さんの自白は、特高警察による惨たらしい拷問によるものでした。第4次請求は、7年前の3月15日に申し立てましたが、その日を選んだのは、治安維持法が日本国内で本格的に適用された最初が1928年3月15日だったからです。3・15事件での特高警察の拷問を描いた作品が小林多喜二の「一九二八年三月一五日」です。多喜二は1933年2月20日検挙され、わずか3時間の拷問によって29歳の若さで非業の死を遂げました。今日から3日後が多喜二の命日で、蟹工船ブームの今年は、毎年全国で開かれている多喜二祭で、多喜二のことを偲ぶ人も多いと思います。多喜二の虐殺について、今日に至るも誰も責任をとらされていませんが、まさにそのことが横浜事件での苛烈な拷問を導き、小野さん達を死の恐怖に晒し屈服させたのです。

大島裁判長は、再審開始決定で、確定判決の事実認定は誤りであり、小野さんが無罪であることの明確な証拠が存在すると判断され、検察官もこれに承服して再審が開始されました。再審公判でも、検察官は、有罪証拠を何ひとつ提出せず、小野さんが有罪であると主張していません。もはや小野さんが無実であることは、誰の目にも明らかです。

問題はただひとつ、下されるべき判決は、免訴か無罪かです。

昨年3月14日に下された最高裁判決によって、再審の場合でも、免訴理由がある場合は、通常審と同様に、免訴とすべきであるというのが確立された判例であると理解されています。

私は、再審の場合には、免訴事由がある場合でも、裁判所は実体審理を遂げて有罪無罪を判断すべきであり、第3次請求弁護団の主張が正しいと思いますが、この主張は既に最高裁によって否定されましたので、これ以上は論じません。

指摘しなければならないのは、最高裁判決のもとでも、再審公判で、免訴事由があっても、無罪判決を下すことは許されるということです。

つまり、最高裁判決を注意深く読むと、最高裁判決は、第3次請求における横浜地裁判決、すなわち、免訴事由がある場合は有罪無罪の実体判断をすることは許されないとしたいわゆるプラカード事件に関する昭和23年5月26日の最高裁大法廷判決は再審にも当てはまるとして免訴を言渡したこと、および東京高裁判決、すなわち免訴判決に対し無罪を主張して上訴できないと判断したことを是認しただけであって、再審公判で、免訴事由がある場合に、裁判所が、免訴ではなく、無罪とすることを違法であるとしたものではないからです。

実際、最高裁判決で、今井功裁判官は、補足意見で、「(無罪を求める）弁護人の主張にも傾聴すべき面がないではない」とされ、免訴とされた者も、免訴事由がなければ無罪とされたであろう場合には、無罪と同様に刑事補償を受けることができ、それに伴う刑事補償の公示の制度があることに言及して、名誉の回復の道があることをわざわざ示されました。同様に、古田佑紀裁判官も、補足意見で、本件が刑事補償の対象になることを示されました。

免訴事由がある場合でも、無罪であることの新証拠があれば、再審請求ができ、裁判所は、再審開始とすべきである、また、再審公判で免訴とされた者でも、免訴事由がなければ無罪とされたであろう場合は、無罪と同様に刑事補償を受けることができ、刑事補償請求を受けた裁判所は、その場合であるかどうかを判断しなければならない、というのが確立された判例です。

そうだとすれば、何故、肝心の再審公判で、たとえ免訴事由があったとしても、直ちに無罪と判断できるのに、無罪としてはならないのでしょうか。通常審の場合は、免訴事由の存在は一義的に明白であるのに対し、有罪無罪の実体判断は、実体審理なしには不可能ですので、免訴事由がある場合には、その段階で審理を打ち切り、免訴判決を下すべきであり、被告人が無罪を求めて上訴することは許されないとすることには一応の合理性があります。そして、プラカード事件判決は、まさにそのことを判示したのでした。

しかし、再審の場合は、それと異なり、既に有罪とした確定判決があり、かつ、再審開始決定は、一定の実体判断に基づいて下され、確定判決の事実認定には合理的な疑いがあると判断したものです。そして、その再審開始決定が確定したのちに開始される再審公判で、直ちに無罪判決を下すことができる場合でも、免訴事由の存在を理由に、無罪とすることは許されないとするのは、背理以外の何ものでもありません。

少なくとも、それでは一体何のための再審かと言わざるを得ないでしょう。

いわんや最高裁判決の今井補足意見は、免訴とされたのちに、免訴事由がない場合には無罪とされるべきだったかどうかを裁判所が判断すべきと説き、古田補足意見も、その他の2名の裁判官（津野修裁判官、中川了滋裁判官）も今井補足意見に反対していないのです。

最高裁判決を解説された松田俊哉最高裁調査官も、有罪の確定判決がある場合に、「免訴判決による刑事裁判手続から解放自体が利益であることを強調するのは、実態にそぐわない嫌いがあるし、そもそも、再審を請求して自ら進んで刑事訴訟を復活させた被告人らの遺族は、再審により有罪の確定判決を覆す無罪判決を得ることによって被告人らの名誉回復を図ろうとしているのであるから、免訴判決ではその意図が十分に達成されず、免訴判決が実体判決（引用者注・正しくは、無罪判決というべきです）より被告人らにとって有利であると解すべき前提を欠いているようにも思われる」と記されました（同「時の判例」ジュリスト1363号117頁）。

そうだとすれば、再審公判で、裁判所が、免訴事由があっても、直ちに無罪を言い渡すことができる場合には、無罪判決を下したとしても、それは正義に適いこそすれ、正義に反することはないと言わなくてはなりません。裁判所がそうすることを妨げる法律は存在しません。そして、これを支持する有力な学説も存在します（松尾浩也『刑事訴訟法（下）新版補正第2版』177頁〔なお、松尾浩也『刑事法学の地平』79頁は、ドイツでは「訴訟条件を欠く場合の無罪宣言」(Freispruch trotz fehlender Prozeβ voraussetzung）が認められていることを紹介しています〕、鈴木茂嗣「免訴と再審事由」広瀬清吾ほか編『民主主義法学・刑事法学の展望（上）』421頁、小田中聰樹『誤判救済の課題と再審の理論』197頁。なお、團藤重光『新刑事訴訟法綱要七訂版』506頁、田宮裕『刑事訴訟法（新版）』464頁参照）。

最高裁判決が存在するために、第4次請求について下される判決の主文は、免訴以外にはあり得ず、期待できるのはその理由中での実質的な無罪の判断である、と説く人が少なくありません。

しかし、本日の再審公判で、裁判所は、免訴事由があるのに、実体審理を行い、検察官も、実体審理を行うことには反対しませんでした。

そして、実体審理の結果、私たちの目の前には、もはや小野さんの無実を示す証拠しかないのです。

大島裁判長によって下される判決が、横浜事件についての最後の判決です。

無罪判決に対し検察官が免訴を求めて上訴するとは考えられません。万一検察官が上訴したとしても、再審公判では免訴事由があっても裁判所は無罪判決を下すことができ、検察官は免訴を求めて上訴することは許されないと判断されるに違いありません。

横浜事件について無罪判決が下されることこそが正義なのであり、すべての人がそのことを求めています。本日までに、阿刀田高さん（作家）、井出孫六さん（作家）、伊佐千尋さん（作家）、宇沢弘文さん（経済学者）、永六輔さん（作家）、斎藤貴男さん（ジャーナリスト）、早乙女勝元さん（作家）、坂本義和さん（国際政治学者）、清水英夫さん（憲法学者）、新藤兼人さん（映画監督）、杉原泰雄さん（憲法学者）、鈴木三男吉さん（横浜事件被害者・日本評論社元社長）、妹尾河童さん（舞台演出家）、辻井喬さん（作家）、常磐新平さん（作家）、直木孝次郎さん（歴史家）、なだいなださん（作家）、西木正明さん（作家）、野田正彰さん（精神医学者）、羽仁進さん（映画監督）、松谷みよ子さん（児童文学者）、松本善明さん（弁護士）、宮崎駿さん（アニメーション作家）、むのたけじさん（ジャーナリスト）、森村誠一さん（作家）など166名の人びとが無罪判決を求める葉書にメッセージを添えて署名し、日本ジャーナリスト会議と岩波書店労働組合の2つの団体が要望書を裁判所に提出しました。

この再審公判は、旧刑事訴訟法のもとで開かれていて、裁判員法はもちろん適用されません。しかし、治安維持法1条は死刑を規定していますので、本件は裁判員裁判の対象事件に相当します。そして、この再審公判の法廷は、今年5月から始まる裁判員裁判用の法廷で、3人の裁判官の横には裁判員のための空間があります。6つの裁判員席はまだありませんが、そこに6人の裁判員が座っているとして、裁判員が下す判決は何でしょうか。私は、6人全員が無罪というに違いないと思います。

小野さんが無実だからこそ開かれた再審公判で、小野さんの無罪が明らかなのに、無罪を言い渡すことは許されない、免訴にすべきである、と法律家が説いたとして、誰が納得するでしょうか。世の中というものを知らない子どもは、いいえ、子どもだけが、「王様は裸だ」と叫ぶことができました。裁判員制度が導入されたのも、硬直した司法に人間の血を通わせるためです。

検察官が、殺人事件の論告で、殺された被害者を代弁して被告人を厳しく断罪することがあります。そうであるのなら、検察官も、横浜事件の人びとのことを思い起こす必要があります。

横浜事件は、司法関係者による犯罪であり、処罰されるべきは司法関係者です。横浜事件ほど、惨たらしく、わが国の進むべき道を誤らせた、許し難い権力犯罪はありません。

大島裁判長の口から「被告人は無罪」という言葉が聞かれて初めて、横浜事件の犠牲者全員が救済され、司法の信頼も回復されるに違いないと確信します。

横浜事件だけでなく、治安維持法のゆえに、無念の思いで死んでいったすべての人びとに代わって、正義の実現を、裁判所に託したいと思います。

以上

昭和20年（公）80号 治安維持法違反被告事件

被告人 亡小野康人

弁論要旨

平成21年2月17日

横浜地方裁判所第2刑事部 御中

亡被告人相続人ら弁護人

弁護士 大川 隆司

1　細川論文の主張内容

（1）細川嘉六氏が「世界史の動向と日本」と題する論文によって言わんとしたことは、その第7章（甲3―2、39頁以下）に凝縮されています。

第7章の冒頭では、「文明と文化との調整問題」を解決する方向として、

①帝国主義的対立の激化と、

②反帝国主義――新民主主義の発展との、

「二つの方向」があると、それまでの論述をまとめた上で、その後に続いて日本民族が選択すべき「適切なる思潮と政策」がどうあるべきかという主張を展開しています。

（2）細川氏は、「現世界戦争は単なる武力によって最後の目的に到達しうべきものではない」とし、「大東亜戦の遂行と大東亜共栄圏の樹立とに関し、支那、インド等諸民族の我が民族政策に対するそれぞれの輿論が、致命的な重要性を有する」（42頁）との観点から、「日清日露戦争以後日支事変に至るまでのアジア大陸に対する自己の発展史を反省」する必要を指摘します（45頁）。

何を「反省」すべきかと言えば、「新興国日本は自己並びにアジア諸民族の将来にとって不運なことには欧米帝国主義に学びその亜流たるの進路を一路驀進した」こと（44頁）であり、アジア諸民族を「独立平等の地位にまで推進する」ことにより「アジア諸民族を領導すべき好機」であったにもかかわらず、この機会を失うという「重大なる国策の失敗」を犯したこと（46頁）であります。

（3）「もし欧米勢力をアジアより駆逐したる大和民族が日清日露戦争以後の如く依然として欧米帝国主義の追随者としてアジア諸民族に対するときはアジア諸民族のうちに孤立する危険を自ら招くものである」という指摘（46頁）、これこそが細川氏の言いたかったことであろうと考えます。

2　細川論文につながる言論の系譜

（1）日清日露戦争以後、日本が植民地的支配を及ぼした地域は、言うまでもなく台湾、朝鮮、そして「満州」でした。日本が中国、朝鮮の諸民族を支配する「大国」になったことを喜ぶ人々、少なくとも違和感を覚えない人々が、おそらくは日本国民の圧倒的多数を占めていたであろうと想像されます。

しかし、そのような状況の中で、これら諸民族の自決権を尊重すべきであるという主張を堂々と述べた「少数

意見の系譜」が存在しました。

①たとえば吉野作造は、『中央公論』大正5(1916)年6月号に「満韓を視察して」と題する論文を発表し、そのなかで、「異民族統治の理想は、その民族としての独立を尊重し、かつその独立によりて結局は政治的の自治を与うるを方針とする」べきだと主張して、政府の朝鮮統治政策を批判しました。

②また矢内原忠雄は、昭和4(1929)年に刊行した『帝国主義下の台湾』という著書の末尾で、つぎのように述べています。

「我が台湾統治三十余年、その治績は植民地経営の成功せる稀有の模範として推賞せらる。(中略)

しかるに政治的関係においては住民の参政権はなお未だ零にして総督専制の極端なる点において台湾はまた世界植民地中稀有の例に属する。(中略)

植民地の統治が文明的なりや否やの一応の試験は、適当なる時期における原住民参政権の容認如何に存する。」

③下って、昭和6(1931)年、「満州事変」勃発直後の10月10日付「東洋経済新報」誌上の論説で、石橋湛山はつぎのように述べて、日本が「満州問題」を解決する最良の要件は、中国のナショナリズムを正面から把握し、その要求をいさぎよく受け入れることであると主張しました。

「支那国民が、日本の満蒙に対する政治的進出をいかなる形においても肯んぜず、しきりに排日行動に出ずるに対して、我が国人は過去の歴史や条約やあるいは支那に対する日本の功績やらを理由として、彼らを非難し、その不道理を説くけれども、そんな抗議は畢竟するに、この問題の解決には無益である。」

「いかに善政を布かれても、日本国民は、日本国民以外の者の支配を受くることを快しとせざるがごとく、支那国民にもまた同様の感情の存することを許さねばならぬ。

しかるに我が国の満蒙問題を論ずる者は、往々にして右の感情の存在を支那人に向かって否定せんとする。明治維新以来世界のいずれの国にも勝って愛国心を鼓吹し来れる我が国民の、これはあまりにも自己反省を欠ける態度ではないか。」

(2)これらの言論は、いずれも発表時の状況に照らせば極めて勇気の要る少数意見ですが、その本質は、民族間の平等、民族自決権の尊重をいうリベラリズムであると評価すべきことに異論はないと考えます。

3　民族自治主義尊重論に治安維持法が適用された背景

(1) 吉野作造の中央公論論文発表時(1916)には、まだ治安維持法は制定されていませんが「安寧秩序を紊し又風俗を害する事項」の掲載を罰する新聞紙法(41条)は存在しました。しかし、吉野に対する処罰はありませんでした。

矢内原の著書、石橋の論説が発表された時点では、既に治安維持法は制定されており、しかも昭和3(1928)年の改正によって国体変革結社組織罪の最高刑が死刑とされ、また「結社の目的遂行の為にする行為」を処罰するシステムは完成していました。

しかし、矢内原や石橋に対し治安維持法が適用されたことはありません。

実質的にみて、吉野作造、矢内原忠雄、石橋湛山の言説の延長線上に位置づけられる細川論文が、なぜ治安維持法によって問擬されたのか？　この疑問を解明する材料として、二つのことを指摘したいと考えます。

(2) 一つは、太平洋戦争開戦に伴う司法省の思想実務家(裁判官および検察官)に対する指示です。

昭和17(1942)年2月17日に開かれた「臨時思想実務家会同」において池田克刑事局長(1941~43在職)は、

「抑々大東亜戦争は、究極するところ米英旧秩序の根幹を為す民主主義、個人主義、功利主義若は営利主義思想を覆滅し、皇国の道義を世界に宣布せんとする一大思想戦に外ならぬ」、「戦争の勝敗を決する最後の鍵は思想戦にあり」とする「指示」を行っています。

「指示」の趣旨は、「米、英流の民主主義、個人主義、功利主義が共産主義の「温床」であり「培養体」であるとした上で、これを「芟除(除き去ること)」すべしとするものでした。

「国体を変革若は否定し又は皇室の尊厳を冒涜する詭激思想(中略)此等の詭激思想こそ依然先ず殲滅せらるべき緊要事項であることに変りはないのでありますが、更に進んで其の温床であり其の培養体たる英米流の思想をも亦た芟除するに非ざれば、到底思想戦に打克ち得ざることを深く肝に銘ずる必要があるのであります。」

(3) もう一つは、「結社の目的遂行の為にする行為」は目的罪ではないとする大審院判決(昭和6年5月21日「第一刑事部判決、大審院判例集」)以来の法の運用です。

三宅正太郎大審院判事が指摘するとおり、立法時には政府当局は治安維持法が目的罪であることを強調してその濫用のおそれがないことを主張していましたが、この答弁は「結果に於いて詭弁にほかならない」ものでした。

三宅判事は次のように上記判決を批判しています（『警察学研究』1933年4月号所収「治安維持法に関する大審院判例」（4））。

「目的遂行罪が目的罪であるか否かの差異は到底加入罪に於ける比ではない。苟も客観的に結社の目的遂行に役立つ行為である以上、而してそれを主観的に認識してゐる以上、その行為は犯罪となるのである。而してこの目的遂行罪は治安維持法によって検挙される者の九割を占めてゐる程広汎な適用範囲を持つ法文なのである。」

「一たびその解釈が一定するや単なる無新（＝「無産者新聞」）の配布でも、戦旗の輪読でも、その読者たることの勧誘でも、進んでは救援運動でも、苟もその印刷物が共産党又は共産青年同盟の拡大強化に資する内容を有することを認識する限り、その動機その事情の如何を問はず、況や真に国体変革私有財産制度否認の目的意図を包蔵するや否やを問はず一網打尽せられるのである。調法といへばこれ位調法な条文はあるまいけれども、その犠牲にあげられる者の方面では、おそらくあらゆる弁解や釈明や抗弁が、この条文の前には一顧の価値もないこととなり、悲憤の涙にむせぶものが多からうことを想像し得る。」

（4）①民主主義、個人主義などの思想が共産主義とはアイデンティティを異にする思想であるという認識を捨て、それらが共産主義の「温床」ないし「培養体」であるとの認識を採用することと、

②「結社の目的遂行の為にする行為」は目的罪ではない。すなわち「客観的に結社の目的遂行に役立つ行為」であり、「被告人が主観的にそのことを認識している」ことによって犯罪が成立する、

という法解釈が結びつけば、どういう結果になるでしょうか。

それは、自由主義、民主主義などの観点から執筆した論文であるという抗弁が「一顧の価値もない」ことを意味し、「民主主義などを主張すること自体が共産主義を培養するものであり、従って共産主義的啓蒙をしたことになる」とする官憲側の決めつけの前に、被告人が「悲憤の涙にむせぶ」ほかはない、という事態を招きます。

本件がまさにその実例です。

4　わが国の司法の名誉を回復するために無罪判決を

（1）「民主主義・自由主義も共産主義の温床である」とする規定が司法界を大手を振ってまかり通るのであれば、取調べを受ける被疑者が、みずからの思想的基盤をリベラリズムであると主張し、しかるが故に共産主義とは一線を画している、と抗弁することは、「論理的に成

立しえない誤った弁解」をしていると評価されることになります。そのような被疑者の「誤った認識」を正すために、官憲は格別の「後ろめたさ」を感じないままに、暴力をも行使したであろうと考えられます。

　この場合、法の執行を誤った主たる責任は、被疑者を拷問した末端の捜査官にあるというよりも、彼らに対し「正しい法の執行をしている」のだという自負と確信を与える法環境を作出したもの、すなわち司法省当局および大審院以下の裁判所にある、と言えます。

（2）治安維持法の運用につき、当時の司法部にあやまちがなかったのか、という検証が戦後の裁判所によって行われたことは、今日までないと言ってよいと思います。

　戦後の裁判所が治安維持法の運用結果につき全く無反省であったということは、前述の「指示」を与えた池田克刑事局長が、最高裁判所の裁判官（1954年11月2日～63年5月22日）としてのキャリアを全うしている、という事実に端的に示されています。

（3）本件は、当時の治安維持法の規定を前提としても無罪を宣告すべき事案でありました。そのことを当法廷が明らかにすることは、確定判決に反映している当時の司法当局による法の歪曲と事実の歪曲を指摘することを意味するものであります。本件に関する裁判所の重大な誤判によって損なわれた司法の名誉は、同じ裁判所がそれを正しく指摘する無罪判決を下すことによってはじめて回復することができます。

　本件の審理が「免訴」という形式で終わるならば、そのことによって名誉回復の機会を喪失するのは、被告人だけではありません。むしろ、わが国の司法の名誉を回復する絶好の機会がそのような形式判決によって喪われてしまう——そのことの損失の方がはかり知れないと思います。

　裁判所の正しい判決を期待いたします。

以上

昭和20年（公）80号　治安維持法違反被告事件

被告人　亡小野康人

弁論補充書

平成21年3月6日

横浜地方裁判所第2刑事部　御中

亡被告人相続人ら主任弁護人
弁護士　佐藤　博史

弁護人佐藤博史は、平成21年2月17日の弁論（以下、弁論）を、以下のとおり、補充する。

1　本件の残された争点は、無罪を言い渡すべき明確な新証拠があるとして開始された再審公判で、免訴事由がある場合でも、裁判所は無罪とすることができるか否かである（以下、本件争点）。

2　横浜事件の第3次再審請求に関する横浜地判平成18年2月9日刑集62巻3号236頁（以下、平成18年横浜地判）は、無罪とすることは許されないとして、以下のように判示した。

「公判裁判所が公訴について実体的審理をして有罪無罪の裁判をすることができるのは、当該事件に対する具体的公訴権が発生し、かつ、これが存続することを条件とするのであり、免訴事由の存在により公訴権が消滅した場合には、裁判所は実体上の審理をすすめることも、有罪無罪の裁判をすることも許されないのであり（最高裁昭和23年5月26日大法廷判決、刑集2巻6号529頁参照）、この理は、再審開始決定に基づいて審理が開始される場合においても異なるものではないと解される。

したがって、本件各治安維持法違反被告事件については、被告人らに、「犯罪後ノ法令ニ因リ刑ノ廃止アリタルトキ」（旧刑事訴訟法363条2号）及び「大赦アリタルトキ」（3号）に当たる免訴事由が存することが明らかであるから、被告人らに対しては、免訴の判決が言い渡されるべきである。」

ただし、同事件で、裁判所は、実体審理そのものは行なったから、その時点では、裁判所の判断は未だ定まっていなかったように思われる。

しかし、平成18年横浜地判が、免訴事由がある場合には、裁判所が無罪とすることは許されないとしたことは否定しようもない。

3　これに対する控訴審判決である東京高判平成19年1月19日高刑集60巻1号1頁（以下、平成19年東京高判）は、本件争点について、明示的な判断は示していない。

しかし、平成19年東京高判が以下のように判示したことに照らすと、同様の判断に立つものと理解すべきものであろう。

「弁護人は、各再審請求事件に対する抗告審決定が、各種書証等について、被告人らに対し無罪を言い渡すべき新たに発見した明確な証拠である旨説示し、原判決が、その抗告審決定の内容は覆す余地のないものである旨説示しており、それ故、各治安維持法違反被告事件については、いつでも無罪の判決を言い渡すことが可能なところまで機が熟しているというべきであるから、形式論に終始することなく、免訴の判決をした原判決に対しても、被告人の側に無罪を求める控訴の利益を認めるべきである、という。

　しかし、被告人の側の心情はともかくとして、**そもそも免訴の判決をした原判決がそのような説示をすること自体に問題があるばかりか**、控訴の利益が認められて初めて実体的審理、判断をすることができるものであるから、既に説示したとおり、免訴の判決に対し、被告人の側に控訴の利益が認められない以上、弁護人の所論は採用し難い。」

4　そして、これに対する上告審判決である最判平成20年3月14日刑集62巻3号１８５頁（以下、平成20年最判）は、原原判決である平成18年横浜地判および原判決である平成19年東京高判を是認して上告を棄却したものであるため、平成18年横浜地判と同様に、免訴事由がある場合、裁判所が無罪とすることは許されないとしたものであるかのように理解されている。

　しかし、平成20年最判は、以下のように判示して、免訴とした平成18年横浜地判を是認しただけであって、免訴事由がある場合に無罪とすることを違法と積極的に判示しているのではない。

「しかしながら、再審制度がいわゆる非常救済制度であり、再審開始決定が確定した後の事件の審判手続（以下「再審の審判手続」という。）が、通常の刑事事件における審判手続（以下「通常の審判手続」という。）と、種々の面で差異があるとしても、同制度は、所定の事由が認められる場合に、当該審級の審判を改めて行うものであって、その審判は再審が開始された理由に拘束されるものではないことなどに照らすと、その審判手続は、原則として、通常の審判手続によるべきものと解されるところ、本件に適用される旧刑訴法等の諸規定が、再審の審判手続において、免訴事由が存する場合に、免訴に関する規定の適用を排除して実体判決をすることを予定しているとは解されない。これを、本件に即していえば、**原確定判決後に刑の廃止又は大赦が行われた場合に、旧刑訴法３６３条２号及び３号の適用がないということはできない**。したがって、被告人５名を免訴した本件第１審判決は正当である。」

　重要なのは、末尾の斜体で示した判示であって、「適用がないということはできない」という二重否定による消極的な肯定にとどまり、「適用すべきものである」されているのではないことである。

　換言すれば、平成20年最判は、再審公判で旧刑訴法３

63条2号および3号を適用して免訴としても誤りではない、と判示したにとどまり、これを適用せず無罪とすることを違法と判示したものではない。

さらに進んで、再審公判で免訴事由がある場合に下された無罪判決に対し、検察官が免訴を求めて上訴することが許されるのかと考えると、プラカード事件の場合以上に、上訴の利益を欠き、許されないと解すべきことになる。

すなわち、通常審でも、免訴事由があっても無罪判決が可能な場合には無罪とすることを違法ということはできないと考えられるが（ただし、プラカード事件大法廷判決はこれを違法とするものかもしれない）、少なくとも、有罪確定判決が存在することを前提とする再審公判では、免訴事由があっても無罪判決が可能な場合には無罪とすべきものだからである。

そして、このことを言外に教えているのが、弁論で引用した今井功裁判官の補足意見で、同意見は、「(無罪を求める) 弁護人の主張にも傾聴すべき面がないではない」とされ、免訴とされた者も、免訴事由がなければ無罪とされたであろう場合には、無罪と同様に刑事補償を受けることができ、それに伴う刑事補償の公示の制度があることに言及して、名誉の回復の道があることをわざわざ示されたのである。古田佑紀裁判官も、補足意見で、本件が刑事補償の対象になることを示され、津野修裁判官、中川了滋裁判官も、今井補足意見や古田補足意見に敢えて反対しておられない。

平成19年東京高判の言葉を借りれば、「そもそも免訴の判決をした原原判決を是認した最高裁判決がそのような説示をすること自体に問題がある」はずなのに、最高裁は、そうしなかった。

さらに、平成20年最判を解説された松田俊哉最高裁調査官は、「(有罪の確定判決がある場合に) 免訴判決による刑事裁判手続から解放自体が利益であることを強調するのは、実態にそぐわない嫌いがあるし、そもそも、再審を請求して自ら進んで刑事訴訟を復活させた被告人らの遺族は、再審により有罪の確定判決を覆す無罪判決を得ることによって被告人らの名誉回復を図ろうとしているのであるから、免訴判決ではその意図が十分に達成されず、免訴判決が実体判決（引用者注・正しくは、無罪判決）より被告人らにとって有利であると解すべき前提を欠いているようにも思われる」と記されたのである（同「時の判例」ジュリスト1363号117頁）。

5　そして、上記の議論を理論的に裏付けるものとして、ドイツにおける「訴訟条件を欠く場合の無罪判決」および松尾浩也東大名誉教授らの学説がある。

まず、松尾教授の説を紹介すると、それは、要するに、通常審でも、免訴事由がある場合でも、既に無罪に熟しているか、審理の僅かな追加で無罪が見込まれる場合は、無罪とすべきであるというものである（同『刑事訴訟法（下）〔新版補正第2版〕』165頁、177頁〔1999年〕〔添付資料1〕）。

鈴木茂嗣京都大学名誉教授も、訴訟条件は有罪判決阻止事由ではあるが、無罪判決を阻止するか疑問があると説かれ（同『刑事訴訟法〔改訂版〕』128頁〔1990年〕〔添付資料2〕）、寺崎嘉博早稲田大学教授は、訴訟条件に関する詳細な検討を経て、より積極的に、「刑の廃止もしくは大赦の存在は有罪判決を阻止する機能を持つに止まる。無罪判決を言い渡すことを阻止する機能は有しない。従って、裁判所は無罪判決を下すことができる。この結論は、田宮教授の言う被告人救済措置ではなく、訴訟条件の持つ機能から論理的に導き出し得るように思われる」と結論づけられた（同『訴訟条件論の再構成』367頁以下〔1994年〕〔添付資料3〕）。

上記の議論はいずれも通常審を念頭においたものである。したがって、既に有罪確定判決が存在する再審公判の場合は、より強い妥当性をもって、上記の議論が当てはまることになる。

実際、鈴木教授は、再審公判について、「訴訟条件が欠ける場合に、通常それ以上に実体審理を継続することなく直ちに手続が打ち切られるのは、主として被告人の訴訟的負担を回避するためであるから、再審が有罪確定判決からの非常救済制度であることに鑑みれば、無罪の可能性が明白だとして再審開始決定がなされた以上、かかる重大な瑕疵の是正が優先されるべきことは明らかであろう」と明言された（同「免訴と再審事由」『民主主義法学・刑事法学の展望 上巻』421頁〔2005年〕〔添付資料4〕）。

6　ドイツにおける「訴訟条件を欠く場合の無罪宣告」については、邦語文献としては、クラウス・ロクシン『ドイツ刑事手続法』（新矢悦二・吉田宣之訳）500頁（1992年）（添付資料5）があり、ほかに、最新のものとして、平成20年最判に関する加藤克佳愛知大学教授の報告書（2009年2月28日早稲田大学刑事法学研究会）がある。そこで、加藤教授の了承を得て、上記報告書を添付する（添付資料6。なお、加藤教授ご自身の見解は明示されていないが、再審で免訴事由がある場合に無罪とすることに反対されているのではない）。

そこには、ドイツでは第1次世界大戦中の誤った裁判について名誉回復のために無罪宣告がなされるべきことが説かれていることが記されている。

洋の東西を問わずあるべき道はひとつなのだと知る。

7　なお、第3次請求について、免訴とすることに批判的な論考として、以下のものがあるので、資料として添付する。

①新屋達之「再審公判と訴訟条件－横浜事件再審判決の問題点」法律時報79巻8号150頁（2007年）（添付資料7）

②新屋達之「横浜事件再審判決の問題点（1）―再審公判のあり方との関係を中心に」（ただし、未完）大宮ローレビュー4号43頁（2008年）（添付資料8）

③渕野貴生「速報判例解説―TKCローライブラリー刑事訴訟法No.32」（2008年）（添付資料9）

④小田中聰樹「横浜事件再審免訴判決の批判」同『誤判救済の課題と再審の理論』195頁以下（2008年）（添付資料10）

⑤大島久明「最高裁判決2008―弁護士が語る　横浜事件再審上告審」法学セミナー651号22頁（2009年）（添付資料11）

以上

＊

昭和20年（公）第80号（平成14年（た）第1号）

判　決

本籍　東京都渋谷区鶯谷町27番地

故　小野　康人

明治41年5月7日生

（昭和34年1月5日死亡）

上記の者に対する治安維持法違反被告事件について、横浜地方裁判所が、昭和20年9月15日に言い渡した有罪の確定判決に対し、再審の請求があったので、当裁判所は、平成20年10月31日になされた再審開始決定に基づき、検察官武田康孝、同堀貴博、同萩野卓巳、弁護人佐藤博史（主任）、同大川隆司、同横山裕之、同木村文幸、同米澤章吾、同谷村紀代子及び同笹森学各関与の上更に審理を遂げ、次のとおり判決する。

主　文

被告人を免訴する。

理　由

第1　本件再審に至る経緯等

まず、当裁判所が公判廷において取り調べた関係各証拠によれば、被告人が治安維持法違反の嫌疑で検挙され、公訴提起、予審を経て有罪判決を受け、その確定後に3度の再審請求がされ、本件再審開始決定に至るまでの経過は、概ね次のとおりである。

1　被告人が検挙される端緒となった写真の撮影等について

昭和17年7月5日から6日にかけて、被告人は、相川博（以下、「相川」という。）、木村亨（以下、「木村」という。）、加藤政治（以下、「加藤」という。）、平館利雄（以下、「平館」という。）、西尾忠四郎（以下、「西尾」という。）及び西澤富夫（以下、「西澤」という。）とともに、細川嘉六（以下、「細川」という。）の郷里である富山県下新川郡泊町（現在は朝日町）にある旅館等において会合を持ち、その際、同旅館の中庭において西尾がほか7名の写真を撮影した。

2　細川論文の掲載及び被告人らの検挙に至る経緯について

細川が執筆した「世界史の動向と日本」と題する論文（以下、「細川論文」と略すことがある。）が、雑誌「改造」昭和17年8月号及び9月号に連続掲載されると、同年9月7日ころ、陸軍報道部の平櫛孝少佐は、同雑誌の編集者らに対し、細川論文は戦時下巧妙なる共産主義の煽動であり、このことを陸軍報道部長谷萩那華雄大佐に報告したなどと発言し、同大佐が「日本読書新聞」（同月14日号）の「戦争と読書」と題する談話において、細川論文を戦時下巧妙なる共産主義の宣伝であり、これを見逃したのは検閲の手ぬかりであるなどと指摘していたところ、同月14日、細川は細川論文の執筆等を内容とする治安維持法違反の嫌疑により警視庁の司法警察官吏に逮捕されて世田谷署に留置された。

一方、昭和17年9月11日、世界経済調査会の主事であった川田壽とその妻定子が治安維持法違反の嫌疑により神奈川県警察に逮捕され、昭和18年1月には世界経済調査会の高橋善雄が、同年5月11日には同会の益田直彦（なお、同人は、当初泊町での会合に参加する予定だった。以下、「益田」という）、満鉄調査部の平館及び西澤が逮捕され、その際、平館から前記写真が押収された。同月26日、前記写真を撮影した西尾並びに前記写真に写っていた7名のうち未検挙であった被告人、相川、木村及び加藤が同法違反の嫌疑により一斉に逮捕されるに至った。逮捕された被告人らは、神奈川県警察部特別高等課（以下、「神奈川県警特高」という。）の取調べを受けた（なお、これら検挙に関連して引き続き治安維持法違反の嫌疑により多数の者が逮捕され、その一部の者が有罪判決を受けるに至った一連の出来事は一般に「横浜事件」と呼ばれており、以下、便宜上この呼称を用いることがある。）。

3　被告人が受けた有罪判決の内容等について

被告人は、神奈川県特高、検察官による取調べを経て、起訴されて予審に付された後、長期にわたる拘禁のため著しく健康を害したなどの理由で弁護人により保釈請求がなされ、その結果、昭和20年7月17日に保釈された。同月20日、予審終結決定が出され被告人は横浜地方裁判所の公判に付された。同年9月15日、被告人は、同裁判所において治安維持法違反の罪により懲役2年、執行猶予3年の有罪判決を受け、同判決は上訴されることなく確定した（以下、これを「本件確定判決」ともいう。）。

本件確定判決が認定した犯罪事実の要旨は、

「被告人は、雑誌『改造』の編集部員であったが、コミンテルンが世界プロレタリアートの独裁による世界共産主義社会の実現を標榜し、世界革命の一環として我が国においては革命手段により国体を変革し、私有財産制度を否認して共産主義社会を実現することを目的とする結社であり、日本共産党がその日本支部として目的を実行しようとする結社であることを知悉しながら、これらを支持し、一般共産主義意識の啓蒙昂揚を図るとともに、左翼分子を糾合して左翼組織の拡大を図るなど、前記両結社の目的達成に寄与することを企図し、

第一　昭和17年7月中旬ころ開催された『改造』の編集会議において、相川が、唯物史観の立場から社会の発展を説き、社会主義の実現が現在社会制度の諸矛盾を解決し得る唯一の道であって、同史観の示す世界史の動向を把握してその方向に向かって国策を樹立遂行すべきこと等を暗示した共産主義的啓蒙論文である細川論文を『改造』の同年8月号及び9月号に掲載発表することを提唱すると、同論文が共産主義的啓蒙論文であることを知悉しながらこれを支持し、他の編集部員と共に8月号の校正等に尽力して同論文を予定どおりに掲載発表し一般大衆の閲読に供して共産主義的啓蒙に努め、

第二　細川が細川論文等により同年9月14日治安維持法違反の嫌疑で検挙されるや、同年10月20日ころ、西尾忠四郎からの細川家族の救援のための出捐要請を快諾し、同月25日ころ、金20円を西尾に託して細川の家族の救援に努めるなどの活動を行い、もってコミンテルン及び日本共産党の目的遂行のためにする行為をした」

というものであり、同裁判所は前記行為は当時の治安維持法1条後段、10条に該当する（国体を変革すること及び私有財産制度を否認することを目的とする結社の目的遂行のためにする行為に該当する）と判断し、有罪の判決をした。そして、本件確定判決の判決書の証拠欄には、「被告人ノ当公判ニ於ケル供述」、「被告人ニ対スル豫審第四回訊問調書ノ記載」、「相川博ニ対スル豫審第四回被告人訊問調書謄本ノ記載」、「被告人ニ対スル司法警察官第十六回訊問調書ノ記添（「記載」の誤記と思われる。）」が挙げられている。

なお、予審終結決定においては、本件確定判決の認定した細川論文の掲載の事実の前に、第一として、要旨「被告人は、共産主義者である細川を中心とする細川グループの一員であったが、昭和17年7月5日細川の招きに応じて同人及び同グループの構成員である相川、木村、加藤、当時南満州鉄道株式会社の社員であった平館、西尾、西澤ら共産主義者と共に細川の郷里である富山県下新川郡泊町にある『紋左旅館』及び料亭『三笑楼』において会合し、平館が衰微弱体化している日本共産党を急速に復興再建するため秘密グループ『党再建準備会』を結成し、同グループを拡大強化して日本共産党の中心勢力となることを提唱したのに対し、細川を始め被告人ら一同これに賛同して同グループの結成を決定し、次いでその戦略戦術としてのいわゆる1932年テーゼ及び反ファッショ人民戦線確立の運動方針について討議し、これらが正当であるとして確認支持し、そのテーゼの革命の展望の下に各自の職場を中心として産業報国会、大政翼賛会等の合法団体や合法場面を利用して極力労働者・農民・知識階層に共産主義意識の啓蒙をするとともに、その組織化に努め、もって同グループの拡大強化を図ること、殊に同グループの活動を合法に偽装するため民族問題研究所を設置してこれを本拠として民族問題の研究を標榜して果敢なる運動を展開すべきこと等を決定し、その研究所の組織及び人員配置等をも審議決定した」とのの事実を掲げ、第二として、その決定に基づき、同グループの拡大強化に努め、前記のとおり、細川論文の掲載及び細川家族の救援などの活動を行い、コミンテルン及び日本共産党の目的遂行のためにする行為をしたとの事実を記載しており、前記確定判決において認定した事実は、予審終結決定に記載された事実から泊の会合における行為の部分を削除したものとなっている。

4　特別公務員傷害暴行罪による有罪判決について

被告人、細川、益田、相川、木村、加藤、平館及び西澤を含む横浜事件の被検挙者のうち33名は、昭和22年4月、同人らを取り調べた元神奈川県警警部松下英太郎、同警部補柄沢六治及び同森川清造（告訴状では「森川利一」と表記されている。）を含む警察官多数を横浜地方裁判所検事局に対し、特別公務員暴行傷害罪により告訴した。この告訴を受けて、松下、柄沢及び森川が横浜地方裁判所に特別公務員暴行傷害罪により起訴され、同裁判所は、昭和24年2月25日、上記3名に対し、部下の司法警察官数名と共謀して益田に対し暴行陵虐の行為をし、傷害を負わせた事実を認定して松下を懲役1年6月、柄沢及び森川をそれぞれ懲役1年に処する旨の判決を言い渡し、上記3名はいずれも控訴したが、東京高等裁判所は、昭和26年3月28日、上記3名に対し第1審判決とほぼ同じ事実を認定してそれぞれに第1審判決と同じ刑を言い渡し、同人らは、更に上告したが、最高裁判所第一小法廷は、昭和27年4月24日、各上告棄却の判決を言い渡し、上記の有罪判決は確定した。

5　被告人の大赦について

本件確定判決の公訴事実は、治安維持法1条後段、10条に該当するとされた事実であるところ、同法は、昭和20年10月15日に「治安維持法廃止等ノ件」と題する昭和20年勅令第575号が公布・施行されたことにより、同日廃止された。また、同月17日、昭和20年勅令第579号による大赦令が公布・施行されているが、その1条1項では「昭和二十年九月二日前左ニ掲グル罪ヲ犯シタル者ハ赦免ス」と規定され、同項20号で「治安維持法違反ノ罪」と定められていることから、被告人は同勅令により大赦を受けたことが明らかである。

6　被告人の死亡と相続人による再審請求について

昭和34年1月5日、被告人が死亡し、昭和61年7月3日、被告人の妻小野貞は、木村らや死亡している者についてはその遺族らとともに、横浜地方裁判所に対して再審請求をした。しかし、同裁判所は、昭和63年3月28日、本件確定判決の認定の基礎となった証拠資料を備えた訴訟記録が存在せず、原判決が認定に供した証拠資料の内容が把握できないことなどを主な理由として再審請求を棄却し、同年12月16日、即時抗告審である東京高等裁判所もほぼ同様の理由で即時抗告を棄却し、平成3年3月14日、特別抗告審である最高裁判所が特別抗告を棄却した（いわゆる横浜事件第1次再審請求）。

そこで、本件確定判決の判決書及び予審終結決定書が存在していた被告人について、被告人の遺族である小野貞、小野新一及び齋藤信子（当時の氏名は「小野信子」である。）が、確定審では細川論文が取り調べられておらず、同論文の客観的内容が新証拠に当たるなどと主張して、平成6年7月27日に再び横浜地方裁判所に再審請求をしたが、平成8年7月30日、細川論文の掲載が犯罪事実として認定されている以上、細川論文を取り調べたことは明らかであることを主たる理由として再審請求は棄却され、平成10年8月31日、即時抗告審である東京高等裁判所で即時抗告が棄却され、更に平成12年7月11日、最高裁判所において特別抗告が棄却された（いわゆる横浜事件第2次再審請求。なお、小野貞は、横浜地方裁判所に再審請求が係属中であった平成7年9月30日に死亡した。）。そして、平成14年3月15日に小野新一及び齋藤信子が本件再審請求をし、平成20年10月31日、当裁判所が再審を開始する決定をした（いわゆる横浜事件第4次再審請求）。

なお、被告人を含まない木村ら5名については、平成10年8月14日、木村らの遺族が横浜地方裁判所に再審請求をし、平成15年4月15日、同裁判所が、ポツダム宣言の受諾により、原判決時点において、治安維持法は実質的に見て効力を失うに至ったことを主たる理由として再審開始決定をした。この決定に対して、検察官が即時抗告したものの、平成17年3月10日、即時抗告審である東京高等裁判所は、原審の上記判断をにわかに是認することはできないとしながらも、木村らが、神奈川県警特高の司法警察官から暴行を繰り返し受けるなどの拷問を加えられたため、やむなく、虚偽の疑いのある自白をするなどしたことが認められ、個々の具体的行為を結社の目的遂行のためにする意思をもってなしたことなどの主観的要件等に関しては、自白に信用性がない疑いが顕著であることなどを主たる理由に、再審開始決定をした原決定を結論として是認し、即時抗告を棄却し、この決定はそのころ確定した。

その後、再審公判を開いた横浜地方裁判所は、平成18年2月9日、木村らが大赦を受けていることを前提に、いわゆるプラカード事件に関する最高裁判決（昭和23年5月26日最高裁大法廷判決）を挙げるなどし、免訴事由の存在により公訴権が消滅した場合には、裁判所は実体上の審理を進めることも、有罪無罪の裁判をすることも許されず、この理は、再審開始決定に基づいて審理が開始される場合においても異なるものではないとし、木村らに対し、免訴判決を言い渡した。そして、弁護人らが上訴したものの、平成19年1月19日東京高等裁判所は、免訴判決に対して被告人側が控訴をすることはできないなどとして各控訴を棄却し、さらに平成20年3月14日最高裁判所が各上告を棄却した（いわゆる横浜事件第3次再審請求等）。

7　再審開始決定の要旨等

当裁判所の本件再審の開始決定の要旨は以下のとおりである。

（1）前記のとおり、松下、柄沢及び森川に対する特別公務員暴行傷害罪についての有罪判決が確定しているところ、同判決は益田に対する取調べに関するものではあるが、松下ほか2名は、横浜事件の捜査全体に関与し、松下及び森川は実際に被告人や相川の取調べも担当していたものであるから、被告人らに対する被告事件についても、相応の関係あるいは意味を有することは明らかである。すなわち、益田に対する取調べに関しては、前記有罪確定判決において、同人作成の口述書において述べられている内容とほぼ同様の拷問の事実が認定されており、多数ある告訴事実の中から、益田に対する拷問の事実のみが起訴されたのは、益田の口述書にもあるように、口述書作成当時も益田の両股に傷跡が残っていたことなど、告訴事実の立証手段があったためであると推認され、益田に対する拷問が、横浜事件の司法警察官による取調べの中で例外的な出来事であったとは認められず、益田に対してとられていた苛酷な取調方法は、ほぼ同じ時期に同様の被疑事実により取調べを受けていた他の被疑者に対しても同様に行われていたものと容易に推認することができる。そうすると、前記特別公務員暴行傷害罪の判決の存在により、被告人や相川らが前記告訴をするに当たって提出した口述書や横浜事件関係者らの拷問に関する体験談等の信用性を否定することは極めて困難になったといわなければならず、前記判決で認定された益田に対する拷問と同様の拷問が被告人や相川を含む横浜事件の被疑者らに加えられたことが合理的に推認される。

そして、被告人らの口述書等の各証拠を総合すれば、被告人や相川を含む横浜事件の被疑者らは、司法警察官から受けた拷問の回数、内容、程度等に各々差異があるのは当然であるものの、いずれもが治安維持法違反の嫌疑により警察署に引致された直後ころから、当時劣悪な環境にある警察署留置場に勾留されている間、糧食の授受を制限され、取調べ中には、相当回数にわたり、命に関わるような脅迫を受け、時には失神させられるような暴行を伴う激しい拷問を加えられ、生命の危険を感じるなどした結果、司法警察官等の強制誘導に屈して、やむなく虚偽の自白をして手記を作成したり、取調べの先行している関係者らの供述に治う形で、司法警察官等の思い描く虚偽の内容の手記を同人らの言うがままに作成したり、これらに基づいて作成された同様の内容の訊問調書に署名指印したりすることなどを余儀なくされ、上記拷問が一因となって獄中で死亡したり、健康状態が悪化して出獄後まもなく死亡した者（西尾はこのような一人と考えられる。）もいたことがうかがわれ、特に、細川と親しかった被告人や相川に対しては厳しい追及が行われたと推測される。関係証拠によれば、その後、司法警察官等による拷問の影響が継続し、勾留期間が長期にわたっている中、早期の釈放や取調べ終了後の移監などを期待して、検察官や予審判事に対しても同様の自白をした者（相川はこのような一人と考えられる。）のほか、検察官や予審判事に拷問の事実を申し立てて否認するなどしたものの聞き入れてもらえなかった者（被告人はこのような一人と考えられる。）もいたことがうかがわれる。

拷問等の影響により虚偽の疑いのある供述部分は、主として個々の具体的行為を、国体を変革することを目的とし、かつ、私有財産制度を否認することを目的とする結社であるコミンテルン及び日本共産党の目的遂行のためにする意思をもってしたことなどの主観的要件等に関するものであったと考えられ、特に、被告人や相川については、主として、細川論文が共産主義的啓蒙論文であるとの認識を有していたか、泊町において細川らと会合をした際、被告人らの予審終結決定にあるような目的や内容等を持った泊会議が開催され、同会議の決定に基づきコミンテルン及び日本共産党の目的遂行のためにする意思をもって細川論文の掲載や細川家族の救援を行ったのかなどの点に関してであったものと推認され、そのような拷問による自白は、捜査官の意に沿った内容を強いられた疑いが強いものであって、信用性が乏しいことは明らかである。

(2) また、前記第1の1記載の写真自体は被写体である細川ら及び撮影者である西尾に親密な関係があることを推認させるにとどまり、同会合の目的は何ら推認することができないばかりか、同様に同会合の際に撮影されたとうかがわれる本件再審請求審で新たに提出された各写真や料亭の関係者等の供述内容等も含めて全体的に考察すれば、同会合が日本共産党を復興再建するための秘密の会合であるとうかがわれる様子は見られず、外形的行動は行楽や酒食のもてなしであって、細川が戦時下の劣悪な食糧事情の下で雑誌編集者らを郷里に招いて接待し、遊興をさせるための会合であった可能性が高いものと判断される。

(3) 本件確定判決は、被告人及び相川の各供述が挙示証拠のすべてであるという証拠構造上の特徴を有しているところ、泊の会合が共産党の再建準備会であることを前提にして、その具体的活動として細川論文の掲載や細川家族への救援が行われたものと位置付けられている内容の各供述には、その信用性には顕著な疑いがあることになり、判決には挙示されてはいないが取り調べられたと推認される他の関係者の供述にも同様に信用性に疑いが生じることからすれば、細川論文の掲載や細川家族の救援等の個々の具体的行為を、国体を変革することを目的とし、かつ私有財産制度を否認することを目的とする前記各結社の目的遂行のためにする意思をもってなしたことなどの主観的要件等につき、これを証すべき的確な証拠が存在しないこととなる。したがって、被告人らの口述書の写しや泊の会合に関する写真等の証拠は、被告人に対して無罪を言い渡すべき、新たに発見した明確な証拠(旧刑事訴訟法485条6号)であるということができる。

このような内容の再審開始決定をしたことを受けて、再審公判では、再審開始決定の根拠となった全ての証拠を取り調べている。そして、本件公訴事実は既に半世紀以上も前の事実を対象とするものであるから、さらに新たな証拠が発見・請求される可能性は極めて乏しく、法的な障害がなければ、再審公判において直ちに実体判断をすることが可能な状態にあるということができる。

第2　当裁判所の判断

そこで、次に免訴事由との関係で、本件についてどのような判決をすべきかについて検討することとする。

1　通常の刑事裁判における免訴判決について

免訴判決は事後の事情による公訴権の消滅を理由として被告人を刑事裁判手続から解放する形式裁判であるところ、同手続からの一刻も早く解放されることが被告人にとって利益であることなどから、通常の刑事裁判であれば、免訴事由がある場合に実体判断をすべきではなく、免訴判決が言い渡されるべきであるというのが確立した判例である（昭和23年5月26日最高裁大法廷判決、昭和29年11月10日最高裁大法廷判決、昭和30年12月14日最高裁大法廷判決等）。

この点について、旧刑事訴訟法の免訴等の関係規定を検討すると、免訴の事由等の基本的な構造に係る部分は現行の刑事訴訟法と特に異なるところはなく、本件のような旧刑事訴訟法下の手続であっても、異なる解釈をすべき根拠はないと考えられる。なお、通常の刑事手続においても、免訴事由がある場合に、既に無罪に熟しているか、審理の僅かな追加で無罪が見込まれる場合には、無罪とすべきであるとする学説もあり、訴訟条件は有罪判決を阻止する機能を持つにとどまり無罪判決を言い渡すことを阻止する機能は有しないとの考え方もあるが、免訴の訴訟条件は多分に公益的性格を有するもので、そのように片面的に捉えることには疑問があり、旧刑事訴訟法352条1項（現行の刑事訴訟法314条1項）のような明文のない限りは、被告人の有利・不利によって異なる審判手続をすることは許容されないものというべきである（無罪の判断が可能な場合には無罪の実体判決ができるという解釈を採った場合、審理が相当進んだ段階であるのに無罪判決ではなく免訴判決がされたときには、実際には有罪であったのではないかとの印象を与えることにもなりかねない。また、第1審の無罪判決に対して検察官が控訴し、控訴審が、原判決には事実誤認があり、犯罪事実の立証が充分であると判断すれば、原判決を破棄して免訴する旨の判決が言い渡されることとなるが、これは被告人が有罪であったがゆえに免訴になったと公に宣言されるに等しい。したがって、上記の解釈は、結果的には必ずしも被告人に有利になるとは限らず、また、このような実体審理を続けることは免訴事由を定めた趣旨に反するきらいがある。）。

2 再審公判手続における免訴判決について

次に、再審公判手続において、再審手続の特殊性から免訴事由が認められる場合に実体判決ができるか否かについて検討する。

確かに、旧刑事訴訟法で認められていた不利益再審は、日本国憲法の施行に伴う刑事訴訟法の応急的措置に関する法律20条により廃止されているから、実体的審理及び裁判をしても被告人が不利益を受ける可能性はない。また、本件では被告人が既に死亡しているのであるから、免訴判決による刑事裁判手続からの早期解放が利益であるという理は必ずしも妥当しないものといえる。そもそも、通常の刑事裁判においては、被告人が死亡すれば公訴が棄却されて（旧刑事訴訟法３６５条１項２号）、刑事手続が打ち切られるのに対し、再審手続においては被告人が死亡してもその遺族が再審請求をすることができるとされていることからすれば（同法４９２条１項４号。本件のように免訴事由等がなければ、公訴棄却の決定をせずに有罪・無罪の実体判決をすべきことになる。この点については、現行刑事訴訟法４５１条２項のような明文はないが、旧刑事訴訟法５１２条１項が「判決ヲ為スヘシ」としていること等から明らかである。）、死後再審は主に死者である元被告人の名誉回復の手段として機能するものであり、その点において通常の刑事裁判とはかなり性格を異にすることは否めない。

また、無罪の実体判断がされれば、その判決は公示されることになるが（同法５１５条）、免訴判決の場合にはこのような公示は行われない。そして、再審を請求して自ら進んで刑事裁判手続を復活させた被告人の遺族らは、再審により無罪判決を得ることによって被告人の名誉回復を図ろうとしているのであり、また、その結論のみを望んでいるといっても過言ではないのであるから、免訴事由が存在するからといって実体判断をせずに免訴判決を下すのであれば、死者の名誉回復を望む遺族らの意図が十分には達成されないことになるのは明らかである。このような遺族らの心情自体は、前記第１記載の本件再審に至った経緯や当公判廷で取り調べた関係各証拠に照らせば容易に理解できるものである。

しかしながら、再審公判において免訴事由が存在する場合の実体的審理及び裁判の可否については、本件のような再審事由の場合のみならず、他の再審事由により開始された場合も含めて全体的に整合的に考察しなければならないところ、一般に再審事由があった場合でも、再審公判で実体判決をした場合に必ずしも無罪という結論が出るわけではなく、本件のような旧刑事訴訟法４８５条６号の事由による再審の刑事裁判手続においても、本件の場合についてはさておき、一般的には、再審請求の根拠となった新証拠について、再審公判における検察官による立証活動等により再審開始決定とは異なった証拠評価がされるなどして再び有罪の判決がされる可能性もあり、審理打切りによる被告人の利益が多少なりとも存在することは通常の訴訟手続の場合と同様であると解される。また、免訴判決は、有罪・無罪の実体判断をする訴訟条件が失われたことを理由とする形式裁判であって、単純に被告人の利益保護のためだけに設けられた規定ではなく、公益的な強行規定であると解すべきであることは前述のとおりであるから、被告人側が訴訟手続から解放される利益を放棄さえすれば、免訴判決をせずに無罪の実体判断が可能であるとはいえず、そのことは「左ノ場合ニ於テハ判決ヲ以テ免訴ノ言渡ヲ為スヘシ」との旧刑事訴訟法363条の文言等からも明らかである。したがって、本件のように再審の第1回公判を経るだけで直ちに実体判断が可能な状態に至っていることも、その判決の在り方を異にする理由とはなり得ないというべきである。

再審で免訴判決を受けた場合には、再審の無罪判決の場合のように公示がされることはなく、この点では被告人側からすれば不満が残ることになるが、再審開始決定により、有罪判決の効力は直ちに失われないものの、再審で免訴判決が確定すれば、有罪の確定判決が失効し、被告人の法律上の不利益はなくなることは学説上も異論がないところである。そうすると、有罪判決の失効という再審判決の効力においては、無罪判決と免訴判決では異なるところはなく（ただし、刑事補償請求権について手続的に差異が生じるが、実体的にはほぼ同様の要件で補償を受け得ることは後述のとおりである。）、また、被告人が争って無罪判決を求めているのに免訴判決によって途中で訴訟を打ち切られるという点については、通常の刑事裁判手続でも同様であって、現に、横浜事件の被告人の一人である細川も全面的に争う予定であったのに同様の理由で免訴判決を受けていること等からすれば、そのことが直ちに不当であるとはいえない。

死後再審であって名誉回復に主たる目的があるという特殊性についても、一般に、死後再審の場合には、刑の執行や資格の制限の取消し等は考える余地がないことから、再審の目的が狭まるというにすぎず、仮に被告人が生前に再審請求をしてそれが認められたとすれば、細川と同様に免訴判決を受けることとなったはずであり、被告人の死亡後に再審請求がされたという事実によって免訴事由を無視して無罪判決をすることが可能になると解すべき理由は乏しいというべきである。

再審の公判手続は、再審開始決定を受けて、確定前の通常の刑事訴訟手続に戻り、それに則って改めて審理・判断するのが原則であり、再審手続から特に免訴判決を除外する論理的根拠は見出し難い。本件については、横浜事件の歴史的背景事情、後に神奈川県特高による拷問が認定された有罪確定判決が存在すること、本件の確定判決は終戦直後の混乱期に言い渡されたもので、本来保存されているはずの事件記録が故意に廃棄されたと推認されることや前記の再審請求手続の経緯など、一般の再審とは異なる種々の特殊な事情があるものの、このような特殊事情の一つ一つを取り上げて検討しても、それらはいずれも免訴事由のある場合に通常とは異なり無罪の実体判断をすべきことに論理的に繋がり得る事情とはいえず、結局、本件再審については実体判決をすることはできないものと解さざるを得ない。

そして、前記横浜事件第３次再審上告審判決（平成20年３月14日最高裁第二小法廷判決・刑集62巻３号１８５頁）は、「再審制度がいわゆる非常救済制度であり、再審開始決定が確定した後の事件の審判手続（以下「再審の審判手続」という。）が、通常の刑事事件における審判手続（以下「通常の審判手続」という。）と、種々の面で差異があるとしても、同制度は、所定の事由が認められる場合に、当該審級の審判を改めて行うものであって、その審判は再審が開始された理由に拘束されるものではないことなどに照らすと、その審判手続は、原則として、通常の審判手続によるべきものと解されるところ、本件に適用される旧刑事訴訟法等の諸規定が、再審の審判手続において、免訴事由が存する場合に、免訴に関する規定の適用を排除して実体判決をすることを予定しているとは解されない」との判断を示し、木村らに係る再審公判について、原確定判決後に刑の廃止及び大赦が行われた場合に、旧刑事訴訟法３６３条２号及び３号の適用がないということはできないと判示している。その判例の前提となる事実、すなわち当該被告人らが治安維持法違反の罪により有罪判決を受けて同判決が確定し、その後治安維持法が廃止され、大赦を受けたという事実については、本件においても何ら異なる点がない以上、本件についても旧刑事訴訟法３６３条２号及び３号が適用されることは明らかであり、被告人を免訴すべきものと判断せざるを得ない。

なお、弁護人らは、前記横浜事件第３次再審公判上告審判決は、免訴事由がある場合に有罪無罪の実体判断をすることができないとして免訴を言い渡した原審判決を是認したにすぎず、再審公判で免訴事由がある場合に、裁判所が免訴判決ではなく無罪判決をすることを違法であるとしたものではない旨主張しているが、横浜事件第３次再審上告審判決が前記のとおり、「再審の審判手続において、免訴事由が存する場合に、免訴に関する規定の適用を排除して実体判決をすることを予定しているとは解されない」と判示していることにかんがみれば、再審の審判手続において、免訴事由が存する場合に、実体判決を行うことはできないと解していることは明らかであり、その主張は失当といわざるを得ない。

なお、本件再審公判において免訴判決がされることによって、有罪の確定判決がその効力を完全に失う結果、これによる被告人の不利益は、少なくとも法律上は完全に回復されることとなるが、前記のとおり、無罪の公示がされないことなどから、その結論が被告人の名誉回復を望む遺族らの心情に反することは十分に理解できるところであるので、この点について若干補足する。

現行の刑事補償法附則3項は、専ら無罪等の裁判が現行法が施行される前にされた場合に関する規定と解するのが相当であり、同法施行後に旧刑事訴訟法及び日本国憲法の施行に伴う刑事訴訟法の応急的措置に関する法律によって無罪等の裁判があったときは、刑事補償法附則9項のみが適用され、身柄拘束が施行前に行われたものであるかどうかを問わず、刑事補償法25条の適用があると解すべきであるということは、当裁判所が先に再審開始決定において述べたとおりである。

刑事補償法25条は、刑事訴訟法の規定による免訴の裁判を受けた者は、もし免訴の裁判をすべき事由がなかったならば無罪の裁判を受けるべきものと認められる充分な事由があるときは、国に対して補償を請求することができると規定しているのであって、本件において免訴判決確定後にその請求があれば、今後行われるであろう刑事補償請求の審理においては、刑の廃止及び大赦という免訴事由がなかったならば、無罪の裁判を受けるべきものと認められる充分な事由があるか、という点を判断することになり、適法な請求である限りは、それに対する決定の中で実体的な判断を示すこととなる。そして、刑事補償法24条1項は、「裁判所は、補償の決定が確定したときは、その決定を受けた者の申立てにより、すみやかに決定の要旨を、官報及び申立人の選択する三種以内の新聞紙に各一回以上掲載して公示しなければならない。」と規定し、この規定は刑事補償法25条2項により、免訴の裁判を受けた者が刑事補償を受ける場合に準用されていることから、その決定が同条の規定のとおり公示されれば、再審の無罪判決の公示の場合と全く同視することはできないにせよ、一定程度は免訴判決を受けた被告人の名誉回復を図ることができるものと考えられる。

以上のとおりであるから、本件治安維持法違反被告事件に対しては、刑事訴訟法施行法2条、旧刑事訴訟法363条2号及び3号により、被告人に対して免訴の言渡しをすることとする。

よって、主文のとおり判決する。

平成21年3月30日

横浜地方裁判所第2刑事部

裁判長裁判官　大島　隆明

裁判官　五島　真希
裁判官　横倉雄一郎

第四次請求・刑事補償請求
（二〇〇九・4〜二〇一〇・2）

請求審
（横浜地裁）

■二〇〇九・4・30　刑事補償請求
■二〇一〇・2・4　決定

刑事補償請求書

平成21年4月30日

横浜地方裁判所第2刑事部　御中

住所　東京都八王子市
請求人　小野　新一

住所　東京都渋谷区
請求人　齋藤　信子

請求人ら代理人　弁護士　大川　隆司
同　佐藤　博史
同　横山　裕之
同　木村　文幸
同　米澤　章吾
同　谷村紀代子

第1　請求の趣旨

請求人らに対し、金980万円を交付する、との裁判を求める。

第2　請求の原因

1　請求人

請求人らは、昭和20年（公）80号治安維持法違反被告事件（以下、本件）の被告人亡小野康人（以下、被告人）の相続人で、いずれも本件の再審請求事件の請求人だった者である。

2　被告人の逮捕・勾留

被告人は、治安維持法違反の嫌疑で、昭和18年5月26日逮捕され、20年5月20日に横浜地方裁判所に起訴され、同年7月17日に保釈されるまで、784日間にわたって未決の抑留および拘禁を受けた。

3　免訴判決

横浜地方裁判所は、昭和20年7月20日の予審終結決定（以下、予審終結決定）を受けて、昭和20年9月15日、公判を開き、被告人に対し、懲役2年執行猶予3年の有罪判決を言い渡し（ただし、後記のとおり、いわゆる「泊会議の開催」という犯罪事実は認定しなかった）、同判決は、そのまま確定した（以下、確定判決）。

請求人らは、平成14年3月15日、確定判決は誤りであるとして、横浜地方裁判所に再審を請求し、貴裁判所は、平成20年10月31日、本件につき、再審開始を決定し（以下、再審開始決定）、同決定はそのまま確定した。

これを受けて、貴裁判所は、平成21年2月17日の再審公判を経て、同年3月30日、刑の廃止および大赦を理由に、被告人を免訴とし（以下、免訴判決）、同判決はそのまま確定した。

4　刑事補償法25条1項該当性

（1）　刑事補償法25条1項は、「免訴……の裁判を受けた者は、もし免訴……の裁判をすべき事由がなかったならば無罪の裁判を受けるべきものと認められる充分な事由があるときは、国に対して、抑留若しくは拘禁による補償……を請求することができる」と規定しているが、本件は、まさしくその場合に該当する。

その理由は、以下のとおりである。

（2）　まず、本件の公訴事実を確認しておくと、現在の起訴状に相当する予審終結決定が治安維持法1条後段および同10条に該当するとして掲げた犯罪事実は、①いわゆる泊会議の開催、②細川論文の掲載、③細川家族の救援の3つであるが（＊）、このうち、①のいわゆる泊会議の開催が治安維持法違反に該当しないことは、確定判決が認定した犯罪事実は、②および③のみであったことからも明白である。

＊予審終結決定が掲げた犯罪事実は、以下のとおりである（原文はカタカナ表記）。

「被告人は、雑誌『改造』の編集部員であったが、コミンテルンが世界プロレタリアートの独裁による世界共産主義社会の実現を標榜し、世界革命の一環として我が国においては革命手段により国体を変革し、私有財産制度を否認して共産主義社会を実現することを目的とする結社であり、日本共産党がその日本支部として目的を実行しようとする結社であることを知悉しながら、これらを支持し、一般共産主義意識の啓蒙昂揚を図るとともに、左翼分子を糾合して左翼組織の拡大を図るなど、前記両結社の目的達成に寄与することを企図し、

第一　被告人は、共産主義者である細川を中心とする細川グループの一員であったが、昭和17年7月5日細川の招きに応じて同人及び同グループの構成員である相川、木村、加藤、当時南満州鉄道株式会社の社員であった平館、西尾、西澤ら共産主義者と共に細川の郷里である富山県下新川郡泊町にある「紋左旅館」及び料亭「三笑楼」において会合し、平館が衰微弱体化している日本共産党を急速に復興再建するため秘密グループ『党再建準備会』を結成し、同グループを拡大強化して日本共産党の中心勢力となることを提唱したのに対し、細川を始め被告人ら一同これに賛同して同グループの結成を決定し、次いでその戦略戦術としてのいわゆる1932年テーゼ及び反ファッショ人民戦線確立の運動方針について討議し、これらが正当であるとして確認支持し、そのテーゼの革命の展望の下に各自の職場を中心として産業報国会、大政翼賛会等の合法団体や合法場面を利用して極力労働者・農民・知識階層に共産主義意識の啓蒙をするとともに、その組織化に努め、もって同グループの拡大強化を図ること、殊に同グループの活動を合法に偽装するため民族問題研究所を設置してこれを本拠として民族問題の研究を標榜して果敢なる運動を展開すべきこと等を決定し、その研究所の組織及び人員配置等をも審議決定し、

第二　右決定に基づき、昭和18年5月26日検挙されるまでの間、同グループの拡大強化に努めるが、特に

（一）昭和17年7月中旬ころ開催された『改造』の編集会議において、相川が、唯物史観の立場から社会の発展を説き、社会主義の実現が現在社会制度の諸矛盾を解決し得る唯一の道であって、同史観の示す世界史の動向を把握してその方向に向かって国策を樹立遂行すべきこと等を暗示した共産主義的啓蒙論文である、

細川執筆の論文『世界史の動向と日本』を『改造』の同年8月号及び9月号に掲載発表することを提唱すると、同論文が共産主義的啓蒙論文であることを知悉しながらこれを支持し、他の編集部員と共に8月号の校正等に尽力して同論文を予定どおりに掲載発表し一般大衆の閲読に供して共産主義的啓蒙に努め、

（二）細川が細川論文等により同年9月14日治安維持法違反の嫌疑で検挙されるや、同年10月20日ころ、西尾忠四郎からの細川家族の救援のための出捐要請を快諾し、同月25日ころ、金20円を西尾に託して細川の家族の救援に努めるなどの活動を行い、もってコミンテルン及び日本共産党の目的遂行のためにする行為をした。」

（3）これに対し、免訴判決も、以下のように判示して、「泊会議」が虚構であることを認めた（傍線引用者。以下、同じ）。

「また、前記第1の1記載の写真（引用者注・いわゆる「泊会議」の集合写真）自体は被写体である細川ら及び撮影者である西尾に親密な関係があることを推認させるにとどまり、同会合の目的は何ら推認することができないばかりか、同様に同会合の際に撮影されたとうかがわれる本件再審請求審で新たに提出された各写真や料亭の関係者等の供述内容も含めて全体的に考察すれば、同会合が日本共産党を復興再建するための秘密の会合であるとうかがわれる様子は見られず、外形的行動は行楽や酒食のもてなしであって、細川が戦時下の劣悪な食糧事情の下で雑誌編集者らを郷里に招いて接待し、遊興させるための会合であった可能性が高いものと判断される。」（免訴判決10頁）

免訴判決の上記判示は、再審開始決定の要旨を掲げた部分である。しかし、後記の判示と合わせて読めば、免訴判決自体の判断ということができる。

（4）②の細川論文の掲載と③の細川家族の救援についても、免訴判決は、つぎのように判示して、治安維持法違反に該当しないことを認めた。

「被告人らの口述書等の各証拠を総合すれば、被告人や相川を含む横浜事件の被疑者らは、司法警察官から受けた拷問の回数、内容、程度等に各々差異があるのは当然であるものの、いずれもが治安維持法違反の嫌疑により警察署に引致された直後ころから、当時劣悪な環境にある警察署留置場に勾留されている間、糧食の授受を制限され、取調べ中には、相当回数にわたり、命に関わるような脅迫を受け、時には失神させられるような暴行を伴う激しい拷問を加えられ、生命の危険を感じるなどした結果、司法警察官等の強制誘導に屈して、やむなく虚

偽の自白をして手記を作成したり、取調べの先行している関係者らの供述に沿う形で、司法警察官等の思い描く虚偽の内容の手記を同人らの言うがままに作成したり、これらに基づいて作成された同様の内容の訊問調書に署名指印したりすることなどを余儀なくされ、上記拷問が一因となって獄中で死亡したり、健康状態が悪化して出獄後まもなく死亡した者（西尾はこのような一人と考えられる。）もいたことがうかがわれ、特に、細川と親しかった被告人や相川に対しては厳しい追及が行われたと推測される。関係証拠によれば、その後、司法警察官等による拷問の影響が継続し、勾留期間が長期にわたっている中、早期の釈放や取調べ終了後の移監などを期待して、検察官や予審判事に対しても同様の自白をした者（相川はこのような一人と考えられる。）のほか、検察官や予審判事に拷問の事実を申し立てて否認するなどしたものの聞き入れてもらえなかった者（被告人はこのような一人と考えられる。）もいたことがうかがわれる。

拷問等の影響により虚偽の疑いのある供述部分は、主として個々の具体的行為を、国体を変革することを目的とし、かつ、私有財産制度を否認することを目的とする結社であるコミンテルン及び日本共産党の目的遂行のためにする意思をもってしたことなどの主観的要件等に関するものであったと考えられ、特に、被告人や相川については、主として、細川論文が共産主義的啓蒙論文であるとの認識を有していたか、泊町において細川らと会合をした際、被告人らの予審終結決定にあるような目的や内容等を持った泊会議が開催され、同会議の決定に基づきコミンテルン及び日本共産党の目的遂行のためにする意思をもって細川論文の掲載や細川家族の救援を行ったのかなどの点に関してであったものと推認され、そのような拷問による自白は、捜査官の意に沿った内容を強いられた疑いが強いものであって、信用性が乏しいことは明らかである。

……（泊会議の上記引用の判示を経て）……

本件確定判決は、被告人及び相川の各供述が挙示証拠のすべてであるという証拠構造上の特徴を有しているところ、泊の会合が共産党の再建準備会であることを前提にして、その具体的活動として細川論文の掲載や細川家族への救援が行われたものと位置付けられている内容の各供述には、その信用性には顕著な疑いがあることになり、判決には挙示されてはいないが取り調べられたと推認される他の関係者の供述にも同様に信用性の疑いが生じることからすれば、細川論文の掲載や細川家族の救援等の個々の具体的行為を、国体を変革することを目的とし、かつ私有財産制度を否認することを目的とする前記各結社の目的遂行のためにする意思をもってなしたことなどの主観的要件等につき、これを証すべき的確な証拠が存在しないこととなる。したがって、被告人らの口述書の写しや泊の会合に関する写真等の証拠は、被告人に対して無罪を言い渡すべき、新たに発見した明確な証拠（旧刑事訴訟法485条6号）であるということができる。」（免訴判決8～11頁）

「泊会議」の場合と同様に、免訴判決の上記判示は、再審開始決定の要旨を掲げたものである。しかし、これに続く以下の判示に照らせば、上記はそのまま免訴判決の判断に等しいということができる。

「このような内容の再審開始決定をしたことを受けて、再審公判では、再審開始決定の根拠となった全ての証拠を取り調べている。そして、本件公訴事実は既に半世紀以上も前の事実を対象とするものであるから、さらに新たな証拠が発見・請求される可能性は極めて乏しく、法的な障害がなければ、再審公判において直ちに実体判断をすることが可能な状態にあるということができる。」（免訴判決11頁）

免訴判決のいう「法的な障害」とは刑の廃止と大赦という免訴事由のことであり、「再審公判において直ちに……する」ことができる「実体判断」とは「無罪判決」にほかならないことは、多くを論ずるまでもない。

（5） なお、免訴判決は、細川論文の共産主義的啓蒙論文非該当性については、何らの判示もしていない。

しかし、再審開始決定は、この点に関しても、以下のとおり、合理的な疑いがある旨判示した。

「細川論文が、いったんは内閣情報局の正規の検閲手続を通過して『改造』に掲載されたものであると推認され、売れ行きもよく、出版当初は特に問題とされることもなかったにもかかわらず、陸軍報道部の将校がこれを戦時下における巧妙な共産主義の扇動であるとして問題視したことが発端となって事件化したものであるから、その内容にソ連や中国共産党に言及する部分が少なからずあったとしても、当時の一般的評価としては、共産主義的啓蒙論文といえるものであったか否か疑問を禁じ得ないところである。」（再審開始決定20～21頁）

むろん免訴判決は再審開始決定の上記判示を否定したものではない。そして、このことからも、被告人は、免訴事由がなければ、無罪の裁判を受けるべきものだったということができる（＊）。

＊免訴判決が細川論文の共産主義的啓蒙論文の非該当性について判断を示していないので、念のため、この点について補足しておくと、予審終結決定は、細川論文が共産主義的啓蒙論文である根拠として、同論文が、①唯物史観の立場より社会の発展を説いたものであること、②社会主義の実現が現在の社会制度の諸矛盾を

解決し得る唯一の道であることを説いたものであることを掲げている。

しかし、細川論文は、そのようなことを説いたものではない。

すなわち、細川論文の要点は、その第7章に記されているが、そこには、帝国主義的対立の激化と反帝国主義、新民主主義の発展との「二つの方向」がある中で、日本民族が選択すべき「適切なる思潮と政策」がどうあるべきかという主張が展開されている。

そして、「現世界戦争は単なる武力によって最後の目的に到達しうべきものではない」とし、「大東亜戦の遂行と大東亜共栄圏の樹立とに関し、支那、インド等諸民族の我が民族政策に対するそれぞれの輿論が、致命的な重要性を有する」（細川論文42頁）との観点から、「日清日露戦争以後日支事変に至るまでのアジア大陸に対する自己の発展史を反省」する必要が指摘されている（同45頁）。

何を「反省」すべきかと言えば、「新興国日本は自己並びにアジア諸民族の将来にとって不運なことには欧米帝国主義に学びその亜流たるの進路を一路驀進した」こと（同44頁）であり、アジア諸民族を「独立平等の地位にまで推進する」ことにより「アジア諸民族を領導すべき好機」であったにもかかわらず、この機会を失うという「重大なる国策の失敗」を犯したこと（同46頁）である。

そして、「もし欧米勢力をアジアより駆逐したる大和民族が日清日露戦争以後の如く依然として欧米帝国主義の追随者としてアジア諸民族に対するときはアジア諸民族のうちに孤立する危険を自ら招くものである」という指摘（同46頁）こそが細川論文の結論であることが容易に理解できる。

上記論旨は、大正初期（1910年代）以来、吉野作造、矢内原忠雄、石橋湛山らによって展開されてきた言説の系譜につながるものであって、その本質が、アジアの諸民族間の平等、それぞれの民族の自決権の尊重をいうリベラリズムの発露であると評価すべきことに、異論はないと考えられる。

そして、細川論文が上記①、②を説いたものではないことは、再審請求審の各鑑定書（再審請求審甲19～21号証）、および再審公判の荒井信一証人の証言からも明らかである。

（6） そして、免訴判決は、本件に関する刑事補償請求について、以下のように判示した。

『なお、本件再審公判において免訴判決がされることによって、有罪の確定判決がその効力を完全に失う結果、これによる被告人の不利益は、少なくとも法律上は完全に回復されることとなるが、前記のとおり、無罪の公示がされないことなどから、その結論が被告人の名誉回復を望む遺族らの心情に反することは十分に理解できるところであるので、この点について若干補足する。現行の刑事補償法附則3項は、専ら無罪等の裁判が現行法が施行される前にされた場合に関する規定と解するのが相当であり、同法施行後に旧刑事訴訟法及び日本国憲法の施行に伴う刑事訴訟法の応急的措置に関する法律によって無罪等の裁判があったときは、刑事補償法附則9項のみが適用され、身柄拘束が施行前に行われたものであるかどうかを問わず、刑事補償法25条の適用があると解すべきであるということは、当裁判所が先に再審開始決定において述べたとおりである。刑事補償法25条は、刑事訴訟法の規定による免訴の裁判を受けた者は、もし免訴の裁判をすべき事由がなかったならば無罪の裁判を受けるべきものと認められる充分な事由があるときは、国に対して補償を請求することができると規定しているのであって、本件において免訴判決確定後にその請求があれば、今後行われるであろう刑事補償請求の審理においては、刑の廃止及び大赦という免訴事由がなかったならば、無罪の裁判を受けるべきものと認められる充分な事由があるか、という点を判断することになり、適法な請求である限りは、それに対する決定の中で実体的な判断を示すこととなる。そして、刑事補償法24条1項は、「裁判所は、補償の決定が確定したときは、その決定を受けた者の申立てにより、すみやかに決定の要旨を、官報及び申立人の選択する三種以内の新聞紙に各一回以上掲載して公示しなければならない。」と規定し、この規定は刑事補償法25条2項により、免訴の裁判を受けた者が刑事補償を受ける場合に準用されていることから、その決定が同条の規定のとおり公示されれば、再審の無罪判決の公示の場合と全く同視することはできないにせよ、一定程度は免訴判決を受けた被告人の名誉回復を図ることができるものと考えられる。』

免訴判決は、本件の刑事補償請求の決定を先取りしたものなのである。

残されているのは、貴裁判所による「決定」による「実体的な判断」、すなわち「無罪の裁判」である。

（7） 貴裁判所によって示される「無罪の裁判」の内容は、貴裁判所を信頼してすべて貴裁判所に委ねたいが、念のために付言すれば、本件は、陸軍報道部の指摘に端を発し、神奈川県警特別高等警察が「集合写真」に基づいて「摘発」した事件であるが、特高警察は、筆舌に尽くし難い組織的拷問によって被告人らを屈服させて虚偽の自白を引き出し、虚構の「泊会議」を捏造しただけでなく、本件の司法処理に関与した当時の検察官、裁判官（および弁護人）もこれを容認・加担し、さらに、検事局および裁判所は、本件に関する裁判記録を直ちに故意に廃棄したというおよそ許し難い国家によるフレームアップ事件である。

それだけではなく、本件に関する第一次および第二次再審請求について、裁判所は、「裁判記録が存在しない」とか「細川論文は証拠調べされている」という形式的理由によってこれを棄却し、真摯に向かい合おうとせず、第四次再審請求に至ってようやく裁判所が被告人に無罪を言い渡すべきことが明確な証拠が存在すると認めて再審を開始したものの、免訴事由が存在するために、無罪を言い渡すことができず、かつ、確定判決から既に63年を経ていたために、被告人はもとより被告人と労苦をともにしてきた妻・貞も死亡し、確定判決後生を受けた被告人の遺児が請求人となって再審請求を続けざるを得なかった。

そこで、貴裁判所におかれては、貴裁判所が約束されたように、刑事補償決定の中で無罪の判断を示すだけでなく、その判示において、国家が犯した過ちについて率直にこれを認め、過去の司法関係者に代わって、今は亡き被告人と妻・貞に謝罪されるべきではないかと考える。

本件で犯罪を犯したのは、被告人ではなく、国家の側だからである。

5　補償額

被告人に対する補償額は、刑事補償法4条1項所定の最高額である1日1万2500円を減額する理由は全くない。

本件は、通常の刑事裁判とは明らかに異なり、国家の側が裁かれなくてはならないから、なおさらである。

したがって、同金額に上記拘留・拘禁日数784日を乗じた金980万円を支給すべきである。

第3　添付書類

被告人の除籍謄本等　4通
請求人らの戸籍謄本等　3通
委任状　2通

なお、本刑事補償請求書に記した上記の事実は、貴裁判所に顕著な事実であるから、免訴判決その他の資料は添付しないが、必要なものはむろん追完するので、その際は、代理人米澤までご連絡頂きたい。

本件の送達場所および代理人米澤の連絡先は次のとおりである。

東京都港区――――　新東京法律会計事務所

以上

※

平成21年（そ）第1号

決定

住居　東京都八王子市
請求人（故小野康人の二男）　小野　新一
住居　東京都渋谷区
請求人（故小野康人の長女）　齋藤　信子

上記請求人ら代理人弁護士　別紙記載のとおり

上記請求人らから刑事補償の請求があったので、当裁判所は、検察官及び請求人らの意見を聴いた上、次のとおり決定する。

主文

請求人らに対し、元被告人故小野康人の刑事補償として金９８０万円を交付する。

理由

本件請求の趣旨及び理由は、請求人ら代理人弁護士大川隆司、同佐藤博史、同横山裕之、同木村文幸、同米澤章吾、同谷村紀代子作成の刑事補償請求書記載のとおりである。論旨は、要するに、請求人らは、いずれも昭和20年（公）第80号治安維持法違反被告事件の被告人であった故小野康人（以下、「小野」という。）の相続人であるところ、小野は、治安維持法違反の嫌疑で検挙され、横浜地方裁判所に公訴提起後、保釈されるまでの７８４日間にわたって未決の抑留および拘禁を受け、その後、昭和20年9月15日、懲役2年執行猶予3年の有罪判決を言い渡されて、同判決はそのまま確定したが、同裁判所は、平成20年10月31日、上記被告事件について再審開始決定をし、平成21年3月30日、刑の廃止および大赦を理由に小野に免訴判決を言い渡し、同判決は確定したところ、もし免訴の裁判をすべき事由がなかったならば無罪の判決を受けるべきものと認められる充分な事由があるので、刑事補償法25条1項に基づき、刑事補償の請求をする、というのである。

そこで、本件の関係記録を精査して検討する。

第1　本件請求に至るまでの経緯

本件請求は、昭和17年9月11日、当時、世界経済調査会資料室長、主事であった川田壽とその妻定子が治安維持法違反の嫌疑により神奈川県警察に検挙されたこと、次いで、同月14日、「改造」誌に論文「世界史の動向と日本」（以下、「細川論文」という。）を発表した細川嘉六が同法違反の嫌疑により警視庁に検挙されたことがきっかけとなって、同会、昭和塾及び満鉄調査部などの研究者グループから、「改造」及び「中央公論」などの編集者グループに至るまで、終戦直前までの間に約60名の者が同法違反の嫌疑により検挙され、神奈川県警察の取調べを受けるなどし、その一部の者は小野と同様に起訴されて有罪判決を受けたという一連の事件（これらの出来事は、一般に「横浜事件」と呼ばれており、以下、便宜上この呼称も用いる。）のうち、小野の有罪判決について、請求人らが、再審の請求をし、平成21年3月30日、再審公判で免訴判決が言い渡され、同判決が確定した事件に関し、請求人らが申し立てた刑事補償請求の事案である。そこで、まず、小野が、治安維持法違反の嫌疑で検挙され、公訴提起、予審を経て有罪判決を受け、その後、請求人らの申立てにより再審の開始が決定され、再審公判を経て免訴判決を言い渡された経緯を概観することとする。

1　小野は、昭和18年5月26日、細川がその郷里の泊町に招待した編集者または研究者である相川博、木村亨、加藤政治及び西尾忠四郎とともに治安維持法違反の嫌疑により一斉に検挙（勾引状又は勾留状によるものと思われるが、身柄拘束の根拠となる令状の種類等は必ずしも明らかではない。以下、特段の事情のない限り、身柄を拘束されたことを「検挙」という。）され、神奈川県警察の取調べを受けるなどした。小野は、長期にわたる拘禁のため著しく健康を害したなどの理由で弁護人により保釈の請求がされた結果、昭和20年7月17日、予審終結決定の直前に保釈が許可された（なお、現在保釈が許可された記録は残っていないものの、後述するとおり関係各証拠から推認することができる。）。

2　小野は、昭和20年7月20日、横浜地方裁判所の予審終結決定（以下、「本件予審終結決定」という。）により同裁判所の公判に付された。予審終結決定により公判に付された事実の要旨は次のとおりである。すなわち、「被告人は、大正14年3月に東京都神田区三崎町大成中学校第4学年を修了し、昭和3年4月に法政大学予科に入学、昭和6年3月、同大学予科を卒業した後、一時実兄簗井健人の営む出版業を手伝っていたが、昭和10年4月に同大学英文学科に入学し、昭和13年3月に同学部を卒業するや、直ちに東京都芝区新橋7丁目12番地改造社に入社し、同社発行の雑誌『大陸』『改造時局版』『改造』並びに改造社出版部の各編集部員として昭和18年5月26日に検挙されるまで勤務していたが、前記法政大学予科に在学中当時の社会思潮の影響を受け、エンゲルス著『社会主義の発展』、マルクス著『賃労働と資本』『労賃価格及び利潤』等の左翼文献を繙読した結果、終に、昭和5年末頃には共産主義を信奉するに至り、昭和7年初め頃、日本『プロレタリア』作家同盟東京支部員に推薦され、左翼文化運動に従事した経歴を有するものなるところ、『コミンテルン』が世界『プロレタリアート』の独裁による世界共産主義社会の実現を標榜し、世界革命の一環として我が国においては革命手段により国体を変革し、私有財産制度を否認し、『プロレタリアート』の独裁を通じて共産主義社会の実現を目的とする結社であり、日本共産党がその日本支部としてその目的を実現しようとする結社であることを知悉しながら、これらを支持し、自己の職場の内外を通じて一般共産主義意識の啓蒙昂揚を図るとともに、左翼分子を糾合して左翼組織の拡大強化を図るなど、前記両結社の目的達成に寄与することを企図し、

第1　昭和15年8月頃より共産主義者である評論家細川嘉六と相知り、同人を中心とするいわゆる『細川グループ』の一員となって親交を重ねていたが、昭和17年7月5日細川嘉六の招きに応じて同人及び同グループの構成員である相川博、木村亨、加藤政治、及び当時南満州鉄道株式会社の社員であった平館利雄、西尾忠四郎、西澤富夫ら共産主義者と共に細川の郷里である富山県下新川郡泊町にある『紋左旅館』こと柚木ひさ方及び同町料亭『三笑楼』こと平柳梅次郎方二か所において会合し、細川嘉六を中心として当面の客観情勢に対処すべき方策等につき鳩首協議したが、その席上で平館より内外の客観情勢は我が国における『ブルジョア』民主主義革命の機運をますます熟成させつつあって革命の主体的条件である日本共産党（以下、「党」という。）が衰微弱体化しているのを急速に復興再建するための運動の展開こそ焦眉の急務であることを当該運動の指導体としていわゆる『党再建準備会』なる秘密『グループ』を結成し、これを速やかに拡大強化して党の中心勢力となることを提唱したのに対し、細川を始め被告人ら一同これに賛同して同『グループ』の結成を決定し、次いで戦略戦術としてのいわゆる『1932年テーゼ』及び反『ファッショ』人民戦線確立の運動方針に付き協議してこれらが依然基本的に正当であることを確認支持し、当該『テーゼ』の革命の展望の下に各自の職場を中心として産業報国会、帝国農会、協調会、大政翼賛会、隣組並びに東亜連盟その他の右翼団体等あらゆる合法団体及び合法場面を利用して極力労働者・農民・知識階層に共産主義意識の啓蒙をするとともに、この組織化に努め、もって同『グループ』の拡大強化を図ること、ことに同『グループ』の活動をして合法を偽装させるため、民族問題研究所を設置してこれを本拠とし、民族問題の研究を標榜して果敢な

る運動を展開すべきこと等を決定し、さらに当該研究所の組織及び人的配置等をも審議決定し、

第二　右決定に基づき、それ以来昭和18年5月26日に検挙されるまでの間、同グループの拡大強化に努めていたが、特に

（一）昭和17年7月中旬ころ開催された『改造』の編集会議において、相川が、細川嘉六が執筆した『世界史の動向と日本』と題する唯物史観の立場から社会の発展を説き、社会主義社会の実現が現在社会制度の諸矛盾を解決し得る唯一の道であって、我国策もまた唯物史観の示す世界史の動向を把握してその方向に向かって樹立遂行すべきこと等を暗示した共産主義的啓蒙論文を『改造』の同年8月号及び9月号に連続掲載発表することを提唱すると、被告人は、同論文が共産主義的啓蒙論文であることを知悉しながらこれを支持し、編集部員青山鉞治とともに8月号の校正等に尽力して同論文を予定どおりに掲載発表し、もって一般大衆の閲読に供して共産主義的啓蒙に努め、

（二）細川が先に発表した『世界史の動向と日本』と題する論文等により昭和17年9月4日に治安維持法違反の嫌疑で検挙されるや、同年10月20日頃、西尾からの細川家族の救援のための出捐要請を即時快諾し、同月25日頃、東京都赤坂区葵町『満鉄』東京支社調査室において、金20円を西尾に託して細川の家族の救援に努めるなどの活動を行い、もって『コミンテルン』及び党の目的遂行のためにする行為をした。」

というものであった（なお、旧字体は可能な限り現代語に直している。以下の引用においても、適宜現代語に直すこともある。）。

3　横浜地方裁判所は、昭和20年9月15日、本件予審終結決定で公判に付した事実のうち「第一」を除いた各事実を認定し、小野に対し、治安維持法違反の罪により懲役2年、執行猶予3年の有罪判決を言い渡し、同判決は、上告されることなく（裁判所構成法戦時特例4条）、そのころ確定した（以下、これを「本件確定判決」という。）。

4　小野は昭和34年1月5日に死亡したが、昭和61年7月3日、被告人の妻小野貞は、木村らや死亡している者についてはその遺族らとともに、横浜地方裁判所に対して再審請求をした。しかし、同裁判所は、昭和63年3月28日、本件確定判決の認定の基礎となった証拠資料を備えた訴訟記録が存在せず、原判決が認定に供した証拠資料の内容が把握できないことなどを主な理由として再審請求を棄却し、同年12月16日、即時抗告審である東京高等裁判所もほぼ同様の理由で即時抗告を棄却し、平成3年3月14日、特別抗告審である最高裁判所が特別抗

告を棄却した（いわゆる横浜事件第1次再審請求）。

そして、本件確定判決の判決書及び予審終結決定書が存在していた小野について、小野貞及び請求人らが、確定審では細川論文が取り調べられておらず、同論文の客観的内容が新証拠に当たるなどと主張して、平成6年7月27日に再び横浜地方裁判所に再審請求をしたが、平成8年7月30日、細川論文の掲載が犯罪事実として認定されている以上、細川論文を取り調べたことは明らかであることを主たる理由として再審請求は棄却され、平成10年8月31日、即時抗告審である東京高等裁判所で即時抗告が棄却され、更に平成12年7月11日、最高裁判所において特別抗告が棄却された（いわゆる横浜事件第2次再審請求。なお、小野貞は、横浜地方裁判所に再審請求が係属中であった平成7年9月30日に死亡した。）。

そこで、請求人らは、本件確定判決が予審終結決定書の「第一」の事実を落として認定していることから同判決が挙示している証拠は信用できないこと、細川論文が共産主義的啓蒙論文ではなかったこと、確定判決の挙示する証拠が拷問によって自白されたものであるとすれば、その自白は証拠能力がないか、少なくとも信用性は否定されることなどを理由に、平成14年3月15日、三たび横浜地方裁判所に再審請求をしたところ（いわゆる横浜事件第4次再審請求。その前に申し立てられた他の被告人に関する再審請求を第3次再審請求という。）、同裁判所は、平成20年10月31日、本件確定判決は小野及び相川の各供述が挙示証拠のすべてであるという証拠構造上の特徴を有しているところ、泊町の会合が共産党の再建準備会であることを前提にして、その具体的活動として細川論文の掲載や細川家族への救援が行われたものと位置付けられている内容の各供述には、その信用性には顕著な疑いがあることになり、判決には挙示されてはいないが取り調べられたと推認される他の関係者の供述にも同様に信用性に疑いが生じることからすれば、細川論文の掲載や細川家族の救援等の個々の具体的行為を、国体を変革することを目的とし、かつ私有財産制度を否認することを目的とする前記各結社の目的遂行のためにする意思をもってなしたことなどの主観的要件等につき、これを証すべき的確な証拠が存在しないこととなり、したがって、小野らの口述書の写しや泊の会合に関する写真等の証拠は、小野に対して無罪を言い渡すべき新たに発見した明確な証拠（旧刑事訴訟法485条6号）であるということができる、との理由で、再審を開始する決定をし、再審公判が開かれることとなった。

そして、同裁判所は、再審公判を経て、平成21年3月30日、本件確定判決に係る各公訴事実につき、小野が治安維持法違反の罪により有罪判決を受けて同判決が確定し、その後治安維持法が廃止され、大赦を受けていることからすると、旧刑事訴訟法363条2号及び3号が適用され、小野を免訴すべきものと判断せざるを得ないとして、実体判断をすることなく免訴判決を言い渡し、これに対して当事者双方から控訴がなく、同判決は確定した（以下、「本件免訴判決」という。）。

以上のとおり、再審開始の結果、現行の刑事補償法の施行後に、刑事訴訟法施行法2条により旧刑事訴訟法によって免訴判決が宣告され、これが確定したものであるから、刑事補償法附則9項によりその判決確定は現行刑事訴訟法の免訴判決の確定とみなされることとなる。

5　上記の免訴判決を受けて、小野の相続人である請求人らは、本件免訴判決を受けた者である小野が刑事補償を受け得る地位にあったとして、平成21年4月30日、当裁判所に対し、刑事補償の請求に及んだものである。

第2　当裁判所の判断

ところで、免訴判決を言い渡された者（又はその相続人）は、当該免訴判決が確定したとしても、直ちに刑事補償を受けることができるわけではなく、刑事補償法25条1項にいう「もし免訴……の裁判をすべき事由がなかったならば無罪の裁判を受けるべきものと認められる充分な事由」がなければ、刑事補償を請求することができないとされている。

本件免訴判決は、前記のとおり旧刑事訴訟法363条2号及び3号に基づくものであり、本件確定判決について詳細な検討を加えているものの、未だ小野が無罪であったかどうかについて判断したものではない。小野が公判に付された事実は、本件予審終結決定書によると、小野が①細川らと泊町において日本共産党の再建準備会を結成し、その拡大強化を図った事実（以下、「泊会議」という。）、②細川論文を掲載発表した事実（以下、「細川論文掲載」という。）、及び③細川家族を救援したという事実（以下、「細川家族救援」という。）であるが、当裁判所は、再審公判において免訴を言い渡すべき事由、具体的には刑の廃止、大赦の事実がなかったと仮定した場合に、小野に無罪を言い渡すべきであったと認められる「充分な事由」が存在するかどうかを、免訴の裁判があった時点までに公判において取り調べられたであろう証拠と既に存在する利用可能な証拠資料を総合して検討することとする（なお、後述のとおり、現時点では本件確定審の訴訟記録が残っていないので、残存する証拠（ほとんどはその写しである。）のみを検討して、有罪認定をすることができるか検討するという手法も考え得るが、そうすると、記録が保管期間を過ぎて廃棄された事件について再審が開始されれば常に無罪という結論になるところ、旧刑事訴訟法も含め、再審公判においてそのような審理を予定しているとは考え難く、現存していなくても確定審当時存在したであろう証拠についてはできる限りその内容を推測、復元して、判断の資料とするのが相当である。もっとも、後述のとおり、本件では人為的に記録が廃棄された可能性が高いので、証拠のないことが被告人に不利に働くような判断方法は採るべきではなく、このことに留意しつつ検討を進めることとする。

1　泊会議について

本件確定判決が本件予審終結決定の「第一」の事実、すなわち泊会議の事実を認定していないことからすれば、本件確定審裁判所は、公判に提出された証拠等に照らしてみても、泊会議の事実は認めることができないと判断し、ただ、犯罪事実として挙げた諸事実の関係が観念的競合であると解釈して、一部無罪の言渡しをしなかったものと考えられるから、当裁判所は、具体的な証拠関係に基づいて泊会議の事実があったかどうか実体判断をすることなく、同事実については「無罪の裁判を受けるべきものと認められる充分な事由」があると認めることも可能である。

しかしながら、泊会議の事実は、請求人らが神奈川県警察部特別高等課（以下、「特高警察」という。）により捏造されたものであると主張するように、当時の特高警察が、泊町での会合が日本共産党を復興再建するための秘密の会合であると認め、あるいはその蓋然性が高いとの判断に基づき、泊町での会合の際に西尾が撮影したスナップ写真〔本件再審請求審甲16〕に写っていた7名のうち未検挙であった小野らを検挙し、後述するように苛烈な拷問ともいうべき取調べを行い、それにより得られた手記や訊問調書等により、同人らが泊会議以外の事実で有罪判決を受けるに至ったという一連の横浜事件を象徴する支柱ともいうべき事実であり、また、有罪と認定された他の各事実は、予審終結決定においては、泊会議において「党再建準備会」なるグループが結成され、そのグループの活動方針が審議決定され、その方針の下にグループの拡大強化に努めた行動の一環としてされたものと位置付けられていたのであるから、泊会議の事実の存否は当然に他の有罪とされた行為における主観的要件の有無に関連してくることとなるので、改めて検討する必要がある。

（1）まず、関係各証拠から認定できる事実は以下のとおりである。

ア　昭和17年当時、細川は、国際政治学者として民族問題や外交問題に関するいくつかの論文を執筆し、「中央公論」や「大陸」、「改造」等の総合雑誌に発表するなどしていた。小野及び相川は改造社の編集部員として、木村は中央公論社の編集部員として、加藤は東京新聞記者として、平館、西尾及び西澤は満鉄東京支社調査室員としてそれぞれ勤務していた。

イ　昭和17年の初夏ころ、細川は雑誌「改造」に掲載する細川論文を書き上げたことから、細川が音頭を取り、当時同論文の編集を担当していた相川が幹事となって、細川の郷里である富山県泊町（現在の富山県朝日町）へ招待することを計画し、相川が小野、木村、平館、加藤、西澤、西尾及び益田を誘い、用事があったことから行けなくなった益田を除いた7名が細川の招待に応じて泊町に赴いた。

ウ　泊町では、同年7月5日、細川とかねてから知り合いであった柚木ひさが経営している「紋左旅館」で細川を含む8名が宿泊した。同日の朝、同人らは同旅館の前でスナップ写真を撮るなどし（本件再審請求審甲16の写真はこの時に撮影されたものと思われる。）、さらに昼前には一部の者が近くの景勝地である親不知に船で出掛け、同所を観光するなどして過ごした後、列車で泊町に戻っている（本件再審請求審甲17の4ないし9の写真はこの時に撮影されたものと思われる。）。同日夕方は、平柳梅次郎が経営する料理屋「三笑楼」で宴会をし、酒を飲んだり芸者を呼ぶなどして夜まで過ごした。

細川らは、同月6日、7日と紋左旅館に泊まり、同月8日、帰路についた。

エ　細川は、前述のとおり、同年9月14日、治安維持法違反の嫌疑により警視庁に検挙され、その後、遅くとも昭和19年10月11日ころまでには横浜に移監されている。益田、平館及び西澤は、前述のとおり川田壽、定子夫妻がともに治安維持法違反の嫌疑により特高警察に検挙されたことがきっかけとなって、昭和18年5月11日、当時、ソ連事情調査会に参加していたメンバーとともに同警察に検挙された。さらに、同月26日、泊町の旅行に参加した者のうち、既に検挙されていた細川、益田、平館及び西澤を除いた、小野、相川、木村、加藤及び西尾の5名が一斉に治安維持法違反の嫌疑で特高警察に検挙された。

(2)　そこで、予審判事が、本件予審終結決定時に泊会議の事実をいかなる根拠に基づいて認定したか検討するが、小野を始めとする横浜事件の各被告人の訴訟記録等は、その保管期間内であるにもかかわらず、連合国軍進駐時ころに裁判所の側（検事局も含む。）が廃棄した可能性が高い。すなわち、第1次再審請求の際に裁判長の命により書記官が関係書類の有無の調査をし、また、検察庁に記録の有無等を問い合わせたところ、わずかに一部の被告人の判決書が発見されたのみで、記録は残存せず、当庁には全ての訴訟事件の簿冊である第一審公判始末簿があったほか、横浜事件の判決書原本の控え、資料、目録等が何ら存在しなかった。その調査結果の詳細は記録上も明らかにはなっていないが、その調査結果を踏まえて、第1次再審請求に対する決定書においては、その2丁裏末行から括弧書きで「当裁判所の事実取調べの結果によれば、太平洋戦争が敗戦に終わった直後の米国軍の進駐が迫った混乱時に、いわゆる横浜事件関係の事件記録は焼却処分されたことが窺われる。」と記載されている。もっとも、終戦直後の時期には、横浜事件の被告人のうち細川のみは、弁護人である海野普吉に対して公訴事実を徹底的に争う方針を伝え、海野弁護士事務所の事務員が証拠となる訊問調書等を書き写す作業をしていた上、小野らの公判期日は昭和20年9月に開かれており、治安維持法の廃止や大赦がされたのは同年10月中旬であって、事件係属中に記録が廃棄されたとは考え難いことから、「米国軍の進駐が迫った混乱時」に焼却されたとする部分は、時期的に見てやや不正確であると思われる。また、海野弁護士は駐留軍に一時保管されていたのではないかとの推測を述べているが〔本件再審請求審甲8〕、そうであれば然るべき時期に返還されたはずである。そして、同弁護士は、終戦後間もない時期に裁判所内で何らかの書類が焼却されているところも目撃していること、日本政府にとって不都合な書類が連合国の目に触れないよう各官庁において大量に焼却されたことは半ば公知の事実であることや、長期間の保管が義務付けられていた判決書原本を含む記録の消失という事態が生じ、判決書のみが一部の被告人について残っているものの、判決の時期によりその保管の有無が分けられるという合理的な説明もできないことなどを考慮すると、横浜事件の記録に関しては、治安維持法が廃止され、免訴判決が出され、関係者の事件が全て終わった後ころに、その大部分が人為的に消失させられた疑いが濃いといえる。

いずれにせよ、その結果、小野らは判決書等が残存しているものの、大部分の被告人については、いかなる公訴事実で起訴されたのかも不分明で、小野らも含め、どのような証拠に基づいて有罪判決を受けたか、公的な記録上は明らかにはなっておらず、海野弁護士の事務員が筆写した証拠の一部が残されているにすぎず、できる限り関係する資料から合理的に記録の内容を推知しなければならない。

そこで検討すると、昭和17年7月5日、細川の郷里である泊町に招待され、紋左旅館や三笑楼で宴会等に参加した者は、細川、相川、小野、加藤、平館、木村、西尾及び西澤の8名であったことは前述したとおりであるが、細川、平館及び西澤が先に検挙されてからその余の参加者が一斉に検挙されたという経緯、同人らのうち木村、相川、小野及び加藤は細川の執筆する論文を編集する関係で細川と懇意であったことから相互に関係があったと考えられるのに対し、平館、西澤及び西尾は満鉄東京支社調査室で勤務し、編集等とは無縁の仕事をしており、木村ら編集者と職務上の接点があったとはうかがえないことから、特高警察が泊会議の事実とは無関係に、昭和18年5月26日に一斉に前記5名を検挙したというのは偶然の一致とは考えにくく、取調べにあたって後述するとおり拷問を加えていたとされる特高警察の警察官が共通しており、警察官森川清造においては泊町の旅行に参加したすべての者に対する取調べに関与していたことに照らすと、木村が後に語っているように〔本件再審請求審甲9〕、平館及び西澤が同月11日に検挙された際に、特高警察により捜索を受け、細川らが写った集合写真〔本件再審請求審甲1〕が発見されたことから、当時の特高警察が、泊町での会合が日本共産党を復興再建するための秘密の会合である、あるいはその蓋然性が高いと推測し、既に検挙されていた者以外の者を一斉に検挙したというストーリーもあながち誤った推測であるとはいい難く、同人らは、泊町への旅行に参加したことにより特高警察に目をつけられ、治安維持法違反の嫌疑があるとして検挙されたものと推認される。そうすると、同人らは、泊町での旅行について特高警察から取調べを受け、何らかの調書が作成されていることがうかがえるのであって、現に、相川、平館及び木村については、泊会議に関する手記や捜査段階の調書が現存しており、いずれも小野の予審終結決定の内容に即した事実があった旨記載、録取されている（相川においては、相川の手記〔本件再審請求審甲14、15、29〕や予審第7回訊問調書〔本件再審請求審甲30〕、平館においては、平館の手記〔本件再審請求審甲32〕、木村においては、木村の手記〔本件再審請求審甲31〕がある。

また、細川の予審訊問調書〔本件再審請求審甲18〕によれば、細川が予審の取調べの中で、相川、木村及び平館の手記や予審訊問調書等を示されながら泊会議の事実につき質問されていることからすれば、相川、木村及び平館は、泊会議の事実につき自白していたことがうかがえる。）。そして、小野においても、相川、平館及び木村と同様に、手記を書き、その手記に基づいた訊問調書が作成されたものと推認される。すなわち、関係各証拠によれば、小野らは、複数人共同で、審理が短時間のうちに終了し、即日判決の言渡しを受けていることがうかがわれるところ、旧刑事訴訟法の下では自白に補強証拠を要するわけではなかったから、横浜事件関係者で事実を認めた被告人の判決書（主に昭和20年8月ころ言渡しのもの）では、その被告人の公判供述のみが証拠の標目として掲げられているのが通例である（例えば、小森田一記判決〔本件再審請求審甲13〕）のに、小野に対する判決書には、その認定の根拠となる証拠として、小野の公判供述、小野の予審第4回訊問調書、小野の司法警察官第16回訊問調書、相川博の予審第4回被告人訊問調書謄本が掲記されていることからすれば、小野は、公判において外形的な事実の一部を認めたのみであって事実関係を争ったため、小野の公判供述以外の証拠を挙げる必要性が生じたものと合理的に推認することができる。そして、小野の公判供述以外の訊問調書等の内容が本件事実関係に沿ったものでなければ、あえて証拠として挙げる必要はないのであるから、小野の公判供述以外の小野供述の内容は、基本的に本件確定判決の事実認定に沿うものであったと合理的に推認できる。

そして、本件確定審裁判所が認定した事実はそれ自体治安維持法違反の構成要件に該当するとしても、予審終結決定書によれば同事実は泊会議で決定された共産党再建のための運動の一環として行われたものとされていること、小野が泊町に招待された者とともに検挙されていること、現に、木村が特高警察による拷問に屈し、特高警察に言われるがまま手記を作成させられた際、特高警察から相川や小野の手記を参考に見せられたと後に語っていることからすれば〔本件再審請求審甲9〕、本件確定審裁判所が認定した事実の前提として、泊会議の事実についても特高警察の取調べを受け、手記を書き、訊問調書が作成されているものと推認でき、そうすると、小野も泊会議の事実を認める内容の手記を書き、その手記に沿った訊問調書も作成されているものと合理的に推認される。

他方、西澤及び益田については特高警察からどのような取調べを受け、いかなる内容の手記や訊問調書を作成したのか明らかではなく、その手がかりは、判決書〔本件再審請求審甲13〕や後述する特高警察官に対する特別公務員暴行傷害罪での告訴の際に提出した口述書〔第1次再審請求審甲5の2の3、甲5の2の4〕しかなく、また、加藤については同様の口述書〔第1次再審請求審甲5の2の6〕しか手がかりがなく、西尾については保釈後、昭和20年7月27日に死亡していることから、予審終結決定〔本件再審請求審甲13〕以外に手がかりがない状態にある。しかしながら、前述したとおり、同人らについては、特高警察から泊会議の事実につき取調べを受けたことがうかがえるのであって、現に、益田の口述書には、泊会議の事実につき取調べを受け、その後森川が西澤の調書と合わせるようにして、森川の思い通りの内容の調書を作成したと記載されていることからすれば、益田、加藤、西澤及び西尾が、特高警察の取調べの中で、泊会議に関する手記を書き、それに基づく訊問調書が作成されていたのではないかと推認される。

なお、細川は泊町に小野らを招待した者であるものの、泊会議に関する捜査段階の訊問調書は存在しない。細川が横浜に移監されたのは東京地方裁判所で予審手続が始まった後の昭和19年4月11日ころであり〔本件再審請求審甲18〕、それ以前に泊会議につき神奈川県警察の特高警察官の取調べを受けた形跡がないことや、細川の告訴事実をみると小野らと異なり神奈川県警察の特高警察官の名を挙げていないことからすれば、細川は神奈川県特高警察から取調べを受けていなかったか、あるいは取調べを受けていたとしても泊会議の事実を自白した手記や司法警察官に対する訊問調書が作成されたことはないものと推認される。

(3) したがって、泊町に招待されていた小野らの訊問調書によれば、いずれも泊会議の事実を認める供述をしていたことが合理的に推認でき、これらの訊問調書の内容が信用するに足りるものであれば、泊会議開催の事実を認定することができるはずである。

この点につき、請求人らは、本件再審公判において、「最大の有罪証拠とされた小野と相川博の自白は、特高警察による惨たらしい拷問によるもの」であって、その自白の任意性や信用性が認められないと主張している。

そこで、まず、小野供述が、請求人らの主張のとおり拷問によって得られたものであるかどうか検討することとなるが、既に小野は他界しており、当時の小野に対する特高警察の取調べ状況について立証する手段は、当時特高警察で小野らの取調べにあたっていた元神奈川県警の警察官3名に対する特別公務員暴行傷害被告事件の事件記録から推知するしかない。

すなわち、泊会議に参加したとされた者を含む横浜事件の被検挙者のうち33名は、昭和22年4月、同人らを取り調べた元神奈川県警察警部松下英太郎、同警部補柄沢六治及び同森川清造（告訴状では「森川利一」と表記されている。）を含む警察官多数を横浜地方裁判所検事局に対し、特別公務員暴行傷害罪により告訴し、その際、小野は暴行傷害の事実を立証するために、口述書を提出している。

小野は、その口述書の中で、特高警察官から泊会議の内容や目的について問いただされた、その際、特高警察は、小野に対し、武道場で約1時間にわたり竹刀や竹刀片で乱打し、靴で蹴るなどの暴行を加え続けたり、ときには気絶するまで、コンクリートの床に引き据え、頭髪をつかんで引っ張り、頭を床に打ち付け、身体を蹴り、木刀で背中を乱打したり、鉛筆を指の間に挟んでこじったり、三角の椅子の足に座らせて1時間ほどそのままにしたり、両足を縛って吊したりするなどしたため、やむなく改造社に勤務中に共産主義運動をしたという創作の手記を書き、警察官がこれを調書にした旨述べている。

なるほど、小野の口述書は、小野が検挙されてから特高警察で取調べを受けた当時の状況について、時系列に沿って具体的かつ詳細に記載され、その内容についてみても暴行の態様、警察官の言動など迫真性に富んでおり、当時、特高警察が検挙した者に対し有形力を行使するなどして取調べをしていたというのは半ば公知の事実に近いといえる。
ただし、そうであるとしても、前記告訴にあたって証拠として提出された口述書は、特高警察により拷問を受けたと主張する告訴人が作成したものであって、告訴人は、被疑者、被告人の立場にあった者であり、一般的には、被疑者、被告人が、捜査段階あるいは予審段階で自白をしていたことの弁解として、拷問の事実がなくても拷問等により無理矢理自白させられたなどと訴えたり、暴行等を過大に申告しているおそれもないとはいえず、その口述書に記載されたとおりの事実が認定できるか否かは慎重に吟味する必要がある。小野もその例外ではなく、告訴人の一人として前記松下や森川から暴行を受けた被害者であると主張していることからすれば、小野の口述書の迫真性のみからその信用性を肯定し、直ちに前記松下らによる拷問の事実があったと認定することはできない。

しかしながら、松下、柄沢及び森川は、前記告訴を受けて横浜地方裁判所に特別公務員暴行傷害罪により起訴され、同裁判所は、昭和24年2月25日、同人らに対し、部下の特高警察官数名と共謀して泊会議に参加する予定であった益田に対し暴行陵虐の行為をし、傷害を負わせた事実を認定して松下を懲役1年6月、柄沢及び森川をそれぞれ懲役1年に処する旨の判決を言い渡し、同人らはいずれも控訴したが、東京高等裁判所は、昭和26年3月28日、同人らに対し第1審判決とほぼ同じ事実を認定してそれぞれに第1審判決と同じ刑を言い渡し、同人らは、更に上告したが、最高裁判所第一小法廷は、昭和27年4月24日、各上告棄却の判決を言い渡し、上記有罪判決は確定した。ここで、東京高等裁判所が認定した事実の要旨は、次のとおりである、すなわち、

「被告人ら3名は、神奈川県警察部特別高等課に勤務していたもので、被告人松下は左翼係長警部、被告人柄沢、同森川は同係取調主任警部補の地位にあって各司法警察官として思想事件の捜査に従事していたが、その職務に従事中、昭和18年5月11日、治安維持法違反事件の被疑者として検挙された益田の取調べに際し、同人が被疑事実を認めなかったので、被告人らはその他の司法警察官らと共謀して益田に拷問を加えて自白させようと企て、同月12日ころから1週間位の間、数回にわたって、神奈川県神奈川署の警部補宿直室において、益田に対し、頭髪をつかんで股間に引き入れ、正座させた上、手けん、竹刀の壊れたもの等で頭部、顔面、両腕、両大腿部等を乱打し、これにより腫れ上がった両大腿部を靴下履きの足で踏んだり揉んだりする等の暴行陵虐の行為をなし、よって、益田の両腕に打撲傷、挫傷、両大腿部に打撲挫傷、化膿性膿症等を被らせ、そのうち両大腿部の化膿性膿症についてはその後治癒まで数か月を要せしめたのみならず長くその痕跡を残すに至らしめた。」

というものであった。

前記の益田に対する取調べに関して前記松下らに対する有罪確定判決において認定された事実は、益田作成の口述書において述べられている内容とほぼ同様である。すなわち、益田の口述書によると、益田は、昭和18年5月11日に検挙されてから、神奈川警察署において、松下、柄沢、森川ほか3名の警察官の取調べを受け、前記6名は、同日から約1週間連日益田を取り調べるに当たり、否認は命がけであるなどと威嚇した上、泊会合の目的、内容を問いただし、これについて知らないと答えると、森川が益田の頭髪をつかんで頭を股間に引き入れ、手けん、平手、竹刀片で益田の頭、頬、肩を乱打し、ほか2名の警察官が後方から竹刀、竹刀片等で両大腿部を殴打し、靴下履きの足で腫れ上がった腿を揉むなどの暴行を加え、さらに、ある日は、麻紐様の物で益田を後ろ手に縛り、松下が手けんで顔面を乱打し、棍棒、竹刀、竹刀片等で各々袋叩きにするなどの暴行を加え、それによって益田の両腕、両股の傷口は化膿した。さらに、ある日は、平手打ちを加えられた後、板敷き上に土下座させられ、靴で顎を蹴り上げられるなどの暴行を加えられたため、万事を警察官に一任し、警察官に思い通りの手記を代筆させた、というのである。

以上のとおり、益田の口述書と対照すれば、前記東京高裁判決が、ほぼ益田の口述書のとおりの事実があったものと認定したことがうかがえ、益田の口述書は基本的には信用できるものといえる。そうすると、これは益田に対する取調べに関するものではあるが、松下ほか2名は、横浜事件の捜査全体に関与し、森川は実際に小野や相川らを含む泊町の旅行に参加したすべての者の取調べも担当していたものであるから、益田に対する拷問が動かしようのない事実であるということは、小野らに対する被告事件についても、相応の関係あるいは意味を有することは明らかであって、益田に対する拷問が、横浜事件の特高警察による取調べの中で例外的な出来事であったとは考え難く、益田に対してとられていた苛酷な取調方法は、ほぼ同じ時期に同様の被疑事実により取調べを受けていた他の被疑者に対しても同様に行われていたものと容易に推認することができる（多数ある告訴事実の中から、益田に対する拷問の事実のみが起訴されたのは、益田の口述書にもあるように、口述書作成当時も益田の両股に傷跡が残っていたことなど、告訴事実について、被害者本人の供述以外の客観的な立証手段が残っていたためであると推認される。）。そうすると、益田に対する特別公務員暴行傷害罪に係る有罪確定判決の存在は、小野の口述書の信用性を裏付けるものといえるのであって、益田に対する拷問と同様の拷問が小野に加えられたことが合理的に推認される。

また、相川が前記告訴に当たって提出した口述書によれば、相川も小野や益田と同様に、特高警察から拷問を受けたというのであり、その拷問の内容、態様、回数等が小野や益田の拷問のそれと酷似し、前記のとおり取調べに当たった特高警察官も共通していることからすれば、相川の口述書の信用性を否定することはできず、むしろ、相川の手記〔本件再審請求審甲15〕によれば、特高警察から、相川が改造社における細川論文掲載の中心人物に据えられ、細川に頼まれて小野らに対し泊会議への参加を呼びかけていた人物と目されていたことがうかがわれるのであって、小野や益田と匹敵するものかそれ以上の拷問を受けていたとしても不自然ではない。

さらに、木村、平館、加藤及び西澤らも、時期を同じくして特高警察に検挙され、同人らの口述書によれば、暴行の内容、態様等に違いはあるものの、益田や小野、相川と同じような拷問を受けていた事実が記載されているのであり、その信用性を容易に否定することはできず、同人らも小野らと匹敵する拷問を受けていたことが推認される。なお、前記のとおり、西尾は、保釈後間もなく死亡したため、他の泊会議参加者と異なりその特高警察による取調べの内容を記す口述書等が存在しないものの、西尾が小野らと同様に泊会議に参加し、小野と同時に検挙されて特高警察の取調べを受けており、その取調べの手段が前記のとおり多分に拷問によるものであったと認定できるのであるから、西尾についても同様の拷問が加えられていたことが推認される。

そうすると、泊会議に参加したことから治安維持法で検挙された小野ら被疑者は、特高警察官から受けた拷問の回数、内容、程度等に各々差異があるのは当然であるものの、ほぼ各口述書に記載されたとおり、治安維持法違反の嫌疑により警察署に検挙された直後ころから、当時劣悪な環境にあった警察署留置場に勾留されている間、糧食の授受を制限され、取調べ中には、相当回数にわたり、厳しい脅迫を受け、時には失神させられるような暴行を伴う激しい拷問を加えられ、生命の危険を感じるなどした結果、特高警察官らの強制誘導に屈して、やむなく虚偽の自白をして手記を作成したり、取調べの先行している関係者らの供述に沿う形で、特高警察官らの思い描く内容の手記を同人らの言うがままに作成したり、これらに基づいて作成された同様の内容の訊問調書に署名指印したりすることなどを余儀なくされたことが合理的に推認されるところである。さらに、相川の口述書によれば、その後、検事局の取調べを受ける前日には、特高警察官らによる暴行が加えられたというのであるから、特高警察官の暴行の影響が検察官の取調べ時にも及んでおり、勾留期間が長期にわたっている中、早期の釈放や取調べ終了後の移監などを期待して、検察官や予審判事に対しても同様の自白をした者がいたとしても決して不自然ではなく、むしろ、その影響は簡単には断ち切れないものと見るべきであろう（なお、相川の予審第7回訊問調書は、泊会議の内容につき捜査段階における供述を減退させているが、泊会議の事実そのものを否認しているわけではなく、それが事実でないとすれば、拷問による影響が残っていたことに変わりないというべきである。また、細川が横浜拘置所に移ってから、同じ拘置所内にいた細川、木村、加藤、西尾らは、拘置所の雑役をいわゆるレポ役に使って相互にメモを交換し、予審段階で従前の自白を覆そうという申し合わせをしていたことがうかがわれ〔本件再審請求審甲9〕、見方によっては、通謀をしているのではないかとの疑念も生じないわけではないが、そのことから、従前の自白が真実であると推認できるわけではない。）。

ところで、現行法下では、拷問による自白は任意性を欠く典型例として法律に挙示されているが（刑事訴訟法319条1項）、旧刑事訴訟法ではそのような自白法則に相当する規定が存在せず、拷問により自白が得られたとしても、証拠能力が否定されることはないと解されていた。しかしながら、拷問により得られた自白は、その内容につき疑義があるということは現行法下であっても旧法下であっても変わることはなく、仮に拷問による自白であると認定されれば、原則として同供述の信用性は否定されることになる。また、本件再審の手続には、旧刑事訴訟法のみならず日本国憲法の施行に伴う刑事訴訟法の応急的措置に関する法律（昭和22年法律第76号。以下、「応急措置法」という。）が適用される結果（刑事訴訟法施行法2条）、「強制、拷問若しくは脅迫による自白又は不当に長く抑留若しくは拘禁された後の自白は、これを証拠とすることができない」とする応急措置法10条2項の規定から、再審公判段階では、拷問等により得られた任意性のない供述は証拠となし得ず、証拠から排除すべきこととなるので、これらを排除して有罪認定ができるか否かを判断すれば足りることとなる。しかし、排除すべき関係者の供述証拠の多くが残存せず、その排除すべき証拠範囲も明確にし難いので、ここでは、いったん、拷問等により得られた自白がどの程度信用できるものであるかという広義の証明力の問題として他の証拠も参酌してさらに検討することとする。

そして、問題とされた泊会議については、その日時に集まりがあったことの裏付けとなる証拠が収集されていたことは認められるが、その中でどのような話し合いが行われていたのかなどについて、出席者の供述以外に、会議のメモや共産主義運動の方針を取りまとめた文書等の客観的な裏付証拠がなかったことは、各訊問調書においてそれらへの言及がされていないことからも明らかであり、自白を裏付けるような直接的な証拠があったとは認められない。もっとも、横浜事件の検挙者は様々なグループに属し、出版関係者のグループや昭和塾関係者でいわゆる「政治経済研究会」のメンバーなど、多種多様であり、中には同会のメンバーのように、マルクス主義理論に基づく情勢の分析・研究活動を行い、思想的にも共産主義思想に近い者も含まれていたことが推認され〔本件再審請求審甲13・昭和塾関係日誌等〕、細川により泊町に招待されたメンバーの中には、当時の戦時体制に強い反感を抱いていた者もいたことがうかがわれ、また、招待された出版関係者は当然のことながら当時の検閲などに批判的であったと考えられる上、細川への親近感もあった者らであるから、さらに、細川自身も、民族自決を認めず、日本の指導的立場で「大東亜建設」を進めるという東條内閣の方針には反対であったことは細川論文の内容からも明らかであるから、泊町での宴席では、勢い、当時の政治体制に対する批判的な言動があったであろうこと程度は容易に想像できるところである。しかし、それは、公訴事実に記載されている共産党の再建準備会の結成や今後の活動方針の審議・決定とは質的にまったく異なることであって、その程度では、治安維持法1条後段の目的遂行行為ともいえないことは明らかである。

また、残存している横浜事件の各被告人の手記を見ても、その体裁、内容だけで、信用性に疑義が生じる部分が多分にある。例えば、木村の手記には「私はコミンテルン並に日本共産党の任務目的に副ふために活動の遂行を意図致しまして……共産主義者細川嘉六を中心に私を始めとして相川博、……新井義夫等の共産主義者が結集して共産主義グループを結成し、前記の意図、目的を以て……」などという、当時の特高警察が作成する訊問調書や報告書の用語や文体をそのまま真似たような記載内容の手記となっており、同人が著名な評論家として接していたはずの細川を「共産主義者細川」と記載するなど、木村の意思に沿った記述とは到底考え難い言葉遣いや内容となっており〔第1次再審請求審甲20の4〕、その内容、形式からして相当に取調官の示唆、誘導があったことがうかがわれる。また、手記の記載内容は、前記引用部分を見ても明らかなとおり、治安維持法違反の構成要件事実を意識した文章になっている点が少なくなく、構成要件事実を漏れなく記載することは自発的な手記では通常はあり得ないことであるから、手記という形式を採っていることからそれが訊問調書よりも信用性が高いなどと認めることも到底できない。

相川の手記も同様である〔第1次再審請求審甲20の4〕。すなわち、同人の昭和18年9月15日付け手記によれば、「左翼共産主義ヲ標榜スル尖鋭ナル言論機関トシテ共産主義ヲ宣伝スルコト」が「改造」の伝統であり、編集会議については「之レ程マデニ社長以下全員ガ揃ツテ共産主義者デアリ同志的ナ鞏固ナ結束ノ下ニ「改造」ノ伝統ヲ堅持シ」ているなどとし、執筆者は「思想傾向ノ鮮明ナ左翼評論家」、「尖鋭ナ自由主義者ヤ嘗テ左翼主義運動ニ参加ノ経歴ヲ有シ其後偽装転向ヲ表明シテヰル者」、「右翼革命分子」、「全ク反動的デ問題ニナラナイモノ」に分類されるとし、「世界史の動向と日本」は、相川が細川に対し、来るべき共産主義革命に対処し全国に散在する共産主義者の蹶起を促すための指令的内容を持つ大論文として依頼したものであるなどとしているが、これらの評価的な記載部分は、当時の特高警察の目から見た雑誌「改造」や改造社関係者の評価そのものであると思われる。そして、その手記の最後の方では、『改造』ヲ葬リ去ルコトハ時局重大ノ折柄最モ焦眉ノ急務ト確信スル次第デアリマス。」などと記載され、社長の山本実彦の評価として「何分私達ノ手ニハ負エナイ大物デスカラ当局ノ手デ彼ノ仮面ヲ剥イデソノ赤魔ノ正体ヲ曝露シテ頂クヨリ外ナイト信ジマス。」と結んでいる。

しかし、改造社に編集者として勤務していた相川が、仮に取調べ中に思想の転向をしたとしても、その当時、「改造」を葬り去ることまでを真に望み、山本社長を「赤魔」と呼ぶなどとは考え難く、実際にもこの手記がその当時の真意に沿うものでないことはその後の相川の言動等〔第1次再審請求審甲5の1、5の2の8等〕からも推認できるところであって、この部分も特高警察の当時の思惑をそのまま相川の手記の名を借りて記載しているのではないかとの疑いが強い。また、日本の歴史における山本実彦の文学出版上の功績や協同民主党の委員長などを務めた同人の戦前、戦後を通じた政治活動歴等に照らせば、「共産主義者」とか「赤魔」という山本についての相川手記の記述が、事実に反する評価であることも明白である。これらの点に照らしても、横浜事件の検挙者の多くは、特高警察の暴力を伴う厳しい取調べに屈して、特高警察の思うままの供述や手記の作成を強いられたことがうかがわれる。したがって、細川を除く泊会議に参加したとされる者の供述は、いずれも信用性が否定されるのであって、これらの供述のみから泊会議の事実を認定することはできない。

(4) 他方、他の証拠により泊会議の事実が認定されないか検討すると、特高警察は、泊会議の事実を裏付けるため、泊町で細川と応対した紋左旅館の女将柚木ひさや三笑楼の亭主である平柳梅次郎等を取り調べている。しかしながら、その取調べの中では、柚木や平柳が、郷里に帰ってきた細川をもてなすために酒類を提供し、芸者を呼んで遊んだなどという供述しか得ることができず〔第1次再審請求審甲20号証の3〕、同人らの訊問調書からは、細川らが共産党再建のための準備会を催していたなどという事実を認定することは到底できない。

さらに、前記写真自体は被写体である細川ら及び撮影者である西尾に親密な関係があることを推認させるにとどまり、同会合の目的は何ら推認することができないばかりか、同様に同会合の際に撮影されたとうかがわれるその他のスナップ写真〔本件再審請求審甲17の1ないし9〕等も含めて全体的に考察すれば、同会合が日本共産党を復興再建するための秘密の会合であるとうかがわれる様子は見られず、むしろ細川が戦時下の劣悪な食糧事情の下で雑誌編集者らを郷里に招いて接待し、遊興をさせるための会合であった可能性がかなり高くうかがわれるというべきである。

確かに、接待や遊興の合間に共産党再建に関する準備会を開く可能性は否定できないものの、共産党再建準備会のような極秘を要する会合を開くというのに、料理店での宴席には芸者を呼び、酒を持って船で行楽に赴くなどの派手な行動をし、スナップ写真を撮ったり、細川が料理店の経営者のため記念に色紙を書くなどの証跡を残すということは考え難い上、相川の手記等によれば、共産党再建準備会では、細川を中心とする共産党再建を図る「細川グループ」の結成及び拡大強化を協議し、それをカムフラージュする組織やその人的配置等についても審議決定したことになっているが、スナップ写真や宴会の状況に関する証拠をみても、その場で共産党再建準備会が行われたという雰囲気はうかがわれない。

また、明け方に泊に着いて、昼過ぎには船で景勝地の親不知に出掛け、そこから列車で泊に引き返して、夕方からは料亭に移って芸者を入れて酒の出る宴会を行えば、相当に疲労が溜まり、酒の影響等もあって、とりわけ夜の宴会後は集中力も高まらないはずであり、その間に日本共産党の党再建準備会なる秘密グループの結成や活動方針の審議・決定を行ったというのは、いかにも不自然さを否めない。

(5) 以上、関係各証拠を検討しても、細川らが泊で宿泊し、遊興したこと以外に、共産党再建準備会を開催し、その後の活動方針を決定したという事実を認定するに足りる証拠は存在しないのであるから、再審公判で実体判断のための審理を進めていたとしても、いわゆる泊会議の事実は、認定することはできなかったものと判断される。

2 細川論文掲載の事実について

次に、本件確定審裁判所が認定した事実のうち、小野が、改造社の編集者として細川論文を掲載した事実につき検討する。

(1) ところで、本件予審終結決定が公判に付した事実は、いずれも治安維持法1条後段及び10条違反に係るものであるが、治安維持法1条後段は、「国体を変革することを目的として……結社の目的遂行の為にする行為を為したる者は3年以上の有期懲役に処す」と規定し、同法10条は、「私有財産制度を否認することを目的として……結社の目的遂行の為にする行為を為したる者は10年以下の懲役又は禁錮に処す」と規定するところ、上記各条で規定する「結社の目的遂行の為にする行為」について、同法は特段限定を付しているわけではなく、客観的な行為自体から行為者が国体の変革又は私有財産制度の否認を目的とする結社であることを認識して当該結社を支持しその拡大を図るなどの主観的要件が直接推認されるような場合は別として、そのような推認が困難である行為である場合には、自白により上記主観的要件を立証するほか、他の証拠等からその主観的要件を立証しなければならないこととなる。泊会議の事実の場合、その準備会で取り上げられた内容自体が共産党の再建に係るものであるから、その議題が取り上げられ議論されたという準備会の開催の事実、その議論の内容と当該被告人の出席の事実が認められれば、主観的要件を直接推認することが可能であるが、他方、編集者としての細川論文の掲載行為や細川家族の救援行為はそれ自体客観的には無色透明な行為であって、それらの行為から直接上記主観的要件を推認することは困難である。したがって、細川論文の掲載行為につき有罪認定するためには、小野の自白が存在するか、同被告人の主観面を認定することができる他の証拠の存在が必要となる。

そこで、本件確定判決の証拠構造についてみると、本件確定判決は、証拠として、前記のとおり小野の公判供述や小野の司法警察官に対する訊問調書、予審訊問調書、相川の予審訊問調書を挙げているにすぎない。しかし、確定判決が小野の公判供述以外の証拠を挙示していることからすれば、同被告人の公判供述は少なくともその一部を争うものであったと推認され、それ以外の小野の捜査段階、予審段階の各供述証拠、相川の予審訊問調書は、既に検討したとおり、拷問により得られたものであると合理的に推認できる。そして、そのような拷問等の影響により虚偽の疑いのある供述部分は、一般的には、泊町で会合があったことや細川論文の掲載といった外形的な部分ではなく（もっとも、細川論文の掲載については、事前検閲を経たか否かという点は外形的事実の存否が重要な問題となる。）、個々の具体的行為が、国体を変革することを目的とし、かつ、私有財産制度を否認することを目的とする結社であるコミンテルン及び日本共産党の目的遂行のためにする意思をもってしたことなどの主観的要件に関するものであったと考えられ、特に、小野や相川については、主として、細川論文が共産主義的啓蒙論文であるとの認識を有していたか、泊会議の決定に基づきコミンテルン及び日本共産党の目的遂行のためにする意思をもって細川論文の掲載や細川家族の救援を行ったのかどうかという点にあると推認される。したがって、小野及び相川の訊問調書は、特に予審終結決定の「第二」の個々の具体的行為が「第一」記載の各結社の目的遂行のためにする意思をもってなしたことなどの主観的要件等に限ってみると、これを信用することができないことも明らかであって、小野及び相川の訊問調書をもって、細川論文の掲載が結社の目的遂行行為としてされたという事実を認定することはできないというべきである（前記のとおり、応急措置法によりそもそもこれらを証拠とすることもできない。）。

（2）もっとも、本件確定審裁判所が証拠として掲記しなかった証拠であっても、細川論文を掲載するにあたって関与した編集者等の供述証拠があれば、細川論文掲載時の小野の主観的要件を推認させることが可能となる。そこで、細川論文の掲載に誰が関与していたか検討すると、相川の手記によれば、昭和17年6月25日午前9時ころから午前10時にかけて、改造社の当時の社長である山本実彦のほか、大森直道、若槻繁、相川、小野、青山及び鍛代利通が出席する編集会議が行われ、「改造」8月号に細川論文を掲載する合意を得たこと、同日午前10時ころから正午ころまでの間、社長を除いた上記編集部員が編集会議を開き、細川論文を掲載するに当たり検閲をいかに通すかを検討し、同年7月26日午前9時から午前10時ころまでの間、山本を初めとする上記編集部員が編集会議を行い、細川論文を「改造」9月号の巻頭論文とするかどうかにつき協議したことが認められる〔本件再審請求審甲15〕。

したがって、論文を掲載した細川及び上記編集会議に参加した改造社の社員の訊問調書等において、細川論文を「改造」誌に掲載することが共産主義的啓蒙を広めることになることを相互に認識していたとか、少なくとも小野との関係でそのような認識を共有していたというような事実が記載されていれば、小野が細川論文掲載行為時に前記主観的要件を有していたかと推認することが可能となる。そして、前記改造社の編集部員であった小野、相川、若槻、青山及び大森は、いずれも時期は違うものの神奈川特高警察に検挙されており、特高警察による取調べを受けているところ、同人らは、特高警察であった松下らに対する特別公務員暴行傷害罪での前記告発に係る告発者の一員として口述書を提出している。小野及び相川については既に検討したとおりであるが、若槻、青山及び大森の口述書をみても、益田と同種の拷問を受けていたと記載されているところ、特高警察が拷問をしてまで同人らから得ようとした供述の内容は、その編集会議、編集過程において細川論文の持つ意義や細川論文を掲載することによって共産主義を啓蒙するかどうかという目的、意図、認識などの主観面に関する供述であることが推察され、小野が細川論文掲載行為をした当時、共産主義を啓蒙する認識を有していたという前記主観的要件を推認させる有力な証拠となり得るものといえる。そして、小野らに関する前記検討と同様に、若槻らの口述書に記載された拷問の内容が益田のそれと類似しているところ、被告訴人として挙げている元特高警察官が小野らを取り調べた警察官と一部共通していることからすれば、前記のとおり若槻らの口述書の内容の信用性を否定することは極めて困難である。したがって、若槻、青山及び大森が特高警察により手記や訊問調書を作成されたかどうかは必ずしも定かではないが、仮に作成され、これが証拠として請求されたとしても、同人らの調書等は特高警察による拷問により得られたものであると推認されるから、同調書等の信用性は認められない（前記のとおり、応急措置法によりそもそもこれらを証拠とすることもできない。）。

一方、前記編集会議に参加していた社長山本や鍛代は特高警察により検挙されていないのであるから、それらの者の訊問調書の存否が問題となるところ、仮に特高警察が山本や鍛代が改造社の編集者として細川論文が共産主義的啓蒙論文であることを認識しつつ小野ら編集部員と編集会議に参加していた旨を特高警察に供述していたのであれば、当然山本や鍛代も検挙されていたはずであるが、特高警察がこれをしていないところを見ると特高警察は、山本や鍛代が特高警察の前で小野らが細川論文掲載行為時に前記主観的要件を推認させるような事実は供述していなかったものと合理的に推認される。

なお、橋本進の論文〔本件再審請求審甲22〕及び同人の証言でも指摘されているとおり、仮に本件予審終結決定に記載されているように、昭和17年7月中旬ころに改造社内での「改造」8月号の編集会議が開かれていたとすると、「改造」8月号は同年7月25日ころから書店で販売が始められているので、細川論文の掲載決定から同号の発行するまでの作業時間はかなり限られたものとなり、細川論文がその表現等について問題とならないよう細心の注意を要するものであったことをも考慮すると、当時そのような短期間で出版が可能であるかは強い疑問を差し挟まざるを得ず、結局、編集会議等の時期は概ね前記の相川の手記に記載されたとおりであると推認できる。そうすると、前記の相川の手記では「改造」8月号の編集会議は7月中旬ころとはされていないので、その後に、相川が供述を変えさせられたか、他の関係被告人の訊問調書か手記にこれに沿う記載があったことがうかがわれる。そして、西尾の予審終結決定等によれば、西尾、細川、平館、相川らは7月10日ころに「満鉄」東京支社の地下食堂で、泊会議の方針に基づき、細川論文を「改造」誌上に発表することを決定したとされているので、そうであるとすれば、細川論文掲載を決めた改造社内の編集会議はその後でなければ辻褄が合わないことから、そのような虚偽の供述が関係被告人に押し付けられたのではないかと推測される。いずれにせよ、7月5日の泊会議の決定に基づいて細川論文を「改造」に掲載する方針が採られたという公訴事実に関しては、泊の会合と改造社内における細川論文の掲載決定の時間的な先後が逆である可能性が高く、このことからみても、細川論文の掲載が泊会議で決定された方針に基づく行為であるとする公訴事実は成り立たず、結社の目的遂行行為であるという大きな根拠が認められないことになる。

(3) なお、請求人らは、本件再審請求審では、細川論文が共産主義的啓蒙論文でなかったとすれば、細川論文掲載行為の犯罪事実の大前提が崩れていると主張し、その論拠として、今井清一〔本件再審請求審甲19〕、荒井信一〔本件再審請求審甲20〕各作成の「細川嘉六『世界史の動向と日本』について」と題する鑑定書、波多野澄雄作成の鑑定書〔本件再審請求審甲21〕を挙げる。しかしながら、本件免訴判決の理由でも判示されているように、共産主義的啓蒙論文であるか否かは、そこに表現されたものがどういう意味内容を持つものであるかに加え、当時の社会情勢をも踏まえて、論文執筆の動機、経緯等を総合して判断すべきもので、評価を交えた裁判所の判断過程そのものであって、事実認定の範疇に含まれ、専門的な鑑定によって決すべき事項とは異なるものと考えられる。

しかし、このような思想の意味内容を審査して出版行為の可罰性を問うことは現行憲法下では禁止されていることである上、当時の多くの知識人がそうであったように、細川自身が一時マルクス主義の影響を受けていたばかりか、マルクス主義を研究対象にしていたこともあって、細川論文の内容にもマルクス主義の影響を受けていると思われる点も見受けられ、また、細川が戦後に共産党公認の参議院議員となっていることからしても、共産主義にある程度親近感を持っていたことは否めないところであり、民族自決主義、自由主義的観点から当時の軍部の考え方を批判するという側面が強いものの、前半部分は別としても、「改造」9月号の後半部分は中国共産党やソ連関係の実情分析の記述が少なくなく、トルコやインドについても分析を進めているものの、民族の自決を尊重するソ連の民族政策をも参考にすべきであると説くなどしており、明らかに純粋の唯物史観から書かれたものではないにせよ、一見して全く共産主義とは無縁の文書であるとまではいえない。

いずれにせよ、今日の視点で、当時の時代背景を視野に入れつつ、細川論文の目的、思想を改めて審査し、当時の日本において細川論文がどの程度「共産主義」的な論文であるのかという分析を通じて、構成要件該当性を論じるのは当を得たものとはいえない。もっとも、関係各証拠によれば、細川論文は、いったんは内閣情報局の正規の検閲手続を通過して「改造」に掲載されたものであると推認され、当時の外部的な反響等からみると、売れ行きもよく、出版当初は特に問題とされることもなかったにもかかわらず、陸軍報道部の将校がこれを戦時下における巧妙な共産主義の扇動であるとして問題視したことが発端となって、事件化したという経緯を辿っていることがうかがわれ、その内容にソ連や中国共産党に言及する部分が少なからずあったとしても、当時の一般的評価としては、共産主義的啓蒙論文といえるものであったか否かは疑問を禁じ得ないところである（また、相川の手記にあるように、細川論文は来るべき共産主義革命に対処し全国に散在する共産主義者の蹶起を促すための指令的内容を持つ大論文として依頼したものであるなどというのは、細川論文の内容や当時の社会情勢からみて到底真実とは考え難い。）。

また、細川論文が共産主義的啓蒙論文であったかどうかは、一見して明らかとはいえず、客観的に容易に判断できるものではなく、多分に読み手の個々人の評価により異なるものであるから、編集者が前記論文の編集にあたるに際して、その論文が共産主義的啓蒙論文であるかどうかは直ちに判断できるようなものではなく（もともと「共産主義的」の「的」を拡大解釈し、世界の歴史を概観することをも共産主義へ至る歴史の発展段階の紹介として「啓蒙」になるなどという考え方をすれば、その範囲を画することは困難であり、結局は、問題とされるべきは、論文の内容ではなく主として掲載の目的であることになる。）、小野が細川論文が共産主義的啓蒙論文であるとあらかじめ了解していた場合は格別、細川論文を掲載したという事実のみから、前記主観的要件が直ちに充足されるとまでいうことはできない（そして、小野が、細川論文が共産主義的啓蒙論文であると了解していたかどうかは、結局のところ小野の供述や他の編集者の供述によることになるが、これらの自白が信用できないことは前述したとおりである。）。

（4）以上からすると、本件確定審の時点で、細川論文掲載行為をした当時の小野の前記主観的要件を認定させるような自白や推認させるに足りる他の編集部員の訊問調書は、存在しないか、存在してもいずれも拷問により得られた信用性を肯定し難い（あるいは証拠能力を認められない）ものであったことになる。したがって、小野がコミンテルンや日本共産党の目的達成に寄与することを企図して細川論文の掲載行為をしたという事実については、これを認定するに足りる証拠は存在しなかったものというべきであって、再審公判で実体判断のために証拠調べを進めていたとしても、これを認定することはできなかったものと推認される。

3　細川家族救援行為について

次に、本件確定審裁判所が認定した事実のうち、小野が、細川が検挙されたことを受けて20円のカンパをして細川夫人を救援した事実につき検討する。

前述のとおり、細川家族への救援行為は、検挙による家族の窮乏を救おうとするもので、客観的にはそれ自体で何らかの犯罪行為を組成するものではなく、ただ、前記治安維持法1条後段又は10条にいう主観的要件を伴う場合に、同法違反の事実として問責される可能性があるにすぎない。小野が送った救援金の額が20円であって、検挙されなかった風見章も細川に対し同様に救援金を送り、その額が1000円であったこと（なお、相川は、風見章から救援金を調達した事実で公判に付されている。）に比して僅少であったなどの事情があるとしても、風見の行為は結社の目的遂行の意思がなければ不可罰であるが、そのような解釈の是非については議論があるとしても、非合法結社の構成員が検挙された場合には、他の構成員らが家族を救援することなどによって、後顧の憂いなく非合法活動に従事できるようにすることは、組織として結束を強める効果を有することになるので、援助額が少なくても、治安維持法1条後段又は10条の目的遂行行為に当たるという解釈は成り立ちうるのであって、少なくとも、確定審判決はこれが目的遂行行為足り得るものであるとしていることは明らかであるので、その最終的な解釈の当否は別として、まず、そのような主観的目的があったのか否かについて検討する。

そこで、本件確定判決の証拠構造についてみると、本件確定判決は、前記のとおり小野の公判供述や小野の司法警察官に対する訊問調書、予審訊問調書、相川の予審訊問調書を挙げているにすぎないところ、小野の公判供述以外の訊問調書は、前記検討のとおり、拷問により得られたものであると合理的に推認できるのであって、そのような拷問等の影響により虚偽の疑いのある供述部分は、細川論文の掲載、細川家族救援行為といった個々の具体的行為の外形的部分ではなく、主として個々の具体的行為を、国体を変革することを目的とし、かつ、私有財産制度を否認することを目的とする結社であるコミンテルン及び日本共産党の目的遂行のためにする意思をもってしたことなどの前記主観的要件等に関するものであったと考えられるというのは既に述べたとおりであり、本件確定審裁判所が掲記した各証拠はいずれも信用できないといわざるを得ず、小野及び相川の訊問調書では、細川家族の救援行為が結社の目的遂行行為としてされたことは認定することができない。

もっとも、本件確定審裁判所が証拠として掲記しなかった証拠であっても、細川家族に救援する行為をするにあたって関与した者等の供述証拠があれば、細川家族の救援時の小野の主観的要件を推認させることが可能となることは細川論文掲載の場合と同様である。そこで、細川家族に20円を支援した際、小野のほか誰が関与していたか検討すると、小野の予審終結決定書によれば、小野は細川が検挙された事実を聞かされるや、西尾から細川家族にカンパする話を持ちかけられたというのであるが、少なくとも、そのような外形的事実に関する訊問調書等の内容は信用することができ、小野も争っていなかったものと推認されるから、細川家族救援行為に西尾が関与していたことは認められる。そして、西尾の予審終結決定書によれば、昭和17年9月16日ころ、満鉄東京支社地下食堂において、平館、相川、加藤及び木村との間で、細川が検挙されたことを受けて細川家族の救援を協議した事実も西尾を公判に付する事実に含まれており、また、相川の予審終結決定書によっても、同日、平館、相川、加藤、西尾及び西澤とともに前記救援の協議をした事実を含めて相川を公判に付していることが認められるから、平館、相川、加藤、西尾、西澤及び木村も細川家族救援行為に関与していたことが推認できる。そうすると、同人らや西尾の手記や訊問調書の中に、小野が細川救援行為時に前記主観的要件を満たすような事実が記載され、これが信用できるものであれば、小野の細川救援行為につき治安維持法1条後段又は10条違反の事実で認定することが可能となる。そして、前述のとおり、西尾らは特高警察により取調べを受け、その取調べの内容は細川を中心とする泊会議に関する事実も含まれていたことは口述書等から推認できるところであって、同会議では、細川を中心とする共産党再建を図るグループの結成及び拡大強化を協議したというのであり、泊会議に参加したとされる者と細川救援行為をした者が共通していることをも考慮に入れれば、特高警察が、細川が検挙された後の泊の旅行会参加者の行動（特に外形的事実ではなく、行動の主観面）につき取調べをしたことは容易に想像できるのであって、細川が検挙された際の細川家族への救援行為についても、その取調べの結果が何らかの形で手記や訊問調書の中に記載されていたのではないかと推認できる。

しかしながら、西尾らの手記や訊問調書は、いずれも拷問により作成されたものであって、多分に虚偽の内容を含む可能性があることは既に述べたとおりであり、その外形的事実を内容とするものは別として、細川家族を救援する目的等の主観的要件に関する供述内容はいずれも信用することはできない。そして、小野と細川は、雑誌の編集者と執筆者という関係であり、小野は細川から泊に招待されて接待を受けているのであるから、細川が逮捕された際には、家族の困窮を避けるために援助に応じることは、その額に照らしても何ら不自然ではなく、目的遂行行為でなければ説明のつかない行為であるとはいえない。結局、細川家族の救援行為が目的遂行行為であることを認定するに足りる証拠は見当たらず、再審公判で実体判断を進めていたとしても、当該事実を認定することはできなかったものと認められる。

4 小括

以上の検討からすれば、小野の予審終結決定書に記載されたいずれの事実についても、現存する資料を基に確定審当時存在したであろう証拠を検討しても、到底これらを認定することはできなかったというべきであり、本件公訴事実は既に半世紀以上も前の事実を対象とするものであるから、関係者はほとんど死亡しており、さらに新たな証拠が発見・請求される可能性は極めて乏しく、したがって、大赦及び刑の廃止という事実がなく、再審公判において裁判所が実体判断をすることが可能であったならば、小野は無罪の裁判を受けたであろうことは明らかであり、刑事補償法25条1項の「無罪の判決を受けるべきものと認められる充分な事由」があったものということができる。

第3 補償額

以上のとおり、小野については刑事補償請求が認められるべきものといえるので、次に、本件において具体的な補償額を検討する。

請求人らは、「被告人に対する補償額は、刑事補償法4条1項所定の最高額である1日1万2500円を減額する理由は全くない」と主張するにとどまり、具体的な補償額の算定について主張していないが、刑事補償法4条2項は「補償金の額を定めるには、拘束の種類及びその期間の長短、本人が受けた財産上の損失、得るはずであった利益の喪失、精神上の苦痛及び身体上の損傷並びに警察、検察及び裁判の各機関の故意過失の有無その他一切の事情を考慮しなければならない」と規定していることから、これらの事実に照らして、具体的な補償額を算定することとする。

1 拘束の種類及びその期間の長短

前記のとおり小野は、昭和18年5月26日、特高警察に身柄を拘束された（令状の種類は不分明であることは前記のとおり。）。小野が釈放された日についてみると、当庁に保管されている昭和20年度刑事第一審公判始末簿（以下、「公判始末簿」という。）には小野が釈放された年月日の記載が漏れているため、公の記録により確定することはできないものの、小野の弁護人海野普吉作成の保釈申請書の作成日付が昭和20年7月16日付けであることに照らせば、少なくとも小野が同日まで抑留又は拘禁されていたことが合理的に推認でき、また、小野の口述書及び妻である小野貞の供述書〔第1次再審請求審甲21〕等には、小野が同年7月17日に保釈されたという事実が記載され、その釈放日は上記保釈申請書の日付けとも整合することからすれば、同日に保釈が認められて釈放されたと推認することができる。したがって、小野は、昭和18年5月26日から昭和20年7月17日までの784日間、抑留又は拘禁されていたものと認定することができる。

2　本人が受けた財産上の損失等

(1)　関係各証拠によれば、小野は、昭和18年5月26日に検挙されるまでの間、改造社に編集部員として勤務していたのであって、仮に検挙されていなければ、そのまま編集部員として勤務していたことが推測される（なお、改造社は昭和19年7月に解散しているが、これは横浜事件の影響によるものとされている。）。

もっとも、当時の改造社の編集部員の給与水準がどれほどであったか証拠上明らかではない上、昭和18年ころは太平洋戦争の戦局が激化しつつあった時代であって、当時の職業のみから現代の給与水準に引き直してその額を推認することは困難であるが、大卒者が少なかった昭和10年代に、小野は大学卒の資格で当時は著名な出版社に就職し、その勤務先で編集担当者として稼働していたのであって、その職種等に照らすと、一般的な事務職をかなり上回る比較的恵まれた水準の給料を得ていたものと推認される。

したがって、抑留又は拘禁されたことによって小野が被った給料等の財産上の損失は、現在の時点に引き直せば、平均給与に身柄拘束日数を乗じた額を相当に上回るものと考えられる。

(2)　続いて、小野が、抑留又は拘禁されたことによって受けた肉体的苦痛、精神的苦痛について検討してみる。

関係各証拠によれば、小野は当初は神奈川県警察寿警察署に留置され、その後、同磯子警察署に移され、昭和19年4月ころからは横浜拘置所に移監されていた事実が認められるところ、昭和20年当時の公判始末簿に公訴棄却の判決を言い渡されたとの記載が散見され、公訴棄却を言い渡す事由は被告人の死亡がほとんどであることに照らすと、戦時中であったことも相まって、留置場及び拘置所内の食糧事情、衛生環境は劣悪であったことがうかがえる。

このような留置場及び拘置所内の劣悪な環境に加え、前記のとおり、小野は、身柄を拘束されている中で、松下らを被告人とする特別公務員暴行傷害罪の被害者となった益田と同様又はそれ以上の拷問を特高警察から受け、その内容についてみても、木刀、竹刀やこれの壊れたものなどで乱打され、靴で蹴られ、頭髪を掴まれてコンクリートの床に打ち付けられ、ときには吊し上げられたりされるなどの暴行を加えられ、「殺してやる」などと脅されたというのであるから、その被った肉体的苦痛は計り知れない。そして、小野は、それまで改造社の編集部員として普通の社会生活を送っていたところを、突如として特高警察に検挙され、第1次、第2次再審の請求人である妻と約2年にわたり別居を強いられ、接見もままならず、劣悪な環境の下、特高警察による拷問に屈して意に反した手記や訊問調書を作成させられていたのであるから、その被った精神的苦痛は甚大であるといわざるを得ない。

また、横浜事件の被告人の中には、釈放された後、健康を害して若くして死亡した者や健康を害して元のように働くことができなくなった者もいることが認められるところ、小野も昭和34年に脳溢血で死亡している。早期の死亡と身柄拘束との因果関係は明らかではないが、長い身柄拘束が健康に及ぼしたであろう悪影響も決して無視することはできない。

3　警察、検察及び裁判の各機関の故意過失等

小野が検挙されるに至った経緯は、前述のとおりであって、川田壽と川田定子が検挙された後、川田らと縁の深かった世界経済調査会の高橋善雄が検挙され、その高橋がメンバーとなっていたソ連事情調査会の平館と西澤が芋づる式に検挙されたところ、同人らが所持していた泊町で撮ったスナップ写真が押収され、その写真が細川を囲み小野を含む改造社や中央公論社の編集部員、研究者等が写っていたものであったことから、先に細川論文掲載事件で検挙されていた細川との関係で治安維持法違反の嫌疑がかけられて検挙されたというものである。

しかしながら、泊において共産党再建の準備会があったと認定することはこれまで検討してきたとおり、かなり無理があり、検挙の当時、泊会議を推認させる証拠は、泊町での宴会に参加していた平館や西尾のスナップ写真しかなかったものと推認されるから、特高警察が極めて脆弱な証拠に基づいて小野らを検挙したものということができる。そして、その後、特高警察は前記認定のとおり、小野らに対し拷問を加えた後に同人らの意思に反して手記を書かせ、訊問調書を作成しているのである。特高警察が故意に事件を捏造したか否かについては様々な憶測があり、関係記録上は定かではないが、旧刑事訴訟法下においても法律上は暴行・脅迫を用いた取調べは許されず、特別公務員暴行傷害罪を構成する犯罪行為なのであるから、仮に、特高警察が、検挙した横浜事件関係

者にそのような嫌疑があるものと信じていたとしても、そのような違法な手法で捜査を進めたことには、故意に匹敵する重大な過失があったと言わざるを得ない。

次に、検察官について見ると、検察官は、特高警察がどのような取調べをしていたか知り得る立場にあったものと考えられ、被疑者の手記の体裁・内容や訊問調書の内容には不自然な点も散見され、また、小野の口述書によれば、同人は検察官の取調べにおいては、従前の供述内容を否定しているのであるから、その理由を質し、特高警察に取調べの状況を報告させるなどして横浜事件関係者に対する拷問の事実の有無、程度等を調査し、是正を図る措置等を講ずるべきであったといえる。そして、旧刑事訴訟法においても起訴権限は検察官にあり、起訴するにあたっては、証拠の信用性等につき慎重に吟味する必要があったのに、拷問等の事実を見過ごして起訴したという点には、少なくとも過失があったことは認められる。

さらに、旧刑事訴訟法においては予審判事による取調べが予定されているところ、前記口述書によれば小野は予審判事の面前で拷問の事実を訴えていたものとうかがわれ、また、相川のように捜査段階における供述を減退させている者もいたのに、当時の予審判事は、特に深く追及することをせず、あるいは追及したとしても予審訊問調書上では拷問の事実等は明らかにすることなく公判に付していたものと考えられる（暴行の事実が記載されているのは、残っている調書では細川の第9回訊問調書〔第1次再審請求審甲20の3〕のみである。）。すなわち、相川の第7回予審訊問調書〔第1次再審請求審甲20の3〕では、これまで事実と違うことを述べたり手記を作成していた理由として、警察の係官から警察で述べたとおりに検察官や予審判事にも陳述せよと言われたとか、手記の内容は警察の取調べと同趣旨でなければならないと思ったなどと録取されているが、なぜ警察で事実と異なる供述をしたのかについては何ら触れてはいない。上記のような理由で事実と異なる供述をしたというのであれば、警察でそのように述べた理由を質すはずであり、拷問の事実を知っていたから質さなかったのか、質問したが、相川が理由として拷問の事実を訴えたので、敢えて録取しなかったかのいずれかであろうと推認される。また、他の被告人については、終戦後、予審判事自ら拘置所に赴いて取調べをし、予審終結決定書の作成もままならないのに、公判に付していたという事実もうかがわれる。そうすると、小野を含む横浜事件の被疑者らに対する特高警察による拷問の事実等を見過ごしたまま小野らを公判に付したことにつき、予審判事に少なくとも過失があったというべきである。

そして、小野を含めた横浜事件関係者らのうちの一部は、前記のとおり、終戦前後に行われた公判において、集団で短時間の審理を受け、中には従前の供述は拷問による虚偽のものであるとしてこれを覆そうとした者もおり、小野もその一人と考えられるが、それを聞き入れてもらえることなく、十分な審理がなされないまま即日判決を受けたことがうかがわれる。確定審裁判所が予審終結決定の認定に係る泊会議の事実について何ら触れることなく細川論文の掲載と細川家族の救援のみを犯罪事実として認定していることや、前記第2、2、(2)のとおり、本件確定判決の認定する編集会議の開催時期は細川論文の掲載時期との関係で疑問があることなどに照らすと、確定審裁判所が小野及び相川の各供述について慎重な検討を行ったとは認められない。その背景には、敗戦直後の混乱期において、確定審裁判所に、劣悪な環境の施設に収容され、生命や健康を脅かされていた被告人らを早期に釈放しようとする目的があったとも考えられるが、そのような目的だけであれば、保釈や勾留の取消し・執行停止等の手段で釈放することもできたはずである。総じて拙速、粗雑と言われてもやむを得ないような事件処理がされたものと見ざるを得ず、慎重な審理をしようとしなかった裁判官にも過失があったと認めざるを得ない。

以上からすると、小野に対する有罪判決は、特高警察による、思い込みの捜査から始まり、司法関係者による事件の追認によって完結したものと評価することもできるのであって、警察、検察及び裁判の各機関の故意・過失は総じて見ると重大であったと言わざるを得ない。

4 被告人側の落ち度の有無

刑事補償法3条1項1号は、捜査又は審判を誤らせる目的で、虚偽の自白をするなどしたことを、補償しない事由又は減額する事由として掲げており、その趣旨からすれば、被告人側の落ち度が認められるような場合には、それを補償金額の決定をするに当たって考慮すべきことになるものと考えられる。

そこで、本件請求についてみると、小野は予審段階までは概ね自白していたものと推認されるが、それは、拷問の影響によるものと見るべきことは前記のとおりであって、捜査を誤らせる目的があったとはいえず、考慮すべき事情とはいえない。

また、弁護人のアドバイスによるにせよ、小野や併合された他の被告人は公訴事実を強くは争わず、結局は即日結審・判決という簡易な手続で終了させる途を選び、上訴もしなかったのであって、とりわけ、被告人らの利益を代弁すべき弁護人が、執行猶予になることを前提に、即日結審・判決という手続を容認したことを、被告人側の落ち度として考慮すべきかどうかという問題がある。

この点、弁護人である海野弁護士は、徹底的に争う意思を示した細川のため、記録の謄写を始めたばかりで、予審終結決定も十分検討できず、証拠も見ていない段階にあったから、今日であれば、記録も見ずに被告人に有罪を押し付けるがごとき弁護活動は決して許されないということになろう。しかしながら、当時、横浜事件の極めて多数の被告人の弁護を海野弁護士が一手に引き受けており、同弁護士は他にも引き受け手の乏しい思想関係事件の弁護活動を広く行っていたことが認められ、そのような困難な状況下で、十分に記録を検討することなく、被告人の早期釈放を目指すという弁護方針の下で、即日結審・判決という裁判所の方針に応じたことには必ずしも帰責事由があるとはいえない。本件当時、拘置所の衛生環境、食事等は極めて劣悪であり、海野弁護士は接見に行った際に何度も棺桶が運び出されるのを目にしたこともあるというのであって〔本件再審請求審甲8〕、また、横浜事件の被告人の中には、裁判を待たずに獄死した者も出ていたので、同弁護士が、被告人の早期の釈放を最も重要な目標として、裁判所に対して妥協的な弁護活動をしたとしても何ら責められるべきではないと考えられる（もっとも、小野は公判直前に保釈により釈放されていたが、弁護人としては、保釈された者だけが強く争えば、他の関係被告人にその保釈が困難になるなどの悪影響が出ることも懸念するであろうと考えられ、併合されていた被告人らについては、同じ弁護方針で臨むこととしたものと思われる。）。

依頼者である被告人の生死がかかっているという現代からは想像のできないような厳しい状況下での弁護方針の選択であるから、今日の目から見て真実のために断固として争うべきであったなどとその弁護方針を安易に非難することはできない。また、当時は上訴もかなり制限的であって、いったん即日結審・判決に応じておきながら、その判決に瑕疵があるとして上告審でこれを覆すことは困難であるから、そのまま判決を確定させたことを被告人側の落ち度と見ることもできない。したがって、被告人側の対応に問題があったがために有罪判決が確定したと見ることもできない。

5　小括

以上のような事情をもとに、刑事補償法4条2項に従って検討すると、小野が受けた財産上の損失、肉体的、精神的苦痛はまことに甚大であって、本件における警察、検察及び裁判の各機関の故意・過失も重大であることや補償額を減じるべき事情はないことに照らせば、小野に対する刑事補償としては、前記拘留又は拘禁されていた日数に応じて、法で定められた上限である1日1万2500円の割合による額（12500円×784=980万円）の補償金を交付するのが相当であると判断した。

第4　結　論

よって、刑事補償法16条前段により、請求人らに対し、主文掲記の金額を請求人各自に交付することとし、主文のとおり決定する。

平成22年2月4日

横浜地方裁判所第2刑事部

裁判長裁判官　大島　隆明

裁判官　五島　真希

裁判官　水木　淳

裁判官五島真希は療養中のため押印できない。

裁判長裁判官　大島　隆明

（別紙）

請求人ら代理人弁護士　大川　隆司

同　佐藤　博史

同　横山　裕之

同　木村　文幸

同　米澤　章吾

同　谷村紀代子

第三次請求・刑事補償／費用補償請求
（二〇〇九・5～二〇一〇・3）

請求審
（横浜地裁）

■二〇〇九・5・29　刑事補償請求
■二〇一〇・2・4　決定
■　〃　・3・4　費用補償請求に対する決定

刑事補償請求

2009年5月29日

横浜地方裁判所第2刑事部御中

石川県金沢市――
請求人　平館　道子

千葉県市川市――
請求人　由田　道子

東京都大田区――
請求人　小林　貞子

東京都西東京市――
請求人　木村　まき

請求人代理人　弁護士　環　直彌
同　竹澤　哲夫
同　新井　章
同　内田　剛弘
同　吉永　満夫
同　大島　久明
同　岡山未央子
同　森川　文人

Ⅰ　請求の趣旨

請求人平館道子に対し金１０、５７５、０００円を、請求人由田道子に対し金９、０３７、５００円、請求人小林貞子に対し金７、２３７、５００円を、請求人木村まきに対し金１０、４１２、５００円をそれぞれ交付するとの裁判を求める。

Ⅱ　請求の理由

被告人平館利雄、同由田浩、同小林英三郎並びに同木村亨（以下、上記4名を指すときは「被告人ら」と言う。）は、いずれも昭和20年8月29日ないし同年9月15日の間に治安維持法違反被告事件について有罪判決を受け、各有罪判決が確定したものである。

上記各確定有罪判決については、その後再審開始決定が確定し、再審公判においていずれも免訴判決がなされたが、もし免訴の裁判をすべき事由がなかったならば無罪の裁判を受けるべきものと認められる充分な理由があるとき（刑事補償法第25条）に該当するので、請求の趣旨記載の通り請求する次第である。

一　当事者

（1）被告人平館利雄は、昭和20年9月15日、横浜地方裁判所において昭和20年（公）第50号治安維持法違反被告事件について有罪判決を受け、同被告人はこれに対して上訴をせず、同判決は確定した。

請求人平館道子は、同被告人の相続人である。

（2）同由田浩は、昭和20年8月30日、横浜地方裁判所において同20年（公）第73号同法違反被告事件について有罪判決を受け、同被告人はこれに対して上訴をせず、同判決は確定した。

請求人由田道子は同被告人の相続人である。

（3）同小林英三郎は、昭和20年8月29日、横浜地方裁判所において同20年（公）第79号同法違反被告事件について有罪判決を受け、同被告人はこれに対して上訴をせず、同判決は確定した。

請求人小林貞子は、同被告人の相続人である。

（4）同木村亨は、昭和20年9月15日、横浜地方裁判所において同20年（公）第83号同法違反被告事件について有罪判決を受け、同被告人はこれに対して上訴をせず、同判決は確定した。

請求人木村まきは同被告人の相続人である。

二　被告人らに対する有罪判決（原確定有罪判決）

1　被告人らに対する治安維持法違反被告事件（横浜事件）の概要

被告人らに対する治安維持法違反被告事件は、横浜事件と総称されるものである。

（1）昭和17年9月、神奈川県警特高課が、前年にアメリカから帰国していた川田寿、定子夫妻をアメリカ共産党の指令によるスパイ目的での帰国潜入だとして、治安維持法違反容疑で検挙した。

（2）他方で、警視庁特高課は、同年同月、細川嘉六を治安維持法違反容疑で検挙した。同年8、9月号の雑誌「改造」に、日本のアジア植民地政策は当地の民族主義を尊重すべきとする細川の論文「世界史の動向と日本」が掲載され、論文は正規の検閲を通過したものであったが、陸軍報道部の一大佐が同論文は共産主義の宣伝であって、掲載されたことは検閲の手抜かりとの談話を発表したことから、警視庁特高課が動いたのである。改造社は、警視庁特高課の圧力のもとで、大森直道編集長と細川論文担当編集者であった相川博を退社させ、編集部員全員も配置転換するかたちで警視庁特高に屈服させられた。

（3）上記の細川論文問題とは別に、神奈川県警特高課は、川田夫妻の取調の過程で細川嘉六らの旅行の記念写真を発見し、同特高課はこの写真をもとに、大冤罪事件の捏造に暴虐の限りを尽くして突き進んでいった。

昭和17年7月5日、細川嘉六は、著書の印税収入で親しい研究者や編集者を富山県下新川郡泊町（現在の朝日町）の郷里の紋左旅館に招待した。芸者を呼び、船遊びを行い、山海の珍味を楽しんだ旅行の際、旅館の中庭で浴衣姿の7名を撮影したものであった。細川を囲むのは木村亨（中央公論社）、相川博・小野康人（改造社）、加藤政治（東洋経済新報社）、平館利雄・西沢富夫（満鉄東京支社調査室）の7名で、撮影者は西尾忠四郎（満鉄東京支社調査室）であった。

神奈川県警特高は、この写真を共産党再建を決定した会議の記念写真、細川論文を共産党再建のための指導文書と断定し、川田夫妻の線から検挙されていた平館利雄、西沢富夫に続いて、木村亨ら5名も治安維持法違反容疑で検挙し、激しい拷問を加え、泊旅行が共産党再建の会議であったという虚偽の自白をさせるに至った。

加えて彼らに連なる者を次々に検挙し、苛烈な拷問を加えて共産主義者であるという虚偽の自白をさせ、さらに連なる者にも手を伸ばし、中央公論社事件、改造社事件、満鉄調査部事件、政治経済研究会（昭和塾）事件等へと次々と事件を拡大していった。

特高警察の拷問による獄死者4名、仮出所直後に死亡した獄死同然の者1名、弾圧の被害者総数は60名を越えると言われ、起訴された横浜事件関係被告人の数は30余名に上る。

（4）多くの横浜事件関係被告人は、検挙後も勾留されたまま敗戦を迎え、横浜地裁は、混乱の中の8月から9月にかけて次々と有罪判決を言い渡した。ほとんど一様に懲役2年執行猶予3年の内容であり、多くが上訴せずに確定した（原確定有罪判決）。

（5）川田夫妻の検挙に端を発し、細川論文、泊事件を基軸に増幅され、拷問による人権の蹂躙、自由な言論と研究、表現に対する大弾圧の被害者の多くが横浜刑務所に勾留されていたことから、横浜事件と総称されている。

2　被告人らに対する有罪判決（確定原有罪判決）

（1）昭和20年8月14日、日本がポツダム宣言を受諾し、連合軍の上陸が始まる混乱の中で、横浜事件関係被告人に対する公判が次々と行われ（細川嘉六は予審終結を拒否し、公判が開かれていない。）、彼らに対する弁解の機会も与えないままに一様に執行猶予付の判決が下され、ようやく解放されるに至った。

被告人平館利雄は、昭和20年9月15日、懲役2年執行猶予3年の有罪判決を言い渡された。同被告人は、同年9月2日、保釈により出所している（甲8号証の1・付されている通し番号44）。

同由田浩は、同年8月30日、懲役2年執行猶予3年の有罪判決を言い渡され、同年8月31日、出所している（同前・付されている通し番号24）。

同小林英三郎は、同年8月29日、懲役2年執行猶予3年の有罪判決を言い渡され、同日、釈放されている（同前・付されている通し番号42、甲5号証の2の21）。

同木村亨は、同年9月15日、懲役2年執行猶予3年の有罪判決を言い渡された。同被告人は、同年9月4日に保釈により出所している（甲8号証の1・付されている通し番号39、甲5号証の2の7）。

（2）被告人らは上記各判決に対して上訴せず、各判決は確定した。

3　被告人らに対する再審公判判決

（1）再審開始決定

被告人らは、平成10年8月14日、横浜地方裁判所に対して再審開始請求を提起し、同裁判所は、平成15年4月15日、被告人らに対し「再審を開始する」との決定を行った〔平成10年（た）第8号、同6号、同3号及び同2号各再審請求事件〕。同決定に対して検察官が即時抗告を行ったが、東京高裁は、平成17年3月10日、検察官の即時抗告を棄却し、検察官がこれに対する特別上告をしなかったため、被告人らに対する再審開始が確定した。

（2）再審公判の判決

開始された被告人らに対する再審公判〔昭和20年（公）第50号、同73号、同79号、同83号〕において、横浜地方裁判所は、平成18年2月9日、被告人らを「いずれも免訴する。」との判決を言い渡した。

同判決は、本件各公訴事実は治安維持法1条後段、10条に該当する事実であるところ、同法は、昭和20年10月15日に昭和20年勅令第575条が公布・施行されたことにより、同日廃止されていること、また、同月17日昭和20年勅令第579号による大赦令が公布・施行されており、同法令には治安維持法違反の罪が規定され被告人らが大赦を受けたことが明らかであると認定した上で、免訴事由の存在により公訴権が消滅した場合には、公判裁判所は実体上の審理をすすめることも、有罪無罪の裁判をすることも許されないのであり、この理は、再審開始決定に基づいて審理が開始される場合も異なるものではないとして、旧刑訴法363条2号（刑の廃止）及び同条3号（大赦）に当たる免訴事由が存することを理由として免訴の判決を言い渡した。

三　**しかし、被告人らには、もし免訴の裁判をすべき事由がなかったならば、実体審理において無罪の裁判を受けるべきものと認められる充分な理由がある。**

1　被告人らに対する有罪・無罪の実体的審理が可能であること

（1）被告人らを含む横浜事件被害者らが昭和61年7月3日に横浜地方裁判所に対して提起した第一次再審請求では、被告人小野康人以外の被告人について原判決謄本が存せず、同事件弁護人らが復元した判決謄本を添付した。

同再審開始請求事件について、横浜地方裁判所は、「敗戦に終わった直後の米国軍の進駐が迫った混乱時に、いわゆる横浜事件関係の事件記録は焼却処分されたことが窺われる」と認めたものの、証拠資料が存在せず原判決に疑いがあるかどうかの判断は不可能であるとして、再審請求を棄却し、即時抗告審及び特別上告審も同じ理由で再審の開始を認めなかった。

同判決は、免訴事由の有無、免訴再審には触れておらず、判決謄本が存在しないが故に原確定判決に誤りが存するか否かを審理できないとしたものであり、この理に従えば、判決謄本、証拠資料が存しない場合には、有罪無罪の実質審理も不能ということになろう。

（2）しかし、今次再審請求（今次再審請求の前に、小野康人を被告人とする第二次再審請求事件が提起されているので、横浜事件第三次再審請求という。）に際して、弁護人らが復元して提出した復元原判決は、再審開始の可否の審理については勿論、被告人らについて有罪無罪の実体審理を行うについても、必要かつ十分合理的に原判決の内容を復元していると認められるのであり、これら復元判決謄本にもとづいて、被告人らが無罪であることの実質審理が可能というべきである。

①被告人らのうち、木村亨については予審終結決定書が存し他の被告人については予審終結決定書もその他訴訟記録も存在しないが、横浜事件関係被告人の一人である小野康人について存する判決書（甲1号証の1）と予審終結決定書（甲2号証の4）並びに特高月報（甲6号証）を比較検討すれば判決が予審終結決定の引き写しに等しく、予審終結決定書に記載されている犯罪事実が甲6号証で小野康人が所属するとされている「党再建準備会グループ」に関する記載事実の範囲を出ていないこと、横浜事件関係被告人についてわずかに存する判決謄本（甲1号証の2ないし同号証の8）並びに予審終結決定書（甲2号証の1ないし同号証の3、同号証の5ないし同号証の9）と甲6号証の記載とを比較検討すると、判決謄本ないし予審終結決定書の犯罪事実に関する記載はこれらの者が属するとされているグループに関する甲6号証の記載の範囲を出ていないことが明らかである。

被告人らについては、甲6号証に記載される所属グループに関する事実の記載と、その同じグループに属するとされた者について存する判決ないし予審終結決定を比較検討して原判決認定の事実を推認して原判決を復元したものであり、被告人らに関する判決の復元の過程には十分合理性が存する。

②判決書をはじめ訴訟記録の保存は検察庁の任務であるばかりか、本件訴訟記録の焼却処分は当時の政府の方針として実行されたことが明らかになっている（甲11号証）。このようにして焼失した訴訟記録不存在による不利益を被告人らの負担に帰せしめることは不正義かつ理不尽である。

③今次再審請求審の最終審となった東京高裁即時抗告審決定も詳細な検討を加えた上で、復元された原確定判決謄本の作成過程の合理性を認めている。

④さらに、再審公判第一審である横浜地裁判決も「被告人を指定し犯罪事実及び罪名を示す書面である起訴状も残されておらず、訴訟記録上、公訴事実の内容は明らかではない。」としつつも、「弁護人らの上記復元は合理的なものとして肯認することができる」と原確定判決の復元の過程の合理性を認め、「検察官が公訴の対象とした被告人らに対する公訴事実の内容は、同人らに対する原判決に記載された犯罪事実に沿うものと認めるのが相当である。」として公判審理を進めたのである。

上記のような検討を行えば、被告らに関する復元した判決謄本にもとづいて被告人らが有罪であるか無罪であるかの実質審理が十分に可能であって、刑事補償請求審である御庁の審理においても復元原確定判決の作成過程の合理性を認め、被告人らが無罪であることを明らかにする実質審理が行われなければならないと考える。

2　原確定判決が被告人らを有罪と認定した唯一の証拠が被告人らの自白であること

甲1号証の1ないし同号証の8として残存する横浜事件関係被告人の判決に挙示される証拠は、当公判廷における被告人の供述、予審尋問調書、司法警察官尋問調書、検察官に提出した被告人の手記がほぼ共通しており、被告人の供述以外の客観証拠が存しないことも共通している（ただし、当該被告人以外の横浜事件関係被告人〔例えば相川博〕の自白調書が証拠として挙示されているものは存する。）。本件被告事件では、問題とされた具体的行為を行うについて、国体を変革することを目的とし、かつ、私有財産制度を否認することを目的とする結社であるコミンテルン及び日本共産党の目的遂行のためにする意思をもってなしたことを主観的要件とするものであったことから、自白を追及する執拗な取調が行われたものである。

本件再審請求即時抗告審決定も「当該被告人の自白が挙示証拠のすべてであることがいわゆる横浜事件関係被告人の判決の特徴」であると述べており、横浜事件関係被告人がそれぞれ当該被告人の自白を唯一の証拠として有罪とされたものであることを肯定している。

本件被告人らについても自白調書等被告人の自白以外の客観証拠が存したと考え得る特段の事情が存せず、原確定判決謄本が存するその他の横浜事件関係被告人と同様に、当公判廷における被告人の供述、予審尋問調書、司法警察官尋問調書、検察官に提出した被告人の手記が証拠として挙示されていたと考えられ、他に被告人らを有罪とする格別の証拠が存したとは考えられない。
従って、原確定判決は、復元された原判決謄本の罪となるべき事実の記載に沿った被告人らの自白を唯一の証拠として、被告人らに対する有罪判決を下したと認められるのであり、それ以外に被告人らを有罪とする証拠は存し得ないのである。

3　原確定判決において被告人らを有罪と認定した唯一の証拠である被告人らの自白は、被告人らに対する拷問による取調の結果なされた供述であって信用性がなく、被告人らを有罪とはなし得ない。

検挙当時、被告人平館利雄は満鉄東亜経済調査局勤務、同由田浩は古河電工勤務、同小林英三郎と木村亨はいずれも出版社に勤務する編集者であり、コミンテルン及び日本共産党とは何らの関係もなかった。

同被告人らは、神奈川県特高課警察官に苛烈な拷問を加えられて共産党との関係を認める自白をするに至ったのであって、被告人らが過酷な拷問の結果として原判決が挙示した証拠である自白を行ったことは明白であり、これら自白の内容は虚偽であって信用性が存しないこともまた明白であると言わねばならない。

(1)　被告人平館利雄は、後に神奈川県特高課員を特別公務員暴行陵虐罪による告訴事件で提出した口述書(甲5号証の2の5)で、拷問を加えられて自白するに至る状況を次のように述べている。

「拷問と言うことを、何か身体に対する暴行という意味に解するならば、私は昭和十八年五月十一日検挙の日より拘置所に移管された昭和十九年三月三十一日にまでの警察留置期間中、無数の拷問を受けましたが、そのうち最も残虐なものは二回ほどあり」、一回目について「松下係長は配下村沢及び某巡査部長に命じ、私の両手を後ろ手に縛し、竹刀を以て左右から両膝を交互に約三十分間に亘り打撃を加えました。私は苦痛のため一時精神肉体共に虚脱、もうろうたる状態に陥り、前面にうつ伏せになってしまったものですから、係員は一時打撃を中止致しましたが、約十分もして、私が意識を恢復するや再び打擲をはじめ、またも約三十分に亘って継続したと思ひます。その間松下係長が『お前の如き国賊は殺してもかまわぬのだ。』と幾度か連呼し乍ら私の頭髪をつかんで畳の上をねぢり廻したのであります。私の両膝は太股に亘るまで紫色になって腫れ上がり、苦痛のため再びコン睡状態に陥ったので、これで本日の拷問を打ち切りました……。」という拷問の状況であり、二回目は「私がまだ前回によって蒙った打撃が少しも回復されておらないのに、矢継ぎ早の拷問であります。森川警部補は部下の巡査部長に命じ、矢張り両手を後ろ手に縛して竹刀で打擲したのでありますが、約三十分に亘る打擲により私の両足は異常に腫れ上がり、紫色に膿化し、苦痛は全く耐え難いものとなりました。私がコン睡状態に陥るや拷問を打ち切りましたが、その間森川警部補が『お前のような者を一人や二人殺しても罪にも何にもならないのだ』と、恰も殺人が無罪であるかの如き口吻をもらし乍ら、威嚇し、脅迫し、暴行したのであります。」という状況であったと、虚偽の自白を行うまで加え続けられた拷問について記述している。

（2） 被告人由田浩に対する拷問、そして自白に至る状況は次のようなものであった（同人の口述書・甲5号証の2の13）。

同被告人は、昭和18年9月9日午前6時頃検挙され、横浜臨港警察署に留置されたが、同日10時頃より3階の調室に引き出され「最初の尋問調書を取ると称して、いきなり、『お前は昭和十六年頃より東京市内に於いて共産主義運動に従事せる事実ありや否や』と訊ねましたので『そんなことはありません』と答へましたところ『何を言うか、この野郎』と、竹刀の折れたのや弓の折れたの等で全身を強烈に乱打し始め、その間悪罵と嘲笑を浴びせ『小林多喜二はどうして殺されたか、貴様らはよく知ってる筈だ、貴様のような共産主義者は叩き殺してやる』等と言って前記三名（神奈川県警察部特高課室賀警部補外2名）は私を交互にナグル、打つ、蹴る、或いは膝裏に三角棒をはさんで坐らせ、腿の上を泥靴で踏みつけましたが、私は尚否定し続けると彼等は『そんな筈はない。貴様等は足尾で何を謀議決定したか、その後の言動は共産主義の展開に外ならぬではないか』と言って又々前記の如き暴行拷問を続行したのでした。茲に至るまで二時間余経過し、遂に私は虐殺の憂目に逢うを虞れ、止むなく尋問を肯定し署名捺印し、そのまま人事不省に陥り、留置場に下げられました。」と、加えられた拷問によって虚偽の自白を強制されるに至る状況を記述している。

（3） 被告人小林英三郎は昭和19年1月29日午前7時、検挙され、伊勢佐木警察署に留置され、2回目の取調から始まった拷問の状況を次のように述べている（同人の口述書・甲5号証の2の21）。

検挙当日の取調後から「四、五日して松下主任（警部）が他二名のものと伊勢佐木署取調室で小生に対し『何故つれて来られたと思うか』と問い『全然判らぬ』と答えると『白ばくれるな、共産主義運動をやっていた事実はわかっているのだ』と述べ、『お前らは今の情勢をどう思っているか、文句なしに咽喉笛をぶち抜いて殺してもかまわないのだ、法律で扱われるのはむしろ有難いと思え』と脅迫し頭髪をつかんで顔面を殴打しながら『お前は仲々強情だから、一番腕利きの主任に調べさせる』と捨てゼリフをして帰った。」」、続いて三回目の取調は、「検挙後約一ヶ月放置された後」であった。「柄沢警部補、石橋部長、中村巡査が伊勢佐木署調室で取調を行い、共産主義運動をやった事実なしと述べると、土間に正座させて、柄沢は頭髪をつかんでねぢり、石橋、中村は両側より、殴ったり蹴ったりして歩行困難になった。」」、四回目の取調は、「更に数日後、前記三名が伊勢佐木署宿直室で取調べ、まだ充分自白しないと言って、両手を縛し頭髪をもって引き倒し、木片様のもので背中を打ち、又、足で全身をふみつけ『天井へ逆さ吊りにしてやろうか』とか『タバコの火で責めてやろうか』など脅迫し、すでに衰弱して階段の上り下りも苦しくなっていた小生が、非常に苦痛を訴えたので一応中止したが、その後、これと同様のことが数回行はれ、又、看守の同情によって差し入れていた差入れ弁当も、柄沢がそのことを知って中止させた。このような取調は、だいたい三月末迄続いた。」と、拷問の状況を述べており、さらにこのような拷問を受けた後、昭和19年11月2日に横浜刑務所に移管され放置されていたが、「終戦後八月二十日に予審判事が来て、『警察及び検事局の調書の内容を是認するれば帰れるようにするから』と妥協申入れがあり、承認したのです。」と記述している。

小林英三郎が予審判事に対して「承認」したのは、拷問による特高警察の取調中に作成された調書であって、これは他の横浜事件関係被告人の調書と同様の内容であり内容虚偽のものであることが明らかであり、拷問後直ちに刑務所に放置閉塞させられていたことから「承認」の際にも拷問の影響が存することを否定できず、さらに予審判事が「是認すれば帰れるようにするから」と慫慂した結果「承認」したものであって、予審判事はまさに取調特高警察官に代わって承認させたに過ぎないことを考え合わせると拷問の結果として自白したものであることを否定できないのである。

（4）被告人木村亨は、昭和18年5月26日に検挙され、山手警察署において連日の苛烈な拷問を受けている（同人の口述書・甲5号証の2の7）。同日午後五時頃同署二階取調室土間で柄沢六治警部補から『生かしちゃかへさぬからさう思へ、こいつめ、小林多喜二の二の舞を覚悟しろ！』、佐藤兵衛巡査部長が『よくも図々しくしてやがった、横浜ってどんなところか思ひ知らせてやる！』という暴言を吐き、某が「『この野郎！往生際の悪いやつだ！』等々の言葉を合図に竹刀、梶棒、竹刀のバラ、泥靴、等を手に告訴人（被告人木村亨）の頭、顔、背、膝、手、足を滅多打ち、約一時間、全身疼痛はげしく発熱あり。」という暴行を受け、翌27日には森川ら7、8名に囲まれ、「森川『きさまらは殺してもかまわんのだ。よくも生きのびて来やがった。さあ泊のことを云ってみろ！よし云わなきゃ云わせてやる！』と叫びざま顔、頭、背、腹、手足などを竹刀、椅子のコワレ、棍捧等で猛烈になぐりつけ泥靴で身体中をける。約一時間」という暴行を加え、「看房へツッ返へされたが、全身黒ニエに腫れ上がり疼痛激しく同夜より痔疾悪化出血多し」という状況となり、同月三十日にはさらに森川らから暴行を受ける。森川が「『この聖戦下によくもやりやがったな！』といふから『何ですか』と聞き返す告訴人（同前）を竹刀のバラで顔面、頭を目茶苦茶になぐりつけ、泥靴で頭をふみつけ『きさまのところの妻君が弁当をもって来たがこんなものは食はせるわけにゆかん、みておれ』と目の前で差入弁当を食ってしま」うという乱暴狼藉をはたらき、同年8月6日には、「森川『この野郎、よくも黙ってやがった！』『生かしちゃおかんから覚悟をきめろ！』等と脅迫し、棍棒、竹刀のバラ、などを手に、告訴人（同前）を真裸にして角のついた棍棒を横に並べた上に正座させ、全身真黒ニエ、腫れ上がって歩行困難、となるまで暴行、約二時間、看房に帰された折は、さすがの看守もびっくりして、同房内のものがバケツにミズをくんで身体を冷やすことを許可した。発熱疼痛甚だしく出血あり」という暴行を受けた。さらに同年8月末日には森川警部補ら7、8名から拷問を受ける。「森川『泊の再建会議で何をしとった！名和と会ってどうした！党の組織を云へ、云はぬと殺してしまうぞ！』告訴人（同前）を裸にしてしばり上げ正座させた両足の間に太い棍棒をさし込み、ひざの上に乗っかかり、グイグイももに喰い込むところを見はからってロープ、竹刀、棍棒で全身をひっぱたくこと約一時間、疼痛甚だしく全身にわたって黒ニエ、半失神状態で看房へかへる」状況になるまで暴行を加え、同被告人は共産党との関係があったとする虚偽の自白をさせられるに至っている。

上記したとおり、被告人らは、同人らに加えられた苛烈な拷問の状況を具体的に記述しており、被告人らの自白が拷問によって強制された結果であることを明らかにしている。

被告人らの自白を証拠として、有罪の判決を行うことは許されないのである。

4　被告人らの上記口述書は信用性があり、被告人らは無罪の裁判を受けるべきものである。

被告人ら作成の口述書にこそ作成に向けた真摯性があり、かつ正確性があると考えられる。

（1）　被告人ら作成の口述書は、被告人らを含む横浜事件被害者らに暴虐苛烈な拷問を加えた特高警察官30名を特《ママ》別公務員暴行陵虐罪で告訴するために、被告人らを含む60余名の同事件被害者らが正当な怒りに燃えて作成したものであり、口述書作成の動機は純粋かつ真摯であって、強制が加わっていないことは勿論、これら被害者が共通して経験した事実の記載であるから虚偽が記述される虞も存しない。

（2）これら口述書は、昭和22年4月の告訴に際して作成されたものであって、口述書作成者らの記憶が鮮明な時期のものであり、口述書の内容も日時、場所、拷問を加えた者の氏名、拷問の方法、拷問の身体への影響等が極めて具体的に記述されており、正確な記述と認めるに足るものである。

（3）同告訴事件について、横浜地検は、益田直彦に対する拷問について、松下英太郎他2名を起訴し、同24年2月25日、横浜地裁は松下英太郎に対して懲役1年6月、他の2名に対して懲役1年の実刑判決を言い渡し、同人らは控訴、上告をしたが東京高裁は控訴を棄却し、同27年4月24日、最高裁も上告を棄却して同人らの有罪実刑判決が確定しており、横浜事件被害者ら作成の口述書の信用性が認められる。

（4）有罪が確定したのは、益田直彦のみに対して、松下英太郎他2名の特高警察官のみの拷問の事実が認められたのみであるが、これは益田直彦に拷問による負傷の痕跡が残存していたという事情にもとづくと考えられ、その他の被害者について拷問がなかったということを示すものではない。

松下英太郎は警部として、横浜事件における取調現場の責任者・中心人物の一人であり、益田直彦についてのみ異なった取調方針を採用したとは考えられず、逆に全ての横浜事件被害者についての判決ないし予審終結決定における事実の記載が、甲6号証に記載されたグループごとの記述に従って、いわばワンパターンに記述されていることからしても、横浜事件関係被告人に対して等しく暴虐苛烈な拷問が加えられた結果、特高警察の意図の通りに自白調書等が作成されたと考えるのが合理的である。

（5）本件再審請求即時抗告審決定も「上記3名の（特高警察官3名の）確定判決は益田直彦に対する被告事件についてのものであるが、木村亨らに対する被告事件についても相応の関係あるいは意味を有するものであることも否定できない。」、「益田直彦に対する拷問がいわゆる横浜事件の司法警察官による取調べの中で例外的出来事であったとみるべきものではない。」と判示して、口述書の記述の信用性を肯定しているのである。

被告人らに対する激しいことこの上ない拷問によって

自白に至る過程が記述された各口述書の記述は極めて信用性が高いと考えられるのである。

四　小　括

以上の通り、被告人らは過酷な拷問による取調の結果である自白を唯一の証拠として有罪とされたことが明らかであり、これら自白を排除するならば被告人らは無罪の裁判を受けるべきものと認められることもまた明らかである。

本件再審請求即時抗告審決定も「当該被告人の自白の信用性に顕著な疑いがあるとなると、直ちに本件各確定判決の有罪の事実認定が揺らぐことになるのである。要するに治安維持法1条後段、10条違反の各行為につき、個々の具体的行為を、国体を変革することを目的とし、かつ、私有財産制度を否認することを目的とする各結社の目的遂行のためにする意思をもってなしたことなどの主観的要件等につき、当該被告人の自白を除くと、これを証すべき証拠が何ら存在しないことになる。しかも、何らかの間接事実等により、これを推認できるとも考えがたい。」と判示して、被告人らが無罪であることを明確に認定しているのである。検察官はこの即時抗告審決定に対して上訴をすることができず、同決定によって本件再審開始が確定したのである。

さらに、本件再審公判第一審である平成18年2月9日横浜地裁判決は、本件再審請求即時抗告審決定の上記した判示について「かかる抗告審決定は当審において覆す余地のないものであり、原判決の結論は明らかに否定されているのである。」と判示して原確定判決が誤判であることを明らかにしている。

刑事補償請求に関する審判を行われる貴裁判所におかれては、被告人らについての実質審理を行われ、被告人らが無罪の裁判を受ける充分な理由があることを明らかにされるよう求める次第である。

五　補償額について

本件は、次の事情により、補償額の最高額である1日1万2500円が補償されるべきである。

1　逸失利益分について

（1）資料1によれば、現行の最高額1万2500円の内訳は、逸失利益分9708円と慰謝料分2815円である。この1日補償額が約1万円という価格水準は、現在の雇用状況において、大学卒業者の初任給並の水準でしかない。
（２）元被告人らの経歴は、別紙１の通りであり、元被告人らはいずれも大学を卒業しているが、戦前における大学（高等教育）進学率は５パーセント前後を推移しており（資料２）、元被告人らは社会において経済的に優遇されていた身分であった。即ち、昭和３年の統計（資料３）によれば、三菱合資会社関係の文化系大学卒初任給が、月額80円から65円の間にあり、これに対し中学卒業では35円であり、大学卒業が給料の面で格段に優遇されていた。
この状況は、昭和20年の敗戦まで続いたことは公知の事実である。
（３）一方、元被告人木村亨は検挙当時28歳、元被告人小林英三郎は検挙当時34歳、元被告人由田浩は検挙当時30歳、元被告人平館利雄は検挙当時38歳であり、いずれも社会の中堅になりつつあり、働き盛りにあった人々である。
（４）以上の理由から、元被告人たちが検挙当時得ていた日額給料は、上記補償最高額である金１万２５００円を遙かに超えていたものと言わなければならない。

２　慰謝料分について

（１）本事件は、捜査機関がでっち上げた事件であるばかりでなく、元被告人らは激しい拷問を受けた事案である。
その拷問の状況は、既に述べたとおり被告人の自白の証拠価値を排除する程の激しさであった。
（２）元被告人たちは、拷問によって想像を絶する肉体的苦痛を受けると共に人間の尊厳を奪われ、また拘束によって人間の基本的価値である自由を奪われた。
仮に慰謝料として上限１万２５００円に基づき計算しても、１ヶ月（30日）の慰謝料は僅か37万５０００円となり、この額は交通事故による入院１ヶ月の慰謝料53万円（資料４）にも及ばない額である。

よって、慰謝料分に限っても、元被告人たちに補償されるべき額は１日金１万２５００円を遙かに超えた額となる。

３　補償金額

以上の理由により、元被告人たちには、日額１万２５００円が補償されるべきである。

元被告人の拘束期間は、別紙一覧表のとおり、検挙日から釈放日まで、それぞれ次のとおりとなる。

木村　　亨　８３３日
小林英三郎　５７９日
由田　　浩　７２３日
平館　利雄　８４６日

そうすると、元被告人（請求人）に対する補償額は、それぞれ次のとおりとなる。
木村　亨　１０４１万２５００円
小林英三郎　７２３万７５００円
由田　浩　９０３万７５００円
平館　利雄　１０５７万５０００円

よって、請求人らに対し、請求の趣旨記載の補償金の交付をするとの裁判を求める。

以上

＊

平成22年2月4日　刑事補償決定

決　定

住居　石川県金沢市——
請求人（故平館利雄の子）平館　道子
住居　千葉県市川市——
請求人（故由田浩の妻）由田　道子
住居　東京都大田区——
請求人（故小林英三郎の妻）小林　貞子
参加人　小林佳一郎
〃　土屋　浩子
〃　小林　伸二
住居　東京都西東京市——
請求人（故木村亨の妻）木村　まき

請求人ら代理人弁護士　代理人目録記載のとおり

上記請求人らから刑事補償の請求があったので、当裁判所は、検察官及び請求人らの意見を聴いた上、次のとおり決定する。

主　文

請求人平館道子に対し、元被告人故平館利雄の刑事補償として金１０５７万５０００円を、請求人由田道子に対し、元被告人故由田浩の刑事補償として金９０３万７５００円を、請求人小林貞子、参加人小林佳一郎、同土屋浩子及び同小林伸二に対し、元被告人故小林英三郎の刑事補償として金７２３万７５００円を、請求人木村まきに対し、元被告人故木村亨の刑事補償として金１０４１万２５００円をそれぞれ交付する。

理　由

第1　請求の趣旨及び理由

本件刑事補償請求の趣旨及び理由は、請求人ら代理人弁護士環直彌、同竹澤哲夫、同新井章、同内田剛弘、同吉永満夫、同大島久明、同岡山未央子、同森川文人作成の刑事補償請求書記載のとおりである。

論旨は、要するに、請求人平館道子は、昭和20年（公）第50号治安維持法違反被告事件の被告人であった故平館利雄（以下、「平館」という。）の相続人であり、請求人由田道子は、昭和20年（公）第73号治安維持法違反被告事件の被告人であった故由田浩（以下、「由田」という。）の相続人であり、請求人小林貞子は、昭和20年（公）第79号治安維持法違反被告事件の被告人であった故小林英三郎（以下、「小林」という。）の相続人であり、さらに、請求人木村まきは、昭和20年（公）第83号治安維持法違反被告事件の被告人であった故木村亨（以下、「木村」といい、また、被告人らをまとめて「被告人4名」ともいう。）の相続人であるところ、被告人4名は、治安維持法違反の嫌疑で検挙され、昭和20年8月29日から同年9月15日の間、横浜地方裁判所においてそれぞれ有罪判決を受け、その各判決はいずれもそのころ確定したが、請求人らは、その各確定判決につき再審開始の申立てをし、同地方裁判所は、平成15年4月15日に再審開始決定をした上、平成18年2月9日に各被告人につき免訴判決を言い渡し、同判決は確定したところ、もし免訴の裁判をすべき事由がなかったならば無罪の判決を受けるべきものと認められる充分な事由があるので、刑事補償法25条1項に基づき、刑事補償を請求する、というのである（参加人小林佳一郎、同土屋浩子及び同小林伸二は、故小林英三郎の相続人であり、小林貞子の刑事補償請求につき参加申立てをした者である。）。

第2　当裁判所の判断

1　本件は、世界経済調査会資料室長、主事であった川田壽とその妻定子が治安維持法違反の嫌疑によって神奈川県警察部特別高等課（以下、「特高警察」という。）に検挙されたこと、次いで、改造社発行の雑誌「改造」に論文「世界史の動向と日本」（以下、「細川論文」という。）を発表した細川嘉六が同法違反の嫌疑により警視庁に検挙されたことがきっかけとなって、同会、昭和塾及び満鉄調査部などの研究者グループから、改造及び中央公論などの編集者グループに至るまで、終戦直前までの間に約60名の者が同法違反の嫌疑により検挙され、特高警察の取調べを受けるなどし、その一部の者は被告人4名と同様に起訴されて有罪判決を受けたという一連の事件（これらの出来事は、一般に「横浜事件」と呼ばれており、以下、使宜上この呼称も用いる。）のうち、被告人４名の確定した有罪判決について、請求人らが、再審の請求をし、平成18年２月９日、再審公判で免訴判決が言い渡され、同判決が確定した事件に関し、請求人らが申し立てた刑事補償請求事件である。関係各証拠によれば、被告人４名が再審公判を経て免訴判決を言い渡され、その後、請求人らが本件刑事補償請求に至った経緯として次の事実が認められる。

（1）昭和17年９月11日、川田壽及びその妻定子が治安維持法違反の嫌疑により特高警察に検挙（勾引状又は勾留状によるものと思われるが、身柄拘束の根拠となる令状の種類等は必ずしも明らかではない。以下、特段の事情のない限り、身柄を拘束されたことを「検挙」という。）され、その後、昭和18年１月には世界経済調査会の高橋善雄が、同年５月11日には同会の益田直彦がそれぞれ検挙されると、その関係者として満鉄東京支社調査部でソ連事情調査の仕事に就いていた平館及び西澤富夫も検挙されるに至った。

その際、平館宅から細川の郷里である富山県下新川郡泊町所在の「紋左」旅館の中庭で撮影されたスナップ写真が押収され、同月26日、上記写真を撮影した西尾忠四郎並びに写真に写っていた７名のうち未検挙であった中央公論社の木村、改造社の小野康人、相川博及び東洋経済新報社の加藤政治が、いずれも治安維持法違反の嫌疑により一斉に検挙された。さらに、同年９月９日には政治経済研究会に所属していた由田、高木健次郎、板井庄作、小川修、森数男、勝部元及び白石芳夫が、昭和19年１月29日には改造社の小林、若槻繁、青山鉞治及び水島治男が、それぞれ同法違反の嫌疑により検挙されるに至った。横浜事件で検挙された者の中には、中央公論社の和田喜太郎、浅石晴世など、留置場や拘置所等で死亡した者も複数存する。

（2）被告人４名は、特高警察の取調べを受けた後に、いずれも治安維持法違反の事実で横浜地方裁判所に起訴され、同裁判所での予審を経て公判に付された（以下、被告人４名に対する各予審終結決定を総称して「本件予審終結決定」という。）。

（3）横浜地方裁判所は、被告人４名に対して、上記取調べにおいて作成された各被告人の自白調書や手記、公判供述などの供述証拠に基づき、治安維持法違反の各事実を認定し、小林に対しては昭和20年８月29日、由田に対しては同月30日、木村及び平館に対しては同年９月15日に、いずれも懲役２年、執行猶予３年の有罪判決を言い渡し、各判決に対して上告（裁判所構成法戦時特例４条）がないまま、同判決は、そのころ確定した（以下、各被告人に対する判決を総称して「本件確定判決」という。)。

（4）その後、昭和61年7月3日、木村や平館を含む横浜事件関係者は、横浜地方裁判所に対して再審請求を行ったが、同裁判所は、昭和63年3月28日、本件確定判決の認定の基礎となった証拠資料を備えた訴訟記録が存在せず、原判決が認定に供した証拠資料の内容が把握できないことなどを主な理由として再審請求を棄却し、同年12月16日、即時抗告審である東京高等裁判所もほぼ同様の理由で即時抗告を棄却し、平成3年3月14日、特別抗告審である最高裁判所が特別抗告を棄却した（いわゆる横浜事件第1次再審請求)。

その後、平成10年8月14日、第1次再審請求の係属中に亡くなった木村、平館、小林、由田及び高木の遺族らが、横浜地方裁判所に再審の請求を行い、平成15年4月15日、同裁判所（以下、いわゆる横浜事件第3次再審請求であり、「本件再審請求審」という。）は、「昭和20年8月14日にポツダム宣言が受諾されたことにより、原判決時点においては治安維持法は実質的にみて効力を失うに至ったと解すべきであり、これを判断するに当たっては原判決の謄本がないことを理由として再審請求を棄却すべきではなく、免訴を言い渡すべき明確なる証拠を新たに発見した場合（旧刑事訴訟法485条6号）に当たる」旨判示し、再審開始の決定をした。この決定に対して、検察官が即時抗告したものの、平成17年3月10日、即時抗告審である東京高等裁判所（以下、「本件即時抗告審」という。）は、原審である横浜地方裁判所の上記判断をにわかに是認することはできないとしながらも、被告人らについては、旧刑事訴訟法485条6号の事由があることが肯定されるとして、再審を開始した原決定の結論を是認し、即時抗告を棄却した。

（5）横浜地方裁判所は、上記再審開始決定に基づき、再審公判を経て、平成18年2月9日、本件各治安維持法違反被告事件については、被告人らに、「犯罪後ノ法令ニ因リ刑ノ廃止アリタルトキ」（旧刑事訴訟法363条2号）及び「大赦アリタルトキ」（同条3号）に該当する免訴事由が存することが明らかであるから、被告人らに対しては、免訴の判決が言い渡されるべきであるとして、実体判断をすることなく免訴判決を言い渡した。

そして、請求人らの控訴を受けた東京高等裁判所は、平成19年1月19日、再審の場合においても、免訴判決を受けた被告人側から無罪判決を求めて上訴の申立てをする利益はないとして控訴棄却の判決を言い渡し、さらに請求人らの上告を受けた最高裁判所も、平成20年3月14日、同趣旨の理由で上告棄却の判決を言い渡した（以下、再審公判後に確定した免訴判決を単に「本件免訴判決」という。）。

以上のとおり、現行の刑事補償法の施行後に、刑事訴訟法施行法2条により旧刑事訴訟法によって免訴判決が宣告され、これが確定したものであるから、刑事補償法附則9項によりその判決確定は現行刑事訴訟法の免訴判決の確定とみなされることとなる。また、本件免訴判決に係る刑事補償の請求期間は、上記上告棄却の判決宣告から3年以内であると解されるところ（刑事補償法25条2項、7条）、各被告人の相続人である請求人らは、その期間内である平成21年5月29日、当裁判所に対し、本件刑事補償請求に及んだものである。

2　ところで、免訴判決を言い渡された者（又はその相続人）は、当該免訴判決が確定したとしても、直ちに刑事補償を受けることができるわけではなく、刑事補償法25条1項にいう「もし免訴……の裁判をすべき事由がなかったならば無罪の裁判を受けるべきものと認められる充分な事由」がなければ、刑事補償を請求することができない。本件免訴判決は、上記のとおり旧刑事訴訟法363条2号及び3号に基づくものであり、未だ各被告人が無罪であったか否か判断したものではないから、当裁判所は、各被告人につき、無罪判決を言い渡すべきものと認められる充分な事由があるかにつき、免訴の裁判があった時点までの公判において取り調べられた証拠と既に存在する利用可能な証拠資料とを総合して検討する必要がある。

しかしながら、被告人4名を含む横浜事件関係者の訴訟記録等は、その保管期間内であるにもかかわらず、連合国軍進駐時ころに裁判所の側（検事局も含む。）が連合国との関係等において不都合な事実を隠蔽しようとする意図で廃棄した可能性が高い。すなわち、第1次再審請求の際に裁判長の命により書記官が関係書類の有無の調査をし、また、検察庁に記録の有無等を問い合わせたところ、わずかに一部の被告人の判決書が発見されたのみで、記録は残存せず、当庁には全ての訴訟事件の簿冊である第一審公判始末簿があったほか、横浜事件の判決書原本の控え、資料、目録等が何ら存在しなかった。その調査結果の詳細は記録上も明らかにはなっていないが、その調査結果を踏まえて、第1次再審請求に対する決定書においては、その2丁裏末行から括弧書きで「当裁判所の事実取調べの結果によれば、太平洋戦争が敗戦に終わった直後の米国軍の進駐が迫った混乱時に、いわゆる横浜事件関係の事件記録は焼却処分されたことが窺われる。」と記載されている。

もっとも、終戦直後の時期には、横浜事件の被告人のうち細川のみは、弁護人である海野普吉に対して公訴事実を徹底的に争う方針を伝え、海野弁護士事務所の事務員が証拠となる訊問調書等を書き写す作業をしていた上、被告人らの公判期日は昭和20年8月末ころから9月にかけて開かれており、治安維持法の廃止や大赦がされたのは同年10月中旬であって、事件係属中に記録が廃棄されたとは考え難いことから、「米国軍の進駐が迫った混乱時」に焼却されたとする部分は、時期的に見てやや不正確であると思われる。また、海野弁護士は駐留軍に一時保管されていたのではないかとの推測を述べているが〔本件再審請求審甲7の1〕、そうであれば然るべき時期に返還されたはずである。そして、同弁護士は、終戦後間もない時期に裁判所内で何らかの書類が焼却されているところも目撃していること、日本政府にとって不都合な書類が連合国の目に触れないよう各官庁において大量に書類が焼却されたことは半ば公知の事実であることや、長期間の保管が義務付けられていた判決書原本を含む記録の消失という事態が生じ、判決書のみが一部の被告人について残っているものの、判決の時期によりその保管の有無が分けられるという合理的に説明できない事情があることなどを考慮すると、横浜事件の記録に関しては、治安維持法が廃止され、免訴判決が出され、関係者の事件が全て終わった後ころに、その大部分が人為的に消失させられた疑いが濃いといえる。いずれにせよ、その結果、判決書等が残存しているごく一部の者を除く大部分の被告人については、いかなる公訴事実で起訴され、どのような証拠に基づいて有罪判決を受けたか、公的な記録上は明らかにはなっておらず、海野弁護士事務所の事務員が筆写した証拠の一部が残されているにすぎないから、できる限り関係する資料から合理的に確定審の記録の内容を推知していかなければならない（なお、以上のように現時点では本件確定審の訴訟記録が残っていないので、残存する証拠〔ほとんどはその写しである。〕のみを検討して、有罪認定をすることができるか検討するという手法も考え得るが、そうすると、記録が保管期間を過ぎて廃棄された事件について再審が開始されれば常に無罪という結論になるところ、旧刑事訴訟法も含め、再審公判においてそのような審理を予定しているとは考え難く、現存していなくても確定審当時存在したであろう証拠についてはできる限りその内容を推測、復元して、判断の資料とするのが相当である。また、各被告人の公訴事実を復元しなければ、有罪、無罪の判断もなし得ないので、できる限り公訴事実は明らかにするよう努める必要がある。もっとも、本件では人為的に記録が廃棄された可能性が高いので、有罪、無罪の判断に当たっては、証拠のないことが被告人に不利に働くような判断方法は採るべきではなく、このことに留意しつつ検討を進めることとする。）。

（1）本件確定判決の内容

そこで、本件再審請求審の弁護人らは、本来再審請求書に添付されなければならない原判決謄本に代わるものとして、わずかに現存する関係資料から原判決の内容を復元した書面を提出した（なお、木村、平館にかかる原判決の内容は、第1次再審請求審昭和20年11月13日付け弁護人意見書に添付されたものとほぼ同じである。）。すなわち、同弁護人らは、木村に関しては前述のとおり予審終結決定謄本の写しが現存しており、その他の証拠関係も併せ考慮すると、当時の横浜地方裁判所が予審終結決定どおりの事実を認定したとして原判決の内容を復元し、他の被告人らに関しては、特高月報（昭和19年8月分。以下「特高月報」というときは、特段の断りのない限り、同月号を指す。）〔本件再審請求審甲6〕に記載されている横浜事件関係者がそれぞれ所属していたとされるグループの活動等につき、いずれも当時の治安維持法1条後段及び10条に該当すると認定されたものと推認されるなどとして、各原判決の内容を復元している。そして、同弁護人らが復元した原判決の内容については、本件即時抗告審において復元過程の合理性が認められ、これらを基に再審理由の判断を進めて差し支えないとしており、当裁判所としても、本件再審請求審において取り調べた関係各証拠によって認定できる横浜事件の背景事情に加え、残存する予審終結決定謄本、原判決謄本の写しや特高月報、森数男に関する意見書などの関係証拠〔本件再審請求審甲1の1ないし8、2の1ないし9、3の3、6〕を総合すると、同弁護人らの上記復元過程は一応合理的なものとして肯認することができるところである（ただし、小林の判決については、本件即時抗告審で指摘されているように、特高月報によれば、小林が「改造時局版」誌の編集活動に従事していた期間は、昭和16年9月ころから昭和17年5月ころまでの間であると認められる。なお、小林自身が作成した報告書〔本件再審公判弁19〕によると、自身が「改造時局版」誌に転じた記憶はないとしているが、特高月報に記載された内容は特高警察が当時取り調べた内容を総括したものであるから、それが誤りであったとしても、基本的には特高月報どおりの事実が認定されたものと考えられる。また、小林は、昭和17年9月に相川や小野らが細川論文を執筆した関係等により検挙されたことを受けて、相川に代わり翌月から「改造」誌の編集次長に就いたのであるから、小林については、「改造」誌の編集に関わる行為が公訴事実には含まれていなかったものと推認される。）。

以上を前提に再現される本件確定判決は別紙1ないし4のとおりである（ただし、一部の事実については、残された資料が乏しく、かなり抽象的なものにとどまるが、実際に認定された犯罪事実はこれらより具体的なものであろうと考えられる。）。

（2）本件予審終結決定の内容

一方、予審終結決定の内容についてみると、木村に関しては、その謄本の写し〔本件再審請求審甲２の１〕が残されているものの、平館、由田及び小林に関してはそれが残されていないことから、その内容を推知しなければならないが、他の関係被告人の予審終結決定等の資料等を総合すると、平館、由田及び小林が予審終結決定により公判に付された事実は、基本的には、復元された原判決の内容どおりであったと合理的に推認することができる。

もっとも、泊町の旅館中庭で撮影された写真に写っていた小野や西尾、相川については、いずれも予審終結決定書の記載の中で、昭和17年７月５日、細川らが泊町で日本共産党の復興再建等を目的として党再建準備会というグループを結成し、その活動内容等につき審議したという事実（以下、これらの事実について予審終結決定書において認定された事実を示す際には、「泊会議」という。）が認定されていることからすると、同じ時期に、同じ予審判事によって取調べを受けて公判に付された平館についても、その決定書において泊会議の事実が認定され、これを含む事実で公判に付されていた可能性が極めて高い（なお、ともに泊会議に参加したとされていた木村の予審終結決定には、泊会議の事実が記載されていないが、これは、小野の予審終結決定に記載のあった泊会議の事実が、判決書では認定されていないことからもうかがえるように、敗戦直後、予審判事が思想犯罪の処理を急いだために、否認していた木村に妥協を迫るなどして予審や公判を早期に終結させるような事件処理をしたことによるものと考えられる。）。

そして、小野や西尾の予審終結決定謄本の写し〔本件再審請求審甲２の４、２の９〕によれば、平館の予審終結決定には泊会議につき、「両『グループ』合体の機運がいよいよ熟してくると、昭和17年７月５日細川嘉六の招きに応じて同人及び同グループの構成員である小野康人、相川博、木村亨、加藤政治、及び当時南満州鉄道株式会社の社員であった西尾忠四郎、西澤富夫ら共産主義者と共に細川の郷里である富山県下新川郡泊町にある『紋左旅館』こと柚木ひさ方及び同町料亭『三笑楼』こと平柳梅次郎方二か所において会合し、細川嘉六を中心として当面の客観情勢に対処すべき方策等につき鳩首協議したが、その席上で被告人より内外の客観情勢は我が国における『ブルジョア』民主主義革命の機運をますます熟成させつつあって革命の主体的条件である日本共産党（以下、「党」という。）が衰微弱体化しているのを急速に復興再建するための運動の展開こそ焦眉の急務なることを当該運動の指導体としていわゆる『党再建準備会』なる秘密『グループ』を結成し、これを速やかに拡大強化して党の中心勢力となることを提唱したのに対し、細川を始め被告人ら一同これに賛同して同『グループ』の結成を決定し、次いで戦略戦術としてのいわゆる『１

932年テーゼ』及び反『ファッショ』人民戦線確立の運動方針に付き協議してこれらが依然基本的に正当であることを確認支持し、当該『テーゼ』の革命の展望の下に各自の職場を中心として産業報国会、帝国農会、協調会、大政翼賛会、隣組並びに東亜連盟その他の右翼団体等あらゆる合法団体及び合法場面を利用して極力労働者・農民・知識階層に共産主義意識の啓蒙をなすとともに、これが組織化に努め、もって同『グループ』の拡大強化を図ること、ことに同『グループ』の活動をして合法を偽装させるため、民族問題研究所を設置してこれを本拠とし、民族問題の研究を標榜して果敢なる運動を展開すべきこと等を決定し、さらに当該研究所の組織及び人的配置等をも審議決定し、以来昭和18年5月11日に検挙されるまでの間、鋭意同『グループ』の拡大強化に努めた」旨事実が記載されていたものと推認される（なお、旧字体は可能な限り現代語に直している。以下の引用においても、適宜現代語に直すこともある。）。

3　以上のとおり、被告人4名に対する予審終結決定の内容は、いずれも、被告人が、コミンテルンが革命手段により国体を変革し、私有財産制度を否認して共産主義社会を実現することを目的とする結社であり、日本共産党がその日本支部としてその目的を実行しようとする結社であることを知りながら、これらを支持し、前記両結社の目的達成に寄与することを企図して、その目的遂行のために種々の行為をしたことを具体的に認定したものと合理的に推認される。そこで、当裁判所は、被告人4名が以上のとおり合理的に推認される事実でそれぞれ公判に付されたことを前提に、公判に付された事実を当時の証拠関係に基づいて認定することができるか検討することとする。

（1）治安維持法1条及び10条の特色

ところで、前述のとおり、被告人4名を含む横浜事件関係者は、昭和17年9月ころから治安維持法違反の嫌疑で特高警察に検挙され、それぞれ特高警察から取調べを受け、被検挙者の一部は長い留置生活の後に起訴され、終戦の前後にかけて、同法1条後段及び10条違反の罪によって有罪判決を受けているが、被告人4名に限ってみても、各々研究活動をしたり、会合を開いたり、雑誌の編集等に関与したりするなど、外形的には違法性を帯びない行為をしていたにもかかわらず、その際、同法1条にいう「国体を変革する……目的」や、同法10条にいう「私有財産制度を否認する……目的」のもとに、行為者が国体の変革又は私有財産制度の否認を目的とする結社（横浜事件関係者の予審終結決定書謄本、判決書謄本の写しなどによると、同関係者の犯罪事実においては、コミンテルン及び日本共産党を指す。）であることを認識して当該結社を支持し、その拡大を図るなどという主観的要件を有し、そこに記載された各行為がその結社の目的遂行のためのものであると認定されたがために有罪判決を受けている。

(2) そして、各被告人の上記主観的要件については、泊会議のように、党再建準備会を結成し、その活動内容等につき協議したというように、その行為自体から直接推認することができる場合は別として、目的を推認し得るような何らかの間接事実から推認することはおよそ考え難く、その立証は、被告人の自白等を内容とする供述証拠によるところが大きいものと考えられる。また、横浜事件関係者の予審終結決定書や判決書をみると、各事実に関与したことが明らかとなった者については、その各事実に関係者、共犯者として列挙されていることに照らせば、それらの者の自白等を内容とする供述証拠も上記主観的要件を立証する重要な証拠となっていたものと考えられる。

しかし、既に述べたように、横浜事件に関する訴訟記録等は、保管されていて然るべきであったにもかかわらずその多くが消失したものとされており、その正確な内容を再現することはできず、これを知る有力な手がかりもない。そのため、被告人4名につき実体判断するにあたっては、確定審の記録の内容を関係する資料等から合理的に推知しなければならない。

以下、各被告人ごとに検討する。

ア 木村の訴訟記録について

前記特高月報によると、特高警察は、木村の予審終結決定において木村とともに会合等に参加したとして掲げられた関係者のうち、関係各証拠によっても特に検挙された事実が認められない名和統一を除くすべての者を検挙し（なお、細川は当初警視庁に検挙されているが、後に移監されている。）、木村を細川らが中心となって結成された「細川グループ」の一員として、同じく南満州鉄道株式会社（満鉄）関係者の平館らが結成した「満鉄グループ」とともに種々の活動をしたものと報告している。その内容は、判決のおよそ一年前の取調べ状況等につき報告したものに過ぎず、必ずしも各被告人の予審終結決定書等と一致するものではないが、特高警察が把握していた基本的な事実関係等に変化はないものと考えられる。そうすると、特高警察は、木村を含む検挙者らに対し、基本的には特高月報に記載されている内容に即した取調べを行っていたものと推認できる。

具体的にみてみると、木村及び平館については、「細川グループ」、「満鉄グループ」結成から両グループの会合、さらには「泊会議」を開催し、党再建準備組織の活動内容等につき協議した旨記載された手記が現存している〔第1次再審請求審甲20の4〕。当時、特高警察は被疑者らに手記を作成させた後、その手記に沿った司法警察官に対する訊問調書を作成するのが通例であったことから、木村や平館については、書き上げた手記を前提に、それらとほぼ同じ内容の司法警察官に対する訊問調書が作成されていたものと推認される。また、「細川グループ」の一員とされていた相川については、「改造」誌の編集等に関する詳細な手記が作成されていることに加え〔第1次再審請求審甲20の4〕、予審の取調べにおいて細川が「細川グループ」の結成、「満鉄グループ」との会合等に関する事実を否認した際、予審判事が細川に対し、相川の手記等を引用して尋問していること〔本件再審請求審甲3の4の2〕などに照らせば、相川は、捜査段階では基本的に特高月報や予審終結決定に記載された内容に合致する供述をしていたものと推認される。さらに、細川の第9回予審訊問調書〔本件再審請求審甲3の4の2〕において、細川が、予審判事に対し、示された平館、木村及び相川の手記や予審訊問調書の記載内容は事実無根であって、平常の心理において供述、作成されたものとは考えられないとして、3名に対する精神鑑定と再度の取調べを要求していることからすれば、平館や木村、相川は予審の取調べにおいても、基本的には捜査段階と同様の供述をし、予審訊問調書が作成されていたものと推認される（ただし、相川については、予審の最終段階で一部訂正を申し立てている〔第1次再審請求審甲20の4〕）。

次に、小野や西澤についてみると、旧刑事訴訟法の下では自白に補強証拠を要するわけではなかったから、横浜事件関係者で事実を認めた被告人の判決書（主に昭和20年8月ころ言渡しのもの）では、その被告人の公判供述のみが証拠の標目として掲げられているのが通例であるところ、現存する小野の判決書謄本の写し〔本件再審請求審甲1の1〕には、証拠の標目として小野の公判供述のほかに小野の予審第4回訊問調書、小野の司法警察官第16回訊問調書及び相川博の予審第4回被告人訊問調書謄本が、西澤の判決書謄本の写し〔本件再審請求審甲1の3〕には、証拠の標目として、西澤の公判供述のほかに西澤の予審第2回訊問調書及び予審請求書、西澤の司法警察官第15回訊問調書及び西澤の手記がそれぞれ掲記されていることからすれば、小野や西澤は、公判において外形的な事実の一部を認めたのみであって事実関係を争い、そのために被告人の公判供述以外の証拠を挙げる必要性が生じたものと考えられる。そして、公判供述以外の供述証拠の内容が本件事実関係に沿ったものでなければ、あえて証拠として挙げる必要はないから、同判決に挙げられていた捜査段階や予審段階での各供述証拠の内容は、基本的に本件確定判決の事実認定に沿うものであったと合理的に推認できる。

一方、「満鉄グループ」の一員とされていた西尾については、保釈後、間もなく死亡したために、予審終結決定謄本の写し以外に手がかりがなく、また、同様に「細川グループ」の一員とされていた加藤や「改造」誌の編集長をしていた大森については、訴訟記録が一切残されていないため、後述する特高警察官に対する特別公務員暴行傷害罪での告訴の際に提出した口述書〔本件再審請求審甲5の2の6、5の2の22〕以外に手がかりはなく、さらには、「細川グループ」の一員とされていた浅石、新井に至っては、口述書すらないなど資料がかなり乏しいため、これらの者が捜査段階や予審段階、公判廷でどのような供述をしていたか、その内容を推知することは困難である。

なお、細川に関しては、世田谷警察署に留置され、昭和18年9月11日公訴提起・予審請求がされて東京地方裁判所において予審手続が開始された後、昭和19年5月末ころ、横浜刑務所未決監に移監されており、公訴提起時の公訴事実には泊会議に関する事実はそもそも記載されておらず、その点に関する取調べが行われた形跡もない。そして、それ以降、後の細川の予審終結決定に記載された各事実について神奈川県の特高警察から取調べを受けた形跡がないことからすれば、泊会議が共産党再建の目的で開かれたなどとする事実を細川が自白した手記や司法警察官に対する訊問調書が作成された事実はないものと推認される。また、細川の各予審訊問調書によると、細川は、他の関係者と会合を開いたりしたことなど客観的な事実は認めるものの（ただし、泊会議については、会議そのものの存在を否認している。）、共産主義啓蒙を昂揚させたり、左翼組織を結成させようとするなどといった主観的な目的等については否定しており、いずれも予審終結決定の事実を認める内容のものではない。

また、名和統一についてみると、横浜事件関係者のうち判決書や予審終結決定書に共犯者（関係者）として氏名が挙がっている者は、基本的に特高警察により検挙され取調べを受けているところ、名和については特高警察により検挙された事実がうかがわれず、同人に対する取調べは行われていなかった可能性がある。

イ　平館の訴訟記録について

前記特高月報によると、平館は、「満鉄グループ」の一員として「細川グループ」と会合を開いたり、泊会議を開催したなどという事実で取調べを受けていたことがうかがえ、その限りでは木村の証拠関係とほぼ重なり合っている。また、平館は「細川グループ」とは別に西澤や西尾らと活動をしていた事実で公判に付されており、その一部は益田がソ連に渡る際に同人と会合したというものであるが、同じ事実が認定されている同人の判決〔本件再審請求審甲1の6〕では、証拠の標目に被告人の公判供述のみが掲げられていることに照らせば、益田は、公判廷において事実を認めていたものと推認される。そして、横浜事件の被疑者らは、検挙された当初、被疑事実を認める供述をしていなかったものの、その後取調べを重ねるにつれて事実を認めていったというのが通例であるから、捜査段階や予審段階で否認していた被疑者が、公判において突如として事実を認めるようなことは考えにくく、益田は、捜査段階や予審段階においても同判決に記載されているような事実を認める内容の供述をしていたものと推認される。

しかしながら、木村の場合と同様に、共犯者とされる西尾、加藤、新井、大森及び浅石については、現存する資料等が乏しいことから、それらの資料等のみから同人らの供述内容を推知することは困難である。

ウ　小林の訴訟記録について

前記特高月報によると、小林は、改造社社長山本実彦の経営方針により、同社発行の雑誌、特に昭和16年9月から昭和17年5月までの間、「改造時局版」誌を左翼的に編集するなどしたという改造社内左翼グループ事件に関与した者とされている（なお、相川手記によれば、小林は、昭和15年1月から昭和16年9月までの間「大陸」誌の編集次長を、昭和17年10月からは「改造」誌の編集次長をしていたとされる。）。そして、相川手記によると、「改造」誌を編集するにあたっては、編集長や編集部員、場合によっては山本社長が参加して編集会議を開き、編集方針、執筆者の選定等を行っていたというのであるから、同じ改造社発行の雑誌である「改造時局版」誌も同様の過程を経ているものと考えられる。

小林以外の「改造時局版」誌の編集部員が誰であるか、関係証拠によっても明らかではなく、また、特高警察が編集部員や山本を検挙した事実は認められないが、中央公論社の当時社長を務めていた嶋中雄作などが重要参考人として特高警察による取調べを受けていたとされることからすると〔本件再審公判弁4の4〕、小林以外にも、検挙されていない山本社長や編集部員等が特高警察による取調べを受け、なんらかの供述証拠が作成されている可能性も否定できない〔本件再審公判弁7〕。また、小林のほかに検挙された相川、小野、大森、若槻繁及び水島治男などの改造社関係者が、その供述の中で小林の「大陸」誌や「改造時局版」誌の編集等に言及した可能性はある。しかしながら、小林に関しては、横浜事件関係者の中でも特に資料が乏しいため、誰がどのような内容の供述をしていたのか推知することは極めて困難である。

エ　由田の訴訟記録について

前記特高月報によると、由田は、高木を中心とする昭和塾関係者により結成された「昭和塾々友研究会政治班」や、同政治班解散後に結成された「政治経済研究会」の一員として同政治班、同会の研究活動等に参加した者として報告されている。昭和塾々友研究会政治班についてみると、関係各証拠（例えば、板井庄作や高木健次郎の予審終結決定書の写し〔本件再審請求審甲2の6、2の7〕）によれば、予審終結決定書に記載されている並木正吉、由田、板井及び高木以外の構成員は明らかになっていない。横浜事件の被告人らの判決書や予審終結決定書によると、事件への関与が判明している関係者については基本的に氏名が列挙されているのに対し、判明していない関係者については「その他の者」などと記載されていることからすれば、由田の予審終結決定書に記載のない者は、基本的に検挙されていないものと考えられる。また、並木については、関係各証拠によっても検挙された事実が認められないのであるから、結局、同政治班関係については、由田、板井及び高木の供述によるしかないものと推認される。

次に、政治経済研究会についてみると、上記関係証拠や森に関する司法警察官意見書〔本件再審請求審甲3の3〕によれば、由田の予審終結決定書に記載された者以外に同研究会の構成員はおらず、研究会等の開催にあたり場所を提供した平貞蔵以外の者はすべて特高警察により検挙され、被疑事実に関する取調べを受けているものと考えられる。

そこで、これらの者がどのような供述をしていたか検討すると、白石、小川及び和田に関しては、現存する判決書の写し〔本件再審請求審甲1の2、1の5、1の8〕によると、証拠の標目として、被告人の公判供述のみ掲げられていることに照らせば、同人らは、公判廷のみならず、捜査段階や予審段階においても各判決書に記載されているような事実を認める内容の供述をしていたものと推認される。また、同研究会の詳細な活動内容が記載されている森に関する司法警察官意見書〔本件再審請求審甲3の3〕では、その認定根拠として同人の供述が挙げられていることからすると、同人は、捜査段階において被疑事実を認めた内容の供述をしていたものと推認できる。

しかしながら、浅石及び新井については既に述べたとおりであるが、高木及び板井に関しては、手がかりとなる資料が予審終結決定書の写しや前記口述書（板井については本件再審請求審で提出された陳述書）しかなく、また、由田、勝部及び山口については、前記口述書しか存在しないことから、これらの者が捜査段階や予審段階、公判廷でどのような供述をしていたか、その内容を推知することは困難である。

（3）以上から、横浜事件関係者のうち一部の者については、その供述内容を推知することはできるとしても、現存する資料等が少ない者については、関係各証拠を総合してみてもその内容を明らかにすることは困難である。しかしながら、横浜事件は、以下に詳しく検討するとおり、特高警察により一見関連性のない関係者について、相互に人的関連性があり全体として一つの大きな組織となっているとの青写真の下に、特高警察が、被疑者を一斉に検挙し、劣悪な環境の留置場に長期間留置して取調べを行い、その中で相当回数にわたり拷問に等しい暴行・脅迫を加えて自白を迫った点に最大の特徴があり、被疑者らは、一様に自己の被疑事実を認める手記や司法警察官に対する訊問調書を作成していたものと推認される。

ア　すなわち、横浜事件関係者で特高警察により検挙された者のうち被告人4名を含む33名は、昭和22年4月、同人らを取り調べた元神奈川県警察警部松下英太郎、同警部補柄沢六治及び同森川清造（告訴状では「森川利一」と表記されている。）を含む警察官多数を横浜地方裁判所検事局に対し、特別公務員暴行傷害罪により告訴し〔本件再審請求審甲5の1〕、その際、被告人4名を含む告訴人らは暴行傷害の事実を立証するために、特高警察から拷問とも言うべき暴行・脅迫を加えられたなどと記載された口述書を提出している〔本件再審請求審甲5の2の1ないし5の2の31〕。

告訴人らが受けたとされる暴行・脅迫の内容は様々ではあるが、各口述書には、検挙されてから特高警察で取調べを受けた当時の状況について、時系列に沿って具体的かつ詳細に記載されており、その内容は、特高警察官から竹刀等で激しく殴られるなどの暴行や様々な威迫、脅迫を加えられる様を詳細に記載したもので、迫真性に富んだものとなっている。

もっとも、各口述書は、いずれも特高警察により拷問を受けたと主張する告訴人らが作成したものであって、告訴人らは、被疑者、被告人の立場にあった者であり、一般的には、被疑者、被告人が、捜査段階あるいは予審段階で自白をしていたことの弁解として、拷問の事実がなくても拷問等により無理矢理自白させられたなどと訴えたり、暴行等を過大に申告しているおそれもないとはいえず、その口述書に記載されたとおりの事実が認定できるか否かは慎重に吟味する必要がある。

イ　しかしながら、被告訴人のうち松下、柄沢及び森川は、横浜地方裁判所に特別公務員暴行傷害罪により起訴され、同裁判所は、昭和24年2月25日、松下ら3名に対し、部下の特高警察官数名と共謀して泊会議に参加する予定であった益田に対し暴行陵虐の行為をし、傷害を負わせた事実を認定して、松下を懲役1年6月、柄沢及び森川をそれぞれ懲役1年に処する旨の判決を言い渡し、松下ら3名はいずれも控訴したが、東京高等裁判所は、昭和26年3月28日、松下ら3名に対し第1審判決とほぼ同じ事実を認定してそれぞれに第1審判決と同じ刑を言い渡し、同人らは、更に上告したが、最高裁判所第一小法廷は、昭和27年4月24日、各上告棄却の判決を言い渡し、上記有罪判決は確定した。

東京高等裁判所が認定した犯罪事実の要旨は、「被告人ら3名は、神奈川県警察部特別高等課に勤務していたもので、被告人松下は左翼係長警部、被告人柄沢、同森川は同係取調主任警部補の地位にあって各司法警察官として思想事件の捜査に従事していたが、その職務に従事中、昭和18年5月11日、治安維持法違反事件の被疑者として検挙された益田の取調べに際し、同人が被疑事実を認めなかったので、被告人らはその他の司法警察官らと共謀して益田に拷問を加えて自白させようと企て、同月12日ころから1週間位の間、数回にわたって、神奈川県神奈川署の警部補宿直室において、益田に対し、頭髪をつかんで股間に引き入れ、正座させた上、手けん、竹刀の壊れたもの等で頭部、顔面、両腕、両大腿部等を乱打し、これにより腫れ上がった両大腿部を靴下履きの足で踏んだり揉んだりする等の暴行陵虐の行為をなし、よって、益田の両腕に打撲傷、挫傷、両大腿部に打撲挫傷、化膿性膿症等を被らせ、そのうち両大腿部の化膿性膿症についてはその後治癒まで数か月を要せしめたのみならず長くその痕跡を残すに至らしめた。」というものであった〔本件再審請求審甲4の2〕。

ところで、東京高等裁判所は、上記松下ら3名に対する有罪確定判決において、益田の口述書において述べられている内容とほぼ同様の拷問の事実を認定している。すなわち、益田の口述書によると、益田は、昭和18年5月11日に検挙されてから、神奈川警察署において、松下、柄沢、森川ほか3名の警察官の取調べを受け、上記6名は、同日から約1週間連日益田を取り調べるに当たり、否認は命がけであるなどと威嚇した上、泊会議の目的、内容を問い質し、これについて知らないと答えると、森川が益田の頭髪をつかんで頭を股間に引き入れ、手けん、平手、竹刀片で益田の頭、頬、肩を乱打し、ほか2名の警察官が後方から竹刀、竹刀片等で両大腿部を殴打し、靴下履きの足で腫れ上がった腿を揉むなどの暴行を加え、さらに、ある日は、麻紐様の物で益田を後ろ手に縛り、松下が手けんで顔面を乱打し、棍棒、竹刀、竹刀片等で各々袋叩きにするなどの暴行を加え、それによって益田の両腕、両股の傷口は化膿した。さらに、ある日は、平手打ちを加えられた後、板敷き上に土下座させられ、靴で顎を蹴り上げられるなどの暴行を加えられたため、万事を警察官に一任し、警察官に思い通りの手記を代筆させた、というのである〔本件再審請求審甲5の2の3〕。

東京高等裁判所が認定した事実は、益田に対する取調べに関するものではあるが、多数ある告訴事実の中から、益田に対する拷問の事実のみが起訴されたのは、口述書作成当時も益田の両股に傷跡が残っていたことなど、告訴事実の立証手段があったためであると推認されるので、他の告訴事実については不起訴になったことから、直ちに横浜事件の他の被疑者に対して暴行・脅迫がなかったとはいえない。

そして、告訴状〔本件再審請求審甲5の1〕等の関係各証拠によると、松下ら3名は、横浜事件の捜査全体、特に被告人4名が関与していたとされる「政治経済研究会事件」や「党再建準備会グループ事件」に関する捜査に広く携わり、関連する被疑者の取調べにあたっていたのであるから、他の横浜事件関係の被疑者らとの関係においても、相応の関係あるいは意味を有することは明らかであって、益田に対する拷問が、特高警察による取調べの中で例外的な出来事であったとは考え難く、前記のとおり、口述書や告訴状において、迫真性のある暴行等の事実が記載されていることをも勘案すると、益田に対してとられていた苛酷な取調方法は、ほぼ同じ時期に同様の被疑事実により取調べを受けていた他の被疑者らに対しても同様に行われていたものと容易に推認することができる。

そして、松下ら特高警察官を告訴した者は、横浜事件で検挙された被疑者の一部にすぎず、浅石や和田のように特高警察官による拷問に加え劣悪な留置環境等が相俟って拘置所内や刑務所内で死亡した者や、西尾や相川のように釈放後間もなく死亡した者がいたり、拷問被害を忘れたいなどの理由で告訴をしなかった者がいたことは容易に想像できるところであり、横浜事件の被疑者については、ほとんど例外なく特高警察により同じような取調方法、すなわち益田に対するものと同様の拷問を加えつつ取調べを行うという手法がとられていたものと推認される。

ウ　ちなみに、被告人4名について各本人が作成した口述書の内容をみると、その要旨は次のとおりである。

すなわち、平館は、警察署に留置されている間に何度も拷問を受けたが、そのうち特に残虐な行為を受けたことが2回あり、両手を後ろ手に縛られ、竹刀で左右から両膝を交互に30分にわたり打撃を加えられ、意識がもうろうとなったが、回復すると再び打撃が加えられ、頭髪を掴まれ畳の上を捻り回された。この拷問の際は、1度目は二、三日、2度目は五日間ばかりは体の苦痛のため起き上がることができなかったなどと述べている〔本件再審請求審甲5の2の5〕。

由田は、横浜臨港警察署に留置されている間、竹刀や弓の折れた物等で全身を強烈に乱打され、膝裏に三角棒をはさんで座らされ、腿の上を靴で踏みつけられ、気を失った、大腿部等に受けた傷は約2週間治らなかった、同じような暴行はその後もあり、竹刀、鞭で乱打されたこともあるなどと述べている〔本件再審請求審甲5の2の13〕。

小林は、伊勢佐木警察署の取調室で、被疑事実を否認すると、頭髪を掴まれて顔面を殴打されたり、土間に正座させられ、頭髪を掴まれて捻られ、両側から叩かれたり蹴られるなどし、歩行困難となり、さらに、別の日には、まだ十分自白していないと言われ、両手を縛られ、頭髪を持たれて引き倒され、木片様のもので背中を打たれ、足で全身を踏みつけられたりしたが、このような拷問が数回あったなどと述べている〔本件再審請求審甲5の2の21〕。

木村も、山手警察署の取調室土間で、約1時間、竹刀、棍棒、靴などで頭、顔、背中、膝、手足等をめった打ちされ、全身の疼痛が激しく、発熱したほか、同様の拷問を何度か受け、別の日には、裸にされて縛り上げられ、正座させられた両足の間に太い棍棒を差し込まれ、膝の上に乗られたり、ロープ、竹刀、棍棒で全身を叩かれる拷問で、房に戻った時は、半ば失神した状態であった、また、食品の差入れも厳禁されたなどと述べている〔本件再審請求審甲5の2の7〕。これらの供述内容は、益田の口述書の内容と対比すると、拷問の方法に類似性が認められる上、取調べ状況の記載のある口述書については被疑者の供述態度と拷問との関係にも共通性が認められ、その内容に特段不自然な点はなく、他の多くの告訴人の口述書と同様に基本的に信用することができる。

エ　以上からすると、被告人4名を含む治安維持法違反の嫌疑で検挙された横浜事件関係の被疑者らは、特高警察官から受けた拷問の回数、内容、程度等に各々差異があるものの、特高警察に検挙された直後ころから、当時劣悪な環境にあった各警察署留置場に勾留されている間、糧食の授受を制限され、取調べ中には、相当回数にわたり、脅迫を受け、時には失神させられるような暴行を伴う激しい拷問を加えられ、生命の危険を感じるなどした結果、特高警察官らの強制誘導に屈して、やむなく自白をして手記を作成したり、取調べの先行している関係者らの供述に沿う形で、特高警察官らの思い描く内容の手記を同人らの言うがままに作成したり、これらに基づいて作成された同様の内容の訊問調書に署名指印したりすることなどを余儀なくされたことが合理的に推認されるところである。

さらに、関係各証拠〔本件再審請求審甲1の1、甲3の4の2〕によれば、その後も、相川のように、検察官や予審判事に対しても同様の自白を維持した者がいるが、特高警察官らによる拷問の影響が継続し、勾留期間が長期にわたっている中でのことであるから、早期の釈放や取調べ終了後の移監などを期待して、検察官や予審判事に対しても迎合的な態度で臨んだとしても何ら不自然ではなく、また、益田、白石、小川及び和田のように公判においても自白を維持した者がいるが、早期に手続を終了させたいという思惑があってそのような対応をした可能性も十分にあるといえる。

したがって、横浜事件の被疑者らは、それぞれ特高警察により拷問を加えられ、少なくとも同人らに嫌疑をかけられた被疑事実を認める内容の手記を作成し、それに基づいて司法警察官に対する訊問調書が作成され、さらに、被疑者によっては、予審段階においても自白を維持した内容の予審訊問調書を作成されたものと推認される（なお、関係各証拠によると、被疑者によっては、予審判事による取調べが十分に行われていなかった者がいたものと考えられ、必ずしもすべての被疑者につき予審訊問調書が作成されたとは限らない。また、相川の予審第7回訊問調書は、泊会議の内容につき捜査段階における供述を減退させているが、泊会議の事実そのものを否認しているわけではなく、それが事実でないとすれば、拷問による影響が残っていたことに変わりないというべきである。さらに、細川が横浜拘置所に移ってからは、同じ拘置所内にいた細川、木村、加藤、西尾らは、拘置所の雑役をいわゆるレポ役に使って相互にメモを交換し、予審段階で従前の自白を覆そうという申し合わせをしていたことがうかがわれ〔本件再審請求審甲9〕、見方によっては、通謀をしているのではないかとの疑念も生じないわけではないが、そのことから、従前の自白が真実であると推認できるわけではない。）。

(4) ア　以上の推認からもうかがえるように、被告人4名を含む横浜事件の被疑者らは、いずれも特高警察による拷問の影響を受け、それにより被疑事実を認める内容の手記や司法警察官に対する訊問調書を作成された可能性が高い（もっとも、これらの供述証拠が、各被告人の公判で証拠とされたかどうかうかがい知ることはできないため、関係する被疑者の訊問調書がすべて公判の証拠に含まれていたことを前提に検討を進めることとする。）。

そして、現行法下では、拷問による自白は任意性を欠く典型例として法律に挙示されているが（刑事訴訟法319条1項）、旧刑事訴訟法にはそのような自白法則に相当する規定が存在せず、拷問により自白が得られたとしても、直ちに証拠能力が否定されることはないと解されていた。しかしながら、そうであるとしても、拷問により得られた自白は、その内容につき疑義が生じるということは現行法下であっても旧法下であっても変わることはなく、仮に拷問による自白であると認定されれば、原則としてその供述の信用性は否定されるべきである。

また、本件再審の手続には、旧刑事訴訟法のみならず日本国憲法の施行に伴う刑事訴訟法の応急的措置に関する法律（昭和22年法律第76号。以下、「応急措置法」という。）が適用される結果（刑事訴訟法施行法2条）、「強制、拷問若しくは脅迫による自白又は不当に長く抑留若しくは拘禁された後の自白は、これを証拠とすることができない」とする応急措置法10条2項の規定から、再審公判段階では、拷問等により得られた任意性のない供述は証拠となし得ず、証拠から排除すべきこととなるので、これらを排除して有罪認定ができるか否かを判断すれば足りることとなる。しかし、排除すべき関係者の供述証拠の多くが残存せず、その排除すべき証拠範囲も明確にし難いので、ここでは、いったん、拷問等により得られた自白がどの程度信用できるものであるかという広義の証明力の問題として他の証拠も参酌してさらに検討することとする。

そこで、関係各証拠を検討すると、問題とされた各会合がもたれた事実等については、その会合がもたれたことの何らかの裏付けとなる証拠が収集されていたことはうかがわれるが、その中でどのような話し合いが行われていたのかなどについて、出席者の供述以外に、会議のメモや共産主義運動の方針を取りまとめた文書等の客観的な裏付証拠がなかったことは、各訊問調書においてそれらへの言及がされていないことからも明らかであり、自白の真実性を担保する証拠があったとは認められない。

また、残存している各被告人の手記を見ても、例えば、木村の手記には「私はコミンテルン並に日本共産党の任務目的に副ふために活動の遂行を意図致しまして……共産主義者細川嘉六を中心に私を始めとして相川博、……新井義夫等の共産主義者が結集して共産主義グループを結成し、前記の意図、目的を以て……」などという、当時の特高警察が作成する訊問調書や報告書の用語や文体をそのまま真似たような記載内容の手記となっており、著名な評論家として接しているはずの細川を「共産主義者細川」と記載するなど、木村の意思に沿った記述とは到底考え難い言葉遣い、内容となっており〔第1次再審請求審甲20の4〕、その内容、形式には相当に取調官の示唆、誘導があったことがうかがわれる。また、手記の記載内容は、治安維持法違反の構成要件事実を意識した文章になっている点が少なくなく、構成要件事実を漏れなく記載することは自発的な手記では通常はあり得ないことであるから、手記という形式を採っているからといって、それが訊問調書よりも信用性が高いなどと認めることもできない。

相川の手記も同様である〔第1次再審請求審甲20の4〕。すなわち、同人の昭和18年9月15日付け手記によれば、「左翼共産主義ヲ標榜スル尖鋭ナル言論機関トシテ共産主義ヲ宣伝スルコト」が「改造」の伝統であり、編集会議については「之レ程マデニ社長以下全員ガ揃ツテ共産主義者デアリ同志的ナ鞏固ナ結束ノ下ニ「改造」ノ伝統ヲ堅持シ」ているなどとし、執筆者を「思想傾向ノ鮮明ナ左翼評論家」、「尖鋭ナ自由主義者ヤ嘗テ左翼主義運動ニ参加ノ経歴ヲ有シ其後偽装転向ヲ表明シテヰル者」、「右翼革命分子」、「全ク反動的デ問題ニナラナイモノ」に分類するなどし、「世界史の動向と日本」は、相川が細川に対し、来るべき共産主義革命に対処し全国に散在する共産主義者の蹶起を促すための指令的内容を持つ大論文として依頼したものであるなどとし、その手記の最後の方では、『改造』ヲ葬リ去ルコトハ時局重大ノ折柄最モ焦眉ノ急務ト確信スル次第デアリマス。」などと記載され、社長の山本実彦の評価として「何分私達ノ手ニハ負エナイ大物デスカラ当局ノ手デ彼ノ仮面ヲ剥イデソノ赤魔ノ正体ヲ曝露シテ頂クヨリ外ナイト信ジマス。」と結んでいる。

しかし、とりわけ最後の方の部分は特高警察の当時の思惑をそのまま相川の手記の名を借りて記載しているのではないかとの疑いが強く（同じことは、中央公論社及びその社長である嶋中についても、関係者の資料からうかがわれる。）、改造社に編集者として勤務していた相川が、仮に取調べ中に思想上の転向をしたとしても、この時期に「改造」を葬り去ることを望み、社長を「赤魔」と呼ぶなどとは考え難く、その後の相川の言動等〔第1次再審請求審甲5の1、5の2の8等〕からも、当時その意思に沿って作成したものではないことは容易に推認できるところである。

また、日本の歴史における山本実彦の文学出版上の功績や協同民主党の委員長などを務めたその政治活動歴等に照らせば、山本の思想傾向等についての相川手記の記述が、今日の一般的な評価とは著しく異なるものであることも明白である。これらの点に照らしても、横浜事件の検挙者の多くは、特高警察の暴力を伴うような厳しい取調べに屈して、特高警察の思うままの供述や手記の作成を強いられたことがうかがわれる。細川論文を依頼した趣旨についても、当時の客観的な政治情勢や細川論文の内容等に照らすと、少なくとも、手記に書かれているような「共産主義者の蹶起を促すための指令的内容を持つ大論文」などとは考え難く、当時の特高警察の見方に迎合したものであるとの疑いが強い。

そして、前記拷問等の影響により虚偽の疑いがあり、信用性が欠如する供述部分は、治安維持法1条後段及び10条の特性に照らしてみると、個々の外形的な事実ではなく、主として、個々の具体的行為を、国体を変革することを目的とし、かつ、私有財産制度を否認することを目的とする結社であるコミンテルン及び日本共産党の目的遂行のためにする意思をもってしたことなどの主観的要件等に関するものであったと考えられる。

被告人4名は、予審終結決定に記載されていた事実のうち外形的な事実（ただし、後述する泊会議の事実を除く。）については基本的に争っていなかったものの、上記主観的要件については、捜査段階の当初は否認していたが、最終的には、特高警察による拷問に屈し、上記主観的要件を認める内容の手記や司法警察官の調書が作成されたものと推認され、また、被告人4名のそれぞれの主観的要件の認定に資する他の横浜事件被疑者の自白を内容とする手記や司法警察官に対する訊問調書（さらには予審訊問調書等）もまた、拷問がされるなどした過程で作成されたものと考えられ、これらの供述証拠はいずれも拷問の影響により虚偽の疑いがあるから、到底信用することはできない（そもそも証拠能力も認められないことは前記のとおりである。）。

したがって、他に被告人4名の主観的要件を推認させる証拠は見当たらないのであるから、信用性の否定される横浜事件関係者の供述証拠からは、それぞれの予審終結決定書に記載された事実を認定することはできない（一部の会合では、マルクス主義的な手法による情勢分析が行われていたこともうかがわれないわけではないが、そうであるとしても、そのことから直ちにその行為が、コミンテルンや日本共産党の目的遂行のための行為であるともいえない。また、横浜事件の残存する記録を検討しても、具体的に、各公訴事実に記載された時期ころにコミンテルンと連絡を取っていた事実は何らうかがわれず、関係者によって日本共産党の再建に向けた組織的な活動があったことをうかがわせる記録類は何も存在しない。）。

イ　また、平館については、泊会議とされる会議は、そもそも存在しなかったと主張するので、さらに検討すると、この点に関する平館の自白調書も存在したものと考えられるが、これについても拷問の影響により採取されたものであるから、もはや信用性を認めることはできない。もっとも、泊会議の事実に関して、特高警察は、泊会議の事実を立証するために様々な裏付け捜査をしたことがうかがえる〔第1次再審請求審甲20の3〕。

まず、特高警察は、泊町で会議を開催した事実を裏付けるため、泊町で細川らを宿泊させた紋左旅館の女将柚木ひさや宴会を開いた三笑楼の亭主である平柳梅次郎等を取り調べているが、同人らの調書によると、郷里に帰ってきた細川をもてなすために酒類を提供し、芸者を呼んで遊んだなどということを供述していたに過ぎず、細川らが共産党再建のための準備会を催していたことを推認することはできない。また、旅館前で撮影された写真自体は被写体である細川ら及び撮影者である西尾に親密な関係があることを推認させるにとどまり、同会合の目的は何ら推認することができない。むしろ、当日の行動を含めて全体的に考察すれば、同会合が日本共産党を復興再建するための秘密の会合であるとうかがわれる様子は見られず、むしろ細川が戦時下の劣悪な食糧事情の下で雑誌編集者らを郷里に招いて接待し、遊興をさせるための会合であった可能性がかなり高くうかがわれるというべきである。

確かに、接待や遊興の合間に共産党再建に関する準備会を開く可能性は否定できないものの、共産党再建準備会のような極秘を要する会合を開くというのに、料理店での宴席には芸者を呼び、酒を持って船で行楽に赴くなどの派手な行動をし、スナップ写真を撮ったり、細川が料理店の経営者のため記念に色紙を書くなどの証跡を残すということはにわかに考え難い上、相川の手記等によれば、共産党再建準備会では、細川を中心とする共産党再建を図る「細川グループ」の結成及び拡大強化を協議し、それをカムフラージュする組織やその人的配置等についても審議決定したことになっているが、明け方に泊に着いて、昼過ぎには船で景勝地の親不知に出掛け、そこから列車で泊に引き返して、夕方からは料亭に移って芸者を入れて酒の出る宴会を行えば、相当に疲労が溜まり、酒の影響等もあって、とりわけ夜の宴会後は集中力も高まらないはずであり、その間に日本共産党の党再建準備会なる秘密グループの結成や活動方針の審議・決定を行ったというのは、いかにも不自然さを否めない。

もっとも、横浜事件の検挙者は様々なグループに属し、出版関係者のグループや昭和塾関係者でいわゆる「政治経済研究会」のメンバーなど、多種多様であり、中には同会のメンバーのように、マルクス主義理論に基づく情勢の分析・研究活動を行い、思想的にも共産主義思想に近い者も含まれていたことが推認され〔本件再審請求審甲7の7等〕、細川により泊町に招待されたメンバーの中には、当時の戦時体制に強い反感を抱いていた者もいたことがうかがわれ、また、招待された出版関係者は当然のことながら当時の検閲などに批判的であったと考えられる上、細川への親近感もあった者らであるから、さらに、細川自身も、民族自決を認めず、日本の指導的立場で「大東亜建設」を進めるという東條内閣の方針には反対であったことは細川論文の内容からも明らかであるから、泊町での宴席では、勢い、当時の政治体制に対する批判的な言動があったであろうこと程度は容易に想像できるところである。しかし、それは、公訴事実に記載されている共産党の再建準備会の結成や今後の活動方針の審議・決定とは質的に全く異なることであって、その程度では、治安維持法1条後段の目的遂行行為ともいえないことは明らかである。

したがって、泊町で共産党再建準備会が結成され、その活動方針等が審議・決定されたとの泊会議の事実についても、これを認定するに足りる証拠はない。

4 結　論

以上の検討からすれば、被告人４名の予審終結決定書に記載されたであろう事実について、現存する資料を元に確定審当時存在したであろう証拠を検討しても、いずれも、その各行為がコミンテルン及び日本共産党という結社の目的遂行のために行われたとの主観面の点は、到底これらを認定することはできなかったというべきである。本件公訴事実は既に半世紀以上も前の事実を対象とするものであるから、関係者はほとんど死亡しており、さらに新たな証拠が発見・請求される可能性は極めて乏しく、したがって、大赦及び刑の廃止という事実がなく、再審公判において裁判所が実体判断をすることが可能であったならば、被告人４名とも無罪の裁判を受けたであろうことは明らかであり、刑事補償法25条1項の「無罪の判決を受けるべきものと認められる充分な事由」があったものということができる。

第3　補償額

次に、被告人４名についての補償額を検討する。

請求人らは、被告人４名がいずれも大学卒であるから、身柄を拘束された当時得ていた給料の１日分は、現在の価格に換算すれば１万２５００円を遥かに超えており、また、慰謝料分に限ってみても、本件事案の性質上、補償されるべき額は１万２５００円を遥かに超えた額となるから、各被告人が拘束されていた期間に日額１万２５００円を乗じた額を補償額とすべき旨主張するので、当裁判所は、拘束の種類及びその期間の長短、本人が受けた財産上の損失、得るはずであった利益の喪失、精神上の苦痛及び身体上の損傷並びに警察、検察及び裁判の各機関の故意過失の有無その他一切の事情を考慮した上（刑事補償法４条２項）、具体的な補償額を検討する。

1　拘束の種類及びその期間の長短

昭和20年度公判始末簿〔本件再審請求審甲８の３〕や被告人ら弁護人の受任事件ノート〔本件再審請求審甲８の１〕などの関係各証拠によれば、平館は、昭和18年５月11日に特高警察により検挙され、昭和20年９月２日に釈放されたこと、木村は、昭和18年５月26日に検挙され、昭和20年９月４日に釈放されたこと、由田は、昭和18年９月９日に検挙され、昭和20年８月31日に釈放されたこと、小林は、昭和19年１月29日に検挙され、昭和20年８月29日に釈放されたことが認められる（なお、由田は同月30日に執行猶予付きの有罪判決を言い渡されているにもかかわらず、出所が翌31日となっているが、これは、旧刑事訴訟法下においては、執行猶予付きの有罪判決が言い渡されたときは勾留されている被告人に対し放免の言い渡しがあったものとされるが〔旧刑事訴訟法371条1項〕、これに基づく釈放指揮書が監獄に到達してから10時間は猶予の時間が認められていたことから〔旧監獄法65条〕、由田についても、何らかの理由により釈放が翌日になったものと考えられる。）。

したがって、被告人らが抑留又は拘禁されていた期間は、木村が833日間、平館が846日間、小林が579日間、由田が723日間であって、それぞれかなり長期にわたるものであったと認められる。

2　本人が受けた財産上の損失等

（1）そして、関係各証拠によれば、検挙当時、木村は中央公論社の記者をしており、平館は南満州鉄道株式会社の東亜経済調査局第3課世界経済班に勤務し、小林は改造社に入社して編集者として勤務し、由田は古河電工株式会社の社員として庶務課に勤務していた事実が認められ、平館及び由田については、仮に検挙されていなければ、そのまま稼働していたことが推測される。

他方、改造社及び中央公論社は、昭和19年7月に解散しているが、その原因は横浜事件によるところが大きく、この点を木村や小林に不利に考慮すべきではない。

もっとも、当時の給与水準がどれほどであったか証拠上必ずしも明らかではなく、昭和18年ころは太平洋戦争の戦局が激化しつつあった時代であって、当時の職業のみから現代の給与水準を推認することは困難である。しかしながら、少なくとも、大卒者が少なかった昭和10年代後半ころ、被告人らはいずれも大学を卒業した上で、当時は著名な出版社や一流企業に就職し、各勤務先で稼働していたのであって、一般的な事務職を上回る比較的恵まれた水準の給料を得ていたものと推認される。したがって、抑留又は拘禁されたことによって被告人らが被った給料等の財産上の損失は、現在の時点に引き直せば、平均給与に身柄拘束日数を乗じた額を相当に上回るものと考えられる。

（2）続いて、各被告人が、抑留又は拘禁されたことによって受けた肉体的苦痛、精神的苦痛について検討してみる。関係各証拠によれば、被告人4名が特高警察に検挙された当初は、警察署の各留置施設に勾留され、その後、横浜地裁からほど遠い横浜拘置所に移監された事実が認められる。そして、昭和20年当時の公判始末簿に公訴棄却の判決を言い渡されたとの記載が散見され、公訴棄却を言い渡す事由は被告人の死亡がほとんどであることに照らすと、戦時中であったことも相まって、留置場及び拘置所内の食糧事情、衛生環境は劣悪であったことがうかがえる。そして、被告人4名は、その各口述書によれば、益田と同様に、特高警察から手けん、竹刀の壊れたもの等で頭部、顔面、両腕、両大腿部等を乱打され、失神するまで殴打されるなどの激しい拷問を加えられたというのであるから、その被った肉体的苦痛は計り知れないものである。そして、被告人4名は、このような特高警察による拷問に屈し、意に反した手記や司法警察官に対する訊問調書を作成させられていたのであって、長期間、身柄の拘束を受けて世間から隔絶した場所での生活を余儀なくされたものであるから、その屈辱感などの精神的な苦痛は計り知れず、被った精神的被害は甚大であるといわざるを得ない。また、横浜事件の被告人の中には、釈放された後、健康を害して若くして死亡した者も認められ、早期の死亡と身柄拘束との関係は必ずしも明確ではないものの、長い身柄拘束が健康に及ぼしたであろう影響も無視することはできない。

3 警察、検察及び裁判の各機関の故意過失等

（1）被告人4名が検挙されるに至った経緯は既に述べたとおりであるが、川田壽とその妻定子が検挙された後、川田らと縁の深かった世界経済調査会の高橋善雄が検挙され、その高橋がメンバーとなっていたソ連事情調査会の平館が検挙されたところ、同人が所持していた泊町で撮ったスナップ写真が押収され、その写真に細川を囲んで改造社や中央公論社の編集部員、研究者等が写っていたことから、木村が検挙され、さらに由田や小林が、政治経済研究会、改造社、中央公論社の関係者らとともに芋づる式に検挙されていったというものである。

しかしながら、相川の昭和18年9月15日付け神奈川県警察部特別高等課あて手記〔第1次再審請求審甲20の4〕においては、泊会議について触れられていないのに対し、その後作成された同人の昭和19年5月6日付け横浜地方裁判所検事局山根隆二あての手記〔第1次再審請求審甲20の4〕においては、小野や相川らの予審終結決定の事実認定に沿う泊会議の事実が述べられるに至っており、木村が検挙された当時、泊町において党再建準備会が結成されたことを推認させる証拠は、上記スナップ写真程度であったと推認され、特高警察は、極めて脆弱な証拠に基づいて木村らを検挙したことになる（もっとも、昭和18年9月15日付け手記では「党再建活動関係」は別に述べると記載されている。しかしながら、同手記でも会合の有無程度は記載されており、細川の「世界史の動向と日本」が泊会議の決定に基づくものであるとすれば、前記のとおり、相川は、特高警察の意のままに手記を作成していた状態であるから、泊会議についての言及が全くないのは不自然である。）。

そして、特高警察は、相互に人的関連性があり全体として一つの大きな組織となっているとの青写真の下に、横浜事件関係者を一斉に検挙し、拷問を加え、自白させていったのであって、特高警察が故意に事件を捏造したか否かについては様々な憶測があり、関係記録上は定か

ではないものの、旧刑事訴訟法下においても法律上は暴行・脅迫を用いた取調べは許されず、特別公務員暴行傷害罪を構成する犯罪行為であったはずであるから、仮に、特高警察が、検挙した横浜事件関係者にそのような嫌疑があるものと信じていたとしても、そのような違法な手法で捜査を進めたことには、故意に匹敵する重大な過失があったと言わざるを得ない。

(2) そして、検察官は、一般的には特高警察がどのような取調べをしていたか知り得る立場にあったものと考えられ、被疑者の手記の体裁・内容や訊問調書の内容には不自然な点も散見されるのであるから、特高警察に取調べの状況を報告させるなどして横浜事件関係者に対する拷問の事実の有無、程度等を調査し、是正を図る措置等を講ずるべきであったといえる。そして、旧刑事訴訟法においても起訴権限は検察官にあり、起訴するにあたっては、証拠の信用性等につき慎重に吟味する必要があったのに、拷問等の事実を見過ごして起訴したという点には、少なくとも過失があったことは認められる。

(3) さらに、旧刑事訴訟法においては予審判事による取調べが予定されているところ、被告人によっては予審判事の面前で拷問の事実を訴えていた者もいたとうかがわれ、また、相川のように捜査段階における供述を減退させている者もいたのに、当時の予審判事は、特に深く追及することをせず、あるいは追及したとしても予審訊問調書上では拷問の事実等は明らかにすることなく公判に付していたものと考えられる（暴行の事実が記載されているのは、残っている調書では細川の第9回訊問調書〔第1次再審請求審甲20の3〕のみである。）。

すなわち、前記の相川の予審訊問調書では、これまで事実と違うことを述べたり手記を作成していた理由として、警察の係官から警察で述べたとおりに検察官や予審判事にも陳述せよと言われたとか、手記の内容は警察の取調べと同趣旨でなければならないと思ったなどと録取されているが、なぜ警察で事実と異なる供述をしたのかについては何ら触れてはいない。上記のような理由で事実と異なる供述をしたというのであれば、警察でそのように述べた理由を質すはずであり、拷問の事実を知っていたから質さなかったのか、質問したが相川がその理由として拷問の事実を訴えたので、敢えて録取しなかったかのいずれかであろうと推認される。また、他の被告人については、終戦後、予審判事自ら拘置所に赴いて取調べをし、予審終結決定書の作成もままならないのに、公判に付していたという事実もうかがわれる。そうすると、被告人4名を含む横浜事件の被疑者らに対する特高警察による拷問の事実等を見過ごしたまま同人らを公判に付したことにつき、予審判事に少なくとも過失があったというべきである。

（4）横浜事件の被告人らは、終戦前後にかけていくつかのグループに分けられた上、集団で短時間の審理を受けており、中には従前の供述は拷問による虚偽のものであるとしてこれを覆そうとした者もいるが、これを聞き入れてもらえることなく、十分な審理がなされないまま即日判決を受けていた者が多数いたことがうかがわれる。その背景には、敗戦直後の混乱期において、確定審裁判所に、劣悪な環境の施設に収容され、生命や健康を脅かされていた被告人らを早期に釈放しようとする目的があったとも考えられるが、そのような目的だけであれば、保釈や勾留の取消し・執行停止等の手段で釈放することもできたはずである。確定審裁判所が被告人らの各供述について慎重な検討を行った形跡は認められず、かえって、総じて拙速、粗雑と言われてもやむを得ないような事件処理がされたものと見ざるを得ず、慎重な審理をしようとしなかった裁判官にも過失があったと認めざるを得ない。

（5）以上からすると、被告人4名に対する有罪判決は、特高警察による暴力的な捜査から始まり、司法関係者による事件の追認によって完結したものと評価することもできるのであって、警察、検察及び裁判の各機関の関係者の故意・過失等は総じて見ると重大である。

4　被告人ら側の落ち度の有無

刑事補償法3条1項1号は、捜査又は審判を誤らせる目的で、虚偽の自白をするなどしたことを補償しない事由又は減額する事由として掲げており、その趣旨からすれば、被告人側の落ち度が認められるような場合には、それを補償金額の決定をするに当たって考慮すべきことになるものと考えられる。

そこで、本件各請求についてみると、被告人4名は少なくとも予審段階までは概ね自白していたものと推認されるが、それは、拷問の影響によるものと見るべきことは前記のとおりであって、捜査を誤らせる目的があったとはいえず、考慮すべき事情とはいえない。また、弁護人のアドバイスによるにせよ、被告人4名は公訴事実を強くは争わず、結局は即日結審・判決という簡易な手続で終了させる途を選び、上訴もしなかったのであって、とりわけ、被告人らの利益を代弁すべき弁護人が、執行猶予になることを前提に、即日結審・判決という手続を容認したことを、被告人側の落ち度として考慮すべきかどうかという問題がある。

この点、弁護人である海野弁護士は、徹底的に争う意思を示した細川のため、記録の謄写を始めたばかりで、予審終結決定も十分検討できず、証拠も見ていない段階にあったから、今日であれば、記録も見ずに被告人に有罪を押し付けるがごとき弁護活動は決して許されないということになろう。しかしながら、当時、横浜事件の極めて多数の被告人の弁護を海野弁護士が一手に引き受けており、同弁護士は他にも引き受け手の乏しい思想関係事件の弁護活動を広く行っていたことが認められ、そのような困難な状況下で、十分に記録を検討することなく、被告人の早期釈放を目指すという弁護方針の下で、即日結審・判決という裁判所の方針に応じたことには必ずしも帰責事由があるとはいえない。

本件当時、拘置所の衛生環境、食事等は極めて劣悪であり、海野弁護士は接見に行った際に何度も棺桶が運び出されるのを目にしたこともあるというのであって〔本件再審請求審甲7の1〕、また、横浜事件の被告人の中には、裁判を待たずに獄死した者も出ていたので、同弁護士が、被告人の早期の釈放を最も重要な目標として、裁判所に対して妥協的な弁護活動をしたとしても何ら責められるべきではないと考えられる。依頼者である被告人の生死がかかっているという現代からは想像のできないような厳しい状況下での弁護方針の選択であるから、真実のために断固として争うべきであったなどとその方針を安易に非難することはできない。また、当時は上訴もかなり制限的であって、いったん即日結審・判決に応じておきながら、その判決に瑕疵があるとして上告審でこれを覆すことは困難であるから、そのまま判決を確定させたことを被告人側の落ち度と見ることもできない。したがって、被告人側の対応に問題があったがために有罪判決が確定したと見ることもできない。

5　小　括

以上のような事情をもとに、刑事補償法4条2項に従って検討すると、被告人4名が受けた財産上の損失、肉体的、精神的苦痛は甚大であって、本件における各機関の故意過失も重大であることに照らせば、被告人4名のそれぞれについて、上記拘留又は拘禁されていた日数に応じて、法で定められた上限である1日1万2500円の割合による額を刑事補償として交付するのが相当であるので、その補償額は下記のとおりになるところ、請求人ら及び参加人らはいずれも本件の各被告人の相続人であるから、その各被告人の刑事補償を請求する権利を有することになる。

記

被告人故平館利雄分
　12500×846＝1057万5000円
同　故由田浩分
　12500×723＝903万7500円
同　故小林英三郎分
　12500×579＝723万7500円

同　故木村亨分
１２５００×８３３＝１０４１万２５００円

第４　結　論

よって、刑事補償法16条前段により、請求人ら及び参加人らに対し、主文掲記の金額を交付することとし、主文のとおり決定する。

平成22年２月４日

横浜地方裁判所第２刑事部

裁判長裁判官　大島　隆明
裁判官　五島　真希
裁判官　水木　淳

裁判官五島真希は療養中のため押印できない。

請求人ら代理人弁護士目録

請求人ら代理人弁護士

環　直彌
竹澤　哲夫
新井　章
内田　剛弘
吉永　満夫
大島　久明
岡山未央子
森川　文人

※

平成20年（な）第１号、第２号、
平成22年（な）第１号、第２号
平成22年３月４日　費用補償決定

決　定

住居　石川県金沢市
平成20年（な）第１号請求人（故平館利雄の子）
平館　道子

住居　千葉県市川市
同（故由田浩の妻）由田　道子

住居　東京都大田区
平成20年（な）第２号請求人（故小林英三郎の妻）
小林　貞子

平成20年（な）第１号請求人（故小林英三郎の子）
小林佳一郎

住居　東京都西東京市
同（故木村亨の妻）木村　まき

住居　東京都豊島区
同（故高木健次郎の子の妻）高木眞知子

住居　神奈川県横浜市――――
平成22年（な）第1号参加人（故小林英三郎の子）
土屋　浩子
住居　神奈川県横浜市――――
平成22年（な）第2号参加人（故小林英三郎の子）
小林　伸二
上記請求人ら代理人弁護士　森川　文人

上記請求人らから費用補償の請求があったので、当裁判所は、検察官及び請求人らの意見を聴いた上、次のとおり決定する。

主　文

本件各請求をいずれも棄却する。

理　由

第1　請求の趣旨及び理由

本件請求の趣旨及び理由は、請求人ら代理人作成の各裁判費用補償請求書及び各意見書に記載されたとおりであり、当庁で保管する関係記録に照らすと、要するに、本件請求人らは、当庁昭和20年（公）第50号、71号、73号、79号、83号事件の被告人として再審で免訴判決を受けた者の再審請求人又はその相続人であるところ、上記免訴判決が確定したので、①再審開始決定までに要した費用及び②再審開始決定後の公判手続に要した費用の相当額を交付する旨の裁判を求める、というのであり、その根拠につき、刑事補償法25条1項の趣旨は費用補償にも同様に当てはまり、刑事訴訟法188条の7が費用補償手続に関し、刑事補償法の例による旨規定していることから、費用補償請求につき刑事補償法25条の準用は当然であるとして、免訴の裁判に要した費用を請求することができるというのである（参加人土屋浩子及び同小林伸二は、故小林英三郎の相続人であり、請求人小林貞子及び同小林佳一郎の費用補償請求につき参加申立てをした者である。）。

第2　当裁判所の判断

1　職権により調査したところ、次の事実が認められる。

（1）平成10年8月14日、被告人故木村亨、同故平館利雄、同故小林英三郎、同故由田浩及び同故高木健次郎の遺族らが、横浜地方裁判所に再審の請求を行い、平成15年4月15日同裁判所は再審開始を決定した。この決定については、平成17年3月10日東京高等裁判所において即時抗告棄却の決定がされ、同決定は確定した。

（2）横浜地方裁判所は、再審公判を経て、平成18年2月9日、本件各治安維持法違反被告事件について、被告人らに、「犯罪後ノ法令ニ因リ刑ノ廃止アリタルトキ」（旧刑事訴訟法363条2号）及び「大赦アリタルトキ」（同条3号）に該たる免訴事由が存することが明らかであるから、被告人らに対しては、免訴の判決が言い渡されるべきであるとして、実体判断をすることなく免訴判決を言い渡した。この判決については、平成19年1月19日東京高等裁判所において控訴棄却の判決、平成20年3月14日最高裁判所において上告棄却の判決がそれぞれ言い渡され、第1審の免訴判決が確定した。

（3）本件請求人らは、上記上告審判決から6か月以内である同年9月9日及び同月12日に当裁判所に対し本件費用補償請求の申立てをした。

2　そこで、本件において請求人らに免訴の裁判に要した費用の補償が認められるか否かを検討する。

（1）再審開始決定までに要した費用（上記①）

請求人らは、再審開始決定までに要した費用が刑事訴訟法188条の6にいう「公判準備」に要した費用に含まれないというのはあまりに形式的・外形的判断に過ぎるのであって、再審請求手続における被告人や弁護人の活動は再審開始決定までが重要であるから、同決定までに要した費用も費用補償の範囲に含まれるべきである旨主張する。

しかし、この点につき、最高裁判所は、「再審請求手続において要した費用は、刑訴法188条の2による補償の対象とはならないとした原判断は、相当である。」と判示し（最高裁昭和53年7月18日第二小法廷決定刑集32巻5号1055頁）、消極に解していることは明らかであって、「公判準備及び公判期日」とは、文理上、対審構造が予定されている公判手続及びそれに付随する手続を指すものであり、それらの期日が予定されていない再審請求手続においては、原則として旅費、日当等の訴訟費用が発生せず、弁護人の報酬を認める範囲が明らかではなく算定が困難であることから、本件では請求人らが再審開始決定にたどり着くまでに多大な時間や費用がかかったものと推認されるとしても、現行法の解釈においては、消極に解さざるを得ない。

（2）再審公判における費用（上記②）

次に、請求人らは、刑事訴訟法188条の2第1項は、費用補償の対象として「無罪の判決が確定したとき」を挙げているが、免訴判決についても刑事補償を認めた刑事補償法25条の趣旨は費用補償においてもあてはまり、刑事訴訟法188条の7が費用補償の手続につき刑事補償法を準用していることにも照らせば、再審公判を経て免訴判決が言い渡された本件においても、再審公判における費用補償を認めるべきである旨主張する。

しかし、同法188条の2第1項は、費用の補償をすべき場合を無罪の判決が確定したときに限り、公訴棄却の判決が確定したときを含まない趣旨であると解すべきことは、既に確立した判例であって（最高裁昭和58年9月27日第一小法廷決定刑集37巻7号1092頁）、その理は、免訴判決が確定した場合についても同様に妥当するものと解される。さらに付言すると、無罪の判決が確定した場合を含めどのような者に対してどのような範囲で費用の補償を認めるかは立法政策の問題であるところ、費用補償制度は、刑事補償法が制定された後、刑事訴訟法の一部改正として昭和51年に新設された制度であり、立法時に法制審議会において、免訴・公訴棄却の場合も含めるか否かが議論されて消極の結論となり、国会においても刑事補償法25条と同様の趣旨の規定を設ける旨の修正案が提出されたが否決されているのであって（山本和昭「刑事訴訟法の一部を改正する法律の解説（一）」法曹時報28巻7号44頁以下等）、立法者が「無罪の判決が確定したとき」に限って費用補償の請求を認め（刑事訴訟法188条の2第1項）、免訴や公訴棄却の場合を含めず、刑事補償法25条を準用しない趣旨（刑事訴訟法188条の7は、補償手続に関する規定を準用しているに過ぎず、刑事補償法25条は準用されていないものと解される。）で立法したことは明らかであるから、そのような立法者の意思にも反し、文言上も無理のある解釈を採用することはできない。

（3）以上からすると、請求人らの主張はいずれも失当であり、本件費用補償の請求を認めることはできない。

3　よって、本件請求は理由がないので、刑事訴訟法188条の7、刑事補償法16条後段により請求を棄却することとし、主文のとおり決定する。

平成22年3月4日

横浜地方裁判所第2刑事部

裁判長裁判官　大島　隆明

裁判官　大寄　久

裁判官　水木　淳

横浜事件・再審裁判＝記録/資料刊行会

2010年２月、「無罪の証明」として裁判所から支払われた刑事補償金により、24年間にわたった再審裁判の記録と横浜事件の資料を刊行することを目的に設けた会。第１次、２次、４次再審裁判をになった請求人・弁護団・支援する会事務局により構成。

装丁：商業デザインセンター・松田 礼一

全記録：横浜事件・再審裁判

第一次～四次再審請求・再審公判・刑事補償請求

●二〇一一年一〇月一五日――――第一刷発行

編　者／横浜事件・再審裁判＝記録／資料刊行会

発行所／株式会社 高文研

東京都千代田区猿楽町二―一―八

三恵ビル（〒一〇一＝〇〇六四）

電話　03＝3295＝3415

振替　00160＝6＝18956

http://www.koubunken.co.jp

本文組版／Web D（ウェブ・ディー）

印刷・製本／シナノ印刷株式会社

★万一、乱丁・落丁があったときは、送料当方負担でお取りかえいたします。

ISBN978-4-87498-466-6　C0032

横浜事件とその再審裁判の全容を伝える＝3部作

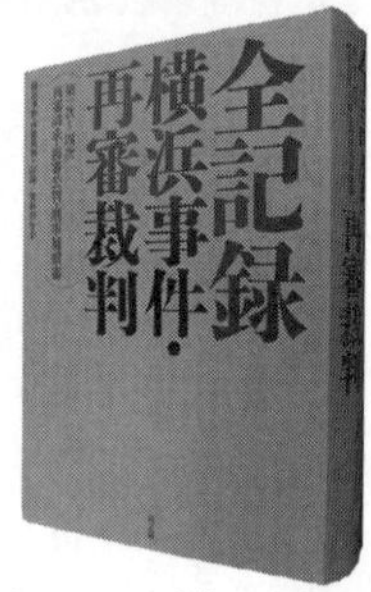

◇第一次～四次再審請求・再審公判・刑事補償請求

全記録：横浜事件・再審裁判

横浜事件・再審裁判
＝記録／資料刊行会

A5判・上製・890頁
七、〇〇〇円（税別）

四次にわたり、24年の歳月をかけて、治安維持法下の警察・司法の歴史責任を問いつづけた再審裁判の記録。当初の〝門前払い〟から、事理を尽くして門をこじ開け、ついに思想・言論弾圧の「権力犯罪」の解明と承認を勝ち取るまでの裁判のドラマ！

◇戦時下最大の思想・出版弾圧事件を原資料で読む

ドキュメント 横浜事件

横浜事件・再審裁判
＝記録／資料刊行会

A5判・上製・640頁
四、七〇〇円（税別）

獄死者五名を出した出版弾圧事件はいかにして引き起こされたか？ 治安維持法、特高警察とはいかなるものだったのか？ 戦後、特高を告発した32名の「口述書」をはじめ、特高・司法の側の資料を含む原資料により、言論・人権暗黒時代の実相を伝える。

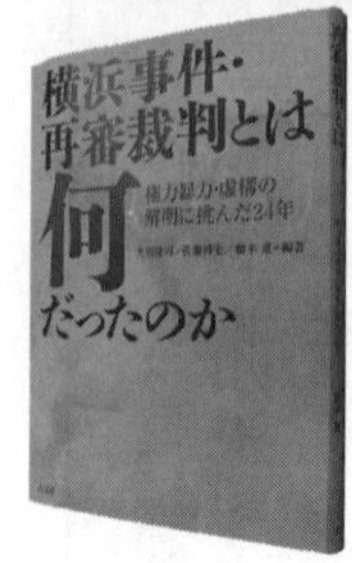

横浜事件・再審裁判とは何だったのか

◇権力犯罪・虚構の解明に挑んだ24年

四六判・248頁
一、五〇〇円（税別）

弁護団長 大川 隆司
主任弁護人 佐藤 博史
支援する会 橋本 進
第四次請求人 小野 新一
齋藤 信子

治安維持法の時代、特高警察と思想検察が作り上げた思想・言論弾圧事件の虚構の全容を伝えるとともに、ついに冤罪を晴らし得た24年に及ぶ裁判闘争の軌跡を振り返り、この再審裁判の成果と歴史的意味を明らかにする。

高文研 〒101-0064 東京都千代田区猿楽町2-1-8 TEL 03-3295-3415